“十一五”国家重点图书

1958—1965

中华人民共和国经济档案资料选编

对外贸易卷

中国社会科学院　中央档案馆　编

中国财政经济出版社

图书在版编目（CIP）数据

1958—1965 中华人民共和国经济档案资料选编 · 对外贸易卷/中国社会科学院，中央档案馆编．—北京：中国财政经济出版社，2011.5

“十一五”国家重点图书

ISBN 978 - 7 - 5095 - 1490 - 0

Ⅰ.①1… Ⅱ.①中…②中… Ⅲ.①经济 - 档案资料 - 中国 - 1958—1965 Ⅳ.①F129.72

中国版本图书馆 CIP 数据核字(2010)第 099214 号

责任编辑：樊 闽　　责任校对：杨瑞琦

封面设计：陈 瑶　　版式设计：兰 波

中国财政经济出版社出版

URL：http：//www.cfeph.cn

E - mail：cfeph @ cfeph.cn

社址：北京市海淀区阜成路甲 28 号 邮政编码：100142

发行处电话：88190406 财经书店电话：64033436

北京富生印刷厂印刷 各地新华书店经销

787×1092 毫米 16 开 43.5 印张 1 114 000 字

2011 年 5 月第 1 版 2011 年 5 月北京第 1 次印刷

定价：230.00 元

ISBN 978 - 7 - 5095 - 1490 - 0/F · 1285

（图书出现印装问题，本社负责调换）

本社质量投诉电话：010 - 88190744

本课题受国家社会科学基金资助

编辑委员会

总序

刘国光

经历了半个多世纪的磨砺和积累，中华人民共和国将在21世纪建成社会主义现代化强国。

在21世纪初叶，面临全球化、现代化潮流中的竞争和挑战，我们必须完善社会主义市场经济体制，提高综合国力和全民族素质，促进经济社会和谐发展。为了实现这个目的，需要实施科学发展观，深化改革。在新的历史发展时期，抚今追昔，具有继往开来的重要意义。中国社会科学院和中央档案馆合作编辑的大型经济学术资料——《中华人民共和国经济档案资料选编》，正是来自这一宗旨。

《1958—1965中华人民共和国经济档案资料选编》所涉及的八年，是中华人民共和国建立初期经济建设的一个重要阶段。从1958年开始，党和国家的工作进入了全面社会主义建设时期。每年在建大中型工程项目由第一个五年计划时期的百位数上升到千位数，还有数以万计的小型项目。在这一阶段史无前例的探索历程中，我国出现了严重的失误，遭遇到前所未有的困境，又在迅速走出困境的同时创造了一系列有效的管理经验，其中一些经验成为20世纪80年代经济体制改革的先河。全面、客观地了解和认识这一历史时期经济建设的丰富内容，对于国史、党史、经济史都具有十分重要的意义。

从1958年开始到1960年底基本结束的三年“大跃进”，是中国共产党领导中国人民试图摆脱苏联高度中央集权、自上而下的行政性计划管理体制，试图通过群众运动来实现经济高速增长的探索。但是，在急于求成的思想指导下，由于不切实际的高指标和不顾成本的大干快上，“大跃进”期间，一方面建成了一批重要工业项目，改善了工业布局，农村工业第一次有了迅猛发展；同时带来严重的比例失调和经济波动，造成了人力、物力的巨大浪费，环境和资源的破坏，农业的严重减产和饥荒。

经过“大跃进”的教训，我们对于以农业为基础、从全局出发处理各方面关系的认识更加深刻了。为了摆脱困境，1960年底，党和国家对调整国民经济取得了一致意见，决定实行“调整、巩固、充实、提高”的八字方针。从1961年开始，我国经济体制和经济运行进入了长达五年的调整时期。其中，1961—1962 年为初步调整阶段，主要是纠正“大跃进”时期的体制偏差，强调经济管理的大权集中到中央、中央局和省（市、自治区）委三级。基本建设投资不再由地方财政包干，改为中央财政专项拨款，严加控制并减少部门、地方、企业的预算外资金。在农村，将原来“一大二公”的人民公社管理体制改变为“三级所有，队为基础”，一些地方实行了“包产到户”。同时，大幅度压缩基本建设，调整农、轻、重关系，加强对农业的支持，精简“大跃进”期间迅速膨胀的国营企业职工和城市人口，关、停、并、转效益差的企业等。从 1961 年下半年起，为活跃商品流通采取了多种措施，在三类物资（包括工业品、手工业品、农副产品）管理方面有所放松，集市贸易有所恢复，对推动城乡物资交流、活跃经济起到积极作用。在工商企业，通过颁行《工业七十条》、《商业四十条》等办法，重新建立起规章制度和秩序。到 1962 年底，国民经济的全面调整取得了明显效果。工业内部的比例关系以及工业与其他经济部门之间的比例关系得到调整。国家财政实现了收支平衡，略有节余。市场供应紧张的情况有所缓和，城乡人民的生活水平略有回升。

经过三年调整，渡过了国民经济最困难的时期。1963 年 9 月，中央工作会议确定再用三年时间，继续实行“八字方针”，作为第二个五年计划到第三个五年计划之间的过渡。到了 1965 年，原定的各项调整任务顺利完成，我国国民经济开始全面好转。这时受国际战争环境紧张的影响，我国形成了国防第一、全国支援三线建设的新局面。

经过正反两个方面的教训，我国经济体制开始形成不同的发展思路：一种思路认为农业经济可以实行“包产到户”形式的生产责任制；国有企业可以采用更多的经济手段来代替行政手段，例如试办托拉斯、推行经济核算、强调利润指标和恢复奖金制度；希望发挥市场调节的拾遗补缺作用，以弥补计划经济的缺陷。这种思路为 1978 年以后的改革开了先河。另一种思路从维护单一公有制和计划经济出发，联系中苏两党的思想和政策分歧，批评上述探索为修正主义。由于两种思路是在反复探索和实践中形成的，其中穿插着大量的调查研究、典型试验，以及开展“工业学大庆”、“农业学大寨”、“全国学习人民解放军”、“干部思想革命化”、农村“四清”、城市“五反”等各种政治运动。随着国内外形势的急速变化，后一种思路在当时占了上风，为此后的“文革”作了铺垫。

抚今追昔，这些探索具有丰富的内涵可供研究。通过阅读这批档案资料选编的内容，可以体会到我国在探索建立社会主义制度过程中所付出的努力和代价。对于这些探索与尝试中的经验教训多一些了解，不仅有助于认识历史，而且对于现实与未来必将有所启迪。

《1958—1965 中华人民共和国经济档案资料选编》是《1949—1952 中华人民共和国经济档案资料选编》和《1953—1957 中华人民共和国经济档案资料选编》的续编。与以往两批资料相比，第三套档案资料涉及的时限更长，内容更加丰富，数量也更多。全套丛书共计 10 卷，约 1 500 万字，是中国社会科学院和中央档案馆通力协作，科研人员与档案管理人员合作，查阅了卷以千计、字以亿计的档案资料，含辛茹苦，历时六载才编辑而成的。这套丛书的出版，为研究中华人民共和国建立初期的经济背景、经济体制变革以及经济运行提供了丰富详尽的学术资料。以往两套资料的出版，已在海内外引起了广泛关注，推动产生了一批有创新见解的国史、党史和经济史的科研成果。本套资料的面世，必将有助于更多富于创见的新成果问世。

在性质与体例上，这套丛书与前两套一样，仍是一部有关中华人民共和国经济史料的大型学术资料系列丛书，兼有资料性和学术性双重意义。一方面，书中正文内容全部采用原始的档案资料，在编辑过程中严格维护文献原意，对重要文献资料力求兼容并蓄，在有限的篇幅中，为读者进一步深入探索提供详尽准确的来源和出处。另一方面，编者对汗牛充栋的文献资料进行去粗取精、去伪存真、由此及彼、由表及里的研究分析，按照生产关系变革、生产力发展、经济体制演变、产业结构变迁、经济运行各个环节等方面分门别类设卷，编排成书；纲目设置原则为历史顺序和经济理论逻辑与经济运行规律相结合，每一卷资料都是一个有机的整体，使读者一目了然，便于比较分析和研究，而不同于一般的文件汇编。它兼有资料性、学术性和科学性。可以说，这套丛书也是一种形式的经济史书，这项工作更是一件具有开拓性、创新性的工作。

这套丛书的编辑和出版，得到了中共中央办公厅、国务院、国家档案局、国家各部委档案部门的热忱支持，并承蒙当年领导我国经济建设的老同志的谆谆指教，在此向他们致以衷心的敬意和谢意。

由于这是一件开拓性的工作，加之档案资料的分散和统计资料的不完备，编辑工作必然有诸多不足和不尽如人意之处，恳请读者提出批评建议，以待再版和续编时改进。

2009 年 12 月

凡 例

一、《中华人民共和国经济档案资料选编》是一部大型经济学术资料系列丛书，也是一部工具书。编辑的目的是为经济决策部门、经济工作者和从事经济研究、历史研究以及教学等方面的人员提供比较系统全面的经济档案资料。

二、本丛书按中华人民共和国经济发展的各个历史时期顺序编排。继第一批（1949—1952 年）、第二批（1953—1957 年）档案资料编辑出版之后，第三批为 1958—1965 年的档案资料。全书力求全面系统地收集选录 1958—1965 年我国经济工作中有关生产关系变革、生产力发展、经济管理体制演变以及生产、流通、分配、再生产等经济运行诸环节的主要档案资料，反映该时期我国经济生活各个方面的基本情况。

三、全书按专题立卷，包括综合、工业、农业、商业、财政、金融、固定资产投资、劳动就业与收入分配、交通邮电、外贸共 10 卷。部分卷的内容间或交叉，但从各卷的特点出发，各有侧重。

四、每一批丛书有“总序”，反映该批档案资料编辑的宗旨、目的、意义及其共同点。各卷写有“前言”，概述该卷的基本内容；书后附部分资料索引。

五、各卷的结构大体一致，一般采用纲、目、子目三个层次，按“第 X 部分”、“一、二、三”、“(一)、(二)、(三)”排列，部分纲目设立分子目，按“1、2、3”排列。

六、由于按专题立卷设纲目，并为确保材料精练，增加信息容量，对档案资料分别采用全录、节录、摘录方式处理。凡采用全部或大部分内容者，题目在文前，出处在文后，发文方文后不再重列；凡采用小部分内容节录、摘录者，题目、出处在文后。为便于读者了解档案资料原貌，尽可能整段选编，并对删节之处注明［上略］、［中略］、［下略］。对部分人名、事件资料及已变更的地名，在页下加以简要注释，按页编序码。在每个子目之中，资料一般按时间顺序排列，并照顾事件、逻辑相关联者放在一起，以便查阅。

七、凡属编者加在行文中间的文字，均加［］号；凡为遗误字，在该字后面加［?］号；残缺或模糊难辨的字，用□号表示。

八、各种资料标题下的日期以及资料出处的日期一律使用公元，用阿拉伯数字表示，资料中的年代日期和数字，一仍其旧。

九、资料出处置于该件资料之后。为节省文字起见，部分国家机构采用简称（如国家计划委员会、国家经济委员会、国家建设委员会分别简称国家计委、国家经委、国家建委）；中央批转文件的收文方部分省略。部分档案资料出处以数码代之。数字为建立档案资料的部门、单位或资料书的分类编号，括号内为资料书的年号、卷次等。书后附录中有代码索引。

十、各卷附相关“要事年表”。

前言

曲韵

本卷编辑的是1958—1965年第二个五年计划及国民经济调整时期有关中国对外贸易与对外经济合作方面的档案资料。

新中国成立后，国民经济的迅速恢复与发展和第一个五年计划时期大规模工业化建设的展开与城乡社会主义改造的完成，为第二个五年计划及调整时期的经济建设打下了新的基础。与我国建立贸易关系的国家（地区）由恢复时期的二十几个增加到“一五”期末的82个，我国与世界市场的联系不断扩大[①]。第二个五年计划初期，以工业化为中心的大规模经济建设使对外贸易与对外经济合作面临着新的要求。其后，经济建设与国内外形势方面出现的波折与变化，使中国的对外贸易政策和管理体制在困难与挑战面前不断进行相应调整，为这一时期的国民经济建设作出了贡献，并对此后我国外贸的发展产生了深远影响。从总体运行状况看，第二个五年计划及调整时期的对外贸易不仅贸易额发生了剧烈波动，外贸进出口结构和主要贸易对象都在这一时期发生了许多根本性变化，从而使这一时期成为新中国成立后对外贸易的一个重要转折时期。

一

在管理体制方面，高度集中的外贸管理体制在第二个五年计划和调整时期逐步得到强化与调整，由国家统制对外贸易的行政管理体制进一步向集中、统一的指令性计划体制转变，形成了以指令性计划管理为主要手段的对外贸易管理体制。行政管理体制和指令性计划体制的执行者通过行使具有法律性质的职能，来实现国家对外贸活动的统制和管理。

高度集中的外贸体制是随着高度集中的国民经济体制的建立而形成的。在对外贸易领域，随着1956年以后对私营进出口商社会主义改造的基本完成，形成了国营外贸企

① 中国社会科学院、中央档案馆编：《1953—1957中华人民共和国经济档案资料选编·商业卷》，中国物价出版社2000年版，第1128～1129页；吴承明、董志凯主编：《中华人民共和国经济史（第一卷）》，中国财政经济出版社2001年版，第717页。

业独家经营的局面。1958年开始的“大跃进”使高指标、瞎指挥和浮夸风迅速蔓延到对外贸易领域。1958年2月，对外贸易部提出“大进大出”口号，在盲目扩大进口的同时，超越国力扩大出口，并将对外贸易业务的管理权本着“大权独揽、小权分散”的原则下放，由此导致了争客户、争市场、削价竞销、抬价竞购等混乱现象的发生，使对外贸易的管理制度和经营秩序受到严重影响。上述问题很快引起中央的高度关注，并从1958年下半年开始采取了纠正措施，一方面在对外政策方面继续强调“自力更生为主，争取外援为辅”和平等互利原则，另一方面在管理体制方面要求实行集中管理、统一对外。1958年8月，中共中央政治局扩大会议专门讨论了外贸工作问题，并作出《关于对外贸易必须统一对外的决定》，提出九项具体规定，主要包括政府间的贸易“全由对外贸易部秉承中央意旨统一去办理”、“对资本主义国家非政府间的贸易，凡属垄断性强或大宗的进出口商品，均由对外贸易部所属总公司统一对外成交”、“对资本主义国家进出口同类商品对外成交价格必须统一，对外贸易部各总公司必须按月或按季统一规定进出口价格的掌握的幅度，下达各对外贸易机构执行”、“除对外贸易部所属总公司和各口岸对外贸易机构外，任何地方、任何机构不许做进出口买卖”等①。会议还作出了中共中央《关于贸易外汇体制的决定》，规定“国家对于贸易外汇实行统一管理和重点使用”，并提出“先中央、后地方，先重点、后一般，先出口、后用汇，先计划内、后计划外”的外汇使用原则。这两个决定使新中国成立以来业已形成的国家统制的外贸体制在集中统一方面进一步加强。

在集中统一的管理体制下，对外贸易全部纳入了国家的计划管理，国营外贸专业总公司及其分支机构完全按照国家的指令性计划开展进出口业务，对外贸易计划管理成为对外贸易管理体制的核心。外贸收购、调拨、出口、进口、外汇收支等全部被纳入计划管理范畴。各项计划批准下达后，须严格组织执行，形成了外贸部统一领导、统一管理，外贸各专业公司统一经营，实行指令性计划和统负盈亏的高度集中的外贸体制。与高度集中统一的外贸计划体制相配套，在外贸经营管理体制方面，外贸部直属的进出口公司按不同商品范围分工垄断全部进出口业务。各省的外贸部门只是总公司的分支派出机构。

1959年2月21日和同年10月14日，对外贸易部先后发出《关于简化对本部各进出口专业公司进出口货物许可证签发手续的指示》和《关于执行进出口货物许可证签发办法的综合指示》，各专业外贸公司以外贸部下达的货单或通知为进出口许可证，即实行“以单代证”，使外贸经营机构的管理职能和业务经营职能合二为一，进出口许可证因逐渐失去管理进出口贸易的作用而淡出，只是在其他部门进口少量急需物资时才被使用。在对外贸易由国家统一经营的情况下，国家外贸计划成为既是集中调节外贸经营的单一杠杆，又是代行进出口许可等职能的集中进行外贸管理的主要手段②。在第二个五年计划的中后半期，进出口面临的巨大困难和挑战，使对外贸易领域这种集中统一的指令性计划管理体制进一步得到强化，并延续到国民经济调整时期。

① 中共中央《关于对外贸易必须统一对外的决定》，1958年8月，Z9－844－9。

② 《当代中国对外贸易》编辑委员会：《当代中国对外贸易》，当代中国出版社1992年版，第155页。

第二个五年计划时期的外贸计划管理体制适应国民经济计划体制改革的要求进行了一些改革，一是扩大了地方的外贸计划权。自1959年开始，对外贸易计划改由各省、市、自治区为主编报，计划程序采取自下而上地逐级编制办法。二是在“二五”的头两年，外贸计划实行了“两本账”制度。一本是必成计划，为保证实现的目标；另一本是期成计划，为争取实现的目标。三是实行了商品分级管理。

在国民经济调整时期，为贯彻国民经济“调整、巩固、充实、提高”的方针，在外贸计划管理体制上，继续强调集中统一，加强综合平衡；在安排外贸计划中，坚持“以出定进，以进养出，进出平衡”的原则；在出口计划方面，强调正确处理内外销关系，努力组织出口货源，增加国家外汇收入；在进口计划方面，集中使用外汇，优先保证粮食、支援农业和市场等急需物资的进口；外贸计划取消“两本账”制度，并恢复了自上而下与自下而上相结合的计划编制程序。

在“大跃进”的政策错误和苏联撕毁合同造成国民经济面临严重困难的情况下，在国民经济调整过程中，下放的管理权被陆续收回，对外贸易往来在中央直接指挥下进行。在当时特定的历史背景下，这种由外贸部统一领导、统一管理，外贸各专业公司统一经营，实行指令性计划和统负盈亏的高度集中的外贸体制，对保证实施一些非常措施以增加出口创汇，进口急需物资，控制进出口水平和构成，避免在国际收支中出现大的逆差起到了一定的作用。

二

我国对外贸易的总体运行状况在第二个五年计划和调整时期经历了一次大的起伏，对外贸易工作的指导方针和进出口政策也随着国民经济和对外贸易形势的变化作了应对调整。在对外贸易的进出口政策方面，为配合工业化战略，第二个五年计划初期继续延续建国以来、特别是“一五”时期以来对外贸易在经济建设中的基本定位，即服从国内生产建设的需要，在自力更生为主的前提下，有计划地组织和扩大内外物资交流。在优先发展重工业的原则下，进口方面，要求“首先满足某些关键性的大型工业建设和发展原子科学、技术改革的需要，其次是满足一般工业、地方工业和农业的需要，再次是酌量满足市场需要”。在出口和收购方面，强调“大力组织新品种、工业品和机械设备的推销，以促进工农业生产的发展”、“要根据市场需要和国外销售的可能，积极发展出口商品生产，节约国内消费，拿出足够物资，以供应出口”①。1961年以后，由于国民经济严重失调造成国内市场供应极度匮乏，“一吃饭、二市场、三基建”成为组织外贸进出口的指导原则，消费资料的进口猛增，同时出口方面加强了以进养出、出口商品生产基地等的建设。这一时期，在外贸计划的制订过程中，“先出口、后用汇、以出定进”原则被反复强调，使用外汇、制订进口计划遵循的基本原则是“统筹兼顾、适

---

① 对外贸易部党组关于党组会议讨论今后对外贸易发展趋势、人物、方针政策和重要措施的报告。1958年5月11日，Z9－855－4。

当安排、保证重点、照顾一般”[①]。

从年度计划的具体执行情况看，第二个五年计划时期，受国民经济总体运行状况的影响，除1958年比较顺利地完成了计划指标外，其他几年则没有完成计划，或勉强完成了调减后的计划。国民经济调整时期，随着国民经济总体情况得到改善，计划的完成情况有所好转，各年都比较顺利地完成了年度计划。

1958年2月，对外贸易部提出“大进大出”口号后，进出口计划指标也不断“跃进”，并采取了“两本账”的形式。根据1957年10月1日《国务院关于编制1958年度国民经济计划草案的指示》，1958年进出口贸易总额初步安排为93.9亿元[②]，1958年2月，这一计划指标上升到110亿元[③]，并提出第二个五年的进出口计划是：第一本账（即必成指标）进口410亿元，出口470亿元；第二本账（即期成指标）进口440亿元，出口500亿元。同年3月，指标再次攀升，第一本账中的进出口总额计划为120亿元，第二本账达到137亿元。从计划的执行情况看，经过多方努力，1958年全年实际完成进出口总额128.7亿元，是第二个五年计划时期计划完成情况最好的一年。

1958年10月，在对各部和各省、市、自治区编报的进出口货单汇总审查的基础上，对外贸易部提出了1959年进口77.11亿元、出口90亿元的暂定计划指标。之后，为了使进出口计划建立在既积极又可靠的基础上，在周恩来总理等中央领导的亲自过问下，1959年的进出口计划指标经多次调减，然而在整个国民经济“大跃进”的大环境下，外贸领域1959年的进出口计划虽有所压缩，仍脱离工农业生产实际，导致外汇收支逆差。1959年3月18日在《中央批转对外贸易部党组关于执行对外贸易计划中存在问题的请示报告》中，确定了对外贸易的“五先”原则，即对于出口商品，应该安排在先、生产在先、原材料和包装物资供应在先、收购在先、安排运输力量在先。1959年5月11日，周总理在全国财贸书记会议上发表讲话，提出了著名的“外贸工作十四条”，进一步明确了这一时期我国对外贸易的指导方针，不仅对指导当时的外贸工作发挥了重要的作用，而且对其后的外贸发展也具有深远的影响。10月26日，中共中央发出《关于力争完成1959年对外贸易收购任务和出口任务的紧急指示》，指出：“要完成出口任务，必须采取‘一挤、二顶、三超’的办法”，并要求各级党政领导亲自挂帅，大搞群众运动。经过各部门、各地区千方百计的努力，1959年底终于完成了调整后的收购和出口计划金额，并略有超额（出口完成了80.5亿元）；但从具体品种上看，有些商品没有完成计划。

1959年夏季庐山会议之后，强调反右倾，要求新的跃进，外贸领域再次出现追求高指标的现象。1960年2月底3月初的全国财贸书记会议要求财贸工作“政治挂帅，大搞群众运动”、“一切为了高速度”。会议确定资源分配的原则是：除了粮、油、棉等物资特殊规定限量出口外，其他物资在今后一个相当长的时期内的一般方针应当是国内

---

① 李先念在全国财贸书记会议上的总结发言，1959年5月12日，Z10－941－19。

② 以下除特别说明外，均指以人民币为计值单位。

③ 薄一波在一届人大五次会议上关于1958年度国民经济计划草案的报告，1958年2月3日，A31－5。

市场的销售服从出口的需要。有些商品如肉类，应该压缩国内市场的销售，保证出口；有些商品如水果、茶叶和各种小土产，应该尽先出口，多余的再供应国内市场的销售。

由于“大跃进”和“反右倾”运动以及自然灾害的影响，1960年中国的国民经济已陷入困境，出口货源极为短缺。为了缓解这种紧张局面，当年6月外贸部门开始着手建立出口商品生产基地，以便扩大出口货源，并根据国外市场的需要，扶植某些特种品种的生产，恢复某些传统商品的出口。

在当年7月中央召开的北戴河会议上，根据工农业生产形势，对外贸指标进行了调整压缩：收购由105亿元调减为85.28亿元，出口由84.3亿元调减为65.26亿元。8月10日，中共中央又发出《全党大搞对外贸易收购和出口运动的紧急指示》，并成立由周恩来、李富春、李先念组成的对外贸易三人领导小组，建立对外贸易指挥部，全权指挥全国的外贸收购、调运和出口，严格控制进口。各省、市、自治区也分别成立由第一书记挂帅，有关分管书记具体负责的本地区的对外贸易指挥部。在国民经济主要比例关系严重失调的情况下，虽然进行了艰苦的努力并采取了种种措施，当年的对外贸易计划完成情况仍很不好。

由于国民经济面临的严重困境，我国经济建设已不能按照第二个五年计划的部署继续发展。1960年9月中共中央在批转国家计委《关于1961年国民经济计划控制数字的报告》中提出了国民经济“调整、巩固、充实、提高”的八字方针，经1961年1月党的八届九中全会正式批准，决定从1961年起，在两三年内按照“八字方针”对国民经济进行全面调整。

1961年初，根据我国农业生产连续两年歉收的情况，在外贸收购和出口方面，大大减少了主要农产品的出口数量。在进口方面，根据吃饭第一、稳定国内市场、争取农业丰收和支援工业建设的要求，大力组织粮食进口，并增加了“以进养出”商品的进口。为了保证粮食和其他必不可少重要物资的进口，同时保持外汇收支大体平衡，1961年2月，中共中央批转《财贸办公室关于1961年对外贸易若干问题的请示报告》，确定了进口“必须分别轻重缓急，先进急需，后进一般，先出后进，以进养出，进出平衡”的原则。为了加强出口商品生产和出口货源组织工作，同时要求进一步做好出口商品生产基地的工作，保证专材专用，指定专厂、专矿、专车间生产出口商品，并责成外贸部门派出驻厂代表严格检查出口商品的规格和质量，并由中央各有关部门指定一位副部长专门负责组织对外贸易货源工作。当年4月30日，中共中央批转河北省委《关于进一步加强外贸收购工作的指示》，确定当年外贸进口要贯彻实行“一吃饭、二市场、三基建”的方针。10月29日，中共中央又发出《关于抓紧当前对外贸易收购和出口工作的紧急指示》，要求各地结合秋季农产品收购运动，抓紧组织出口农副土特产品的收购。经过上述努力，外贸严重出超的局面在一定程度上得到扭转。全年出口商品总额48亿元，超额2.9%，完成了修订后的出口计划；进口总额42.1亿元，完成计划44.1亿元的95.5%①。

① 国家统计局编：《调查统计报告》，1962年第9号。

1962年，依据“调整、巩固、充实、提高”八字方针的精神，在1961年进出口实现额比上年大幅下降的基础上，进一步下调了进出口计划指标。配合各种限制进口、扩大出口的措施，当年进出口都超额完成了计划，出口大于进口。全年出口商品总值45.7亿元，完成计划的107.5%，比上年减少2.1亿元。全年进口33.3亿元，完成计划的101.2%，比上年减少9.7亿元。进口货物中，支援农业和国内市场的商品以及“以进养出”的物资进口约为22.6亿元，比上年减少12.4%，但占进口总值的比重由上年的60%上升到68%左右①。虽然1962年是“二五”时期对外贸易计划完成较顺利的一年，但当年进出口总额只有26.6亿美元，与“二五”头一年1958年的38.7亿美元相比下降31.3%，占当年世界进出口总额的比重只有0.9%，相当于我国1950年的水平②。

整个“二五”时期我国外贸进出口完成的实绩是：进出口总额578.1亿元，其中，进口274.8亿元，出口303.3亿元，不仅没有完成外贸局长会议确定的第二本账的计划指标，即使与第一本账相比也相差甚远。整个“二五”时期，外贸进出口总额的年均增速为-3.0%，与“一五”时期年均递增9.8%的发展趋势形成了鲜明对照③。

国民经济继续调整时期的外贸政策大体延续1961年以来确定的“一吃饭、二市场、三基建”的原则。随着国民经济总体情况的逐步好转，计划的完成情况也逐步改善。1963年，在进口方面仍重点保证粮食和其他重要物资，出口方面，粮食和食油，除品种调换外，坚决不出口；国内工业生产上迫切需要且供应紧张的商品以内销为主，适当安排外销，其他商品继续坚持内销服从外销原则。进出口计划指标在经过多次调整后，于1963年11月经中央批准最终确定，即外贸收购56.5亿元，出口43.4亿元，进口33.15亿元，其中，收购和出口比2月份的原定指标都略有提高。当年收购实际完成64.05亿元，出口完成49.56亿元，进口完成34.4亿元，都超额完成了计划。

1964年，在上年计划完成情况较好的情况下，外贸收购、出口和进口计划都略有增加，特别是由于粮食、新技术设备以及以进养出物资等的进口进一步转向资本主义国家市场，为了支付进口所需外汇，出口物资也根据资本主义市场的需要作了调整，因此与西方资本主义国家间贸易额及所占比重进一步上升。当年收购计划完成83亿元，是1960年以来最多的一年。进、出口贸易总额为33.4亿美元，都超额完成了计划。对资本主义国家进出口所占比重由上年的58%上升到70%④。

1965年在继续增加对资本主义国家贸易的情况下，减少了粮食的进口，将三线建设所需物资和新技术及成套设备的进口放在优先地位，同时适当增加了猪肉、蛋品等国内货源农副产品的出口，并继续扩大以进养出。与社会主义国家、特别是苏联间的进出口指标则进一步减少。

---

① 国家统计局编：《调查统计报告》，1963年第6号。

② 国家统计局编：《全国财贸统计资料1949—1978》，1979年10月，第295页。

③ 《中国对外经济贸易年鉴（1984年）》，中国对外经济贸易出版社1985年版，第Ⅳ-4页。

④ 对外贸易部党组、国家计划委员会党组、国务院财贸办公室关于1965年对外贸易计划安排意见的报告，1965年2月18日，150-13-287。

“二五”时期和调整时期，我国的对外贸易不仅在总量上经历了一次大的起伏，进出口商品结构也有很大改变。进口方面，国民经济恢复时期和“一五”时期，中国进口的商品绝大部分是生产资料，分别占进口总额的84.7%和91.36%，生活资料只占15.3%和8.64%。“二五”时期初期继续保持这一格局并有所发展。1958年，生产资料在进口商品中的比重达到93.1%，之后的两年更达到95.7%和95.4%，居于绝对优势地位，生活资料所占比例分别只有6.9%、4.3%和4.6%。从1961年开始，这一构成发生急剧变化。由于国家进口了大量粮食、食糖、食油等应急物资以缓和国内市场供应紧张，并进口棉花用于加工生产棉布以增加出口和供应国内市场，当年生产资料的进口只占全部进口商品总额的61.9%，次年降至55.4%，之后两年大体维持这一水平。直至调整期末的1965年，生产资料所占比重才又有所上升，恢复到占66.5%。与此相应，消费资料的进口1961年以后大幅增长，1961年占进口总额的比重由上年的4.6%猛增到38.1%，次年达到44.8%，此后至1965年，这一比重基本维持在40%左右[①]。进口商品结构的这一变化一是由于中苏关系破裂后机械设备及其他物资的进口骤降；二是1961年开始推行的“一吃饭、二市场、三基建”原则的直接结果。

出口方面，“二五”初期为了满足大规模工业化建设的进口需要，外贸领域大幅提高了对农副产品的收购和出口数量。1958年外贸收购农副产品总额为30.10亿元，占当年农业总产值550亿元的5.5%。1959年，在农业总产值下降到475亿元的情况下，外贸收购农副产品总额增加到37.89亿元，占农业总产值的8.0%[②]，是新中国成立后至改革开放前外贸收购农副产品占农业总产值比重的最高值，大大超过当时我国农业生产的承受能力。由于从1959年起粮食连年减产，粮、棉、油、肉等主要农副产品出口额及占出口总额的比重从1960年起开始持续下降，工业品出口比重增加，并逐步占据主要地位。1958年和1959年农副产品在出口中分别占35.5%和37.6%，1960年降为31%，1961年和1962年进一步下降到20.7%和19.4%。与此同时，轻工业品在出口中所占比重由1958年的41.7%增加到1962年的53.3%，同期重工业产品出口比重由22.8%增加到27.3%。调整时期，随着农业生产的逐步恢复和发展，农副产品在出口中所占比重又略有回升，由1963年的24.2%上升到1965年的33.1%。轻工业产品在绝对量增加的同时，占比略有下降，由1963年的占51.4%降为43.5%，重工业品所占比重在调整时期基本保持在24%左右。“二五”时期与调整时期，工业品出口比重相对“一五”有所增加，一方面是由于在政策导向下工业生产得到一定发展，一些轻工业品、特别是纺织品具有了一定的出口竞争力；另一方面是当时外贸领域大力推行“以进养出”政策，进口原料制成成品出口也是一个重要原因。

三

第二个五年计划时期和调整时期，我国对外贸易往来对象的格局也发生了很大改

① 本段数据引用来源：《中国对外经济贸易年鉴（1984年）》，中国对外经济贸易出版社1985年版，第Ⅳ-10页。

② 资料来源：国家统计局编：《全国财贸统计资料1949—1978》，1979年10月，第315页。

变。新中国成立后至1960年以前，由于西方封锁禁运，我国与西方资本主义国家的贸易额十分有限，主要的贸易伙伴是苏联、东欧社会主义国家和一些亚洲、非洲、拉丁美洲的民族主义国家，其中同苏联、东欧社会主义国家的贸易额在1960年以前我国历年对外贸易总额中的占比约为70%。此外，通过经济技术合作，中国工业化所需要的技术、设备的引进也主要来自这些社会主义国家。1960年7月，苏联单方面撕毁合同，撤回在华专家，中断了与中国的经济贸易合作，中国对外贸易国别对象的格局就此发生改变。苏联和东欧一些国家在中国对外贸易中的地位不断下降，而西方资本主义国家在中国对外贸易中的地位增强，特别是自1961年起，中国引进先进技术设备的目光也开始转向西方发达资本主义国家。

"二五"时期初期，对外贸易的国别政策强调"对社会主义国家贸易，必须继续在平等互利、积极协作、实事求是的原则下积极发展，使经济协作与贸易往来配合起来同时进行，进一步增强互助合作；并且要在今年内同各兄弟国家签订长期贸易协定和合同，以便彼此有计划地安排生产和组织供货"。"在对亚非各国的贸易上，应该在平等互利和必要时予以照顾的原则下积极发展。对拉丁美洲各国的贸易，必须在平等互利的原则下积极开展。对西方国家的贸易，应当根据平等互利的原则，并在政治经济于我有利的条件下适当开展。在对各国进行贸易时，都必须密切配合我国的外交政策。特别是对资本主义国家贸易中，必须紧密配合对外政治斗争"①。

1960年以前，苏联一直是我国最大的贸易伙伴，"二五"时期头三年，苏联在我国进出口贸易额中的所占比重为50%左右，在对外贸易计划管理不断加强的过程中，中国还曾尝试与社会主义国家共同编制长期贸易计划，以便于各国安排国内生产。此外，为了拓展双边贸易，我国商业部门在1958年和1959年还积极开展了与苏联等社会主义国家间的消费品交换。1960年中苏关系破裂后，中苏贸易额逐年下降，消费品交换也就此中止。1960年，中苏贸易额下降到16.64亿美元；1961年锐减至8.28亿美元，不及1960年的一半；1962年又进一步减少到7.02亿美元，在中国对外贸易总额中所占份额下降到26.3%。之后，这种贸易额连年递减的趋势一直持续到1970年以后才得以扭转②，与此同时，中国与东欧一些社会主义国家的经济关系也受到影响。因此，"二五"时期和调整时期可以说是建国后中国对外贸易对象格局变化的第一个转折点，苏联和东欧社会主义国家曾经拥有的绝对优势地位自此一去不返。

50年代，由于大部分西方国家追随美国对中国实施"封锁"、"禁运"政策，其在中国对外贸易中所占比重一直十分有限。1957年5月30日，英国宣布放宽对华贸易限制之后，参加"巴黎统筹委员会"的大部分西方国家纷纷效仿。1958年9月，美国宣布在战略物资的国际货单方面再作放宽，对中国的所谓"全面禁运"事实上陷于破产③，为中国开展与西方资本主义国家间贸易创造了条件。同时，1961年中苏政治、经

---

① 对外贸易部党组关于党组会议讨论今后对外贸易发展趋势、任务、方针政策和重要措施的报告，1958年5月11日，Z9－855－4。

② 参见《中国对外经济贸易年鉴（1984年）》，中国对外经济贸易出版社1985年版，第Ⅳ－68页。

③ 参见董志凯著：《跻身国际市场的艰辛起步》，经济管理出版社1993年版，第177页。

济关系发生逆转，我国不得不调整既定的发展规划，与此同时，许多西方国家出于自身利益的考虑，借机积极谋求扩大与我国的经贸交往。在上述背景下，自60年代初开始，中国对外贸易的发展重点开始转向西欧和其他西方国家，特别是在西方的两个主要市场——西欧和日本取得了突破性进展。1961年，由于政治经济形势的变化，进口国别比重发生了改变。在这一年出口商品总额中，对社会主义国家和资本主义国家出口总额的比例由1960年度的76.5:23.5变为66.9:33.1；在进口商品总额中，来自社会主义国家和资本主义国家的比例由1960年度的71:29变为49.5:50.6①。

总体而言，与“一五”时期相比，除瑞士、芬兰等个别国家外，大多数西方国家在“二五”时期我国外贸总额中所占份额都有所提高。其中有些国家，如法国、加拿大、澳大利亚等，表现更为突出，除所占份额大幅度提高外，在1959年以后我国国民经济遭遇困难、对外贸易额下降的情况下，这些国家对我贸易绝对额亦有大幅度增长。由于“二五”时期后半期我国迫切需要的消费品和轻纺工业原料绝大部分从资本主义市场进口，特别是粮食、食糖、橡胶、棉花、毛和毛条、人造丝等几乎全部从资本主义市场进口，而我国出口商品因为质量、花色等问题在资本主义市场竞争力较低，在贸易关系加强的同时，我国对资本主义国家的贸易逆差在这一时期也有所扩大。

进入调整时期，我国与西方国家的贸易往来有了进一步发展，1963年对资本主义国家进出口所占比重达到58%，次年进一步上升到70%②。1965年，中国对西方资本主义国家的进出口总额在全国进出口总额中所占的比重由1957年的17.9%上升到52.8%③。1964年中法两国建立外交关系，进而掀起西欧国家同中国开展贸易往来的热潮。同年，中国分别同意大利、奥地利达成了互设商务代表处的协议，对于促进中国同西欧经济贸易关系的发展起着积极的作用。

对西欧国家的进口和出口额在中国进口和出口总额中所占的比重平均都在20%左右，最高年份达到30%。对西欧市场出口的商品主要是传统的土畜产品、茶叶、香料、纺织品及服装、饲料等，从西欧进口的主要商品是机电设备、钢材、化工原料、化学纤维、有色金属和化肥等。在这一时期，中国还开展了对加拿大和澳大利亚的贸易，从加、澳进口了大量的粮食，1965年中国对加拿大和澳大利亚的进口额在进口总额中所占比重分别上升至6%和10%以上。

此外，从60年代中期开始，随着与一些西方国家经贸关系的改善，我国开始利用延期付款的方式，从西方国家引进国民经济建设急需的部分成套设备和技术，于1963年6月同日本签订了第一个采用延期付款方式进口维尼纶成套设备合同打开了西方国家从技术上封锁中国的缺口。随后，又从英国、法国、联邦德国、瑞典、意大利、瑞士、荷兰、比利时、奥地利等9个国家进口了石油、化工、冶金、矿山、电子和精密机械等成套设备和技术，共84项。

---

① 国家统计局编：《调查统计报告》，1962年第9号。

② 对外贸易部党组、国家计划委员会党组、国务院财贸办公室关于1965年对外贸易计划安排意见的报告，1965年2月18日，150-13-287。

③ 《当代中国对外贸易》编辑委员会：《当代中国对外贸易》，当代中国出版社1992年版，第31页。

在资本主义国家中，中国与日本在第二个五年计划和调整时期贸易关系的发展格外引人注目。“二五”时期的头两年，由于敌视新中国政权的岸信介内阁执政，中日经济、文化交流基本陷于中断状态。1958年中日贸易额0.81亿美元，比上年下降约1/3；1959年中日贸易往来完全断绝。1960年，由于日本政局发生变化后调整了对华政策，加之中苏关系的破裂，给中日经贸关系的改善提供了一个转机。1960年8月，周恩来总理在接见日本客人时提出了著名的中日政治和贸易三原则，得到日本有关团体和人士的响应，中日贸易开始恢复并急剧发展。1961年中日贸易额0.36亿美元，是上年的190倍；1962年又在上年基础上增加1倍多，达到0.74亿美元[①]，中日经贸关系也由60年代以前的民间往来阶段进入到半官半民的发展时期。1962年之后，中日贸易额逐年大幅度递增，至1965年，对日本进口额和出口额在中国进出口总额中所占比重分别上升至13%和9%。对日本出口的商品主要是农副产品和纺织品，进口商品主要是机械设备、钢材、化肥、汽车等。

解放后，我国内地与港、澳的贸易关系一直十分密切，即使是在国民经济严重困难的情况下，也坚决采取有效措施保证供应。为稳定对港、澳市场的供应，自60年代起，内地开始建立和发展供应港、澳的活猪、蔬菜等商品生产基地，因而在中国对外贸易出现较大曲折时，内地同港澳地区的贸易仍稳步发展。“二五”时期和调整时期，我国内地与港、澳地区的进出口贸易总额年均保持在2.2亿美元左右，与“一五”时期基本持平，并略有提高。最低的1961年为2.02亿美元，最高的1962年为2.38亿美元。调整时期，随着内地国民经济调整逐渐显现成效，对港、澳贸易也进一步得到恢复发展，经过连续两年较大幅度的增长，1965年对香港进出口总额超过4.63亿美元，对澳门进出口总额达到1576万美元，都达到新中国成立后的最高值[②]。

在“二五”时期所处的50年代末60年代初，由于国际环境的变化，我国对外贸易有了更多的发展机会。1955年，周恩来总理在万隆召开的亚非会议上深入阐述了和平共处五项原则，增进了相互了解。从50年代中后期开始，中国与广大亚非拉发展中国家的关系不断得到改善，并为同这些国家贸易往来的开展与扩大创造了条件。1960—1964年，周恩来总理和陈毅副总理两次对亚非国家进行友好访问，进一步促进了双边贸易和经济合作的发展。进入20世纪60年代后，中国在同拉美国家发展贸易关系方面也开始迈出较大的步伐。

四

自国民经济恢复时期开始，我国就在坚持独立自主、自力更生的基础上，本着和平友好、平等互利的原则，同世界各国开展了多形式、多层次、多渠道的经济技术交流。进入第二个五年计划时期和调整时期后，我国的对外经济技术合作得到进一步发展。

---

① 《中国对外经济贸易年鉴（1984年）》，中国对外经济贸易出版社1985年版，第Ⅳ-19页。

② 《中国对外经济贸易年鉴（1984年）》，中国对外经济贸易出版社1985年版，第1V-12、Ⅳ-13页。

1958年10月29日，中共中央批转《关于加强对外经济、技术援助工作领导的请示报告》，指出："认真做好对外经济、技术援助工作，是一项严肃的政治任务，也是我国人民对兄弟国家和民族主义国家的人民应尽的国际主义义务"，并就对外经济技术援助工作的政策、援助的主要对象以及国内的组织协调工作等作了明确指示。1961年1月，对外经济联络总局正式成立，作为国务院的直属机构，负责全国对外经济技术援助工作的归口管理。这一时期的对外经济技术合作与外贸领域一样，实行的是计划管理辅以行政管理。随着对外经济技术援助任务的发展，为进一步加强对这项工作的管理，1964年6月，撤销对外经济联络总局，改设对外经济联络委员会。

20世纪60年代以前，由于以美国为首的西方国家对新中国实行封锁禁运，对外经济合作的主要对象是苏联和其他社会主义国家。中国通过贸易和使用苏联政府的部分贷款，引进技术、设备，建设了一批工业化所必需的钢铁、电力、煤炭、石油、机械、化工、建材等骨干企业。与此同时，中国政府遵循国际主义原则，向朝鲜、越南、蒙古等社会主义国家提供了经济技术援助。万隆会议后，中国对外关系有了新的发展，开始向一些亚非民族主义友好国家提供经济技术援助。60年代初中苏经济贸易关系发生逆转后，中国与亚非发展中国家间的经济技术合作变得更为重要。1963年末至1964年初，国务院总理周恩来访问非洲国家时，宣布了中国政府对外提供援助的八项原则，在亚非国家中产生了良好反响，标志着对外援助进入一个新的发展阶段。

第二个五年计划时期和调整时期，中国对外经济技术援助的方式主要包括一般物资援助、成套项目援助、军事援助及现汇援助。其中，成套项目援助是"二五"时期中国对外经济技术援助最主要的方式。在调整时期，一般物资援助和军事援助所占比重较高。为了确保援外物资的质量，将国内生产的质量最好的设备和物资用于援外项目，早在60年代，机械工业部门就作出统一安排，对一大批援外机电产品实行定点生产，确定了一批技术力量强、工艺技术先进的企业作为定点生产厂，并规定未经生产主管部门批准，定点厂对原有产品不得自行淘汰、改型、停产和转厂；在定点厂内，又选择经验丰富、技术水平高的工人专门负责加工，从而使援外产品质量得到可靠的保证。

因此，第二个五年计划时期和调整时期，对外经济技术合作的范围和规模在"一五"时期的基础上进一步调整和扩大，先后向朝鲜、越南、阿尔巴尼亚、柬埔寨、巴基斯坦、蒙古、匈牙利、尼泊尔、埃及、锡兰、也门、印度尼西亚、阿尔及利亚、几内亚、古巴、缅甸、老挝、马里、加纳、叙利亚、索马里等国家提供了援助，发展了同它们的经济合作关系。"二五"时期，中国协议对外援款总额达到38.55亿元，其中，无偿援助10.5亿元，占27.2%，贷款28.05亿元，占72.8%；调整时期协议对外援款总额更达到60.95亿元，其中，无偿援助38.29亿元，占62.8%，贷款22.66亿元，占37.2%。从实际交付情况看，"二五"时期总额为18.07亿元，其中，无偿贷款为9.97亿元；调整时期交付总额为32.74亿元，无偿援助为20.45亿元[1]。

一个值得反思之处是：这一时期我国对外援助的发展在一定程度上与国力的发展不

① 国家统计局：《全国财贸统计资料1949—1978》，1979年10月。

相适应。对外援助用的现汇第一个五年计划时期平均是4 500万美元，第二个五年计划时期是5 500万美元。在国民经济非常困难、外汇极其紧张的情况下，这样做明显超出了自己的能力。进入调整时期后，在经济服从政治的背景下，这一特点更为明显。

五

第二个五年计划时期和调整时期的对外贸易是在不断应对各种挑战中一波三折地走过来的，其中，既有令人瞩目的成就，也有极为惨痛的教训，是新中国成立后对外贸易发展过程中的一个重要转折时期，其中的许多经验与教训在今天仍具有警示与借鉴意义。由于受到各种因素的限制，本卷在编辑过程中未能查阅这一时期对外贸易部的档案，资料的系统性和完整性也因此不可避免地会受到一定影响。在对其他经济主管部门涉及对外经济关系方面资料进行发掘的基础上，本卷力求所选历史资料能够反映出第二个五年计划时期和调整时期我国对外贸易发展的主线。

本卷在编辑过程中得到中央档案馆和中国社会科学院经济研究所中国现代经济史研究室同志们的热情帮助和支持。中央档案馆的殷月兰同志承担了本卷提调档案、复印等大量工作，许虹、王桂玲、于孟等同志给予了大力协助，在此一并深表谢意。

本分卷主编曲韵，编辑殷月兰。

目录

第一部分

对外贸易的方针政策与管理体制

一、对外贸易的基本方针政策

二、对外贸易管理体制的调整方案

三、统一对外

四、贸易外汇的分配与管理体制

五、对外贸易系统的干部管理

一、对外贸易的基本方针政策

叶壮部长在外贸局长会议上的总结讲话（记录稿）［节录］

1957 年 12 月 14 日

［上略］

（三）要求继续贯彻对外政策，更多地注意研究资本主义国家经济趋势和国外市场情况，做好对外推销工作和进口工作。

关于对兄弟国家贸易方面，主要是要根据互助合作和双方的需要与可能，通过贸易求得经济共同高涨，在这里我不准备多讲。在对非社会主义国家的贸易方面，根据目前的形势：（1）东风压倒西风；（2）几个主要资本主义国家经济出现显著衰退；我们要充分利用有利时机，展开我们的贸易活动。下面我提出有关这方面的几点意见：

1. 对非社会主义国家的贸易政策，首先应是巩固和发展对民族主义国家的贸易；其次是争取一般资本主义国家，至于对美、英、法等帝国主义国家，要采取不同政策来分化他们，孤立美帝国主义；当然，趁这个时机，向这些国家购进我们所需要的工业设备和技术资料，是我们一项重要的工作任务。为了积极展开对非社会主义国家的贸易活动和打开一些新的地区的贸易，今后对非社会主义国家的贸易额应该适当的增加。

关于对民族主义国家的贸易，要认真从陈毅副总理所讲的支持被压迫国家的民族解放运动、巩固和扩大和平中立地区的方针出发。对于已经同我国建立了贸易关系的国家，要继续扩大对他们的贸易，使能巩固其中立；对于还没有发生贸易关系的国家和地区，如南美、非洲、泰国、菲律宾等，要想办法先打开缺口，然后逐渐发展贸易，使中立地区能日渐扩大。这样，实际上就是削弱和孤立了帝国主义集团。在目前，对埃及、叙利亚、印尼等扩大经济贸易往来特别重要，应该尽可能多买他们一些东西，遇有必要而我们又有支付能力的时候，可以付给一部分现汇。我们每年都付出一定的现汇，这些现汇以付给谁为最有利，要好好地研究，如按目前情况，给巴基斯坦不如给埃及和印尼更有作用。如供应印尼的成套设备，拟应用长期付款、分期付款和贷款的办法。至于无偿援助，则要中央或国务院来决定。

在对民族主义国家贸易中，已经用事实证明了我们并不是借贸易为名从事政治活动，并且严格遵守尊重对方主权、不干涉内政的原则，这在同我国进行贸易的亚非国家是首先体验到的。这对于彼此之间继续贸易往来和文化交流以至建交，确实是有促进作用的。我国平等互利的贸易政策和对民族主义国家的适当照顾，使对方在同我们贸易中获得一定经济利益，愿意同我们打交道和靠拢我们，这一点也是许多亚非国家已经体会到的。对外贸易的这种作用在我国同锡兰和埃及的贸易发展过程中表现得最为明显，而且还影响了其他国家（如柬埔寨）。今后我们对民族主义国家进行贸易，要继续贯彻以上的原则，并要有大国风度（不是大国主义）和有耐心，要算大账，不计小账，使他们从对比中得出正确的结论。

东欧某些兄弟国家屡次提议要我国参加同亚非国家进行三角贸易，按照现在情况，暂时不宜进行，但增加转口贸易则有可能，其好处是：（1）购买亚非国家亟待出售的大宗产品，解决他们的困难，可以增进友好关系；（2）这些东西可以供应兄弟国家的需要；（3）可以带动我国对亚非国家的出口。

在对资本主义国家贸易方面，现在北欧国家（芬兰、瑞典、挪威、丹麦）有较明显的中立倾向，同我国都已建立外交关系，芬兰、瑞典、丹麦三国同我国订立了政府间的贸易协定，挪威也在同我国开始谈判贸易协定，对这些国家我们应积极争取，在符合我国需要和可能的条件下，多同他们做一些交易。对英、法、联邦德国、意大利等国家，我们仍应继续利用他们的矛盾，以及他们同美国的矛盾，分化他们；在目前的情况下，应对联邦德国、法国多做些工作，对英国不抱过高的希望，但应维持或增加一定的贸易额，并尽可能地利用他们目前经济衰退的有利时机，争取进口一些合用的机器和技术资料，吸取他们新的技术，以加速提高我国的工业技术水平。

资本主义国际市场的价格趋势是值得很好研究的课题。如果大战打不起来，在和平共处、和平竞赛的局面下，由于资本主义国家经济的动荡不定，而且目前已显露了新的衰退迹象，估计今后一个时期内，国际市场价格可能继续跌落或者波动不定，各种商品价也可能会有参差不平或高低悬殊的情形。今后在我们的进口和出口方面，及时分析价格趋势是十分重要的。社会主义国家之间的贸易价格，过去几年保持固定比价不变，对于进行有计划的长期的经济建设有很大好处，明年将要采取的新的作价办法，是否能够避免资本主义国际市场价格不稳定和不正常的影响，要再做一个时期后才能证明。近几年来由于许多兄弟国家一再要求改变原来的作价办法，同时我们国内也有一些同志赞成采取新的作价办法，所以试行一个时期也有必要，即使新办法确有较大缺点，也可以由此取得经验。

2. 对外推销方面，要注意了解情况，建立据点，改善规格包装，正确掌握价格，积极推销和扩大适当品种的出口，换取外汇。有几种出口商品将不可避免地要同资本主义国家竞争，首先是同日本竞争。我们当然并没有垄断国际市场的企图，我国每年全部出口额不过五六十亿元，约合美金二十几亿元，对非社会主义国家的出口仅5亿～6亿美元，哪里谈得到垄断。但是事实上我们如果要出口，就一定要遇到竞争，要竞争那就一定要下决心取胜。这种竞争实际上也带有两种制度在贸易政策、贸易条件、商品质量等方面竞赛的意义。我国出口商品在对资本主义国家的商品进行竞争中，应该充分发挥我们的有利条件，那就是：

（1）我们是国家经营、力最集中，他们是私人经营，在他们内部同业之间、集团之间还有竞争，互不一致。因此，我们必须加强口岸与口岸之间、口岸与总公司之间、国内机构与国外机构之间的配合联系、力求步调一致，反对本位主义。

（2）在价格上，我们有可能压倒他们。最根本的是我们由国家掌握生产资料，没有剥削，人工便宜。同时国家完全掌握出口价格，可以有计划地进行价格竞争。他们虽然也有国家出口津贴，但是资本家总要追逐利润，长期亏本的事总是没有人想搞的。

我们必须充分运用竞争价格来增加出口，但是我们也不能乱跌价，同时要防止垄断资本集团故意跌价套购我们的货物。

（3）在资本主义国家经济困难，大家都愿意多出口、不愿多进口的情形下，我们应该运用以进带出的办法来扩大出口，在亚非地区我们有这个有利条件。

（4）我们在国外有一千几百万华侨，尤其在东南亚华侨很多。应该运用这些力量，充分发挥华侨爱祖国的热情，同时适当结合他们的利益，为推销祖国出口商品服务。如在华侨群众中提倡用国货，对于某些目前还没有打开销路的商品委托华侨商人代理和代销等。

以上是有利的一面，但同时必须注意，我们目前也还存在着严重的弱点。例如，出口商品的质量、规格、花色、式样、包装等还不能适应国外市场日新月异的要求，尤其是工业产品的出口，如部分的金笔、收音机、自行车、罐头食品的口味和罐内涂料等质量还不够好，经销和购买者都很有意见；我们出口的机器和设备在技术和形式上也还需要改进和提高；我们出口的商品常不能保持源源不断的供应，以致已经打开的市场又会失去；我们的经营方法不够灵活机动等等，都必须认为克服、努力改进，否则要在竞争中取胜也是不可能的。

经过整风、新的生产高潮到来之后，明年度轻工业产品将有较大的增长，我们应该准备多出口一些。但是，在我们出口商品中，如棉织品、瓷器、玩具、罐头和某些食品，许多日用轻工业品都会遇到竞争，我们对于那些要认真采用竞争价格推销的商品，应该经过研究，开列品名，订出计划来竞销。为了进一步改善食品罐头的规格质量，我们欢迎兄弟国家的专家来帮助我们改进，并且要求各地将国外的规格要求和各种反映及时报部，由部里会同有关部门处理解决。在地区上，我们要在港澳地区、新加坡、马来亚和加拿大，好好地干出些成绩来。当然在竞销中会不会引起反感或反作用，特别是在香港方面，应由有关局、公司和有关同志加以研究。

这方面的工作和组织货源工作同样十分艰巨，要求各口岸、各公司、香港以及各驻外商务机构认真研究和实施。在这次会上，同志们也提出了很多有关对外推销和经营方面的意见，这些意见很好，将交给有关局和公司继续研究改进。我们也准备召集有关口岸和省、市专门开一个出口商品的推销会议。明年还准备讨论一次在香港的贸易有关问题。各公司和口岸明年要派更多的推销小组到国外去，具体深入地调查国外市场情况，同时应该适当地运用各地的代销商，并要在国外多设样品陈列室，举行商品展览会和广泛地进行宣传广告。广州举行的出口商品交易会很有作用，以后应该每年开两次，参加交易的商品要针对国外市场情况力求充实。

由于资本主义国家经济出现衰退迹象，为了预防春节后国外市场可能出现销售困难，要求大家努力一下，争取在春节前尽量多销东西出去。

3. 关于从非社会主义国家的进口。1958年对非社会主义国家出口是6亿美元，但进口用汇不能打得这样多，以防止出口任务万一完不成的时候使我们陷于被动。具体进口计划另行安排。同时要更加密切注意国外市场情况的变化。利用机会，在最有利的条件下购进我们所需要的物资。如果价格确实十分低廉，对于我们所必需的重要物资如铜、白铁皮等，也可以在计划外多买一些。这样就要求中央各部门和各地多供物资出口，同时我们在这方面也要多做一些组织工作。如果中央各部门和各地能够在计划外多拨一批出口货，按照超额出口外汇提成办法，我们当努力给他们换进他们所需要的商品。

从上面所说的要完成1958年对外贸易计划，要挖掘出口潜力，做好长期规划，要研究国外市场的情况，做好推销和进口工作，要建立各省、市、自治区精干的、办事效率高的对外贸易机构，任务是很繁重的，需要部和各地方、各公司、各驻外商务机构的同志们大家一块努力做好这些工作，以保证完成1958年的对外贸易任务，支援明年工农业生产的新高潮。

T51/30

对外贸易工作二十四条[①]

1958年3月3日

（一）贯彻整风，争取全胜，克服右倾保守思想，打掉官气、暮气、阔气、骄气和娇气。保护群众热情，鼓足革命干劲，克勤克俭，多快好省，组织思想上、工作上、贸易额上的大跃进，以支持国内工农业生产和建设的大跃进，并且积极扩大对社会主义国家、亚非国家、一般资本主义国家和帝国主义国家的贸易，密切配合我国和平外交活动。

---

① 出自常任民副部长在对资出口会议总结大会上的发言，收录于全国外贸局长会议参考文件之八。

（二）大力加强以下工作：（1）加强政治思想工作，这是一切工作的统帅和灵魂；（2）加强收购推销工作；（3）加强进口工作；（4）提高出口商品的品质，改进规格、包装；（5）加强价格工作；（6）加强运输工作；（7）改善仓储保管工作；（8）改进资金使用；（9）严格外汇管理；（10）搞好基本建设；（11）改进宣传展览工作；（12）加强干部培养。

（三）大力改进领导。

1. 党组要拿出60%的时间，结合工作实际，讨论形势、政治、思想、理论问题，克服政治空气淡薄的现象。对中央的指示、决定，要及时传达、深入讨论，最后得出组织实施的方案。克服只传达不讨论，或马虎讨论，或虽讨论但无实行办法等毛病。

2. 一切重大方针、政策和计划要由党组独揽，具体业务和其他具体工作要大胆下放，放手让局、公司和各省、市、自治区贸易机构去做。

3. 对党组各成员和各级干部要明确其职责，交给其权力，使其敢于在所管工作范围内大胆负责解决问题，克服互相推诿、怕负责任、事事要有文字为凭的不良风气。

4. 部长、副部长、局长、经理每年轮流下去2～4个月，深入公司，深入省、市、自治区，深入产区，深入国外，检查和指导工作，发现问题，解决问题。

5. 全面检查工作：每年1月份一次，总结上年工作，布置当年工作；5月下旬一次，检查上半年工作，安排下半年工作；9月底一次，保证完成和争取超额完成全年计划任务。

恢复和坚持每季度末的民主大检查，并且把大字报变成经常的批评争辩的武器。

6. 普遍搞试验田。部长、副部长要具体管一个公司的工作，局长、副局长、经理、副经理要具体管一个处的工作。有些公司的领导干部（如茶叶公司和丝绸公司），还应当在重点产区联系基层单位，具体了解、研究、指导生产、收购和加工工作。

7. 有计划地在重点口岸和产区，举行中小型专业会议和现场会议，减少集中到北京开会。

（四）做好培养干部规划，实现又红又专。实现红的办法：（1）在一切工作中加强政治思想工作；（2）组织干部轮流参加体力劳动；（3）组织干部学习哲学、政治经济学、历史科学，树立无产阶级革命人生观和辩证唯物论的思想方法；（4）注意研究政治思想问题，做到善于以政治指导业务，用政治核算指导业务核算。实现专的办法：所有干部要认真钻研业务。凡专业工作已达3年以上的干部，必须在今后两三年内精通自己所管的业务，其余干部必须两三年入门，5年精通。

（五）学会总结工作经验，学会写文章。要做到言简意赅，要材料与观点统一，要三性（准确性、显明性、具体性）俱全。

（六）外贸干部要在今后3～5年之内学会一种外文，做到能阅读、能会话，因此要继续加强在职干部外文学习，并且抽调高级干部进外文专修班学习。

（七）研究世界经济，熟悉市场行情，掌握火候，争取主动，大进大出，胜利完成进出口任务。

（八）第二个五年进出口计划：第一本账进口410亿元，出口470亿元；第二本账进口440亿元，出口500亿元。要千方百计地努力完成第二本账的计划任务。口号是：出口上要多收购、大出、快运、多收汇，进口上要大买、快买、快运、快交货、节约外汇。

（九）大大发展对社会主义各国的贸易，以求得彼此经济共同高涨，克服照顾自己多，照顾别人少，甚至不照顾别人的非国际主义的倾向。必须把爱国主义和国际主义密切结合起来，同兄弟国家实行全面的经济合作，并且早日签订长期贸易协定，以利双方有计划地发展经济。

（十）大力发展对亚非国家贸易，支持他们的民族革命运动，支持他们的中立政策。通过平等互利、易货平衡的贸易，帮助他们摆脱外汇（美元、英镑）缺乏的困难，适当满足他们建设自己独立经济的需要。

（十一）趁资本主义经济衰退的机会，大力卖出我们要卖出的东西，买进我们必须购买的物资。进一步占领港、澳市场，把新、马市场变成港、澳第二，大力开辟对加拿大、拉丁美洲和非洲各国的贸易。也要加强对英、法和欧洲一般资本主义国家贸易，扩大他们对美国的离心倾向。如果将来美国愿意同我国进行贸易，在平等互利的基础上亦可表示欢迎。目前各资本主义国家都是采取奖出限入的政策，我们的对策是分别地区和商品以进带出、以货易货。

（十二）对资本主义国家贸易需实行奖励出口政策。目前，对资本主义国家出口一般赔钱20%～70%，主要原因是：（1）现行人民币对资本主义国家外汇牌价不够合理，1美元只折2.617元，但实际出口4.2元的东西才能换到1美元；（2）国内供货层层取利，税收也较大。因此出口越多，赔钱越大，影响外贸各专业公司的出口积极性。而进口虽可赚钱，但利润主要归用货部门，实际上是国家财政上贴补了使用从资本主义国家进口货的部门，使他们不费气力就能降低成本。这也是不合理的。因此，建议：（1）在对资本主义国家外汇牌价不变的情况下，把内部结算由1美元折2.617元提高为4.2美元；（2）出口工业品应当按工厂生产成本加上缴利润作价拨交外贸部门，并且适当减轻出口货的货物税。

（十三）建议国家拨给外贸部门一部分周转外汇，以便乘资本主义经济衰退、价格下跌的机会，抓回我们需要购买的重要物资。其具体办法：从国库中拿出价值1亿美元的黄金（约300万两），其中3 000万美元拨给外贸部作长期周转外汇使用，其余7 000万美元可在今明两年内趁着资本主义世界市场价格大跌的机会，从资本主义国家买回我国工农业生产大跃进所必需的重要物资。

（十四）根据国际市场的需要和可能，密切联系生产部门和供货部门，全面规划出口物资的生产和收购。凡国际市场上供不应求的商品，应当尽量多生产、多收购；凡国际市场上有一定数量销路的商品，应当打足计划，按计划收购；国际市场上销路较小而且国内库存已很多的商品，为支持国内生产，可以适当收购，积极打开销路。出口物资增产规划确定后，外贸部门和有关生产部门应当签订长期供货协议或合同，做到生产部门保产、供货部门保供、外贸部门保收。

（十五）积极发展价高易销的出口商品生产，深入山区、水乡、工厂、矿山大力组织收购。

增加矿产品的生产，扩大矿产品的出口。第一个五年计划期间出口矿产品36亿元，第二个五年计划期间拟出口矿产品70亿～80亿元。大力发展钨、钼、锡、水银、水晶、硼砂和稀有金属（以上出口价格很高），以及高级石棉、煤炭、铁砂等的生产。

扩大丝绸出口，大大发展蚕丝生产，要求1960年超过日本，1962年家蚕茧产量达到1 000万担，1962年柞蚕茧产量达到700万担。加强桑园耕作施肥，合理提高茧价，以刺激蚕茧增产。

扩大茶叶出口，大大发展茶叶生产，1960年超过锡兰，1962年赶上印度，1962年产量达到700万～1 000万担。

第二个五年计划期间拟出口国产粮食1 600万吨，食用植物油230万吨，并且拟以进口煤油换出农村点灯用的植物油。

积极发展咖啡、可可、剑麻、番麻、虫胶、香料油等亚热带作物的生产和出口。

积极发展畜产品、食品、水果、土产、手工艺品、瓷器和水产品的生产和出口。

积极发展机器和成套设备的出口。适当采取分期付款和易货的方式。建立成套设备出口的总交货人和协作交货人制度，由主管的工业部担任总交货人，从设计、供应设备以至指导施工、安装、运转负责到底，其他有关工业部担任协作交货人，协作一致，认真完成供应出口任务，坚决克服消极推诿现象。对外贸易部负责组织对外谈判和联系等商务工作。

（十六）除了由对外贸易部同中央有关部

门衔接出口货源计划外，还应当允许对外贸易部直接同省、市、自治区挂钩，组织出口货源。对出口工业品，应当明令规定对外贸易部有权直接向工厂进货，并且应当划定专厂或专门车间生产出口商品。在各种出口商品中，应当将易销价高的品种拨交对外贸易部，如出口长沙或汉口大米1吨仅值36英镑，但出口小站米、常熟米、增城丝苗米1吨却能卖51英镑，贵15英镑，而且容易推销。为了扶植出口商品生产，必须增加对外贸易部收购资金，对外贸易部对生产单位并应当实行预付货款、预付定金、小额投资、加强技术指导等办法。

（十七）不断改进出口商品品质规格，做到物美价廉、扩展销路。为此，建议国家逐步建立工农业产品的国家标准规格，使我国产品逐步达到国际先进水平。

（十八）正确处理内销和外销的矛盾。粮油和某些国内供不应求而又关系人民生活重大的商品，实行限量出口，其他农副产品和一般日用品应当优先满足出口需要。质量好的商品应当优先供应出口。出口供货计划一定，必须保证按时均匀供货，不应随便削减出口。

（十九）在一切环节上精打细算，厉行节约，克服不爱护国家财产、不负责任和负责不够的不良现象，并且大力节约行政和外事费用，做到用钱少、办事多、流转快、成本低、收入大。

（二十）系统地建立价格工作，认真掌握进出口商品的国际市场价格、运输条件、付款方式、成交时间和交货期限，争取稳价多出，合理价格购进，以免在价格上吃亏。

（二十一）适应扩大出口需要，需要投资建设一些仓库、冷冻仓库、冷藏车、冷藏船、捕鱼船、油池、烘干厂以及香料油、羢毛、肠衣、羽毛、果干、果脯等小型加工厂。

（二十二）加强仓储保管工作，做到家底清，不霉、不烂、不丢、不淹、不失火，防止一切浪费损失。

（二十三）加强运输工作的计划性，运输要为进出口业务服务。密切运输和进出口的协作，消灭运输工作中各种差错和损失，大力降低运费（运费占商品流转费用达60%～70%）。充分利用资本主义国家的船商相互竞争的矛盾，加强降低运价斗争，按时租妥仓位，及时运进运出。建议国家积极建立我国远洋商船队。

（二十四）废除或修订束缚对外贸易发展的规章制度，建立能适应对外贸易跃进的先进的规章制度。

T51/30

在这种新的工农业生产大跃进的情况下，提到对外贸易部门面前的问题是：两个阵营的斗争更加尖锐，总的形势是有利于社会主义、不利于资本主义，势必使我们同社会主义阵营间的经济合作和贸易将更加加强。对亚非地区民族主义国家及反殖民国家必须加强支持，今后经济往来将更密切。对西方国家的贸易斗争将出现新的局面，在国内，由于工农业大跃进，出口货源增多，进口需要也大大增加。这些都是新情况。在外贸部门和省的关系上将更加密切，各省要发展工业需我们代为进口物资，他们生产出来的东西要我们销，此外体制下放后，在省里的机构也会有变化，总的说来将加强外贸机构，但在变动过程中，我们联系货源可能有些困难，这是暂时的，但我们应密切注意。今后对外贸易的任务将比以前更重更繁，所以我们的方针任务必须在“鼓足干劲，力争上游，多快好省”的总路线、总方针下采取“大进大出”的方针，大出是为了大进，大进是为了支持工农业生产，这是基本方针。因此，根据国内外形势，我们必须加强和兄弟国家的经济合作关系，我们将和兄弟国家签订长期协定；必须支持亚非民族主义国家政治上、经济上的独立；对资本主义国家要有区别地开展贸易，要利用他们的矛盾进行斗争，以进一步孤立美帝。我们要进口生产上需要的重要物资，推销需要出口的东西。我们同资本主义国家贸易还应采取以进带出的方针。

我们是有条件采取大进大出的。大进大出

的关键在大出。我们也有足够的条件可以大出。对兄弟国家来说，完全可能大进大出，这种贸易占我贸易额三分之二以上；对亚非地区也完全有可能，他们正在政治上、经济上独立，他们出产的原料如棉花、橡胶等我们有需要，我们生产的工业品、机器等对他们销售也有可能；对西方国家也有可能。资本主义经济危机看来对我们推销不利，经济危机就是他们生产出来的东西没有市场和销路，而我们有广大的市场可以销他们的货，我们的出口商品很广泛全面，货源也有可能，出口额占资本主义市场的比重很小，所以有条件可以大进大出。此外，港、澳是我国独占市场，不会受资本主义经济危机的很大影响。所以要大进大出，首先在思想上要有足够的认识，对形势的变化要有足够的估计，虽然困难也很多，应当理解到这是前进中的困难，因此必须在思想上大跃进，必须克服保守思想，要足够估计形势发展的有利一面，也要看到不利的因素和克服不利因素的各种措施，充分利用有利因素来贯彻大进大出方针。

现将对资贸易提出一些问题，不全面，不完整，供同志们参考。

1. 加强国外市场的调查研究，减少业务经营上的盲目性，以更好地为工农业生产大跃进而服务。

在现在的新形势下，一般的出口货源将大大增多，不足的只是个别商品，如果我们思想上不作准备，将来会造成工作上很大困难。现在已经有些生产部门向我们挑战，说外贸要什么就生产什么，但我们不敢应战，因为我们心中无数。过去我们有些单位以品质不好做挡箭牌，现在生产部门提出，你们要什么规格他们就生产什么规格，这样这个挡箭牌就挡不住了。如果我们不能满足生产上的要求，那我们就不能贯彻大进大出方针，更好地为生产服务，我们就要做促退派了。所以我们现在就要对所经营的商品逐项地对市场容量、竞争对象、品质、包装、全世界贸易额等情况进行系统地、深入地调查研究，现在不研究，将来就困难。我们做业务工作不能一天到晚只忙于写信打电报，讨价还价，这些工作是要做的，但仅这样做不够，还应当高瞻远眺，心中有数，指挥若定。我们的业务工作者不仅是业务具体的推销者，而且是商品的作战司令员或参谋，要指导生产和推销。我们把市场情况摸清后，就可以指导生产，告诉生产部门该生产哪些、生产多少、如何改进品质包装，否则他们不了解情况，盲目生产后销不掉，将造成积压。这就不符合外贸工作多快好省地为工农业生产服务的精神，这一工作有的公司做得较好，有的较差，这和部过去未强调这方面有关，所以我现在把这问题提出请大家注意。要了解市场情况不是一下子就能做好，要逐步做，要不断地做，要搜集国外市场行情资料，也要在业务经营中累积资料，应该说，我们是有条件做得好，我们国外有机构，有商务参赞，他们可以协助我们。我们做了这工作后，今后对生产就有发言权，希望大家争取这个发言权。

2. 改原料出口为成品出口问题。这也是新的情况。对这问题可以采取两种不同的态度：一种是觉得麻烦，认为原料好销，各省不供给我们，就去争取；另一种是积极地去推销成品。我们应当采取第二种态度，积极调查市场情况，使成品能出口。这样做会遇到很多困难，因为原料已有市场，已有客户，情况了解，而成品市场，客户都没有，要做的工作很多。但是要了解这种情况的变化不是谁主观想出来的，而是客观发展的结果。出口原料是帝国主义遗留下来的，现在我国工业发展了，我们要改变这种落后的情况。这样做对发展工农业生产和国家多收外汇都有好处，所以我们应耐心地和内地省研究这问题，创造条件逐步改变这种情况，在开始时应防止盲目生产，搞出不合销的东西，造成积压。

3. 关于工业品出口问题。现在内地省都要求出口他们生产的工业品。对这问题我们也有两种态度：一种是说内地的产品不合格，不能销；一种是对国外市场容量经过深入调查研究后，如确实市场容量很小，只好叫生产部门不生产，这是负责的态度。事实上很多商品国外市场容量是不小的，有好多市场我们未去销，我们有充分的条件可以占领更多的市场，特别工业品可以和日本竞争，我们的成本不会比日本高，品质也好，但很多商品不够商业化，如果在这方面多作调研，超过日本完全有可能。特别是工业品，多做一些工作，效果就多一些。工业品推销基本上应采取面广、点多的方法，做到五大洲都去，这是对的。根据市场发展不平衡的规律，面广就可多收效。工业品找代理是必要的，给他们一定的利益，他们就会为我们做事情，他们不是为共产主义服务，而是为利润服务。新小商品还未打开销路就要代理商负担一半广告费，这种做法值得研究。机器出口是很有前途的，市场很大，不仅在经济上，而且在政治上有很大意义。经济上是进一吨钢造机器出口可创更多外汇；政治上对民族主义国家来说，看到我国解放后不久就能出口机器，是对他们很大的鼓舞。机器出口的问题很多，要做很多工作，其对象是国外的资本家、工程师及技术人员，他们不相信我国能出口机器，怕我们技术不及英国，所以我们对这问题不能草率从事，一定要保证质量，质量不好就不出，否则政治上损失很大，而且这种损失要很长时期才能挽回。所以今后我们要在重点国家设立样品馆，要有操作技术说明，否则他们不懂操作，弄坏了还说我们东西不好。此外，必要的零件应准备。准备工作现在就要做，以便将来大规模地、有计划地出口。

4. 关于宣传工作问题。宣传工作是商品推销出口的一个重要手段，特别是工业品、手工艺品、加工品，一方面把我们出口商品的优点、用法等向国外消费者宣传，另一方面也要向国内宣传生产什么品质、规格。宣传工作与业务工作位置如何摆？是一回事还是两回事？据我看是一回事，要推销一个产品就要考虑如何介绍给消费者，使他熟悉这产品，这就要考虑到做各种宣传推广工作，如广告幻灯、路牌、送样品等，如果业务工作者不考虑这个问题，那除非能够不做宣传而完成他的出口任务，我看，恐怕没有商品可以不做宣传工作的；宣传工作者如果不了解业务方面需要在哪个市场宣传，那做起来就困难，所以我说是一回事。宣传工作需要花钱，但也有不花钱的，如在报刊上投一篇稿，宣传我国产品的优点，不但不花钱，还可得稿费。利用华侨报刊也可以。总之方法很多，不一定一谈到宣传就要钱。做宣传主要讲效果，要选择适当的时间、市场、方法，有些地区在报纸上登广告有效果，有的不一定，如果选择不适当，效果就要打折扣。商品未出口而做很多广告，是放空炮；商品要落令了，还做广告，是放马后炮。宣传工作不单是美工设计，还要了解当地的风俗习惯，所以是综合性艺术。如何做得符合业务的要求，那就不能单纯由宣传工作者订计划、经理批准即了事，必须与经营方案结合起来，必须是业务经营的一部分，但又不是和业务完全一回事，因为还有美工等工作。有的公司要把宣传工作放在秘书科，这值得研究；宣传工作为业务服务的提法也值得研究。要把宣传费用看成是我们对这一商品的投资，不能作为业务费用。今后经理不抓宣传工作一定会被动，有些公司不大重视宣传，今后需要抓起来，除非不必靠宣传。宣传费用的批准，财会科、秘书科可以随便削减或认为是浪费，这是不对的，宣传费用是投资，是基本建设。我们对市场看得准，货源看得准，就要有气魄，要与资本主义国家争夺市场必需做宣传。今后新品种更多，到新市场去也更多，所以宣传工作也要有一个长远的考虑，有计划、有步骤地进行，不是临时抓的问题。

5. 关于价格问题。掌握价格是复杂的事情，也是很尖锐的斗争，过去我们一下批判高价一下批判低价，具体工作同志很苦恼，左也不是，右也不是，批判了高价思想后，就产生了低价思想，批判了低价思想后，就产生了高价思想。为什么会出现这种情况呢？主要是对自己所经营的商品在国外市场供需和价格规律摸得不透。如何掌握才合理呢？主要一条是心中有数，对市场消息灵通，价格变化的原因也了解，整个世界市场的趋势看涨看跌也很清楚。有了这些条件，掌握起来就不会摇摆不定。这说明没有深入细致的研究，工作就做不好，这是斗争，也是客观反映。我们掌握的价格的妥当与否是关系六亿人民的利益，高了销不出是最大的损失，低了外汇收入就少了。今天我们要又红又专，“专”，价格掌握得好也很重要。同时我们还要勇于负责，不要怕犯错误，这就是革命干劲。目前国外市场变化快、变化大，就必须大胆负责。今天主观一些，但如果大胆积极负责，天天研究，慢慢就能接近于客观现实。所以要钻进去，利用国外刊物、国外机构和可靠客户，全面细致地研究。重要商品由经理掌握也与过去不同，经理不是点点头就算了，也要钻进去，要分析研究，要真正地掌握，才能使业务大大地提高一步。

6. 关于口岸与内地协作关系问题。上海口岸与内地协作关系基本上是好的，但也存在一些问题，口岸与内地彼此有些意见。外贸局长会议也讨论了这些问题。今天上海任务很大，离开内地，口岸就没有办法了，内地也离不开口岸，所以必须相互支持、相互信任、相互谅解、相互促进，把问题看成是共同工作，只是分工不同，那就没有什么问题了。有很多问题原则上都定了，遇到具体经办同志常会抵触，所以领导同志经常碰头及时解决问题并教育工作同志要有全面观点、整体观点也很重要。有了共同的思想基础，事情就办好了。

7. 关于以进带出问题。过去也提过，但不是全面的、全面性的提出，是今年，而且也有条件，前面已谈过。在具体方面，哪些商品可以，哪些商品不可以，需要具体分析。能单边出口换自由外汇的，应该不做以进带出，但也不是机械的，如有些地区进不去就可以做；有一些进口的商品如钢板等，带出的主要是次要商品，但对方要求搭一些这种商品时，也可考虑。进口商品也要排队，有些一定要及时到货，对工业跃进影响很大的商品就不一定要带出，所以要分别轻重缓急，至于是先进后出、先出后进、整批进分批出、分批进整批出、对开信用证等，这是方式问题。以进带出是新工作，今后中央与地方、各公司间，口岸与各省间要加强联系，要很好地总结经验。

“对资贸易问题”，卢绪章副部长在上海外贸干部大会上的报告，1958 年 4 月 18 日。T51/30

对外贸易部党组关于今后对外贸易发展趋势、任务、方针政策和重要措施给中央的报告

1958 年 5 月 11 日

根据南宁会议和成都会议的精神，我们先后开了 20 来次党组会议，回顾了几年来对外贸易工作，讨论了今后对外贸易发展趋势、任务、方针政策和重要措施。

一

开国以来，在过渡时期总路线的照耀下和对外总政策的指导下，我国对外贸易已有很大发展。1952—1957 年，进出口总值完成 487.75 亿元，为原定第一个五年进出口计划 454.75 亿元的 107.35%。在 1957 年以前，进出口额逐年都是增长的，特别是 1956 年进出口贸易额（不包括贷款进口）比 1955 年增长 17.24%，为开国以来对外贸易（不包括贷款进口）发展最快的一年。随着我国和平外交政策的胜利，到 1957 年底，我国同国外发生贸易关系的国家和地区共有 82 个，并同其中的 24 个国家签订了政府间贸易协定。这是对外贸易工作成绩方面，也是主要方面。

同上述成绩相比较，缺点和错误是次要的，但错误和缺点确实是有的，其中带路线性的错误，则为 1957 年 1 月的“下马”（实际上就是反 1956 年的冒进）。1956 年对外贸易的大发展本来是一件好事，是一个跃进。如果没有这个跃进，第一个五年进出口计划超额完成 7.56% 是不可能的。但是当时错误地把它看成是“冒进”，并且坚决执行了“下马”的决定。在出口方面猛烈地削减了大米、食用油、冻猪肉、生铁、煤炭、氧化铝、纯碱、烧碱、厂丝、小

型钢材、大麻、苎麻、铁钉、铁丝等重要物资；在进口方面采取了“撤、削、推、欠”的消极办法，撤销了大量货单和合同，并撤掉了一部分早已订妥的成套设备、机械等重要物资。

这一错误的影响是：（1）使1957年进出口总额比1956年下降3.8%。（2）引起某些兄弟国家对与我发展贸易表示失望、有意见；影响了我们的对外信誉。（3）影响了国内建设和生产所需物资的供应，甚至影响到今年工农业生产大跃进所需物资难以及时买回。（4）由于某些出口重要物资骤然削减，使我们与资本主义世界市场上某些阵地也被迫缩小或丧失，需要重新恢复。（5）损伤了干部的工作积极性。

发生上述错误，虽然有客观上的原因，但是在主观认识上是有错误的。

第一，匈波事件爆发后，大家都很注意，这是自然的、应该的。但有的同志没有从这两个事件中正确吸取经验教训，得出积极办法，来很好地处理我们自己的事，而是受了消极影响，因而畏首畏尾，偏重于片面地、较多地满足人民眼前的利益。为了今后不再犯这样的错误，我们必须确信只要善于在群众中进行充分的正确的政治工作，并且及时采用适当方法，一切人民内部矛盾都是完全可以解决的。

第二，“从6亿人口出发”，“要建设，又要人民”，这个方针是完全正确的。为了实现这个方针，当1956年一度市场紧张、供应困难时，本应采取发动群众、依靠群众、发展生产、厉行节约、活跃市场的积极前进的办法予以克服，但有的同志却从消极方面考虑多，因而便采取了削减进出口和延缓工业化速度的消极办法来解决这一问题。事实证明：这种退缩保守的办法不但没有解决困难，反而更增大了困难。接受这一教训，今后我们必须在勤俭建国方针下大力发展出口物资生产，有计划地实行大进大出，支援生产建设大跃进。必须把人民的眼前利益和长远利益正确地结合起来，而且眼前利益要服从长远利益。

第三，重视平衡是必需的。没有正确平衡，就不能发挥计划经济的优越性，甚至会发生混乱现象。但是平衡必须是促进的，即必须是能够动员和组织千百万人积极前进，而不能是维持现状和促退。在经济发展中，旧的平衡被打破，带来某些局部的暂时的困难时，应当采用向平均先进水平赶上去的积极办法，适当建立新的平衡，决不能用任何消极办法来限制和打击人们的积极因素，消极维持平衡。否则，既不利于社会主义建设，亦不符合事物发展的规律。

第四，在制订计划时注意稳妥可靠，也即是将计划打得有一定的伸缩性，以便经过人们最大努力能够实现或超额实现计划，这是必要的，也是正确的，因为它是积极发展的；但有的同志却把稳妥可靠理解为削减进出口额、四平八稳，不许多迈一步，结果妨碍了生产建设和对外贸易的发展。这不是稳妥可靠，而是右倾保守。

第五，对兄弟国家的贸易必须坚持“平等互利、积极协作和实事求是”的原则，但有些同志却片面地认为自己能够生产就不许进口，自己供应有点困难就不肯出口，自己需要的就非要人家给不可，这是从自己出发多，照顾自己多，照顾和考虑兄弟国家需要和困难少。尽管社会主义各国之间的贸易在若干具体商品上有碰头的困难，但从总的趋势说来，基于各个社会主义国家经济高涨的要求，我国同各兄弟国家的贸易和经济合作必须是积极协作、积极发展的。那种照顾自己多、照顾别人少的思想与做法，是不利于同各兄弟国家团结合作的。

第六，从思想方法上来讲，右倾保守的错误主要是经验主义作怪。也就是说，我们有些同志爱拿过去的一点粗浅的稳定市场的经验来认识和处理当前宽广而复杂的问题，迷恋于老概念，而对三大改造胜利完成后生产力飞跃发展的主要形势，以及毛主席提出的多、快、好、省的方针路线未作全面、细致、深入的钻研。同时，由于思想方法上的片面性，在分析国内外形势时往往把特殊当做一般、把局部当做全局、把支流当做主流，分不清九个指头与一个指头的关系，因此就不能掌握正确的方向，终于在去年一度走错了方向。

二

今后我国对外贸易能否发展？是小发展、中发展还是大发展？我们认为，今后我国对外贸易是大发展的趋势。其根据是：

（一）随着右倾保守思想的克服、“多快好省、鼓足干劲、力争上游”的建设路线的普遍贯彻执行和共产主义思想大解放的展开，国内已经全面地掀起了一个生产和建设大跃进的高潮。这种跃进的趋势将不断地持续地发展下去。出口货源已经和将要日益增多，各地供应出口物资的积极性已经和将要大大提高。进口用汇需要也将大大增多。据初步估计，第二个五年计划期间，进口用汇将比第一个五年进口实绩增加六成以上。因此，今后对外贸易大发展是有物质基础的，也只有大力发展对外贸易才能适应国内经济大发展的需要。

（二）以苏联为首的社会主义阵营各国的经济正在加速高涨，特别是在莫斯科会议以后，各兄弟国家间的团结日益加强，大家一致要求扩大相互间的经济合作。

（三）亚非国家和拉丁美洲民族解放运动蓬勃地发展，他们正在努力摆脱殖民主义的政治压迫和经济束缚，建立和发展他们自己的独立经济。但是他们一般有物资，缺外汇。他们如果找帝国主义，又会背上不平等条件。在此情况下，他们会更多地同我们进行贸易，我们可以在平等互利和必要时予以适当照顾的原则下，进一步同他们发展贸易往来。

（四）在东风继续压倒西风的世界形势下，西方一般资本主义国家虽然反对社会主义，但中立倾向日益增强。为了逃避经济危机，他们迫切需要同社会主义国家发展对外贸易来解决困难。我们可以适当和他们开展贸易，以促进他们对美国的离心倾向。

（五）在东风继续压倒西风的世界形势下，美国和其他帝国主义国家最后必将被迫撤退。他们的经济危机正在日益严重，他们之间的矛盾也日趋尖锐。他们虽然想用战争、加紧剥削殖民地等嫁祸于人的老办法来解决危机，但是今非昔比，他们为所欲为的时代已经过去了。因此，他们也就不得不从发展对外贸易中来找寻出路。他们对我国的“禁运”将会逐步瓦解。我们可以乘他们之危，在孤立美国和政治上、经济上有利于我的原则下，有区别地适当地发展同英、法等国的贸易。

（六）1956 年资本主义世界市场贸易总额为1 863.7 亿美元，而我国对资本主义国家贸易额仅为10.3 亿美元，占0.55%，比重很小，应该大大发展，而且也大有发展之余地。

但是，在对外贸易大发展的总趋势中，也将会遇到一些困难，主要是帝国主义国家捣乱以及资本主义各国毫无例外地采取“奖出限入”的政策，这无疑地要增加我某些商品出口的困难。同时，由于资本主义市场价格下降，也会影响我们收汇减少。但是，困难是可以克服的。我们可以利用他们急于推销的心情，分别国家、地区、商品，采取大进大出、以进带出、易货平衡的政策，打破他们对我们的限制，一种一种地、一步一步地占领市场。同时，资本主义国家之间、资本主义国家的企业与政府之间、企业与企业之间的矛盾重重，可以利用。虽然我出口货会因落价而减少收汇，但进口货也会因落价而减少用汇。只要我们能够很好地克服不利因素，充分地利用有利因素，总的说来，对我们还是有利的，贸易还是能够大发展的。

根据上述趋势，我们对第二个五年计划进出口的指标，经过这一时期上下酝酿：出口第一本账为 470 亿元，第二本账为 500 亿元，比第一个五年计划时期出口实绩 234 亿元增长1 倍到 1.14 倍。进口第一本账 410 亿元，第二本账 440 亿元，比第一个五年计划时期进口实绩 255 亿元增长六成到七成。上述进出口指标，还有待于部党组最后正式定案。出口指标比进口指标大，是因为要偿还贷款和对外援助。只要我们在各项工作中认真贯彻执行“多快好省、鼓足干劲、力争上游”的建设路线，不犯大的错误，完成上述指标是可能的。

三

为了在对外贸易战线上贯彻执行上述社会主义建设路线，根据整风运动以来群众在大鸣大放、大争大辩、大字报中的揭发批判和部党组的检查，必须在政治思想领导、思想方法、方针政策、领导方式、体制机构、规章制度、经营方式等方面破除妨碍这一路线贯彻执行的一切消极因素，调动一切积极因素。为此，我们已经和正在抓紧解决以下问题：

（一）加强政治思想领导。总的说来，过去几年来，我部是注意政治思想领导的，基本上贯彻执行了党在过渡时期的总路线和对外总政策，在历次运动中有力地执行了中央的指示，注意了克服党内外各种不良倾向，基本上做到了有原则的团结。但是部党组在政治挂帅方面还是很不够的，主要表现在：

1. 务实业多，务虚业少；研究业务、计划数字多，钻研政治、思想、形势、方针、政策、路线、理论少。

2. 对于中央和毛主席的重要报告和指示决定，讨论学习得很不够。在讨论中树立对立面，以便求得深刻领会和统一认识不够。有时讨论后没有定出贯彻执行的有效办法，即或定出办法，但贯彻到底的精神不足。

3. 抓计划任务多，这是必要的，但是对完成计划任务的具体部署，如政治思想问题、具体政策和措施等，都抓得不够，有些单纯任务观点。

4. 有些同志存在着你红我专、红专分裂的倾向，即误以为政治思想工作是政治工作人员的事，自己是搞业务的，这自然会减弱政治思想领导。

5. 认真总结经验不够，妨碍思想水平的提高和新事物的发现。

由于政治挂帅不够，因而虽然做了许多具体工作，但是终于犯了“下马”那样路线性的错误，这是很大教训，故今后必须加强政治统帅作用。

第一，以红领专，又红又专，红专统一。党组的领导要实现七分政治、三分业务，做到看得清、抓得起、方向对。党组会议要拿出70%时间谈政治，结合实际及时讨论形势、政治、思想、理论等问题以及中央的指示、决定，并应定出切实有效的贯彻实施方案。在讨论中要注意争深辩透，使问题决定得更加全面和深刻。局和公司的领导干部也要拿出50%的时间谈政治。召开干部会议应当先弄清政治、思想、政策，再谈具体业务问题。党组成员和局长经理以上干部对政治和业务必须统一兼管，并且加强集体的政治思想领导，绝不能把政治思想领导仅仅委之于政治副职去做。在一切工作中，必须用政治指导业务，用政治核算指导经济核算，使业务工作渗透政治，通过政治保证业务的方向正确，通过业务实现政治，以免越专越偏、迷失方向和空谈政治。同时，必须上下一致彻底实现共产主义思想大解放，着重克服资产阶级个人主义和“三风”、“五气”。

第二，领导干部必须从解决当前革命实际问题出发来加强理论学习，提高政治思想水平，特别是克服思想方法上的经验主义。从现在起到年底，先把毛主席的《实践论》、《矛盾论》、《关于农业合作化问题》、《中国农村的社会主义高潮》的“序言”和“按语”、《关于正确处理人民内部矛盾问题》、《关于十大关系》、《全国农业发展纲要（修正草案）》、“工作方法60条”和中央的一些重要指示决定以及莫斯科会议两个宣言，很好地学习一下。要认真学习毛主席运用马列主义普遍原理来解决中国革命和建设问题的精神。党组同志和局长经理以上干部每天至少要挤出一个小时来读书，要坚持下去，并且健全学习和讨论制度。提倡学习与独创相结合。学、思、用要统一，学和思都是为了用。提倡敢想敢说，敢作敢为，敢于批评和自我批评，为真理不迁就任何人，也不迁就自己。坚决反对不用脑筋和盲从迷信。

第三，总结8年来对外贸易工作经验，并

注意抓住先进典型，及时推广先进经验。

第四，党组同志要定期轮流向全体干部作富于政治思想性和政策性的报告。领导干部要经常为本部内部刊物《对外贸易》写文章（每人每年至少写两篇），到对外贸易学院讲大课，藉以加强政治思想领导，推动工作，促进自己，促进别人。领导干部要练习写文章，要把文章写得材料和观点统一、“三性”俱全。除个别年老或体弱者外，领导干部一般要在3～5年内学会一种外文，做到能阅读、能会话，以适应工作需要。

（二）关于对外贸易政策问题。进口政策：必须根据在优先发展重工业的原则下工农业同时并举、在统一规划的原则下中央与地方工业同时并举的方针，并按照国内需要、外汇能力和国外供应可能，有计划地大力进行采购，首先是满足某些关键性的大型工业建设和发展原子科学、技术改革的需要，其次是满足一般工业、地方工业和农业的需要，再次是酌量满足市场需要。

在出口和收购政策上，要根据国内用汇需要和国外市场销售可能条件，积极收购，积极推销，特别是大力组织新品种、工业品和机械设备的推销，以促进工农业生产的发展。但应当是有计划地、实事求是地积极去做，不应不问国外市场情况，生产什么就收购什么，生产多少就收购多少。其具体办法：（1）国外市场上供不应求的商品，应当按计划大量生产、大量收购，超计划也收购。（2）国外有一定销路的商品，应当打足计划，按计划收购。（3）国外销路窄、国内库存多的，可酌量收购，但不可盲目收购。（4）目前国外销路虽不大，但有销售前途，并且能较长期保存的商品，可以适当增加收购，增大库存。（5）有季节性的、不能长期保存的商品，要快收快卖，卖不了的应及时转作内销，以免腐烂。（6）新商品（如红薯）只能积极对外试销，待打开销路后再同生产单位签订收购合同。（7）要积极协助生产单位不断提高产品质量规格、降低成本，以求价廉物美，扩展销路。（8）同生产单位签订长期合同，并可根据实际需要酌量预付货款、预付定金和进行小额投资。双方都须严守合同信用。

对社会主义国家贸易，必须继续在平等互利、积极协作、实事求是的原则下积极发展，使经济协作与贸易往来配合起来同时进行，进一步增强互助合作；并且要在今年内同各兄弟国家签订长期贸易协定和合同，以便彼此有计划地安排生产和组织供货。在签订协定和合同前应该慎重。既已签订，就必须严守信用，坚决履行，彻底克服订后又撤、对外失信的毛病。此外，在我国生产大跃进之后，由于需要大大增加，某些部门、某些地区要求兄弟国家多多供应工业设备和某些原材料，这是可以理解的，外贸部门当然也应积极向外交涉；但是如果兄弟国家确有困难，我们应该体谅他们的困难，不应该勉强要。订货单位更不宜直接催对方国家提前交货或到国外自行谈判，因为那样做，兄弟国家便难于应付，而且会引起他们对我们某些不满意见。在对亚非各国的贸易上，应该在平等互利和必要时予以照顾的原则下积极发展。对拉丁美洲各国的贸易，必须在平等互利的原则下积极开展。对西方国家的贸易，应当根据平等互利的原则，并在政治、经济于我有利的条件下适当开展。在对各国进行贸易时，都必须密切配合我国的外交政策，特别是对资本主义国家贸易中，必须紧密配合对外政治斗争。例如对日本，为了我们的利益，为了中日两国人民的友谊，为了帮助日本逐渐减少直至在经济上脱离对美国的依赖，我们有必要对日本进行贸易。但是由于岸信介破坏第四次中日贸易协定，而且态度十分恶劣，特别是由于在长崎扯下了我国国旗，党中央决定立即中断对日贸易，这个决定是十分正确的。个别同志，因为停止了对日贸易使我们买好了的钢铁和化学肥料不能进口就发生疑虑，这是错误的，因为贸易必须服从政治斗争。

（三）克服官僚主义，改进领导作风。本部领导上官僚主义作风严重存在，主要表现在：纠缠于繁琐的事务和文件中，深入下层、深入现场检查工作、解决问题不够，和生产者直接往来不够；发动群众、依靠群众、抓先进不够；组织协作不够。改进办法如下：

1. 业务职权下放。日常文电，除少数重要者必须由部长或副部长核批外，其余全由各有关局长在已定计划政策范围内处理。

2. 部长、副部长、局长、经理每年要下去2～4个月，分别深入公司，深入省、市、自治区，深入产区和生产单位，深入口岸和国外，检查督促和帮助改进工作。

3. 每年全面检查工作三次，1月份一次，6月份一次，9月份一次，及时总结经验，部署工作，保证全年任务完成。

恢复和坚持每季末的自下而上和自上而下相结合的民主大检查，并将大字报变成经常性的批评争辩武器。

4. 所有领导干部都必须搞试验田。党组已确定以一个进口公司和一个出口公司作为试验田。有些单位（如茶叶、丝绸公司）还应当在重点产区联系基层单位，具体了解、研究、指导生产加工和收购工作。

5. 有领导、有组织地加强上下左右和国内外有关单位之间的协作，特别是注意搞好口岸与内地的协作。为此，在每季末举行以口岸为中心的协作会议，并有计划地轮番到各地举行中小型的专业会议。

（四）关于体制和组织机构问题。在对外贸易工作中保持一定的集中性和统一性是必要的。但是本部过去集中过多，统得过死，限制了地方积极性，增加了自己的繁琐事务。因此，对外贸易业务必须本着“大权独揽、小权分散”的原则彻底下放，进一步依靠地方党政、依靠群众、依靠多数人办事。

下放什么？（1）出口货的组织生产、收购、收购价格、加工、包装、仓储、运输全部交地方管理。（2）实行块块核算，上缴利润任务由地方负责。（3）由各省、市、自治区自己编制进出口计划、自己平衡，然后报国家经委和外贸部，以经委为主，外贸部协助，根据国内外情况再进行统一的综合平衡。（4）外汇收入全归地方。中央需汇由计划部门拟定各地区上缴任务，由各省、市、自治区按规定任务上缴，并应抽肥补瘦，以照顾出口物资较少而又需要外汇的省和自治区。

在对外成交上，应把对外统一和发挥地方积极性结合起来。其基本办法是：重要商品，按口岸分工，由主管口岸对外报价成交，其他口岸和省、市，按计划分头组织货源和交货，所得外汇归交货口岸和省、市，以免相互竞销，价格下降，被外商钻空子，我们吃亏。所有商品对外成交的具体价格，由口岸公司掌握。为使口岸与内地各省、市、自治区能够很好地直接挂钩和合作，外贸部可定期派出负责干部到各个经济协作区帮助其加强经济协作工作。

业务下放后，外贸部要抓紧政治思想领导、方针政策、全面规划、协作平衡、对外谈判、检查督促、业务指导，总结推广先进经验。

以上是调整体制的初步意见。待体制定后，本部机构还需要进一步精简和调整，并加强国外、口岸和内地对外贸易机构。

（五）关于规章制度问题。本部自1952年以来共制定了408件规章制度。最近检查了157件，发现好的和继续适用的占25%，需要修改的占50%，应该废止的占25%（不少规章制度在实际工作中已有很多改变，但是没有正式公布修改和废除）。

在规章制度中存在的主要问题是：条文冗长，手续繁杂，分工过细，协作不够，管得太死，不完全切合实际，妨碍地方和群众积极性的发挥。在这方面，教条主义现象相当多。这些不合理的规章制度，有的是仿照旧社会的办法，有的是来自其他部门，如统计、工资、基本建设等，而更多的是仿照苏联的。但不管来自何方，只应由我们负责，因为问题在于我们制定规章制度时缺乏独立思考精神，未能完全从我国对外贸易所处的实际环境和工作条件出发。

在“双反”运动中，我部已发动群众破

除了一大批不合理的规章制度。为了彻底克服教条主义，并从陈规陋习中彻底解放出来，党组已经指定专人负责，并正在进一步发动群众，进行彻底审查整顿。

（六）关于经营方式问题。总的说来，几年来我部各单位的经营方式逐年有所改善，特别是在“双反”运动中有了较显著的转变。经营方式上的主要缺点是盲目性大，老一套作风严重，并且在一定程度上存在着坐等货源和等客上门的开当铺式的经营作风。

为了搞好经营，贯彻多快好省、勤俭建国、勤俭办企业的方针，必须：（1）系统地加强对国外市场动态和国内货源情况的调查研究，反对迷信旧资料，力求掌握活资料、活情况。（2）彻底克服坐等货源、等客上门的消极作风。在收购工作上，一定要深入工厂、矿山、山区、水乡、合作社，直接和生产者见面，要更好地依靠地方党政，积极同各供货单位协作，坚决地扶植工农业生产。在对外推销上，一定要有计划地、有组织地派出贸易小组向资本主义世界市场进军（现已派出了30多个）。要在多出口、多收汇、不违反政策的原则下，灵活采取和创造各种各样的经营方式，如组织出口商品交易会、邀请客户来国内谈判、函电成交、在国外委托代理、寄售，组织联营，利用侨商和资本主义国家海员推销等。

四

为了便于在对外贸易工作中贯彻社会主义建设路线，我们提出以下几项建议，请中央考虑解决：

（一）请中央指示各单位对外必须严守协定和合同信用，防止和克服随便撕毁合同或不严格履行合同义务的现象，以提高我国对外信誉。

（二）改变对资外汇牌价。目前我国对资本主义国家出口一般的是赔钱的，按照不同商品赔钱20%～70%不等。其原因主要是人民币对美元外汇牌价不够合理；即1个美元只折合2.617元人民币，但实际上出口约需4.5元人民币的东西才能换到1个美元。因此，出口越多，外贸公司就赔钱越多，妨碍外贸公司出口的积极性。用换到的1个美元在国外买回货物，进出相抵本来仍可赚钱，但因由资本主义国家进口的重要物资多是外贸部门代理用货部门进口，外贸部只向用货部门收取3%的手续费，内外差价绝大部分归用货部门。这样，外贸部门就不能完全以进口之盈抵出口之亏，并且不利于促进用货部门降低成本。在业务下放之后，如果不及时改变外汇牌价，也会影响地方上出口的积极性，而且将使各个地方难于核算盈亏。

因此，建议在现行外汇牌价对外不变的情况下，把美元内部结算价格由2.617元人民币折合1美元改为4.5元人民币折合1美元。这样，既能鼓励出口，对外也不会发生不良影响。

（三）成套设备出口有重大的政治和经济意义。因此除要求各工业部门改变“吃饱就算”的思想，树立积极发展成套设备出口、为国家创造外汇和为国争光的积极思想外，建议国务院指示各工业部门根据国外需要和国内可能积极发展成套设备的生产，供应出口，同时迅速建立起成套设备总交货人和协作交货人制度，由主管工业部担任总交货人，从设计、供应设备以至指导施工、安装、运转负责到底，其他有关工业部门担任协作交货人，协作一致，认真完成对外供应任务，坚决克服消极推诿现象。

（四）建议由国家经委全面负责进出口综合平衡工作。过去进口多由国家经委考虑，出口多由国务院五办考虑，缺乏一个机关统一考虑，影响进出口平衡的掌握，外贸部也感到不好办事。因此，建议今后年度进出口计划、综合平衡全由国家经委统一负责，以便全面规划、协作平衡。

Z9－855－4

我国成套设备出口，不仅能大量为国家创造外汇，而且对于支援某些亚洲人民民主国家的工业建设，以及对于支援亚非各民族主义国家建立民族工业、摆脱帝国主义经济束缚，扩大我国政治影响，都有重要意义。因此，应当积极发展成套设备出口。我们已建议各工业部门改变“吃饱就算”的思想，树立积极发展成套设备出口的思想，并已建议国务院迅速建立起成套设备交货人和协作交货人制度，由主管工业部担任总交货人，从设计、供应设备以至指导施工、安装、运转负责到底，其他有关工业部门担任协作交货人，协作一致，认真完成对外供应任务，坚决克服消极推诿现象。

全国外贸局长会议参考文件之十四：我国对外贸易的发展趋势和应当采取的方针政策，1958 年 6 月 12 日。T51/30

三、加强协作问题

协作关系过去基本上是好的。大家曾经做了很多工作，口岸和内地、外贸系统和生产部门的关系基本上是正常的，但协作问题很复杂，还会发生一些问题。例如出口商品的规格、质量，如何进一步搞好协作呢？（1）内地与口岸的收购和出口就是分工。各省对出口给了很大的支持，这是对国家的支持，对外贸部的支持。内地支持口岸，口岸支持内地，这是相互支持。对于相互间存在的问题，我们必须根据“全国一盘棋”的精神和全局观点来进行解决 。具体地讲，主要是：内地要积极支持货源，保证按计划供货，并及时将调运情况告诉口岸；口岸要经常将国外情况告诉内地，特别是出口商品的品质、规格要多交流情况，交换意见，相互帮助，解决问题，在技术力量方面要更多地依靠口岸。（2）部和各总公司过去对各省情况了解不够，具体帮助解决问题比较少，今后要加强这一方面的工作；同时也要求各省多向部和总公司反映情况，各地在品质、规格等方面存在的问题，希望能及时反映，我们很欢迎。凡是合理的，我们一定采纳，但是在没有经过外贸部、总公司批准以前，一律仍须按原来规定进行收购和生产。（3）内外贸必须相互照顾，相互支持。国内市场供应比较紧张，就影响外贸组织出口货源，我们有可能帮助的一定要进行帮助，对库存商品凡不合外销的要坚决地拿出去支持内销。商业部门对我们出口是积极支持的，今后应该进一步相互协商，共同帮助。（4）外贸部门和生产部门也要很好协作，相互商量。凡我们能挤出来的东西都要拿出来帮助他们改进规格、提高生产。只有加强相互协作配合，才能生产出数量更多、品质更好的出口商品。

叶季壮部长①在六省一市外贸工作座谈会上的报告记录，1959 年 6 月 22 日。Z10－949－2

叶季壮部长在全国对外贸易局长会议上的结论［节录］

1958 年 7 月 19 日

这次全国外贸局长会议讨论了如何在外贸部门贯彻执行鼓足干劲、力争上游、多快好省地建设社会主义总路线问题，改进对外贸易体制问题，贸易外汇体制和 1958 年地方外汇问题，改进口岸与口岸、口岸与内地之间的关系问题，保证完成 1958 年对外贸易跃进计划任务问题，并且对 1959 年出口计划交换了意见。这一系列问题，都是当前我国对外贸易发展中需要解决的重大问题。由于这次会议采取了以虚带实、虚实结合的方法，贯彻了整风的精神，大家有鸣有放、有争有辩，把问题和矛盾都摆了出来，提出了各种解决意见，并且开展了批评和自我批评，使这次会议开得好，能解决的问题都解决了。这次会议原计划开两个星期，结果多开了 10 多天，我们认为这有好处，否则有些问题不好解决。在会议期间，上海外贸部门还组织了业务跃进经验介绍，组织大家参观了许多工厂，对大家有很大帮助。特别值得提出的是周总理在百忙中接见了我们两次，一次听我们汇报，一次对出席会议的全体代表作了重要的指示。

经过这 20 多天会议讨论，使大家对情况有了全面的了解，明确了对外贸易如何贯彻党

① 叶季壮时任对外贸易部部长。

的社会主义建设总路线，对中央确定的自力更生为主、争取外援为辅、重点使用外汇等方针政策也有了比较深刻的认识，改变了某些片面思想和错误观点，从而统一和提高了大家的思想认识。

现在谈谈目前形势。

现在的国内形势是工农业生产建设全面大跃进。这对于我们组织出口货源工作是有利的。估计秋收以后情况会更好，粮食将比去年增产60%～100%，棉花产量将达4 000万～6 000万担，这对于提高农民购买力、储备粮食等都有好处。工业经过今年、明年、后年3年苦战，很多东西将不缺，国际形势已经是东风压倒西风，并将继续压倒西风，人心归向社会主义。在外交上我国很主动，英、美帝国主义很被动，特别在最近几天美、英出兵侵略黎巴嫩和约旦后更被动。资本主义矛盾百出，乱子很多。社会主义阵营无危机，更团结。社会主义阵营在莫斯科会议后更加团结。［中略］我们反对现代修正主义之后，社会主义阵营团结更加加强了。经济上，社会主义阵营各国发展很快，特别是中国跃进，很可能3～5年就赶上英国，10年左右赶上美国。资本主义国家经济危机加深。社会主义经济则上升，资本主义经济下降。民族主义国家政治经济日益独立，使帝国主义经济更加困难。民族主义国家独立运动高涨，印尼反对荷兰，黎巴嫩人民反美，伊拉克独立，很好。英、美手忙脚乱，不择手段出兵。但是，肯定最后他们是要被迫撤退的。战争对我们对外贸易工作影响大小现在难以估计，可能有两方面的影响：一方面对我们工作可能有帮助；另一方面也可能发生一些困难。有些国家会因战争而增加储备，这对我们出口有利。但不管战争规模如何，到一定时候对我们会有影响。现在估计封锁苏伊士运河和地中海为时还早，但也要估计到有此可能。因此，第三季度工作很重要，更加要鼓足干劲，快买快卖快运，不要缩手缩脚，增加顾虑，发生偏差。总之，要快买快运，随时注意战争情况发展，及时采取一些有效措施，这样就能完成国家的进出口计划任务。

现在，我谈谈这次会议讨论的几个主要问题：

一、关于在对外贸易工作中贯彻执行建设社会主义总路线问题

这个问题是有关今后相当长时期内对外贸易的根本性方针政策问题。同志们发表了许多意见，李哲人同志作了综合性发言，特别是周总理指示得很明确。希望大家回去后向省（市、自治区）党委汇报一下，在8月5日前向外贸部反映，以便修改后定案。现在我着重谈谈以下几点：

（一）必须坚决贯彻“以自力更生为主、争取外援为辅”的建设路线。自力更生，就是依靠自己的人力、物力、财力，发展生产，厉行节约，艰苦奋斗。这是我们党在革命斗争中和建设中一贯坚持的正确的路线。为什么一定要以自力更生为主呢？这是因为：

第一，国内建设需要非常大、非常急，我们中国人多、群众办法多、潜力大，而外汇有限，不依靠自力更生，光靠外援，便无法满足国内建设飞跃发展的需要。依靠自力更生，经过3年苦战，也许在明年下半年以后，国内建设需要的某些物资供应的紧张情况，就可以大大缓和起来。明年钢铁产量就可以达到2 500万～3 500万吨，如只靠进口，顶多买回一两百万吨，为数仍然很小，化肥、拖拉机、卡车等也是这样。所以，必须以自力更生为主。

第二，同兄弟国家贸易是可靠的，但从兄弟国家进口是有一定限度的，因为他们自己建设也需要大量重要的机器设备和原材料。主席指示过，我们大跃进不能躺在别人身上。我们不能把人家的东西全买来，还得照顾人家生产建设的需要，帮助别人自力更生。自己不要背包袱，同时也不要人家背包袱。今年向东欧兄弟国家临时买现货多了一些，周总理指示我们，用外交部名义给东欧各兄弟国家写信声明这是我国跃进中的一时需要，随着我国工业发展，有不少进口东西今后将要减少或完全不要，因此不要为我们扩大生产，以免造成生产

和销售上的困难。

第三，在对资贸易上，我们绝不能对资本主义国家存在任何幻想。一定要对我国政治上、经济上有利才做，因为对资贸易实际上是一个阶级斗争，我们只能利用他们解决一些问题，特别是现在利用资本主义危机购买一些我们十分需要的东西，但是我们不应该买他们销售困难而我们并非十分需要的物资，以免为他们解脱危机。总理指示：以争取外援为辅，是指对兄弟国家而言；对资，如果政治上对我不利，这种“辅”也不要。在出口上，我们要尽量打进各个市场，斗垮日本货，孤立美国，排挤其他西方资本主义国家商品，一定要在和平竞赛中赛垮帝国主义。当前，为了配合对英斗争，对英贸易应当冷淡一下，采取冷而不断的做法。

由此看来，争取外援是有一定限度的，数量少，来得慢，某些东西又不太可靠。只有自力更生，生产建设大跃进才可靠。当然，不要以为以自力更生为主，争取外援就不重要了。我们在外贸工作中应当在需要与可能的条件下努力争取外援。据反映，个别同志的看法不是这样，认为外贸工作的作用不重要了。因此，应该提醒大家注意向下面干部讲清楚，有两种思想需要加以防止。一种思想是把生产建设大跃进的希望过分地寄托在国外进口上，另一种思想是认为既然以自力更生为主，就忽视对外贸易在社会主义建设中的重要作用，不积极地有计划地组织进出口，这也是不对的。在第二个五年计划期间，对外贸易的计划任务仍是很重大的。对苏联和东欧有200多个成套设备项目，还有许多大型机器设备要进口。因此，完成对外贸易计划任务，根据中央指示的自力更生为主、争取外援为辅和重点使用外汇的原则，争取多进口国家建设需要的重要的机器设备和原材料，对于促进完整的工业体系的迅速建成是有着重要的积极作用的。

（二）必须贯彻以重点为主、适当照顾一般的方针。根据我国建设的需要，必须重点使用外汇。我们进口首先应当满足重型机器制造、发电、冶金、原子科学的需要，争取多进口重型机床和大型发电设备以及优质钢材和某些急需的有色金属等重要原材料。对于那些国内一时还不能满足供应的农业和一般工业生产所需要的某些物资的进口，只能在保证上述重点物资进口的条件下适当兼顾，如果外汇不足，就应该减少一般东西进口，应当挖掘已有工业潜力去解决。因此，有人说，国内需要什么，就进口什么，需要多少，就进口多少，这样不分轻重缓急，样样都要求进口，平均分散使用外汇，是不符合保证重点的原则的。有人怀疑，认为实行上述两项原则将使我们不能做到多快好省，这种想法是错误的，恰相反，这样做，把三个“元帅”、两个“先行”，特别是先把机器制造业搞好，什么东西都能自己生产，才真正多快好省。

（三）必须坚持统筹安排，对外统一。对外贸易过去和现在实行统一对外的原则是正确的，必要的，今后还必须继续贯彻执行。中央6月2日《关于企业单位和技术力量下放的规定》的第五条中明确规定：“对外贸易由中央统一安排……”为什么要统一呢？这是因为：

第一，我们必须加强同兄弟国家的协作。我们对兄弟国家贸易必须贯彻积极协作、平等互利、实事求是的政策，使双方都在自力更生的基础上经济共同高涨。这就既要有计划地按需要和可能的原则争取兄弟国家的帮助，又要对某些兄弟国家进行必要的照顾和帮助，这些都必须在中央统一的规划下统一对外谈判才行，不应该多头分散去进行。

第二，必须争取民族主义国家。我们对民族主义国家贸易必须贯彻平等互利、必要时加以照顾的方针，促进他们经济上独立自主，政治上和平中立。这些国家绝大部分是资产阶级政权，少数还是封建政权，他们国内政治情况还是复杂的，他们在短期要摆脱帝国主义在经济上控制也还有困难。帝国主义者不但经济上同我们争夺市场，而且在政治上同我们争夺同盟者，因此，在亚非市场上，政治经济斗争是复杂的、曲折的。对外贸易只有紧密地配合和服从国家和平外交政策，一致对外，才能在政治上、经济上战胜敌人，争取友人，扩大市场，巩固阵地。

第三，必须对资本主义国家进行斗争。我们对资贸易实际上是同国际资产阶级进行尖锐的阶级斗争。所谓“和平共处”，并不是共产主义万岁，资本主义也万岁；而是要用和平的方法，不用战争的方法来赛垮帝国主义。但帝国主义绝不会甘心灭亡，必然拼命挣扎。在这样严重的阶级斗争面前，对外贸易只有统一对外，才便于取得胜利。如果对外不统一，便会被敌人所乘，将在政治上、经济上造成对我国的很大损失。

在目前对资本主义世界市场贸易中存在的某些各自为政、高价竞购、低价竞销等自相竞争现象已在进出口工作上造成一些损失，这种自相竞争的现象虽然是极少数现象，但其实质是资本主义经营方式，同我国社会主义制度是不相容的，故必须加以纠正。

对外贸易实行对外统一的原则是否会妨碍地方进出口积极性呢？应当承认，过去有些统得过多过死，应当下放某些业务，发挥大家的积极性。但对外统一与地方积极性是不矛盾的，二者是结合的。对外统一，正是为了全国利益，为了为人民服务，为地方服务，为工业服务。从这次会议反映的情况来看，也证明只有在统一对外的原则下才能正确发挥地方进出口积极性。如果对外自相竞争就会自相抵消力量，就会妨碍国家的进出口任务的完成。

总之，以自力更生为主、以争取外援为辅；重点使用外汇，适当照顾一般，统一对外；这几条是对外贸易贯彻总路线中绝对不能动摇的根本性的方针政策，希望大家认真贯彻执行。

[下略]

T51/30

中共中央批转对外贸易部党组关于全国对外贸易局长会议的报告

1958 年 8 月

现在把对外贸易部党组《关于全国对外贸易局长会议的报告》转发给你们，请参照执行。

今年上半年，对外贸易工作在获得一定成绩的同时，也发生了一些混乱现象。有些地区、某些部门不经过对外贸易机构，不按照规定的程序报经中央主管部门批准，即自己同外国做买卖，有的落价竞销，抬价抢购，争夺市场，甚至直接同资本主义国家的商人来往。这种混乱现象是很不好的，必须加以制止。看来，在对外贸易这样一个工作领域里，还是必须实行集中管理、统一对外的原则。因为对外贸易不仅是一种经济工作，而且是一种涉及对外关系的政治性的工作。发生分散混乱不仅会造成经济上的损失，而且会在政治上造成不好的影响。中央原则同意对外贸易部党组报告中所说的方针政策，原则同意他们在报告中所提的有关具体问题的意见。至于外汇分配体制问题，中央认为可以按照第一种意见办理，即是由中央统筹兼顾、统一分配的意见。对外贸易部应当根据这个原则，迅速拟订具体办法，以便从明年起开始实行。对外贸易工作当前的任务是积极组织收购，增加出口货源，努力抓紧进出口工作。今年已经过去七八个月，时间已经不多了。请各地党委加强对这方面工作的领导，尽一切努力，保证今年进出口计划（第二本账）的完成和超额完成。

附：对外贸易部党组关于全国对外贸易局长会议的报告

1958 年 8 月 2 日

六月二十六日到七月十九日，我们在上海召开了全国对外贸易局长会议。会议采取了以虚带实、虚实结合，首先放手鸣放，然后就主要问题进行争论和批评与自我批评的方式，使与会同志了解了对外贸易工作全面情况和特点，学习了中央的方针，因而统一和提高了思想认识。现将解决的问题分别报告如下：

一、对今年进出口指标完成情况的检查

在总路线照耀下和各级党委领导下，对外贸易系统全体职工干劲冲天，积极配合和支持工农业生产建设大跃进。主要的进口物资，如钢材、紫铜、镍、无缝钢管、矽钢片、机床、发电机、肥田粉等，已经超额或如数买妥。绝大部分出口商品均已卖出，外销的新小商品（如食品、水产、土产、日用百货中的部分商品）的品种、数量也大为增加，其中有些小商品（如玩具）已经变为大商品。此外，在领导方法、业务技术方面也有不少改进和创造。总路线在对外贸易战线上同在其他战线上一样，已经发生了巨大的促进作用。

从进口到货和出口结汇来检查，指标完成的情况很差。按理半年应完成百分之五十以上，但至六月底进口到货仅完成百分之三十四，出口结汇仅完成百分之四十二点六。不少主要出口商品，如冻猪肉、冻家禽、鸡蛋、硫磺、硝酸钾、生铁、炼焦煤、水泥、核桃仁、苦杏仁、松香、桂皮、草帽辫等，没有完成对外交货计划。进出口指标完成差的情况是严重的。究其原因：一是今年同苏新国家谈判晚，结束迟；二是去年下马，预订今年上半年货太少；三是第一季度出口货源仍很紧张，第二季度才有些好转，但有些物资因生产跃进需要不能如数如期供应出口（如硫磺、生铁、水泥等）；四是农村劳力异常紧张，运输力量缺乏，我们适应新情况及时改进收购方式不够，影响出口物资的集中和运输。此外，中日贸易中断（这是完全正确的）后，煤炭、铁砂、耐火材料、食盐等商品未能完全向别处销出，对有些物资按时进口到货也有些影响。

为了扭转进口到货和出口结汇指标完成不好的情况，我们在六月底曾对各总公司进行了全面检查，在这次会上又检查了一次，指出指标完成差的严重性，说清完成全年跃进指标的重要性，强调指出第三季度是完成全年任务的关键，同时提出了以政治为统帅、以业务为中心，苦战三个月，组织收购、出口、进口、运输工作大跃进，保证到第三季度末完成今年计划的第二本账（出口六十五亿元、进口五十五亿元）的百分之八十，要求各地外贸部门对收购和出口交货工作进行一次检查，定出具体措施，并且把当前工作中存在的主要问题向地方党委汇报，请各地党委进一步加强领导，对各有关方面督促推动，以保证按时完成出口交货计划。同时，要迅速改进收购方式，以适应农村劳力紧张情况。为此，除外贸部和总公司已派出六百人到各地帮助收购外，上海、天津、广州、青岛等口岸公司亦决定立即抽出三百至五百人，结合各省外贸和商业力量，依靠地方党委领导，深入工厂、矿山、合作社、山区、水乡，组织生产，进行采购。在收购中要商就农便、不误农民生产时间 ，要利用劳动空隙和组织农村中的老头、老婆、中小学生和其他一切可用的社会劳动力，定时定点进行收购；并组织各种运输力量，及时运出。

就主客观条件来看，虽然有些出口货源仍然紧张，但总的说来出口货源是增多的，所需进口物资也较易买到，只要坚持努力下去，今年出口六十五亿元、进口五十五亿元的跃进指标还是可以完成的。希望中央督促各省、市、自治区和中央各供货部门按时完成收购、交货计划。

二、关于对外贸易方针政策

会议一致认为：为了在对外贸易工作中继续贯彻执行社会主义建设总路线，必须坚决执行最近中央提出的方针政策。

（一）坚决执行以自力更生为主、以争取外援为辅的方针。会议一致认为：这条方针是我们党历来所采取的正确方针。以自力更生为主，就是首先要充分依靠国内的人力、物力、财力，艰苦奋斗，勤俭建国，来实现工农业生产建设大跃进，加速建成我国的完整的工业体系。以争取外援为辅，就是自己必需而又自行解决不了的东西，才可根据兄弟国家供应可能争取进口。至于对资本主义国家进口，是政治经济斗争，是互通有无，是利用，绝不能看做争取外援。贯彻执行这条方针，正是为了更加多快好省。因此，过多地希望从国外进口或忽视争取必需物资进口，二者都是不对的。

根据上述认识，我们检查了近两三个月进口补充订货工作。情况是这样：今年五六月间，各省、市、自治区从生产跃进的需要出发一共提出了补充进口订货单达八点八亿元。在总路线的照耀下和跃进形势的鼓舞下，加以各地党委重视，外贸干部本着为生产服务的原则和争取完成进口跃进指标（第二本账）的精神，积极热情地代各地向外订货，在补充订货八点八亿元中，一共订妥四点八亿元，这种积极性总的说来是好的。但是我们争取外援思想多了一些，以自力更生为主的精神少了一些，有些可订可不订的东西也订了。自六月中旬中央这一方针传达后，本部党组即进行了讨论，并即采取了有效措施贯彻执行这个方针，上海会议又认真讨论了这一方针。所采取的措施是：（1）凡未提出去的货单，都退回各地重新审查，经各省（市、自治区）委第一书记批准后才能提出；（2）已提出，但未同东欧各兄弟国家谈妥的，即行停止谈判；（3）对东欧各兄弟国家已谈妥的（今年对东欧的一般进口订货已谈妥、签订合同的共九点四六亿卢布，其中，补充订货二点三二亿卢布，另外有一点一亿卢布已谈妥，尚未签合同），除同匈、罗还在继续商谈解决办法外，已先后商得波、捷两国同意：做到进出平衡，不算做明年贸易额基数，对民主德国原来就是进出平衡的，因而问题已基本解决。

（二）保证重点物资进口。迅速发展强大的机械制造工业，以便能够制造自己所需要的一切机器设备，来装备其他一切工业和农业，这是我国工业建设当前最迫切的任务。为此，在建设中需要集中力量搞好三个“元帅”、两个“先行”。在进口订货方面，也就必须重点使用外汇，首先保证特重机床、大型发电设备（一万瓩以上的）、冶金设备以及优质钢材、铜、镍等重要原材料的进口，以加速增强我国自力更生的力量。其次，在确保重点物资进口的条件下，适当兼顾工农业生产所需的一般物资进口。至于市场所需物资，一般应由国内供应。此外，某些基于政治照顾的原因，虽是一般物资，必要时经中央批准，仍应进口。

根据以上认识来检查，总的说来我们今年进口订货仍然是有重点的。在今年进口订货中，有成套设备十二点五亿元，五金钢材一百五十四万吨（其中，有矽钢片四万七千六百零二吨、铜四万三千二百吨、镍二千一百二十四吨），橡胶十三点四万吨，肥田粉一百八十七万吨，机床四千零五十四台，锻压设备一百六十二台，轴承九百零九万套，还有发展农田水利所需的一些化肥设备和排灌设备。这些是合乎当时国家对对外贸易部的要求的。但在进口订货中，确有一部分次要物资，其中有一部分是因为我们需推销次要物资，就不能不要对方一些次货（中央亦曾批准今年次货换次货两亿卢布），但是在对苏新补充订货中确实有一小部分东西有失重点（农业机械、摩托车补充订妥了六千二百二十四万卢布，占已向苏新订妥的全部补充订货三点六九亿卢布的百分之十六点八）。为什么会发生这种现象呢？这是因为：业务下放总公司后，新的规章制度未建立起来，各公司接到地方货单后就积极热情地向外订购，以争取早日到货，满足各地需要，而本部也放松了对签合同的审查，因而补充进出口货单也就事先没有报中央批准，以致有失重点，这是错误的。接受这一教训，我们已重申恢复订货审批制度。

鉴于历年来在正常贸易额之外，仍然会有一部分补充进出口，同时双方都有一部分次货需要推销，因此建议：（1）在坚决执行自力更生为主的方针下和在确保重点的原则下，今后在年度订货中似可根据双方需要，相互搭配少量次货。（2）对兄弟国家贸易，特别是对东欧兄弟国家贸易应分为正常贸易（年度正式进出口）和额外贸易（贸易协定签订后的补充进出口）两种。这种额外贸易，可以在进出平衡、不算做贸易额基数的原则下，有需要就做，没需要就不做。

（三）统一对外。会议认为：对外贸易必须统一对外，过去这样做了，今后更应这样做。因为只有统一对外，才能保证国家进出口计划任务的完成，才能同兄弟国家进行贸易协作，才能配合我国和平外交活动，特别是才能同帝国主义进行强有力的政治经济斗争，体现出我国无产阶级专政的作用。

会议检查了近两三个月对外不一致的混乱现象。主要表现是：有些口岸外贸机构违背原有规定，相互争客户，争市场，落价竞销，抬价抢购，随便邀请外商来华，甚至有个别地方不经对外贸易机构私自向国外买卖。各口岸外贸机构事先未报本部而即直接向资本主义国家进口订货达九千四百万美元之多，这是一个漏洞。这些混乱现象，虽然是短时期内的少数现象，但是问题的性质是严重的，是资本主义自由竞争思想的滋长，不仅在经济上已造成一些损失，而且政治上也发生了一些不良影响。为什么会发生这些混乱现象呢？在打破旧的规章制度空气下，我们也估计到可能发生的混乱现象，为了预加防止，在今年第一季度我们曾提出了必须在统一对外的原则下发挥地方积极性，但是事情发生后，我们未能及时发觉、及时采取有效措施加以制止，因此从领导上讲，我们要负失职之责。另外，有些地方、有些同志在积极跃进的高潮中，忽视了对固有的统一对外原则和制度的遵守。

为了贯彻执行统一对外原则，会议严肃地批判了上述有害对外统一的混乱现象，并规定：

1. 必须树立全局观点、国家观点，相互积极协作，反对本位主义。规定以沪、津、穗为中心，每季度召开一次各有关省、市、自治区参加的分片协作会议，各口岸每半年召开一次联系会议，以解决相互间的矛盾。

2. 对兄弟国家和对资本主义国家政府间的贸易，全由外贸部秉承中央意旨统一去办理。

3. 在对资贸易上，凡属垄断性强或大宗的进出口商品，由总公司统一对外成交。其他进出口商品，在统一领导的原则下实行口岸分工经营。重要的出口商品，由各口岸和内地有关省、市、自治区组织联合经营小组，统一对外成交，各地按计划分头组织交货，结汇后，外汇记给交货地区。

4. 进出口同类商品对外成交价格必须统一。各口岸、各公司必须严格执行外贸部规定的统一掌握价格的各项办法。

5. 恢复进出口审批制度。凡地方需要进出口的货单，应当先经省委审批后，然后报中央批准，外贸部和口岸外贸局才可承办。

6. 各口岸邀请外商来华谈判，必须事先报外贸部审批。除各口岸外贸机构外，任何机构不许做进出口买卖。

（四）扶植生产，组织收购，积极出口。会议中不少同志批评外贸工作扶植地方生产不够。我们向大家作了检讨，说明了情况，今后一定要在坚持自力更生、保证重点的原则下加强这方面工作。但是，我们认为，外贸部门主要应通过收购、出口和进口来为国内生产服务，除根据出口需要可办一些加工厂和有经济价值的野性的饲养场外，一般不宜直接办农场、办工厂。有人说外贸部门应当生产什么就收购什么，生产多少就收购多少。我们认为，这是国内商业部门的事，外贸部门无力去办，也不应该这样办。外贸部门只能一面积极寻找销路、扩大销路，一面根据国外销路有计划、有选择地去收购，并尽可能地帮助生产单位解决一些生产中的困难，如预付货款、小额投资、进行技术指导、介绍国外销售情况、帮助提高商品品质和规格等。

会上还规定：外贸各公司必须按照已订计划和合同去收购，不论国外情况如何变化，不得以任何形式拒绝收购，以免影响生产。各供货单位也必须按照计划和合同的规定交货，不能内销一紧，便推迟出口，或削减出口，或停止供货，而应该采取增产节约、内外兼顾的办法妥善解决，以免影响国家对外信誉和丢掉市场。

会议认为：为了扶植出口物资生产的发展和保证进口，必须积极出口。要坚决完成全部交货计划，不能只重视对资出口而忽视对兄弟国家交货。在资本主义世界市场上，凡我国独有的或无竞争对手的商品，应该稳价多销；凡有竞争对手的商品，应当适当地落价竞销，大力排挤日、英、美和其他帝国主义国家的货物。因此，要不断提高我国商品的规格、质量，降低成本，以增强竞争力量，并要实行季产年销，变淡季为旺季，同时要根据不同情况灵活地运用各种推销方式。

（五）对不同类型的国家的贸易，在服从国家整个对外活动的方针政策下分别对待。

对兄弟国家必须贯彻积极协作、平等互利、实事求是的政策，根据需要与可能进行平衡易货，促进双方经济自力更生、共同高涨。为此，我们正同各兄弟国家分别签订长期贸易协定。

对亚非民族主义国家必须贯彻执行平等互利、必要时加以照顾的政策，以促进他们经济上的独立自主和政治上的和平中立，而打击和孤立帝国主义。因此，除供应他们人民生活所需要的一般物资外，还应该在可能范围内供应他们成套设备。在进口方面，根据我们需要，可以购买他们的一些原料；如我们经济上不需要，但政治上又需照顾时，那就应该酌量买进一些，以利争取团结。对民族独立国家，可以签订一些较为笼统的期限较长的贸易协议或合同，在确保不发生两个中国问题的条件下，可以互设商务机构。

对西方资本主义国家贸易，实际上是同国际资产阶级进行阶级斗争，绝不能看做是争取外援，绝不能抱有任何幻想，而只能是提高警惕，加以利用，并且要完全服从我国对外政策，务求做到政治上和经济上都对我有利。在此前提下，可以向他们购进我们迫切需要的一些重要物资，如铜、镍、钢材、特种机床等。在出口方面，要积极排挤帝国主义国家的商品，大力打进东南亚市场、非洲和中东市场，酌情发展对西欧贸易，相机发展对拉丁美洲贸易。我们提倡和平共处，但绝不能让资本主义和共产主义一同万岁，而是要用和平竞赛办法赛垮帝国主义，故对资本主义国家必须进行贸易斗争。对未建交的西方国家（包括日本），目前一般都存在着两个中国问题，故目前不应急于同他们互设商务代表机构、签订长期贸易协定或合同。至于个别可以者，应当专案报请中央批示处理。

三、关于对外贸易体制问题

会议一致认为：进出口必须由中央统筹安排，全国外汇收支必须由中央统一平衡，对外谈判、签订协定、对苏新国家签订贸易合同以及对资贸易中某些重大合同，都应由对外贸易部统一办理，进出口管理和对外成交价格应当统一，以防止和克服混乱现象。同时，对内必须适当下放，以克服过去外贸部对内统得过多过死的现象，以发挥地方积极性。下放什么？年度进出口计划编造、行政和企业机构的编制、干部调配、工资福利、出口物资收购、收购价格、加工企业，都下放给地方管理。

关于贸易外汇体制，会议上有三种意见：（1）由中央统筹兼顾分配外汇；（2）中央和地方按比例分配外汇；（3）地方向中央上缴外汇。会议上多数人赞成第二种办法。我们倾向于由中央统筹兼顾的原则。关于具体办法，需要改进的当然要加以改进；对地方所需外汇，要尽可能多给一些。请中央作最后决定。

四、今年下半年对资进口订货问题

今年各口岸直接向资本主义国家进口订货共达九千四百万美元，但是上半年全国对资本主义国家出口还有三千四百万美元没有完成计划。第三季度内必须完成三亿美元出口任务，地方才有超额用汇的可能，因此下半年对资出口任务是很艰巨的。目前对资外汇是紧张的。为了保证进出平衡，各口岸对第三季度订货必须严加控制，在没有超额完成出口计划前，不能再向国外订货。只有确属急需，用汇不多，而外汇又能解决，并经过中央批准，才能向外订货。

五、关于一九五九年进出口计划问题

会上对这个问题初步交换了意见。我们原来考虑并经国务院五办同意：明年出口暂定八十至一百亿元。这次各地提出的要求，明年出口第一本账约一百六十亿元，第二本账一百九十八亿元，其中，大米第一本账是二百一十一万吨，第二本账是二百五十二万吨；猪肉第一本账五十五万吨，第二本账七十一万吨。对资出口计划第一本账十二点四亿美元，第二本账十四点二亿美元。上述猪肉、大米数字显然过大，难以全部卖掉，其他数字是否切实，还需进一步研究。

外贸明年进出口计划究竟多大才合适，待国家明年整个计划定下后，我们即根据进口需要和国内货源供应能力以及国外订购和销售可能提出明年进出口具体方案，报中央批准。

Z9－239－6

雷任民副部长在华南八省外贸局长会议结束时的发言

1958年9月21日

这次会议从4月11日开始，共开了10天。在会议期间，正赶上今年春季出口商品交易会开幕，头5天成交金额就达2 700万美元，成绩很好，增加了我们大家工作的信心。各总公司经理、各口岸的外贸负责同志都来到这里参加交易会，对我们这个会议研究和解决问题很有帮助。但我们对召开这次会议事先准备不足，与会同志大多是参加华南协作会议来的，离开工作地区较久，准备也不够充分。这些是这次会议的缺点。

这次会议大家讨论的主要问题是：(1)对外贸易工作如何为工农业生产大跃进服务；(2)如何保证完成和超额完成第二季度的计划；(3)关于地方外汇和地方进口问题；(4)社会主义对外贸易的集中统一性和发挥地方的积极性；(5)其他问题，如1958年度的计划，增加基本建设投资等等。现在我根据讨论的情况作一个发言。

一、当前国内外的形势和对外贸易工作的任务

当前国内、国际的形势对我们是很有利的。从国际形势看，以苏联为首的社会主义阵营各国的大团结，社会主义各国经济的不断高涨，两颗人造卫星上了天，都说明社会主义的力量无比强大。另一方面，以美国为首的帝国主义阵营的矛盾（包括帝国主义国家之间、民族主义国家和帝国主义之间以及帝国主义国家内部的阶级矛盾等）更加尖锐，经济衰退日益加深，在政治上也更形孤立。这一切都证明当前的国际形势是处在“东风压倒西风”新的历史时期。

从国内来看，全国人民在党的领导下，在取得了反右派斗争的彻底胜利后，在政治、思想战线上的社会主义革命，又取得了伟大的胜利。6亿人民鼓起革命干劲，以“要高山低头，要河水让路”的英雄气概，掀起了工农业生产大跃进，全国出现了一个社会主义建设的新高潮。我们的国家是大有可为的，我们必须鼓足干劲、力争上游、多快好省地建设社会主义。我们现在要与帝国主义比速度、争时期，争取在和平环境里，把我国建设成一个有现代化工业、农业和先进科学文化的社会主义国家。

在这种新形势下，对外贸易的主要任务是：

（一）鼓足革命干劲，努力扩大出口，保证工农业生产和建设需要物资的进口，多、快、好、省地为社会主义建设和工农业生产大跃进服务。

（二）积极加强和社会主义国家经济上的互助合作，努力发展同苏联和人民民主国家的贸易。对兄弟国家的贸易是我国对外贸易的中心和基础，这种贸易的性质是兄弟般的合作、相互支援，是为了不断地增强社会主义阵营的友好团结，促进彼此经济的共同高涨。

（三）要加强对亚非民族主义国家的贸易关系。这在一定程度上能推动这些国家民族经济的发展，支援他们反殖民主义的斗争，以扩大国际统一战线，打击和孤立帝国主义。

（四）配合外交政策，开展对资本主义国家的贸易。对资贸易是根据我国需要和可能与他们互通有无，实质上是和国际资产阶级进行激烈的阶级斗争。

以上这些方面，就是在当前新形势下，外贸工作所面临的任务。我们在党的领导下，一定要兢兢业业，很好地完成这些任务。

二、对外贸易工作如何为工农业生产大跃进服务

对外贸易必须为工农业生产和社会主义建设服务。这是我们坚定不移的方针。当前我国工农业生产大跃进的新形势，给对外贸易带来了更加光荣而又艰巨的任务。一方面很多物资要求收购和出口；另一方面建设急需的设备、器材和原料需要大量进口。为了完成这些任务，就必须实现对外贸易工作上的大跃进。为此：

（一）必须坚决地克服对外贸易工作中的右倾保守主义思想。只有解放思想，使思想上跃进了，才能有工作上的大跃进。为了克服右倾保守思想，外贸党组在“双反”运动中对过去两年来的对外贸易工作初步地进行了检查，认为两年来我们的成绩是基本的，但右倾保守思想是严重的。特别是1957年，国民经济各部门都有增长，唯对外贸易额却下降了。1950—1956年我国对外贸易额，年年都是有发展的。但从1956年下半年开始，主要商品的出口量由于供应不足而开始有所缩减。到1957年，在“反冒进”和“下马”的思想指导下，出口只及1956年的95%。出于出口的下降，给对外贸易工作带来很大的损失。经过“双反”运动，外贸部党组和群众都作了讨论，我们对过去两年来外贸工作的看法是：

1. 1956年外贸工作的成绩是主要的，缺点是次要的，这一年的工作是真正的跃进，不是冒进；这一年的进、出口计划是在党中央多、快、好、省的方针下制定的，因而是正确的。没有这一年工作的跃进，超额完成第一个五年计划期间的进出口指标7.35%是困难的。

2. 1957年1月外贸部提出“下马”的性质，是要反对1956年的所谓“冒进”，实质上就是反对“跃进”。结果，使贸易额下降了。由于缩减了出口，使得与兄弟国家间在若干商品的供求关系上也很紧张，甚至采取了“拖、欠、挤、撤、赖”等办法，形成只顾自己、不管别人的现象。这种“反冒进”和“下马”的结果，一方面打击了外贸工作同志们的情绪和工作积极性；同时，对于工农业生产发展所需的物资也不能满足。因此，1957年初“下马”和“反冒进”是错误的。

3. 外贸部门右倾保守思想的产生根源，除了一般的原因（如对形势作不正确的估计、相信庸俗的平衡等等）外，对兄弟国家的贸易忽视团结合作、共同前进的国际主义原则也是根源之一。在这方面，我们有更多的错误。由于片面强调我们的需要，不顾对方要求就出现了这样一种局面：凡属我供应紧张的物资，就不供应了，凡是我们自己能够制造的，就不进口了；凡为我需要的物资，又尽一切办法去向他们要到。结果，造成兄弟国家困难，妨碍了我国与兄弟国家间贸易的开展。

（二）在反对右倾保守主义的基础上，提出了“大进大出”的方针，经过领导和群众讨论，初步拟订了1958年对外贸易计划的跃进指标。指标的主要情况如下：

单位：亿元

	第一本账	第二本账	第三本账
收购	61	71	82
出口	60	65	75
进口	50	55	62
进出口合计	110	120	137

其中，对资本主义国家：

单位：亿美元

出口	6	6.74	7.5
进口	6.12	6.5	7.5

今年对外贸易计划任务是很大的，其中对社会主义国家进出口部分，通过友好的洽商和采取各种措施，是可以求得解决的。但在对资本主义国家的贸易方面，今年有一些新的情况，对我们出口推销工作不利，这就是资本主义世界经济衰退。美国的工业生产指数从去年第四季度以来就不断下降，已经使整个资本主义世界经济恶化。国际市场价格普遍下跌，各国缺乏外汇，支付困难，贸易额普遍下降。如以1958年头两个月的进口额与去年同期相比，香港减少18.7%，日本减少21%，英国减少

12%。为了摆脱经济困难，资本主义各国普遍采取“奖出限入”的政策，如英国限制我棉布进口，对我锑品进口提高了进口税，对我冰蛋进口也正在酝酿采取限制措施。东南亚国家由于外汇缺乏，经济困难或政局不稳（印尼），与我贸易来往也呈停顿状态。这种情况对我们执行“大进大出”的方针造成了相当困难。我们必须看到，完成1958年度对资本主义国家的贸易任务并不是容易做的。因此，我们应当更加努力，更加警惕，并采取有效措施来完成和超额完成全年任务。

在国内出口货源方面，总的说是充沛的，各地都希望收购和出口；但从一季度的情况来看，执行计划的进度与跃进指标是不适当的。一季度出口和收购计划都未完成。以生猪为例，各省提出来今年计划外可供出口的生猪很多，但一季度只出口1.8万吨，仅完成年计划8%，目前上海、汉口、天津等地冻肉加工厂都因原料缺乏，不能正常生产。各省、市提出的货源跃进计划，大多要在三、四季度供货，但进口却要求越快越好。这些都是新情况下出现的新问题，我们必须很好地处理。

我们看到上述困难的目的在于分析情况，找出办法来克服困难，而不是悲观失望，而且，在今年的对资贸易工作中还有许多有利的因素，这就是：（1）货源充沛，各省、市、各部门都大力支持出口；（2）我们不仅要扩大出口，而且为了支援工农业大发展，还要进口大量物资。利用进口的条件，执行“以进带出”的方针，就可以打破资本主义国家限制进口的一关；（3）香港的生活用品大多靠我们供应，只要我们主观努力，采取有效措施，互相协作好，香港市场就可为我掌握，销售量可进一步扩大；（4）东南亚地区有1 000多万华侨，是我们扩大对这个地区出口的重要力量；（5）资本主义市场还有空白点，不是铁板一块；资本主义国家间、商人间也还有种种矛盾，可以利用。在资本主义世界经济整个衰退的同时，也并不排斥某些地区、某个时期、某些商品的局部的、暂时的活跃，只要我们密切注意市场动态，大家动脑筋、想办法，千方百计采取措施，利用一切有利的因素，我们的任务是可以完成和超额完成的。

我们外贸部门为工农业生产大跃进服务就应当把各地要求出口的产品尽量设法推销出去；需要进口的物资，尽量买回来。就是要努力收购、努力出口、努力进口。为此，外贸部和各省、市已经采取了一系列措施：

1. 除了向苏新兄弟国家提出大量追加货源，扩大对苏新国家的贸易外，根据资本主义世界市场情况，确定了“以进带出”的经营做法。

2. 2月间召开了对资出口会议，统一了对资贸易的思想认识，并作出了一些有关业务工作的重要规定，明确了驻外商务参赞必须以做业务为中心，各口岸推销上也创造了许多新的方式方法。

3. 3月间在部里成立了对资贸易指挥部，统一指挥对资进出口贸易；并派出一批负责同志到主要口岸检查和帮助工作。

4. 从3月开始，大批派出推销组到国外活动，现在已经派到国外的外贸干部已有100多人，正到处开展推销工作。

虽然采取了上述措施，但还是不够的，今后还要继续根据新的情况，确定新的措施。

如前所述，我们外贸工作当前的首要任务是为工农业生产大跃进服务，但在具体做法上必须注意两个问题：（1）收购进货必须和国外需要相结合。（2）要注意经济核算，合理掌握进出口价格。

第一，外贸部门要支持生产发展，这是完全正确的，也是我们几年来一贯的方针。但外贸出口不同于国内销售，受国外市场的影响很大，如果我们不问能否出口就把产品收下来，无法出口，明年还是不能不减少收购。而那时生产已经发展起来，再减少收购，对生产的影响就很大。因此，部里对收购进货问题规定了以下几条原则：

一是凡是国外供不应求的商品，应该尽量收购、超计划收购。

二是国外有销路、国内有货源，经过我们努力工作，还能够多销的，计划应当打足，按计划收购，甚至超计划一点，也可收购。

三是销路不大好，但有一定销量，而且能够储存者，我们可以适当收购一部分，支持生产。

季节性很大的商品如果不能及时出口，或积压将要变质的商品，应迅速转内销，以免造成国家损失。

四是国外销路很小，或是新商品尚未打开销路，外贸应当积极打开销路，进行试销，在没有打开销路以前，不能大量收购，并要向生产部门和地方上说明情况，使他们在安排生产时能够注意。

收购和外销的关系上，现在有两种看法，一种是“国内有什么，就出什么”，一种是“国外要什么才出什么”，这两种看法都是片面的。正确的态度应当是：根据国内生产情况，在国外市场积极找销路和按照国外需要在国内积极组织货源，把两者积极地结合起来。

第二，在进出口大跃进中必须注意价格，注意经济核算。出口亏损必须很好掌握，决不能单纯追求扩大出口，就不顾成本和亏损。这样，就不仅使国家财产遭受损失，国外市场也会搞乱，对整个出口是不利的。对进口物资的采购也要按正常价格成交，不要因急于进口就不顾价钱高低。这些问题，请各单位的领导同志要更加重视和掌握。

T51/30

李先念同志在全国财贸书记会议上的总结发言［节录］

1959 年 5 月 12 日

第一部分 关于对外贸易问题

外贸问题，中央讨论过，昨天总理已经讲了话。大家回去要很好地依照总理的指示完成外贸任务。下面我补充几点意见。

第一个问题，关于 1959 年出口计划问题。

（一）根据“内外并举”的方针，1959 年 79 亿元的出口任务必须努力完成，为国增光，哪怕内销紧一点也要完成，否则，事情就很不好办。会上反映的情况，困难很多，各地算下来，大概差 8 亿 ~ 9 亿元。从出口商品来看，有三种情况：（1）有的可以完成。（2）有的可以完成，但附有条件。比如要求解决原材料、包装物料等。这个要求是合理的。对此，总理作了明确的指示，就是要执行中央批准的“五先”原则（“五先”就是在计划的范围内，对出口物资保证生产安排在先、原料材料供应在先、包装材料供应在先、收购在先、运输在先）。（3）有的完成不了。个别品种的计划定得不合理的，比如有的地方没有核桃树，要求出口核桃；有的地方连工厂都没有建立，也定了产品出口计划，当然不对，应该调整。但是，我们必须千方百计地克服困难，力争完成 79 亿元的出口任务，要努力顶住，不能后退。

（二）同志们提出，几个有关部联合下达的外贸计划，有时候一个部就单独修改了，地方究竟执行不执行？我们认为：中央下达的外贸计划，外贸部和有关部门联合下达的外贸计划，各有关地区和有关部门必须坚决执行，无权修改。出口总额是中央决定的，只有中央有权变动。外贸部和有关部门联合下达的外贸计划，如果有必要进行调整，应该由原下达计划的几个部门共同商量决定，一个部门不能单独修改计划。一个部单独修改的，省里同志可以拒绝执行。

（三）在出口计划已经确定的条件下，必须执行“五先”的原则。这是中央已经批准了的，昨天总理又讲了一次。我现在补充一句：在出口计划已经根据“内外并举”的方针确定下来以后，如果内销和外销发生矛盾，在一般情况下，应当首先保证完成出口计划。有的同志反映：“五先”实际上是“五空”，请有关部门和有关地区检查一下。例如，出口苹果的包装材料，就应该立即解决。

第二个问题，关于制订外贸计划的方法问题。

（一）制订外贸计划，应当实行“先出口，后用汇，以出定进”的原则。改变过去某些“先用汇，后出口，以进定出”的做法，否则就违背了实事求是、量力而行的方针。当然，也有一些进口物资在头一年就要谈判，应当作为例外。

（二）使用外汇、制订进口计划的原则应该是：统筹兼顾、适当安排；保证重点，照顾一般。在这个前提下，如果需要削减进口计划的时候，应该既削减一般物资，也削减重点物资，使重点与一般保持合理的比例关系。经验证明，在整个国民经济生活中，保证骨头是必要的，但是，光有骨头没有肉是不行的，应该有骨有肉。

第三个问题，1958 年超额出口外汇提成问题。

1958 年的账算不算？怎么算法？现在省里同志要求把账算清楚，已经多拿的还感到不够，少拿的想多要，都不满足；上下算账的口径又不一致，公说公有理，婆说婆有理。去年的账究竟是算呢还是一风吹呢？总理说：不算不好，还是算吧！我看也是不可不算，不算省里同志为难，对下面同志不好说话。但是不可算得过于精明，大账要算，小账不必斤斤计较。因此，算账，应该是政治挂帅，算个大概。中央准备再拿出人民币 2 亿元的外汇分给各地，数目就是 2 亿元，不能再多。再答应多了，也不能兑现。地方提出的进口货单，要经过省（市、区）委批准。

第四个问题，1959 年的外汇提成问题。

（一）外汇提成按照各省、市、自治区完成国家出口商品收购计划的实际金额计算：

1. 完成出口商品收购计划总金额 90% 及 90% 以上的，地方提成 3%；完成计划总额 100% 的，地方提成 5%；超额完成出口商品收购计划的，超额部分的提成比例是：一般物资地方提成 60%，粮食、油脂、大豆和花纱布超额出口部分地方只能提成 5%。

2. 各地超计划收购供应出口的商品，凡是属于国务院各部管理的，必须经过主管部批准和外贸部同意；粮食、油脂、大豆和花纱布，必须在完成出口供货任务和国内调拨任务的前提下，报请中央批准后才能超额供应出口。

3. 外贸部门收购的物资，有一部分是在国内市场销售的，地方代外贸部门收购的这部分物资，是不是提成？不能提。道理很简单，那是内销的，不是外销的。

（二）地方提成所得的外汇额如何折算使用？这是一个复杂的问题，应当采取简单易行的办法来解决。外汇提成额是按照国内收购金额以人民币计算的，地方可以在提成所得的额度以内订购进口物资。关于订购进口物资的计算方法，我们意见，凡是国内有调拨价格的，按国内调拨价格计算；没有国内调拨价格的，暂时按照 1 卢布折合 1.25 元人民币、1 美元折合 5 元人民币计算。

（三）当年提成所得，下一年度使用。对于这一条，虽然许多省的同志不很同意，但是我们认为必须坚持。因为究竟谁完成了计划，谁没有完成计划，不到年终是不能确实弄清楚的。如果在年终结算之前提早使用，那就可能搞乱了，造成逆差。还是今年暂时苦一年吧！有些同志怕提成被国家挤掉，担心年终一刀砍，这可能有道理。请外贸部注意，在编制下年度外汇平衡计划的时候，应该把地方外汇提成这一笔单独划出来，保证地方在下一年能够用得到。

第五个问题，关于地方外贸机构问题。

总的说来，外贸机构必须加强，口岸外贸机构要适当整顿。具体意见是：

（一）原则上内、外贸机构分开为好。分开之后，内、外贸可能会吵架，不过经过吵架把意见搞得深透些，可以达到统一，也不坏。究竟分不分，由各地党委考虑决定。但是有一条，如果党委决定要分，应该等到第四季度或者明年初再分，以免影响今年出口计划的完成。专区和县一级应当是有专门机构，至少要有专职干部管理外贸工作才好。

（二）不管内、外贸机构是不是分开，外贸仓库必须单独搞，核算也必须分别进行。

（三）几个口岸的外贸机构，比如上海、广州、天津等等，请地方党委整顿一番。里面的人员大部分是好的，但是成分相当复杂。党、团员不很多，公私合营并过来的资方人员和留用人员却不少。严重的在于有的地方并不是我们挂帅，党的政策有时难以贯彻执行，所以去年很出了几件乱子。我们很担心。外贸是带“外”字号的国家机关，人员的政治质量应该强一些。请地方党委对口岸外贸机构的人员整顿一番，有些政治条件不好的人员调换一下工作岗位，特别是在外贸机构内部要害部门的不合条件的人，更应当坚决地把他们调离要害部门。当然，在进行这项工作的时候，要坚持实事求是的原则。

［下略］

Z10－941－19

外贸工作十四条①

1959 年 5 月 11 日

外贸工作值得总结一下。去年十二月我同各口岸外贸局长讲了十四个问题。对这十四个问题，今天打算把题目念一念，有的地方加一些新的材料。

一、和平经济政策

我们对外是和平共处的政策，决不向外扩张。当然，如果人家攻来，最后我们还是要反击的。我们的对外贸易也是这样，不是向外扩张的。我们的对外贸易政策，不同于资本主义国家的对外贸易政策。

二、内销为主，外销为辅

这一提法有点毛病。不是原则不对，而是构词不对。就整个讲，我们当然以国内市场为主。比如一九五九年社会购买力六百五十亿元，出口七十九亿元，很明显，出口只占少数。不仅像我们这样的国家是这样，就是美国也是这样。一九五八年美国国内商品零售额两千亿美元，出口一百七十九亿美元，只占百分之八点九，如果除去军火出口部分，一般商品出口大约是一百六十三亿美元，就更占少数了。英国是依靠对外贸易较多的国家，但其国内贸易也是占多数的。当然，西欧也有一些国家外贸占了很大部分，但一般说，总是以国内市场为主。像我们中国这样的大国，怎么能以国外市场为主呢？不过，“内销为主，外销为辅”这种提法容易引起错觉，特别是在货源紧张的时候，有的人就可能会不重视外销。我们固然以自力更生为主，但还要以争取外援为辅。国内市场固然量大，但是必须重视对外贸易。我们从中央到地方，都要重视对外贸易。

三、自力更生为主，争取外援为辅

这里所说的争取外援，是对兄弟国家来说的。对民族主义国家，是援助他们经济独立发展的问题。对帝国主义国家则是经济斗争的问题。我们必须以自力更生为主，同时也应该认识到外援对于我国的发展和建设还是起了很大作用的。

四、实事求是，量力而行，保证“五先”

进出口多少，必须实事求是，量力而行。各项工作在国内要落实，出口当然更要落实。出口是两方面的事情：你要出口，还需看人家要不要。但是，一旦双方成交，签了合同，就应该交货，不交货就造成失信。所以，外贸必须实事求是，量力而行，超过实际可能是不行的。去年外贸方面就有不量力之处，结果很被动。对今年出口计划，必须按照中央三月十八日的指示保证“五先”。那就是要保证出口商品安排在先、生产在先、原材料和包装物资供应在先、收购在先、安排运输力量在先。外贸首先要实事求是，量力而行，在计划既经确定之后，则要保证“五先”。

五、重合同，守信用，重质先于重量

订了合同不守信用，会使中华人民共和国的名誉受到损害。去年外贸方面与资本主义国家订了十一万七千个合同，撤销的将近有五千个，其中有百分之八十是由于对方不履行合同，也有一些是我方没有履行合同，对于我方

---

① 这是周恩来总理同各省、市、自治区财贸书记和国务院十七个部负责同志谈话纪要的第一部分节录。

签了合同交不出货的，人家就叫喊起来，弄得我们负担很重。以上是讲对资本主义国家方面。

对兄弟国家，他们一般是守信用的，我们过去本来也是守信用的。去年因为出口搞得多，也就欠得多，弄得今年欠交更多，今年的日子的确很被动。

所以，要定一条原则：要么不签合同，签了合同就必须守信用。

对兄弟国家的贸易协定是国家签的。对资本主义国家的买卖是各地口岸一笔一笔做的，不可能每笔都由中央或者外贸部批准，因此，各口岸必须把道理同干部讲清楚，不要随便批。你们要注意这件事。各地对外贸工作也要像对农业、交通一样开四级干部会议。请你们回去也开个外贸会议，不仅要外贸局、公司的科长级干部参加，也要找一般干部当中的积极分子参加，他们敢说话，说错了也不怕；同时还要吸收一些抱有不同意见的人参加。现在下面办事，有时候出了事情，一查是科员、科长办的，有些事经理并不知道。因此，外贸工作要做好，也要动员群众，不动员群众，政策贯彻不下去。

这里还要讲一讲出口商品一定要重质量。现在出口商品中大约有百分之几的东西质量很差，有些东西很不成样子。对此，进口国家的反映很不好。一个苏联工人来信说，他们夫妻因为新婚，买了一对我国出口的幸福牌金笔，回去一用，一支漏水，一支不出水，“幸福”变成不幸福了。对这对夫妇来说，的确给他们带来不愉快。来信说，这种东西只能卖给蒋介石。其实，这样的东西即使卖给蒋介石也不行。苏联外贸部告诉我们，他们在很短时间内就收到二百八十多封群众来信，反映中国商品质量不好，说过去中国货的质量很好，现在如此，很是痛心。不仅兄弟国家有此反映，某些资本主义国家也有反映。另一方面，我们对于有些东西吹得太过分了，这也不好。比如香味花布，洗几次以后就没有香味了。香港有一个时期对香味花布搞得很热闹，现在却不香了。为什么不在事先老实说清楚呢？我们不要求一时之香，而要求永远之香。出口商品的质量是很重要的，对外贸易一定要保证质量。

六、对兄弟国家要合作互助，共同发展

兄弟国家对我们的帮助很大。例如，今年我国向兄弟国家订购的电站设备就有一百八十万瓩，这些设备将来全部投入运转后，可以发电九十亿度。我们去年全部电力供应量只有二百七十五亿度，今年计划四百亿度。如果今年订购的电站设备都能在今年安装好，对实现四百亿度的指标有很大的作用。所以，应该看到兄弟国家对我们的帮助是很大的。我们当然也应该帮助兄弟国家。目前，我们虽然谈不到供应设备，但是我们的农副产品对他们也很有用。他们要求供应猪肉、油料、粮食、饲料等等，而且要得很急，但是今年我们交货的情况很不好。由于猪肉交货不好，近来弄得我很窘。我看还是要帮助他们一下，想办法交货。

这就是说，对兄弟国家要合作互助，共同发展。

七、对民族主义国家的政策是平等互利，帮助他们的民族经济逐步地向独立方面发展

我们帮助民族主义国家，不要求附带政治条件。我们认真贯彻平等互利的原则，这是和平共处五项原则的第四项；而且我们不强求卖给他们消费品，我们要对他们逐步增加生产设备的供应，逐步地帮助这些国家民族经济独立发展。从许多事实看来，帮助这些国家民族经济独立发展，还是对我们有利的。特别值得我们注意的是，要搞好援外项目。

八、对和平中立国家的政策是互通有无，加强往来

争取和平中立国家很重要，对和平中立国家应该做些生意。

九、对帝国主义国家及其追随者的政策是经济关系服从政治关系，经济斗争服从政治斗争

对于帝国主义及其追随者这一类国家，我们要考虑使贸易往来对我们有利。买卖可以做，但我们对这些国家要随时掌握气候，经济斗争必须服从政治斗争。

十、贸易协定和合同的签订要有区别

兄弟国家希望同我们订立长期贸易协定，有些东西是需要有长期贸易协定的。但是，现在我们对第二个五年计划还没有摸清，还要看两年再说。

所以，现在只能对一般的品种如大型的、精密的机械等订长期协定，重要的还是年度的协定和合同。同时，年度贸易额的增长不能太大，有些合同宁可作为协定外的临时协议，不能作为年度贸易额的基数，以免第二年退不下来，使贸易额增长过大。比如，去年补充进口很多，只能作为协定外的临时协议。对兄弟国家有援助的协定，有长期的贸易协定，还有临时的贸易协议。

十一、价格要有原则

一般应该实事求是按照国际市场价格办事，不要压低价格去同民族主义国家和兄弟国家竞争。在特殊情况下，可以有伸缩幅度，但不应降低过多，也不应抬高过多。

十二、贸易展览要少而精

贸易展览要少而精，不要搞得太多。过去出去展览很多，现在背了“包袱”。现在有一条原则：宁肯少些，但要好的。听说在莱比锡展览，我们有一种机器不敢开动。这事应该追查一下。过去出国展览前要经过几道审查，现在似乎不像过去那样仔细了。

据说，现在我们的展览品有三种：礼品、展品、产品。第一种，礼品，是向“十一”、“五一”献礼的东西，这应该称赞，以鼓舞积极分子的情绪，但这些东西还没有定型，绝不能拿出去展览。第二种，展品，一般是定型的，但不成套，不等于产品。展品要定型的才能展出，但不能出口。出口的只能是第三种：真正定型了的，而且能够正常生产的产品。

十三、出国访问，要学些东西回来

我们要跃进，要向人家学些东西。任何访问都要带些经济性，派些真正搞科学、技术的人去，学些东西回来。不要像去年那样出口推销小组满天飞，去年派出五十多个推销小组，二百多人，我们都不知道。我们出国访问一定要向人家学一些东西回来，人家有一技之长都要学，就是将来真正强起来，也要谦虚。

十四、参加国际会议必须请示

国际会议很复杂，有的有制造“两个中国”的阴谋，我们决不参加；有的我们以观察员的身份参加，不承担义务；有的作为正式成员参加。所以，凡是参加国际会议，不论中央各部或各地，都必须事先请示。

J3 – 2

积极扩大对外贸易，有计划地发展同兄弟国家的经济合作。八年内对外贸易总额每年平均递增百分之十左右。

扩大同苏联和东欧兄弟国家的贸易。对兄弟国家缺乏的农产品和矿产品，应当逐步扩大出口；建立供应出口物资的基地。对兄弟国家需要出口的设备和材料，特别是机床、拖拉机、汽车等，应当逐步增加进口。对我国所需要的采矿、冶炼、电站、石油、化工等大型设备和精密设备要积极争取增加进口。

对越南、蒙古、朝鲜等兄弟国家，根据需要和可能，进行经济技术的援助。

对某些民族主义国家，酌情提供经济技术援助。对于西方资本主义国家，在有利于我的条件下，适当扩大贸易额。

中央转发国家计划委员会党组关于1960—1967年八年规划的初步设想，1959年12月25日。Z44 – 1959（2）

八、自始至终抓好对外贸易工作

一九六〇年的对外贸易计划，必须保证完成。做好对外贸易工作是保证我国社会主义建设高速度发展的重要条件之一。

应该继续贯彻执行国内贸易与国外贸易同时并举的方针。货源分配的原则是：“除了粮食、油、棉等物资特殊规定限量出口外，其他物资在今后一个相当长的时期内的一般方针，应当是国内市场的销售服从出口的需要。有些商品如肉类，应该压缩国内市场的销售，保证出口；有些商品如水果、茶叶和各种小土产，应该尽先出口，多余的再供应国内市场的销售。”

在“全国一盘棋”的方针和统筹安排的原则下，在中央批准的对外贸易计划的范围内，对于出口商品，应当优先安排，生产在先，供应原材料和包装材料在先，收购在先，运输在先。

今年的外贸收购任务和出口任务比较重，一定要下决心改变过去在收购工作和出口工作上那种前松后紧的现象。要从第一季度就开始抓紧，避免把任务过多地挤到下半年。请大家继续鼓足干劲，保证完成和超额完成今年的外贸收购任务和出口任务。

李先念同志在全国财贸书记会议上的总结发言，1960年2月28日。Z44-1960（4）

8. 要把增加出口工业品作为对外贸易的方针，列入计划。今后继续增加出口农产品的希望不大，要逐年想法转变方向，把增加出口工业品作为一条方针。我们的机械产品，型号和样式都要力求合乎出口标准。把这些东西供应落后国家，还可以帮助他们抵制帝国主义。我们还要积极的多进口一些棉花，多出口一些棉布；多进口一些丝毛，多出口一些呢绒。

国家计委三年计划会议纪要第30号，1960年5月13日。150-8-69

三、当前在对外贸易方面需要抓紧做好的几项工作

针对上述情况，当前在对外贸易方面需要抓紧做好以下几项工作，希望各省、市、自治区和中央有关各部给以支持：

（一）继续鼓足干劲，进一步贯彻中央8月10日的紧急指示，深入地开展收购、出口和调运运动。抓住农副产品上市旺季，大力组织力量，狠抓收购工作。切实解决计划执行中存在的问题，按品种、按数量、按规格质量完成收购计划和出口计划。

1. 抓紧货源落实工作，妥善安排出口，做好第四季度对外交货工作。外贸部当积极协同各有关部，具体解决各地区反映的计划执行中存在的问题，把计划落实到生产或供货的基层单位。为了做好对兄弟国家的交货工作，对于已经确定的主要商品数量最好不要减少供应，尽量安排出口。对于调整后的85亿元收购计划中，货源尚未落实的4.3亿元，已由总理指定的专门小组研究解决，落实以后，还要请各地给以支持和协助。

2. 落实各省、市、自治区支援还欠的商品，以便安排出口。除粮食、油脂、棉花由中央统一掌握出口外，其他商品应该按照北戴河会议上各省、市、自治区党委第一书记提出的商品数量落实，供应出口。请中央各主管部对地方支援国家还账的各项措施予以支持。

3. 继续大抓出口商品的规格质量，特别是对棉布、呢绒、冻肉、罐头、玻璃、纸张、缝纫机、丝绸、皮鞋、石棉等，要从投料、生产、检验、包装、出口等各个环节上，注意和提高出口商品的质量。目前外贸库存现货达27.52亿元之多，但是其中有相当一部分商品不合出口规格质量的要求，不能用于出口，我们希望：今后供应外贸的出口商品必须合乎出口规格的要求，否则外贸部门收进以后，销不出去，其结果是增加对外欠账，将来又要移回内销，造成往返拨运等浪费，并且形成外贸收购计划执行情况中的某些虚假现象。

4. 关于出口商品生产原材料和包装材料问题。据经委管理物资分配的同志说，一般的只能在原已分给的物资内调剂使用。我们的意见：在保粮、保钢的方针下，如有现成材料可以调整的，即根据中央关于“五先”的原则，中央商品请中央主管部在国家分配的原材料中，首先切实解决生产出口商品所需的原材料和包装材料。地方商品所需要的原材料和包装材料请地方负责解决。如果确实没法调剂的，则请由中央对外贸易指挥部与有关单位协商解决。具体工作，由外贸部办理。对于有争论的事情，如做罐头用的马口铁为什么生了锈？为

什么不够用之类，请中央对外贸易指挥部派人调查和处理。至于以后包装器材的解决办法和调拨手续，建议请经委召集有关部门讨论后拟订具体办法。

5. 切实解决短途运输问题，在保粮、保钢的前提下，将出口物资的短途运输排上队，及时安排车辆、汽油和劳动力。

6. 根据调整的计划，迅速安排车船，积极组织对兄弟国家出口交货。同时，大抓对资本主义国家的出口，努力完成6.3亿美元的出口任务。目前，特别是要大力做好对港、澳的供应工作，为此建议有关省、市、自治区在对外贸易指挥部成立一个专门小组负责掌管对港、澳出口供应工作。要坚决推销库存商品，开好10月份秋季广州出口商品交易会，争取超额完成成交1亿美元的任务，在推销出口商品中注意落实货源，竭力避免卖出后交不了货的现象。

（二）切实贯彻执行中央和毛主席关于处理内外销关系的指示。对出口粮食要按照中央决定的“粮食要首先自保，然后援外，粮食的外销要服从内销”的方针和六条原则进行安排。就是说，中央确定的出口粮食数量要坚决保证出口，但没有经过中央批准不准多出口。对棉花（包括棉织品）、食用油、肉、禽、蛋等主要出口商品，要按照中央确定的数字，保证完成对外交货任务。对茶叶、猪鬃、肠衣等传统出口商品和其他能够出口的商品，要坚持内销服从外销的方针，千方百计地挤出来出口，并且力争超过计划。目前，茶叶经营上，商业、外贸都有机构，为了便于统一安排生产和组织货源，保证出口茶叶的规格质量，可否考虑划归外贸统一经营。畜产品的经营上，有些地方仍由商业部门和外贸部门分别经营，可否考虑都由外贸统一经营。

（三）抓紧建立出口商品生产基地。近几个月来，外贸部门和有关部门在各地党委的领导下，根据中央关于建立出口商品生产基地的指示，认真地做了许多工作，取得了一定的成绩。做好出口商品的基地工作，对于在发展生产的基础上保证和扩大出口货源，提高出口商品的规格、质量有着重大作用。根据中央批准的方针，出口商品生产基地应当纳入国家出口计划内，在省、市、自治区党委的统一领导下，贯彻执行自力更生、增产节约的方针，因地制宜，由地方来办。外贸部门当根据出口需要，对出口商品生产基地的建立积极提出意见，加以协助，根据各地党委的统一安排，做好派出外贸代表等工作。由于建立出口商品生产基地是一项新的工作，又是很复杂的工作，大家的经验都不够，同时，在工作中，还有许多问题亟待解决，因此要求：（1）各省、市、自治区党委继续加强对出口商品生产基地工作的领导，并请不断地认真地检查各地有关部门贯彻执行中央关于建立出口商品生产基地的指示的情况；（2）对于建立出口商品生产基地工作中存在的问题，请各地在地方党委统一安排下加以解决；如果地方确实无法解决，我部当在力所能及的范围内积极协助解决。各地提出的三年规划，我部正在进行研究，待请示后分别答复。

叶季壮同志在全国财贸书记会议上的发言要点，1960年10月15日。180－8－5

六、强调自力更生，不能依靠外援从社会主义国家进口，有限度，没有希望。从资本主义国家首先是进口粮食。因此，在计划上要把自力更生和不能进口的情况看得更严重一些，否则，把计划安排落脚在依靠进口的设想上，就会落空，迫使生产和基建都得重新调整。如，石油部设想少进口高级燃料油，改进口设备由国内生产油，设想很好，但外汇不落实，设备进不来，上马的三个炼油厂不得不停下来。我们安排计划要合乎主席的思想，就是从最坏处着想安排工作，实际工作中努力去做，争取超过。如果从好处着想安排了工作，实际条件很差，计划动摇，被迫调整。

程子华传达总理3月8日在中央财经小组会议上的讲话，1962年3月9日。150－10－8

蒙：第三个问题。中国官方文件强调一国人民进行经济建设和社会革命主要靠自力更生，这是否意味着中国要闭关自守地进行建设，一个国家在建设中可以不和别的国家发生贸易关系？

总理：无论革命或建设都要靠本国人民。革命要靠本国人民自己的努力，也就是我们说过的革命不能输出和输入的道理。革命的思想总是要传播的，但革命的思想要在本国人民的思想中生了根，为本国人民所接受，变成了他们的武器才能发生作用。一国人民的革命不能由别国人民来代替，但需要别国革命的支持和影响。这一点正好解释刚才提出的第二个问题。支持不是干涉。建设是否要靠自己的力量呢？也要靠自己的力量来建设。一国人民如果没有信心建设好自己的国家，别人是扶不起来的。即使一个小国也是如此。当然，自力更生建设独立经济并不排除和拒绝平等贸易、互通有无、技术进口、相互援助，因为一个国家总不可能什么资源都有。处在六十年代，技术进步更是日新月异。你有这，他有那，需要交流。特别是经济不发达的国家，更需要发达国家的技术和设备。一般不发达国家缺乏资金，需要外援，但要不附任何条件，否则经济永远不能独立。所以自力更生不能叫闭关自守。这在中世纪都不可能，何况现在。

周总理答墨西哥《永久》周刊记者蒙特福特四个问题，1964年5月30日。3－2/1

一九六五年，国际、国内形势都将比今年更好。整个国民经济的情况将要取得根本好转。对外贸易应当进一步具体贯彻党的社会主义建设总路线和对外政策总路线。根据中央工作会议精神和富春同志关于编制一九六五年国民经济计划的指示，我们拟定了一九六五年外贸工作的五条方针任务：

一、积极挖掘潜力，扩大出口货源，增加出口，特别是增加对资本主义国家的出口。继续贯彻执行除粮、棉、油和某些国内严重不足的重要工业原材料外，其他商品内销服从外销的原则。做好大宗的农产品和零星土特产品的出口货源组织工作。积极扩大工矿产品的出口货源。对于纺织、轻工、化工、机械产品，要协同各工业部门大力采取措施，提高质量，改进花色品种，增加出口。

二、从一九六五年开始逐年减少粮食的进口，增加新技术设备的进口，以支援基础工业、国防建设和农业生产的发展。同时，必须拨出一定的外汇，进口战略储备物资。

三、大力支援坚持马列主义的兄弟国家，根据他们的需要，努力保证供应，进一步加强互助合作。积极扩大对于亚非拉民族主义国家的贸易往来，以支援他们的反帝反殖斗争。有区别地适当增加对东欧六国的贸易，以进一步分化现代修正主义集团，孤立赫鲁晓夫。对苏联，在还清贷款以后，可按平等互利的原则，维持一定的贸易关系。有区别、有重点地发展对第二中间地带的贸易，扩大反美统一战线。继续扩大对港、澳的出口，努力增加自由外汇的收入。

四、继续坚持以出定进、收支平衡、瞻前顾后、留有余地的原则，把外贸计划安排在既积极又可靠的基础上。

五、坚持政治挂帅，认真学习解放军，进一步提高外贸经营管理水平，减少亏损，节约费用，增加收入。

国家计委关于1965年外贸计划向中央的汇报提纲，1964年8月15日。150－13－288

林海云①同志发言：

富春同志报告和先念同志指示已经在党组会上传达。因最近的外事活动多，还没有来得及讨论。叶季壮同志认为：富春同志的报告和先念同志的指示很重要，需在局长、经理干部中进行传达；关于制度改革问题，要在机关革命化和“反五多”的基础上认真地搞。关于要满腔热情支援三线建设问题，对三线需要的进口物资，要安排在第一位，一定要抓紧订

① 林海云时任对外贸易部副部长。

购，今年能买到的，争取早进口，并指定进口局长参加财贸办的支援三线小组的工作。为了支援国家建设，要想一切办法节约外汇支出和增加外汇收入。比如进口粮食，少买加拿大几十万吨，就可节省几百万美元，买澳大利亚的小麦，如果每吨能省一镑半，两百万吨就可以节省三百万英镑，折合八百多万美元。下面谈几点个人意见：

（一）分散主义、主观主义、教条主义，我们也都有。去年曾经组织专门小组检查外贸部门的分散主义、教条主义，我认为在外贸政策方面受苏联的影响很少。在外贸体制方面，过去曾经学苏联的经验，在省一级设外贸特派员，结果行不通，又改为设立外贸局。

（二）外贸的机构体制需要好好研究。一九六一年，为了精简机构，将总公司合并成八个，现在看来，分得粗了一些。有许多商品每年出口数量很大，例如猪、羊肠衣，每年对资出口搞好了可以达到一千五百多万美元，但总公司只有几个人管，很难把工作做细。服装出口，过去都是对苏新出口，一年一谈判，不要单独成立公司，现在转为对资出口，成交批数多，搞好了，一年可以达到两千万美元，需要单独成立一个公司来搞。目前，外贸进口业务，有百分之九十是由总公司直接对外成交，出口业务也有百分之七八十在总公司，按现在的经营分工和人员情况，确实不能适应工作需要，要很好研究解决。如果能打破人员调动的地区限制，全国外贸系统内部统一调剂解决，还可以精简很多人。

（三）计划问题，外贸收购和出口计划，最近几年由计委、经委、财贸办、外贸部四个单位联合编制的办法是比较好的。进口计划方面，对进口货单还没有一个单位抓总的问题，需要很快解决。

（四）外贸要加强经济核算，要算经济账，也要算政治账，要把政治核算与经济核算很好地结合起来。

《1965年全国计划会议情况反映》，第72期，1964年10月3日。150－13－61

11. 对外贸易和援外工作问题。大家听了总理的报告，当前国际形势很好，对外贸易要发展，对外援助要增加。我们的外贸工作要进一步做好经济核算，减少亏损，甚至消灭亏损。现在外贸形势改变了，从过去对社会主义国家占百分之六十、对资本主义国家占百分之四十的比例，转变为对社会主义国家占百分之四十、对资本主义国家占百分之六十。主席说：这是合理的，因为社会主义国家只有十几个，而资本主义国家、民族主义国家有很多。

李富春同志在全国计划会议上的总结报告，1964年10月20日。150－13－35

一、明年外贸的出口方针，先念同志提了四条（即（1）有协议的；（2）政治上需要照顾的；（3）软硬搭配的；（4）争取出口的），大家都同意，可以这样办。

二、进出口贸易，要从国内的备战、生产、人民生活的需要出发，出口也好，进口也好，都应当考虑国内需要。进出口贸易，总是有利也有弊，完全有利无弊的事情很少，问题是利多，还是弊多，需要权衡。

三、哪些可以多出？哪些可以少出？哪些可以多进？哪些可以少进？还要再研究一下。要想多进，就得多出一点，少出多进是办不到的。

国家计委会议纪要：讨论对外贸易1966年计划中的几个问题，1965年8月12日。150－13－17

二、对外贸易管理体制的调整方案

对外贸易部党组报送关于改进对外贸易体制的方案（草案）

1958 年 6 月 17 日

关于改进对外贸易体制，经本部党组多次讨论，现拟出这个初步方案，还有待于同各有关方面商量修改。为了供领导上及时了解情况和考虑这个问题，现先将这个初步方案（草案）报上。同时，我们已将这个方案（草案）发给各省、市、自治区党政领导机关，征求他们的意见，并定于6月25日在上海召开全国对外贸易局长会议进行讨论，最近拟派人同各主要省市领导同志商量。待取得一致意见后，再报中央定案。

附：关于改进对外贸易体制的方案（草案）

对外贸易由中央统一安排，全国外汇收支由中央统一平衡，对外谈判和签订协定以及签订对苏新贸易的合同和对资贸易中重大的合同由中央委托对外贸易部统一办理，这些都是完全必要的、正确的。过去已经这样做了，今后还应该这样做。只有这样做，才便于统一步调，一方面同兄弟国家进行友好协作，另一方面同资本主义国家进行有效的斗争。过去的缺点，主要在于对内组织出口货源、掌握收购价格、安排进出口上集中得过多，统一得过死，而且为发展地方工农业生产服务做得不够；加之目前国内工农业生产大跃进和企业、事业单位下放的形势出现，现行对外贸易的进口订货和出口供货制度就显得更不适用。为了充分依靠地方党政，发挥地方积极性，贯彻执行鼓足干劲、力争上游、多快好省地建设社会主义的总路线，使对外贸易能够按照需要与可能大出大进，更好地为国家的社会主义经济建设服务，现行对外贸易体制有迅速加以改进之必要。如何改进呢？

一、把组织出口货源生产、收购出口物资、收购价格的掌握、加工企业的管理以及加工工作、仓储保管、包装运输等任务全部分别交由省、市、自治区管理。

二、进出口计划（货单）下放给省、市、自治区编制。编制的具体办法：根据“双轨制”的原则，长期和年度的进出口计划（货单）都先由各省、市、自治区计委负责编制和平衡（不分国别），然后送所在经济协作区的办事机构进行平衡，经协作区平衡后，再分别报送国家计委或经委、外贸部和中央各主管部。各主管部对主管物资，应当结合国内产、供、销情况进行平衡；外贸部根据国外供销情况进行平衡，并分国别安排进出口计划；最后，关于长期计划由国家计划委员会、年度计划由国家经济委员会组织各有关部和各省、市、自治区，对进口和出口、中央和地方等方面，进行全面的综合平衡，编制全国的进出口计划，报中央批准，统一下达各省、市、自治区。

三、全国进口和出口计划仍应由中央统一安排，全国外汇收支仍须由中央指定国家经济委员会负责统一平衡。在此原则下，出口所得外汇，由中央统筹分配，适当划分中央与地方用汇金额。

四、必须由中央统一掌握开支的外汇有以

下几项：（1）偿还贷款本息；（2）对外援助；（3）特殊订货；（4）原子能订货；（5）中央不下放企业的进口订货；（6）国家物资储备进口订货；（7）中央未下放的成套设备项目（包括技术图纸、资料、专家费用、实习生费用）；（8）技术合作和从资本主义国家购买技术资料；（9）抽肥补瘦用汇（因有些省、市、自治区没有或很少出口，所以必须由中央掌握一部分外汇，再分配给需要外汇的地方）；（10）国家机动外汇。以上需要由中央统一掌握开支的外汇，每年由国家经委给各省、市分配任务，保证上缴中央。这个办法实行后，目前所实行的外汇提成办法即可废止。

五、在由中央统一掌握谈判、签订国家间的贸易协定的条件下，对兄弟国家的进出口合同，由外贸部各总公司签订。对资本主义国家的贸易协定中规定须由政府履行协定义务的合同，也由外贸部各总公司签订。出口物资交货和运输、进口物资接收和国内运输等业务下放到各省、市、自治区办理。对资本主义国家进出口业务，凡主要的大宗和国外垄断性大的进口商品必须由中央统一掌握对外成交，以保证及时买到和供应国内需要，并且避免引起国外市场价格混乱、被国外商人钻我空子外，其他进出口商品的业务，下放到各口岸办理。

六、对外贸易资金可由各总公司拨给各省、市、自治区，实行块块核算，所得利润由地方直接解缴财政部。在此情况下，对外贸易部各进出口总公司对出口供货和进口订货部门的关系，应由自营关系一律改为代理关系，即只按进口和出口价格抽取3%的手续费。各内地省、市、自治区在外贸部和口岸外贸机构协助和服从对外步调一致的条件下，负责收购、加工、包装和调集出口物资至口岸交货，并且负责进口物资的接收和运输业务。

七、目前我国对资本主义国家出口一般是赔钱的，按照不同商品赔钱20% ~70%不等（去年平均亏损率为54%；今年1—5月亏损了4.2亿元，平均亏损率为64%）。其原因主要是人民币对美元外汇牌价不够合理，即一个美元只折合2.617元人民币，但实际上现在出口约需4.5 ~5.0元人民币的东西才能换到1个美元。用换到1个美元在国外买回货物，进出相抵本来仍可赚钱，但因由资本主义国家进口的重要物资多是外贸部门代理用货部门进口，外贸部门只向用货部门收取3%的手续费，内外差价绝大部分归用货部门。这样，外贸部门就不能完全以进口之盈抵出口之亏，并且不利于促进用货部门降低成本。而且，由于有一部分外汇必须由中央统一开支，因此地方上不可能出口多少就用多少外汇来进口，那么，进出口业务下放后，地方对资出口的亏损就很难担负起，也不利于发挥地方出口的积极性。因此，应当采取奖励出口政策，在现行外汇牌价对外不变（这样对外不致发生不良的政治影响）的情况下，把美元内部结算价格由2.617元人民币折合1美元，改为5元人民币折合1美元。

八、对外贸易的基本建设全部下放由地方管理，劳动工资全部下放由各省、市、自治区统一管理。企业机构的设置和人员编制也由各省、市、自治区管理。

九、对资进出口业务下放后，应当在统一对外和发挥地方积极性相结合的原则下，妥善解决口岸同口岸、口岸同内地的矛盾。（1）重要出口商品，按口岸分工，由主管口岸对外报价成交，其他口岸和省、市、自治区按协商好了的计划分头组织货源、分口岸交货，所得外汇归交货口岸和省、市、自治区。（2）所有商品对外成交的价格由口岸公司掌握。属于统一由一个口岸对外成交的出口商品，不能多头报价，以免被外商钻空子。属于以一个口岸为主对外成交的出口商品，其他经营同种商品出口的口岸在对外报价上应当服从为主的口岸，相互应当加强联系协作。（3）加强口岸与内地的协作。建立每季度一次的以天津、上海、广州三个口岸为中心的外贸协作会议，解决口岸和内地相互间存在的问题。（4）口岸要主动召集内地外贸有关人员举办各种小型专业会议，交换情况，衔接计划，研究经营方式，学习业务。（5）内地可在关系密切的口岸设置常驻人员，参加对外经营，了解国外市场情况，编制仍归内地，工作学习受口岸外贸局领导。口岸也可派常驻人员到内地，在内地外贸局（商业厅）的领导下，协助内地组织出口物资的生产，改进商品的规格质量和包装，发现新的出口品种。口岸和内地要相互支援，相互沟通情况，密切协作，以增强相互信任和合作。

十、各地海关的建制归地方，但各地海关的设置和撤销仍归中央决定。在税则、税率统一的原则下，税收由地方代收，全部归财政部，具体的上缴办法可由财政部规定。各地海关仍受对外贸易部海关总署和各省、市、自治区人民委员会双重领导。

十一、各地商品检验的机构和编制下放给地方决定。商品检验局一级机构的增设和撤销，应当事先征求对外贸易部意见，因为我国货物必须有商品检验局签发的证书才能出口。商品检验标准的制订和修改，仍由对外贸易部掌管，但具体技术问题，在不影响检验结果及快、准、省的原则下，各地可以灵活掌握。商检的政策、规章、法令仍应对外统一。各地商检局仍受对外贸易部商检总局和各地对外贸易局的双重领导。

十二、地方要积极发展易销的出口物资的生产，同时要抓紧不断提高规格质量，扩展销路。对外应严守合同信用，按期、按量、按质均匀交货。一般应该先出后进，严格掌握平衡。

十三、外贸业务下放后，外贸部要抓政治思想领导、方针政策、全面规划、协作平衡、对外谈判、检查督促、业务指导，总结推广先进经验。

十四、关于对国外商务参赞、商务代表的职权下放问题，另行研究。

以上方案，经中央批准后从1959年起实行。

Z9-855-6

三、统一对外

二、如何发挥社会主义对外贸易经营的优越性问题

这次会议大家讨论了关于集中统一对外和充分发挥地方积极性相结合的问题，并已拟出了一个文件。目前，在某些商品的经营上，口岸之间有争执，内地与口岸也有些矛盾，特别在工农业生产大跃进的情况下，这个问题会更加明显，必须很好处理。目前世界上对外贸易形式不外三种：（1）资本主义方式的对外贸易，他们是分散经营，自由竞争，但对外贸易和外汇也受国家管理。（2）社会主义方式的对外贸易是垄断的，统一对外，有计划的，步调一致的，并且有强有力的协作和配合。（3）南斯拉夫方式，他们是又统一、又分散，公司和工厂都可以出口。资本主义国家中的个别商人竞争力量很小，托拉斯间的竞争力量就大，而我们的后台不是个人，不是集团，而是国家，力量非常强大，如果各口岸之间自相竞争，损失就会十分严重。我们现在已经发生互相竞争、互相排挤的情况。这次华润公司报道了一些情况，还带来了样品，很有说服力。我们出口的电池现有16个牌子，毛巾的牌子则更多。上海414毛巾，国外很有威信，每打卖4.89港元，而别的口岸也随着出类似的毛巾，价格比上海毛巾价低，结果受损失的是国家。上海长城牌铅笔出口5.5港元一罗，天津天坛牌是5港元一罗，青岛友谊牌4.5港元一罗，品质都差不多。其他商品也发生这类情况。这样做，不仅销路打不开，而且少卖钱，如肥皂，1956年3个口岸出口6个牌子，一共推销1.5万箱，1957年由6个口岸出口17个牌子，只销出9 000箱，价格还落了15%。这种现象必须改变，要集中起来，统一对外，并使统一对外和充分发挥地方积极性结合起来，发挥社会主义对外贸易的优越性。是否互相排挤、互相模仿是不可克服的呢？不是的。统一集中对外与发挥地方积极性并不矛盾，各口岸和内地都有自己特长，特别条件和传统出口商品应该发挥自己的特长，逐步地走向分工专业经营。如纺织品各地应与上海协作，以上海为主；广东发展亚热带作物，如菠萝等的罐头的生产和加工；而天津则发展亚寒带作物如梨等罐头的生产和加工，并不会矛盾。天津搞地毯有原料又有技术，对外已经建立了信誉，如果别的省也想搞，有无必要，就值得考虑。抽纱是广东汕头的名产，听说别的省也想搞，而且要到汕头去请技术工人，似无必要。再如扣肉罐头，主要是东南亚华侨吃的，他们要广东和福建的口味，因此由广东、福建经营比较好，其他地方可发展别的罐头。这个问题我们应向地方解释清楚，外贸部门也要多想办法，不要什么方便就去搞什么，真正方便的条件是自己的特长。

这次会上，大家认为工业品经营的专业化是个方向，我们同意这个意见。例如纺织品，就可以由上海统一对外发盘成交，各口岸分别交货，请大家回去再与地方上商量一下，看是否可这样办。这样做，有的同志认为上海主动了，但也可以认为上海被动了，因为他要照顾到各口岸统一经营，不见得仅仅是对上海有利。大家都要树立全局观点。口岸不论大小，都是全国的口岸，应该为全

国服务。口岸与口岸之间、口岸与内地之间应该互相照顾、互相支援、互相信任，不应该互相排挤、互相怀疑。当然，这个办法主要是适用于大宗工业品，小商品就不必这样做，在设立专业公司统一经营后，各口岸也可以派人驻在这个专业公司内。请大家回去再同地方党政商量，征求他们的意见。

统一对外的问题请各口岸、各总公司、各驻外商务机构都要注意，有情况要及时汇报，本部要作通报，请进口局出口局注意收集材料，据实报道，督促改进。

雷任民副部长在对资出口会议总结大会上的发言（记录稿），1958年2月15日。T51/30

中共中央关于对外贸易必须统一对外的决定

1958年8月

对外贸易必须严格统一对外，绝不容许有任何不统一现象发生。过去这样做了，今后还必须这样做。只有统一对外，才能有计划地完成国家进出口计划并为国家生产建设服务，才能有计划、有组织地同兄弟国家进行贸易协作，才能配合我国和平外交活动，特别是才能同国外资产阶级进行强有力的政治经济斗争，在防止和抵制资本主义国家对我国经济腐蚀或侵袭上体现出我国无产阶级专政的作用。

但是，近两三个月来在对外贸易工作中发生了一些对外不一致的混乱现象。在对资本主义国家贸易方面，有些口岸对外贸易机构违背原有规定，相互争客户，争市场，落价竞销，抬价竞购，随便邀请外商来华，甚至有个别地方不经对外贸易机构私自向国外做买卖。这些混乱现象虽然是短时期内的少数现象，但就问题性质说来，是资本主义自由竞争倾向。这种错误不仅经济上已造成一些损失，而且在政治上也发生了一些不良影响。在对社会主义国家贸易方面，今年补充进口货单事先没有报中央批准就对外订购，以致一部分有失重点。还有一些单位没有经过对外贸易机构就自行和兄弟国家商务机构进行贸易谈判和催交货物。这些混乱现象也是同对外必须统一的原则不相容的。

为了贯彻执行对外统一的原则，彻底克服上述混乱现象，并且正确发挥地方进出口的积极性，特作如下规定：

一、对社会主义国家和对资本主义国家政府间的贸易，全由对外贸易部秉承中央意旨统一去办理。除了经过中央批准可以进行边境小额贸易的地区以外，其余各地区、各部门都不得进行对外贸易，亦不得自行催请兄弟国家交货。

二、对兄弟国家的进出口货单，必须经国家计划部门综合平衡，并且经过中央批准，对外贸易部门才可对外签订协议。

三、坚持进出口货单审批制度。地方需要进出口的货单，应当先经省（市、自治区）委审批，并报中央批准后，对外贸易部门才能办理进出口。但在分配给地方的外汇额度内的进口货单，可由省（市、自治区）委审批决定。

四、对资本主义国家非政府间的贸易，凡属垄断性强或大宗的进出口商品，均由对外贸易部所属总公司统一对外成交。其他进出口商品，在对外贸易部统一领导下按照口岸分工的规定去经营。为了了解国外情况，增强协作和学习业务知识，内地有关省、市、自治区可派遣少数人员到口岸同口岸对外贸易机构组成联合经营小组，参加对外成交。进口货到货后按计划分交订货单位。对外贸易部所属机构及各口岸应坚决执行对外贸易部规定的商品经营分工和口岸经营分工办法。

五、对资本主义国家进出口同类商品，对外成交价格必须统一，对外贸易部各总公司必须按月或按季统一规定进出口价格的掌握的幅度，下达各对外贸易机构执行。各口岸对外贸易机构在执行对外价格中，必须互通情报，加强协作，密切配合。反对各自为政、抬价竞购、落价竞销的资本主义自由竞争的经营做法。

六、任何地方、任何机关未经中央批准，不得命令银行动用国家外汇，向外开证。

七、各口岸邀请外商来华谈判或派人出国进行贸易活动，必须事先报对外贸易部批准，由对外贸易部统一组织进行。对来华的资本主义国家商人，原则上不准免费招待，个别需要特殊照顾者，也必须事先报告对外贸易部批准。

八、除对外贸易部所属各总公司和各口岸对外贸易机构外，任何地方、任何机构不许做进出口买卖。

九、所有对外贸易工作人员必须努力学习政治，提高觉悟，必须具有统一对外的观点、国家观点、全局观点和协作精神，严格执行国家对外的方针政策，把自己锻炼成为一个又红又专、红透专深的光荣的人民对外贸易工作者。

至于对外贸易部过去在对内业务上有统得过多过死的缺点，对外贸易部仍应继续注意克服这种缺点，将工作适当下放地方管理。

第 472 页。TD（220）－5455（11）

五、关于社会主义对外贸易的集中统一性和发挥地方的积极性

我们这次会议对于如何统一对外步调和充分发挥地方积极性的问题作了讨论。社会主义制度下的对外贸易的优越性，大致表现为：（1）严格的计划性；（2）国家垄断性；（3）对外严格的统一性和强力的协作配合。第一，我们统一对外的目的，首先是为了能在对资贸易斗争中取得胜利。我们的力量统一起来就很大，如果不统一而相互竞争起来，损失也就很大。我们必须把自己的步调统一起来，以战胜竞争者。第二，统一对外能防止资本主义商人钻我空子，保卫国家财产不受损失。过去，由于对外步调不一，我们曾经吃过不少亏，应引为教训。

这次会议，大家的发言都赞同对外步调必须统一，同时提出必须坚持对外统一和发挥地方积极性相结合的原则，这是正确的。统一对外和发挥地方积极性两者之间并不是矛盾的。如果我们不能统一对外，就难于打开和占领市场，出口就不能扩大，地方的积极性也不可能发挥出来。因此，我们应该运用统一对外的武器，扩大出口。但是，也应注意：

（一）统一对外步调并不是一切都要统死，统死就会妨碍地方积极性的发挥。大家一致的意见是：大宗的、竞争剧烈的和垄断性商品，必须统一经营；零星的、新小商品和试销商品应该允许口岸分散经营。有些虽然数量较小的商品，但国外客户很集中，我们也以统一经营为宜。

（二）大家都要树立全局观点。口岸不论大、小都是全国的口岸，应该为全国服务。各口岸都应为内地各省服务。口岸之间要互相照顾，互相支援，不要互相排挤。口岸与内地省之间都要互相信任，不要互相怀疑，内地同志也要谅解口岸的实际困难。这样，工作就会做得更好。为了交流内外情况，口岸应经常把国外市场情况向内地省发通报，内地省也要把货源变化情况通知口岸，相互联系，相互配合，共同做好外贸工作。同时，为了整体利益，各地也要准备在一定时期、在某些方面要作一些牺牲。为全局的胜利着想，局部地区暂时吃一点亏也是需要的。因此，希望大家有互相让步的精神，不要斤斤计较。

为了在统一对外的原则下充分发挥地方的积极性，我们考虑可采取以下措施：

1. 内地省、其他口岸可以在主要口岸设办事处或派驻专业小组，负责联系货源和出口工作，参与口岸对外成交有关商品。

2. 总公司或驻广州特派员召开的专业会议，应请各有关省和口岸参加，共同解决货源分配和经营问题。

3. 省与省之间、省与口岸之间存在的问题，可以通过外贸局负责同志间的直接见面协商解决。

4. 口岸和内地都要根据特长来发展，逐步走向分工专业经营。在生产大跃进的条件

下，各省都能生产很多工业品，都要求出口。在这种情况下，我们认为，大家应当发挥各自所长、作商品分工，否则可能发生互相竞争的情况。我看“露水普洒”的方针是值得考虑，这样做的后果对出口是不利的。我们赞成有的同志提出的要“开路走，不要挤着走”的精神。各地都应从发展新产品、打开新市场方面来找出路，不要自己内部相互排挤。我看可以允许打开新市场的商品，在一定时间内有推销的专利权，别人不能进去，这样，就会鼓励对外积极寻找销路。对于已经在国外树立信誉的老牌货，应该大家加以保护，不要挤掉。

5. 如果市场容量有限，为了多收外汇，就应当先出口品质好、价钱高的产品，这就是全局观点。如果市场容量允许多出，当然可以出口高档货，也出中档、低档货，这方面需要口岸作全面的安排。

关于口岸分工和经营办法，对资出口会议上已作过原则规定，各总公司召开的经理会议和特派员召集的专业会议，也都有些规定，大家应当执行。对口岸分工中存在的问题，在交易会上，作为一项临时具体办法，加以适当调整。至于整个分工问题可以提出来研究，但也希望在提意见的同时，先执行决定，以免步调混乱。

雷任民副部长在华南八省外贸局长会议结束时的发言，1958年9月21日。T51/30

四、贸易外汇的分配与管理体制

中共中央关于贸易外汇体制的决定（草案）

1958 年 8 月

建国以来，国家对于贸易外汇实行统一管理和重点使用。事实证明这样做是正确的。只有这样做，才能保证国家外汇的合理使用，并且保持外汇收支平衡，从而有利于国家经济建设。只有这样做，才能贯彻实现国家统一的对外政策和对外贸易方面的各项政策。因此，这个方针不容有任何动摇。

为了进一步贯彻执行这个方针，中央决定组织一个外汇管理小组负责贸易外汇的统一管理、全面平衡、统筹调剂。对外贸易部应根据中央每年批准的外汇计划负责掌握和执行。外汇的收支由人民银行统一负责办理。各地区都应积极组织出口，完成和超额完成国家外汇收入计划，并应按照中央批准的外汇分配计划来使用外汇。计划以外的用汇必须事先报外汇管理小组批准。

贸易外汇的使用，应当在以自力更生为主，以争取外援为辅的方针下实行以下原则：先中央、后地方；先重点、后一般；先出口、后用汇；先保证完成国家总的计划任务、后进行地方的超额计划。这个原则之所以必要，是因为：(1) 中央统一开支的项目（对外还债、对外援助、重点工业建设所需成套设备、国防建设订货、原子能订货、尖端科学订货、科学技术资料费用等等），既牵涉国与国的关系，也关系全国性的重点建设需要，因此必须先保证中央需要，然后兼顾地方需要。(2) 中央和地方的建设都是有重点的，因此，从中央到地方在外汇使用上也必须是先保证重点、后兼顾一般；保证重点物资进口，是为了更快地发展生产建设。(3) 全面完成全年出口计划后才谈得上超计划出口和超计划用汇，所以必须先保证完成国家总的计划以后，地方才可以搞超额计划；不能在计划未完成之前就去追求超额出口，那就会失去超额出口的积极意义。(4) 出口收汇后才有外汇可用，因此，超过计划部分必须先出口、后用汇，否则会使外汇收支发生逆差。

贸易外汇实行由中央统筹分配。外汇管理小组根据地方出口供货情况、全国外汇平衡情况和全国物资平衡情况，在保证中央统一开支外汇需要、兼顾地方外汇需要，保证重点、兼顾一般的原则下，每年初分配一次贸易外汇。分配时要尽可能照顾地方外汇需要，以便在中央统一领导下发挥地方的积极性和保证国家外汇的合理使用。分配给地方的贸易外汇，仍须纳入国家的用汇计划。

在国家总的全年出口收汇计划完成之后，地方超计划出口收汇，全归地方使用。

实行贸易外汇统一管理和重点使用，是为了加速我国工农业生产建设的跃进。因此，各地区各部门必须坚决执行这一决定，并须积极完成国家收购、调拨、出口计划，力争超额出口，增加国家外汇收入，以保证多进口。

Z9－228－23

中共中央同意对外贸易部党组提出的一九五九年地方外汇分配方案

1958 年 11 月 29 日

中央同意外贸部党组提出的《一九五九年地方外汇分配方案》，现将这个方案转发各地，请依照实行。

中央：

关于一九五九年分配给地方的对资外汇，按照计委分配的控制数六千万美元，我们草拟一个方案，关于分配和使用原则是根据中央北戴河会议决定的精神写的，关于分配方法，拟以四千万美元直接分配给各省、市（系按一九五八年分配数略作调整），另以两千万美元分配给各协作区机动掌握，以保证用于重点与合理调整，同时也加重了协作区的责任，使中央更能主动掌管。兹将分配方案送上，请批示。

对外贸易部党组

一九五八年十一月十七日

附：关于一九五九年地方外汇分配方案

一、根据党中央八月三十一日关于贸易外汇体制“贸易外汇实行由中央统筹分配。外汇管理小组根据地方出口供货情况、全国外汇情况和全国物质平衡情况，在保证中央统一开支外汇需要、兼顾地方外汇需要，保证重点补助一般的原则下，每年初分配一次贸易外汇”的决定，特决定一九五九年分配给地方的对资贸易外汇为六千万美元。

二、分配的方法：以一九五八年分配给各地数字为基础，并照顾各地出口与用汇的情况，直接分配给各省、市、区外汇四千万美元，以便地方能够及时而主动安排计划；另以两千万美元分配给各协作区，作为重点使用与合理调整的机动外汇；这样既可保证用于重点建设，又能调整得切合实际。

三、使用的原则：应根据“先中央、后地方，先重点、后一般，先出口、后用汇”和“分配给地方的贸易外汇，仍须纳入国家的用汇计划”的精神，分季平衡报请用汇计划，并坚持进口货单必须先报中央审核批准后，按照商品类型，分别由各总公司和口岸统一对外成交，组织进口。

Z10－298－21

中共中央对国家计委党组和对外贸易部党组关于一九五九年分配给地方的对资外汇请示报告的批示

1958年12月18日

中央同意国家计划委员会党组、对外贸易部党组《关于一九五九年分配给地方的对资外汇的请示报告》和地方外汇的分配方案，希即按照执行。

附：国家计委党组、对外贸易部党组关于一九五九年分配给地方的对资外汇请示报告

1958年12月9日

关于一九五九年分配给地方的对资外汇问题，我们研究后提出以下意见：

（一）一九五九年分配给地方的对资外汇控制数为六千万美元。金额有限，而各地需要的外汇为数较大，很难满足各地的需要，同时也很难制订一个使各方面都完全满意的分配办法。我们共同商量以后，草拟了一个方案，并征得各省、市、自治区党委第一书记的同意，拟以五千七百三十五万美元直接分配给各省、市、自治区；余额二百六十五万美元作为预备款项，地方有临时需要时，报经中央批准后使用。

（二）地方外汇的使用，应根据“先重点、后一般”和“分配给地方的贸易外汇，仍须纳入国家的用汇计划”的原则，分四个季度平衡用汇。使用地方外汇进口的货单必须先报中央审核批准后，按照商品类型，分别由对外贸易部各总公司或口岸分公司统一对外订购。

（三）根据中央关于贸易外汇体制的决定，在国家总的全年出口收汇计划完成之后。地方超计划出口所得的外汇，全归地方使用，但各地必须实行先中央、后地方，先出口、后用汇，先保证完成国家总的计划任务、后进行地方超额出口的原则。

Z10－923－3

中共中央关于一九五九年第一季度地方外汇使用问题的通知

1959年1月27日

关于一九五九年地方外汇的分配问题，一九五八年十二月十八日中央已批转各地。近据一些省、市反映，由于急于使用这批外汇，解决当前地方生产上的一些问题，特别是零星原材料的进口问题，要求对第一季度地方外汇使用予以适当机动。为了解决这一实际问题，对于第一季度对资外汇使用的审批办法，作如下规定：

一、将第一季度分配给各地使用的对资外汇的百分之五十交由各省、市、自治区党委掌握使用。在这个限度内，进口货单经各省、市、区党委批准后即可向外订购，不再报批。但此项进口商品，仍应按外贸公司商品经营分工，分别交由各外贸总公司或各口岸分公司统一向外订购。

二、第一季度另外百分之五十对资外汇，仍按一九五八年十二月十八日中央批转国家计委和外贸部党组报告中关于使用地方外汇的审批办法，由各地编制进口货单，报国家计委审批后交外贸部订购。

三、为了简化使用地方外汇的审批手续，请各地速根据中央批转的一九五九年各省、市、自治区地方外汇分配方案所规定的额度，按照分四季平衡用汇的原则，编制全年分季的进口货单，报国家计委审批后，交外贸部组织进口。

Z44－1959（4）

对外贸易部党组关于一九五八年超计划出口外汇提成问题的请示报告

1959年3月7日

1958年对外贸易计划，根据各省市、各总公司的统计，出口完成67.06亿元（系运出国境数），收购完成90.71亿元。如果按人民代表大会通过的计划（出口60亿元，收购61.17亿元）检查，出口超过计划7.06亿元，收购超过计划29.54亿元。根据中央关于超计划出口的收汇全部归地方使用的规定，1958年应给地方使用的超计划出口外汇为7.06亿元。

为了抵付地方超计划出口外汇，1958年我部先后给地方进口订货使用外汇11.59亿元，比超计划出口应得的7.06亿元，多给了4.53亿元。但由于我部领导上去年在大进大出思想的支配下，对于进出口的能力估计过大，忽略了细算，加上各地提出货单的时间有先后，品种不一，有的订到，有的订不到，因此分配给一部分省、市、自治区的进口物资比它们超计划出口应该使用的外汇多了；另一部分省、市、自治区比应该使用的外汇少使用了。这样就使一部分省、市确实拿出了物资和支持了出口而没有得到应当使用的外汇。为了合理地处理这个问题，拟采用多给了的照扣、少给了的照补的原则分别处理。

为了坚决贯彻中央关于超计划出口的收汇全部归地方使用的规定，并促进地方供货的积极性，我们建议对于超计划出口而使用外汇不足的省、市再适当地给以补偿。根据初步计算，补偿部分需要2亿元左右。补偿的办法如下：

一、从1959年第一步进口订货尚未分配或已分配尚未通知各省、市的物资中，抽出一部分约值4 000万元，主要是汽车450辆、拖拉机2 000台左右及一部分机床、柴油机、电动机和通用机械等，由计委和外贸部结合统一分配物资的情况，拟定分配数目，由外贸部直接分配给省市，作为补偿超计划出口外汇。

二、在组织第二步进口货单时从苏联和东欧给地方安排1.6亿元的订货。因对资外汇困难，一律不得从资本主义国家订货。凡使用超计划出口外汇不足的省、市，可在兄弟国家能够供应的商品中（如汽车、拖拉机、一般机床、柴油机、电动机、杂项机械和汽油等）提出进口货单，由我部向兄弟国家统一订购，进口后分给省、市使用。

Z10－945－6

国家计委党组、对外贸易部党组关于一九五九年地方外汇进口货单的审批问题的请示报告

1959年5月5日

关于1959年地方外汇进口货单的审批手续，按照中央1958年12月18日批转国家计委党组和外贸部党组《关于1959年分配给地方的对资外汇请示报告》中规定："使用地方外汇进口的货单必须先报中央审核批准后，按照商品类型，分别由对外贸易部各总公司或口岸分公司统一对外订购。"这一规定主要是为了使分配给地方的外汇纳入国家的用汇计划，以贯彻"保证重点，照顾一般"和统一对外的原则，这完全正确。

为了解决地方生产上急需的零星原材料的进口问题，中央在今年1月27日的通知中曾规定"将第一季度分配给各地使用的对资外汇的百分之五十交由各省、市、自治区党委掌握使用。在这个限度内，进口货单经各省、市、区党委批准后即可向外订购，不再报批"。今年2、3月间，为了支援农业生产，中央曾两次决定动用地方外汇3 167.7万美元为各省、市、区进口化学肥料。这样，全年地方外汇在第二、三、四季度内尚可动用的部分已为数不多。考虑到各地要使用上述剩余的地方外汇进口的物资，都是一些紧急需要的原材料和配件，为避免因货单报批往返费时，影响各地急需物资的进口，我们建议，上述地方外汇剩余部分的进口货单，在分季度平均使用外汇的原则下，授权各省、市、自治区党委第一书记审批后即可交外贸部所属各总公司或口岸分公司统一对外订购。此外，关于有些省市以侨汇提成及口岸外输服务性收入的外汇，如向外提出订货，其货单的审批手续也可按照上述原则办理。

Z10－945－19

中共中央关于一九五九年地方外汇进口货单审批问题的通知

1959年5月21日

关于一九五九年地方使用对资本主义国家外汇进口的货单审批手续，中央于一九五八年十二月十八日批转国家计委党组和外贸部党组关于一九五九年分配给地方的对资外汇请示报告中已有规定。现在，这部分外汇除一季度已用部分及中央指定购买化学肥料的专用部分以外，余额已经不多。鉴于报批审批周转费时，为了便于各地及时使用这部分余额不多的地方外汇进口生产上所急需的物资，现在决定，今年第二、三、四季度的地方外汇进口货单，在分季度平均使用外汇的原则下，由各省、市、自治区党委第一书记审批后却可交外贸部所属各总公司或口岸分公司统一对外订购，但应将详细货单送国家计委和外贸部备案。此外，有些省市以侨汇提成及口岸外轮服务性收入的外汇向外提出订货，其进口货单的审批手续也可按照上述原则办理。最后，今年外汇极端紧张，必须坚持先出口、后用汇的原则办理。

Z44－1959（4）

对外贸易部党组关于一九五九年外汇提成办法的请示报告

1959年6月1日

1958年8月中央《关于贸易外汇体制的决定》中规定："在国家总的全年出口收汇计划完成之后，地方超计划出口收汇，全归地方使用。"这一决定实行以来，对于鼓励各地积极完成和超额完成中央批准的出口计划、保证出口货源的供应和解决地方的进口需要，都有一定的积极作用。但是1958年在实际执行中也遇到一些问题：第一，由于出口商品收购后必须集中到口岸加工整理后才出口，因之哪些省、市、区收购的商品已经出了口，哪些未出口，不易分清，因此按出口计划为标准来计算

各省、市、自治区的外汇提成，确有许多困难；第二，去年不少地区要求提前使用超额出口外汇，我们也曾经预拨了一部分进口物资，但是到年终结算时，发生有些地区预拨进口物资超过了超额出口应得的外汇，有些地区却少于应得外汇，造成省与省之间苦乐不均的现象。鉴于上述情况，我们同各省、市、自治区外贸局长、商业厅长进行了研究，大家一致同意改为按当年对外贸易出口物资收购实绩提成，在下一年度使用外汇，并按此意见草拟了一个《1959 年外汇提成办法》。这个办法草案，已经今年 4 月全国财贸书记会议讨论，各地都表示同意并对个别问题作了一些修改，现将修正后的《1959 年外汇提成办法》送上，请审查批示并转发各地。

附：1959 年外汇提成办法

根据中央《关于贸易外汇体制》的决定中“先中央、后地方，先重点、后一般，先出口、后用汇，先保证完成国家总的计划任务、后进行地方的超额计划”的原则，结合一年来实行外汇提成办法的经验，并按照简便易行、容易算账的原则，规定 1959 年外汇提成办法如下：

一、外汇提成的计算基数是以各省、市、自治区的实际收购金额减去内销的金额。

二、外汇提成的标准：在国家批准的出口商品收购计划内，完成出口商品收购计划 90% 以上的，提成 3%；完成出口商品收购计划 100% 的，提成 5%；超过出口商品收购计划的，提成 60%。但粮食、油脂和花纱布超计划出口，只提成 5%，同时，以上三种商品必须在完成了中央所规定的国内调拨计划之后，经过中央批准，才能超计划出口。

三、各省、市、自治区收购计划中品种的调整和超计划收购的品种、数量，应报经主管部批准并商得对外贸易部同意，或由对外贸易部转报国务院五办批准。

四、收购计划变动，外汇提成的计算基数也随着相应变动，并在年底结账时清算。在收购计划执行过程中如遇实际收购价格调高或调低，在计算提成时协商解决。

五、当年收购提成，下一年使用外汇。使用卢布外汇还是使用资本主义国家外汇，根据当时外汇情况由国家统一安排。

六、由于外汇提成是按照国内市场收购价格以人民币计算的，因之，地方使用提成所得的外汇购买进口物资时，也以人民币计算。

凡进口物资有国内调拨价格的，按国内调拨价格计算，没有国内调拨价格的，暂时规定使用 1 个贸易卢布按人民币 1.25 元计算，使用 1 个美元按人民币 5 元计算。

Z10 - 945 - 13

外贸部党组关于一九五九年外汇提成问题的请示报告①

1959 年 12 月 30 日

现将 1959 年外汇提成问题请示报告如下：

1959 年外贸收购计划，截至 1959 年 12 月 25 日为止，已完成 100.05 亿元金额（为调整后全年收购计划 90 亿元金额的 111.2%），按照 1959 年 5 月全国财贸书记会议讨论的《1959 年外汇提成办法》计算，外汇提成应为 6.55 亿元，如果根据预计到年底完成收购计划的数字来估算，还要大。按照今年 11 月全国计划会议期间估算的外汇提成 5.5 亿元来计算，加上拟在 1960 年分配给地方的 6 000 万美元（维持 1959 年的分配额度，折合人民币 1.57 亿元）和 1958 年外汇提成中已经订妥货物需要在 1960 年支付外汇的 7 500 万元，各省（市、自治区）1960 年使用外汇总额达 7.82 亿元，约占一般贸易进口计划 42.52 亿元的 18.4%。这个数字是很大的，如果按照这个数字安排地方进口订货，则中央的进口订货安排不下来，势必影响国家的重点物资进口。经过

① 1960 年 1 月 9 日周总理批示：“小平同志：此件请批发到会同志一阅，准备在会外与各省、市、自治区同志一谈。”

一年实践，看出《1959 年外汇提成办法》有以下不合理之处：

1. 地方外汇提成，是以地方每年的收购总金额为计算标准的，地方的收购总额中，不仅包括地方企业的产品，而且还包括中央企业的产品。这样，中央企业多的地方，外汇提成就多，中央企业少的地方，外汇提成就少。

2. 以地方完成收购总金额的多少为计算标准，而不是全面地以完成收购计划的品种、数量、金额为计算标准，有时形成有的地方收购总金额虽然已经完成，但品种、数量却没有按计划完成，以致有一些对外合同不能全部履行。

3. 只是按照各地收购来计算，不管是否已经出口，都给予外汇提成。

4. 只要各地完成收购计划的金额 90% 以上，而不管收购的物资是否合乎出口规格、能不能出口，都给予外汇提成。

5. 有的省（市、自治区）由于地理条件，调拨国内销售的商品多，供应出口的商品少，得到的外汇提成就少，而有的省（市、自治区）供给国内调拨的商品少，供应出口的商品多，得到的外汇提成就多。

6. 有些口岸出口的一些商品所用的原料、材料，是由其他地区供应的，但计算外汇提成时，只给口岸提成。

7. 按照这些办法来实行外汇提成，地方使用的外汇额太大，影响国家重点物资的进口。

但是，这个办法，各省（市、自治区）在全国财贸书记会议以后已向下面宣布了，有的已将外汇提成数字分配下去；同时，今年外贸收购计划，除少数品种以外，完成得很好，各地对进口也确有需要，因此，我们觉得对各省（市、自治区）适当给一部分外汇提成是必要的。经过讨论，1959 年外汇提成，不管计算的结果是 5.5 亿元还是 6.55 亿元或者更多，只能定为 2.67 亿元。其中，由地方自行提出货单的 0.98 亿元；由地方在一定的品种范围内选购的 1.69 亿元（包括电站 6 万瓩，0.40 亿元；石油 80 万吨，1.20 亿元；耕马 3 万匹，0.09 亿元）（见附表一［略］）。关于 1959 年各省（市、自治区）外汇提成的具体金额，我们草拟了一个方案（见附表二［略］）。

按照附表二这个方案，加上拟在 1960 年给地方使用的 6 000 万美元的外汇（折合人民币 1.57 亿元）和 1958 年外汇提成中已经订妥货物、需要在 1960 年支付外汇的 7 500 万元，各省（市、自治区）在 1960 年使用的外汇共计为 4.99 亿元，占一般贸易进口计划的 11.7%，比前述 7.82 亿元（约占一般贸易进口计划 18.4%），减少 2.83 亿元（减少 6.7%），这样，中央的进口订货就可以勉强安排下来。

上述在 1960 年给地方使用的 6 000 万美元，在具体分配上，我们建议，仍按 1959 年给各省（市、自治区）的数字不变（见附表三［略］）。在国家拟进口 180 万吨氮肥中，有 70 万吨拟使用这笔美金进口（值 3 000 万美元）。如果各地不愿订购氮肥，可以另订其他进口货物，但这样，180 万吨氮肥进口就要相应地减少。

为了使地方外汇的使用更好地同国家使用外汇的计划结合起来，我们建议，由经委、计委、外贸部组成一个小组，负责处理和安排这方面的工作，并将上述供各省（市、自治区）选购的电站、石油、耕马等物资拨交这个小组负责审核。

关于 1960 年外汇提成问题，另行请示报告。

附：关于中央分配给各省、市、自治区资本主义国家外汇和外汇提成的简要说明

（一）中央分配给各省、市、自治区资本主义国家外汇的概况

中央分配给地方使用资本主义国家外汇，是从 1955 年开始的。

1955 年 5 月 18 日，国务院（五办、四办）以辰发字第 82 号电报规定，分配给地方

的资本主义国家外汇使用范围主要是以下四个方面：

1. 各地生产单位在全年统一订货外因计划不周需要临时订购的少量急需商品（棉花、橡胶、肥田粉等大宗原料除外）；

2. 为加工出口手工艺品必须进口的原料；

3. 为适当照顾边区居民及渔民生产、生活上必须进口的物资；

4. 为推销常年滞销的出口物资而易进计划外商品所需的外汇。

上述电报还规定，按7个区域分配使用外汇，每个区域指定一个省、市具体掌握和管理该项外汇使用的工作。规定上海、江苏、浙江、安徽由上海负责；天津、吉林、黑龙江、辽宁、热河、河北、甘肃、山西、陕西、青海、内蒙、北京由天津负责；广东、广西由广东负责；湖北、湖南、江西、河南由湖北负责；云南、四川、贵州、西康由云南负责；山东和福建由自己负责。外汇的使用办法是：各省、市、自治区计委组织审核进口货单交由口岸外贸部门组织进口。

1957年4月2日，国务院财薄字第40号文批示，将原来分区域管理使用外汇的办法改为直接分配到各省、市、自治区，并由各省、市、自治区人民委员会自行使用。

1957年8月，国务院以财习字第80号文批示，同意“将地方外汇的使用范围改为主要是解决地方工农业生产和市场供应所急需进口的一些少量物资的外汇需要”。

几年来，地方使用资本主义国家外汇的情况如下：

1955年：889万美元。

1956年：1 647万美元。

1957年：3 298.5万美元，其中，原分配2 721万美元，后经李先念副总理批准增加377.5万美元和800万卢布。

1958年：3 561万美元（中央共分配给地方4 500万美元，其中，3 561万美元直接分配给地方使用，939万美元作为各地超计划外汇提成使用）。

1959年：6 000万美元。

关于分配给各省、市、自治区使用的资本主义国家外汇的详细数字，见附表一［略］。

（二）关于1958年外汇提成执行的情况

1. 外汇提成是从1958年才开始正式实行的。中央关于外汇提成主要有以下几个规定：

（1）1957年9月16日，国务院《关于改进商业管理体制的规定》中具体地规定了外汇分成和使用办法。分成办法的主要内容是：在农产品方面，第一类物资由国家统一组织出口，地方不得超额出口；第二类物资完成中央规定的计划以后，经国务院五办批准超额出口，地方可分成50%；第三类物资的小土产，其中由地方出口的部分完成出口计划的，按全额分成10%，未完成计划的按全额分成5%，超额出口的分成50%。对于矿产品和工业品中日用品的出口也规定了分成的办法。

（2）1958年6月1日，国务院工经周字第102号电报《关于1958年地方超计划出口外汇使用办法的通知》，对超计划出口外汇使用问题作了规定，主要内容是：取消原规定地方超计划出口分成50%的办法；以人大通过进口、出口、收购计划为界限，增加出口的外汇，全部归地方使用；原1958年分配给地方的资本主义国家外汇4 500万美元仍拨给地方使用。另对外汇提成的一些问题也作了规定。

（3）1958年8月，中央政治局北戴河扩大会议通过的中共中央《关于贸易外汇体制的决定》中规定：在国家总的全年出口收汇计划完成之后，地方超计划出口收汇，全归地方使用。

（4）1959年5月经全国财贸书记会议讨论的《1959年外汇提成办法》的主要内容是：外汇提成的计算基数是以各省、市、自治区的实际收购金额减去内销的金额。完成收购计划90%以上、100%以下的，地方提成3%；完成收购计划100%的，地方提成5%；超额完成收购计划的，超额部分提成60%，但粮食、油脂和花纱布超计划出口，只提成5%。当年收购提成，下一年使用外汇。

2. 1958年外汇提成概况。1958年对外贸易收购计划61.17亿元，完成89.65亿元，扣除内销以后，超计划收购18.39亿元。出口计划60亿元，完成67.06亿元，超计划出口7.06亿元。根据上面（2）、（3）两项所述的中央关于超计划出口的收汇全部归地方使用的规定，1958年应给地方的外汇提成为7.06亿元。

1958年4、5月间，各省、市、自治区在工农业生产大跃进的形势下，提供了很多商品，超计划出口，同时也要求从国外迅速进口一部分物资，解决地方上生产和建设的某些需要。由于这种情况的出现和在一个时期内对地方进口订货出了一些毛病及外汇管理掌握的不严，以致1958年地方提成外汇进口订货达到10.24亿元。虽然地方进口订货总额超过了应该提成7.06亿元的数字，但是有一些省、市进口订货过少，而另一些省、市进口订货过多，同他们执行计划的情形不相适应。在1959年上海会议期间，我们同各省、市、自治区对进口订货虽然曾进行了一些调整，但分配不均的情况并未能完全扭转，加以各省、市、自治区各自究竟超计划出口多少，各省、市、自治区之间和外贸部在计算上都难于算清，找不出一个合理的标准来计算各地的外汇提成，因此，各地还有很多意见。为了解决这个问题，我部党组讨论后，提出："以出口为标准、以收购为参考、政治协商解决"的原则，在1959年5月财贸书记会议上同各省、市、自治区进行了协商，协商结果是除已给地方的10.24亿元外，又给16个省、市、自治区增拨2.51亿元的外汇，这样，1958年外汇提成总额即达12.75亿元。如与各省、市、自治区应得提成总额7.06亿元比较，超过5.69亿元。这12.75亿元提成外汇的使用情况是：在1958年内使用的为10.24亿元，1959年使用的1.54亿元，1960年使用的0.97亿元。详细情况，见附表二［略］。

（三）关于1959年各省、市、自治区外汇提成草案的说明

1959年外贸收购计划，截至12月25日为止，已完成100.05亿元，为调整后全年收购计划90亿元的111.2%，按照今年5月全国财贸书记会议讨论的《1959年外汇提成办法》计算，地方外汇提成应为6.55亿元。经过反复讨论，根据国家外汇平衡情况，1959年外汇提成，只能定为2.67亿元。这个数字占应提成数6.55亿元的40.7%。

关于2.67亿元的分配原则，是总理所指示的：一是考虑1959年收购金额大小、超额多少；二是1958年使用外汇多少；三是注意底子厚薄、调剂苦乐不均，而且在分配时尽量克服前已指出的1959年外汇提成办法的不合理现象。具体分配办法是：第一，以2.67亿元的70%，约1.87亿元，按照比例分配；以2.67亿元的30%，约8 000万元，来调剂苦乐不均。第二，在第一项中所述的以2.67亿元的70%约1.87亿元按照比例分配，指的是：以各省、市、自治区按照1959年外汇提成办法，在应得的外汇提成数6.55亿元中所占的百分比来分配1.87亿元。例如，某省在6.55亿元的外汇提成总额中所占的百分比是10%，那么这个省在1.87亿元中也占10%，即得到外汇提成约1 870万元。采取这样的办法，估计某些苦乐不均的现象还会存在，最后仍须政治协商解决。

Z10－945－20

中共中央批转对外贸易部党组关于一九五九年外汇提成和一九六〇年中央分配给地方的资本主义国家外汇问题的请示报告

1960年1月25日

中央同意对外贸易部党组《关于一九五九年外汇提成和一九六〇年中央分配给地方的资本主义国家外汇问题的请示报告》，现在转发给你们，请按照执行。

一九六〇年国家的外汇很紧。为了保证重点建设，归还对外欠款，一九六〇年地方使用的外汇，只能按照对外贸易部党组报告中提出

的数字分配，不能超过。报告中规定的各省、市、自治区自提货单和美元外汇的进口商品及由各省、市、自治区在一定品种范围内选购的进口商品（包括电站六万瓩、石油八十万吨、耕马三万匹），请各省、市、自治区党委提出货单，在今年二月召开的全国财贸书记会议上讨论决定。

中央同意由国家经济委员会、国家计划委员会、对外贸易部组成一个小组，负责处理和安排地方使用外汇的工作。

附：对外贸易部党组的报告

1960年1月14日

现将一九五九年外汇提成和一九六〇年中央分配给地方的资本主义国家外汇问题请示报告如下：

一

一九五九年对外贸易收购计划，截至一九五九年十二月三十一日为止，完成一百零三亿六千万元，为调整后全年收购计划九十亿元的百分之一百一十五。在一百零三亿六千万元中，减去预交一九六〇年的商品二亿二千万元，可算做一九五九年收购金额的为一百零一亿四千万元，比一九五九年九十亿元的计划超过十一亿四千万元。按照一九五九年五月全国财贸书记会议讨论的《一九五九年外汇提成办法》计算，一九五九年外汇提成应当为七亿九千四百万元。①

一九五九年外汇提成七亿九千四百万元，加上中央批准的一九六〇年分配给各省、市、自治区使用的资本主义国家外汇六千万美元（按外汇牌价折合人民币一亿五千七百万元），再加上一九五八年地方外汇提成中已经向国外订货、需要在一九六〇年支付外汇的九千七百十三万元，一九六〇年各省、市、自治区应当使用的外汇共计为十亿零四千八百万元。这个数字，占一九六〇年外贸出口计划八十八亿八千九百万元的百分之十一点七九，占一九六〇年一般贸易进口四十二亿五千二百万元的百分之二十四点六。

经过同有关部门研究，大家认为今年地方使用外汇的比例是大了。因为一九六〇年国家重点建设物资进口任务很大；一九五八年对外欠的账在一九五九年还没有还清，需要在一九六〇年继续偿还，同时，一九五九年末增加了成套设备和新技术进口，又欠下了一笔账，也需要在一九六〇年偿还。因此，一九六〇年国家的外汇十分紧。如果按照十亿零四千八百万元来安排地方用汇，就会影响到成套设备和新技术等重要物资的进口。

对于一九六〇年外汇的分配，应当根据既照顾中央用汇需要、又适当照顾地方用汇需要的原则，加以安排。经过我们同有关部门商量的结果，一九五九年地方外汇提成可以安排二亿六千七百万元，加上一九六〇年中央分配给地方使用的资本主义国家外汇六千万美元（折人民币一亿五千七百万元）和各省、市、自治区在一九六〇年使用的一九五八年提成外汇九千七百十三万元（见附表五［略］），一九六〇年地方使用的外汇共计为五亿二千一百万元（见附表一［略］）。这个数字同一九六〇年地方应当使用的外汇十亿零四千八百万元比较起来，显然是小的，但是，这个数字已经占到一九六〇年出口计划八十八亿八千九百万元的百分之六左右，已经占到一九六〇年一般贸易进口四十二亿五千二百万元的百分之十二点二五，这个比例比一九五九年还大。这样安排，一九六〇年中央的进口用汇可以大体解决，地方用汇需要也可以勉强过得去。

二

根据一九六〇年进口货单安排的情况和国外的供应能力，我们对一九五九年提成外汇和

① 按照一九五九年收购金额一百零一亿四千万元，应当提成十亿六千七百万元。按照一九五九年外汇提成办法中以一点二五元使用一个卢布外汇的规定，折合为八亿五千三百万卢布。再按照对苏联和东欧平均贸易外汇牌价，一卢布比零点九三元，折合人民币七亿九千四百万元。

一九六〇年中央分配给地方的资本主义国家外汇的使用，提出以下意见：

1. 一九五九年，地方提成二亿六千七百万元，只能使用卢布外汇，不能使用资本主义国家的外汇，因为在国家整个外汇中，资本主义国家的外汇最紧张，实在拿不出来。

2. 一九五九年地方提成二亿六千七百万元，由地方自提货单九千八百万元；由地方在一定品种范围内选购进口商品一亿六千九百万元（包括电站六万瓩，四千万元；石油八十万吨，一亿二千万元；耕马三万匹，九百万元），具体安排见附表二［略］。提供选购的商品的具体品种、价格和数量，见附表四［略］。

3. 一九六〇年分配给各省、市、自治区的六千万美元资本主义国家外汇，仍然按照一九五九年分配数字不变（见附表三［略］），分四个季度平均使用。一九六〇年国家进口的一百八十万吨氮肥中，有七十万吨是使用地方外汇（三千万美金）进口的。如果有的省、市、自治区不愿订购氮肥，可以另购其他物资。购了其他物资，国家计划进口的一百八十万吨氮肥就要作相应的削减。

为了使地方外汇的使用更好地同国家使用外汇的计划结合起来，我们建议由经委、计委、外贸部组成一个小组，负责处理和安排这方面的工作，并将上述供选购的电站、石油、耕马等物资，经过各省、市、自治区选购以后，交由这个小组负责处理。

Z44－1960（4）

2. 外汇要作大幅度的调整。

（1）外汇收入（按：指对资本主义国家的出口和侨汇）已经到了一定限度，对资本主义国家出口只能维持6亿～7亿美元（第一个五年是3.9亿美元，第二个五年是5.96亿美元，第三个五年是6亿～7亿美元），不能设想把向苏新出口的全部转到资本主义市场上去。侨汇：第一个五年是1.1亿美元，第二个五年是8 500万美元，第三个五年如能稳定在1.1亿美元就不错了。这样合起来一共是7亿～8亿美元。

（2）外汇储备已经用过头了，金、银不能再出口了。第一个五年末平均有外汇储备1.35亿美元，其中最高年份达1.9亿美元；过去4年，年末平均有9 000万美元，今年末只有2 000万美元了，因此必须刹车。今年提出的货单有6.8亿美元，已签订的有6亿美元，争取外汇、侨汇的工作要继续做，这样才能扭转现在的状况，力争年末达到1亿美元的外汇储备，不然中华人民共和国的国际信用不好维持，杀了头也抵偿不了。

（3）进口用汇不可能像现在要求这样多，无论如何不得超过7亿美元，已签订6亿美元了，余下只有1亿美元，要一笔一笔地审查。第三个五年每年进口用汇平均只能有6亿美元左右，而头两年要求控制在6亿美元以下。这样，到明年底外汇结余才能达到1.5亿美元（陈云同志要求的界限）。

（4）对外援助用的现汇难以像现在这样支付，第一个五年平均是4 500万美元，第二个五年是5 500万美元。外汇这样紧张，现汇还用这么多，就这点说，我们是有点“打肿了脸充胖子”。

（5）非贸易外汇要压缩。第一个五年的非贸易外汇每年平均是6 900万美元，第二个五年为9 160万美元，现在要压缩，外事口已压到3 000万美元。

解决外汇的办法：

第一，增加一定数量的出口。

第二，要改变进口商品构成的比例。过去设想，进口粮食3亿美元，互利（政治照顾）1亿美元，支援农、轻1.2亿美元，以进养出1.4亿美元，其他（工交）1.6亿美元，总共是8.6亿美元，其中，粮食占3亿美元，其他部分5.6亿美元拟压到3亿美元。

第三，大力节约用汇。

俊扬①同志传达总理讲话精神，1962年4

① 即吴俊扬，时任国家计划委员会副主任。

月7日。

150－10－10

国务院批转中国人民银行关于一九六三年对资非贸易外汇收入地方分成的请示报告

1963年1月23日

国务院同意中国人民银行《关于一九六三年对资非贸易外汇收入地方分成的请示报告》。现将这个报告发给你们，希即研究执行。

一九六三年国家外汇情况是紧张的，特别是对资本主义国家的外汇，还存在着极大的缺口。但是为了照顾地方对外汇的需要，一九六三年分给地方的非贸易外汇，除个别省、市外，大都是增加的。望各省、自治区、直辖市务必千方百计地努力，争取完成和超额完成今年各项非贸易外汇收入的任务。对于各项用汇，仍必须贯彻“先收汇、后用汇”的原则，按季用汇，严格遵守外汇管理制度和财政金融纪律。

一九六三年港口外输供应公司收入的外汇（除燃油外）全部划归地方使用后，供应公司所需的货源，主要应由地方自行负责解决。对某些中央商品的货源，地方确实解决不了的，中央各有关部门仍应予以设法解决。今后供应公司业务有较大开展后，也可以考虑采取为外贸公司代销的方式，以解决其所需大量出口商品的货源。

附：中国人民银行关于一九六三年对资非贸易外汇收入地方分成的请示报告

1963年1月19日

按照一九六二年五月二十八日《国务院批转中国人民银行关于一九六二年对资非贸易外汇收入地方分成的请示报告》中的规定，一九六二年应分给地方的资本主义国家外汇约八百余万美元。但在年中，广东、福建、上海、天津等地反映地方分成外汇太少，为了解决地方实际困难，八月北戴河会议上批准增拨给地方外汇五百二十一万美元。全年共分给地方一千三百九十万美元，为一九六二年收汇总数的百分之十四点一，比一九五七年至一九六一年地方分成占总收汇数百分之十三点一的比例稍多一些。

一九六三年国家外汇情况仍然是紧张的，全年外汇收支平衡仍有若干困难，但是，亦应适当照顾地方对外汇的需要。我们认为，一九六三年非贸易外汇地方分成，大体维持在一九六二年实际用汇数的水平为宜。按一九六三年侨汇及其他非贸易外汇计划一亿一千万美元计算，估计分给地方的外汇约为一千三百一十万美元。具体分成项目及分成比例如下：

（一）对资侨汇（包括华侨赡家汇款、公益事业汇款、华侨投资）及其他非贸易外汇（包括联运华侨和港澳同胞运寄侨眷物资的运杂费、手续费收入，华侨及外宾旅行收入，门市收兑、边境兑换、外国汇给使领馆和团体的费用以及其他个人外汇等收入，不包括银行、保险、邮电、海运等国家机关、企业的外汇收入和联运税款外汇收入）一律按收汇实绩提出百分之六分给地方。

（二）建筑侨汇按实收外汇提出百分之二十五，于房屋建成后拨给地方。

（三）港口外轮供应公司的收汇（燃油除外）全部给地方。港口外轮装卸的速遣奖金全部归地方，延滞罚款也由地方承担。

（四）广东省宝安县深圳水库向香港供水收入的外汇，全部归广东使用。

（五）云南边境收兑的缅钞，全部归云南省使用。

此外，对社会主义国家非贸易外汇收入，除港口外轮供应公司的收汇按上述第（三）条给地方分成（每年约三十万卢布）外，其余各项非贸易外汇收入均不分成。

为了保证国家外汇收入的集中使用，我们认为各部门、各地区必须严格遵守以下规定：

1. 必须贯彻“先收汇、后用汇”的原则，分成外汇应当由各地人民银行核实，按季拨给地方，各地不得事先匡计提前使用。

2. 在中央规定的分成范围以外，地方如急需使用外汇必须专案报国务院批准，不得先斩后奏。

3. 一切外汇收付必须通过人民银行。收入的外汇应立即卖给人民银行，不得自行保存，不得以任何方式挪用或套用国家外汇，不得自行向我港、澳地区机构借款。

4. 各部门、各地区使用外汇必须编报计划，批准后，按计划专款专用，结余上缴，不得自行保存，不得跨年度使用。

5. 各单位、各地区、各级银行必须严格遵守外汇管理制度和财经纪律。凡是违反制度和纪律行为，各级银行应当立即上报各级党委和人民委员会严肃处理。

164－10－145

国务院关于审批中央各部门补充进口订货的通知

1963年3月28日

为了严格控制外汇的使用，统一管理补充进口订货的审批工作，现作如下规定：

一、在年度进口货单确定后，中央各部门临时急需补充进口物资，一律要报请中央外贸三人小组审批。

二、在中央外贸三人小组之下设一个办公室（称三人小组办公室），根据国家外汇平衡情况，具体办理补充进口订货的审查工作。办公室由国家计划委员会、国家经济委员会、国务院财贸办公室、对外贸易部、中国人民银行等五个部门分工管理这项工作的负责同志组成。办公室暂设在国务院财贸办公室内。

三、今后中央各部门申请补充进口的货单，一律报送三人小组办公室（国防尖端的进口货单报国防工业办公室审核后转报三人小组办公室）。在货单中，必须写清进口物资的品名、规格、数量、进口国别、用汇的外币金额，并且说明用途及国内不能解决的原因等情况。报送的货单一式四份。

四、三人小组办公室定期召集有关人员进行审查（暂定每年三月底、六月底、九月底各一次），并将审查结果及时报请中央外贸三人小组核批，并根据中央外贸三人小组的批示，通知申请补充订货的部门和对外贸易部，抄告国家计划委员会和国家经济委员会。

181－12－151

五、对外贸易系统的干部管理

中共中央关于外贸系统的干部改归中央财贸部管理的通知

1958 年 8 月 20 日

对外贸易系统的干部，过去归中央组织部管理。中央组织部建议，今后外贸系统的干部改归中央财贸部管理，因为外贸工作与其他财贸工作联系密切，外贸干部归财贸部管理更为方便。中央同意此意见，特此通知。

Z44－1958（6）

中央批转中央财政贸易工作部关于整顿和加强口岸对外贸易干部的报告

1959 年 10 月 30 日

现在把中央财政贸易工作部《关于整顿和加强口岸对外贸易干部的报告》发给你们参考，望参照办理。

口岸对外贸易工作人员的骨干应该力求纯洁。望有关党委注意。

附：中央财政贸易工作部关于整顿和加强口岸对外贸易干部的报告［节录］

我们于九月下旬召集河北、山东、广东三省和上海、天津、青岛三市党委财贸工作部和对外贸易部门管理干部工作的同志开了一次座谈会，检查口岸对外贸易企业干部队伍的整顿工作。从会议上反映的情况看，近一年来，各地党委对整顿和加强对外贸易企业干部的工作都很重视。上海、天津两市已经调派干部两千多人到外贸企业工作，同时把一部分不宜留在外贸企业工作的人员调出。他们调到外贸企业的干部，大部分是共产党员和共青团员。现在两市外贸各公司都已经配备有党员经理三人到四人，绝大部分对外业务科室也都配备有党员科长。由于党的领导骨干得到加强，两市外贸企业各方面工作都逐步有了改进，半年来工作差错事故已经大为减少。广州、青岛两个口岸也已经做了摸底排队等准备工作，正着手进行调整外贸各企业的干部。

这次座谈会着重研究了以下几个问题，现在把会上议定的一些意见报请中央审查：

一、口岸外贸企业的工作是对外贸易工作中的一个重要部分，它直接经办对外贸易各项业务，经常和资本主义国家打交道，工作比较复杂，政策性较强，而且这些企业掌握着党和国家的一部分机密。但是，各口岸外贸企业的干部队伍中，资产阶级分子和旧职员为数很大（上海、天津、广州、青岛四个口岸外贸企业干部总数中，资本家占百分之十，旧职员占百分之五十六），又有相当数量的反革命分子、坏分子、右派分子、特务嫌疑分子和有严重政治历史问题、海外关系复杂的人还留在企业里面（四个口岸共计二千四百多人，占干部总数的百分之十五）。这些企业的领导骨干原来都比较薄弱，尤其是办理对外业务的科室，党员骨干更少，许多对外业务掌握在旧职员和资产阶级分子手里。这种情况决不能长期继续下去。整顿和加强口岸外贸企业干部的工作，应当包括三个方面：调进去一批骨干；把那些不适合做对外业务工作的人员作必要的调动；有计划地培养一支又红又专的无产阶级的对外贸易工作干部队伍。

二、在调整口岸外贸企业干部的时候，应

当先调进、后调出，以便调进的干部在接替工作前有一段熟悉业务的时间。需要调进的干部，首先是政治上比较强的领导骨干，要求做到所有口岸外贸企业的重要业务单位都能够配备有必要数量的党员领导骨干；另一部分是成分比较好、政治上可靠、有一定文化水平的干部和青年知识分子，分派他们到各个对外业务单位中，边做边学，加以培养，使他们能够在不太长的时间内成为既红又专的骨干。各个口岸都应当争取在今年内把准备调入外贸企业的干部全部调齐，干部的来源，由各省、市自己解决。

不适合做对外业务工作的人员的调动，包括在外贸部门内部调动工作，从要害单位调到非要害单位；从实职调为虚职；下放劳动和调离外贸部门。应当调离外贸部门的人，主要是现行反革命分子、特务嫌疑分子、表现不好的历史反革命分子、坏分子、右派分子、海外关系很复杂并且带有政治性问题的分子以及其他有严重的政治历史问题不能再留在对外工作部门的分子。调出的人不宜过多。除了现行反革命分子和需要判罪的分子应当送司法机关依法处理之外，调离外贸部门的人员尽可能在财贸系统内分配工作或下放参加劳动，采取负责的态度妥善安置，注意对他们的教育和改造。在步骤上，应当先调动那些对工作危险性较大的人，先纯洁要害单位。所有调动工作的人员一般不要降级降薪。

进行调整口岸外贸企业干部的工作，必须采取积极而又慎重的态度，事先做好摸底、排队（包括人员排队、单位排队、职务排队等）工作，拟出计划，然后按照情况分批调动。必须首先充分地做好思想工作，既要切实克服某些领导干部单纯从业务出发，用人只重业务技术、不问政治情况，把对外业务神秘化，认为离开现有的一些资产阶级分子就搞不成等等的错误观点；也要防止不加分析、不分别对待、企图把资产阶级分子和旧人员一脚踢开的倾向。在调整干部的工作过程中，应当密切了解各种干部的思想状况，深入细致地解决干部的思想问题。

三、资产阶级分子和旧人员占口岸外贸企业干部总数的百分之六十以上，绝大多数是在一九五六年对资本主义商业实行全行业公私合营的时候合进来的。他们有一定的业务知识和经验，经过几年的教育和改造，多数人在政治思想上都有进步，愿意为社会主义事业服务，在工作中也起了一定的作用。但是，他们身上的资产阶级思想和“洋行”习气很深，一部分人还顽强地抗拒党的领导，不按党的政策办事，工作不负责任，有少数人泄露国家机密，营私舞弊。后一部分人应当作必要的调动和处理。没有经过确实考验证明是已经认真改造、政治上真正可靠的资产阶级分子和旧高级职员，今后应当逐步地从要害部门调开，从负责主要工作调为担任次要工作。但是，总的说来，对于资产阶级分子和旧职员必须坚持团结教育改造的方针，绝不应当把他们看成一个包袱，而应当妥善安排他们的工作，正确地使用他们，发挥他们的所长，加强社会主义和无产阶级思想的教育，通过各种工作，耐心地帮助他们进行自我改造，克服资产阶级思想。

四、各口岸外贸部门的党组和党委应当在当地党委的领导下，具体帮助各企业党组织作出培养干部的规划，力求在三年到五年内培养出一支无产阶级自己的又红又专的外贸工作干部队伍。为了达到这个目的，首先要拟出在职干部较长期的学习计划，学习内容主要是政治理论（以毛主席著作为主）和业务政策。共产党员、共青团员要成为学习的模范。各级党员领导干部要以身作则，带领所有党员、团员和积极分子，以最大的决心和毅力，克服一切困难，争取在最短时间内钻通业务知识，学会外文。此外，在这次干部调整之后，应当尽可能地使各口岸外贸企业的领导干部和业务骨干得到一定的稳定，不要轻易调动工作，以便他们积累经验。在拟制培养规划的时候，外贸部门的领导机关还应当注意将培养出国工作干部和补充新干部列入规划之内。

五、口岸外贸企业部门应当实行党委领导下的经理负责制。企业中的党组织应当根据不同的情况，配备专职书记或副书记。党组织的书记应当由政治上最强的同志担任。在工作人员比较多的（如一百人以上）业务科的支部，也应当配备专职书记，一般中等的业务科要成立支部，人员比较少的科不能成立支部，要成立党的小组。外贸企业中党的力量还比较薄弱，应当注意对历次运动中涌现出来的积极分子加强党的教育，接收其中出身好、历史清楚、思想进步、业务能力强、共产主义觉悟高、确实合乎党员条件的人入党（特别要注意在对外业务单位中进行发展党员的工作）。必须积极地进行发展党员和党的建设工作，但是必须严格注意入党的条件和标准。

六、干部管理。省市外贸局的党组织不仅要分管各公司的一部分领导干部，而且应该把管理商品的主要干部（上海叫外销员，天津叫主办业务员）也管起来。对资产阶级分子和旧人员也要按照职务分级管理。对于外国籍的人员，为了加强对他们的考察，即使没有担任什么领导职务，也应列入外贸局党组织管理的干部职务名单内加以管理。没有档案的，要建立档案。在工作中要经常注意考察了解干部和注意纯洁干部队伍的问题。

［下略］

Z44－1959（6）

第二部分

对外贸易计划的制订与执行情况

一、“二五”时期对外贸易计划的制订与执行情况

（一）第二个五年对外贸易计划的制订、调整与执行情况

对外贸易部关于第二个五年对外贸易初步计划（草稿）

1958 年 2 月 25 日

为了配合国内工农业生产大跃进，反对和克服右倾保守思想，我们在 1956 年春向毛主席汇报的第二个五年计划的基础上，又重新编制了第二个五年的进出口计划，现报告如下：

一、第二个五年进口

		第一个五年	第二个五年第一本账	第二个五年第二本账
（一）成套设备	亿元	41.5	60	60
（二）军事订货	亿元	36.1	25	25
（三）原子能进口	亿元	0.5	20	20
（四）技术进口	亿元	0.1	3	3
（五）贷款进口	亿元	30.8	—	—
（六）一般贸易	亿元	145	294	332
机械类	亿元	47	60	70
机床	万台	1.5	1.5	2.5
汽车	万辆	5.5	2.5	3.5
拖拉机	万标准台	4.8	12	18
机车	辆	385	500	700
船	万吨	5.4	60	60
仪器	亿元	8.1	10	10
黑色金属	万吨	414	800	1 000
有色金属	万吨	22.4	60	60
石油	万吨	732	1 600	2 000
各种原料	亿元	36	88	94
橡胶	万吨	43.6	100	100
肥田粉	万吨	438	1 800	2 000
农药	万吨	4.7	10	10
化工原料	亿元	5.8	10	12
棉花	万吨	20.1	65	65
人造丝	万吨	2.4	8	8
毛及毛条	万吨	4.6	10	12
木材	万立方米	11.6	1 000	1 000
各种生活用品	亿元	11	31	31
医药及器械	亿元	4.7	6	6
棉布	亿米	0.8	2	2
手表	万只	407	1 000	1 000
粮食	万吨	56	600	600
砂糖	万吨	57	60	60
百货	亿元	0.9	5	5
以上 6 项共计	亿元	254	402	440

二、第二个五年出口

上述第二个五年进口所需外汇，加上偿还

苏联贷款本息35亿元，对外援助15亿元，再加上其他支出和必要的外汇周转，第二个五年第一本账共需出口458亿元，第二本账共需出口500亿元。出口商品如下：

		第一个五年	第二个五年第一本账	第二个五年第二本账
（一）粮油类	亿元	63	96	100
粮谷	万吨	1 086	1 805	1 900
国内出口	万吨	1 042	1 600	1 600
转口	万吨	44	75	120
交换粮食	万吨	—	130	180
食用植物油	万吨	144	230	230
食盐	万吨	341	800	1 000
（二）矿产类	亿元	35	69	80
钨砂	万吨	15	21	30
钼砂	万吨	2	2.7	3.5
纯锡	万吨	10	13	20
生铁	万吨	182	514	650
铁砂	万吨	272	1 000	1 200
煤炭	万吨	800	2 174	2 500
水泥	万吨	351	930	930
硼砂	万吨	—	8	15
石棉	万吨	1.5	8	14
黄金	万两	—	310	500
（三）畜产类	亿元	18	35	35
猪鬃	万箱	31	42	42
猪肠衣	万小桶	13	25	25
绵羊毛	万吨	10.7	7.5	7.5
皮件	亿元	0.7	14	14
（四）土产类	亿元	24	40	45
麻	万吨	26	26	39
烤烟	万吨	24	34	40
松香	万吨	17	38	38
香料油	亿元	0.2	1.5	2.0
瓷器	亿元	0.2	1.2	1.5
手工艺品	亿元	2.6	7.2	8.5
（五）食品类	亿元	31	71	81
猪	万头	1 550	4 163	5 060
（折肉）	万吨	71	189	230
蛋	亿斤	8.9	13.2	13.2
冻牛羊肉	万吨	6	43	50
苹果橘柑	万吨	46	102	140
罐头	万吨	11	54	60
水海产品	万吨	30	135	135
（六）杂品类	亿元	25	68	69
折棉花	万吨	30	62	62
棉纱	万件	18	35	35
棉布	万匹	2 758	6 008	6 008
棉针织品用纱	万件	14	60	60
呢绒	万米	2 162	8 560	8 560
纸张	万吨	16	50	65
缝纫机	万架	14	80	80
玻璃	万箱	95	300	300
铁钉铁丝	万吨	9	30	35
（七）丝绸类	亿元	13	30	33
丝	万吨	1.7	5.6	5.6
绸	亿米	1.8	4.7	5.9
（八）茶叶类	亿元	5	10	13
茶叶	万吨	16	35	50
咖啡	万吨	0.2	4.1	4.1
可可	吨	35	6 470	6 470
（九）化工医药类	亿元	9	23	25
纯碱	万吨	33	40	50
烧碱	万吨	19	38	48
转口橡胶	万吨	19	41	41
轮胎	万套	3.4	137	200
（十）五金类	亿元	2	4	5
钢材	万吨	37	102	152
（十一）成套设备机械类	亿元	8	12	14
修造船	亿元	3.5	4	4.5
卡车	辆	4	5 870	10 000
纺织机械	亿元	—	1.1	1.5
机床	台	147	6 468	6 468
内燃机	台	62	5 173	10 000
电动机	台	270	7 523	15 000
以上11项共计	亿元	233	458	500

说　明

一、第二个五年对外贸易的中心任务是：鼓足革命干劲，充分发掘一切潜力，大进大出，大力满足国家建设的需要，积极支持工农业生产大跃进。实现大进大出方针的关键是：必须发展从两方面看问题的方法。对某些主要物资，既要看到出口是减少了国内物资的数量，又要看到换回的进口物资能促进生产加倍发展的作用。如出口1万吨大米，可换回2万吨肥田粉，可增产6万吨粮食。既要看到经济方面的利益，又要看到政治方面的利益。如对东欧、亚洲兄弟国家和亚非民族主义国家的贸易不能只算经济账，还须算政治账。上述计划就是按照这个精神安排的。

二、完成第二个五年对外贸易计划的关键是完成出口任务，因此必须采取各种方法大力发展出口物资生产，保证出口物资供应。在发展生产方面，我们提出以下几个要求：

要求增加矿产品的生产，扩大矿产品的出口。第一个五年出口矿产品1 950万吨，值35亿元；第二个五年出口5 400万～6 200万吨，值69亿～80亿元。这些物资我国资源丰富，生产又不占地，兄弟国家需要，日本也需要，一吨锡可换15吨钢材；6吨煤可换1吨肥田粉。第二个五年要求大力发展生产的有钨、钼、锡、水银、生铁、硼砂、煤炭、石棉、水晶、铁砂及各种稀有金属。

发展蚕丝生产。1957年家蚕茧生产134万担，比1952年增长7.3%，仅为历史最高产量（1931年）441万担的30%。1吨厂丝出口等于100吨粮食出口的价值。要求家蚕茧产量1960年超过日本，1962年生产达到1 000万担。

发展茶叶生产。1957年生产为227万担，仅为战前常年产量（1930—1936年）340万担的67%。仅为历史最高产量450万担的一半。1吨茶叶等于10吨粮食的出口价值。要求1960年超过锡兰，1962年超过印度，1962年生产达到700万～1 000万担。

发展食用油料的生产，特别是花生仁的生产。油料是兄弟国家十分需要的物资，非供应不可；对资本主义世界市场也好销利大。按1957年全国平均1亩地产花生仁120斤，出口可卖12.7美元，等于2.5亩大豆产量的出口价值。要求1962年出口油料折食用油65万吨。

发展亚热带作物生产。咖啡、可可、剑麻、番麻、虫胶、香料油等国外都易销售，可以大力发展生产。其他畜产品、手工艺品、瓷器，各种小土产、水果、小食品、水产品都应当积极发展生产。

三、加强和改进出口物资的收购工作。我国出口，大部为农副土特产品，其特点是零星分散。如无人收购，即货弃于地；如积极收购和出口，就是很大财富。我们将根据不同商品，采取专厂供应，划区生产，签订长期合同，保产、保供、保销，调整收购价格（主要是蚕茧、茶叶），预付定金，预付货款，改进产品规格、质量和包装、技术指导等办法，加强收购工作。

四、我国重要的进口物资，是依靠兄弟国家供应的。第二个五年计划对社会主义国家的贸易额约占60%～70%，积极地巩固和发展对兄弟国家的贸易，对于加强社会主义阵营的友好合作和促进我国社会主义经济建设事业都有很重要的作用。在互利的条件下，应该放手地发展同他们的贸易。对东欧、亚洲兄弟国家的某些困难，从整个社会主义阵营的利益出发，必须加以照顾。为有利于双方生产的安排，保证出口物资相互供应，应当在计划确定之后，迅速签订长期贸易协定。今后对兄弟国家的贸易，在他们同意的情况下，可以考虑改变双方进出口当年绝对平衡为两年或三年平衡一次的办法。

五、积极发展对资本主义国家的贸易。在第二个五年计划中，约占我国整个对外贸易额的30%～40%（第一个五年占20%）。对亚非民族主义国家，应当积极地扩大贸易往来，购买他们的原料（如橡胶、棉花、椰干、胡椒、黄麻、奎宁、石油），满足他们工业日用品的进口需要，支持他们反殖民主义的斗争，要采取贷款、分期付款的办法，向他们出口机器和成套设备。

对资本主义国家的贸易，是我们同国际资产阶级进行的一种阶级斗争。当前的斗争形势对我们是有利的。现在许多西方国家愿意和我国发展贸易往来，虽然目前资本主义国家经济衰退，价格下跌，采取奖出限入的贸易政策，给我们出口增加一定的困难；但是因为我国需要大量进口，就可以通过易货的办法，带动我国的出口，并可以就我们经常需要进口和出口的物资与他们签订长期合同。

六、现在我们对外贸易资金少，周转外汇少，出口必需的加工、仓储、包装设备少，造成工作上很大困难。我们建议今年可拨出黄金300万两出售1亿美元，以7 000万美元进口国家急需的铜、镍、铬、不锈钢材、钢板、铁皮、肥田粉，以支持工农业生产大跃进。以3 000万美元作为外贸部的周转外汇，以便利用资本主义世界经济衰退的时机，随时买回我国所需重要物资。

我们现在占用流动资金约16.4亿元，第二个五年期间，应陆续增加到25亿元，以扶植生产，解决出口物资的收购问题。同时，需要基本建设投资3亿元，修建仓库、冷藏车、冷藏船、捕鱼船、油池、烘干厂、香料油、绒毛、肠衣、羽毛、干果加工厂。

七、目前进口由国家经委考虑多，出口由国务院五办考虑多，进口和出口不能很好结合。因此，建议今后年度进出口计划由国家经委统一安排平衡，长期进出口计划由国家计委统一安排平衡。

Z9－193－8

对外贸易部关于一九五八年对外贸易计划三本账的请示报告［节录］

1958年4月17日

现将1958年对外贸易计划三本账的指标请示报告如下：

1958年进出口总额，原定计划为110亿元，其中，进口50亿元，出口60亿元。经过发动群众、反浪费、反保守、大辩论、挖潜力、大跃进，进出口指标拟发展为第一本账进出口共计120亿元，其中，进口55亿元，出口65亿元；第二本账进出口共计137亿元，其中，进口62亿元，出口75亿元。

［中略］

经过我部党组最近讨论，认为因原定指标110亿元是在全国人民代表大会上已经公布的账，故仍以这本账为第一本账。因此，上述进出口总额120亿元和137亿元即分别作为第二本账和第三本账。在本年中，我们保证完成第二本账中进出口120亿元的任务。

9－856－5

对外贸易部关于第二个五年对外贸易计划初步意见的说明

1959年11月20日

第二个五年计划时期即将过去两年，1960年的对外贸易计划也已经基本上定案。因此，现在安排的主要是1961年和1962年的对外贸易计划。

在党的鼓足干劲、力争上游、多快好省地建设社会主义的总路线的光辉照耀下，1960—1962年我国国民经济必将继续大跃进。在这个形势下，对外贸易必须在自力更生为主、争取外援为辅的社会主义建设方针下，坚决贯彻执行党的总路线，为工农业生产和社会主义建设的继续大跃进服务。

一

在安排今后3年的进出口计划时，我们一方面考虑了进口的需要和从国外买到这些货物的可能，另一方面，也考虑了出口货源增长的情况以及国外市场销售的可能，然后按照外汇收支平衡的原则提出现在安排的数字。

在进口方面，我们考虑：在今后3年中，工农业生产和建设所需要的某些重要物资，仍需增加进口；同时国民经济中有些薄弱环节，也还不可能完全补平，需要进口方面的支援。因此，按照保证重点、辅助一般的原则，对今后3年的进口商品作了如下安排：(1) 保证尖端技术、化学工业、电力工业和石油工业等成套设备的进口；(2) 优先安排国内急需的优质钢材、有色金属、橡胶、石油和化学肥料等重要物资的进口；(3) 对其他发展工农业生产和供应市场需要的物资，也作了适当增加的安排。

在出口方面，我们考虑：在今后3年中，在工农业生产建设大跃进的基础上，出口货源将会有较大的增加。同时，我们考虑，虽然我们出口商品发展的方向应该是增加工业品和半成品出口，减少原料出口，但是，从需要和可能来看，这个变化需要有一个逐渐发展的过程，在今后3年中还只能做一些打基础的工作，还不可能有大的改变。因为有些商品国外需要的是原料，不需要或不大需要成品，特别是苏联和各兄弟国家一向需要的农副产品和工矿原料，我们应该继续给以供应。因此，今后3年中农副产品及其加工品仍将是出口商品中的基本部分，其比重仍将占75%左右。一些工矿原料，也应该在发展生产的基础上适应苏联和各兄弟国家的需要。

根据以上考虑，我们按照国内贸易和国外贸易同时并举的方针，对今后3年的出口商品作了以下安排：(1) 在生产大发展的基础上，适当地增加粮、棉、油、花、纱、布等主要商品的出口；(2) 对于国内外都很需要的原料、材料，如羊毛、厂丝、纯锡等，对兄弟国家出口维持现在的水平，对资本主义国家出口也基本上维持现在的水平；(3) 在可能范围内增加成品出口，减少原料出口；(4) 保证对港、澳市场的出口供应量。

1960—1962年的外汇收支计划是平衡的。其中，偿还苏联贷款是按照协议规定安排的。对外援助在现在的水平上略作增加。对资本主义国家的外汇，在保持收支平衡的基础上，只打必要的周转外汇。因为资本主义国家外汇不断贬值，不宜储存外汇。

非贸易外汇是按照节约的精神估算的，其中，运费支出略有增加；侨汇收入是照现在的水平计算的。

二

对第二个五年进出口计划，我们安排了两本账。第一本账出口440亿元，进口383.2亿元，是在积极可靠的基础上安排的，是保证实现的；第二本账出口460亿元，进口402.1亿元，是在积极可靠的基础上看涨的，是看将来国民经济发展情况争取实现的。

现将第二个五年进出口计划第一本账安排的基本情况，说明如下：

1. 进出口贸易额：出口440亿元、进口383.2亿元，与第一个五年计划期间出口233.75亿元，进口254.85亿元比较，出口增加206.25亿元，增长88.3%；进口增加128.35亿元，增长50.4%。第二个五年计划期间出口的平均增长速度为15.1%（第一个五年计划期间为15%）；进口为14.5%（第一个五年计划期间为5.9%）。第二个五年出口计划的平均增长速度虽与第一个五年基本相同，但是第二个五年计划期间出口绝对额却增加了88.7%。这除了因为基数增大之外，还因为第一个五年计划期间有相当一部分进口物资是用贷款支付的，而第二个五年计划期间没有贷款，并且要还本付息。

第二个五年计划各年度进出口逐年增长情况是：

年度	出口			进口		
	总额（亿元）	逐年增长比例		总额（亿元）	逐年增长比例	
		增长金额（亿元）	增长%		增长金额（亿元）	增长%
1958	67			61.66		
1959	80	13	19.4	66.65	4.99	8.1
1960	86	6	7.5	70.89	4.24	6.4
1961	97	11	12.8	85.50	14.61	20.6
1962	110	13	13.4	98.50	13.00	15.2

2. 在1960—1962年的进口计划中，尖端订货、军事订货、成套设备、五金钢材（包括有色金属）、石油、橡胶、化工等七项约占进口总额70%。其中：

	1960 年	1961 年	1962 年
尖端订货	6.65 亿元	10 亿元	12 亿元
军事订货	3.13 亿元	3.2 亿元	3.5 亿元
成套设备	16.24 亿元	18 亿元	20 亿元
五金钢材	89.3 万吨	120 万吨	137 万吨
黑色金属	77 万吨	105 万吨	120 万吨
有色金属	12.3 万吨	15 万吨	17 万吨
石油	350 万吨	500 万吨	600 万吨
橡胶	20 万吨	23 万吨	26 万吨
化工	4.36 亿元	4.89 亿元	5.54 亿元
化学肥料	260 万吨	300 万吨	350 万吨
其中：			
氮肥	180 万吨	215 万吨	260 万吨
磷肥	80 万吨	85 万吨	90 万吨
农药	0.40 亿元	0.45 亿元	0.50 亿元
化工原料	1.32 亿元	1.5 亿元	1.6 亿元
医药	0.28 亿元	0.30 亿元	0.30 亿元

3. 在 1960—1962 年的出口计划中，列有 63 个商品，约占总额的 80% 左右，其中主要有：

	1960 年	1961 年	1962 年
粮食	430 万吨	520 万吨	600 万吨
大米	175 万吨	190 万吨	200 万吨
大豆	150 万吨	180 万吨	210 万吨
杂粮、杂豆	60 万吨	70 万吨	80 万吨
小麦	35 万吨	70 万吨	100 万吨
复制品用粮	10 万吨	10 万吨	10 万吨
食用油	20 万吨	25 万吨	30 万吨
棉花（包括花纱布）	18.8 万吨	30 万吨	40 万吨
其中：棉花	4 万吨	12.4 万吨	20.1 万吨
棉布	1 750 万匹	2 200 万匹	2 500 万匹
棉纱	9.4 万件	10 万件	12 万件
针织品用纱	21 万件	23 万件	25 万件
羊毛	1.3 万吨	1.3 万吨	1.3 万吨
厂丝	0.32 万吨	0.35 万吨	0.4 万吨
纯锡	2.8 万吨	3 万吨	3 万吨

续表

	1960 年	1961 年	1962 年
硼砂	3.5 万吨	6 万吨	10 万吨
硫磺	11 万吨	15 万吨	20 万吨
猪肉	26 万吨	33 万吨	40 万吨
活猪	75 万头	75 万头	75 万头
冻猪肉	17 万吨	22 万吨	28 万吨
猪肉罐头	5.5 万吨	7 万吨	8 万吨
猪肉制品	0.5 万吨	1 万吨	1 万吨
鲜蛋	2.3 亿斤	2.4 亿斤	2.5 亿斤
烤烟	4.5 万吨	6 万吨	8 万吨
呢绒	2 500 万米	2 800 万米	3 200 万米
钢材	15 万吨	25 万吨	40 万吨
成套设备	3.4 亿元	3.6 亿元	4 亿元

三

第二个五年进出口计划第二本账安排的基本情况是：

1. 进出口贸易额：出口 460 亿元，比第一本账增加 20 亿元；进口 402.1 亿元，比第一本账增加 18.9 亿元。5 年内出口的平均增长速度为 17.9%（第一本账为 15.1%），进口的平均增长速度为 17.5%（第一本账为 14.5%）。

5 年内各年度进出口逐年增长情况是：

年度	出口			进口		
	总额（亿元）	逐年增长比例		总额（亿元）	逐年增长比例	
		增长金额	增长%		增长金额	增长%
1958	67			61.66		
1959	80	13	19.4	66.65	4.99	8.1
1960	86	6	7.5	70.89	4.24	6.4
1961	103	17	19.8	91.20	20.31	28.7
1962	124	21	20.4	111.70	20.50	22.5

2. 在第二个五年进口计划的第二本账中，1960 年的数字和第一本账相同，1961 年和 1962 年进口商品的主要情况如下：

	1961 年	同第一本账相比	1962 年	同第一本账相比
尖端订货	11.00 亿元	增 1 亿元	13.5 亿元	增 1.5 亿元
军事订货	3.70 亿元	增 0.5 亿元	4.00 亿元	增 0.5 亿元
成套设备	19.00 亿元	增 1 亿元	22.00 亿元	增 2 亿元
五金钢材	125 万吨	增 5 万吨	167 万吨	增 30 万吨
黑色金属	110 万吨	增 5 万吨	150 万吨	增 30 万吨
有色金属	15 万吨	增 5 万吨	17 万吨	增 30 万吨
石油	500 万吨	增 5 万吨	700 万吨	增 100 万吨
橡胶	23 万吨	增 5 万吨	27 万吨	增 1 万吨
化工	4.89 亿元	增 5 万吨	6.09 亿元	增 0.55 亿元
化学肥料	300 万吨	增 5 万吨	400 万吨	增 50 万吨
其中：氮肥	215 万吨	增 5 万吨	310 万吨	增 50 万吨
磷肥	85 万吨	增 5 万吨	90 万吨	增 50 万吨
农药	0.45 亿元	增 5 万吨	0.50 万吨	增 50 万吨
化工原料	1.50 亿元	增 5 万吨	1.60 亿元	增 50 万吨
医药	0.30 亿元	增 5 万吨	0.30 亿元	增 50 万吨

3. 在第二个五年出口计划的第二本账中，1960 年的数字和第一本账相同，1961 年和 1962 年出口商品的主要情况如下：

	1961 年	同第一本账相比	1962 年	同第二本账相比
粮食	550 万吨	增 30 万吨	700 万吨	增 100 万吨
大米	200 万吨	增 10 万吨	220 万吨	增 20 万吨
大豆	190 万吨	增 10 万吨	230 万吨	增 20 万吨
杂粮、杂豆	80 万吨	增 10 万吨	140 万吨	增 60 万吨
小麦	70 万吨	增 10 万吨	100 万吨	增 60 万吨
复制品用粮	10 万吨	增 10 万吨	10 万吨	增 60 万吨
食用油	30 万吨	增 5 万吨	35 万吨	增 5 万吨
棉花（包括花纱布）	30 万吨	增 5 万吨	40 万吨	增 5 万吨
其中：棉花	12.4 万吨	增 5 万吨	20.1 万吨	增 5 万吨
棉布	2 200 万匹	增 5 万吨	2 500 万匹	增 5 万吨
棉纱	10 万件	增 5 万吨	12 万件	增 5 万吨
针织品用纱	23 万件	增 5 万吨	25 万件	增 5 万吨
羊毛	1.3 万吨	增 5 万吨	1.3 万吨	增 5 万吨
厂丝	0.35 万吨	增 5 万吨	0.4 万吨	增 5 万吨
纯锡	3 万吨	增 5 万吨	3.2 万吨	增 0.2 万吨
硼砂	6 万吨	增 5 万吨	10 万吨	增 0.2 万吨
硫磺	15 万吨	增 5 万吨	20 万吨	增 0.2 万吨

续表

	1961 年	同第一本账相比	1962 年	同第二本账相比
猪肉	34 万吨	增 1 万吨	43 万吨	增 3 万吨
活猪	75 万头	增 1 万吨	75 万头	增 3 万吨
冻猪肉	22 万吨	增 1 万吨	28 万吨	增 3 万吨
猪肉罐头	7.5 万吨	增 0.5 万吨	10 万吨	增 2 万吨
猪肉制品	1.5 万吨	增 0.5 万吨	2 万吨	增 1 万吨
鲜蛋	2.4 亿斤	增 0.5 万吨	2.5 万吨	增 1 万吨
烤烟	6 万吨	增 0.5 万吨	8 万吨	增 1 万吨
呢绒	2 800 吨条	增 0.5 万吨	3 200 万米	增 1 万吨
钢材	40 万吨	增 15 万吨	60 万吨	增 20 万吨
成套设备	4 亿元	增 0.4 万吨	5 亿元	增 1 亿元

第二个五年计划中进出口的主要商品和项目，同国民经济其他部门关系很大，须请各有关部门共同审查确定。

T51/3

对外贸易部：近几年来对外贸易几个主要变化的资料

1962 年 8 月 1 日

近几年来我国对外贸易随着国民经济的调整和国内外需要与可能情况的变化，大幅度地降低了出口指标，调整了进出口商品的构成，改变了对社会主义国家和资本主义国家的贸易比重，现将几个主要变化情况说明如下：

第一，一九六〇年到一九六二年连续三年大幅度地降低了出口指标。一九五九年出口七十八亿元，是建国以来出口的最高纪录。一九六〇年出口六十三亿元，比一九五九年减少十五亿元；一九六一年出口四十七亿七千万元，比一九六〇年又减少十五亿三千万元；一九六二年出口计划四十二亿四千万元，比一九六一年出口实际数又减少五亿三千万元。一九六二年出口计划四十二亿四千万元，仅略高于一九五四年出口四十亿元的水平，比一九五七年出口五十四亿五千万元减少十二亿一千万元。

第二，几年来，出口物资由国内直接供应的逐年减少了，以进养出和直接转口的逐年增加了。由国内直接供应的出口物资在各年出口总额中所占的比重，一九五七年为百分之八十七，一九五九年为百分之八十八点三，一九六〇年下降为百分之八十四点二，一九六一年下降为百分之七十三，一九六二年再下降为百分之六十七点八。以进养出和直接转口物资在各年出口总额中所占的比重，一九五七年为百分之十三，一九五九年为百分之十一点七，一九六〇年上升为百分之十五点八，一九六一年上升为百分之二十七，一九六二年再上升为百分之三十二点二。

在一九六二年出口计划四十二亿四千万元中，如果扣除以进养出和直接转口的十三亿七千万元，由国内直接供应的出口为二十八亿七千万元，这个数字基本上相当于一九五二年出口总额二十七亿一千万元的水平。

以进养出和转口物资的增减变化见附表一[略]。

第三，几年来，出口商品的构成发生了很大的改变，主要是农副产品的出口比重大大下降了，工矿产品和农副产品加工品的出口比重上升了。

一九五七年到一九六二年出口的农副产品在各年出口总额中所占的比重，一九五七年为百分之四十点一，一九五九年为百分之三十七点六，一九六〇年为百分之三十一，一九六一年为百分之二十点七，一九六二年为百分之十八点九。在出口的农副产品中，减少的主要是粮、棉、油、烟。

一九五七年到一九六二年出口的工矿产品在各年出口总额中所占的比重，一九五七年为百分之二十八点四，一九五九年为百分之二十三点八，一九六〇年为百分之二十六点七，一九六一年为百分之三十三点四，一九六二年为百分之三十五点五。在出口的工矿产品中，主要是增加了机器、钢材、轮胎、缝纫机、玻璃等成品，减少了纯锡、钼砂、纯碱、烧碱等原料。

一九五七年到一九六二年出口的农副产品加工品在各年出口总额中所占的比重，一九五七年为百分之三十一点五，一九五九年为百分之三十八点六，一九六〇年为百分之四十二点三，一九六一年为百分之四十五点九，一九六二年为百分之四十五点六。农副产品加工品的出口比重逐年上升主要是以进养出的物资增加了。如果扣除以进养出的因素计算，以国内农副产品为原料的加工品，在各年出口总额中所占的比重不是上升了，而是下降了，各年的比重是：一九五七年为百分之二十四点五，一九五九年为百分之三十点五，一九六〇年为百分之二十九点八，一九六一年为百分之二十五点三，一九六二年为百分之二十二点九。

主要出口商品的增减变化见附表二［略］。

第四，几年来，进口商品的构成发生了很大的变化，主要是成套设备、机械和重工业所需的原料材料减少了，支援农业和轻工市场的物资增加了。

1. 一九五七年到一九六〇年的进口物资主要是支援工业生产建设，一九六一年和一九六二年的进口物资主要是支援农业和市场。这两部分物资在各年进口总额中的比重变化情况如下：

成套设备、机械和重工业所需的原料材料的比重是：一九五七年为百分之七十四，一九五九年为百分之七十八点六，一九六〇年为百分之七十八点四，一九六一年为百分之四十九点四，一九六二年为百分之四十一点三。

支援农业和轻工市场的物资的比重是：一九五七年为百分之二十六，一九五九年为百分之二十一点四，一九六〇年为百分之二十一点六，一九六一年为百分之五十点六，一九六二年为百分之五十八点七。支援农业和轻工市场的进口物资中，增加的主要是粮食、砂糖、化肥、植物油。

2. 在进口物资中，生活资料的比重下降了，生活资料的比重上升了。生产资料在各年进口总额中所占的比重：一九五七年为百分之九十二点七，一九五九年为百分之九十五点九，一九六〇年为百分之九十五点六，一九六一年下降为百分之六十六点九，一九六二年又下降为百分之六十点八。生活资料所占的比重：一九五七年为百分之七点三，一九五九年为百分之四点一，一九六〇年为百分之四点四，一九六一年上升为百分之三十三点一，一九六二年再上升为百分之三十九点二。

主要进口商品的增减变化见附表三［略］。

第五，在我国对外贸易进出口总额中，对社会主义国家贸易的比重下降了，对资本主义国家贸易的比重上升了。

对社会主义国家贸易在我国进出口总额中所占的比重，由一九五七年到一九六〇年的百分之七十五左右下降为一九六一年和一九六二年的百分之五十八；对资本主义国家贸易在我国进出口总额中所占的比重，由一九五七年到一九六〇年的百分之二十五左右上升为一九六一年和一九六二年的百分之四十二左右。如果在我国一九六二年进出口总额中，把对古巴的进出口数字计算在对社会主义国家的贸易额内，则对社会主义国家的贸易比重即由百分之五十八左右增为百分之六十三左右，对资本主义国家的贸易比重即由百分之四十二左右降为百分之三十七左右。

此外，我们把一九六二年三十六点七亿元①的进口物资，按照国内的调拨价格或批发价格计算，大约值八十亿元，相当于今年外贸收购计划五十三点七亿元②的一倍半。这就是说，拿出一部分东西出口是减少了国内物资，挤了国内市场；但换回的进口物资不是少了，而是更多了，特别是换回了国内急需的粮食、化肥、糖、橡胶、石油、新技术和特殊物资，这对于恢复农业、支援市场、调整工业、加强国防都是有利的。

Z13－839－11

国家计委：第二个五年对外贸易的进口情况

1963年3月30日

一、进口总额比第一个五年有增长

第二个五年，对外贸易的进口总额为二百七十四亿六千万元，比第一个五年的二百五十四亿八千万元（其中，利用苏联贷款进口三十六亿元），增加十九亿八千万元。其中，特殊订货十二亿元，占进口总额的百分之四点三，比第一个五年减少五十二亿元；新技术和技术合作进口十二亿七千万元，占百分之四点六，比第一个五年增加十二亿元；成套设备进口五十四亿元，占百分之十九点七，比第一个五年增加九亿五千万元；一般贸易进口一百九十五亿九千万元，占百分之七十一点四，比第一个五年增加五十亿零二千万元。

二、由苏联进口的比重下降，由资本主义国家进口的比重上升

第二个五年由苏联进口一百一十二亿五千万元，比第一个五年下降三十八亿八千万元，所占进口总额的比重由第一个五年的百分之五十九点三下降为百分之四十一，原因是苏联从一九六一年开始减少了对我国的输出。

从东欧社会主义国家进口四十八亿元，比第一个五年增加四亿五千万元，所占进口总额的比重由第一个五年的百分之十七点二上升为百分之十七点四。

从亚洲社会主义国家进口十三亿二千万元，比第一个五年的二亿五千万元增长了四倍，但所占进口总额的比重仅为百分之四点八。

从资本主义国家进口一百亿零九千万元，比第一个五年增长四十三亿四千万元，所占进口总额的比重由第一个五年的百分之二十二点五上升为百分之三十六点八。从资本主义国家进口的物资中，粮食占大宗。

三、各类进口商品的比重

第二个五年一般贸易进口的商品中，用于支援农业和供应市场的占百分之三十一点五，比第一个五年增加了百分之十，绝对值由三十一亿元增为六十一亿元；用于工业建设的物资，则由第一个五年的百分之六十九下降为百分之五十六，绝对值由一百亿元增为一百一十亿元；用于以进养出及转口的物资，由第一个五年的百分之九点五上升为百分之十二点三，绝对值由十三亿七千万元增为二十四亿元。

主要商品的进口数量和第一个五年相比，增加的有二十一种，增加最多的有粮食、化肥、磷灰石、马匹、砂糖、棉花和人造棉等。减少的有五种：黑色金属、机床、化工原料、医药和烤烟。

新增加三种：海枣、铁矿砂和沙丁鱼。

四、进口工作中需要注意的两个问题

第一，要加强对进口商品的检查、检验。第二个五年进口的物资基本上是符合国内需要的，但由于控制不严，审查和检验不细，多进口了一些东西，同时也进口了一些不合质量标准的东西。截至一九六二年五月底，约积压进口设备十三亿元，其中就有一部分是由于进口过多和不合质量规格要求而积压的。

---

① 今年二月二十八日中央批准的进口计划为三十七亿二千万元，现在所列的进口三十六亿七千万元，是根据对资本主义国家进口刹车后的变动情况和对兄弟国家的协议整理计算的。

② 今年二月二十八日中央批准的收购计划为五十三亿七千万元，最近全国外贸专业会议落实为五十三亿零八百万元。

第二，增加进口品种，减少积压。我国对阿尔巴尼亚、朝鲜、越南、古巴等兄弟国家和亚非民族主义国家的贸易将会进一步发展，从这些国家进口的某些商品可能一时积压起来。为了减少进口后分配工作的困难和避免大量积压资金，必须深入了解对方出口物资情况，争取进口新的品种，使进口物资更好地满足我国国民经济的需要。同时，某些照顾性质的进口物资应尽可能纳入国民经济计划，统一平衡，积极加以利用。

150－11－54

一、关于过去几年对外贸易的主要情况

（一）一九五八年和一九五九年，进出口额有了大幅度的增长。

一九五七年出口五十四亿五千万元，一九五八年出口六十七亿元，一九五九年出口达到了七十八亿元，是建国以来的最高水平，比一九五七年增加了二十三亿五千万元，增加了百分之四十三。一九五七年进口五十亿元，一九五八年进口六十一亿七千万元，一九五九年进口达到了七十一亿二千万元，比一九五七年增加了二十一亿二千万元，增加了百分之四十二点四。

这两年进出口贸易额的大幅度增长，对于支援国民经济的大跃进，促进新技术和国防力量的发展，起了积极的作用。但是，由于当时经验不足，发生了下面的一些问题：

1. 过多地增加了出口，特别是粮、棉、油、肉等主要农产品的出口增加过多。例如，国产粮食（包括大豆），一九五七年出口三十八亿五千二百万斤，一九五九年增加到八十三亿一千万斤，增加了四十四亿五千八百万斤；国产棉花（包括纱、布、针织品折棉花），一九五七年出口一百三十二万担，一九五九年增加到四百七十万担，增加了三百三十八万担；食用油（包括油籽折油），一九五七年出口三亿八千八百万斤，这已经是很多了，而一九五九年又增加到四亿三千八百万斤，增加了五千万斤；猪肉（包括活猪和各种肉制品折肉），一九五七年出口八万九千吨，一九五九年增加到十七万吨，增加了八万一千吨。现在回过头来看，主要农产品出口的这样多，同当时的农业生产情况是很不相称的。

2. 成套设备和各种机器的进口增加得过多。一九五七年成套设备和各种机器进口了二十二亿七千万元，一九五九年进口了三十二亿七千万元，增加了十亿元，增加了百分之四十四。

3. 对苏联、东欧六国的长期贸易协定金额和主要进出口商品数量定得过大了，这就给以后年度的贸易造成了被动。

（二）一九六〇年的进口贸易额还是偏高的，但已开始调整。

一九五九年底，在编制一九六〇年计划的时候，由于对自然灾害估计不足和对农业估产偏高，当时决定的一九六〇年的出口计划八十八亿九千万元、进口计划七十亿九千万元，仍然是过高的。为了稳妥起见，我们在安排工作时将这个计划分作两步走。第一步的出口安排是七十五亿元，进口安排是六十五亿元。但是在实际执行中仍有很大的困难。经过一九六〇年八月北戴河中央工作会议研究，将出口计划调整为六十五亿二千六百万元；进口计划，由于很大一部分商品已经进来了，许多商品已同国外签订了合同，减不下来，只好安排为六十五亿八千七百万元。这一年出口和进口计划执行的结果，出口只完成了六十三亿三千万元，进口完成了六十五亿二千万元，这就使得我们对外贸易发生了严重的逆差。这一年对苏、德、捷、波、匈、罗六国贸易欠账达到十五亿六千二百四十万元（三亿七千二百万卢布，这里所说的卢布都是新卢布，下同），造成了十分被动的局面，这个经验教训是很深刻的。

（三）一九六一年和一九六二年，根据中央关于调整国民经济的“八字方针”，对外贸易作了很大的调整。

1. 大幅度地调低了进出口贸易额。一九六一年出口四十七亿七千万元，比一九六〇年出口六十三亿三千万元减少了十五亿六千万元。一九六二年出口额继续调低到四十七亿一千万元，比出口额最高的一九五九年的七十八亿元减少了三十亿九千万元，减少百分之三十九点六。

进口额也作了相应的调整。一九六一年进口四十三亿元，比一九六〇年进口六十五亿二千万元减少了二十一亿二千万元。一九六二年进口额继续调低到三十三亿八千万元，比一九五九年进口七十一亿二千万元，减少了三十七亿四千万元，减少百分之五十二点六。

2. 出口商品作了很大的调整。

国产粮食（包括大豆）：一九六一年出口了十七亿六千万斤，一九六二年出口了十五亿一千万斤，一九六二年比一九五九年出口八十三亿一千万斤减少了六十八亿斤，减少百分之八十二。一九六二年出口粮食，主要是品种交换的性质，就是出口价格较高的品种，进口价格较低的品种。实际上进口的粮食比出口的粮食多得多。

国产棉花（包括纱、布、针织品折棉花）：一九六一年出口了二百六十万担，一九六二年也出口了二百六十万担，一九六二年比一九五九年出口四百七十万担，减少了二百一十万担，减少百分之四十五。国产棉花本来是没有条件出口的，但是为了进口粮食，不得不挤出一部分加工成纺织品出口。

食用油（包括油籽折油）：一九六一年出口了二千二百万斤，一九六二年停止了出口（一九五九年出口了四亿三千八百万斤）。

猪肉（包括活猪和各种肉制品折肉）：一九六一年出口了三万九千吨，一九六二年出口了四万八千吨，一九六二年比一九五九年出口十七万吨减少了十二万二千吨，减少百分之七十二。

在减少主要农产品出口的同时，国内供应紧张的某些重要工矿产品也减少了出口。例如，纯锡，一九六一年出口了二万一千吨，一九六二年出口了二万吨，一九六二年比一九五九年出口二万九千九百吨减少了九千九百吨，减少百分之三十三；钼砂，一九六一年出口了三千六百二十一吨，一九六二年出口了二千六百六十五吨，一九六二年比一九五九年出口六千三百零五吨减少了三千六百四十吨，减少百分之五十七点七。

减少某些主要农产品和重要工矿产品的出口，对于促进国内农业生产，改善市场供应状况以及促进整个国民经济的调整，都是有利的、必要的。在传统的大宗的农产品出口减少的情况下，为了弥补国家外汇的不足，各省、市、自治区在当时市场供应非常困难的情况下，挤出了一部分二类物资和许多三类物资供应出口，这是对外贸工作的很大支持。

同时，在出口货源供应困难的情况下，为了增加国家外汇收入，根据中央的指示，几年来我们在各有关方面的支持下有计划地积极地开展了“以进养出”的工作。“以进养出”的出口额和在出口总额中的比重都是逐年增加的。据统计，用“以进养出”和直接转口的办法提供的出口商品（不包括进口奖售物资换购农产品出口），一九五七年为七亿一千万元，占当年出口总值五十四亿五千万元的百分之十三；一九六一年为十二亿八千八百万元，占当年出口总值四十七亿七千万元的百分之二十七；一九六二年为十一亿九千五百万元，占当年出口总值四十七亿一千万元的百分之二十六（一九六三年预计将增加为十二亿四千七百万元，占当年出口总值四十一亿七千万元的百分之三十）。

3. 进口商品也作了很大的调整，主要是增加了粮食、砂糖等物资的进口，减少了成套设备和各种机器的进口。

进口粮食是从一九六一年开始的。一九六一年进口国内用粮一百零六亿斤，一九六二年进口国内用粮九十二亿九千万斤，两年共进口国内用粮一百九十八亿九千万斤（近一千万吨）。在连续几年严重自然灾害、农业歉收的情况下，中央决定进口粮食是完全正确的。这对于调动农民的积极性，保证城市、工矿区和灾区的粮食供应，促进经济作物生产的恢复，起了重要的作用。当然，这只能是一种暂时性的措施。

一九六一年和一九六二年两年共进口了砂糖二百一十八万吨，化肥二百三十七万吨，橡胶十九万吨，动植物油脂十二万吨，对于支援生产、支援市场、回笼货币起了一定的作用。

由于工业的调整和基本建设投资的减少，同时也由于苏联撤退专家，撕毁合同，一九六一年和一九六二年成套设备、各种机器的进口大大减下来了。一九六一年成套设备和各种机器的进口是十一亿元，一九六二年成套设备和各种机器的进口是四亿五千万元，一九六二年比一九六〇年进口二十七亿四千万元减少了二十二亿九千万元，减少了百分之八十三点六；比一九五九年进口三十二亿七千万元减少了二十八亿二千万元，减少了百分之八十六点二。

4. 国别贸易额也起了很大的变化。一九六〇年以前，对苏联和东欧六国的贸易额在我国对外贸易总额中所占的比重很大。一九六〇年下半年以来，由于苏联撤退专家，撕毁合同，由于我们减少成套设备进口，而我们需要进口的粮食，苏联和东欧六国又不供应，因而对苏联和东欧六国的贸易额及其在我国对外贸易总额中所占的比重，就不能不大大下降。为了进口粮食，进口市场和工农业生产急需的某些重要物资，我们逐步增加了对资本主义市场的贸易。

一九六〇年，对苏联和东欧六国的贸易额占我国对外贸易总额的百分之六十六；对资本主义市场的贸易额占我国对外贸易总额的百分之二十五点八；对亚洲社会主义国家和阿尔巴尼亚、古巴的贸易额占我国对外贸易总额的百分之八点二。一九六二年，对苏联和东欧六国的贸易额占我国对外贸易总额的百分之四十点七；对资本主义市场的贸易额占我国对外贸易总额的百分之四十点四；对亚洲社会主义国家和阿尔巴尼亚、古巴的贸易额占我国对外贸易总额的百分之十八点九。

由于作了以上的调整，一九六一年和一九六二年对外贸易计划的执行情况是好的。这两年，按期偿还了对苏联的贷款和贸易欠账，以及对东欧一些国家的贸易欠账，并且保证了对兄弟国家和亚洲、非洲等民族主义国家必要的援助。但是，在对资本主义市场的外汇收支方面，由于进口和非贸易用汇需要很多，而出口货源非常困难，虽然各地区、各部门尽了很大努力支持出口，采取了种种措施组织出口货源，外汇收支不平衡的情况还是很严重的。一九六一年终对资本主义市场的外汇结存是一亿零四百万美元，而进口延期付款的欠账达一亿六千二百万美元；一九六二年终对资本主义市场的外汇结存是一亿零三百万美元，而进口延期付款的欠账达一亿五千五百万美元。如果扣除这些延期付款的欠账，这两年对资本主义市场的外汇收支都有逆差。

林海云同志发言要点，《财贸工作会议简报》，1963 年 7 月 28 日。180 - 11 - 11

（二）“二五”时期对外贸易年度计划的制订与执行情况

1. 1958年年度计划的制订、调整与执行情况

（七）适应国内经济发展的需要，必须进一步加强对外贸易的工作。1958年进出口贸易总额初步安排为93.9亿元，其中，出口总额安排为52.9亿元，维持1957年的水平；进口总额安排为41亿元，低于1957年的水平。必须争取多出口一部分可能出口的矿产品、钢铁产品、机械产品和若干有传统的出口习惯的零星商品，以代替一部分农产品和农产加工品的出口。在进口方面，要积极地进口国内缺乏的五金材料、橡胶、石油、化学肥料、棉花等物资，适当地压缩机器设备的进口，以更加适应国内工农业生产和消费的需要。各省、市、自治区在完成国家计划出口的产品以外，还应该继续努力挖掘出口物资的潜力，以增加外汇收入。

国务院关于编制1958年度国民经济计划草案的指示，1957年10月1日。150－6－54

在对外贸易方面，适应我国工农业生产发展的需要，1958年进出口贸易总额安排为110亿元，比上一年增长8.6%。

保证必需物资的进口，是完成1958年度国民经济计划的一个重要条件。为了完成进口计划，对外贸易部门应当同有关部门密切配合，大力组织出口货源，扩大外汇收入。我国可供出口的物资十分丰富，我们必须充分地发挥各级地方政府和经济部门的积极性，发掘各方面的潜在力量，积极组织生产，提高质量，加强收购工作，同时，做好新产品的试销工作，争取完成和超额完成进出口计划。

薄一波在一届人大五次会议上关于1958年度国民经济计划草案的报告，1958年2月3日。A31－5

对外贸易部关于一九五八年对外贸易计划的请示报告

1958年3月13日

现将1958年对外贸易计划和需要采取的方针、政策、措施请示报告如下：

1958年进出口总额，原定计划为110亿元，其中，进口50亿元，出口60亿元。经过发动群众、反浪费、反保守、大辩论、挖潜力、大跃进，进出口指标发展为：

	第一本账	比1957年增加%	第二本账	比1957年增加%
进口	55亿元	10.1%	62亿元	24.1%
出口	65亿元	19.2%	75亿元	37.5%
共计	120亿元	14.8%	137亿元	31.1%

第一本账比原定指标110亿元增加10亿元，第二本账比原定指标增加27亿元。

进口货增加的主要是支援工农业生产大跃进所需的重要物资，如拖拉机、农业机械、制造排水灌溉机械所需的五金钢材、肥田粉、甜菜种子、耕马、水泥、柴油机、锅驼机、抽水机、电动机、锅炉、钻探机、起重机、挖土机

和地方工业所需的机床。出口货增加的主要是冻猪肉、各种罐头、蛋品、水果、各种矿产品、皮革制品、丝绸、茶叶、轮胎、化工产品、工业杂品、小土产、小食品等。

力争完成上述两本账任务是必需的，也是可能的。主要原因是：（1）国内工农业生产建设大跃进，出口货源增多，进口需要也增多。不完成这个任务，有碍工农业生产大跃进。（2）社会主义各国经济不断发展，要求同我国扩大贸易额。（3）亚非各民族主义国家迫切要求建设他们的独立经济，但他们有物资、缺外汇，我们可以通过易货贸易方式来扩大相互贸易额。（4）西方资本主义国家为了逃避经济衰退的困难，多想和我们做买卖。虽然他们采取了奖出限入的政策、增加了我们出口上一定的困难，但我们可以采用以进带出的政策，打破他们对我们的限制，达成互利的交易。再者，资本主义国家之间、资本主义国家的企业和政府之间、资本主义国家企业和企业之间矛盾重重，可以利用。

为了完成上述两本账任务，必须大大发展对苏联和各人民民主国家的贸易，以促进彼此经济上的共同高涨和政治上的友好团结；必须大大发展对亚非各国的贸易，以支持他们的民族革命斗争和促进彼此经济的发展；必须积极扩大对港、澳的贸易，力争把新、马变成港、澳第二，以增加我国外汇收入；积极开辟加拿大、南美洲和非洲的市场，对西方国家要有分别地有策略地同他们发展贸易，以促进他们对美国的离心倾向。我们一定要乘资本主义世界经济衰退之危，买回我们需要的物资，销出我们要销售的物资。

为了完成上述任务，应当采取以下方针、政策和措施：

第一，彻底克服保守思想，贯彻积极发展对外贸易的方针。

我国对外贸易从开国到1956年一直是发展的，但是由于“反冒进”、“下马”，以致1957年进出口额比1956年下降了3.8%。出口方面猛烈地削减了大米、食用油、冻猪肉、生铁、煤炭、氧化铝、纯碱、烧碱、厂丝、小型钢材、大麻、苎麻、铁钉、铁丝等重要物资；进口方面采取了“撤、削、推、挤、欠”的消极办法，撤掉了早已订妥的成套设备、机械等不少重要物资。

进出口额削减的后果：（1）引起了某些兄弟国家对我失望，有意见；影响了我们对外信誉。去年对苏出口大米减少，苏外贸部第一副部长对我代表团团长说：“我对此表示失望。”不久前苏联对外贸易部副部长库兹明对我赴苏订货组组长说：“你们要东西很坚决，但是你们的大米说不给就不给。”捷克贸易部同志说：“去年我们准备好拖拉机你们不要，我们已从资本主义市场另找到销路了，现在我们不敢从资本主义市场撤回来给你们，万一将来你们又不要，那时资本主义市场也丢了，怎么办?”（2）影响了国内建设和生产所需物资的供应，甚至影响到当前工农业生产大跃进所需物资难以及时订到。例如，今年提向苏联五金钢材订货29万吨，苏联只能供应19.6万吨，其余9.4万吨虽几经争取也订不到，主要因为去年我方进出口太保守，苏联不可能预料到今年我们大跃进而在计划内备货增加供应。（3）损伤了干部的工作积极性。

上述进出口额削减是右倾保守思想作祟的结果。右倾保守思想的因素主要有以下几点：（1）不适当地片面地强调国内市场需要，用削减进出口的办法来限制多快好省的方针贯彻执行。（2）庸俗的平衡论，不是采取鞭打慢牛赶上去的积极办法来解决经济发展中的新的不平衡，而是用鞭打快牛退回来的消极办法来维持平衡。我们认为，计划经济是必须平衡的，但是这个平衡必须是促进的；庸俗平衡论则是促退，而不是促进，所以必须反对庸俗平衡论。（3）我们认为，计划订得稳妥可靠，有一定的伸缩性，以便经过努力能够实现，这是正确的，但稳妥可靠必须建筑在积极发展的基础上。但是，有右倾保守思想的人却离开积极发展的基础来强调稳妥可靠，形成裹足不前，甚至在会议上提倡“躺倒不干”，则是错误的。(4)在对兄弟国家贸易上片面地认为自己能够生产就不进口，自己供应困难就不出口，照顾自己多，照顾兄弟国家少，甚至不照顾兄弟国家。我们认为，如不克服这种错误思想，同各兄弟国家的经济合作是难以合作好的。(5)在对资本主义国家贸易上看困难条件多，看有利条件不够。对上述保守思想，我们正在深入批判。我们一定要把已掀起的群众跃进的热情变成跃进指标，把跃进指标变成跃进行动，把跃进行动变成胜利的结果。

第二，千方百计力争向外推销大跃进。

目前已经是3月，时间过得很快。为了完成上述两本跃进账，当出口货源已有着落时，在业务工作上的中心内容是要组织向外推销大跃进，做到多推销、快推销、多收汇。因为如果光是收购、进口大跃进，而推销上不能大跃进，那就会发生不良后果。

为了实现推销大跃进，我们正在采取如下办法：

1. 分别地区和商品，贯彻以进口带动出口、易货平衡的业务方针，这是在当前资本主义世界经济衰退条件下扩大推销的有效办法。

2. 通过当前对兄弟国家的谈判，积极推销。争取对苏联出口达到35亿到40亿卢布，比1957年出口实绩增加6.7亿到11.7亿卢布；争取对捷克出口达到4亿卢布，比1957年出口实绩增加1.23亿卢布。对其他兄弟国家贸易，也争取尽可能扩大一些。

3. 迅速地派出两个贸易小组和三十多个推销小组分赴东南亚、欧洲、澳洲、南美洲各国积极推销，改变坐等生意的消极态度。

4. 加强各口岸对外推销工作，并且将对外贸易的对外统一性和地方出口积极性密切结合起来，主要办法是由一个口岸对外统一成交，内部合理分配各地供货数量，分口岸组织交货。这样，既可以发挥地方出口积极性，又可以统一对外，避免重复过去某些商品各口岸相互竞销、价格下跌、收汇减少的损失。例如肥皂，1956年由上海、福建、广州三地出口15 000箱，1957年天津、青岛、梧州三地亦直接对外成交，结果总共只出口了9 000箱，并使上海固本皂跌价15%。类似情况还有许多。因此，必须坚持对外贸易对外的统一性，同时又要很好地同地方出口积极性相结合。

5. 加强驻国外商务机构的业务经营，增派驻国外的公司代表，积极组织推销。

6. 灵活运用包销、代理、寄售、组织侨商联营小组等推销方式。

7. 各口岸要进一步供应资本主义各国来华海员货物，增加推销。

第三，建议实行奖励出口政策。

目前我对资本主义国家出口一般赔钱20%~70%，其原因主要是人民币对美元外汇牌价不够合理，1个美元只折合2.617元人民币，但实际上出口约需用4元人民币的东西才能换到1个美元。因此，出口越多，外贸公司就赔钱越多，自然影响外贸公司出口的积极性。用换到的1个美元在国外买回货物，进口赚钱和出口亏损相抵后本仍可赚钱，但因由资本主义国家进口的重要物资多是外贸部门代理用货部门进口，外贸部门只向用货部门收取3%的手续费，内外差价绝大部分归用货部门，这样，外贸部门不能完全以盈抵亏，并且不利于促进用货部门降低成本。因此，建议国务院批准：在现行外汇牌价对外不变的情况下，把美元内部结算价格由2.617元人民币折合1美元改为4元人民币折合1美元；同时，把卢布内部结算价格由1卢布折合0.95元提高为1元，使人民币对卢布和人民币对美元的汇率变成实际相等（按国际汇率，4卢布等于1美元；按照上述建议，4元等于1美元，也等于4卢布）。这样，既符合实际，又能鼓励出口。

第四，要求各有关部门根据计划和对外签订好的合同按时按质按量供货；支持向外推销。今年计划食用油出口21万吨（包括去年欠交的3万吨），迄今粮食部大部尚未安排下去，经过两部多次协商仍不能解决这一问题，严重影响对外谈判和按时交货，因此请国务院迅速解决。在出口商品中，要求各供货部门将质量好、容易销、收汇多的品种优先供应出口。例如，出口长沙或汉口大米1吨仅值36英镑，但出口小站米、常熟米、增城丝苗米1吨却能卖51英镑，贵15英镑，又容易销。对出口工业品，建议国务院明令指定产品质量、规格好的工厂或车间专门生产出口货。在罐头厂中，我们要求将上海梅林厂、益民一厂二厂划为专门生产出口货。此外，建议国务院将茶叶丝绸的采购、加工、内销等业务合并到外贸部门管，以利经营和扩大出口。

第五，必须积极发展成套设备出口。

成套设备出口有重大的政治经济意义。因此要求各工业部门改变“吃饱就算”的思想，树立大力支持成套设备出口、为国家创造外汇和为国争光的积极思想。同时，建议国务院建立成套设备出口的总交货人和协作交货人制度，由主管工业部担任总交货人，从设计、供应设备以至指导施工、安装、运转负责到底，其他有关工业部门担任协作交货人，协作一致，认真完成供应任务，坚决克服消极推诿现象。

第六，对外签订长期贸易合同（3年或5年），以便彼此能够有计划地生产和组织供货。不如此，我国的出口货很难大量卖出，我国的进口货也很难及时地大量地买进来。

第七，建议拿出库存黄金300万两（约值1亿美元）加工之后分批出口，分批将外汇拨给对外贸易部在今明两年内买回我国工农业生产和建设大跃进所必需的重要物资。理由如下：

（1）目前资本主义世界经济衰退，商品价格大跌，不少工业原料跌至近七八年来的最低水平，而且容易买到。我们应当趁资本主义之危，抓回我国急需的重要物资，进一步支持社会主义生产建设大跃进。（2）据了解，目前黄金库存总数约达600万两，而且第二个五年计划期间还大量开采黄金，因此拿出300万两黄金出口是可能的。把死财变成活财，对国家有利。人民银行曹行长也谈过这个意见，请国务院考虑决定。

第八，建议由国家经委全面负责进出口综合平衡工作。

过去进口多由国家经委考虑，出口多由国务院五办考虑，缺乏一个机关统一考虑进出口平衡。当五办和经委、计委意见不一致或进出口不平衡时，外贸部夹在中间很难办事，也不容易掌握进出口平衡。因此，建议今后年度进出口计划综合平衡由国家经委统一负责。

附表1　对外贸易进出口计划国别总值表

1958年度

国别	单位	1957年实绩	1958年计划		1958年为1957年%	
			第一本账	第二本账	第一本账	第二本账
总　计	亿元	104.50	120	137	114.8	131.1
进　口	亿元	49.96	55	62	110.1	124.1
出　口	亿元	54.54	65	75	119.2	137.5
苏联	亿卢布	54.59	62.98	70.60	115.4	129.3
进　口	亿卢布	24.71	27.24	29.74	110.2	120.4
出　口	亿卢布	29.88	35.74	40.86	119.6	136.7
东欧人民民主国家	亿卢布	21.55	23.64	26.27	109.7	121.9
进　口	亿卢布	11.19	11.64	13.27	104.0	118.6
出　口	亿卢布	10.36	12	13	115.8	125.5
亚洲人民民主国家	亿卢布	6.02	6.47	7.52	107.5	124.9
进　口	亿卢布	1.23	1.65	2.17	134.1	176.4
出　口	亿卢布	4.79	4.82	5.35	100.6	111.7

续表

国别	单位	1957年实绩	1958年计划		1958年为1957年%	
			第一本账	第二本账	第一本账	第二本账
资本主义国家	亿美元	10.51	12.57	15	119.6	142.7
进　口	亿美元	5.78	6.50	7.50	112.5	129.8
出　口	亿美元	4.73	6.07	7.50	128.3	158.6
亚非国家	亿美元	6.17	7.69	9.27	124.6	150.2
进　口	亿美元	2.47	3.10	3.60	125.5	145.7
出　口	亿美元	3.70	4.59	5.67	124.1	153.2
西方国家	亿美元	4.34	4.88	5.73	112.4	132.0
进　口	亿美元	3.31	3.40	3.90	102.7	117.8
出　口	亿美元	1.03	1.48	1.83	143.7	177.7

附表2

对外贸易出口计划类别总值表

1958年度

类别	单位	1957年实绩	1958年计划		1958年为1957年%	
			第一本账	第二本账	第一本账	第二本账
总计	亿元	54.54	65	75	119.2	137.5
粮油类	亿元	10.75	9.57	11.06	89.0	102.9
矿产类	亿元	8.63	10.36	11.61	120.0	134.5
畜产类	亿元	4.07	4.80	6.08	117.9	149.4
土产类	亿元	6.05	6.71	7.19	110.9	118.8
食品类	亿元	6.52	12.36	15	189.6	230.0
杂品类	亿元	8.66	10.03	11	115.8	127.0
丝绸类	亿元	3.15	3.34	3.72	106.0	118.1
茶叶类	亿元	1.23	1.27	1.98	103.3	161.0
化工医药类	亿元	2.97	3.55	3.55	119.5	119.5
五金类	亿元	0.49	0.73	0.91	149.0	185.7
成套设备机械类	亿元	2.02	2.28	2.90	112.9	143.6

注：表列各类数字系初步意见。

附表3

1958年全国外汇收支平衡试算表

金额单位：人民币亿元

项　目	收入		项　目	支出	
	第一本账	第二本账		第一本账	第二本账
一、出口收入	65.00	75.00	一、进口支出	55.00	62.00
二、侨汇收入	2.86	2.86	一般贸易	36.31	41.31
三、其他非贸易收入	2.96	2.93	成套设备	12.50	14.50
四、上年差额	-0.88	-0.88	技术合作	0.45	0.45
合　计	69.94	79.91	军事订货	3.24	3.24

续表

项　　目	收　　入		项　　目	支　　出	
	第一本账	第二本账		第一本账	第二本账
本年收支差额	+0.38	+3.35	原子能用款	1.50	1.50
			机动	1.00	1.00
			二、偿还贷款及利息	7.62	7.62
			三、援助及贷款支出	2.47	2.47
			四、贸易费用及其他非贸易支出	4.47	4.47
			合　　计	69.56	76.56

注：

1. 其他非贸易收入中，包括：（1）1950—1955 年苏联退还我非贸易折扣收入 0.88 亿元；（2）外人在华费用收入 1.51 亿元；（3）外汇收支牌价折算差额第一本账中为 0.57 亿元，第二本账中为 0.54 亿元。

2. 贸易费用及非贸易支出中包括：（1）贸易从属费用 0.89 亿元；（2）国际联运费支出 1.15 亿元；（3）我驻外使馆等费用支出 1.90 亿元；（4）其他支出 0.53 亿元。

Z9－856－4

雷任民副部长在华南八省外贸局长会议结束时的发言［节录］

1958 年 9 月 21 日

［上略］

三、如何保证完成和超额完成第二季度计划

为了支援国内工农业生产大跃进，今年的出口任务比过去任何一年都大。但第一季度出口计划的执行情况却很不好。第一季度对资本主义市场的出口实绩仅 1.1 亿美元，为年计划 6.74 亿美元的 16%，而同时，进口订货已用去全年外汇约 50%。第一季度对资出口计划完成不好的原因主要是：

1. 国外市场趋疲，出口商品价格大多跌落，商人多观望、对成交不积极。

2. 有些地区和公司在整风、业务两推动安排上有缺点，有些重要的业务问题未能及时研究和解决。

3. 有了跃进指标，具体有效的措施还没有跟上去。

4. 某些地区性的贸易停滞或减少（如对埃及、印尼、缅甸、印度等国），对我一季度对资出口计划的执行也有很大影响。

但由于各地在对资出口会议之后迅速贯彻了会议的精神，抓紧了对资推销工作，因此，3 月份比起 1、2 月份来，出口情况已有很大好转。上海口岸 3 月份出口实绩为 1、2 月份平均实绩的 160%，广东 3 月份出口实绩比 1、2 月份平均实绩增加了 1 倍。这种情况说明，只要我们采取措施，抓紧工作，困难是可以克服的，任务是可以完成的。

现在，第二季度对资出口计划已经确定为 2.23 亿美元。完成这个数字是必要的。就是完成这个计划，今年上半年对资出口实绩也只能达到全年出口计划的 49.4%。如果第二季度的对资出口计划不能完成，全年　　易就要发生很大问题。因此，我们都要　　取完成和超额完成第二季度计划。

这次参加会议的华南各口岸在对资出口中占着重要的地位。华南各口岸完成计划的好坏，对全国计划的完成有重大影响。根据对资出口会议确定的计划，华南各口岸今年对资出口指标共为 2.01 亿美元，占全国总计划的 30%。如果按照大跃进后的指标来算，所占的比重就更大。特别是食品、土产有 60% 上下的出口任务都在南方各口岸。但第一季度出口实绩只完成全年计划的16%。第二季度对资出口计划现在已定为6 652万美元，比第一季度增加57%，这个任务是很艰巨的。根据这个安排全部完成上半年出口实绩也只占全年计划的42.5%，因此，二季度的任务必须保证完成和超额完成。

参加会议的八省带来的全年收购进货计划共为29.15亿元，第一季度收购实绩仅3.2亿元，占年度计划的11%，情况也很不好。第二季度收购计划已定为5.45亿元。全部完成第二季度计划后，也只能达到年计划的29.6%，其余约70%的任务要在下半年完成，也是一个艰巨的任务。

现在看来，今年出口货源基本上是充沛的，关键就在于出口推销。但第二季度又是出口和收购的淡季，因此，我们就必须想更多的办法，采取更有效的措施来保证任务的完成。在保证完成对苏新国家交货任务的前提下，二季度要集中力量加强对资推销工作。我们的口号是：千方百计，苦战一季，变淡季为旺季，保证完成和超额完成第二季度计划。这个口号要作为我们行动之纲。要发动群众，比先进，比干劲，保证完成第二季度任务。

为了完成第二季度任务，我们的工作中心仍然是出口推销工作，但也必须抓紧组织货源工作。

在推销工作方面需要采取以下措施：

（1）进一步占领和巩固港澳市场。大宗商品（如猪、鸡、鸭、鱼等）必须均衡出口，决不脱销；失去的阵地要夺回来。新鲜果菜要赶早市、赶应时，采取提前拖后供应的办法，增加外汇收入。广西省委号召苦战10昼夜，发动群众打柴、运柴，以保证香港木柴均衡供应，已经见效，这是对外贸工作的重大支持，是一个重要的经验。

（2）抓紧出口商品交易会，大力组织成交。成交后必须很好地履行合同，按时、按质、按量组织交货。在二季度末期，希望各口岸、各公司即准备今年10月交易会的货单，使在那次交易会上能有更多的成交。

（3）函电成交决不能因交易会而放松。对国外来的函电必须要及时、积极地处理，不能放松一切函电成交的机会。

（4）要积极主动地向客户写信、赠送样品，主动与他们加强联系，克服等客上门的消极、懒惰思想。

（5）合理地掌握和调整出口价格。一方面要继续克服过去掌握价格过死、调价不及时的缺点，同时，也要防止不算经济账、没有经济核算观点的倾向。对于总公司已有的规定，口岸如要求变更时，还应当与总公司或［以总公司］为主［与］掌握价格的口岸联系办理。

（6）大力组织推销，不怕库存卖空，不要惜售。建议各地能够挤货源出来，今年国外市况趋疲，价格趋跌，出口早卖对我有利，因此，凡是二季度有现货的，都应卖现货，争取早出口、早收外汇。

在组织出口货源方面，我们认为要采取以下措施：

（1）对于已经确定了的货源，必须加强检查督促和催交，不能放松。今年出口货源总的说是充沛的，但某些畅销商品不足的情况也是存在的；某些传统出口商品被挤掉的情况也会发生，某些商品（如福建茶叶、湖北肠衣）规格、品质已有所下降，因此必须及早注意防范，并组织力量帮助改进。

（2）大力发展新品种，增加新花色。这方面特别在杂品、中进出、工艺品、丝绸等公司，有更大的潜力。在生产大跃进的条件下，过去不能解决的生产技术问题现在能很快解决。我们一定要看到这一有利时机，抓紧发掘和组织生产新品种。

对于原有商品，要注意品质、规格、包装和装潢的改进。

（3）必须组织均衡供货，使出口有稳定的货源。大宗的畅销的要向口岸早运、快运、多运，以支持对外推销。

（4）在注意组织主要商品和大宗商品出口货源的同时，也要抓紧新小商品的货源组织工作。

四、关于地方外汇和地方进口问题

各地在工农业生产大跃进当中，进口的要求很大很急。从最近各地需要进口的物资大体有如下几类：一是肥田粉；二是五金钢材；三是机械；四是汽车、拖拉机等等。但由于今年第一季度对资出口情况不好，中央外汇很困难，现在各地又迫切要求进口急需的物资，对此，我们外贸部门应该以为生产大跃进服务精神采取积极的态度，解决这一问题。我个人考虑拟用以下三个办法来解决地方进口用汇问题。这些办法是：

（1）中央已经批准分配给各省的地方外汇（即按计划完成提成10%和特定地区外汇），全部可在上半年提前使用。

（2）各口岸超额完成第二季度出口计划的超额部分，可按提成办法，将外汇预借给各省使用。

（3）各省、市在保证中央下达1958年出口65亿元和二季度出口16亿元任务的前提下，可提出部分大宗、好销的商品货单，作为计划外出口货单，在二季度内组织出口。在结汇后，先按实际收汇（不是提成标准）的50%预借给各省使用，年终再按人民币5元折1美元的标准算账。根据8个省初步提出的计划外出口货单共约2 200万元，这个货单就作为我们初步确定的意见，请大家回去向省委正式报告，也许还有调整。在省委批准后，请外贸局正式报部，也请省人委报告国务院五办批准，以便统一安排、组织出口。

关于这次计划外的进口问题，拟采取以下原则处理：

（1）各省可根据外汇提成办法，计算出应得的外汇数，再按轻重缓急提出进口货单。为了便于向外订货，进口货单的金额可比实有外汇数多提10%～15%，以便在某些商品购买不到时予以调剂。

（2）凡苏新国家能够供应的物资（如汽车、钻探机、一般车床、拖拉机、发电机等）货单一律提交各总公司，统一向苏新国家进口。必须向资本主义国家进口的物资，可将货单交广州口岸直接向外订购。为了统一步调，口岸公司要与总公司密切联系，在价格上和国别上很好安排和配合，以免在价格上造成损失。口岸公司购买计划外的进口货，可以打破口岸分工的规定。

（3）为了帮助解决各省的进口需要，可采取“边出边进”的办法。即出口商品在与国外成交后，可按结汇的月份订购期货。这样做可能有一定的危险性，如外汇在短期内的周转发生困难等，这些问题将由外贸部负责研究和调剂解决。

（4）口岸公司向国外订货时，必须贯彻“以进带出”的方针。

这次会议上有的同志提出，对外汇提成办法还有不了解之处。我现在把有关地方外汇提成的问题再交代一下：

（1）今年地方外汇提成的计算标准，是根据1957年12月国家经委和外贸部共同下达的外贸收购计划61亿元（包括追加的3亿元出口货）作为地方外汇提成的界限。超额部分，即按照规定提取地方外汇。

（2）地方外汇提成的算法：地方商品完不成计划的提取5%；完成计划的提10%，超额完成计划部分提取50%。中央商品超计划出口部分可以提成50%，但须经当地省委同意和国务院五办批准，才能安排出口。

（3）使用美元外汇或卢布外汇问题：超计划出口的商品向哪里出口，地方应当服从外贸部和总公司的安排。使用美元或卢布外汇问题，原则上按收入什么外汇，使用什么外汇。外贸部在可能范围内当尽力设法调剂，以适合各省的需要。但各省对苏新的任务必须认识它的重要政治和经济意义，首先保证完成。

T51/30

国家经委关于一九五八年内外贸计划的平衡衔接几项规定

1958年12月9日

根据第六次全国计划会议反映，在1957

年期间，由于国内商业部门供应出口物资计划和对外贸易部国内收购计划在某些方面衔接得不够好，因而使各省、自治区、直辖市在安排国内外贸易计划时发生许多困难。为了改进这一工作，除将内外贸全国计划指标平衡衔接并报国务院批准下达外，特对各省、自治区、直辖市内外贸计划的平衡衔接作如下规定：

1. 关于棉纱、棉布、自行车、火柴、胶鞋、活猪、冻猪肉、大麻、苎麻、棉短绒、烤烟、棉花、茶叶等13种计划商品的各省、自治区、直辖市计划由内外贸易部门协商平衡衔接后报送经委汇总，作为内外贸计划的附件，并随同国民经济计划下达执行。计划下达后如有变动，以中央有关主管部联合下达数字为准。

2. 属于内外贸部门的部管商品，由内外贸各部自行协商平衡衔接后联合下达各省、自治区、直辖市执行。

3. 属于地方性商品（即不属于上述两类的商品），由内外贸易部门尽可能地把各省、自治区、直辖市的供应和收购总值指标加以衔接。至于供应出口物资的具体品种和数量，由各省、自治区、直辖市人民委员会根据当地具体情况自行核定。

150－6－325

一九五八年全国对外贸易统计年报说明

1958年是我国工农业生产和社会主义建设大跃进的一年，对外贸易也有了较大的发展。

（一）超额完成了1958年对外贸易各项计划。全年进出口总额128.7亿元，完成年度计划110亿元的117%，比去年增长23.2%。其中，进口61.7亿元，完成年度计划50亿元的123.3%，比去年增长23.43%；出口67.1亿元，完成年度计划60亿元的111.8%，比去年增长22.9%。

（二）一年来对苏联和人民民主国家的进出口贸易总额达到90.58亿元，占我对外贸易总额的70.4%。其中，苏联占45.4%，东欧人民民主国家占19.4%，亚洲人民民主国家占5.6%。对资本主义市场的全年进出口总值为38.14亿元，占我对外贸易总额的29.6%。其中，亚非国家（地区）占14.7%，西方资本主义国家占14.9%。上述情况说明，我对外贸易的基本部分是和社会主义国家进行的。

（三）进口了很多重要的物资，对国内的生产建设大跃进起了一定的辅助作用。一年来进口成套设备达11.7亿元，完成的项目达65个。全年进口了钢材166万吨，机床5 662台，电动机42 149台，载重汽车24 628辆，石油267万吨，化肥197万吨，拖拉机11 706台，橡胶16.8万吨；还进口了国防建设等方面所需要的许多物资。在进口商品中生产资料占93.7%，生活资料占6.3%。

（四）在出口贸易中，若干主要商品供应了各兄弟国家需要，并正确地执行了对外经济技术援助任务。在出口商品中，工矿产品占27.55%，农副产品及其加工品占72.45%（其中，农副产品加工品占36.98%，农产品占35.47%）。

（五）对外贸易关系与经济往来日益发展。一年来与我国发生贸易的国家（或地区）由去年82个增加到90多个。其中，双方政府签订了贸易协定的国家由去年的24个国家增加到27个国家，即有苏联、民主德国、捷克、波兰、匈牙利、罗马尼亚、保加利亚、阿尔巴尼亚、朝鲜、蒙古、越南、印度、缅甸、印度尼西亚、锡兰、柬埔寨、阿富汗、阿联（包括埃及和叙利亚）、伊拉克、摩洛哥、也门、突尼斯、芬兰、瑞典、丹麦、挪威、南斯拉夫。

附：1958 年进出口贸易总额计划执行情况统计年报表

国别	币别	1958 年计划		1958 年进出口实绩	完成计划%		1957 年进出口实绩	1958 年为1957 年%
		第一本账	第二本账		第一本账	第二本账		
总值	折人民币万元	1 100 000	1 200 000	1 287 209	117.0	107.3	1 045 006	123.2
苏联	折人民币万元	534 125	575 906	584 692	109.5	101.5	518 635	112.7
	万卢布	562 237	606 217	615 465	109.5	101.5	545 932	112.7
东欧人民民主国家	折人民币万元	190 035	218 044	249 565	131.3	114.5	189 747	131.5
	万卢布	210 746	239 394	275 253	130.6	115.0	208 329	132.1
民主德国	万卢布	84 232	90 766	100 782	119.6	111.0	76 687	131.4
捷克	万卢布	54 835	71 768	76 021	138.6	105.9	62 369	121.9
波兰	万卢布	30 094	31 532	39 730	132.0	126.0	30 372	130.8
匈牙利	万卢布	23 398	27 049	33 418	142.8	123.5	20 862	160.2
罗马尼亚	万卢布	11 909	12 315	17 780	149.3	144.4	12 126	146.6
保加利亚	万卢布	4 450	3 952	6 351	142.7	160.7	3 202	198.3
阿尔巴尼亚	万卢布	1 828	2 012	1 171	64.1	58.2	2 711	43.2
亚洲人民民主国家	折人民币万元	50 173	54 172	71 537	142.6	132.1	57 158	125.1
	万卢布	54 313	58 523	75 302	138.6	128.7	60 166	125.1
朝鲜	万卢布	21 124	22 888	36 222	171.5	158.3	22 362	162.0
蒙古	万卢布	12 700	12 910	16 652	131.1	129.0	9 716	171.4
越南	万卢布	20 489	22 725	22 428	109.5	98.7	28 088	79.8
资本主义市场	折人民币万元	325 667	351 878	381 415	117.1	108.4	279 466	136.5
	万美元	125 436	134 471	145 664	116.1	108.3	106 737	136.5
亚非国家（地区）	万美元			72 110			61 694	116.9
西方资本主义国家	万美元			73 554			45 043	163.3

注：币制折合：

（1）卢布折人民币：苏联、民主德国、捷克、罗马尼亚、阿尔巴尼亚诸国按 1 卢布折合人民币 0.95 元计算；波兰、匈牙利、保加利亚诸国按 1 卢布折合人民币 0.80 元计算。

（2）美元折人民币：进口 1 美元折合人民币 2.63 元；出口 1 美元折合人民币 2.604 元。

全国对外贸易统计年报（1958 年）。GT54

2. 1959 年年度计划的制订、调整与执行情况

中共中央批转经委、外贸部党组关于编制一九五九年进出口计划和货单办法的请示报告

1958 年 6 月 25 日

中央基本同意经委和外贸部党组一九五八年六月二日关于编制一九五九年进出口计划和货单办法的报告，兹转发给你们，请即照办。

其中，所拟中央掌握统一分配的外汇多少，地方自行掌握分配的外汇多少，还只是一个概略估算数字，在正式编制的过程中，各地各部还可同经委、外贸部商量办理，原则是：既要保证中央统一分配数，又要照顾地方需要数。

附：国家经济委员会党组、对外贸易部党组关于编制一九五九年进出口计划和货单办法的请示报告

1958年6月2日

根据目前国内工农业生产大跃进和体制下放的形势，我们认为现行的进口订货和出口供货制度已不完全适用。为了充分发挥地方的积极性，贯彻执行鼓足干劲、力争上游、多快好省地建设社会主义的总路线，使对外贸易能够更好地为国家建设服务，为此一九五九年进出口计划（进出口货单），应首先由各省、市、自治区进行编制和平衡，然后报中央作全国的综合平衡。但估计到原中央各部所管企业刚刚下放，地方短时期内还难完全掌握起来，如立即要地方负责编制下放企业进口计划和货单恐有困难。因此，提议对已下放企业的明年的进口计划和货单仍由中央原管部门代替地方编制一年，明年编制后年进口计划和货单时，即全由地方负责。兹将编制一九五九年进出口计划（进出口货单）的原则、办法和有关问题提出以下意见：

一、根据现在情况看来，一九五九年各省、市、自治区对进口和出口的要求将会很大，我们必须积极发展和扩大对外贸易，以满足国内工农业生产的需要。但不可把我国生产建设跃进的希望寄托在从国外进口上，而应该是“以自力更生为主，以争取外援为辅”。这就是说，应在首先充分发挥国内有利因素下，并在需要与可能结合的条件下，大力争取外援。因此，在进口方面，应该首先发挥国内生产潜力，凡是国内生产能够满足或可以代用的，一律不应进口（与东欧等兄弟国家协作者例外）；国内不能生产或生产不足的可以进口。但在外汇使用上，不应该分散，而应该有重点，应该首先满足机器制造、发电、冶金、铁道、原子科学和农业生产（主要是农药、化肥）上的迫切需要；其次是满足一般工业和地方工业的需要；再次是适当照顾市场的需要。在出口方面，要根据进口需要和国外市场销售的可能，积极发展出口商品生产，节约国内消费，拿出足够物资，以供应出口；并且应该努力改进规格、质量，不断增加新品种，特别是大力组织国外畅销物资的出口，积极扩大同兄弟国家贸易，并且应当利用资本主义国家经济危机，努力开辟对资本主义国家的新销路，以增加外汇收入，满足进口需要。

二、关于中央和地方使用外汇的比例问题，我们认为，对外贸易仍应由中央统一安排，全国外汇收支必须统一平衡，进出口工作仍应由对外贸易部统一掌管，一致对外。在此原则下，出口所得的外汇，除必须由中央集中统一掌握开支者外，其余全部归地方使用。我们初步估算，一九五九年须由中央统一掌握开支的外汇有以下几项：

（1）必须由中央统一开支的共二十二亿元，其中，偿还贷款本息和对外援助约十亿元；特殊订货约四亿元；和平利用原子能约三亿元；航委约一点五亿元；国家储备和机动用汇约三点五亿元。

（2）进口后由地方使用，但由中央统一掌握进口比较方便的约二十二亿元。其中，成套设备（包括技术图纸、资料、专家费用、实习生费用等）约十九亿元；因为有些省份没有或者很少出口，所以地区间需要抽肥补瘦，由中央掌握一部分外汇，再分配给需要外汇的地方，约三亿元。

（3）中央各部今年六月十五日以前已下放和将下放企业的进口，今年仍由中央原主管部代地方统一提出进口货单的约二十五亿元左右。

以上三项共约六十九亿元，除第（1）项二十二亿元外，（2）、（3）两项主要是由地方使用的。

（4）初步设想，一九五九年全国出口计划安排八十亿至一百亿元，除去上述六十九亿元外，可供地方直接使用的外汇约十一亿至三十一亿元。在保证首先完成国家计划后，地方超额出口外汇，可全部归地方使用。

三、各省、市、自治区出口计划包括的范

围：不管是中央商品、地方商品，也不管是第一类和第二类物资，凡由省、市、自治区范围内供应的，均列入该省、市、自治区的出口计划。进口计划包括的范围：除中央统一掌握者外，不论地方工业和农业及其他进口需要，均列入省、市、自治区进口计划。

四、关于编制进出口计划（货单）的程序：

（1）中央未下放企业，明年进出口计划仍由中央主管部负责编制。中央已下放企业的明年进出口计划，仍由中央原管部代地方编制，但是必须征求地方意见。编好后分送国家经济委员会和对外贸易部，并送给有关省、市、自治区一份。

（2）各省、市、自治区的进出口计划，由各该省、市、自治区计划委员会负责组织编制和平衡（不分国别）。在编制计划时，应该考虑与其他地区的协作关系和已往国内市场相互供应物资的情况。

（3）各省、市、自治区的进出口计划编妥后，先送所属经济协作区进行平衡，凡本协作区能够供应的物资，应一概留在本协作区内调剂解决，不必再提向国外。

（4）各省、市、自治区编制的进出口计划，经各协作区综合平衡后，分别报送国家经济委员会、对外贸易部和国务院主管部（进口订货卡片和出口货单直报外贸部）。为了统一规划、协作平衡，各主管部对本部门主管的物资，应该结合国内产、供、销情况进行平衡；外贸部应该根据国内外供、销情况进行平衡，安排国别，编制进出口计划；最后由国家经济委员会召集有关各部门和各省、市、自治区有关负责人，对明年进口和出口、中央和地方等方面进行全面的综合平衡，并编制明年全国进出口计划，然后报中央批准下达。

五、为了早提出进出口货单、早订货、多订货、快运回、多出口、快出口、早收汇、多收汇，应当立即着手编制一九五九年进出口计划。我们要求各省、市、自治区应在七月二十日前编出，送经济协作区平衡，各协作区平衡后，应在七月三十一日以前报送中央（因为各兄弟国家都是八、九、十月研究来年计划，十月底确定来年计划。如果我们进出口计划编得迟，货单对外提得晚，就影响对外推销和订货）。

中央各部门应于七月三十一日前编好一九五九年进出口计划（卡片）报送国家经济委员会和对外贸易部（订货卡片和出口货单直送外贸部）。

关于编制进出口计划的具体问题，由国家经济委员会和对外贸易部另行通知各地和各单位。

Z9－845－9

中共中央批转对外贸易部党组关于一九五九年进出口货单的请示报告

1958 年 10 月 29 日

中央原则同意对外贸易部党组关于一九五九年进出口货单的请示报告，现批转给你们，请先按此执行。

一、外贸部党组会同有关部门对各省、市、自治区和中央各部所提一九五九年进出口货单审查和调整的意见，是正确的。我国明年工农业的生产和建设将比今年有更大的发展。在这样的形势下，一九五九年对外贸易必须坚决贯彻执行以自力更生为主、争取外援为辅的方针；在中央集中统一领导和统筹安排的原则下，明年对外贸易进口必须首先保证重点，然后补助一般；在外汇收支上，应当实事求是地、积极地增加出口，增加外汇收入，同时，又必须节约外汇支出，确保外汇收支平衡，特别是对资本主义国家的外汇收支的平衡，以配合和支持明年国内工农业生产建设的继续大跃进。

二、出口货源是对外贸易的物质基础，只有出口，才能进口。因此，各部和各省、市、自治区应该先按这个出口货单的要求，安排出口商品的生产，尽力保证按质、按量、按时供货，不能因为国内任务紧张就中途减少出口供货或推迟到后一季度交货。各省、市、自治区必须把供应出口的商品计划下达到专、县，统一安排生产、劳力和运输。特别对我国传统出口的土产山货和手工艺品，如松香、五棓子、桃仁、杏仁、台布、花边、刺绣和草帽辫等，应该调出劳力，有计划地积极组织生产，多供应出口。各地外贸机构在地方党政统一领导下，应该按照计划数字与厂矿和人民公社直接签订供货合同，双方保证执行。

三、在进出口贸易中，应当坚持中央关于对外贸易必须统一的决定，坚决防止和克服各自为政和内部相互竞争的不良现象。

四、一九五九年整个国民经济计划尚未确定。但是为了保证重点物资及时进口，对外贸易部应当先按这个进出口货单，并且根据不同国家的情况，分别采取一步走、两步走、三步走的办法，立即同国外进行谈判。将来在中央讨论确定一九五九年国民经济计划时，如有必要，再根据国内外的情况，对一九五九年的进出口货单作适当的调整。

附：对外贸易部党组关于一九五九年进出口货单的请示报告

1958 年 10 月 23 日

从七月起，我们按照中央批转经委党组和外贸部党组关于编制一九五九年进出口货单办法的报告，组织中央各部和各省、市、自治区编制了一九五九年进出口货单。经过五办和计委分别召集各有关部研究，并于十月十日在李富春同志主持下经中央财经小组讨论调整。现特报告请示如下：

一、编制一九五九年进出口货单的基本情况与原则

一九五九年是我国苦战三年决定性的一年。在全民大搞钢铁、大搞人民公社的形势下，明年我国工农业生产将在今年跃进的基础上更大地跃进。根据这一形势，我们估计，一方面，一部分过去依靠进口的物资，明年将因自给能力增大而减少进口；一部分出口物资，特别是主要农产品将比过去供应充沛。另一方面，某些国内建设急需而暂时又不能自行全部解决的物资进口将大大增加；而与钢铁生产有关和需要劳力多、运输力大的出口物资，如刺绣、台布、草帽辫、松香、硫磺、纯碱、烧碱、镁砂等，目前在供应上已发生很大困难，有些产品明年可以恢复生产，有些产品明年供应可能更紧张。此外，由于国防需要，明年军事订货也有较大增加。

为了积极支持工农业生产建设的跃进和国防建设的需要，对一九五九年进出口货单的安排，必须贯彻以下原则：

1. 坚决执行以自力更生为主、争取外援为辅的方针。凡国内能够生产供应或能够代用的物资，都应该依靠国内生产解决，不应进口；国内确实急需而又不能自行解决或不能完全解决的物资，则可根据外汇情况和国外供应可能争取进口。

2. 保证重点，补助一般。首先必须保证军事订货、发电机、重型机床、重要原材料（铜、铝、镍、矽钢片、其他特殊钢材）和尖端科学所必需的物资的进口；然后根据外汇多少，补助一般工业、地方工业和农业的进口需要。在出口方面，对发展钢、铁生产和制造发电机有关的原材料，除已同国外签订长期贸易协议和政治上必须照顾者仍需出口外，一般应该不出或少出。

3. 对兄弟国家贸易在相互供应重点物资和相互促进自力更生的基础上，还应相互适当搭配部分软货。这是因为：在我国出口货方面，除了有一部分主要物资以外，还有大量的次要货物需要推销，以利支持国内生产，并且增加外汇收入，争取多进口；而在兄弟国家方面，也有一部分次要货物（如卡车、拖拉机等）需要推销，以便解决他们经济发展中的某些困难。因此，如果任何一方只买或多买对方硬货，不买或少买对方软货，那么，贸易就会很难谈成，也不符合互助互利原则。因此，双方对进出口货物经过协商适当进行软硬搭配，是必要的。

4. 坚决贯彻执行外汇收支平衡的原则。

这就必须实事求是地、有计划地积极增加出口，增加外汇收入，努力节约外汇支出，统一安排进口和出口，以保证收支平衡。

5. 对兄弟国家的贸易，必须贯彻积极协作、平等互利、实事求是的政策。双方应该尽可能地相互照顾需要和困难，以便在自力更生的基础上促进彼此经济的共同高涨，并且进一步加强友好互助和团结。对亚非民族主义国家贸易，必须贯彻平等互利、互通有无、必要时在进口或出口上适当予以照顾的政策。对西方资本主义国家贸易，实际上是同国际资产阶级进行阶级斗争，因此必须提高警惕，讲究策略，加强斗争，务求做到在政治上、经济上都对我有利。在此前提下，为了增加我国外汇收入，解决购买铜、铝、镍、钢材等重要物资进口所需的外汇，对我［国］出口商品应当量力而行，积极扩大出口。至于某些对我政治态度很坏的国家，如政治上需要，贸易上对他们也可采取冷淡政策，或在一定期间不和他们做生意，以增加对他们的压力。

我们根据以上原则和五办、计委和中央财经小组讨论的结果，对各部和各省、市、自治区编报的进出口货单进行了多次审查。一九五九年各部，各省、市共提出进口货值三百五十亿元，出口货值一百六十三亿至一百九十四亿元。要求进口主要商品有：机床四点二万台，钢材七百三十二万吨，载重汽车五点四万辆，肥田粉六百一十四万吨；出口主要商品有：粮食五百二十四万至六百三十四万吨，红薯两百亿斤，冻猪肉五十九万至七十七万吨，烤烟二十五万至三十四万吨。我们认为，实现这个货单显然是不可能的，因为：第一，进口比出口大一百五十六亿至一百八十七亿元，外汇不能平衡；第二，所提主要进口物资，超过了国外可能供应的限度；第三，所提出口商品，有些国内难以保证供应，有些国内虽能供应（如红薯、烟叶），国外确很难卖出；第四，所提进口货单，对全国性重点建设的需要考虑不够，对尖端科学技术和国防建设的进口尚未计算在内。因此，一九五九年进出口货单按照国民经济发展的要求和国内外供产销情况，进口只能初步暂定为七十七点一一亿元，出口初步暂定为九十亿元，比各部和各省、市、自治区所提货单，进口减少了二百七十二点八九亿元，出口减少了七十三亿至一百零四亿元。这个数字比一九五八年进口五十五亿元、出口六十五亿元，已增加不少。为多满足国内进口需要，如果明年出口物资多了，国外又有销路，还可以力争超过。

二、一九五九年进口货单和外汇需要安排情况

1. 尖端科学技术和设备进口五点七亿元，比今年增加四点七五亿元。

2. 军事订货进口五点七亿元（即六亿卢布），比今年增加一点四五亿元。

上述1、2两项进口物资，分别由军委和科学技术委员会掌握，各订货部门应分别轻重缓急加以控制，对急用者先订，对提高技术有关者先订，并留下二亿至三亿元机动，以备紧急或特殊需要。

3. 成套设备进口十五点四五亿元，比今年增加二点八五亿元。

4. 一般技术合作进口零点五亿元。

5. 一般贸易物资进口四十九点七六亿元，比今年增加九亿元，其中，进口的主要货物是：铜十万吨，铝十万吨，镍五千吨，机床三千一百一十三台（主要是大中型的），钢材一百五十五点五万吨（包括矽钢片十万吨，钢轨和铁道器材四十三万吨，造船钢板九点五五万吨，其他各种厚薄钢板三十八万吨），铁路机车一千二百七十二台，发电机一千七百二十二台（加成套设备共进口一百七十万瓩）肥田粉七十万吨，农药四千六百万元，石油一百八十二万吨，橡胶二十一万吨，木材三十八万立方米（主要进口商品详见附表［略］）。

6. 偿还苏联贷款本息七点三六亿元。

7. 对外援助和贷款四亿元，其中，阿尔巴尼亚一千三百万卢布，朝鲜五千万卢布，越南一点五八亿卢布，蒙古五千八百万卢布，尼泊尔八百万美元，柬埔寨一千五百万美元，锡

兰六百万美元，也门五百万美元，预备援助或贷款用汇一千八百万美元。

8. 偿还一九五八年进口的欠款一点零七亿元。

9. 由于明年的外汇都安排完了，国家没有一点机动，因此，需要增加对资本主义国家外汇周转库存一千七百万美元，折四千六百万元（预计一九五八年底库存六千万美元，可增加到七千七百万美元）。

以上九笔共为九十亿元。这就必须出口九十亿元的物资，外汇收支才能大体上平衡。

三、出口货单安排情况

根据国内经济发展的情况，对明年出口物资主要增加了粮食、棉花、油脂、糖、猪肉、烤烟、丝绸、茶叶等，减少了与生产钢铁、电机有关的钢材、水泥、生铁、云母、石棉、耐火材料、硫磺、纯锡、钼砂、沥青、纯碱、烧碱等物资出口。主要出口商品有：粮食四百万吨，食用植物油三十五万吨，棉花（包括花纱布折棉）三十五万吨，糖二十万吨，冻猪肉二十五万吨，蛋品折鲜蛋二点九七亿斤，罐头十四点一万吨，柑橘、苹果二十三万吨，烤烟十万吨，茶叶六万吨，绸缎一点零七亿米，猪鬃七点四万箱，肠衣七万桶，皮鞋一千万双，羊毛一点三万吨，呢绒二千三百万米等（主要出口商品详见附表［略］）。以上物资共值八十五点七五亿元，与所需九十亿元外汇比较，尚差四点二五亿元。解决的办法：（1）在货单内打了出口黄金三百万两，用这些黄金可换成现汇二点七五亿元，用来购买铜、铝、镍、合金钢管等重要物资；（2）其余一点五亿元的物资暂时无法安排，以后再由计委、五办协同外贸部陆续解决。

为了保证出口九十亿元的外汇，初步计算国内必须拿出一百一十亿元的物资（这是按国内收购价格计算，其中包括由外贸部门供应内销的物资十亿元，各部供应商品详见附表［略］），才能满足出口和进口的需要。同时，国内各供货单位还必须保证按质、按量、按时均衡地交货，绝不能因为国内供应紧张便中途减少出口供货，也不可推至第四季度交货，以免无法运出。各省、市、自治区应把外贸计划下达到专区和县，统一安排出口物资的生产，统一组织运输力量和劳动力，并领导外贸部门与工厂、矿厂和人民公社直接签订供货合同，合同签订后，双方都须严格履行合同义务。只有这样，才能保持对外信誉和进口所需外汇。

四、关于执行上述进出口货单的步骤问题

为了确保外汇收支平衡，对上述货单，拟按照国别的不同情况，分别采取一步走、两步走、三步走的办法。具体步骤如下：

对苏联和亚洲各兄弟国家拟采取一步走的办法，具体安排：

对苏联：进口四十一点三亿卢布，出口五十一点二亿卢布。

对亚洲各兄弟国家：进口二点二八亿卢布，出口五点三八亿卢布（其中，贸易出口二点七二亿卢布，援助和贷款出口二点六六亿卢布）。

对东欧各兄弟国家，拟采取两步走的办法：第一步进口十三点四八亿卢布，出口十三点六一亿卢布；第二步补充进口二点三九亿卢布，补充出口二点三九亿卢布。为了避免东欧兄弟国家因我一时增加进口而增添设备，扩大生产，使我们背上包袱，第一步应该作为正常的年度贸易；第二步应该作为额外贸易，即不列入年度贸易基数内。

对亚非和西方资本主义国家，进口八点一四亿美元，出口八点三亿美元。由于资本主义市场的可变因素很大，出口收入八点三亿美元外汇计划，在没有把握以前，绝不可全部安排进口，因此，需要采取三步走的办法，根据出口和外汇收入情况，上半年先安排第一步，第三季度安排第二步，第四季度再安排第三步。

五、关于一九五九年地方进口问题。生产资料（包括原材料和设备）应根据各地各部门需要，统一由中央有关部门分配。此外，为照顾地方生产的临时急需，一九五九年拟给地方外汇六千万美元，由各省、市、自治区掌握使用，但也必须纳入国家外汇计划之内，并且必须根据国家工业建设的重点来用汇订货，地方所提订货货单必须报中央审查批准。

关于超额出口所得外汇，仍全归地方使用，但必须是“先中央，后地方；先重点，后一般；先出口，后用汇；先保证完成国家总的计划任务，后进行地方的超额计划”。

以上报告和货单，请中央加以审核。如属可行，请即批转中央各部和各省、市、自治区。为了早日同国外谈判，争取早出口、早进口，以适应国内急需，我们准备在十月底派代表团出国，请速批示。

Z10－923－1

对外贸易部党组关于当前外贸工作上的几项措施和对一九五九年进出口货单调整意见的请示报告

1958 年 11 月 21 日

总理、陈毅、李先念副总理 11 月 9 日对外贸工作作了重要的指示，我们在当晚即召开了局长、经理参加的党组扩大会议进行了传达，并连续讨论了三次。大家一致同意中央负责同志对我们工作的批评和指示。现将初步讨论的情况和对 1959 年进出口货单的调整意见请示报告如下：

今年对外贸易工作在中央和各级党委的领导下，在工农业生产大跃进的基础上，有了较大的发展。虽然取得较大的成绩，但在工作中也产生了某些缺点和错误：

（一）有些出口商品，货源尚无充分保证，甚至尚未衔接好货源即和国外签订了合同，特别是有些计划外增加出口的物资（如棉纱、棉布、化工原料、食糖）未经批准即擅自对外签订了合同，以致不能交货，引起国外不满，影响很坏。

（二）在贯彻对外政策方面也犯了一些错误。如棉布、棉纱的出口，在排挤日本垄断资本家的同时，也在印度棉布原来的销售市场上挤了印度一部分市场；对锡兰出口的煤炭，也和印度发生了矛盾，我们在事先既缺乏注意研究防止，事后也没有坚决纠正，以致在国外造成不好的影响，这是不利于争取和团结和平中立国家的。

（三）对资本主义国家的价格问题。在上海会议后，出口落价竞销、进口抬价竞购的现象已基本上纠正，但由于出口任务重，在某些干部中还存在着一些低价出售的思想，因而还发生一些低价销售的现象，以致某些商品出口数量虽然增加，而收汇却减少了。

以上这些缺点和错误主要应该由部领导上负责。对于这些缺点和错误，我们已经采取了初步的措施：

（一）对于交货情况不好，自今年三季度开始，我们已不断向各部和各省市催交；总理指示后，我们已将同国外签订合同的欠交情况报告总理和副总理，并请李先念副总理带到武汉，印发给到会的省、市、自治区党委第一书记和各部负责人。我们当继续加紧向各部和各省、市催交尚未完成今年出口合同的物资，并要求他们迅速组织交货，保证对外合同的执行。

（二）估计明年出口不可靠的物资，已通知国外贸易代表团及广州交易会，一律对外暂不签订合同。

（三）坚决停止棉花对资本主义市场出口。为了解决出口棉纱、棉布和印度矛盾的问题，我们决定不许仿制印度纱布的品种、规格；不和印度在同一市场上一起投标出售；对同等规格、质量的商品在同一市场上，一般的不许低价抛售；必要时同印度进行协商，以团结印度共同对日本垄断资本家进行斗争。

（四）关于对资本主义国家的出口商品某些价格过低，我们除已通知各公司、各口岸（包括广州交易会）一律维持在当前的价格水平上不许再减低外，现在正研究拟订主要商品的价格方案，交各外贸出口单位切实贯彻执行，以后再根据国际市场销售情况进行必要的调整。

为了克服以上的缺点、错误，使 1959 年的进出口计划建立在可靠的基础上，根据总理指示，1959年的进出口货单必须进行重新调整。调整的原则即是根据总理指示的，对外贸易必须贯彻国家建设以自力更生为主、以争取外援为辅，物资分配以国内市场为主、以对外贸易为辅的方针和实事求是、积极可靠、符合对外政策的要求。

明年90亿元的出口，从国内外供应和销售的可能以及对苏联、东欧兄弟国家的当前谈判情况看来，能否完成，还没有完全的把握。为了对外稳妥可靠，中央已经批准的90亿元的出口可以作为外贸部1959年的奋斗目标，作为第二本账努力去完成，如果明年下半年国内收成好、货源多，国外出口又有销路，还可以争取超过。现在将原拟货单经过排队审查之后，拟先将国外能销售国内货源又比较可靠的商品作为第一本账，并据此向国外进行谈判、签订合同。但向各部、各省市的收购计划仍为115亿元（原报中央收购计划110亿元，经再次研究，由于丝绸公司业务关系的改变和地方上要求增加收购一些小商品，收购总值增为115亿元），不再修改，仍要求中央各部，各省、市、自治区按此组织生产和交货。我们认为这样安排，较为稳妥可靠，也便于机动掌握。

根据以上精神，初步计算，出口第一本账为83亿元，比第二本账90亿元减去了7亿元，减少的主要商品有以下几类：（1）生产分散，使用劳动力较多，因劳力紧张，生产可能困难的某些农副、土特产品，如鸡蛋、冻家禽、五棓子、松香、硫磺、花边、刺绣、药材、手工艺品等；（2）与钢、铁、铜、铝等基本工业生产有关，而国内供应紧张的商品，如烧碱、纯碱、硫化碱、电石、纸张等；（3）国内货源虽充足，但国外销售困难的商品，如烤烟、冻猪肉、罐头、淀粉、红薯干等；（4）从政策上考虑，为了团结和平中立国家，不应多出口，同时国内供应也比较困难的商品，如棉花、棉纱、棉布等。

关于出口货物的第一本账和第二本账具体商品的安排如下：

	第二本账	第一本账	第一本账比第二本账的减少数
总　计	90亿元	83亿元	7亿元
折国产棉花	35万吨	27万吨	8万吨
棉　花	18万吨	13万吨	5万吨
棉　纱	18万件	13万件	5万件
棉　布	2 000万匹	1 600万匹	400万匹

在棉布出口中：

对资本主义国家出口	1 400万匹	1 000万匹	-400万匹
对兄弟国家出口	250万匹	250万匹	
出口服装用布	250万匹	250万匹	
台布花边等手工艺品	100万匹	100万匹	

注：

（1）减少的纱布共折布600万匹。

（2）对资本主义国家出口1 000万匹左右，比今年预计完成1 300万匹约减少1/4。

冻猪肉	25万吨	20万吨	5万吨
烤烟	10万吨	6万吨	4万吨
罐头	14.1万吨	12.1万吨	2万吨
食盐	50万吨	30万吨	20万吨
钨砂	3.45万吨	3.25万吨	2 000吨
厂绸	9 450万米	8 800万米	650万米
硫磺	8万吨	5万吨	3万吨
松香	8万吨	4万吨	4万吨
冻家禽	2万吨	8 000吨	1.2万吨
冻牛、羊肉	2.17万吨	1.35万吨	8 200吨
鲜蛋	8 000万斤	5 000万斤	3 000万斤
冰蛋	5万吨	3万吨	2万吨
纸张	10.88万吨	7.88万吨	3万吨
烧碱	6万吨	4万吨	2万吨
纯碱	6万吨	4万吨	2万吨
硫化碱	5万吨	4万吨	1万吨
电石	1万吨	5 000吨	5 000吨
蓖麻籽	4万吨	2.5万吨	1.5万吨
药材	3 800万元	3 300万元	500万元
各种小土产	18 658万元	13 749万元	4 909万元
尚未解决出口物资的空额	1.5亿元	—	1.5亿元

除上述列名商品以外，其余商品第一、第二两本账与10月29日中央批准的90亿元出口货单均相同。

这样安排，对资本主义国家停止了棉花出口，减少了纱布的出口，我们建议，如果明年小麦丰收，可考虑再拿出30万吨左右的小麦出口来弥补，以解决对资本主义国家进口外汇的需要。

为了执行中央关于外汇必须坚持平衡的方针，在出口计划分作两本账以后，进口计划也应根据国内需要的轻重缓急和国外供应的可能进行排队。对国内急需、国外可能供应的商品应作第一本账安排；对国外供应困难或国内可以暂缓进口的商品应作第二本账安排。初步计算，第一本账进口为70.11亿元，第二本账进口为77.11亿元。关于两本账具体商品的安排如下：

	第二本账	第一本账	第一本账比第二本账的减少数
总　计	77.11亿元	70.11亿元	7亿元
新技术用款	5.7亿元	5.7亿元	—
军事订货	5.7亿元	5.7亿元	—
成套设备	15.45亿元	15.45亿元	—
一般技术合作用款	5 000万元	3 160万元	1 832万元
一般贸易	49.76亿元	42.95亿元	6.81亿元
机械、电工、仪器	15.7亿元	12.49亿元	3.21亿元
钢材①	155.5万吨	135.5万吨	20万吨
石油②	182.35万吨	180.35万吨	2万吨
橡胶	21万吨	18万吨	3万吨
肥田粉	70万吨	55万吨	15万吨
化工原料及染料	10 739万元	9 692万元	1 047万元
棉花	5万吨	4万吨	1万吨
麻袋	3 000万条	1 000万条	2 000万条
木材	38万立方米	8万立方米	30万立方米
磷灰石	80万吨	70万吨	10万吨
沙丁鱼	5万箱	2万箱	3万箱
其他商品	23 614万元	23 329万元	285万元

注：

①进口钢材第一本账135.5万吨中，有20万吨拟用地方外汇3 000万美元订购，进口后分配给地方使用。

②减少的2万吨是润滑油脂，是估计不容易买到的。

除上述列名商品以外，一般贸易中其余进口商品第一、第二两本账与10月29日中央批准的进口货单均相同。

以上进、出口的安排意见，我们已征得计委刘明夫同志的同意。我们拟先按第一本账对国外进行谈判，谈判结束后，再对计划进行一次调整。

Z9－102－21

中共中央批转对外贸易部党组关于一九五九年进出口货单调整意见的请示报告

1959年2月8日

中央同意对外贸易部党组《关于1959年进出口货单调整意见的请示报告》，现发给你们，请即按此执行。

1959年外贸任务很重。这不仅是一个经济任务，而且是一个政治任务，各地区、各部门必须坚决保证完成中央批准的计划，按时、按质、按量完成对外供货计划和出口合同，并且继续贯彻执行中央关于对外贸易必须统一的决定。

附：对外贸易部党组关于一九五九年进出口货单调整意见的请示报告

1959年1月23日

根据中央、总理近半年来对对外贸易工作的几次指示以及总理最近主持讨论外贸计划的结果，现将1959年进出口计划的调整意见请示报告如下：

1958年对外贸易工作，经过整风，克服了保守思想，大大地提高了广大干部的政治觉悟和工作积极性，超额完成了进出口计划，基本上贯彻执行了对外政策，成绩是主要的。但是我部在一个时期内在某些政策上是有错误的，一是没有很好地贯彻自力更生为主、争取外援为辅的方针和实事求是、量力而行的原则，错误地提出了大进大出的方针；二是在对资本主义市场的贸易中采取了低价倾销、占领市场的错误做法，并且挤了某些民族主义国家的一些市场，这同我国社会主义性质的对外贸易政策以及现阶段我国争取团结民族主义国家的政策是不符的。关于1958年外贸工作的总结，将来另报。

1959年的进出口计划，原定为出口90亿元，进口77.11亿元。现调整为：出口79亿元（其中，有2.8亿元是补交1958年欠交的出口合同），比原计划减少11亿元，比1958年实际出口66.4亿元增加19%；进口为63.2亿元，比原计划减少13.91亿元，比1958年实际进口61.4亿元增加约3%。为了积极而又可靠，对进出口货单又分作两步走。第一步出口为70亿元，进口为54.2亿元，即可对外签订合同；第二步出口为9亿元，进口为9亿元，暂不对外签订合同。

我们调整进出口计划是根据以下原则，并且在今后执行计划中继续贯彻以下原则：

1. 实事求是，量力而行，逐步发展，使进出口计划建立在既积极又可靠的基础上。

2. 坚决贯彻“自力更生为主、争取外援为辅”、“国内市场为主、国外市场为辅”的方针。在进口方面，凡是国内需要的物资，原则上必须坚决依靠国内解决。就是必须进口的物资，也要贯彻“保证重点，补助一般”的原则。在出口方面，对于国内生产建设上所需的重要原材料和同人民生活关系重大的必需品，应当限量出口。对于同国内生产建设和人民生活有关的一般物资，应当适当挤出来出口。对于同国内生产建设和人民生活关系不大的物资，应当尽先供应出口。对于那些国内一时生产较多、而对外销售有困难的物资，除外贸部门应当在符合政策的前提下积极地组织出口外，主要应该从内销解决，不能依赖外销。

3. 对兄弟国家的贸易，要贯彻积极协作、平等互利、实事求是的原则，以便在互助合作和相互促进自力更生的基础上，达到彼此经济的共同发展。凡是已经同兄弟国家签订了长期协定和为政治照顾而出口与进口的物资，仍须保证出口和尽可能保证进口。

4. 对民族主义国家的贸易，要贯彻平等互利、互通有无、必要时予以照顾的政策，以帮助他们自力更生和发展民族经济，巩固和扩大国际反帝统一战线。在当前情况下，我们同民族主义国家在销售市场上碰头的出口商品，必要时采用协商的办法，以求妥善解决。现在棉花一般的不宜向资本主义市场出口，纱布和大米的出口应该掌握适当的数量。

5. 对西方国家中的中立国家和倾向于和平中立国家的贸易，要平等互利、互通有无，加强往来，以促进他们和平中立的倾向。

6. 对帝国主义国家及其追随者的贸易，实质上是同国际资产阶级进行尖锐的阶级斗争。因此，同这些国家进行贸易，必须使经济斗争服从政治斗争，提高警惕，讲究策略，区别对待，分化他们，孤立美帝国主义，做到政治、经济上都对我有利。

7. 在对资本主义国家的进出口价格上，一般应该根据国际市场价格，同时按质、按量、按运输条件及商品和市场的具体情况，可以有一定幅度的调整，但不能形成变相倾销。

8. 坚决执行中央规定的对外贸易必须统一对外的方针。

9. 积极增加外汇收入，努力节约外汇支出，以保证外汇收支平衡。

调整后的出口货单同原90亿元的货单比较，主要商品的变化情况如下：（1）生产分散，使用劳动力多，生产和组织收购可能有困难的某些农副土特产品，约减少2.25亿元，其中主要有蛋品、冻家禽、松香、药材、水产品等。（2）国内供应比较困难，为照顾国内人民生活需要而减少的商品约值6.44亿元，其中主要有花纱布、冻猪肉、糖、纸张、肉类罐头等。（3）国内供应紧张的原材料约减少0.4亿元，其中主要有烧碱、纯碱、硫化碱等。同时经总理及李先念、谭震林同志决定，增加了小麦30万吨、大豆10万吨，共值0.84亿元。

为了保证出口79亿元，初步计算，国内必须收购100亿元物资（这是按照国内收购价格计算，其中包括由外贸部门供应内销的物资10亿元，各部供应商品，详见附件［略］），比原报的110亿元收购计划减少了10亿元。在100亿元收购计划中，尚有3亿元空额，还需我部同有关部门联系，继续安排货源。

根据出口79亿元计算，进口和外汇支出情况安排如下：（1）偿还苏联贷款本息7.36亿元；（2）对外援助和贷款4亿元（具体国别见外汇收支平衡计算表［略］）；（3）偿还1958年欠交合同2.8亿元（其中，欠交苏联1.4亿元，欠交东欧兄弟国家1.4亿元）；（4）暂时安排偿还1958年外汇差额5 000万元；（5）支付非贸易外汇收支差额8 500万元（非贸易收入37 800万元，非贸易支出46 300万元）；（6）弥补对资本主义国家外汇周转库存2 900万元（折1 100万美元）。1958年底银行外汇周转库存为5 000万美元，到1959年底拟增为6 100万美元。

以上6笔共支出15.8亿元。1959年出口79亿元，减去这6笔支出15.8亿元之后，1959年可进口63.2亿元，进口货单具体项目是：

单位：亿元

原报77.11亿元的货单		调整后63.2亿元的货单	比较增减
总　　计	77.11	63.2	-13.91
新技术用款	5.7	3.888	-1.812
军事订货	5.7	3.064	-2.636
成套设备	15.45	12.5	-2.95
技术合作	0.5	0.32	-0.18
一般贸易	49.76	43.428	-6.332

以上各项，除一般贸易43.428亿元分做两步安排，第一步为34.428亿元、第二步为9亿元外，其他各项都安排在第一步中进口。

调整后的一般贸易中的主要商品与原货单比较，增减情况如下：

机器、电工、仪器原为15.7亿元，现减为14.82亿元，第一步安排10.97亿元，第二步安排3.85亿元。

钢材原为155.5万吨，现减为115万吨（另加上1959年黄金专款进口的矽钢片5万吨及1958年黄金专款已订购、在1959年进口的矽钢片4万吨，共为124万吨），第一步安排84.7万吨，第二步安排30.3万吨（地方外汇进口的钢材，没有包括在内）。

铜原为10万吨，现减为4万吨（另加上1959年黄金专款进口的3万吨及1958年黄金专款已订购、在1959年进口的2.6万吨，共为9.6万吨），第一步安排2万吨，第二步安排2万吨。

铝原为10万吨，现减为3万吨（另加上1959年黄金专款进口的3万吨及1958年黄金专款已订购、在1959年进口的0.6万吨，共为6.6万吨）。由于外汇安排不下来，3万吨全部安排在第二步进口。

石油原为182.35万吨，现增为250万吨，第一步安排170万吨，第二步安排80万吨。

肥田粉原为70万吨，现减为46万吨，全部安排第一步进口。

橡胶仍为21万吨，第一步安排15万吨，第二步安排6万吨。

化工原料原报中央为1.07亿元，现增为1.5亿元，第一步安排1.3亿元，第二步安排2 000万元。

地方外汇为6 000万美元，由各省、市、自治区根据六中全会批准的原则掌握使用。

此外，为了解决当前国内轻工业生产急需的原材料和市场物资供应紧张问题，经中央书记处决定，在上述计划外，增加5 000万美元的外汇，专门进口目前国内急需的轻工业原料。并决定，上半年进口4 200万美元，外汇来源是：（1）压缩1959年非贸易外汇开支1 000万美元（行政费用500万美元，运输费用500万美元）；（2）挪用1958年使用黄金订购大型机床在1960年付款的外汇760万美元；（3）从1958年黄金专款购买技术资料、样品500万美元专款中挤出250万美元；（4）从1959年向苏联新技术进口中挤出1 762万卢布折440万美元；（5）另拿黄金50万两出口，值1 750万美元。

下半年进口800万美元，所需的外汇下半年再作安排。上述进口物资凡苏新兄弟国家能够供应者，应尽先从兄弟国家进口，以节省资本主义国家的外汇。关于进口货单和外汇的分配问题，由国家计委召集商业、轻工业、化工、一机、外贸等有关部门按照轻重缓急具体拟定。货单确定后，外贸部应该迅速组织进口，以便尽快地解决国内的需要。

1959年进出口货单这样安排，我们认为是必要的，但是完成这个计划是艰巨的。除了由于资本主义国家经济危机加深，各国都实行限入政策，同时对我国的出口商品加紧实行种种歧视和行政限制，造成一些困难之外，主要问题是：当前国内货源供应情况很紧张，而且有一部分出口货源同各省、市、自治区还没有完全衔接好。但是我们认为，出口货源的困难是暂时的。在工农业生产建设更好地和全面地大跃进、人民公社经过整顿将进一步巩固、劳动力合理安排和发展多种经济的形势下，我国工农业产品将会有很大的增产，某些现在供应紧张的物资将会逐步好转。因此在执行上述进出口计划任务中，除我部彻底纠正工作中的错误和缺点，继续加强政治挂帅，依靠党的领导，贯彻群众路线，在更好地执行政策、改进工作方法和提高工作质量上继续贯彻跃进精神外，对以下几个问题请中央指示各部和各省、市、自治区予以解决和支持：

1. 保证完成外贸供货计划，是完成出口计划、保证外汇收入的物质基础。因此，要求中央各部和各省、市、自治区按照中央批准的计划，保证按时、按质、按量供应出口，不能因国内供应一时紧张而减少或推迟出口供应，否则将不可能完成今年的外贸计划任务。

2. 各部门对出口物资的供应计划，要纳入国家统一的产、销、调拨计划内，工业品的供应计划应请由国家计委统筹安排；农副产品的供应计划应请中央农村工作部统筹安排，并且一直下达到基层单位，由主管单位同人民公社签订合同。对中央管理的商品，在计划确定后，应请中央主管部门统一负责安排省、市供货；如有的省、市不能如数供应时，中央主管部门必须负责由其他省、市按数调拨供应出口。

3. 在中央批准供应出口商品的范围内，对生产出口商品所需要的原材料，必须由各供货部门统一负责解决；需要由国家统一分配的原材料，由国家计委分配解决，并明确转作生产出口商品之用。不能要求外贸部自带“粮票”，解决生产原材料问题。

4. 出口商品所需的包装材料，应该由各生产供货部门自行解决；如有可能时，外贸部门可予以协助。各部门对所供应的出口商品，要保证商品的包装质量，以免因包装不善而遭受损失。

5. 1959年进出口商品的货运量，初步计算约为2 000万吨左右，运输任务相当繁重。为保证进出口任务的完成，要求铁路交通部门能将进出口货物的运输给予安排。

6. 按照上述安排，1959年对资本主义国家的外汇仍是很紧张的。1958年底仅有对资外汇5 000万美元（除记账外汇800万美元外，自由外汇仅4 200万美元），应付周转已十分困难。因此，1959年除我部应当积极地完成对资出口计划之外，为确保外汇收支平衡，在对资本主义国家进口上，必须是先出口、后用汇。我们拟根据出口和收汇的情况分几步陆续安排进口。目前对资订妥而在第一季度进口到货的物资已达9 000万美元，因此第一季度除特殊急需者外，不可能再向资本主义国家订货。

以上报告是否妥当，请中央审查；如中央同意，请批转各地党委和有关部门党组，在兄弟国家谈判结束后，我们再根据谈判结果修正计划。

Z44－1959（4）

中共中央批转对外贸易部党组关于执行对外贸易计划中存在问题的请示报告

1959年3月18日

中央同意对外贸易部党组《关于执行对外

贸易计划中存在问题的请示报告》，现转发给你们。

过去两个月各省、市、自治区和中央各有关部、委供应出口商品计划的执行情况，总的说来是不好的，这已严重地影响到对外贸易出口计划的完成和对外合同的执行。由于对外贸易计划完成得不好，不仅给兄弟国家和友好国家带来了一些困难，给帝国主义和反动派以造谣污蔑的借口，同时还严重地影响到国家的外汇收入和国家经济建设的物资供应，而且还被迫地退出我传统市场，这都是不利的，必须立即设法改变这种局面。一九五九年二月八日，中央批准的对外贸易计划是体现了“自力更生为主，争取外援为辅”和“国内市场为主，国外市场为辅”的方针的，是发展国民经济所需要的。因此，必须保证这个计划的完满实现。中央认为，在“全国一盘棋”的方针和统筹安排的原则下，在中央批准的对外贸易计划范围内，你们对于出口商品，应当安排在先、生产在先、原材料和包装物资供应在先、收购在先、安排运输力量在先。请你们根据以上原则和对外贸易部党组请示报告中所提的各项意见，妥善地安排工作，及时地解决工作中的问题，保证按时、按质、按量完成对外贸易的供货计划和执行出口合同。对外工作包括对外贸易方面，各省、市、自治区应分有一个负责人抓总成立一个对外小组管理这方面的工作。

附：对外贸易部党组关于执行对外贸易计划中存在问题的请示报告

周总理并报中央、主席：

今年对外贸易计划经中央批准为：收购一百亿元，出口七十九亿元，进口六十三点二亿元。

从第一季度计划执行的情况来看，收购和出口计划完成得很不好，到二月底为止（下同），收购只完成一季计划的百分之三十六点八（计划二十二点五亿元，完成八点二七亿元）；出口只完成一季计划的百分之四十六点七（计划十六点二亿元，完成七点五七亿元）。许多重要商品收购和出口都没有完成计划。例如：

大米，收购计划五十万吨，只完成六点八万吨，占计划的百分之十三点六。

食用植物油，收购计划十万吨（各种油和油料折合的总数），只完成一点六五万吨，占计划的百分之十六点五。

棉花，收购计划五点一万吨，只完成零点九二万吨，占计划的百分之十八点一。

硼砂，收购计划零点三零万吨，只完成七百七十吨，占计划的百分之二十五点七。

煤，收购计划五十五点四五万吨，只完成十七点七九万吨，占计划的百分之三十二点一。

冻猪肉，收购计划二点六七万吨，只完成零点八万吨，占计划的百分之三十点一。

各省、市、自治区执行第一季度收购计划的情况：只有北京、上海、福建三个地方完成了百分之五十以上，河北、辽宁、吉林、黑龙江、江苏、浙江、江西、广东、广西、湖南、云南、宁夏等十二个省、市、自治区只完成百分之三十至五十，内蒙、山西、安徽、山东、湖北、河南、四川、贵州、陕西、甘肃、青海、新疆等十二个省、市、自治区完成不到三分之一。

而在进口方面，第一季度计划执行比较好，完成百分之六十八点一七（计划十三点九亿元，已到货九点四七亿元）。许多重要进口商品已按计划到货。例如：

成套设备，计划三点二亿元，完成二点零九亿元，占计划的百分之六十五点一。

钢材，计划十七万吨，完成十点三万吨，占计划的百分之六十点三。

石油，计划六十三点一万吨，完成三十四点五万吨，占计划的百分之五十四点七。

第一季度的时间已过去三分之二，而出口计划完成还不到一半，收购计划完成就更差，只有三分之一强，这个情况是相当严重的。因为：

第一，出口少，进口多，已造成外汇收支

的严重不平衡，增加了对外的欠账。据银行统计，到二月底为止，我对兄弟国家在贸易方面的账面逆差已达六亿元。由于收购计划完成得很不好，各有关部和各省、市、自治区不能按计划供应出口物资，就使执行对外已签订的合同出现许多困难，有可能发生不能履行对外合同的危险。同时，也影响到对资本主义国家的出口成交，使出口贸易额下降很多（去年十一、十二两个月出口一点一三亿美元，今年一、二两个月出口零点六四亿美元，下降百分之四十三点四）；这样，不但减少外汇收入，增加从资本主义市场进口困难，而且使我国一些传统的出口商品已被迫开始退出市场。

第二，不利于和兄弟国家的友好合作，对外影响很坏。今年我同兄弟国家相互供应的物资，已经双方政府批准并签订了议定书，必须严格执行。两个月来，兄弟国家向我交货是比较好的，而我方出口交货却执行得很不好。例如，同苏联签订的合同规定，在第一季度内应交苏方大豆二十万吨，到二月底只交八点一六万吨；应交大米十万吨，只交四点五万吨。尤其是去年欠交兄弟国家的货物约值四亿元，本应在一季度内补交，但到二月底只补交一点八亿元，还未补交的有二点二亿元。这种交货不好的情况，确给兄弟国家带来了一些困难，对外影响很坏。这同我们党的国际主义精神和加强同兄弟国家互助合作的方针是不符的。对于资本主义国家，由于我交货不好，也造成了极不良的影响。

第三，使第二季度的计划难于安排，也增加了完成全年进出口计划的困难。如果目前这种收购和出口计划完成很差的情况不能迅速得到根本改善，遵照中央“先出口、后进口”的指示，则势必要大大削减从资本主义市场的进口计划，以致被迫停止签订进口合同。这就会影响橡胶、肥田粉、钢材、铜、铝、镍、化工原料、染料等国内工农业生产和市场急需的物资的进口，从而将在一定程度上影响四大指标的顺利实现和国内市场的安排，同时也会增加某些友好国家的困难，而且会给予国外反动分子以对我造谣污蔑的借口。

为了扭转当前收购、出口计划完成不好的严重局面，保证完成中央批准的对外贸易计划和按时、按质、按量地执行对外已签订的合同，我们认为要遵照总理的指示，即在“全国一盘棋”的方针和统筹安排的原则下，在中央批准的对外贸易计划范围内，各省、市、自治区和国家计委、中央各有关部对于出口商品，应当安排在先、生产在先、原材料和包装物资的供应在先、收购在先、安排运输力量在先，否则，当前收购、出口计划完成不好的严重局面就难于根本改变。收购完成不好就必然影响出口和对外执行合同，这就将更加影响对外关系，丧失国家信用，也会影响外汇收入和进口需要。

为了贯彻执行总理的指示，除了外贸部门应积极努力地进行工作、加强和各有关单位的协作，并准备按重点商品派人到供货不好的部、省、市和重点厂矿去坐催交货而外，根据当前对外贸易执行计划中存在的问题，我们提出以下意见：

1. 请各省、市、自治区，国家计委，中央各有关部立即抓紧外贸收购和出口计划，及时具体解决执行计划和履行合同中存在的问题。目前尚未同外贸部门衔接好计划的有关单位，请按照中央批准的计划赶快衔接好并下达到基层单位，督促他们及时组织生产、收购和出口。

2. 保证出口商品的规格和质量。商品（不论是工业品或农副产品），都应当有不同的规格、质量的区分，这是我国正常经济生活中所必需的，对于对外贸易则更是不可缺少的。现在的问题不是国外买方在规格、质量方面对我有什么过高要求，而是我们有许多出口商品（例如棉花、棉纱、棉布、煤、烤烟、钢材、生铁、铁砂等），规格和质量比过去降低了，不符合对外签订合同的规定。因而有些出口商品虽然在数量上问题不大，但实际上不能用来出口；有些已经出口的商品，由于规格、质量下降，国外反映很坏，甚至拒绝接受。为此，建议有关供应出口物资的部门，既要重视出口商品及时如数地交货，又要保证出口商品的规格、质量；建议各省、市、自治区，中央各有关部对这个问题作一次深入检查，贯彻到基层单位，予以妥善解决。

3. 迅速解决出口商品所需的生产原材料和包装物资的问题。目前许多出口商品由于缺乏原材料而不能进行生产，例如，纸缺纸浆，胶合板缺木材，缝纫机缺生铁，胶鞋和轮胎缺橡胶，肥皂缺油，玻璃缺烧碱，机器缺钢材，景泰蓝缺铜，等等。有些商品虽然已经生产出来了，但由于缺少包装物资（例如缺少麻袋、木材、纸袋、铁腰子、铁钉、铁丝、包装纸、黑铁皮等）而不能出口。希望中央和地方各有关单位在安排整个生产计划时，将出口商品所需的生产原材料和包装物资统一纳入计划一并解决。属于统配物资范围的，应请计委统一分配，生产和供应出口商品的单位不能移作他用；属于非统配物资范围的，仍按照历年来的惯例，由生产和供货单位负责解决。不能要求外贸部门自带"粮票"来解决生产原材料和包装物资问题。

4. 希望各省、市、自治区对于生产某些出口物资的劳动力，予以统一安排。目前有些出口商品的生产（如刺绣、抽纱、湘绣、某些土产等）由于缺乏劳动力而受到影响。这些副业和手工业的生产，对增加人民收入和创造外汇都有一定的作用。希望各地在统一安排劳动力的原则下，安排生产某些出口商品的技术工人归队，恢复或加强原来的专业生产。对于因工资低而影响生产的行业，建议立即进行合理的调整。

5. 尽先安排出口物资的运输。一是从产地运到铁路、江河等交通沿线，一是从交通沿线运到口岸和从口岸运往国外。不论哪一路运输，如不及时安排和解决其中存在的问题，都会影响出口。请各省、市、自治区和铁路交通运输部门帮助各地外贸部门具体解决这个问题。如果各省、市、自治区确有非当地所能解决的特殊困难，请及时报告中央有关部门解决。

Z44－1959（4）

二、刘副主任[①]汇报对外贸易和援外问题

（一）对外贸易情况和问题

根据外贸部综合八个工业部门的情况是：两个月来，出口不如进口，收购不如出口，相差悬殊。两个月完成全季计划的比重是：进口完成68%，而出口仅完成46%，收购完成36%。

因出口计划完成得不好，目前出现的主要问题是：

1. 兄弟国家不满意。罗马尼亚的大使出面向我们催出口；朝鲜的大使也出面催我们；据说波兰的大使也出面了；东欧某一个国家的部长会议副主席也出面了。在莫斯科，米高扬催总理。两个月来，我们从苏联进口的货物价值5亿人民币，但是我们只出口4亿元；如果加上还账，应该出口6亿。从东欧兄弟国家进口2.5亿元，我们只出口1.6亿元。尤其是对亚洲的几个兄弟国家，过去一直是出口大于进口，现在是小于进口。朝鲜的钢材和煤的问题较大，他们的水泥厂没有煤，要停工了。蒙古说：我们的工厂都是你们帮助建立起来的，现在你们不给煤，我们的工厂要停工。

2. 对于资本主义国家也有影响。由资本主义国家进口7 400万美元，出口只有6 300万美元。到3月份，可能出现人家给我们不敢要的情况。

3. 从中央11个工业交通部门所直接管的物资来看，出口的东西只占全部出口的23%。煤炭、石油、化工、建筑、林业等部的出口任务都比去年低，其他部虽然略微增长一点，也不多，冶金、轻工增长不到10%，纺织增长5%，一机部增长10%多一点，交通部没有增。总共11个工业、交通部门今年出口任务23亿，去年22亿，只增长3%。

关于进出口的具体情况：

进口情况：

一些大宗的产品都进口得不坏，如锻压设备、锅炉、机车、鼓风机、发电机、机床等，

① 指国家计划委员会副主任刘明夫。

两个月来，都超过了第一季度的进口计划。

［中略］

工业品占的比重虽然不大，但是对其他国家的生产，却影响很大。

出口计划完成不好的几个主要原因：

1. 思想上有问题。不能完全怪外贸部，主要是交货部门有问题。外贸局宋子明同志在四川写了一封信，下面一般的思想状况是外销服从内销。但是计划已经定了，合同已经订了，应该服从合同。

2. 有些协作关系没有搞好，原材料供应不上。

3. 运输问题，黑龙江的大豆还是有的，但是运不出来。

4. 没有包装器材，主要是没麻袋、木材。

5. 一部分生产设备没有解决。如运硼砂的汽车，经过总理的指示，拨给120辆，但交通部还没有拨给（王光伟副主任说：实在没有办法，请军委去车帮忙）。

现在看来，不是出口计划要否完成的问题，而是抓紧行动起来，保证完成的问题。各工业部门也不要把现在的任务看得那么重，只要抓得紧，不是不可完成的。希望各工业、交通部门的党组要抓，不要因小失大。

目前，需要各部马上检查出口计划没有完成的原因，立即采取措施，并且部里要指定专人负责，党组直接抓，力争保证完成第一季度出口计划，并且安排好第二季度的出口计划。外贸部准备就这一问题向中央写一报告。需要计委负责催促工业、交通各部门，最好党组抓这个事情，并且使各部的头头抓一下，问题就好解决。

讨论1958年计划执行情况的公报和对外贸易问题，国家计委一九五九年会议纪要，1959年3月6日。150-7-49

对外贸易部党组关于今年对外贸易收购计划执行情况和存在问题的报告

1959年9月5日

现将今年对外贸易收购计划执行情况和存在的问题报告如下：

今年对外贸易收购计划100亿元，截至8月25日完成49.4亿元，为全年计划的49.4%。时间已过将近2/3，计划完成还不到一半。中央发出关于反对右倾思想的指示以后，外贸系统各单位在各级党委的领导下，反右倾，鼓干劲，大抓8月、9月两月的工作，因此最近收购情况已开始好转。如8月份，收购情况是：1—5日完成9 182万元；6—10日完成8 469万元；11—15日完成10 393万元；16—20日完成12 616万元；21—25日完成11 274万元。总的趋向是逐步增长的。

但是，目前对外贸易物资收购工作中一个最大的问题是中央各部管理的一部分主要商品的收购情况很不好。据最近检查，1月至8月25日总的收购完成49.4亿元，完成年计划100亿元的49.4%。其中，大米、大豆、小麦、食用油、冻猪肉、棉花、烤烟、蛋品、罐头、硼砂、呢绒、三碱、硫磺、冻牛羊肉、茶叶等15种商品的收购，只完成14.31亿元，仅占这15种商品全年计划收购金额34.18亿元的41.9%；而除这15种商品以外的其他商品的收购，已完成35.12亿元，占这些商品全年计划收购金额56.89亿元的61.7%（各类商品收购完成详细情况见附表一［略］）。由于中央各部管理的这15种主要商品除了大豆以外收购完成的情况都不好，因而严重地影响了整个外贸收购计划完成的进度，从而严重地影响了对外出口合同的执行。上述15种商品对外签订的出口交货协议（包括补交去年的出口合同在内）共30.8亿元，1月至8月20日完成了14亿元，占15种商品本年出口协议额的45.4%。这15种商品在第三季度应当交货10.1亿元，但是从7月1日到8月20日，只完成3.05亿元，占三季度应交金额的30.1%（15种主要商品出口合同执行情况见附表二［略］）。

为了完成今年对外贸易收购和出口计划任务，严格履行对外合同，以维护国家对外信誉，并保证国家急需物资的进口，除了我们应当继续采取措施、克服困难、改造工作外，并建议：

（一）根据中央关于重合同、守信用的原则，我们认为今年对兄弟国家出口，除了粮食、油脂依照李先念副总理指示办理外，其余猪肉、烤烟、棉花和工业品等不应当作欠交的打算。应该抓紧9月、10月两个月多组织对外交货，一般的应该严格执行对外合同。这是因为：第一，今年兄弟国家对我进口交货较好，但是我们的出口交货情况不够好，按银行统计，到8月20日为止，约欠苏联7.62亿卢布，欠东欧各兄弟国家2.86亿卢布。我们应该积极组织出口交货，以扭转不利局面。第二，现在粮、棉、油、烟即将秋收，如再对外拖欠，兄弟国家会有意见，在情理上也说不过去。这些商品都是今年的产品，如果拖到明年1、2月份还账，就不如今年还账为好。第三，如今年出口再有拖欠，对明年进出口计划的安排和谈判，就会增加困难。

（二）请中央各供货部门保证按照中央批准的供货计划，按质、按量、按时地交货。要求中央有关各部立即对出口物资的供应情况，进行检查和排队，具体安排9、10、11、12月的分月、分商品、分省市的供货计划，迅速地组织交货。

（三）对某些品种，如确实因减产或过了生产季节无法在今年按计划交货的（如蛋品），经供货部门与外贸部门协商，可以其他商品顶替。有不少省、市曾提出：有的商品完不成出口收购计划，而另外一些商品却还有潜力，要求在完成中央调拨计划之后，用有潜力的商品弥补完不成收购计划的商品。我们认为，这个意见应予同意。

（四）关于出口商品的原料材料和包装物料，凡是中央统一分配的，应由国家计委分配；属于各部门自己解决的，应由各部门自行设法解决；属于其他部门供应的（如制造罐头的原料），应由有关部门负责供应。对有关出口商品的规格、质量以及技术问题，各供货部门应当切实地加以解决。

Z10－945－16

中共中央批转对外贸易部党组关于一九五九年对外贸易收购、出口计划执行情况和完成全年任务的意见的报告

1959年10月7日

各省、市、自治区党委；各部、委党组：

中央原则同意对外贸易部党组《关于今年对外贸易收购、出口计划执行情况和完成全年任务的意见的报告》，现转发给你们，请参照执行。

中央认为，完成今年对外贸易计划是关系着国内生产建设的需要，也关系着国家的对外信誉。因此，必须坚决贯彻“重合同、守信用”的原则，保证按时、按质、按量对外交货。对粮食、油脂、棉花、烤烟、钢材五项商品，应根据调整后的数字，保证供应出口；对其他商品，应按计划坚决地保证完成今年的供应出口任务；对个别确实不能完成的商品，各有关省、市、自治区和各有关部、委必须用其他可以出口的商品抵补。请你们立即按照“五先”原则，对出口物资的供应情况进行检查并作好具体安排，切实抓紧今年最后三个月，鼓足干劲，千方百计，克服困难，坚决完成全年对外贸易计划任务。

附：关于今年对外贸易收购、出口计划执行情况和完成全年任务的意见的报告

1959年9月30日

现将今年对外贸易收购、出口计划执行情况和保证完成今年收购和出口任务的意见报告如下：

今年对外贸易收购计划一百亿元，截至八月底为止，完成五十一点七一亿元，为全年计划的百分之五十一点七；今年出口计划七十九亿元，截至八月底止，完成四十点五四亿元，为全年计划的百分之五十一点三。时间已过三分之二，计划才完成一半。自从各地开展反右倾、鼓干劲的运动后，面貌焕然一新，新的跃进形势已经形成。外贸系统在各级党委的领导

下，进行反右倾，鼓干劲，大抓八、九两月的工作以来，收购和出口的情况已经开始好转。八月份的收购完成七点四六亿元，比七月份增长百分之十三；出口完成五点九〇亿元，比七月份增长百分之二十三。但是，由于八月份以前计划完成的进度缓慢，从全年的计划来看仍然完成得不好，有些商品收购和出口计划完成得很差。例如，截至八月底，粮食完成全年计划的百分之五十二点三，食用油完成百分之五十七点五，猪肉完成百分之三十五，罐头完成百分之三十四，冻牛、羊肉完成百分之十八点六，茶叶完成百分之四十点四，硼砂完成百分之五十四点三，钨砂完成百分之五十一点八，松香完成百分之八点二，烧碱完成百分之四十六点六。由于收购计划完成得不好，严重地影响了出口合同的执行。

对外贸易合同的执行，实际上是国家的对外关系问题。对兄弟国家合同的执行，还是体现友好合作和相互支援的国际主义问题。因此，中央指出的“重合同，守信用”、“为国增光”是非常重要的，这是一项严重的政治任务。今年由于我们出口合同执行得不够好，在对外关系上已经发生了一些不良影响。今年兄弟国家对我进口交货较好，但是我们的出口交货则不好。到八月底为止，我们已欠兄弟国家约十亿卢布，造成了兄弟国家的某些困难，他们已经提出了意见。现在已到秋收季节，兄弟国家已一再催促我们交货，如果再拖欠不交，在情理上也说不过去，而且与我国继续跃进的形势也是不相适应的。如果今年不能执行出口合同，对明年的进出口计划安排和对外谈判将会增加困难。

为了完成今年对外贸易收购和出口计划任务，严格履行对外合同，以维护国家对外信誉，并且保证国家急需物资的进口，除了外贸系统应当继续坚决地反右倾、鼓干劲、深入地开展增产节约运动、不断地改进外贸工作外，我们认为，采取下列措施是需要的：

（一）根据供货部门的意见，经总理和李先念副总理考虑，拟对粮食、食用植物油、棉花、烟叶、钢材等五项商品作如下调整：

今年粮食原计划出口八十八亿斤（四百四十万吨，包括大豆一百六十万吨），对外已经签订合同八十四点二亿斤（四百二十一万吨）。拟今年共出口八十一亿斤（四百零五万吨）。这样，比原计划八十八亿斤减少了七亿斤（三十五万吨）。

食用植物油原计划出口三十五万吨，上海会议时减为二十五点五万吨。对外已经签订合同二十五点五万吨。拟今年出口二十三万吨，推迟到明年出口二点五万吨。这样，比原计划三十五万吨减少了九点五万吨。

棉花原计划出口十三万吨，后增加对朝鲜出口零点五万吨，共计十三点五万吨。对外已经签订合同八点七八万吨，拟今年出口八点七八万吨。这样，比原计划十三点五万吨减少四点七二万吨。

烟叶原计划出口八万吨，对外已经签订合同六万吨。拟今年出口四万吨，推迟到明年一季度交货两万吨。这样，比原计划八万吨减少两万吨。

钢材原计划出口二十万吨（对外援助机器设备六万吨不在内），庐山会议时决定削减十万吨。

（二）除了第（一）项以外，对其余出口物资都必须坚决保证完成今年的收购任务。在原收购一百亿元的计划中，有七点五亿元金额的中央商品由外贸部解决，不再向下布置。

（三）请中央各部和各省、市、自治区保证按照中央批准的供货计划，按质、按量、按时地交货；并且要求中央有关各部和各省、市、自治区立即对出口物资的供应情况，进行检查和排队，遵照中央三月十八日批示的“五先”（安排在先，生产在先，原料、材料和包装物资供应在先，收购在先，安排运输力量在先）的原则，具体安排十、十一、十二月（应在十二月十五日前交货，否则就不能在年内运交国外）的分商品供货计划，迅速地组织收购、加工、调拨等交货工作，坚决地完成今年的任务。

（四）对某些确实因为减产或过了生产季节，无法在今年按计划交货的品种（如蛋品），中央有关各部和各地必须用其他可以出口的商品顶补，并由各省、市、自治区人民委员会提出具体顶补商品的意见，在十月二十日前报国务院批准执行。

（五）关于出口商品的原料、材料和包装物料，仍按过去中央规定：凡是中央统一分配的，由国家计委分配；属于各部门自己解决的，由各部门自行解决；属于其他部门供应的（如制造罐头的原料），由有关部门负责供应；属于地方解决的，由地方负责。今年由于有特殊的原因，我部已将可用作为出口商品的原料、材料和包装物料的库存物资全部分给了各省、市、自治区，因之，已无力再行帮助。对有关出口商品的规格、质量以及技术问题，各供货部门应当切实地解决好。

（六）在今后三个月内，出口任务很大，必须切实地抓紧解决出口物资的运输问题。请铁道部协助解决出口所需货车、冷藏车、保温车等各种车辆；港务局协助港口储运和装卸等工作；各省、市、自治区组织好短途运输工作，做到随收随运，迅速地运交国外。

Z44－1959（4）

四、外贸问题。外贸问题在现在我们国家还没有工业化的情况下，以自力更生为主、争取外援为辅，仍是两条腿走路的办法，不能忽视哪一条腿。明年有很多缺口，钢材、有色金属、石油、橡胶、化学原料，甚至拖拉机等都要进口，若干关系着国家命运的骨干项目的成套设备还必须进口。怎么办？内销外销要兼顾，要设法在工农业生产发展的基础上，尽可能想办法多出口。按照一千八百万吨钢计划的安排，明年最少进口八十二亿，比今年进口七十五亿增加七亿，因此就多出口。农业方面要多挤一些东西，出口一些大米、大豆、油料、猪肉，换一些橡胶。工业方面，多生产矿产，多出口一些。根据经委统计各部报的第一季度钢铁、有色金属、铅、铜、铝的生产指标都比今年第四季度高，但是锡、钼、铅都不到今年第四季度的百分之八十甚至百分之七十，这是值得注意的，这关系着明年的速度和是否能继续大跃进的问题。明年总有六十万至七十万吨的钢材对不上需要的口径，必须用进口钢材调剂，这样也要请外贸部进口钢材的时候和需要的品种对准口径。

李富春同志在国务院财经、文教各部党组书记（副书记、计划司长）、各协作区办公厅主任会议上的报告（纪要），1959年10月20日。150－8－52

一、一九五九年对外贸易计划执行情况

一九五九年外贸收购计划为一百亿元，出口计划七十九亿元，进口计划六十三亿二千万元。任务是艰巨的，困难很多。但在中央发出力争完成今年外贸收购任务和出口任务的紧急指示以后，各部和各省、市、自治区干劲很大，因此，完成今年外贸收购和出口任务是完全可能的。今年争取少欠，明年计划就能安排多进口。

外贸部雷任民同志向计划会议领导小组汇报1960年对外贸易计划安排问题，《第八次全国计划会议简报》，第33期，1959年11月6日。150－8－58

一九五九年外贸收购、出口、进口、运输计划已经提前和超额完成

1960年1月14日

一九五九年对外贸易收购，出口、进口和运输计划已经提前和超额完成。根据初步统计，截至一九五九年十二月三十一日止，收购完成了一百零三亿六千万元，为调整后收购计划金额九十亿元的百分之一百一十五点一。出口实绩（按各地发货计算），完成了八十亿零七千万元，为全年出口计划七十九亿元的百分之一百零二点二；如按过境计算，完成了七十八亿八千万元，为年计划七十九亿元的百分之九十九点八。在出口中，对资本主义国家出口完成了六亿一千万美元，为年计划六亿美元的百分之一百零一点七。进口完成了六十九亿八

千万元，为原年计划六十三亿二千万元的百分之一百一十点五，后因成套设备和新技术用汇增加，因此进口用汇增为六十九亿一千九百万元，现完成六十九亿八千万元，为全年用汇六十九亿一千九百万元的百分之一百点七。运输完成了二千一百六十七万吨，为年计划二千一百一十二万吨的百分之一百零二点六。

这是在中央的正确领导下，在中央和地方各有关部门的大力支持下以及外贸战线上全体职工奋战一年的结果。对外贸易系统全体职工现在正为实现一九六〇年第一季度开门红、月月红而努力。

《对外贸易情况简报》，1960年第1期。Z11－1001－1

中共中央批转国务院财贸办公室关于一九五九年对外贸易收购任务和出口任务超额完成的报告

1960年2月13日

中央同意国务院财贸办公室《关于一九五九年对外贸易收购任务和出口任务超额完成的报告》。

一九五九年对外贸易收购和出口任务超额完成的事实，又一次说明，任何工作中的问题，只要认真抓紧，发动群众，鼓足干劲，就可以顺利地得到解决。一九六〇年的对外贸易收购和出口计划已经大体上定下来了，完成这个计划是保证今年我国国民经济继续跃进的一个重要条件。中央要求各省、市、自治区党委和中央有关各部从第一季度起能抓紧对外贸易工作，不要放松，使今年的对外贸易工作做得更好。临时组织的出口办公室，其任务已经结束，同意撤销。

附：国务院财贸办公室关于一九五九年对外贸易收购任务和出口任务超额完成的报告

1960年1月6日

一九五九年十月二十六日，中央和国务院看到对外贸易收购计划和出口计划完成得不好，有完不成全年计划的危险，发出了《关于力争完成一九五九年对外贸易收购任务和出口任务的紧急指示》。根据这个指示，全国各地党委和中央各有关部门都紧急地动员起来了，开展了规模空前壮大的对外贸易收购运动和出口运动，组织了工业、商业、交通运输、对外贸易各部门之间的密切协作，奋战了六十天，终于超额完成了一九五九年对外贸易收购计划和出口计划的数字。

在对外贸易收购方面，截至一九五九年十二月三十一日，共计收购了一百零三亿一千万元的物资，为一九五九年调整后的收购计划九十亿元的百分之一百一十四点六。在扣除了预交一九六〇年的出口物资（粮食、油脂、棉花、棉布、棉针织品五项物资超计划收购的部分，算做一九六〇年预交出口物资）大约二亿四千万元以后，一九五九年的对外贸易收购实绩为一百亿零八千万元，为调整计划九十亿元的百分之一百一十二（这是就总金额说的，从品种上看，有个别品种没有完成计划）。

在出口方面，截至一九五九年十二月三十一日，共计出口了八十亿零五千万元，为一九五九年出口计划七十九亿元的百分之一百零二，其中对苏联出口四十七亿三千万卢布（按我们向苏联发货计算，不是按过境计算）。一九五九年我国与苏联协议的出口数字，是四十七亿一千七百万卢布（包括一九五八年欠交的两亿卢布在内）。这样，对苏联本来可以不欠账了。但是，由于苏联超交了成套设备一亿六千五百万卢布，尖端物资订货因为苏联算错了价格，经过订正追加了一亿多卢布，还有我国海军追加订货三千六百万卢布，这三项共计三亿多卢布，是新增加上去的，一九五九年已经来不及以出口抵还，因此还欠下苏联三亿左右卢布的账。

在这次对外贸易收购运动和出口运动中，各地区、各部门都作了很大的努力。全国二十七个省、市、自治区都超额完成了收购计划，做到了“满堂红”。中央二十个交货部门中，有粮食部、商业部、冶金工业部、水产部、卫生部、化工部、煤炭部等多数部门，都超额完成了出口交货计划，只有少数部门没有完成计划。铁道部、交通部为了赶运出口物资，在车辆、船只分配和组织短途运输上，作了有力的配合。这次运动的经验，证明了中央和国务院所发出的完成出口任务的紧急指示是完全正确的；证明了在工农业生产继续跃进的基础上，我国出口贸易的潜力的确是很大的；证明了在收购出口物资和组织出口方面，只要加强党的领导，实行政治挂帅，大搞群众运动，密切各地区、各部门之间的社会主义协作，也可以同其他各项工作一样，收到巨大的成果。这次对外贸易收购运动和出口运动中，曾有个别地方由于突击完成肉类出口任务，杀了一些不合屠宰标准的小猪、小家禽，发现以后立即纠正了；还有些地方交给对外贸易部门的商品，在品种上或者在规格、质量上不完全合乎出口要求，这些商品大约有两三亿元，现在正在进一步清理；但是总的说来，这次运动的发展是健康的。

这一次对外贸易收购任务和出口任务虽然已经胜利完成了，但是，由于一九六〇年的收购任务和出口任务都很大，为了争取今年对外贸易工作做到比较主动，避免把出口任务过多地挤到第四季度，我们建议各地区、各部门不要松劲，除了少数商品需要暂时放松一些（例如，粮食和食油要注意补充城市库存，硫磺要首先满足防治麦锈病的需要）以外，在一九六〇年第一季度只要条件允许，应当尽可能多收购一点，多出口一点。建议各省、市、自治区党委和有关各部门党组，继续加强对收购出口工作的领导。目前各地区、各部门积极支援出口的协作精神，应当继续巩固和发展。

根据中央和国务院一九五九年十月二十六日的紧急指示，设立了一个临时的出口办公室。现在一九五九年的突击收购和突击出口的任务已经结束了，建议中央和国务院批准取消这个出口办公室，照旧由对外贸易部负责组织对外贸易收购和组织出口的工作。建议中央各有关部门，仍然应当指定一位副部长负责有关出口的工作，与对外贸易部保持密切联系。

Z44－1960（4）

3. 1960年年度计划的制订调整与执行情况

外贸部雷任民同志向计划会议领导小组汇报一九六〇年对外贸易计划安排问题［节录］

1959年11月6日

［上略］

二、1960年对外贸易计划安排

为了保证1960年发展国民经济各项指标的完成，实现工农业生产的继续大跃进，必须继续在自力更生为主、争取外援为辅的方针下，努力做好争取外援的工作。积极地、有计划地组织出口，保证经济建设和国防建设所需重要物资的进口。

1. 根据上述方针，初步计算，明年国家全部外汇需要85.27亿元。其中：（1）必须保证的成套设备、新技术、军事订货、偿还贷款、对外援助五项共需要外汇37.32亿元。（2）七大类进口用汇42.3亿元（五金钢材、橡胶、石油、化工、机电仪器、一般物资和地方外汇及出口提成）。（3）国家机动和非贸易差额2.65亿元。（4）1958年对东欧及1959年对苏联贸易差额3亿元。

明年用汇85.27亿元，除了偿还贷款、对外援助、非贸易外汇差额、偿还1958年对东欧和1959年对苏联贸易差额共14.6亿元外，明年进口实际用汇70.67亿元。

对于资本主义国家的外汇是按保证6.5亿美元，争取7亿美元安排的。

为了使上述85.27亿元用汇计划建立在可靠的基础上，根据总理意见，进口准备采取两步走：第一步用汇 81.44 亿元；第二步用汇 3.83 亿元。

几种主要进口物资的安排情况如下：

	合计	第一步	第二步
成套设备	16.24 亿元	15 亿元	1.24 亿元
新技术及一般技术合作	7 亿元	6 亿元	1 亿元
钢　材	77 万吨	70 万吨	7 万吨
橡　胶	20 万吨	18 万吨	2 万吨
氮　肥	180 万吨（其中地方 70 万吨）	150 万吨	30 万吨
石　油	350 万吨（其中地方 80 万吨）	320 万吨	30 万吨

2. 明年对外贸易收购计划至少要安排 100 亿元（现在只有货源 96.76 亿元，尚差 3.24 亿元）。内销 10 亿元，出口 86 亿元，1959 年提前使用了 1960 年货源 1.7 亿元，实际出口只有 84.3 亿元。这个计划很紧张，有危险性，现在只能作这样安排，明年要作补充出口。

［中略］

三、对地方出口提成和地方外汇的几点建议：

1. 继续贯彻执行中央关于地方出口提成的规定。

2. 建议地方外汇仍像今年一样，给地方 6 000万美元。

3. 地方提成只能使用卢布外汇。

4. 为了保证国家急需的进口物资，建议采取地方进口和国家进口密切结合的办法，即一部分在中央指定商品的品种范围内，由地方提货单订货，一部分由地方根据需要，自行提出进口品种，具体建议 1960 年用地方外汇订石油 80 万吨、氮肥 70 万吨、机（器）电（站设备）仪（器）2.3 亿元。其余地方外汇由地方自己提出进口品种。

另外，1958 年中央欠地方的外汇，明年照给；1959 年第四季度中央调用以地方外汇进口的 2700 辆汽车，明年照补；1959 年地方外汇没有用完的，1960 年可以继续使用。

150 – 8 – 58

对外贸易。为了保证各项经济指标的完成，保证继续大跃进，必须在自力更生为主、争取外援为辅的方针下，尽可能争取多进口国家建设所需要的物资。

明年国家需要的外汇共为八十五亿五千万元，是不能再少了。其中，成套设备、军事订货、尖端技术订货等为二十六亿四千万元，五金、石油、橡胶、化肥、机械和一般物资为四十二亿五千万元，都是迫切需要的；另外，机动外汇两亿元，偿还贷款和对外援助为十一亿元，偿还上年国外贸易逆差等三亿六千万元，在进口物资的安排上，将继续贯彻执行保证重点、辅助一般的原则。明年从苏联进口的成套设备共有一百一十九项，东欧各国还有五十几项。

明年外汇的使用，根据总理的指示，拟分两步安排：第一步用汇八十二亿一千万元；第二步用汇三亿四千万元。

适应上述外汇的需要，明年对外贸易方面的收购额安排为一百亿元，供应出口的物资主要有：粮食五十八亿斤，大豆三十二亿斤，食用油二十万吨，猪肉二十六万七千吨，蛋品十二万五千吨，花纱布、针织品折棉花二十一万吨，烤烟四万五千吨，纯锡二万九千吨，煤二百九十万吨，水泥九十万吨。尚有近五亿元空额待以后继续安排。

在出口物资的安排上，采取下列的原则：重要物资限额出口，一般物资多挤出来出口；同国内生产建设和人民生活关系不大的物资，尽先供应出口。

为了保证出口计划的实现，应当努力争取超额完成出口物资的收购计划，提高出口物资的规格、质量，妥善地解决出口商品包装材料的供应问题。

为了使出口物资供应和产品规格、质量更有保证，应当建立农副产品和矿产品的出口基地，并且实行出口商品专厂生产的办法。

外汇提成与地方外汇使用问题，还要根据这几年的经验加以研究，使分成办法既能保证国家整个需要，又能确使地方有所机动。明年地方外汇约为七亿八千万元，占一般贸易进口四十二亿五千万元的六分之一以上，数字很大，必须实行中央统筹和地方机动相结合的原则。

李富春同志关于1960年计划问题向中央的汇报提纲，1959年11月23日。150－8－44

地方对出口商品的增减意见：

初步匡计：要求增加的商品共值四亿四千万元左右；要求减少的商品共值二亿七千万元左右。增减相抵，净增一亿七千万元左右。

要求增加的商品中：（1）属于中央统一平衡的物资，要增加出口即减少国内调拨，这些物资（如棉花、棉布、粮食、糖等）即达三亿九千万元。（2）要求少调出原材料在本省、市、区增加成品出口的近四千万元。（3）有少数品种如锰砂、石墨，个别省、区要求在保证中央规定的调出任务外，再增加供应出口的有一千六百万元。

在要求减少的二亿七千万元左右的商品中：（1）由于内外销矛盾而要求减少供应出口的商品（如猪肉、水产、蛋品等）为二亿四千万元。（2）由于生产原料的省要求本省多制些成品出口，相应地减少了原料调出，影响其他省、市、区同类产品出口的有二千五百万元。（3）属于在省、市、区分配任务上不合适的仅为几百万元。

主要商品基本不动，主要副食品保证出口。

根据各省、市、区提出的意见，中央各主管部进行了研究并初步确定：中央统一平衡的主要商品、棉花、棉布、粮食、糖等，总数基本不动，省、区之间分配不合理的，可以个别调整；几种主要副食品，如猪肉、蛋、家禽、水产，内销外销应该并举，有矛盾时，应该适当压缩内销，保证既定数量的出口；至于出口原料或出口成品，是原有工业基地继续生产供应出口还是原料产地搞成品出口，要结合外销及生产条件适当考虑。

就各部研究的结果，从十一月二十日下午开始，按部分头又进一步与各省、市、区进行了磋商，除已解决的问题外，尚有以下问题：

1. 黑龙江省明年供应出口的大豆，粮食部要求七十九万吨，省里意见七十三万吨，差六万吨。粮食部的其他商品稍有变动，已与各省、市、区意见一致。

2. 水产品，各地提供出口数较中央部要求的二十万吨少三万多吨，主要的省份是山东、浙江、湖南、湖北等。

3. 冻猪肉各地提出数较商业部要求的十七万吨少两万吨，蛋类较二亿五千万斤少八千万斤左右（折鲜蛋计算），省、市鉴于今年生产、供应情况不好，明年能增产也是在下半年，因此不愿按照分配的数字安排。而商业、外贸两部则认为，明年供应情况必将好转，恢复到一九五八年出口水平是有可能的，猪肉、蛋类数量大、值钱，仅此两项减少数就值一亿元以上，别的商品很难顶替，因此，不算减下来。

4. 水果、茶叶，各地也要求减少。商业部考虑：这类商品一方面要尽先出口；另一方面，生产中所需的化肥与农药给予适当安排，产量还是可以上去的，因此不同意减少。

5. 轻工业产品的出口，要求保证原材料供应，主要是进口（罐头用）马口铁五万吨，纸浆三万吨，以及各种罐头所需的原料（猪肉、家禽等）。

6. 明年牛皮收购数估计将较今年五百八十万张减少一百五十万张左右，国内工业用革及军需用革均要求较今年增加，因此皮鞋出口达不到一千五百万双，如果减少四百万双，就值六千三百万元，相当于近三十万吨粮食的价值。

按要求明年收购一百亿元计算，到目前为止尚有五亿元商品没有着落，如果再减少收购，明年出口八十六亿元就无法保证，因此，上面所存在的问题，正争取继续与各地商量解决。

对外贸易计划安排的座谈情况，《第八次全国计划会议简报》，第64期，1959年11月24日。150－8－64

中共中央原则同意对外贸易部党组关于一九六〇年对外贸易计划的请示报告

1959年12月26日

中央原则同意对外贸易部党组《关于1960年对外贸易计划和国别控制数字的请示报告》，希望各个部门、各地区收到此报告和附件后，立即进行研究，并且布置收购工作。如有新的意见，可在1960年1月中央会议时提出讨论。

附：对外贸易部党组关于一九六〇年对外贸易计划和国别控制数字的请示报告

1959年12月20日

1960年对外贸易计划，经过总理几次亲自主持讨论，已经肯定下来。在全国计划会议期间，我部又同中央各有关部门和各省、市、自治区核对落实。现将1960年对外贸易计划和国别控制数字的安排意见，请示报告如下：

当前对外贸易，同整个国民经济一样，形势很好。今年进口计划可以提前和超额完成。出口和收购计划完成情况，在党的八届八中全会发出关于反右倾、鼓干劲、厉行增产节约的伟大号召以来，特别是在中央和国务院10月26日发出了《关于力争完成今年对外贸易的收购任务和出口任务的紧急指示》以后，有了很大的好转。中央各供货部门、交通运输部门和各省、市、自治区都已根据上述指示迅速行动起来，大力支持外贸收购和出口工作，形成了一个轰轰烈烈的外贸收购、调运、出口的突击运动。到11月30日为止，今年调整以后的90亿元收购计划的金额已经完成；出口金额累计达到66.7亿元，已经完成今年出口计划79亿元金额的84.4%。预计出口计划金额可能完成78亿元左右（主要是有一部分商品因为运输关系，要在明年1月交货，还有个别商品今年不能如数交货）。这样，就改变了今年上半年交货不好的被动局面。这是对外贸易战线上贯彻执行党的八届八中全会决议，反右倾、鼓干劲的重大胜利。

1960年国民经济形势是继续跃进的形势，出口货源比起今年应该是较为充沛的，重要物资的进口也比今年有所增加。为了支援1960年国民经济的继续跃进，加速建成我国的独立的经济体系和配合我国的和平外交活动，我们必须在自力更生为主、争取外援为辅的社会主义建设方针下，在今年胜利的基础上，更加努力地做好对外贸易工作。为了达到这个目的，我们遵循着以下方针编制了1960年对外贸易计划：

1. 对外贸易必须积极地为国民经济继续跃进服务，为国防建设和新技术的发展服务，为加速建成独立的经济体系服务。

2. 坚决执行国内贸易和国外贸易同时并举的方针。对于国内生产建设的重要原料、材料和同人民生活关系重大的物资，应当限量出口；对于同国内生产建设和人民生活有关的一般物资，应当适当挤出来出口；对于国内生产建设和人民生活关系不大的物资，应当尽先供应出口。

3. 在进口方面，要贯彻执行中央关于保证重点，辅助一般的原则，并且根据1960年国民经济计划对于农、轻、重安排的方针，首先保证中央进口的需要，同时适当照顾地方进口的需要，有控制地安排进口计划。

4. 坚决执行外汇收支平衡的原则，努力增加外汇收入，节约外汇支出。对资本主义国家必须坚持先出口，后用汇的原则。

5. 根据国际主义的精神和积极协作、平等互利、实事求是的方针，加强同兄弟国家的友好合作，在互助合作和相互促进、自力更生的基础上达到经济的共同高涨。同兄弟国家签订的长期贸易协定必须履行，为政治照顾所必需进口和出口的物资，必须列入计划。

6. 在对资本主义国家贸易中，必须贯彻执行中央的对外政策，坚持经济服从政治的原则，密切配合外交活动和外交斗争，并且努力争取国内急需物资的进口。在这个总的政策原则下，对不同国家要根据不同情况区别对待。对亚非民族主义国家和拉丁美洲国家的贸易，贯彻执行平等互利、互通有无和必要时给以照顾的政策；对西方资本主义国家，在平等互利、互通有无的原则下，根据需要和可能，适当加强贸易往来；对帝国主义国家的贸易，在平等互利的原则下，要善于利用矛盾，做到政治上、经济上都能对我有利。

7. 对外经济、技术援助工作是一项严肃的政治任务。我国目前对外援助的方针应该是：根据受援国家的要求和我国经济、技术力量的可能，帮助和推动他们的自力更生，避免造成他们对我们的依赖。对朝鲜、蒙古、越南、阿尔巴尼亚等兄弟国家的经济、技术援助，应该本着国际主义精神，结合这些国家的具体情况，因地制宜地帮助他们加强和提高他们的经济、技术力量，以增进社会主义阵营的团结和繁荣。对于民族主义国家的援助，应当估计到民族主义国家统治阶级的两面性，根据他们对我国的友好态度和我国的对外政策，加以区别掌握。这样，才有利于他们反对帝国主义的斗争，发展同他们的友好关系和促进他们民族经济的发展。

根据上述方针，对1960年的进口、出口、收购计划安排如下：

1960年用汇需要90.08亿元，用汇的项目是：

第一，五大项用汇需要37.32亿元：（1）成套设备16.24亿元；（2）新技术订货和一般技术合作7亿元；其中，一般技术合作3 500万元；（3）军事订货3.13亿元；（4）偿还贷款和支付利息6.75亿元；（5）对外援助4.2亿元。

第二，七大类进口物资需要用汇42.52亿元：（1）五金钢材8.06亿元，其中，黑色金属77万吨，有色金属12.3万吨；（2）橡胶3.67亿元，20万吨；（3）石油5.25亿元，350万吨；（4）化工4.56亿元，其中，氮肥180万吨，磷肥80万吨；（5）机械、电工、仪器10.42亿元；（6）一般物资8.05亿元；（7）地方货单2.51亿元。

第三，国家机动外汇2亿元。

第四，偿付非贸易外汇收支逆差6 500万元。

第五，偿付1959年出口合同欠交和外汇收支逆差共7.59亿元。

以上90.08亿元用汇中，除去用于偿还贷款、对外援助、偿付非贸易外汇收支逆差以及偿付1959年出口合同欠交和外汇收支逆差共19.19亿元之外，实际上用于1960年进口的外汇为70.89亿元，比1959年进口用汇69.19亿元增加2.5%。

在1960年进口用汇70.89亿元中，除去成套设备、军事订货、新技术订货和国家机动外汇等共28.37亿元之外，一般贸易进口为42.52亿元。

在1960年使用的地方外汇和地方提成外汇，如果按照今年5月省、市委财贸书记会议讨论的办法，初步估算大约需要7.82亿元：（1）1958年地方提成外汇已经订妥货物、需在1960年支付外汇的7 500万元；（2）1960年地方外汇1.57亿元，折合6 000万美元；（3）1959年地方提成外汇约5.5亿元，约占一般贸易进口42.52亿元的18.4%。由于国家外汇情况很紧，在外汇使用上，根据首先保证重点、辅助一般和首先保证中央进口需要、同时照顾地方进口需要的原则，这7.82亿元的订货如果全部由地方自提货单，是难于安排的。我们的意见：（1）1958年地方提成外汇已经订妥货物、需在1960年支付外汇7 500万元和1960年地方外汇1.57亿元（折合6 000万美元），仍照给地方使用；（2）至于1959年地方提成外汇约5.5亿元如何解决，将另行请示报告。

上述90.08亿元的用汇计划，比11月份全国计划会议期间初步计算的85.49亿元的用汇计划增加了4.59亿元。这是因为原来对偿付1959年出口合同欠交和外汇收支逆差初步计算约为3亿元，但是根据现在的情况，这笔用汇约需7.59亿元，即比原来初步计算的数字约超过4.59亿元（其中：（1）新技术订货因苏方算错价格，突破了1亿元；（2）海军新技术订货增加了0.33亿元；（3）成套设备增加了1.57亿元；（4）出口合同欠交和外汇收支逆差比原来初步计算金额3亿元增加了约1.69亿元）。

根据上述90.08亿元的用汇计划，除去1959年黄金专款转在1960年使用的约9 700万元和动用外汇库存2 200万元，共1.19亿元之外，1960年需要出口88.89亿元。这样，1960年原定收购100亿元已不够了，必需收购105亿元。收购大于出口16.11亿元，是因为在收购105亿元中，有10亿元是外贸负责供应内销的，其余6.11亿元是国内和国外价格之间的差价。

收购105亿元，比11月份全国计划会议期间初步计算的收购100亿元增加5亿元。遵照总理、李先念副总理的指示，现在收购先仍按100亿元安排，其余5亿元，待1960年第二季度根据国内工农业生产情况，再作具体布置。在原安排的收购100亿元中，还没有安排商品的5.76亿元，分配到中央各部和各省、市、自治区，请他们安排商品，其中，中央各部负责安排商品的有3.3亿元，其中，粮食部0.75亿元，商业部1.55亿元，冶金工业部0.35亿元，纺织工业部0.20亿元，化学工业部0.33亿元，建筑工程部0.15亿元（见附件一第一表［略］）；由地方负责安排商品的有2.46亿元（各省、市、自治区的金额见附件一第二表［略］）。

根据收购，先仍按100亿元安排的情况，出口应该相应地安排为84.3亿元，进口安排为70.89亿元。为了把计划建立在既积极又可靠的基础上，出口第一步安排80.3亿元，第二步安排4亿元；进口第一步安排66.89亿元，第二步安排4亿元。对各个国家的进出口贸易控制数字的安排情况如下：

（一）苏联

对苏联的贸易，是我国对外贸易的主要部分。1960年对苏联出口的控制数字为47.16亿卢布，其中，第一步为44.73亿卢布（比1959年协议增长5.9%），第二步为2.43亿卢布。在上述47.16亿卢布出口收汇中，除去偿还贷款和支付利息、偿还非贸易收支逆差以及部分地偿付1959年出口合同欠交和外汇收支逆差之外，1960年从苏联进口的控制数字为37.09亿卢布，第一步为34.66亿卢布（比1959年协议增长14.8%），第二步为2.43亿卢布。在进口控制数字中，成套设备11.19亿卢布（第一步为9.89亿卢布，第二步为1.3亿卢布），新技术订货和一般技术合作7.31亿卢布（第一步为6.18亿卢布，第二步为1.13亿卢布），军事订货2.98亿卢布，一般贸易订货14.05亿卢布。

（二）东欧兄弟国家

对东欧兄弟国家的贸易控制数字，我们是根据中央指示的每年贸易额增长10%左右的原则，按照需要和可能进行安排的。在这样安排当中，首先保证了已签订的长期贸易协定的履行。

1960年对东欧各兄弟国家出口的控制数字为16亿卢布，除去援助贷款支出、偿付非贸易外汇收支逆差以及偿付1959年出口欠交和外汇收支逆差等之外，1960年从东欧兄弟国家进口的控制数字为14.5亿卢布。在上述出口16亿卢布中，协议内为14.09亿卢布（比1959年协议增长10.3%）。在进口中，成套设备5.83亿卢布，军事订货0.32亿卢布，一般技术合作0.03亿卢布，一般贸易订货8.32亿卢布（各国进出口控制数字见附件一第六表［略］）。

（三）亚洲兄弟国家

对亚洲兄弟国家的贸易，必须保证履行已经签订的经济援助和长期贸易等协定，同时对他们需要进口和要求出口的物资，也要尽可能给以照顾，以支援他们的经济建设。

1960年对亚洲兄弟国家出口控制数字为7亿卢布，其中属于援助的出口为3亿卢布；属于贸易的出口为4亿卢布，除去偿付1959年外汇收支逆差和偿付1960年我在蒙古的过境运费之外，1960年进口2.81亿卢布。属于贸易的出口和进口分两步走：第一步出口为3.6亿卢布（比1959年协议增长16.1%），进口为2.41亿卢布（比1959年协议增长7.7%）；第二步进出口各为0.4亿卢布（各国进出口控制数字见附件一第六表［略］）。

（四）资本主义国家

在东风压倒西风的形势下，我们对资本主义国家贸易的开展有着许多有利条件。同时，美国正在继续进行冷战和经济扩张，并且策动一些亚非民族主义国家的统治集团反对中国，破坏我国同亚非国家的经济贸易和友好关系；西方国家也在制造借口，增加对我国贸易上的歧视和限制。我们在对资本主义国家贸易中会遇到一些困难，可能有些出口物资卖不出去，有些进口物资特别是橡胶等不能都买进来，因此，对资本主义国家的进出口计划只能作为争取的目标，在执行中会有若干变化。但是我们必须遵照对外政策，密切配合外交活动和外交斗争，千方百计地努力争取完成计划。

1960年对资本主义国家出口控制数字安排为7亿美元，比1959年增长16.7%，进口控制数字安排为7.56亿美元（包括动用黄金专款和外汇库存），比1959年增长11.7%。为可靠起见，上述进出口分两步走：出口第一步安排为6.5亿美元，第二步安排为0.5亿美元；进口第一步安排为7.06亿美元，第二步安排为0.50亿美元。

对资本主义国家贸易：必须继续坚持先出口、后用汇的原则，在执行中分季度安排用汇计划。

以上就是1960年对外贸易计划和国别安排的主要情况。为了更好地完成1960年的对外贸易计划，我们提出以下几个意见：

1. 收购和出口计划（包括援外物资），经中央批准之后，除非万不得已，一定不要变动。因为收购和出口计划中有85%以上的金额是在今年底或明年初就同国外签订协议和合同。如果在执行计划中内销和外销发生矛盾，在一般情况下，应当根据中央既定的“五先”原则（即对于出口商品应当安排在先，生产在先，原料、材料和包装物资供应在先，收购在先，安排运输力量在先），首先保证完成外贸收购和出口计划。否则，就要影响对外合同的履行，给国家对外信誉造成不好影响。

2. 由于在105亿元收购计划中尚有5.76亿元的空额和5亿元需在1960年第二季度才能具体安排，因此70.89亿元的进口计划必须严加控制。如果突破，就还要相应地增加出口，否则在外汇平衡上势必造成更大的逆差。

3. 中央各部门和各省、市、自治区应当把供应出口货物所需的原料、材料和包装物资列入计划。属于国家统一分配的，由国家经委统一解决；属于中央各部门分配的，由中央各部负责解决；属于地方管理的，由地方负责解决。

4. 今年出口商品的规格、质量、包装虽然有些改进，但有一部分还存在着问题。苏联和东欧兄弟国家多次提出意见，甚至拒绝接收，资本主义国家要求赔偿，并且进行污蔑。因此，要求各有关部门对于供应出口的商品不仅必须保证数量，而且必须保证规格、质量，否则，会使产品销不出去或者在价格上吃亏，更重要的是会造成不良影响，给国家带来政治损失。

5. 在一般贸易进口42.52亿元的货单中，钢材77万吨，在进口价格上超出原控制金额2.4亿元。根据总理的指示，77万吨钢材的进口计划暂时不变，解决的办法是：（1）在20万吨橡胶进口计划中减少供转口用的1万吨；（2）买一部分人造橡胶和绉胶，以代替烟胶（因为人造橡胶和绉胶的价格低于烟胶的价格），用节省出来的差价购买钢材；（3）必要时动用黄金100万两。

最后，我们根据上述进出口计划和国别控制数字，编制了1960年对各兄弟国家的进出口货单，即行对外谈判，拟待谈判告一段落时，再报请审查批准。

Z44－1959（4）

（七）对外贸易

为了保证一九六〇年各项经济指标的完成，必须在自力更生为主、争取外援为辅的方针下，尽可能争取多进口国家建设所需要的物资。

一九六〇年国家需要的外汇共为九十亿零八百万元，其中，成套设备、军事订货、尖端技术订货等为二十六亿四千万元，五金、石油、橡胶、化肥、机械和一般物资为四十二亿五千万元，偿还贷款和对外援助为十一亿元。在进口物资的安排上，按照发展国民经济的要求，继续贯彻执行了保证重点、辅助一般的原则。一九六〇年从苏联进口的成套设备一百一十九项，东欧的五十多项。

一九六〇年外汇的使用，拟分两步安排，第一步用汇八十六亿零八百万元，第二步用汇四亿元。

适应上述外汇的需要，一九六〇年对外贸易方面的收购总额安排为一百零五亿元。在出口物资的安排上，采取了下列的原则：对于国内生产建设的重要原料、材料和同人民生活关系重大的物资，适当限量出口；对于同国内生产建设和人民生活有关的一般物资，尽可能多挤出一些出口；对于同国内生产建设和人民生活关系不大的物资，尽先供应出口。

为了使出口物资供应和产品规格质量更有保证，应当建立出口农副产品和矿产品的生产基地，并且实行出口商品专厂生产的办法。

中央关于1960年国民经济计划的批示，1959年12月30日。150－8－78

中共中央批转陕西省委关于普遍地深入地检查对外贸易收购工作的报告

1960年4月10日

一九六〇年第一季度外贸收购任务完成百分之九十四点五，成绩较好；但是出口任务只完成百分之七十四点六，特别是猪、禽、蛋、油相差更多。各地在第二季度必须作更大的努力，按时完成和超额完成计划。不要把任务拖到下半年，以免造成下半年出口工作过分紧张。

最近陕西省委对于外贸收购情况进行了检查，这种做法很好。请各省、市、自治区党委一律仿照陕西的办法，普遍地深入地进行一次检查。在各项出口物资中，除了国家有计划地推迟出口的某些物资以外，都应当尽量争取早出，越早越主动。

附：中共陕西省委批转省商业厅党组关于今年一、二月份外贸收购情况的简报

1960年3月29日

省商业厅党组这份简报中，反映当前外贸收购工作中存在的问题，是十分严重的。不少地区、不少部门的出口商品收购计划完成得很不好，甚至有些商品一点也没有收购。这种情况，应当引起各地区和各有关部门党组织的严重注意，并请你们立即将第一季度外贸收购任务完成的情况，专门检查一次。

现在，已经是三月下旬了。从现在起，各级党委和各有关部门的党组织，必须根据自始至终抓紧外贸工作的精神，把没有落实的生产计划迅速落实，急需解决的问题迅速设法解决。一定要抓得很紧很紧，能早就早，愈早愈主动。所有出口商品，都应当按照商品上市季节排队，逐日检查，按旬、按月、按季抓紧，限期完成，不留尾巴。目前应当抓紧生猪、鲜蛋、绒毛等商品的收购工作。首先应当开展一个鲜蛋收购突击运动，除保证繁殖用蛋和特殊需要外，应当教育群众，尽量少吃、不吃、多卖，力争在六月底以前基本完成全年鲜蛋出口任务。

Z44－1960（4）

对外贸易部党组关于一九六〇年对外贸易计划执行情况的请示报告

1960年6月3日

中央批准的1960年对外贸易计划是：收

购105亿元，出口88.89亿元，进口70.89亿元。5个月来，各省、市、自治区党委对于对外贸易工作是重视的，许多供货部门在供应出口物资方面也是大力支持的。各地党委和各有关部门在安排出口商品生产、组织对外贸易收购和出口方面，作了很大努力；有些省份，去年灾情严重，今年又遇春荒，也尽力克服困难，供应出口物资。但是，从全年计划执行情况看，进口较好，收购和出口不好。到5月20日为止，进口完成26.17亿元，为全年计划的36.9%；收购完成31.21亿元，为全年计划的29.7%；出口完成23.39亿元，为全年计划的26.3%。

现将当前对外贸易收购、出口和进口方面存在的问题分述如下：

（一）收购方面的主要问题是：有一部分商品的收购计划尚未落实，许多主要商品的收购情况很差。

在今年105亿的收购计划中，尚未安排各省、市、自治区的金额有8.3亿元。其中，中央各部管理的商品7.3亿元，地方管理的商品1亿元。

在收购计划执行中，许多主要出口商品收购情况很差。例如，11种出口商品（它们占全年收购计划105亿元的23.9%）的全年收购计划完成情况是：大米完成19.9%，杂粮杂豆完成19.5%，食用油完成14.2%，冻猪肉完成9.3%，猪肉罐头完成10.3%，猪肠衣完成14.5%，鲜蛋完成6.6%，水产品完成24.5%，钢材完成13.7%，生铁完成17.9%，大豆完成40.5%（按正常进度，大豆应完成60%）。

（二）出口方面的主要问题是：许多出口商品交货情况差，规格、质量和包装不好，造成对外不良的影响。

1. 许多出口商品交货情况不好。到5月20日为止，各类出口商品完成全年出口计划的情况是：粮油完成34.2%，硫磺完成38.9%，畜产完成19.3%，食品完成15.7%，丝绸完成23.5%，茶叶完成9%，杂品完成31.5%，土产完成24.4%，化工完成24.8%，五金完成24.7%。特别是若干大宗商品出口合同执行不好，引起了国外不满。例如：

大米：全年出口计划180万吨。因为货源不足，对外已签订的在上半年交货的合同仅68.59万吨。到5月20日为止，已交货52.3万吨。从5月21日到6月底，尚应交货16.29万吨。但货源仅有10.5万吨，还差5.79万吨没有着落。国内粮食供应确有困难，但国外对我们不按协议或合同交货很有意见。对捷克斯洛伐克，按合同规定，6月份应交大米2.3万吨。最近，捷外贸部副部长来信要我履行合同，并表示：如果我们不能按时交货，将使他们“国内市场的供应受到破坏”。对锡兰，按合同规定，6月份应交大米3.2万吨，我们只能交1.5万吨，锡方提出必须全部交货，否则撤销合同，相应减少供我橡胶。

冻猪肉：全年出口计划21万吨，按合同规定，上半年应交8.57万吨（其中有3.18万吨是去年欠交，应当在今年补交的）。到5月20日为止，仅交货2.1万吨。按合同规定，上半年对苏联应交45 000吨，仅交货4 198吨；对波兰应交10 000吨，仅交货2 051吨。最近，波方租妥了两条冷藏船，准备来装运冻猪肉，我们因货源不足，要求推迟交货，波方提出要我们赔偿租船费损失27.5万美元。

生铁：全年出口计划25万吨，到5月20日为止，仅交货5.86万吨。其中，对苏联出口合同16.3万吨，仅交货3.2万吨。最近，苏联驻华商务代表提出，因为中国生铁交货不好，影响苏联远东地区两个钢铁厂的生产，要求我们采取紧急措施，履行合同。

2. 一部分出口商品规格质量差。几年来，在各方面的努力下，不少出口商品的规格、质量确有改进。例如，水银的纯度有了提高，金笔的质量有了改进，呢绒增加了高级品种等。但是，还有一部分出口商品规格、质量很差，其中最突出的是：罐头、冻猪肉、冻家禽、皮鞋、缝纫机等。出口商品规格质量差，影响了对外合同的履行，造成了政治和经济损失。

例如：

罐头：由于原料不好、技术很差、加工粗糙、包装不良，不少猪肉罐头、羊肉罐头、家禽罐头夹有脏肉、碎骨、畜毛、禽毛，罐头铁皮生锈，漏气漏汤，腐烂变质。在去年下半年和今年初生产的出口罐头中，约有1.2万吨（其中猪肉罐头约9 000吨）不符合出口规格，我们已陆续将这批罐头转交商业部作为内销处理。规格质量低劣的罐头，不仅浪费了大量原料、材料和劳动力，而且造成对外政治上和经济上的损失。最近，从苏联退回来83吨猪肉罐头。德意志民主共和国有关部门提出，我出口的96吨去骨鸡罐头，质量极坏，要求赔款78万卢布，并将全部罐头烧毁；鸭罐头很多变质，要求退货。苏联和德意志民主共和国有关部门曾将我质量不好的出口罐头集中起来加以“展览”，并请我出国贸易代表团人员去“参观”。

皮鞋：不少皮鞋规格不符合出口合同的要求，质量差，包装不好，甚至变形、发霉。最近，满洲里海关和商检局检查出2 500双发往苏联的皮鞋，质量不好，包装很差，根本不能出口。他们送来两双给我们看，一双皮面尽是皱纹，做工粗劣；一双已经发霉，鞋里长了毛。

3. 出口物资包装用的木材缺乏，质量不好。中央曾规定，生产出口商品的原料、材料和包装物资应当供应在先。但是，现在对出口商品所需的包装木村还不能完全按照出口的需要及时供应，以致一部分出口商品因无包装木材而无法出口；有些原来质量好的出口商品因为使用坏木材和湿木材做包装发生了霉烂、变质。

由于出口货源不足和交货不好，造成了：(1) 对兄弟国家贸易逆差和对资本主义国家外汇紧张。根据银行的材料，在5月20日的贸易账户上，我欠苏联7.31亿卢布，欠捷克3 509万卢布，欠波兰2 377万卢布，欠罗马尼亚991万卢布。对资本主义国家全年出口计划7亿美元，到5月20日实际收汇只有2.38亿美元；全年进口计划7.56亿美元，已经订妥了5.25亿美元，在今年上半年内，需要支出的外汇约4.5亿美元。(2) 签订出口合同和组织补充出口的困难。今年对兄弟国家出口计划70.57亿元，已达成协议65.25亿元，其中已签订出口合同仅43.2亿元，占协议金额66.2%。由于不少出口商品的货源没有保证，使应当继续向兄弟国家组织5.32亿元的补充出口也发生困难。同时，还影响进口合同的签订和组织补充进口，并使某些急需从资本主义国家进口的物资，难以及时安排进口。

（三）在进口方面，情形比较好。全年进口计划70.89亿元，已同国外签订协议65.12亿元。其中，一般贸易进口全年计划42.52亿元，已签订协议39.88亿元。国家计划规定的主要商品基本上都已订妥。例如，钢材，全年计划77万吨，订妥55.4万吨；铜，计划8万吨，订妥7.6万吨；铝，计划2万吨，订妥1.8万吨；石油，计划350万吨，订妥333.2万吨；橡胶，计划19.5万吨，订妥15.3万吨；氮肥，计划137万吨，订妥140.3万吨；砂糖，计划13万吨，已全部订妥。棉花，原计划4万吨，已订妥2.9万吨；4月份追加进口的2万吨，最近就可以订完；5月份追加进口的4万吨，正在抓紧订购中。

当前进口方面存在的主要问题是：同国外已经达成的协议和国家批准的进口货单大于进口计划。换句话说，即使今年出口百分之百完成任务，仍然有一部分进口货单没有外汇可付。今年成套设备进口计划16.24亿元，同国外达成的协议17.48亿元，超过原定计划1.24亿元。一般贸易进口计划42.52亿元，但是在我们手里的货单（包括经过批准的正式货单、后备货单和以后陆续追加的货单，减去其中国外肯定不能供应的货单5亿元），共计47.4亿元，超过进口计划近5亿元。在47.4亿元一般贸易货单中，必须向资本主义国家订购的有8.08亿美元，比对资本主义国家一般贸易进口计划7.24亿美元超过8 400万美元（5月份增加进口的棉花4万吨所需外汇，已另行解决，没有计算在内）。对于上述超出进口计划的货单，我们已提请国家计委和国家经委研究处理。

从上述情况看来，收购和出口计划完成的进度缓慢，外汇收入情况不好；而进口计划内大部分商品已经买妥，还有一些急需的物资不能不买。这样的情况如果继续下去，到年底，对兄弟国家的欠账将要达到10亿卢布以上，对资本主义国家的外汇情况也会更加紧张。这样，不仅影响国家急需物资的进口，对外政治影响也不好。为了扭转这种被动局面，就必须狠抓出口货源，保证出口物资的供应。这是我们完成全年对外贸易计划任务的中心环节。

我们认为，今年对外贸易计划执行中虽然存在着不少问题，但是在工农业生产继续大跃进的大好形势下，总的经济情况是很好的，经过努力，这些出口货源问题一定会得到解决。特别是夏收已经开始，秋后旺季也将到来，各项农副产品及其加工品的货源将逐渐充沛，这对于解决出口货源问题是很有利的。当然，在目前，由于某些商品的货源还不足，收购还有些困难；但是，许多商品我们已经按照中央批准的计划同国外达成了协议；签订了合同，不能不交货。因此，只好请有关地区和部门多方设法，按照原定计划，挤出物资供应出口。我们建议，请各省、市、自治区党委和各供货部门对于还没有确定具体品种和安排分地区收购的商品，在6月上半月内确定和安排下来；同时，继续认真抓对外贸易收购和出口工作，保证按照中央批准的计划，按时、按质、按量地供应出口。对外贸易部门应当千方百计地做好各项工作，并且继续派人深入各地，协助搞好出口货源。

Z11－1000－6

对外贸易部党组关于当前对外贸易问题的报告

1960年6月20日

今年一至五月份对外贸易的情况是：进口完成得较好，收购和出口完成得不算好。截至五月底，进口完成二十六亿元，占全年计划七十亿零八千九百万元的百分之三十六点七；收购完成三十四亿二千万元，占全年计划一百零五亿元的百分之三十二点五；出口完成二十五亿二千万元，占全年计划八十八亿八千九百万元的百分之二十八点四。由于出口交货情况不好，截至五月底，在银行的贸易账户上，我国欠苏联七亿六千九百万卢布，欠捷克四千万卢布，欠波兰两千万卢布。

目前收购和出口的进度所以较慢，主要是粮、油、猪、禽、蛋和钢材、生铁这几种物资的收购和出口没有达到计划的要求。一至五月份这些商品收购数占全年计划的百分比是：粮食和大豆为百分之三十六（包括上年预交数），食用植物油为百分之十七点四（包括上年预交数），冻猪肉为百分之十点三，猪肉罐头为百分之十一点四，冻家禽为百分之十一点二，蛋为百分之八点四，钢材为百分之十五点五，生铁为百分之十九点五。这些商品在出口物资中占有重要的位置，这几种东西的出口和收购上不去，整个出口和收购数字也就上不去。

五个月来各地党委和各有关部门在组织出口商品的生产、收购和调运方面，是作了很大努力的。有些地区（如北京、吉林、青海、云南）有些品种（如纱布、钨砂、水银、呢绒、绸缎、轮胎）完成情况较好。但是，整个进度仍然较慢。这除了我们工作上的某些问题以外，也由于我们在拟订今年出口计划时，对于去年的灾荒估计不足，把粮、油、猪、禽、蛋等商品的指标订得高了一些，而粮、油等商品目前已经没有后备，不可能动用储备来出口。最近我们同国家计委一起进行了研究，认为在合理兼顾国内市场与对外出口的原则下，今年收购计划原定一百零五亿元，估计只能完成九十五到九十七亿元；出口计划原定八十八亿八千九百万元，估计只能完成八十一到八十二亿元。在主要商品中，估计：粮食和大豆差五十万吨到七十万吨，食用植物油差六万吨，冻猪肉和猪肉罐头差五万吨或者更多，蛋差一亿七千万斤，钢材差五万吨。这样，今年的收购可能差八亿元到十亿元，出口可能差七亿元到八亿元。估计到今年底，对外欠账大约为八亿元到十亿元，其中绝大部分是对苏联的欠款。当然，究竟是否会差这么多，还要看我们努力的程度如何。搞得好，差数是可以缩小的。

在对外贸易工作上，当前的任务首先是要求全党大抓收购，大抓出口，坚决贯彻执行中央《关于采取紧急措施，坚决完成肉、油、蛋出口计划的通知》和中央批转的财贸办公室《关于要求全党抓紧粮食调运、抓紧出口收购、抓紧副食品生产和供应的报告》。前面所说的收购和出口的差数，都是供中央内部研究的参考数字；对于各地区、各部门，仍然要求他们千方百计地加强收购和出口。有些商品如呢绒、硼砂等能够多出口一些的，还应当力争超过出口计划。第二，要坚决控制和压缩进口。对于苏联和其他兄弟国家，应当坚决停止新订货。某些必不可少的追加进口，必须经过中央专案批准。对于资本主义国家的进口订货，必须严格执行中央规定的先出口、后用汇的原则，根据出口的实际情况，根据轻重缓急，分季度安排进口用汇计划。第三，做好出口商品生产基地的工作，特别要抓紧对完成今年出口计划收效较快的商品的生产（如猪的催肥）。第四，要下决心解决出口商品的质量问题。对于罐头、冻猪肉、冻家禽、皮鞋、缝纫机等质量较差的商品更要特别抓紧解决。出口商品质量不好，不仅影响国家对外的信誉，而且浪费原料和加工费用，减少外汇收入，这一问题必须切实注意。我们认为，在坚决采取了以上几方面的措施的情况下，在全党一致抓紧毫不放松的情况下，争取今年对外欠账不超过八亿元是有可能的。我们应当为此而努力。

Z11－1000－7

国家计委副主任刘明夫汇报对外贸易问题［节录］

1960年8月31日

［上略］

（一）外贸计划问题

1960年外贸计划为出口89亿元，进口71亿元，外汇基本平衡，不欠债。预计执行结果，出口为72亿元，进口为66亿元，外汇不能平衡，约欠债13亿元，其中欠苏联12亿元。

1961年的外贸计划，根据各种条件，出口额只能相当于1958年的水平，进口额只能相当于1952—1954年3年的平均水平。

外贸部考虑安排出口额63亿元（不包括地方捐献），外经局考虑应安排出口额70亿元，进口额44.4亿元，把1960年的欠债还清。

出口大商品指标：

	外贸部意见	外经局意见
粮食	200万吨	220万吨
棉花	17万吨	17万吨
猪肉	18万吨	19万吨
蛋	7 500万斤	1.15亿斤
水产	12万吨	15万吨
转口糖	2万吨	10万吨
钢材	25万吨	20万吨
锡	3.1万吨	3.1万吨
水银	1 700吨	1 700吨
硼砂	6.5万吨	7万吨
烤烟	2.5万吨	3万吨

出口商品的国别、金额：

苏　联	31亿元（除还欠债，只有11.45亿元）
亚非国家	8亿元
东欧国家	13亿元
资本主义国家	18亿元（原料占6亿~7亿元）

进口额44.4亿元，其中，成套设备加尖端、军事为12.8亿元，一般贸易额31.6亿元。

进口商品指标：

	1961年	1960年
机械仪器	5.3亿元	11.4亿元
黑色金属	33万吨	65.5万吨
钢材	31万吨	60.8万吨
铜	7万吨	6.68万吨
铝	5 000吨	1.47万吨

续表

	1961 年	1960 年
镍	4 000 吨	3 600 吨
石油	145 万吨	310 万吨
橡胶	16 万吨	13.4 万吨
化肥	100 万吨	121 万吨
化工原料	8 100 万元	1.5 亿元
农药	4 000 万元	3 100 万元
一般商品	10.63 亿元	8.59 亿元

从进口的商品量来看，可能石油、化肥、钢材少了，但增加外汇有困难，只能在进口商品品种、数量上调剂。

对资本主义国家的贸易额，至少应有 7 亿美金。

从出口商品来看，有两个问题同我们的要求有矛盾：

1. 我们出口的东西，苏联不一定要。我们欠苏联很多粮食，而我们的粮食出口量减少了，如不还债，苏联可能不同我们谈其他贸易；如还多了，势必减少其他国家的贸易额。

2. 东欧国家的进口额减不下来，但是这些国家却拼命向我们要原料。

此外，根据出口商品的安排，粮、油、肉、棉不能保证同东欧国家的长期贸易协定。

因此，1960 年和 1961 年的出口要打紧一点，争取 1960 年完成 72 亿，1961 年安排 70 亿，还清欠债，使能到 1963 年还清贷款，以后就能松动一点，每年的出口额降低在 60 亿元。

（二）今年 5 年内进口成套项目问题

[中略]

刘副主任汇报之后，王迪局长又作了补充汇报。经过讨论，顾副主任提出了以下意见：

1. 1961 年的出口额至少 70 亿元，应争取多出口几个亿，多进口一点钢材和化肥；否则，13 亿元的欠债一年内还不清。如果能把欠债在明年一年还清，到 1963 年把贷款还清，我们就松动了。

2. 增加出口，压缩外贸库存，适当增加内销。

3. 进口设备、物资，统一由物资总局掌握。

4. 镍、铬国内需要量增加，应争取多进口。镍争取进口 1 万吨，超过亦可。

5. 由苏联进口成套项目的调整，同意明夫同志的意见，尽快提出报告，党组讨论后报总理。

150－8－20

对外贸易部叶季壮同志发言要点

1960 年 10 月 15 日

一、关于今年对外贸易计划执行情况和存在的问题

今年对外贸易收购计划，经北戴河会议讨论确定由 105 亿元调整为 85 亿元（以后增加对古巴出口大米 10 万吨，值 0.28 亿元）。我们根据调整后的收购计划，对进出口计划重新进行了安排。出口由原定的 88.89 亿元调整为 65.26 亿元；进口由原定 70.89 亿元调整为 65.87 亿元。这样调整以后，今年对苏联和东欧兄弟国家出口计划为 45.77 亿卢布，与我应执行的出口协议 63.38 亿卢布比较，尚差 17.61 亿卢布，扣除去年已经提前交货的 1.22 亿卢布，到今年底对苏联和东欧兄弟国家出口商品将欠交 16.39 亿卢布，加上对苏联外汇逆差 4.5 亿卢布，到年底对外欠账总额约 20 亿卢布。出口欠交的主要商品有：粮食 138 万～140 万吨，食用油 13 万多吨，冻猪肉约 11 万吨，烤烟约 2 万吨，鸡蛋 6 000 多万斤。对亚洲兄弟国家出口 6.2 亿卢布，按出口协议到年底对外可不欠交。同时，在调整后的 85 亿元收购计划中，还有 4.3 亿元货源没有落实，主要商品是：钢材 7 万吨，罐头 2 万吨，石棉 1 万吨，玻璃 20 万箱，水产品 2 万吨，茶叶 1.5 万吨，纸张 3.4 万吨。这些商品都已列入今年出口计划，如果收购落空，将影响今年出口任务的完成。此外，各省、市、自治区提成外汇，中央确定总额为 29 984 万元，截至“刹车”时，已订妥 24 643 万元，还差 7 804 万元未订。

在今年 8 月份以前，对外贸易收购和出口

计划完成得很差，进口计划完成进度比较快，国家外汇收支出现了很大的逆差。自8月10日中央发出关于全党大搞对外贸易收购和出口运动的紧急指示以后，各省、市、自治区党委都十分重视，成立了对外贸易指挥部，由第一书记挂帅，专职书记负责，大力开展对外贸易收购、出口和调运运动，从而使收购计划完成的进度开始好转，有些出口商品的规格、质量有所提高，包装也有了一些改善。到9月底为止，按调整后的计划检查，全年收购计划完成71.8%，出口计划完成67.9%，进口计划完成74.2%（分省数字另见附表［略］）。

从当前对外贸易计划完成情况来看，收购和出口计划完成的进度仍未达到应有的要求（到9月底为止，计划完成的平均幅度应为75%）。在第四季度内，还需要完成收购24.1亿元，出口21亿元（其中对资出口2.25亿美元），任务还是很重的。特别是在出口方面，许多主要出口商品的计划还完成得不好，例如，到9月底止，冻猪肉只完成全年出口计划49.9%，冻牛羊肉33.1%，烤烟34.9%，茶叶47%，厂丝43.8%，各种罐头53.2%，猪鬃66.5%，猪肠衣62.1%，新闻纸52.8%，呢绒60%，松香48.9%，硫磺46.9%，石棉11.4%，钢材37.2%。今年对资本主义国家出口计划为6.3亿美元计划，到9月底只完成4.05亿美元，为全年计划的64.4%，这个情况是严重的。因为我们今年对资进口订货都已经订了，如果不能完成6.3亿美元的出口计划，那么进口到货后就会支付不出外汇，这不仅是经济问题，而且是政治问题。

在收购、出口工作中，当前存在的主要问题是：

（一）货源问题。有些商品因货源不足，收购进货计划完成得不好。有些商品因对内销掌握不紧，使出口货源有部分落空。如猪鬃因有些地区没有通过畜产部门统一安排而自产自销，使出口猪鬃的花色、尺寸不齐，无法配套，影响了出口。有些商品虽有货源，但没有收购起来。如有的地方收购起来的猪鬃只占产量的20%～30%，猪肠衣也只收购了产量的60%左右。

（二）规格、质量问题。有些商品的规格、质量不符合出口要求，收购以后出不了口，积压在仓库。如猪肉罐头，有些因不合格而不能出口。有些商品因式样陈旧，出不了口。如黄白台布，今年收购计划为100万套，出口计划为80万套，国外商人反映式样陈旧，不愿再订购，今年上半年只出口了16万套，现库存已达153万套。又如出口金笔，因式样改进不多，出口数量逐年减少。有些商品因质量不好，销不出去。有些缝衣机因原材料质量不好，制出成品发脆易碎，机件容易磨损，台板裂缝，外表粗糙不美观，出不了口。最近有一批交苏苹果，因个儿太小，横断面的直径只有30厘米（不到1市寸），有48车遭到苏方拒收。

（三）缺少原材料和辅助材料，不能及时生产供应出口。例如，今年出口纸张12万吨，因各种纸浆不足，到9月底止，只收购了4.85万吨。今年皮鞋出口计划为1 139.6万双，因原皮供应不足，到9月底也只完成607万双。有些出口服装因缺少做口袋用的棉布，无法进行生产。有些服装已经制好，但没有纽扣，不能及时对外交货。这类情况，各省、市、自治区比较普遍地有所反映。

（四）包装材料问题。今年各地对供应出口商品的包装材料都给了很大的支持，解决了大部分出口商品所需要的包装材料问题；但是，还有一些出口商品因缺乏包装材料，无法装运出口。今年9—12月各地供应出口的食品尚有18万吨，共需包装纸张4 700吨，至今尚未安排落实。有些食品如冻鱼片，缺少蜡纸和底板纸；出口苹果、柑橘等缺少包装纸和瓦楞纸。还有一些出口商品因包装不符合出口要求，在运输途中发生破损，引起国外索赔。今年4、5月间，苏联因我供应的水泥纸袋破裂，提出索赔10多次。今年9月供应罗马尼亚的松香1 000吨，因木箱板薄，运到口岸时已有95%以上的木箱破裂，无法装船。有些出口茶叶因缺乏包装，产地用布袋或篓子代替，运到口岸以后，不但外形起了变化，而且使香味走漏，不能对外交货。

（五）短途运输问题。有些已经收购的出口商品，由于短途运输解决不了，运不出来。如硫磺到9月底止已收购10.5万吨，有几万吨存在矿山运不出来。还有一些茶叶、松香、苦杏仁、粗铅等也积压在产地，不能运到口岸对外交货。同时，由于短途运输力量不足，有些原材料不能及时运到工厂进行加工生产。

上述存在的问题，有些是同对外贸易部门工作中的缺点分不开的。这里我主要谈谈以下几个问题：

1. 关于对外贸易收购、出口计划下达迟的问题。对外贸易收购、出口计划关系到国内许多部门和各省、市、自治区，虽然我们也是积极争取尽早下达，但是常常由于需要反复进行商量和办理逐级审查平衡等手续，因而影响计划下达的时间。有些商品，还要在对外谈判以后才能确定品种、数量、规格、花色和式样。因此，有时计划下达不及时，影响各地及时安排生产，组织货源，这是需要努力设法改进的。

2. 关于出口商品规格要求的问题。过去，由于我们工作中的缺点和缺乏经验，对外签订的某些合同中确有一些规格要求是规定得不够合理的，给安排出口商品的生产带来某些困难。最近几年来，我们不断地注意到这方面的问题，陆续进行检查和改进，并在对外谈判中不断地进行交涉和斗争。但是，国际市场的商品规格是个现实的问题，不能完全以内销商品的规格和单方面地以我国惯用的商品规格来衡量。要说服对方完全接受我们的规格要求，往往需要经过长期的、复杂的斗争。在我们按照计划，需要推销某些商品的时候，如果经过再三交涉，国外仍坚持不同意，那么也只好参照国外的规格要求来办。我们应该坚决贯彻执行中央的指示："出口商品一定要合乎规格，要拿好东西来出口。要在原料收购、加工生产、商品包装等各个环节上，层层负责，保证质量。特别要下定决心解决长期以来问题较多的肉类罐头、水果罐头、冻猪肉、冻家禽和若干日用工业品的出口质量问题。"

3. 我们向各地党政领导部门反映情况、向有关生产部门介绍国外需要情况，协助解决存在的问题都做得很不够，我们正在积极改进或在设法改进中。

180－8－5

全国财贸书记会议关于外贸问题的讨论情况［节录］

1960年10月15日

［上略］

各地同志一致认为，自从中央发出了《关于全党大搞对外贸易收购和出口运动的紧急指示》以后，各省、市、自治区党委都把外贸工作看成是政治任务，动员全党力量，大抓这一工作，对今年收购、出口任务作了全面检查与安排，外贸收购、出口运动已经有了进一步的发展，并已收到了很好的效果，特别是9月份以来，收购和出口的进度加快了，出口产品的质量也有显著提高。对于目前还没有完成的部分和完成不够好的某些具体品种，各地的同志一致表示回去以后要继续鼓足干劲，大抓一下，保证完成和超额完成北戴河会议调整的全年外贸收购和出口金额任务。同时也提出，由于各方面的原因，某些具体品种完成全年计划还有一些困难，主要存在着以下一些问题：

1. 各地同志提出，有些出口商品所需原材料还没有安排好，因而不能按计划进行生产，影响收购和出口任务的完成。如辽宁省今年计划出口纸张2.04万吨，由于芦苇和木浆安排的数量不足，而且不落实，目前仅出口3 100吨，按原料安排情况，全年只能完成9 000吨左右；陕西省出口的搪瓷制品需要26号到28号黑铁皮，但所供应的多系厚铁皮，本省又不能压薄，目前搪瓷生产已受到影响；湖北省出口的皮鞋缺少羊皮，河北省的人造丝因浆粕、短绒供应不足，有光纸因芦苇、液体氯不足，都影响到出口商品生产任务的完成，他们都要求中央协助解决原材料问题。出口商品所需的包装材料也普遍感到不足，如辽宁省今年苹果生长良好，可以争取出口 13 万吨（比原计划 11 万吨增加 2 万吨），但包装用的木材、铁钉、纸等本省解决不了，请求中央协助解决。

2. 许多同志反映，煤炭供应不足，煤的质量次，影响出口产品的生产。湖南省因为缺煤，瓷器生产情况不好，他们反映如果煤的供应问题不能及早解决，将影响总理赠送给缅甸的 30 万个瓷盘的生产；河北省呢绒、搪瓷等十几个工厂因煤炭不足，煤质又次，影响出口产品的生产，要求对出口产品用煤专案解决。

3. 中央有关部门之间的计划有的没有很好地衔接起来，有些商品内销与外销的安排有矛盾，影响出口计划的完成。四川省反映，出口的呢绒，北戴河会议确定全年任务为 87 万米，纺织部下达的任务为 78 万米，差 9 万米的原料无着落；出口石棉外贸部给的任务为 2 000吨，建筑工程部下达任务为 358 吨，省内拟用等外品顶出口任务，但是建工部不同意。新疆自治区反映，外贸部安排的 2 号矿石出口计划 1.7 万吨，本来可以完成任务，但冶金部不同意出口，因此出口任务要差 7 000 吨完不成；云母出口外贸部安排了 1 400 吨，而建工部则要求上调，这样就不能完成出口任务。由于中央有关部门之间的计划不衔接，给各地工作安排上造成了一些困难。

4. 生产能力不足或技术、设备达不到出口要求。新疆自治区计划出口铅矿 2 万吨，因缺必要的设备只靠人工挖，生产效率低，目前只完成 3 000 吨；计划出口锌矿 1 万吨，也因设备不足，完不成任务；计划出口冻猪肉 500 吨可以完成，本来出口 1 000 ~ 2 000 吨也可以，但因缺冷冻设备，只靠冬天自然冷冻恐怕不行。河北省的同志反映，由于技术设备达不到出口要求，钢材、玻璃纸、链霉素等产品都不能完成出口计划。

5. 有些商品由于自然灾害，减产过多，或原定指标偏高，外贸收购任务需要进一步考虑调整。陕西省的桐油、五棓子、苦杏仁因灾减产不能完成任务，拟以其他物资顶替；山东省因灾减产和饲料不足，出口食用油差 12 965 吨，烤烟差 5 万担，冻猪肉差 1 400 吨完不成出口计划；新疆自治区计划出口羊毛 18 000 吨，现只收购 9 000 吨，千方百计尽最大努力全年可完成 14 000 吨，不能完成任务的原因：一是原定指标偏高；二是因为下大雪羊只伤亡，少收 2 000 吨。

6. 品质规格问题。河南省的同志反映，冻猪、牛、羊肉和家禽品质规格达不到出口要求，一方面确实是生产单位掌握不严，没有达到出口要求的规格；另一方面合同规定的标准也有些过高，甚至有的检验人员未按合同规定的规格办事，另搞了一套高标准，影响出口任务的完成。

7. 许多省的同志反映，今年运输任务重，压力较大。湖南省在今年第四季度仅粮食上缴和省内调粮任务即达 20 亿斤左右，生铁调运量有 27 万吨，外贸物资 23 万吨，除此以外还有煤炭、木材以及其他商业物资的调运任务，运输量很大，据估算，如果少 1 000 辆汽车，就需要增加 100 多万人搞运输。河南省的同志认为，当前解决运输问题单靠汽车、汽油不行，但是全用人力，时间上也有矛盾，问题很大，“三秋”后可以大搞一下运输，可是出口物资得在 12 月以前运到口岸。

在讨论中，各地对于外贸工作，还提出了以下几点要求和建议：

1. 关于出口计划和上调任务的安排问题。湖北、安徽、河南、四川等省提出，今年粮食、油料因灾减产，出口和上调任务应该如何安排，希望外贸部和粮食部及早确定下来，省内好早作准备。

2. 上海市的同志提出，上海口岸今后出口一些传统原料商品还是必要的，但是有许多种原料可以考虑改出口成品，如出口 1 吨废棉为 90 美元，但加工成品可收回 340 元，这在经济上要更合算一些。山东省的同志建议，要少出口花生仁多出口些油，这样既可增加饼肥，又可以饼代粮。陕西省出口物资中有2 000吨废棉，已出口600多吨，还有1 300多吨没出去，还有一些短绒棉等。省委意见这些东西最好不出口，作为纺织工业原料，可以增加1 000件出口棉纱顶任务，这样调换后既增加产值，又减少了运输。

3. 关于出口产品所需要的原材料的分配和供应。山东省和上海市的同志建议，出口产品所需要的主要原材料（统配和部管物资）明年最好改由外贸部统一申请下达，保证专料专用。下达时，既要有数量，又要有交货时间。

4. 关于及时下达任务和加强中央与地方的联系问题。上海市的同志要求，外贸部在和社会主义国家进行贸易谈判以前、或谈判过程中，要及时和出口口岸取得联系，将出口的品种、数量、规格和交货时间等通知口岸，以便做好准备，有利于使计划建立在更可靠的基础上。同时要求将今年第四季度出口合同务必于10月中旬下达到口岸分公司；今年第四季度的调拨计划，请中央外贸指挥部和外贸部尽速下达；对明年第一季度计划要及早安排，最好在今年11月份下达下去，二季度计划希望尽早安排。此外，今年只剩两个多月的时间，希望外贸部对临时任务要适当地审一下。

最后，姚依林同志提出：大家提出的这些意见和问题都很好。对于各地提出的问题，外贸部准备派人到饭店和各省同志接洽，能解决的尽量解决；有些问题还需要和经委等有关部门研究后才能答复的，由外贸部搜集起来，待统一研究后，再逐项解决。

180－8－5

国家统计局关于目前对外贸易情况报告

1960年10月18日

一

自中央发出关于“全党大搞对外贸易收购和出口运动的紧急指示”后，出口和收购的进度日益加快，第三季度逐月增长情况如下表：

	单位	7月份	8月份	9月份
出口总额	万元	44 318	41 506	49 143
收购总额	万元	58 490	56 657	81 592
收购主要商品	—	—	—	—
粮食	吨	126 877	58 191	145 970
食用油	吨	3 995	4 511	4 153
猪肉	吨	9 578	9 886	20 029
冻家禽	吨	192	487	898
鲜蛋（折合量）	万斤	874	914	953
厂丝	公担	5 154	4 353	6 386
茶叶	吨	7 433	8 378	10 866

目前出口情况虽逐渐好转，但仍未达到去年同期水平，今年一至三季度累计出口总额达44.3亿元，收购总额达61.2亿元，分别完成全年计划的67.9%和71.8%（按修订计划检查，下同），比去年同期下降9.9%和3.7%。各公司完成出口计划的情况很不平衡。截至9月末，主要经营农产品的粮油、食品、茶叶、土产、畜产等五个出口公司的出口总值累计达17.7亿元，完成全年计划64.1%，比去年同期下降22.4%，其中以粮油出口公司完成计划较好，达75.0%；土产和畜产出口公司完成60%以上；食品出口公司完成54.3%；茶叶出口公司仅完成47.2%。主要经营工业品出口的丝绸、杂品、进出口、仪器、五金、机械、运输机械、成套设备等八个公司出口总值累计达18.7亿元，完成全年计划66.2%。其中，以经营轻工业品出口为主的丝绸、杂品、进出口、仪器等四个公司出口累计达16.6亿元，完成全年计划66.7%；以经营重工业产品为主的五金、机械、运输机械、成套设备等公司出口总值累计达2.1亿元，完成年计划63.0%。

分主要商品看，出口年计划完成较好的有：粮食达209.6万吨，完成76.3%；胶鞋446万双，完成75.8%；大麻2 736吨，完成88.3%；轮胎16.0万套，完成87.4%。而出口价值较大的商品一般完成计划较差，如食用油出口10.5万吨，完成计划66.7%；猪肉8万吨，完成54.2%；厂丝1 231吨，仅完成43.8%；茶叶2.6万吨，仅完成47%；缝纫机4万架，仅完成57.0%；自行车17.9万辆，仅完成47.7%；烤烟9 514吨，仅完成34.9%。上述各主要商品出口与去年同期对比，都有不同程度的下降（详见附表［略］）。

目前对外贸易出口计划完成情况仍然不够好的主要原因如下：

（一）在出口贸易中占重要地位的主要商品收购进度缓慢。一至三季度，食用植物油（包括油料折油）收购量只达5.6万吨，完成收购计划37.5%；猪肉收购量9.8万吨，完成61.4%；冻家禽收购量3 013吨，完成43.0%；厂丝收购量2.7万公担，完成43.3%；茶叶收购量3.7万吨，完成53.1%。

（二）有些地方对出口商品还未迅速采取“一改、二建、三专”的办法，因此出口货源中不符合出口要求的商品还占有相当大的比重。据甘肃省统计局最近调查，该省西峰冷库发现一部分冻肉及板油因冷度不够，已经软化生毛；据天津口岸检查，甘肃省调至天津的猪肉中，加工技术不合出口要求的即达82.5吨。河北省外贸系统在检查清理8月末库存时，发现规格、质量不符出口标准的商品和滞销商品约占全部库存40%。上海市丝绸出口分公司到7月末库存中，不合出口规格和不适销的商品达2 651.21万元，其中仅绸缎一项即达2 167.31万元（789.46万米），在绸缎库存中，不合出口规格和不适销的绸缎复制品达483.9万元，占绸缎复制品全部库存30%。这些商品计有绣衣12.8万件，占用资金147.8万元；领带41万条，占用资金100万元；绣鞋54万双，占用资金83万元。

（三）有些地方对出口商品生产包装所需的原料、材料还供应不足，如上海市缝纫机出口任务13.5万架，占全国缝纫机出口计划的75%，但由于生产所需原料、材料不足（优质生铁供应量差2 500吨，平炉钢差800吨，抬板段木差1 000～2 000立方米），1—8月供应出口量仅达3.2万架，只完成年计划23.7%。浙江省第三季度加工制作柑橘箱子所需的木材，到8月中旬还未解决，包装用的薄页纸有2 000万张也没有落实，从而影响及时组织出口。

二

进口商品完成计划较快。一至三季度，对外贸易进口总额达48.9亿元，完成全年计划74.2%，比去年同期略有增长。在进口商品中，生产用原料、材料完成计划较好，如以经营生产用原料、材料为主的五金进口公司进口总额达6.97亿元，完成全年计划80.4%，比去年同期增长13.2%；成套设备和机械仪器进口完成计划较差，成套设备进口共11.5亿元，完成全年计划66.9%，比去年同期下降3.8%；机械仪器商品进口4.7亿元，完成72.8%，比去年同期下降8.3%。

一至三季度主要商品进口量已超额完成全年计划的有绞车、铁道器材、农药、棉花、人造棉等商品；完成计划75%或接近75%的有钻探机、石墨电极、载重汽车、仪器、电影胶片、厚钢板、薄钢板、管材、型材、金属制品、紫铜、石油及其制品、肥田粉、化工原料、毛及毛条、药材、水泥、磷灰石、合成纤维等商品；完成计划75%以下的有成套设备、金属切削车床、锻压设备、锻件、柴油机、起重机、挖土机、空气压缩机、电动机、发电机、轴承、整流器、汽车零件、拖拉机零件、机车、铁合金、铝、镍、锌、橡胶等商品。

国家统计局：《调查统计报告》，第78号。Z11－768－8

中共中央转发对外贸易部党组关于当前对外贸易收购和出口情况的报告

1960年11月14日

现将对外贸易部党组《关于当前对外贸易收购和出口情况的报告》转发给你们，请你们对今年供应出口商品的计划执行情况立即进行一次认真的检查，狠狠地抓紧今年最后一个多月的对外贸易收购、出口和调运工作，切实解决出口商品生产、加工、调运中存在的问题，按品种、按数量、按规格尽可能地完成出口供货任务。

附：对外贸易部党组关于当前对外贸易收购和出口情况的报告

1960年11月14日

北戴河会议以后，各级党委和各有关部门根据中央关于全党大搞对外贸易收购和出口运动的紧急指示，大抓对外贸易收购、出口和调运运动；在十月全国财贸书记会议上又专门讨论了外贸问题；中央对外贸易指挥部也一直抓得很紧。在举国上下团结一致、脚踏实地埋头苦干、节衣缩食供应出口的号召下，三个月来，对外贸易收购和出口情况有显著好转。但是，今后两个月收购和出口任务还很重，要完成全年修订后的收购和出口计划，问题还不少。现将当前对外贸易收购和出口的一些重要情况报告如下：

一、出口商品收购总的金额完成较好，但是若干主要商品收购情况很差。

到十月底为止，收购完成六十九亿四千万元，为修订后的全年收购计划八十五亿二千八百万元的百分之八十一点四。这个进度总的说是正常的，但是，不少主要商品收购实绩很差。例如，冻猪肉，全年计划九万吨，到十月底止，仅完成六万吨。纸张，全年计划十二万吨，最近确定全年保证数九万吨，仅完成五万四千八百吨。缝纫机，全年计划十八万架，仅完成四万七千架。茶叶，全年计划七万吨，仅完成四万四千七百吨。猪鬃，全年计划六万八千箱，仅完成三万四千箱。

这些主要商品收购情况不好的原因很多。有些是原料、材料和辅助材料供应不足，如纸张缺纸浆和烧碱，毛纺织品缺染料和助染化学药剂。有些是规格、质量不符合出口要求，如茶叶质量差，出口的高级茶更缺。冻猪肉，虽然各地尽了很大的努力供应出口，但是由于合格率低，实际上出口数量不多。此外，由于包装材料缺乏，煤炭电力供应不足，以及短途运输紧张等原因，也影响了不少出口商品的生产、加工和调运。出口棉布生产计划不能完成，主要是缺电力的缘故。

二、由于主要商品收购情况不好，影响了出口计划的完成。

到十月底为止，出口完成四十八亿四千万元，为修订后的全年出口计划六十五亿二千六百万元的百分之七十四点二。其中，对资本主义国家出口仅完成四亿四千五百万美元，为修订后的全年对资本主义国家出口计划六亿三千万美元的百分之七十点六。有些商品对外已经签订了合同，但不能按期交货。严重的如全年对资本主义国家出口棉布，按照计划对外已签订合同一千五百万匹（包括地方用周转外汇进口棉花后加工出口的棉布），到十月底为止，已交货的仅九百四十五万匹，今后两个月必须交货五百多万匹，其中有许多合同虽已一再推迟交货期，至今还不能履行。

三、今后两个月的收购和出口任务很重。

在收购方面，十一、十二两个月平均每月需完成八亿元，比过去十个月平均每月完成数七亿元增加百分之十四。特别是一些主要出口商品，今后两个月的收购量很大。

在出口方面，十一、十二两个月平均每月需完成八亿五千万元，比过去十个月平均每月完成数五亿元增加百分之七十。对资本主义国家出口，今后两个月平均每月需完成九千三百万美元，比过去十个月平均每月完成数四千五百万美元增加百分之一百零七。

现在离年底只有四十多天，真正能将货物运到港口和国境站出口的时间最多只有四十天。时间紧迫，任务繁重。除外贸系统全体职工当继续鼓足干劲、千方百计克服困难、努力工作外，要求中央各有关供货部门和各省、市、自治区大力支持，立即采取有效措施，解决对外贸易收购计划执行中存在的问题，特别是若干主要出口商品生产、加工、调运中存在的问题，按照中央规定的“五先”原则，切实保证生产出口商品所必需的原料、材料、辅助材料、包装物料以及煤炭、电力的供应，做到按品种、按数量、按规格完成出口供货任务。

Z11 - 987 - 18

（五）对外贸易

总额减少：1960 年外贸收购修订计划为 85.3 亿元，出口预计为 65 亿元（其中对资出口 6.3 亿美元），进口预计为 65.9 亿元，这样对外欠交和外汇逆差将有 16 亿 ~ 20 亿元。1961 年外贸收购计划 70 亿元，出口 55 亿元（其中对资出口 6.6 亿美元），进口 45.79 亿元。

进出口商品构成的变化：1961 年出口农副产品大大减少，出口工矿产品比重相对增加（绝对数量略有减少）；进口中，直接为工业建设服务的比重下降，为人民生活和市场服务的比重增加。

这个变化是根据当前国内的困难情况而采取的措施，从目前渡过困难来说，是十分必要的。

粮、棉、油、肉等农副产品，1960 年出口预计为 19.5 亿元，1961 年减为 7.20 亿元。这个数字，有些地区还没有承认，但是我们认为至少要出口这么多，否则不好办。

进口原料加工成品出口的商品，1960 年预计为 9 亿元，1961 年增为 13.4 亿元。这样做很必要，不然出口就更少了。

进口椰子油、橡胶等向社会主义国家转口，1960 年实绩预计为 2.2 亿元，1961 年为 2 亿元。

成套设备和工业器材，1960 年进口预计为 53.8 亿元，1961 年减为 25.8 亿元。

农副产品的进口，用于国内市场的部分，1961 年将达到 3 亿元，1960 年基本上没有进口。

国别变化：对资本主义国家进出口都增加了；对苏联和东欧（除阿尔巴尼亚外）进出口减少了；对阿、朝、越、蒙继续按计划和协定进行援助。

对资本主义国家出口额 6.6 亿美元。对资本主义国家的外汇支出 8.5 亿美元，计进口 8.1 亿美元，援外 4 000 万美元。弥补差额的办法，除中央已批准出售白银 8 000 万两，值 7 200 万美元以外，还要出售黄金 40 万两和白银 6 000 万两，共值 6 800 万美元。以上收支相抵，还差 5 000 万美元，需要以金银和物资出口相抵，或者减少进口求得平衡。

对苏联的出口额，由 1960 年的预计为 31.9 亿卢布减为 22.2 亿卢布。粮、棉、油等主要农副产品基本不给，但是日用工业品和矿产品大体照旧。这样做可以减少政治上的被动。

对苏联出口的 22.2 亿卢布当中，有将近 40% 是还账的，归还贷款 7 亿卢布，归还外贸欠账约 1 亿卢布（估计共欠 16 亿卢布左右），非贸易外汇逆差 0.7 亿卢布。

对东欧社会主义国家（除阿尔巴尼亚外），由 1960 年的预计为 12.6 亿卢布减为 11.3 亿卢布。农产品出口减少，但是还给了一些，日用工业品和矿产品也大体维持现状。对东欧的欠账，从金额上来说，可以大部分还清，但是有一些品种（例如粮、油）还不清。

1961 年暂停实行外汇地方分成。1961 年拨给地方外汇改为 2 000 万美元，重新分配。

财贸办公室关于 1961 年粮食和市场问题的安排要点，1960 年 12 月 22 日，Z12 - 34 - 5

4. 1961 年年度计划的制订、调整与执行情况

根据国内市场的情况和中央“量出为入”的指示，一九六一年对外贸易的出口计划，现在考虑六十三亿元，是否可以再多一些，拟到十月底看情况再定。由于要还清过去几年的出口欠交、归还国外贷款和援外，因此设备和材料的进口将比今年有很大减少，这就要求我们自力

更生、发奋图强。为了量出为入，保证外汇使用得当，明年必须加强对进口物资的统一管理。

在出口的物资中，国内供应紧张的农产品和农产加工品的出口额拟比今年减少，工矿产品拟比今年适当增加，其中，钢材、水泥、煤炭、电机、仪表拟多增加一些，钨、锡、钼、水银等产品大体维持今年的出口水平。这样，一方面照顾国内的需要，同时争取多搞些外汇。

国家计委党组关于1961年国民经济计划控制数字的报告，1960年9月27日。150－9－92

四、关于1961年对外贸易计划问题

根据上述情况，我们认为，安排1961年对外贸易计划，必须根据中央指示："把对外贸易工作坚定地建立在自力更生的基础上"，坚持国内贸易和对外贸易同时并举、内销一般服从外销的方针和量出为入、以出定进、进出平衡的原则。为此，必须坚决压缩进口，"凡是国内能够自己制造的机器设备，包括成套设备，原则上不向国外订货"。必须进口的尖端设备和重要物资，在可能范围内努力争取进口。至于某些政治照顾和搭配的物资，仍应适当进口。同时积极地逐步改变我国出口商品的构成，增加工业品出口，减少主要农副产品的出口，少出口原料，多出口成品，增加进口原料加工成品出口，大力提高出口商品的规格、质量。

现在看来，今后两年的对外贸易额将要减少。明年的对外贸易计划，北戴河会议初步确定收购80亿元，出口63亿元。将来根据具体情况，可能会有所增减，目前据我们初步了解，可能出口计划还达不到63亿元，总理和李副总理已同意初步暂定出口60亿元。究竟能搞到多少，要看供货部门与地区的供应能力，要看具体商品的安排情况而定。根据现在的情况，要防止冷风，当然也不应过热，要实事求是。请各地根根中央批转国家计委党组《关于1961年国民经济计划控制数字报告》中的对外贸易收购、出口控制数字，研究提出各地1961年对外贸易收购计划，随同国民经济计划上报。明年对苏联和东欧兄弟国家的出口很大部分要用来还贸易欠账，能用来进口订货的外汇很少。明年对资本主义国家要进口大量粮食，用来补交今年对兄弟国家拖欠的粮食，同时要用相当数量的对资外汇来进口原料加工成品出口和进口农药、橡胶、化肥等。因此，明年对资外汇也是很紧的，用于其他进口订货的外汇是有限的。

对于明年的对外贸易计划，既要积极安排、争取贸易上的主动地位，又要实事求是、量力而行、留有余地。凡是能够拿来出口的商品，应当尽可能列入对外贸易收购、出口计划，争取多搞一些；但是，凡是列入计划的商品，必须落实。只有这样，才能保证对外贸易计划的顺利执行，维护国家对外信誉，有利于加速我国的社会主义建设和加强对帝国主义、现代修正主义及其追随者的斗争。

叶季壮同志在全国财贸书记会议上的发言要点，1960年10月15日。180－8－5

中共中央批转财贸办公室关于一九六一年对外贸易若干问题的请示报告

1961年2月7日

中央同意财贸办公室《关于一九六一年对外贸易若干问题的请示报告》，并且批准这个报告所提出的一九六一年对外贸易计划：收购七十三亿一千万元，出口五十六亿七千万元，进口四十九亿二千四百万元。请照此执行。

由于我国连续两年遭受严重的自然灾害，农业歉收，国内市场供应紧张，要完成今年对外贸易收购和出口计划是有困难的。但是，全党必须认识，只有挤出东西来出口，才能进口粮食，进口化肥、农药、药品、橡胶、钢材、铜、镍等必不可少的物资。同时，从对外关系上考虑，也必须有一定数量的物资出口，才能适应国际形势发展的需要，密切配合外交活动。

鉴于进口需要很多，外汇收入有限，进口方面，必须分别轻重缓急，先进急需，后进一般，先出后进，以进养出，进出平衡。从资本主义市场的进口商品应当按照下列次序安排：第一，粮食；第二，化肥、农药、药品、油脂；第三，用于加工成品出口的原料和化工材料；第四，政治照顾性的物资；第五，橡胶、石油、铜、铝、钢材、尖端技术和国防所需器材、工业设备等。

为了保证完成今年对外贸易计划，中央要求各省、市、自治区党委和中央各有关部门党组更进一步加强对出口商品生产和出口货源组织工作的领导。认真做好出口商品的收购工作，做好出口商品生产基地的工作，保证专材专用，指定专厂、专矿、专车间生产出口商品，并责成外贸部门派出驻厂代表严格检查出口商品的规格、质量。中央各有关部门要指定一位副部长负责组织对外贸易货源的工作，切实做到按时间、按品种、按数量、按质量地完成出口供货计划。

关于进口粮食的数字，出卖黄金、白银的数字，其他全国性的进出口数字，只限各中央局，各省、市、自治区党委，中央各部委，国家机关各党组知道，不要下达。

附：财贸办公室关于一九六一年对外贸易若干问题的请示报告

1961年1月18日

在这次中央工作会议开会的时候，对外贸易部党组曾经向会议提出了一九六一年外贸收购、出口和进口的计划草案。上述计划草案，在外贸收购和出口方面，已经根据我国农业生产连续两年遭受严重天灾的情况，大大降低了主要农产品的出口数量。粮、棉、油、肉四种农产品的出口金额，一九六〇年为十八点五亿元，一九六一年计划只列了七点四亿元，减少十一点一亿元，即减少百分之六十。各种工业品和矿产品的出口额，有增有减，总金额大体上维持了一九六〇年的水平。同时，增加了用进口原料加工出口的商品，“以进养出”，这类商品一九六〇年约为九亿元，一九六一年增加到十三点四亿元，增加四点四亿元，即增加近百分之五十。此外，还计划动用国家金银储备，出口黄金四十一万两、白银一万四千万两（包括一九六〇年北戴河工作会议时决定出口的白银六千万两在内），来弥补外汇收支的差额。即使如此，仍有一点七五亿元的逆差，其中，对苏联逆差零点九七亿卢布，对资本主义国家逆差零点三亿美元。

上述计划草案，在进口方面，根据吃饭第一、稳定国内市场、争取农业丰收和支援工业建设的要求，计划进口粮食二十二亿斤（转口的十亿斤在外），化肥一百五十万吨，石油三百五十万吨（其中资本主义国家二十万吨），橡胶十四万吨，钢材三十万吨（其中资本主义国家九万吨），铜六万吨以及其他若干重要物资。

上述一九六一年的对外贸易计划草案提出以后，又出现了一些新的情况和问题。在进口方面，粮食进口额需要由原来的二十二亿斤增加到八十亿斤（转口的十亿斤在外），即增加五十八亿斤，这些粮食全部要向资本主义国家购买。按每吨粮食七十美元计算，进口金额增加了二万零三百万美元，中央决定增加进口市场所需要的原材料一千万美元，两笔合计二万一千三百万美元。如果出口数额不变，对资本主义国家的外汇收支逆差要由原来的零点三亿美元扩大到二点四三亿美元，这是进口方面的情况。在出口方面，若干地区和部门要求降低外贸收购和出口计划。根据全国外贸局长会议和商业厅局长会议反映的材料，各省、市、自治区要求把一九六一年收购计划降到六十二点六亿元，即比原来提出的七十点八亿元减少八点二亿元。其中，一部分如粮食、棉布、针织品等已由中央设法调剂解决，大部分是需要各地解决的。据各地同志反映，在外贸收购中存在着这样几方面的问题：（1）猪、禽、蛋由于饲料缺乏，肥猪太少，禽、蛋也比较少，农民不愿出售；（2）茶叶、蚕茧的一部分集中产区因受重灾，严重缺粮缺肥，无力采摘和培育；（3）皮毛产区，由于布匹供应减少，穿的不够，要求少购多留；（4）有些灾区因为粮食紧张，打算把一切可吃的东西，如核桃、杏仁、枣仁、黑白瓜子甚至甘草之类的中药材，统统拿来顶粮食吃，不再供应出口；（5）有些地方为了把劳动力集中使用于农业生产第一线，打算大大减少各项副业如采制松香、硫磺、雨伞、草席、土纸等方面的劳动力，因而也就要减少这些传统的出口商品。

此外，中央各有关工业部门也要求减少各种矿产品的出口金额。

一方面要大量增加进口，一方面许多地区和部门又要求减少出口，这就使得原有的外汇收支逆差更加扩大。这些逆差大部分是对资本主义国家的。怎样才能做到既进口粮食和其他必不可少的物资，又做到外汇收支大体平衡，这就是一九六一年对外贸易面临的主要问题。

问题怎样解决呢？我们反复考虑，首要的一条就是上下一齐努力，千方百计保证对外贸易部党组提出的收购和出口计划的实现，不要减少。两年天灾，农业歉收，收购困难，有些地区、有些部门的同志要求减少收购和出口是有理由的，这种心情是完全可以理解的。实际上，在原来提出的收购和出口计划中，已经大量地削减了主要农产品的出口。但是，这种削减不能不有一个限度，这是因为国家不能不有相当数量的进口。吃饭第一，进口几十亿斤粮食正是“刀口上”的粮食，不能不进；为了争取农业有个较好的收成，化肥、农药、西药、橡胶、石油等等也不能不进。要进口就必须出口，不出口就不能进口。主要农产品减下来了，其他农副产品、手工业品和工矿产品不能再减，有些还要增上去。我们要求各地区、各部门还是把对外贸易部党组提出的收购和出口任务承担下来，力争其实现。至于实现这个计划中的某些具体问题，我们愿意在力所能及的范围内协助解决。此外，我们认为，各地农村把劳力首先集中使用于农业生产第一线是完全必要的，但是农村的生产事业不能“单打一”，采制松香、硫磺、雨伞、草席、土纸之类的传统的副业和手工业生产决不能挤掉，不仅要供应出口，而且要供应内销。这样做，对于农民多得一些钱也是有好处的，如果不这样做，反而会脱离群众。各地农村大搞代食品是完全必要的，但是应当对各方面的需要统筹安排，不要把核桃、杏仁、枣仁、瓜子、甘草之类的东西都拿来吃掉，吃掉这些东西，减少了外汇，就会影响粮食的进口，这是不划算的。总之，该出口的必须出口，困难要靠大家克服。

当然，仅仅实现了对外贸易部党组原来提出的收购和出口计划，仍然不能做到外汇收支的大体平衡。这就要求我们采取进一步的措施，削减一些原来列入计划的进口商品，并且在计划之外再增加一些出口商品。根据中央“吃饭第一、建设第二”的精神，我们初步考虑可以采取以下几条措施：（1）原计划从资本主义国家进口特殊钢材九万吨，削减四万吨，只进口五万吨。（2）原计划进口铜六万吨（其中从资本主义国家进口五点九二万吨），减少四万吨，只进两万吨。（3）原计划从资本主义国家进口原油二十万吨，除了已经签订合同的五万吨以外，其余十五万吨全部削掉，这因为绝大部分石油还是要从苏联和罗马尼亚进口。（4）原计划进口橡胶十四万吨，削减四万吨，只进口十万吨。（5）原计划进口六十万担人造棉供应国内需要，全部削掉。（6）原计划出口黄金四十一万两，再增加四十万两，共出口八十一万两。（7）再减少一些内销棉布的供应，挤出七百万匹布出口。以上前五条削减进口的措施，可以少用外汇八千八百万美元；（6）、（7）两条增加出口的措施，可以增加外汇收入四千九百万美元；七条总计一万三千七百万美元。这样，对资本主义国家外汇的逆差可以由二万四千三百万美元压缩到一万零六百万美元。我们设想，这一万零六百万美元的逆差的解决办法，一方面应当在对外贸易工作中争取多进口一些原料加工成品，向资本主义国家出口，赚取外汇；另一方面，可以在进口粮食谈判中争取做到一部分粮食延期付款和分期付款。

采取上述七条措施，牵涉到的问题很多。首先要影响到工业建设，同时也要影响到国内一部分工业品的供应。这样做，是迫不得已的。是否妥当，请中央考虑决定。

第一季度的外贸进口工作首先是粮食进口工作正在紧张进行。根据总理的指示，各类进口物资排队的次序是这样的：第一是粮食；第二是化肥、农药、油脂和国内必不可少的药品；第三是加工后转口换外汇的物资和化工原料；第四是工业原料材料，即铜、铝、钢材、橡胶、石油等。在目前情况下，这样办是必要的。

最后，还要报告一下地方外汇的问题。一九六一年外汇打得这样紧，原定的地方外汇分成办法很难执行了。我们意见，暂时停止分成，由中央拿出两千万美元的外汇分配给各省、市、自治区，由各地自行掌握使用，分配数字见附表［略］。这两千万美元的分配可能是不合理的，但是数目这样少，也只好按过去的比例来削减。一九五九年的地方外汇分成，去年还有一部分没有用完，今年各地可以继续使用，但是只能向社会主义国家订货。

Z44－1961（3）

第二个问题，出口与外汇。

今年已经决定进口粮食五百万吨，明年还需要进口粮食三百五十万吨到四百万吨，看来后年还可能要进口一些。这样目前的进口方针同过去相比，有了很大的改变。过去进口主要是直接为工业建设服务。今明两年主要是进口粮食，缓和城乡关系，鼓舞农民的生产积极性。这样做，暂时要减缓一些工业建设的速度，但是从长远看，把农业发展起来，将会更加有利于工业建设的发展。这是符合中央“调整、巩固、充实、提高”的方针的，是符合党的社会主义建设总路线的。当然，我们这样七亿人口的大国，从长期说来，国内的粮食需要必须靠国内生产的粮食来平衡，决不能长期依赖进口。这两年进口粮食是临时的措施。

要进就要出，有出才能进。现在已经签订了二百六十四万吨粮食进口合同，正在谈判的还有二百五十万吨左右。看来，今年国际市场有粮食可进，关键在于如何搞到资本主义外汇。按照进口五百万吨粮食来计算，今年对资本主义国家的贸易计划如下：进口十点三亿美元；出口七点二亿美元；差额三点一亿美元。

三点一亿美元的差额，除了出售黄金、白银等弥补一部分，尚有赤字一点七六亿美元。要有两百多万吨粮食延期付款，这个赤字才能基本平衡。这一点现在正在争取，还没有把握，即使争取到了，原订的七点二亿美元的对资出口计划也必须完成。

按全年对资出口七点二一亿美元来计算，每天平均应当出口两百万美元。两个多月来，每天平均只出口九十万至一百万美元。必须很快改进对资出口的状况。

我们认为，在目前的情况下，按照国家规定的出口计划，在商品生产和商品分配方面，全党有必要确立“出口第一”的思想。出口就是为了进口粮食和其他必不可少的物资，出口就是为了鼓舞农民生产积极性，贯彻国民经济以农业为基础的方针。

要加强出口，首先要政治挂帅，同时要有经济措施。经济作物奖励粮和饲料补助粮，首先是为了保证出口，其次才是为了稳定国内市场，回笼货币。

在收购经济作物和猪、禽、蛋等商品的时候，除了奖励粮食以外，还可以用糖、饼干、糕点等其他物资和某些工业品作为奖励。

对于主要经济作物以外的小农副产品和农村手工业品，凡是国家迫切需要的，包括出口需要、大工业需要和人民生活必需品，应当采取提高价格收购的政策（略低于当地当时的集市贸易价格），同农民签订合同，组织生产，进行收购。价格提高以后，出口赔钱的部分，由国家贴补；大工业辅助材料增加成本的部分，可以减少工业的上缴利润；用做手工业原料和人民消费品的，可以酌量提高销售价格。

目前，轻工业纺织业的原料、材料严重不足，现有的原料、材料必须做最经济、最合理的使用，要由中央在全国范围内实行统一调拨，让那些设备好、技术高、用料省、成品质量好的轻工纺织工厂优先开工，其他工厂要为它们让路。工业商品也要在全国范围内实行统一分配。

经济作物奖励粮、饲料补助粮、其他物质奖励、小商品提价、原材料集中使用这几条办法同时并举，对于完成出口任务是大有好处的，必须鼓劲，不能泄气。

李先念同志发言要点：第二个问题出口与外汇，1961 年 3 月 20 日。Z12－84－3

对外贸易部党组关于对外贸易工作的报告［节录］

1961 年 9 月 11 日

现在结合国内粮食问题和市场问题，将一九六一年对外贸易计划的执行情况和一九六二年对外贸易的打算报告如下：

一

一九六一年，全党在对外贸易方面进行了艰苦的工作，坚决贯彻执行了中央以进口粮食为中心的对外贸易方针，已经取得很大成绩。情况如下：

第一，各地区、各部门用极大的力量挤出东西出口，换取了外汇，保证了必要的进口。

一九六一年对外贸易收购：计划七十三点一亿元，预计全年完成五十九亿元左右。这个预计完成数比一九六〇年实绩八十五亿元减少二十六亿元左右，但是，从国内的经济情况来看，出口的物资是不算少的，说明年初的计划指标定高了。

出口：计划五十六点七亿元，预计全年完成四十六亿元左右①，比一九六〇年实绩六十三点三亿元减少十七亿元左右。

进口：计划四十九点二亿元，预计完成四十六亿元左右，比一九六〇年实绩六十五点一亿元减少十九亿元左右。

在一九六一年进、出口中，对资本主义国家贸易情况是：出口，计划七点二亿美元，预计完成五点六亿美元到五点八亿美元，略高于一九六〇年的实绩；进口，计划九点四亿美元，预计完成八点三亿美元左右，比一九六〇年实绩七点二亿美元增加一点一亿美元。

预计年终外汇情况是：欠苏联五千万左右新卢布（折人民币两亿元左右），欠东欧六千万左右新卢布（折人民币二点五亿元左右）。资本主义外汇年终结存预计六千万美元左右，其中有三千四百万美元是临时调用香港中国银行的私人存款。按照正常的要求，资本主义外汇应当有八千万美元以上的结存；六千万美元是机动余地极少了。

第二，向资本主义国家订购了五百四十三万吨粮食（包括外贸用来调换出口粮食的十万吨在内）。在八月底以前抢运到国内三百七十万吨（七十四亿斤），已经销掉了。在我们这样一个大国，大量进口粮食只能是临时性的措施，绝非长远之计。但是最近几年进口粮食，是调整国民经济的一个重要措施。中央进口粮食的决策是完全正确的。

第三，进口粮食、食糖、油脂使整个进口物资的构成发生了很大变化。过去我们国家进口，主要是为工业建设服务，百分之九十五以上是生产资料，生活资料所占的比重不到百分之五。一九六一年，粮食、食糖、油脂当年付款的进口约占到进口总额的百分之二十九，加上其他生活资料的进口，共计约占百分之三十一。生活资料进口的比重虽然这么大，但是几乎全部是吃的，医药类和其他必需的生活用品只占到百分之二。进口这么多生活资料（吃的），把工业建设物资的进口挤掉一部分，是为了渡过国内的困难，暂时不得不这样做。“两利相权取其重，两害相权取其轻”，好处还是主要的。

第四，由于农产品、畜产品出口数量减少，由于粮食要从资本主义国家进口，在我国的对外贸易总额中，社会主义国家和资本主义国家所占的比重发生了变化。过去几年，在对外贸易总额中，社会主义国家约占百分之七十

① 一九六一年外贸收购五十九亿元左右，出口四十六亿元左右，差额十三亿元，主要因为：（1）在收购物资中有一部分（畜产、丝绸等）销于国内市场；（2）国内收购价格与出口价格之间有差价亏损。

七，资本主义国家约占百分之二十三。一九六一年，社会主义国家约占百分之六十三，资本主义国家约占百分之三十七。在连续两三年遭受严重自然灾害的情况下，为了维护全国人民的长远利益和根本利益，暂时进口粮食，改变一下社会主义国家的比重，这样做是必要的。

第五，用极大的力量组织了货源。国家计划委员会、国家经济委员会和国务院财贸办公室在中央直接领导下，从六月到八月的两个多月时间内，分期分批地召开了各大区、各省（市、自治区）对外贸易专业会议，落实了出口任务，采取若干有效措施，组织了出口货源。进一步开展了“以进养出”的外贸活动，一九六一年通过“以进养出”而换取的外汇十一亿元（人民币），比一九六〇年的八亿元增加三亿元。

一九六一年对外贸易成绩的取得，是中央和各级党委加强领导的结果，是各地区、各部门一致努力的结果，是贯彻执行对外贸易集中统一、首先保证粮食进口方针的结果。当然，在具体执行中还有不少缺点和错误，需要进一步克服和改正。同时，还要抓紧今年九至十二月的收购和出口工作，尽量多挤些东西出口，超额完成预计的数字。力争对外少欠账以至不欠账，这对一九六二年的对外贸易工作很有好处。

［下略］

Z12－211－1

5. 1962年年度计划的制订、调整与执行情况

对外贸易部党组关于对外贸易工作的报告［节录］

1961年9月11日

［上略］

二

一九六二年对外贸易工作比一九六一年更加艰巨。

根据国内粮食情况，一九六二年需要向资本主义国家进口四百万吨（八十亿斤）粮食，如果能够多挤出外汇，还要力争多进口一点。农村的粮食情况总的说来肯定会有所好转，但是把城市工矿区对粮食的最低需要结合起来看，国家的粮食困难不会减轻，甚至在一九六二年第三季度以前还可能加重，矛盾是很尖锐的。如果不进口四百万吨的粮食，即使把农村粮食销售量压缩一百几十亿斤，事情仍然不好办。

关键在于能够挤出多少东西出口，争取到多少外汇特别是资本主义国家外汇。

根据有关部门提出的材料，初步估算，一九六二年搞得好，外贸收购可以争取到五十五亿元左右，出口可以争取到四十三亿元左右。在这四十三亿元左右的外汇中，要拿十九亿元左右用来偿还贷款、偿还两年来的贸易欠账、支付当年的对外援助、支付当年的非贸易外汇逆差等，只有二十四亿元左右能够用来换取进口物资。而明年各方面需要进口的物资，大大超过二十四亿元。这是一个尖锐的矛盾。

现在分别将一九六二年社会主义国家和资本主义国家的外汇情况说明如下：

社会主义国家：在四十三亿元的出口中，大体上对社会主义国家出口二十七点七亿元左右，折合六点六亿左右新卢布，比一九六一年出口预计完成七点六亿左右新卢布减少一亿左右新卢布。除去用于偿还苏联贷款（一点五四亿新卢布），偿还两年欠账（一点二亿左右新卢布），援助阿、朝、越、蒙（九千万左右新卢布），支付当年非贸易逆差（一千一百万新卢布）以外，可以用来进口物资的外汇只有二点八亿左右新卢布，比一九六

一年进口预计完成数六点一亿左右新卢布减少百分之五十以上。

资本主义国家：在四十三亿元出口中，对资本主义国家出口十五点三亿元左右，折合六点二亿美元左右，除了用来偿付一九六一年粮食延期付款（一点二五亿美元）、支付当年对亚非和拉丁美洲国家援助（零点二亿美元）以外，用来换取进口物资的外汇只有四点七五亿美元。而这一年要向资本主义国家进口四百万吨粮食和其他若干重要物资，共计需要资本主义国家外汇七点四五亿美元①。这样，我们向资本主义国家的进口，就大大超过了向资本主义国家的出口，产生二点七亿美元的资本主义国家外汇逆差。如果一九六二年再挤出三十五万两黄金、两千万两白银，换取三千万美元外汇，并且在粮食进口方面能够争取到一点三亿美元左右的延期付款，那么资本主义国家外汇逆差就缩小为一点一亿美元，这是一个很大的问题。而且究竟能够搞多少延期付款，现在还没有十分把握。

这里需要说明两个问题：（1）一九六二年对苏联、东欧和亚洲兄弟国家的贸易额将进一步缩小，会牵涉到许多问题，但在目前的情况下，只好先作这样安排，将来对外谈判时，结合推销外贸库存，争取多出口一些，并且作些必要的调整。（2）保证了粮食进口，对国民经济的调整有重要作用；但是，进口粮食就把一部分工业建设的物资挤掉了，对于工业生产又是不利的。这是一个矛盾。但是在外汇困难的情况下，暂时只能先保吃的。

总起来说，如何保证完成一九六二年的出口任务，如何保证完成四百万吨粮食和其他若干重要物资的进口任务，如何开源节流、千方百计消灭外汇逆差，特别是资本主义国家外汇逆差，这是摆在全党面前一项重大的经济任务和政治任务。

三

为了完成一九六二年的对外贸易任务，应当坚决实行以出定进、进出平衡、首先进粮食的方针。具体意见如下：

第一，根据党的政策，千方百计组织出口货源。有出口才能进口，出口首先是为了进口粮食。出口第一，就是吃饭第一。

在组织货源方面，要根据既可靠又积极、既实事求是又鼓足干劲的原则，坚决做好四项工作：（1）切实搞好出口农副产品的收购工作，从各方面挖掘农副产品出口货源。要注意掌握大宗的农副产品出口货源，也要重视掌握和发掘小宗的零星的农副产品出口货源。收购若干重要出口农副产品，在可能的范围内，给予适当的物资奖售。为了争取多出口，在国家既定计划范围内，应当坚决实行内贸服从外贸的原则。（2）坚决保证出口工业品的原料、材料供应，搞好出口工业品的生产和收购工作。要想尽一切办法增加矿产品的出口。国家拨给生产出口工业品的重要原料、材料，必须单列户头，专料专用。在制订出口计划的时候，要尽量增加工矿产品的出口；计划确定以后，必须保证出口。（3）进一步开展“以进养出”。进口一批原料、材料，加工成品出口，扩大外汇来源。这是外贸部门的一项重大工作，必须坚决做好。（4）搞好出口商品的生产基地。固定一批工厂、车间、农场、公社，专门生产出口商品。

根据中央指示，由中央有关部门分期分批地同地方开一系列的外贸专业会议，对能够取得二十万美元（五十万元人民币）以上外汇的出口物资，逐项逐项地安排生产，组织收购，以保证出口任务的完成。这样的会议现在已经召开，正在继续进行。

第二，特别抓紧对港、澳的出口工作。港、澳是我国传统的出口市场。供应港、澳

① 用于国内市场的进口粮食四百万吨，二点八亿美元。其他若干重要物资、支援农业和市场物资（如化肥、农药、橡胶和西药等），一亿美元，“以进养出”物资（如棉花、毛条、人造丝、人造棉等），一亿五千万美元；互利进口（如古巴糖一百万吨、加纳的可可等），一亿零七百万美元；国防、尖端、工业等方面的进口七千万美元；转口给锡兰、古巴的大米和阿尔巴尼亚的小麦三千七百万美元。

商品，与香港人民的经济生活有密切关系。从港、澳取得的资本主义国家的自由外汇，占我国资本主义外汇收入的百分之四十左右，是购买粮食的主要外汇来源。因此，搞好对港、澳的出口，有重要的经济意义和政治意义，必须十分重视，认真做好。所有担负对港、澳出口任务的省、市、自治区，现在就要切实加强组织工作，从各方面充分做好准备，保证每一天都能够正常供应。对港、澳出口的物质大部分是鲜活商品，丢了一天供应，就损失一天的外汇。这一点要特别注意。

第三，增加出口商品品种，大力提高出口商品质量。要切实提高出口商品的合格率，减少次品、废品，提高质量，改善包装，注意装潢，以增加外汇收入。应当把提高出口商品质量作为一项重要任务来完成。现在有相当大的一部分出口商品质量很差，卖不到好价，卖不出去，有些卖出去的还要赔偿，不利于同资本主义国家进行斗争，并且减少外汇收入，影响国际信誉。这种情况必须迅速改变。

第四，努力增加侨汇收入。凡是有侨汇收入的地区，要切实加强对侨眷的工作，按照中央既定政策，做好对侨眷的物资供应，尽可能多地吸收侨汇。

第五，紧缩非贸易外汇开支。一九六一年的非贸易外汇开支已经紧缩，一九六二年要进一步紧缩。建议外事办公室、财贸办公室和有关部门制定具体办法，严格执行。

第六，必须有重点地使用外汇。要千方百计增加出口，增加外汇收入，力争外汇收支平衡。如果经过各种努力，外汇仍然不能平衡，应当把进口物资排队，首先保粮食，其他分别轻重缓急，该保的保，该减的减，以保证资本主义国家外汇的收支平衡。

第七，改善对外贸易的经营管理。要认真清理仓库，把能够出口的物资都挤出来出口，不能出口的物资拿出来向国内商业调换出口物资。健全和建立各项经营管理制度，加强经济核算，降低费用，降低成本，要严格禁止“开后门”。加强国际市场的调查研究，研究资本主义市场的斗争策略和总结工作经验。

第八，如果中央同意上述各项精神，建议国家计划委员会、国家经济委员会和国务院财贸办公室在这次中央工作会议以后，立即根据上述精神，编制和安排一九六二年的对外贸易计划。在编制计划的时候，最重要的是要想办法增加收购和出口的品种、数量和金额，削减外汇逆差，保证外汇收支的平衡。

外贸工作的政策性很大，任务很繁重。请各级党委加强领导，向广大干部和群众说明国家的经济情况，发动群众和依靠群众，鼓足干劲，艰苦奋斗，完成和超额完成一九六一年的计划，并为完成一九六二年的外贸任务积极做好准备。

Z12－211－1

中共中央批转对外贸易部党组关于一九六二年对外贸易计划的报告

1962 年 2 月 28 日

中央批准对外贸易部党组提出的 1962 年对外贸易计划。现在发给你们，请按照执行。

1962 年通过对外贸易换取粮食和若干其他急需物资进口，是全党一项重要的任务。为了完成这个任务，保证进出口平衡，并且归还到期欠账，决不增加新的欠账，要求各地区、各部门作艰苦的努力。要切实加强收购，搞好生产，组织货源，支援出口。要大力改善经营管理，努力增加外汇收入，节约外汇支出，加强外汇收支的集中管理。少奇同志在最近的中央扩大工作会议的报告中，把各地区、各部门必须如质、如量、如期地保证完成国家规定的对外贸易收购和出口计划，列为中央提出在经济工作方面加强集中统一领导的十项要求之一。各省、市、自治区党委和各有关部门，一定要努力达到这个要求。

附：对外贸易部党组关于一九六二年对外贸易计划的报告

1962 年 2 月 24 日

一、1961 年对外贸易计划执行情况

在中央的正确领导下，各地区和各有关部门在对外贸易方面都进行了艰苦的工作，取得了很大的成绩。已经完成和超额完成了1961年调整后的对外贸易收购计划和出口计划，并且保证了中央规定的粮食和若干急需物资的进口。

1961年对外贸易收购计划原定为73.1亿元，6、7月间在全国各大区外贸专业会议上调整为59亿元。出口计划原定为56.7亿元，调整为46.7亿元。进口计划原定为49.2亿元，调整为44.1亿元。初步计算，全年收购完成63.6亿元，完成调整计划的107.8%；出口完成46.9亿元，完成调整计划的100.4%；进口由于苏联交货不好，完成42.1亿元，完成调整计划的95.5%。

根据全年进出口计划的完成情况，到1961年底外汇的状况是：（1）对资本主义国家的外汇，经过一年来的努力，组织出口和压缩进口，1961年终外汇结存为1.45亿美元（包括调用香港中国银行的私人存款0.3亿多美元），这是一种好情况。但是，1961年对资本主义国家欠下了两笔账：一笔是进口粮食延期付款的账1.3亿美元，一笔是进口毛条、人造丝等延期付款的账0.32亿美元。（2）对苏联，由于我国出口完成较好，进口苏联交货不好，到年末苏联欠了我0.28亿新卢布；对东欧社会主义国家，由于某些主要商品没有完成出口计划，有些过去订妥的成套设备又撤不下来，到年末我欠东欧社会主义国家0.27亿卢布。

从以上情况看，1961年的外汇收支实际上是不平衡的，表现在对资本主义国家欠下了进口粮食等物资延期付款的账，对东欧社会主义国家的贸易，除了老账之外，又欠了新账，这样就加重了1962年外汇收支上的困难。

二、1962年对外贸易计划的安排

根据当前国内外形势，特别是估计到苏共二十二大以后的新情况，1962年的对外贸易工作应当进一步贯彻执行自力更生的方针，坚决贯彻执行国民经济以调整为中心的“八字”方针。要尽最大的努力组织出口，继续贯彻执行除粮、棉、油以外其他商品内销服从外销的原则。首先保证粮食、支援农业和市场的物资进口，在可能条件下兼顾若干重要物资的进口。保证对外还清到期旧账，对苏联和东欧社会主义国家坚决不欠新账。坚持以出定进，以进养出，进出平衡。积极配合外交活动，实事求是地做好对外援助工作。

经过去年12月份全国外贸计划会议的反复讨论，1962年对外贸易收购计划拟定为53.7亿元，比1961年收购完成数63.6亿元减少15.6%。减少的商品主要是大豆、食用植物油、棉花、棉纱、棉布（1962年出口的国产棉花和以国产棉花为原料的棉纱、棉布折合棉花共计11万吨，比1961年约减少6.5万吨）。

1962年出口计划拟定为42.43亿元（其中包括由外贸库存中挤出出口商品2亿多元），比1961年完成数46.9亿元减少9.5%。

1962年进口计划拟定为37.24亿元，比1961年完成数42.1亿元减少11.6%。从品种上看，粮食，根据中央的决定，进口400万吨；农药、石油、橡胶、化工原料的进口数量基本上维持1961年的水平；化肥、新技术和特殊订货的进口略有增加；钢材进口略有减少；成套设备和机器的进口大大减少。

按照上述安排，1962年外汇收支平衡情况预计如下：

1. 全部外汇收入共49.51亿元。这些收入包括以下六项：

（1）出口42.43亿元；

（2）对阿尔巴尼亚、朝鲜、越南1961年预交1962年出口合同0.25亿元（去年出口，今年收汇）；

（3）对资本主义国家非贸易外汇收入2.86亿元；

（4）出售黄金、白银1.7亿元（包括当年出售黄金95万两、白银2 000万两，共收汇1.31亿元，去年出售白银拖在今年收汇

0.39亿元）；

（5）收回阿尔巴尼亚偿还小麦贷款0.04亿元；

（6）收回1961年度苏、朝、越、蒙对我国的贸易欠款2.23亿元。

2. 全部外汇支出共56.93亿元。这些支出包括以下五项：（1）还账11.96亿元（包括以下4笔：①偿还到期的苏联贷款6.42亿元；②偿还1960年对苏联、东欧贸易欠账0.42亿元；③偿还1961年对东欧贸易欠账约1.13亿元；④支付1961年进口粮食、毛条、人造丝等的延期付款3.99亿元）；

（2）对外援助4.57亿元；

（3）进口37.24亿元；

（4）对资本主义国家非贸易外汇支出2.36亿元；

（5）对苏联、朝鲜、越南、蒙古非贸易外汇逆差0.8亿元。

以上收支相抵，外汇逆差7.42亿元。我们打算1962年进口粮食设法争取延期付款3.64亿元（折合1.48亿美元），进口化肥和其他物资争取做成延期付款0.62亿元（折合0.25亿美元），从1961年度对资本主义国家外汇结存中动用0.9亿美元，折合2.22亿元，尚有外汇逆差0.94亿元（其中，对资本主义国家外汇逆差约0.35亿美元，对东欧社会主义国家外汇逆差0.1亿新卢布，对亚洲社会主义国家外汇顺差0.08亿新卢布），需要在工作中进一步设法平衡，并且努力做好非贸易外汇。

三、对社会主义国家贸易计划的安排和我们拟采取的措施

1. 对苏联和德、捷、波、匈、罗、保六国：贸易总额要减少，但是某些重要的出口商品还要维持适当水平，以便在政治上争取主动。

1962年对苏联出口计划拟定为3.75亿新卢布，比1961年完成数4.78亿新卢布减少20%，加上收回1961年贸易苏联欠我0.28亿新卢布，1962年对苏全部外汇收入为4.03亿新卢布；1962年对苏外汇拟支出（包括偿还贷款、偿还1960年欠账、支付1962年当年非贸易逆差、1962年各项进口订货等）共4.03亿新卢布，外汇收支可能是平衡的。

1962年对德、捷、波、匈、罗、保六国出口计划拟定为0.98亿新卢布，基本上保持1961年完成数0.97亿新卢布的水平；1962年外汇支出（包括偿还1960年和1961年欠账、1962年各项进口订货）1.08亿新卢布；外汇逆差0.1亿新卢布，这主要是对民主德国的逆差。

为了争取外汇平衡和政治上的主动，在对苏联和上述六国贸易谈判中拟采取以下办法：

（1）在上述出口金额以外，再从外贸库存中多提出一些出口货单同对方商谈，求得进出口达到平衡。这些商品是过去对方不愿意接受的。为了在政治上主动起见，这些货单中的商品应该符合以下三个原则：在国际市场上是有买有卖的；对他们来说是有需要的；对我们来说也是人民需要的，不是剩余的。对这些国家的进出口额最后按对方接受我货单多少来确定，坚决贯彻以出定进、进出平衡的方针。

（2）为了争取平衡，需要坚决压缩和推迟成套设备订货。鉴于苏联只将我方不急需的成套设备供应我们，除了1961年订货、1962年到货付款的0.1亿新卢布之外，其余的成套设备拟在谈判中争取全部推迟，直至做到取消。在对民主德国的贸易谈判中，也要争取撤销一些订货，其中主要是成套设备。

（3）对苏联的一般贸易订货，我们主要提出了钢材13万吨，石油260万吨，这些物资，苏联可能不愿意全部供应，但是我们还要按规格品种提出，以便争取主动。

（1）做好谈判工作。应当在国外谈的就及时派出代表团；应当在北京谈的就及时请对方代表团来。如果一时谈不下来，准备同他们长期商谈下去，绝不由我方主动使谈判破裂。

采取上述办法，我们是完全站得住脚的。

估计在经过尖锐复杂的斗争之后，有可能把外汇逆差平衡下来。也有可能由于他们制造纠纷，使谈判拖下去，甚至达不成协议。这样，责任就不在我们方面。

2. 对阿尔巴尼亚：采取坚决支持的方针，但要实事求是。

3. 对朝鲜、越南：贸易额大体上维持1961年的水平。

4. 对蒙古：由于蒙古1961年欠我0.1亿新卢布左右，1962年过境运费又有所减少，因此1962年对蒙古出口要减少，但是对蒙古的援助，仍按已签订的协定执行。

四、对资本主义国家贸易计划的安排和我们拟采取的措施

1962年对资本主义国家出口计划拟定为6.1亿美元，加上拟出售黄金、白银0.69亿美元（包括去年出售白银拖在今年收汇的0.16亿美元），非贸易外汇收入1.16亿美元，1962年外汇收入共计7.95亿美元。

1962年对资本主义国家的外汇支出，包括支付1961年进口粮食、毛条、人造丝等的延期付款，1962年进口粮食和其他物资的用汇、对外援助、非贸易支出等，共计10.93亿美元。

以上收支相抵，尚有2.98亿美元的外汇逆差。我们打算在1962年进口粮食中争取延期付款1.48亿美元，进口化肥和其他物资中争取做成延期付款0.25亿美元，并且从1961年度外汇结存中动用约0.9亿美元。这样还有逆差0.35亿美元左右需要解决。

为了保证上述对资本主义国家外汇收入和支出计划的完成，并解决这0.35亿美元的逆差，1962年对外贸易部门要做许多艰苦的工作，全国各地区和各有关部门也要做许多艰苦的工作。要通过全年的努力，争取把这0.35亿美元的逆差平衡下来。我们设想要从以下各方面努力进行工作：（1）提高出口商品的规格质量，加强经营管理，进一步开展以进养出的工作，把买卖做得更活一些。（2）努力增加非贸易外汇收入，认真地严格压缩非贸易外汇开支。（3）不再增加新的进口订货。我们估计，如果以上各项工作做得好，把这笔逆差弥补起来是有可能的。但是，我们在工作中也可能遇到各种意料不到的情况，特别是资本主义市场情况变化很多，许多变化的因素不取决于我们，因而这笔逆差也有可能弥补不过来。如果经过努力，外汇逆差实在不能平衡，就只好减少除粮食以外的其他物资的进口。我们打算，对于已经列入进口计划的物资，要分别轻重缓急，进行排队，按季安排，边看边做，以确保对资本主义国家外汇收支平衡。

在国别和地区安排上，首先必须保证对港、澳地区的均衡出口，并且做好各个节日的供应工作，力争在上半年多出一些，绝不能再发生1961年初那样松懈下来的情况。今年国内市场的供应很紧，但是为了换取外汇，进口粮食，宁可国内市场供应少一些，也要尽可能把东西挤出来出口。同时，还要加强对亚洲、非洲和拉丁美洲友好国家的贸易关系，积极配合外交活动。

1962年各种有利条件正在增长，完成和超额完成1962年对外贸易任务是大有希望的。但是，1962年对外贸易任务是很艰巨的。我们要求各地党委继续加强对外贸工作的领导。我们要求各有关部门、各地区根据中央批准的计划，按时、按质、按量供应出口。只有这样，才能保证1962年外贸计划的完成。对外贸易部门要在各地党委的领导下，鼓足干劲，实事求是，努力做好自己的工作，进一步克服工作中的缺点，和各部门密切协作，大力组织货源，积极改善经营管理，做好对外谈判工作，为完成1962年的对外贸易任务而奋斗。

目前正在同苏联、东欧、蒙古、古巴等国家进行贸易谈判，如果谈判结果与上述安排发生重大变化，再对计划进行一次修改，报告中央。此外，我们依照中央指示，力争多进口5 000～10 000吨橡胶。

Z13－15－1

国家计委、对外贸易部关于调整一九六二年进出口计划的报告

1962 年 10 月 4 日

国务院：

1962 年外贸收购计划经 6 月全国外贸专业会议落实后，调整为 53.09 亿元，已报请中央审批。我们根据 1962 年外贸收购计划的落实情况和对外签订的进出口协议，对 1962 年的进出口计划相应地作了调整。

1962 年出口计划中央原批准为 42.43 亿元，现调整为 42.51 亿元。调整后的出口计划总金额与原计划基本一致，但由于国内供应货源的变化和对外签订的协议（合同）情况，在若干出口商品上和出口国别安排上都有一些调整。其中，对苏联出口由原计划 3.75 亿卢布调整为 3.85 亿卢布，对东欧社会主义国家出口由原计划 1.5 亿卢布调整为 1.38 亿卢布，对亚洲社会主义国家出口由原计划 1.28 亿卢布调整为 1.29 亿卢布，对资本主义国家（地区）出口由原计划 6.1 亿美元调整为 6.15 亿美元。

1962 年进口计划中央原批准为 37.24 亿元，现调整为 32.93 亿元，减少了 4.31 亿元。其中，对苏联进口由原计划 2.31 亿卢布调整为 2.15 亿卢布，对东欧社会主义国家进口由原计划 0.95 亿卢布调整为 0.85 亿卢布，对亚洲社会主义国家进口由原计划 0.83 亿卢布调整为 0.67 亿卢布，对资本主义国家（地区）进口由原计划 8.15 亿美元调整为 7.12 亿美元。进口比原计划减少有以下几方面情况：（1）对资本主义国家（地区）进口，因外汇困难，今年 4 月间中央决定刹车，减少了对外订货；也有一些商品，今年用了外汇明年才能运回国内。（2）对社会主义国家进口，除对外协议与原计划有所变动外，有些商品（如石油）是我方推迟了进口；有些商品（如各种机械零配件、木材、烟叶、手表等）对方今年交货有困难，有些商品（如钢材）在具体品种、规格上与对方尚未签订合同，预计今年进不了口；还有些商品（如煤炭）因运输困难，年内到不了货。

上述调整的进出口计划，对社会主义国家还应按照对外签订的合同和新提出的进出口补充货单的谈判情况，努力完成出口合同交货任务，并尽可能多出口一些，争取今年不欠新账或少欠新账；对资本主义国家（地区）的进口，还要根据国家的外汇情况，逐季逐月排队安排。现将调整后的 1962 年进出口计划报上，请备案。

150－10－333

一、一九六二年对外贸易计划执行情况

一九六二年对外贸易计划经过调整，收购为五十三亿零九百万元；出口为四十二亿五千一百万元；进口为三十二亿九千三百万元。从目前情况看，是可以完成的。

一九六二年对资本主义国家的出口计划为六亿一千万美元（其中包括对古巴的出口，因为我国对古巴的贸易还是以美金为结算单位，所以统计在一起），预计可达到六亿四千万美元左右。今年从资本主义国家和古巴的进口，根据中央五月间的指示，对各项进口商品重新安排以后，由八亿一千五百万美元减为七亿六千七百万美元。由于有的进口物资年内难以订到，有的虽然已经订妥，但年内不能交货，预计全年进口大约可以完成七亿三千五百万美元左右。

预计一九六二年底的外汇情况是：

卢布外汇：对苏联和东欧六国，根据中央当年平衡、不欠新账的指示，经过努力，除还了今年应该偿付的欠账以外，外汇大体上可以平衡，也可能有一些顺差。对阿尔巴尼亚和亚洲社会主义国家略有顺差。

美元外汇：由于出口完成较好，对各项用汇控制得比较严格，因此，年末外汇库存有可能达到一亿一千七百万美元（包括调用香港中国银行私人存款三千六百万美元），其中，自由外汇九千九百万美元，记账外汇一

千八百万美元（包括古巴）。这一亿一千七百万美元的外汇库存，比一九六一年底外汇库存一亿四千五百万美元减少了二千八百万美元，而延期付款欠账，到一九六二年底预计为一亿八千七百万美元，比一九六一年底延期付款欠账一亿五千六百万美元增加了三千一百万美元。同一九六〇年以前比较，差别更大。一九六〇年以前没有欠债，并且还有一些黄金、白银储备，而一九六二年的情况是存不抵欠，金银后备空虚。

国务院财贸办公室关于1963年国内市场平衡和外汇平衡问题向中央汇报的提纲（草稿），1962年10月23日。150-11-71

一九六二年对外贸易计划都超额完成了，特别是对资本主义国家和港澳地区出口计划完成很好，创造了我国建国以来对资本主义国家和港澳地区出口的最高纪录。初步统计，到一九六二年底止，对外贸易计划完成情况如下：

收购：完成五十七亿二千七百万元（西藏数字暂缺），超额完成了调整后全年计划五十三亿零九百万元的百分之七点九。

各省、市、自治区供应出口商品计划都超额完成了，其中完成调整后计划百分之一百二十以上的有安徽、河南、新疆、宁夏等四个省、自治区；完成百分之一百一十到一百二十的有北京、河北、内蒙古、辽宁、广东、湖南等六个省、市、自治区；完成百分之一百到一百一十的有山西、吉林、黑龙江、上海、江苏、浙江、福建、山东、湖北、四川、云南、贵州、陕西、甘肃、青海、江西、广西等十七个省、市、自治区。

国务院有关部、社、局供应出口商品计划也完成得很好，其中完成调整后计划百分之一百一十以上的有铁道、化工、地质、外贸部和气象局等五个单位；完成百分之一百到一百一十的有粮食、商业、轻工、纺织、水产、冶金、建工、三机、农机、水电、文化、教育、公安、农业部和供销合作总社、中央手工业管理总局等十六个单位；接近完成调整后计划的有一机、林业、石油、煤炭、交通、邮电、卫生部等七个单位。

出口：完成四十五亿七千万元，超额完成调整后全年计划四十二亿五千万元的百分之七点五。其中，对资本主义市场和古巴出口六亿八千五百万美元，超额百分之十一点五完成全年计划。在对资本主义市场出口中，对港澳地区出口二亿二千三百万美元，超额百分之七点八完成全年计划。

进口：完成三十三亿三千二百万元，超额完成了调整后全年计划三十二亿九千三百万元的百分之一点二。主要进口商品有国内用粮食四百七十万吨，化肥一百零二万五千吨（不包括地方外汇和侨汇进口部分），农药五千吨，橡胶十万吨，石油一百九十二万二千吨，砂糖一百万吨，钢材二十万吨，镍一千零三十二吨，马五万九千三百匹，西药和南药一千三百万元。

一九六二年对外贸易计划全面超额完成的主要原因是：在中央和主席的正确领导下，国民经济形势进一步好转了；同时，各地区、各部门根据中央的指示，在对外贸易方面作了很大的努力；对外贸易系统全体职工也作了很大的努力。特别值得提出的是：中央，各中央局，各省、市、自治区党委都下了很大力量抓外贸工作，许多地方党委的第一书记亲自抓外贸工作，这是保证完成和超额完成一九六二年对外贸易计划的关键，也是一条极为重要的经验。

1962年对外贸易计划全面超额完成，《对外贸易情况简报》，第3期，1963年1月19日。4-15/8

国家计委党组、国家经委党组、国务院财贸办公室、对外贸易部党组关于一九六三年对外贸易计划的请示报告［节录］

1963年2月2日

根据去年十月二十三日李先念同志向中

央汇报时提出的一九六三年对外贸易方针、原则和计划轮廓，我们在去年十一月全国计划会议期间召开了全国外贸计划会议，讨论了一九六三年外贸收购计划安排问题，会后我们对出口和进口计划安排又作了多次研究。现将一九六二年对外贸易计划的执行情况和一九六三年对外贸易计划的安排意见请示报告如下：

一、一九六二年对外贸易计划的执行情况

一九六二年对外贸易超额完成了各项计划任务，取得了很大成绩。据初步统计，收购完成五十七亿二千七百万元，为调整后计划五十三亿零九百万元的百分之一百零七点九；出口完成四十五亿七千万元，为调整后计划四十二亿五千一百万元的百分之一百零七点五，其中，对资本主义市场和古巴出口完成六亿八千五百万美元，为调整后计划六亿一千五百万美元的百分之一百十一点五；进口完成三十三亿三千二百万元，为调整后计划三十二亿九千三百万元的百分之一百零一点二。这样，就保证了粮食、化肥和其他若干急需物资的进口，支援了农业生产和工业生产，支援了市场，支援了国防建设，同时密切配合了外交活动和对外斗争。

到去年底，外汇状况也比原来预料的好。卢布外汇除了按期偿还苏联、波兰、德国、捷克、匈牙利、罗马尼亚六个国家二亿零六百万卢布（折人民币八亿六千五百万元）的欠债以外，对苏联尚有八千万卢布左右的顺差，还可以提前偿还一部分贸易欠账；对东欧各社会主义国家外汇收支大体平衡；对亚洲社会主义国家有贸易顺差三千九百万卢布。美元外汇在保证进口粮食、化肥和其他若干急需物资的情况下，年终外汇周转库存一亿四千四百万美元（如果减掉调用香港中国银行外汇三千六百万美元，实际库存为一亿零八百万美元），比前年底外汇库存没有减少；对外延期付款欠账一亿五千五百万美元，比前年底没有增多，这是一个很大的成绩。

一九六二年对外贸易的任务是艰巨的，出口货源是相当紧张的，不少传统的、大宗的、主要的农副产品大量减少了出口。为了完成中央交给我们的任务、保证必要的外汇收入，去年我们自始至终着重地抓了以下各项工作：

（一）对某些出口的农副产品的收购采取了奖售的办法，特别是在收购一些零星的、次要的小商品方面，用奖售办法收到了很好的效果。当然，这个过渡性的措施是有一些副作用的，但是把这些并非人民生活所必需、而外销却很值钱的商品收购起来，组织出口，换回粮食、化肥等重要物资，对于促进农业生产的发展和集体经济的巩固，对于配合整个国民经济的调整，是必要的、有利的。

（二）进一步有重点地建立和发展了出口商品生产基地，保证了一部分货源的供应。比如，一九六二年对港澳出口的活猪，出口生猪基地提供了约百分之八十的货源，猪的质量也有所提高。

（三）积极组织了工业品出口。一九六二年由于各工业部门的共同努力，工业品的出口数量比一九六一年有所增加，特别是机电、化工和钢材等产品的出口数量有较大的增加。不少工业品的质量、规格也有所提高。

（四）根据国内生产情况和出口的需要，积极地开展以进养出工作。一九六二年用以进养出和转口办法提供的出口商品为十一亿六千万元，占出口总值的四分之一还多。初步计算，通过“以进养出”一般可以增值外汇百分之三十到五十，而且对于国内某些工业生产也是有利的。

（五）大力组织对港澳的出口，对主要副食品做到了比较均衡供应，同时恢复和增加了一些传统商品的出口。一九六二年对港澳出口实绩达到二亿二千三百万美元，完成原定计划二亿零七百万美元的百分之一百零七点八，这是建国以来对港澳出口的最高纪录，同时也加强了对新加坡、马来亚的出口。

（六）从产、运、销各个环节着手，改善对外贸易的经营管理。据初步估算，一九六二年在生产、运输、外贸等部门的共同努力下，由于对出口商品提高规格质量、改进包装装潢、增加花色品种、改善运输保管方法，同时在出口、进口和租船方面加强价格斗争等，增加外汇收入和节约外汇支出约三千万美元左右。

此外，去年八月北戴河会议期间，中央决定，各省、市、自治区在完成计划之外增加对资本主义国家出口实行外汇分成的办法，对于超额完成一九六二年外贸收购和出口计划也起了一定的作用。

一九六二年对外贸易工作取得成绩的根本原因是：在中央和毛主席的正确领导下，全党贯彻执行了对国民经济的调整、巩固、充实、提高的方针和加强农业战线的一系列政策，使整个国民经济情况有了进一步好转；同时，中央对于外贸工作的领导抓得很紧，多次讨论了外贸工作方面的问题，并且及时给予了指示。各中央局，各省、市、自治区党委，各有关部党组都加强了对外贸工作的领导，对出口工作给了很大的支持。外贸部门的职工也作了很大努力。

[下略]

Z14－628－2

国家统计局：一九六二年对外贸易情况

1963年2月6日

1962年进出口都超额完成计划，出口大于进口，对外贸易总的情况是好的。

全年出口商品总值45.7亿元，完成计划107.5%，比上年减少2.1亿元；全年进口33.3亿元，完成计划101.2%，比上年减少9.7亿元。

随着国际政治经济斗争形势和国内各方面需要的变化，出口的国别贸易额和国别比重发生了新的变化。对社会主义国家的出口商品总值为30.8亿元，比上年减少10.4%，占出口总值的比重由71.8%降为67.4%，其中对苏联出口17.6亿元，比上年减少13.4%，比重由42.4%降为38.5%；对民主德国、捷克、匈牙利、波兰、保加利亚、罗马尼亚、蒙古等7个国家出口5亿元，比上年减少13.8%，比重由12.2%降为11%；对阿尔巴尼亚、朝鲜、越南、古巴等4个国家出口8.2亿元，与上年基本持平，但比重由17.2%上升为18%。对阿尔巴尼亚出口1.7亿元，对朝鲜出口2.9亿元，分别比上年增长87.1%和22%。对资本主义国家出口商品总值14.9亿元，比上年增长11.3%，比重由28.2%扩大为32.6%。这一年对资本主义国家的出口商品总值是我国建国以来最多的一年，但是由于进口大于出口，出现了2.1亿元的逆差。

在对资本主义国家出口商品总值中，对港澳市场的出口为5.5亿元，比上年增长17.8%。我国出口商品在港澳市场的比重也较上年上升，但仍较1961年以前为低，1962年1—10月我国出口商品在香港市场的比重由上年同期的16.6%上升为17.7%，而1950—1960年11年平均则为22%左右。因此，如何进一步采取措施，加强对港澳市场的出口，力争保持我国对港澳出口的传统优势，仍然是值得注意的一个问题。

出口货物中，工矿产品为15.8亿元，完成计划106.3%，比上年略有增加；农副产品及其加工品为29.9亿元，完成计划108.1%，比上年减少6.6%。这一年在工农业产品出口中，除了有计划地减少粮、棉、油等重要物资出口以满足国内市场的基本需要外，对一些比较次要的商品仍然执行了优先外销的原则，扩大了外销比重，例如，茶叶出口占内外销总量的比重由上年的36.7%上升为41.4%；纸张由上年的13.9%上升为15.3%。从主要商品的出口情况看，猪、禽、蛋、水产、水果、胶球鞋、玻璃、水泥、钢材等完成计划都较好，比上年也有不同程度的增长；但是部分轻工业品和土特产品的计划完成得不够好，例如，自行车只完成68.2%，比上年减少59.3%；收音机只完成59%，减少82.6%；桃仁只完成74.9%，减少14.9%；

猪鬃只完成94.4%，减少4.1%。

部分轻工业品出口计划完成较差，主要是由于我国出口商品在规格、质量、花色、品种、包装、装潢等方面尚存在不少问题，不能适应国际市场竞争日益加剧的情况。土特产品计划完成较差，除了收购网点少和技术人员减少外，主要是由于有些人员收大不收小，收多不收少，重大宗，轻小宗，影响货源的扩大。例如，1962年羽毛收购量比收购最多的1957年减少45%，而全国家禽消费量只减少12%左右；猪肠衣收购量比收购最多的1958年减少71.3%，而猪的屠宰量只减少49%；羊绒和羊毛的收购量分别比收购最多的1960年减少7.8%和23.9%，而羊的屠宰量还增加20%左右。在当前主要农副产品出口货源困难和轻工业品不易推销的情况下，大力组织土特产品出口具有更大的意义。据初步计算，出口一磅猪鬃，相当于出口75市尺棉布的外汇收入，能换回144斤小麦；出口一担羽毛，相当于出口20担大豆的外汇收入，能换回64担硫酸铵；出口一根猪肠衣，相当于出口11斤大米的外汇收入，能换回13斤砂糖；出口一担苦杏仁，相当于出口700市尺棉布的外汇收入，能换回1 750斤化肥。因此，必须进一步加强土特产品收购，扩大货源。

进口货物中，支援农业和国内市场的商品以及"以进养出"的物资进口约为22.6亿元，比上年减少12.4%，但是这一部分占进口总值的比重，却由上年的60%上升到68%左右。其中，主要商品有化肥102.6万吨，粮食（不包括转口）93.2亿斤，砂糖99.6万吨，手表97万只，纸浆4.3万吨，棉花3.7万吨，橡胶10万吨，石油及其制品192.3万吨。这一年，成套设备进口2亿元，比上年减少68.3%；机电仪产品和五金矿产品进口5.9亿元，减少32%。

附：1962年进出口商品总额　　单位：人民币亿元

	计划	实际	完成计划（%）	上年实际	为上年（%）
一、出口总额	42.5	45.7	107.5	47.8	95.7
对社会主义国家出口	27.4	30.8（28.8）	105.7	34.3	89.6
苏联	16.2	17.6	108.5	20.3	86.6
东欧社会主义国家	5.8	5.8	100.6	5.0	116.5
亚洲社会主义国家	5.4	5.4	100.8	6.4	84.8
古巴	—	2.0	—	2.6	74.6
对资本主义国家出口	15.1	14.9（16.9）	111.5	13.5	111.3
二、进口总额	32.9	33.3	101.2	43.0	77.5
其中：成套设备	2.5	2.0	78.8	6.3	31.4
一般贸易	27.9	29.5	105.8	35.6	82.9
从社会主义国家进口	15.4	16.3（13.7）	88.8	24.0	67.9
苏联	9.0	7.7	85.5	11.0	69.9
东欧社会主义国家	3.6	3.2	90.0	7.4	43.6
亚洲社会主义国家	2.8	2.8	98.2	2.8	99.0
古巴	—	2.6	—	2.8	92.9
从资本主义国家进口	17.5	17.0（19.6）	112.0	19.0	89.8

注：

（1）1962年对社会主义国家进出口总额计划中未包括古巴，括弧内数字是与计划口径可比的数字。

（2）百分比是按万元为单位的细数计算的。

157－3－192

二、调整时期对外贸易计划的制订与执行情况

（一）1963 年年度计划的制订、调整与执行情况

二、一九六三年对外贸易计划初步安排意见

根据十中全会的精神，进一步贯彻执行以农业为基础、以工业为主导的发展国民经济的总方针，一九六三年对外贸易计划的安排，必须在继续贯彻自力更生方针的基础上，尽最大的努力组织出口，保证粮食和某些重要物资进口，支援农业、工业生产的发展，支援国防建设，支援国内市场。继续援助阿尔巴尼亚、朝鲜、越南、古巴等兄弟国家；配合外交活动，积极支持亚洲、非洲和拉丁美洲人民反对帝国主义的民族民主运动。

对于出口物资，应当根据不同商品采取不同的具体方针：粮食和食油，除品种调换外，坚决不出口；棉花、桐油、纯锡等农业工业生产上迫切需要、目前国内供应紧张的商品，以内销为主，适当安排外销；其他商品必须继续坚持内销服从外销的原则。在外汇安排上，要坚持以出定进、以进养出、进出平衡的原则。要偿还欠债，要多想办法，切实改善经营管理，把生意做活。

（一）收购计划

按照上述方针，收购计划安排为五十六亿元（不包括对日本换货贸易谈判的出口商品货源，如果谈判达成协议，需要另作专门安排），比一九六二年预计完成五十三亿零九百万元增加二亿九千一百万元。主要商品的安排同一九六二年比较，大多数商品维持一九六二年的水平。粮食仍安排六十万吨，这是用品种调换的办法，出口一些价格高的品种，换回较多的低价粮食。减少的商品有棉花、桐油、纯锡、水银、烧碱、纯碱等，共减少三亿元，增加的商品有猪肉、蛋、猪鬃、茶叶、蚕茧、钢材等，共增加五亿九千一百万元。增减相抵，净增二亿九千一百万元。这样安排是积极的，比较可靠的。当然，我们还必须做好工作，千方百计地多抓一些货源，力争超过。

（二）出口计划

按照收购五十六亿元计算，出口计划初步安排为四十一亿七千七百万元，比一九六二年出口预计完成四十三亿一千万元减少一亿三千三百万元。一九六三年收购比一九六二年增加二亿九千一百万元，出口反而比一九六二年减少，主要是因为一些出口价格较高的商品如桐油、锡、水银、棉布等减少了；同时一九六二年多挖了一些库存商品。

（三）进口计划

按照出口四十一亿七千七百万元，减去偿付对外欠款等之外，进口计划初步安排三十一亿八千四百万元，比一九六二年进口计划预计完成三十三亿三千八百万元减少一亿五千四百万元。主要的进口商品有：安排国内用粮四百万吨；化肥一百零一万吨，维持一九六二年的水平；石油一百六十一万吨，比一九六二年减少四十四万吨；砂糖五十三万吨，比一九六二

年减少四十七万吨（古巴砂糖减产，进口减少）；黑色金属十三万七千吨，维持一九六二年的水平；棉花六万吨，比一九六二年增加两万吨；木材四十九万五千立方米，比一九六二年增加二十二万立方米。

（四）进出口国别初步安排

对苏联：出口三亿八千万卢布，基本维持一九六二年的水平。除去偿还贷款本息九千七百万卢布，偿还一九六〇年贸易欠账五千万卢布、非贸易差额一千五百万卢布，可用于进口的为二亿一千八百万卢布，比一九六二年减少九百万卢布。

对东欧六国：出口八千四百万卢布，比一九六二年减少一千七百万卢布。偿还一九六〇年贸易欠账三千九百万卢布、非贸易差额二百万卢布，进口安排四千三百万卢布，比一九六二年减少一千五百万卢布。这里要说明的是：对这几个国家的长期贸易协定到一九六二年底已经满期，长期的成套设备订货合同也已经撤完，明年不再受约束，在进出口安排上比较主动了。

对阿尔巴尼亚：出口三千九百万卢布（其中包括贷款出口二千八百万卢布），进口一千七百万卢布，比一九六二年略有增加。这是根据阿尔巴尼亚的要求和我们的可能安排的。

对亚洲社会主义国家：出口一亿二千二百万卢布（其中包括贷款援助四千七百万卢布），比一九六二年略有减少，主要是对越南的成套设备减少，对蒙古也减少了一些。进口七千八百万卢布，比一九六二年增加一千一百万卢布。主要是我国对这些国家有顺差，增加了一些进口。

对资本主义国家和古巴：出口六亿三千万美元（其中古巴五千八百万美元），比一九六二年预计完成六亿四千万美元减少一千万美元。在出口六亿三千万美元中，自由外汇四亿一千五百万美元，比一九六二年增加五百万美元；记账外汇二亿一千五百万美元，减少一千五百万美元。进口六亿八千五百万美元（其中古巴四千八百万美元），比一九六二年预计完成七亿三千五百万美元减少五千万美元。

六大类进口商品初步安排如下：

粮食：安排国内用粮四百万吨，二亿九千四百万美元，比一九六二年减少四千六百万美元。

支援农业和市场物资一亿零七百万美元，维持一九六二年的水平。

以进养出的进口物资一亿一千七百万美元，比一九六二年增加八百万美元。主要是因为国产棉花出口减少四万五千吨。为了维持国外已有的市场，一九六三年进口棉花六万吨，比一九六二年四万吨增加两万吨。同时减少了毛条进口一千五百吨。其他进口物资维持一九六二年的水平。

互利贸易进口物资六千一百六十二万美元，比一九六二年减少三千四百三十万美元。主要是因为古巴砂糖减产，对我国出口减少四十七万吨。

工业和其他方面进口物资六千七百三十八万美元，比一九六二年增加二百零九万美元。

转口粮食四十万吨，主要是转给阿尔巴尼亚、古巴和锡兰的。

三、一九六三年外汇收支平衡情况

按照以上安排，一九六三年外汇收支平衡情况如下：

卢布外汇：对苏联、东欧六国和阿尔巴尼亚的外汇是平衡的；对亚洲社会主义国家，大约有一千四百万卢布的顺差。

美元外汇（包括古巴）：总收入八亿五千九百万美元，总支出十亿九千二百万美元。收支相抵，逆差二亿三千三百万美元（其中，自由外汇逆差二亿五千四百万美元，记账外汇顺差二千一百万美元）。除了一九六二年已付一九六三年预订货款两千万美元；一九六二年订购的粮食二十六万吨延至一九六三年到货，已付外汇两千万美元；再减去继续做延期付款一亿八千四百万美元（其中粮食延期付款一亿三千四百万美元），这样，还有九百万美元的逆差，其中自由外汇逆差三千五百万美元，记账外汇顺差二千六百万美元，问题是在记账外汇的顺差不能抵付自由外汇的逆差。因此，进口订货决不能再增加了。剩下的逆差，我们从工作中通过改善经营管理、提高出口商品质量、增加以进养出、努力争取侨汇、大力组织出口货源等方面想办法来解决。

一九六三年上半年自由外汇收入只有二亿四千六百万美元，支出却需要三亿一千五百万美元，收支相抵尚差六千九百万美元。因此，上半年用汇要抓得更紧，要边走边看。

为了解决外汇逆差，要做好以下工作：

1. 千方百计组织货源增加出口。尽力设法把能够出口的农副产品收购起来，积极支持出口。对于中央各部提出的不太好销的部分商品，只要出口合算，外贸部门应在计划外积极向外推销。

2. 进一步开展以进养出工作，把生意做活。一九六二年以进养出预计可以完成九亿八千万元，占出口总值四十二亿五千一百万元的百分之二十三。其中，美元外汇收入预计可以完成一亿三千万美元，占全部美元外汇收入六亿四千万美元的百分之二十，成绩不小。一九六三年，除了按计划做好以进养出的原料进口、生产安排以及出口推销等工作以外，为了扩大以进养出，有必要允许外贸部利用一部分记账外汇的顺差，进口一些物资，经过加工后出口，或者换购国内商品出口，或者直接转口，换取自由外汇，把“死外汇”变成“活外汇”。

3. 增加侨汇收入及其他非贸易外汇收入。一九六三年侨汇收入必须达到七千万美元，争取达到八千万美元。为此，必须进一步做好侨汇物资供应工作，特别是春节侨汇供应物资，必须立即安排，争取在春节期间收汇一千五百万至两千万美元。同时对华侨携带和邮寄进口的粮食和副食品要严格限制。

4. 严格控制用汇。

5. 改善经营管理，加强经济核算。加强调查研究，切实提高业务水平，改进国外推销工作，妥善掌握进出口商品的价格。做好仓储保管工作，改进出口商品的包装装潢，节省运费。

国务院财贸办公室关于1963年国内市场平衡和外汇平衡问题向中央汇报的提纲（草稿），1962年10月23日。150－11－71

二、一九六三年对外贸易计划的安排

一九六三年国民经济情况将比一九六二年更好一些。党的八届十中全会各项决定正成为推动各项工作的强大动力。农业生产、工业生产和市场供应情况都在进一步好转，国际形势也正在向更加有利于各国人民的方向发展。资本主义国家经济困难将会加深，市场竞争更加剧烈，帝国主义国家日益走向四分五裂。亚洲、非洲、拉丁美洲人民反对帝国主义的民族解放运动蓬勃发展。在国际共产主义运动中，反对现代修正主义的斗争进入了一个对于保卫马克思列宁主义真理更加有利的新的阶段。在上述国际、国内形势下，进行对外贸易工作，是有很多有利条件的，但是斗争更加复杂，工作中还会遇到很多困难，必须坚决贯彻执行中央的方针政策，运用国内外的有利条件，克服困难，密切配合外交活动与对外斗争，更好地为发展国民经济服务。

根据党的八届十中全会的精神，为了进一步贯彻执行以农业为基础，以工业为主导的发展国民经济的总方针，一九六三年对外贸易计划的安排，必须在继续贯彻自力更生方针的基础上，尽最大努力组织出口，保证粮食和某些重要物资进口，支援农业和工业生产的发展，支援国防建设，支援国内市场；继续援助阿尔巴尼亚、朝鲜、越南、古巴等兄弟国家；积极支持亚洲、非洲和拉丁美洲人民反对帝国主义的民族民主运动。在外汇安排上要坚持以出定进、以进养出、进出平衡的原则，要保证按期偿还并争取提前偿还对外欠债。

对于出口商品的安排，应该根据不同商品采取不同的具体方针。粮食和食用油，除了出口一些价格较高的品种，换进一些价格较低的品种以外，坚决不出口；棉花、桐油、纯锡等农业生产和工业生产上迫切需要、目前国内供应又很紧张的重要商品，应该适当减少出口，照顾国内需要；其他商品必须贯彻勤俭建国的方针，继续坚持内销服从外销的原则。

根据上述方针原则，一九六三年外贸收购计划拟安排为五十三亿八千万元，出口计划拟安排为四十一亿七千七百万元，进口计划拟安排为三十三亿一千五百万元（收购、出口、进口商品的安排情况见附表［略］)。

一九六三年外贸收购计划五十三亿八千万元，同一九六二年收购实绩五十七亿二千万元比较，减少三亿四千万元，主要是对国内工农业生产上迫切需要的、目前供应上又比较紧张的重要物资，如国产棉花、桐油、纯锡、钨砂、水银、烧碱、纯碱、松香等作了较大的减少，同时对国外销路不好的、出口赔钱太多的和有积压的商品，也作了减少。上述减少的物资，一九六三年外贸收购计划比一九六二年落实计划约减少六亿四千万元。去年十一月全国外贸计划会议期间，在各地区、各部门的共同努力下，增加了一部分其他商品的收购，同时也积极地增加了以进养出的商品，这样一九六三年外贸收购计划安排落实的商品有五十三亿三千万元，比五十三亿八千万元的计划还差五千万元。根据上述情况，当时会上决定一九六三年外贸收购计划可以暂先定为五十三亿八千万元，对其中尚未安排商品的五千万元，拟在今年四、五月间再作具体安排。当时我们还指出，这个计划是不大的，出口货源还是有潜力的，各地区、各有关部门应该力争超额完成这个计划。

按照以上的安排，对各国的出口、进口和外汇平衡情况如下：

对苏联：出口三亿八千万卢布，进口二亿一千八百万卢布。出口比进口多一亿六千二百万卢布，用来偿还贷款本息九千七百万卢布、贸易欠账五千万卢布和支付非贸易外汇逆差一千五百万卢布。

对东欧六国：出口八千四百万卢布，进口四千七百万卢布。出口比进口多三千七百万卢布，用来偿还波、德、捷、匈四国贸易欠账三千五百万卢布和支付非贸易外汇逆差二百万卢布。

目前对苏联和东欧六国的贸易谈判正在进行，斗争相当尖锐。对这些国家的进出口计划将在谈判结束后，按实际情况，加以调整。

对阿尔巴尼亚：出口三千九百万卢布，其中贷款出口二千六百万卢布，贸易出口一千三百万卢布；进口一千八百万卢布。进口比出口多五百万卢布，是阿方用来偿还欠我国贷款的。

对亚洲社会主义国家：出口一亿二千二百万卢布，加上一九六二年底的外汇顺差三千九百万卢布，全部外汇收入共一亿六千一百万卢布。进口七千八百万卢布，加上对这几个国家援助用汇六千二百万卢布和支付对蒙古过境运费等非贸易逆差七百万卢布，全部外汇支出共一亿四千七百万卢布。收支相抵，一九六三年我们仍有外汇顺差一千四百万卢布。

对古巴和资本主义市场：出口收汇六亿三千万美元（其中对古巴出口暂只安排了五千八百万美元），加上侨汇收入七千万美元和其他外汇收入及一九六二年底结转外汇周转库存一亿四千四百万美元，全部外汇收入共八亿八千九百万美元。进口用汇七亿三千一百万美元（其中从古巴进口为四千八百万美元），加上偿还一九六二年进口粮食等延期付款欠账一亿五千五百万美元，对外援助用汇一千五百万美元，非贸易外汇支出、地方外汇提成以及一九六三年底外汇周转库存一亿四千四百万美元，全部外汇支出共十一亿三千九百万美元。以上收支相抵，外汇逆差二亿五千万美元。这笔逆差，除去上年已提前支付了进口用汇两千万美元和继续采取延期付款的办法推迟粮食、化肥等进口用汇两亿美元之外，还有逆差三千万美元。在这三千万美元的逆差中，记账外汇有顺差两千万美元，自由外汇有逆差五千万美元（详见附表［略］)。

关于对日本的长期综合易货贸易中在一九六三年进口的钢材、化肥和出口的大豆、玉米、杂豆等商品，根据总理的指示，为了保证出口货源的供应，认真履行协议，要单独计算，不列入一九六三年外贸计划，正在专门安排。

此外，还需要说明，上述安排的一九六三年对古巴和资本主义市场出口计划六亿三千万美元中，还没有包括以下两笔：最近古巴要求我方增加出口约两千万美元，最近决定对印尼增加出口五百万美元，共二千五百万美元。加上这两笔，再加上一九六三年计划外对日本长期综合贸易出口的两千万美元，一九六三年对古巴和资本主义市场出口计划将达六亿七千五百万美元。

按照这样的安排，有两个问题需要进一步解决。第一是自由外汇逆差五千万美元的问题，还需要在计划执行中努力争取增加两千万到三千万美元的商品出口，增加一千万美元的侨汇收入，努力节约非贸易外汇支出；并从改善对外贸易经营管理方面加以解决。第二是计划内尚未包括的增加对古巴、印尼出口约二千五百万美元的货源问题，还需要进一步设法安排。

三、几项措施

为了完成和超额完成今年外贸收购和出口计划，保证进口，弥补外汇平衡上的缺口，要采取以下措施：

（一）解决计划内尚未落实的五千万元人民币出口商品货源问题。要求各地区、各部门认真进行研究，在第一季度内提出货单，以便安排落实。

（二）千方百计地组织农副产品的出口货源。除了继续加强出口农副产品生产基地的工作、对某些出口农副产品采取奖售办法之外，要特别注意抓紧旺季，按照政策把能够出口的农副产品和畜产品收购起来。既要抓紧大宗的农副产品的收购工作，又要认真重视和做好畜产品与传统的、零星的出口土特产品的收购工作。这些零星商品，对外好销，卖价较高，每年出口约值一亿多美元，而国内货源也有潜力，同国内人民生活需要的矛盾不大，应该而且可能挤出来出口。因此，请各地党政加强对这方面工作的领导。请各地计委和农业部门在安排生产的时候，适当照顾这些商品的生产，请各级供销合作社把收购这些出口商品作为一项重要的任务来完成，外贸部门要同以上有关部门密切联系，做好对这些商品收购的组织工作。

（三）进一步提高出口工矿产品的合格率和质量，增加出口工业品的花色品种，特别是注意抓紧增加纺织品的花色品种，改进瓷器的质量、包装和增加钢材的品种、规格。要把有限的原材料安排在劳动生产率高、产品质量好、品种多、合格率高、原材料消耗少、成本低的工厂，适当地集中生产。工贸双方要加强协作，做好这项工作。

（四）进一步做好对港澳和新加坡、马来亚地区的出口工作。对港澳出口的副食品，必须按照旺季、淡季的情况做到均衡供应，并且多出口一些名贵商品，多卖外汇。要做好对港澳的节日供应工作，当前要切实抓春节以后两三个月内供应港澳各种商品的货源，不要脱销。工业品方面，要特别抓紧适合广大群众需要的价廉物美的中下档商品的出口，保证质量，扩大销路。除了加强对港澳、新、马地区的出口工作外，并且要开展对西欧和加拿大、澳洲的出口。

（五）进一步开好每年两次在广州举行的中国出口商品交易会。会前各有关部门和各地区要预先做好组织货源的准备工作，会上要掌握好出口价格、搞好推销工作，会后要严格履行签订的出口合同。

（六）有计划地扩大以进养出。一九六三年除了按照计划通过以进养出的办法提供出口商品十二亿四千万元之外，为了多创造外汇，也可以进口价格低的商品调换出口价格高的商品出口；还要尽可能利用记账外汇的顺差，争取再多搞一点以进养出，把死外汇变成活外汇。例如，可以增加进口棉花、椰油、橡胶、黄麻等原料，加工成品出口或者换购国内商品出口。

（七）严格控制进口。在既定计划之外，除了个别确实迫切需要的物资，不能再增加进口。对于从资本主义国家进口物资的计划，则仍须按照外汇情况，由我们逐季安排，边做边看，以确保外汇不出问题。同时为了弥补外汇差额，各有关部门要努力节约非贸易外汇的支出，增加各项非贸易外汇的收入，特别是要争取侨汇收入。

（八）为了发挥地方组织出口货源的积极性，一九六三年对各省、市、自治区在保证完成外贸收购计划任务和国家规定的上调任务的前提下，计划外增加对资本主义市场的出口，拟按照一九六二年的办法，继续实行外汇分成。

（九）进一步改善外贸经营管理。要努力提高出口商品的规格、质量，增加花色品种，改进包装装潢，减少损耗，加强经济核算，降低流通费用，减少亏损，增加盈利。外贸部门要紧密依靠各级党政的领导，同有关部门密切协作，充分地发动群众，深入地开展一个既轰轰烈烈，又扎扎实实的改善经营管理的群众运动。

一九六三年对外贸易工作的任务是艰巨的，但是有利条件很多。在中央和毛主席的正确领导下，经过努力工作，各项任务是可以完成的，特别是外贸收购和出口计划一定要力求超额完成。希望各中央局，各省、市、自治区党委继续抓紧对外贸工作的领导，各有关部对于外贸工作继续给予大力支持。要求大家鼓足干劲，同心同德，共同为完成和超额完成一九六三年的对外贸易计划而奋斗。

国家计委党组、国家经委党组、国务院财贸办公室、对外贸易部党组关于1963年对外贸易计划的请示报告，1963年2月2日。Z14－628－2

（四）外贸问题

去年外贸的出口计划虽已超额完成了，但是据各地同志谈，可以增加出口的潜力还是大的。例如，河南、广东计划今年再多出口一些猪、禽、蛋；广东、广西计划大抓土特产，恢复传统出口产品；上海计划再多搞一点“以进养出”，等等。这些都是可行的，特别是恢复土特产的潜力更大。这几年，有些传统出口的土特产品，诸如薄荷油、杭菊、虫茶，以及慈姑、腊肠、鞭炮等不出口或者很少出口了。有些产品，诸如干鲜果、桂皮、八角、茴油、松香、各种香料油、中药材等产量显著下降了，还没有恢复起来。恢复和发展这些产品并不很困难。只要把生产队和社员家庭的副业生产恢复和发展起来，并且把收购工作组织好，就可以把这些零星的分散的产品以及其他鸡毛蒜皮的东西收集起来，变为成宗的出口货。同时，这些商品与内销的矛盾不大，而对外既好销，价又高，因此是可以尽量挤出来供出口的。

猪鬃、桐油、茶叶、蚕丝是我国大宗的传统出口货，在国际市场上是最受欢迎、享有盛名的，但是这几年的产量和出口量也都下来了。对这些大宗的特产，今后各地也应当抓紧，大力恢复，以满足内销和外销的需要。

外贸部应当加强对外贸易方面的研究工作，为此，我想外贸部可以设一个经济研究机构，负责对国际贸易问题和国外市场情况进行系统的调查研究，通过外贸关系搜集经济和技术情报等，并和国内的生产联系起来，以便使外贸工作更好地为国内生产建设服务，外贸工作本身也更主动、更灵活。

朱德同志关于农村集市贸易等几个问题的报告，1963年3月2日。Z14－437－3

二、一九六三年对外贸易计划执行情况

收购：全年计划五十三亿八千万元。上半年完成二十九亿二千万元，为全年计划的百分之五十四点三，比去年同期实绩增加了百分之十七点三。从商品上看，许多商品的收购情况很好。如桐油、活猪、鲜蛋、蛋品、茶叶、药材、山羊毛、羊绒、钢材、轮胎等已经完成全年收购计划的百分之五十以上。猪鬃、猪肠衣、山羊板皮、湿蛋、冰鲜鱼、焦炭等已经超额完成全年收购计划。

出口：全年计划四十一亿七千万元。上半年完成二十二亿四千万元，为全年计划的百分之五十三点七，比去年同期实绩增加了百分之十二点一。其中，对资本主义市场出口，全年计划是六亿美元（包括对日本综合换货贸易出口），上半年已经完成了三亿六千八百万美元，为全年计划的百分之六十一点四，比去年同期实绩二亿六千万美元增加了一亿零八百万美元，即增加了百分之四十一点八。在对资出口中，对港澳的出口也有显著增加。上半年对港澳出口一亿二千九百万美元，为全年计划二亿三千万美元的百分之五十六，比去年同期实绩九千八百万美元增加了三千一百万美元，即增加了百分之三十二点四。现在，我们出口的许多副食品在港澳市场上已经恢复了占绝对优势的地位。今年六月，我对香港出口的活猪已占香港市场活猪销售量的百分之七十五，鸡蛋已占百分之九十八。

进口：全年计划三十三亿一千万元。上半年完成十六亿零六百万元，为全年计划的百分之四十八。其中，对资本主义国家进口，全年计划六亿八千三百万美元，上半年完成四亿四千一百万美元，为全年计划的百分之六十四点五。

许多重要的进口商品，如粮食、砂糖、化肥、石油、橡胶、木材、动植物油、棉花、毛条、人造纤维、镍、锌、白金、钻石、五金钢材、电影胶片等已全部和大部分买妥。

许多重要进口商品的到货情况也很好。例如，粮食（包括国内用的、转口的和外贸用来调换品种的），全年进口任务为五百一十三万五千吨，上半年已到货三百九十五万吨，比去年同期到货实绩二百九十万吨增加一百零五万吨。化肥（包括中央计划的，对日本备忘录项下的和代地方进口的），全年进口任务是二百四十二万二千吨，上半年已到货一百二十一万吨，比去年同期到货实绩一百零二万吨增加十九万吨。棉花，全年进口任务是八万八千吨，上半年已到货六万吨，比去年同期实绩一万八千五百吨增加四万一千五百吨。

林海云同志发言要点，《财贸工作会议简报》，1963 年 7 月 26 日。180 - 11 - 11

在对外贸易方面，出口可以超过计划，进口可以完成计划，在外汇上可以实现当年收支平衡。

今年的出口总额预计可以达到四十三亿四千万元，比原定计划三十九亿三千五百万元超过四亿零五百万元；进口总额可以完成三十三亿一千五百万元。

今年对资本主义国家的贸易可以大大超过原计划。出口总额可以完成七亿五千万美元，超过计划一亿七千八百万美元；进口总额可达七亿六千二百万美元，超过计划七千九百万美元。除消灭了原有的外汇赤字以外，还预付了明年的货款三千七百万美元。

对苏联和东欧的贸易没有完成原来的计划。

刘明夫同志关于 1964 年商业、外贸计划草案的说明，1963 年 9 月 23 日。150 - 12 - 1964 - 52

一、一九六三年对外贸易计划的执行情况和调整意见

一九六三年对外贸易的情况很好。从目前的情况看，只要继续努力，做好工作，收购计划和出口计划都可以超额完成，进口可以大体上照原定计划完成，外汇可以做到当年收支平衡，略有结余。这是中央正确领导和各地区各部门共同努力的结果，也是整个国民经济开始全面好转的一个重要方面。

根据一至八月的执行结果和九至十二月的估计数字，今年的收购，预计可以完成六十亿元（包括地方超计划部分），比原定计划五十三亿八千万元超过六亿二千万元，比最近提出的调整指标五十六亿五千万元超过三亿五千万元。今年的出口，预计可以完成四十三亿四千万元（不包括对外经济联络总局主管的成套设备，下同），比原定计划三十九亿三千五百万元超过四亿零五百万元。今年的进口，预计大体上可以完成三十三亿一千五百万元的原定计划。

一九六三年对外贸易计划完成得比较好，明显地表现在对资本主义市场的贸易方面。今年对资本主义市场的出口，预计可以完成七亿五千万美元左右（对古巴出口的八千一百万美元未计算在内），比原定计划五亿六千八百万美元超过一亿八千二百万美元。对资本主义市场的出口收汇中，有一部分是地方超计划提成，不是全部能归中央使用的。一九六三年从资本主义国家的进口，预计可以完成七亿六千二百万美元，比原定计划六亿八千三百万美元超过七千九百万美元。许多重要的进口商品，如粮食、化肥、橡胶等，都将完成或者超额完成全年进口计划，只是在中央批准追加进口的国防和工业用的进口物资中，有一小部分，即价值约四千万美元的物资，因为提出订货较迟，要到明年才能到齐。

一九六三年对资本主义市场的出口所以完成得好，从根本上说，是由于工农业生产的上升和各地区各部门的努力。具体分析起来，有以下几个方面：（1）猪肉、鸡蛋、猪鬃、猪肠衣等农副产品的货源有了很大的增加，对港澳出口的活猪、鲜蛋、蔬菜、活家禽、水果、小食品、小土产等也增加很多。今年对港澳出口可以比原计划超过三千万美元，这些产品占很大部分。（2）水泥、钢材、棉织品、化工产品等工业品的出口数量也有了增加，特别是各种出口工业品的规格质量有了显著的提高，花色品种有了增加，扩大了销路，提高了卖价，增加了外汇收入。（3）由于苏联对我们不供应或者少供应重要物资，我们不得不把原来对苏联出口的一部分纯锡、钨砂、桐油、棉布和服装等重要物资转过来对资本主义市场出口，这一部分大约有两千万美元。（4）积极扩大了以进养出，主要是增加了棉花的进口，一部分棉花加工成棉织品直接出口，一部分棉花加工成布匹，换购农副产品出口。我们把进口的古巴原糖加工成精糖出口，也增加了一部分外汇收入。（5）在原定出口计划以外，按照廖承志—高碕达之助协议，对日本增加了大豆、杂粮、食盐、纯锡、煤炭的出口，共计二千四百万美元。

一九六三年的外贸计划曾在二月份报告中央。由于后来情况变化，中央没有正式批示，建议加以调整，即收购调整为五十六亿五千万元，出口调整为四十三亿四千万元，进口调整为三十三亿一千五百万元，作为一九六三年对外贸易的正式调整计划，请中央批准。

中共中央批转国家计委、国务院财贸办公室关于1964年对外贸易计划安排意见的报告，1963年11月16日。Z14－614－5

对外贸易部关于一九六三年几项主要工作的综合报告

1963年12月28日

一九六三年，我们根据毛主席和党中央在八届十中全会上关于阶级、阶级矛盾、阶级斗争的指示，在对外贸易工作中首先抓了阶级斗争。对内，按照中央的统一部署，在机关内部进行了反修学习和开展了“五反”运动。对外，适应国际形势的发展，在同各国贸易中，坚决支持民族民主革命运动，反对现代修正主义和建立最广泛的反美统一战线。与此同时，依靠党，依靠群众，改善了对外贸易企业的经营管理，完成了对外贸易计划任务。现将一九六三年几项主要工作简报于后，作为我们一九六三年第四季度的综合报告。

一、超额完成了对外贸易计划，特别是对资本主义市场出口的计划完成得很好

根据初步统计，一九六三年对外贸易计划执行结果是：收购完成六十四亿元，为调整后的计划五十六亿五千万元的百分之一百一十三；出口完成四十九亿五千万元，为调整后的计划四十三亿四千万元的百分之一百一十四；进口完成三十四亿四千万元，为调整后的计划三十三亿一千万元的百分之一百零四。

特别值得提出的是：一九六三年对资本主义市场出口有显著增加，达到八亿四千二百万美元（当年收汇为八亿二千五百万美元），为一九六三年调整后的计划七亿五千万美元的百分之一百一十二，比一九六二年的出口实绩六亿一千九百万美元增加了二亿二千二百万美元，增长百分之三十六。其中，对港澳地区出口完成二亿九千五百万美元，比一九六二年的二亿二千七百万美元增加了六千八百万美元，增长百分之三十。一九六三年在广州举行的两次出口商品交易会效果很好，其中秋季交易会出口成交额达到二亿零九百万美元（关于这一届交易会的总结，已于一九六三年十二月七日上报中央）。

由于出口情况好，加上侨汇收入也超过原订计划，一九六三年对资本主义国家的外汇状况大有改善，不但保证了各项进口用汇的开支，而且减少了对外延期付款欠账，增加了外汇周转库存。根据初步统计，一九六三年对资本主义国家的外汇收支对比有顺差一亿七千七

百万美元（关于一九六三年对资本主义国家的外汇情况。已于一九六四年一月二十一日向中央作了报告）。

一九六三年对外贸易计划完成得好，是在毛主席和党中央的正确领导下，在国民经济开始全面好转的形势下，各地党政领导亲自抓外贸工作和各部门大力支持以及全体外贸职工共同努力的结果。我们在实际工作中再一次深刻体会到，一九六二年中央在北戴河工作会议上号召各级党委大抓外贸、大抓出口以后，制定了各项有关政策，依靠各级党委，调动了地方和群众支持出口的积极性，这是对外贸易计划能够超额完成的关键所在。

二、密切配合外交活动，贯彻执行党中央的对外方针政策

根据党中央的反帝反修的方针政策，一年来，我们把同我国有贸易往来的国家排了队，分为几个类别，定出不同的贸易政策，并且结合具体情况，对许多国家在政策性较大的问题上，一国一国地定出方案，报请中央批准后执行。

第一类是要给以支持的国家。（1）对社会主义阵营中的阿尔巴尼亚、朝鲜、越南和古巴，在积极协作、平等互利、实事求是的方针下，它们要的物资我们能给的都给了；它们出口的物资，我们能要的都要了；有些对我们不急需的物资，也照顾它们的要求，适当地接受了。一九六三年对阿尔巴尼亚、朝鲜、越南三国的进出口实绩比一九六二年增加了百分之六点九，一九六三年对古巴的出口实绩比一九六二年增加了百分之十。对这四个国家的一九六四年贸易谈判现在都已结束，分别签订了贸易协议书。（2）对第一个中间地带中反帝和执行中立政策的国家，在平等互利、积极援助、量力而行的原则下，有计划地开展同它们的贸易，通过贸易形式给它们以援助。由于它们在经济上有困难，它们的要求是很多的，而我们的力量有限，不可能完全满足它们的要求。但是我们总是在力所能及的范围内和在适当的时机给它们以必要的帮助，因此收到了较好的效果。例如，对印尼，一九六三年我们增加供应了它们急需的大米和纺织品，同时多买了它们急于推销的橡胶，起了“雪中送炭”的作用。对巴基斯坦，根据需要和可能，一九六三年进出口贸易额有了显著增加，配合了外交活动。对柬埔寨、几内亚、马里等亚非国家，虽然贸易额不大，但是我们供应了它们所需要的商品，接受了它们出口有困难的某些商品，而且在我方出现了贸易顺差时，不向它们逼债，因而产生了很好的政治影响。（3）对资本主义国家内的坚持马列主义的兄弟党，我们根据中央联络部的意见，在符合国际贸易习惯的情况下给了它们一定的支持。

第二类是修正主义集团占据领导地位的国家。这些国家并不是钢板一块，我们对它们进行针锋相对的斗争，同时针对它们对我们的不同态度，采取区别对待的办法，分化它们，配合反修斗争。对罗马尼亚，一九六三年我们根据中央的指示，在贸易协议之外进行了较大的补充贸易。一九六四年度对罗贸易谈判已在一九六三年底签字，比东欧其他国家的贸易谈判签字都早，目前正在进行一九六四年补充贸易谈判。对波兰，我们在贸易上也已开始采取适当争取的办法。对苏、蒙、匈、保、捷、德六国，我们一般地继续减少了贸易额，并且将原来对它们出口的商品的一部分转向资本主义市场出口，同时对它们有区别地进行了针锋相对的斗争。一九六三年对苏联的进出口实绩比一九六二年减少百分之十六点八。据初步统计，在对苏贸易中，一九六三年底我方有四千六百万卢布左右的顺差，我们已向苏方提出将这笔款提前偿还一九六五年应该偿还的贸易欠账；如果苏方同意，就基本上可以把一九六五年的贸易欠账提前还清。在商品交换上，我们采取了对等的原则，它不给我们关键性的设备和尖端物资，我们也不给它战略物资。我们不需要进口的就不进口，例如，大大减少了石油的进口，一九六四年准备只进口四十万吨。对蒙古，我们执行了平等互利、进出平衡和逐步减少蒙方对我方逆差的原则，但是我们也不向它

逼债。在东欧这几国中，一九六二年捷克表现最坏，一九六三年民主德国表现最坏，我们分别采取了“冷”和“拖”的办法，有意识地将对它们的贸易议定书的签字放在最后。这样做，不论在政治上、经济上我们都有所收获。看来在一九六四年贸易谈判中对表现最坏的民主德国或捷克，也还要采取这个办法。

第三类是第二个中间地带的国家。这些国家都在力图摆脱美国的控制同时它们由于面临着日益加深的资本主义经济危机，它们想多同我国进行贸易。一年来，我们本着利用矛盾、分化敌人的方针，同这个地带的不少国家发展了贸易关系。例如，对法国、英国、荷兰和日本的贸易都有了显著的发展。一九六三年对法国的进出口实绩为九千三百万美元，比一九六二年增加了百分之三十二；一九六三年对英国的进出口实绩为一亿一千五百万美元，比一九六二年增加百分之二十四；一九六三年对荷兰的进出口实绩为三千六百万美元，比一九六二年增加百分之一百五十九；一九六三年对日本进出口实绩为一亿二千九百万美元，比一九六二年增加百分之七十四。通过对这个中间地带国家的贸易，不但买到了我们需要的一些新技术和成套设备以及其他急需物资，也配合了建立反美统一战线，政治上、经济上都对我们有利。看来在购买新技术和成套设备方面我们已经初步打开了缺口。估计随着形势的发展，一九六四年下半年它们向我们出售成套设备有可能进入一个相互竞争的阶段，这对于我们以较好的条件买到我们需要的成套设备和配合外交活动将更为有利。

三、改善了对外贸易企业的经营管理

一九六三年，全国对外贸易部门在中央和各级党政的领导以及有关部门的支持下，普遍地、逐步深入地开展了以节约费用、降低成本、增加盈利、扭转亏损、增加外汇收入、节约外汇支出为中心内容的改善经营管理群众运动。在运动中，向广大职工进行了阶级教育、社会主义教育和勤俭建国、勤俭办企业的教育，广大外贸职工的社会主义觉悟有了提高。政治观点、生产观点、群众观点加强了，经济核算思想加强了。通过这个运动，出口商品的规格、质量和合格率有了显著的改善和提高，出口商品的包装装潢有了改造；同时，普遍地开展了直线运输，改进了装载技术，降低了运输损耗，并且加强了出口推销和进口订货工作。一九六三年每一百元营业额预计开支费用九元六角四分，比一九六二年的十元五角九分降低百分之八点九八。一九六三年增加外汇收入和节约外汇支出共约三四千万美元。但是，我们改善经营管理工作还仅仅是个开始，工作中还存在着很多缺点，有待于进一步解决的问题还多。我们今后要进一步努力改进工作，克服缺点，从各方面挖掘增产节约的潜力，进一步提高对外贸易企业的经营管理水平（关于改善对外贸易经营管理运动的初步总结，已于去年十二月二十日上报国务院财贸办公室）。

四、开展了“五反”运动

我部直属单位的“五反”运动到一九六三年底已经基本结束，目前正在继续进行整改。在这次运动中，我部共计清查出二十七个有贪污盗窃、投机倒把行为的人，占参加运动总人数的百分之零点八，有力地打击了资本主义势力的猖狂进攻。通过这次运动，我部领导干部和广大职工群众普通地受到一次深刻的社会主义教育，推动了各方面工作的改进。

一九六三年对外贸易工作虽然取得了上述成绩，但是我们在工作中也存在很多缺点。主要是：对国内外的调查研究工作不够系统，不够深透；掌握对外政策有时不够及时，陷于被动；总结和推广经验做得不够；在一部分干部中有骄傲自满、故步自封的思想，在领导作风上有官僚主义。而最根本的一条缺点是，政治工作薄弱，没有下功夫狠抓人的思想工作。对于这些缺点，我们要在今后工作中坚决加以克服。

当前的国内形势和国际形势大好。巴拿马人民的反美运动以及亚非拉许多事件的发生都证明了全世界反帝的风暴正在继续高涨，同时法、日等国正在不断地摆脱美国控制，又证明了美帝国主义的力量正在继续削弱。这一切都是对我们十分有利的。为了适应形势的发展，一九六四年的对外贸易工作必须继续贯彻执行毛主席和党中央关于阶级斗争的指示，使我们的工作更好地配合对外活动，为反帝、反修和支持民族民主革命运动，为尽最大的可能扩大反美统一战线，为支持各国的马列主义队伍而斗争。同时必须继续紧密地依靠各级党政的领导，依靠群众，兢兢业业，踏踏实实，更加努力地进行工作。要尽最大努力组织出口货源，组织对资本主义市场的出口，力争完成对这方面的出口计划，增加外汇收入，特别是自由外汇的收入。要按照国家批准的计划，坚决完成粮食、化肥、新技术和新设备的进口，并且努力组织其他物资的进口，以支援农业，支援国防尖端，支援基础工业。要进一步改善对外贸易企业的经营管理。为了做好上述各项工作，最重要的是，要高举毛泽东思想的伟大红旗，学习人民解放军和大庆油田的经验，进一步加强思想政治工作，发扬革命精神，认真地改造工作作风，反对骄傲自满、故步自封。各级外贸干部要亲临前线，深入基层蹲点，狠抓第一性资料，狠抓基础工作，克服官僚主义，为实现机关和企业的革命化而奋斗。

Z14－628－11

五、对外贸易

（一）收购总额为六十四亿零五百万元，超过计划七亿五千五百万元，比一九六二年增加五亿六千万元。有些商品的收购量，如猪肠衣、绵羊毛、羊绒、羽毛、山羊皮、苦杏仁和若干手工艺品等，已经超过或者接近解放后最高年水平。

（二）出口总额为四十九亿五千六百万元，超过计划六亿一千万元，比一九六二年增加二亿四千四百万元。其中，对社会主义国家出口额为二十八亿八千万元，比计划增加三亿八千七百万元；对资本主义国家出口额为八亿四千二百万美元，比计划增加九千二百万美元。对资本主义国家的出口额，比历史上最高的年份（一九五八年）还超过一亿九千多万美元。这是一个很大的成绩。

（三）进口总额为三十四亿四千万元，比计划增加一亿三千万元，比一九六二年增加六千三百万元。主要商品，如粮食、化肥、橡胶、黑色金属、木材、毛及毛条等，都超额完成了计划。

（四）外汇收大于支。卢布外汇有一亿以上的顺差，其中，苏联四千五百万卢布左右，东欧社会主义国家一千五百万卢布左右，亚洲社会主义国家四千万卢布左右。美元外汇结存一亿七千多万美元，比一九六二年底增加六千九百万美元。

国家计委、国家统计局关于1963年国民经济计划执行情况的报告，1964年2月8日。150－11－106

（二）1964年年度计划的制订、调整与执行情况

（二）1964年对外贸易任务仍然很重，特别是对资本主义国家外汇仍然很紧。国家要继续进口相当数量的粮食、化肥和橡胶，要增加铜和新技术设备的进口；同时，还要继续援助部分兄弟国家，继续支持亚、非、拉地区的民族主义国家，偿还苏联、东欧国家的债款。因此，对外贸易收购计划必须根据积极而又可靠的精神来进行编制，不能松懈。在资本主义市场上好销的农副土特产品，要尽可能地在提高生产的基础上，适当地多收购一些和多出口一些。对供应港澳市场的副食品和小土产等，应当在今年收购出口的基础上，适当地增加收购和出口。当前国内经济形势很好，明年将会比今年更好。请各省、市、自治区和各部门，在

编制计划的时候，尽可能多安排一些对外好销、货源可靠的商品，供应出口。努力做到一九六四年的对外贸易收购总值超过六十亿元的控制指标。

国家计委、国务院财贸办公室关于下达1964年对外贸易收购计划控制数字的通知，1963年8月15日。150-12-570

（二）1964年对外贸易计划，收购总额安排为58.3亿元，比1963年计划增加4.5亿元，比预计增加1.8亿元；出口总额安排为43.64亿元，比1963年计划增加4.29亿元，比预计增加0.24亿元；进口总额安排为41.3亿元，比1963年计划增加8.15亿元。

在收购方面，农副土特产品比1963年计划增加2.6亿元，生铁、铁砂、化工产品、纺织品和机床等工业品增加约2.55亿元，钨砂、纯锡、汞等减少约0.65亿元。

在出口方面，主要农副产品和机电产品都有所增长，其中，猪肉为9.68万吨，比1963年计划增加4.44万吨；机电产品1.5亿元，增加0.28亿元。减少的主要是钨砂、汞、纯锡等产品。

在进口方面，国内用粮安排为600万吨，比1963年计划增加150万吨；成套设备和专利为1.19亿元，比1963年计划减少0.77亿元，其中，从资本主义国家进口为1 750万美元，增加750万美元，从苏联和东欧社会主义国家的进口则减少了；黑色金属为36.3万吨，增加20.15万吨；铜2.1万吨，增加2万吨；机械、电工、仪器3.99亿元，增加1.46亿元；化肥、橡胶维持今年的进口水平。

明年的外汇收支，对社会主义国家是平衡的。主要问题是对资本主义国家还有逆差7 000多万美元。因此，必须积极组织和扩大出口货源。首先，要有重点、有计划地恢复和发展茶叶、蚕丝、桐油、大豆、花生等传统出口的大宗农副产品的生产；其次，要千方百计地扩大传统出口的小商品的货源；再次，要积极增加工矿产品的货源，提高产品质量，增加花色品种，改进包装装潢，使这些商品能够更加适合出口，特别是适合对资本主义市场出口的要求，以便打开资本主义市场的销路，增加外汇收入。同时，要在保证粮食和某些必需物资进口的情况下，节约外汇支出，力争外汇收支平衡。

中共中央和国务院批准国家计委关于1964年国民经济计划的报告的指示，1963年10月26日。150-12-57

中共中央批转国家计划委员会、国务院财贸办公室关于一九六四年对外贸易计划安排意见的报告

1963年11月16日

中央同意国家计划委员会、国务院财贸办公室《关于一九六四年对外贸易计划安排意见的报告》，现在发给你们，请即进行布置，逐级落实，认真组织执行。按照现在这个安排，明年对资本主义市场的外汇收支还有相当大的逆差，需要各地区、各部门共同努力，做好工作，力争更多地增加出口，增加外汇收入，严格控制外汇支出，并且要在执行中边做边看，做到外汇平衡。

一九六三年对外贸易计划，中央同意按照报告中提出的意见进行调整，请各地区、各部门努力完成和超额完成，并且要特别注意做好对港澳和新加坡、马来亚地区的出口工作。

当前对外贸易工作的任务很重，各中央局，各省、市、自治区党委应当进一步加强对外贸工作的领导，保证中央方针政策的贯彻执行和外贸计划的圆满完成。

附：国家计划委员会、国务院财贸办公室关于一九六四年对外贸易计划安排意见的报告［节录］

1963年11月8日

现在将一九六三年对外贸易计划的执行情况、调整意见和一九六四年对外贸易计划的安排意见报告如下：

一、一九六三年对外贸易计划的执行情况

和调整意见

［中略］

二、一九六四年对外贸易计划安排意见

（一）一九六四年对外贸易计划安排的方针和基本要求

当前国内外的政治经济形势很好。一九六四年，我国工农业生产将会继续上升，国民经济将会进一步全面好转。社会主义教育运动和“四清”、“五反”运动的继续开展，将会进一步提高人民的政治觉悟，发扬人民的积极性。但是，由于今年一部分地区遭受了严重的、集中的自然灾害，对明年出口商品的收购会有一些影响，特别是加重了明年进口粮食、救济灾荒的任务。一九六四年，在国际上，将同帝国主义、各国反动派、现代修正主义展开更尖锐、更复杂的斗争。在这个斗争中，我们将会取得新的胜利，进一步壮大马列主义队伍和人民革命力量；同时，帝国主义，特别是现代修正主义，很可能加给我们更多更大的困难。对外贸易工作必须更好地适应国际斗争形势的发展，适应政治斗争的要求。

对外贸易的首要任务，是为国内社会主义经济建设服务。国民经济计划安排的方针，是安排对外贸易计划的出发点。中央确定的一九六四年国民经济计划安排的方针是：（1）以农业为基础、以工业为主导的发展国民经济的总方针；（2）艰苦奋斗、勤俭建国、自力更生、奋发图强的方针；（3）按照解决吃穿用、加强基础工业、兼顾国防、突破尖端的次序安排的方针；（4）一九六三年、一九六四年、一九六五年三年定为进一步对国民经济进行调整、巩固、充实、提高的过渡阶段。根据这四条发展国民经济的方针，结合当前对外贸易工作的具体情况，我们认为，一九六四年对外贸易工作的基本要求是：

第一，更好地组织出口和进口，为国内社会主义经济建设服务。

尽最大努力组织货源，增加出口，增加外汇收入，特别要努力增加对资本主义市场的出口，增加自由外汇的收入。

努力组织农业和市场急需物资的进口，组织工业急需物资的进口，组织国防物资和新技术新设备的进口，特别是要组织粮食的进口，支援灾区，支援农业生产，支援工业生产。

积极地灵活地开展以进养出，利用国外的原料和国内的生产技术，进一步把生意做活，扩大出口，增加外汇收入。

第二，坚定地贯彻执行我国对外政策总路线，密切配合外交活动。

对于坚持马列主义、反对修正主义的兄弟国家，加强互助合作，继续给以援助。

对于亚洲、非洲和拉丁美洲反对帝国主义的国家和人民，根据平等互利的原则，积极开展贸易往来，继续给予支持。

对于苏联和跟着指挥棒转的国家，按照有来有往和对等的原则进行贸易，坚决地、有分别地、针锋相对地进行斗争，必须坚持原则，又要有适当的灵活性，并且准备应付可能发生的各种情况。

对于资本主义国家，在一九六三年已经获得的成就的基础上，进一步利用矛盾，提高斗争艺术，在政治上和经济上对我有利的前提下，进一步扩大出口，买回我们急需的重要设备和物资。

第三，努力开展增产节约运动，进一步改善对外贸易的经营管理，加强经济核算，节约流通费用。

第四，坚决贯彻执行以出定进、收支平衡、瞻前顾后、留有余地的方针，把出口和进口计划安排在既积极又可靠的基础上。

（二）一九六四年对外贸易计划的总轮廓

根据上述的方针和基本要求，我们初步拟定一九六四年对外贸易收购、出口、进口的数字如下：

一九六四年收购计划，拟定为五十八亿三千万元，比调整后的一九六三年收购计划五十六亿五千万元增加一亿八千万元，增长百分之三点二。一九六三年调整计划五十六亿五千万元，不包括预计地方可以超计划收购部分三亿五千万元；一九六四年收购计划五十八亿三千万元，也不包括地方可能超收的部分。

一九六四年出口计划，拟定为四十三亿六千四百万元，比一九六三年出口调整计划四十三亿四千万元增加二千四百万元，增长百分之零点五。

一九六四年进口计划，拟定为四十一亿三千万元，比一九六三年进口调整计划三十三亿一千五百万元增加八亿一千五百万元，增长百分之二十五。

按照上述的安排，一九六四年收购、出口和进口都有所增长，而进口的增长大于收购和出口的增长。进口增长较多的原因，主要是一九六四年需从资本主义市场增加两方面的进口：一是为了救济灾荒，国内用粮进口由一九六三年的四百五十万吨增加到六百万吨，增加一百五十万吨。一是工业原料、材料和技术设备的进口，从一九六三年的七千七百万美元增加到一亿七千六百万美元；增加九千九百万美元，其中，包括今年提出订货、在明年到货的约四千万美元。

按照上述的安排，一九六四年的外汇收支，对社会主义国家收支平衡，略有顺差；对资本主义市场有七千万美元的逆差需要在计划执行过程中，边做边看，边看边做，力争更多地增加出口，严格掌握用汇，以实现全年外汇收支平衡的要求。

一九六四年的出口计划当中，对资本主义市场的出口计划为七亿六千万美元（对古巴出口八千一百万美元在外），占整个出口计划的百分之五十二点六；对社会主义国家的出口计划为五亿四千六百万卢布，按苏联公布的牌价一个卢布折合一点一美元计算，折合六亿美元，加上对古巴出口的部分，共为六亿八千一百万美元，占整个出口计划的百分之四十七点四。从比重上看，对资本主义国家的贸易已经超过了对社会主义国家的贸易。这种情况完全是现代修正主义者强加给我们的。在目前情况下，我们在大力支援坚持马列主义的兄弟国家和同现代修正主义作斗争的同时，不得不更多地注意对资本主义市场的贸易，进一步学会同资本主义作斗争的艺术。

（三）对资本主义市场的出口和进口

一九六四年对资本主义市场出口七亿六千万美元（包括地方超计划提成），比一九六三年原定出口计划五亿六千八百万美元增加一亿九千二百万美元，比一九六三年出口调整计划七亿五千万美元增加一千万美元。

一九六四年从资本主义市场进口九亿九千万美元，比一九六三年原定进口计划六亿八千三百万美元增加三亿零七百万美元，比一九六三年进口调整计划七亿六千二百万美元增加二亿二千八百万美元。

从资本主义市场进口的六大类商品的情况，大体如下：

1. 进口粮食四亿五千六百万美元，比一九六三年调整计划三亿五千二百万美元增加一亿零四百万美元。其中，国内用粮六百万吨，比一九六三年调整计划四百五十万吨增加一百五十万吨；转口粮食和以进养出用粮（调换品种）五十八万吨，比一九六三年调整计划五十四万吨增加四万吨（这四万吨是给阿尔巴尼亚增加的）。

最近，由于苏联向加拿大和澳大利亚大批购买粮食，给我们向国外购粮造成一定的困难。但是，从整个国际粮食市场的情况来看，只要做好工作，争取完成六百万吨粮食的进口计划仍然是可能的。但是，时间上由于苏联抢运的干扰，我进口粮食的季度表不能不因之推迟，我们必须为此尽一切努力。为了稳妥起见，一九六四年国内粮食购销计划的安排，加上最近的换购计划，应当尽量缩小收支差额，留有余地，以免陷于被动。

2. 支援农业和市场物资一亿六千一百万美元，比一九六三年调整计划一亿五千万美元增加一千一百万美元。其中，化肥进口一百九十万吨，橡胶进口十一万吨。

3. 以进养出的进口物资一亿六千六百万美元，比一九六三年调整计划一亿五千八百万美元增加八百万美元。其中，棉花进口十一万吨，羊毛和毛条进口一万四千五百吨。

4. 互利贸易的进口物资二千五百万美元，比一九六三年调整计划二千万美元增加五百万美元。

5. 支援工业和国防的进口物资一亿七千六百万美元，比一九六三年调整计划七千七百万美元增加九千九百万美元。其中，成套设备和专利当年用汇一千七百五十万美元，比今年的一千一百万美元增加六百五十万美元；国防尖端订货一千二百万美元，比今年的六百万美元增加六百万美元；钢材十八万三千吨，比今年的十万零六千吨增加七万七千吨；铜两万吨，镍两千吨，这两项物资今年都没有从资本主义市场进口；各项机械、电工和仪器三千六百六十万美元，比今年的一千八百五十二万美元增加一千八百零八万美元；石油十万吨，比今年的一万三千吨增加八万七千吨。

6. 地方外汇六百万美元，仍然维持一九六三年的水平。

根据上述出口和进口的安排，一九六四年对资本主义国家外汇收支情况是：出口收汇，七亿六千万美元；侨汇收入，一亿美元；其他外汇收入，四千二百万美元；一九六三年底结转外汇周转库存，九千五百万美元。

以上四笔共计，外汇收入九亿九千七百万美元。

进口用汇，九亿九千万美元；偿还一九六三年进口粮食等延期付款欠账，一亿三千四百万美元；对外援助用汇，二千五百万美元；非贸易外汇支出，九千万美元；地方超计划出口提成，三千万美元；一九六四年底外汇周转库存，九千五百万美元。

以上六笔共计，外汇支出十三亿六千四百万美元。

按照上述外汇收支数字计算，支出大于收入三亿六千七百万美元。这笔差额，除去一九六四年进口物资用汇在一九六三年提前支付的三千七百万美元，再除去一九六四年争取用延期付款办法推迟粮食、化肥等进口用汇二亿六千万美元，这样，一九六四年外汇逆差是七千万美元。

（四）对社会主义国家的出口和进口

一九六四年对苏联、东欧和亚洲社会主义国家，共出口五亿四千六百万卢布，对古巴出口八千一百万美元。

一九六四年从苏联、东欧和亚洲社会主义国家，共进口三亿五千九百万卢布，从古巴进口七千五百万美元。进口的商品，主要有石油七十五万吨，钢材十八万吨，机械、电工、仪器共七千四百万卢布，成套设备一千八百万卢布，古巴砂糖六十万吨。

分国别的情况如下：

1. 对苏联：一九六四年出口三亿四千四百万卢布，维持一九六三年出口调整计划的水平；进口一亿九千六百万卢布，比一九六三年进口调整计划一亿六千七百万卢布增加二千九百万卢布。一九六四年出口比进口多一亿四千八百万卢布，其中，一亿三千八百万卢布用来偿还明年应还的贷款本息和贸易欠账，一千万卢布用来支付当年的非贸易逆差。这样，到一九六四年底，我国欠苏联的贷款本息和贸易欠账只剩下五千三百万卢布，到一九六五年就可以全部还清。

上述一九六四年对苏联的出口和进口，是暂时按照偿还到期欠账、进出口贸易额基本维持一九六三年水平的原则安排的。我们准备在谈判中，就过去苏联曾经供应我们的重要物资和我们曾经向苏联出口的各种商品多提一些货单，如果对方肯接受，可以再增加一些贸易额；如果对方不肯接受，那责任也不在我们。明年对苏联的贸易额究竟能有多大，还要根据斗争形势的发展和将来双方谈判的情况来确定。

2. 对东欧社会主义国家：一九六四年出口一亿零七百万卢布，比一九六三年出口调整计划一亿二千一百万卢布减少一千四百万卢布；进口八千八百万卢布，比一九六三年进口调整计划六千二百万卢布增加二千六百万卢布。其中：

对阿尔巴尼亚：一九六四年出口二千八百万卢布（贷款出口七百万卢布，贸易出口二千一百万卢布），比一九六三年出口调整计划二千七百四十万卢布增加六十万卢布；进口二千二百万卢布，比一九六三年进口调整计划一千七百万卢布增加五百万卢布。这样的安排，是符合平等互利、积极支持、实事求是的精神的。

对东欧其他六国：一九六四年出口七千九百万卢布，比一九六三出口调整计划九千四百万卢布减少一千五百万卢布；进口六千六百万卢布，比一九六三年进口调整计划四千五百万卢布增加二千一百万卢布。一九六四年出口比进口多一千三百万卢布，其中有八百万卢布用来偿还对捷克的贸易欠账，有四百万卢布用来偿还对波兰的贸易欠账，还有一百万卢布用来支付当年的非贸易逆差。这样安排下来，到一九六四年底，我国对东欧各国的贸易欠账就可以全部还清了。

一九六四年对东欧六国的出口贸易额，是大体上按照一九六三年出口水平安排的，由于偿还欠账比一九六三年减少，进口贸易额有了增加。对各个国家进出口贸易额的具体安排，准备在将来谈判中区别对待，作必要的调整。对罗马尼亚的贸易，准备适当地增加一些。同时，也要估计到，如果苏联片面中断中苏贸易关系，六国中一些坚决跟着指挥棒走的国家，也很有可能采取同样的步骤，片面中断同我国的贸易关系，我们对此也应当有所准备。

3. 对亚洲社会主义国家：一九六四年出口九千五百万卢布，比一九六三年出口调整计划八千一百万卢布增加一千四百万卢布；进口七千五百万卢布，比一九六三年进口调整计划七千一百万卢布增加四百万卢布。其中：

对朝鲜：一九六四年出口六千三百万卢布，比一九六三年出口调整计划五千三百万卢布增加一千万卢布。一九六四年进口五千五百万卢布，比一九六三年进口调整计划五千二百万卢布增加三百万卢布。一九六四年出口比进口多八百万卢布，加上过境运费收入三百万卢布，共有顺差一千一百万卢布，这笔顺差拟用于偿还云峰、水丰的工程投资和电费。

对越南：一九六四年出口二千五百万卢布（贷款出口一千二百万卢布，贸易出口一千三百万卢布），比一九六三年出口调整计划二千万卢布增加五百万卢布；进口一千五百万卢布，比一九六三年进口调整计划一千三百万卢布增加两百万卢布。一九六四年贸易出口比进口少二百万卢布，加上一九六三年贸易顺差五百万卢布，仍有外汇顺差三百万卢布。

上述一九六四年对朝鲜、越南的进出口贸易额是按照今年的正常情况安排的。目前，苏联和某些东欧国家正在对朝鲜、越南施加压力，少供应或者不供应他们所需要的粮食、棉花、钢材、石油等重要物资。今后对这部分物资，朝鲜、越南将会要求我国供应；同时，朝鲜、越南原来对苏联和东欧出口的某些物资，也可能要求我们接收进口。在上述的安排中，对这些因素，大部分还没有计算进去。

对蒙古：一九六四年出口七百万卢布，比一九六三年出口调整计划八百万卢布减少一百万卢布；进口五百万卢布，比一九六三年进口调整计划六百万卢布减少一百万卢布。一九六四年出口比进口多两百万卢布，加上一九六三年贸易顺差八百万卢布，减掉支付过境运费三百万卢布，仍有外汇顺差七百万卢布。

4. 对古巴：按照中央继续支持古巴革命和建设的方针，一九六四年对古巴出口八千一百万美元，维持一九六三年出口调整计划数；进口七千五百万美元，比一九六三年进口调整计划七千一百万美元（包括后来砂糖增价的金额二千三百万美元）增加四百万美元。一九六四年出口比进口多六百万美元，这笔差额是我们代垫对古巴出口货物运费的，由古巴当年用自由外汇来归还我们。此外，古巴要求我们在一九六四年增加贷款两千万美元用来购买我们的商品。这个问题需要在同古巴谈判中另作安排。

三、当前对外贸易工作的几个问题

上述一九六四年对外贸易计划安排中的主要问题，是对资本主义外汇中存在着较大的逆差，必须从增加出口、增加外汇收入和压缩进口、压缩外汇支出这两个方面加以平衡。同时，必须进一步改善对外贸易部门的经营管理，降低商品流通费用，进一步把生意做好做活。我们还必须估计到苏联等国家进一步减缩甚至片面中断贸易关系的可能性，做好思想上和工作上的准备，使自己立于不败之地。我们认为，积极增加出口，严格掌握进口，改善经营管理，做好意外情况的准备，这是在当前情况下，外贸工作中必须注意的四个主要问题。

（一）关于进一步增加出口的问题

1. 大力发展出口商品的生产是增加出口的根本办法。拿目前出口商品的构成同过去正常年份比较，是大商品减少、小商品增多。过去传统出口的大宗商品，如茶叶、蚕丝、桐油、大豆、花生仁等等都还没有恢复到正常的水平。今后，随着工农业生产的进一步发展，传统出口的农副产品和某些工矿产品的出口数量将会逐步有所增长，但是，许多品种一时还不可能增加很多。因此，组织出口货源必须从两方面着手。首先，要有计划地、有重点地恢复和发展主要传统出口农副产品的生产，发展出口工矿产品的生产，特别是要立即动手安排那些多年生的农副产品的生产，在培养出口货源上作长远打算。我们准备会同有关部门对茶叶、蚕丝、桐油等传统出口的大宗商品，逐项地提出恢复到正常生产水平的规划，报请中央审议，这是一方面。另一方面，要千方百计地扩大传统出口的小商品的货源，力争多换取一些外汇。小商品的品种繁多，资源丰富，把它们收集起来是一笔很大的财富。但是，这些货源，零星分散，点多面广，如果不去指导生产，不去广泛收集，就会散失和废弃。因此，我们在组织生产、组织整理加工和供应出口等方面要动员很大的力量，要做许多艰苦细致的工作。

出口有销路的工矿产品应当积极地增加产量，特别要进一步提高规格质量，增加花色品种，降低产品成本，使这些产品更加适合国际市场的需要。

2. 正确处理内销同外销的关系是保证出口的一个重要条件。应当继续执行除了粮食、棉花、食用油和其他某些关系国计民生的主要物资以外，内销服从外销的方针。各有关地区、有关部门应当尽先把质量好的、规格适合外销的、换取外汇多的商品拿出来供应出口。目前国内经济情况一年比一年好，我们仍然应当发扬艰苦奋斗、厉行节约的精神，仍然要多挤出一些东西来向国外换取国内迫切需要的重要物资，来促进国民经济的发展。

3. 以进养出是扩大出口，增加外汇收入的一个重要方法。几年来，这方面的工作有了相当大的开展。一九五七年以进养出的出口额（包括直接转口的部分）为七亿一千万元，占当年出口商品总额的百分之十三。一九六三年预计可以增加到十三亿元，占当年出口总额的百分之三十。今后应当继续开展以进养出的工作，以进养出的门路很多，一种是进口原料加工成品出口，一种是进口原料加工成商品，或者直接进口商品，向农村换购商品出口（如进口棉花织成布匹，或直接进口化肥，换购畜产品和土特产品出口）。还有一种是进口价格低的品种调换价格高的品种出口（如进口小麦、动植物油，调换大豆、优质大米出口）。以进养出，大部分要同资本主义市场打交道。为了不失时机地、灵活地、有效地开展这个工作，应当在国家计划许可的范围内，在资金上和物资上给外贸部门一定的机动权限。

（二）关于适当压缩和严格掌握进口的问题

根据以出定进、收支平衡、瞻前顾后、留有余地的方针，在充分挖掘潜力、努力增加出口的同时，必须适当压缩进口、严格控制用汇、消除逆差。压缩和控制进口，必须很好地处理进口粮食同进口其他物资的矛盾问题。总的方向，是要逐步地减少粮食的进口，增加工业物资的进口。我们在八月份以前拟定的进口计划就是适当减少一九六四年的粮食进口，较多地增加工业物资的进口。但是，后来在几个省份集中地发生了严重的自然灾害，这样就不得不增加粮食的进口，同时适当压缩工业物资的进口。压缩以后，工业物资的进口虽然比原定的控制数字少一些，但是仍然比今年增加近一亿美元。

（三）关于改善经营管理的问题

今年以来，对外贸易部门的改善经营管理运动在各级党委加强领导和有关部门大力配合下，是取得了一定成绩的。上半年出口费用水平是百分之十五点零六，比去年同期的百分之十六点三三下降百分之一点二七。上半年进口费用水平是百分之五点一五，比去年同期的百分之六点四六下降百分之一点三一。同时，加强了国际市场的调查研究，还改进了收购、运输、仓储和出口商品的包装、装潢、推销等工作，增加了外汇收入，节约了外汇支出。但是，目前在经营管理上还存在着不少问题和缺点，还需要进一步继续努力改进。应当在各级党委的领导下，结合"五反"运动，进一步发动职工群众，发扬无产阶级的革命精神，发扬"一厘钱"精神，更好地贯彻执行勤俭办企业的方针；应当进一步揭发浪费现象，堵塞漏洞，从各方面节约流通费用，降低商品成本，增加外汇收入，节约外汇支出；并且在深入开展群众运动的基础上，建立和健全各项管理制度，不断巩固和扩大运动的成果。一九六四年商品流通费用要求在一九六三年水平的基础上再降低百分之七，同时，进一步消除不合理的亏损。目前外贸部门的亏损，除了经营管理上存在的缺点以外，还有进口物资调拨作价问题，极不合理，准备在一九六四年加以解决。

（四）关于准备应付各种可能发生的情况的问题

对苏联的贸易关系，我们决不主动地中断它。但是，对方中断贸易关系的可能是存在的。至于对方在贸易关系上继续制造种种困难，那是不可避免的。我们应当有所准备，免得事到临头，措手不及。这就是说，我们要准备"两手"。你同我做生意，我也同你做；你不同我做生意，我也不怕。苏联在我国对外贸易中的比重，目前大约占百分之三十多一点（如果加上跟着指挥棒转的一些国家，有百分之四十左右）。我们对苏联出口的商品主要是呢绒、绸缎、服装（这三项约占百分之六十），其次是钨砂、钼砂、纯锡、水泥和一部分水果、罐头。从苏联进口的物资，主要是各种苏式机械的零件配件、石油（四十七万吨）、钢材（十万吨）、一部分成套设备和某些军事订货。针对这种情况，我们的准备工作应当从两方面进行：（1）在出口方面，凡是可能转向资本主义市场的，要积极提高技术水平，增加花色品种，以便在必要的时候，能够比较顺利地转向资本主义市场出口。少数实在不能向资本主义市场推销的产品，要考虑将来转向内销或者停产。（2）在进口方面，凡是可能从其他国家和地区组织进口的，要积极调查研究，打开门路；凡是不能从其他方面进口而又为国内所必需的，应当下定决心，自己制造，自力更生。这里，一个突出的问题，是各种苏式机械设备的零件、配件问题。我们建国以来兴建的工业、交通、国防事业，大部分机械设备来自苏联。这些机械设备的零件、配件，几年以来，特别是一九六一年以来，经过我国工业部门的努力，已经有许多能够自己制造，还有一部分要依靠苏联供应。如果苏联一旦停止供应，从其他国家又买不到，就会对我们的生产产生较大的影响。因此，不论苏联将来是否同我们中断贸易关系，都应当定出计划在一定期间内完全解决这个问题。建议以国家经委为主，各有关部门参加，成立专门小组，对这一问题专门进行研究，提出方案，报中央审查决定，付诸实施。这是一个关系到执行以自力更生为主、外援为辅的方针的重要问题，是一个带有战略性的问题，应当认真对待。

在国民经济进一步发展的形势下，在反对帝国主义、反动派、现代修正主义的斗争更加尖锐复杂的形势下，对外贸易工作的任务更加繁重了。要求各级党委进一步加强对外贸工作的领导，从政治上、组织上、政策上保证中央对外贸易方针和计划的贯彻执行。要结合"五反"运动，进一步整顿外贸队伍。要经常检查外贸部门的工作，发现问题，及时解决。要注意健全外贸部门的机构，充实外贸部门的干部，不要把外贸机构同其他商业部门合并。外贸部门必须经常地向党委反映情况，请求指示，并且坚决执行党委的指示。当前的外贸工作，要在做好一九六四年计划安排的同时，继续抓紧今年的收购和出口工作。从现在到年底，还有一个多月的时间，这是一年收购和出口的紧要关头。今年除了少数重灾区以外，经济情况很好。但是，要把各种出口商品全部收购起来，经过加工、运输、供应出口，还必须做一系列复杂的工作，还要付出很大的努力。要求各地区、各部门再接再厉，保证完成和超额完成今年的外贸计划，为明年的外贸工作提供有利条件，为整个国民经济的发展提供有利条件。

Z14－614－5

一九六四年对外贸易计划的预计完成情况

1964年8月15日

一九六四年对外贸易的情况很好，各项计划的预计完成情况都比上年实际完成数有较大的增长。

出口商品的收购金额：一九六三年实际完成六十四亿六千万元；一九六四年预计完成七十四亿元，增加九亿四千万元，增长百分之十四点六。

出口方面：一九六三年实际完成四十八亿一千三百万元；一九六四年预计完成四十七亿四千二百万元，减少七千一百万元，降低百分之一点五。对苏联、东欧六国和蒙古，一九六三年实际完成四亿七千六百万卢布；一九六四年预计完成三亿六千二百万卢布，减少一亿一千四百万卢布（折合四亿七千九百万元人民币），降低百分之二十三点九。对朝、越、阿三国，一九六三年实际完成一亿二千七百万卢布（不包括成套设备出口，下同）；一九六四年预计完成一亿二千五百万卢布，减少两百万卢布（贸易出口增加二百万卢布，贷款出口减少四百万卢布）。对古巴，一九六三年实际完成八千八百万美元；一九六四年预计完成九千五百万美元，增加七百万美元。对资本主义国家的出口增加很多，一九六三年实际完成八亿三千九百万美元，一九六四年预计完成十亿美元，增加一亿六千一百万美元，增长百分之十九点二。

进口方面：一九六三年实际完成三十五亿一千五百万元，一九六四年预计完成四十一亿七千万元，增加六亿五千五百万元，增长百分之十八点六。其中，从资本主义国家进口，一九六三年实际完成八亿四千万美元，一九六四年预计完成十一亿八千九百万美元，增加三亿四千九百万美元，增长百分之四十一点五。增加的部分主要是：国内用粮，由一九六三年进口五百二十五万吨增为一九六四年的六百万吨，增加七十五万吨，一亿零八百万美元；工业国防用物资，由一九六三年的一亿二千四百万美元增为一九六四年的二亿六千万美元，增加一亿三千六百万美元；增加的其余一亿零五百万美元，增加了以进养出的进口物资、互利贸易的进口物资和地方外汇进口物资。

外汇平衡方面：一九六四年对苏联和东欧六国，提前偿还了贸易欠账，按期偿还了对苏联的欠债，预计到年底对这些国家的外汇是平衡的，对东欧可能还略有顺差，对蒙古有顺差，对朝、越、阿三个兄弟国家也都有顺差。

对资本主义国家的外汇，在今年五月给中央的报告里预计到年终有一亿二千万美元的逆差；现在看来，由于出口和侨汇收入增加，虽然进口也增加不少，只要在今后几个月内继续控制用汇，今年的外汇收支是可以平衡的。

总起来讲，今年除保证进口国内用粮六百万吨之外，工业和国防物资的进口也有较大幅度的增长；在积极支援坚持马列主义的兄弟国家增加供应他们急需物资的同时，增加了对缅甸、印尼、锡兰、马里、刚果（布）、也门、坦桑等亚非国家的援助和出口；在协议以外增加了对罗马尼亚、波兰和捷克的贸易。取得这些成绩的根本原因在于中央的正确领导，社会主义教育运动的开展，国民经济的进一步全面好转，我国对外政策的胜利，以及各地区各部门的共同努力。同时，外贸部门在改善经营管理、扩大以进养出等方面也做了许多工作。对外贸易方面的这些成绩，对于促进国民经济情况的继续好转、促进国际形势的继续胜利发展都起了积极的作用。

国家计委关于1965年外贸计划的汇报提纲。150－13－288

我国对外贸易关系发展情况

近年来，在我国社会主义建设总路线和对外政策总路线不断取得胜利的大好形势下，随着我国国民经济的不断发展和国际威望的日益提高，我国的对外贸易关系也日益广泛地发展。在1954年，同我国建立了贸易关系的国家和地区只有50多个，其中，同我国签订了政府间贸易协定的国家有17个。目前，我国已经同125个国家和地区建立了贸易关系，并且同其中38个国家签订了政府间的贸易协定（具体国家和地区名称见附表）。

从各种类型国家在我国对外贸易总额中所占的比重情况来看，在1960年以前，我国对社会主义国家的贸易额在历年我国对外贸易总额中一般约占75%左右。近几年来，由于赫鲁晓夫修正主义集团把中苏两党分歧扩大到两国关系方面来，在经济和贸易上对我国实行限制和歧视政策，我国从苏联进口的机器设备大大减少；同时，在我国连续3年遭受严重的自然灾害的情况下，农产品出口也大大减少，因此我国对苏联的贸易额逐年下降，对东欧某些国家和蒙古的贸易额也有所下降。另一方面，由于我国需要的商品，他们卡住不给，不得不转向资本主义市场购买；同时近年来我国对亚、非、拉美地区的贸易关系有了很大的开展，因此，我国对亚洲、非洲、拉丁美洲及西方资本主义国家的贸易额有所增加。这些国家在我国对外贸易进出口总额中所占比重的变化情况如下（按银行外汇牌价将外币折成人民币计算）：

单位：%

	1959年	1960年	1961年	1962年	1963年
苏联、东欧六国和蒙古	71.6	67.3	49.1	42.7	34.5
阿尔巴尼亚、朝鲜、越南、古巴	4.7	6.9	15.2	17.4	17.1
亚洲、非洲和拉丁美洲国国家和地区	11.0	12.3	15.3%	19.1	22.1
西方资本主义国家（包括日本）	12.7	13.5	20.4	20.8	26.3

近几年来，在我国对外贸易关系中，严格地遵照中央的指示，认真贯彻执行了党的对外政策总路线和不同时期的斗争策略，密切地配合了反对现代修正主义和建立广泛的反美统一战线的斗争。对不同类型的国家采取了不同的贸易政策，有区别地对待。主要情况如下：

1. 对阿尔巴尼亚、朝鲜、越南和古巴，在无产阶级国际主义的基础上，根据平等互利、实事求是的原则，尽我们最大的可能，坚决地给以支持，进一步加强互助合作和相互支持，促进自力更生和经济的共同高涨。

2. 对于苏联在经济贸易上对我国实行的限制和歧视政策进行了针锋相对的斗争。过去我国对苏联的贸易占我国对外贸易总额50%以上，1960年以后逐年下降。以1959年对苏贸易额为100，1960年为79.3，1961年为39.5，1962年为33.5，1963年为28.7，1964年将要继续下降。

3. 对东欧6国和蒙古采取区别对待的方针。总的说来，近年来对这些国家的贸易额基本上仍维持在一定的水平。今年对有些东欧国家，如罗马尼亚、波兰的贸易额都有所增长。

4. 对亚洲、非洲和拉丁美洲国家和地区，在和平共处五项原则的基础上，贯彻执行了平等互利、互通有无，必要时给予照顾的政策，积极地而又实事求是地发展同他们的贸易关系，支援他们反对帝国主义、反对新老殖民主义的斗争。在对亚非国家和地区的贸易往来中，根据上述原则，按照不同国家的不同情况，加以区别对待。对拉丁美洲国家积极开展贸易活动，进一步发展同这些国家的民间贸易，积极地开展半官方或官方性的贸易往来。

5. 对西方资本主义国家，密切地配合政治斗争，按照平等互利的原则，充分利用资本主义国家的矛盾，特别是法国、日本同美帝国主义的矛盾，以便加强对第二中间地带国家的工作，最大限度地孤立和打击美帝国主义，做到政治上和经济上对我有利。

中法建交后，中法两国之间的贸易有了比较迅速的发展，进出口贸易额有了增加，相互供应的商品范围扩大，贸易往来活动也大大增多。

对日本，按照周总理提出的对日关系的政治三原则：（1）停止执行敌视中国的政策；（2）不参加制造“两个中国”的阴谋；（3）不阻挠中日两国正常关系的恢复和贸易三原则（政府协定、民间合同、个别照顾），继续发展同日本友好商社的贸易，同时积极地开展廖承志—高碕达之助备忘录项下的半民间、半官方性质的贸易。1963 年我国对日本的贸易额，比 1962 年增加 75.2%，达到战后 10 多年来的最高水平。

6. 我国对南越、南朝鲜、以色列、南非联邦、南罗得西亚、葡萄牙及葡属殖民地、美国都不进行贸易。

我国对外贸易关系的日益发展，有力地说明帝国主义者、各国反动派和现代修正主义者千方百计破坏我国同其他国家的贸易往来和妄想孤立我国的企图，已经遭到可耻的失败。

附：我国对外已经建立贸易关系
的国家和地区一览表

目前，我国已经同 125 个国家和地区有着贸易关系，其中：

（一）同我国签订了政府间贸易协定的国家 38 个，这些国家是：

苏联、阿尔巴尼亚、保加利亚、匈牙利、越南民主共和国、德意志民主共和国、朝鲜民主主义人民共和国、古巴、蒙古、波兰、罗马尼亚、捷克斯洛伐克、阿富汗、缅甸、柬埔寨、锡兰、印度尼西亚、伊拉克、尼泊尔、巴基斯坦、叙利亚、也门、黎巴嫩、阿尔及利亚、刚果（布）、加纳、几内亚、马里、摩洛哥、索马里、苏丹、突尼斯、阿联、丹麦、芬兰、挪威、瑞典、南斯拉夫。

（二）同我国有一般贸易关系的国家和地区 87 个，这些国家和地区是：

1. 亚洲 18 个：日本、老挝、印度、新加坡、马来亚、北婆罗洲、沙捞越、文莱、亚丁、伊朗、沙特阿拉伯、约旦、阿曼、麦什哈特阿曼、科威特、土耳其、巴林岛、卡塔尔。

2. 非洲 25 个：坦桑联合共和国、乌干达、肯尼亚、布隆迪、埃塞俄比亚、利比亚、中非共和国、毛里塔尼亚、塞内加尔、冈比亚、达荷美、尼日尔、利比里亚、塞拉勒窝内、多哥、尼日利亚、喀麦隆、乍得、法属索马里、毛里求斯、马尔加什、北罗得西亚、马拉维、西属几内亚、加那利群岛。

3. 欧洲 16 个：法国、英国、瑞士、荷兰、意大利、西德、比利时、奥地利、冰岛、卢森堡、列支敦士登、希腊、爱尔兰、马耳他、直布罗陀、西班牙。

4. 美洲 23 个：加拿大、墨西哥、智利、阿根廷、巴西、乌拉圭、秘鲁、玻利维亚、哥伦比亚、委内瑞拉、厄瓜多尔、巴拉圭、洪都拉斯、英属洪都拉斯、尼加拉瓜、哥斯达黎加、巴拿马、多米尼加、牙买加、特立尼达和多巴哥、百慕大群岛、英属圭亚那、荷属圭亚那。

5. 大洋洲 5 个：澳大利亚、新西兰、斐济群岛、新喀里多尼亚、新几内亚。

（三）如果不分签订政府间贸易协定和一般贸易关系，完全按照地理区域来统计，主要情况如下：

1. 亚洲：32 个国家和地区。
2. 非洲：35 个国家和地区。
3. 欧洲：29 个国家和地区。
4. 美洲：24 个国家和地区。
5. 大洋洲：5 个国家和地区。

（四）上述国家和地区都是同我国贸易往来比较经常而且贸易额较大的；凡是交易十分零星、贸易往来时常中断以及只有印刷品交易的国家和地区都没有列入；有些国家和地区由于政治上的原因（例如香港、澳门、泰国、菲律宾等）也没有列入。

我国进出口贸易额的变化情况

建国以来，我国对外贸易进出口额总的趋势是：从1950年到1959年，进出口贸易额是不断增长的，1959年的进出口贸易总额为149.3亿元，比1950年增长2.5倍，是建国以来进出口贸易总额的最高水平；1959年以后逐年下降，1963年进出口贸易总额为85.7亿元，比1950年增长1倍多，比1962年也略有增长。

我国历年进出口贸易额的具体变化情况如下：

金额单位：人民币亿元

年份	进口贸易额	出口贸易额	进出口贸易总额	指数（%）以1950年进出口总额为100
1950	21.3	20.2	41.5	100.0
1951	35.3	24.2	59.5	143.2
1952	37.5	27.1	64.6	155.5
1953	46.1	34.8	80.9	194.8
1954	44.7	40.0	84.7	203.9
1955	61.1	48.7	109.8	264.8
1956	53.0	55.7	108.7	261.5
1957	50.0	54.5	104.5	251.5
1958	61.7	67.0	128.7	309.8
1959	71.2	78.1	149.3	359.4
1960	65.2	63.3	128.5	309.3
1961	43.0	47.7	90.7	218.4
1962	33.8	47.1	80.9	194.8
1963	35.7	50.1	85.8	206.5

关于1950—1958年历年进出口贸易总额，国家统计局在1959年9月曾经公布过。1959年以后各年我国进出口贸易额的数字都没有公布。

我国进出口商品构成变化情况

我国对外贸易是国民经济的一个组成部分。建国以来，随着我国国民经济情况的发展和变化，我国对外贸易进出口商品的构成不断有所变化。总的说来，在进口商品方面，在1961年以前历年进口总额中，支援重工业、国防建设和其他方面的物资所占比重较大，1961—1963年，为了贯彻执行国民经济调整、巩固、充实、提高的方针，适应国家整个国民经济进行调整的需要，支援农业、轻工业和市场物资所占比重大大上升；在出口商品方面，出口工业品所占比重逐渐上升，农副产品所占比重逐渐下降。具体变化情况如下：

（一）进口商品构成的变化情况

单位：%

	支援农业、轻工业和市场物资	支援重工业、国防建设和其他方面的物资
国民经济恢复时期（1950—1952年）	36.5	63.5
第一个五年计划时期（1953—1957年）	21.9	78.1
1958年	25	75
1959年	21.4	78.6
1960年	21.6	78.4
1961年	50.5	49.5
1962年	60.6	39.4
1963年	69.4	30.6

支援农业、轻工业和市场物资主要包括国内用粮、化肥、农药、橡胶、棉花、毛条、人

造棉、医药、药材、化工原料、砂糖、手表等等。

支援重工业、国防建设和其他方面的物资主要包括成套设备、新技术、军事订货、机器、电器、仪器、载重汽车、黑色金属、有色金属、石油等等。

（二）出口商品构成的变化情况

单位:%

	农产品	以农产品为原料的加工品	工矿产品
国民经济恢复时期	57.2	28.7	14.1
第一个五年计划时期	45.7	29.3	25
1958 年	35.5	37	27.5
1959 年	37.6	38.6	23.8
1960 年	31	42.3	26.7
1961 年	20.7	45.9	33.4
1962 年	19.4	45.9	34.7
1963 年	24.2	42.9	32.9

近几年来我国出口商品构成变化的主要情况是：

1. 建国以来，我国出口商品构成变化总的趋势是工业品的比重上升，农产品的比重下降。这是我国工业生产日益发展的反映。

2. 1961 年和 1962 年出口农产品的比重有了明显的下降，这是因为这两年根据中央关于调整国民经济的“八字”方针，粮、棉、油、肉等主要农副产品的出口大大减少。1963 年随着我国国民经济开始全面好转，农产品出口的数量有所回升，在出口总额中所占比重有了一些增加。今年出口总额和某些农产品的出口数量将继续上升。

3. 近几年来以农产品为原料的加工品在出口总额中所占比重有了显著的增长，这一方面是由于我国工业生产有了很大的发展，另一方面是由于以进养出，即进口原料制成成品出口的商品有了很大的增加。以进养出的主要项目是进口棉花、毛条、人造棉、人造丝、纸浆、橡胶等加工成棉布、呢绒、棉毛针织品、绸缎、纸张、汽车轮胎、自行车内外胎等来供应出口。用以进养出提供出口的商品，1957 年约占当年出口总值的 13%；1963 年在当年出口总值中所占比重增加到约 30% 左右。

（三）几种主要进出口商品的变化情况

近几年来，随着我国国民经济的需要和可能的变化，在进出口商品的具体品种和进出口数量上也有较大的变化。其中，情况比较突出的几种主要商品是：

1. 粮食（包括大豆）：在 1961 年以前，每年都要出口相当大的数量，如出口最多的 1959 年出口了 83 亿多斤，但是，从 1961 年起，开始大量进口粮食。1963 年进口了国内用粮 106 亿斤。

2. 食用油：在 1961 年以前，每年也出口相当大的数量。1961 年开始较多地进口动植物油脂，如 1963 年就进口了 6.8 万吨。

3. 猪肉（包括活猪和肉制品）：出口最多的一年是 1958 年（18.4 万吨），到 1961 年只出口了 3.9 万吨；1962 年只出口了 4.8 万吨。随着国内农业生产情况的好转，1963 年出口猪肉有了回升，出口了 9.4 万吨。

4. 钢材：过去是大量进口的商品。从第一个五年计划以后，随着我国工业生产的发展，出口钢材逐渐增加。在第一个五年计划期间，一共出口了 46.7 万吨。1963 年出口了 41 万吨，这是建国以来出口钢材最多的一年。

5. 机械设备：过去也是大量进口的商品。第一个五年计划以后，出口逐渐增加。1963 年出口了 1.59 亿元，比 1957 年机械设备出口总值增加了 64%。仅机床一项，最近 3 年出口了 7 000 多台。今后随着我国工业生产的日益发展，重工业产品的出口将会日益增加。

近年来我国技术进口基本情况

（一）从资本主义国家进口新技术情况

我国从资本主义国家进口大型成套设备和新技术是从 1963 年下半年开始的。到目前为止，我们已经先后同日本、荷兰、英国、意大利、法国、瑞士和西德等国家的厂商签订了下列 14 个成套设备项目的合同：

1. 同日本仓敷人造丝公司签订了年产1.1万吨维尼龙成套设备及技术专利权的合同。

2. 同荷兰大陆工程公司签订了日产500吨全循环法尿素成套设备合同。

3. 同英国汉弗瑞斯·格拉斯哥公司签订了以天然气为原料、年产10万吨合成氨的成套设备合同。

4. 同意大利蒙特卡提尼公司签订了转口援助阿尔巴尼亚的年产5万吨合成氨和硝胺成套设备合同。

5. 同意大利蒙特卡提尼公司签订了年产5万吨合成氨工厂的原油造气车间和3个合成筒内件合同。

6. 同意大利埃尼公司签订了年处理10万吨原油的催化重整——芳烃抽提的联合装置合同。

7. 同法国麦尔和斯贝姆公司签订了年产7 500吨丁醇、辛醇的成套设备合同。

8. 同西德鲁奇公司签订了一套原油裂解和烯烃分离装置合同。

9. 同瑞士一半导体专家签订了硅半导体器件工厂设计合同（对外绝对保密）。

10. 同日本碳化钙公司签订了干式乙炔装置合同。

11. 同日本几个厂商签订了稀有金属材料厂制部分材料设备合同（对外保密）。

12. 同日本西日本公司和大石高行研究所签订了镀铝合同。

13. 同英国卜内门和西蒙卡夫斯公司签订了年产3万吨高压聚乙烯成套设备合同。

14. 同日本纺绩株式会社签订了年产1.8万吨维尼龙成套设备合同。

上述进口设备和技术都是当前世界上比较先进的技术，购买的条件比起从苏联进口的合同条款优越得多，除了许多合同规定延期付款的条件外，而且还规定限期交完设备、限期投入生产并保证双方同意的原料、水电等消耗定额和产品质量。从现在情况来看，合同执行情况是好的。维尼龙合同按规定交付了设计资料，按时派来了工程技术人员，在10月份将交第一批设备。其他项目，尿素、合成氨、丁醇、辛醇合同，对方也按时交付了设计并来人解释了设计。这些项目建成后，对促进我国自力更生和我国工业的发展，提高我国的技术水平，将会起到一定的作用。

在商谈以上某些项目的过程中，美帝国主义和现代修正主义，曾从中制造人为的障碍，千方百计进行干涉和破坏，但是由于我国国际威望日益提高，我们在对外贸易关系中一贯坚持平等互利和互通有无的政策，由于帝国主义国家之间的矛盾，各垄断集团之间的矛盾日益加深。经过我们进行一番工作和有关国家进步人士的努力，他们的破坏活动遭到了可耻的失败。我们向资本主义国家购买成套设备和新技术的局面已经初步打开了。

此外，现在已谈妥未签合同和正在商谈的项目有：（1）同法国派克公司正在商谈日产400多吨硝酸磷肥复合装置全套设备。（2）向英国高分子公司正在商谈聚丙烯成套设备。（3）向日本东京精密株式会社正在商谈电动与气动量仪厂。

（二）从社会主义国家进口成套设备情况

由于赫鲁晓夫修正主义集团把中苏两党思想分歧扩大到国家关系方面，在1960年突然撤走在中国帮助工作的全部苏联专家，打乱了我国许多工矿企业和事业单位的建设进程和生产安排，双方于1961年6月19日签订了议定书，对1950—1960年期间苏联供应的项目进行了清理。从1962年到1964年6月底，苏方仅仅对结尾的项目交付零星的设备和设计及资料，总计金额2 570万卢布。

苏方对协议执行是很不好的，对协议规定的关键设备卡住不给，设备质量年年下降，使我们的工厂长久拖延，不能顺利开工生产。苏方供应我国成套设备，不但比起国际市场的价格来说是贵得多，而且比苏联通过一般贸易供应我国的同样设备也贵。对苏联根据协议在前几年供应我国的设备，还有相当大的部分价格双方正在商谈，由于苏方缺乏诚意，谈判进展很慢，至今只有少数项目达成协议，而绝大部分均无结果。自从苏方撕毁协议撤退专家后，我们再没有聘请他们的专家。

捷克、民主德国、波兰、匈牙利4个国家今年对1960年以前签订的合同未交完部分的零星设备还在交货，其中，捷克供应的天津合成纤维厂正在安装，目前有13名捷克专家在厂帮助工作；波兰供应的木材干馏厂也在安装，现有1名波兰专家在厂工作，不久将有10名波兰专家来厂帮助工作；吕家坨矿将于明年开始安装，届时波方也将派11名专家来厂工作。

对罗马尼亚，双方正在商谈我从罗进口炼油设备问题。

关于我国对外贸易的若干基本情况，《对外贸易资料（增刊）》，1964年9月26日。4-15/4

六、对外经济工作更好地为促进国内建设和支援世界革命服务

一九六四年随着国民经济的全面好转，对外贸易的情况也有很大改善。进出口总额预计完成三十二亿九千万美元（进口总额十五亿五千万美元，出口总额十七亿四千万美元），比一九六三年增长百分之十二点七，各项计划预计都可以超额完成。从一九六四年第二季度以来，对外贸易的重点已经转到新技术设备的进口；从第三季度开始，抓紧了第三线建设所需物资的进口。

国家计委向毛主席、中央报告1965年国民经济计划纲要（草案），1964年10月29日。150-13-87

国务院财贸办公室对中南局提出的外贸计划问题的意见①

1964年12月21日

我们研究了中南局十一月九日给中央、国务院《关于外贸出口情况和问题的报告》。报告中提出的关于外贸收购计划安排偏小，中途追加任务，造成工作被动的意见很对。实际情况的确是这样的。

一九六三年，外贸收购计划五十六亿五千万元，实际完成六十四亿五千万元，全国平均超过计划百分之十四点一。其中，中南地区原计划八亿六千八百万元，实际完成十一亿零五百万元，超过计划百分之二十七点三。一九六四年外贸收购计划原定为五十八亿三千万元，二月财贸工作会议增加为六十四亿元，十月外贸计划会议调整为六十九亿元，加上各地提出超计划收购八亿三千万元，预计共可完成七十七亿三千万元，超计划收购占调整计划百分之十二。其中，中南地区调整计划为十一亿三千五百万元，超计划收购二亿四千四百万元，超额百分之二十一。

中途追加外贸收购任务和计划外收购部分比重过大，确实给工业生产原材料的安排、农产品奖售物资的安排以及包装运输等方面带来某些困难。近两年来，外贸收购计划年初安排较低的原因，主要是因为在编制外贸计划时，对工农业生产的发展情况还摸不很准；其次是坚持马列主义的兄弟国家和亚非拉民族主义国家，随时提出一些他们的急需物资，要我支援；再次是各地区为了支持生产在安排外贸收购计划的时候都想留一些余地，来搞计划外出口，换进工农业生产资料。

我们在今年十月全国外贸计划会议上安排一九六五年外贸收购计划时，已经注意到这个问题。一九六五年外贸收购计划定为七十七亿元，比一九六四年调整计划六十九亿元增加百分之十一点六，与一九六四年预计完成数持平。其中，中南地区为十三亿二千二百万元，比一九六四年调整计划十一亿三千五百万元增加百分之十六点四，同一九六四年预计完成数也相差不多。一九六五年外贸收购计划七十七亿元中，有一亿元的金额，在外贸计划会议上经过和各地反复协商还未能安排具体商品和地区，需待明年适当时期继续协商安排。从当前情况看，这样的安排是比较恰当的，同时也给

① 12月22日李先念批示："此件不批转给地方。可送政治局、书记处同志阅。"

地方超计划出口留了余地。至于各地明年能够超额多少，是否能有百分之十五，这要看各地的工作。各地的情况和部门提供的出口商品也不尽相同。

中南局所提在编制全国外贸收购计划时，计划内和计划外同时安排的办法尚待进一步研究。我们意见，各地区在年初布置计划时，结合出口需要和生产可能，同时安排一些地方工业产品、土特产品的计划外出口货源，秋后看生产情况再安排一批，看来较有可能。这样，对安排生产、安排市场和出口也是有利的。

以上意见如无不妥，请批转中南局参考。

附：中南局关于外贸出口情况和问题的报告

1964 年 11 月 9 日

最近我们抽时间了解了一下外贸出口的情况，感到形势极好。至九月底，中南区已提前一个季度超额百分之八完成了全年十点八七亿元的收购计划，比去年同期增长百分之四十四点六八，预计全年可完成十三亿元；对资出口已完成二点一八亿元，为全年计划的百分之九十一，比去年同期增长百分之三十一点四七，预计全年可完成二点八亿元。成绩是很大的。

在今年计划执行过程中，我们感到一个比较突出的问题是计划太偏小了。从不少主要商品检查，不是超额百分之几或百分之十几，而是超额了百分之几十。以九月底的收购统计看，水果超额百分之二十二，松香百分之二十八，苎麻百分之三十五，电池百分之四十，蚕茧百分之四十七，药材百分之五十五，硫酸锰百分之六十八，冻猪肉百分之七十八，鞭炮百分之八十四，猪肉罐头百分之九十，香茅油百分之九十五。从出口情况看，问题也很明显。如电珠毛泡，全年安排出口二千五百万粒，半年时间就卖完了；针棉织品和服装，半年就完成全年销售计划的百分之九十；还有香茅油、抽纱、皮鞋、人造棉布、电筒、高锰酸钾等，到九月底也基本上完成了全年销货计划。看来，计划安排与实际情况相差太远。

计划安排太偏小，中途一再追加收购和出口任务，给工作造成很大被动。

一是中途追加工业品出口任务，容易打乱工业生产计划。工业生产计划是年初根据生产任务确定下来的，中途追加任务，在设备、劳力和原材料等方面都不易解决。如今年六月中央批准广东省增加出口二十万匹棉布，由于设备、劳力关系，地方安排不下，最后不仅挤了内销指标，而且还影响八万匹棉布不能按期对外履约。在原材料方面，今年八月份中南区外贸会议期间，各省（区）要求解决增加出口产品所需的原材料共十八个主要品种，经与各部联系得到解决的只有十个品种，还有乙炔黑、薄荷脑等八个品种至今未获解决。

二是出口货源没有保证，不能及时满足国外市场需要，少收了外汇。据广东、湖北两省外贸部门反映，许多中药材外贸收购计划太偏小，如麦冬、附子、川芎、陈皮、生地、黄连、党参等，不能满足出口需要，只好挖光库存以应急需。还有电珠毛泡和混纺针织品等，上半年就把当季货源和所有库存全部卖光了，而国外商人还在继续订货。由于追加的收购计划一时难以落实，因此外贸公司不敢对外成交。

三是运输工作不能全面安排。当前运输中的主要问题是运力不足，与外贸出口任务不相适应。特别临时增加大量出口商品，时间急，集中拥挤，更加重了运输的紧张局面。据统计，中南地区在三季度内就有四百多万美元的商品不能及时运出（与几次台风也有关系），影响收汇。

四是不利于外贸企业改善经营管理。如收购超计划过多，事先收购资金和奖售物资的调拨都没有安排，奖售物资没有保证，因此也直接影响货源的组织工作，同时收购来的东西又没有安排仓库，大量的商品露天堆放，也造成了不应有的损失。

造成以上现象的原因，是我们对国内工农业生产跃进的新形势估计不足；对我国国际威望日益提高，因此在对外贸易上有很多新的要求估计不足；而在安排计划时，为改正过去不留余地、计划过高的偏向，现又“矫枉过正”，产生了计划订得太低的偏向。实践证明，不留余地，计划订得过高是不对的，对工农业生产都有害处。但是，把计划订得太低，超额过多，我们认为也不对，对工农业生产、对经济发展同样是不利的。建议，在制订明年外贸计划时，本着积极可靠、留有余地的精神，把计划订得适当，即计划执行结果，保证仍有百分之十五左右超额为宜（按计划内和计划外总指标检查）。同时，建议把计划内和计划外全面考虑，同时安排。这样，外贸计划既可保证超额完成，而又不打乱工农业生产与内贸的计划。

Z15 - 444 - 22

一、一九六四年对外贸易计划执行情况

一九六四年对外贸易情况同整个国民经济情况一样，形势很好，各项计划都超额完成，进出口贸易有了较大的发展。

收购是一九六〇年以来增加最多的一年。全年完成八十三亿元，比一九六三年六十四亿六千万元增加十八亿四千万元，增长百分之二十八。

对资本主义国家出口达到十一亿六千万美元，比一九六三年八亿四千万美元增加了三亿二千万美元；进口完成十一亿五千万美元，比一九六三年八亿四千万美元增加了三亿一千万美元。对社会主义国家出口完成五亿八千万卢布（包括古巴在内），比一九六三年七亿二千万卢布减少一亿四千万卢布，主要是对苏联、东欧还账减少后，出口减了下来；进口完成三亿五千万卢布，基本维持一九六三年的水平。以上进出口统一折合为美元（一卢布折合一点一一美元），一九六四年我国进出口贸易总额共计为三十三亿四千万美元，比一九六三年二十九亿一千万美元增长百分之十五。这一年，我国进出口贸易国别比重又有了较大的变化，对资本主义国家进出口所占的比重由一九六三年百分之五十八上升为百分之七十左右，对社会主义国家进出口所占的比重由一九六三年百分之四十二下降为百分之三十左右。

一九六四年我国提前全部还清了对苏联、东欧的贸易欠账和贷款的本息。到年底，在贸易上苏联倒欠了我们一千九百万卢布，东欧六国倒欠了我们三千七百万卢布。这一改变在政治上、经济上更加有利于反修斗争。

一九六四年对资本主义国家的外汇情况很好，不但做到了收支平衡，而且还有一部分结余，年末外汇周转库存二亿一千万美元，比年初一亿七千万美元增加了四千万美元；而利用国际商业信用对外延期付款的欠账仍然维持在一亿美元左右的水平。我国对外贸易的国际信誉非常良好。

一九六四年外贸企业的经营管理有了进一步改善，与一九六三年比较，出口费用水平降低百分之十二点七，出口换一美元的人民币成本由六元一角二分降为五元八角二分，降低了三角。

一九六四年对外贸易战线上的这些成绩，是在中央正确领导下，在国民经济全面好转形势下，各地区、各部门大力支持出口，做了许多的艰苦工作取得的。对外贸易部门，在加强政治思想工作和改善经营管理等方面也作了很大努力。一年来，在完成各项计划的实践中，我们更深刻地体会到：（1）对外贸易是在国内外尖锐复杂的阶级斗争情况下进行的，它不仅在国内同资产阶级进行着两条道路的斗争，而且还在国际上同帝国主义、各国反动派和修正主义进行着激烈的斗争。因此，必须以主席思想为指针、以阶级斗争为纲来指导对外贸易方面的一切工作，处理对外贸易方面的一切问题。只有这样，才能在任何时候、任何情况下，方向明确，原则坚定，策略灵活，做好工作，不犯或少犯错误。（2）对外贸易必须为生产服务，对外贸易的发展必须建筑在工农业生产发展的基础上。只有工农业生产发展了，物资供应增加了，才能为发展对外贸易提供可靠的物质基础。同时，对外贸易发展了，又可以更进一步促进生产的发展。(3) 这几年，积极采取专厂、专车间和基地的方法生产和供应出口物资，是一个行之有效的好措施。它对于有计划地、稳定地扩大出口货源，提高出口产品质量，增加出口，以及促进国内这些生产的技术改革，都起了积极作用。现在我国出口的一部分轻工、纺织和重工业产品的质量，已经在国际市场上博得了良好声誉。（4）我国出口主要是靠国内的物资资源，有计划地开展以进养出也是增加货源、扩大出口的一个很好的辅助办法，中央关于扩大以进养出的指示是完全正确的。一九六四年通过以进养出提供的出口货源占我国整个出口总额的百分之三十左右。以进养出既可以赚取外汇，扶植国内生产，增加国家税收和利润，又可以加强与亚非一些友好国家的贸易关系，在政治上、经济上都是有利的。（5）进出口计划的安排应当留有余地，既要可靠，又要积极。只要有条件多出口时，就应当抓紧时机，力争多出口，早出口；在外汇可能的情况下，又要积极地组织进口，抢时间进口，但要边走边看，确保外汇不出问题。（6）在统一计划、统一对外的前提下，有控制、有计划地实行地方计划外对资本主义国家超额出口提成的办法，有利于进一步发挥地方积极性。超计划出口的商品主要是一些土特产品或地方管理的商品，各地区发展这些商品的生产，由国家统一组织出口后，既增加了中央的外汇收入，又解决了地方不少困难，对中央和地方都有好处。

当前对外贸易计划工作中还存在不少缺点和问题，主要是总结经验做得很不够，改善经营管理方面还有很大潜力没有挖掘，商品流通费用还需要进一步降低，对外贸易的亏损还很大，等等。所有这些，都需要我们今后认真地加以研究解决。

对外贸易部党组、国家计委党组、国务院财贸办公室关于1965年对外贸易计划安排意见的报告，1965年2月18日。150－13－287

（三）1965年年度计划的制订、调整与执行情况

根据上述方针和任务，对1965年的对外贸易计划拟定以下一些主要的指标。

一、几个总指标

	1964年计划	1964年预计	1965年计划	比上年计划增减	比上年预计增减
收购总额（亿元）	58.3	74	75	+16.7	+1
出口总额（亿元）	43.64	47.42	48.67	+5.03	+1.25
其中：苏联（亿卢布）	3.44	2.75	1.6	－1.84	－1.15
东欧六国和蒙古（亿卢布）	0.86	0.87	1.34	+0.48	+0.47
朝鲜（亿卢布）	0.63	0.65	0.9	+0.27	+0.25
阿尔巴尼亚（亿卢布）	0.28	0.28	0.35	+0.07	+0.07
越南（亿卢布）	0.25	0.32	0.6	+0.35	+0.28
古巴（亿美元）	0.81	0.95	1.1	+0.29	+0.15
资本主义国家（亿美元）	7.6	10	10.5	+2.9	+0.5
进口总额（亿元）	42.5	41.7	49.6	+7.1	+7.9
其中：对资本主义国家（亿美元）	10.4	11.89	12.32	+1.92	+0.43

二、主要出口商品的收购数量

	1964年计划	1964年预计	1965年计划	比上年计划增减	比上年预计增减
国产粮食（万吨）	100	117	150	+50	+33
国产棉花（万吨）	8.5	8.8	9.5	+1	+0.7
花生仁（万吨）	1.5	2	2	+0.5	-
猪肉（万吨）	10	17.65	20	+10	+2.35
鲜蛋（亿斤）	1.45	1.63	1.7	+0.25	+0.07
锡（万吨）	1.2	1.2	1.2	—	—
黑钨砂（万吨）	1.15	1.42	1.25～1.4	+0.1～0.25	-0.17～0.02
钼砂（吨）	2 300	2 452	2 100～2 300	-200～0	-352～152
锑（吨）	7 010	8 767	8 000～10 000	+990～2 990	-767～+1 233
水银（吨）	600	600	500	-100	-100
钢材（万吨）	42.85	44.53	50	+7.15	+5.47
生铁（万吨）	36	136	40～60	+4～24	-96～76
铁砂（万吨）	5	5	20	+15	+15
石油（万吨）	12.8	12.3	38	+25.2	+25.7
轮胎（万套）	25	25	27	+2	+2
纸张（万吨）	8.77	10.06	10.1	+1.33	+0.04

三、从资本主义国家进口的主要商品类别

金额单位：亿美元

	1964年计划	1964年预计	1965年计划	比上年计划增减	比上年预计增减
进口总额	10.4	11.89	12.32	+1.92	+0.43
（一）粮食	4.56	5.11	3.81	-0.75	-1.3
其中：国内用粮（万吨）	600	600	450	-150	-150
（二）农业和市场用物资	0.96	0.95	1	+0.04	+0.05
其中：化肥（万吨）	190	150	150	-40	—
农药	0.02	0.04	0.06	+0.04	+0.02
西药和医疗器械	0.05	0.05	0.06	+0.01	+0.01
（三）工业和国防用物资	2.43	2.6	3.96	+1.53	+1.36
其中：新技术进口	0.17	0.17	0.55	+0.38	+0.38
机械、电工、仪器	0.48	0.53	1.31	+0.83	+0.78
原料、材料	1.78	1.9	2.1	+0.32	+0.2
其中：国家储备物资	—	—	0.2	+0.2	+0.2
（四）以进养出物资	1.66	2.08	2.29	+0.63	+0.21
（五）互利贸易物资	0.23	0.34	0.45	+0.22	+0.11
（六）地方外汇进口物资	0.56	0.81	0.81	+0.25	—

这样安排下来的1965年外贸计划，同今年比，有下列两个主要的变化：

（1）在继续发展对资本主义国家贸易的情况下，减少了粮食的进口，主要增加了工业和国防物资的进口。

（2）在继续增加对朝、越、阿、古等4国贸易和减少对苏贸易的同时，对东欧6国的贸易将比今年有不同程度的增长。

这样的变化，有利于自力更生力量的增长和国际反帝反修统一战线的发展。

国家计委关于1965年外贸计划向中央的汇报提纲，1964年8月15日。150－13－288

对外贸易工作，在一九六五年和今后几年，必须把保证进口新技术和第三线建设所必需的物资放在首要地位，逐步减少粮食的进口数量，逐步增加新技术设备的进口。为此，全国各地区、各部门都应该努力增产能够出口的商品，提高质量，增加品种，以增加外汇收入。

一九六五年对资本主义国家的外汇，收入安排为十四亿一千四百万美元，其中，出口收汇十一亿美元左右，比一九六四年计划的八亿五千万美元增加二亿五千万美元左右。

一九六五年，从资本主义国家进口的工业和国防用物资将由一九六四年计划的二亿四千三百万美元增加到四亿二千三百万美元。其中，进口新技术的设备和技术资料用汇，将由一九六四年计划的一千七百五十万美元增加到五千五百万美元。粮食进口数量，将由一九六四年的六百万吨减少为四百五十万吨。

一九六五年，对社会主义国家出口安排为五亿二千四百万卢布，比一九六四年计划的六亿二千万卢布减少九千六百万卢布。其中，对朝鲜、越南、阿尔巴尼亚和古巴的贸易将继续扩大，出口额由一九六四年计划的一亿九千万卢布增加为二亿四千九百万卢布；对苏联的贸易将继续减少，出口额由一九六四年计划的三亿四千四百万卢布（实际双方协议为二亿七千万卢布）减少为一亿六千万卢布；对东欧六国的贸易，将有区别地作不同程度的增加，出口额由一九六四年计划的七千九百万卢布增加到一亿一千万卢布。

对苏联的欠债只剩一千七百万卢布，一九六五年将全部还清。

国家计委向毛主席、中央报告1965年国民经济计划纲要（草案），1964年10月29日。150－13－87

一九六五年《对外贸易收购计划（草案）》总值为七十七亿元，比一九六四年收购调整计划六十九亿元增加了八亿元，增长百分之十一点六。在七十七亿元的计划中，有两千多万元的机械产品和工矿产品尚未分配具体的供货地区；有一亿元金额的具体商品和供货地区尚未确定。上述这两部分收购数字，等以后确定具体商品和供货地区后，另行下达。

一九六五年国内外形势将会更好。请各地区各部门抓紧时间，迅速把明年计划任务落实到基层单位，积极安排好出口商品的生产和收购工作，为保证完成和超额完成明年全国对外贸易收购、出口计划任务而努力。

国家计划委员会、国务院财贸办公室关于印发1965年对外贸易收购计划的通知，1964年12月14日。150－13－291

二、一九六五年对外贸易计划的安排意见

当前国际上和国内的形势都更加有利于社会主义革命、社会主义建设和反帝、反修斗争。根据主席关于“两个拳头”、“一个屁股”，调整一、二线，建设三线的指示和国际上反帝、反修革命形势发展的需要，一九六五年对外贸易计划必须以阶级斗争为纲，在深入开展社会主义教育运动的基础上，紧密配合对外活动，努力组织收购，扩大出口，积极做好支援三线建设、基础工业和国防尖端物资的进口工作，更好地为实现国民经济计划、组织工农业生产新高潮服务。

一九六五年对外贸易收购计划，按一九六四年完成的实绩拟定为八十三亿元。出口计划拟定为十七亿五千万美元（卢布均按国际比价统一折合为美元），比一九六四年十八亿美元减少五千万美元，这是由于对苏联欠账已经还完，出口减了下来；进口计划拟定为十八亿六千万美元，比一九六四年十五亿四千万美元增加了三亿二千万美元。这样安排，全年进出口贸易总额共计为三十六亿一千万美元，比一九六四年三十三亿四千万美元增长百分之八。关于计划的具体安排情况，分述如下：

（一）一九六五年收购和出口的商品，根据“发展经济，保障供给”的方针，分别按以下情况进行了安排：(1) 对国内工业、国防建设需要的纯锡、钼砂、水银、生铁等重要原料材料，减少了出口；(2) 在生产发展的基础上，对粮、棉、油继续限量出口，适当增加了国内货源比较充沛的猪肉、蛋品等的出口，其他农副土特产品仍贯彻内销服从外销的原则；(3) 积极发挥一、二线生产潜力，加强技术改造，增加了一部分轻工、化工和机械产品的出口；(4) 继续扩大以进养出，增加了用进口棉花等原料加工成品的出口。

（二）一九六五年的进口必须把支援三线建设所需物资放在首要地位，对新技术设备和国防物资要抢时间进口。进口的商品主要是国内用粮四百五十万吨（比一九六四年进口六百万吨减少一百五十万吨），化肥一百五十六万五千吨，棉花十七万吨，橡胶十三万七千吨，糖七十三万吨。支援三线建设、基础工业、国防尖端和成套设备等重要物资的进口比一九六四年有了较大的增加，其中，新技术及成套设备从资本主义国家进口五千五百万美元，从苏联进口一千万卢布，机械、电工、仪器从资本主义国家进口一亿七千五百万美元，从社会主义国家进口一亿五千二百万卢布，战略储备物资两千万美元，钢材四十五万吨，铜二万一千吨，镍三千吨，炸药三万五千吨等。这些物资进口后，对于促进我国工农业生产的发展，加速三线建设，更快地发展我国的新技术，加强国防建设，都将会起到积极的作用。

（三）一九六五年对资本主义国家的贸易是根据积极支援亚非拉地区民族主义国家的反帝、反殖斗争，利用帝国主义集团矛盾，分化和孤立美帝国主义，扩大反美统一战线，并相机争取买回国内急需进口物资的原则安排的。出口计划按一九六四年完成的实绩拟定为十一亿六千万美元，进口计划拟定为十三亿二千万美元，比一九六四年实际完成十一亿五千万美元增加了一亿七千万美元。这样安排下来，到一九六五年底，外汇周转库存为一亿二千三百万美元，对外延期付款的欠账为一亿一千万美元。

（四）一九六五年对社会主义国家的贸易，出口计划拟定为五亿三千四百万卢布（包括对古巴出口一亿二千七百万美元，折合为一亿一千四百万卢布），进口计划拟定为四亿八千四百万卢布（包括从古巴进口九千八百万美元，折合为八千八百万卢布）。具体国别安排的原则是：对阿、朝、越、古的贸易，根据无产阶级国际主义精神，进一步加强相互支援，努力供应他们急需的物资；对苏联、东欧六国的贸易，应继续掌握团结和发展贸易的旗帜，在平等互利的基础上，坚持原则、针锋相对、区别对待、掌握主动、多做工作，以加速现修集团的分化；对蒙古的贸易，仍维持一九六四年的协议水平。

（五）根据上述安排，一九六五年对外贸易计划中还有以下两个问题：

第一个问题，对资本主义国家外汇仍然很紧，主要是计划安排的对外援助数字和进口用汇还需要增加。

今年援外计划初步安排七千二百万美元，其中，现汇三千万美元，一般物资四千二百万美元。根据最近估计，现汇需要一亿零八百万美元，一般物资需要一亿美元，两项共计需要二亿零八百万美元，比计划安排增加一亿三千六百万美元。对外援助应该采取积极的方针，但今年究竟需要多少，现在还很难准确计算。初步考虑，拟在原计划安排七千二百万美元基础上，先按增加一亿美元计算，即全年援外用汇为一亿七千二百万美元，比一九六四年五千七百万美元增加一亿一千五百万美元，其中，现汇八千万美元，一般物资九千二百万美元（包括用现汇购买的转口物资约三千八百万美元）。

进口计划安排十三亿二千万美元，最近又

批准新增加了化肥二十万吨，农药二百五十六万美元，三线建设工程机械九百二十八万美元，靶场设备七百五十万美元（批准一千五百万美元，今年估计用汇一半），战备广播短波发射机一百五十万美元，黄麻一万吨，尼龙丝一百万美元，以进养出棉花一万七千吨等，共约需增加用汇五千万美元。

以上援外和进口共需增加一亿五千万美元。对这笔用汇的解决办法：（1）在十一亿六千万美元出口计划的基础上，积极努力采取各项措施，再增加出口一亿美元，力争全年完成十二亿六千万美元或更多一些。对援外增加的一些一般物资，在外贸出口中无法调剂解决的，需请中央各有关部另行增拨。（2）对外延期付款五千万美元（计划中已安排对外延期付款一亿一千万美元）。（3）努力增加非贸易外汇收入，节约非贸易外汇支出。采取上述办法，经过我们努力工作，全年外汇收支虽然很紧，还是可以过得去的。但是，现在资本主义经济、财政、金融危机日益加深，英镑和美元很不稳定，市场竞争越来越剧烈，许多可变因素又不完全取决于我们，因此，对今年的外汇安排绝不能有丝毫的麻痹大意。在计划执行当中，要积极增加出口，严格控制进口，节约各项用汇，同时还要边走边看，以确保外汇不出问题。我们建议，上半年除特别急需的以外，不再批准新的进口订货，六月以后看情况再定。

第二个问题，一九六五年收购计划八十三亿元，在去年十月全国外贸计划会议上已安排好具体商品和供货地区的为七十六亿元，尚差七亿元，除最近经中央批准又新安排商品约三亿元外，还有四亿元的商品尚未安排，拟在夏收前后，再同各地区、各部门协商确定。

一九六五年国内外的形势很好，对外贸易的任务也更加繁重了。因此，各级对外贸易部门必须以主席思想为指针，以阶级斗争为纲，紧紧依靠各级党政领导，积极深入地进行社会主义教育运动，正确地贯彻执行中央的方针政策。要更进一步地加强政治思想工作，坚持“四个第一”，发扬“三八作风”，继续整顿干部队伍，在认真总结过去经验的基础上，不断地改善对外贸易经营管理，大力加强对国际市场的调查研究，狠抓收购、出口和进口工作，为更好地完成和超额完成一九六五年对外贸易计划任务而努力。

对外贸易部党组、国家计委党组、国务院财贸办公室关于1965年对外贸易计划安排意见的报告，1965年2月18日。150－13－287

中共中央关于加强对外贸易工作的通知

1965年3月27日

今年头两个月对资本主义国家的出口情况总的说来是好的。但是，其中大部分是去年成交今年出口的，而今年新成交的金额比之去年同期却有所下降，这对完成今年的外汇收入计划很是不利。出现这种情况的主要原因是：有些外贸单位的思想和工作跟不上形势发展的要求，特别是第一线的业务人员不足，以致国外来往函电大量积压，不能及时答复，直接影响了出口成交。为了抓紧出口贸易，力争超额完成今年的外汇收入计划，要求各地党委立即对外贸部门的出口工作进行一次检查，切实帮助他们解决工作中存在的问题。

当前必须解决外贸第一线人员不足的问题，这是做好外贸工作的关键所在。各口岸外贸企业凡是第一线人员不强的，请各地党委予以配备、加强。首先从外贸系统内部进行调整，精简行政人员，充实第一线。外贸系统调去参加“四清”运动的干部，必要时可以适当抽调一些回来，加强业务工作。采取上述办法后，如仍不能解决问题，那就要设法从其他部门抽调一些适合做外贸工作的人员，加强外贸部门。

广州出口商品交易会，是我们扩大出口、争取外汇的一个重要场所，几年来已取得了很大成绩。今年的春季交易会即将到来，希望各地充分做好各项准备工作，抓紧组织货源，尽量提供更多更好的商品，并派出得力干部参加交易会的工作，力争本届交易会取得更大的成绩。

JD220－5455（20）

第三部分

对外贸易的经营管理

一、出口的组织工作

（一）外贸收购、调运与出口的组织协调

第二商业部关于一九五八年供应出口商品计划第二本账的报告

1958 年 5 月 15 日

我部根据多快好省的方针和本着积极培养基地，上山下乡，大力收购，有卖就买，四季不停收购的精神，增设冷藏设备，搞好加工仓储等，千方百计地满足工农业生产大跃进的需要。

现将 1958 年供应出口商品计划第二本账跃进情况如下：

品名	单位	第一本账	第二本账	第二本账为第一本账%	第二本账为1957 年%
总值	万元	111 000	142 000	122.5	131.4
棉花	万担	38	38	100	
大麻	万担	5	5	100	
苎麻	万担	5	5	100	
烤烟	万担	120	120	100	
晒烟	万担	8	10.87	135.8	
茶叶	万担	94	105	111.7	
毛竹	万根	40	40	100	
生漆	担	10 900	18 900	173.3	
棕片	担	6 000	6 000	100	
土纸	万担	26.80	66.80	249.2	
生猪	万头	436	730	167.4	
活猪	万头	60	60	100	
冻猪肉	吨	101 700	228 000	224	
活牛	万头	14.50	15.0	103.4	
活牛	头	78 100	109 100	139.5	
冻牛肉	吨	6 700	9 800	146.4	
活羊	万头	44	147.3	334.7	
活羊	万头	11.20	17.0	151.5	
冻羊肉	吨	3 300	15 000	453	
家禽	万只	4 200	6 200	147.6	
其中，冻家禽	吨	18 125	32 000	171	
鲜蛋	万斤	21 000	35 000	166.6	
冰蛋	吨	35 000	42 000	120	
干蛋	吨	1 000	200	200	
湿蛋	吨	800	800	100	
鲜蛋	万斤	7 300	9 300	127.5	
苹果	吨	65 000	100 000	153.8	
柑橘	吨	81 000	110 000	135.0	

为了保证供应出口商品第二本账指标的实现，采取如下措施：

1. 猪牛羊蛋禽商品：适当地增加储运、加工等基本建设投资。增设冷藏库、冷藏汽车、仓库，增加包装器材，加强加工包装等工作。

2. 水果从资金上协助果农解决肥料、果树苗等问题，促进增加产量；贯彻多收快收快运，增建土窖，积极供应出口，争取11月底以前全部供完。

3. 茶叶：协作农业生产部门加强采摘初制技术指导，改进加工技术，提高品质；增施肥料，分配专用化肥，多收快收，将全部商品茶收购起来。

4. 土产四种商品：主要是积极开拓深山资源，组织技术、劳动力、收购和物资供应上山，保证采购计划实现，尽先供应出口。

大麻、苎麻、茶叶、生猪、鲜果等商品供应量与外贸部门要货数字（该部收购计划）尚有距离（外贸要得多），请经委协助衔接平衡，争取尽快定下来。

181－7－141

叶季壮关于出口工作情况的报告

1958年10月10日

今年第三季度，特别是9月份，在各地党委的领导和有关部门的大力支持下，外贸收购和出口工作的进度比较快。但自10月份以来，虽然我们已尽全力抓紧，但头16天的出口情况却很差。按照计划进度要求，第四季度出口每天平均应达到3 000万元，但16天出口实际平均每天只有1.175万元，即16天内出口计划落空2.62亿元。对资本主义国家出口按计划要求，每天平均要出口330万美元，但16天实际出口每天平均只有75.7万美元，按此计算，对资外汇收入已落空4.069万美元，情况是很严重的。据了解，各地在货源组织方面都很努力，收购计划金额也完成得较好，但出口计划完成差，问题是：内地有货不能及时调到口岸，而调到口岸的货物中有一部分不合出口需要，符合出口急需的不多。

从各方面反映的情况看，目前出口方面的主要困难有如下三点：

（一）运输困难。特别是从产地到集中出运点和加工厂到出运点的运输最为困难，有货集中不起来，以至国外来船只好停在码头，无货可装。例如硫磺，四川奉节硫磺厂现有存货12 000吨，但运不到山下，运到山下的也因缺乏汽车无法外运，泸州硫磺厂存有现货6 000吨，情况与奉节同，无法出运；山西河曲、阳泉、阳城、平陆、灵石等地有硫磺4 000吨，湖北恩施硫磺厂有货4 200吨，都无法运出。而国外催货又急如星火。如捷克方面要求10月份交货1 000吨，否则工厂就要停工，我们无法肯定答复；苏联、波兰方面都表示如无硫磺运去，他们的工厂要停工。总之，情况很紧，令人焦急。再如烤烟，全年出口计划57 200吨，现只完成了35 602吨。据我们了解，各省有烟叶，就是运不到交货地，而国外也一再催交。大米、生猪、鲜蛋调拨上也很困难，国外来船后经常要久等才能装上大米。运输问题确是当前完成国家出口计划任务的关键问题。

（二）劳动力缺乏，有些出口的工业品（包括手工业品）生产不出来，或生产出来、但又收集不起。如河南省传统出口物资柞绸，因劳动力缺乏，虽经省人委督促安排，现生产仍未恢复常态，10月份对资应交5 330匹，现尚无把握。据我部土产出口公司反映，广东、广西松香厂因缺乏劳动力和原料，已经停产。果真如此，则不仅出口货源将断，而且国内工业生产所需松香也将难以供应。刺绣、台布、草帽辫等出口货也因劳力不足而影响生产。另外，各地商业系统的干部也抽得较多，对组织生产和购销工作，也受到一定影响。

（三）因国内需用物资增加，影响了出口。如木材、麻袋、麻布、铁丝、铁钉、新闻纸、凸版纸、有光纸、锡和锡合金、铅和铅合金等，都早已停止对外成交，已成交部分也难于保证交货；硝酸钾已签出口合同8 270吨，已交1 508吨，尚欠6 762吨，因国内急需，又生产不出来，已确定先供国内用，合同只好不执行。又如安徽祁门瓷土向来供应景德镇做出口瓷器用，据江西省委了解，因祁门用瓷土做高炉耐火砖，现在对景德镇出口瓷器所需瓷土已难于供应。其余因国内需要增加而出口供应紧张的，还有电石、油漆、水泥、沥青、酒精、硬脂酸、纯碱、烧碱、硫化碱等，因而出口计划完成的进度就更加缓慢。

在农副产品中，问题最突出的是冻猪肉和冻家禽。冻猪肉今年出口计划是21万吨，到现在的交货数字尚未到9万吨，情况迄今无好转，肯定完不成出口计划；冻家禽出口计划23 000吨，只交货7 000余吨。因这两宗物资出口值钱，数量又大，交货不好对完成全年出口计划的影响很大。

上述情况较严重，需向您①向中央报告，并请考虑可否给各省委书记同志介绍这一情况，请各省在运输和劳力安排方面能多照顾出口物资生产和调运。因为今年国家外汇情况很紧张，对资本主义国家进口订货中央早已批准停止订购，所以如果出口情况不能迅速好转，不但会影响今年的进口，而且还会影响明年的进口。现在距年终还有70余天，但实际的出口工作时间只有50～60天（太晚就不能运过国境），因此，能否完成任务的关键在于10月一战。除我部加紧督促各地交货、研究有效措施、千方百计争取完成任务外，请各省同志也抓紧对出口工作的领导，帮助克服困难，继续共同努力扭转国家外汇紧张的局面。

Z9－855－19

对外贸易部党组报送出口交货资料的几点说明

1958年11月22日

今年全国出口计划和出口物资收购计划总的执行情况是好的，有不少地区已经超额完成了全年计划的总金额。但从品种上检查，没有按对外已签合同交货的情况比往年严重，对外影响不好，也减少了外汇收入。

总理、陈毅、李先念副总理曾在11月8日亲自检查了今年的外贸工作和对外合同履行的情况，并指示我部，凡对外已签合同的物资，都要照交。根据这一指示，我部曾在11月10日统计了一个要求各部、各省、市、自治区在12月15日前供应出口物资的材料；但当时因时间仓促，我们工作粗糙，材料不尽完整，现又作了若干补充，分地区、分部门列表送上，请帮助督促有关供货单位按时供货，以完成今年对外合同。

附：报送出口交货资料的几点说明

（一）附表所列的商品，都是本年度已经对外签订合同必须交货，而1—10月份交货情况又特别不好的主要品种。为了完成全年出口合同，在11—12月份必须交货的这类主要商品共计53 305万元（按出口价格计算）。其中：

对苏联	46项	值30 663万卢布
对东欧总计	78项	值16 483万卢布
德　国	26项	值6 711万卢布
捷　克	25项	值5 988万卢布
波　兰	12项	值2 166万卢布
匈牙利	9项	值925万卢布
罗马尼亚	4项	值619万卢布
保加利亚	2项	值74万卢布
对亚洲人民民主国家总计	33项	值1 485万卢布
朝鲜	8项	值670万卢布
蒙古	3项	值30万卢布
越南	22项	值785万卢布
对资本主义和亚非国家共计	80项	值2 911万美元

详细项目请阅附表一［略］。

其余出口供货情况正常的商品均未列入，需要各供货单位调运供货，保证对外交货。

（二）附表所列对外已签合同的商品，大部分是按照年度出口计划，由总公司或口岸公司对外成交的，有一批商品是属于地方所管并在供货省（市、自治区）同意后，由口岸公

① 指李先念副总理。

司自行对外成交的。但所有这些商品都已对外订了合同，必须交货，因此，请中央各主管部和省、市、自治区大力帮助我们履行交货义务。按照国内调拨、收购价格计算，为完成表列主要商品合同的交货任务，需由各省、市、自治区供货的金额共66 343万元，需由中央各主管部供货（不包括成套设备）的金额共11 075万元。

为了在年内完成出口合同并收到外汇，对苏、新兄弟国家陆运出口货要求各地在12月15日前全部发运（直接出口）或调到口岸，以保证年底前运过国境；对资本主义国家或苏新国家海运出口货，也要求在12月15日前全部调到口岸，以求年前装船出口，拿到外汇。

（三）今年对越南、柬埔寨援助项下有成套设备13项，也应交货。这些项目的金额还未算清，因而在向有关部要求供货的表内只列项目，未列金额。请各有关部按时供应成套设备出口所需的机物料（原料、材料等），以保证国外能正常施工。

（四）今年前一时期出口供货比较困难的主要原因是：（1）各地劳动力紧张，有些出口物资的生产没有安排妥当。如河南柞绸生产的织绸工人很多参加了别的生产，柞绸出口交货的情况很差，虽经河南省人委指示要恢复正常生产，但现在还差9 750匹未交货。（2）运输紧张，基层生产单位的出口物资集中不易。如烤烟、硫磺等在产地都有货，但因运不出来，有些省烤烟厂停工待料；硫磺也是这样，对外交不上货，兄弟国家工厂要停工。（3）国内需要量增加。例如，新闻纸、电石、云母、硝酸钾及很多种化工产品都是在国内需要增加（包括一部分军需和钢铁元帅所需）的情况下，出口供货感到困难。核桃、桃仁、苦杏仁等因各地绿化留种需要，也影响了供货。请有关各部门和省、市、自治区对于不能及时供货的原因加以检查，并希采取有效措施，予以改进。

Z9－858－4

叶部长①在六省一市外贸工作座谈会上的报告记录［节录］

1959年6月22日

［上略］

一、计划问题

第三季度上海向各省要货计划原提要求是4.5亿元，现在定下了4亿元，有几千万元定不下来，主要是食品。定4亿元，准备超过4亿元。我看可以这样定下来。有些省的同志提出，7、8月份少出一些，会不会到9月份完成不了计划？大家都要有充分准备，各地要尽可能多出一些其他东西。要保证4亿元，积极争取完成4.5亿元。

对于计划问题，我提下面几点意见：

（一）必须按质、按量、按时地保证完成计划

自从七中全会和全国财贸书记会议以后，各省党政对出口货源的收购都是非常支持的。有了各级党政的支持，同志们也在各方面做了许多工作，干部、群众的积极性很大，加上有关方面的协作配合，我们是完全有条件完成计划的。但是另一方面，我们工作中也有困难，主要是有些货源比较紧张。怎么办？

1. 计划完不成，能退的就应该退下来，譬如猪肉、鸡、鸭、蛋。大家再看一看，到年底究竟能完成多少，其中，凡对外已经签订合同的我们必须保证完成。猪肉全国13.9万吨，假使真正完不成，我们可以和苏联谈以罐头顶。鸡、鸭对兄弟国家去年欠交7 900吨要补交，对香港要保证供应。蛋品亦是如此。我们这次要把具体数字定下来，以后就一定要按照数字执行。同时，退下来以后，金额要差几千万元，必须用其他东西顶。用什么东西顶？有三条原则：（1）必须是能够出口的商品；（2）必须经外贸部同意；（3）凡是中央商品要经中央主管部门同意。我认为可以用轻工业品、

① 指时任对外贸易部部长叶季壮。

小食品、杂货……等来顶。这些东西能销香港和东南亚国家。现在许多地方都在搞轻工业品生产，问题在于能否符合出口规格。总公司和口岸要派懂技术、规格的人员去了解，并且明确所需要的具体品种、规格，帮助改进品质、规格，增加生产品种。我看这样做，不但可以弥补这部分退下来的差额，而且还可能超过。

2. 计划总金额必须保证完成，许多商品不能退，要定下来，坚决完成。原因很简单：对外已经签了合同、订了协议，而且我们进口需要外汇，因此必须要出口。同时，对港澳、对资本主义国家、对兄弟国家、对民族主义国家又都必须出口。从政治、经济两方面说，总金额绝不能变。

第三季度的计划很重要，假使第三季度计划完成差，而把更多、更大的任务挤到第四季度，那时由于运输等各方面的关系，有东西亦出不去。计划任务就会完不成，所以第三季度必须狠狠抓紧。三季度对完成计划具备很好的条件：第一，夏收以后，秋收开始，有更多的东西可抓；第二，总的生产指标落实以后，轻工业品、副业、渔业、小土特产品的生产会有好转。因此只要我们抓紧，计划是可以完成，并且可争取超额的。完成三季度计划主要是7、8月两个月，绝对不能放松，假使7、8月两个月一放松，9月份大家都要保证国庆节市场供应，那时就会抓不起来，计划就要落空。

（二）关于具体商品的问题

1. 食品：鸡、鸭、肉、蛋必须定下具体数量。现在压缩城市、农村供应，压得这样紧，只能是短时期的，不能是长期的，我们的头脑不能过热，决不能搞过分。但是，退下来也绝不是先限制地退，目前应以抓为主，适当地退。食品方面，大家想搞罐头，罐头出口方便，而且经济上有利，但是必须保证符合出口规格，我们出口一定要讲信用，不能希望混过去。现在各省有许多罐头工厂，但产品符合出口规格的不多，出口不了，内销也销不了，这真是一个很大的浪费，所以各省要注意检查，凡不合出口规格的都要坚决停止加工出口罐头。我主张出产鸡、鸭、肉、蛋的地方今后可以朝自己生产罐头的方向发展，但只能逐步地搞，先搞一两个工厂，积极地提高技术，改进设备，搞好以后才能开始加工出口罐头；在条件还不具备的时候，只能运出原料，决不能勉强。

2. 粮油：粮食7、8月份少出，9—12月份就必须多出；油脂35.5万吨肯定搞不了，但25.5万吨数字一定要完成。

关于粮食加工，各地有加工能力的可以加工，但必须符合出口规格，前一时期各省有大批不合出口规格的粮食运到上海，上海用很大的力量重新加工，当时要求各地抓紧调运，要求急，时间紧，在品种、规格方面一时照顾不了，是不得已的。但是今后各地都要注意保证规格。

3. 茶叶：春茶许多地方都增产，各地都重视了对采摘劳动力的调配，但是春茶质量有所下降。夏茶质量一定要搞好，以弥补春茶质差的缺点。夏茶应该以抓质量为主，当然数量也要抓，并须按照茶叶出口公司的规格标准进行加工。目前，各地都要求茶叶超额出口，这种精神很好，但一定要符合出口规格，否则出口不了还是转供内销。

4. 丝绸：（1）必须按照计划出口厂丝。有许多地方要求多出绸少出丝，这从“多出成品、少出原料”来说是对的。但目前国外许多地区都要生丝，绸缎的销路仍是有限，所以必须按照实际情况来掌握。我们希望多出绸缎，但只能逐步争取，所以各地都要按照部的计划调出厂丝。（2）加工绸缎的品种、规格、数量都必须按照丝绸公司的规定，切实保证规格质量。丝绸公司应派人到各地去协助工作。我看今年绸缎可以多出口一些，要认真摸一下，对资能销多少，对兄弟国家能销多少。（3）收购蚕茧，要坚决克服随便提级提价而不按照规定办事的现象。当然，压级压价也不行，外贸系统应按规定办事，并派人检查蚕茧收购工作。

此外，关于杂货、小食品等具体品种，大家要摸一摸，了解各省可以搞哪些。我们可以想办法多对港澳出一些，譬如搞一些葡萄干、樱桃干和水果等去试销。

二、关于出口商品的质量和原料、材料、包装物资和运输问题

改进出口商品的质量是当前的主要问题，现在已经引起各级党政领导重视，大家都在抓，相信不久会有好转。我们应当十分重视，作为一项中心工作来抓。关于出口商品的规格、质量问题，上海和大家交换了意见，今后各地调上海的商品应符合出口规格，如不合出口规格，但经上海加工整理后可以出口的则可协商后调沪；如加工整理后仍不合出口规格的不要调来上海。我同意以上意见，更重要的是各地要加强管理、检查、指导。因为出口商品质量不好，出口出不去，出去要退货，这是关系国家信誉的事，影响极为深远。毛主席和中央其他负责同志都很重视这一问题。我们必须十分重视解决。这次大家看了出口商品质量展览会，希望回去对外贸部门和有关生产部门同志传达，同时组织一些有关的人来参观，以促进出口商品品质、规格的提高。

关于商检工作，各地应该小而精，因地制宜地搞。另外，这次拟了全国出口大米规格，其他的商品今后亦可以搞，使出口商品规格逐渐搞得标准化。

关于原料、材料、包装物资，原则上一类物资由中央主管部门解决，二、三类物资由当地安排。各地应坚决贯彻“五先”原则。外贸部能解决的，一定尽量协助解决。棉织品质量不好，缺少一部分皮件，可以拨一部分牛皮给需要单位。原棉质量差，准备从进口棉花中调剂一部分先用于国内加工，待四季度再转口；再向物资储备局暂借一部分好棉花，以解决改进品质的需要。

各有关公司和各省外贸单位将现有的原料、材料如牛皮、橡胶等挤出一部分，这对促进出口商品的生产、改进质量是有帮助的。就是有本属于内销产品所需的原料、材料，如果我们可以挤得出来，也要本着全局观点设法挤出来一些。当然，挤出来的东西要换回等值的可供出口的东西，这样对生产和市场都有好处。

原料、材料、包装物资国内确不能解决的，可以考虑进口一些，但只能进口少量的。现在提出的货单太大了，外汇很紧，给不了那么多。希望大家再研究一下，压缩一下，先解决确实急需的。

运输方面，目前各地都很紧张。一、二季度出口完成不好，三、四季度必须紧张，除火车、轮船运输外，还需要汽车运输。我们进口了一部分汽车，现在准备再订一些汽车来运输粮食和其他出口商品，另外也准备增加订购部分汽油，争取在第三、四季度把运输力量搞得好一些。

Z10－949－2

中共中央、国务院
关于力争完成一九五九年对外贸易的
收购任务和出口任务的紧急指示

1959年10月26日

目前国民经济各个战线的形势都很好，对外贸易战线的形势也好。今年的进口任务可以完成，收购任务和出口任务比起反右倾以前也有了显著的进展。但是，由于今年春季和夏季对外贸易的收购任务和出口任务完成得不够好，所以到十月十五日为止，全年收购一百亿元商品的计划只完成了百分之六十六点四，全年出口七十九亿元商品的计划只完成了百分之六十五。今年只剩下六十多天了，全年对外贸易的收购任务和出口任务有完不成计划的危险。中央和国务院认为，各级党委和政府必须紧急地动员起来，抓紧今年最后的六十多天，采取突击的方法，力争完成今年对外贸易的收购任务和出口任务。

各级党委和政府必须认识，完成对外贸易的收购任务和出口任务是一个关系到我国社会主义建设速度的重大问题。没有出口就没有进口；完不成收购计划和出口计划，进口商品就

没有外汇支付。对兄弟国家拖欠外汇过多，不仅会影响到我国进口任务的完成，影响到明年生产建设大跃进的顺利进行；而且会影响到兄弟国家生产建设计划的安排，影响我国的对外信誉。我国的社会主义建设应当以自力更生为主、争取外援为辅，但是，努力出口以保证必要的进口，在目前建设中仍然是一个很重要的条件，决不能轻视。中央和国务院责成各级党委和各有关政府部门将以上的道理在全体干部、全体党员和广大群众中进行广泛的宣传解释，在继续深入地反右倾、鼓干劲的基础上，开展一个轰轰烈烈的收购、调运、出口的突击运动，大战六十天，力争完成今年对外贸易的收购任务和出口任务。

要完成出口任务，必须采取"一挤、二顶、三超"的办法。"挤"就是在内外兼顾的原则下，某些品种没有完成计划，凡是国内可以少吃、不吃，少用、不用的商品，应当决心挤出来供应出口。"顶"就是对于实在完不成出口任务的商品、应当坚决用其他可以出口的商品（粮、油、棉除外）来顶替。"超"就是凡是有条件超计划出口的商品，应当力争超计划出口。在收购、出口工作中，首先要抓大宗的、重要的、值钱的而又易销的出口商品，同时也不放松可以出口的小宗商品；既要保证数量，又要保证质量。要坚决执行中央关于出口商品要优先安排，生产加工在先、供应原材料和包装材料在先、收购在先、运输在先的指示，只有这样，才能保证按期如数如质地完成出口任务。

为了检查今年对外贸易的收购任务和出口任务的完成情况，及时解决收购、调运、出口中的问题，中央和国务院决定在国务院成立一个临时性的出口办公室由姚依林同志负责，办公机构设在财贸办公室，并责成有关各部指定一位副部长负责这项工作。各省、市、自治区党委和人委认为有必要时，也可以组织一个临时办公机构，或者指定省长或一位副省长进行督促检查和具体组织的工作。

Z44－1959（4）

出口货源问题是对外贸易计划的中心问题，没有货源就无法完成出口和进口计划。因此，提出以下要求：

第一，根据外贸工作的特点，出口计划经中央批准后，不再变动。如有特殊情况必须变动，要经国务院批准。

第二，国家统一分配和各部负责分配的出口物资的供货计划，经中央批准后，建议由计委制定一个工业产品供应出口的具体办法，由外贸部门按照计划向计委和有关部门作一次申请订货。

第三，建立农副产品的出口基地和实行出口商品专厂生产。除中央已决定划一部分国营农场做农副产品的出口基地外，我们提出在广东、广西、福建建立供应港澳副食品基地，在河南、山西、贵州建立硫磺基地，在贵州、云南建立水银基地，在四川、青海建立石棉基地。

第四，切实解决出口物资的原材料和包装材料问题。属中央部管的由中央部供应，地方管的由地方负责解决。

第五，保证和提高出口物资的规格质量。

外贸部雷任民同志向计划会议领导小组汇报1960年对外贸易计划安排问题，《第八次全国计划会议简报》，第33期，1959年11月6日。150－8－58

一九五九年商业部系统供应出口任务，在各级党委正确领导下，贯彻了"五先"原则和"一挤、二顶、三超"的办法，已经超额完成。全年完成实绩为三十亿零三千万元，占原供应出口计划二十八亿二千万元的百分之一百零七点四，为调整后计划二十七亿一千万元的百分之一百一十一点八，比一九五八年供应出口实际增长百分之二十八点九。在十六种主要商品中，冻牛肉、冻羊内、活家禽、烤烟、棉花、棉布、硫磺、松香等八种完成和超额完成了供应出口计划；棉纱完成百分之九十八点二；冻猪肉完成调整后计划十四万吨的百分之九十二点二；茶叶、冻家禽完成近百分之九十；鲜蛋、冰蛋、橘柑、苹果等完成较差。

［中略］

一九五九年商业部系统供应出口计划所以能在比较短的时间内（十一、十二两月完成全年计划三分之一）超额完成了全年供应出口总值，量基本的原因是各级党委抓得紧和大搞群众性的采购、调运、加工、供应出口的突击运动。在一九六〇年供应出口工作中，应接受这一经验，从年初开始就抓紧、抓狠、抓细，一直抓到底，尽量赶前不赶后。其次要做好内外销的安排，国内某些供应不足的商品，应按计划保证出口，不能少交，如需超额出口，必须经过中央、国务院或商业部批准。再次，要采取各种积极有效措施，提高出口商品的规格、质量。办法是：建立生猪、禽蛋出口基地，抓紧育肥；对水果、茶叶、薄荷等生产，应专拨肥料、农药，以保证产品的数量和质量；对某些特殊的工业品也应专料专用，指定专厂按出口要求的规格进行生产。另外，对出口商品的品种、规格在签订合同时尽量做到详细、具体、明确，以避免在执行合同时发生争执。

商业部党组关于1959年供应出口计划完成情况的报告，1960年1月8日。181－9－13

（二）组织供应出口工作中的经验和体会

1959年供应计划执行中的特点是：时间不均衡，任务很集中；前10个月只完成全年任务的65%。10月26日，中央、国务院发出了力争完成和超额完成外贸收购和出口计划的紧急指示以后，各级党政极为重视。书记亲自挂帅，成立了出口办公室，各级都召开了电话会议、现场会议或广播大会。层层作了宣传动员和部署，按日检查进度并派出工作组、检查团赴各地帮助与督促工作。全国各地都先后掀起了为完成外贸任务的群众性的突击运动高潮。在短短两个月里胜利地完成了占全年1/3以上的任务。从中取得的基本经验是：党政领导重视，大搞群众运动和在各方面采取了有效措施（特别是“五先”原则和“挤、顶、超”办法）。在工作中着重抓了以下几点：

1. 坚持政治挂帅，广泛发动群众。首先是各级党政的重视和领导，反对右倾、鼓足干劲；其次是在群众中普遍进行了“支援国家经济建设”的爱国主义教育，把完成出口任务的号召变为群众的行动。如陕西省南康专区曾以出口为纲，由地委书记和专员挂帅，全党动员，全民动手，组织40万大军展开日以继夜的收购突击。内蒙古锡勒种畜场为了支援出口任务，跋涉1 500里，历时50天，赶运牛羊到集宁加工。河南新乡专区各级召开了电话会议共1 500余次，进行动员和布置工作。湖南衡阳层层深入动员社员出售存蛋的经验在全省推广后，鲜蛋收购量在11月上、中旬曾日达40万斤左右，占全国收购总量的40%。经验证明，愈是任务繁重急迫，愈需做好群众的思想发动工作。

2. 组织货源，大抓农副产品采购。农副产品及其为原料的产品在我部供应出口总值中占85%左右，且货源不如工业品那样均衡和稳定，完成农副产品的采购是保证出口的物质基础。

（1）抓重点商品，抓薄弱环节，经常收购与突击运动相结合。各地针对本地区不同时期农副产品的生产与收购情况，抓对完成供应出口任务有决定意义的重点商品，抓计划完成最差的环节，并有节奏地组织单项商品的突击收购。如安徽的六安专区，具体安排了重点商品、主要产区与突击次数，该专寿县召开了2 000多人的誓师大会，3天突击，一鼓作气完成棉花、生猪、鲜蛋的收购任务。河南省在11月下旬开展了一个突击周，重点抓生猪、鲜蛋这一薄弱环节。湖南全省开展了两三次鲜蛋收购的专项商品大突击。山东安丘县曾一度安排30万劳动力，专门突击烤烟；湖南、四川等地柑橘上市时，专门成立办公室抓采摘、收购、出口等工作。这样重点与一般相结合，突击重点，带动一般；经常收购与突击运动相结合，大搞突击运动提高经常收购，使整个任务能够全面和提前完成。

（2）对生猪、鲜蛋采取派购等各种方法。

①派购。湖北应城县在深入宣传和妥善安排节日肉食供应的基础上，实行猪、禽、蛋派购。11月1—5日只突击5天，就超额15%～20%。完成了第四季度的收购任务。全省普遍推广了这一经验。广东省全面实行包下来的派购方法，并在12月上旬具体决定了每个大队再拿出2头卫星猪、10只家禽，每10个大队拿出一头残牛。

②调换。动员机关、部队、学校等自养的肥猪出售，用克郎猪掉换。有的采用按重量等量交换；有的一头换一头，差额用肉票补或供适量粮食自行催肥；有的向没有出口任务的销区换合格肥猪。

③限期上调。对商业系统库存的生猪、国营农场的肥猪逐栏排队，凡合格的限期输出，并作为纪律来执行。

④加速催肥。将半肥猪集中饲养，拨粮食催肥。有的还采取将半肥猪带粮食分给机关团体代养催肥。

以上这些有效的办法，积极地支援了供应出口任务的完成。

（3）加强收购的组织工作。为了适应采购量大、时间集中、大搞群众运动的新情况，在收购组织工作上必需跟上去。河南新蔡县在这方面的经验很好，他们本着“方便群众，有利生产”的原则，固定了2 560多个收购人员，分235个“战斗组”，利用“五员代购”（食堂会计员、投递员、理发员、管理员、饮食服务员），共3 875人，增设175个临时收购点，各级党委委员分片包干，达到片片有帅、队队有将、村村有点、点点有人，采取“下去一把抓中心代其他，各记一本账，回来再分家”，并在收购中实行了“五定”（人员、地区、任务、时间、质量）、“三边”（边收购、边集运、边调运）、“五到队”（收购、磅秤、价格、样品、验级到队）。吉林全省普遍派出干部分片负责，深入基层组织收购，并采取“带货下乡，登门收购”的办法，对零星分散产品的采购收效很大。贵州商业厅两位副厅长亲率工作组到重点产区收购肥猪，其他各地也派出大量干部深入基层，积极组织货源，既带动了工作，又鼓舞了群众的干劲。

（4）开展评比竞赛。今年的外贸工作，各地都与“六好”红旗运动密切结合，单位之间、个人之间展开了社会主义竞赛，大大鼓舞了职工的干劲，有的基层单位采取逐日公布战果的办法，使人民公社也关心进度，卷入竞赛运动。为了督促各地运动的开展，河南、安徽等省或专区都由党委和人委共同组织检查评比团，分路出发，赴各地督战，使采购工作不断推向新的高潮。

3. 在组织收购的同时，紧抓调运工作。在收购运动蓬勃开展起来以后，运输工作需要紧紧相跟，才能保证及时加工，如期出口。今年，凡是一开始就响亮提出“一手抓收购，一手抓调运”的地区，速度进展快，任务完成得好。

（1）根据“五优先”的原则统筹安排运输力。今年在出口物资的运输工作上，无论从各个运输系统或各省区，都作了很大的努力，根据中央“五优先”的原则，优先安排运输力发运出口物资，河北省在11月中下旬曾一度把出口物资的发运列于钢铁之前，吉林省将钢铁、矿石、煤炭、出口商品作为优先发运的物资。并规定，谁先上站谁先运。若干地区铁路局都提出凡是出口物资要做到“货到即发，一车不欠，一吨不亏”。新疆的运输条件较差，区党委书记亲自召集有关部门，进行车辆调度，安排运输任务。与此同时，商业部门也抓紧了货源组织工作，建立电话联系制度，了解物资的收购、集运和库存摆布状况，及时向运输部门反映，并提出了“货源落实，包装完整，作到货等车，不要车等货”这样，物资部门与运输部门密切联系，步调统一，充分发挥运输工具的效能，加速了物资调运。

（2）依靠群众，土洋结合，大搞短途集运。由基层收购点到交通沿线的集运任务很重，各地党政极为重视这一环节，普遍采取了专业运输与民间运输相结合、经常与突击相结合、动力运输与人背马驮相结合的两条腿走路的方法。依靠群众，大搞群众性短途集运。河南蔡县全县共组织了12个短途运输大队，28个中队，大小土车1 532辆。临时劳动力约3.8万人采取经常与突击相结合的方法，做到了出口物资“大点不过夜，小点不隔集，中转无积压”和“有货有车，有车有货，调运及时”。有的地区组织群众赶运生猪，有的和专业运输队签订包运合同，结合公社搞多种经济、组织夜间运输等方法，也很成功。因此，虽然今年量大集中，短途运输力很紧张，但基本上按时完成了上调任务。

四川的运输条件不够好，但做得很出色。该省11月开展突击运输月以后，1—21日突击运出外贸物资11.4万吨，占11、12月两月任务的60%，粮食、云母、生猪、硫磺等大宗商品都提前1个月左右完成外调运输任务。他们的主要经验：一是各级党委亲自挂帅领导突击运输月运动的开展，有关部门也作了具体安排；二是抓重点商品的突击运输，如全省专门拨300多辆汽车突运石棉。万县专区组织1 200多人抢修公路和拨专车突运硫磺。陕西抽调机关团体的汽车突击运输出口物资，普遍利用邮车搞捎脚运输。湖北挤出客船专运或捎运出口物资。11月下旬还曾组织武汉市机关团体、学校10余万人突击港口的装卸搬运工作。山东、河南、湖南等地也曾经组织棉花、烤烟的集运大突击，或专车运橘柑、生猪等。这些根据不同时期、不同品种搞突击调运的做法，都是成功的。

4.“一挤、二顶、三超”扩大出口货源。在具体贯彻中央“挤、顶、超”的指示中，各地采取了以下的办法：

（1）积极组织货源和清仓排队，能超的商品争取超额，打开仓库让外贸挑选。只要能够出口的，在内、外销统筹安排的原则下，尽量争取多供应出口。

（2）不吃或少吃，不用或少用，挤内销增出口。像禽蛋、猪肉、干鲜果、茶叶、小土特产品及日用工业品，都在这个前提下安排内、外销的关系。

（3）此种不足，彼种补上。各地在商品排队中具体进行了算账，研究顶补方案。仅请示中央批准部分，就接到8个省区、50多种商品的顶补货车，中商部糖业、五金局还从上到下调整品种计划等方法弥补差额。

（4）挑选整理，加工改制，尽量扩大出口货源。如苹果、茶叶、烤烟等都从内销的商品中采取沙里淘金的办法，进行挑选，对粗老茶叶加工改制适合出口的品种拨交出口。

由于采取上述各种措施或办法，使货源不足的商品尽可能多的增加出口；实在无法完成的用其他商品补上去，有可能超额的尽量超额。扩大了出口货源，保证了整个供应出口任务的完成。

（三）主要问题和今后意见

在组织1959年供应出口工作中，也存在着一些问题，需要在1960年注意安排和进一步改进。

1. 均衡供货问题。1959年供应出口任务集中在第四季度，特别是11、12月两个月，年末两个月的供应出口总值占全年的1/3；第四季度几种大宗商品供应出口量占全年的比重是：冻猪肉45%，冻牛、羊肉70%，活、冻家禽为65%和78%，棉花65%，橘柑95%，苹果78%（其中，有的商品是生产季节的关系），因而供应出口任务特别是副食品任务的完成上，从短途集运、生产加工、冷藏车运输等方面都感到量大、集中、时间短，各项工作，特别是运输工作感到很吃力。1960年供应出口工作中，在时间安排上应注意：赶前不赶后，力争均衡完成任务。冻猪肉年初就应抓紧，按季、按月安排与检查，争取做到季末不留尾巴。其他商品也应在妥善安排内外销的前提下，尽量争取提前交货。

2. 品种、规格问题。1959年，部分商品在这方面出现的问题较多，不同程度地影响了计划的实现。（1）属于生产方面的，如生猪、家禽肥度不够，苹果、柑橘虫多、质次；茶叶粗老的比重较大；若干五金商品原料或产品质量、规格不符要求。(2)属于合同签订不明确和执行中发生问题的，如红玉苹果的斑点病，开初在口岸苏方检验按腐烂病处理，产地商检局因之限制过严，规定一个斑点也不要，造成大量返工并甩出部分能供出口的苹果，国光苹果亦发现青果即予降等。橘柑在合同中对病害及计算方法等规定不够明确，交货验收时各执一端。若干五金商品的规格在订货时没有在合同上明确规定下来，因而部分商品生产出来后不符国外要求。这方面的问题，1960 年要尽细地安排好，建立猪、禽、蛋出口基地，抓紧育肥，并通过派购将任务层层下达到社、队，而且在出栏时间上也大致作些安排；对水果、薄荷的生产，需要专拨化肥、农药；对五金商品拨专料、指定专厂按合同规定生产，确保高产、优质。关于出口商品的规格、质量，是一个比较复杂的问题，请各业务局就发生问题较多的商品与外贸部门进行专门研究，并在此基础上签订好外销合同。

3. 某些商品内、外销关系的安排问题。硫磺、松香在供应出口方面均超额很多，而省储备与省间调拨完成较差，松香还一度影响国内生产安排。芳香油出口与国内生产需要、红茶出口与边销需要等也有矛盾。1960 年，对涉及面较大的商品特别是工业原料需要进行排队，妥善安排内、外销，按计划组织出口，如需超出计划，必须经过中央、国务院或本部批准。

4. 运输和加工、包装问题。1959 年第四季度运输紧张，特别是冷藏车、船的运输任务繁重。1960 年如果能均衡供货，时间赶前一些，运输压力会减少一些，但仍需足够重视。主要有两个环节：短途集运和冷藏车。短途集运主要依靠地方、依靠群众解决。在开展群众性运动时，应注意“一手抓收购、一手抓调运”，相辅相成。冷藏车运输力因 1960 年橘柑、苹果的供应出口计划将比 1959 年增加 10 万吨左右，必须预先做好安排。

在加工生产上，尽量注意地区和加工厂间的安排，冻猪肉和罐头加工注意大厂与小厂的安排和原料调剂，避免出现大厂吃不饱、小厂吃不了的现象。对小厂要加强技术指导，不断提高产品质量。棉花供应出口地区上，亦需根据铁机打包能力的情况适当安排，减少调运改包的情况。

在包装材料方面，属于国家统一分配的应专拨材料（如木材、铁丝、钉子等）；属于三类物资的（如蒲席等）应早作安排。省间衔接好计划。

5. 关于供应出口计划的管理问题。若干工业品和部分土特产品计划列在商业部而具体业务由外贸部门经营，直接向生产者组织收购和出口，商业部不能及时了解情况与掌握进度，管理上有些困难。农垦部所属国营农场占我部供应出口任务的比重很大，但没有逐级衔接好计划。因此，目前急需草拟一个计划管理的办法，以便有所遵循。对国营农场的供应出口任务在年、季计划中最好单列指标，便于督促、检查，责任分明，并上下衔接好计划。

（四）供应出口办公室工作简况

两个月来，在国务院财贸办公室和部、局正确领导下，我们完成了党交给的任务。

1. 在日报方面。我们抓紧了日报登记、按时上报（每日上午 11:30 时发出），注意了各地上报数字与外贸和本部业务局所掌握的数字的核对，使数字全面、准确，并按 5 日、按旬、按月进行了数字的分析工作。

2. 在与省、市、区联系情况中，注意了全面了解与重点了解相结合，既抓运动全面的进展情况，又抓措施和办法；既抓重点大宗商品，又抓一般商品；每日按时碰头，有经验就介绍，有问题就分别联系进行处理；各地每天所反映的情况及时在简报上作了反映，以供领导及有关部门对指导运动的参考。

3. 供应出口工作中的运输问题是一个重大的关键性的问题之一。在运输力量的统一调度和安排方面，本部储运后努力很大，并配备了专职干部，具体与铁道部有关部门进行联系，解决铁路运输中存在的问题，基本上做到了车货结合，保证了出口任务的完成。

4. 在处理有关出口问题方面，我们协助

业务局，根据国务院财贸办公室指示精神，能答复的及时作了答复；需要两部协商的，进行了协商处理，两部意见不一致的，摆清情况算全面账，请示国务院决定；对于一些主要突出问题（苹果、茶叶、鲜蛋等），两部派员共同深入检查处理。

商业部1959年供应出口计划执行情况资料，1960年2月7日。181－8－159

国务院财贸办公室电告个别地区仍应积极安排出口物资的运输

1960年4月12日

最近有些地区出口商品的调运情况很差。据了解，有的地区认为二月二十一日中央批转李先念副总理关于立即突击调运粮、油、棉和成立调运指挥部的报告中说到，外贸出口物资除大豆外，全部可以压下来，因而将外贸出口运输计划削减很多，有些出口商品存在产地运不出来。

据查中央批转李先念副总理的报告中关于运粮的紧急措施第二项原文是："在突击运粮期间，对于粮食的运输应该尽可能优先安排。外贸出口的粮油，除大豆外也应暂时适当让路。"让路的出口货仅指粮油（大豆除外），不是指所有出口货，而且粮油类也是"暂时适当让路"。根据上述情况，国务院财贸办公室已电告上述有关省人委仍应积极安排出口物资的运输，对于积存在产地的出口货要迅速调运出来。对粮油类商品，在完成调拨任务的同时，也要抓紧安排出口运输。

《对外贸易情况简报》，第12期。Z11－1001－12

北京、湖北、上海、河北外贸工作布置情况和问题

1960年7月28日

我部七月十三日召开了电话会议，动员对外贸易系统全体干部，鼓足干劲，千方百计，保证完成和争取超额完成第三季度外贸收购，出口计划，为完成全年对外贸易计划打下基础。会后，据北京、上海、湖北、河北外贸局报告，都在省、市委领导下，检查工作，进行部署，干劲足，决心大，但仍存有货源问题，尚待抓紧解决。

北京市：以出口任务为纲。进行了商品排队，排原料，排生产安排，排合同到站，排包装，排运输，及时发现和解决存在的问题。经过商品排队，预计可在第三季度内完成全年出口计划的百分之七十至七十五。七月二十一日北京市计委召开了供货单位会议，大部分出口商品的货源已经基本落实。北京市委曾在七月上旬召开过工业部门五级干部会议，强调必须保证出口商品的规格质量。市委已经决定将一家木箱厂划为外贸专厂生产单位，解决出口商品包装。

湖北省：为了力争完成出口计划，省委在七月初全省专员、市长、县长会议上提出挤、顶、超的决定。外贸局根据省委这一决定，要求在金额不变、品种可变的前提下，保证完成全年计划。外贸局对全年计划任务进行了排队，排队的结果，预计可以完成全年计划并力争超额完成。但油、肉、蛋由于去年特大旱灾和今春两次寒潮因而减产，无法完成全年计划，将落空五千五百六十九万元（油一千二百万元，肉两千万元，蛋二千三百万元），要求再将收购计划予以调整。

上海市：外贸局根据上海市委对下半年工作指示精神提出三季度坚持政治挂帅，充分发动群众，一手抓整风运动，一手抓计划任务，相互推动，认真贯彻政策，要求出口达到全年计划的百分之七十，并力争超额。

河北省：外贸局部署，大抓改进出口商品规格质量和包装，挖掘库存潜力，加强产地加工运输工作，以保证完成和超额完成计划。当前主要问题仍是货源问题，原材料不足，致使有些商品难以按时完成收购、出口计划。河北省三季度外贸收购计划为一亿九千四百万元，外贸局七月二十五日报告，和供货部门没有衔接下来或虽已衔接尚未最后落实的商品共达五

十七种，金额四千八百万元，占三季度收购计划的百分之二十四。

《对外贸易情况简报》，第17期。Z11－1001－17

中共中央关于全党大搞对外贸易收购和出口运动的紧急指示

1960年8月10日

今年七个月来，对外贸易的收购和出口计划完成得很差，进口计划完成进度却比较快，国家外汇收支出现了很大的逆差。根据对外贸易部报告，截至七月二十五日，全年出口商品的收购计划只完成原定指标的百分之四十三点三，全年出口计划只完成原定指标的百分之三十八，全年进口计划已经完成原定指标的百分之五十二点七。按照目前的进度计算，估计到今年底，对社会主义国家欠账可能达到十七亿元到二十亿元，其中，对苏联的欠账可能达到十四亿元到十六亿元；对东欧兄弟国家的欠账可能达到三亿元到四亿元。这是摆在全党面前一个严重的政治问题。

最近在中央召开的北戴河会议上，认真地讨论了对外贸易问题。到会的中央同志、地方同志和各部门同志一致认为：今后三年的对外贸易必须坚持量出为入、内销一般服从外销的方针；今年的进口必须严格控制；明年的进口计划必须坚决压缩；今年和明年的出口必须力争多完成；对苏联和东欧兄弟国家的贸易欠账务必做到今年少欠、明年基本还清。这不仅仅是一个关系到我国社会主义建设的问题，而且是关系到我国在国际上的声誉，关系到我们同帝国主义、各国反动派和现代修正主义及其追随者进行斗争的问题。这次北戴河会议修订了今年全年对外贸易收购和出口计划。在修订计划的过程中，各地同志主动地提出增加若干重要商品出口的数量，以便多还欠款。各地同志一致热烈表示，一定要坚决完成这次会议确定的对外贸易收购和出口计划，举国上下，团结一致，脚踏实地，埋头苦干，节衣缩食，供应出口。中央完全赞同各地同志的意见，认为这是表现了我们党披荆斩棘、艰苦奋斗的精神和伟大的团结一致，表现了我们党的战无不胜的伟大的马克思列宁主义的雄心壮志。中央要求，全党紧急动员起来，发奋图强，拿出比去年下半年更大的劲头，大抓增产节约，大抓收购，大抓出口，大抓调运，全面开展一个轰轰烈烈的收购、出口和调运运动，坚决完成北戴河会议确定的对外贸易收购和出口计划。还必须指出，要完成今明两年的出口计划和还账计划，自然会影响若干商品特别是副食品在国内市场的供应。因此，各地党委应当把目前的情况和中央的精神，在党员团员中，在干部和群众中，进行广泛的深入的口头宣传，做到家喻户晓，但是不要登报。

中央决定，以周恩来同志为首，由周恩来同志、李富春同志、李先念同志组成三人小组，并且建立对外贸易指挥部，全权指挥全国的收购、出口和调运运动，并且严格控制进口。没有经过中央三人小组的批准，今年一律不准增加新的进口。明年的对外贸易方案，也由三人小组负责拟订。各省、市、自治区党委应当由第一书记亲自挂帅，有关专业书记具体负责，成立本地区的对外贸易指挥部，迅速展开工作。

为了完成今年的出口任务，要狠狠抓住以下几条：(1) 必须按品种、按数量、按规格完成收购计划和出口计划，不能用次要商品来顶替主要商品。粮食、棉花（包括棉织品）、食用油三项商品必须保证完成收购和出口计划，但也不要超过，以免影响国内的基本需要；其他物资凡是能够出口的，应当千方百计地挤出来出口，力争超过计划。(2) 坚决贯彻执行中央规定的“五先”原则。在国家计划规定的范围内，对出口商品应当安排在先、生产在先、原料材料和包装物资供应在先、收购在先、安排运输力量在先。(3) 出口商品一定要合乎规格。要拿好东西来出口，要在原料收购、加工生产、商品包装等各个环节上，层层负责，保证质量。特别要下定决心解决长期以来问题较多的肉类罐头、水果罐头、冻猪肉、冻家禽和若干日用工业品的出口质量问题。(4）为了增加出口的金额，增加外汇收入，从今年下半年起，应当少出原料，多出成品；更多地进口原料，加工成品出口，并且进一步增加出口商品的品种，提高规格质量。这是今后我国对外出口的一条长期的方针。适应这一方针的要求，需要认真建立出口商品生产基地，并且迅速采取"一改、二建、三专"的办法。改，就是按照出口规格的要求改装一批设备；建，就是建立一批新的生产出口商品的工厂和车间；专，就是指定若干原有的工厂和车间专门生产出口商品。所有生产出口商品的地区、部门和重点单位，应当指定一个负责人员专门领导和检查出口商品的生产，以保证按照出口的品种、数量、规格和质量完成生产计划。对外贸易部门也应当派出代表，驻在地方和厂矿，负责管理商品规格质量的检验工作。以上这些办法，请各地方和有关部门立即动手实行。

现在离年底只有不到五个月的时间，机不可失，时不再来。大家应当赶前不赶后，狠狠抓紧八、九、十月这三个月的工作，决不要把任务过多地拖到十一、十二月两个月。否则到了年底，就是有东西也是很难运出去的。

180－8－7

中共中央批转河北省委关于进一步加强外贸收购工作的指示［节录］

1961年4月30日

［上略］

最近时期，各地区、各部门对于外贸收购和出口工作虽然作了一些努力，但是除了少数地区以外，这方面的情况仍然不好，而且很不好。按照今年已经比往年降低了的收购和出口计划来计算，截至四月十五日，收购仅完成全年计划的百分之十五点五；出口仅完成全年计划的百分之十四点五。而同一时期，进口已达全年计划的百分之二十四点四。进多出少，外汇收支发生逆差，而且逆差正在扩大，这是很危险的。按照正常的收购和出口的进度，一季度加上四月份的半个月，应当完成全年计划的百分之三十左右。这就是说，今年的实际进度比应有的进度相差一半。中央对这种情况不能不表示极大的关切。

出口是进口的前提。如果今年出口计划不能完成，首先是要影响粮食进口的，更说不上各种建设物资按计划进口了。粮食进口减少会出现什么样的局面呢？必然是被迫增加国内粮食征购的数量，中央对地方必然要增加粮食调出省区的调出量，减少粮食调入省、市、区的调入量。这对于调整国家同农民的关系，调动农民的生产积极性是极端不利的。在农业连续两年遭受严重灾害之后，收购和出口是有困难的。但是，当前的问题就是这样摆着：在两三年内是咬紧牙关出口、换取粮食进口好呢？还是出口完不成计划而过重地增加粮食征购任务好呢？显然只能选择前者，不能选择后者。今年的外汇情况与往年还有不同的地方，如果完不成出口计划，突出的问题在对资本主义国家方面：外汇支付不了，合同不能履行，粮食进不来，经济上受损失，政治上被动。同时，对苏联和兄弟国家方面，也会旧账加新账，欠账更多。所有这些，不仅是重大的经济问题，而且是重大的政治问题。中央认为，去年八月北戴河会议所提出的举国上下，团结一致，脚踏实地，埋头苦干，节衣俭用，为完成出口计划而奋斗，仍然是当前全党的一项重大的迫切的任务。

过去几年农副产品的收购任务是偏大了，今年已经尽可能加以减低；但是要保证城市和出口的必不可少的需要，任务不能过分减低。按照当前的生产水平，完成今年的收购任务是可能的，当然也还是不轻的。因此，仍然需要对农民进行教育，支援国家，支援出口，反过来说也就是支援农民度荒，支援农业生产，国家和农民的利益是不可分的。在外销与内销的关系上，必须坚持除粮、油以外，其他商品一律内销服从外销的原则。粮、油两项，已经列入出口计划的部分也要保证完成，不能短少。今年的出口除了换回一部分建设物资以外，很大的部分是换回国内市场所需物资的。如果内销挤了出口，该进的进不了，反过来又会增加国内市场供应的困难。

为了加强外贸收购和出口的进度，中央要求各中央局和省、市、自治区党委立即像河北省委那样，对外贸工作专门加以讨论，进行具体部署，并且经常地、严格地加以检查。在当前具体工作中，请注意以下几点：（1）按照党的收购政策，大抓农副产品和畜产品的收购。哪种产品下来了，就抓紧哪种产品，当前要特别抓紧茶叶、禽蛋、蚕茧、水产、皮毛、杏仁和各种春收药材等等，机不可失，时不再来。这些产品中的多数产品，农民历来是作为商品出售的，商品率是很高的。一定要把一切应当收购的都收购起来。在抓紧当前的收购的同时，还要抓紧各种出口的经济作物和土特产品的生产安排落实工作；对于出口商品生产基地要进行一次检查，加强具体领导。（2）各地区、各部门要根据“五先”原则，优先保证出口工业品所需原材料和包装材料的供应，真正做到专料专用。承担出口任务的重工业部门和轻工业部门，应当千方百计保证产品的数量和质量。外贸部门也要着手建立专管物资的机构，直接掌握若干“以进养出”的原材料，并且配合各部门检查原材料落实情况和专料专用情况。（3）继续清理外贸和内贸的仓库，一切能出口的东西都要拿来出口，不能出口的安排内销。现在内外贸的仓库中都还有一些物资上下都不知道，或者因为货不对路积压在某一个地方，应当彻底清查处理。（4）担负对港、澳和古巴出口任务的地区，要特别抓紧对这些国家（地区）的出口。这两个地方是我们换取美元外汇的主要来源。对古巴的出口又是我们支援古巴人民革命的国际义务。（5）各省、市、自治区外贸机构没有同内贸分开的，要迅速分开，单独设立，并且配备得力干部担负领导责任。

附：河北省委关于进一步加强外贸收购工作的指示

1961年4月10日

今年中央分配我省外贸收购计划七亿二千二百三十八点三万元，其中工矿产品六亿五千三百四十一万元，占整个收购计划的百分之九十点四五，比上年实绩五亿零三百六十二万元增加一亿四千九百七十九万元，猪肉、鲜蛋、植物油等农副产品六千八百九十七点三万元，占整个收购计划的百分之九点五五，比上年实绩一亿二千三百六十一万元减少五千四百六十三点七万元。但是，今年以来外贸收购情况不好，据省外贸局报告，截至三月底全省外贸收购仅完成八千六百零一万元，占一季度计划的百分之六十二点七，占全年计划的百分之十一点八八，比上年同期下降百分之四十四点二。收购情况不好，必将影响到出口计划的完成，影响到国家的外汇收入和必需物资的进口，而且加重了二季度外贸收购任务，给工作上增添了困难。中央分配我省二季度外贸收购计划二亿一千八百九十二万元，连一季度未完成部分共计二亿七千一百九十九万元，任务是艰巨的。

我省由于连续两年遭受严重的自然灾害，农业歉收，市场供应紧张，要完成今年的外贸收购计划是有困难的，但是，全党必须进一步认识，只有挤出东西来出口，才能保证国家进口粮食、化肥、农药、药品、橡胶、钢材、铜、镍等必不可少的物资。同时从对外关系上考虑，也必须有一定数量的物资出口，才能适应国际形势发展的需要。因此，省委要求各级党委进一步加强外贸收购工作的领导，千方百计完成中央分配的收购计划，为此特作如下指示：

（一）各地区、省级各有关厅、局一九六一年和上半年的外贸收购计划，已由省外贸局提出安排意见，省委同意这个安排意见，现随文附发，望迅速按品种、按计划逐类逐项地落实到有关生产或供货单位。一季度没有完成的，应力争在二季度补齐，特别是对于古巴和港、澳的出口商品必须坚决保证。鉴于今年我省外贸收购计划工业品占的比重很大，同时出口的农副产品除去猪、蛋和一部分副业产品以外，目前大部分处于淡季，因此，上半年的外贸工作重点要大抓工业品的收购，指定专厂、专矿、专车间生产出口商品。凡是外贸部门已经提出规格、质量的产品，应当迅速组织生产，要求做到下达一批、安排一批、生产一批、收购一批。对于出口产品所需要的原料、材料、电力、煤炭和包装物料，属于中央部管商品，各工业部门应当迅速向中央主管部联系抓紧安排生产；属于地方管理的商品，各地区、各部门应当按照中央规定的“五先”原则和“除粮、油以外，一般内销服从外销”的原则优先安排。各地区、各工业部门对于中央和省安排的出口产品的原料、材料、煤炭和包装物料，必须保证专料专用，不许挪用。对于轻工业和纺织工业原料，应当坚决贯彻执行“统一调拨、合理使用”的指示，首先保证出口商品所需要的原料供应。

（二）积极改进和提高出口商品的规格、质量。各工业部门和负有出口任务的厂、矿企业，必须层层负责定出保证出口商品质量的具体措施，严格质量检验制度，提高出口产品的合格率。同时，外贸部门也应派出代表驻在地方或厂、矿，协助生产部门做好商品规格质量的检查工作。对于某些技术尚未过关、现在还达不到出口标准的产品，则应当组织力量，积极试制，力求早日过关，投入生产。

（三）农副产品收购计划今年虽比上年有所减少，但还必须进行艰苦的工作，千万不能松劲麻痹。目前要抓紧鸡蛋、水产、蚕茧、羊毛等季节产品的收购工作，同时应当积极安排好出口商品的生产基地，落实生产计划，为旺季收购做好准备。在收购农副产品工作中，必须强调贯彻党的政策，强调实事求是，既要努力完成出口任务，又必须妥善安排当地市场供应，做到国家、集体和个人统筹兼顾全面安排。

（四）加强外贸工作的领导。中央确定今年外贸进口贯彻实行“一吃饭，二市场，三基建”的方针。因此，完成今年的外贸收购计划，保证出口计划的完成，不仅关系到我们同社会主义国家互助合作，团结民族主义国家同帝国主义作斗争的问题，而且关系到安排好人民生活、稳定国内市场、保证农业丰收、保护三面红旗的威信的问题。各地区、各部门在外贸工作上仍应像去年一样：上下团结一致，脚踏实地，埋头苦干，节衣俭用，供应出口。为了加强外贸工作的领导，省委确定以王金山同志为首，由王力、杨磊之、陈子端、范永中、高汉章等同志组成领导小组，并且加强与健全对外贸易指挥部，负责指导和掌握全省外贸收购和出口工作。各市、县委也应确定一位书记挂帅，加强外贸领导小组和指挥部。省级有出口任务的厅、局以及有出口任务的厂矿、企业，均应有一位副厅、局长、正副厂、矿长专管出口工作。现在已经进入第二季度，大家应当赶前不赶后，抓好四、五、六月份的工作，力争按时按质按量完成上半年计划，以免把任务过多地拖到下半年，造成前松后紧的被动局面。

Z44－1961（3）

中共中央关于抓紧当前对外贸易收购和出口工作的紧急指示［节录］

1961年10月29日

今年六月到八月召开全国外贸专业会议以后，对外贸易的收购情况已有所好转。到九月底为止，对外贸易收购已经完成外贸专业会议落实计划金额的百分之七十二点六。但是，当前外贸收购计划当中突出的情况是许多主要出口商品如生猪、家禽、水果、罐头、厂丝、大米、大豆、桐油、呢绒、猪鬃、皮鞋、瓷器、缝纫机、锡、钨砂、钼砂、水泥、硫磺、玻璃、机床等收购和供货情况都很不好。因此，目前在对外贸易收购和供货上，不仅要完成计划金额，更重要的问题是要完成计划的品种和数量，并且保证出口商品的质量，否则就会严重影响今年出口任务的完成，从而影响今年进口粮食的外汇支付，并造成对苏联和东欧兄弟国家大量欠交。保证完成今年对外贸易收购和供货计划，是当前的一项重大的政治任务和经济任务，必须引起全党的严重注意。

中央要求各中央局，各省、市、自治区党

委进一步加强对外贸工作的领导。各省、市、自治区和国务院各部、委对今年外贸收购和供货计划执行情况，应当立即进行一次认真的全面检查，逐项商品进行研究，找出关键问题，制订具体措施和解决办法，并注意以下各点：

（一）结合秋季农产品收购运动，抓紧组织出口农副土特产品的收购。已经购进的农副产品，凡是外贸收购计划尚未完成的，应当先拨交外贸部门，保证出口需要。

（二）出口工矿产品目前的主要问题是煤、电和某些原料、材料以及必要的包装物资尚未切实解决。因此，凡是应由地方解决而且地方能够解决的，各省、市、自治区应当集中力量，优先保证出口需要。少数地方确实无法解决的物资，国家计委和经委应当负责协助解决。

（三）铁道交通部门对于出口货物和生产出口物资用的原料、材料以及包装物资等运输装卸力量，应当优先做好安排。

（四）各地在出口供货上应当特别注意保证对港、澳和古巴的出口任务，及早做好对港、澳元旦和春节物资供应的安排。对港、澳出口大部分是鲜活商品，必须天天按时供应，均衡供应。一天供应不上，就会丢掉一天的外汇。这一点要特别注意。对苏联和东欧兄弟国家的出口交货，也要抓紧。

［下略］

Z44－1961（3）

商业部关于加强供应出口工作的指示

1961年11月17日

1961年商业部供应出口计划原定为20.9亿元，外贸专业会议调整为16.3亿元（不包括茶叶金额）。1—10月底完成12.65亿元，为调整后的年计划的77.6%。自外贸专业会议以后，由于各地商业部门在各级党委领导下，加强了出口工作，因而进度有所加快。但是，同全年计划相比，还有相当距离。因此必须引起各级商业部门的高度注意。为了全部完成今年的供应出口计划，特作如下指示：

（一）进一步对商业职工进行加强出口工作的教育，务使职工认识到，在目前情况下，进口粮食是贯彻执行“六十条”，调动农民生产积极性、调整国民经济和稳定市场的重要措施之一。只有完成供应出口计划，才能保证粮食进口。还应指出，完成今年出口计划是有条件的。第一，中央召开外贸专业会议，各级党委更加重视了对外贸工作的领导，这是我们具体做好这项工作最有力的保证。第二，当前正是许多大宗农副产品的上市旺季，从出口资源上看，完成总的供应出口任务是可能的。第三，今年国家对完成出口任务采取了不少措施，如奖售粮食和工业品等等。这些措施业已收到一定效果。第四，中央和国务院关于切实做好秋季农产品收购工作的指示的贯彻，农产品收购运动和“小秋收”运动的开展，对于出口农副产品资源的掌握是有利的。第五，今年农村经济形势除掉灾区之外是好的，工业生产情况也逐渐好转。因此，我们应该具有信心，认真做好工作，并使全体商业职工坚定完成供应出口计划的决心，从而自觉地、积极做好供应出口的具体工作。与此同时，要向广大社员群众进行爱国主义和社会主义教育，宣传城乡兼顾，国家、集体和个人兼顾的方针，使农民认识到支援城市、支援灾区和支援出口是自己的光荣责任，从而愿意踊跃地向国家出售各种农副产品，出售出口物资。

（二）坚决贯彻中央和国务院关于切实做好秋季农产品收购工作的指示。“对于国家收购任务，要根据不同品种，分期分批，一鼓作气，及时完成。”必须加强农村集市贸易的领导和管理，“国家统购统销的物资，不准进入集市；国家定购的物资，完成交售任务以前不准进入集市……生产队和社员必须在指定的集市出售产品……必须坚决取缔投机商贩，保护合法交易”。已经收购上来的农副产品，应该首先保证供应出口，在品种上除纺织品和棉、麻、烟及重要工业原料按出口计划执行外，其他品种在不影响外调的情况下能够超额的，争取超额完成，以弥补那些季节已过或者确实不能完成的品种。同时，要做好出口商品的加工、调运等工作。

（三）工矿产品，仍应坚决贯彻内销服从外销的精神，在原料、材料、包装物料和生产能力等等方面，都必须优先安排出口产品的需要。凡属商业部门掌握和供应的原材料，应当优先安排出口产品的需要，属于别的部门供应的原材料，要积极主动地与有关部门联系，努力解决出口产品的原材料问题；并尽自己的可能，协助生产部门，调换好的原材料，提高产品质量。

（四）为了抓紧这一时期的供应出口工作，在商业系统内，凡是有供应出口任务的地区和部门，都要求有一个负责同志掌握此项工作，经常检查供应出口计划的执行情况，及时发现并解决供应出口工作中的问题。我们要求各省、市、自治区商业厅（局）每半月向本部简报一次供应出口进度和情况，亦望各省、市、自治区商业厅（局）对专、县商业部门建立相应的汇报联系制度。

181－10－8－1

中共中央关于抓紧对外贸易收购工作的通知

1962 年 6 月 11 日

经过各地和各部门的积极努力，今年第一季度对外贸易收购完成十一点四五亿元，完成第一季度计划的百分之九十八点三，较去年同期增加百分之十八点五。但是四、五两月仅收购八点〇三亿元，为第二季度计划的百分之五十七点八，比去年同期减少百分之十九。有些地方，四、五两月收购实绩还不到第二季度收购计划的百分之五十。这些情况是很值得注意的。如果第二季度对外贸易收购计划不能如期、如质、如量地完成，势必加重下半年的收购、出口任务，并造成国家外汇安排的更大困难。因此，中央要求各有关部门，各省、市、自治区进一步加强对外贸易工作的领导，制订具体措施，抓紧收购工作。现在正是茶叶、蚕茧、鲜蛋、绒毛、苦杏仁、水果等很多出口商品的生产和收购旺季，这一些商品收购得好坏，不但直接关系到当前出口收汇，而且它还是今年下半年和明春出口的物资基础。这些商品的季节性很强，必须集中主要力量，不失时机地抓好收购工作。对其他商品（包括工矿产品）也要逐一排队，摸清情况，解决存在的问题，加快收购速度，力争提前完成和超额完成对外贸易收购计划。各地在调整工业生产、压缩城市人口的工作中，必须注意保证外贸物资的生产，不得有任何缩减。

Z13－838－3

国家计委党组、国家经委党组、国务院财贸办公室、外贸部党组关于全国外贸专业会议的请示报告

1962 年 8 月 10 日

为了落实 1962 年对外贸易收购计划，保证国家对外汇的需要，国家计划委员会、国家经济委员会、国务院财贸办公室和对外贸易部根据国务院的指示，从 6 月 20 日到 7 月 9 日召开了全国外贸专业会议，参加会议的有国务院各有关部门，各大区和各省、市、自治区的有关负责同志。会议期间李先念同志到会作了重要的指示。参加会议的同志，根据李先念同志的指示，经过反复研究，想了很多办法，为完成和争取超额完成今年的出口计划打下了可靠基础，现将计划落实的情况和有关问题与意见请示报告如下：

一

1962 年对外贸易收购计划原定为 53.7 亿元。这次会上，减少了原定计划中不可靠的商品，增加了可以对外销售的商品，将对外贸易收购落实为 53.09 亿元，减少 0.61 亿元。按外汇计算，在收购计划未落实前，今年对资本主义国家的出口计划 6.1 亿美元中有 1 300 万美元的商品不落实，对社会主义国家的出口计划中

有750万卢布的商品不落实。根据这次落实后的53.09亿元的收购计划计算，对资本主义国家出口计划不但把上述不落实的1 300万美元补上了，而且增加了500万美元；对社会主义国家出口计划补上了700万卢布，还有50万卢布的商品不落实。因此，经过这次会议，实际上是增加了外汇收入1 800万美元和700万卢布。

收购计划落实后比原定计划减少的商品，主要有四种情况：(1) 有些农副产品生产下降，收购不上来，有一部分计划偏大，例如苹果、茶叶、蚕茧、牛皮等。(2) 有些工业品原料或者技术有问题，例如皮鞋、罐头、瓷器等。(3) 有些工业品国外市场情况变化，推销不出去，例如机械、卫生洁具、小农具等。(4) 有的商品，如桐油，因国内市场十分需要，不能不减少出口。

收购计划落实后比原定计划增加的商品主要有畜产品（肠衣、羽毛、羊皮等）、土特产品（桃仁、杏仁、瓜子等）、化工产品（电石、氯化钙、四环素等）。此外，各部门各地方还提出要增加一些商品出口（如生铁、硼砂、铁砂、机器、建筑材料等），因为对外销售没有把握，没有全部列入计划，但是这些商品外贸部门要努力代为推销。

二

为了完成和争取超额完成今年的对外贸易收购计划，我们认为，当前应该抓紧以下工作：

（一）对出口农副产品，应该按照政策和计划，努力增加生产，提高质量，并且把应该收购的尽可能收购起来，要加强茶叶的采摘、收购和加工工作，大力提高茶叶质量，优先保证出口，保证边销，压缩内销，要抓好夏茧、秋茧的生产和收购，加强桑园管理，争取多产桑叶，多养蚕，提高蚕茧的产量和质量。对其他出口农副产品、畜产品、土特产品，应该积极地组织收购力量，特别是要依靠基层供销合作社，组织和利用小商小贩和货郎担代购，便利群众出售。对担任代购的上述人员，要给以适当的手续费，鼓励他们代购的积极性。畜产机构的技术人员应该固定下来，已调离的应该尽可能归队。

（二）对出口工业品的生产，有关生产部门要按照中央的有关规定，抓紧把有限的原料集中使用于产品质量好、合格率高、劳动效率高、费用低、成本低的工厂，提高质量，提高产品合格率，增加出口货源，增加外汇收入。

（三）要进一步改善外贸经营管理。第一，要求切实了解货源和销路的情况对每次交易都要做到知己知彼，掌握主动。首先要摸清库存商品和要推销的商品的品种、数量、规格、质量等情况，掌握国外市场情况的变化，及时地成交和出口，更好地履行合同，卖好价钱，多收外汇。第二，要根据不同出口商品的情况，采取比较灵活的收购办法和销售办法，把生意做活。第三，要继续改进出口商品的加工、储存、运输、装卸工作，消灭出口商品霉烂、变质和破损以及出口的生猪、活鱼、活禽等死亡现象。第四，要保证出口商品包装材料的质量，改进包装方法，加强装潢的设计工作，以改进出口商品的包装装潢，减少损失浪费，增加外汇收入。

（四）对一小部分商品要继续予以落实。这一小部分主要是出口的粮食有相当大的数量要集中在第四季度交货，而第四季度新粮水分高，加工运输的时间又很短，工作稍一放松，就有完不成任务的危险。因此要求各有关省、自治区和粮食部注意这个问题，及早做好安排，保证按时按质按量交货，不能影响收汇计划的完成。特别是同苏联调换麦子的大米，必须保证交货，绝不能对外失信，以免政治上被动。

（五）要继续设法增加3 000万美元出口。我们原来打算通过这次会议在原定计划的基础上增加3 000万美元出口，因为今年外汇情况很紧，明年第一季度要偿付的进口粮食等延期付款的数额又相当大，如果不增加这笔出口，明年上半年的外汇支出就过不去。但经各地同志反复研究后，增加得还不多，因此要请各省、市、自治区继续设法克服困难，研究解决这个问题。我们要求：有可能再增加的地区，最好争取再多增加一点；没有增加的地区，要研究增加一些；减少了的地区，除灾情过重者外，最好不减或少增加一点。

三

为了进一步做好对外贸易收购工作，保证出口货源的供应，这次会议还研究了出口商品构成的变化情况和有关组织出口货源的几个问题。

近两年来，出口商品构成发生了变化。出口的物资，过去主要依靠粮、油、肉、布，今后粮食除了用价格高的品种换进价格低的品种以外，不能出口了；油不仅不能出口，而且还要进口；棉布出口也要适当减下来。而工业品在资本主义市场上竞争很剧烈，我们的工业品出口增加很多一时有困难，但是国家需要的外汇不仅不能减少，而且还希望每年增加一点。因此，出口商品不得不转向粮、棉、油以外的其他传统的农副土特产品和畜产品，同时也要加紧组织工矿产品的出口。

为了增加出口货源，保证国家对外汇的需要，对出口商品的生产、收购和内外销安排提出以下意见：

（一）建立出口商品的生产基地问题。关于建立出口农副产品生产基地问题，陈云、李先念同志曾作过指示。近年来建立出口生猪和薄荷油的生产基地的经验证明，基地对于促进农业生产的恢复和发展、增加出口货源、减少内外销矛盾起了显著的作用。因此，今后应该有计划、有步骤地对出口的农副产品，特别是传统出口的名贵的农副土特产品建立生产基地。收购基地的出口农副产品的奖售标准，可以比内贸部门收购农副产品的奖售标准适当提高，基地由地方来办。基地的产品应该纳入有关省、市、自治区的对外贸易收购计划，由有关省、市、自治区保证完成。对外贸易部门同基地签订合同，组织收购。

关于建立出口工业品专厂生产问题，周恩来、陈云、李先念同志都曾作过指示。为了使出口的工业品提高合格率，增加花色品种，提高和稳定规格质量，减少浪费，增加外汇收入，应该有计划、有步骤地对出口的工业品建立专厂生产或实行定厂供应。各有关部门和地方应该结合当前工业调整工作，划出一部分产品国外有销路、质量好、合格率高、原料材料消耗低、成本低的工厂或车间，固定下来，作为生产出口工业品的专厂或者专车间，或者实行长期的定厂供应。

（二）非基地的出口农副产品的收购问题。非基地的出口农副产品，应该由主管供货的内贸部门和地区负责收购。目前这些出口农副产品有一部分是内贸部门按照议价的办法收购起来的，价格很高。内贸部门向外贸部门供货，如果按高价，外贸部门出口亏损就增大；但是如果不按高价，就收不到这些出口商品。因此，拟规定内贸部门向外贸部门供应出口农副产品应该有合理的利润（具体的作价原则另定），至于出口亏损，要允许外贸部门向财政上报销。因为出口赔了，进口可以赚回来，进出口全面算账，对国家还是有利的。内贸部门和外贸部门都应该改善经营管理，减少中转环节，避免层层迂回运输和增加手续费。

（三）粮棉油以外的出口农副产品的内外销安排问题。

第一，国内可以不吃不用的产品全部安排出口如对虾，收购起来应该全部交给外贸部门处理，合乎出口规格的鲜虾及时组织出口，不合乎出口规格的加工虾仁出口。至于国内特殊供应的少量对虾，经过批准后拨给。

第二，以出口为主的产品，如杏仁、桃仁，收购后全部由外贸部门分配，凡是合乎出口规格的安排出口，不合乎出口规格的安排内销。

第三，内外销需要适当兼顾的产品，原则上可以固定内外销比例如薄荷油，由外贸部门统一收购，按外销60%、内销40%的比例进行安排。不便固定内外销比例的，可以在订计划时协商。

（四）收购出口农副产品的奖售问题。根据国家现有物资的可能，收购出口农副产品的奖售标准今年基本上不变，只能个别修修补补。明年收购出口农副产品的奖售办法，待中央作出原则决定后，当进一步具体研究。

此外，会议还研究了出口工业品的副次产品、超额生产的合格产品、对外推销不掉的产品的收购和处理等技术性问题，各有关部门和各地区经过商量，已取得一致意见。

以上报告，如蒙同意，请批转国务院各有关部和各地区贯彻执行，并请批准由国家计划委员会会同国务院财贸办公室、对外贸易部按这次会上落实的收购计划数字下达今年的对外贸易收购计划，同时相应地调整和下达今年的出口计划和进口计划，报国务院备案。

Z13－839－4

四、从长期着眼，应当采取一些根本措施，培养出口货源

根据工农业生产发展的需要，我们的外汇收入应当逐年有所增长，但是我们的出口货源同对外汇的需要不相适应。特别是近几年来，一些传统的大宗的出口商品大幅度地下降，如粮食、大豆、食用油、猪肉、蛋、桐油、烤烟、松香、茶叶、蚕丝、纯锡等十五种商品，一九五七年出口占当年出口总值的百分之四十三，到一九六二年，这些商品的出口只占当年出口总值的百分之二十，金额减少十五亿元。这些商品减下来以后，用其他商品很难补上去。同时，有些出口工业品由于规格、质量赶不上国际水平，出口销路和价格都受到很大影响。为了解决主要出口商品的货源，必须从长远着眼，采取根本措施，从生产着手，积极恢复和发展传统出口商品的生产，并且培养一些新的出口商品。为此，要继续开重点商品专业会议，研究根本措施，解决有关问题。比如瓷器，应该当做重点，从生产到出口，一竿子抓到底，改进生产技术装备，提高产品质量，增加花色品种，根据国外需要组织生产，扩大出口，要求在三五年内作出显著成绩。又如棉布，一定要设法增加花色品种，提高出口换汇率。对茶叶、蚕茧和畜产品等应当积极扶助生产，改进奖售工作，促进生产的恢复和发展。

国务院财贸办公室关于1963年国内市场平衡和外汇平衡问题向中央汇报的提纲（草稿），1962年10月23日。150－11－71

中共中央关于加强当前外贸收购和出口工作的紧急指示

1962年10月29日

今年的对外贸易收购和出口计划完成的情况比去年好。但是，国家的外汇情况仍然很紧，特别是明年上半年偿付购粮延期付款和安排粮食、化肥等重要物资进口，需要外汇很多，外汇还有很大差额。中央要求各地区、各部门在今年四季度和明年一季度继续抓紧对外贸易的收购和出口工作，力争多出口一点，多收一点外汇。

（一）请各地区、各部门立即对货源排一下队，凡是货源有潜力、国外又好销，特别是对港、澳地区和资本主义国家出口的商品，如鲜蛋、活鸡、杏仁、桃仁、莲子、蜂蜜、猪鬃、肠衣等，力求更多地组织一些出口。

出口的商品必须保证规格、质量。对工业品出口，要经常了解和解决生产中的问题，保证按时对外交货。

（二）对港、澳出口，除了要保证经常的均衡供应以外，目前要特别做好圣诞节、新年和春节的货源安排工作，保证及时供应，赶上行市，多收外汇。

（三）今年秋季出口商品交易会正在广州举行，请各地区、各部门在货源上大力支持，力求多成交一些。

（四）目前侨汇已在逐渐增加，请各有关地区、各有关部门继续抓紧检查侨汇物资的供应情况，凡是还没有做好的地方，都要限期改进。

（五）加强对出口商品加工、包装、运输和仓储工作的领导。要把已经收购起来的出口商品，尽快地调到口岸，组织出口。

（六）请各中央局，各省、市、自治区党委加强领导，编制好一九六三年的对外贸易收购计划和出口计划。现在粮食、棉布等主要商品出口很少，必须千方百计地组织其他畅销的商品出口，并且要加强以进养出的工作。这些都要依靠各地方想办法，挖潜力加以解决。中央要求你们在编制明年出口计划时，力争把地方的对外畅销商品多拿出一点，供应出口。

Z13－838－4

中共中央关于抓紧完成今年的出口任务、组织明年的出口货源的通知

1962年11月30日

今年的出口工作做得比较好，取得了很大的成绩，这是各地区、各部门努力的结果。现在的任务是：要继续做好工作，力争完成和超额完成今年的出口计划；同时，及早动手组织明年的出口货源，具体安排明年第一季度的出口计划，特别是对港、澳的出口计划。为此，希望各地做好三项工作：

（一）请对外贸易部会同各地区、各部门，除了抓紧当前的出口工作以外，要切实安排明年出口的具体计划，首先是明年第一季度的出口计划，特别要认真做好外贸收购工作，使明年的出口有必要的货源保证。在出口工作上，要防止货源中断和前紧后松的现象。

（二）请有关地区、有关部门狠狠抓紧对港、澳的出口工作。首先要认真做好圣诞节、新年、春节出口货源的安排，特别是做好猪、禽、蛋等鲜活商品和其他副食品的安排。要掌握港、澳市场情况，抓住有利时机，争取主动，发挥效能，多出口，多收汇，取得更大的成绩。

（三）今年秋季广州出口商品交易会成交一亿四千多万美元，这是个很大的成绩。现在应当巩固这个成绩，要严格履行合同，按时、按质、按量对外交货，保证兑现，决不能丧失国家的信誉。

Z13－838－5

国务院批转对外贸易部关于当前对外贸易收购情况和存在问题的请示报告

1963年4月28日

现在将对外贸易部《关于当前对外贸易收购情况和存在问题的请示报告》发给你们，国务院同意报告中所提的十一项措施，可即按此执行。

今年第一季度的外贸收购计划完成得比较好，这是各地区、各部门共同努力的结果。现在的问题是国家外汇收支还有较大差额，需要多收购一些，多出口一些，才能平衡。因此，必须继续抓紧出口商品的生产、收购和出口工作，不要松劲。凡是国外有销路、国内又有货源潜力的商品，特别是猪鬃、肠衣、山羊板皮等畜产品和某些小土产，货源潜力很大，必须抓住，有多少就要收多少，绝不要受原定收购计划的限制。第二季度正是春茶、春茧、对虾、鸡蛋、绒毛、杏仁、香茅油等土特产品的生产和收购旺季，要抓紧解决当前生产上迫切需要解决的问题，及时收购，及时加工，千万不要错过时机。

目前存放出口物资的仓库不足，请各地人民委员会对当地外贸物资存放情况迅速进行一次检查，根据需要，调剂一部分仓库或借用一部分“下马”企业的厂房给外贸部门，作为临时仓库，以免商品遭受损失；修建一些存放鲜蛋的冷风仓库和小型畜产品中转仓库；增添一些畜产品加工、打包设备，是需要的。修建仓库应当根据可能逐步地分批解决，有的可以利用半截工程改建。关于增加基本建设投资问题，可由对外贸易部专案报国家计划委员会审批。

为了多组织畜产品出口，必须健全和充实各地畜产品收购机构。建议四川、浙江、江苏等畜产品重点产区要设立专门的畜产机构，请有关省人民委员会切实解决一下。为了使收购上来的畜产品能够及时加工，避免腐烂损失，国务院原则同意在上海、内蒙古、山东、安徽等十三个省、区、市增加一千一百四十四名肠

衣加工工人（分省增加人数见报告的附件［略］），请各省、自治区、直辖市人民委员会负责再进一步核算，能少增加就不要多增加，并且尽先用临时工就地安排解决。

出口商品的供货价格要认真进行整顿，不能随便提高，不能层层加价，否则出口贸易就不好做了。对外贸易部和全国物价委员会应当共同商订一个出口商品供货价格的管理办法。

附：对外贸易部关于当前对外贸易收购情况和存在问题的请示报告

1963年4月5日

国务院：

现将当前对外贸易收购情况、存在的问题和我们的意见请示报告如下：

今年对外贸易收购计划五十三亿八千万元，第一季度收购计划十二亿五千万元。到三月底，完成十二亿七千万元，为年度计划的百分之二十三点六，完成季度计划的百分之一百零一点六，比去年同期收购实绩十一亿四千万元增加一亿三千万元。

从地区来看，超额完成季度收购计划的有安徽、河南、宁夏、吉林、湖北、浙江、江苏、辽宁、福建、山东、黑龙江、四川、河北、上海等十四个省、区、市；完成季度计划在百分之九十五以上的有贵州、北京、山西、广东、云南、陕西等六个省、市；其他地区完成季度收购计划均在百分之九十五以下。

从商品上看，在农副产品中，畜产品完成的最好，一般农副产品也不错，部分土特产品较差。

猪鬃、肠衣、羽毛、羊皮等畜产品，由于中央和各级党政的重视，抓得紧，奖售措施对头，收购情况非常好。有些品种已经接近完成了全年收购计划。如山羊板皮，全年计划一千五百一十万张，到三月底，已经完成一千三百九十七万张，为年计划的百分之九十二点五；猪肠衣，全年计划一千五百九十万根，已经完成一千二百八十四万根，为年计划的百分之八十点七；猪鬃，全年计划三万四千箱，已经完成二万七千五百箱，为年计划的百分之八十点八。看来，这些畜产品的潜力很大，全年收购计划可以大大超额。其他大宗的农副产品，除塘鱼、活鸡等外，一般说来完成得都较好。如活猪，到三月底，已经完成三十万零二千头，为季度计划的百分之一百二十四；鲜蛋，已经完成二千零九十三万斤，为季度计划的百分之一百九十五。若干土特产品，如蜂蜜、五棓子、香茅油、松香等的收购情况不够好。据统计，第一季度有九百万元左右的土特产品落空了。土特产品完成不好的主要原因是：（1）去年底，有些地方搞计划外超额外汇提成，挖了些应该在今年第一季度交货的土特产品，有“寅吃卯粮”的情况；（2）部分商品，如松香、松节油等，由于国内供应紧张，供货部门没有按照对外贸易收购计划供货；（3）有些商品，由于进货价格同供货部门谈不下来，影响收购，等等。

在工矿产品中，化工产品完成得较好，到三月底已完成第一季度收购计划的百分之一百一十八点八，但是也有一部分工矿产品收购进度不够快，主要原因是：（1）由于对苏联和东欧国家谈判尚未结束，出口的品种、花色、规格一时定不下来或者定得较晚，影响部分商品的生产和收购，如缝纫机、球鞋、金笔、电瓷瓶等；（2）部分商品，如电池、卫生洁具、瓷砖、铜灯头、六角铅丝网等，由于原料、材料安排得较晚，或者供应不及时，影响生产和收购；（3）有一部分矿产品，如新疆的有色金属矿砂，由于停止出口，减少了收购，等等。

总的看来，第一季度外贸收购计划的执行情况是好的，计划完成得比较正常，取得了很大成绩。这是中央、国务院和各级党政对外贸工作的重视，以及各地区、各有关部门共同努力的结果。

为了使今年对外贸易收购计划完成得更好一些，争取在上半年多组织一些货源，挖掘潜力，为国家多创造一些“自由外汇”，必须请各地区、各有关部门继续抓紧对外贸工作的领导，针对当前存在的问题，采取一些措施。

（一）抓紧当前收购工作

第二季度对外贸易收购计划已经下达，拟请各地区、各有关部门抓紧安排落实，采取措施，争取在上半年完成全年外贸收购任务的一半以上，为超额完成全年收购计划打下良好的基础。

第二季度是春茶、春茧、对虾、绒毛、杏仁、香茅油等土特产品的生产和收购旺季，这些商品出口很值钱，可以卖现汇，同国内的矛盾又不很大，是换取“自由外汇”的重要物资。拟请各地区、各有关部门一定要在生产、收购季节之前，做好生产采集、物资供应、收购加工、包装整理、调运出口等一系列准备工作和组织工作，不要错过时机。

猪鬃、肠衣、山羊板皮等畜产品的收购情况很好，第一季度差不多快要完成全年的收购任务，货源潜力还很大，拟请各地区、各有关部门抓紧多收，不要受原定收购计划的限制。

在出口工矿产品方面，除了我们抓紧对外谈判，尽早确定品种、花色、规格、安排生产以外，拟请各地区、各有关部门对尚未安排落实的原料、材料、辅料和包装物料等（如生产铜灯头所需的铜、生产六角铅丝网所需要的锌锭、锑和包装罐头所需的木箱等），要赶快安排落实，按期生产交货。

（二）进一步做好对港、澳的供应

今年以来，对港、澳的出口情况有了进一步好转。活猪、鲜蛋、水果、蔬菜已经基本满足了港、澳市场需要。但是，也还有一些商品，如塘鱼、活鸡和土纸、香菇、辣椒干等土特产品以及部分中药材仍然供应不足，品种不全，质量不好，或者供应不够均衡。第二季度港、澳市场比较来说是个淡季，但是还有端午节，搞得好，也还有可能多销售一些商品。因此要求各地区、各有关部门进一步组织好供应港、澳市场的货源，增加品种，提高质量，进一步做好鲜活商品的均衡供应和应节商品的供应，如神香、纸箔、土纸等迷信品，粽子、竹叶等土特产品和鲜果、猪、蛋、塘鱼、活鸡等副食品的供应。同时我们要加强推销工作，力争做到淡季不淡，使外汇收入保持旺季水平。

在供应港、澳的副食品中，要特别注意活猪的质量，挑选好猪出口。应该尽量多出改良品种，不到一百二十斤重的猪不要出口，争取提高售价，减少残次、死亡。

（三）抓好广州春季交易会的备货工作

广州交易会对外影响很大，又是我们争取外汇的好机会。现在国内经济形势和市场供应、工业品的规格、质量都比以前有了好转和提高，应该通过交易会把这一大好形势表现出来。今年春季交易会的出口任务是一亿二千万美元，要争取达到一亿五千万美元。因此，拟请各地区、各有关部门的领导亲自安排一下交易会的货单，凡是能够增加供应的商品，要尽量多供应，国内货源不充裕，估计交易会上国外商人要买的一些商品，也要想办法挤出点来，供应出口，并本着早出口、早收汇的原则，多提在今年十月份以前交货的货单。

（四）努力提高出口商品的质量

在出口商品上，不论是工矿产品和农副产品，都应该认真贯彻执行总理指示的“重质先于重量”的原则。近一年多以来，出口货源比以前好转很多，出口商品的品质规格、花色品种和包装装潢也有了改善。但是，还应当继续努力改进，争取用同样数量的出口商品换回更多的外汇。例如，茶叶，如果在品质上提高一级，每吨就可以多卖一百多美元，一年出口两万多吨，就可以多卖两百多万美元。应该努力提高出口商品合格率，合格率提高了，不但为国家节省原料、材料，而且相对地增加了出口货源，增加了外汇收入。应该不断地增加花色、品种，搞好包装装潢，要尽量符合国外要求，争取好价多销。

（五）关于部分商品超计划收购问题

从当前外贸收购计划的执行情况和国外需要来看，有些商品现在已经接近完成全年收购计划，可以大大超计划收购。我们意见，凡是国外有销路、国内有潜力的商品，应力争在原来收购计划五十三亿八千万元的基础上超计划多收购一批，具体意见是：猪鬃拟争取超收一万九千箱，猪肠衣超收六百万根，山羊板皮超收七百万张，绵羊毛超收一千三百万斤，羽毛超收一百一十万斤，等等。其他商品，如茶叶、蚕茧、杏仁、桃仁、橘柑、名贵水海产、瓜子、辣椒干、黄花、木耳、香菇、土纸、松香等，也应该采取措施，增加生产，加强收购，力争超额。

另外，还有一些出口工矿产品，由于国外市场变化，需要适当减少收购，如石棉、电瓷瓶等。这个问题，我们准备在今年第三季度调整对外贸易计划时，再与地方研究解决。

（六）解决仓库和设备问题

今年，国家原定分配给外贸部门的基建投资是两千万元，以后又削减为一千五百万元，我们已作了安排。近来，许多地方反映，出口物资的仓库不足，全国约有六七十万吨出口物资在露天存放。例如，新疆、青海近两年露天存放的羊毛，霉烂变质达七十多万斤；青岛、天津露天存放的羊皮有八百多万张。又如，现在鲜蛋收购情况很好，为了保证对港、澳淡季的均衡供应，外贸需要储存一千万斤鲜蛋才能周转过来。但是，外贸现有的冷风仓库仅能储存四百万斤。另外，由于货源增加，不少畜产品的加工设备也需要适当增加或更新。为了解决这一问题，拟请各地协助调剂一部分仓库给我们，或者借用一部分能做仓库使用的“下马”企业厂房；同时，我们要求，除已分配的一千五百万元基建投资以外，再增加六百四十八万元的基建投资，其中，修建急需的小型中转畜产品仓库八千平方米，需要投资四十八万元；修建存放鲜蛋的冷风仓库一万一千平方米，需要投资五百三十万元；畜产品加工、打包设备七十万元。关于增加基建投资的问题，我们已专案报批。

（七）解决畜产品加工问题

今年第一季度畜产品的收购突然增加很多，原来已经感到不足的加工能力，更加感到不足了。有些畜产品，如猪鬃、山羊板皮等的加工、整理工作，可以雇用一些临时工，采取有事就来、无事就散的办法解决加工问题；有些畜产品，如肠衣，因为成品的刮制、分路、配套等加工技术性较强，临时工做不了，终年要搞，因此，需要录用一批固定的技术工人。现在各地积压的肠衣半成品有一千三百多万根，按照现有加工能力计算，就是不再增加新货，也需要加工一年。肠衣是易腐商品，为了避免损失，建议在上海、内蒙古、山东、安徽等十三个地区补充肠衣工人一千一百四十四人。关于这批工人的来源，我们意见，一方面组织转业的肠衣工人归队；另一方面招收一部分徒工，迅速培训。各地具体增加人数的意见见附表［略］。

（八）加强畜产品重点产区的收购机构问题

四川、浙江、江苏等省是畜产品的重点产区。近几年由于这些地方的畜产品收购机构不够健全，影响了一些畜产品的收购。如四川，一九五五年有专门畜产机构，收购猪鬃一万七千箱，一九五七年机构撤销以后，收购数量连年下降，一九六二年仅收购二千九百箱，为一九五五年收购量的百分之十七。畜产品零星分散，有人组织收购就是很大的财富。为了扩大出口货源，增加国家外汇收入，我们建议上述三个省设立专门的畜产机构，并要迅速地把人员配备齐。

（九）有关出口商品的供货价格问题

关于整顿出口商品的供货价格和减少中间环节问题，国务院已经下达了指示，各地区、各有关部门正在检查整顿，并且开始收到了一些成效。外贸收购的出口农副产品，国家已经规定给了奖售物资，有些三类物资也给了百分之三十左右的工业品去换购。因此，凡是给了奖售物资和以工业品换购的出口商品，供销合作社应该按照“平价”而不应该再按议价供货。至于供销合作社如何向群众进行收购，请供销合作社视情况而定。过去，供销合作社已经按议价收进来符合出口要求的，外贸部门没有给奖售或换购物资的出口商品，可由双方协商解决作价问题，供销合作社可以不赔钱或者稍有微利交给外贸出口。在工矿产品方面，如果因为整顿价格，工贸双方发生争议时，可以定一个暂定价，先安排生产交货，以免影响出口。供应外贸的出口商品，应该按照最经济、最合理的途径供货，尽力减少可有可无的中间环节，供应外贸的出口商品不应该层层加利、加费用。

（十）关于奖售问题

据了解，有一些省至今还没有下达奖售标准，同群众见面；有的地方降低了外贸奖售标准。为了鼓励群众交售产品的积极性，推动收购工作，拟请有关地区迅速下达奖售标准。国务院规定的奖售标准不要降低太多；个别地区规定的不合理的奖售标准，应该调整。奖售物资下拨要及时，一定要在收购以前安排好。个别不完全适合当地销售的奖售物资，请地方调剂解决。

（十一）扶植农副产品生产基地问题

由于中央和地方党委的重视，近几年来，出口商品生产基地，特别是农副产品基地，有了很大发展。据十六个省（区）统计，已建立出口农副产品生产基地的，共九十四个品种、二百五十四个基地。在供应出口货源方面取得了一定的成绩。目前不少基地反映，资金不足，需要解决一些短期或长期贷款。我们曾同人民银行洽商过，人民银行认为这些贷款在农贷中排不上队。为了扶植这些基地，增加出口货源，建议在我部被冻结的基地生产资金中拨出五百万元，交人民银行代我部发放，具体发放办法，由我部会同人民银行研究拟订。

164－10－145

食品增加较多的原因，主要是国内生产情况较好，国外市场也较畅销，今年除港、澳外，对东欧社会主义国家出口增加，只捷克就增加 4 000 吨，另外新增的部分地方可以按50%的外汇分成也是原因之一，增加较多的是广东、广西、山东等省。据受灾的几个省反映，今年的灾情对今年出口影响不大，主要是对明年有影响。据河南反映，受灾后由于饲料缺乏，农民大量出售活猪，不少的户将七八十斤重的猪也出售了，外贸收购了一部分克郎猪育肥后出口。河北、山东也有类似情况。从计划上看，河北减少冻猪肉 520 吨，河南维持原计划未变，山东还增加冻猪肉 1 800 吨。

五金商品减少的主要原因是国外销路不好，外贸部主动提出削减的，这次减少 417 万元，占调整后计划的 21.3%。我们几次提出今年生产计划已经安排，而且都是按国外规格生产的，现在减少生产计划，工业部门很难安排，但由于外贸也有积压，最后只好按外贸意见作了调整。看来这个问题要及早通知生产单位（应立即改产国内规格，喻注）。

存在的问题主要是松香还没有衔接一致和外汇分成的计算两个问题，松香原年度出口计划为 7 000 吨，后来因罗马尼亚、古巴等需要，又增加 3 500 吨，增加后的年度计划为10 500吨，这次核对计划，广东又增加 2 000 吨，广西增加 1 000 吨，江西增加 500 吨，共计又增加 3 500 吨，经与我部化工公司研究，虽然今年生产情况较好，可完成 5.5 万～6 万吨，比原计划 4 万吨可超额 1.5 万～2 万吨，但年初吃掉库存较多，明年国家计委安排的生产指标数字只有 5 万吨，而出口数字初步安排为12 000吨，加之国内需要也有增加，因此我部化工公司的意见：今年的出口计划仍按10 500吨，不再增加。外贸部门认为国外销路好，出口换外汇也较多，同意各省增加的出口数字，不过我们已将松香的全部平衡情况向外贸公司请示过，初步取得一致的意见，先按不增加的意见向中心小组汇报，最后请中心小组决定。

关于外汇分成的计算问题，会议要求我们将全年出口计划分为57 亿出口数和57 亿以外的出口数，并分开对资出口数（按外汇分成50%计算）、对苏新出口数（不分成）。由于我们分不清楚，因此没有划分，我们已提请外贸部门去分。正是因为今年有超计划 50% 的外汇分成，地方积极性是很高的，这是好的方面，但也出现一些不合理的现象。如广东省，本部给其安排从河南调入活猪 5 万头，而这次该省又计划外增加出口活猪 3 万头。又如广西，本部给其安排从湖北、贵州调入冻猪肉

2 300吨。这次该区计划外也增加出口活猪3万头，我部食品公司认为这种计算方法有些问题，是否提到中心组讨论，请喻副部长决定。

商业部关于1963年供应出口计划与各省市核对情况和存在问题的汇报提纲，1963年9月10日。181－12－136

国务院关于继续抓紧外贸收购和出口工作的通知

1963年12月10日

今年外贸收购和出口情况很好。这是我国国民经济形势已经开始全面好转的具体表现，也是各地区、各部门积极努力的结果。为了把今年的外贸计划完成得更好，为明年外贸计划的实现打好基础，并为明年国民经济情况进一步好转提供有利条件，要求各地区、各部门在已经取得的成绩的基础上，继续抓紧外贸收购和出口工作。在目前要着重抓紧以下四项工作：

一、抓紧出口农副土特产品的收购工作

凡是符合出口需要的农副土特产品，要根据中央有关收购政策，力争多收购。在保证完成今年国家规定的内销上调任务和不影响明年出口与上调计划安排的前提下，可以尽量增加出口，不受今年出口计划限制。

二、安排好对港、澳节日的出口货源

新年（包括新年前的冬至、圣诞节）和春节很快就要到来，在这个期间，做好对港、澳地区的出口工作，不仅可以扩大出口，多收外汇，而且有很大的政治意义。今年国内货源充足，请各地立即动手，把对港、澳节日的出口货源组织好，并且要保证质量，及时发运。

目前对港、澳出口的鲜鸡蛋，货源十分不足，国务院曾于十月二十六日发出紧急通知，要求各地加强收购、供应出口。请各地立即检查一下鲜鸡蛋的收购和供应出口的情况，动员各个方面的力量，加强组织收购。收购起来的鲜鸡蛋，凡是符合出口规格的，必须尽先交外贸部门出口；不符合出口规格的，可以内销，鸭蛋不能顶替鸡蛋出口任务，各地收购起来的鸭蛋，可以调作内销，顶出鸡蛋供应出口。

三、督促履行秋季出口商品交易会的成交合同

秋季出口商品交易会上对外签订的合同中，应在今年交货的是七千六百多万美元，请各省、自治区、直辖市人民委员会督促有关单位，抓紧时间，认真执行合同，组织交货。

四、安排落实一九六四年外贸收购计划

一九六四年外贸收购计划，中共中央已于十一月十六日发给各省、自治区、直辖市党委和国务院各有关部门党组。这个计划是积极的、可靠的，也是留有余地的。请各省、自治区、直辖市人民委员会和国务院各有关部门，按照这个计划，落实到各个基层供货单位，及时安排生产，并且争取超额完成。

164－10－145

几年来，对外贸易工作在中央和国务院的正确领导下，在总理、几位副总理亲自抓，在国务院财贸办公室、外事办公室、国家计委、经委直接抓，在各中央局、各省、市、自治区党政领导同志亲自抓和各有关部门的大力支持下，是取得了一些成绩的。但是，由于我们对中央的方针政策领会不深不透，工作中有不少缺点和错误。我们曾经在一个时期犯过“大进大出”和高指标的错误。在经营管理方面，对于经济核算注意得很不够，有些外贸企业在收购某些出口商品时，只顾完成任务，不问成本，不计亏损，不考虑收了以后能不能出口。最近注意了抓经济核算，又有些外贸企业对某些应该收购的商品因怕赔钱而不愿收购。在建立出口商品生产基地的工作中，有要求过急、计划过大、摊子铺得大、战线拉得长、资金使用不当、物资管理不严等缺点，造成了不应有的浪费和损失。在奖售工作方面，有些商品的奖售标准定得不够合理；有些奖售物资不很对路。我们向各大区和各省、市、自治区党政领导及各有关部门反映情况不够，联系、协商不够，对于这些缺点、错误，我们正在结合“五反”运动，认真进行检查，并在今后工作中坚

决改正。

[中略]

三、关于当前对外贸易工作中的几个问题和我们的意见

（一）进一步加强对外贸易收购工作，增加出口货源

当前国内形势很好。各大区、各省、市、自治区和各有关部对于对外贸易工作都抓得很紧。上半年收购、出口计划完成得很好，全年计划肯定可以超额完成。为了更多地完成和超额完成今年的收购、出口计划，中央已于七月二十一日发出了《关于进一步加强对外贸易收购、出口工作的通知》。根据中央通知的要求和当前各地区、各部门对出口货源的供应情况，我们提出以下意见：

1. 凡是国外畅销的、当年能够出口的、规格质量又符合出口要求并能够调运出来的商品，可以超计划收购。

2. 凡是国外能够销售的，今年出不了口、以后可以出口的，规格、质量又符合出口要求，能够长期储存的商品，也可以超计划收购。

3. 国外滞销的，或者销量有一定限度、而又不便于储存的商品，为避免造成积压浪费，应该按照计划、协议、合同收购。

4. 外贸主管经营和统一收购的商品，茶叶、蚕茧、杏仁、对虾、薄荷油、香茅油、畜产品等，不受计划限制，可以多收。

5. 中央主管的商品，如果要超计划多收，应该报中央有关部批准后收购。

6. 地方商品，如果要超计划多收，应该由地方外贸局与有关进出口总公司研究确定。

7. 关于出口工业品副次品的处理问题，今年四月二十日国家计委、国家经委、国务院财贸办公室已经联合下达了《关于从一九六三年六月一日起试行“出口工业品的副次品处理试行办法”的通知》，应该按照这个办法执行。这个办法是个试行办法，办法中曾提到，试行当中各地有什么意见和问题，可以向国家计委、经委、国务院财贸办公室提出修改意见。

（二）关于奖售问题

收购出口商品从一九六一年开始实行奖售，奖售标准和奖售品种逐年有所增加。一九六三年经过国务院批准的外贸奖售品种共六十三个。经国务院财贸办公室批准用百分之三十的工业品换购的三类小商品共一百三十七个品种。这些商品，根据标准，按照收购计划计算，全年需要奖售物资：粮食四亿六千万市斤，化肥四十三万吨（包括以肥顶粮的数字），棉布三亿一千六百万市尺，工业品一亿一千万元（是按内销规格生产的）。这些奖售换购物资，绝大部分都拨下去了。根据现在的收购情况来看，今年下半年有许多的农副产品要超收，因此需要增加奖售物资。据初步匡算，今年还需增加奖售棉布两亿市尺。

关于奖售问题，我们提出几点意见：

1. 今年奖售标准不变，奖售物资照给。如果各省、市、自治区认为需要调整的，请地方自行确定。

2. 今年拨给各地奖售用的工业品，有些品种不对路。有些地区要求调整，根据外贸现有的物资情况，由外贸部调换品种是有困难的，请地方设法调剂解决。

3. 今年有一部分奖售用的工业品现在还没有拨下去，主要是一些胶鞋和脸盆，外贸部将继续照拨。有些地方由于这些商品在市场上已经敞开供应了，要求调换其他物资，根据外贸现有的物资情况，调换是有困难的。我们的意见，还是请地方调剂解决。如果拨下去会造成积压，地方认为不需要了，也可以不拨，但也不再补给其他物资。

4. 外贸部拨给各地用于奖售的工业品，据说有一部分压在供销社。如果确实有一部分必须削价处理的，可以由地方外贸局和供销社协商，提出意见，报省人委批准后，削价处理，削价的亏损由外贸负责。但是，一定要严格掌握，不要随便削价（去年六月全国外贸计划会议期间拨给各地的四千万元的工业品，不是作为奖售用的，这部分工业品如果有削价亏损，不能由外贸负责）。

关于明年收购出口商品的奖售办法，需要

进一步研究。

（三）关于出口商品生产基地问题

出口商品生产基地是从一九六〇年下半年开始建立的。到一九六〇年底在半年时间内，经过各省、市、自治区和各有关部门的共同努力，建立了一千一百多个生产基地。一九六一年以来，根据中央的指示，经过各省、市、自治区和各有关部门的整顿，据初步统计，到一九六三年六月底，还有出口商品生产基地三百七十二个。其中，农副产品基地二百八十七个，工矿产品基地八十五个。建立这些基地，对扶植出口商品生产，增加出口货源，提高出口商品质量，特别是保证对港、澳的均衡供应等方面起了积极的作用。

我们认为，中央决定建立出口商品生产基地是完全正确的。但是由于这是一项新的工作，我们缺乏经验，加以我们调查研究不够，缺乏科学试验，要求过急，规划过大，摊子铺得大，战线拉得长，同时对基地的资金和物资安排使用也不尽恰当，管理不严，给国家造成不少浪费和损失。最近，李先念副总理指示，出口商品生产基地该搞的还是要搞，但是必须进一步缩短战线，加以整顿。根据这个指示，我们提出以下几点意见：

1. 传统名牌出口商品，已经建立基地的，要进一步巩固、提高；没有建立基地而又有条件建立的，要继续建立。

2. 虽然目前还不是名牌，但国外畅销、有发展前途的出口商品，已经建立基地的，要巩固、提高；没有建立基地的，要有计划地建立。

3. 为了保证对港、澳的均衡供应，已经建立的若干出口副食品和小土特产品生产基地，应该进一步办好。没有建立基地的，要有计划地继续建立。

4. 在数量上、质量上、时间上能够满足出口需要的大宗出口商品，用正常收购办法能够收购到的，可以不搞基地。

（四）关于出口商品的供货体制问题

一九五七年以前，出口商品的供应基本上是由各有关供货部门和各省、市、自治区按照国家批准的计划，在口岸或车上、船边向外贸部门交货的。这样做，外贸部门可以集中力量对外，加强对国外市场的调查研究，以利于做好出口和进口工作。最近几年，由于货源紧张，供货办法有了很大变化。有很多商品改为外贸部门直接从产地或厂矿收购和接货，这是不正常的。现在，国内经济形势已经迅速好转，出口货源的情况也有了很大改善。我们意见，应该逐步地恢复到一九五七年以前的供货办法。

林海云①同志发言要点，《财贸工作会议简报》，1963 年 7 月。180 - 11 - 11

（二）农副产品出口的组织情况

1. 出口农副产品的收购、调运与组织工作

国务院关于加强冻猪肉出口工作的指示

1958 年 8 月

一九五八年的冻猪肉出口计划，第一本账确定为十二万三千吨，其中，中央出口十万一千七百吨，地方出口二万一千三百吨。随着生猪生产的发展，各地纷纷要求增加地方出口，

① 林海云时任对外贸易部副部长。

因此，第二本账确定必成数为十八万吨，期成数为二十三万吨。根据第二本账的要求，对外贸易部初步同国外正式签订十五万吨的合同。五月份对外贸易部和第二商业部召开冻猪肉出口会议时，根据各地意见，在保证中央全年出口计划的前提下，确定六至九月份出口十二万四千吨，作为地方超计划出口（全年冻猪肉出口共计二十二万点五万吨，还未包括第四季度地方要求再增加的出口数）。会后，对外贸易部又向国外提出了增加出口的补充货单，国外鉴于我们今年对既定合同完成得很不好，而且几次向我提出意见后也未见好转，因而对我提出的冻猪肉补充货单迄今未表示意见，并透露今年交货情况如仍不好转，明年要减少接收数量。但直到现在，我们对既定合同的完成仍然差得很远。一至七月份共出口六万吨，仅占对外既定合同十五万吨的百分之四十，如果按照经过各地几次追加后的二十二点五万吨来检查，仅仅完成百分之二十六点七。特别是六至九月份的出口，根据各地意见安排为十二万四千吨，但六、七两月实际只完成了二万二千余吨，仅完成百分之十八，除山东、江西、浙江、福建完成六至九月计划在百分之二十以上外，其余各省都完成得很不好（各省完成情况详附表［略］）。这种情况已经严重影响了国家在对外贸易上的信誉，并给来年扩大冻猪肉出口带来很大困难，同时也对进口生产资料支援工农业生产大跃进带来了十分不利的影响。

为了挽回信誉，确保既定合同的完成，并力争多交，为来年扩大出口打下基础，必须大力加强和加速收购、调拨和出口工作，特别是要抓紧八、九月份这个时机，否则第四季度国外不同意多接收（因国外也是旺季，他们在运输、储存上也有困难），我们也难以运出。为了力争在八、九月份多出口，特提出如下意见：

一、必须采取有效措施把现有已成熟的肥猪突击收购一批。因此，要求各地结合当地现有肥猪情况把八、九月的收购计划具体分配到农业社、队，并号召农业社在此期间分两三次突击完成出售肥猪任务。

二、为了在八、九月份突击完成出口任务，各地国营农场、机关学校和商业系统饲养场所养的肥猪，应在此期间内集中售给国家，如果农场养的肥猪质量较高，可以适当高于现有牌价收购，望各地指定有关部门主动联系办理。

三、必须加强收购力量。适应收购任务需要，对重点产猪地区的收购机构和收购人员配备必须加强。做好这一工作，不仅是加强当前收购生猪的重要环节，而且是能否做好旺季收购、充分满足群众出售要求的主要关键。

四、为了防止生猪购进后因缺乏劳力和运输工具而不能及时集中、外调，仍不能及时出口的情况发生，各地交通、运输部门应尽先解决生猪的运输问题。

鉴于时间紧迫、任务艰巨，希望各省（区）市于文到后立即对生猪的收购、调拨，冻猪肉的加工和出口情况认真进行一次检查，根据上述意见、结合各地具体情况迅速采取有效措施，切实解决存在的问题，力争在最短时期内根本扭转目前生猪收购和冻猪肉出口的被动局面。

目前北京等城市猪肉供应十分紧张，每户三天才准买一次，一次只准买五毛钱的，还要起早排队，晚了买不到，群众也有意见，政治影响不好。在抓紧完成出口计划的同时，亦请注意抓紧内销猪的调拨，以缓和内销的紧张局面。

Z9－239－5

中共中央批转粮食部党组和对外贸易部党组关于当前出口大米、食用油供货情况的报告

1959 年 2 月 3 日

现在把粮食部党组和对外贸易部党组《关于当前出口大米、食用油供货情况的报告》转发给你们。目前出口粮油供货很不好，情况是严重的。如果让这种情况继续下去，不仅会影响到今年生产建设急需物资的进口，而且将造成政治上的重大损失。中央责成各有关省区党

委立即采取紧急的有效措施，迅速改变目前不能按时供货的情况，保证按照规定的数量、质量和时间完成国家出口计划。这件事情请第一书记过问一下，好好抓起来，千万不可忽略。

附：粮食部党组和对外贸易部党组关于当前出口大米、食用油供货情况的报告

1959年1月28日

目前，出口大米、食用油的供货情况很不好，影响对外交货，特将情况报告如下：

一、大米

（一）各省供货情况。一九五九年大米出口计划为两百万吨。粮食、外贸两部安排各省在第一季度供应出口五十万吨，但各省只答应给二十一点七五万吨，一月份两部安排十一点七五万吨，到一月二十五日只交了二万七千六百六十一吨（详见附表一［略］）。

各省已经同意的数字，在实际执行中还不能保证按时供应。如四川省原同意一月份供应二点二五万吨，到一月二十五日只交了九千七百吨；广东省原同意供应一点八五万吨，到一月二十五日只交了一点二七万吨；广西自治区原同意供应一万吨，到一月二十五日只交了三千三百吨；湖北省原同意一月份供应两万吨，现在又说一月份不能供货。

（二）不仅一月份供货情况不好，而且有些地方还动用了出口周转粮；武汉市动用出口稻谷六千吨；上海市在年前借用出口米四万多吨，今年一月份又借用四千多吨。

（三）因大米交货不好已发生的情况。第一季度大米必须对外交货的数量（包括补交一九五八年合同，一九五九年一季度应交苏联、东欧兄弟国家和资本主义国家的货单数以及供应港澳地区的必须数）共五十万吨。但根据目前各省供货情况，对外将不可能完全履行合同。最近苏联装运大米的船到达广州，等了十三天才开始装货，同时兄弟国家都再三催我迅速交货，有的已通过外交途径提出。德国再次提出市场大米供应紧张，希望我在一月底或二月初供应一点五万吨。特别是苏联转口印尼的大米，牵涉到三个国家的关系，必须按期交货，现在也难于安排。据我驻锡兰使馆报告，锡农粮部常任秘书（相当于副部长）向我大使馆提出，要我国帮助解决当前粮食困难。因一、二月份是锡粮食难关，如果不能渡过此难关，锡政府可能发生政治上的危机。使馆认为，我方应尽可能满足其要求。最近锡兰驻华大使馆也曾找外交部要求帮助解决，在二十七日印度国庆招待会上又向陈毅副总理提出速供大米的要求。从政治上、从道义上，都应当迅速供应锡兰大米（锡兰要求将我去年欠交的二点八万吨一月份交完，二月份交今年大米四万吨），但现在无货源不能解决，情况十分严重。

二、食用油

（一）各省供货情况。一九五九年食用油和油料（折油）出口计划为三十五万吨，上半年出口为十六万吨。第一季度十万吨，一月份三点八九万吨，二月份三点一三万吨，三月份二点九八万吨；但到一月二十五日只交货一点一三万吨（详见附表三［略］）。

山东、河北、河南、湖北四个省是供油重点省，共占一季度食油出口总数百分之八十五。其中，山东省就占一半，主要是花生仁。省委安排一季度出口花生仁十万吨（包括花生果二点二五万吨，折花生仁一点五万吨），但到一月二十五日只交了一点四二万吨。河南、湖北都表示不能按数拨交，安徽尚未作安排。

（二）因食用油安排不下来而发生的问题。第一季度食用油（折油）必须对外交货的数量（包括补交一九五八年合同，一九五九年一季度应交苏联、东欧兄弟国家和资本主义国家的货单数以及供港、澳地区的必须数）共九点三七万吨。但根据各省反映及目前交货情况，很难完成出口任务。最近，东欧兄弟国家催交花生仁甚急。据我驻波使馆报告：如一月不能交，波工厂即将停工；捷克提出向我借外汇到别处去买生仁，等我将来交了货再还外汇。供货问题如果不解决，对外影响很不好。

目前国内粮油情况确有一些困难；但是对

外不能完成出口任务，不能严守合同信用，影响所及甚大。因此，我们建议请中央通知各有关省市委第一书记指定在北京开会的计委主任即同粮食、外贸两部研究，采取紧急措施，按照中央安排的计划保证拨交出口。当否，请核。

Z44－1959（4）

国务院关于加强肉食、禽蛋收购与调运工作保证完成出口任务的通知

1959年3月16日

目前肉食、禽蛋外调出口进度较为迟缓，一季度供应出口计划完成很差，必须引起各地的重视，立即采取有效措施，抓紧采购调运工作，以保证出口计划的完成。

一、关于冻猪肉出口问题，国务院（五办）已于3月3日以五程字第32号电告各地，希贯彻执行。此外，并要求各有关地区在3个月内争取做到农村基本不杀猪，城市少吃，以便繁殖小猪，增加肥料，保证出口；出口猪肉质量标准，在7月以前应该力争达到一、二、三级，7月以后应该达到一、二级。

二、牛羊出口任务完成得很不平衡。截至2月底，冻牛肉完成一季度计划63.45%；活牛虽完成69.17%，但有的省完成不到10%。冻绵羊完成一季度计划24.81%，活羊完成一季度计划5.54%。牛羊供应出口完成不好的地区，应该加强收购，力争完成出口任务。

三、鲜蛋、家禽的出口任务完成也较差。截至2月底，鲜蛋只完成一季度计划450万斤的48%，其中，湖南（完成70g%）、湖北（完成63%）较好。家禽只完成第一季度计划110万只的38.2%，其中湖北（完成80%）较好，希完成较好省份力争超过；完成不好省份应该克服困难，力争完成。

禽蛋完成不好的原因，除家禽减产、春孵需要种蛋外，收购工作抓得不紧、没有及时布置任务到基层也有关系。目前正值产蛋季节，各地务需抓紧收购工作。为了鼓励群众出售禽蛋，应该掌握谁有谁卖、谁卖谁得现款的办法组织收购。目前因雄禽缺乏，无精蛋较多，除积极组织雄禽配种外，应在孵化前加强检验工作，有精蛋则孵，无精蛋则不孵，以提高孵化率，并将无精蛋供应出口。

四、为了保证国家收购计划的完成，应该广泛推行合同制度。各级人民委员会应该随时检查合同执行情况，维护合同的严肃性。

各省（区）对京、津、沪等大城市、工矿区的肉食、蛋禽的外调任务，也应力争完成计划。

181－8－284

国务院关于立即加强生猪、蛋品收购工作保证完成出口任务的指示［节录］

1959年4月21日

［上略］

（一）第一季度生猪、鲜蛋的收购和出口情况非常不好。生猪收购只完成年度计划的16%，比去年同期减少20%多，冻猪肉出口只完成季度计划的40%，活猪出口只完成68%；鲜蛋收购只完成年度计划的9.6%，严重地影响了国家对外贸易信誉和进出口计划安排及国内的特殊供应。因此，各地人委必须立即组织足够的力量，加强生猪、蛋品的收购，搞好生猪育肥，坚决地完成第二季度冻猪肉（包括活猪、罐头、肉制品）的出口计划，对第一季度出口任务未完成部分，亦必须保证在本季度内全部完成。鲜蛋（包括水蛋、干蛋、和湿蛋）的出口计划，在4—7月的旺产季节内，应当基本上完成计划，即最少要完成80%以上。各地应坚决的立即将现有的“卫星猪”，无论是人民公社、商业系统、国营农场、劳动农场、工厂、部队、机关、学校、群众团体等部门的，经过政治动员之后，大量收购起来，加工出口。

（二）各级商业部门，必须迅速健全收购机构，彻底扭转没有专人收购和收购力量不足的状况。各级人委和人民公社、管理区应成立专门办公室或小组，负责督促检查生猪、蛋品

的收购、调运和出口等工作。各省、自治区、直辖市人委应将安排情况于最近期间向国务院（五办）作一次报告。

［下略］

181－8－284

水产部、商业部、对外贸易部关于加强对当前水产品的生产、出口和市场供应工作的联合通知［节录］

1959年7月28日

1959年上半年水产生产及购销与出口数量，比去年同期有所增长，但计划完成情况不好。生产共161万吨，只完成年计划的30%。收购约69万吨，只完成年计划的34%。出口4.6万吨（水产部统计），仅占年计划的38%。由于当前肉类供应仍很紧张，国内大中城市和工矿区均迫切需要增加水产品的供应；而出口任务又关系到国际信誉。中央最近指示：水产品的出口计划必须保证完成，一吨也不能少，只能超额。因此，如何迅速增加水产品的生产量和商品量，保证收购、出口和外调任务的完成，是一项非常迫切而重要的任务。各地水产、商业、外贸部门，都必须严肃对待、相互协作、共同努力来做好工作。

应当指出，当前的形势对水产工作是十分有利的。第一，党委十分重视水产工作，自中央在上海召开市委书记会议后，各地党委又进一步加强对水产工作的领导与支持，这是开展工作的最有力保证。第二，小麦已收，早稻、中稻、油料作物将陆续登场，物资条件已有好转。各地因农忙及运输紧张而抽出去的渔民、渔船已陆续归队。第三，水产资源潜力尚大，进行捕捞能立即见效。因此，各地的水产、商业和外贸部门应当掌握时机，做好以下各项工作：

一、积极贯彻国务院关于渔民、渔船归队的指示，依靠各地党委迅速解决渔业体制和分配问题，充分调动群众的积极性，掀起生产高潮。

二、抓紧修船补网工作，使现有船只和装备能充分发挥作用。淡水地区还应迅速安排大水面捕捞所需的渔具，各地商业部门对船网工具修理、装配、制造所需的各项物资，均应大力支持优先供应。要做到所有渔船、渔具在今年秋冬季中均能投入生产。

三、必须立即采取有效的增产措施。当前在海洋生产方面，在条件具备地区，应抓紧打伏打秋；在淡水生产方面，除了抓紧捕捞天然鱼苗、完成放养任务外，应大力开展江湖捕捞及进行机帆试捕；同时应注意小水产如鳝鱼、泥鳅鱼、甲鱼、小杂鱼、小虾及野藻、野具等等的生产。

四、加强水产品的收购机构。生产多了，收购工作跟不上，无论对保证出口或大城市供应都有落空的危险。因此，在产鱼集中地区应设立足够的收购点或临时收购点，正确地掌握价格政策，以扩大水产品的收购量。

各省在保证完成出口、外调任务后，对本省内的重点城市、工矿区，应强调自力更生为主，在货源可能的情况下，加以妥善安排。只有这样，才能更好地完成出口和外调任务。

五、生产与商业部门对出口任务必须优先安排，保证按时、按质、按量完成任务，各地外贸部门与生产、商业部门要密切配合，相互支援，及时地做好出口安排，迅速组织加工出口。

六、［中略］。各省、市水产、商业、外贸部门必须积极努力，保证任务完成，并力争在第三季度内迅速扭转局面，各地执行情况由生产部门负责定期（每月初六、十六、二十六日）报告水产部，以便向国务院五办汇报，汇报内容为：生产、收购、出口、外调几个方面。

181－8－71

国务院关于努力完成猪、牛、羊、禽、蛋的收购任务和出口任务的指示［节录］

1959年11月3日

完成猪、牛、羊、禽、蛋的出口任务是完成今年出口任务的一个重要环节。由于今年春、夏猪、牛、羊、禽、蛋的货源不足，出口任务完成得比较差。预计截至10月底止，冻猪肉出口为8.5万吨，完成修改后的年计划14万吨的61%；活猪出口为65万头，完成年计划80万头的81%；猪肉罐头出口为1.6万吨，完成年计划3.55万头的45%；冻牛、羊肉出口为9 000吨，完成年计划1.6万吨的56%；冻家禽出口为2 400吨，完成年计划7 900吨的30%；蛋品出口为9 000万斤，完成年计划2.35亿斤的38.2%。现在距离年底只有60天了，如果不采取紧急的措施，突击收购，突击加工、调运和出口，就会完不成出口任务，同时也就将影响全部出口任务的完成。因此，国务院要求各级人民委员会抓紧时机，在今年最后的两个月内，结合粮食、油料、棉花等农产品收购运动，在全国范围内开展一个猪、牛、羊、禽、蛋的收购、调运、加工、出口的突击运动，力争完成和超额完成猪、牛、羊、禽、蛋的出口任务。其具体要求如下：

1. 在11、12月两月内，收购生猪900万头，其中在11月份收购500万头，随收、随运、随加工出口。争取做到11月份内出口冻猪肉4万吨以上，拨交轻工业部门猪肉罐头原料2.5万吨。在12月份内收购400万头，在12月20日前再出口冻猪肉3万吨以上。实现了以上的任务，今年冻猪肉出口的数量就可以保证达到14万吨，并争取达到15.5万吨。要求超过的原因，是为了弥补对兄弟国家贸易的差额。

2. 提前完成冻牛、羊肉的调运、加工和出口任务，现在完成出口任务货源已有把握，应当争取超额完成2 500吨。

3. 各地商业部门所收购的鲜蛋，除了保证冬孵用蛋和十分必要的特殊供应以外，其余的一律上调加工出口，争取全年完成出口蛋品1.2亿斤。

4. 除了保证完成冻家禽和禽肉罐头的全年的出口计划外，再争取多做7 600吨家禽罐头出口。

5. 对港澳出口的活猪，活牛、羊，活禽，也必须按计划、按时完成。

为了加强肥猪、家禽和鸡蛋的收购工作，请各地考虑对这些商品是否可以参照广东的经验，采取派购办法。个别地区家禽收购价格偏低的，各省、自治区、直辖市人民委员会可以进行合理调整。原则上合乎出口规格的每斤毛鸡的收购价格，可以提高到略低于现行每斤鸡蛋的收购价格；每斤毛鸭的收购价格，可以提高到略低于每斤毛鸡的收购价格。

在收购工作中，既要力争完成任务，又要注意执行政策。收购、宰杀的猪应当在活重100斤以上，不应当收购小猪、宰杀小猪。如果收购进来的猪过小，不宜宰杀时，应当由商业部门育肥，商业部门现有库存中合格的猪应当首先宰杀加工出口。冻肉、蛋品加工工厂应当加强生产。对于这些加工厂所需要的人力、物力，各省（区）、市人民委员会应当设法解决。

目前必须继续控制国内肉食、蛋品的消费，首先保证完成出口任务。各地的肉食供应量，今年应当维持现行标准，不再增加，对机关团体的供应量还可以在进行动员后暂时适当压缩。1960年元旦，城市、工矿区居民所需肉食，也可以不予补助，等到春节时再加以补助。

［下略］

181－8－284

国务院关于加强生猪出口工作的指示

1960年4月6日

目前全国养猪事业发展迅速，形势极好，但是由于新发展的多系小猪，同时为了进一步繁殖，又必须增留必要数量的公母猪，以及有些地区对生猪收购工作抓得不够紧，因此第一季度的生猪收购和出口计划完成得不够好。至3月中旬止，供应出口冻猪肉完成11 600吨，只占第一季度计划4万吨的29%，除浙江、江西、江苏、广西等4省完成计划较好以外，其他各省均完成得不好。出口猪肉罐头，因原料供应不上，大部分罐头厂还没有进行生产。出口计划完成不好，给对外贸易工作造成了被动。4月份仅东欧兄弟国家已租妥的冷藏船共计16艘，必须保证有冻猪肉装船出口；对苏联1959年和第一季度欠交合同数，也应当在二季度补交一部分；这样连同二季度全国供应出口计划冻猪肉4万吨，6月底以前共需供应出口冻猪肉6万吨，其中4月份应完成40%，才能避免发生外输空舱或停港待装，以致影响对外信誉的情况。对港、澳活猪出口，4月份亦需要10万头左右，才能保证港、澳市场供应。出口猪肉罐头也必须按计划供应原料，才能保证工厂正常生产。因此，各地应立即加强生猪的收购，并认真组织生猪催肥工作，将合乎出口标准的肥猪尽速调厂加工，以保证完成上半年出口任务。为此，现提出如下几点要求：

（一）首先在商业系统现有库存内把合乎出口标准的肥猪（包括育肥猪）统统挑选出来，调厂加工出口。目前商业系统育肥猪和商品库存猪共有320余万头，估计120斤重的肥猪有100万头左右，各地必须对现有库存普遍进行认真的挑选，凡合乎出口冻猪肉标准的肥猪，特别是“卫星猪”，必须坚决全部调厂加工出口。暂时还不合出口标准的肥猪，应该加速进行催肥，力求短期内达到出口标准。

（二）组织动员国营农场、人民公社、管理区、生产队集体养猪场和公社社员将合乎出口标准的肥猪，尤其是“卫星猪”出售给国家，支援出口。生产队、生产小队食堂饲养的肥猪，也要在积极做好政治思想工作的基础上，动员他们出售一部分，但必须协助他们补充小猪或架子猪，以便继续饲养。对机关、团体、学校、部队、厂矿企业集体伙食单位饲养自给的肥猪，在与各单位协商同意的原则下，也可以动员他们拿出一定的比例卖给国家，或者采取等量对换（以小换大、以瘦换肥）的办法，如有差价，照数补给，以便把其中合乎出口标准的一部分肥猪调换出来，支援国家出口。

（三）为了扩大出口肥猪的货源，无论有没有负担出口任务的城市，都不应该把合乎出口标准的肥猪供做内销，必须挑选出来，支援出口。如果由于出口而影响到最低限度的内销供应，商业部门应该用不合出口规格的生猪来调剂弥补。

内销供应必须坚决贯彻“少吃、多繁殖、保证出口”的原则，对“五一”节城乡食肉应进行统一安排，规定适当控制指标。节日大中城市工矿林区每人供应最高不应超过半斤，一般城市和农村应低于大中城市，希各地根据上述原则结合当地猪源情况，自行安排。此外，对南方各地插秧季节和北方麦收季节，一般农村历史上有吃肉习惯的，应该适当予以照顾，但是也应根据情况予以控制。总之，应防止因为过节等而发生乱宰生猪的现象。

（四）为了保证上述任务的完成，各级人民委员会必须加强对这一工作的领导，坚持政治挂帅，大力发动群众，把生猪收购、调运、加工、出口等一系列工作作妥善安排，环环扣紧，抓紧抓实。

181－9－263

各地积极行动努力完成冻猪肉出口任务

1960年6月28日

今年冻猪肉出口计划是二十一万吨。按照对外已签订的合同规定，上半年应该交货八万五千七百吨。但是到六月十日为止，仅交货二万三千二百六十一吨，完成上半年交货计划的百分之二十七点一。有的兄弟国家反映，由于我们交货不好，已经使他们的市场安排遇到困难，表示不满。捷克外贸部波拉副部长专为此事在六月十一日来到北京，催我部交货。

为了完成今年冻猪肉出口计划任务，国务院财贸办公室牛佩琮副主任在六月十一日亲自给各省、市、自治区党委书记打电话，传达了中央要求在六、七月份突击收购一批冻猪肉的紧急通知。各省、市、自治区党委在接到这一紧急通知以后，都已积极行动起来。大部分地区召开了电话会议贯彻执行中央的指示。如河南省委给各地委书记打了电话，省人委又召开了电话会议。河北省委一连召开两次电话会议，在六月二十日发出了关于保证完成猪肉、蛋品出口任务的紧急指示，并且还将召开县委书记和公社党委书记会议，讨论猪和蛋的收购问题。江苏省委在电话会议上要求各级党委书记亲自挂帅。陕西省委提出六月至九月份中心工作之一是猪和蛋的收购工作。

各地并采取了一些紧急措施：

（一）开展突击收购，对各专、县提出具体要求，限期保证完成。黑龙江省委决定在全省范围内立即掀起一个群众性的以猪、蛋为中心的农副产品突击收购、调运、加工、出口的高潮，在六月十四日召开了地、市、县委第一书记紧急电话会议，作了部署安排。河北省委在全省开展了群众性的生猪育肥和猪、蛋突击收购运动，必须完成六月份到九月份出口冻猪肉九千吨的任务。河北省委要求各地动员公社、生产队的“卫星猪”，在六月底以前全部交售给国家，上调出口。山东省委要求各地一百斤以上的商品猪马上上调，并要求完成上调三万三千五百头育肥猪，一头也不准少。四川省已经通知绵阳专区于六月中下旬上调一万头出口猪。

（二）动员机关、团体和部队把机关生产养育的肥猪出售给国家，支援出口。河北省委决定全省所有机关、团体、学校、企业现有自养的肥猪，凡毛重一百二十斤以上的全部交售给国家。天津市机关、部队初步计算可以出售四五千头。河南省十四个市六千四百个伙食单位养猪，每个单位至少要拿出一头猪卖给国家，商业、粮食、农业和劳改等系统也都规定了出售任务。北京市机关、团体可出售两千头。山东省规定服务行业的肥猪也要出售给国家。

（三）压缩内销。河北省委决定全省所有机关、团体、学校的职工、干部、教职员，从现在起到九月份暂时不吃肉；部队除保证特殊需要外，从现在起到八月份也尽量不吃或少吃；除高空、高温与井下作业工人，高级知识分子、职业运动员、演员外，其他职工干部经过说服动员，从现在起到九月份尽可能少吃肉；从现在起到九月份一般市民的肉食供应，天津市压低到每人每月一两，各中等城市以下暂不作供应；从省到基层不论什么会议，一律暂时不吃肉。黑龙江省委决定从六月十七日起半个月内，各机关和省内一切会议一律不供应肉、蛋。江苏省委号召机关部队连级以上干部六月至九月不吃肉、蛋。

（四）必须保证出口冻猪肉和罐头肉的质量。河北省委要求各地拨交出口的肥猪，每头达到毛重一百三十至一百五十斤以上，最低不少于一百二十斤；屠宰厂和罐头厂必须按照出口规格进行屠宰和加工，切实保证规定的质量标准。

《对外贸易情况简报》，第16 期。Z11 － 1001 － 16

国务院财贸办公室、国家经委批转纺织工业部、外贸部、商业部关于执行统一调拨、合理使用原棉、确保出口、增加货币回笼力量的报告［节录］

1961 年 4 月 19 日

根据中央关于统一调拨、合理使用轻工业和纺织工业原料的指示，轻工业部、纺织工业部分别同商业部、外贸部制订了原料材料调拨、生产安排和产品分配计划。现将纺织工业部、商业部、外贸部《关于执行统一调拨、合理使用原棉，确保出口，增加货币回笼力量的报告》和所附的三个计划转发给你们，请即研究执行。轻工业的计划随后发去。

今年轻工业、纺织工业的原料、材料不足，必须坚决执行中央的方针，把有限的原料优先安排到设备好、技术水平高、用料省、成品质量好的工厂，生产最好的产品，以便多换取外汇和多回笼货币。统一调拨原料、材料是实行这一方针的前提。各地应该按照轻工业和纺织工业原料、材料统一调拨计划的要求，按质、按量、按时完成调拨任务。应由地方安排的辅助材料、包装材料等等，各地要根据中央的方针迅速安排落实。

［下略］

附：关于执行统一调拨、合理使用原棉、确保出口、增加货币回笼力量的报告

根据中央《关于统一调拨、合理使用轻工业和纺织工业原料、材料的指示》，我们反复研究了原料资源，国内外市场需要和当前纺织

工业生产的实际情况，认为只有在全国范围内坚决实行统一规划生产；统一调拨原材料，统一分配产品，把极为有限的原料进行最经济、最合理的使用，让那些设备好、技术水平高、用料省、成品质量好的企业优先开工，以便多生产一些好产品，增加出口，增加国内市场的回笼力量。这是在现有原棉极为不足的条件下，解决供需矛盾的极为重要的方针。现在将我们对贯彻执行这一方针的具体安排意见报告如下：

当前突出的矛盾是需要与可能之间差距很大，主要是原棉资源不足。经我们研究，拟采取压缩周转棉、提前使用新棉及建议动用国家储备棉等措施，第二、三季度可安排生产棉纱143万件，棉布9.184亿米，针织用纱28万件。

根据内销服从外销、出口第一的方针，我们计划二、三季生产出口棉布1 200万匹（合4.32亿米），其中，第二季度850万匹，第三季度350万匹，连同出口棉纱、针织品，合计折棉纱51万件。二、三季计划安排的内销产品折棉纱92万件，其中高级针棉织品用纱10.1万件。这样安排的结果，内、外销仍然是很紧的，出口棉布1—9月计划生产1 650万匹，占年计划2 612万匹的63%，还有900多万匹要在四季度完成。这样，必然会有很大一部分棉布今年卖不出去，从而影响今年出口计划和收汇计划的完成。内销还需要在现有已经很低的14亿米的棉布库存基础上再压缩5亿米。

根据上述安排，为了确保出口，增加货币回笼力量，必须切实做好如下的工作。

一、分配各省的生产任务，必须安排在设备好、技术水平高、用料省、成品质量好的企业，让这些企业优先开工，条件差的立即坚决停下来。在全国231个棉纺织全能厂中，开工的121个，暂时停工的110个；全国104个印染厂中，开工的47个，暂时停工的57个。开工停工企业各地可根据具体情况适当调整，其他单织、针织等企业也应根据这个精神，由各省、市、自治区人民委员会具体安排。

生产出口商品和高级品所必需的改装设备应抓紧制造，配套出厂，这些设备必须集中安装在条件好的企业。已到厂的设备要集中技术力量迅速安装，尽快投产。开工企业要认真加强企业管理，做好生产调度工作，革新技术，提高产品质量，提高出口品率，要节约原材料，加强原棉管理，合理使用原棉，优棉优用，保证按质、按量、按品种、按时完成计划。高级纺织品必须经过试制，报纺织工业部和商业部批准后投产。停工企业要做好职工的思想教育、设备维护工作。劳动力要尽快地妥善安排，在安排时必须瞻前顾后，要考虑将来恢复生产时能迅速归队，正常开工。停工工资按1957年国务院《关于工业、基本建设、交通运输企业工人职员停工津贴的暂行规定》的办法处理。

二、原棉必须严格按照全国统一调拨的计划进行调拨。调出原棉的地区，必须按先外后内的精神，保证按质（品级、长度）、按量、按时完成。要求铁路、交通运输部门保证按时调运。

三、出口纺织品的生产、原棉调拨和所需要的地方物资（包装材料、浆料、辅助材料等）都应按照出口第一的精神优先安排。今年出口纺织品的任务约占国家出口总额的30%，任务重大，必须严格按品种、按质、按量、按时完成交货任务。这个任务完成得好坏，直接关系到国家的信誉，关系到急需物资的进口，这不仅是出口问题，也是安排好国内市场的问题，既是经济任务，又是政治任务，要求各地切实加以重视。

四、内销产品必须严格按计划在全国范围内实行统一调拨，保证调拨计划的按时完成。按计划应该压缩的库存，要坚决压缩，不得超留。工业用纱、工业和公共用布必须严格按照季度计划的安排进行压缩，不得超用。能节约代用的尽量节约代用，能够压缩的，力争多压缩一些。内销小商品，必须根据市场需要的品种进行生产。

五、包装材料、染化料、浆料、纺织专用器材及其他辅助材料也必须安排落实。除必须由国家统一安排和进口的物资报请国家经委和财贸办公室进一步统一安排外，由地方安排的物资要求各地按照计划迅速安排落实。

统一调拨，合理使用原材料，是一项十分艰巨复杂的工作，必须使所有干部和群众认识到只有贯彻中央这个方针，才能保证完成出口和内销高级品的任务，要认清当前大好形势，正视目前工作中的具体困难，鼓足干劲，力争上游，反对一切畏难松动情绪，千方百计地保证完成中央所给予我们的光荣和艰巨的任务。

181－10－94

商业部关于大力开展鲜蛋收购和积极组织出口工作的紧急指示

1961年5月19日

目前正处鲜蛋生产旺季，但鲜蛋的收购和出口计划都完成得很不好。截至4月底止，全国共计收购鲜蛋2 172.7万斤，仅完成年度计划的11.89%，比去年同期减少68.66%；出口473.63万斤，仅完成年度计划的5.7%，比去年同期减少60.3%。特别是湖南、四川、广东、安徽、浙江、江苏等几个重点产区，下降幅度更大，如湖南省去年4月收购量为27万斤，而今年只有6万斤。有一些省（区）一季度的内销量比同期的收购量还大，吃了库存。这种情况不仅严重影响了二季度出口任务的完成，而且对完成全年出口任务也是很不利的，必须立即努力扭转这种局面。

当前的形势是极为有利的，党的“十二条紧急指示信”的贯彻，《农村人民公社工作条例》的颁发，农民的生产积极性普遍高涨，加以今年收购鲜蛋又实行了少派多留和以粮、糖奖励的政策，为收购鲜蛋提供了有利的条件。同时今年鲜蛋收购任务比去年完成实绩减少近33%，出口任务也根据情况有所调整。因此，只要我们充分发挥这些有利条件，抓紧收购工作中的各个环节，任务是可以完成的。兹提出以下几点意见：

（一）应进一步地深入宣传政策，广泛地发动群众，加强基层组织领导，坚持政治挂帅，在当地党委统一领导下，将鲜蛋收购工作普遍地开展起来，造成声势，推向高潮，从而不失时机的抓紧当前上市旺季，采用经常收购与突击收购密切结合的方法，把应该收购和可以收购的鲜蛋收购到手。力争在二季度内完成全年收购计划的60%～70%。

（二）立即把鲜蛋派购工作作一次全面的检查，迅速地全面铺开，要求在5月份内将全部派购任务落实到队到户，促进收购进度，还应当明确规定社员在完成派购任务量之后，才能在国家指定的农村集市出售。但必须切实注意在贯彻派购政策时加强说服教育工作，实事求是，不得用强迫命令的方法。

（三）中央所拨收蛋用的糖、粮指标，各省（市）自治区商业厅必须保证迅速兑现，不折不扣地做到一手收蛋、一手付糖付粮，来调动社员交售鲜蛋的积极性，以利收购，加速进度。

（四）目前出口任务紧迫，各地在大力开展鲜蛋收购的同时，必须抓紧调运，要求做到随收随调，首先保证出口上调任务，特别是港、澳出口计划的完成。关于孵化生产，应该是发动广大社员去进行，商业部门收购的鲜蛋一般不再返回供应种蛋。如果商业系统有孵化设备的，可以挑选一部分（比例不能过大）种蛋搞孵化，周转使用，同时即以孵得之小鸡，换取鲜蛋。

（五）各省（区）商业厅（局）在当前必须有一位厅（局）长专门抓这项工作，随时督促检查，并指定专人负责上下级的联系，发现问题立即研究解决，以使收购工作健康的发展。

181－12－339

商业部关于当前鲜蛋购销工作中应注意事项的通知［节录］

1961年6月8日

目前鲜蛋收购较前期有所好转。5月中旬收购1 045万斤，比上旬增加45%；但出口任务完成得仍然不好，截至5月中旬，全国年累计共收购鲜蛋4 007万斤，出口只完成933万斤，约占收购量的23%，其中5月上、中两旬共出口鲜蛋456万斤，也只占同期收购量1 835万斤的24.8%。江苏省今年以来收购鲜蛋400万斤，但只出口3.4万斤，仅占收购量的0.85%。收购、出口完成不好的原因主要是：有些地区派购至今没有完全落实，收购发展不平衡，有些省份内销量过大，孵化用蛋比重也大，甚至吃了库存，奖励用粮、用糖不能完全兑现，调运不及时等。为了确保全年鲜蛋收购和出口计划的实现，特再提出以下意见，希即研究执行。

1. 现在正进入鲜蛋收购的大好季节，如果力量组织安排不当，鲜蛋收购即会被农忙挤掉，最近湖南、江西、四川等省已有下降的苗头，必须引起各地注意。河南省开封专区在这方面做得比较好，他们把现有人员作了统一的安排，除抽出一部分力量参加夏收夏种外，还组织了一支专门突击收蛋的队伍，结合送货下乡开展鲜蛋收购工作，效果很好。各地在党委统一领导下，也应妥善加以安排，以免顾此失彼，失掉时机，而影响全年鲜蛋收购和出口计划的完成。

2. 目前有的地区把收蛋用的糖、粮挪作高级糖果点心或收购其他农副产品，这种做法是不对的。收蛋用糖、粮均系专用指标，必须坚决保证这一政策的兑现，不能失信于民。有些省还以其他工业品“对流”的办法，也是可以考虑的。

3. 为保证出口任务的完成，在内销服从外销的原则下，对鲜蛋支配除了必不可少的低标准特需供应外，其他销售一律停止，尤其是饮食业应即停止供应，全力支援出口任务。

4. 关于孵化用蛋，在5月19日的指示中已明确规定。商业部门收进的鲜蛋原则上不再返回供应孵化，但近来有的地区用于孵化的还占很大比重，如河北省邯郸专区用于孵化的商品蛋达9万多斤，占收购量的25%，该专区大名县共收购鲜蛋4.57万斤，孵化用3.23万斤，现存1.34万斤，还打算继续孵化。有的基层单位甚至将收购的商品蛋直接调入孵房，这是应该纠正的。如果商业部门自有孵化设备，可以挑选一部分做种蛋孵化，周转使用，孵出的幼禽，采取以禽换蛋的办法供应社员。如浙江省采取1只幼禽换3枚蛋的办法，效果很好，既支援了生产，又多收了鲜蛋。

［下略］

181－12－339

商业部关于鲜蛋收购工作的紧急指示

1961年6月28日

今年的鲜蛋收购工作在各级党委的领导下，取得了一定成绩，收购量日益上升。5月份全国收购鲜蛋3 563.7万斤，比4月份上升128.4%。5月下旬日收172.6万斤，已超过去年同期的收购水平。其中，湖北省5月份收了456万斤，比去年同期增长169.9%，四川收了442万斤，比去年同期上升246.4%，出口完成得也很好。但最近以来除部分省、区继续上升外，不少省、区已出现了下降趋势。湖南、广东等重点产区，今年以来收购量一直没有升上去，最近又有不同程度的下降。

部分地区收购、出口完成不好的原因：第一是大部分干部抽出支援夏收夏种，有的商店甚至只留一个人看门，目前又在调整商业体制，干部思想也不够稳定。第二是包装运输不能及时解决，库存量大。据6月上旬统计全国库存达1 950多万斤，其中基层收购点存量最大。第三是部分地区粮、糖不能及时兑现也有所影响。

目前正处鲜蛋生产最旺季节，但也是鲜蛋最容易变质损坏的季节，为确保全年计划的完成，各地应当紧紧依靠党委领导，实事求是，继续鼓足干劲，发动全体职工深入开展收购，积极组织出口，并提出如下意见：

一、及时清理鲜蛋库存，加速上调出口，特别是南方早收地区，应积极与外贸联系，共同组织人力、物力、运输力量，将现有库存进行检查，能出口的立即组织出口，如经过各种努力仍不能出口或因运输问题调不出来，久存会损坏变质的，可根据各地加工条件，由省厅统一安排，分别加工成干蛋、冰蛋或再制蛋（应多加工干蛋）。北方各省在集中力量大力开展收购的同时，也要抓紧调运工作，如调运一时有困难，必须保管储存好，并积极设法组织力量争取外运。

二、为适应农忙季节便利群众交售，最近湖北省公安县采取了农忙“四赶”（赶出工前、赶开会、赶吃饭、赶收工）和结合送货下乡开展收购的办法，效果很好，至6月上旬为止已收购鲜蛋50.93万斤，完成派购任务80万斤的63.66%。各地商业部门也应在支援农业生产的前提下，全面组织力量，把支援生产、送货下乡、收购工作紧密结合起来，以做到生产、供应、收购三不误。

三、在目前包装、运输比较困难的情况下，根据过去的经验，应充分利用代用品包装，加速回空，并挖掘内外的物资潜力，以解决包装不足。关于短途运输，必须依靠当地党委的领导，加强与运输部门和人民公社的联系，妥善安排劳力、畜力或采取捎脚代运见缝插针的办法加以解决，力争早日调出，千万不可等待。

四、粮、糖奖励物资各地必须保证兑现，否则不仅严重地影响了收购进度，也有损国家政策的严肃性。为此，各地应抓紧时间对各级商业部门的粮、糖拨付、使用情况作一次比较全面的检查，如有挪用情况应立即纠正，一定要坚持专项专用，以利工作。此外，关于饲料粮的拨付、使用问题前曾规定了汇报制度，但至今有些地区还未执行，为掌握情况，希各省（区）速将拨付饲料粮和使用情况报来。

181－10－219

三、对于收购进来的生猪和加工后的猪肉，仍然应该根据优先供应出口和优先供应大城市、工矿区的原则来处理。凡是合乎出口的，应该积极供应出口（几个重点出口地区和完成出口计划不好的地区更必须抓紧）；不合出口的，应该积极外调，在逐级优先完成上调任务的前提下适当安排本地区的供应，特别是对北京、上海、辽宁以及军需特需有调拨任务的地区，必须加强调拨，保证上述地区的特需供应不致中断。

四、为了及时掌握生猪收购和出口情况，要求各省加强与本部的联系。因此规定江苏、浙江、安徽、江西、广东、广西、湖南、湖北、四川等九个省、区从十一月份开始由原来每十天向部电话汇报一次改为每五天一次。

商业部关于加强生猪收购和出口工作的指示，1961年10月27日。181－12－339

商业部关于狠抓供应出口工作的指示

1960年8月24日

在各级党委领导下，各级商业部门在供应出口方面做了许多工作，贯彻执行了中央确定的“五先”原则，取得了一定的成绩。但就整个供应出口的进度来看，今年计划完成得还不够好。1—7月底仅完成供应出口104 677万元，加上去年超交的棉花、棉布、针棉织品，只完成年计划的36.8%。不少主要商品，如冻猪肉、鲜蛋、冰蛋、冻禽、罐头原料、茶叶、烤烟、机制纸、名酒、卷烟等，都完成得不好，因而今后几个月的供应出口任务仍是十分艰巨的；但必须看到整个形势是良好的。第一，中央为完成出口任务已专门发了指示，调整了部分指标，成立了各级强有力的指挥部，这是我们完成供应出口任务的根本保证；第二，以农业为基础全党大抓农业，因而农副产品和农产品原料生产收购情况必将日趋好转。劳动力、运力也将得到进一步合理的安排，应看到今后几个月将是各种农副土特产品大量上市的季节，猪、禽、牛、羊的育肥条件亦将好转。上述条件对于完成供应出口计划都是非常有利的。因此，我们只要紧紧地依靠各级党的领导，充分发动职工和社员群众，鼓足干劲，埋头苦干，切实做好采购、调运、加工和供应出口等各个环节的工作，调整后的全年供应出口计划是一定能够完成或超额完成的。为此，特作如下指示：

一、在省、市、自治区党委和出口指挥部的统一领导下，各地应坚决贯彻执行中央关于全党大搞对外贸易收购和出口运动的紧急指示。商业厅（局）应确定一位厅（局）长具体掌管供应出口工作，及时了解这项工作的进度、情况及存在的问题，经常向当地党委请示报告，认真地解决供应出口中的各项问题。

二、充分发动商业职工，认清当前大好形势和完成供应出口任务的重要意义，从而坚定信心、埋头苦干，掀起一个声势浩大的群众运动，大战几个月，为坚决完成出口任务而奋斗。

三、狠抓与出口有关的各项业务工作。第一，要进一步加强农副土特产品的采购工作，这是完成整个供应出口计划的决定性环节，因此必须切实抓好。已经到季的产品要大力采购，即将到季的也要及早做好一切准备工作；季节性不大的商品则应经常抓好。大商品要狠抓，小宗零星的商品也必须尽可能地多收。只有这样，才有可能全面地完成供应出口计划。第二，协作各方，尽力解决出口商品所需要的原料、材料和包装物料问题，做到不推不拖，按照中央指示的“五先”原则安排。第三，要认真做好出口商品的收购分级、保管和调运，确保符合出口规格。第四，做好支援出口商品生产、培育出口货源的工作，在今后大抓出口工作中，对猪禽育肥、果树后期管理等等工作，更应努力做好。

181－9－120

商业部食品局关于一九六一年肉食、禽、蛋出口调拨计划执行情况的报告［节录］

1962年2月16日

总的来说，1961年肉食、禽蛋的供应出口的工作是有成绩的，计划的完成程度也是比较好的，但是，也还存在较大的不平衡，主要表现是：在时间上，10月以前供应出口很少，后两个月赶得很紧。在品种上，对港活牛出口完成很差，活羊出口主要是新疆对苏出口的10万只全部完成了计划，对港出口活羊也完成得不够好。在地区上，担负有猪肉出口任务的20个省区，大部分省区都全部完成，差的有福建（差34吨）、广东（差593吨）、广西（差240吨）、湖南（差363吨）4省区。担负有冻牛羊肉出口的7个省区中，有山西、山东和陕西3省仅完成年计划的一半稍多；内蒙、甘肃、青海、宁夏4省区都完成和超额完成年计划；担负有鲜蛋出口任务的20个省区中，黑龙江、江西和广东3省只完成年计划的80%左右，其他地区都超额完成了年计划；而担负对港出口活牛、活羊的8个省区，仅湖南、河南、贵州3省超额完成了活牛出口计划，其他地区的计划都完成得很差。

从一年来的实际执行情况来看，在供应出口工作中存在的主要问题是：

（一）年初安排计划不当和出口要求的质量、规格同国内可能供应的畜禽质量、规格有较大距离。如活牛出口计划普遍完成不好，主要是耕畜不足同供应出口有矛盾。合格出口的，各地要留做耕畜，不准当菜牛出口；不能做耕畜用、可以当菜牛供应出口的，又不合出口要求。冻羊肉的出口，山东、陕西等均由于山羊较多、绵羊较少，山羊不合出口要求，因而影响计划的完成。家禽罐头和冻禽的出口规格要求较高，合格率低，如冻禽要求每只必须在2市斤以上才合格，因而货源困难，影响计划的完成。

（二）不少省反映供应出口的货源部分由外贸部直接负责，部分由商业部门负责，这样对统一政策、统一安排和计划检查都有影响。如福建反映，外贸局在9个县采取1斤毛重1斤粮（或1斤化肥）收购生猪，而附近县份商业部门为1斤毛重0.5斤粮。山东反映外贸直接收购生猪除奖粮食外，还有化肥、鞋底。由于奖励物资的品种和数量不一样，以致影响商业部门的收购和商业部门负责供应出口部分计划的完成。广东反映，今年外贸部门以化肥奖励各县对港出口活猪，并称春节前出口部分有化肥，春节后出口部分不给化肥，因而对省商业厅春节前后的出口，上调（广州）统一安排也有影响。江苏省从今年起已将泰州、泰兴、如皋、东台、沭阳等5个重点产猪县划作出口基地。负责全部对港活猪出口任务，并由外贸部门直接经营，但这部分出口计划仍包括在商业部门供应出口的计划中，而商业部门对这部分计划的安排和执行情况都不了解。

［中略］

调拨计划执行中存在的问题，除了在交货时间上很不均衡，对调入地区经常性的特需供应有所影响外，主要是折算差额过大，对调入地区的供应有很大影响。折算差额有两种：一种是合理折算发生的差额，如产区调出0.8吨腊肉按我部1959年规定可折算1吨鲜肉所引起的差额；一种是不合理折算发生的差额，如产区调出冻肉不按实际重量计算而按25头折1吨计算，或者调出腊肉不按0.8吨折1吨计算，而按0.73吨或0.67吨折1吨鲜肉计算所引起的差额。根据北京市食品公司的初步匡算，1961年从四川、湖南、江苏、浙江、陕西、江西等地调入的咸腊肉、活猪和冻肉共1 857吨，由于产地折算过高，顶了2 471吨的调入计算，引起差额614.6吨，占25%，仅这部分差额就影响北京市减少1个月特需供应的货源。上海、辽宁调入的肉食也存在同样问题。

总的说来，1961年的肉食、禽蛋出口、调拨计划经过各地的积极努力，完成情况还是比较好的。在正确处理贯彻政策和完成任务的关系上，一般也是正常的。但是，在第四季度以前，一般对完成任务抓得不够紧，以致普遍存在留得过多、购得过少，因而出现出口、调拨计划完成很差的情况。进入第四季度以后，对完成任务一般都抓得很紧，但部分地区在猪、羊、禽、蛋的收购中出现了不注意规格质量，收购了一部分中、小猪，甚至怀孕母猪；特别是部分地区在收购中还出现了按人摊派款项向集市高价买畜禽交售国家，或者用扣口粮、不供应生活日用必需品强迫群众交售畜禽，以及由生产队拿出粮食来换购猪、羊交售国家的错误做法。所有这些是我们应该迅速改进和在今后工作中注意吸取的十分重要的经验教训。

181－10－218

卫生部、全国供销合作总社、对外贸易部关于在“小秋收”运动中注意收集出口物资的通知

1962年11月19日

“小秋收”是广泛采集、利用野生资源的成功经验和良好形式。开展“小秋收”运动，对活跃城乡经济，支援工农业生产，扩大出口货源，增加农民收入，都是有好处的。今年的农业年景比较好，开展“小秋收”运动把群众的积极性调动起来，多收集一些零星小土特产品出口不仅有可能，而且是必要的。近几年外贸出口商品的结构发生了很大变化，大宗的农产品如粮、棉、油等，出口已经减少很多，有的不但不出口，反而要进口，工业品由于国际市场竞争很激烈，出口一时还增不上去，而国家外汇需要又不能减少，因此，在各地开展的“小秋收”运动中，多组织收购一些零星土特产品出口，对增加出口货源、缓和当前国家外汇紧张情况都具有十分重大意义。为此，请各地在“小秋收”运动中特别注意收集和收购一些适合出口的土特产品。具体要求是：

（一）1962年外贸收购计划中列名的土特产品，必须保证按计划完成。适合出口的品种在可能的情况下，应当尽量多收购一些。详细品种、数量见附表［略］。表列品种，有的可以在计划外无限量收购，有的可以在指定地区限量收购。

（二）为了鼓励群众交售土特产品的积极性，凡是国家规定有奖售标准的，应该按标准执行；没有奖售标准的，可由省、市、自治区根据当地情况和不同商品情况，临时规定一个换购比例，但不能作为制度。换购比例一般不要超过商品价值的30%。奖售和换购物资由外贸部负责安排。奖售物资和土特产品均按国

家牌价计算。

（三）收购土特产品，原则上采用换购方法。个别地区、个别品种，在不影响计划任务完成和换购的原则下，而价格又不太高时，也可以搞一部分议价收购。议价收购的土特产品，应事先由省、市、自治区外贸局与省供销合作总社商定一个幅度，超过这个幅度，必须取得外贸部门同意。

当前正是小土特产品收集和生产旺季，请各地收到通知后，认真加以研究，立即采取措施，因地制宜地制定具体办法，切实贯彻执行，并将工作开展情况随时报全国供销合作总社和外贸部。

164－9－277

2. 出口农副产品收购中地区与部门间的协调与合作

商业部、对外贸易部关于育肥猪、禽分工的通知

1961年3月24日

遵照国务院财贸办公室3月3日电《关于拨付1961年出口和调拨猪、禽、蛋的饲料粮的通知》，为了更好地完成猪（肉）、禽的出口任务，保证对港、澳均衡供应和及时收汇，在统一计划、统一拨粮标准的原则下，两部在育肥工作上的分工确定如下：

一、外贸部门负责以下地区和品种的育肥工作：

1. 广东、广西、湖南、湖北、江西、福建6省全部供应港、澳的活猪；

2. 广东和广西的特种鸡（即软骨鸡）；

3. 北京、河北、浙江、上海的全部冻填鸭；

4. 江苏省的全部冻家禽。

二、上述地区和品种的出口任务，在省的统筹安排下，由外贸部门负责执行。育肥用粮由外贸部门负责掌握。具体做法是：

1. 特种鸡、冻填鸭及江苏冻家禽由外贸部门直接进行收购、育肥、出口。

2. 对于活猪，各省（区）可以根据不同情况采取以下办法：

（1）已经划为出口基地的地区，可以由外贸部门负责收购、育肥、出口。

（2）没有划外贸基地，但外贸有条件和力量进行育肥工作的，可以由商业部门收购50～100斤左右的活猪集中到外贸部门指定的地点，交由外贸部门负责育肥、安排出口。

（3）没有划外贸基地而外贸又无力量育肥的，则由商业部门收购或育肥100斤以上的活猪，集中到外贸部门指定地点，由外贸部门安排出口。

通过商业部门收购的活猪，收购时需要贴补农民的粮食，根据省委的统一规定由外贸部门拨给商业部门（根据2月商业厅局长会议的意见，大体是克郎猪2斤给1斤粮，肥猪给80斤粮）。

以上三种办法，可以由省商业、外贸部门根据具体情况协商确定，由省委批准实行。

181－10－222

商业部、全国供销合作总社、对外贸易部关于苹果、橘柑等三十五项商品自一九六三年起改为由各省、市、自治区安排供应出口的联合报告

1962年11月5日

经我们三部（社）研究确定，从1963年起，把果菜类商品和一部分土产品下放由地方管理。其具体意见是：过去由商业部安排供应出口的白菜、洋葱和由全国供销合作总社安排供应出口的苹果、橘柑、香蕉、梨、菠萝、栗子、荔枝干、桂圆肉、桂圆干、土豆、白菜、

大蒜、大葱、玉兰片、笋干、冬笋、核桃、桃仁、甜杏仁、苦杏仁、红枣、乌枣、莲子、榨菜、金针菜、黑木耳、八角、花椒、山苍子油、茴油、芳樟油、天然黄樟油、桂油等共35项商品，自1963年起，改为由地方安排供应出口，今后这些商品的供应出口计划都由各省、市、自治区直接与外贸部研究，提出上述商品出口的收购计划。

181－12－151

国家计委、国务院财贸办公室批转商业部、全国供销合作总社、对外贸易部关于苹果、橘柑等三十五项商品自一九六三年起改由各省、市、自治区安排供应出口的联合通知

1962年11月17日

各省、市、自治区人民委员会，各中央局计委、财贸办公室：

国家计划委员会、国务院财贸办公室同意商业部、全国供销合作总社、对外贸易部《关于苹果、橘柑等35种商品自1963年起改为由各省、市、自治区安排供应出口的联合报告》。现将这个报告转发给你们，请即摸清有关上项商品的货源情况，同对外贸易部研究安排1963年度的供应出口计划。

164－10－131

对外贸易部、供销合作总社关于供销合作社不搞茶叶、蚕茧自营业务和议价收购的联合通知

1963年5月7日

茶叶、蚕丝（桑、柞蚕茧）是对资本主义市场的传统出口畅销商品，出口很值钱，可以卖现汇，是国家自由外汇收入的重要来源之一。近几年来，由于大宗的农副产品，如粮、棉、油等出口减少了，而国家为了进口粮食、化肥等需要的自由外汇又有很大增加，因此，尽可能多地组织一些茶叶、蚕丝出口，就具有特别重要的意义。

鉴于以上情况，经我们研究认为，对茶叶，桑、柞蚕茧（包括土丝、土绸和丝绵，以下同）除了积极组织生产外，在经营上，决定采取统一收购、统一调拨、统筹安排的方针。为此决定：

（一）根据国家规定的商品分工，茶叶、蚕茧（包括桑蚕茧、柞蚕茧）是由外贸部门经营的商品，凡是外贸部门能直接收购的地方，一律由外贸部门直接收购；外贸部门不能直接收购的地方，委托供销合作社代购，但供销合作社代购的商品应全部交给外贸部门处理。

（二）茶叶、蚕茧（包括桑蚕茧、柞蚕茧）的收购，应该按照国家规定的奖售标准和国家收购牌价进行收购，不搞议价收购。

（三）这些商品在完成国家派购任务和收购计划以后，各级供销合作社一律不搞自营业务。收购超过国家派购任务和计划外的商品，也应该按照国家规定的奖售标准和收购牌价进行收购，不得提高奖售标准和收购牌价，不得搞议价收购。为了代替私商，打击投机倒把，促进生产发展，需要实行换购和议价收购茶叶和蚕茧时，也由外贸部门负责统一安排。

164－11－300

对外贸易部关于改变出口蛋品及罐头原料计划供应关系问题的请示报告

1963年6月24日

关于出口蛋品和罐头的原料供应关系问题，自1959年以来，由于国内货源比较紧张，为了完成外贸收购、出口计划任务，曾将蛋品和罐头原料列入了外贸收购计划。同时，为了体现全国和各地区对供应出口肉、蛋的总任务，在外贸收购计划中还增加了“折猪肉”、“折鲜蛋”的综合指标。这个临时性措施，在近几年出口货源比较紧张的情况下，对保证供应出口任务的完成起了一定作用。

但从现在供应出口货源逐渐好转的情况来

看，这种原料供应关系是应该改变的。因为这种做法不符合部门之间的正常分工，又增加了商品的流转环节。一种商品外贸收购两次（即收一次原料，又收一次成品），这对各方面的经营管理都是不利的。因此，我们建议从编制1964年外贸收购计划起，对蛋品和罐头原料的供应关系加以改变。具体意见是：

第一，在外贸收购计划上，干蛋、湿蛋、各种罐头列为由轻工业部门供应出口成品。生产这些成品所需的鲜蛋、猪肉、牛肉、羊肉、家禽、水果、蔬菜、水产等原料，由轻工业部门与商业、水产部门协商解决。

第二，冰蛋在外贸收购计划上列为由商业部门供应出口成品。生产冰蛋所需要的鲜蛋原料，由商业部门自行安排解决，不要由商业部门供应外贸鲜蛋，然后再由外贸将鲜蛋转交给商业部门的冰蛋厂。

第三，在外贸收购分省、市、自治区计划中，只列蛋品和罐头成品的收购数字。所有生产蛋品和罐头的原料，不论由本省负责供应或由外省调拨供应，不再列入外贸收购计划。

第四，取消外贸收购计划中“折猪肉”和“折鲜蛋”的指标。

164－10－145

对外贸易部、全国供销合作总社关于苹果、橘柑等八项商品自一九六四年起改由全国供销合作总社安排供应出口的联合报告

1963年9月29日

1962年11月5日商业部、对外贸易部、全国供销合作总社向国家计划委员会、国务院财贸办公室作了关于苹果、橘柑等35项商品自1963年起改为由各省、市、自治区安排供应出口的联合报告：“把果菜类商品和一部分土产品下放由地方管理……自1963年起，改为由地方安排供应出口。”国家计划委员会、国务院财贸办公室于1962年11月17日以计联外刘字2869号、财贸姚字456号文批转各地及有关部门执行。

今年5月在北京召开的果品、干菜专业会议上，绝大部分省、市、自治区要求总社把一部分主要品种列为二类物资由全国总社统一管理。近据河北、山东等12个省、市、区的报告，也要求将一部分出口的又是全国必须进行调剂的品种管起来。避免盲目采购，有利于改善经营管理。鉴于不少地区要求中央管理，经我们共同研究确定，自1964年起把苹果、橘柑、红枣、黄花、木耳、榨菜、花椒、八角等8个品种列为二类物资，由全国供销合作总社统一安排供应出口（收购和国内调拨也由全国总社安排）。其他品种不变。

164－10－131

国务院财贸办公室、国家计委批转对外贸易部、全国供销合作总社关于改进八种重要果品、干菜、调味品管理体制的报告

1963年11月17日

国务院财贸办公室、国家计委同意对外贸易部和全国供销合作总社的意见，决定从一九六四年起，把苹果、柑橘、红枣、金针菜、黑木耳、榨菜、花椒、八角八种商品的收购、国内调拨和供应出口指标交由全国供销合作总社统一管理。

附：对外贸易部、全国供销合作总社关于改进八种重要果品、干菜、调味品管理体制的报告

1963年11月1日

为了改进对干鲜果、干鲜菜和一部分土特产品的管理，对外贸易部、全国供销合作总社和商业部曾经于一九六二年十一月报请国务院财贸办公室和国家计划委员会批准，从一九六三年起，将苹果、柑橘、香蕉、菠萝、栗子、桂圆、桃仁、杏仁、红枣、莲子、榨菜、金针菜、黑木耳、玉兰片、八角、花椒等三十五种商品下放给地方管理，由省、市、自治区统一

安排供应出口。这些商品下放给地方管理以后，出口供应情况是好的。国内城乡、地区之间的调剂，有的是畅通的，有些则不够畅通，特别是那些生产地区比较集中、商品量较大、销售地区比较广、同人民生活关系比较密切、又是供不应求的商品，各地抬价争购，以货易货的现象比较普遍，地区之间的分配不够合理，不少大中城市、工矿区的最低需要得不到保证。对此，各地屡有反映，纷纷要求中央加强管理。

为了保证出口供应和合理安排国内城乡、地区之间必不可少的需要，我们建议从一九六四年起，把苹果、柑橘、红枣、金针菜、黑木耳、榨菜、花椒、八角八种重要果品，干菜，调味品的收购、调拨和供应出口指标收归全国供销合作总社统一管理。

164－10－131

供销合作总社、对外贸易部关于进一步加强茶叶、蚕茧、畜产品代购工作的联合指示

1965年3月3日

茶叶、蚕茧和畜产品是我国传统的大宗出口商品，有些还是供应国内市场的重要工业原料或生活资料。这些商品中，有的是对外贸易部门委托供销合作社代购的。近年来，随着生产的恢复和发展，代购数量逐年增多，产品质量不断提高，费用水平有所降低，工作是有成绩的。当前工作中的问题是：有些基层单位对做好代购工作的重要意义认识不足，存在着片面核算观点和资本主义经营思想，没有把应当收购的商品全部收购起来；有些地区收购环节多，费用开支大，经营管理不善；还有些地区，国、合双方密切配合不够，没有签订好代购合同（协议），衔接好收购计划。为了解决这些问题，进一步加强代购工作，特作如下指示：

一、必须坚持政治挂帅，高举毛泽东思想红旗，做好思想政治工作。要不断教育职工认识到，做好这些商品的收购工作，对于促进生产发展，扩大出口贸易，安排市场供应，打击投机倒把，发展集体经济，巩固工农联盟，有着十分重大的意义。一定要坚决贯彻“发展经济，保障供给”的总方针，胸怀全局，牢固地树立阶级和阶级斗争的观点，从国家的整体利益出发，从农村大多数人的根本利益出发，千方百计地支持生产队发展生产，把国家需要的商品尽量地收购起来。

二、国、合双方必须密切配合，同心协力，共同做好代购工作。基层供销合作社是社会主义商业在农村的基层组织，是国营商业的有力助手，做好农副产品的代购工作是它应尽的职责，必须从思想上重视起来，多快好省地完成代购任务。对外贸易部门一定要注意发挥供销合作社的积极作用，主动帮助它提高服务质量，改善经营管理，认真解决代购工作中的实际问题。双方要及时签订代购合同（协议），衔接收购计划，并切实按照合同（协议）和计划办事。在业务经营中，既要算经济账，更要算政治账；既要注意改善企业经营管理，更要注意农民的生产和收入。如果在工作中有不同意见，应当主动协商解决，必要时可以共同进行调查研究，实事求是地加以处理。坚决不许闹无原则纠纷，坚决不许因为在手续费上互相纠缠，而影响收购任务的完成。

三、从生产出发，加强计划性，克服盲目性。基层供销合作社必须把收购工作深入到生产过程中去，帮助生产队制订生产规划，解决生产中的具体困难。并且尽可能地根据收购计划，与生产队签订收购合同或购销结合合同，把这些商品的生产逐步纳入国家计划。特别是对大宗的、重点扶持的品种，一定要通过合同，保证落实规划、落实生产、落实收购。

四、切实改善经营管理，多快好省地组织商品流通。在代购工作中，必须坚持无产阶级办企业的路线，发扬自力更生、奋发图强、艰苦奋斗、勤俭建国的革命精神，处处精打细算，降低商品流通费用。要坚决砍掉不合理的中间环节和不合理的手续费。凡是对外贸易部

门可以直接设点收购的，供销合作社就不要代购；凡是基层社可以直接向外贸公司交货的，上级社就不要插手；凡是县以上供销社只做一般行政领导工作的，就不得向外贸部门收取任何费用；必须由县以上供销社代办接收储运业务的，手续费要力求合理。

五、认真贯彻执行按质论价、优质优价的价格政策。外贸部门要认真帮助基层供销合作社提高政策水平，培训技术力量。基层供销合作社要尽可能地把收购政策、验级技术交给群众，实行专业人员与群众相结合的民主验级制度。坚决反对收购时压级压价或提级提价（包括交售时提级提价）的资本主义经营思想。经过培训的技术人员，要尽量固定下来，不要轻易调动。

六、合理规定代购手续费（蚕茧包括代烘），不单纯是一个加强企业经济核算的问题，而且也是一个正确处理国家和集体、全局和局部的关系问题。几年来的实践证明，要做好这件工作，必须本着有利于促进生产和扩大收购；有利于改善经营管理，降低流通费用；有利于国家增加积累，群众增加收入的原则，根据不同地区（集中的、分散的、山区、平原等）、不同品种（大宗的、零星的、价值高的、价值低的等），实事求是地规定出不同的费用定额，不可强求一致。要求各地根据上述原则精神，对现行代购手续费的规定进行一次检查，不合理的要坚决取消，个别地区的代购手续费有些偏高，必须降到合理水平。

目前，各地代购手续费的形式不完全一致。有的是实行差价经营（即固定供销社与外贸部门的结算价格）；有的是直接费用实报实销，间接费用和利润定额包干；有的是一切费用定额包干，另给一定的纯利。从实行结果来看，我们认为，实行差价经营（固定结算价格）能够加强双方的经营责任心，有利于促进企业经营管理的不断改善，是一种较好的形式，应当积极推行。不仅有条件的地区要尽快地采用这种形式；就是暂时没有条件的地区也要积极试点，取得经验，争取在今年以内普遍采用这种形式（蚕茧、茶叶暂不实行差价经营，待试点后再推广）。

七、加强调查研究，不断总结工作经验。毛主席曾一再要求我们，经常注意总结经验，做了一段工作，就总结这段工作的经验，不断实践，不断总结经验。但是，长期以来，我们对代购工作总结得很不够，以致下边在实际工作中创造出来的许多好的经验湮没无闻，不能及时提高和推广。今后，我们一定要遵照毛主席的教导，各级领导干部都要经常深入基层蹲点调查，学会用一分为二的方法，认真总结经验教训，进一步加强这一工作的领导。

164 - 12 - 144

对外贸易部、供销合作总社关于合理调整畜产品代购手续费的联合通知

1965 年 5 月 29 日

1965 年 3 月 3 日，我们发出《关于进一步加强茶叶、蚕茧、畜产品代购工作的联合指示》，希各地继续贯彻执行。鉴于目前多数地区畜产品的代购手续费偏高，所包括的费用项目也不一致，不利于扩大收购，不利于国、合双方改善经营管理。为了改进这种情况，特作如下补充规定：

一、畜产品的代购手续费，包括间接费、社会力量组织费和利润三项。凡由县供销社和基层供销社两级代购的，大宗商品的代购手续费按县城收购牌价的 5% ~7% 计算，零星商品按 8% ~12%；由基层供销社一级代购的按基层收购牌价，大宗商品按 4% ~5%，零星商品按 6% ~8%。上述手续费由外贸部门支付。县级供销社不插手具体业务（如中转、整理、保管等）的，不得再收取手续费。各省、自治区、直辖市外贸局和供销社可根据当地情况，在上述幅度内，双方协商，具体确定本地区的手续费。

二、手续费以外的全部直接费用，包括损耗、利息、运费、装卸搬运费、包装整理费、保管费和货物税等，实行定额包干。目前实行

实报实销办法的地区，要根据不同商品的具体情况，实事求是地逐项确定合理定额指标，迅速采取定额包干。已经实行定额包干的，应对各种商品的定额费用认真地进行一次审查，不合理的要及时加以调整。

三、外贸部门委托供销社代购的商品，双方应签订代购合同或协议，以便供销社扩大宣传，开展收购。供销社的收购技术人员要尽可能地固定下来，不要轻易调动。外贸部门应与供销社密切配合，帮助供销社基层收购人员不断提高技术水平；各级供销社应加强技术干部的政治思想工作，加强他们从事畜产品收购工作的事业心和责任心，能够按技术级定级的，要按技术级定级，并在劳动保护和生活福利等方面给予照顾。

四、凡设有外贸畜产机构的地区，供销社不再代购，也不能收取手续费。基层社可以直接向外贸部门交货的，上级社就不要再插手，以利减少经营环节，降低费用。

五、畜产品是我国传统的大宗出口商品，也是国内军需、工业需要的重要原料。做好畜产品收购工作是一项光荣的政治任务。必须教育职工，从国家的整体利益出发，从发展生产、增加群众收入出发，积极做好畜产品收购工作。

164－12－144

1963年上半年全国供销合作总社供应出口计划完成3 337万元，占上半年计划3 253万元的102.6%，比去年同期实际（同口径）增加106.2%。其中，蜂蜜、土纸分别超过上半年计划的40%和50%。

自第二季度以来，供应出口工作情况愈来愈好，主要是在各级党、政的领导下，供销社认真地抓了供应出口工作，密切了与外贸部门的联系，双方具体解决了部分商品的供货价格，使第二季度供货情况比第一季度有较大好转。但是，还有几个品种完成计划不够好，各地区完成情况也不够平衡。毛竹、篙竹、宣纸仅分别完成计划的75%、40%和33.8%。为什么完成不好？据福建、广东、浙江等省社有关报告看，对毛竹、篙竹外贸提货不太积极。如福建反映，供销社第一季度安排毛竹供货地区时，结合了历史流向，尽量安排在交通方便的地区，省外贸局却认为建阳、武平两地不合乎流向，不积极提货。在第二季度安排供货时，地区是两家商定的，结果外贸也未积极接货，致使计划完不成，供销社积压的毛竹干裂变质，造成损失。我们意见，请有关省社对地区安排情况作一次检查，如果确属地区不合流向、规格不符出口要求，可与外贸重新协商适当调整，如果外贸感到出口情况有了变化，不需要这部分货源，也请外贸提出，以便总社另作安排。宣纸，据安徽省社反映，外贸要求出口“特种净皮4尺单”，这种规格的宣纸产量不多。省里曾提出要求外贸改换其他品种出口，未获解决。

1963年上半年全国供销合作总社供应出口计划执行情况的报告，1963年7月31日。164－10－131

二、内外贸的关系问题

许多地区反映，现在是外贸指标先订，商业指标后订，分头下达，互不衔接。四川省反映，茶叶是藏族居民的生活必需品，由于外贸部门对内销照顾不够，今年内销细茶只有二万五千担，比一九五七年减少两万担；粗茶只有七万五千担，比一九五七年减少五至七万担，市场普遍脱销。全省藏民有九十多万人，每人每月需一斤以上，明年最低需要安排十至十二万担。内蒙反映，绸缎基本上是供应牧区的，今年销售绸缎二百五十万米，明年外贸部只分配一百五十二万米，要求维持今年的水平。

各地要求统一制订、统一下达内外贸计划，以便正确处理外贸与内销的关系。

关于1964年商业计划问题，《全国计划会议简报》，1963年9月28日。150－12－55

3. 国营农场供应出口与建立出口商品生产基地

国务院批转外贸、农垦、商业、粮食部关于国营农场供应出口问题的报告

1959 年 6 月 4 日

国务院第五、第七办公室同意外贸部、农垦部、商业部、粮食部《关于国营农场供应出口问题的报告》，现将这个报告连同供货合同副本转发你们，希督促执行。但是，原合同是在 3 月间签订的，希望各地根据最近落实的精神，签订具体合同，品种和数量可以不受原签订的总合同的限制。

中央确定的把国营农场、牧场、垦殖场、劳改农场发展为出口农副产品生产基地的方针，对发展农、牧场生产，保证出口货源，是有很大作用的。但这是一项新的工作，各方面还缺少经验，特别是在办理商品交接中和在商品加工、包装、运输等方面，当前还存在不少问题，希各级领导同志亲自抓一下这项工作，对存在的问题要作具体安排，以保证供应出口任务的完成。

附：对外贸易部、农垦部、商业部、粮食部关于国营农场供应出口问题的报告

1959 年 5 月 15 日

根据中央关于国营农场、牧场、垦殖场和劳改农场作为出口商品生产基地、直接供应出口的指示和国务院（五办、七办）指示，我们曾于 2 月初派出联合工作组分赴有关省、市、自治区进行了工作，了解了一些情况，并协助各地签订了一部分供应出口合同。

工作组回来后，农垦部于 3 月 20 日至 27 日在北京召开了有关省、市、自治区农垦厅（局）长及有关农场、牧场、垦殖场和直属垦区负责人会议，进一步讨论和明确了生产出口物资的任务和供应出口的具体做法，并由有关部，国营农、牧场代表共同签订了 1959 年国营农场、劳改农场供应出口供货合同。现将该供货合同送请审查。

国营农场、牧场生产出口物资并直接供应出口是一项新的工作，各方面都还缺少经验，因此，供货合同在执行中可能会有一些新问题。除各地外贸、农垦、粮食、商业等有关单位必须本着协作精神，主动相互协商解决外，我们认为请各省、市、自治区党政进一步加强对这一工作的领导，经常进行督促检查，十分重要，有助于供货合同的履行，顺利地完成供应出口任务。

这次供货合同只签订了 7 个主要品种。我们意见，只要国营农场、牧场能生产，外贸出口有需要，而又符合国家规定，在当地党政领导下，各地可以按这个供货合同中关于作价、交接、责任划分等具体的规定继续签订一些具体合同，品种和数量可根据各地具体情况签订。不受这个总合同的限制。

出口物资直接关系到国家对外信誉，所以对于供货的品质、规格、包装等，应完全按合同规定办理。但目前各地农垦供货单位在生产、加工、冷藏设备等方面还存在着一些问题，不能完全适应生产出口货的要求，有些地方的交通运输条件也较差。为了更好地实现农场作为出口货生产基地，供应出口物资，上述问题需要因地制宜地解决，并作较长期和全面的规划。这点，也请地方党政给予大力协助。

根据这次联合工作组了解的情况，有些国营农场和牧场还存有一部分“卫星”猪和“参观”猪，大多在 100 公斤左右，继续育肥已不合算，我们建议全部调供出口，以缓和当前出口冻肉和对港、澳出口活猪货源不足的局面。

181 - 8 - 284

关于建立出口商品生产基地的工作情况

1960 年 2 月 9 日

关于建立出口商品生产基地问题，我部在

一九五九年十一月全国外贸计划会议上曾经进行了讨论；同时在我部出口局内设立了出口商品生产基地处，由一位副局长负责领导这一工作。

据我部和农垦、粮食、商业等部在去年十一、十二月间组成的联合工作组分别到合江、密山、新疆三个垦区了解，地方党政领导对这一工作都十分重视，积极支持和规划。合江、密山两个垦区一九六〇年生产计划的主要指标是大豆八十万吨、生猪九十六万头。新疆垦区一九六〇年生产计划的主要指标是棉花五十万担、大豆十五万吨、食用油五千吨、猪肉三万吨、鲜蛋两千万斤，供应出口物资的数量比一九五九年将大大增加。

根据贵州、云南、辽宁、山西、江西、广东、新疆等十个省、自治区报来的材料，这些地区提出有二十种出口商品需要建立生产基地，我部出口局已进行初步研究，拟出了有关方案（草案），拟在一九六〇年分别在十四个省建立十八个出口商品的生产基地。对上述方案（草案），我部党组将进行研究，并且准备同中央有关各部和各有关省（自治区）交换意见。

外贸部办公厅编：《对外贸易情况简报》。Z11 - 1001 - 4

在海南岛建立出口商品生产基地的规划

1960 年 6 月 28 日

今年5月我部派工作组去海南岛，协同海南区党委拟制了关于海南岛出口商品生产基地的初步规划：以发展热带作物为主，适当发展其他作物。具体品种是油棕、椰子、腰果、红茶、咖啡、可可、胡椒、剑麻、香料等。这些作物的种植总面积1962年将达到539万亩（包括1959年已有的68.7万亩），1965年发展到784万~834万亩。

这些作物大多在种植后3~5年才能收获，要到1962年才可能有较多的产品。估计主要产品的收获量是：

收获量单位：吨

品种	1962 年	1963 年	1967 年
油棕油	不能大量生产	10 000	250 000 ~ 375 000
椰子油	4 400	5 000	10 500
腰果油	不能大量生产	1 500	66 000
茶叶	850	5 200	32 500
咖啡豆	800 ~ 1 600	2 300 ~ 3 850	30 000 ~ 33 500

这些产品如果全部对资本主义国家出口，粗略估算，1961—1967年可以收入外汇31 500万~43 800万美元。

单位：万美元

年　份	收入外汇
1961	400
1962	700
1963	1 400 ~ 2 000
1964	3 000 ~ 4 700
1965	5 000 ~ 7 000
1966	8 000 ~ 12 000
1967	13 000 ~ 17 000

除了上述主要产品以外，这些作物的副产品还可以综合利用。例如，经过榨油后的油棕核仁可做猪牛的饲料，油棕花可以制糖、酿酒，椰子壳经过干馏就成为良好的活性炭，椰子皮可制造绳索、毛刷等，椰子花可以制糖和酒精，剑麻的叶粕可做猪饲料，等等。

为了实现这个规划，需要国家投资和解决一批物资。经过计算，在1960—1962年3年内，需投资1.2亿元，其中，1960年3 000万元，1961年6 000万元，1962年3 000万元。在每个年度的投资中，拨给现金500万元（3年共计1 500万元），其余均拨给物资（3年总值1.05亿元）。

为了实现上述规划，目前，海南区党委已经将建立生产基地问题传达各级党委，并且在广大群众中进行宣传，动员广大党员和群众来完成这项任务。同时采取了以下方针和措施：

1. 贯彻执行党的勤俭建国、勤俭办企业、勤俭办一切事业的方针，增加生产，厉行节约，反对浪费，改善经营管理，将国家支援和自力更生结合起来，尽快地发展基地的生产。

2. 适当安排劳动力。海南约有100多万个主要劳动力，1960年抽调5%的劳动力（约5万人）专搞出口商品生产基地。

3. 建立必要的组织机构。海南区党委和各县委成立热带作物工作委员会，行署和各县设立外贸基地局，公社建立热带作物生产指挥部。

上述规划已经广东省委同意，我部正草拟请示报告送请国务院批示。

外贸部办公厅编：《对外贸易情况简报》，第16期。Z11－1001－16

中共中央批转对外贸易部党组关于建立出口商品生产基地的请示报告

1960年6月30日

中央同意对外贸易部党组《关于建立出口商品生产基地的请示报告》，现在发给你们，请认真加以讨论，并参照执行。另外，外贸部对商品基地的十亿投资及设备需要应告国家计委纳入国家计划。

附：对外贸易部党组关于建立出口商品生产基地问题的请示报告

1960年6月1日

为了贯彻执行中央“关于建立出口商品生产基地”的指示，我们在四月四日到四月二十日召开了全国对外贸易工作会议。会议传达和讨论了中央的指示，统一了认识，明确了方针，交流了经验，研究了规划。到会同志一致拥护中央的指示，认为做好出口商品生产基地的工作，对于促进生产的发展，保证和扩大出口货源，提高出口商品质量规格，适应对外贸易发展的需要，以进一步支援社会主义建设，有着重要的意义。

几年来，对外贸易部门依靠各级党委的领导和有关部门的支持，在促进出口商品生产的发展方面做了一些工作，基本上贯彻执行了为生产服务的方针。各省、市、自治区都已经初步建立了一些出口商品生产基地（包括专厂、专矿生产），积累了一些经验，收到了一定的成效。

建立和发展出口商品生产基地有很多好处：可以更好地促进工农业生产的发展，增加社会产品，扩大出口货源；可以更好地根据国外市场的需要，扶植某些特种品种的生产，恢复某些传统商品的出口，创造新的出口品种；可以更好地改进出口商品的质量，增加出口商品的价值，并且进一步提高对外信誉；可以根据长期贸易协定，更有计划地生产兄弟国家所需要的商品；可以比较均衡地保证对港、澳地区的出口供应。因此，建立出口商品生产基地是发展出口商品生产、组织出口货源的一个重要方面。

根据会议讨论结果，我们对建立出口商品生产基地的若干问题提出以下意见：

一、建立出口商品生产基地的方针

在中央和各级党委的统一领导下，积极地有重点、有步骤地发展出口商品生产基地，争取在几年内基本实现主要出口商品生产基地化和出口商品规格质量标准化。

（一）统筹安排，统一计划。出口商品生产基地所供应的出口商品是国家统一的出口供货计划的一部分。所有列入国家出口供货计划的商品，仍然由中央主管部门和地方负责按照计划供应出口。属于中央各部管理的商品，由中央主管部门统一安排分省、市、自治区的供应出口任务。各省、市、自治区的供应出口任务，包括中央各部管理的商品和地方管理的商品，基地供应多少，非基地供应多少，由各省、市、自治区自己安排。基地的产品，在可能范围内由外贸部门按照计划直接收购。

出口商品生产基地建立以后，整个商品的分配仍应贯彻执行国内贸易与国外贸易同时并举的方针，执行一九五四年七月中央规定的原则。各省、市、自治区在完成出口供货计划的前提下，如果基地超额完成生产供应计划，属于关系国计民生、需要限量出口的商品，由各地提出意见报请中央批准后，可以增加出口或者交给内销；其他一般出口商品，增加出口或者交给内销，由各省、市、自治区决定。如果基地完不成生产供应计划，各省、市、自治区应当负责补足，保证完成国家规定的出口供应计划。农垦部直属的合江、密山、新疆三大垦区的出口商品生产基地，另外专列出口供应计划，不列入各省、市、自治区的计划。

（二）依靠地方，加强协作。出口商品生产基地应当在省、市、自治区党委统一领导下，因地制宜，由地方来办。对外贸易部门应当同有关部门密切协作，并在力所能及的范围内积极协助解决生产中的某些问题。

（三）自力更生，增产节约。出口商品生产基地所需设备和器材，应当千方百计地自己动手解决。凡是能在当地解决的就在当地解决，凡是国内能够解决的就在国内解决。要充分发挥现有设备的潜力，大力开展技术革新和技术革命运动，增加生产，提高质量。要贯彻执行党的勤俭建国、勤俭办企业、勤俭办一切事业的方针，加强经济核算，厉行节约，反对浪费，改善经营管理。

（四）积极发展，掌握重点。积极地建立和发展出口商品生产基地，不断地增加基地供货的品种和数量，逐步地做到以基地为主供应出口商品。要有重点地建立和发展主要出口商品的生产基地，也要照顾到一般出口商品的生产基地。

（五）当前需要和长期打算相结合。建立和发展出口商品生产基地，既要抓紧当前的需要，又要有长期的打算，使当前的需要和长期的打算相结合。

（六）就原料产地建立加工基地。在建立出口商品生产基地的同时，还要积极地建立出口商品加工基地。加工基地应当有计划地、逐步地建立在靠近原料产地，逐步改变目前许多出口商品加工厂远离原料产地的情况。内地现有的加工厂应当提高加工技术，使产品符合出口规格。口岸加工厂所需要的原料也要按调拨计划供应。

二、出口商品生产基地的类型

我们认为，只要对发展生产和组织出口货源有利，出口商品生产基地可以有多种多样的类型，因地制宜，因品种制宜。从目前的情况看，大体上有以下五种类型（将来各地在实践中将会出现更多的类型）：

（一）划出一定的国营农场或一定的地区进行多种出口商品的生产（如海南岛热带亚热带作物生产基地，密山、合江、新疆三大垦区生产基地，珠江三角洲副食品生产基地）。

（二）就某一种商品划区生产（如辽宁的苹果）。

（三）专厂（或车间）、专矿生产。

（四）农副产品加工基地。

（五）出口商品包装材料生产基地。

三、关于建立出口商品生产基地初步规划的意见

根据上述建立出口商品生产基地的方针，我部拟定了一九六〇年至一九六二年出口商品生产基地的初步规划。按照这个初步规划，由出口商品生产基地所生产的主要出口商品有四十一种，三年的总产值约为一百三十八亿元（包括海南岛、珠江三角洲和三大垦区的基地产值约二十亿元和包装材料生产基地产值约一亿一千八百万元）。其中，一九六〇年产值约三十二亿元，约占当年外贸收购计划的百分之三十点四；一九六一年产值约四十五亿元，一九六二年产值约六十亿元（详见附表［略］）。在这个规划以外，各地在会议期间提出的出口商品生产基地规划，还有一百三十三种出口商品，三年的总产值约四十二亿元。如果将这一部分规划计算进去，则一九六〇年至一九六二年由出口商品生产基地生产的出口商品共计一百七十四种，三年的总产值约为一百八十亿元。

上述规划实现以后，大部分出口商品将由基地供应，出口货源将得到比较可靠的保证，出口商品的品种将会增多，出口商品的质量将能更符合国外市场的要求。我们估算，仅我部拟定的初步规划实现之后，三年内共计可以增加外汇收入约二十亿卢布和两亿美元，其中，

因增加产量和出口而多收的外汇约十七亿多卢布和一亿多美元；因改进品质、规格而多收的外汇约三亿卢布和六千万美元。此外，还可以增加供应内销的物资约四亿元。上述规划还需要进一步同有关部门和各省、市、自治区党委交换意见，估计还会有一些调整。

四、为了做好建立出口商品生产基地的工作，我们的建议

（一）为了使出口商品生产基地规划的实现更有保证，建议将一九六〇年至一九六二年三年的出口商品生产基地规划（包括生产指标，投资数额，必需的主要原料、材料和包装材料等），列入当前正在编制的三年国民经济补充计划，并且在国家计委每年度下达的计划中予以单独列出。

（二）建立出口商品生产基地、农副产品加工基地和出口商品包装材料基地，需要相当数量的机器设备、原料、材料等，除了各省、市、自治区本着自力更生的精神积极解决以外，根据我们初步估计，需要国家在一九六〇年至一九六二年拨给对外贸易部门十亿元左右的资金（其中，一九六〇年约两亿元，一九六一年约四亿元，一九六二年约四亿元）。上述需要国家拨给的资金中，有一部分物资需要从国外进口，这些进口物资大部分是我们同兄弟国家贸易中必须搭配的次要物资（如小型柴油机、小型电动机等），也有一部分是用我们库存中的冷背货同兄弟国家交换的冷背货。因此，基本上是冷货换冷货，除了个别商品如拖拉机、卡车外，同国家进口计划矛盾不大。由于基地才开始建立，各省、市、自治区还正在具体规划，究竟需要些什么物资，需要多少，还没有底。一九六〇年暂由我部挤库存出口换回一部分进口物资，解决基地需要，一九六一年和一九六二年所需外汇，将由我部逐年报批，列入国家进口计划。

（三）建立出口商品生产基地是一项牵涉面很广的复杂的新工作，要求各省、市、自治区党委加强领导，抓紧制定规划，立即开展工作，特别是要抓紧建立对完成今年出口计划有重要关系的出口商品生产基地。各省、市、自治区对外贸易局（商业厅）应当加强这方面的工作，在对外贸易局（商业厅）内是否建立管理这项工作的组织机构，请各省、市、自治区党委决定。对外贸易部门要在党委的统一领导下，大搞群众运动，并且组织专人深入基地，帮助工作。

目前，许多地方已经积极行动起来了。我们已按照中央的指示，在对外贸易部内建立了生产基地局的机构。我们也将根据各省、市、自治区和各有关部门的意见，迅速地作出出口商品生产基地的具体规划，并且立即着手协同有关地区和部门建立重点出口商品生产基地，抓紧开展海南岛地区，珠江三角洲，密山、合江、新疆三大垦区等重点地区和棉纱、棉布、猪肉、烤烟、苹果、茶叶、蚕桑、水银等重点商品的基地工作，以及出口商品包装材料生产基地工作。我们已经派一批工作组下去，在各省、市、自治区党委领导下，协助工作，并在力所能及的范围内，帮助各地解决基地工作中存在的一些问题。中央批准拨给我部建立出口商品生产基地的资金一亿三千万元，我们在这次会上已作了初步的分配。

Z44－1960（4）

海南热带“五料”作物出口商品生产基地的建设和生产情况

1960年12月21日

中央确定在海南区建立热带“五料”作物出口商品生产基地以来，中共广东省委、海南区各级党委十分重视基地生产建设工作，研究和确定了海南区的生产方针是：粮食和热带作物并举，国营农场以橡胶为主，人民公社以油棕为主，建立以油棕为主的热带“五料”作物出口商品生产基地。以社办、县办农场为主，并采取县与社、社与社、社与队合办农场等多种形式，专门从事“五料”作物的生产。要求在3年（可能要4年才能完成）内完成“五料”作物种植530万亩，到1967年，生产油棕油20万～30万吨，椰子1亿多个，腰果油5万吨，茶叶2万余吨，咖啡豆13 600～

17 000吨，可可豆1 350吨，胡椒豆5 000～7 500吨、香料油4 200吨，剑麻纤维1.3万吨。现在海南行署已设立专管“五料”作物的外贸基地局，各县也都设立了外贸基地局，配备了专职干部，公社党委和生产大队都指定一位专职书记负责这一工作。对“五料”作物的定植管理，采取专业队伍和大搞群众运动相结合的方法，规定从全区的124.5万劳动力中抽调6%（现已有3.5万人）组成专业队伍，管理“五料”作物。定出了奖惩办法：定植成活率95%以上的给以奖励，成活率80%以上的不奖不罚，成活率80%以下的给以批评，成活率不到50%的追究责任。几个月来，基地生产已取得很大成绩，先后建立县办地方国营农场21个，国营林场（主要是种植“五料”作物）25个，社办农场136个，队办农场329个，社队合办农场19个，联队办农场3个，共计533个。另外，还有11个国营农场也种植一部分“五料”作物。基层干部、公社社员对发展“五料”作物信心很大，干劲很足，海南全区于8、9月份组织了日出勤率达20余万人规模巨大的抢种油棕高潮，有的公社组织两三次战役，突击十几天，即超额完成了任务，搞得又快又好，定植成活率一般达到90%以上。迄11月上旬，开荒任务已超额完成年计划1.1%（计划开荒149.8万亩，已开152.5万亩），定植“五料”作物已完成年计划88.2%（属于专门“五料”作物基地的定植计划已全部完成，未完成的11.8%是国营农场的），其中，公社种植的油棕提早100天超额完成年计划3.2%。现在连前几年已种植的“五料”作物共计182.45万亩，其中，油棕106万亩，椰子23.8万亩，腰果17.4万亩，咖啡5万亩，胡椒1 500亩，剑麻1.7万亩，香料28.4万亩。

今年我部已拨给海南资金3 000万元，其中主要的物资有：拖拉机86台，汽车351辆，柴油机195台，钢材500吨，水泥4 000吨，化肥9 000吨，机床23台和一部分动力、排灌及发电设备等。

1960年海南已经开始的基建项目共有12个，即小型拖拉机汽车修配厂4个（3个是扩建的），柴油机制造厂1个（扩建），水泥厂1个，发电厂2个，砖瓦厂1个、物资仓库1个，汽、柴油库各1个。其中，土建及设备安装年内均能完成的有7个：小型拖拉机汽车修配厂3个，柴油机制造厂1个，水泥厂1个，砖瓦厂1个，物资仓库1个；土建可以完成的有3个：小型拖拉机汽车修配厂1个、汽、柴油库各1个；设备能解决，而土建不能完成的有发电厂2个。

今年6—10月，海南区党委曾召开两次场、社党委书记会议，贯彻了建立“五料”基地的方针、任务，总结交流了种植“五料”作物的先进经验，并对社办农场的性质和特点进行了分析，指出社办农场是公社经济的一部分，是公社发展“五料”生产的基地：在10月份召开的场、社党委书记会议上，明确社办农场的经营方针是“以粮食为基础，油棕为纲，大搞多种经营，全面发展（农、林、牧、副、渔、加工业），长短结合，以短养长”。这样将使每个社办农场在实现粮食自给的基础上，发展成为油料基地、香料基地、饲料基地、畜牧业基地（以猪、鸡、牛为主）、加工业基地，并实行粮食、“五料”间作。会议对社办队办的农场进行了评比，对56个先进公社及大队颁发了奖品，对个别公社党委书记因定植“五料”作物管理不好、成活率低给予了批评和处分。

海南要求解决的几个问题：

1. 今年播种香茅达29万亩，1961年计划种植16万亩，明年可产香茅草39万吨，出油3 900吨，但由于香茅草不好储存，时间稍长即不出油，现有的土法加工设备每天只能处理原料255吨，今年已有部分原料因无力加工而遭受损失，因此，急需解决日处理24吨原料的加工厂45座，日处理40吨的加工厂25座。

2. “五料”作物的种子需从国外进口，今年海南已向国外订购43万美元的种子，除已拨给的30万美元外，尚缺少10万美元，海南区党委要求拨给。

3. 根据海南外贸基地局的估计，该区

1961年油棕将收获9万亩，产油672吨；1962年收获15万亩，产油1 050吨；1967年收获200万亩，可产油20万吨。目前迫切需要解决油棕、腰果、椰子等各项加工设备，现粮食部等单位正在进行研究设计。但考虑到此类设备国内过去没有，现虽已着手设计和试制，但还需经过一定时间的研究。为能较快地解决这个问题，最好每种设备明年能从国外进口一套，以便进行仿制。

《对外贸易情况简报》，第28期。Z11－1001－28

国家计委关于外贸部出口商品生产基地投资所需设备和原材料应纳入分配计划的问题

1961年1月6日

根据中央1960年6月30日对外贸易部党组《关于建立出口商品生产基地的请示报告》的批示："……对出口商品基地的10亿投资及设备需要，应报计委纳入计划"（渤海基地是以后确定的，连同渤海基地在内，3年共需投资13亿），并结合中央坚决缩短基建战线的方针，我们已将外贸出口商品基地的投资正式纳入1961年国家计划，初步拟订包括部原属的基建投资及经济联络局200万投资在内，总共为6 900万元。

按外贸部核算，这些投资所需的统配设备与原材料共计89项，已分别向有关分配部门提出了年度申请计划。为了把投资内的设备与原材料相应的安排妥善，我们建议：除计委主管分配的21项（不包括农业用拖拉机、动力设备）由我委负责审核安排外，其余属于经委物资总局、农业部（农业用拖拉机、动力机械、排灌设备、农业机具）、交通部（船舶）管理分配的68项，请即与外贸部商定指标，尽可能增列外贸部户头，并纳入1961年分配计划内。国内生产、分配确实无法解决，又系生产建设特别急需的少量物资，由外贸部报国家经委物资总局统一审核，安排进口。

150－9－309

国务院财贸办公室批转商业部、对外贸易部关于建立出口生猪生产基地试行办法的请示报告

1961年8月9日

国务院财贸办公室原则上同意商业部、对外贸易部《关于建立出口生猪生产基地试行办法的请示报告》，现在转发给你们，请即研究并提出准备建立出口生猪生产基地的地点、生猪生产计划方案及有关情况，于8月底以前告对外贸易部。

为了保证出口猪肉，特别是对港、澳出口生猪的货源和提高出口生猪质量，建立出口生猪生产基地是十分必要的。近几年来对港、澳出口生猪，各省、自治区都作了很大努力，但是供应出口的数量、质量以及交货时间经常不能满足港、澳市场需要，不仅减少了外汇收入，并且促使其他国家的生猪进入了港、澳市场。港、澳市场生猪消费量是比较稳定的，按一般正常情况计算，只要我们能够按时满足供应，每年出口生猪收入2 000万左右美元的外汇是相当可靠的。发展养猪对当地农业生产也有很大好处。因此，需要尽快地把对港、澳出口生猪的生产基地建立起来，妥善经营，争取从明年1月份起，对港、澳出口的生猪逐步做到：满足数量，提高质量，按计划均衡地正常供货。

建立出口生猪基地必须经过调查研究，与群众充分协商，并按《农村人民公社工作条例》办事，不许强迫命令和瞎指挥。

附：商业部、外贸部关于建立出口生猪生产基地试行办法的请示报告

1961年8月2日

为了促进生猪生产的发展，保证对港、澳出口生猪的质量和按计划均衡供货，根据陈云同志和先念同志的指示，在最近召开的全国外贸专业会议上，讨论了有关建立出口生猪生产基地的问题。各中央局，各省、自治区参加会议的同志一致认为，建立出口生猪生产基地是

必要的，并且研究了建立基地的办法。现根据会上讨论的意见，拟就《关于建立出口生猪生产基地的试行办法》报请审核。如可行，请批转江苏、浙江、江西、福建、广东、湖南、湖北、河南省、广西壮族自治区人民委员会研究试行。

为了争取出口生猪生产基地能够从明年1月份起就开始提供生猪对港、澳出口，希望各省、自治区对这个试行办法迅速研究，并责成省、自治区的有关部门进行协商，在8月底以前提出准备建立出口生猪生产基地的地点，这些地点1962年生猪生产计划方案和有关情况（如1962年供应出口生猪计划；目前生猪存栏头数，其中，20斤、40斤、60斤、80斤、100斤以上的各占多少；基本公母猪的合理饲养量；要求分批拨付饲料粮的时间、数量；基地范围内必需销售的猪肉数量，等等），经外贸部研究确定后即当通知省、自治区，由地方外贸部门同生产单位签订必要的合同或协议。

基地1962年供应出口生猪的补助饲料粮，在签订合同或协议后，拟即按合同或协议规定的时间、数量分期预拨。1961年度在基地范围内收购的出口生猪的补助饲料粮，仍按国务院1961年4月7日国财贸念字第68号电报的规定办理。

出口生猪生产基地拟先搞一批专门保证对港、澳出口的猪源，至于对其他国家和地区出口的生猪生产基地，也拟参照以上办法陆续试办。

附：关于建立出口生猪生产基地的试行办法

（一）为了发展生猪生产，保证对港、澳出口生猪的货源和质量，保证国家的外汇收入，拟在若干省（自治区）建立出口生猪生产基地。

（二）出口生猪生产基地要具备以下条件：（1）生猪品种优良；（2）有饲养习惯和饲养基础；（3）交通便利；（4）青饲料和粗饲料能够自给。

根据上述条件，经过有关方面的选择和协商，将一部分国营农场、劳改农场和人民公社划为出口生猪生产基地。出口生猪生产基地要积极地、有步骤地发展。

（三）农场和人民公社划为出口生猪生产基地后，原有管理体制不变。外贸部门参与基地的建立和生猪生产计划的安排，并且根据计划协同有关部门进行检查督促。基地生产的生猪由外贸部门直接收购。外贸部门同农场和生产队直接签订收购生猪的合同。

（四）对出口生猪生产基地不再分配生猪内销上调任务。基地饲养的生猪，除了按照国家规定的比例留给生产者自用部分以外，全部供应出口。

基地供应的生猪，均算在该省（自治区）的生猪出口供货计划之内。如果基地供应的生猪不能完成该省（自治区）所担负的全部出口生猪供货计划，省（自治区）应当从非基地的生猪调剂补足；如果基地供应的生猪超过省（自治区）所担负的全部生猪供货计划，超过的部分由地方自行处理。

（五）为扶植基地生猪生产的发展，给予基地补助饲料粮。这部分补助饲料粮，由粮食部从进口粮食中拨给对外贸易部，由对外贸易部经过省（自治区）人民委员会拨给各省（自治区）对外贸易局。补助的办法是：

1. 从基地收购的毛猪，100斤以内的，每斤给饲料粮（大麦，下同）1斤；超过100斤的毛猪，超过的部分每斤给饲料粮2斤；在这个基础上另外给予补助20%，即每收购100头毛猪，按120头毛猪计算给予补助，作为周转猪的饲料粮。凡是供应出口的毛猪和按照国家规定在基地范围内销售的毛猪，都照上述办法补助饲料粮。但是，在基地收购毛猪超过省（自治区）所担负的全部生猪供货计划的时候，对于超过的部分，如果地方决定内销上调，则不给补助饲料粮。

2. 对出口生猪生产基地为繁殖小猪、保证猪源所必需而又合理的基本公母猪，另外给予补助饲料粮，每头每年补助饲料粮300斤（包括小猪吃的在内）。至于基本公母猪的合理数量，根据实际情况，由外贸部门同地方另行商定。

3. 外贸部门在同出口生猪生产基地（农场和生产队）签订收购生猪合同之后，根据饲养的需要，将饲料粮分批预拨到农场和生产队。

（六）出口生猪生产基地要保证出口生猪的质量，并且按时均衡供应。每头出口生猪的毛重以 120～150 斤为合格。在收购生猪合同中要规定交货的时间。

（七）在建立出口生猪生产基地初期，如果某些农场或人民公社发展生猪生产所需的资金、物资和卫生防疫等方面有困难而又确实无法解决，由省（自治区）尽量帮助解决。如果省（自治区）在资金方面不能完全帮助解决，则可经对外贸易部报请国务院财贸办公室批准后，由银行给予贷款协助解决。

181－10－222

对外贸易部关于建立出口农副产品生产基地的请示报告

1962 年 10 月 4 日

自从 1960 年 6 月中央批转了中共外贸部党组《关于建立出口商品生产基地的请示报告》以来，在中央的正确领导和各地党政有关部门的积极支持之下，在建立出口商品生产基地方面取得了一定成绩。两年来的经验证明：出口商品生产基地对于促进农业生产的恢复和发展，增加货源，保证出口，减少内外销矛盾，起了显著的作用，建立出口商品生产基地的方向是正确的。在建立出口商品生产基地工作中也存在一些缺点。例如，战线长了一些，有些该建立基地的没有建立；而不该建立的却建立了；有些基地在经营管理上还存在一些问题。

近两年来，由于出口商品的构成发生了变化，出口农副产品不得不转向粮、棉、油以外的其他传统的农副产品和畜产品，这就需要更多更好地发展这些出口商品的生产，以保证国家的外汇收入。我们遵照李先念副总理指示，初步总结了出口农副产品生产基地工作，并且同各地交换了意见，拟定了《1963 年拟建立的出口农副产品生产基地和基地供货计划安排的初步意见》，打算 1963 年在全国统一建立出口商品生产基地的重点品种有 44 个，约 4.3 亿元，占 1963 年预计出口农副产品收购总值的 29.7%（见附件一）。我们还草拟了一个《出口农副产品生产基地的试行办法》（见附件二）。

上述“初步意见”和“试行办法”拟提请各省、市、自治区一面试行，一面提出修正意见。

附件 1：　　1963 年拟建立的农副产品生产基地和基地供货计划安排意见

顺序号	拟建立基地的品种	拟建立基地的地区	拟要求基地供货的数量	备　注
1	活猪		900 000 头	
		广东省：惠阳、中山、东莞、澄海、普宁、海丰、陆丰、海康、徐闻和三水 10 个县	350 000 头	
		广西省：玉林、蓉县、博白、陆川、北流、平南、桂平、贵县、岑溪、藤县、苍悟、全州、兴安 13 个县	100 000 头	
		福建省：漳浦、龙溪、诏安、云霄、东山、长泰 6 个县	30 000 头	
		湖南省：岳阳、湘阴、临湘、醴陵、浏阳、衡阳、零陵、东安、祁阳、祁东、衡山、郴县、资兴、桂阳、朱阳、桂东、邵阳 17 个县，大通湖农场、钱粮湖农场、西洞庭农场、千山红农场、茶盘洲农场、洋淘湖农场、西湖农场、涔沮农场、峰山农场、回龙圩农场、岳阳农场、建新农场、黄盖湖农场 13 个农场	60 000 头	
		江西省：永修、鄱阳、玉山、东乡、余江、雩都、宁都 7 个县，成新农场、赛湖农场、芙蓉农场 3 个农场	30 000 头	

续表

顺序号	拟建立基地的品种	拟建立基地的地区	拟要求基地供货的数量	备注
		江苏省：泰兴、泰州、东台、如皋、沭阳、靖江、海岸7个县	130 000头	
		浙江省：东阳、义乌、诸暨、嵊县、平湖、嘉兴、加善、海宁、海盐、桐乡、绍兴、新昌、上于、金华、衢县15个县	200 000头	
2	名贵鸡	广东省：清远、宝安、惠阳、文昌、罗定5个县	30万只	
3	塘鱼	广东省：顺德、中山、南海3个县	14 000吨	
4	对虾		10 000吨	
		山东省：	4 000吨	
		河北省：	3 500吨	
		辽宁省：	2 500吨	
5	苹果		75 000吨	
		辽宁省：复县、盖平、金县和新金县4个县	67 000吨	
		山东省：烟台幸福公社、烟台园艺场、青岛园艺场、龙口园艺场和威海公社5个点	8 000吨	
6	橘柑		55 000吨	
		浙江省：黄岩县、温州县	18 000吨	
		湖南省：溆浦、衡山和黔阳3个县	5 000吨	
		江西省：新干、清江和南丰3个县	7 000吨	
		福建省：闽侯、诏安2个县	5 000吨	
		广东省：潮阳、普宁、潮安、饶平和新会5个县	5 000吨	
		四川省：万县、开县、金堂和江津4个县	15 000吨	
7	梨		15 000吨	
		山东省：黄县、栖霞2个县	6 000吨	
		河北省：交河、魏县、晋县3个县	4 500吨	
		辽宁省：北镇、锦西和绥中3个县	4 000吨	
		安徽省：砀山县	500吨	
		内蒙：（土豆）	2 000吨	粉葛1 000吨
15	荔浦芋	广西省：荔浦、阳朔2个县	2 500吨	沙葛1 000吨
16	一般菜		110 000吨	土豆10 000吨
		广东省：中山、顺德、宝安、珠海、东莞、三水、番禺7个县和广州郊区	100 000吨	
		河北省：天津郊区张贵庄（大白菜）	6 000吨	
		山东省：胶县（大白菜）	4 000吨	
	蚕茧类			
17	桑蚕茧	全国由外贸收购，重点产区：浙江、四川、广东、江苏、新疆、山东、湖北	68万市担	

续表

顺序号	拟建立基地的品种	拟建立基地的地区	拟要求基地供货的数量	备　　注
18	柞蚕茧	全国由外贸收购，重点产区：辽宁、山东、河南、黑龙江、内蒙	37 万市担	
19	内外销茶	全国由外贸收购，重点产区：浙江、安徽、湖南、云南、四川、福建、江西、湖北、广东、贵州、广西、江苏、陕西、河南	102 万市担	
20	边销茶	全国由外贸收购，重点产区：湖南、四川、湖北、贵州、云南	28 万市担	
21	甜苦杏仁		2 600 吨	
		内蒙：哲盟、昭盟 2 个盟	800 吨	
		河北：承德、丰宁、青龙、围场、平泉、滦平、隆化和赤城 8 个县	1 000 吨	
		辽宁：朝阳	500 吨	
8	香蕉	广东省：东莞、中山和茂名 3 个县	18 000 吨	名贵菜 25 800 吨
9	菠萝		6 500 吨	其中：干大蒜 10 000 吨
		广东省：潮安、普宁、增城和海康 4 个县	4 000 吨	笋干 800 吨
		广西省：南宁郊区	2 000 吨	鲜姜 5 000 吨
		福建省：漳浦、云霄 2 个县	500 吨	韭黄 200 吨
10	沙田柚	广西省：蓉县、苍梧 2 个县	3 000 吨	竹笋 900 吨
11	栗子	河北省：迁安、遵化 2 个县	3 500 吨	荷兰豆 500 吨
12	葡萄干	新疆：鄯善县	1 500 吨	菜花 3 000 吨
13	名贵菜		25 800 吨	冬笋 800 吨
		广东省：中山、顺德、珠海、宝安、东莞、王水、番禺、开平、普宁 9 个县和广州郊区	23 000 吨	鲜草菇 800 吨
		福建省：永安、三明 2 个县	700 吨	辣椒 1 000 吨
		浙江省：临安县的天目山区（笋干）	100 吨	豆角 2 800 吨
		上海市：嘉定县（大蒜）	2 000 吨	
14	薯类菜		30 000 吨	薯类菜 30 000 吨
		广东省：珠海、宝安和中山 3 个县	17 000 吨	其中：莲藕 4 000 吨
		浙江省：绍兴、嘉兴 2 个县	500 吨	马蹄 6 000 吨
		广西省：桂林、玉林 2 个县	2 000 吨	芋头 4 500 吨
		湖南省：	500 吨	大薯 2 500 吨
		黑龙江省：（土豆）	8 000 吨	慈菇 1 000 吨
		北京	300 吨	
22	桃仁		4 003 吨	
		山东：历城、益都和长清 3 个县	200 吨	
		河北：涉县、平山、涞水、卢龙和遵化 5 个县	700 吨	
		山西：汾阳、孝义 2 个县	1 400 吨	

续表

顺序号	拟建立基地的品种	拟建立基地的地区	拟要求基地供货的数量	备　注
		北京	600 吨	
		陕西：商雒、汉中 2 个县	500 吨	
		云南：大理州	603 吨	
23	辣椒干		3 000 吨	
		山东：益都、寿光、广饶 3 个县	400 吨	
		四川省：金堂县	300 吨	
		河南省：永城、夏邑 2 个县	200 吨	
		贵州省：绥阳县	400 吨	
		湖南省：隆回、醴陵 2 个县	500 吨	
		江苏省：启东、海门 2 个县	300 吨	
		河北省：望都、肥乡 2 个县	350 吨	
		山西省：岱县	300 吨	
		陕西省：龙县	250 吨	
24	香菇		42.5 吨	
		福建省：将乐、宁化、淦流和连城 4 个县	20 吨	
		湖北省：竹溪、恩施 2 个县	2.5 吨	
		江西省：宜丰县	20 吨	
25	榨菜	四川省：涪陵县的 4 个区：李液、清溪、珍溪和城郊区	1 200 吨	
26	黑木耳		200 吨	
		湖北省：房县、保康 2 县	190 吨	
		河南省：芦氏县	10 吨	
27	银耳		1 200 公斤	
		四川省：通江县	500 公斤	
		福建省：龙溪、南清和平和 3 个县	200 公斤	
		贵州省：风岗、遵义 2 个县	500 公斤	
28	凤尾菜	湖南省：津市市	500 吨	
29	金针菜		1 200 吨	
		湖南省：邵东、祁东 2 个县	1 000 吨	
		江苏省：宿迁、泗阳 2 个县	200 吨	
30	莲子		520 吨	
		湖北省：鄂城、武昌 2 个县	150 吨	
		湖南省：安乡、南乐、华容、阮江 4 个县	250 吨	
		江西省：广昌县	120 吨	
31	黑瓜子		1 850 吨	

续表

顺序号	拟建立基地的品种	拟建立基地的地区	拟要求基地供货的数量	备注
		河北省：安次、大名2个县	250吨	
		甘肃省：兰州市	500吨	
		江苏省：丰县、沛县	300吨	
		内　蒙：开鲁县和科尔沁左翼后旗	800吨	
32	红瓜子		330吨	
		江西省：信丰县、吉安2县	130吨	
		广西省：贺县八步镇	100吨	
		广东省：英德县和乌石镇	100吨	
33	薄荷油	江苏省：南通、太仓和海门3个县	270吨	
34	香茅油	广东省：海南岛、湛江专区	600吨	
35	留兰香油	江苏省：南通县	10吨	
36	茴油	广西省：德保县	150吨	
37	桂油		30吨	
		广东省：肇庆专区	20吨	
		广西省：岑溪、平南2县	10吨	
38	桂皮		4 700吨	
		广东省：肇庆专区	4 000吨	
		广西省：容县、岑溪2县	700吨	
39	八角	广西省：宁明、龙津2县	1 200吨	
40	土纸		11 490吨	
		广东省：四会县、南雄县的百顺、白云和珠玑公社，和平县的热水、连源和上岭公社	3 000吨	
		广西省：都安县的高岭子公社，昭平县、北流县	1 150吨	
		湖南省：隆回县的滩头、金石桥、小沙江、六都寨和岩石5个区。新邵县的太定庙、孙家桥、龙溪铺和巨口铺区，汝城县高滩造纸厂和热水、冬岭公社，浏阳县的文家市、中和、山枣、官渡和古港公社、攸县、衡阳县的金屏林场和介牌公社，安化县	2 175吨	
		福建省：连城县姑田造纸厂和新泉公社、永安县小陶公社、长汀县楼子坝纸厂和大同工委5个公社，宁化县治平公社，顺昌县、沙县、将乐、龙岩县的雁石、白沙和江山公社，上杭县的大禾坑大队、严坑大队，古田工委和旧县公社武平县十方工委和岩前工委，永定县，下洋和湖雷公社，章平县的城关，党太和溪南公社	3 000吨	
		江西省：万戴县仙源和赤吴公社，宁都县雪竹厂，铅山县英将分社，石城县横江纸厂，大瘦，崇义，龙南，定南县和瑞金县日东厂	1 700吨	

续表

顺序号	拟建立基地的品种	拟建立基地的地区	拟要求基地供货的数量	备　注
		安徽省：广德县第二造纸厂	350 吨	
		贵州省：盘县纸厂、印江县国营纸厂	115 吨	
41	香粉		6 000 吨	
		广东省：高要、罗定、四会、广宁、阳山、清定和郁南 7 个县	4 500 吨	
		广西省：岑溪县	1 000 吨	
		福建省：长汀、龙岩、漳平和南靖 4 个县	500 吨	
42	晒烟		1 450 吨	
		浙江省：桐乡县	450 吨	
		江西省：广丰县	200 吨	
		广东省：南雄县黄坑公社	800 吨	
43	水草	广东省：东莞县	10 000 吨	
44	草帽辫		32 500 包	
		山东省：掖县、平度和范县 3 个县	14 500 包	
		河南省：青丰、南乐和鹿邑 3 个县	10 000 包	
		河北省：沧县、大名 2 县	8 000 包	

附件 2：关于建立出口农副产品生产基地的试行办法（草案）

（一）为了恢复和发展出口农副土特产品生产，稳定出口货源，提高出口商品质量，以保证出口需要，增加国家外汇收入，应当有计划、有步骤地建立出口农副产品生产基地。

建立出口商品生产基地，可以更好地安排内、外销，减少经营环节，改进经营管理，密切外贸部门同生产者的联系。

（二）建立出口农副产品生产基地，应当选择国外畅销的传统名牌出口商品和适合外销需要并有发展前途的土特产品。基地应选择在有生产出口商品传统的，生产比较集中，交通运输条件比较便利的产区。

（三）出口农副产品生产基地由地方来办，体制不变。基地的生产经营管理、基建投资、财务盈亏等都由原生产单位负责。基地的生产必须按照外贸部门的要求安排。基地的产品由外贸部门根据国家派购和换购政策进行收购，或者由外贸部门委托内贸部门代为收购。外贸部门和基地是合同供货关系，双方按照签订的合同办事。

（四）在出口农副产品生产基地中，除了国家规定由外贸部统筹安排的蚕茧、茶叶、薄荷油、香茅油、对虾等商品的内销任务外，其他基地一律不担负内销上调任务。对于基地不合乎外贸需要的和完成合同后多余的产品，由基地自行处理。在基地完成合同的多余产品中，符合出口规格而出口又有需要的，应优先供应外贸部门出口。

（五）基地供货应纳入中央有关主管部和省、市、自治区供货计划之内，并由中央有关主管部和省、市、自治区保证按时、按质、按量、按品种完成。如果基地产品完不成供货计划，应当由中央有关主管部和省、市、自治区负责从非基地产品中补足；如省、市、自治区超额完成供货计划，超额部分由外贸部门同有关省、市、自治区协商处理。

（六）为了更好地扶持出口农副产品的生产，基地产品的换购标准应当比内贸部门收购农副产品的换购标准适当高一些。换购标准应当向群众宣布，保证兑现。基地产品和换购物资一律按照国家牌价作价。

（七）为了鼓励基地的生产积极性，有效地提高产品质量，收购基地产品应当贯彻分等论价、优质优价的原则，季节性商品应当有季节差价。同时，应当贯彻好货多奖、次货少奖、不合格货不奖和不同季节不同奖售标准的原则。

（八）为了扶持基地的生产，各省、市、自治区对于基地的口粮标准应当给以照顾，一般的应当不低于邻近产粮区的口粮标准。对于基地所需要的生产资料，除了换购供应的物资以外，各地有关部门应予以优先安排。外贸部门应在力所能及范围内予以支援。

（九）出口农副产品生产基地的建立，由外贸部和有关省、市、自治区人民委员会协商后，报国务院批准。外贸部门和省、市、自治区有关部门根据本办法签订协议。外贸企业和基地生产的主管单位，根据本办法和协议原则签订具体合同。合同内容应当包括商品品种、供货任务、规格质量、价格、交货时间、交货地点、付款方法、挑选整理和包装要求、运输方法、换购物资及有关的双方权利和义务等条款。

基地的撤销，也须报国务院批准。

（十）在本办法试行前建立的出口农副产品生产基地，应根据本办法分别由各级外贸部门同有关部门进行审查，并重新报批。

181－11－119

轻工业部、对外贸易部、农业部、农垦部、商业部、供销合作总社关于出口罐头原料发展规划草案的联合通知

1964 年 9 月 21 日

我国出口罐头近年有较大的发展，在国际市场上已占有一定的地位，但从国际市场和我国罐头资源情况来看，继续增加罐头生产，扩大出口，还是有可能的。据不完全统计，目前世界罐头贸易量每年约一百八十万吨，而我国对资出口量约占百分之一。许多工业发达的国家每年都要进口大量罐头。如英国每年就要进口罐头七十万吨，而我对英出口只一千五百吨左右。海外两千多万华侨又是我国罐头的传统销售对象。随着我国政治地位的提高，对外贸易的扩大，以及中国餐馆在西欧各地的风行，扩大罐头的出口，大有可为。同时我国地跨亚热带、温带、寒带，适合加工罐头的原料很多，出口水果、蔬菜罐头的前途尤其广阔。因此，积极搞好罐头生产，扩大出口，可以增加国家外汇收入，对于地方工业和农副业的发展也十分有利。

我们根据李先念副总理关于出口罐头的生产应在三五年内作出显著成绩，逐步达到世界先进水平的指示，研究了国内外市场销售的趋势，初步规划到一九七三年我国对资本主义市场出口罐头收购计划要发展到二十一万吨，收入外汇一亿美元左右，即比现在对资出口量扩大近二十倍。

为了实现这个规划，除已经国务院批准拨出外汇，进口罐头工厂所需的设备样机外，要求有关部门和地区切实抓好罐头原料的生产、收购和供应工作，实行定点供应，以保证工厂完成规定的生产任务。现在我们在国务院财贸办公室的领导下，制定了一个一九六五年到一九七三年出口罐头原料的发展规划草案，请你们加以研究提出意见，并制定本地区的罐头原料发展规划草案上报。

一、实行原料的定点供应。为了使罐头工厂能够得到适于加工和国际市场销售的罐头的原料，罐头原料必须实行定点供应，罐头工厂与原料生产单位（社、队、农场）通过产销合同的形式直接挂钩，固定产销关系。原料定点供应的原则是：因地制宜，以地方为主，自力更生，合理发展，保证出口需要。

选点时应当充分利用现有的适合加工的资源，如有不足，再发展新的地区。除有传统协作关系需要远地调运者外，所有的原料生产供应点，都应当尽可能靠近现有的出口罐头工厂，以便充分发挥这些工厂的生产潜力。今后发展罐头工业应当就原料集中产区设厂，贯彻就近加工、亦工亦农的原则。原料供应点由各地轻工、外贸、农业、农垦、商业、供销合作

社等有关部门共同研究选定，经各省（自治区、直辖市）财贸办公室审批后纳入国家计划。原料供应点一经确定，即应由原料生产单位与工厂签订长期合同，共同遵守执行。

二、原料定点供应的品种，共分肉类、家禽、水产、水果、蔬菜和其他六个大类，以水果、蔬菜为重点。要求各地按年如数供应出口罐头生产所需的原料。到一九七三年对资出口罐头二十一万吨，所需原料分品种计划如下：

（一）肉类罐头原料

1. 猪肉：到一九七三年规划对资出口猪肉罐头为四万吨，共需冻猪肉六万吨，折合生猪一百五十万头。安排在江苏，浙江、广东、广西等十七个省区，其中，七千吨培根和火腿罐头所需的优良品种“伦德瑞斯”种猪为三十万头，由黑龙江、江苏、江西等省的国营农场承担。

2. 牛肉：一九七三年规划对资出口牛肉罐头两千吨，共需冻牛肉原料四千吨，折合菜牛四万头，由农垦部在内蒙、黑龙江地区的国营农场和江西地区的国营农场利用奶牛小公牛培育供应。

3. 羊肉：一九七三年规划对资出口羊肉罐头五千吨，需冻羊肉原料一万吨，折合菜羊（蒙古绵羊）六十七万头，由农垦部在内蒙、新疆地区的国营农场供应。

各地供应出口罐头用的肉类原料，暂列为当地出口商品供货指标，逐年编入年度出口供货计划。省内加工所需原料由当地供应，省外供料暂由外贸部统一调拨，将来是否列为出口供货指标及如何供应，根据国家规定办理。

肉类优良品种的选育、引种、繁殖，凡由国营农场经营的生产点，由农垦部统一规划进行；凡属公社、生产队及群众饲养的生猪改良，由农业部、商业部列入肉用型肉种改良规划。

（二）水果罐头原料

一九七三年规划对资出口水果罐头十二万三千吨，共需原料二十四万一千吨，估计种植面积四十二万一千八百亩。主要品种为：

1. 柑橘：一九七三年规划对资出口柑橘罐头二万五千吨，需合格柑橘原料三万七千五百吨。目前适合生产全去囊衣糖水橘子罐头，主要品种有本地早和温州蜜柑无核种，此外还应从现有品种中选择适合上述要求的品种，进行装罐试验和鉴定，然后发展。以上原料初步安排在浙江、福建、广东、广西、四川、江西等几个省、自治区，除供应本省、自治区罐头厂加工外，可根据出口罐头计划调运其他省、市加工。没有罐头厂的地区如有合适的品种，亦可列为生产点，暂列为供应出口鲜柑橘计划之内调拨供应。

2. 菠萝：一九七三年规划对资出口菠萝罐头四万吨，需菠萝原料十二万吨，约需播种三十万亩。目前主要品种为广东的沙捞越种和广西的菲律宾种，同时可选出新的品种进行推广，安排在广东、福建和广西三个省、自治区，供应当地罐头厂使用。

3. 草莓：一九七三年规划对资出口草莓酱罐头一万吨，需原料一万吨，约需种草莓一万二千五百亩。安排在北京、河北、辽宁、江苏、山东、上海六个省市，供当地罐头厂使用。可从现有品种中选出色泽较好，耐贮藏的品种予以发展。

4. 桃、杏、洋梨、荔枝：一九七三年规划对资出口桃罐头一万吨，杏罐头三千吨，洋梨罐头五千吨，荔枝罐头两千吨，分别要需原料桃一万五千吨，杏六千吨，洋梨七千五百吨，荔枝三千吨。桃子品种黄桃、白桃都可，洋梨主要为巴梨，杏子要求色泽金黄、纤维少的品种，荔枝主要为乌叶种，但具体品系尚需进一步鉴定。鉴于这些水果发展起来需要几年时间，拟先在现有品种中选种鉴定，凡有适于加工品种的地区，应列为出口罐头原料供应点，不足部分再扩大播种。

5. 什锦水果罐头主要用桃、杏、洋梨、菠萝、大樱桃等水果加工后混合装罐而成。各地规划以上品种时，应将这部分计算在内。本地区缺乏的资源可提出需要外地配套的品种数量，原则上由省、自治区、直辖市供销合作社统一调剂，必须省际之间调剂的如菠萝，可由全国供销合作总社组织安排。

6. 其他水果由各地提出规划草案。

供生产出口罐头的柑橘可列入出口商品供货计划，统一调拨。其他水果应尽量按原有历史渠道，由各省、自治区、直辖市供销合作社组织生产队与工厂订立长期直接供销合同。

有关地方果蔬研究所和食品工业研究部门应加强对加工用果蔬品种的研究，从现有品种选出适合加工用品种，由当地国营农场和农业生产单位进行繁殖。

（三）蔬菜罐头原料

对资蔬菜罐头，一九七三年规划三万一千吨，共需原料八万五千七百吨，估计播种面积十一万六千九百亩。主要品种为：

1. 番茄：一九七三年规划对资出口番茄酱罐头一万五千吨，需要原料六万吨，播种面积约四万亩，安排在北京、河北、上海、辽宁、黑龙江、浙江、福建、广东、吉林、江苏等十个省市。

2. 青豆：一九七三年规划对资出口青豆罐头五千吨，需要原料一万吨，播种面积约[原文如此]，安排在上海、江苏、浙江、福建、广东五个省市。

3. 青刀豆：一九七三年规划对资出口青刀豆罐头四千吨，需要原料三千二百吨，播种面积六千四百亩，安排在辽宁、上海、江苏、浙江、福建、广东六个省市。

4. 蘑菇：一九七三年规划对资出品蘑菇罐头（包括草菇罐头）三千吨，需要原料三千吨，面积一千零二十万平方尺，安排在江苏、上海两地。

5. 竹笋：一九七三年规划对资出口竹笋罐头一千吨，需要原料三千五百吨，安排在浙江、福建、广东、广西四个省（区）。

6. 其他蔬菜罐头所需原料请各地规划。

中国农业科学院蔬菜研究所和有关地方农业科学研究部门加强对制罐头用蔬菜的品种选育和选纯复壮工作，并提供少量原种，生产上需用的原料和良种由当地国营农场和农业生产单位繁殖。

（四）水产、家禽及其他类罐头原料

由各地提出规划报有关部备案。

三、原料收购价格，应从有利于生产出发，严格执行分等分级、优质优价的原则。等级标准由工业和农业部门提出，请当地科委审定。不同等级的价格由工业、外贸、农业、农垦、商业、供销社等部门共同研究制定，报请当地物价委员会批准执行。

四、各项原料的奖售，仍按现行体制归口各有关部办理，将来再按国家统一的奖售政策进行调整。

五、各地在规划原料发展的同时，对于工业生产、技术力量、设备制造以及原料包装储运所需器材、设备等，也要进行全面安排，做到配套平衡，以保证出口规划的实现。

六、以上规划请各省、自治区、直辖市财贸办公室组织轻工、外贸、农业、农垦、商业、供销合作社等有关部门进行讨论，结合本地区的情况提出意见，于十月底以前上报中央各有关部，以便综合平衡后上报国务院。

164－11－280

4. 出口农副产品的奖售与换购

对外贸易部、商业部关于收购出口农副产品奖励布票的几个有关问题的联合通知

1960 年 11 月 20 日

用做收购出口农副产品奖励的“收购特种物资奖励布票”业已分发各地。现将几个有关问题联合通知如下：

一、奖励的品种范围及标准都要按照外贸部的通知办理。

二、发给各省、市、区的布票数量见附表。布票统一交由各省、市、自治区外贸局掌

管使用。使用办法由外贸部另行通知。无外贸部的通知，各地外贸局不得随便动用。

三、此项布票专用于收购出口物资，不得移作他用。

四、各省、市、自治区外贸局应按月将布票的发放数量报告外贸部，并抄告当地商业厅、局。为做好这一工作，各级外贸部门应指定专人办理布票的保管登记手续。布票的收、发、存数量必须衔接一致。收购物资和发票数量必须相符。

五、回笼布票所需货源，由商业部门在库存内解决。此项用布指标已包括在商业部计划之内。除此以外，若无两部通知，商业部门不再另向外贸部门拨付货源。

六、商业部门的营业员在出售棉布或针织品收回上述布票时，必须和收回其他布票一样，当众剪角作废，并按布票管理制度的规定进行处理。

附：收购出口物资奖励布票各省、市、区分配数表

省、市	折合米数	5尺票（小枚）	1尺票（小枚）	5寸票（小枚）
全国总计	24 993 490	6 247 000	37 497 000	1 249 700
北京市	92 500	23 250	138 250	46 000
河北省	1 594 625	399 000	2 391 750	794 250
其中：天津市				
山西省	1 679 416	418 500	2 522 500	846 500
内蒙自治区	5 274 124	1 318 250	7 913 000	2 636 250
辽宁省	1 531 249	383 250	2 296 250	762 500
吉林省	301 416	75 500	451 750	150 000
黑龙江省	422 208	105 750	632 750	210 250
上海市	357 583	89 500	536 250	178 000
江苏省	663 416	164 500	997 500	340 500
浙江省	870 124	217 750	1 305 000	433 250
安徽省	399 291	100 00	598 500	198 750
江西省	31 708	8 000	47 250	15 750
福建省	20 708	5 250	30 750	10 250
山东省	1 119 958	280 250	1 679 750	557 750
广东省	188 541	47 250	282 500	93 750
其中：广州市				
广西自治区	5 833	1 500	8 500	3 000
湖北省	40 916	10 250	61 250	20 500
湖南省	66 709	16 750	99 750	38 250
河南省	1 337 790	334 750	2 006 500	666 250
四川省	884 953	221 500	1 327 000	440 750
云南省	387 791	97 000	581 750	193 250
贵州省	76 718	19 250	114 750	38 250
西藏				
陕西省	579 541	145 000	869 250	288 750
甘肃省	1 896 498	473 000	2 849 250	954 500
青海省				
新疆自治区	4 619 625	1 154 250	6 932 250	2 310 750
宁夏自治区	550 249	137 750	825 000	274 000

181－10－250

对外贸易部关于组织换购一九六三年计划内三类出口物资的请示报告

1962年2月28日

一九六三年外贸收购计划五十三亿八千万元，在已经安排下来的商品五十三亿三千万元中，有一亿四千三百万元的小土特产品、小副食品、小活动物等三类物资，共一百五十二个品种。这些商品都是对资本主义市场畅销的传统出口物资，很值钱，可以卖现汇，因此，无论在品种、数量上都必须保证按收购计划完成。

小土特产品等三类出口物资生产分散、数量零星，要上山下水猎捕采集，有的技术性比较强，有的是多年生经济作物，要专门培植。根据近一两年的收购办法和当前国内物资的供应情况来看，要把这些东西收购上来不外乎采用两种办法：一个是议价收购，这样，势必要多投放货币，收购任务也不见得有保证；一个是用物资换购。一九六二年对于这些不宜规定统一奖售标准的零星商品，就是根据不同品种、不同情况，经国务院批准，由有关对外贸易专业总公司同有关省、市、自治区协商，适

当地补助一些工业品换购上来的，执行结果情况尚好。看来，一九六三年还需要这样办。我们的具体意见是：

（一）为了便于各省、市、自治区组织收购这部分三类出口物资，由外贸部按照计划价格和计划金额计算，拿出相当于收购总值百分之三十的工业品，交省、市、自治区掌握使用（具体分配数字见附表［略］），地方要保证按时、按质、按量完成这部分商品的收购计划。

（二）收购这部分三类出口物资，不规定具体奖售标准，不作为制度，百分之三十的工业品交由省、市、自治区包干使用。至于哪些品种需要多补助一些工业品，哪些品种少补助一些，哪些品种不给工业品，由省、市、自治区决定。这项工作应在省、市、自治区统一领导下，由外贸部门和供销合作社或者其他收购供货部门根据不同品种、不同情况签订供货合同，具体组织收购。

（三）收购三类出口物资的补助工业品，由外贸部按季度收购计划预拨给各地外贸局，年终进行结算。

补助的工业品中，有一部分是不合格出口商品，如果不完全对路，请地方设法调剂解决。

（四）供销合作社或者其他收购供货部门和外贸部门供应出口的三类物资和出售奖售物资，一律按照国家的收购牌价和调拨价格作价。

164－10－145

国务院关于一九六二年度收购经济作物和畜产品奖售办法的几项规定

1962年3月27日

1962年度，国家在收购经济作物和畜产品的时候继续执行奖售办法。1962年度的奖售办法如下：

（一）由于国家的粮食供应困难很大，在1962年度，国家不可能把过多的粮食使用在经济作物和畜产品的奖售方面，即便规定多奖售粮食和其他物资，也不能兑现。为了集中力量、以求收到更大的效果，今后必须逐步减少奖售品种，重点使用，区别对待。1962年度首先要适当减少用粮食奖售的经济作物和畜产品的品种。具体规定如下：

1. 棉花：冀晋鲁豫陕和北京市6个省市维持去年的粮食和化肥的奖售标准不变。其他省、自治区、直辖市不奖售粮食，把原来奖售粮食的数量改为奖售化肥。1斤粮食顶1斤化肥。每担棉花奖售棉布10尺的规定不变。

2. 油脂：停止奖售粮食，改为奖售化肥。食用油（包括花生油、芝麻油、菜籽油、茶油、胡麻油、芸芥籽油、线麻籽油、葵花籽油）和蓖麻子油，每担奖售化肥30斤，棉布5尺。桐油每担奖售化肥30斤，棉布10尺，煤油50斤。

3. 麻类：黄麻、大麻、苎麻、龙舌兰麻停止奖售粮食，改为奖售化肥，1斤粮顶1斤化肥。苎麻除奖售化肥外，每担奖售布5尺。胡麻、苘麻（青麻）、亚麻取消奖售。

4. 糖料：甘蔗停止奖售粮食，每担奖售化肥1斤。甜菜取消奖售。水果分别地区，奖售化肥和粮食。

5. 出口和内销的生猪、出口家禽、出口塘鱼，维持去年规定的饲料补助标准不变。取消菜牛、菜羊、奶制器、蛋品和内销家禽的奖售粮食和饲料补助。

（二）为了有重点地、有效地鼓励烤烟生产，以便国家能够收购更多的烤烟制成纸烟出售，回笼货币，稳定市场，决定分别提高烤烟的奖售标准。鲁、豫、皖三省，每担烤烟奖售粮食100斤，化肥30斤。其他北方各省，每担烤烟奖售粮食20斤，化肥30斤。南方各省，每担烤烟奖售化肥50斤，不奖售粮食。

（三）为了鼓励蚕茧、茶叶、中药材的生产，决定在这几种作物的奖售办法上，作以下的调整：

1. 蚕茧：桑蚕茧，每担奖售化肥200斤，布10尺，煤油4斤，不奖售粮食。柞蚕茧，每担奖售粮食70斤，布10尺，胶鞋2双，煤油2斤。

2. 茶叶：内外销级内茶，每担奖售粮食

25 斤，化肥 125 斤。边销茶和级外茶，每担奖售粮食 10 斤，化肥 40 斤。

3. 中药材：适当提高地道药材的奖售标准，具体方案由卫生部另行通知。

（四）若干种土特产品的奖售标准由有关各部研究，提出方案，经国务院财贸办公室提交国务院批准后另行通知。

各地接到这个通知以后，应当立即向农民进行宣传。对于增加了奖售标准或者基本维持原有的奖售标准不变的品种，特别是棉花和烤烟，应当通过宣传，鼓励农民多种多收。对于降低了奖售标准的品种，应当向农民解释国家的粮食困难情况，动员他们不要减少种植面积。对于取消了粮食奖售和饲料补助的胡麻、蓖麻、亚麻、甜菜、菜牛、菜羊、奶制品、蛋品等经济作物和畜产品，商业部门在进行收购的时候，应当根据各地的具体情况，在商业部批准的工业品销售指标的范围内，抽出一部分工业品来进行奖售，并且尽可能在生产季节以前同农民订立派购合同，务必做到如数完成派购任务。

今年国家分配给各地的化肥，一般比去年有所增加。化肥分为粮食作物（包括蔬菜及其他未拨专用化肥的作物）用肥和经济作物用肥（包括对外贸易部门专用化肥）两大项。各地必须保证粮食作物用肥用于粮食和蔬菜等生产上，保证经济作物用肥用于经济作物奖售上。在不改变国家的粮食用肥和经济作物用肥计划的前提下，各省、自治区、直辖市对分批拨付的化肥，可以按照农业生产季节的需要，机动安排。经济作物奖售化肥，首先要用于补付 1961 年度拖欠农民未还的奖售化肥，然后用于 1962 年度早收作物的奖售和预付 1962 年度重点经济作物的奖售。预付的奖售化肥，应当采取"查苗预付"的方法，只预付给那些确实种好了经济作物的生产队。特别是对于去年种经济作物少、今年种经济作物多的生产队，可以适当多预付一些。在预付化肥的时候，必须和农民订立合同，保证农民向国家交售农产品。在收购农产品，发给农民奖售化肥购买凭证的时候，应当将预付的化肥扣回。经济作物生产集中的生产队如果愿意多要化肥，少要粮食，可以由省、自治区、直辖市人民委员会统计，报请国务院财贸办公室转报国务院批准后改变。如果愿意多要粮食、少要化肥，省、自治区、直辖市人民委员会可以酌情用其应得化肥的一部分代为从本省、自治区、直辖市的粮食产区换粮付给。各省、自治区、直辖市如果认为有必要调整各种经济作物的奖售标准时，须报告国务院财贸办公室转报国务院批准。

一年来，除了中共中央和国务院统一规定的奖售品种以外，各部门、各地区还对许多次要的经济作物和畜产品规定了奖售办法。这些办法对收购工作也起了一定的作用。但是，为了不过于分散力量，不至于妨碍有限资源的统筹使用，不影响国家的粮食、化肥、布匹和重要工业品的分配平衡，要求各部门、各地区在今年 4 月底以前对这些办法进行一次审查和清理。清理以后，能够取消者，坚决取消。如果认为确实有必要继续实行的，应当报请国务院财贸办公室转报国务院批准。

以上各项经济作物的奖售标准，从 1962 年这个收购年度开始执行。饲料补助粮的新规定，从 1962 年 5 月份起开始执行。

附表 1 **1962 年收购重要经济作物奖售标准**

品种	每担奖售粮食数量（斤）	每担奖售化肥数量（斤）	每担奖售棉布数量（尺）	每担奖售胶鞋数量（双）	每担奖售煤油数量（斤）
棉花					
其中：河北、山东、河南、陕西、山西、北京	35	50	10		
其他省、市、区		85	10		
油脂					

续表

品种	每担奖售粮食数量（斤）	每担奖售化肥数量（斤）	每担奖售棉布数量（尺）	每担奖售胶鞋数量（双）	每担奖售煤油数量（斤）
其中：食油（花生油、芝麻油、菜籽油、茶油、胡麻油、线麻籽油、葵花籽油、芸芥籽油）		30	5		
蓖麻油		30	5		
桐　油		30	10		50
烤　烟					
其中：山东、河南、安徽	100	30			
北方省、区（河北、山西、内蒙、辽宁、吉林、黑龙江、陕西、甘肃）	20	30			
南方省、区（江苏、福建、湖北、湖南、江西、四川、云南、贵州、广东、广西）		50			
麻　类					
其中：黄　麻		20			
大　麻		60			
苎　麻		85	5		
龙舌兰麻		50			
茶　叶					
其中：内外销级内茶	25	125			
边销茶、级外茶	10	40			
蚕　茧					
其中：桑蚕茧		200	10		4
柞蚕茧	70		10	2	2
甘　蔗		1			
苹　果	2.6	12			
橘　柑	2	17			

说明：中药材奖售标准由卫生部另行下达。其他水果、土特产的奖售标准，由有关各部研究调整并报国务院财贸办公室转报国务院批准后下达。

化肥系指硫酸铵、硝酸铵、尿素由商业部在调拨时按含氮量折算。

附表2　1962年收购猪、禽等饲料补助标准

品种	单位	饲料补助数量
猪肉		
其中：出口或外调	吨	1.5吨
大、中城市和重要工矿林区内销	吨	0.5吨
活家禽	只	3斤
冻家禽	只	5斤
家禽罐头	吨	3.75吨
填鸭	吨	7吨
名贵鸡	只	11斤
塘鱼	吨	0.5吨

说明：活禽、冻禽、家禽罐头、填鸭、名贵鸡、塘鱼，都是指出口的部分。生猪出口基地的生猪饲料补助，按对外贸易部与各地签订的合同执行。

164－9－297

国务院关于一九六三年收购出口副食品、土特产品、畜产品等五十一种商品奖售办法的通知

1963年1月11日

传统出口的副食品、土特产品、畜产品在我国出口商品中占有重要地位，深受国际市场特别是资本主义市场的欢迎。组织这些商品出口，可以为国家增加很大数量的资本主义国家外汇的收入，而这些商品在生产上一般都比较有潜力。为了促进这些商品的恢复和发展，增加出口货源，现决定在1963年国家收购出口的家禽、水果、桃仁、杏仁、羊毛等51种商品的时候，继续实行奖售办

法。这51种商品的品种和奖售标准详见附表。

国家向国营农场、机关、部队、学校、人民公社等单位以及个人收购上述物资时，都按照这个奖售标准执行。国家向群众、生产队、国营企业、机关、部队收购对虾时，仍按水产部和对外贸易部1962年9月21日联合下达的通知执行。

对外贸易部按照附表所列奖售标准，同各省、自治区、直辖市结算1963年奖售物资。各省、自治区、直辖市在实际执行的时候，要根据各地区的具体情况，因地制宜，使奖售物资尽可能适合当地群众的需要。在保证完成中央规定的收购与上调计划的原则下，在省、自治区、直辖市内各地区奖售物资的品种，可由各省、自治区、直辖市人民委员会确定，尽早向群众宣布，并报国务院财贸办公室备查，抄告对外贸易部。各省、自治区、直辖市如果认为某些品种必须多奖粮食和棉布，请各省、自治区、直辖市人民委员会自行安排解决；如果少要粮食、多要化肥，国家可以按1斤粮食1斤化肥的调换比例予以调换。各省、自治区、直辖市需要调换多少化肥，请于1963年1月底以前告对外贸易部，以便安排。

各省、自治区、直辖市在实际执行的时候，还必须很好地贯彻分等论奖、优质优奖的原则。对于某些商品（比如一部分水果、蔬菜等），还要实行按季节论奖的办法。有关上述商品1963年收购奖售办法的其他事项，由对外贸易部具体安排。

附：1963年外贸收购51种出口农副产品奖售标准表

顺序号	品名	单位	奖售标准
1	出口基地生猪	头	仍按国务院财贸办公室1961年8月9日财贸邓字295号文规定的原则，由对外贸易部同各地另行商订合同执行

续表

顺序号	品名	单位	奖售标准
2	出口冻猪肉	吨	奖售饲料粮1.5吨
3	出口活家禽：		
	鸡	只	每只重2市斤，奖售棉布1市尺
	鸭	只	每只重2市斤半，奖售棉布0.5市尺
	鹅	只	每只重5市斤，奖售棉布2市尺
4	出口名贵鸡	只	每只重2.5市斤，售饲料粮5市斤，化肥6市斤
5	出口冻家禽：		
	冻鸡	吨	每吨按1 660只、每只按2市斤重的活鸡计算，奖售棉布1 660市尺
	冻鸭	吨	每吨按1 600只、每只按2.5市斤重的活鸭计算，奖售棉布800市尺
6	出口冻填鸭	吨	奖售饲料粮6吨
7	出口家禽罐头：		
	鸡罐头	吨	每吨按2 500只、每只按2市斤重的活鸡计算，奖售棉布2 500市尺
	鸭罐头	吨	每吨按2 000只、每只按2.5市斤的活鸭计算，奖售棉布1 00市尺
8	出口塘鱼	市担	奖售饲料粮平均59市斤（季节差奖：6－12月50斤；1－5月70斤），棉布1市尺，工业品10元
9	对虾	市担	粮食平均25市斤，棉布平均3市尺，棕麻平均3市斤，桐油平均3市斤，白酒平均0.5市斤，香烟平均3盒

续表

顺序号	品名	单位	奖售标准
10	出口苹果	市担	粮食平均2.6市斤，化肥平均12市斤
11	出口橘柑	市担	粮食平均2市斤，化肥平均17市斤
12	出口梨	市担	化肥平均10市斤
13	出口菠萝	市担	化肥平均10市斤，棉布平均1市尺
14	出口香蕉	市担	化肥平均10市斤
15	出口沙田柚	市担	化肥平均10市斤
16	出口一般蔬菜	市担	化肥平均6市斤
17	出口薯类蔬菜： 土豆、大薯、木薯、心薯	市担	粮食平均25市斤
	荔蒲芋、马蹄、莲藕、粉葛、沙葛、山东的鲜山药	市担	粮食平均33市斤
18	出口名贵蔬菜（包括韭黄、姜、慈菇、沙菇、芥兰心、大蒜、鲜草菇、荷兰豆及反季节的鲜嫩高价菜等）	市担	化肥平均20市斤
19	广东、广西出口优质大米（包括丝苗、齐眉、油沾、玻璃沾）	市担	化肥15市斤
20	天津出口小站米	市担	化肥13.3市斤
21	出口名贵杂豆（只限于红小豆、芸豆、乌豆、绿豆、青豆、白扁豆）	市担	化肥15市斤
22	薄荷油	市担	粮食3 000市斤，化肥1 000市斤
23	留兰香油	市担	化肥1 000市斤
24	出口茴油	市担	化肥200市斤，棉布30市尺
25	出口桂油	市担	化肥1 000市斤，棉布25市尺

续表

顺序号	品名	单位	奖售标准
26	出口核桃仁（包括核桃，三市斤核桃折一市斤桃仁）	市担	棉布40市尺，椰子油20市斤
27	甜、苦杏仁	市担	粮食30市斤，棉布40市尺，球鞋1双
28	出口红、黑瓜子	市担	化肥30市斤，香烟1条，球鞋1双
29	出口白莲子	市担	棉布10市尺，食糖3市斤，香烟1条，球鞋1双
30	出口栗子	市担	棉布5市尺，食糖1市斤，香烟1条
31	新疆出口葡萄干	市担	绸缎5市尺，食糖5市斤
32	出口榨菜	市担	化肥20市斤
33	出口金针菜	市担	粮食15市斤，化肥35市斤
34	出口凤尾菜	市担	粮食15市斤，化肥10市斤
35	出口香菇	市担	粮食50市斤，棉布50市尺，香烟1条，球鞋2双
36	出口黑木耳	市担	粮食50市斤，棉布50市尺，食糖5市斤，球鞋2双
37	出口银耳	市斤	粮食10市斤，棉布20市尺
38	出口笋干	市担	化肥平均100市斤，棉布平均5市尺
39	出口八角	市担	棉布5市尺，香烟1条
40	出口桂皮	市担	棉布5市尺，香烟1条
41	出口辣椒干	市担	粮食30市斤，化肥70市斤，香烟1条
42	出口草帽辫	包	棉布平均100市尺，食糖5市斤，球鞋1双
43	出口晒烟	市担	化肥平均100市斤
44	出口香粉	市担	棉布2市尺

续表

顺序号	品名	单位	奖售标准
45	出口土纸	市担	粮食15市斤，棉布3市尺，胶鞋1双
46	牛皮	张	棉布5市尺，球鞋1双
47	羊毛	市斤	棉布0.5市尺，工业品0.3钱。青海如果不要棉布、仍要粮食，可按1962年办法奖售粮食1市斤，工业品0.3钱
48	羊绒（包括驼毛）	市斤	棉布0.5市尺，粗毛线0.1斤。青海如果不要棉布、仍要粮食，可按1962年办法奖售粮食1市斤，粗毛线0.1斤
49	细皮：		
	黄狼皮	张	棉布平均1市尺
	元皮	张	棉布平均1.5市尺
	旱獭皮	张	棉布平均2市尺（春獭和秋獭可分别奖售）
	獾皮	张	棉布平均3市尺
	香鼠皮	张	棉布平均0.5市尺
	灰鼠皮	张	棉布平均0.5市尺
	艾虎皮	张	棉布平均0.5市尺
	猫皮	张	棉布平均1市尺
	狸子皮	张	棉布平均2市尺
	猸子皮	张	棉布平均1市尺
	猞子皮	张	棉布平均2市尺
	豹皮	张	棉布平均10市尺
	水獭皮	张	棉布平均16市尺

164－10－130

对外贸易部关于组织换购一九六三年计划内三类出口商品的通知

1963年2月15日

一九六三年外贸收购出口农副产品的奖售办法和标准，国务院已经先后下达了通知。在一九六三年出口农副产品收购计划中，尚有一部分小土特产品、小副食品、小活动物等三类商品需要组织换购。这些商品都是对资本主义市场畅销的传统出口货，很值钱，可以卖现汇，因此，在品种、数量上都必须保证按收购计划完成。

关于这些三类小土特产品的换购问题，经我部报请国务院财贸办公室批准，用一部分工业品进行换购。现将国务院财贸办公室批准的原则及换购工作中有关注意事项通知如下：

（一）为了便于各省、市、自治区组织收购这部分三类出口商品，我部按照计划价格和计划金额计算，拿出相当于收购总值百分之三十的工业品交各地掌握使用（具体分配数字，见附表［略］），请各地保证按时、按质、按量完成这部分商品的收购计划。

（二）收购这部分三类出口商品，不规定具体奖售标准，不作为制度，百分之三十的工业品由省、市、自治区包干使用。至于哪些品种需要多补助一些工业品，哪些品种少补助一些，哪些品种可以不给工业品，由省、市、自治区决定。这项工作，在省、市、自治区统一领导下，由外贸部门同供销合作社或者其他收购供货部门，根据不同品种、不同情况签订供货合同，具体组织收购。

（三）收购三类出口商品的补助工业品是根据国家物资的可能，一次安排下达，分季或分批拨付的。在补助的工业品中，有一部分是不合出口规格的商品，请各地自行调剂使用。

（四）外贸部门供应供销合作社或其他收购供货部门用于换购三类出口商品的工业品，应按国家规定的批发牌价或调拨价格作价，如发生差价亏损，由外贸部门负责。供销合作社或其他收购供货部门供应外贸部门的三类出口商品应在国家收购牌价（平价牌价）的基础上，加合理费用和利润作为供货价格，不得按议价或高价供货。外贸部委托供销合作社代购的商品，应按国家牌价（平价牌价）收购，由外贸部门付给合理代购手续费。

164－10－145

对外贸易部关于一九六五年收购出口产品继续实行奖售办法的请示

1964 年 11 月 11 日

关于一九六五年外贸收购出口产品的奖售和换购问题，经今年月全国外贸计划会议讨论，大家一致认为，当前国民经济形势已全面好转，但若干出口经济作物生产还不稳定，需要给予扶持。

一九六五年外贸收购出口产品，应该继续实行奖售办法，但要“逐步缩小奖售范围，适当降低奖售标准”。现将有关情况和意见，报告如下：

一、调整一九六五年外贸收购出口产品奖售品种和标准的原则。

（一）对若干传统、大宗的出口经济作物和一部分与粮食争地的出口商品，如茶叶、蚕茧、水果、香菇、木耳等等，由于这些商品的生产还不稳定，为了促进其更快地恢复和发展，需要从生产上给予扶持，一九六五年拟仍维持一九六四年的奖售标准。

（二）对生产已经有了一定恢复和发展的出口商品，如对港澳出口的活猪、杏仁等等，拟根据生产和国内外市场情况的变化，适当调低一九六五年的收购奖售标准。

（三）对生产有了较大发展，计划价格同集市价格已经接近，出口只有一定限量的商品，如猪鬃、肠衣、鸭、鹅等等，一九六五年拟取消奖售。

按上述原则调整，一九六五年外贸收购出口产品实行奖售的品种为五十七个。同一九六四年六十四个品种比较：（1）维持一九六四年奖售标准的三十八个；（2）降低奖售标准的十九个；（3）取消奖售的七个（详见附表一［略］）。

二、一九六四年国务院批准的三类出口商品换购方法，一九六五年拟不再实行。但鉴于三类出口商品多数是对资本主义市场畅销的零星小商品，大部分需要上山涉水、猎捕采集，费工费时，为了不影响三类商品的收购和出口，一九六五年拟参照三类出口商品的收购计划金额，给各地一部分化肥和棉布，由地方包干使用，不作为制度，不列换购品种。

三、经国务院批准，一九六三年和一九六四年对“民窿”生产的锡、钨、钼、铋等四种精矿实行奖售，一九六五年拟继续实行奖售办法；但奖售标准需要适当降低，奖售物资品种需要适当减少。

四、按照一九六五年外贸收购计划和上述奖售标准匡算，一九六五年约需奖售物资：粮食八亿市斤、化肥四十一万吨，棉布四亿五千万市尺，棕麻四百吨，桐油四百吨，椰子油一千一百吨（详见附表二［略］）。

五、一九六五年奖售物资的来源：（1）粮食八亿市斤，桐油四百吨，由粮食部安排；（2）化肥四十一万吨，由国家从进口化肥中拨付；（3）棉布四亿五千万市尺，其中九千万市尺由商业部安排供应，其余三亿六千万市尺，从进口棉花中解决；（4）棕麻四百吨，椰子油一千一百吨，从进口中解决。

六、一九六五年的奖售标准是中央同地方结算奖售物资的标准。地方在保证完成中央规定的外贸收购计划的前提下，在总的奖售标准和奖售物资额度内，可以因地制宜地进行调剂，但要注意省际毗邻地区和省内地区之间的衔接。

181－14－104

(三) 工矿产品出口的组织情况

1. 出口工业品的管理办法

国家计委、国家经委为颁发关于组织小型成套设备出口的暂行办法及下达一九六四年供应出口计划的通知［节录］

1963年12月2日

随着亚洲、非洲、拉丁美洲地区人民解放运动的日益高涨，他们迫切要求建设自己的独立经济，并纷纷要求我国供应一些小型成套设备。在东南亚地区的一部分华侨工商业者，也迫切要求祖国供应一些机械设备。据初步统计，近两年来已有印尼、缅甸、锡兰等15个国家和地区，向我询购各种小型成套设备达300多套；同时，出口成套设备比出口单项设备的换汇率高，又可带动单项设备出口，在经济上较为合算。因此，开展小型成套设备的出口工作，从政治上、经济上来看，都是必要的。

为了开展这项工作，我们与有关单位进行了研究，制定了一个《关于组织小型成套设备出口的暂行办法》，拟先在上海市试点，现随文发给你们。

出口小型成套设备是一项新的比较复杂的工作。因此，请中央各有关部门在编审设计资料、设备和材料的安排以及编印对外技术资料、样本等方面积极协助上海市进行。有关对外政策问题，请外贸部直接请示国务院外事办公室。

生产出口小型成套设备所需要的一些进口原材料，可以按规定提出申请；临时需要少数国内确实不能解决的原材料，请外贸部用以进养出的外汇及时进口。

上海市提出需要抽调一些工程技术人员，建立专门机构是必要的。请上海市人委根据精简原则审定，首先在上海市内调剂解决；以后，可以根据情况，在分配大学生时给以适当照顾。

1964年外贸收购小型成套设备计划为200万元。暂安排为如下五套设备：

自行车轮胎厂设备	2套	94万元
榨油厂设备	3套	106万元

请外贸部据此同上海市计划委员会和有关部门洽商对外谈判和订货事宜。

［下略］

附：国家经委、国家计委关于组织小型成套设备出口的暂行办法

1961年4月

为了支持亚洲、非洲、拉丁美洲地区人民反对帝国主义的民族解放运动和人民革命斗争，支持他们建立自己的独立自主的经济，应当积极开展小型成套设备的出口工作。为此，在国家计划委员会、国家经济委员会《关于机电产品供应出口暂行规定》和国家计划委员会《关于安排出口小型成套设备问题的通知》的基础上制定本暂行办法。

一、总则

（一）我国出口的小型成套设备主要是供应亚、非、拉地区民族主义国家的民族工业和华侨兴办的工业。对外贸易部在确定具体供应对象时，应当按照国家的对外政策和规定分别安排。

（二）组织出口的小型成套设备，必须具

备国外需要、国内能够生产、技术已经过关、质量稳定、经济效果好等条件。

（三）小型成套设备的出口应当先易后难，由少到多，由简到繁，逐步发展。

（四）为了保证出口小型成套设备的质量，无论主机或配套设备，均应定厂生产，固定协作关系，不得轻易改变。

（五）出口小型成套设备先在上海市试点，由上海市计划委员会统一归口管理，并实行总交货人制度，由总交货人担负具体的组织工作；中央有关部门应当积极支持协助。

二、供应范围

（六）出口小型成套设备，先从制笔、制皂、榨油、造纸、橡胶加工、制造牙膏等设备开始，以后再逐步扩大。供应范围分为以下三种类型：

1. 成套范围内的若干项单机。

2. 成套的生产工艺设备。

3. 工厂全套设备，包括：（1）生产工艺设备；（2）车间辅助设备；（3）安装工具；（4）供电、供热、供水和空气调节等设备。

以上均不包括工厂设计和建筑、安装工程以及供应生产需要的原料、材料。

对方提出，需要委托我方进行工厂设计时，在条件适合的情况下，可酌情承担。

（七）上项三种供应类型，由总交货人编制设备供应清单，供外贸部门对外推销；可以根据对方的需要适当增减。

三、工业部门与外贸部门的分工

（八）出口小型成套设备的总交货人，由上海市计委商请有关部门担任。

总交货人的任务是：

1. 负责组织小型成套设备的交货。

2. 提供技术服务。

3. 小型成套设备出口以前进行总装和试运转。

（九）国内外业务的分工。

对内，由外贸部门和总交货人签订总体协议，送上海市计划委员会备案。总交货人根据总体协议，同有关生产单位签订交货合同。

对外业务由外贸部门负责。外贸部门对外签订协议时，应征得总交货人的同意；确定对外交货日期，应根据成套设备生产和总装所需的周期，并留有余地。

对外推销用的设备样本和技术说明所需的资料，由总交货人负责提供。资料的翻译印刷、对外宣传和提供报价资料等业务，在总交货人的协助下由外贸部门负责。

（十）生产出口小型成套设备所需要的原料、材料和各种设备（包括配套设备），由上海市计划委员会根据年度出口计划和生产计划纳入上海市物资供应计划，统一向主管分配部门申请分配。

四、技术服务

（十一）出口小型成套设备，由总交货人负责组织提供必要的技术服务。主要内容有：

1. 提供成套设备的产品方案、设备的性能和样本、产品的样本和技术资料，以及安装工艺资料。

2. 选派工程技术人员由外贸部门统一组织，出国协助安装和试生产；并在必要的时候参与对外谈判。有关派遣出国人员，上海市有困难时，各中央有关部门应当积极协助。

3. 帮助培训实习生。

（十二）出口小型成套设备的定型设计，由各总交货人会同有关工厂采取领导、专家、工人三结合的方式进行编制，经上海市计划委员会负责审查，然后提请一机、轻工、纺织、化工、粮食、冶金等中央有关部门负责审定。

五、零配件供应

（十三）出口小型成套设备一般应随带一年以上正常运转所必需的零配件，其目录由总交货人负责制订。

（十四）小型成套设备出口后，应长期供应零配件。

有关生产部门对制造图纸应专立档案，妥为保存，不得销毁；同时，应将零配件制造图纸提交外贸部门一份备查。

六、计划和检查

（十五）年度小型成套设备供应出口计

划，在安排年度计划之前由上海市外贸部门会同总交货人提出，送交上海市计划委员会和对外贸易部，上海市计划委员会和对外贸易部将审完的供应出口计划（包括项目、出口国别、供应时间等）和生产计划（按机械工业生产计划产品目录）报国家计划委员会，纳入国家计划，同时抄告中央各有关生产归口部。

年度计划确定以后，在执行中需要调整时，由上海市外贸部门会同总交货人提出，送交上海市计划委员会审定后，即行调整安排生产，同时将调整情况报国家计划委员会、国家经济委员会和对外贸易部备案，并抄告各中央有关生产归口部。

（十六）上海市计划委员会应按季度将计划执行情况报国家计划委员会、国家经济委员会、对外贸易部和中央有关生产归口部。

七、附则

（十七）本暂行办法未规定事项，按国家计划委员会、国家经济委员会 1963 年 1 月 10 日计外顾字第 80 号《关于机电产品供应出口暂行规定》的有关条款办理。

150－11－536

国家计委、国家经委关于机电产品供应出口的暂行规定

1963 年 1 月

兹将有关供应出口机电产品的几个主要问题暂行规定如下：

一、计划任务

（一）组织与供应机电产品出口是各级机械工业部门和外贸部门的共同任务。

出口的机电产品，属于中央管理的（包括统配、部管产品和公司经营产品，即原站管产品），由中央主管分配部门负责分配；属于地方管理的，由有关省、市、自治区负责分配。

出口机电产品的生产与供货，由生产部门承担。

（二）机电产品的年度出口供货计划，由外贸部与有关生产部和省、市、自治区根据国际市场需要和国内生产供应可能共同协商编制，经国家计委核定后，纳入国家年度计划。

年度出口供货计划的编制时间暂定为上年九至十月。

上年计划完不成的部分，在编制年度计划时，可暂不包括，俟下年初核实结转数后，再相应纳入年度计划。

年度计划经国务院批准后，由国家计委或计、经委，财贸办联合下达。

（三）年度计划下达后，工贸双方均应严格执行。生产部门应有专人管理出口，并会同外贸部门经常检查计划执行情况，及时解决生产、供货中的问题。

工贸双方不能解决的重要问题，由国家经委协助解决；计划执行情况按月抄告国家经委、计委。

（四）年度计划经批准后，一般不得修改。如因国内外供需情况发生重大变化，必须对原计划作较大修改时，应由外贸部会同有关生产部和省、市、自治区提出修改方案，报国家计委核定。

个别品种、规格、型号的调整，由外贸部和生产部门相互协商一致后，抄送国家计委、经委备案。

因特殊情况，需要临时追加的少量出口任务，一般应由外贸部门商生产部门提出意见后，送国家计委和经委核定。外贸公司和承制工厂不得在计划外自行安排出口。

（五）为了提高计划的准确性，凡属以往出口过、技术已完全过关、质量比较稳定、生产周期较长和结构比较复杂的产品，均可对外预售期货，并作为年度计划的一个组成部分。

预售货单，由外贸部会同有关生产部在每年的四至五月提出，经国家计委、经委核定后，下达执行。

预售数量可占上个年度各该品种供应出口总数的百分之七十左右，也可以预售一年或一年以上交货的产品。

预售产品，对外交货期的确定，应商得生产部门的同意，由外贸部门与生产部门签订协

议或合同。

生产部门应编制可供出口产品的目录及各种出口产品的正常生产周期资料，供外贸部门参考。外贸部门要把国外市场需要机电设备的情况，及时送给有关生产部门参考。

二、订货

（六）为了具体贯彻年度计划的执行，可根据不同产品情况，分三批办理订货和安排生产。

第一批暂定为上年的九至十月，其金额应占年度计划的百分之四十至五十。凡属质量、销路比较稳定的通用产品，预售的和有长期贸易协议的产品，应尽量全年一次安排生产并在第一批办理订货。

第二批在当年一至二月，其金额应占年度计划的百分之四十左右。

第三批在当年四至五月，其金额占年度计划的百分之十至二十。

具体品种的生产供货任务，由外贸部会同有关生产部提出，经国家计委、经委核定后下达。

（七）为了优先安排出口产品的生产，外贸部门原则上不参加全国订货会议。由承制工厂和外贸公司根据工贸两部联合下达的分批生产供货任务，办理订货手续并签订合同；或由工贸双方联合召开出口产品的专门订货会议，办理订货。

（八）承制工厂与外贸公司签订的合同，必须符合国家下达的年度计划和分批下达具体品种生产供应任务的要求。合同内容由工贸双方协商确定，并在工贸两部联合下达的具体任务到达后一个月内签完。合同签订后，承制工厂即可据以投料生产，按期供货。不能签订合同的部分，由承制工厂与外贸公司联合上报工贸两部确定。

外贸公司对外签订合同时，其主要条款应与国内合同要求一致，并将合同副本抄送生产部和承制工厂备查。

（九）供货合同签订后，工贸双方均应严格遵守，任何一方不得自行修改或撤销。如遇特殊情况必须修改或撤销时，由承制工厂外贸公司共同协商后，报工贸两部联合批准。执行合同发生纠纷时，由各级经委负责仲裁。

三、生产安排

（十）中央有关生产部和省、市、自治区应选择设备较好、技术水平较高、产品质量稳定、合格率高、原材料消耗低、成本低、包装技术好的工厂承制出口产品，并且基本上固定下来。

对于供应国外已有一定历史的定型产品和名牌产品，不得自行改变型号、技术标准或转厂生产。如必须改变型号、技术标准或转厂生产时，应预先征求外贸部门的意见，并报主管部门鉴定和批准。

（十一）凡出口产品的主机和配套产品属于同一部门归口管理时，应由主管部统一安排配套协作关系。如主机和配套产品属于几个部门分别归口管理时，由主机生产主管部向配套产品主管部提出协作要求（包括配套的品种、规格、型号、技术标准、交货时间等），配套产品主管部应按主机生产主管部所提要求，纳入计划，并选定设备、技术条件较好、产品质量稳定的工厂承制。非经主管部批准，协作厂不得自行改变协作关系。

供应出口的小型成套设备，由上海市承担总装和总交货人责任。

（十二）出口的机电产品一般应随带一年以上正常运转所需的备件和易损件，其目录和数量，由生产部门负责制订。

以往出口的产品，国外要求补充供应零备件和易损件时，应提出具体规格、型号和编号的清单，纳入年度供应出口计划，统一安排供应。

（十三）出口产品生产所需的原料、材料，按国家现行物资分配体制（不包括物资管理试点省市，下同）的规定办理。

三类物资，由有关省、市、自治区主管部门按供应出口计划的需要负责安排，并把供应关系固定下来。解决不了的，由各级经委协助安排。

（十四）为了逐步增加出口产品的品种，

稳定和提高质量，生产部门应根据外销需要，有计划地研究改进出口产品和设计试制新产品，并严格执行产品质量标准。如现行标准不符合出口要求和尚未制定标准的产品，由工贸双方主管部门共同协商制定补充标准。

外贸部门应经常向生产部门提供国外有关的标准样品、样本和国外对我产品的反映，在对外谈判和出国推销时尽可能邀请生产部门参加。

试制的出口产品，由生产部门和外贸部门共同研究，并纳入国家新产品试制计划；试制费用由国家统一拨给。改制产品的费用，由工贸双方协商解决。

试制成功的新产品，先由外贸部门试销，然后根据销售情况再确定是否正式生产和供应出口。

（十五）为使出口产品的包装和装潢达到坚固、经济、美观、大方的要求，外贸部门应经常向生产部门提供国外对我产品包装、装潢的反映和要求，生产部门应根据出口需要，不断研究改进包装和装潢。

出口产品所需包装材料，属于外贸部门归口供应的，由生产部门向外贸部门申请；不属于外贸部门供应的，由生产部门按国家现行物资分配体制向主管部门申请。

四、产品点收、作价和技术服务

（十六）为了确保出口产品的质量，承制工厂在产品出厂前必须严格进行检验。合格产品，由承制工厂出具产品质量证明交外贸公司点收付款。不符合质量标准和技术标准的产品严禁出厂。

（十七）出口产品的供货价格应贯彻按质论价、优质优价的原则。具体作价办法，应按全国物价委员会有关规定执行。

（十八）出口产品应随带外文使用说明书，技术资料和外文翻译由生产部门负责；外贸部门有责任协助。印制费用列入产品成本。

对于使用我国产品较多的国家，应该有计划地派遣技术人员到使用国进行技术服务。此项技术人员由有关生产部负责选派，外贸部门负责组织出国。所需费用，一般由外贸部门承担。因生产部门责任造成的产品质量事故，需要派人出国检修时，其费用由生产部门承担。

五、超产正品、副次品、退货和索赔

（十九）完成年度供应出口计划后的超产正品，经外贸部门与生产部门和物资部门协商确定超产数量。其中符合出口标准的尽量交由外贸部门收购，适于内销的产品，由物资部门收购或代销；不适于内销的产品，由外贸部门收购组织外销。

超产超交的产品，除征得外贸部门同意外，不能顶替完不成计划的产品。

（二十）承制工厂应积极提高出口产品合格率，减少副次品生产，副次品的处理按《出口产品副次品处理办法》，与承制工厂和外贸公司签订的合同中有关规定办理。

（二十一）出口产品因国外撤销订货，经工贸两部批准通知后，未投料的应即停止生产，已投料和已生产的半成品和成品，按以下办法处理：

1. 能改制内销规格的，由供货部门征得物资部门同意后，可积极设法改制，物资部门按规定予以收购。

2. 不能改制内销规格、但国内可以使用的产品，可提请物资部门收购或代销；国内不适用的特殊产品，由外贸部门收购继续外销。

改制费用和内外销差价损失，由于外贸部门提出撤销合同而发生的改制费用，应由外贸部门承担。

（二十二）出口产品发生国外异议索赔时，属于产品质量不好不能按期交货者，由生产部门负责更换合乎出口质量标准的产品，并承担费用；属于包装或运输不善致使货物受损失时，由主要责任者负责；属于安装、调整、使用不当造成的损失，由使用方负责。

本规定自一九六三年一月起试行。

150－11－536

国务院关于出口商品在装潢和商标方面使用文字问题的通知

1963年1月25日

关于出口商品在装潢和商标上所使用的文

字问题，国务院曾于一九五九年三月《关于在出口商品的装潢和商标上使用文字的通知》和四月《关于出口商品的装潢和商标问题的补充通知》中作了规定。按照上述通知的规定：我国出口商品的装潢和商标上所用文字应该以中国文字为主，可以加注外文，但不准单独使用外文；并须标明“中华人民共和国制造”字样。现据对外贸易部和中央工商行政管理局报告，根据几年来执行情况，上述规定对于向社会主义国家和一部分资本主义市场出口的商品是合适的，而且受到海外爱国侨胞的欢迎；但在某些资本主义国家和某些地区，由于政治上、习惯上等原因，对印有中文和标明“中国制造”字样的我国出口商品，有的加以歧视，有的不易销售，在一定程度上影响我国商品的出口。另一方面，也有一些出口商品所用的商标、装潢，由于管理不严，出了一些问题。

为了使我国出口商品适应在资本主义市场的销售和加强对出口商品商标、装潢的管理，现在规定：

（一）出口商品在商标和装潢上所用文字，一般的应该以中国文字为主，可以加注外文，并且标明“中华人民共和国制造”或者“中国制造”、“中国某地制造”、“中国某企业产品”等字样。

（二）向某些资本主义市场出口的商品，如果按照上述规定办法执行不利于出口时，在政治上不致有不良影响的条件下，可以根据这些市场上的习惯和要求，在商标和装潢上单独使用外文和不标明“中国制造”等字样；也可以用不加任何商标和文字的商品出口；某些出口商品如果需要采用国外买方指定的标记、牌子（包括图案和文字），必须严格审查，在政治上和国际法律上确无问题，才能批准。

（三）所有出口商品所用商标，都应该经过对外贸易部审查批准，并且向中央工商行政管理局申请注册。某些出口商品采用的商标图案和文字如果必须迅速作出决定，对外贸易部可以制定具体审核标准和管理办法，授权省、自治区、直辖市对外贸易局代为核批，但仍需报请对外贸易部备案，并向中央工商行政管理局申请注册。

（四）过去对于出口商品商标、装潢方面的有关规定，如果有同这个规定不符合的地方，应该按照本规定执行。

164－10－145

2. 工矿产品收购、出口情况

国家经委党组关于工矿产品出口计划完成情况向中央的报告

1960年9月22日

根据中央一九六〇年八月十日《关于全党大搞对外贸易收购和出口运动》的紧急指示的精神，我们对今年的工矿产品供应出口计划进行了检查，现将主要情况报告如下：

一、一九六〇年对外贸易收购计划一百零五亿元，北戴河会议决定减为八十五亿元，其中中央十七个部门供应的四百四十三种工矿产品共值十九亿五千五百万元，到七月底完成九亿二千七百万元，占年计划的百分之四十七点四。在这十七个部门中，完成年计划百分之五十以上的有石油、化工、建工、水电、农机和文化等六个部；完成百分之四十以上的有一机、冶金、商业、煤炭和林业等五个部；不到百分之四十的有轻工、交通、铁道、教育、纺织和邮电等六个部（详见附表一［略］）。从四百四十三种出口产品来看，完成百分之五十以上的有纯碱、酒精、水泥、客车、拖拉机、水银、钨砂和电焊机等一百二十七种，完成百分之四十以上的有胶合板、煤、锌锭、显微镜、自行车、硫化碱等四十二种，不到百分之四十的有烧碱、生铁、钢材、纱锭、玻璃、新闻纸、机床、硫磺、压电石英、木工机械、锅炉等二百七十四种（详看附表二［略］）。从对外交货情况看，对苏联出口为八亿零八百万卢布，到七月底完成四亿八千万卢布。交货不好的主要品种有生铁、硫磺、压电石英、硼砂等十种。对东欧兄弟国家出口为三亿零四百万卢布，到七月底完成一亿九千七百万卢布。交货最差的品种有对捷克的铁砂、硫磺；对罗马尼亚的纸张；对波兰的锡、硫磺、软锰粉、石棉；对匈牙利的水银、纸张、硫化碱、氧化锑等。对亚洲兄弟国家出口为三亿四千六百万卢布，到十月底完成一亿九千二百万卢布，交货最差的品种有对朝鲜的水银、煤；对蒙古的电动机、卡车；对越南的生铁、矿车等。对资本主义国家出口为九千五百六十九万美元，到七月底完成五千一百三十一万美元。完成不好的品种有石棉、新闻纸、玻璃、胶合板、烧碱、纯碱、钢材、收音机、电子管等二十多种。

二、工矿产品出口完成不好的主要原因：一是受四月以来生产情况不好的影响。二是检查不及时，措施不够有力，有的单位未能在材料缺乏的情况下优先安排出口产品的生产；有的单位片面追求产值，不愿安排出口产品生产；有的单位甚至把分配给生产出口产品的原料挪作别用；有些已经生产出来的出口产品不能配套，或者缺乏包装材料，或者解决不了短途运输等，不能及时交货。

三、对今后一百天出口工矿产品的安排意见。根据以上检查，我们对今后一百天工矿产品的出口任务同各有关部门进行了具体研究，在四百四十三种产品中，可以完成或各部经过努力可以完成的有四百二十三种，约值八亿八千二百万元，必须下决心挤掉一点国内需要，也要把原材料优先安排出口产品的生产。需要各部门积极协作才能完成的有修船、轻工机械、缝纫机等十三种，约值六千六百万元。对这一部分产品，要求各有关部门早下决心积极安排，保证完成。由于客观原因完成计划确有困难的，有玻璃（十五万箱二百万元）、石棉（一万五千吨二千三百万元）、纸张（三万四千吨五千万元）、高频瓷（二百七十万元）及其他零星产品等七种，约值八千万元，除各部门千方百计努力争取多完成外，可以同外贸部门商量，另外提出相等金额的货单来抵补。完成日期，一律要求在十二月十五日以前。对以下几种情况的出口产品更应优先生产供应：（1）对苏联及东欧兄弟国家屡次催交的产品；（2）对资出口已经签约或者已对外确认的产品；（3）属于政治照顾性质的产品（以上三种都由外贸部负责提出）。

为了认真贯彻执行中央八月十日的指示，确保今年出口计划的完成，我们采取以下具体措施：

1. 各部在下达九月份及四季度生产指标时，必须优先安排出口产品，在材料安排、包装运输、交货时间、承制单位等各重要环节上具体落实，并应认真提高产品的质量。

2. 生产出口产品所需要的原材料及包装用料，属于中央企业的产品，各主管生产的部必须在现有材料中首先保证；地方企业的产品，各省、市、区必须保证；需要农业品做原料的（如粮食、油），统一提交财贸办公室研究解决。

3. 运输问题：（1）有关出口物资的运输，由交通、铁道两部根据外贸部提出的运输计划进行安排；（2）凡属生产出口产品的企业有关产品及原材料的运输，由交通、铁道部负责安排。

4. 各部门，各省、市、区除了保证完成自己的出口任务外，必须发扬共产主义风格，对于其他部门为生产出口产品所需要的原材料和协作配件，凡是有合同和传统的供应关系的，必须优先供应；凡是自己现有材料中适合生产出口产品规格、质量的，虽然无合同或协作关系，也要积极支援。

5. 经委指定专人负责抓这个工作，同时请各有关部门组织力量深入重点厂矿检查出口产品的生产安排情况，并将出口产品的生产安排、存在问题、交货进度等情况，每半月向经委送一个简报，以便商同有关部门及时解决存在的问题，并汇总后向中央报告。

155－5－11

商业部、对外贸易部、轻工业部关于轻工业产品生产安排的报告［节录］

1961 年 5 月 23 日

一

根据中央“关于统一调拨，合理使用轻工业和纺织工业原料材料”的指示，我们研究了轻工业生产、供应、销售三方面的情况，认为中央指示是完全符合轻工业的实际情况的。轻工业生产安排、原材料供应和产品分配，都必须贯彻执行这一极为重要的方针。

当前轻工业面临的主要矛盾是原材料供应不足，生产满足不了社会需要，原材料供应又满足不了生产需要。由于农业连续遭受自然灾害，农副产品原料极为不足，在这种情况下，除了自力更生、千方百计地开源节流、以缩小原材料的缺口外，为了争取主动，必须从当前实际情况出发，可能有一部分企业要减产或停产，才能保证重点企业重点产品的生产。为此，必须坚决执行“全国一盘棋”的方针，统一规划生产，统一调拨原材料，统一分配产品，把有限的原料集中在设备好、技术水平高、用料省、成品质量好的企业，优先开工，最经济、最合理地使用原材料，多生产一些好商品，优先保证出口。同时在国内要合理分配产品，增强国内市场上的回笼货币的力量，适当满足各地区生产和生活的需要。

二

根据上述情况，我们对轻工业生产建议作如下安排：

（一）根据内销服从外销、出口第一的方针，把列入国家计划的出口产品，共 63 种产品，113 个品种（其中，造纸 22 个品种，食品 8 种产品，15 个品种；日用轻工业 17 种产品，26 个品种；制盐 1 个产品，2 个品种；轻工业机械设备 4 个产品，13 个品种；手工、工艺美术 32 个产品，35 个品种），安排在设备好、技术水平高、用料省、质量好的 276 个轻工业企业及 27 个省市、区生产（其中，造纸 19 个厂；制盐 6 个厂；食品 57 个厂，9 个地区；日用轻工业 75 个厂，27 个产区；手工、工艺美术 119 个厂，18 个地区）。

［中略］

三

根据上述安排，为了保出口、保市场，必须切实做好如下几件主要工作：

（一）全面安排分级管理，集中力量，保证重点。从上述安排的结果看，除了出口产品全部按照计划由中央安排生产外，内销产品主要是安排了一些全国调拨的关键性重要产品。因此，中央安排的产品，无论在数量上和品种上，都与市场需要有一定的差距，其中一部分产品的差距还较大。这除了原材料供应不足这一主要因素外，还由于轻工业的行业多、产品多、小厂多、分布面广，因此，必须按照全面安排、分级管理、集中力量、保证重点的原则，除重点产品、重点企业由中央安排生产外，为数更多的产品和为数更多的企业应当由地方安排生产。尽可能地满足市场最低的需要。这就要求各地轻工、商业部门共同协商，按照中央指示，对除由中央安排生产以外的其他企业进行分类排除，选出一批设备好、技术水平高、用料省、成品质量好的企业，作为省、市的重点企业，由省、市安排生产，剩下的企业再由专区、市县安排生产。只有在经过各级的努力之后，确因原材料供应不足不能开工的企业，才能停下来。如果不这样做，仅仅依靠中央安排生产的企业是难以满足市场需要的。

（二）大力解决原材料供应问题。对中央安排生产的企业所需要的原材料，凡属中央统一分配或由部主管分配的物资，必须在全国范围内统一进行调拨。调出原料的地区，应按照先外后内的原则，按照调拨计划和原有的协作关系，保证如质如量按时完成外调任务。原材料调入的地区，必须把调入原材料按照中央下达的生产计划直拨到厂，专料专用，并采取固定协作、定点供应的方法，保证落实。所有原材料的分配使用，都必须按照先出口、后内销，先中央、后地方，先重点、后一般的原则，第一保证生产出口产品企业的需要，第二是中央安排的重点企业，第三是省、市安排的重点企业，第四是一般企业的需要。包装材料（包括辅助材料，如铁丝、元钉、铁腰子等），特别是出口产品所需要的包装材料，由省、市轻工业厅局或企业提出需要量，由当地商业部门或物资部门按照核实的需要量，优先供应，由工厂负责产品包装工作。必须强调指出，轻工业所需要的原材料的品种多、数量大，除一部分国家统配物资由中央安排外，为数更多的原材料由地方供应。因此，各地方、各部门、各企业都必须依靠自力更生，努力开源节流，千方百计克服原材料困难，增加生产。

（三）努力提高产品质量。轻工业的基本任务是保出口、保市场。而在出口与内销的关系上，应该是先外后内，出口第一。要求各地轻工业部门必须遵照这一方针，切实加强对出口产品生产专厂的领导，改善经营管理，提高产品质量。同时，为了绝对保证出口产品的质量，必须由工、商、贸三方密切协作，采取"四定"，即定原材料质量标准、定产品质量标准、定检验制度和检验方法，保证做到供应部门不供应次料、工厂不生产次品、收购部门不收购次品，并签订合同，共同遵守，以便共同努力，相互督促，确保产品质量，按时完成交货任务。

181－10－94

国家计委、国家经委关于一九六一年工矿产品出口计划完成情况的报告

1961年10月17日

一、今年调整后的工矿产品出口计划为16.7亿元，1—9月底完成11.3亿元，为年计划的67.4%。其中，冶金产品和化工产品完成得比较好（分别完成78%和73.4%），机电和轻工产品完成得比较差（分别完成63.2%和30.5%）。

从主要品种来看，完成比较好的有：

品种	年计划	完成数	为年计划的%
钢材	25.59万吨	21.6万吨	84.3
锡	2.1万吨	1.58万吨	75.2
硼砂	9 000吨	8 577吨	95.3
锑	6 640吨	5 857吨	88.2
绿柱石	2 225吨	2 033吨	91.4
轮胎	20万套	15.9万套	79.5
烧碱	2.8万吨	2.29万吨	81.8
钢芯铝绞线	400吨	401吨	100.2

完成不好的有：

品种	年计划	完成数	为年计划的%
卡车	800辆	—	—
拖拉机	250台	8	3
柴油发电机	439台	—	—
柴油机	726台	39台	5.3
锉刀	225万把	5万把	2.2
机床	1 888台	177台	9.4
收音机	4万架	7 473架	18.7
焦炭	8万吨	1.2万吨	15.0

二、自6月外贸专业会议以来，由于各供货部门的努力，积极贯彻了中央关于出口第一的指示精神，工矿产品出口计划的完成进度有了较大的好转，由上半年平均每月完成1亿元（1—6月共完成6.11亿元），增加到每月完成1.7亿元（7—9月共完成5.2亿元）。各部门为了完成今年的出口计划和突破出口产品的技术关，成立了专门机构，派出了检查组，召开了专门会议等。如一机部为了突破对古巴出口机电产品生产技术中的关键问题——60周波和湿热带性能处理，早在今年一季度即在上海市成立了专门机构负责试制工作；农机、冶金等部门也派出了检查小组；轻工部拟于最近召开各种出口产品会议；但也有的部门对出口工作抓得不紧和没有针对出口产品生产中存在的

问题，采取切实有效的措施。

三、从各部门汇报的情况来看，出口计划完成不好的主要原因有以下几个方面：

1. 某些机电产品的技术尚未过关。今年对古巴出口的机电产品 1 500 万美元，大部涉及 60 周波和湿热带性能处理的技术问题。原计划这类产品在三季度试制成功，四季度投产并交货。据一机部汇报，60 周波电器的试制到目前技术问题虽已大部过关（试制的 162 种，已成功 100 种），但湿热带处理（防霉、防潮、防盐雾）的试验大部分尚未过关，因而影响了机电产品的及时投产和交货。

2. 有一部分产品因协作件和配套问题没有解决，影响了出口产品的生产和交货。如船用柴油机的齿轮箱，原确定由一机部安排生产，但至今没有生产出来；拖拉机虽为出口生产了 50 台，但因缺乏仪表和磁电机等协作件致装配不起来；机床和油泵等出口产品，因配套用的电机尚未生产，也未交货。

3. 比较普遍的问题还是原材料不足问题。在今年外贸专业会议上，出口产品所需的原材料已大部分安排落实。但会议后，有的部门对已答应解决的原材料解决得不快，有的迄今还没有解决。如确定由冶金部交一机部 6 000 吨钢材，迄今仅交了 3 100 吨，有色金属 1 405 吨，仅交了 302 吨。此外，经李先念副总理批准的为保证出口而进口的物资（主要是钢材和化工产品），到目前为止，钢材只订妥 58%，而且大部分要在 11 月和 12 月，国外才能交货。化工原料虽订妥 93%，因大部分是向西欧订购的，9、10 月份交货后，运抵国内亦近年底。上述两种进口物资用于生产今年的出口产品希望不大。

4. 煤、电不足也是影响出口计划完成的一个原因。虽然中央直属企业在煤炭安排上优先保证了出口需要，但工厂实际拿到的一般达不到原分配指标，有的相差较多，因而不能保证原定出口产品生产指标的完成。至于地方企业生产出口产品所需的煤炭则更无保证。如由山东博山厂生产对古巴出口搬运车配套用的蓄电池，因无煤未能投入生产，影响了搬运车的及时交货；大连电瓷厂生产对苏联出口的高压电瓷，亦因无煤而停产。

5. 有些产品由于外贸部未提出规格、没有交图纸、没有给到站和没及时提运等原因，而影响了生产和交货。属于未提出规格的有铸铁管 845 吨、钢丝 150 吨，铜材 187 吨；属于未交图纸的有高铝砖 257 吨；属于未给到站的有煤沥青 7 000 吨；属于外贸部未及时提运和港口不接货的有新闻纸 4 700 吨。

四、由于主客观原因，到今年 9 月底工矿产品出口计划仅完成 11.3 亿元，还有 4.5 亿元要在今后两个多月的时间内完成，根据目前的进度和存在的问题，完成这一任务是很艰巨的。为了保证今年出口任务的完成，会议上议定了以下几点意见和措施：

1. 请各部本着中央一再提出的出口第一的原则，把第四季度的出口供货任务逐项研究落实，并根据各个产品所存在的问题，采取有效措施，鼓足干劲，保证今年内完成；在外贸专业会议期间承担供应原材料的中央各有关部门必须千方百计地保证供应；承担协作件和配套产品的部门，要发扬先人后己的精神，积极组织力量，尽先完成出口协作、配套任务。

2. 为了及时了解出口产品的生产和交货情况，抓紧今后两个多月的时间，努力完成今年的出口任务，请各生产部从 10 月 17 日开始，每 10 天检查一次，并向总理办公室、国家计委、国家经委和国务院财贸办公室简报一次，并抄送外贸部。

3. 请各省、市、自治区对地方企业生产出口产品所需的煤、电和原材料，本着“先国内、后国外、保一头”的精神，优先保证出口产品的生产。

4. 请各部指定一位负责同志专门抓一下出口产品生产，并针对出口产品生产中存在的问题，派得力干部深入重点厂矿和地区，督促检查出口产品的生产和解决生产技术及原材料等问题。

5. 为了及时反映并帮助各部解决各部本

身确实难于解决的原料、材料问题和出口工矿产品生产、交货中一些其他主要问题，决定由国务院财贸办公室、国家计委、国家经委和外贸部的有关机构组成督促检查出口任务完成的“五人小组”办理日常工作。

150－9－306

外贸收购轻工业品总额占轻工业总产值的比重

年　份	轻工业总产值（亿元）	外贸收购轻工业品总额（亿元）	外贸收购轻工业品总额占轻工业总产值的比重（%）
1958	500	39.88	8.0
1959	610	45.96	7.5
1960	550	42.38	7.7
1961	431	35.79	8.3
1962	395	34.31	8.7
1963	404	37.63	9.3
1964	476	39.34	8.3
1965	703	50.65	7.2

外贸收购重工业品总额占重工业总产值的比重

年　份	重工业总产值（亿元）	外贸收购重工业品总额（亿元）	外贸收购重工业品总额占重工业总产值的比重（%）
1958	590	19.67	3.3
1959	874	18.41	2.1
1960	1 100	18.66	1.7
1961	588	15.40	2.6
1962	455	13.35	2.9
1963	518	13.44	2.6
1964	627	17.71	2.8
1965	691	20.22	2.9

国家统计局编全国财贸统计资料1949—1978，1979年10月，T24/2

二、进口的组织与协调

中共中央批转谭震林、李先念同志关于进口化学肥料问题给中央的报告

1959 年 2 月 14 日

中央同意谭震林、李先念同志关于进口化肥问题的报告。现将这个报告发给你们，请研究执行。

附：谭震林、李先念同志关于进口化学肥料问题的报告

1959 年 2 月 14 日

今年全国粮食、棉花、油料、麻类和其他经济作物的生产指标都比去年的实绩增长很大。为了实现这些生产指标，需要使用较多的化学肥料，但是目前化学肥料的资源却很不足。

根据中央书记处指示，为了保证粮食和棉花以及其他主要经济作物生产指标的实现，必须增加化肥的进口。由于中央外汇很困难，因此需要商得地方同意，将 1959 年分给地方外汇 6 000 万美元当中的 1/3 左右来进口化学肥料。根据这一指示，我们曾分别同各省、市、自治区党委进行了商量，除江西拟从国外进口生产化肥的设备，不打算进口化肥外，其他各地都表示同意。但是抽出的外汇比例，由于各省具体情况不同，因此有多有少（见附表），现在按照各地自己提出的比例，加以综合，共计金额为 1 988.3 万美元，约可进口化肥 35 万～40 万吨。经同外贸部研究，争取在 2 月份向国外订购，4、5、6 月 3 个月陆续到货。这批化肥进口以后，仍按照各地抽出的外汇比例分配各地使用。至于具体的订购，由外贸部商同地方办理。

按照现有资源，即使增加进口 35 万～40 万吨化肥，也还不能满足今年农业生产的需要。同时，国家掌握的化肥已经全部分完，再无力进行调剂。在这种情况下，为了解决化肥的不足，除了要求中央和地方的化肥工厂努力增加生产外，目前最重要的而且最有效的办法就是要求各地积极发动每个人民公社就地利用各种资源，大力进行土化肥的生产。

附：各省、市、自治区党委为进口化肥同意抽用地方外汇数量表 单位：万美元

地　　区	1959 年地方分汇分配额	同意动用地方外汇数	动用地方外汇占分配额（%）	意　　见
合　　计	6 000	1 988.3	33	
云　　南	170	56.6	33	
山　　东	200	66.6	33	
宁　　夏	30	15	50	
新　　疆	100	33.3	33	
福　　建	160	53.3	33	

续表

地　区	1959年地方分汇分配额	同意动用地方外汇数	动用地方外汇占分配额（%）	意　见
广　西	165	50	30	
山　西	100	33.3	33	
江　西	160	—	—	
安　徽	180	120	66	
黑龙江	130	32.5	25	
贵　州	80	26.4	33	
浙　江	180	90	50	
内　蒙	100	33.3	33	
吉　林	130	43.3	33	
青　海	70	10	14	
江　苏	180	60	33	
陕　西	100	50	50	
河　南	160	80	50	
上　海	1 000	333.3	33	
河北（包括天津）	500	100	20	
甘　肃	100	33.3	33	
湖　南	160	53.3	33	
湖　北	190	63.3	33	
辽　宁	240	80	33	
四　川	230	76.6	33	
广　东	750	250	33	
北　京	170	56.6	33	
待分配数	265	88.3	33	

10－945－10

国家计委党组、外贸部党组关于一九五八年进口钢材的质量情况的检查报告

1959年4月4日

根据中央指示，为了实地了解1958年进口钢材的质量情况，外贸部在今年1月间曾派中国五金进口公司组织两个工作组（有工程师参加）赴东北地区进行调查了解。现将了解的结果和我们的意见报告如下：

1958年向国外订购的各种钢材共1 643 900吨。据从沈阳、长春、哈尔滨、抚顺和大连等地37个使用进口钢材的厂矿了解，其中，有32个厂矿对进口钢材的质量表示满意，只有5个厂矿对部分进口钢材的质量有意见，具体情况有以下几种：

一、钢材质量不合格。例如，哈尔滨锅炉厂由西德古丁和公司进口的46毫米锅炉板12张，经工厂试验，有8张断口均质试验不合格，2张冷弯不合格，制成10个封头因有裂纹全部作废。由西德康乐公司进口44毫米的44吨锅炉板，经试验不合格（前者索赔期过，后者已提出索赔）。

二、钢材质量没有达到原提货单的要求。例如，哈尔滨第一工具厂由朝鲜进口的高速工具钢19.89吨，原规定硬度为HB207～255，到货硬度为HB 280－300（在实际使用中未发生问题）。

三、因为提出订货单时把规格弄错了，或者货到后调拨错误，以致影响使用的。哈尔滨锅炉厂向英国订购的高压锅炉钢管340吨，经

试验后不能做高压锅炉。但由于标准中所列该号钢的高温屈服强度证明是在提出订货单时规格就搞错了，以致所订到的是一般低压锅炉管。又如哈尔滨量具厂由瑞典进口的高速钢，按原提货单含钨应为9.4%，到货为6.64%；含碳应为0.97%，到货为1.21%。据该厂反映，这种钢的质量实际上比苏联同样产品好，化学成分不符是由于国内调拨错误。

四、进口钢材在仓库存放时间过久变了质。例如，1958年由轻工业部从昂昂溪调到大连食品厂的200吨马口铁，表面锈蚀很厉害，不能使用，据说是1955年以前由苏联进口的。

从以上情况可以看出，一部分进口钢材在使用中发生问题的原因，除了有一些确实是国外产品的质量不好以外，主要是在订货、检验、调拨、保管、索赔等环节上还存在缺点和漏洞。为了保证今后进口钢材的质量，以利于国内生产建设，我们认为应当迅即采取以下措施：

1. 外贸企业单位在与资本主义国家厂商签订合同时，应当严格规定有关品质的合同条款，防止他们在向我们交货时夹杂次品。同时，商品检验机关在货到口岸后应当进行严格检验。

2. 有关工业部门在提出进口钢材订货时，应当认真审核，避免订错。货到国内进行分配调拨时，要加强同有关工厂的联系，防止调非所用，并且要妥善保管，以防遭受损坏。

3. 有关工厂应当加强对进口钢材的品质检验工作，认真化验，保证按质用料，遇有问题时应将使用效果作出详细记录，向外贸部中国五金进口公司反映，以便及时查明原因并向国外提出索赔。中国五金进口公司应当经常主动向有关使用单位搜集对进口钢材质量的反映，并介绍向国外厂商索赔的条例。

Z10－945－10

（七）对外贸易

为了保证一九六〇年各项经济指标的完成，必须在自力更生为主、争取外援为辅的方针下，尽可能争取多进口国家建设所需要的物资。

一九六〇年国家需要的外汇共为九十亿零八百万元，其中，成套设备、军事订货、尖端技术订货等为二十六亿四千万元，五金、石油、橡胶、化肥、机械和一般物资为四十二亿五千万元，偿还贷款和对外援助为十一亿元。在进口物资的安排上，按照发展国民经济的要求，继续贯彻执行了保证重点、辅助一般的原则，一九六〇年从苏联进口的成套设备一百一十九项，东欧的五十多项。

中央关于1960年国民经济计划的批示，1959年12月30日。Z11－9－2

国家计委、国家经委对各部申请一九六一年进口外汇安排意见的请示

1961年6月10日

1961年一般贸易进口货单按计划39.45亿元安排以后，其中的对资部分，由于出口情况很不好和外汇的使用必须首先保证粮食进口，因此，原计划内的一部分进口货单未能提出订货。但是，从3月份以来，轻工、商业、纺织、卫生、化工、民航等6个部门一再要求将计划内的货单优先给予安排1.13亿元的进口订货，此外，一、二、三机部和商业、铁道、建工、地质等11个部又提出计划外的补充进口货单约值1 760万元（计245万新卢布，478万美元，1万英镑），以上两项共需外汇1.3亿元。

我们先后于3月22日、4月6日会同财贸办公室、外贸部等单位的有关同志共同进行了研究，认为确有一部分物资必须进口。根据国家外汇的可能，我们将所有进口货单按下列原则进行了排队：

（一）首先保证对资出口商品所必需的原材料。

（二）在外汇力量可能的情况下，保证对苏新兄弟国家出口商品所必需的原材料。

（三）供应国内市场高级产品必需的原

材料。

（四）适当照顾农村特别是与交换物资有关的物资。

（五）金额不大、影响面宽而又非靠进口不可的重要生产资料。

根据上述原则，除李先念副总理专案批准的55万美元（轻工部51万美元和二机部化学试剂4万美元）以外，拟再安排1 085万元的进口货单。即包括如下两大项：

（一）在原计划内尚未对外提出订货的1.13亿元中，安排982万元，其中，卫生部南药70万美元；民航局维修飞机零配件和原材料1.2万新卢布；化工部特种合成橡胶28万新卢布（包括三机部的丁腈胶在内），以及化工原料及医药中间体等278.8万美元。其余商业、纺织两部的货单，待财贸办公室审查后再考虑安排。

（二）在新提出的补充进口货单1 760万元中，安排103万元，其中，三机部生产灯泡用钨丝36万美元；一机部为摩洛哥国王生产汽车用油漆500万美元；铁道部维修电机车所需特殊油脂和绝缘材料1万英镑以及商业部维修氨压缩机所需易损零件5万元。

150－9－303

商业部一九六二年对资本主义国家进口外汇被冻结情况的报告

1962年5月10日

据本部有关专业局反映，外贸部已于4月初通知各进口公司，将已批准的各项外汇一律冻结，对外暂停新订货，重新进行调整安排。初步计算，商业部被冻结的外汇共2 049万美元，其中，化肥、农药占的金额最大，占80%，其余商品占20%。具体情况是：化肥、农药1 640万美元，占80%；化工原料204万美元，占10%；医药136.6万美元，占7%；化学试剂18.5万美元，占1%；百货类41万美元，占2%。医药、化工原料和化学试剂被冻结的外汇数，虽然所占金额的比例不大，但外汇冻结后存在的困难的确不小。

医药类。今年中央对医药生产和市场供应十分重视，对医药进口外汇先后作了专项安排。1962年批准商业部的对资外汇275万美元，其中上半年170万美元。外汇冻结前已订妥138.4万美元，占年计划的50.3%，占上半年的81.4%。按批准的计划，被冻结的外汇，全年为136.6万美元，上半年为32万美元。上半年被冻结的外汇虽然不多，但涉及72个品种，其中普通药品14种（20万美元），主要是解热止痛药、抗结核药、眼科用药、外科手术消毒用药、止咳祛痰药、妇科用药、糖尿病用药等；特种药品57种（11万美元），主要是中央高干保健常用的特殊安眠药、心血管、脑血管用药，以及治疗疑难病症的特殊用药；器械1种。上述被冻结的品种，除少数国内有一些生产外，其余大部分品种国内都不能生产，必须依靠进口解决，而且都是当前医疗所必需和市场供应又十分紧张的品种。这些品种，从去年5月份以来，基本上就没有进口，库存空虚，如不及时组织进口，将直接影响医疗上的需要。医药局已向党组作了专题报告，并正会同化工部、卫生部联合向中央报告，要求“解冻”。

化工原料类。1962年由商业部归口安排的进口化工原料，压缩后的最低需要外汇750万美元，国家已批准的外汇300万美元（包括5.8万卢布），尚有450万美元的缺口（已向有关部门报告，要求作进一步安排）。已批准的外汇，安排增塑剂150万美元，出口产品用150万美元。外汇冻结前共订妥86万美元，占年度批准计划的28.7%，其中，增塑剂已订妥30万美元；加工出口产品用订妥56万美元。由于1961年进口很少，1962年初大部分商品没有库存，供应长期紧张；1962年国家批准商业部的外汇仍然很少，留的缺口较大，而目前将很少的外汇又进行了冻结，因此，存在问题较大，突出的是增塑性。

1962年按聚氯乙烯树脂生产计划22 000吨，扣除2 000吨硬管不需配套增塑剂，加上

1961年结存待配套的4 000吨计算，共需增塑剂12 000吨。1962年国产增塑剂5 600吨，其中用于聚氯乙烯塑料工业的约4 500吨，尚需进口7 500吨。1962年已批准的增塑剂进口外汇150万美元（3 650吨），尚差150万美元（3 650吨）。1962年上半年聚氯乙烯预计可完成12 500吨，需增塑剂6 000吨，其中除国产增塑剂预计有2 600吨外，尚需进口3 400吨，进行配套；但是，进口增塑剂在外汇冻结前仅订妥810吨（包括原料正辛醇200吨折合成品），与需要相差2 590吨，如果不立即继续进口，则上半年将有40%的聚氯乙烯（约5 000余吨），无法配套生产。目前各地需要增塑剂很急，第一季度基本上无进口增塑剂，库存一吨没有，已影响生产计划的完成。如天津反映，因增塑剂供应不足，一季度塑料鞋生产计划只完成45%，有50万双不能按计划调拨。化工公司要求，将已批准但尚未安排的120万美元，请外贸部迅速布置订购；全年留有的缺口（150万美元）也请计委研究安排（已向计委报告）。关于出口产品用的进口化工原料，存在问题的有：树胶，年计划500吨，1吨未订妥；黄血盐钾钠500吨，已订妥180吨；影响出口产品的商标、焠火和颜料等需要。

化学试剂。1962年批准的进口计划为20万美元，外汇冻结前仅订妥1.5万美元。由于1961年未批准对资进口，故供应十分紧张，特别是1 000余种的三类品种，目前国内不能生产，涉及医疗化验、科学研究和进出口商品的检验等各个方面的需要，如不继续进口，上述各方面的需要将无法供应。

181－11－118

商业部关于请安排一九六二年有关轻工市场急需一部分进口外汇的报告

1962年8月21日

商业部于1962年7月24日报请国家计委外贸局审批的有关轻工市场所需的一部分进口外汇共450万美元，由于国家外汇困难，计委外贸局希望在原报450万美元的基础上提出一个最急需的货单，以便报请领导考虑安排。根据这一精神，经我们研究，现提出目前急需安排的货单共253.7万美元。其中：

用于工业生产的原料169万美元。主要是增塑剂100万美元（约2 500吨）。1962年聚氯乙烯树脂生产预计24 700吨，加上年的库存3 500吨，共28 200吨，需14 000吨增塑剂进行配套，目前资源只有4 500吨（国产5 500吨，进口4 000吨），尚差4 500吨，将影响9 000吨聚氯乙烯树脂的配套，其中除留下3 000～4 000吨作为合理储存外，其余5 000～6 000吨要求进口2 500吨增塑剂进行配套。否则，不仅聚氯乙烯树脂要积压起来，而且将影响1亿元以上的聚氯乙烯制品的市场供应。其他如尼龙丝、树胶、安息香酸等10个商品，都是国内不能生产、历来依靠进口的物资，今年对国内市场所需部分没有安排进口，目前供应十分紧张，影响面较广，故请在年内适当安排进口。

用于人民生活的物资64.5万美元，突出的是烟筒铁皮。1962年取暖烟筒用铁皮最低需要9 000吨，国内大致能解决6 000吨左右（以0.5～0.6mm薄钢板、带钢、矽钢片等代用），尚需进口3 000吨。因系季节性物资，各地需要甚急，请安排在三季度内进口。

用于市场修理的物资20.2万美元。手表零件18.4万美元，由于1961年以来未批准进口，目前进口手表零件国内甚缺，很多地区反映一些进口手表坏了零件就无法修理。故适当提出进口以供应市场修理需要。

国内市场所需的一部分进口物资，由于近两年有的未批准进口，有的批准进口很少，因而市场供应长期紧张，库存空虚。故请根据国家外汇可能，尽量予以安排，以利改善国内市场的供应状况。

181－11－119

二

上半年进口计划执行情况存在的突出问题

是医药、化工、化学试剂、五金、百货等商品的订货情况不好，主要原因是：

1. 对资外汇安排太迟，影响了及时订购。为了首先保证粮食、化肥的进口，今年国家批准给商业部的外汇中除医药安排较早外（也比往年迟），其余商品都安排很晚。因而上半年订妥很少，除跨年到货外，基本上没有新到货。

2. 有些商品国际市场缺货不易订购，影响计划的完成，如药品中的盐酸奎宁、硫酸奎宁等。又如化工原料中的洋干漆历年都是从印度进口，因印度反华，今年改由香港转口，因而订购比较困难。

3. 某些从苏新国家进口的零配件，如医疗器械，因为需要按照原机器的型号专门安排生产，需时间较长，但我方订货单没有提前提出，因而推迟了进口。

由于化工原料、化学试剂、药品等进口情况完成不好，对轻工市场商品的生产有一定影响，并影响到出口物资的供应，如化工原料中柠檬酸就影响了橘子汁、罐头等很多出口商品任务的及时完成。据甘肃省反映，因四氯化碳供应不足，不能按照检修防爆设备和清洗管道，有的工厂曾发生爆炸事故。再如，化学试剂品种繁多，规格复杂，但近年来外汇安排很少，今年上半年进口完成很差，因而科学研究、商品检验、医疗诊断等多方面的需要都不能保证供应，困难较大，据上海化学试剂站反映，研究烫伤急救用的苏旦黑，由于长期缺货，前一时期西安急需，只能从上海广慈医院支援一厘米，空运西安，以应急需。

三

从上半年的订到货完成情况和各公司的反映，目前进口中还存在以下几个问题，需要研究迅速解决：

1. 据本部医药公司反映，外贸公司过去从来未向订货部门扣过租船费。但今年忽然在医药外汇中扣除8%的外汇作为租船费，我们不能同意。因此这笔租船费仍应由外贸公司研究解决。

2. 由于时间较紧迫，因此请外贸部对未订妥的商品抓紧时间向国外订购，特别是对化学试剂、冷冻设备、医疗器械等商品，上半年订货和到货情况均不好，因此需要与外贸部门加强联系，督促早日订妥，及时进口，以利国内市场的供应。

商业部1963年进口计划执行情况检查，1963年8月27日。181－12－151

1964年我部要求进口的商品都是国内不能生产，或生产不足，而生产、维修和市场供应又很急需的商品。1964年提出进口的商品，以外汇计算比1963年减少17.5%。其中，主要商品有增有减：石油等商品国内生产增加，进口数量比1963年减少；化工、化学试剂、南药等，由于近几年市场供应比较紧张，故1964年进口数适当增加了一些（详见附表［略］）。

1964年对朝鲜、越南、阿尔巴尼亚等政治性进口的商品，未包括在这项计划内。

商业部关于请求安排1964年商业部进口计划的报告，1963年11月13日。181－10－101

纺织工业部关于一九六四年进口纺织设备的报告

1964年7月7日

纺织品出口在我国出口总额中占有相当的比重。从国际市场来看，纺织品的销售，只要品种、花色能适应要求，质量不断提高，销售潜力还是不小的。但近年来由于国际上新技术的发展，化纤原料的大量采用，我国原有出口的纺织品在质量方面、花色品种方面，与国际市场上比较，出现了很大的差距。同时，一些适销的热门产品由于设备的限制，生产能力无法扩大。特别是近年纺织品由对苏新国家转为对资出口以来，矛盾更为突出。如不及早解决，不仅不能扩大纺织品的对资出口，现有出口的品种由于适应不了市场需要亦有逐渐被淘汰的可能。为此，必须立即着手逐步引进部分新技术、新设备，积极改进现有纺织设备制造技术与纺织品加工技术，不断地用新技术、新设备来装备新的纺织企业，同时结合国家投资的可能和纺织品出口的需要进行一些老厂改造，才能适应纺织品出口的需要。

按照上述精神，确定以下原则：（1）集中力量解决引进新技术、新设备后，国内立即可以进行仿制或改进现有设备。2～3 年后既能装备国内新建企业，又能适应援外和成套出口的需要。（2）适应当前纺织品出口的需要，特别是扩大对资销售品种的缺门和热门货。（3）按少花钱、多办事、早收效的原则，1964 年先集中解决棉纺织印染行业的问题。

根据以上原则，1964 年须进口的纺织设备如下：

1. 棉纺设备。进口国外先进的，以适应化纤混纺的棉纺样机进行仿制，提高国内技术水平和解决援外出口的需要。

2. 棉织设备。进口国内没有的宽幅织机，适应国际市场上对宽幅棉布和宽幅色织布的需要。

3. 棉印染设备。进口生产棉化纤混纺、宽幅印花、印花拉绒、精元洋伞布等产品，国内一时尚无法制造的印染设备，适应当前纺织品出口的需要。

4. 毛纺染整设备。进口提高毛纺织品质量，增加花色品种，并解决毛化纤混纺产品后处理的毛纺染整设备及增加羊毛衫产品的设备，以适应扩大对资出口毛纺织品的要求。

1964 年进口纺织设备共需外汇 549 万美元，国内配套设备需人民币 902 万元；基建和安装费人民币 1 070 万元，合计为人民币 4 717 万元。

上述进口设备全部安装投入生产后，除可逐步改进棉纱质量外，预计每年可将增加出口纺织品：宽幅布 12 万匹，宽幅色织布 10 万匹，化纤混纺棉布 16 万匹，拉绒布 26 万匹，宽幅印花布 10 万匹，精元洋伞布 5 万匹，羊毛衫 50 万件；呢绒出口每年可达 500 万米，估计每年约可增加外汇 1 400 万美元左右。

上述进口纺织设备方案是与纺织品进出口公司共同研究的，并经计委审查确定第一批进口的项目有棉纺、棉织、印染及毛纺染整设备，共需外汇 393 万元。请尽先核准，以便在 1964 年内办理进口。其余尚需进一步调查了解后再确定进口的设备计外汇金额为 156 万美元，亦请根据调查结果，早日核定。

为了尽快地进口上述设备，以便早日见效，除通过外贸机械进出口公司报价选购外，拟派出一部分技术人员到香港、日本和西欧各国进行选购。

150－12－208

轻工业部关于轻工业出口、援外购置国外设备、仪器申请外汇的报告

1964 年 7 月 18 日

轻工业出口、援外用进口设备、仪器需要的外汇，我部曾于 6 月 30 日以［64］轻工计字第 206 号报告，提出申请。7 月 11 日在国家计委召集的会议上又作了口头汇报。根据计委指示精神，我们对各项设备和用汇量、用汇时间逐项进行了复查，现已重新编制完竣，呈请审查。

这个方案，共需外汇 1 191 万美元，其中，出口产品用 691 万美元，援外用 500 万美元，需外汇总数未变，但造纸、闹钟等行业用汇内容作了调整。进口、用汇的时间，我们要求一次批准，分年使用，主要是因为提出 1964 年和 1965 年使用计划要经过询价、报价、比较、谈判、订货、制造、运输、监收等过程，将分别于 1965 年、1966 年才能到货和结汇，时间是很紧的。同时考虑到今年下半年可能部分到货需要用汇，因此，请你委预拨 1964 年用汇 200 万美元，以便先行进口那些不需要设计文件的、作为技措的、不搞土建配套、容易收效的单机设备。这些单机设备进口之后，就能马上进行安装生产或测绘仿制，以应出口和援外之需。

附：轻工业出口、援外购置国外设备、仪器申请外汇汇总表

申请批准日期：1964 年 7 月

进口、用汇结汇年份：1965—1966 年

行业名称	需要金额（万美元）	进口、用汇年份		行业名称	需要金额（万美元）	进口、用汇年份	
		1965 年	1966 年			1965 年	1966 年
总　计	1 191	622	569	二、援外小计	500	200	300
一、出口（8 行业）小计	691	422	269	造纸	200	110	110
自行车	40	23	17	制糖	96.5	21.5	75
缝纫机	35	19	16	陶瓷	21	21	
闹钟	66	53	13	玻璃	28.5	23.5	5
玻璃	51	42	9	肥皂	60		60
铅笔	85	82	3	制革	24.6	9.3	15.3
自来水笔	44	19	25	制鞋	19.8	14.7	5.1
皮革	85	33	52	其他（备品、备件、维修零件、报价差异）	29.6		29.6
纸张	285	151	134				

150－12－208

为了出口援外，并推动我国轻纺工业技术水平的提高，轻工业部和纺织工业部均要求进口一些先进技术设备、精密机床和仪器仪表。

经过计委机电分配局、外贸局和轻工业局反复审查后，除纺织拟做成套设备样机和新技术进口项目部分（外汇约一百多万美元）将连同其他工业的新技术项目一并报批之外，同意今年提出、争取明年到货的订单，金额共七百八十八万美元。其中：

纺织工业部二百零六万美元。

轻工业部的陶瓷、纸张、自行车、缝纫机、闹钟、玻璃、铅笔、自来水笔、皮革、肥皂、制糖等十一个行业共五百八十二万美元。

外汇列入明年的年度计划。

国内配套设备和基本建设投资也列入明年的年度计划。

国家计委关于进口轻工、纺织设备问题的报告，1964 年 9 月 12 日。150－12－208

国家计委、国务院财贸办公室关于一九六五年拨给化肥和进口人造棉所需外汇问题的批复

1964 年 9 月 15 日

（一）同意一九六五年供应侨汇物资中，每百元人民币侨汇增加供应人造棉布和“的确良”共三市尺，所需进口原料人造棉四百五十吨，聚酯一百八十六吨（约需外汇五十万美元），同意安排进口。

（二）同意一九六五年在国家化肥分配计划中继续拨给化肥两万吨，由华侨事务委员会掌握，用以解决一部分侨汇物资不能落实的补充需要。此项化肥的使用情况，应于年终报送国家计划委员会和国务院财贸办公室备查。

150－12－585

第一轻工业部关于申请进口专用、精密、大型机床的几点说明

1965 年 3 月 24 日

一、由于目前轻工专用技术装备的落后状况和维修工作跟不上需要，已直接影响到生产、基建和出口援外工作。

二、第三个五年计划期间，轻工业总积累 370 亿元，出口换外汇计 12 亿美元，对外援助 17 个国家 90 个项目。直接管理 4 个机械厂，现有 400 台机床，每年生产能力 4 000 吨，地方厅局的生产能力 4 000 吨，还有一机部口的轻工专用设备制造能力 8 000 吨，总计生产能力 1.6 万吨。按第三个五年计划匡算，每年需

要5万吨轻工业机械设备（其中援外1万吨）。我们考虑一机部今后承担国家建设任务很重，不可能满足轻工业的技术装备要求。为了适应国民经济的发展和出口援外的需要，必须加强轻工业的专业设备制造能力。

三、目前国家生产的机床有限，为了克服在短时期之内满足轻工业所需要的专用、精密、大型机床等困难，建议批准申请进口的一批专用精密机床，其中有的属于国家缺口产品，如真空伏辊钻孔专用机床等，有的属于国家短线产品，如齿轮铣床大型精密车床、各式磨床、刨床等。这些机床批准进口之后，在2~3年内纸、糖等专用机械设备即可在原有制造能力的基础上新增1.2万吨，质量也将大大提高，成本也会下降，对援外出口及国内市场将提供更多的商品制造能力。

附：进口机床明细表

新增机械制造能力	12 000 吨
机　床	1 232 台
外　汇	9 644 178.25（新卢布）

150－13－1965－149

李先念副总理关于批准一轻部进口机床问题给李强、王毅之、李哲人的函

1965 年 4 月 11 日

为了加强第一轻工业部机械制造能力，在近三年必须赶一下，否则我们轻工业生产能力，特别是提高技术水平要放慢了。放慢了，不只是国内问题，而且对外不能与其他国家相比，现在有些反映，本来这些机器国内可以分配，但一紧张又怕挤掉。我估计机械设备我们在一个时期还不是那样宽裕的，倒不如事先向苏新国家提出这批货单，有好处。

我看捷克订多了，罗马尼亚可否订一些？罗的机器也并不坏，请李强同志考虑一下，并且请李强同志召集轻工、物资部同志议一下，取得共同意见。如不同意，望告。并且每年国家计划一定要列进去，并报告一波同志。其次轻工业部一定要考虑到在二线和三线建设机械制造业，都放在一线总不放心的。

附：王毅之关于批准一轻部进口机床问题给李先念副总理函

1965 年 4 月 3 日

根据你的指示，我们会同外贸部把进口的一千二百台机床进行了研究。考虑到进口机床中有七百七十台是国内不生产的专用机床和短线产品。这些机床用来加强轻工业机械制造是迫切需要的，因为这些机床进口之后：

一、可以很快地仿制已经或者正在从国外引进的新设备，并确保仿制产品的质量，如造纸、火柴、罐头等进口的新设备。

二、确保已经进口的大纸机等设备在正常生产时，所需的备品配件不再从国外进口。

三、用这些机床在两三年内可建立起一两个轻工机械制造基地，并能每年增加制造能力一万二千吨。

四、为今后轻工机械的研究、设计、制造创造了有利条件，不仅产品的精密度可以提高，而且劳动生产率也可以提高一倍左右，成本也可得到下降。

在上述进口的七百七十台大型专用、精密的机床中，有七百六十二台（价值六百六十三万新卢布）是社会主义国家生产的，以目前情况看，可在今明年内进口；另有八台（需美金三十四万二千三百元）是社会主义国家不生产，而又为我们生产中不可缺少的，请准予从资本主义国家进口解决。

遵照你的批示，结合当前国民经济的发展和出口援外任务的需要，请批准在今明年内进口大型、专用、精密机床七百七十台，其余四百六十二台，在国家外汇平衡的许可条件下，请准予提前进口，我们有信心在两年中用这些机床作出成效来。

150－13－149

经委新技术局陶力局长介绍了新技术进口

计划和存在的问题。

1965年计划进口新技术20～25个项目，预计可以成交25个。主要内容有钢铁冶炼、机械、化工和仪表等，其中一部分是军工。

1966年各单位要求进口的项目1 006个。

其中：国防方面的220项，需要成套设备进口的109项，估算需投资5.9亿元。

经过计委、经委、国防工办等有关单位商量定下来的共计31项，估算投资10 581万元，国家计委列投资9 000万元。

主要内容：钢铁冶金占25%，采掘占18%，机械仪表占32%，其他如小火电站设备等。

存在问题：

1. 今年形势很好，许多国家都愿意卖给我们新技术，只看我们要不要，需要研究。

2. 随国内技术水平的提高，大部分项目我们将来能够自己设计，只选购一些设备即可，但有许多军用的现在又必须进口。

3. 这些项目多在三线，外国人来安装有些不放心，不要他们安装，技术上又有困难。

4. 为了进口价格低，时间快，需要在外国多方面进行探索，需要在外国派常驻代表，各个大的部都同意，但至今没有派出人来。按规定要到了项目才准出国考察，这样不能预先探索。以后是否可以在计划项目之外，另编考察计划。

5. 样机进口很乱，是否新技术进口局不管单项的样机进口，分别给各部一笔外汇控制数字，由他们各自办理。

6. 进口项目计划批准之后，在每个项目签订合同的前一天，还要再报一波同志或总理批准，很紧张，是否可以不再报批。

在汇报过程中，李人俊同志有以下插话：

1. 要研究是买专利好，还是买样机回来自己搞好？是买成套设备好，还是买单项设备好？国内技术的发展总是有先进也有落后，最好有些东西尽量先在国内组织搞，是否有些东西我们自己没有坚持搞下去？我们要练关于刀具技术的基本功。

2. 国际上现在摸到我们的底，我们是从任务出发，要买什么一定要买，他们就要滑头。我们应该有斗争策略，心里急要的东西，表面要稳坐钓鱼台。

3. 有些东西，一方面国内搞试验，一方面又买专利。两方面花钱，不行。

4. 今年进口的大钻机可以不要，氧气炼钢的整套设计和设备进口，需钱很多，需要考虑。轮胎生产线就是最先进的也不要了。明年进口的现代化矿井设备可以不买。我们先搞机械化，暂不自动化。纺织和造币也不要出国考察，有些暂时落后点没关系，国家只这么多钱，外汇得来很不容易，我们一定要有重点，先买些高效率的采掘技术设备。

国家计委党组会纪要：新技术、设备进口项目问题，1965年10月28日。150－13－18

三、外贸物资的定价

关于出口商品销售价格掌握原则的暂行规定

全国外贸局长会议参考文件之十三

1959年3月

在对资出口商品的价格上，应在扩大出口的条件下，根据国外市场情况，争取以最有利的价格将商品销售出去。原则上由经营的公司（总公司口岸公司）自行掌握，但须注意对外统一的原则。具体意见是：

（一）凡属我带有传统性的传统出口商品，应以稳价多销为原则，但也不是稳而不动，在市场情况有变化时，可作合理调整，但涨落幅度不宜过大。

（二）凡属某些地区主要靠我供应，我货在该地区占有相当比重的商品，在货源供应一般正常的情况下，应争取长期供应，稳价多销。市场有变化时，可作必要的调整。

（三）凡我商品在市场上所占比重不大，需要适当扩大出口，而我货品质量又不次于他国同类产品者，价格应随行就市进行销售，必要时也可主动作适当调整。

（四）我出口潜力大，货源充沛……可以比竞争者条件优惠的价格出售，但必须核算清楚，防止盲目落价。

（五）新商品价格应以开辟销路为原则，开始销售时可以用较低的价格成交，待销路较为巩固后，再逐步作合理调整。

（六）大宗成交与小量成交在价格掌握上应当有所区别，一般应对大宗生意有适当的优惠。

T51－30

商业部、对外贸易部关于颁发内外贸之间进出口商品的作价办法的联合通知

1960年6月13日

内、外贸之间的进出口商品作价办法，现行办法系在1953年制定的（其中出口的棉、麻、烟、茶、猪肉、禽、蛋等农副产品作价管理权则于1958年11月下放各省、区、市掌握）。由于7年来的经济情况有了巨大的发展，现行办法已不适应工作上的要求。为了提高工作效率，更好地贯彻执行党和国家的有关政策。经两部协商决定，将内、外贸之间进出口商品的作价办法加以修改。今将修改后的作价办法随文下达，定于1960年7月1日起执行。对朝鲜、越南进出口商品作价办法（包括供朝转口物资）仍按现行办法不变。

附：内、外贸之间进出口商品作价办法

1960年6月

现行的两部进出口商品作价办法是1953年制定的，几年来由于国内生产发展和市场情况变化很大，1953年所制定的作价办法已不完全适合当前的工作要求。为了进一步贯彻党的社会主义建设总路线，有利于双方的经营和核算，正确执行国家政策，经两部协商修订进出口商品作价办法如下：

一、作价原则。

（一）有利于进一步贯彻国家的各项政策。

（二）双方进出口业务关系为自营关系，作价办法应以国内价格为基础，并贯彻按质论价、优质优价原则，进出口商品的盈亏由外贸

部统一平衡，内贸一般保持微利。

（三）简化作价手续，便于双方经营和核算。

二、凡属国务院财粮贸办公室、国家计划委员会批准的拨交商业系统的进口商品及属于商业部供应的出口商品除另有规定者外，作价原则一般均按本办法各项规定执行。

三、出口商品作价办法。

（一）供应出口的工业品（包括手工业品，下同）为减少不必要的流转环节和节约费用开支，基本的办法是采取由商业部门衔接计划的办法，在落实计划的前提下，由外贸公司直接向工厂进货，其价格均按工厂出厂价格执行，工厂直接与外贸办理结算。

（二）凡属需要经过商业部所属各级采购供应站（包括一级站、二级站、三级商店）转手供应出口的工业产品，按各级采购供应站的实际进货价格（包括市内运杂费）再加2%手续费用为采购供应站仓库交货价格。按此办法作价如高于当地批发牌价者按批发牌价作价；如外贸要求改进或另加包装所增加的费用以及要求运到指定地点，所发生费用由外贸负担。

（三）拨交出口的农副土特产品的作价办法，根据国务院1950年3月23日国财办周字86号通知的有关规定办理。

四、进口商品作价办法。

（一）凡属拨交商业部的一般进口商品均按计价口岸上年最后的批发牌价倒扣一定差率作为拨交内贸价。倒扣差率按商品大类规定如下：五金、交电、科学仪器、医疗器械12%；化工原料、药品、染料（包括中间体、助染剂）、油漆、颜料14%（化工原料工业部门都要求降价，国产与进口的供应价格正在研究，如有新的变化，另行通知）；纺织品、百货、针棉织品、文化用品、糖果烟酒、罐头、一般食品和饮料10%。

以上分类商品倒扣率，百货、文化用品批零价格不分商品需要缴纳零售税者，一律加扣3%；不论进口国别均按以上规定执行。

（二）凡属商业部订购的进口商品，属于中央统一分配的物资（即统配部管物资），内贸各级采购站或公司对当地和外地供应实行按国家统一调拨价作价者，外贸拨交价应按国家调拨价格（包括计委和部、局定价）。如对当地或外地供应仍按批发价者，外贸拨交价可暂按计价口岸上年最后的批发价倒扣，如同一商品内贸部门既有按调拨价又有按批发价经营者，为避免计算上的困难，外贸拨交价一律按国家调拨价作价。凡属按照国家调拨价格拨交的商品，应在商业部提出进口货单时即加以确定。

（三）使用地方外汇和地方提成外汇进口商品的作价不适用本办法，另按照外贸部规定办法办理。

（四）计价地点。进口商品均以上海、天津、广州为计价口岸。凡在计价口岸交货者，均按到货时当地上年最后的批发牌价倒扣；凡不在计价口岸交货者，则按距离较近的计价口岸上年最后的批发牌价倒扣（例如湛江按广州，青岛、秦皇岛按天津。余类推）。

（五）进口新商品在计价口岸无批发牌价者，应由双方公司准备资料，按物价分级管理权限报主管物价部门制定计价口岸的批发牌价，按商品性质分类照一、二项规定作价。

（六）进口新商品在计价口岸无批发牌价，又一时不便于制定或制定有困难者，则按进口成本加外贸利润的办法作价，即按进口总成本（包括国外原成本加一切费用及税款），苏联和其他社会主义国家加15%利润，资本主义国家商品加50%利润，作为拨交内贸价格。

（七）进口石油、化肥、农药、棉花、农业机具及其配件和化学试剂、医药中的特种药品等，仍按现行作价办法办理，烟叶亦按1956年国务院指示执行。以后是否改变，另行协议。

五、进出口商品的交接地点、结算付款均按现行做法不变。其有关进出口商品的其他具体问题，例如商品的品质差价、损耗、索赔、包装费用、交接手续、结算手续以及出口转内销作价等事项，双方公司应根据几年来已经行之有效的办法和本办法规定的作价原则精神另行具体协议，并可在实际业务中视需要签订具体合同。

六、本办法自1960年3月6日起执行。本办法执行前已正式结算的进出口商品不退补价款。

181－9－355

第一机械工业部转发国家计委关于出口工业品定价的几点意见

1962年5月25日

现将国家计委《关于出口工业产品定价的几点意见》转发给你们。在这一意见下达前，凡经各级主管部门审批确定的出口机电产品价格仍按原批价格执行。根据计委意见，再作如下几点补充：

（一）由于出口产品质量的特殊要求（包括产品结构、性能、技术条件的改变与表面的特殊处理等），因而影响产品成本、增加相应加价的部分，应根据国家计委的定价原则，按国内机电产品价格管理的分工，审批定价。

（二）出口产品包装材料费用的增加或减少部分，可由生产企业与出口公司双方协商议定，报各级价格管理部门备案。

（三）出口产品所带配件、备品、工具等方面与内销产品不同者，如该种配件、备品、工具国内已有定价且无特殊要求的，可以按国内单价照增、照减；如国内虽有定价、但出口另有特殊要求者，可根据国家计委对出口产品质量要求特殊的加价原则另行计算，具体价格应随主机定价资料，报各级定价部门审批。对尚未定价的配件、备品、工具，可根据本部［62］机财白字第36号通知颁发的《机电产品附件、配件、备品出厂价格管理办法》（修正草案）制订价格。

（四）出口产品随机所带技术文件、名牌等，应在合同上明确规定，其因出口而额外增加的费用由产需双方协商议定。

以上通知，希遵照执行。

另：

一机部［62］机财字0015号文《关于1962年援外出口机电产品出厂价格审定办法的规定》确定：“凡出口的机电产品，均按分级管理的原则分别审定价格。即凡中央统一定价的产品，由本部审批定价；其余不属于中央定价的产品，则分别由省、市、自治区机械工业厅（局）及本部各专业局定价。”

附：国家计划委员会关于出口工业品定价的几点意见

1962年5月10日

关于出口工业品定价问题，我们曾与有关部门进行研究，现提如下意见：

（一）出口工业品的定价，应当以国内产品的质量和价格为基础，贯彻执行按质论价、优质优价的原则。

凡出口工业品的质量要求与国内产品技术标准相同的（包括国家规定、部规定和企业规定三种），应当一律按照内销价格，其中有国家统一定价的，按照国家统一规定的出厂价格执行；国家没有统一定价的，按照地方物价主管部门规定的价格执行。

凡外贸部门对出口工业品质量有特殊要求（如为了适应国外的需要，产品的结构、性能、技术条件等与内销产品有显著不同），因而影响产品成本增加的部分，应在内销价格之外另行加价。增加的这一部分价格，应以合理的计划成本为基础，并参照比价，加上5%的利润和应纳的税金另行计算。

凡外贸部门对出口工业品的包装等方面的要求与内销产品有所不同因而增加或减少的费用，由外贸部门在内销价格之外照增、照减。

凡外贸部门对出口工业品的配件和工具等方面要求，与内销产品有不同者，应按增加或者减少的配件和工具等单价另行计算。

（二）出口产品的审批分工，在没有新的规定以前，暂时请按照本委1962年3月5日《关于重工业产品审批权限问题》电报中所规定的原则办理。调整出口产品价格必须经过企业主管部门的认真审核，并吸收外贸部门的意见，然后报物价主管部门审批。至于包装材料费用的增加或减少部分，为了减少审批手续，应由生产企业与出口公司双方协商议定。外贸部门对物价主管部门审批的出口产品价格如有不同意见，应当一方面按照审批的价格付款；一方面列出详细的资料，报请上一级的物价主管部门重新审定。

（三）为了减少价格纠纷，出口公司和工业企业必须签订经济合同，规定出口产品的品种、规格、质量、数量、价格和包装要求等，并且严格执行。签订合同时，如果有些产品的价格，上级还未审定，可以暂列原来的价格或双方协商的初步价格，同时注明按照审定的价格结算。工厂不得因价格未定拒绝交货；外贸部门也不能因此而拒绝付款。工业企业应当在降低成本的基础上，努力提高产品质量，按照合同要求进行生产，不能借口产品质量超过合同要求而擅自提价。

（四）为了稳定和提高出口工业产品的质量，树立在国外的信誉，工业部门应当选择若干条件较好的企业长期生产出口产品，特别是一些传统的出口产品，一定要做到定点供应，不要随便变动。

150－12－625

供销合作总社关于进口农药结算价格问题的请示

1963年5月25日

关于自日本进口的化肥与外贸部结算价格已遵照你办财贸邓字143号通知办理。最近外贸部又提出自日本进口农药改按国产货出厂价结算。

目前，供销合作社系统经营农药亏损较大，根据1963年农药销售计划和现行进、销价格初步匡算：全年销售农药32万吨，销货总额24 955万元，亏损5 316万元，亏损率21.3%。就是单从进口农药（今年全是日本货）来看，上半年进货2 800吨，按进口成本加手续费作价计算也要亏72.4万元（附表一［略］）。如果改按国产货出厂价作价，供销合作社要亏损195.1万元，而外贸部则盈利122.7万元（附表二［略］）。这就形成供销合作社大赔，外贸部倒有相当利润。这样是不够合理的，也将会影响各地供销合作社经营农药的积极性，不利于农业生产。

我们意见：进口农药不论是从欧洲还是从日本进口的，仍维持10年来一直执行着的作价办法不变，即进口成本加3%手续费作为供销合作社对外贸部的结算价。这样供销合作社可以少赔一些，外贸部仍有一定收益（手续费）。我们认为这样是比较适当的。

164－10－413

国务院关于供应出口商品统一作价办法的暂行规定

1965年11月11日

为了促进出口商品生产的发展，进一步加强供货部门和对外贸易部门的经济核算和互助协作，更好地完成国家的出口任务，特对供应出口商品的作价办法规定如下：

一、对外贸易部门和供货部门商订供应出口商品的价格，应当从国家整体利益出发，坚持政治挂帅，贯彻互助互利原则。

二、供应出口商品的价格以内销商品的价格为基础，同质同价，按质论价。由工业企业直接供应出口的工业品，按出厂价格作价；由商业部门供应出口的农产品，按交货地供货部门系统内部的调拨价格作价，没有调拨价格的按供应价格作价。

三、供应出口商品的规格、质量和包装等项要求如果高于内销商品的标准，应当在内销商品的价格基础上另行加价。加价多少，按照所增加的成本，加上应纳的税金和适当的利润计算。供应出口商品的规格、质量和包装等项要求如果低于内销商品的标准，应当相应减价。

四、专为出口而生产的商品，其供应价格以合理的成本为基础，加上应纳的税金和适当的利润制定。艺术性较高的工艺美术品，生产利润可以高于一般商品。

五、供应出口的工业品，可以根据下述原则，按低于或高于出厂价格作价：

属于以下两种情况的工业品，供应出口的价格可以低于出厂价格：（1）主要销售国外，国内销量很小，工业利润较大，又不宜在国内降价推销的工业品。（2）全国范围内长期供过于求又不宜降价推销的工业品。

在国内亏本销售的某些商品，供应出口的价格可以高于供应内销的价格。

需要按照以上原则作价的商品，由各有关部和各省、自治区、直辖市物价委员会提出，报全国物价委员会审定。

六、供应出口的新产品的供应价格，按照国家有关新产品的定价原则和试制费用的处理原则审定。出口某个新品种的试制费用是否需要计入供应价格，由生产部门与对外贸易部门协商决定。

七、为出口而生产的商品，工业部门应当事先会同对外贸易部门商定正品和副次品的产量比例和全部产品的超产比例。不合出口要求的副次品或超产的产品转作内销而发生的损失，在双方商定的比例以内的，由对外贸易部门负担，在双方商定的比例以外的，由工业部门负担。

八、对外贸易部门拨交内销的出口商品或其副次品，按照内销同类工业品的出厂价格或者同类农产品的调拨价格作价，同质同价，按质论价；需要加工改制或削价处理的商品，拨交价格由双方根据尽量使国家少受损失、又能销得出去的原则协商确定。

九、凡是对外贸易部门直接向生产单位或基层收购单位收购的出口商品，上级主管供货部门不得向对外贸易部门收取经营费或手续费。

十、各级物价部门应当根据“统一领导，分级管理”的原则，加强对出口商品供应价格的管理。出口商品供应价格的制定和调整，由供货部门与对外贸易部门联合提出方案和有关资料，按照物价管理权限，报请物价主管部门核定。由各级物价主管部门核定的价格，各级供货部门和对外贸易部门均须遵照执行。

全国物价委员会可以于必要时会同中央有关部门，召开出口商品价格协商会议，请出口商品较多的省、自治区、直辖市的有关单位参加，统一解决出口商品的供应价格问题。

十一、本规定于一九六六年一月一日开始执行。现行作价办法同本规定有抵触的，一律以本规定为准。

第 544 页。JD220－5455（20）

四、内、外销的协调与衔接

关于外贸不合出口商品转内销的问题，根据王、喻副部长的指示，我们召集有关公司的同志进行了研究。大家一致认为，去年四月发的两部联合通知需要修改。各公司的意见和我们初步研究后的意见如下：

一、交接范围。

1. 统购统销的商品和目前凭票凭证供应的商品，如棉布、针织品统由商业部门接收。如外贸需要以这些商品换购农产品时，应将商品交给商业部门，并由商业部门核拨票证，由商业部门凭票凭证统一供应。

2. 高价商品，由商业部门负责接收。

3. 除上述的商品以外，其余商品归口交接，在主管业务部门双方同意的情况下协商交接，双方没有协商一致的商品，由外贸部门自行推销和处理。

4. 已经霉烂变质、丧失了使用价值、需要报废的商品，一律由外贸部门根据国家规定自行处理。

5. 国内不能使用的商品，商业部门不予接收。如127V、129V电压的灯泡、电风扇、镇流器以及彩色日光灯管等。

6. 需要加工改制和缺少零件没有配套的商品，商业部门能加工改制、配套的由商业部门接收，不能加工改制和配套的由手工业部门挑选接收，其余由外贸部门自行处理。

7. 有关食品和药品，在接交前，须经过卫生部门和有关部门的检验，确实证明对人体无害和未失效者方可接收。

8. 不属于商业部主管的商品（包括配件、零件），商业部门不接收。

二、作价办法。可按两部原规定执行，即贯彻内贸不赔钱的原则。

三、交接手续。在质量上应全面检查质量，在数量上交接时，应从新点数过磅。

四、商业部门的接收和分配。

1. 凡属商业部主管的一、二类商品，由商业部委托商品所在地的省（市、区）商业厅（局）接收，省（市、区）商业厅（局）在接收商品后10日内整理商品清单上报商业部，由商业部统一分配。

2. 属于商业部门经营的三类商品，由商品所在地的商业厅（局）接收，并由当地负责分配和处理。

商业部计划局有关不合出口商品移内销问题向部长党组报告，1963年5月3日。181-12-151

商业部、对外贸易部关于不合出口规格商品移供内销及有关交接工作的几项补充规定

1963年5月21日

根据一九六二年四月十九日商业部和外贸部下达的《关于不合出口商品移供内销有关交接工作的规定》，现将对外贸易部近来清理出来的不合出口规格的商品需要移交内销的部分通知你们，请立即组织人员进行交接工作（各地移交的品种和数量见附表［略］）。有关交接手续、作价办法和组织领导等，仍按一九六二年四月十九日的两部联合通知办理，现经两部商定，再作以下补充：

1. 凡是商业部主管经营的一、二、三类商品，全部由商业部系统接收。不属于商业部主管的商品不予接收。在交接前，外贸部门应再加以审查，凡符合出口规格、今后可以继续

出口的商品（特别是专门为外贸生产的出口商品）不能移交内销。

2. 对于需要经过加工改制、整装配套的商品，商业部门能加工改制、整装配套的，由商业部系统收购。商业部门确实不能加工改制的商品和完全按国外规格标准安排生产的，国内不能使用也无法加工改制的出口商品，不交商业部门，可由外贸自行处理。

3. 食品和西药在交接前，需经卫生部门进行检验，对人身健康无害的，可交商业部系统接收。药品失效和即将失效的，不要移交。

4. 凡商业部门能够接收的（除留作奖售的外），外贸部门不许自行推销。对上述商业部门不收购的商品，外贸部门可通过寄售、委托代销或在指定市场上自行销售。

上述移交内销的商品，属于一、二类的商品，由地方商业厅（局）在接收后十日内编制清单上报商业部统一分配（食品可由地方分配和处理）。属于三类商品，由各地商业厅（局）自行分配和处理。

今后外贸不合出口规格需移交商业部门的商品，均按上述规定的原则办理。

181 - 12 - 151

对外贸易部对全国供销合作总社一九六三年第一季度供应出口计划执行情况检查报告的意见

1963 年 6 月 21 日

全国供销合作总社向李先念副总理、国务院财贸办公室报送的《一九六三年第一季度供应出口计划执行情况检查报告》第二项第四点中，提到“对草席、雨伞等夏凉商品，因内外销矛盾较大，出口供货地区又都是调出地区，需内外兼顾安排……”和第五点要求外贸协助解决雨伞用的桐油问题，我们有以下意见：

（一）草席、雨伞等商品在编制外贸收购计划的时候，已经兼顾了内外销的矛盾。这两项商品，据中国茶叶土产进出口公司报告，绝大部分已经按照供货计划对外签订了合同，如果减少供货，势必影响对外信誉，遭致索赔。另外，这两项商品的出口收购数量不算大，据说仅占该社总收购数量的 1% ~5% 左右。目前国内草席和雨伞的供应情况也较过去有了改善，看来，如果供销合作社多作些努力，出口供货计划是可以完成的。

（二）关于该社要求外贸解决加工雨伞用桐油问题。今年桐油的出口数量比去年又有所减少，如果再挤出口，不但影响到国外传统市场和客户的维持，而且影响今年收汇任务的完成。况且，这样做也是不符合国家制度的。如果该社确有需要，建议向国家有关主管部门申请解决。

附：全国供销合作总社一九六三年第一季度供应出口计划执行情况检查报告［节录］

1963 年 5 月 29 日

［上略］

二、为了更好地完成供应出口计划，提出以下措施和意见：

（一）在各级党委的领导下，各级供销合作社应继续加强对供应出口工作的领导，对存在的问题必须及时反映、及时解决，并加强计划检查。

（二）出口商品的供货价格应根据国务院指示的精神认真进行整顿，不能随便提价，不能层层加价。对已经提价、加价过高的商品要适当降低，总社拟会同有关部门对主管商品的供货价格进行一次检查，加以合理解决。省社对地方主管商品的供应出口价格也应会同有关部门，本着上述精神进行整顿。

（三）凡是国家有奖售或外贸实行换购的出口农副产品，供销社要按平价收购、平价供货。过去已按议价收购的，可本着微利不赔原则，通过协商，供应外贸。

（四）各级供销社对出口商品要千方百计促进多生产、多收购，特别要注意抓预计完成年计划有困难的品种。当前对毛竹、篙竹、棕片、土纸等土特产品，可按季度计划优先供应外贸；对草席、雨伞等夏凉商品，因内外销矛盾较大，出口供货地区又都是调出地区，需内外兼顾安排；蜂蜜除已增加一百吨货源外，要求各省认真清理库存，挑选合乎出口要求的，随时供货，不受季度计划的限制。

（五）根据有关省反映，各地对生产雨伞用的桐油安排较少，将影响完成雨伞的全年供应出口任务。去年外贸部门曾帮助解决了一部分，建议外贸部门今年再协助解决一下。

（六）为了更好地掌握和及时反映供应出口方面的问题，请各省、市、区供销社每一季度上报一次供应出口计划检查，材料要求及时准确。

164－10－131

对外贸易部请协助解决外贸移供内销商品存在问题给商业部的函

1963年8月20日

自本年5月21日商业、外贸两部《关于不合出口规格商品移供内销及有关交接工作的几项补充规定》下达后，一般地执行得还不错，但也有些商业部门拖延交接。

据中国化工进出口公司报告称，自上述规定下达后，我上海分公司曾先后四次与商业部门（上海市医药公司、上海市化工公司）联系，要求按两部规定应该由商业部门收购的，请商业部门及时看货交接，不符合商业部门收购的，也应及时表示意见，以便外贸另作处理，但上海市商业部门一直拖延。当我上海分公司每次提出催问时，都表示研究、研究，直到第四次催促时，对方却反问："你们为什么要处理？"就这样一拖再拖，使交接工作不能进行。

据四川省外贸局反映：该局自6月1日起，即根据上述两部联合通知与商业厅联系，有关交接问题，四川商业厅最初同意接收手风琴、硫磺、硫磺粉三个商品，不接收收音机和扬声器。为了加速交接工作，四川外贸局同意先移交该厅同意接收的商品，并经双方指示所属有关公司办理交接工作。嗣后我外贸公司曾多次与内贸公司洽商，但一直拖延不办，最后竟推翻原决定，不同意接收。又如四川省百货公司最初表示同意接收手风琴，并同意与外贸公司联合通知重庆百货站、重庆纺织品进出口公司办理交接手续。外贸公司按双方意见拟稿后，7月4日送省百货公司会签，该公司却将文稿压起来，经多次催促，在7月22日将稿退还，并批注："手风琴我们已积压很多，损失很大，短期内无销路。外贸存起来，我们接过来仍然存起来，都是一样。大家存点都找销路还有好处，目前不接为好。"省化工公司也表示不接收硫磺。后来外贸局将此情况向商业厅反映，该厅却表示同意所属公司的意见，不予接收（详见四川外贸局8月3日川外清字第199/276号函，已抄你部）。

为了贯彻本年5月21日两部下达的《关于不合出口规格商品移供内销及有关交接工作的几项补充规定》和中央清仓核资领导小组第72号通报中对有关收购工作的建议，加速清仓物资的处理、减少损失，请你部将上述存在的问题给予协助解决。

181－12－151

五、对外贸易的经营核算与经济效益

国家计委有关进口方面的几个计算

1962 年

（一）国内市场粮食购销价格的比较。收购1亿斤原粮要花878万元。1亿斤原粮，制成加工粮7 650万斤，可卖842万元（国家出卖粮食是赔钱的）。

（二）国内市场棉花购销价格的比较。收购10万担棉花要花900万元。10万担棉花可织布3 180万米，可卖3 816万元；或者制成针织品（折纱）25 640件，可卖4 846万元。

（三）直接进口粮食和经过周转后再进口粮食的比较。进口1亿斤粮食，要花380万~400万美元。如果用380万~400万美元买棉花，可以进口棉花10万担；把这10万担棉花织布出口，可以换回外汇650万美元，可以进口粮食1.6亿斤，比用380万~400万美元直接进口粮食，可以多进口粮食60%。

（四）进口粮食、化肥和橡胶在国内所起不同作用的比较。如果用进口1亿斤粮食的外汇改进化肥或者橡胶，可以进口化肥12.5万吨或者橡胶6 450吨。

1亿斤粮食，12.5万吨化肥和橡胶6 450吨，在国内所起的作用是不同的。

1. 1亿斤粮食，按每人每年吃原粮360斤计算，可供28万人吃一年。

2. 进口12.5万吨化肥用于粮田，按每斤化肥增产3斤计算，可以增产粮食7.5亿斤，可供208万人吃一年。

进口12.5万吨化肥用于棉田，按每3斤化肥增产棉花1斤计算，可以增产棉花83万担，织成8亿市尺布之后，可供6 000万人每人一套衣服（大小人平均每人13尺一套衣服）。

3. 进口橡胶6 450吨，用于生产汽车轮胎，可产轮胎30万套，可以使4.3万辆载重汽车恢复运行，每年增加30亿吨公里的运量，可以代替1 700万个肩挑人背的劳动力。

（五）外汇得来不易。目前，对资本主义国家外汇的折算是按2.46元人民币计算的。

实际上，根据外贸部计算，按各种商品综合平均，每出口1美元要花5.53元人民币。

Z13 - 839 - 10

国家计委关于外贸亏损问题的初步分析

1963年1月14日

一

据对外贸易部预计，一九六二年净亏损九亿八千万元。分项来看，有亏有盈：出口亏损二十九亿七千万元，内销亏损两千万元；进口盈利十九亿二千万元，其他收益九千万元。

同一九五七年比较，一九六二年亏损增加十五亿二千万元。分项来看，出口亏损增加二十七亿六千万元，内销亏损增加八千万元；进口盈利增加十二亿六千万元，其他收益增加六千万元。

初步分析，一九六二年出口亏损增加的主要原因有下列七项：

第一，国内工农业产品的收购价格升高。按五十六种主要出口商品的收购价格计算，一九六二年比一九五七年提高了百分之二十一点五。据此推算，一九六二年全部出口商品增加的亏损约有十一亿三千万元。

第二，资本主义国际市场价格下落。按六

十八种对资出口的主要商品的销售价格计算，一九六二年比一九五七年平均下降百分之三点一。据此推算，减少的收入有二千零二十一万美元，折合人民币五千万元。

第三，外汇结算价格下落。一九五七年一个美元折合人民币二点六二元，一九六一年降为二点四六元，使外贸部收入减少一亿元。

第四，亏损率高的商品，出口比重增大。化工医药、纺织和机械三类商品占全部出口商品的比重由一九五七年的百分之十七提高到一九六二年的百分之四十二点六。这三类商品的出口亏损率一九五七年为百分之二十四点九，比当年平均出口亏损率百分之三点九高出百分之二十一。估计这一方面增加亏损二亿八千万元。

第五，对资本主义国家的出口也是赔钱的，一九六二年对资出口的比重增大了。这一年对资出口的商品占全部出口商品的百分之三十四点四，比一九五七年增加百分之十一点九。估计增加亏损三亿五千万元。

第六，商品流通费水平升高。一九六二年外贸商品纯流通额为一百一十五亿五千万元，同一九五七年的一百一十三亿零七百万元相接近，但是，商品流通费则由一九五七年的六亿三千五百万元增加为十二亿一千四百万元，以致多亏损五亿六千万元。

第七，代理出口和转口的利润减少，加工厂、饲养场和其他亏损增加，以致多亏损二亿九千万元。

由于上述各项因素的影响，一九六二年换取一个美元需要出口价值六元七角人民币的商品，比一九五七年增加了二元六角六分。

二

我们粗略地估计，在增加的出口亏损额中，大约有百分之三十以上（八亿元以上）是由于经营管理不善所造成的。这方面的主要问题是：

第一，有些同志不重视经济核算，只考虑外币收多少，不考虑人民币赔多少。有些同志认为，外贸亏损是必然的，只有不做生意就不亏损。这样，就势必放松改善经营管理、增加盈利的工作。

第二，部分商品库存过大，占用资金过多，增加了利息支出。例如，国外订购的闹钟只有三万架，但外贸部门向工厂订货三十万架，造成大量积压。一九六二年的出口总额比一九五七年下降了百分之十九，而外贸系统的商品库存资金却增加了一点三倍，以致一九六二年的利息支出由一九五七年的八千二百万元增加到三亿二千二百万元，增加了三倍。

第三，经营管理制度不健全，各种费用增加。一九六二年用于运输、装卸、保管、包装的费用达到六亿九千二百万元，比一九五七年多支出二亿九千六百万元。外贸企业在价格、验收、保管、报废等项工作中还存在一些混乱现象。例如，广东顺德县收购一头活猪的牌价是六十五元，通过议价收购高达二百四十元到二百六十元，这个县收购生猪、鸡、鸭、鹅、水果等几种商品，就比牌价多付出一百三十三万元。冰蛋的收购价，在武汉每吨为三千三百元，在蚌埠为一万六千元，相差四倍多。据说，旅大市的外贸部门没有严格的管理制度，被工人吃掉十八吨瓜子。一九六二年向也门出口的瓷器，由于包装不好等原因，破损率为百分之百。

第四，定员定额执行不严，人多机构多，以致一九六二年工资和管理费的支出比一九五七年增加四千多万元。如广东省汕头市外贸局共有工作人员五十七人，只有四人属于地方编制，另外五十三人都由外贸部进出口公司开支。

三

对外贸易部原提出一九六三年净亏损十三亿五千万元，比一九六二年增加亏损三亿七千万元（主要是出口亏损增加）。根据减少亏损、增加盈利的精神，他们计划把净亏损额压缩为十一亿二千万元，但是仍然比一九六二年增加一亿四千万元。

我们认为，外贸部门减少亏损的途径是很

多的，潜力是很大的。应当力争把一九六三年的净亏损额降到九亿元左右，即比一九六二年减少八千万元至一亿元。我们还觉得，应当把压缩亏损的指标作为考核外贸企业经营成果的指标之一。

国家计委编：《计划简报》，第17期。150－11－53

对外贸易部党组关于改善对外贸易经营管理的情况和今后意见的报告

1963年2月1日

现将近年来改善对外贸易经营管理的情况和今后的意见报告如下：

在党的社会主义建设总路线、大跃进、人民公社三面红旗的光辉照耀下，根据国民经济调整、巩固、充实、提高的方针和中央、主席关于支援农业生产的指示，结合国内外情况的变化，近年来我国对外贸易进行了有计划、有步骤的调整。进出口额适当地减下来了，进出口商品的结构和贸易国别也发生了重大的变化。在出口商品中，大豆、食用油、桐油、猪肉、蛋品、厂丝、茶叶、烤烟、纯锡等大宗的、传统的、主要的农副产品和重要矿产品大大减少了，次要的、零星的农副产品和“以进养出”的出口商品增加了。在进口商品中，粮食占了最主要的地位，支援农业和市场的物资在进口总额中的比重上升了。对港澳和收取美元外汇的地区的出口增加了，对苏联和东欧国家的出口和进口都减少了。

在上述变化的过程中，在中央外贸小组恩来、富春、先念同志的直接领导和多次指示下，外贸部门依靠各中央局，各省、市、自治区党委的领导和有关部门的大力支持，通过全体职工的辛勤劳动，在贯彻执行政策、完成任务的同时，积极采取措施，逐步地改善着经营管理，取得了一定的成绩。主要表现在：

（一）从一九六〇年春季开始，我们几次进行了清仓工作，清理了库存商品。一九六一年下半年起我们着重抓紧了改善对出口商品的经营管理，多次派出工作组到各地进行调查研究，拟出了《出口商品经营管理工作守则（试行草案）》，发给各级外贸单位征求意见。在这些工作的基础上，一九六二年三月召开了全国对外贸易经营管理会议，全面研究了改善对外贸易经营管理，总结了经验，制定了财会、运输、仓储等方面的管理制度，并且着重地对《出口商品经营管理工作守则（试行草案）》进行了详细的讨论，经过修改后颁发试行。这个工作守则对出口商品经营管理的一系列业务环节都规定了工作办法和责任制度，恢复了过去行之有效的一些办法，建立了一些新的制度，使出口商品从生产安排、收购调拨、加工包装、运输中转、仓储管理、对外成交、出口结汇、设立账目等各个环节都能环环扣紧，有章可循。经过以上工作，在有关部门的大力支持和广大职工的参加与监督之下，出口商品的经营管理已经有了显著的改善。据不完全统计，仅改进出口商品的包装装潢一项，一九六二年增加外汇收入约七百五十万美元，节约国内各种费用约五百六十万元，节约包装木材三万四千立方米。

（二）采取了一些措施，尽量把买卖做活，争取多收外汇。主要办法是：（1）有计划地积极地扩大了“以进养出”。一九六二年“以进养出”和转口的出口商品为十一亿六千万元，占当年出口总额四分之一以上，比一九五九年的九亿七千万元增加了约五分之一。（2）根据国外市场情况的变化，把某些不适合外销的、滞销的、出口收汇少的商品调换成适合外销的、好销的、出口收汇多的商品出口，或者用进口价格低的商品调换出口价格高的商品出口。（3）采用灵活多样的办法加强推销。抓紧开好一年两次在广州举行的中国出口商品交易会。派遣推销小组出国推销纺织品、轻工业品、手工艺品和机械等商品，发展同国外商人的业务关系。进一步利用香港市场，把我们的某些商品转口到限制我国商品进口的某些国家和地区，扩大了销售。

（三）根据一年来中央和国务院关于财政

管理、物资管理、资金管理和改善企业经营管理等各项指示，进一步地树立了经济核算的思想，整顿了财务会计机构和制度，清理了资金、物资和账目，纠正了以单代账和以表代账的错误做法。积极处理了不合出口需要的库存商品。初步地制定和健全了各种定额，加强对资金、费用和物资的定额管理，重视了成本核算和外汇核算。

（四）在组织货源方面，还有计划地建立了一批出口农副产品生产基地，对某些出口农副产品的收购执行了奖售措施，促进了生产的发展，保证了一部分货源的供应。在仓储保管方面，健全了商品出仓入库的手续，改善了保管方法，减少了商品损失。在运输方面，在铁道和交通部门的大力支持下，先后开辟了从汉口、郑州、上海到广州的三条直达快运列车线路，专门运输对港、澳出口的鲜活商品，大大缩短了货运时间，减少了商品损耗，同时改进了对租用外国船只的管理，缩短了这些船只在我国港口停泊的时间，节省了租船费用。在进口方面，不断地加强了价格斗争，节约了不少外汇支出，并且保证了进口商品及时到货。

我们在改善经营管理方面的成绩是主要的。这对于正确地贯彻执行中央的方针政策，完成和超额完成对外贸易任务，起了重要的作用。据初步估算，一九六二年由于经营管理的改进，增加外汇收入和节省外汇支出总共约三千万美元。我们深刻地体会到，中央对外贸工作的领导抓得紧，各中央局，各省、市、自治区党政领导对外贸工作很重视，许多地方的党委第一书记亲自抓外贸工作，这是外贸部门贯彻政策、完成任务、改善经营管理的关键，也是一条极为重要的经验。

但是，目前对外贸易经营管理中仍然存在着许多严重的问题和缺点，主要表现在：

（一）在执行国家计划的时候，有些外贸单位着重注意完成任务，而放松了经济核算，对于商品的规格质量和收购价格注意不够，存在着盲目进货、验收不严和不精打细算的现象，因而收购了一些不合出口要求、质量很差、价格过高的商品，造成了很大的积压和浪费。一九六二年各地外贸单位清查出来的历年积压下来，不合出口的库存商品就有七亿二千万元，已经处理了四亿二千万元，还有三亿元正在处理中。

（二）在资本主义市场竞争剧烈的情况下，我们的买卖还做得不够灵活。我们有些出口商品的品质规格和包装装潢改进得还不够，不能完全适应国外市场的需要。我们有些干部在同资本主义国家商人交往中缩手缩脚，不敢或者不善于采用一些资本主义市场上通常的做法。比如，对于不同的商品（大宗的还是小宗的，竞争性强的还是不强的）和不同的商人（新顾客还是老主顾，一般的业务往来还是已有经销代理关系的等），应当区别对待，采用灵活的方式，在佣金回扣、付款时间和其他交易条件上给他们以不同的待遇和优惠。但是我们有些干部往往不敢这样做，或者千篇一律，不够灵活。这样就不能很好地利用资本主义国家的商人来积极推销我们的某些商品，把买卖做得更活。

（三）对资本主义市场的调查研究还不够系统和深入。有些出口商品有时错过有利的成交时机，对某些出口商品价格的掌握有偏高偏低的现象。

（四）由于有些制度不够严密和一些工作人员责任心不强，差错事故还不断发生。有些鲜活商品在储存运输过程中还有不正常的损耗现象。

此外，特别值得提出的一个问题是：一九六二年外贸部门账面亏损的金额很大，据初步统计约为九亿八千万元。

对外贸易历来是赚钱的，一九五九年以前，我部每年都有利润上缴。一九六二年对外贸易实际上也是赚钱的。这一年出口商品的总额是四十五亿二千万元，除去还账和援外约十一亿元之外，换回来的进口物资，按照国内的调拨价格或者批发价格粗略计算，约值人民币七十三亿元左右。在这七十三亿元进口物资中，除去用于国防建设、工业建设和“以进养出”之外，用于支援农业和市场的物资约值人民币五十亿元，比出口商品的总额还要多。但是为什么近年来外贸部门账面上有很大的亏损呢？其原因，一方面是由于我们经营管理不善，存在着上面所说的严重缺点。另一方面，还有以下一些情况和问题：

1. 对外贸易进出口商品的国外市场价格一般大大低于国内市场价格，表现为出口赔钱、进口赚钱。但是按照现行的进出口商品国内作价办法，进口商品绝大部分是按照进口成本作价，外贸部门只收百分之三的手续费，而出口商品都由外贸部门按照国内价格收购，并且由外贸部门负担出口亏损。结果是外贸部门对进出口盈亏不能进行统一核算，进口所得利润大部分归了订货部门，出口亏损则集中在外贸部门的账上，而且数字很大。

2. 许多出口亏损较少的、传统的、大宗的农副产品和一部分国内急需的工业原料大大减少了出口。例如，一九六二年大豆、食用油、桐油、猪肉、蛋品、厂丝、茶叶、烤烟、纯锡等二十种商品的出口比一九五九年减少了约十六亿元，而出口亏损较多的、零星的、次要的小农副土特产品和一部分工矿产品增加了出口。尤其是许多出口商品国内收购价格提高了，增大了出口成本。

3. 过去供货部门在口岸向外贸部门交货的商品，现在有不少改在产地交货，这样就大大增加了流通费用。

4. 用于对外还债的出口商品增加了。这种出口不能换回进口物资，即只有出口赔钱的一面，没有进口赚钱的一面。

对于上述问题，是需要适当加以解决的。我们正在不断地与有关部门商量，谋求逐步解决。但是这些问题牵涉面广，只能一步一步地解决，不能要求急。同时我们认为，我们在改善经营管理中，应该首先着重于努力克服外贸各个业务环节中的缺点，努力增加外汇收入，节约外汇支出，降低由于经营管理不善而产生的亏损，增加盈利。因此，近年来我们集中力量于改进这方面的经营管理。

为了巩固成绩、克服缺点，提高对外贸易经营管理水平，我部已经成立了改善经营管理领导小组，根据中央的指示，拟定和下达了一九六三年增加盈利、扭转亏损、增加外汇收入、节约外汇支出的初步规划。我们已于今年一月十一日向直属单位全体职工作了动员，要求在全国外贸系统中立即开展一个既轰轰烈烈、又扎扎实实的以降低流通费用、增加外汇收入、节约外汇支出为中心的改善经营管理的群众运动。各级外贸单位要在各级党政的领导下，加强政治思想工作，坚持政治挂帅，充分发动群众，提高干部的思想政治水平和工作积极性、责任心，牢固地树立经济核算思想，深入广泛地揭发和分析经营管理中存在的问题，并且采取切实有效的措施，把贯彻执行政策、完成计划任务同改善经营管理密切结合起来，在今年上半年要做出更多的成绩来。

为了进一步改善经营管理，外贸部门必须着重抓紧以下工作：（1）继续在各地党政领导和有关部门的支持下，有计划地、积极地扶植生产，进一步建立、调整和改进出口商品生产基地，做好收购出口农副产品的奖售工作和“以进养出”工作。（2）协助有关部门提高出口商品的规格、质量和出口合格率。（3）合理减少出口商品的收购流转环节，加强对出口商品收购价格的管理。（4）加强仓储保管工作、逐步规定各种商品的保管期限和保管养护方法，尽量减少霉烂变质等不合理损耗，积极处理不合出口要求的库存商品。仓库保管人员同业务人员、财会人员要相互密切联系。（5）加强对国外市场情况的调查研究，贯彻统一对外的原则，进一步改善对外推销的方法，把生意做活，力争出口商品卖价又合理又有利。（6）加强进口订货比质量、比价格的工作，更好地进行价格斗争，力争使进口商品的买价又合理又省钱。（7）加强财务会计工作，认真核定企业资金，严格执行财务监督，坚决同一切违反政策和财经制度的现象作斗争。（8）继续改善进出口商品的运输和租船工作，加强对进出口商品的检验工作和海关的货运监管工作。

为了提高对外贸易经营管理的水平，还必须通过总结经验，进一步建立和健全各项规章制度，搞“步兵操典”，加强对职工的教育和关心职工的生活。根据一年来试行中的经验和存在的问题，我们对原有的《出口商品经营管理工作守则（试行草案）》作了修改和补充，发给各单位继续试行，其他规章制度也要根据实际情况逐步地适当进行修订。为了深入发动群众，揭发经营管理中的问题和研究改进办法，我们还准备在今年第一季度内召开一次由全国各地外贸单位参加的“四员”（业务员、仓库保管员、财务会计员、运输人员）大会，并且分批轮训各地外贸企业领导干部，以提高思想认识，正确贯彻执行方针政策和各项规章制度。

Z14－628－1

财政部：进口粮食涨价，国家要多支付物资，增加外贸亏损

1964年1月8日

据外贸部反映，最近一个时期，由于修正主义在国际市场上抢购粮食，使粮食价格猛涨，以致一九六四年国家计划进口粮食要多支付五亿元左右的物资，增加两亿元左右的外贸亏损。

一九六四年国家计划进口粮食六百六十万吨（其中，供应国内用粮六百万吨，供外贸部换货用粮三十六万吨，转口二十四万吨），已有一百万吨在涨价以前购进，并已在一九六三年提前进口，其余的五百六十万吨在一九六四年进口。最近国家已向国际市场订购了一百五十万吨粮食，进价比原来提高很多，小麦每吨平均进价由七十美元提高到八十五美元，提高百分之二十一点六；玉米每吨平均进价由六十二点七美元提高到七十三点五美元，提高百分之十七点二。如果按照这个涨价幅度来计算，一九六四年国家计划进口的粮食则要多支付八千多万美元，折合人民币五亿元左右。这就是说，由于最近国际市场上粮食涨价，一九六四年国家进口粮食要多支付相当于五亿元人民币的物资。

一九六四年国家购买进口粮食要多支付的八千多万美元外汇，是用减少其他进口物资的外汇来解决的。原来购买其他进口物资的外汇八千多万美元，在外贸部门需要亏损三亿元，这笔亏损已经列入一九六四年外贸亏损计划。现在用这笔外汇购买进口粮食，国家要多支付五亿元左右，扣除进口其他物资减少亏损三亿元后，还需要增加外贸亏损两亿元，因此，一九六四年的外贸亏损计划，需要由原来的十二亿三千七百万元增加到十四亿三千七百万元。

Z15－446－1

对外贸易部党组关于外贸亏损问题的报告

1964年12月1日

关于外贸亏损问题，近几年来，根据中央指示，经我们和各方面共同努力，采取了措施，已经开始扭转。但是一九六四年外贸部门仍有较大亏损，概略地计算，约为六亿五千万元左右。问题还是突出的，必须继续认真加以研究解决。

近几年来，在中央、国务院的正确领导下，在各地党政领导的大力支持和各部门的积极配合下，外贸部门在改进出口商品的规格质量和包装装潢、加强直达运输、减少各种损耗和加强对外价格斗争等方面作了不少努力，也取得了一定的成绩。当然，我们在这方面还做得很不够，为了彻底扭转亏损，我们今后仍须继续努力改善经营管理。但是，经过研究，仅仅通过改善外贸企业的经营管理，只能减少一些亏损，还不能够把亏损状况根本扭转过来。

造成外贸亏损的主要原因是有一部分对资本主义市场出口的商品亏损过大。据概略计算，在一九六四年对资本主义市场出口的预计

完成额十一亿美元中，用人民币十元以上换一美元的商品（主要是工业品），值九千万美元，出口亏损大约达九亿元。这部分商品之所以还要出口，是因为拿一些国内有余的东西去换回我们急需的物资，对于发展生产建设、活跃城乡经济、增加国民收入等有促进的作用，对国民经济是有利的。如果这部分商品不出口，外贸部门可以不亏损，但是这样就会影响到国内某些部门的生产和不少地区人民的就业和收入，也影响到相当一部分税收和工业利润。例如，一九六四年出口呢绒约二百三十万米，收取外汇约四百万美元，外贸部门亏损约三千二百万元，但是国家收入税金约两千万元，工业利润约七百万元，职工工资收入约一百七十万元，其他如运输等方面的收入还没有计算在内。又如，一九六四年出口闹钟约一百七十万个，收取外汇约一百七十万美元，外贸部门亏损约一千七百万元，但是国家收入税金约四百六十万元，工业利润约五百六十万元，职工工资收入约八十五万元，其他如协作厂等各方面的收入也没有计算在内。同时，如果这些商品不出口，不仅影响到国家的外汇收入，而且影响到对于外交活动的配合。因为许多亚非国家需要从我国进口工业品，我们为了支持它们摆脱对帝国主义的依赖，虽然一部分轻工业品、纺织品等的出口亏损很大，仍需对它们出口。

从国民经济的要求和对外关系的发展趋势看，出口工业品也是我国出口商品的一个发展方向。因为工业品的出口主要是技术和劳动力出口，比出口原料是有利的。例如，通过“以进养出”的办法出口细布一万匹，需用棉花约五十吨，需用外汇约三万五千美元，出口后可换取外汇约五万八千美元，增加外汇收入约二万三千美元；如果加工成花布出口，可换取外汇约八万五千美元，比出口细布增加外汇收入二万七千美元。另外，从出口成本来看，出口细布一万匹的成本约二十八万四千元，其中，原料、辅料约七万三千元，生产费用（不包括工资）约三万七千元，外贸费用（包括运费、装卸费、包装费等）约一万元，而国家收入税金约四万三千元，工业利润约十万三千元，职工工资收入约一万八千元。同时，为了配合外交活动，进一步发展对亚非拉地区的贸易关系，也必须按照需要和可能继续扩大工业品出口。

就所有资本主义各国来看，由于国际市场竞争十分激烈，它们从其本身政治、经济利益上全面着眼，都普遍地对出口采取了补贴的办法来奖励出口。现在我国对出口没有补贴，因而出口亏损就表现在外贸部门的账面上。

除了上述原因之外，造成外贸部门的亏损还有以下因素：（1）对社会主义国家出口的商品也有一部分亏损过大。如在一九六四年对社会主义国家（不包括古巴）出口预计完成额四亿七千万卢布中，用十元人民币以上才能换一个卢布的商品有一千一百万卢布，出口亏损约一亿一千万元。（2）一部分进口的化肥、农药和镍、钴、钻石、精密轴承等商品以及军事系统的订货，未按国内的价格统一作价，供销合作总社和手工业部门通过进口得到了盈利（一九六四年约二亿一千万元），国家也减少了一部分国防开支（一九六四年约五千万元），但外贸部门则相应地增加了亏损。（3）因必须作政治照顾而不得不进口的某些商品，如一九六四年从阿尔巴尼亚、朝鲜、越南和亚非友好国家进口的煤炭、机床、烟叶、卷烟等，虽然有一部分免了关税和工商税，但仍亏损约一亿多元。

基于上述情况，为了有效地扭转外贸亏损状况，我们意见如下：

（一）对于用人民币十元以上才能换一个美元或一个卢布的、亏损过大的商品，可以考虑停止出口；这样，外贸部门就可以做到不亏损，而且还有盈利。但是如果认为从外汇需要、国民收入等方面全面考虑仍需出口，那就需要对出口亏损实行国家补贴的办法。

（二）对进口商品中未按国内价格统一作

价的上述一部分化肥、农药和镍、钴、钻石、精密轴承以及军事系统的订货等，建议一律根据统一作价的原则改按国内价格作价。对因政治性照顾而亏损的进口商品，建议一律免征关税和工商税（免税后外贸部门仍有一些亏损）。

（三）必须继续坚决地、不断地、彻底地改善外贸企业经营管理。外贸部门应该在社会主义教育运动中，结合“四清”、“五反”，进一步纯洁队伍，健全组织机构和各项制度，加强勤俭建国、勤俭办企业的思想教育，发扬“一厘钱”的精神，认真加强经济核算。同时要加强调查研究，进一步提高出口商品的规格质量和包装装潢，加强对外的价格斗争，尽可能增加外汇收入，节约外汇支出。

附：李先念批示

1965年1月27日

这一份报告压了好久，现送上，请阅。关于外贸亏损的问题，这个报告作了一些分析，看来差不多。报告中提到人民币拾元以上才换一元美金和一个卢布的，可以停止出口。我看不行。理由：国际市场有需要，特别是越南等社会主义国家和民族主义国家。一旦停止，国内工业也不好安排。算总账并不是如此，因此仍要出口。

报告中说的国内统一价格的问题，去年已办了不少，今年在继续办，可以同意。

Z16－297－1

第四部分

与社会主义国家的贸易协作

一、方针政策

二、与苏联的贸易与经济、技术合作情况

三、与其他社会主义国家的贸易与经济、技术合作情况

四、消费品交换

五、贸易结算方式

一、方针政策

七、关于加强国际之间的协作

在编制第二个五年计划和15年远景规划的过程中，对于加强国际之间的协作的问题，我们还没有进行深入的研究。除1955年曾派人去捷克了解过情况，现在正在谈判外，今年3月又派人去民主德国，现在正在那里了解情况和商谈；同时，我们还准备派人去波兰、罗马尼亚、匈牙利等国了解情况。

我国必须建立起一个强大的、独立的、完整的工业体系，一些主要的工业企业都应当建设起来，以便在重工业发达的基础上来保证国民经济的发展和国防的巩固，这是一方面，也是主要的一方面。但是另一方面，当目前社会主义阵营已经逐渐形成一个经济体系并不断发展的情况下，我们又必须加强社会主义阵营内部各国之间的协作。这不仅是因为我国独立的工业体系的建立，需要苏联和各人民民主国家的援助，而且还因为我国同样有责任帮助兄弟国家——特别是东方的兄弟国家的建设，达到社会主义阵营的经济共同高涨的目的。

根据我们的了解，除苏联外，东欧各人民民主国家在工业技术上也是有很多专长的。例如，东德的精密仪器、光学制品、人造石油、机器制造和基本化学等工业都是先进的；捷克的机器制造工业，罗马尼亚的石油工业，波兰的煤炭工业和造船工业，匈牙利的电器和电讯工业，也都是先进的。如果充分利用这些专长，不只可以在技术需要方面减轻苏联的负担，而且可以加速我国工业的发展。

我们也考虑了另一方面，东欧各人民民主国家，有许多工业原料和工业品需要我国供应，例如，生铁、铅、锌、钨、锡、钼、铝、镁等有色金属，云母、磷、水晶、石棉、硼砂等非金属矿产，他们的资源都是比较缺乏的；某些农产品（特别是大豆和其他原料作物、肉类和亚热带作物等）他们也很需要，而这些，我国的资源都比较丰富。此外，东方的人民民主国家，如越南、朝鲜和蒙古，经济上比我们更落后些，我们也应该给他们以经济、技术的援助。

根据上述情况，在第二个五年计划期内，对国际协作的安排，提出如下的初步意见。

（一）从要求国外的方面说

1. 为了解决我国建设的需要，根据初步计算，在第二个五年计划期内，拟从社会主义阵营各兄弟国家进口价值320亿元左右的物资（不包括偿还外债所需的外汇），比第一个五年预计进口的212亿元增长53.6%。在进口总额中，拟从苏联和东欧兄弟国家进口312亿元，比第一个五年预计进口的210亿元增长48.6%，其中成套设备分交部分为130亿元，比第一个五年增加1.8倍。根据国内建设的需要情况，这样的进口增加速度是需要的，同时相适应地增加一些出口，也是可能的。

2. 第二个五年计划期内需要委托国外设计和供应成套设备的第一批项目有188个，这188个项目的清单已交给苏联，并已由苏联转发东欧各人民民主国家征求意见中。第二批大约还有90个左右的项目须提出。

3. 在第二个五年计划期间工业部门建设的限额以上的工业建设项目，除了需要提请国外设计的项目外，在国内设计的大约还有1 200个左右的项目，这些项目，有些还要聘请国外专家来国内指导设计，有些还要请各兄弟国家提供技术资料。

在第二个五年计划期间，我国工业中两项重大的任务是培养产品设计力量和加强资源的勘探工作，因此我们有必要聘请一些国外的技术专家来进行指导，或将某些资源的勘探任务，分别包给苏联和东欧兄弟国家。在这次同苏联商定55个项目的同时，也已经商定由苏联派来我国帮助进行航空摄影的专家和有关工作人员69人，航空磁测专家5人，矿产普查测量专家72人，铜、铅、锌、汞、磷灰石地质检查专家19人；还有大地测量和编制地形图的任务，苏联已答应承担，而专家人数未定；另外，石油勘探的专家和顾问，原已商定由苏联派遣143人，后石油部顾问组长建议少聘顾问，多聘技术援助专家，总数改为136人，正商谈中。

4. 第二个五年计划期内，仍需要从苏联和东欧各人民民主国家进口较大数量的机械设备、五金材料、化学产品和其他工业产品。

技术设备方面，在两个五年计划中建设所需但国内生产无法满足的有：冶金设备、锻压设备、钻探设备、仪表、部分金属切削机床、部分水泥设备、部分发电设备、化工炼油设备、人造纤维和合成化学设备、远洋船舶、内燃机车、电气机车、大型锻件等等，这些重要的设备，必须从苏联和各人民民主国家进口来解决。

有一些设备和材料，如少量的特殊合金钢、少量的高级光学器械、高级印刷机械等，因为东欧兄弟国家的生产能力有余，而我国的需要量又不大，我们认为，第二个五年计划期内我国可不必建设新厂，也来不及建立新厂，而可以从国际协作中解决。

这里需要注意的问题是：在第一、第二两个五年内，从各人民民主国家大量进口的设备和材料，在第三个五年内，仍要考虑保持一定的最低的进口数量，以免造成兄弟国家生产上的困难。

人民生活用的机械产品，如摩托车、照相机、收音机、洗衣机等，这些产品虽然将来国内的需要量也很大，但在第二个五年计划期内除利用第二机械工业部的生产设备制造外，不足之数，可由国外进口解决，国内可以暂不建设新厂。

（二）从供应国外的方面说

1. 为了满足苏联和东欧人民民主国家经济建设的需要，并且为了平衡外汇，在第二个五年计划期内，我国需要出口比第一个五年计划期内更多的物资。

初步计算，第二个五年计划期内，我国对社会主义阵营各国将出口价值380亿元左右的物资，比第一个五年计划（201亿元）增长89%，其中对苏联和东欧兄弟国家出口360亿元左右的物资，比第一个五年计划（183亿元）增长97%。

2. 在工业生产的协作中，考虑到苏联和东欧人民民主国家的某些有色金属和某些化工原料等资源不足的情况，我国在第二个五年内，除了保证自己需要外，还必须扩大这些物资的出口，因此就必须扩大这些方面的建设。

第二个五年计划期内，拟向苏新国家出口铁砂330万吨（第一个五年预计出口289万吨，增长14%），生铁350万吨左右（第一个五年计划预计出口230万吨，增长52%）。为了减少运量，多出口生铁，少出口铁砂是合理的。

第二个五年计划期内，拟出口钨精矿18万吨到20万吨（第一个五年预计出口15万吨，增长20%～34%），为此，第二个五年期内要新建瑶岗仙钨矿，续建大吉山、岿美山、西华山三个钨矿，并且建设一批机械化的小型的钨采选厂。

第二个五年计划期内，拟出口钼精矿2.7万吨（第一个五年预计出口2万吨，增长34%），为此，在第二个五年期内要续建杨家杖子钼矿并考虑新建吉林钼矿。

第二个五年计划期内，拟出口锡13万吨到15万吨（第一个五年预计出口9.9万吨，增长31%～51%），为此，要续建云南、平桂锡矿和广东锡矿。

其他硼砂、水银、磷矿、云母等，东欧兄

弟国家需要量多，在第二个五年计划期内，都已根据我国自己的需要和出口的需要，安排了建设项目。

3. 第二个五年计划期内，在我国农业生产较快发展的基础上，对苏联和各人民民主国家出口的农产品将有较大的增长，其中大豆计划出口620万吨，比第一个五年计划增长41%（为了保证大豆出口的需要，我们拟定1962年的大豆播种面积为20 527万亩，比省报计划增加473万亩）。

我国广东、广西、云南、福建四省的热带和亚热带地区，根据农业部的报告约有2 200万亩荒地，可以垦种具有很高经济价值的亚热带作物。这些作物包括橡胶、纤维作物（剑麻、番麻、木棉、蕉麻），油料作物（椰子、油棕、油茶等），甘蔗、饮料作物（咖啡、可可）和香料作物（香茅）等。这些作物的种植面积，农业部和计委预计1957年可达到230万亩（其中国营为200万亩），1962年初步计划可达到1 100万亩（其中国营为700万亩），1967年初步计划可达到1 800万亩（其中国营为1 000万亩）。

如果按照上述规划方案，现在即积极着手发展亚热带作物，那么有些作物，就有可能由进口而转到自给以至出口。估计在第二个五年计划期内，除开以往已经出口的椰子油、香料油、咖啡、樟脑等可以继续扩大出口外，并且可以使可可、剑麻、番麻等开始小部分出口；但是多数亚热带作物的大量出口，则需要在第三个五年有的甚至要到第四个或第五个五年计划期内才行，因为这些作物从培植到收获需要一定的年限。从定植到收获，橡胶要8～10年，椰子、油棕要7～8年（油棕到旺产期要10年以上），咖啡要3年（到旺产期要6～8年），剑麻要3～4年。

我们同时也应当考虑扩大同资本主义市场特别是亚非国家的贸易关系，初步拟定，在第二个五年内，对资本主义市场计划出口共103亿元，比第一个五年预计的49亿元增加110%；由资本主义国家计划进口103亿元，比第一个五年预计的54亿元增加91%。

为了发展同亚非国家的贸易，在我国工业逐渐发展的条件下，应当注意对他们增加工业品的出口（包括成套设备的出口）；如果他们有需要，甚至可以帮助他们建立工厂。它们要出口的东西，除了橡胶、椰子干等是我国需要的以外，还会有我们在第二个五年内不需要进口的大米、棉花、烤烟、糖、麻袋等商品，但为了发展同他们的经济关系和外交关系，就是这些商品，也应当考虑进口一部分，自己不用，可以设法转口。

国家计委关于第二个五年计划和15年远景计划的汇报，1956年4月。150－6－82

中共中央关于社会主义国家间经济协作问题给刘晓同志[①]的复示

1958年4月16日

三月二十四日来电悉。中央经济小组研究后并经中央同意，对有关社会主义国家间的协作问题，有如下的意见：

一、我们准备在今年内陆续同各社会主义国家订立长期贸易协定，这是国际协作互利互助的基础，已责成外贸部和国家计划委员会在五月份内提出同各社会主义国家的长期贸易谈判方案（包括进出口的主要货单和成套设备项目），报中央和国务院审查。

二、八国经济互助会议，我们原则上同意参加，但目前仍以观察一个时候为宜。四月会议，如得到邀请，可由我驻罗大使、商务参赞并由外贸部、计委、经委各派一人以观察员身份参加。

三、库兹明同志来信，已由富春同志答复，建议先在北京谈，必要时再去莫斯科谈。

四、各部门关于建设项目和贸易问题的对外交涉，凡牵涉到修改两国政府协议的，须一律经计委审查，国务院批准，始得正式对外

① 刘晓时任中国驻苏联大使。

提出。

五、同意派一两个合适的同志以经济参赞名义去驻苏大使馆工作，了解和研究苏联的经济情况。

附件1：中央经济小组关于社会主义国家间经济协作问题向主席和中央的报告

1958年3月24日

主席并中央：

最近经济小组根据刘晓同志的电报，讨论了我国同苏联和其他社会主义国家的经济合作问题。根据积极协作，平等互利互助和实事求是的方针，对有关问题，提出以下具体意见，请审阅指示。

（一）关于订立长期贸易协定问题。长期贸易协定是社会主义国家经济合作的基础，也是今后社会主义国家经济合作的主要形式。我们准备在今年之内陆续同各社会主义国家订立长期贸易协定。在谈判长期贸易协定的时候，我们的精神是：贸易额应该在第一个五年计划的基础上逐年有所扩大，一方面取得他们对我国更多的技术援助，以加速我国的社会主义建设；另一方面积极帮助东欧兄弟国家解决他们在经济上的某些困难，支持他们的社会主义建设。但是，贸易额的增长，要实事求是地根据双方的可能和需要来决定进出口货单，其中还包括可能的照顾。凡是没有充分把握的货物先不列入长期协定，在总贸易额中留有一定数量的外汇后备，在年度贸易谈判中机动使用。我们已责成外贸部和国家计划委员会在五月份提出同各社会主义国家的长期贸易谈判方案，在方案中列出进出口的主要货单和委托这些国家供应的成套设备项目。

（二）关于参加八国经济互助会议问题，根据国内形势和东欧各国内部的发展情况，苏联和东欧社会主义国家进行分工协作进一步加强经济互助是需要的；整个社会主义阵营进行分工协作，加强经济互助也是必然的趋势，而实际上社会主义阵营国家之间的这种经济协作现在已经在开始进行。我们赞同社会主义国家之间组成经济互助会议（目前是八国经济会议），并且准备在适当的时机正式参加。但是，目前八国经济协作还待进一步调整，我们对东欧社会主义国家的情况还不太熟悉，我国的第二个五年计划特别是十五年的发展远景规划还没有定下来，因此我们的意见是目前还是暂不加入八国经济会议，继续观察一个时候，再作定夺（由于已在分别进行双边的长期协定的商谈，比过去的参加已进一步）。现在先从双边的协定作起，然后看情况发展为多边的协作。

今年四月，八国将在罗马尼亚召开第九届委员会会议，讨论美国经济危机对世界各国的影响；社会主义国家间的贸易价格；各国编制远景计划的总原则和方法等问题。五月将召开八国的领导人会议。这两次会议如果邀请我们参加时，拟仍按旧例派观察员出席，四月会议拟派我驻罗马尼亚大使、商务参赞、外贸部一名熟悉国际价格的同志和计委、经委各派一人参加。五月的会议由什么人参加，到时候看情况再定。

（三）关于同苏联远景计划的配合问题。苏联国家计划委员会主席库兹明同志曾写信给富春同志，要求就苏联七年计划（一九五九——一九六五）和我们交换意见，我们已以富春同志名义于三月二十五日复信，同意先在北京交换意见，然后再去莫斯科交换意见，并可进行中苏长期贸易协定的谈判。将来在双方同意的方式下，同其他社会主义国家（捷克已经向我们提出）也可以就各国的远景计划互相交换情况和交换意见。

苏联和东欧社会主义国家远景计划的起止年度，根据苏联新的七年计划（一九五九——一九六五），东欧各兄弟国家准备逐渐取得一致，这同我们的起止年度不同，我们觉得只要实际上做到相互协作，不一致也无妨碍，我们可以不必改动。

（四）关于在驻苏大使馆中设经济参赞问

题，我们同意刘晓同志的意见，拟物色一两个合适的同志，以经济参赞名义到驻苏大使馆工作，更多地注意对苏联经济情况的研究，和长期协定执行情况的检查。

附复刘晓同志的电稿一件，请一并审阅。

附件2：我驻苏联大使刘晓同志关于中苏两国互助合作问题的几点建议

外交部并报中央：

目前我国正在大跃进，苏联也在大跃进，两国都处在建设高潮的新形势前面，我们两国政治经济合作的情况一般很好，但我们必须解决新形势下出现的一些新的矛盾，使这种合作更加能适应新形势的要求，我初步考虑有以下的问题值得国内有关部门的重视和研究：

（一）中苏两国以赶上和超过英美为目的的远景规划的衔接问题。

（二）苏联将更加加强对我支援，而同时又希望我国能加强和其他社会主义国家的贸易，以解决它们的市场问题，作到各社会主义国家之间相互协作，加快各国建设的速度，而又能使苏联能在速度上保证在较短期内完成赶上和超过美国的严重任务。

（三）苏联急需而又不足的材料和我们急需的材料如何调剂供应的问题，这里最突出的是钢材、高级合金钢、液体燃料和化学工业设备供应。

（四）我国生产跃进要求苏联提早交货和增加定货，因而在一定程度上影响苏联经济计划的问题。

（五）在学习苏联先进科学技术中如何既学习苏联科学技术的最高成果，而又照顾我国目前的实际可能和具体情况问题。

为了使中苏两国在大跃进中互助合作更加密切与发展，我建议目前应考虑：

（1）我国计委最好能接受苏联部长会议副主席库兹明的建议，在七月以前暂且就远景规划问题交换一下意见，即使我们准备不充分，作一次非正式的交换意见也是有好处的。

（2）今后社会主义各国经济协作将主要通过远景计划的相互衔接，以达到人力、物力资源、技术的统一安排和调剂，及时互通情况交流经验，有组织有计划地对帝国主义展开斗争。这种协作具体地可能通过一系列的长期贸易协定，形成以苏联为中心的多边经济联系，苏联似在考虑这个问题，我国也似应考虑这个问题，以便有所准备。

（3）中苏经济合作今后更显得重要，经济合作将是中苏具体合作的基础，也是我馆主要业务之一，因而有必要加强我馆对苏联经济的研究，最好能派一二个经济专家来苏研究情况，提出建议供国内参考。

（4）一九五八年的贸易协定是否可扩大为两年或三年较长期的贸易协定，以便把我国在跃进中需要苏联提早和增加的援助都包括到这一协定中去，每年只签定具体执行计划。

（5）目前我国各方面为了适应大跃进的新形势，纷纷向苏联提出新的要求，建议有关单位对此作一全面安排，分清轻重缓急，明确重点，先由高级方面统一作原则上的交涉，然后各业务单位进行具体交涉，但仍必须适当控制，以免某些不顾整体、不顾政策，只强调本单位业务需要而造成在具体交涉中的紧张情况，影响大局。

Z44－1958（8）

对外贸易部副部长李强在中国共产党第八届全国代表大会上的发言稿：建设大跃进与兄弟国家对我国的技术援助问题

1958年5月

我完全同意刘少奇同志和邓小平同志的报告。现在就我国建设大跃进与兄弟国家对我国的技术援助问题发表一些意见，请有关部门加以注意：

苏联和东欧兄弟国家对我国社会主义建设援助很多。仅仅苏联，从1950年到现在，就帮助我国建设211个厂矿企业和27个单独车间，其中67个项目已于1957年底以前全部或部分建成。在同一期间苏联来华专家6 100多名，接受我国实习生6 300多名，提供技术资料3 269项。东欧各兄弟国家在过去几年内，总共援助我国建设150个企业，其中41项已于1957年底以前全部或部分建成。派来了910余名专家，接受我国实习生550余名，并提供了869项技术资料。

在苏联和东欧各兄弟国家的帮助下，我国工程技术人员已经可以设计一般的大型企业，包括年产150万吨钢的大型钢铁联合企业，年产200万吨煤的煤矿矿井，5万瓩高压高温机组的电站等等；仅仅在1956—1957年就试制成功119种机床和222种新产品。

近两三年来，我们有时考虑我国的困难多一些，考虑对方的困难少一些，常有片面地要求对方依照我们的情况变化而变化。过去二三年内我们国家曾经有过跃进、下马和现在的大跃进，我们的跃进、下马都波及了苏联和东欧各兄弟国家，要求他们也跟随着我们跃进、下马。例如，1955年冬季，为了提前完成建设和新的建厂要求，先后向苏联提了两个备忘录，之后，在1956年4月7日中苏两国政府在北京签订了55个项目的新协定，1956年5月31日苏联提出了备忘录，同意满足我国部分企业的设计和设备提前交付的要求。后因下马，有若干项目坚决要撤销、推迟或缩小规模，到了1957年12月14日才签订了新的议定书，其中规定：苏联援助我国的全部项目211个，撤销45个，推迟98个，即占全部项目的2/3强，苏联同志在签字时说：“希望墨水干了以后再变动吧！”不出所料，签字后第三天国内就发电报要求变动。在同一时间，东欧各兄弟国家帮助我国建设的150个项目中，我们一次就撤销了8项。

现在我们正在大跃进，有些部门又直接要求苏联和东欧各兄弟国家跟着我们跃进，过去已撤销的现在又要求重新订货；原来确定推迟的，现在又要求提前1～2年交货。

我们认为这样做影响很不好，并会给兄弟国家造成很大困难：

第一，兄弟国家都是计划经济，建设任务也都很大，对外对其他国家的援助任务也不小，一有变动，往往牵涉面很大，特别是东欧兄弟国家就受不了。

1957年下马时，德国同志就说过：“你们国家困难，我们国家更困难”，“但你们国大，人口多，一个人稍微挤一点就解决了我们的困难”。今年当我们要求捷克多考虑我们跃进时，捷克外贸部郭佐尔副部长就声明说：“我们1 000多万人口无力奉陪你们6亿人的跃进；我们很怕你们今年要明年又不要了，我们很难办。”

第二，这种变动，经常造成很大经济损失，无论对我国或对方，都是不上算的。1957年下马时撤销的项目，各个国家都要求中国承担损失。每一项目损失费用最少几万以至几十万不等。

第三，我们下马时所采取的推（推迟）拉（拉回来）、撤（撤销）、停签合同的做法，给兄弟国家的同志也留下了极不好的印象。苏联同志说：“你们把辩证法学得很好了，道理都在你们那一边。”可是当我们需要时，我们要的特别急，苏联同志形容我们急的程度“像失了火一样”。

从上述这些情况来看，我们认为：我国社会主义建设大跃进，应该以自力更生为主，即是建立在国内力量的基础上，不能寄托在各兄弟国家跟随着我们跃进上面，绝不可以勉强人家。各单位也以不直接向国外催交为宜，还是经过对外贸易部酌情去办好。例如，郑州砂轮厂要求提前交付设备的问题，德驻华商务专员表示：“民主德国政府已经研究了这一问题，认为不可能提前”，并说：“通过商务途径已再无能为力了”，这样，我们就不应该再勉强对方了。

我们认为德方不能提前交货的主要原因是：

（1）1957年下马时，我们硬性地停签合同。

（2）工厂规模由年产9 000吨扩大到1.2万吨，打乱了德方原来的部署。

（3）1958年设备分交时，中国承担自制40%设备，后因不能制造，又再次提请德方供应，因而拖迟了制造时间。

从对外贸易部来讲，我们将尽最大努力配合建设大跃进，根据国内的需要，积极地同各兄弟国家商谈，但是还必须考虑到国外供应的可能。

为了使国内的需要和国外的供应可能很好地结合起来，我们应当改变过去那种让兄弟国家随时满足我们紧急需要的做法。而应当认真贯彻主席“平等互利，积极协作，实事求是”的指示，并通过长期规划，全面安排，把我国的经济计划同各兄弟国家的生产供应衔接起来。

为了利用兄弟国家的技术力量，加速我国的经济建设，这就需要同各国签订长期协议，但在签订协议前，必须慎重考虑，协议已经签订就坚决不撤销，并把订货中的变更也减少到最低限度，这样，对各兄弟国家和我国都是有百利而无一害的！

Z9－74－13

外贸的七年规划，要有个设想，负债多少，7年内能还多少，要大致估算一下。过去我们从苏新国家进口成套设备和一般设备的总值为71亿卢布，合36亿美元。假若用36亿美元向资本主义买精密的机器，不知能买多少东西。而我们从苏新国家进口了很多拖拉机、汽车、机床，实在是冤枉。

国家计委党组会议纪要：讨论1962年计划的调整方案，1961年11月29日。150－9－19

为了贯彻执行中央关于必须严格控制今年进口订货的指示，我部八月二十日通知我驻苏联和东欧兄弟国家使馆商务参赞处和各总公司，规定：

一、正在谈判的一九六〇年度贸易协定内的进口订货单（包括明年预订货），除苏联的轴承和南京长江大桥的钢材、为国防部第五研究院向民主德国的订货、捷克的硼矿、汞矿设备外，一律停止谈判，不再签订合同。对东欧兄弟国家长期贸易协定规定的进口项目，也一律暂停谈判。

二、由各总公司通知对方，凡未签订合同的货物，都不要发货，已签订合同的，按合同数量交货，不要超交。对方要在今年内预交明年的订货，必须经过我部同意。

三、已签订的进口合同，除“高、大、精、尖”产品和我部专案通知的项目外，不向对方催交。

四、今后所有订货，除中央专案批准并由我部正式通知者外，其他单位委托订货，商参处一律拒绝接受。

我部采取措施，坚决压缩和控制今年从苏联和东欧兄弟国家的进口订货。

外贸部办公厅编印：《对外贸易情况简报》，第19期，1960年8月29日。Z11－1001－9

二、与苏联的贸易与经济、技术合作情况

（一）中苏长期贸易货单的制定与调整

(二) 关于1960年到1962年外贸计划问题：

对外经济局王迪同志作了汇报，并提出了对苏一般贸易进口的货单，请党组审查。

对苏的长期贸易，曾提出过一个进出口货单，现在看来数字过大了。近又经有关单位研究，提出了一个新的货单（原单附后［略］）。这3年同苏联的贸易是145亿卢布。商业部提出第一批出口28种主要物资的货单是62亿卢布，占42%。对外贸易部根据各部要求提出的第一批进口货单是59亿~65亿卢布，其中：一般贸易12亿~18亿卢布，成套设备37亿卢布，新技术10亿卢布。这次提出的一般贸易货单，多数是机械产品，苏方有条件供应，需要及早提出。在同苏联初步接触中，苏方要求早些谈判，要求我国提出石油、木材的订货，以便苏方安排生产和交通运输。

贾副主任提出如下意见：

对各部所提货单再进行审查，凡苏方不能供应的，我国自己能够制造的或暂不需要的，不要提出。第一批货单，经过审核后，可以先同苏方谈判，如果苏方坚持要求一次全部提出，再作研究。石油、木材可以向苏联提出订货，石油先定600万吨，木材定550万立方米。第一批货单中，铜锭4.5万吨，每年1.5万吨，铝锭19万吨；镍锭6 000吨；白金锭1 500公斤。

国家计委1959年会议纪要：讨论编制第二季度计划的方法和1960年到1962年的外贸计划，1959年2月24日。150-7-50

国家计委党组、对外贸易部党组关于调整对苏联1960—1962年长期贸易货单问题的请示报告

1959年7月8日

关于中苏签订1960—1962年长期贸易协定问题，苏方最近曾两次问我们何时谈判，何时签字。关于拟同苏联签订长期贸易协定问题，国家计委党组和外贸部党组已在去年11月间报经中央基本同意。关于苏联供应我国成套设备部分，已由周总理和赫鲁晓夫同志于今年2月7日在莫斯科代表两国政府签订了协定。关于我出口和一般贸易进口部分，由于前一个时期我们对出口货源的可能性估计过于乐观，因而在当时报请中央批准的出口货单中，某些出口商品（如大米、油脂油料、猪肉等）所列数量显得过大，需要重新调整，这一货单虽在去年11月间由我赴苏贸易代表团向苏方提出，但随后就收回来了，因此对苏联出口和一般贸易进口部分至今尚未同苏方谈判。针对苏方现在提出的意见，我们经过反复研究，认为对苏长期贸易协定应尽快谈定和签字，并将去年11月报经中央基本同意的进出口货单作了调整。现将几个主要问题报告请示如下：

一、对苏长期进出口货单的调整原则

总的是根据“自力更生为主，争取外援为辅”和“国内贸易与国外贸易同时并举”的方针，以及实事求是、量力而行的原则，使调整后的货单建立在既积极又稳妥可靠的基础

上。因此，在调整后的出口货单内，只列大宗的主要的商品，小的次要的商品尽量少列或不列，货源没有把握的商品不列。对于三年贸易总额以及每年增长比例，因我第二个五年计划尚未最后确定，不拟在长期贸易协定内加以规定。但是，为了便于内部计算，根据当前情况，暂以1959年的贸易额为基数计算，至于今后每年贸易额的高低，可根据当年双方的实际需要与可能来确定。

二、调整后的对苏1960—1962年出口货单和一般贸易进口货单的安排

根据1959年对苏出口40亿卢布为基数计算，3年出口总额约为120亿卢布。这次调整后的出口货单提出了28种商品，约值61.86亿卢布（中央去年11月批准的出口货单是45种商品，约值148.5亿卢布），占3年对苏出口预计总额120亿卢布的51.55%。调整以后出口货单的金额，比调整以前的货单减少86.64亿卢布，各类出口商品的变化情况如下：

单位：亿卢布

品种	调整后的货单金额	调整前的货单金额	调整后较调整前增（+）或减（-）
粮谷油脂	14.99	37.56	-22.57
矿产品	10.40	22.15	-11.75
食品	7.18	27.52	-20.34
棉毛丝麻制品	21.45	35.04	-13.59
茶叶	1.72	2.93	-1.21
其他	6.12	23.30	-17.18
总计	61.86	148.50	-86.64

按照进出口平衡的原则，3年进口总额也应为120亿卢布左右。除了成套设备35亿卢布偿还贷款本息20亿卢布，已可确定以外，其他项目用款尚待年度谈判时确定，如果假定，新技术用款为15亿卢布，军事订货为10亿卢布，技术合作为1亿卢布，过境运费及其他非贸易用款为4亿卢布，则可用以进口一般贸易物资的外汇为35亿卢布。我们调整以后的一般贸易进口货单共有51种商品，约值31.59亿卢布（中央去年11月批准的进口货单是47种商品，约值20.9亿卢布）。调整以后进口货单的金额，比调整以前的货单增加10.69亿卢布，主要是由于增列了钢材、锻件和石油三种商品。这个货单，大了一些，估计苏方对我所提货单中的机电仪器等可能不能供应，钢材和有色金属，可能不会完全同意供应，最后达成协议时，可能少进几亿卢布。此外，在调整后的货单中，将550万立方米的木材（值5.5亿卢布）减掉，这是因为苏联要专为我国增辟采伐场，投资很大，而我不能保证长期订购。各类商品的金额为：

单位：亿卢布

品种	调整后的货单金额	调整前的货单金额	调整后较调整前增（+）或减（-）
钢材	9.60	—	+9.60
机电仪器	5.33	10.63	-5.30
有色金属	4.66	4.77	-0.11
木材	—	5.50	-5.50
石油	12.00	—	+12.00
总计	31.59	20.90	+10.69

上述出口和进口的金额是我们估算的，不十分准确，只是作为内部掌握的盘子，以便安排长期货单。将来具体情况有变化时，再根据双方需要和可能，在年度贸易谈判中加以调整。

三、几个具体问题的意见

1. 关于长期货单金额占3年贸易总额的比例问题，苏方一再表示希望比例能达到70%～80%，并将苏联与各兄弟国家签订的长期贸易协定送交我们参考。按他们之间所签的长期协定，货单金额都占到80%左右。按照目前情况，我们如要这样做，是有很大困难的，因为我们第二个五年国民经济计划还没有定下，军事订货、新技术订货，究竟要订些什么，订多少，现在也不知道。照已定下的成套设备35亿卢布，加上这次提出的一般进口货单苏方能够供应的约二十几亿卢布计算，进口方面可以定下的预计约有60亿卢布左右，占3

年进口外汇总额120亿卢布的50%左右，如果加上偿还贷款本息20亿卢布，比重当然要大一些。出口方面，调整后的出口货单金额约占3年预计出口总额的51.55%。苏方对长期贸易协定所列货单金额占3年贸易总额比例较小，可能会有意见，我们拟向苏方诚恳解释，说明要多列实在办不到。至于进出口货单不平衡的问题，可以在年度贸易谈判时予以解决。

2. 我出口货单所列商品，在调整货单时对某些商品已尽可能地注意满足苏方的需要。如硼砂是战略物资，苏联十分需要，别处不易买到，而我蕴藏量很大，虽然在技术、设备和运输等问题上存在一定困难，但这些困难经过努力可以克服，因此尽可能供应苏方的需要；橡胶过去我们都转口供应的，由于我外汇困难，逐年减少了供应；大米、食用油、猪肉等我有困难，考虑到苏联也能过得去，所以适当减少了供应数量。货单所列其他品种，也都是苏方所需要的。但为了稳妥，所提出口数量多数只能维持或者略低于1959年的出口水平。我们拟在谈判中向苏方说明这些商品可在年度谈判中酌情增加供应。此外，对苏方要求列入货单的纯碱、黄麻、苧麻、钢材、铝、铜和亚热带植物等项商品，由于货源没有把握而未列入货单。拟向苏方说明这些商品的货源困难情况，并表示在年度贸易谈判时，根据当时货源的可能再具体商定。

3. 苏方要求进出口货单要分年度列明具体数量，并要我将进口货单中的商品提出详细规格和型号，以便安排生产。我们拟予同意。但是为了避免将来被动，拟在谈判中争取苏方同意在长期贸易协定中写明：双方在年度贸易谈判中，可以根据当年具体情况，对长期货单内分年度的商品品种和数量进行必要的调整。

4. 关于一般贸易长期协定与已经签订的成套设备长期协定的关系问题，我们意见，一般贸易的长期协定，可以作为成套设备长期协定的补充，也可以单独签订，拟听取苏方意见后再定。

5. 关于代表团成员问题，经中央去年11月批准并已向苏方提出，现因副团长李哲人同志已调工作，顾卓新同志工作繁忙不能出国，因此，我们建议原向苏方提出的代表团成员暂不向苏方表示变更，只提出顾卓新同志因事忙不能出国改由王光伟同志任副团长（计委副主任，他准备在7月中旬去莫斯科参观苏联工业展览会），并由王光伟和张化东（驻苏商务参赞，原已批准为团员）两同志先与苏方进行谈判，待谈妥后，叶季壮同志再去莫斯科代表我国政府签字。如届时再变动代表团成员时，将另行报批。由于今年10月份将开始明年度的贸易谈判，因此，长期贸易谈判，拟争取在9月以前签字。

150－7－216

国家计委党组、对外贸易部党组关于同苏联签订1961—1965年长期贸易协定问题的请示报告

1960年2月8日

关于签订中苏长期贸易协定的问题，国家计委党组和外贸部党组曾在1958年11月报经中央批准。1959年7月8日，我们又向中央写了《关于调整对苏联1960—1962年长期贸易货单的请示报告》。随后，苏联外贸部部长帕托里切夫同志于1959年7月14日给叶季壮同志来信，建议中苏签订1960—1965年的长期贸易协定，并附来1960—1965年苏联拟从中国进口的货单。我们研究了苏联的新建议，现在将我们的意见报告如下：

（一）中苏长期贸易协定以早日签订为好。这不仅有利于双方的生产安排和计划衔接，而且有利于进一步加强相互间的经济合作和互助团结。同时，我国已经同多数兄弟国家签订了长期贸易协定，只是对苏、蒙两国尚未签订。从这方面考虑，中苏长期贸易协定也应尽早签订。

（二）关于中苏长期贸易协定的年限问题，我们在1958年11月12日向中央的报告中曾建议协定的期限为1960—1962年，1959

年7月苏方提出签订1960—1965年的长期贸易协定。我们考虑：1960年的中苏贸易谈判已经进行，如把1960年贸易列入长期贸易协定的意义不大；如果有效期到1962年，作为长期贸易协定，期限似短了一些；同时我国和苏联签订的成套设备协定有些项目的期限是到1967年为止的。因此，拟同意苏方建议，签订1961—1965年的长期贸易协定。

（三）对苏长期贸易协定不规定每年贸易总额和每年增长的比例，每个年度的贸易额由双方根据当年的实际需要和可能商定。这样有利于双方在彼此国民经济的需要与可能的基础上发展贸易，同时也便于我们安排。

（四）长期贸易货单的编制，是根据“自力更生为主、争取外援为辅”和“国内贸易与对外贸易同时并举”的方针，以及实事求是、量力而行的原则，为我国国民经济的继续跃进服务，为加速建成我国独立的经济体系服务。鉴于我国第二个和第三个五年计划尚未确定，长期贸易货单不宜订得过大过死，必须留有余地。因此，我们意见在对苏长期贸易协定的出口货单中，只列大宗的主要的商品，小的和次要的商品尽量少列或不列；货源没有把握的不列；对于苏方确实必需的某些主要商品，拟根据我方可能尽量供应。在进口货单中，拟列入仍需从苏联进口的钢材、有色金属和石油；对于大型机床和精密仪器，只列生产周期长，为我急需而目前国内还不能生产的主要品种。关于进出口货单的具体安排是：

1. 出口货单。拟向苏方提出的1961—1965年出口货单共28个品种，约值114.59亿卢布，估计约占五年对苏出口总额的50%左右。这比苏方提出的1961—1965年我出口货单总额97.70亿卢布多16.89亿卢布。同苏方货单比较如下：

（1）品种相同的有17种。在这17种中，我货单数量大于苏方所提数量的商品有1种（钨砂）；数量相同的有5种（大米、大豆、硼砂、锂砂、生丝）；小于苏方所提数量的商品有11种（锡、水银、钼砂、铍砂、钽铌砂、压电石英、硫磺、山羊板皮、羊毛、桐油、茶叶）。在小于苏方所提数量的11种商品中，除压电石英因我确有困难供应量低于1959年的水平外，其他都维持1959年的供应水平。我们考虑，稀有金属矿砂、水银、压电石英等是尖端科学必需的物资，国内需要量将逐年增大，在长期货单中不宜定得过大，如果将来确有增加供应的可能时，再在年度谈判时考虑增加供应。

（2）苏方货单内未列而在我方货单内列入的有11种，即：滑石粉、碲石、绸缎、呢绒、亚麻布、棉毛针织品、烤烟、苹果、柑、各种罐头和修船。我们拟争取列入这些商品，以便于根据苏方的需要安排生产。

（3）苏方列入货单而在我方货单内未列入的有6种，即橡胶、纯碱、烧碱、黄麻、棉花和椰子油。这些商品的供需变化很大，以不列入为好。

在我出口货单中，有些商品已尽可能地考虑到苏方的需要，如硼砂（战略物资，从其他国家很难买到），虽然目前我们在技术、设备和运输等方面还存在一定的困难，但是仍然按照苏方的要求列入了长期货单。

2. 进口货单。1961—1965年一般贸易进口货单为68.03亿卢布。其中：大型机电仪器为11.34亿卢布；五金钢材为16亿卢布；有色金属为8.19亿卢布；石油为32.5亿卢布。这个货单金额较大，估计苏方难以如数供应，拟向苏方尽量争取。

（五）几个具体问题。

1. 苏方希望，长期贸易协定中一般贸易货单的金额占5年一般贸易总额的70%～80%。我们拟向苏方提出的长期贸易的出口货单和所提一般贸易进口货单估计苏方能供应的，约占5年一般贸易进出口总额的50%左右，同苏方要求有一定距离。拟向苏方进行解释，争取在这个基础上达成协议。

2. 我出口货单中未列入苏方提出的橡胶、纯碱、烧碱、黄麻、棉花和椰子油六项商品，另有11种商品小于苏方提出的数量。我们拟向苏方说明，根据目前情况先作这样安排，待年度贸易谈判时再具体协商。过去每年我们都转口给苏联一些橡胶，由于外汇和购买困难以及国内需要量增加，今后恐难以长期供应，拟向苏方说明情况，尽力争取不列，如谈不下来，再另行考虑。

3. 苏方要求长期货单分年度并且列明具体数量，我们拟予同意；但为了避免将来被动，拟同苏方商谈在长期协定中写明："在年度谈判中，双方可以根据当年具体情况，对协定所附货单内各该年度商品的品种和数量进行必要的调整。"苏方还要求进口商品要列明详细规格型号。我们觉得这样做有困难，拟向苏方建议关于具体规格型号在年度谈判中商定。

4. 关于这次长期贸易协定同1959年2月周总理和赫鲁晓夫同志签订的成套设备长期协定的关系问题，我们同外交部研究后的意见是：由于成套设备长期协定是苏联对我提供援助的协定，长期贸易协定是双方相互供应货物的协定，二者内容不同，因此，长期贸易协定以另行签订为好。

5. 拟在做好谈判的准备工作以后，由计委和外贸部抽调人员组成长期贸易代表团，前往莫斯科进行谈判。代表团的具体名单将另行报批。

150－8－411

国家计委党组、对外贸易部党组关于调整1961—1965年对苏联长期进、出口货单问题的请示报告

1960年5月15日

关于同苏联签订1961—1965年长期贸易协定问题，中央已于2月26日以中发［60］158号批示同意。最近，我们根据今年度中苏两国贸易谈判情况，进一步对我们上报的进出口货单进行了研究，认为：在进口货单中，某些商品的数量提的大了。按历年苏联对我供货情况，实际上供应不了那么多。因此，拟加以适当压缩。但个别商品因我国需要，估计苏方也有供应可能，拟适当增加。同时，在出口货单中，有的商品我们未列，而苏联坚持要求供应，或我供应商品的数量与苏联要求距离较大，为此，也要作适当调整，否则恐难于谈下来。现将我们的初步意见报告请示如下：

一、进口货单

1. 黑色金属。原来5年共列200万吨；拟减为150万吨（平均每年30万吨）。今年苏方仅供23万吨。

2. 铜。原来5年共列7.5万吨，拟减为3.5万吨（平均每年7 000吨）。今年苏方仅供1 700多吨。

3. 铝。原来5年共列20万吨，拟减为5万吨（平均每年1万吨）。

4. 白金。原来5年共列7 500公斤，拟增为1万公斤（平均每年2 000公斤）。今年苏方供应1 590公斤。

5. 石油。原来5年共列2 500万吨，拟减为2 350万吨（其中61年400万吨，1962年450万吨，1963—1965年各500万吨）。今年苏方可能供应330万吨左右。

二、出口货单

1. 纯锡。原来5年共列9.8万吨（其中1961年为1.8万吨，1962—1965年各2万吨），因苏联为我恢复21个项目要求额外增加供应纯锡，因此，拟同意增加供应纯锡1.2万吨。即5年共11万吨（每年平均2万吨外，1961—1962年3年共计额外增加纯锡1万吨）。

2. 钼砂。原来5年共列2.15万吨（1961—1965年每年4 300吨），拟再增加供应1 000吨，即5年共2.25万吨（平均每年4 500吨），维持今年水平。

3. 铍砂。原来5年共列1万吨（每年2 000吨），现拟按苏方要求再增加1万吨，即5年共2万吨（平均每年4 000吨）略低于今年5 700吨的水平。

4. 钽铌砂。原来5年共列12.5吨（每年2.5吨），拟再增加供应2.5吨，即5年共15吨（平均每年3吨），维持今年水平。

5. 烧碱。苏方要求5年供应17.5万吨，

我原来未列，拟在5年中供应10万吨（平均每年2万吨），维持今年水平。

6. 纯碱。苏方要求5年供应25万吨，我原来未列，拟在5年中供应5万吨（平均每年1万吨），维持今年水平。

7. 橡胶。苏方要求5年供应17.5万吨，我原来未列，拟在5年中供应12.5万吨（平均每年2.5万吨，维持今年的水平），这样安排，主要是考虑了苏联在和我国谈判恢复21项中的两项化工成套设备项目时，提出增加供应橡胶的要求；同时也考虑到，我在1953—1957年期间，每年曾向苏联提供1.25亿卢布的自由外汇，现在已经没有供给自由外汇的义务，适当转口一些橡胶还是必要的。

鉴于多转口橡胶有困难，而我国在化工的技术革新方面又已有显著的成就；我们在具体谈判中将力争减少橡胶的供应，并且准备在必要时不进口那两个化工项目。

三、除上述变动外，我们又准备了一个后备货单，如需要时再向苏联提出。具体货单：

1. 硼砂5年合计5万吨。
2. 水银5年合计1 000吨。
3. 硫磺5年合计5万吨。
4. 绸缎5年合计2 500万米。
5. 呢绒5年合计500万米。
6. 各种罐头5年合计2.5万吨。
7. 橘柑5年合计10万吨。

以上进出口货单调整后，可以缩小双方的距离，将有助于这次谈判的进行。如中央同意上述货单的调整意见，我们准备在5月份（双方谈定交换货单的时间）内将调整后的货单向苏方提出，并拟于7月间先派专家组赴苏谈判，代表团成员研究后另行报告。关于长期贸易协定的条款，须与苏方初步商妥后报批。

150－8－411

（二）中苏经济、技术合作协定及相关问题

中苏两国关于苏维埃社会主义共和国联盟在技术上援助中华人民共和国建设和扩建四十七个工业企业的协定

1958年8月8日

中华人民共和国政府和苏维埃社会主义共和国联盟政府为进一步扩大和巩固两国之间的经济合作，根据完全平等、互利和兄弟般的互助原则，达成协议如下：

第一条

苏维埃社会主义共和国联盟将根据本协定第一号和第二号附件所列冶金、化学、煤炭、机械制造、木材加工、建筑材料等工业企业和电站的建设与扩建，对中华人民共和国提供技术援助，其中包括：

6个冶金企业，年产车轮和轮箍25万吨以内、铝10万吨、各种金属制品2.8万吨以内，生产稀有金属和稀土金属及其合金；

3个氮肥工厂，年产氨总量为22.5万吨；

5个露天矿，4个煤井，煤的年产总量为2 110万吨、页岩为760万吨；

12个热电站，总容量为185万瓩；其中65万瓩容量的主要设备苏联于1959年内交付；

1个炼油厂，年处理原油200万吨；

1个煤加压气化车间；

3个电缆厂，总能力为年产专用、通讯、海底电缆52 500公里，铝线、铜线为5.9万吨；

1个水轮机厂，年产水轮机的能力为250万瓩；

1个电机厂，年产水轮发电机的总能力为250万瓩和大型电机的总能力为100万瓩；

1个炼油化工设备厂，年产设备的能力为

2.5万吨；

1个整流器厂，年产水银整流器的能力为200万瓩、半导体整流器为100万瓩；

两个仪表厂，年产电气仪表45万个、各种气体分析用仪表1万套；

1个大型轴承车间，年产能力为5 000套；

1个电影照相胶片厂，年产能力为2亿直线公尺；

1个木材水解厂，年产酒精的能力为2 400吨；

1个松根浸提厂，年处理浸渻木（破碎后的松根残干心子）1.5万层积立方公尺；

两个水泥厂，年产水泥的总能力为20万吨。

第二条

本协定第一号附件所列企业的建设，将通过以下方式给以技术援助：

由苏联机构完成勘测、研究和设计工作，由苏联供应设备、仪器、电缆制品以及在现场制造配套设备所需专用材料，进行设计监督和施工中提供建议，并对上述各企业的安装、调整和开工生产给予援助。

中国机构将按照本协定第一号附件所规定的期限，向苏联机构提交设计该附件所列各企业必需的基础资料。

第三条

本协定第二号附件所列企业的建设，将通过下列方式给予技术援助：

苏联将按照中国方面的设备清单，供应工艺设备、仪器、电缆制品，以及在现场制造配套设备所需专用材料，其范围由双方商定。并按双方商定的范围和期限，提供中国机构为设计本附件所列企业需要的设计资料和技术资料。

中国机构对于应由苏方供应的设备、仪器、电缆制品，以及在现场制造配套设备所需专用材料的订货清单，在设备供应的计划年度前5~6个月，单个生产的设备要在前7~8个月提交给苏联机构，以便进行协商。

第四条

苏方将向中方提交本协定第三号附件所列企业、车间及个别装置的设计以及产品的图纸、工艺过程和组织其生产所必需的其他技术资料。

此外，苏方同意将来继续向中方提供类似的设计和技术资料；其清单、范围和期限，由中苏主管机关之间按个别情况进行协商。

中方应偿付苏联机构为编制和提交本条所列设计和技术资料有关的实际费用。

第五条

为了在企业建设的选择厂址方面提供建议，为了在编制设计任务书和搜集设计原始资料、企业的施工（设计监督和提供建议）、设计、设备的安装、调整和企业开工方面提供技术援助，以及提供与执行本协定有关的其他技术援助，苏维埃社会主义共和国联盟将按双方商定的人数和期限，派遣苏联专家去中华人民共和国。

派遣上述专家前往中华人民共和国，将根据1957年12月28日关于中苏互派专家进行技术援助和其他服务条件的协定进行。

第六条

为培养在本协定所列企业中工作的本国干部，苏方将按双方商定的专业、人数和期限，接受中国专家和工人去苏联有关企业进行研究个别的工艺过程和生产技术实习。

接受中国专家和工人研究个别的工艺过程和生产技术实习的办法将根据1957年12月28日关于中苏专家和工人的生产技术实习条件的协定进行。

第七条

苏方将无偿地把本协定第一号和第二号附件所列企业制造产品的生产特许权转让给中方，并且按双方商定的范围和期限交付产品的图纸、工艺过程和组织其生产所必需的其他技术资料，中方只偿付为编制和提交该技术资料有关的实际费用。

第八条

苏联机构所完成的勘测、研究和设计工

作、苏联供应中国的设备和有关派遣专家去中国的费用，以及苏方按本协定所提供的其他服务工作，中方应按现行中苏贸易协定以货物偿付。

第九条

完成勘测、研究和设计工作，苏联供应中国设备、提交设计和技术资料、派遣苏联专家去中国及接受中国专家和工人在苏联进行研究个别的工艺过程和生产技术实习，均按中苏双方主管机关所签订的合同进行。

合同中应规定完成设计工作、供应设备以及根据本协定苏方提供的其他服务的范围、价格、期限和其他条件。

第十条

本协定自签字日起生效。

1958 年 8 月 8 日订于莫斯科，正本两份，每份均用中文和俄文写成，两种文本具有同等效力。

第一号附件：苏维埃社会主义共和国联盟在技术上援助中华人民共和国建设的工业企业和个别车间的清单

序号	企业及个别车间名称和技术援助种类	完成期限
1	宣化钢铁厂车轮和轮箍整轧车间年产车轮 18 万吨及轮箍（两班工作制）6 万 ~7 万吨 对编制设计任务书和搜集设计用基础资料给予技术援助，由中国机关将上述资料提供苏联机关 初步设计 施工图 设备交付	1958 年 1959 年 范围和期限由中苏机关商定 1961—1962 年
2	兰州特种金属制品厂年产优质钢丝 1.5 万 ~2 万吨及 2 000 ~3 000 吨弹簧和其他金属制品（工厂的组成和生产能力在设计任务书中规定，并在初步设计中确定）* 对选择厂址提供建议，对编制设计任务书和收集设计用基础资料给予技术援助，由中国机关将上述资料提供苏联机关 初步设计	1958 年 1959 年
3	施工图 设备交付 湖南钢厂密封式钢丝绳车间 年产密封式钢丝绳 3 000 ~5 000 吨	1960 年 1961—1962 年 （个别设备将于 1963 年上半年交付完毕）
4	对编制设计任务书和收集设计用基础资料给予技术援助，由中国机关将上述资料提供苏联机关 初步设计 施工图 设备交付 北京稀有金属及稀土金属及其合金冶炼加工厂（工厂的组成和生产能力在设计任务书中规定，并在初步设计中确定）	1958 年 1959 年 1960—1961 年 1 季度 1961—1962 年
	对选择厂址提供建议，对编制设计任务书和收集设计用基础资料给予技术援助，由中国机关将上述资料提供苏联机关 研究工作 供应进行研究工作所需之个别仪器和仪表 初步设计 技术设计 施工图	1958 年 1958—1959 年上半年 范围和期限由中苏机关将根据中国机关清单商定。 1959 年 1960 年 范围和期限由中苏机关商定

续表

序号	企业及个别车间名称和技术援助种类	完成期限
5	设备交付 包头稀土金属联合企业（利用白云鄂博铁矿选矿后的尾矿）（工厂的组成和生产能力在设计任务书中规定，并在初步设计中确定）	1961—1962 年
	编制联合企业的初步设计、技术设计和施工图 完成选矿试验工厂和化工冶炼车间的设计 为选矿试验工厂和化工冶炼车间交付个别的设备、仪器和仪表 联合企业的设备交付	期限两年，自 1958 年 1 月 18 日签订之中苏关于共同进行和苏联帮助中国进行重大科学技术研究的议定书所规定之研究和实验工作结束后开始。 由中国机关完成，苏联专家提供建议。 范围和期限由中苏机关将根据中国机关清单商定。 期限两年，自技术设计批准后开始。
6	良乡整流器厂 年产水银整流器 200 万瓩和半导体整流器 100 万瓩	
7	中国机关向苏联机关提交设计任务书及基础资料 初步设计（工艺部分） 施工图 设备交付 木材水解厂 年产酒精 2 400 吨及相应数量的酵母、醣醛、干冰	1958 年 7 月 1959 年 1 季度 范围和期限由中苏机关商定 1959—1961 年
8	提交生产上述产品的现有设计工艺部 分和工艺设备制造图 供应个别工艺设备 黑龙江省松根浸提厂 年处理浸溶木（破碎后的松根残干芯子）1.5 万层积立方米	1958—1959 年 范围及期限由中苏机关将根据中方的清单商定。
9	提交类似工厂设计及现有工艺设备制造图 供应个别工艺设备 北京“南方式”水泥厂 年产水泥 10 万吨	1958 年—1959 年上半年 范围和期限由中苏机关将根据中方的清单商定。
	交付重复利用的设计 设备交付	1959 年 1 季度 1959 年
10	武汉“南方式”水泥厂 年产水泥十万吨 *	
	设备交付	1959 年

注：苏联机关在编制设计时，将考虑工厂分期建设和开工的可能性。

* 利用北京“南方式”水泥厂重复利用的设计。

说明：

（1）如中方对设计本附件所列企业必需之基础资料交付拖延时，则完成设计工作和设备交付的期限相应顺延。

（2）苏联机关在每个计划年度协商设备供应范围时，将考虑提前供应设备的可能性。

（3）本协定第二条和第三条中规定的所谓“在现场制造配套设备所需专用材料”是指：化工和炼油企业所需的不锈钢材及专用钢管，冶金、化工和炼油企业所需的特殊耐火材料，热电站所需的高压管道及其他材料，但不包括建筑材料和生产原料。

第二号附件：由苏联供应工艺设备、其范围由双方商定的工业企业和个别车间的清单

序号	企业及个别车间名称	完成期限
1	河南省铝厂 年产铝 10 万吨，第一期年产铝 5 万吨、在工厂产品方案中并包括有镁、钛、石墨化电极。 第一期 第二期	
2	山西省晋城露天矿，年产 150 万吨煤	1959—1961 年期限由中苏机关商定
3	辽宁省海州露天矿，由年产 300 万吨煤扩大到 700 万吨煤	
4	甘肃省窑街露天矿，年产 90 万吨煤	1961—1963 年
5	山西省朔县露天矿，年产 800 万吨煤	
6	辽宁省抚顺西露天矿， 煤由 170 万吨扩建到年产 500 万吨和页岩由 1 200 万吨增至 2 000 万吨	
7	辽宁省老虎台斜井 煤由 250 万吨扩建到年产 300 万吨	1959 年
8	辽宁省龙凤立井煤由 220 万吨扩建到年产 300 万吨	1959 年—1960 年
9	河北省范各庄立井，年产煤 90 万吨	1959 年
10	河北省王庄立井，年产煤 120 万吨	1959 年
11	兰州炼油厂，由年处理 100 万吨原油，扩建到年处理 300 万吨原油	1959—1961 年
12	辽宁省锦州市煤加压汽化车间，包括制氧和氮的装置（与苏联某一工厂的车间类似）	1959—1960 年
13	茂名热电站，容量 10 万瓩	1960—1961 年
14	太原第二热电站，容量由 5 万瓩扩建到 15 万瓩	1960—1961 年
15	济南热电站，容量 5 万瓩	1959 年
16	洛阳热电站，容量由 7.5 万瓩，扩建到 17.5 万瓩	1959—1960 年
17	上海热电站，容量 40 万瓩	1959—1962 年
18	青山热电站，容量 5 万瓩	1960 年
19	富拉尔基热电站，容量由 10 万瓩扩建到 15 万瓩	1959 年
20	永利宁（南京）热电站，容量 10 万瓩	1959—1960 年
21	阜新热电站，容量由 30 万瓩扩建到 60 万瓩	1959—1960 年
22	北京热电站，容量由 10 万瓩扩建到 40 万瓩	1959—1960 年

续表

序号	企业及个别车间名称	完成期限
23	吉林热电站，容量由25万瓩扩建到45万瓩	1959—1960年
24	西固热电站，容量10万瓩	1960—1961年
25	吉林氮肥厂，由年产5万吨氨扩建到年产12.5万吨	1959—1961年上半年
26	兰州氮肥厂，由年产5万吨氨扩建到年产12.5万吨	1959—1962年
27	太原氮肥厂，由年产5万吨氨扩建到年产12.5万吨	1959—1962年
28	保定电影照相胶片厂，年产电影照相胶片（其中20%～30%的彩色胶片）和航空照相胶片2亿直线公尺，并生产X光片、照相纸和磁性录音带	1959—1961年（苏方在所列期限内供应流延机和涂布机共23台）
29	郑州电缆厂，年产铝导线5万吨以内及年产铜导线9 000吨以内	1960—1962年（铝线材轧机将于1963年交完）
30	湘潭电缆厂专用电缆车间，年产电缆5万公里	1960—1962年
31	上海电缆厂通信电缆车间，年产通信电缆2 000公里，海底电缆500公里	1960—1962年
32	成都电气仪表厂，年产精密电气仪表15万只及通用仪表30万只，第一期年产精密仪表10万只，通用仪表10万只 工厂第一期 工厂第二期	1959—1961年期限由中苏机关商定
33	四川省水力透平机制造厂，总能力为年产水轮机250万瓩	1959—1961年（直径在8米以上车盘的立车和卧式搪床将于1962年交完）
34	四川省水轮发电机制造厂，总能力为年产水轮发电机250万瓩及大型电机100万瓩	1959—1961年（直径在8米以上车盘的立车和卧式搪床将于1962年交完）
35	武汉炼油化工设备厂，年产设备2.5万吨	1960—1961年
36	北京各种气体分析器厂，年产仪器1万套	1959—1961年
37	洛阳轴承厂大型轴承车间，年产轴承5 000套	1960—1961年

注：

（1）苏联机关在每个计划年度协商设备供应范围时，将考虑提前供应设备的可能性。

（2）本协定第二条和第三条中规定的所谓“在现场制造配套设备所需专用材料”是指：化工和炼油企业所需的不锈钢材及专用钢管、冶金、化工和炼油企业所需的特殊耐火材料，热电站所需的高压管道及其他材料，但不包括建筑材料和生产原料。

第三号附件：苏维埃社会主义共和国联盟和中华人民共和国提交设计和技术资料以及派遣苏联专家：中华人民共和国的项目清单

序号	设计和技术资料名称	提交期限
1	尼基托夫斯基汞联合企业冶炼厂改建的初步设计	1958 年
2	日处理 750 吨白钨矿石的选址、厂技术设计主要工艺设备的全套制造图作为设计基础的研究工作资料	1958 年
3	年产 5 万吨的铝电解标准生产系统的扩大初步设计、主要工艺设备制造图，水银整流所的标准设计及降压变电所的施工设计	1958 年
4	年产 15 万吨氧化铝工厂（用拜焙烧联合法）技术设计的工艺部分和主要工艺设备制造图	1958 年
5	年产 5 000 吨铝箔车间扩大初步设计的工艺部分	1958 年
6	年产 3 000 吨海绵钛工厂（用镁还原法）技术设计的工艺部分及主要工艺设备装配图	1958 年
7	新利维茨基冶金工厂 1 200 连续式冷轧薄板机的技术计算书、工艺资料和设计制造图	1959—1960 年 1 季度
8	提供下列车间的初步设计及施工图，包括非标准设备图纸： 甲、年产 1 000 ~ 1 500 吨的玻璃纤维车间 乙、年产 5 000 吨的玻璃棉车间 丙、年产 60 万直线公尺、直径 50 ~ 100 公厘玻璃管的拉管车间	1958 年 1959 年 1 季度 1959 年第一季度
9	第 4 号、第 5 号石棉选矿厂技术设计及施工图的工艺部分	1958 年
10	第 4 号、第 5 号石棉选矿厂主要非标准石棉风选设备制造图	范围及期限中苏机关商定
11	设有两座尺寸 4 米 ×60 米焙烧炉的水泥厂标准设计（干燥生产法）	初步设计，1959 年第一季度 施工图，1959 年
12	玻璃带的连续压延、粗磨和精磨设备输送带的制造图和工艺说明书	范围和期限由中苏机关商定
13	白金坩埚制造图	1958 年
14	扬基尤罗斯基水解厂设计的工艺部分，包括生产工艺规程、原材料消耗定额、设计计算书以及生产克西里旦（代甘油）、酒精、酵母的非标准工艺设备制造图	1958 年
15	年产 6 万吨厚纸板的（装有一台带 8 个纸板幅滤网筒的厚纸板机）厚纸板厂技术设计的工艺部分 该厂的主要工艺设备制造图	1959 年上半年 1959 年下半年
16	卡依洛库姆坝内式水电站的施工图和说明书	1958 年
17	年产 3 000 吨油漆用二氧化钛工厂的技术设计	1959 年第一季度
18	萃取磷酸生产重过磷酸钙及水热法生产脱氟磷肥的设计资料	范围由中苏机关商定 1959 年上半年
19	制造杜仲胶的现有设计资料和研究资料	范围和期限由中苏机关商定
20	年处理 1. 35 万立方米硬木材的固定式木瓦斯发生炉制造图，年产未清洗瓦斯 745 万立方米	1959 年第一季度

续表

序号	设计和技术资料名称	提交期限
21	ДHNNMЭ－18、26、27 型移动式瓦斯发生炉制造图	1959 年第一季度
22	载重量 1 万吨船舶的主机及辅助机械制造图（作为以前提交的船舶制造技术资料的补充材料）	范围和期限由中苏机关商定
23	载重量 1 万吨油轮的技术设计及施工图	1958—1959 年上半年
24	载重量 2.5 万吨油轮的技术设计及施工图	1960 年
25	莫斯科“绝缘材料”厂碎云母加工车间技术设计	1958 年
26	“火箭”型内燃机船（水翼内燃机船）的全套技术资料，包括计算书和制造图	1958 年
27	派遣苏联专家去中华人民共和国，在规划中国砂轮工业远景发展计划方面向中国机关提供建议，并对编制贵州砂轮厂的设计任务书和收集设计基础资料给予技术援助。专家的人数和期限由双方商定	1958 年

150－6－344

关于苏维埃社会主义共和国联盟在技术上援助中华人民共和国建设和扩建工业企业的协定

1959 年 2 月 7 日

中华人民共和国政府和苏维埃社会主义共和国联盟政府根据 1950 年 2 月 14 日中华人民共和国和苏维埃社会主义共和国联盟友好同盟互助条约的原则，为了进一步扩大和加强两国之间基于完全平等、互利和兄弟般互助原则的经济合作，达成协议如下：

第一条　苏维埃社会主义共和国联盟将在技术上援助中华人民共和国建设和扩建本协定第一、二、三、四号附件所列的冶金、化学、煤炭、石油、机械制造、无线电技术、电机制造、建筑材料等工业企业和电站，共 78 个，其中包括：

9 个钢铁工业企业，总能力为年产钢2 130 万吨；

11 个有色金属企业，总能力为年产铝 60 万吨、镁 2 万吨、钛 5 000 吨、镍 1 万吨、钼精矿 1 万吨，以及年加工铝镁钛合金 10 万吨；

14 个火力和水力发电站，总容量为590 万瓩；

31 个机械制造、无线电技术、电机制造和仪表制造等工业企业；

一个露天煤矿和一个煤井（附设洗煤厂），总能力为年采煤 1 740 万吨；

5 个石油工业企业，其中包括四个炼油厂——总能力为年处理原油 400 万吨；

4 个化学工业企业，总能力为年产磷肥 10 万吨、橡胶轮胎和橡胶制品 8 万吨、合成橡胶 6 万吨以内和卡普龙丝 5 000 吨；

两个水泥厂，总能力为年产水泥 20 万吨。

此外，苏联将对中华人民共和国供应 30 套列车电站，总容量为 12 万瓩。

第二条　对本协定第一号和第三号附件所列企业的建设，将通过以下方式提供技术援助：由苏联机构完成勘察、研究和设计工作，由苏联供应设备、仪表、电缆制品和就地制造配套设备所需的专用材料，在施工中进行设计检查和提供建议，对上述企业的安装、调整和开工生产提供援助。

中国机构将按照本协定第一号和第三号附件所规定的期限，向苏联机构提交为设计各该附件所列企业必需的基础资料。

第三条　对本协定第二号附件所列企业的建设，将通过以下方式提供技术援助：

苏联将按照中国方面的设备清单，在双方商定的范围内，供应工艺设备、仪表、电缆制品和就地制造配套设备所需的专用材料，并按双方商定的范围和期限，提供中国机构为设计该附件所列企业需要的设计资料和技术资料。

中国机构对于应由苏联供应的设备、仪表、电缆制品和就地制造配套设备所需专用材料的订货清单，在设备供应的计划年度前9个月，单个生产的设备在计划年度前一年，提交给苏联机构。

中国机构对于重型的金属切削设备和锻压设备的订货清单，在交付开始的2年以前提出，轧钢机的订货清单按双方商定的进度提出。

第四条　对本协定第四号附件所列企业的建设，将通过以下方式提供技术援助：按双方商定的范围和期限，备中国设计机构咨询，提供技术资料，由苏联供应中国不制造的个别种类的专用设备和仪表。

第五条　为了在企业建设的厂址选择方面提供建议，为了在收集基础资料和编制设计任务书、企业的设计和施工（设计检查和提供建议)、设备的安装调整和企业开工方面提供技术援助，并且提供同执行本协定有关的其他技术援助，苏维埃社会主义共和国联盟将按双方商定的人数和期限，派遣苏联专家前往中华人民共和国。

派遣上述专家前往中华人民共和国，将根据1957年12月28日中苏关于派遣中国专家前往苏联和苏联专家前往中国给予技术援助和其他服务的条件的协定进行。

第六条　为了培养在本协定所列企业中工作的本国干部，苏方将按双方商定的专业、人数和期限，接受中国专家和工人到苏联有关企业研究某些工艺过程和进行生产技术实习。

接受中国专家和工人研究某些工艺过程和进行生产技术实习，将根据1957年12月28日中苏《关于中国和苏联的专家和工人的生产技术实习条件的协定》进行。

第七条　苏方将无偿地把本协定第一、二、三、四号附件所列企业制造的产品的生产特许权转让给中方，并且按双方商定的范围和期限交付产品的图纸、工艺过程和组织生产所必需的其他技术资料，中方只偿付同制造和提交该技术资料有关的实际费用。

第八条　苏联机构所完成的勘察、研究和设计工作，苏联供应中国的设备和有关派遣专家去中国的费用，以及苏方按本协定所提供的其他服务工作，中方将按现行中苏贸易协定以货物偿付。

第九条　苏联机构完成勘察研究和设计工作，苏联供应中国设备并提交技术资料、派遣苏联专家去中国并接受中国专家和工人到苏联研究某些工艺过程和进行生产技术实习，均按中苏双方主管机关所签订的合同进行。

合同中将规定完成设计工作、供应设备以及苏方根据本协定提供的其他服务的范围、价格、期限和其他条件。

第十条　根据本协定移交给中华人民共和国的特许权、技术资料、情报和制品的样品，中方将不转让给其他国家以及外国的自然人或法人。中华人民共和国政府将采取措施，保证根据本协定从苏方取得的特许权、技术资料、情报和样品的完整性、机密性并按原定用途使用。

第十一条　本协定自签字之日起生效。

1959年2月7日订于莫斯科。

第一号附件：苏联在技术上援助中华人民共和国建设的工业企业清单

序号	企业名称和技术援助方式	完成期限
1	2	3
1	包头特厚钢板厂 (生产厚200公厘以内，宽4 000公厘以内的钢板) 年产45万-60万吨钢板，附设压制车间（6 000吨水压机） 中国机构提出设计任务书和设计基础资料 初步设计 平炉车间、轧钢车间和热处理车间的技术设计施工图 设备交付	1959年第一季度 1959年第四季度 1960—1961年上半年 1961—1963年 1962—1964年
2	甘肃红古城铝镁钛合金加工厂 年产10万吨制品 (工厂的组成和能力在初步设计中确定) 商讨选择厂址，对编制设计任务书和收集设计基础资料提供技术援助，由中国机构将上述资料提交苏联机构 初步设计* 施工图 设备交付	1959年上半年 1960年第一季度 1960—1963年 1962—1965年 5 000吨水压机都在1966—1967年交付
3	青海西宁镁钛厂 年产镁2万吨、钛5 000吨 商讨选择厂址，对编制设计任务书和收集设计基础资料提供技术援助，由中国机构将上述资料提交苏联机构 初步设计 施工图 设备交付	1959年上半年 1959年 1960年 1961—1962年
4	云南墨江镍业公司 年产镍1万吨 商讨选择厂址，对编制冶炼厂设计任务书和收集设计基础资料提供技术援助，由中国机构将上述资料提交苏联机构 冶炼厂初步设计工艺部分* 设备交付	1959年上半年 1959年 1961—1962年
5	元宝山火电站（内蒙赤峰） 容量120万瓩（6×20万瓩） 商讨选择厂址，对编制设计任务书和收集设计基础资料提供技术援助，由中国机构将上述资料提交苏联机构 初步设计 施工图 设备交付	1959年上半年 1959年下半年 1960—1963年 1961—1964年

注：*苏联机构将在进行初步设计时研究分期建设和投入生产的可能性。

*该公司的设计和冶炼厂的施工图由中国机构完成。

续表

序号	企业名称和技术援助方式	完成期限
1	2	3
6	燃汽轮机厂 制造 4 000 ~ 25 000 瓩的燃汽轮机年产总容量 140 万瓩 （工厂组成和能力在初步设计中确定） 商讨选择厂址，对编制设计任务书和收集设计基础资料提供技术援助，由中国机构将上述资料提交苏联机构 初步设计 施工图工艺部分 设备交付	1959 年上半年 1960 年第三季度 1960—1961 年 1961—1964 年 个别品种的镗床和花门刨床在 1965 年交付。
7	三峡和其他水电站用大型水轮机和水轮发电机厂（工厂能力在初步设计中确定） 商讨选择厂址，对编制设计任务书和收集设计基础资料提供技术援助，由中国机构将上述资料提交苏联机构 初步设计 施工图工艺部分 设备交付	1959 年上半年 1960 年 期限由苏中机构商定 1963—1965 年
8	银锌蓄电池厂 年产总容量 2 亿安培小时 （工厂产品方案和能力在初步设计中确定）商讨选择厂址，对编制设计任务书和收集设计基础资料提供技术援助，由中国机构将上述资料提交苏联机构 初步设计 施工图 设备交付	1959 年第一季度 1959 年 1960 年 1961—1962 年
9	抚顺北老虎台竖井 年产煤 240 万吨 附洗煤厂年生产能力 240 万吨 商讨选择厂址，对编制设计任务书和收集设计基础资料提供技术援助，由中国机构将上述资料提交苏联机构 初步设计 施工图 设备交付	1959 年第一季度 1959 年 1960—1961 年 1961—1963 年
10	调节器厂	工厂产品方案、组成和品种以及技术援助范围和期限，将由苏中双方另行研究和确定。

附注：

（1）如中方拖延交付为设计本附件所列企业必需的基础资料，则设计完成期限和设备交付期限将相应顺延。

（2）各企业的施工图根据苏中机构商定的范围和进度编制。

（3）苏联机构在商定各计划年度的设备交付范围时，将考虑设备提前交付的可能性。

第二号附件：苏联在技术上援助中华人民共和国新建和扩建的中方自行设计的工业企业清单

序号	企业名称	设备交付期限
1	2	3
1	武汉钢铁公司二期，年产钢达到300万吨，设备交付	1959—1963年轧钢设备于1961年开始交付
2	包头钢铁公司二期，年产钢达到320万吨，设备交付	1959—1963年轧钢设备于1961年开始交付
3	甘肃酒泉钢铁公司（甘肃省酒泉市）具有完整的冶金生产过程，年产生铁400万吨以内。钢400万吨以内，钢材300万吨以内 设备交付	1960—1966年轧钢设备于1962年开始交付
4	鄂西钢铁公司（湖北省宜都地区）具有完整的冶金生产过程，年产生铁400万吨以内、钢400万吨以内、钢材300万吨以内 设备交付	1961—1966年轧钢设备于1963年开始交付
5	西南钢铁公司（四川省西昌市） 具有完整的冶金生产过程，年产生铁300万吨以内、钢300万吨以内、钢材250万吨以内 设备交付	1962—1967年轧钢设备于1964年开始交付
6	马鞍山钢铁公司（安徽省马鞍山市） 具有完整的冶金生产过程，年产生铁300万吨以内、钢300万吨以内、钢材250万吨以内 设备交付	1962—1967年轧钢设备于1964年开始交付
7	韶关钢铁公司（广东省韶关市） 具有完整的冶金生产过程，年产生铁500万吨以内、钢300万吨以内、钢材250万吨以内 设备交付	1962—1967年轧钢设备于1964年开始交付
8	西北特殊钢厂（甘肃省张掖市） 年产钢100万吨 设备交付	1963—1966年
9	贵州铝业公司（贵州省贵阳市） 由下列各厂组成：年产铝10万吨的铝厂；年产铝氧30万吨的铝氧厂；年产石墨化电极2万吨、阳极糊5.5万吨、电极糊1.5万吨和炭素衬块2万吨的电极厂 设备交付	1960—1962年 2 500吨和5 000吨水压机都在1964—1965年交付。 直径4×100米的铝氧焙烧炉由中国方面自行解决。
10	湖南铝业公司（湖南省湘乡市） 由下列各厂组成；年产铝10万吨的铝厂；年产铝氧30万吨的铝氧厂；年产石墨化电极2万吨、阳极糊5.5万吨、电极糊1.5万吨和碳素衬块2万吨的电极厂 设备交付	1961—1963年 2 500吨和5 000吨水压机都在1965年交付 直径4米×100米的铝氧焙烧炉由中国方面自行解决

续表

序号	企业名称	设备交付期限
1	2	3
11	浙江铝厂（浙江省兰溪市） 年产铝 10 万吨 设备交付	1962—1963 年 2 500 吨和 5 000 吨水压机都在 1965—1966 年交付
12～14	3 个铝业公司 年产铝各 10 万吨，铝氧各 30 万吨，电极产品各 11 万吨。 设备交付	1963—1965 年 2 500 吨和 5 000 吨水压机都在 1966—1967 年交付 铝氧焙烧炉由中国方面自行解决
15	大黑山钼矿来选公司（吉林大黑山地区）年产钼精矿 1 万吨以内，副产铜精矿和黄铁精矿 设备交付	1961—1963 年
16	山西朔县火电站 容量 60 万瓩（6×10 万） 设备交付	1960—1963 年
17	江苏江南火电站 容量 60 万瓩（4×15 万） 设备交付	1961—1962 年
18	北京第二热电站 容量 30 万瓩（6×5 万） 设备交付	1960—1962 年
19	上海第二火电站 容量 40 万瓩（4×10 万） 设备交付	1962—1963 年
20	上海第一火电站 扩建 30 万瓩（3×10 万），总容量达到 70 万瓩 设备交付	1962—1963 年
21	四川鱼嘴水电站 容量 7 万瓩（4×1.75 万） 设备交付	1960—1961 年
22	浙江七里泷水电站 容量 34.5 万瓩（6×5.75 万） 设备交付	1960—1961 年
23	云峰水电站（吉林省辑安县） 容量 60 万瓩（6×10 万） 设备交付	1961—1962 年

续表

序号	企业名称	设备交付期限
1	2	3
24	湖北丹江口水电站 容量90万瓩（6×15万） 设备交付	1960—1963年
25	湖南师溴溪水电站 容量17万瓩（4×4.25万） 设备交付	1961—1962年
26	湖北芭王沱水电站 容量15万瓩（2×7.5万） 设备交付	1961—1962年
27	湖南凌津滩水电站 容量11.9万瓩（7×1.7万） 设备交付	1962—1964年
28	吉林小红石水电站 容量12.6万瓩（1×12.6万） 设备交付	1960—1961年
29	西南重型机械厂（四川德阳） 年产电划、起重设备、轧钢设备、锻压设备、破碎研磨设备和其他设备12万吨以内，并产备件2万吨以内，商品锻件和铸铁件8万吨以内 设备交付	1961—1963年
30	西南锅炉厂（四川德阳） 年产高压锅炉总蒸发量17 370吨/小时和辅助设备18 000吨以内 设备交付	1960—1963年 部分镗床于1964年交付
31	西南汽轮机厂（四川德阳） 年产5万~30万瓩的汽轮机，总容量300万瓩以内；及辅助设备6 000吨以内 设备交付	1960—1964年部分龙门铇床和座标镗床于1965年交付
32	汽轮发电机厂 年产5万~30万瓩汽轮发电机总容量300万瓩以内；及大型电机总容量100万瓩以内 设备交付	1961—1964年个别品种的镗床、摇臂钻床和龙门铇床在1965年交付
33	山西大同干线电机车厂 年产300台电气机车并产内燃机车车体300套 设备交付	1961—1964年
34	重型机床厂 年产重型的立式车床、镗床、切齿机、磨床、龙门铣床、龙门铇床和深孔钻床2万吨 设备交付	1960—1964年

续表

序号	企业名称	设备交付期限
1	2	3
35	贵州贵阳砂轮厂 年产砂轮 2 万吨、磨料 72 000 吨以内 设备交付	1961—1962 年
36	天津船用柴油机厂 年产 5 000 马力和 5 000 马力以上 柴油机总容量 18 万马力 设备交付	1961—1963 年 个别品种的镗床于 1964 年交付
37	清水河一号露天煤矿年产煤 1 500 万吨 设备交付	1964—1965 年
38	第一炼油厂 年处理原油 100 万吨 设备交付	1962—1964 年*
39	第二炼油厂 年处理原油 100 万吨 附设催化剂车间 设备交付	1962—1964 年*
40	第三炼油厂 年处理原油 100 万吨 设备交付	1963—1965 年*
41	第四炼油 年处理原油 100 万吨 设备交付	1963—1965 年*
42	石蜡氧化车间 年生产能力按原料计算为 25 000 吨 设备交付	1962—1963 年 石油设备交付量不超过 1 700吨，其他石油设备由中方自行解决。
43 ~ 44	二个南方式水泥厂 年产水泥各 10 万吨以内 设备交付	1960—1961 年
45	昆阳磷肥厂 年产重过磷酸钙 10 万吨、过氧化氢、过磷酸钾、硼、元素硼、硼酸酯、氮化硼等 设备交付	1961—1963 年 仅交付重过磷酸钙和非浓缩过氧化氢设备。
46	兰州合成橡胶厂（二期） 年产聚乙烯 1 万吨、聚异丁烯 6 000 吨、异丁橡胶 6 000 吨、异戊二烯橡胶 2 万吨、聚苯乙烯薄膜、丁砒橡胶、聚硫橡胶、丁甲基橡胶、环氧乙烷等 设备交付	1962—1964 年 仅交付年生产能力为 5 万 – 6 万吨的丁甲 基橡胶设备和年生产能力为 4 万吨的丁二烯设备，但丁烷脱氢车间除外。

续表

序号	企业名称	设备交付期限
1	2	3
47	卡普龙抽丝厂 年产 5 000 吨 设备交付	1961—1962 年
48	西安特种橡胶轮胎厂 生产飞机轮胎、汽车轮胎、拖拉机轮胎和其他橡胶工业制品，年生产能力为 8 万吨混炼胶 设备交付 列车电站，总容量 12 万瓩（30 套）	1963—1965 年 1960—1962 年 每年供应 10 套。

注：* 苏联对该厂供应的炼油设备不超过 6 000 吨，各种装置所需的热油泵不超过 50%。其余炼油设备、泵、管件和 16 大气压的阀门由中方自行解决。

附注：

（1）苏联机构在商定各计划年度的设备交付范围时，将考虑设备提前交付的可能性。

（2）电产和工业用电机车仅规定供给西南钢铁公司、马鞍山钢铁公司和韶关钢铁公司。

（3）2 米 ×3.1 米球磨机仅规定供给武汉钢铁公司二期（7 台）和鄂西钢铁公司（12 台）。

其他钢铁公司所需的上述设备由中国方面自行解决。

未考虑供应焦炉设备（推焦机、开门机、焦炭消火车、装煤车）和钢铁工业企业、有色金属企业所需的 10 ~ 12 吨自动卸货汽车。

第三号附件：苏联在技术上援助中华人民共和国建设的国防企业清单

序号	企业名称和技术援助方式	完成期限
1	2	3
1	水声设备制造厂 （工厂能力和产品品种在取得设计任务书和设计基础资料时确定） 中国机构提出设计任务书和设计基础资料 初步设计 设备交付	1959 年第一季度 1959 年第四季度 1960—1962 年
2	海军用雷达站制造厂 （工厂能力和产品品种在取得设计任务书和设计基础资料时确定） 中国机构提出设计任务书和设计基础资料 初步设计 设备交付	1959 年第一季度 1960 年第一季度 1961—1962 年
3	“地对海”导弹控制设备制造厂 （工厂能力和产品品种在取得设计任务书和设计基础资料时确定） 中国机构提出设计任务书和设计基础资料 初步设计 设备交付	1959 年第一季度 1960 年第一季度 1961—1962 年

续表

序号	企业名称和技术援助方式	完成期限
1	2	3
4	航海仪表制造厂 （工厂能力和产品品种在取得设计任务书和设计基础资料时的确定） 中国机构提出设计任务书和设计基础资料 初步设计 设备交付	1959 年第一季度 1959 年第四季度 1960—1962 年
5	哈尔滨铝加工厂铝镁铸造和镁合金加工车间 中国机构提出设计任务书和设计基础资料 初步设计和施工图 设备交付	交付期限将相应顺延 范围和期限由苏中机构商定 1962—1963 年
6	原子射线测量仪器制造厂 （工厂能力和产品品种在取得设计任务书和设计基础资料时确定） 中国机构提出设计任务书和设计基础资料 初步设计 设备交付	1959 年第一季度 1959 年第四季度 期限由苏中机构另行商定
7	航空工业锻压基地	
8	空气动力科学研究院	
9	电子引信车间	产品方案组成和产品品种，以及对这些项目在建设中给予技术援助的范围和期限由苏中双方另行研究和确定。

附注：如中方拖延交付本附件所列企业的设计任务书和设计基础资料，则设计完成期限和设备交付期限将相应顺延。

第四号附件：根据双方商定的范围和期限苏联机构在设计中给予咨询、交付技术资料和供应中国不制造的个别种类的专用设备和仪表的企业清单

序号	企业名称
1	远程警戒和瞄准雷达制造厂
2	半自动防空警戒指挥系统制造厂
3	盲目着陆和导航地面设备制造厂
4	无线电中继站制造厂
5	电真空难熔金属制造厂
6	无线电测量仪器制造厂
7	超小型电子管制造厂
8	侦察和干扰设备制造厂
9	侦察和干扰雷达制造厂
10	电子计算机制造厂
11	半导体器件制造厂

顾卓新[①]同志向苏方表示：10年来，中苏两国的经济合作和科技合作有很大的成绩。中国党、政府和全国人民对苏联给予中国的巨大援助十分感谢，而且永志不忘。相信今后两国的经济科技合作一定会继续得到发展。但是，由于情况有了新的发展，发生了很大的变化，为了总结经验，使今后合作得更好，这次双方重新商谈是必要的，深信双方本着国际主义和友好合作的精神，定能顺利地达成协议（阿尔希波夫同志说，他对此也深信不疑）。

接着，顾卓新同志和武衡同志分别就成套项目和科技合作两方面的问题，向苏方说明了我方的意见。

一、关于成套项目问题

顾卓新同志向苏方着重说明：304个成套项目，除去苏方已完成援助义务的120个（尚须具体核对）以外，我们打算减少2/3，保留1/3，即保留68个项目。这样调整的主要理由是：由于我国人民的努力和苏联的援助，我国工业技术已有初步基础，有些项目可自行承担，以减轻苏联的负担；中国目前还不能承担的，仍需请苏联援助。目前我们贯彻执行“集中兵力打歼灭战”的方针，对建设项目作了一些调整。我国外汇支付平衡方面也有一定的困难。

苏方急于解决的1961年设备供应问题，建议先核对清楚1960年结转和未结汇部分，然后再作研究。1962年及其后的设备供应，宜待双方商定1961年供应量和全盘项目以后进行协商。新技术方面的项目不包括在上述成套项目之内，有关问题将由李强同志另与苏方商谈。

阿尔希波夫在听了我方意见后，表示希望了解我方1961年苏联成套设备进口总金额的估计数字、68个保留项目的规模、进度和总金额。

顾卓新同志答复说：1961年苏联成套设备进口额要视对1960年结转部分的清理和1961年度贸易谈判结果而定；68项的规模和内容基本上按原协议，个别项目有所调整；交付进度双方都可提出方案，建议先由双方专家具体商谈；总金额可以在项目商定后计算。

二、关于科技合作问题

武衡同志向苏方说明了我方的建议：

1. 将原有的两个政府协定的优点集中起来，重订一个新的协定，以避免工作上的重复，节省人力；原有的5个部门间协定，除两国科学院的协定可以保留外，其他4个部门可按政府协定进行合作，不必另订协议。

2. 历年遗留下来的大批项目，不少已经过时，逐项清理需要很长时间，可以不作清理，原订计划可停止执行，在上述新协定的基础上重新制订执行计划，其中可列入双方认为有必要继续执行的旧项目。旧项目中已开始准备的资料，双方可以研究一个处理办法。

苏方听了这个建议后表示：如中方已拟就新协定草案，希望能提出供研究，同时希望了解在中方设想的1961年新计划中，新旧项目各有多少。

武衡同志答复说：如果苏方同意上述原则，我方可以提出一个新协定草案；1961年的项目，目前正在研究。

最后，阿尔希波夫同志说：苏方将仔细研究中方的意见。关于科技合作问题，中方的建议是新的，苏方对此没有准备，希望能有较多的时间进行研究。科技合作协定在执行中发生了一些困难，苏方也有同感。

顾卓新同志表示：双方可充分交换意见。

中苏经济科技会谈内容纪要，
1961年2月10日。150-9-291

外交部、对外贸易部报送中苏政府贸易代表团签订的一九六一年货物交换议定书等五个文件

1961年4月21日

中苏1961年贸易谈判业已结束，并于四月七日签订了以下五个文件：（1）中华人民共和国和苏维埃社会主义共和国联盟1961年

① 顾卓新时任国家计委副主任，中苏经济科技会谈中方代表团团长。

货物交换议定书（附第一号和第二号货单）；（2）关于1961年度按期偿还苏维埃社会主义共和国联盟给予中华人民共和国贷款的议定书；（3）关于苏维埃社会主义共和国联盟通过借用方式供应中华人民共和国50万吨粗糖的议定书；（4）关于中华人民共和国分期偿还1960年贸易业务中对苏维埃社会主义共和国联盟欠账的协定；（5）中苏1961年贸易价格换文。

附件1：中华人民共和国和苏维埃社会主义共和国联盟一九六一年货物交换议定书

1961年4月7日

中华人民共和国政府和苏维埃社会主义共和国联盟政府议定如下：

第一条　中华人民共和国中央人民政府和苏维埃社会主义共和国联盟政府1950年4月19日签订的贸易协定继续有效到1961年12月31日。

第二条　苏维埃社会主义共和国联盟对中华人民共和国和中华人民共和国对苏维埃社会主义共和国联盟在1961年的货物供应，都将根据本议定书所附的第一号和第二号货单以及考虑到本议定书第三条的规定，按照1950年4月19日协定的条件实行。

为按期偿付苏维埃社会主义共和国联盟给予中华人民共和国的贷款和按照贷款应计的利息而应当在1961年供应苏联的货物也包括在第二号货单内。

第三条　本议定书规定供应的货物以及同货物交换有关费用的支付，将由中国人民银行和苏联对外贸易银行通过为对1960年3月29日所签订的1960年中苏货物交换议定书进行结算，根据上述1950年4月19日贸易协定所开立的账户办理。这些账户的差额的总金额超过2 500万卢布时，其超出部分按年利2%计息。

第四条　1961年度按期偿还苏维埃社会主义共和国联盟给予中华人民共和国的下列各项贷款，将由中国人民银行和苏联国家银行将应付的金额用转账方法从该项贷款账户转到本议定书第三条所述账户，即：

甲、按照1950年2月14日的协定，在1961年内每月偿还2 774.1万卢布贷款的1/12；

乙、按照1952年9月15日的协定，在1961年1—6月内每月偿还1 381万卢布贷款的1/6；

丙、按照1954年6月19日的议定书，偿还39.8万卢布的贷款（在1961年6月30日和12月31日各偿还一半）。

按照甲、乙及丙项所述贷款应计的利息，将根据这些贷款的条件，按照本条所规定的在1961年度偿还上述贷款的程序办理支付。

上述偿还贷款的金额可以在中国人民银行和苏联国家银行核对账单后订正。

第五条　中华人民共和国对外贸易部和苏维埃社会主义共和国联盟对外贸易部全权代表于1961年每季，必要时并可在其他商定时间，轮流在北京和莫斯科会晤，检查本议定书完成的进度。

第六条　本议定书的规定将从1961年1月1日起履行。

附件2：关于一九六一年度按期偿还苏维埃社会主义共和国联盟给予中华人民共和国贷款的议定书

1961年4月7日

中华人民共和国政府和苏维埃社会主义共和国联盟政府议定如下：

1961年度按期偿还苏维埃社会主义共和国联盟政府给予中华人民共和国政府的下列各项贷款，由中国人民银行和苏联国家银行将应付的金额用转账方法从该项贷款账户转入按照1960年中苏货物交换议定书第三条所开立的账户，即：

一、按照1951年2月1日协定，在1961年12月31日偿还贷款2 774.4万卢布；

二、按照1952年11月9日协定，在1961年1月1日偿还贷款2 915.1万卢布；

三、按照1953年6月4日协定，在1961年内每月偿还1 635万卢布贷款的1/12；

四、按照1954年10月12日协定，在1961年内每月偿还2 455.1万卢布贷款的1/12；

五、按照1955年2月28日协定，在1961年内每月偿还555.8万卢布贷款的1/12；

六、按照1955年10月31日协定，在1961年内每月偿还1 626.4万卢布贷款的1/12。

按照一、二、三、四、五、六各项贷款应计的利息，将根据上述各项协定的条件，按照本议定书所规定的在1961年偿还这些贷款的程序办理支付。

上列偿还贷款的金额可以在中国人民银行和苏联国家银行核对账单后订正。

附件3：议定书

1961年4月7日

为履行中华人民共和国政府同苏维埃社会主义共和国联盟政府间就苏联通过借用方式供应50万吨粗糖向中华人民共和国提供食品援助的协议，双方全权代表议定如下：

第一条　上述以借用方式供应中华人民共和国的50万吨粗糖（古巴产）将在1961年8月31日以前交毕。

苏联政府对这项借用的粗糖将不计算利息。

第二条　中华人民共和国政府将在下列期限内将50万吨粗糖归还苏联：1964年10万吨；1965年10万吨；1966年15万吨；1967年15万吨。

第三条　本议定书规定的对中国供应粗糖和向苏联归还同等数量的粗糖，中华人民共和国政府和苏联政府相应地委托中国粮油食品进出口公司和全苏食品国外贸易公司负责办理。

上述中国公司和全苏公司将根据相互间的协议确定实现这一委托的方法，并签订相应的合同。

附件4：关于中华人民共和国分期偿还一九六〇年贸易业务中对苏维埃社会主义共和国联盟欠账的协定

1961年4月7日

中华人民共和国政府和苏维埃社会主义共和国联盟政府本着友好合作的原则达成协议如下：

第一条　考虑到中华人民共和国政府关于分期偿还1960年贸易业务中结欠苏联2.88亿卢布（1卢布含0.987412克纯金）欠账的愿望，苏联政府同意中华人民共和国政府自1961年起至1965年止5年期限内，分期偿还上述欠账；还款从1962年起始。

苏联政府对上述金额的欠账将不计算利息。

第二条　偿还第一条所述的欠账将按下列期限和金额办理：1962年800万卢布；1963年5 000万卢布；1964年1.15亿卢布；1965年1.15亿卢布。

第三条　上述欠账将通过双方议妥的对苏联的货物供应，和/或黄金，和/或可以自由兑换的货币（英镑、瑞士法郎）偿还。

因此1960年中国方面未完成的对苏联的食品和其他商品的交货义务即行撤销。

第四条　如第一条中所述欠账将以货物供应偿还，则按此目的应向苏联供应的货物的品名和数量将由双方逐年及时协商。商品价格和供应条件将根据现行中苏贸易协定供应类似商品的价格和条件予以确定。

如欠账将以资金或可以自由兑换的货币偿还，则支付将分季度进行，每季度支付第二条所列全年偿还金额的1/4。卢布折合为可以自由兑换货币将按支付当日这一货币的黄金平价办理。

第五条　第一条内所述欠账金额将由中国人民银行和苏联对外贸易银行从1961年1月1日起由交换货物账户转入中国人民银行和苏联国家银行为计算欠账的偿还而开立的特别卢布账户。

按上述账户办理记账和对欠账进行结算的技术程序将由中国人民银行和苏联国家银行协

议确定。

附件15：中苏一九六一年贸易价格换文［节录］

1961年4月7日

1961年由中国向苏联和由苏联向中国供应货物合同的价格，将按照中苏对外贸易机构间在1960年供货合同中已经商定的价格，不予变动，但对商品的质量和技术特征，应予考虑。

1960年没有供应过的商品的价格，由上述机构以社会主义国家间多年来在贸易中已经形成的价格为基础确定。

在办理上述议定书范围内和范围外双方议妥的转口业务时，其商品价格应根据中苏对外贸易机构事前议妥的实际购买价格加上运输费用和占实际购买价格1%以内的手续费确定。

［下略］

150－9－288

（三）从苏联进口成套设备的分交情况

一九六〇年中苏设备分交代表团白坚、张化东关于分交谈判的报告

1959年5月16日

1960年设备分交谈判，已进行一个半月，谈判工作已基本结束，进入最后定案阶段。现在除一机部由于机床品种、数量正在汇总，尚有39个项目的议定书未提出外，其他各部项目的议定书及1960年设备供应量的初步意见均已提出，正待苏联计委平衡汇总后即可定案。

今年分交工作，和往年不尽相同。苏联根据七年计划，原材料工业、动力工业、重型及精密机械加工工业的建设项目，增长比例很大，与我国需要恰有矛盾。但苏联仍尽力设法划出一定数量设备供应我国。据称今后每年实际供应我国的成套设备总量，全部将在12亿卢布左右，明年亦不会超过12亿卢布。根据现在初步谈判结果看来，苏方同意供应的设备计重型设备95 000吨（包括8套轧机及其他大型矿山、起重、炼油、化工等设备）；电机、电器设备：152万瓩电站、40 000瓩列车电站、161万千伏安变压器等；机车车辆：30辆150吨电机车、184辆14吨以下矿井用小电机车、455辆5～10吨汽车等，及4 400～4 500台各式机床。此数与苏方在京同意供应的数量大体相同，个别稍有增减；与我各部在北京经国家计委平衡后提出的数量比较亦大体接近，部分设备如大型球磨机、破碎机、大型吊车、变压器等与我各部原提出要求稍嫌不足。现在除机床、锻压设备、钢材、电缆等苏方正在内部汇总平衡，廿天后，可以将确数通知我方。其余设备，供应的具体数量、品种及所需外汇估计数，均已提出初步意见通知我方，现择要分述如下：

（一）冶金部。共16个项目：黑色项目7个，有色项目9个。现在除太原钢厂因辅助设备清单苏方未提出，尚未分交，蒸汽机车126台，因苏联已不生产蒸汽机车不能供应，提出改供内燃机车，但供应的型号、数量尚待商定外，其余设备谈判均告结束，其中重大设备，包括轧钢机3万吨（继续交付的包钢900轨樑轧机，400无缝管轧机、太钢2 300/1 700万能热轧板机，开始交付的1 700/1 200冷轧板机以及钢球轧机等共7套），有色压延设备2 200吨（洛阳铜加工厂铜压延设备1960年交完），炼焦设备（四大件）4套，大型冶金吊车：350吨铸锭吊车4台，250吨脱锭吊车2～4台（尚未最后定）、140吨铸锭吊车6台，各式球磨机39台，大型圆锥破碎机32台，6 000瓩火力透平发电机组3套（不包括锅炉），150吨电机车20台，4立方米以上电铲28台，5～10吨汽车420辆左右。

上述供应数量除大型球磨机、破碎机尚感不足外，其他设备比苏方在京同意数略有增加。

（二）水利电力部。共17个项目及4 000瓩列车电站10套，其中：火电项目12个，水电项目5个。谈判已结束，并提出了两份总协议书，规定1960年交付火力透平发电设备16套100万瓩（10万瓩的6套，5万瓩的6套，2.5万瓩的4套），水力透平发电机7套50万瓩（14.5万瓩的2套，2万瓩的2套，5.7万瓩的3套），4 000瓩列车电站10套，水电站用桥式吊车350吨的3台，250吨的2台。除机床、钢材、电缆供应确数尚待苏方最后平衡外，已同意供应数量与在北京同意数基本一致。

（三）一机部。共65个项目和另有8个［二·七］协议的无线电项目，除2个项目（721、441）由于我方产品方案尚未确定，苏方设计未开始，清单不能提出，无法进行谈判，和8个无线电项目尚待与苏方继续商谈外，其余已基本上谈判结束。根据目前谈判结果苏方表示1960年交付的机床总数可以维持北京同意供应的数量。确实供应数量，需廿天以后才能最后确定。

（四）煤炭部。共5个项目（原为6个项目，潞安洗煤厂的设备应在1959年交完，项目取消），谈判结果，一般设备供应量与北京同意数基本一致，其中重大设备包括4米卷扬机6台，3米卷扬机12台，2.8米矿井轴流扇风机6台、自翻汽车25台，其余机床、钢丝绳、电缆铝线等尚未最后确定。前报重工业出口公司可以为煤炭工业多交150吨电机车20台，4立方米电铲20台，经查对原来只是苏联重工业机械出口公司第五办公室的意见，现经公司及对外经济联络委员会表示根本没有可能，此项追加订货已撤销。

（五）化工部。共7个项目，谈判结果苏方同意1960年供应设备总量约5 800吨。西北塑料厂、西北有机合成厂系恢复项目，尚未正式批准换文，经一再争取后，苏方已同意1960年供应4 000吨设备，尚在具体洽谈，协议未定。其中重大设备有高压合成塔4个，1Г-266/320型压缩机4台，与北京同意供应数基本一致。

（六）石油部。共5个项目，谈判结果苏方同意1960年供应炼油工艺设备15 000吨左右，1Г-266/320型压缩机2台，150吨电机车10台，4立方米以上电铲6~7台。另有抚顺厂及茂名厂制加氟设备及铂重整装置，苏方已同意与有关设计院及工厂研究后在议定书签字后4个月内最终确定。

（七）林业部。共2个项目，除个别转口设备苏方建议由我国自行订货外，其余已全部同意交付。

（八）建工部。1个南方式水泥窑已谈判结束，同意按1959年设备范围交付。

（九）广播事业局的一个项目，经查对1959年订货合同已全部签订，该项目取消。

以上总计正式分交项目118个，（原报中央为120个，在莫斯科经调整，取消了潞安洗煤厂和云南广播台两个项目。另外8个无线电项目因系开始商谈分交范围及交付期限，故未列入），所需外汇根据苏方可能供应设备数量粗略估算，约需12.43亿卢布。

现在1960年设备供应总量大部已定，少数设备尚在汇总，看来变化不大，总数大致在12.4亿~12.6亿卢布左右。苏方向代表团提交1960年度可能供应我国成套设备数量估计为11.9亿卢布（其中包括：二部和军委五院）。因此我们估计1960年苏方供应我国全部成套设备不会超过12亿卢布。详见附表。

对于个别重大关键设备，我们已在可能范围内合理力争，但由于苏方一再表示他们因为原材料紧张，供应确有困难，但对1960年已明确开工生产的项目一定努力保证按期成套供应，其余尚未确定的某些重大关键设备，特别是重型精密机床、起重设备、球磨机等苏方仍在尽力为我争取多供。因此我们认为此次谈判结果比较满意，并符合中央指示的分交原则，可否考虑同意苏方意见签订议定书。至于机床、锻压设备、钢材、电缆等虽然具体数量尚未最后肯定，但苏方已表示与原北京所议不会出入很大。如中央同意我们上述谈判结果，请于本月底以前指示我们，以便遵照办理。

附：1960 年设备分交外汇估算对照表　　单位：万卢布

部门	项目数	中方估计数	苏方估计数	说　明
冶金部合计	16	32 800	30 090	一、中方估计数是根据 1960 年设备分交双方基本谈定的供应量估算的，不包括 1959 年结转数。 二、苏方估计数是由苏方对外经济联络委员会提出的，这是苏方按照 1960 年实际可能供应量估算的。其中除各部设备外，还包括： 1. 二机部三个项目和军委五院 4 个项目总值 1 300 万卢布； 2. 12 亿中，有 8% 的金额作为 1959 年结转 1960 年（根据我们初步估计，可能大于此数），因此上述两个数字不能相比。 三、苏方估计数中邮电部的 60 万卢布，系指广播事业局的云南昆明发射台设备。1959 年设备合同已签订，1960 年不再有设备交付。
黑　色	7	25 400	22 140	
有　色	9	7 400	7 950	
一机部合计	65	27 040	34 320	
民　用		8 210	11 350	
国　防		18 830	22 970	
二机五院	7	/	1 300	
水电部合计	17	42 444	28 400	
水　电	5	8 994	6 660	
火　电	12	33 450	21 740	
化工部	7	7 800	7 680	
煤炭部	5	2 765	2 280	
石油部	5	10 973	14 950	
林业部	2	330	260	
建工部	1	200		
邮电部			60	
总　计	118	124 352	119 340	

150－8－408

国家计委党组关于一九六一年对苏联成套设备分交问题的报告

1959 年 12 月 18 日

关于我国和苏联商谈 1961 年成套设备分交的步骤问题，由于苏联计划方法改变，一再要求提前，我们根据李富春同志的指示，于 11 月 24 日和苏联驻中国经济代表佛明谈定：苏联专家组于 12 月 20—25 日来北京。1 月初和有关各部交换意见，1 月下旬和计委商谈，并初步确定 1961 年苏联供应设备清单，然后专家小组即回莫斯科，待苏方研究后，再由我国派代表团赴苏进行正式谈判（因经过在北京商谈，我方可少去些人，时间也可短些）。谈判结果报中央和国务院最后确定。

根据两国协定，1961 年中苏分交的成套设备项目有 127 项（1960 年设备交付合同签订后，1961 年分交项目还可能有所调整）；按各部门的初步估算需要外汇 18 亿卢布（下同）左右。我们根据 1960 年对苏成套设备用汇 11.2 亿（分两步走，第一步为 9.8 亿，第二步为 1.4 亿）和今后几年外汇平衡情况估计，1961 年对苏成套设备进口用汇 18 亿是不可能的，各部的估算也是偏高的；因此，拟以 13 亿卢布作为内部控制数字，采用分两步走的办法；先给各部分配 12 亿的控制数；准备将来实际用汇达到 13 亿卢布（包括技术援助费用 0.5 亿在内）。

办理中苏成套设备分交工作的原则应该是：（1）根据两国协议的基本规定（尽量少变，少推迟）和外汇支付的可能，认真贯彻自力更生为主，争取外援为辅的方针；（2）在具体安排上，凡国内能制造的设备，尽量多留国内生产；（3）保证重型、大型的关键性设备的进口，次要设备尽量少进或不进；（4）保证重点项目、结尾项目和已经开始建设的项目的继续分交，新分交的项目尽量少提。经过这样安排后，如果仍然需汇过多，可以考虑推迟一部分项目的分交，以保证1961年成套设备实际用汇控制在13亿卢布左右。

在第一步分配12亿卢布的初步安排中（见附表），分配数与需要数差额较大的是水电部。我们分配给水电部4.3亿卢布，可进口发电设备约200万瓩（1960年从苏联进口112万瓩）。水电部按照从苏联进口290万瓩（其中，协议规定在1961年交付的252.6万瓩由于1960年我们外汇不足，要求推迟到1961年交付的13.2万瓩，苏联要求推迟到1961年交付的24.5万瓩）发电设备计算，要求用汇7亿卢布。我们认为，无论从外汇支付、安装配套和苏方交付能力方面看，都有一定的困难。如果1961年从苏联进口200万瓩，加上从东欧进口的88.7万瓩，共为288.7万瓩，可比1960年从苏联、东欧进口的182万吨增加106.7万吨。在国内发电设备制造迅速增长的条件下，这样安排发电设备的进口，大体上是可以的，不必勉强要求苏联多供进口。

以上外汇控制和对设备分交的意见，如果中央同意，我们即请各部据此安排1961年的分交项目，编制分交设备清单，并准备和苏方商谈；在审核设备的过程中，可能部门间的外汇分配额还要有些小的调整，待商谈告一段落后，再行报告。

附1：1961年中苏成套设备分交项目表

部　别	合计项数	结尾项目	继续分交项目	新分交项目
合　计	127	50	42	35
冶金	16	3	5	8
一机民用	20	5	9	6
一机军工	54	27	20	7
水电	19	7	6	6
石油	5	5		
化工	6	2	2	2
煤炭	5			5
建工	1	1		
铁道	1			1

附2：1961年中苏成套设备用汇数

单位：亿卢布

部　别	合　计	1960年预签1961年合同数	1961年新签合同数	三项费用
合　计	12.00	3.40	8.10	0.50
其中：三项费用	0.5	—	—	0.50
设备费	11.5	3.40	8.10	—
冶金部	2.66	0.66	2.00	—
一机部	2.34	0.84	1.50	—
水电部	4.30	1.60	2.70	—
石油部	1.00	0.30	0.70	—
化工部	0.70	—	0.70	—
煤炭部	0.40	—	0.40	—
其他部	0.10	—	0.10	—

注：

（1）1960年预签1961年合同数3.4亿，包括1960年因我外汇不足推迟到1961年的2.7亿；其余0.7亿为苏联在分交后提出要求推迟24.5万瓩电站和一部分价差。

（2）水利电力部预签合同的1.6亿卢布中，包括我们要求推迟的8套列车电站和10万瓩火电机组，以及苏方提出推迟的24.5万瓩机组。

150－8－404

设备分交代表团关于一九六一年成套设备分交工作报告的请示

1960年5月18日

1961年度成套设备分交工作，今年3月份苏方代表团到北京和我方初步交换了意见，苏方提出1961年交付设备总金额为12.02亿卢布（以下同），比各部原提出17.3亿相差5.28亿。4月上旬我们组成设备分交代表团赴莫斯科，在使馆党委指导和商参处的参加下，就中苏双方在北京谈判的基础上继续进行商谈，并最后商定1961年的调备分交量。

在这次谈判中，我们根据国家计委指示精

神，积极争取，适可而止，多满足则欢迎，少增加亦感谢，热情对待苏联的援助，因此，在这次谈判过程中避免了双方意见相持的现象，谈判时间也比过去缩短，全部分交工作可于5月28日结束。

谈判结果还比较满意。1961年分交总金额为13.07亿，比北京原定12.02亿增加1.05亿。苏方表示这一数字是估算的，最终数字以合同为准。同时苏方公司分项目的分交议定书大部分还未提出，亦正在争取多供一些设备，分交总金额尚有可能增长。在主要设备方面，如稀缺品种的机床北京原定可交773台，现已增加到1 086台，轧钢机分交总吨位略有减少，发电设备稍有增加。一般设备方面增加的比较多，个别的亦有减少，因此从我方原提出的要求来看，尚有一定的距离。在主要设备方面经过一再争取，我们考虑到苏联实际交付的可能，苏方也尽了最大可能来满足我们要求，因此我们根据国内指示精神，拟同意苏方的分交量，结束分交工作。

现根据1961年设备分交结果各部情况如下：

一、各部分交谈判的情况

列入1961年分交谈判的项目共146个，其中属于老项目（156项以内）共60个，“八·八协议”的项目共33个，“二·七协议”的项目共45个，恢复项目共8个。在146个项目中属于冶金部的项目23个，一机部86个（其中军工61个，民用25个），水电部18个，化工部6个，石油部5个，煤炭部5个，铁道部1个，建工部1个，农机部1个。

（一）冶金部

冶金部原提出列入1961年分交的轧钢机共10套，分交总重量为43 350吨。北京谈判时，苏方同意10套轧机，交付总量为34 450吨。在10套轧机中，包钢400厘米无缝管轧机和太钢1 700/1 200厘米万能冷轧板机我们要求全部在1961年交完。在交付总重量上，和我们原提相差7 900吨，这一问题在北京没有得到解决。莫斯科谈判中，我们着重要求苏方将这两套轧机提前在1961年交付完毕，经过不下七、八次谈判，苏方考虑了我们的意见，最后表示：决定将400厘米无缝管轧机提前在1961年交完（包括全部电气）但同时提出由于轧钢机生产能力的限制，冷轧板机原定1961年交付的9 000吨中要推迟5 700吨，并表示这套轧机在1962年可以全部交完。经我们研究后，认为要求苏方交完两套轧机，已经过多次商谈苏方表示不可能的情况下，因此与其两套都交不齐，倒不如保证有一套完整的轧机在1961年交完，迅速安装投入生产的办法比原来2套都在1962年交完为好。因此我们向苏方提出，同意400厘米无缝管轧机在1961年交完，但冷轧板机维持北京原定数字不变，苏方也一再表示无缝管轧机在1961年交完，冷轧板机必须减5 700～6 000吨，否则没有可能。这样增加和减少相抵，1961年轧机交付总重量要比北京减少800～1 100吨，我们再次向苏方提出争取保持北京已商定的轧机总重量不变，苏方正在考虑，估计有困难，如果苏方坚持，我们亦拟同意。

冶金部有5个项目（西宁镁钛、湖南密封钢丝绳、张掖特殊金属制品、包头稀土和北京稀有）因苏方暂时不能确定在1961年供应具体设备品种，据苏方表示需要在7月初才能确定，因此在分交设备清单中只确定分交总吨位。

冶金部项目谈判结果：在1961年交付设备的金额共39 000万卢布，主要设备交付量轧钢机10套/33 850吨，其中4套轧机1961年全部交完；破碎机21台，球磨机和管磨机23台，电铲48台，各种吊车46台，风机63台以及150吨电机车35台，水银整流器81台等。

（二）水电部

苏方在北京原提可供发电机组154万瓩，并同意在莫斯科进一步研究增加供应50万瓩的可能性。在莫斯科谈判过程中，苏方认为涟江口和八盘峡两台机组（共15万瓩）由于我们过去数据几次变动，苏方在1960年9月才能做出技术设计，按照苏方现行生产周期，要到1962年上半年才能交货，因此将这两台机组推迟到1962年交付。为了满足154万瓩总容量，同意改为3台七里垅型机组供西津水电站（共17.58万瓩）。

要求新增50万瓩（丹江口15万1台，云峰10万2台，江南15万1台）这次谈判中未获得解决，但苏方表示，可以在1962年1—2季内供应。

水电部最后谈判结果：在1961年交付的金额共42 110万卢布，1961年苏方交付主要设备包括：发电设备155万瓩（其中火电70万瓩，水电83.5万瓩，列车电站1.6万瓩）电站锅炉13台/3 760蒸发量吨，72 000千伏安以上的变压器11台，共121.2万千伏安，水轮机预埋件17套。

由于发电设备1961年交付总容量不能再超过155万瓩，对目前已正在施工的电站（如云峰水电站、丹江口第二台机组工程）工程进度会受到一定影响，同时也相对的增加了1962年交付量。按电站项目计算，1962年应交300万瓩的发电设备分量不轻，能否交齐，未敢预测。

（三）一机部

1961年分交谈判中对于机床锻压设备苏方不采取逐个项目的分交办法，而是根据苏方1961年最大可能供应量进行商谈。总供应量确定后苏方再提出按部分配的意见交我方研究，并进一步分配到每个项目中去。根据目前双方谈定的结果，一机部项目1961年设备分交的金额共26 400万卢布，机床交付总量为1 624台，其中稀缺、专用的机床1 013台；锻压设备244台，其中专用的为129台。

我们原提机床3 142台，锻压设备533台，但根据目前商定的机床和锻压设备交付量来看，比北京商定数虽有所增加，而和我们需要尤其是在品种方面出入还比较大。目前已确定的数字，无论在数量上和品种上都低于1960年水平。双方代表团团长商谈时，苏方表示目前确定的机床供应量是根据已经与生产厂安排了的数字，今后还有可能陆续增加。从我方专业小组和苏方出口公司具体谈判情况来看，这样可能性是有的。我们拟通过结尾项目的清理、选型代用、专用机床具体安排这样三个方面再争取一批机床和锻压设备进口。

锻压设备虽然在数量上还不能满足我们需要，但供应了一些重大设备。如曲轴压力机630～800吨13台，1 000～4 000吨10台，精压水压机6 300吨的1台，2 000～4 000吨5台，热模锻2 500～4 000吨5台等等。

由于机床和锻压设备1961年分交量少，亦影响了重点建设项目和结尾项目的进度。根据一机部计算，41个项目应该在1961年结束，而不能结束要拖到1962年去；有一些新分交的重点项目（包括国防和尖端无线电项目以及重大的民用项目）分配到的设备亦比较少。

（四）化工部

化工部列入1961年分交项目共6个，和苏方商谈较久有两个项目。一是昆阳磷肥厂的黄磷车间。苏方一再说明用电热法加工生产磷肥，在苏联还没有此项工艺，1961年没有可能供应这类设备，表示在1961—1963年内（这项目是1963年交完）如苏方有电热法加工的设备就一定帮助，但不认为已承担这项设备的供应义务。经代表团研究认为双方商谈只能到此为止，留待苏方有可能供应此项设备的条件时再谈。该厂重过磷酸钙的设备照常交付。第二个项目是卡普隆抽丝厂。苏方认为，我们提出的设备清单是采用苏联原有的生产工艺，现苏联正在修改设计，试验新工艺设备，因此建议推迟到1962年供应，经代表团研究，全部设备推迟到1962年交付，有可能延长设备交付期，影响建设进度，因此必须争取1961年交付一部分设备，苏方已经同意。

化工部项目谈判结果，在1961年交付的金额共6 750万卢布，1961年交付的主要设备，包括化工设备1 420吨，气体压缩机34台，其中1Г266/320三台，各种泵158台，以及风机23台等。

从总的来看，化工项目1961年分交设备

是比较少的，在谈判过程中曲折也比较多，这可能是由于苏方加速化学工业进度有关，经过多次争取，结果还算不坏。

（五）煤炭部

1961年分交5个项目都是露天矿，主要设备基本上都获得解决。在北京初步交换意见时，我们曾提出请苏方供应一部分竖井设备，苏方表示没有义务。到莫斯科以后，苏方根据煤矿设备生产情况，又主动地同意供应一部分竖井设备，包括3米卷扬机和8吨电机车等井下设备，由苏方将这些井下设备分别纳入各露天矿项目中去。

煤炭部项目谈判结果：在1961年交付的设备金额3 500万卢布，其中主要设备有电铲8台，电机车22台（其中150吨的有12台）、矿井卷扬机42台，推土机、铲运机16台等。

（六）石油部

1961年分交共5个项目，这次谈判也比较顺利。主要设备基本上获得了解决，炼油设备比北京商定的供应量略有增加。但还有两个项目有问题，一是茂名露天矿是恢复项目，设备虽已分交，但手续上还须尽快办理。第二个项目是云南加压气化车间，这个项目的设计资料、煤质分析以及工艺方面脱硫装置、甲烷转化装置等生产方法都未定下来，苏联专家到国内收集资料6月间才能去，因此1960年能否设计完还没有把握。因此在谈判时我们已主动推迟到1962年交完，此事还须商参处正式向苏方提出。

石油部项目谈判结果：1961年分交设备的金额共12 400万卢布，主要设备包括有炼油设备8 782吨（其中高压设备1 612吨），各种泵193台，各种风机119台，压缩机72台，电铲7台，150吨电机车13台等。

（七）建工部、铁道部、农机部3个项目

建工部的南方式水泥厂和农机部的洛阳拖拉机厂是结尾项目。水泥厂仍照前三套同样规模交付，在1961年交完，协议规定4套全部结束。洛阳拖拉机厂的设备1961年仍很难全部交付，只能交付几台通用机床，1961年结束不了。铁道部的大同电机车厂是开始新分交的项目，苏方表示：设备已向计委提出计划，但很难满足。

根据上述各部1961年分交谈判结果来看，除了机床和锻压、化工设备交付数量比较1960年有减少外，其他主要设备都比1960年交付量有一定的增长，虽还不能满足各部原提出要求，但考虑到苏方实际交付的可能，因此建议批准代表团的报告，以便在5月底办理结束工作。

此外，还有几个问题请国内批示商参处办理：

1. 要求恢复两国政府协议的21个项目，商参处已电报国内请示，希能及早处理，以便于这些项目年度分交议定书的签订。

另外还有7个恢复项目的手续亦未办理，其中煤炭5个项目设备在1960年已交付完毕，还有一个茂名露天矿虽分交工作仍然在进行，不早日补办手续，在将来签订合同时可能有困难。

2. 冶金部车轮轮箍轧机设备，代表团前曾向国家计委请示，是否可以撤销或推迟到1962年订货，计委尚未正式批复，现在谈判即将结束，是否同意代表团上次请示意见，请速批示。

二、几点体会

成套设备分交工作每年进行一次，也通过每年分交工作的经验不断积累，使分交工作做得更好更快，我们代表团研究后，认为以下几个问题可以作为下一年度分交和国内有关部门的参考。

（一）坚决贯彻中央规定的自力更生为主，争取外援为辅的方针，国外设备分交和国内机械工业生产安排要密切结合起来

1961年苏方供应设备总量虽比1960年有所增长，但增长的幅度是不大的，不可能满足我国持续大跃进的需要，特别是机床的锻压设备比1960年还要减少。我国需要量大和国外供应设备增长幅度小这一矛盾估计在今后几年内还不能完全消除，中央在这方面早就作出了

指示，以自力更生为主、争取外援为辅的方针，通过今年分交工作来看，更显示了中央这一指示的正确性。在成套设备分交工作上坚决贯彻执行中央的自力更生为主的方针就应当把设备分交工作和国内机械工业生产及其发展的安排更密切地结合起来，机械工业组织生产一般讲是不怕数量大，只怕品种杂，数量大就可以组织成批生产，因此在分交时把国内已经生产和可以生产的留在国内组织成批生产，这样更进一步促进国内机械工业生产能力的增长。

（二）加速建设国内精密和高效率机械产品的生产能力，对整个工农业水平和国防尖端工业有重大作用

在1961年分交谈判中，机床和锻压设备重要还不是量的问题。品种不足，特别精密和高效率的机床供应量没有满足我们的需要，苏联在机床供应上最紧的也不是量的问题，也是这类高精的东西，现代化的国防和尖端工业精密机床是不可缺少的，以我国机床工业生产来看，精密机床的生产，基本上还处于开步走的阶段，因此在加速我国现代化国防和尖端工业建设的同时，加速精密、高效率机床工业的建设，将关系到以自力更生为主的建立强大现代化国防的重要问题，但同时也可以估计到精密和高效率机床一下子要依靠国内自己全部解决还是不可能的，因此除了争取苏联和东欧社会主义国家援助外，有条件的话，从西欧资本主义国家再订一批设备，以解决当前的建设需要。

（三）做好长期设备分交工作对年度分交有很大好处

这次苏方主动提出要求进行长期分交的谈判工作，从保证成套设备项目中高大精尖的和生产周期较长的设备订货来看，这是非常必要的。这些设备一方面是生产周期长，同时苏方的生产力和供应量有限，如果没有通过长期分交谈判，将这些设备及时列入苏联长远生产计划，仅仅依靠年度分交，不仅不能保证交付进度，而且常常会落空。在这次谈判中，苏方提出要求在9月间派代表团来中国进行长期分交，请迅速为这次长期分交谈判做好准备工作。

（四）关于设备转口和掌握了解八国经济会议的情报工作

1961年谈判中出现了不少设备，苏联根据八国分工规定业已停止生产，要求我们向其他国家订货，我们鉴于临时向其他国家订货有困难，仍希望苏联协助，经双方代表团团长会谈时，苏方表示：凡属苏联设计的项目由苏方负责转口或采用代用型号解决；凡属中国设计的项目，由中方自己负责向其他国家订货。我们认为这样做是合理的，这一点需要我们早做准备，1961年的设备转口为数不多，苏方已答应帮助解决。

做好设备订货工作就要充分了解其他国家设备生产情况，从东欧各社会主义国家来说，就要求我们及时了解和掌握八国经济会议的情报。八国经济会议对各国工业生产的协作分工已经有了长远安排，如不及时掌握和了解这些情况，临时订货是插不进去的，因此我们建议有关部门应注意了解八国经济会议分工协作的情况，及时提出直接订货，以免临时来不及。

150-8-408

国家计委党组关于一九六一年度对苏联成套设备分交工作的报告

1960年6月9日

关于1961年度对苏联成套设备分交问题，曾于去年12月18日和今年1月7日做过两次报告，现将最近谈判的结果报告如下：

今年3月，苏联专家工作组到北京与我们初次交换意见，苏方表示1961年交付设备总金额为12.02亿卢布，比各部原提出的17.3亿卢布相差5.28亿卢布。4月上旬，我分交代表团赴莫斯科，就双方在北京谈判的基础继续进行商谈。现已商定1961年分交总金额为13.07亿卢布，比北京原定12.02亿增加1.05亿卢布。苏方表示这一数字是估算的，最终数字以合同为准；同时苏方公司也正在争取多供一些设备，分交总额也有可能增长一些。1961

年用汇数，我们初步估计，包括1960年预签1961年交付的设备和技术援助费用在内大约在15亿卢布左右。

1961年分交的项目共146个，其中老项目（166项以内的）共60个，1958年8月协议的项目共33个，1959年2月协议的项目共45个，恢复项目共8个（分部项目数及金额表附后）。

根据代表团报告，这次的谈判，经过我方一再争取，在主要设备方面有些有所增加，比如精密大型机床，原在北京商谈时，苏方只同意供应773台，现已增加到1 086台，其他如矿山设备、起重设备、工矿机车、高压设备、专用钢材等都比在北京商谈时有所增加，个别主要设备则略有减少，如包钢与太钢的轧机，经我代表团不下七八次的争取，苏方只同意包钢400厘米无缝管轧机于1961年全部交完，这样虽然比北京谈判时增加了4 900吨，但苏方表示，因轧钢机生产能力有限，原定在1961年交付的9 000吨太原冷轧板机需推迟5 700吨于1962年交完。这样增减相抵1961年轧机交付总重量，比在京商谈的减少800吨。

在电站设备方面，苏联专家组在北京表示，1961年可交付154万瓩，我们曾要求苏方再增供50万瓩（丹江口15万1台，云峰10万2台，江南15万1台），这次苏方表示1961年的交付总量不能超过155万瓩，因此，对目前已施工的电站（如云峰、丹江口水电站）工程进度会有一定影响。

在机床和锻压设备方面，虽比原在北京商定的数量有所增加，但因苏方同意供应的这些设备无论在数量和品种上都少于1960年，与我们的需要还有出入，经过一再商谈，苏方表示目前确定的机床供应量是根据已经与生产厂安排了的数字，今后还有可能增加。

这次设备分交谈判，经过我们积极争取，而苏方最后只答应如此，我们拟予同意苏方的供应量（苏方1961年供应主要设备数量详见附表），并结束1961年的分交工作，我们已电话告分交代表团刘鼎同志，是否妥当请予批示。

附1：1961年设备分交供应金额估算表

单位：万卢布

部别	项目数	金额	备注
总计	146	130 700	
冶金部	23	39 000	
一机部	86	26 400	
（民用）	25		
（军用）	61		1. 不包括五院和海军数字。 2. 1960年预签1961年合同数2亿多卢布没有包括在内。
水电部	18	42 110	
石油部	5	12 400	
化工部	6	6 750	
煤炭部	5	3 500	
建工部	1	180	
农机部	1	160	
铁道部	1	200	

附2：1961年设备分交的主要设备表

主要设备器材名称	单位	数量
1. 轧机	套/吨	10/33 850
2. 破碎机	台	21
3. 球磨机	台	20
4. 电铲	台	64
其中：4立方米以上	台	43
5. 矿井卷扬机	台	44
其中：3米以上	台	42
6. 推土机	台	32
7. 冶金专用吊车	台	19
其中：356吨铸锭吊车	台	6
250吨脱锭吊车	台	2
400吨地上脱锭吊车	台	1
8. 桥式吊车	台	16
其中：250吨以上	台	3
9. 350吨以上门式吊车	台	3
10. 石油设备	吨	8 782
其中：高压设备	吨	1 612

续表

主要设备器材名称	单位	数量
11. 化工设备	吨	2 150
其中：高压设备	吨	890
12. 气体压缩机	台	137
其中：高压气体压缩机	台	49
13. 各种泵	台	493
14. 各种风机	台	205
其中：焦炉鼓风机	台	42
15. 发电设备	万瓩	156.9
其中：火电	台/万瓩	14/71.8
水电	台/万瓩	11/83.5
列车电站	套/万瓩	4/1.6
16. 电机车	台	94
其中：150吨以上	台	60
17. 汽车	辆	260
18. 电缆	万米	41.14
19. 钢材	吨	42 505
20. 金属切削机床	台	1 819
其中：稀缺机床	台	540
专用机床	台	546
21. 锻压设备	台	272
其中：稀缺品种	台	73
专用品种	台	80

150－8－404

今年出口有很大金额完不成，现在预计欠账和逆差很大。苏方对我出口货多方非难，拒绝接收消费品，要我硬货。现决定：(1) 今年成套设备再不能同意苏方提前交货和无合同交货，你们应立即正式通知苏方凡未得我同意提前的交货和无合同的货，我一律拒绝接收并拒绝付款。(2) 计委7月22日电告可签1.5亿的合同凡未签字者，应立即停止签字，已签的不撤销。(3) 1961年已签的分交议定书现在不要签具体合同，以后每一合同要认真研究，并必须报我们批准后方可签字。

国家计委关于与苏签合同问题告驻苏商参处电，1960年8月3日。150－8－409

（二）今后5年内进口成套项目问题

周总理和富春同志指示，把1960年由苏联进口成套设备的金额压到20亿元以下，今后每年为5亿元左右。

由苏联进口的成套项目304项，到1960年完成了126项，基本完成了28项，还有178项没有完成。这未完成的178项，按照苏联提供的材料计算，需79亿元，各部计算需86亿元；经过研究，准备压减为18.9亿元，约占原金额的1/4左右。从项目来看，准备保留98个，撤销80个。保留的98个项目中，有69项是结尾和续交项目，有9个新项目估计苏联可能给，有20个新项目可能不给。

此外，准备保留的进口设备有：15套轧钢机，6.83万吨；轧辊，600吨；有色金属压延设备，1套；石油设备，7 200吨；化工设备，1.95万吨；火力发电设备，100万瓩；水力发电设备，80万瓩；其他设备，4 000台（其中机床3 000台）。

外汇保留18.9亿元，而结尾项目占了3.7亿元，续交项目占了6亿元，新项目只有8亿元，安排上有些困难，分部门也有矛盾。

1961年进口成套设备的金额只有4.2亿元，其中军工、尖端占用了2.5亿元，同时1960年又预签订1961年供货合同2.7亿元，之后又谈定了10几亿元。现在要撤销合同，可能谈判时扯皮。

刘副主任①汇报对外贸易问题，1960年8月31日。150－8－20

国家计委党组关于一九六一年和一九六二年从苏联进口成套设备用汇的报告②

1961年3月31日

在北京进行的中苏经济技术合作初步会

① 刘明夫时任国家计委副主任。

② 4月3日周恩来总理批示：这是顾卓新为首代表团与苏联继续谈判清理苏联援助项目和设备分交的报告和三个文件草案，拟同意。交计委经办。

谈已告结束。我们代表团即将赴苏完成这一会谈。

对于成套设备项目，将在莫斯科签订两国的新协定，并确定1961年、1962年两年的设备分交协定草案已于3月7日报送，现将今明两年的成套设备用汇问题报告如下：

（一）去年底确定的1961年外贸计划只列苏联成套设备用汇3亿卢布（旧币，下同），现在看来，约需6亿卢布。超过的原因如下：

1. 通过双方清算，有1.9亿卢布的旧账需要在今年补交，其中包括：

苏联提出了过去已经交付设备的46个项目和已经交付设计、技术资料的36个项目的最终结算，要我方补交0.5亿卢布。

去年已交设备尚未付款的部分，需要1.1亿多卢布。

去年应付未付的技术援助费用0.3亿卢布。

2. 今年在合同外仍有到货，经过控制，估计全年仍将达到0.1亿卢布。

3. 去年苏联欠交的已签合同的设备较多，约值2.8亿卢布。我们已安排撤销或推迟其中的0.5亿卢布，还需要用汇2.3亿卢布。

4. 苏联代表团提出，去年双方协议在今年分交的12亿多卢布的设备中，有3.2亿卢布已经投料生产或已从第三国转口，要求我方考虑接受。我们考虑至少需要接受其中的1.3亿卢布。

5. 此外，我们自己急需的一些配套设备0.2亿卢布，以及技术资料等费用0.2亿卢布。

这样，按照一共用汇6亿卢布计算，除去还旧账外，全年进口的设备不过3.9亿卢布。

（二）3.9亿卢布进口设备主要内容。

1. 冶金工业，包括：

鞍钢的1 200毫米冷轧板机、20辊带钢轧机，武钢的2 800毫米热轧板机、钢球轧机扫尾；

包钢的950/800毫米轨梁轧机，太钢的2 300/1 700毫米热轧板机，争取全部交完；

洛阳有色金属加工厂的设备基本交完；

继续交付包钢的400毫米无缝钢管轧机；

开始交付张掖特种金属制品厂和湘潭密封钢丝绳车间的主要设备。

2. 机械工业，包括：

武汉重机厂、洛阳矿山机械厂、哈尔滨锅炉厂、德阳水力发电设备厂等15个民用机械厂的扫尾；

高射炮雷达指挥仪厂、中速柴油机厂、炮弹壳厂等30个军工项目的扫尾。

在这些项目中，多数是每项只需要几万到几十万卢布。

此外，还有西安高压开关厂、洛阳拖拉机厂等8个续交的民用机械项目和喷气式歼击机厂、超高频电子管厂等14个续交的军工项目的精密机床、大型机床、专用机床和测试仪表。

3. 电力工业，包括：

上海、北京、阜新、吉林等10个火电站的配套设备，以及准备接受苏联专为我国制造的三门峡第二台机组等水电站设备。

4. 化学工业，包括：

兰州肥料厂一期、太原肥料厂一期、太原化工厂、兰州合成橡胶厂一期等4个项目的扫尾；

兰州、吉林、太原等肥料厂二期及保定电影胶片厂等4个续交项目的设备。

5. 石油工业，包括：

兰州、抚顺、茂名等3个炼油厂的专用设备。

上述安排有的还未经苏方认可，经过莫斯科的谈判还会有所变动。我们将本双方协商一致的精神和力争适合我方急需的原则，在今年的进口设备不超过4亿卢布、用汇不超过6亿卢布的范围内进行调整。

这样安排，会比原来的计划增加3亿卢布的外汇逆差。这是一个困难。关于整个对苏外汇的平衡情况，外贸部已另有报告。

（三）1962年的苏联成套设备用汇。我们已在各部门所提设备清单的基础上，向苏联代表团提出了4亿卢布的设备单子，这里面没有包括技术资料费用。但是，估计在我们所提的货单中，也有一部分是苏联不能在明年交付的。

由于外汇很紧，我们这次去莫斯科，准备在明年苏联成套设备用汇总数不超过4亿卢布的范围内，与苏方达成协议。

以上报告，是否可行请予批示，以便代表团据以赴苏谈判，谈判结果再报请中央审批。

150－9－303

国家计委党组、外贸部党组关于和苏联商谈六十六个成套项目的谈判方案①

1962年4月10日

现将我方和苏联商谈66个成套项目的谈判方案报告如下：

（一）66个项目设备的推迟交付问题

根据总理和库米金的谈话，把66项设备推迟两年交付的精神，我们考虑可否只留6个缺门国防尖端或者牵涉其他国家的项目继续交付设备。其余60个项目的设备交付期限，一律等到1964年再谈。

继续交付设备的6个项目是：

1. 云峰电站，系中朝共同建设的项目，原协议规定1965年结束。

2. 长沙稀有金属厂，系解决尖端材料的项目，原协议规定1964年结束。

3. 鞍山钢铁公司，只把1.2米冷轧板机和镀锡、镀锌机组继续交完，就可以开始自己生产马口铁皮和镀锌薄板，原协议规定1963年结束。

4. 保定电影胶片厂，争取早日结尾，开始自己生产电影胶片，原协议规定1962年结束。

5. 成都喷气式歼击机厂，原协议规定1962年结束。

6. 成都喷气式发动机厂，原协议规定1962年结束（成都这两个厂，今年调整后的基建计划仍拟保留）。

在以上6个项目中，只有前两个可以按原协议期限不变，后四个要按原协议期限分别延长一、二年。

除此之外，三机部还要求把两个电子管厂作为继续交付设备的项目，如何处理为好？请予批示。

本来，从国内的建设情况来看，还可以考虑再在66项中撤销一批项目。但是，为了照顾两国之间目前的关系，准备在此次谈判中暂时不提出撤销，等1964年谈判时再说。

（二）已签合同未交付的设备和未签合同苏方已投料生产的设备处理问题

经过清理，这部分设备约值6 630万新卢布。我们准备撤销其中的1/4～1/3，把其余的部分分两年进口。并且把今年进口的部分只限于今年或者明年上半年能够用上的设备，其余保留的部分留待明年再进。这样，今年需要使用的外汇大约只有2 200万～2 500万新卢布，加上去年已交设备要在今年结汇的570万新卢布，估计一共最多只有3 000多万新卢布。

除了这些设备之外，我们今年一概不再进口其他的苏联成套设备。如果中央批准有6个项目可以不中断设备的交付，那么，在明年，除继续进完上述待处理的2 200万～2 500万新卢布的设备之外，还可以在这六个项目的范围内，提出少量最必需的设备订货。

（三）设计的交付问题

在66个项目中，由苏联设计的有43个。这43个项目的设计，有21项已经交完，13项在陆续交付，只有9项尚未开始交付。因为设计资料费钱不多，早拿到手有好处，我们准备在这次谈判中逐项清理，除少数确因设备的交付进度推迟不能进行的设计资料外，争取把其余部分都和苏方确定交付进度。

至于有关这些项目的产品设计资料，则准备根据下列原则进行商谈：（1）设计、设备已交完的项目的产品设计资料要按期交付。

---

① 4月12日周恩来总理批示：这66个项目原则上应照前议一律推迟到1964年再议。如苏方这次主动地提出要撤销一些项目，待他们提出后，我们可乘势与他们进行逐个审查，一般撤销，个别保留，时间规模重议。如苏方仍遵前议，一般推迟到1964年再议，只谈已签合同设备待交和已投料生产设备两类问题，我们还应与他们逐项解决。6个缺门项目，除云峰水电站已订货外，其他先摸清对方意图后再定。

(2) 设计已交完或已交付一部分或者设备已交付一部分的项目的产品设计，争取早日交完产品设计资料。(3) 设计或者设备尚未开始交付的项目的产品设计资料，苏方能确定交付期限的就定下来，不能定的等1964年再谈。

上述意见，如经中央批准，即将作为根据和苏联代表团进行谈判。经过谈判之后，估计双方可能还要签订一个议定书，议定书的条款当另行报批。

Z13－1202－5

七〇四四项目（长沙稀有稀土金属及其合金冶炼加工厂）原是一九五八年“八·八协定”内的项目，一九六一年列入“六·一九协定”。这个项目的产品主要供应原子能和电子工业使用。

苏联修正主义领导集团为了限制我国原子能工业的发展和生产原子武器，一开始他们就千方百计减少这个项目所包括的内容和降低产品的质量以及工厂装备水平等。苏方至今仍未按协议向我提供设计。主要情况如下：

一九六〇年十月苏方向我方提交了七〇四四项目的初步设计（初步设计拟定该项目锂车间采用精馏法生产纯度为百分之九十九点九七的锂，这种生产锂的方法，是当前世界上比较新的方法），我方正式同意了这个初步设计。不久，苏方就向我方提出了破坏协议的意见。一九六一年七月苏对外经委副主席阿尔希波夫来信，借口苏方在七〇四四项目锂车间初步设计中建议采用的精馏法生产锂，在苏联只经过了实验室条件下的检验，对其生产技术的掌握，还需要进行补充的研究和设计，要求取消这个车间的设计。由于我们坚持要苏方按原初步设计规定进行工作，一九六二年五月中苏代表团谈判时，经过坚决斗争，苏方被迫撤回了上述来信的意见，并在“五·一三”议定书中明确规定该项目锂车间按原初步设计进行工作，即：苏联机构将在技术设计中规定纯度为百分之九十九点九七的锂的试验性生产，全部技术设计自一九六二年到一九六三年完成。

一九六二年八月，中苏双方专家组在莫斯科商谈该项目设计中的技术问题时，苏方又提出要求取消该项目锂车间设计的意见，同时提出把原议定书规定的采用精馏法生产锂改为电解法生产锂（电解法生产锂是目前世界上早已公开的方法，这种方法生产锂的纯度只能供一般工业使用），锂的纯度由原来规定的百分之九十九点九七改为百分之九十九点九五；并称，为了鉴定采用精馏法生产锂，需要由订货人负担费用，供苏方用两年以上的时间进行扩大的研究和设计工作。当时，我们没有同意他们这个意见。

今年四月二十七日，苏方又将上述意见以备忘录形式向我方提出，企图以此推卸他们破坏协议的责任。九月二十日我们也同样以备忘录形式答复苏方，不同意他们关于要求改变设计和降低产品质量标准的意见，坚决要他们按协议规定办事。

苏方收到我方备忘录以后，反污我们“硬搬协议，不解决实际问题”、“不现实”、“堵塞了进行下一步设计的道路”等等，我们当即给予了反驳。

苏联再三拒绝按协议为我国七〇四四项目锂车间进行设计，《对外贸易情况简报》，1963年12月28日。4－15/8

（四）中苏经贸往来情况总结

关于苏联援助我国建设的成套项目的情况和资料［节录］

1963年5月

一、项目的概括情况

（一）苏联应当帮助我国建设的成套项目一共有304个。其中，苏共二十大以前签订的项目为143个，包括：1953年以前订的项目45个，1953年5月15日协定内项目78个和“五·一五”协定的补充议定书内项目20个；苏共二十大以后签订的项目为161个，包括：1956年4月7日协定内项目29个，1958年8月8日协定内项目46个，1959年2月7日协定内项目78个和8个在1957年12月已撤销、在1958—1959年初又由我们先后向苏方提出恢复的项目。后8个项目因为苏方要把我们供应橡胶和锡作为交换条件，因此双方一直没有正式换文。

在304个成套项目中，有冶金工业46项，电站52项，石油工业11项，化学工业19项，民用机械工业47项，国防工业87项，煤炭工业30项；其余12项为建工、林业、轻工、纺织、商业、广播等项目。

另外，我国还向苏联订了64个个别车间、研究所和装置。其中，包括：列车电站33个，锅驼机电站4个，柴油机电站2个，天然气加气站1个，炮弹装配站1个，无线电研究所4个，15瓩短波无线电发射台4个，船用电机车间1个等。

（二）上述304个成套项目，截至1961年签订“六·一九”协定止，完成设计、设备交货的有120个项目；设备基本交完的有29个项目（尚有少数关键设备和控制设备未交）；正在陆续开始交付设计、设备的有89个项目；尚未开始进行工作的有66个项目。

64个个别车间和装置已完成设备的有29个。

对于已交付设计设备的成套项目和个别车间，我国已支付苏联71亿旧卢布，其中，设备费62亿旧卢布，设计和技术资料费9.4亿旧卢布。

苏联方面在我国第一个五年计划期间和第二个五年计划初期帮助建成或者基本建成的有140多个项目。这些项目具有的生产能力为：炼钢647万吨，发电设备制造能力60万瓩，重型设备和重型机床制造能力12万吨，发电能力398万瓩，原煤开采能力1 840万吨，合成氨生产能力25万吨，天然油加工能力100万吨，飞机制造能力1 500架，坦克制造能力1 800辆，各种炮制造能力9 300门，等等。所有这些，对于建立我国工业化的初步基础起了一定的作用。我国人民对于苏联方面的这些援助永远是感谢的。

（三）按照两国政府协议检查，截至1960年底，苏方应当交完设备的项目有162个，实际上到1961年初交完的还只有120个，加上基本交完设备的29个项目，也只有149个项目。

（四）1961年，由于苏联政府在1960年片面撤退专家，引起了我国工业生产和建设上的种种严重后果；经两国政府同意，双方派遣政府代表团就过去所签订的有关成套项目的协定、议定书及有关文件重新商谈，签订了1961年6月19日协定和议定书，对过去签订的304个项目进行了清理。确定在304个项目中，除了交完设计设备的120个项目和基本交完的29个项目之外，撤销了89个项目，保留66个项目，其中，有两个项目，即空气动力研究院和试飞研究院，划到了新技术方面；另外新增半导体材料厂和天然气管道铺设两个项目。因此，保留项目总数仍为66个。

64个个别车间和装置，除已交完设备的29个以外，其余35个全部撤销。

1961年9月，我国政府考虑到三年自然灾害的影响，决定把66个项目的设备推迟交付两年到1964年再议，已经苏联方面同意，并于1962年5月13日签订了相互的议定书。

对于3 800万新卢布的配套设备和苏联已经投料生产的专用设备，也重新签订了合同，规定1963年和1964年两年交完。

二、苏共二十大以后在对我供应成套项目方面的种种恶劣情况

（一）1960年7月，苏联政府下令撤退全部在华专家，对我国成套项目的建设和生产造成了很大的损害。

苏联政府撤退专家的当时，在我国工作的共有成套项目专家307人，分别在58个厂矿工作（这些专家中，有22名承担基本建设设计，16名承担产品工艺设计，99名帮助施工和设备安装，170名正在帮助指导生产）。其中：

在冶金工业部所属的13个厂矿工作的有82个专家，包括帮助施工和设备安装的38名，指导生产的44名。

在第一机械工业部所属的11个工厂工作的有60个专家，包括承担基本建设设计的3名，进行工艺设计的16名，帮助施工和设备安装的6名，指导生产的35名。

在第三机械工业部所属的19个工厂工作的有92个专家，包括承担基本建设设计的15名，帮助施工安装的18名，指导生产的59名。

在水利电力部所属的12电站工作的有36个专家；包括承担基本建设设计的4名，帮助施工和设备安装的32名。

在化学工业部所属两个工厂工作的有36个专家；包括帮助施工和设备安装的4名，指导生产的32名。

在石油工业部所属一个工厂工作的有专家1名，正在帮助兰州炼油厂进行接触焦化新车间的开工试运转。

苏联政府，不顾一切信义，悍然破坏两国政府协议，撕毁合同，撤退全部专家，对我国成套项目建设的影响是十分广泛的。下面只是列举一些突出的例子。

1. 石景山钢铁公司当时有8名苏联专家正在帮助安装300小型轧机。轧机的机械设备总重量有4 152吨，只安装了400吨，整个电气设备还没有开始安装，专家就全部撤退了。这套轧机，原定在1960年底投产；在专家撤退以后，虽然经过我们作了很大的努力，投产时间还是推迟了5个月。同时，这套轧机在发来后就发现很多质量不好的情况，从苏联制造厂派来的4名专家正负有处理设备质量的责任，苏方不顾一切，连这样的专家也撤退了，又在设备质量方面给我们造成了损失。

2. 哈尔滨铝加工厂，是我们重要的国防工厂之一。在撤退的该厂14个专家中，有4个是在1960年3月、4月和6月先后到厂帮助铝镁粉车间指导生产的，在8月就撤退了；有一个指导安装1万吨水压机的专家是1960年6月到厂的，8月就撤退了，而且，1万吨水压机的横梁还有裂纹；有3个在为原子能工业服务的特殊铝合金管车间指导生产工艺的专家，也刚来不久就撤退，根本还谈不上帮助我们掌握特殊铝合金管的生产工艺。

3. 在第一重型机械厂工作的设计专家波良采夫，聘期一年半，1960年1月21日才来厂，8月12日就撤回。这个专家是负责指导1 700毫米四机架连续冷轧板机的设计工作的。这套轧机是由16个机组组成，只有5个机组的技术设计已经完成，另11个机组的设计都还没有开始，专家一走，使得这一套轧机的设计完全陷于停顿，直接影响我国汽车工业和国防工业方面的材料供应。

4. 哈尔滨汽轮机厂的燃气轮机设计专家库赫托，聘期有一年半，1959年6月到厂，1960年8月14日就撤回。这个专家是负责指导6 000瓩及15 000瓩舰用燃气轮机组的设计工作的。设计均未完成，专家就撤退了。指导齿轮加工的专家莫罗佐夫正在协助调整齿轮加工机床的安装工作，还没有开始指导齿轮加工。

5. 贵州砂轮厂，协议规定由苏方负责编

制扩大初步设计和派遣专家组协助我方编制施工图。在我方提出要求苏方派遣包括成员12名的专家组以后，这个厂的总设计师加夫连丽柯于1960年6月5日来到我国，列宁格勒设计院已经准备好专家和资料，还正在待命出国，到8月18日，总设计师就被撤回，工作都没有开始。

6. 845厂和245厂，是我国两座无烟药制造厂。845厂的大部分设备刚安完，还没有试车，在厂工作的3名专家就全部撤退，使得工厂在掌握新工艺来进行生产的问题上遇到了严重的困难。245厂，只安装了一组设备，连一条生产线没有完成，并且在安装过程中经常发现设计有差错，要由专家当场解释和修改，在这个厂的5名专家全部撤走之后，工厂设备的安装和试生产受到了严重的影响。

7. 776超高频电子管厂，正处在紧张的产品试制阶段，在厂工作的17名专家就撤走了，许多技术问题都未过关，对我国造成的影响和损失很大。

8. 水利电力部的32个专家在奉命撤退的当时，负责指导安装的有电站11个，包括：汽轮机5台，总容量32.5万瓩，锅炉13台，总容量2 710吨/时。当时，正在检修和组合即将安装的有汽轮机4台，锅炉6台；正在安装的有锅炉4台；安装结尾准备试运行的有汽轮机1台、锅炉3台。专家撤走时留下了这些大量未完成的工作。

9. 兰州合成橡胶厂，是我国第一个合成橡胶厂。苏联专家曾经多次指出，在试生产时，如果掌握不好，不仅产生废品，并且可能发生重大爆炸事故。当时该厂有32名苏联专家帮助指导试生产，该厂的第一个系统——丁苯系统经过一个月的试生产发现了许多问题，被迫停车修理。但在即将开始进行二次试生产时，苏联专家突然全部撤走，破坏了该厂的全部试车计划。

（二）苏联在有关成套项目的协定和合同中规定了种种不平等、不合理的条款，在1959年又一次公开向我提出援助的附带条件。

第一，在协定方面的例证。

在1953年5月15日“关于苏联政府援助中华人民共和国中央人民政府发展中国国民经济的协定”（这个协定是斯大林在世时开始商谈，斯大林逝世后正式签订的）中，明确规定了苏联政府对我国的援助是有条件的。其有关内容如下：

“中华人民共和国中央人民政府为偿付根据本协定及以前已签订的各项有关供应成套企业设备之协定所规定供应的设备和给予技术援助，将在1954—1959年内按第三号附件中所载数量，对苏联供应下列货物：

钨精矿、锡、钼精矿、锑、橡胶、羊毛、黄麻、大米、猪肉、烟叶。”

并且在协定中规定我国“对设备和技术援助的偿付，部分地可用自由兑换的外币实施之”（见协定第十四条）。

这个协定的第三号附件具体确定了一个“为偿付苏联所供应的工业企业设备与给予的技术援助，由中华人民共和国在1954—1959年内对苏联供给的货物清单。

钨精矿160 000吨，锡110 000吨，锑30 000吨，钼精矿35 000吨，橡胶90 000吨。

羊毛、黄麻、大米、猪肉、烟叶其数量在签订各该年度的贸易协定时确定之。”

并且，附有下列的注文来保证实现协定中所确定的条件：

“注：

1. 每年所供应的货物数量，将在签订每年的贸易协定时确定。

2. 上述数量内包括1950年2月14日议定书中所载应由中国对苏联供给的钨精矿、锡和锑在内。”

这样的援助协定，有些类似宗主国对殖民地的条款，是不平等的。

第二，在合同方面的例证。

在苏方提出的合同中，只规定“如订货人拒绝按本合同所交付的任何设备，则订货人应偿付交货人对上述设备或仪表因投料所产生的费用”；对于苏方到期不交按照合同规定应当交付的设备或仪表，甚至对于苏方提出撤销订货，都没有相应的规定，苏方不承担任何责任。

例如，撤销武钢的钢坯轧机，我方是受过罚的。武汉钢铁公司，按照总体初步设计的规定，第一期的建设应当包括850/700毫米连续式钢坯轧机一套；这套轧机按照协议规定是由苏方供应并编制设计的。1957年，我方为了平衡钢材的生产品种，于1957年12月10日正式通知苏方撤销这套轧机，并且取得了苏方的同意。但在两年之后，苏方于1960年1月6日，向我方提出在撤销这套轧机的时候他们已进行了工作，要求我方偿付损失354.2万旧卢布；并且在未征得我方同意之前，就于1960年2月开出了收取上述费用的账单。我方以中苏友谊为重，在1960年2月15日支付了上述费用，但是要求苏方把已经编好的设计和已经制好的半成品和已经购进的轴承交给我方；苏方虽然表示同意，但是，轴承和设备的半成品至今未交，只把设备的设计图纸交来了。

至于苏方对于自己长期拖欠的应交设备，如743炮弹厂的两台联合水压机，保定电影胶片厂的醋化器（下面还要详细谈到）等，虽然使我受到了重大的损失，也从来没有提出要向我方赔偿。

第三，1959年新提出的附带条件。

1958年和1959年初，我方根据国内建设的需要，先后提请苏方同意恢复1957年12月14日中苏议定书撤销的成套项目中的21个项目。

21个项目，包括10个航空工厂，5个无线电工厂，1个鱼雷厂，1个鱼雷仪表厂，1个炼油化工厂，1个船用蓄电池厂，1个有机合成厂和1个塑料厂。其中，8个是已经撤销请求恢复的项目；13个是项目未撤销只是缩小了建设规模请求恢复原定规模的项目。

苏联对外经委副主席阿尔希波夫曾经表示同意恢复这些项目。以后，迟迟没有签订正式文件。

到了1959年8月28日，苏方对外经委特别司谢瓦科夫司长又表示：为了代中国订购和制造设备，要求我方从1961—1965年在每年贸易中增供橡胶1万吨，锡3 000吨。我们考虑到苏联对援助我国提出附带条件是不合理的，没有同意。

到1960年3月12日我方又经由外贸部李强副部长在莫斯科向阿尔希波夫表示：增供橡胶和锡，我有一定的困难；希望苏方不要把这个问题同恢复21个项目的问题连在一起；橡胶和锡的供应问题可以在今后两国长期贸易中解决，恢复21个项目的议定书应当尽快签字。但是，苏方仍然坚持这种不合理的附带条件，接着，还对21个恢复项目的附带条件提出了具体的要求，即17个军工项目和两个民用项目的供应时间为1960—1962年，要求我方在同一期间供应苏方锡9 000~10 000吨；两个化工项目的供应时间为1962—1965年，要求我方在同一期间供应价值2.2亿旧卢布的橡胶。在当时的谈判中，苏方不得不承认在恢复21个项目的议定书中列入供应锡和橡胶的条件是不够妥当的，但是仍然坚持要以“内容写得更友谊些”的换文或备忘录方式确认这种附带条件，我方又没有接受。

1960年5月23日，我方为了进一步争取这个问题的合理解决，又曾以国家计委和外贸部的名义电示驻苏商参处正式通知苏方，可以先办19个项目的恢复手续，苏联所需纯锡可以考虑在1960年、1961年两年在年度贸易中供应，建议苏方不另用文字加以规定；两个化工项目则可留待以后再谈。这是一个仁至义尽地谋求达成协议的解决办法，但是苏方仍然没有同意签订19个恢复项目的议定书，不久，苏方片面撤退了全部在华专家。这个问题也一起成了悬案，成了社会主义国家间经济关系历史上的一个突出的污点。苏联现在的当局那么热衷于反对斯大林，其实他们所反对的只是斯大林所代表的马列主义；对于斯大林的大国主义错误，他们是继承下来并且大加发展了。

（三）从1958年开始，苏方逐步片面变更在成套项目方面的援助义务。

成套设备项目援助的内容有交付设计、交付设备、交付技术资料、派遣专家（帮助勘察厂址、指导设备安装、指导产品工艺设计和生产试制等)、接受实习生等五个方面。

在1950—1957年，苏联基本上是按照原定的范围承担义务的。从1958年起，苏联当局从下列三个主要方面逐步片面变更了自己的援助义务：（1）限制我国国防尖端工业的发展，拒绝履行国际义务；（2）成套项目不按成套项目交货；（3）关键设备长期不交。在下面，我们分开举出一些例证。

第一，限制我国国防尖端工业的发展，拒绝履行国际义务。

（1）空气动力研究院，这是促使我国的航空工业走上独立研究、设计、试制新型飞机道路的一个重要建设项目。这个项目是我国早在1956年7月就提请苏联提供援助的，直到1959年苏联当局才同意列入“二·七”协定。同年4月，我国派遣的专家组已经同苏联航空工业委员会就该院设计方案取得一致意见，但在1961年我国政府代表团同苏方进行304个项目的谈判时，苏方竟然提出要撤销这个项目，后来经过争执，苏方仍然只同意承担部分设计，拒绝供应设备，并且拒绝继续商谈，说是这个问题要高级领导（意指政府首脑）才能解决。

（2）727电子引信厂，也是1959年“二·七”协定内的一个项目。这个工厂所生产的引信是4种导弹要用的电子引信。1960年1月，我们就把设计任务书提交苏方，但是苏方的设计工作一直没有开始。在1961年两国政府代表团的谈判中，苏方竟然提出：（甲）设计工作要在1962—1964年完成；（乙）在设备方面，只能交付一些苏联使用过的经过修复的旧设备，交货时间还不能早于1965—1968年；（丙）产品本应为5种，但苏方坚持只列入苏方已交技术资料的4种，还有1种（即舰—地导弹用的引信资料）不同意列入产品方案，也不交技术资料。当时，我们在没有商谈余地的情况下只好同意苏方的产品方案和设计交付时间；设备改由我国自己解决。

（3）922半自动防空警戒指挥系统制造厂，也是1959年“二·七”协定内的项目。几年来，苏联都推说没有试制成功；在1961年两国政府代表团谈判时，经过我方坚持，反复商谈了数次，苏联当局才同意肯定设计、设备的交付时间，前后一共拖延了3年。

上面是国防尖端技术项目方面的几个例子。在常规武器方面，苏联当局的态度也是随着时间的变化而变化。比如我们在1957年12月提出要缩小805梯恩梯炸药厂和245双基无烟药厂的产品方案并推迟建设进度，苏方是一方面同意我们的要求，另一方面曾经一再向我们提出：一旦战争发生，别的武器可以依靠动员平时工业转到军事生产，而炸药和无烟药是无法动员的，要我们慎重考虑。到了1959年我方提出要恢复这两个项目的原提规模的时候，苏联当局就竟然拒绝了这个要求。

第二，成套项目不按成套设备交货。

从1950—1957年，苏联援助我国的成套设备是按照设备分交的规定成套供应的，即有些设备是苏联没有生产的，他们也主动提出从其他国家转口供应。从1958年开始，苏联就不再负责从其他国家转口供应配套设备。对于资本主义国家生产的配套设备，要我们提供转口设备所需要的自由外汇；对于社会主义国家的产品（如民主德国生产的航空材料研究所的精密材料试验机）、不同意转口配套供应；甚至连苏联本国生产的某些配套设备（如112飞机制造厂、172轰炸机制造厂、420发动机制造厂、飞机雷达厂和航空无线电仪表厂等项目配套所必需的价值1 000多万卢布的设备和仪表等），也硬要我们从成套项目中划出去，另向苏联作为军事订货提出。应当指出：这些项目都是苏联设计的，设备的选型都是由苏联进行的，苏联不肯按成套项目供应配套设备是完全没有道理的。

苏联当局片面变更成套设备的供应义务的另外一些做法是：不给或少给精密的、大型的、专用的设备，大量推销或者搭配供应普通的、一般的我国能制造的设备。以1960年的成套项目设备分交谈判为例：我方按照成套项目建设的需要，要求供应金属切削机床1 871

台，在苏方提出的可供数 2 200 台中，只有 445 台符合我方的要求，只能满足需要的 20%；在其余 1 755 台中，我国能大量生产的普通机床就占了 40%，光 163、1K62 等机床就有 226 台，完全是向我们搭配供应大量推销的。在精密机床和专用机床方面：座标搪床，需要 122 台，只同意供应 24 台，只满足需要 22%；光学磨床，需要 50 台，只同意供应 4 台，只满足需要 8%；小模数齿轮磨床，需要 150 台，只同意供应 18 台，只满足需要 12%；专用机床需要 540 台，只同意供应 145 台，只满足需要 27%；锻压设备，需要 270 台，只同意供应 125 台，只满足需要 33%，其中专用锻压设备，需要 119 台，只同意供应 18 台，只满足需要 15%。

第三，关键设备长期不交。

（1）保定电影胶片厂，是我国的第一个胶片厂。现在我国每年要花大量的卢布外汇和自由外汇购买片基和胶片，需要迅速建成这个工厂。这个项目，是 1958 年“八·八协定”内的项目，协定的设备交付期是 1959—1961 年，但是至今没有交完，特别对关键设备，苏方是一拖再拖。

这个工厂的生产过程是：先生产原料（三醋酸纤维素），再通过流延机制成片基，然后经过涂布（即在片基上涂感光材料）、切片、打孔、包装出厂。但是，苏方交付设备，却是先把后边的涂布、切片、打孔、包装等设备都交来。对于工序中段的设备，流延机（本要交左传动和右传动各 4 台），苏方把右传动的发了 5 台，左传动的只发 3 台，不能配套安装；同时过去只交流延机主机，不交配套的电气控制设备，经过去年两国政府代表团的谈判，才于今年 1 月开始陆续发货，拖延交货期两年。对于工序最前面的和最关键的生产原料的设备醋化器（1959 年 4 月 23 日签订的合同规定要在 1960 年上半年交两台，1960 年 2 月 26 日签订的合同补充书规定要在当年四季交两台，在 1961 年一季交两台，一共要在 1961 年一季以前交完 6 台），苏方就一延再延，总不交货。1962 年双方代表团谈判时，我方代表曾把这个问题作为最紧急的问题向苏方郑重提出，苏方在无法再拖的情况下表示采取措施尽早提供。在苏方代表团回国后，我方又曾屡次催促苏方直到去年 12 月才提出合同，并且要把几种附属设备改由我方自己制造；在我方提出要由苏方供应上述附属设备的制造图纸的条件被苏方同意后，才在今年 3 月重新签订新的合同，规定醋化器要在 1963 年第三、四季交齐。苏方是否真正履行合同，还要由事实来证明。

由于苏方当局采取错误的态度，使得保定电影胶片虽然在过去几年已花投资 1 378 万元，但是至今不能投入生产，长期积压了国家的建设资金。到现在为止，该厂至少少生产了 5.25 亿公尺的片基（按 35 毫米宽计算），值 1 157万美元，对我国文化、卫生事业的发展影响很大。

（2）第一机械工业部所属的 9 个工厂，有 46 台件大型、精密机床和其他设备，值 996 万旧卢布，合同规定分别在 1954 年、1957 年、1959 年和 1960 年交货；但是，直到 1962 年签订“五·一三”议定书的时候都还没有交货，不得不在这个议定书中重新规定推迟到 1963 年、1964 年交货。

例如，哈尔滨汽轮机厂的 5 台专用叶片加工机床，在 1957 年签订的合同（合同号是 172 合同补 5）规定 1957—1958 年二季交货；就改按 1962 年“五·一三”议定书在 1963 年当真交货，也拖延了 5～6 年。

（3）第三机械工业部所属 743 炮弹厂，由苏方在 1954—1955 年交付初步设计和技术设计中选用了 500/250/200 吨及 250/125/125 吨两种专用联合水压机，共 12 台。

这两种水压机，是连续生产炮弹弹头的自动化机械设备，是 743 厂最关键的设备。其中，有两台，在 1958 年 3 月 18 日签订的设备预交协议书第 7 号补充书中规定在 1958 年第四季交 1 台，在 1959 年上半年交 1 台，苏方未按期交货；到 1960 年 2 月 26 日，签订第 11 号补充书，又把这两台水压机的交付期改为

1960年，又未交货。

到1960年10月7日，苏方反而提出备忘录，说是两台水压机没有试制成功，要求我方撤销订货，到1961年再谈；1961年两国政府代表团谈判时，由于我方坚持没有撤销，10月6日，苏方又提出备忘录要求我方撤销订货或改在1962年上半年交付，但仍未按期交付；在1962年"五·一三"议定书中又规定改到1963年交付。

到了1963年2月，苏方又提出合同草案，要求把苏方原设计采用的500/250/200吨改为400/200/200吨，另一台250/125/115吨；并把交货期限改为1964年，把两台的价款由128 385新卢布（折旧卢布570 160，平均每台285 300旧卢布）提高到330 226新卢布，涨价1.57倍。

743厂的一号水压机厂房，在1958年就已建成，水压机配套用的水泵站也已于1959年由苏方交付安装，至今不能动用；影响全厂不能全面投入生产。

（4）冶金工业部所属的工厂，由于苏联设备交付不配套影响投入生产的情况也很严重。比如：

洛阳有色金属加工厂，有14套压延机的机械设备早在1959年就已交完；压延机的电气设备，按合同规定应当在1960年上半年交完5套，下半年交完7套；其余2套在1960—1961年交完。但是，苏方迄今连一套也没有交全。

鞍钢金属制品厂的大部分拔丝机都交了，但有筒式拔丝机14台苏方一直拖延不交（合同规定1960年上半年交付，1962年签订"五·一三"议定书时，又重新签订合同，规定1963—1964年第一季交）。这14台拔丝机的拖交使得设计规定的产品品种不能全部生产，影响了生产系列的完整性和均衡性。

鞍钢冷拔钢材厂，设计规定配备校直机、抛光机和剪切联合机组，校直机、抛光机在1957年底都已交付，但是苏方对于剪切机却长期拖欠不交（合同规定是1957年第四季交付的），影响车间无法连续生产。

鞍钢1 700毫米的冷轧薄板厂设备，按照1957年12月14日签订的协议规定应在1959年第一季交完，但是苏方把主马达拖到1960年4月才交付，使得全厂推迟投产一年。类似这种情况还很多，不再列举了。

（5）电站设备交付情况也是如此。

比如七里垅电站第一台水轮发电机组，按照1960年3月31日签订的合同规定，应在当年四季交完，但是，苏方只有水轮机的大部分是按时交货的。而水轮机的大轴拖到1962年6月才发货，把同一号水轮机配套的发电机，一直拖到1962年12月才交完，拖了两年之久。

［中略］

三、苏联交付设备中的质量问题

苏联交付的成套设备在质量方面存在的问题，一般说来可以分为两类：第一类，在技术上苏联不比资本主义国家先进的部分，如电站设备、化工设备、轧钢设备和机床设备等，但是，供应我国的这部分设备和苏联在国内使用的质量差距一般也不大；第二类，是在设备的设计结构和加工工艺上，也就是制造上所造成的质量问题。这里所说的质量问题是这一类。

［中略］

四、苏联供应我国成套设备的价格问题

成套设备的价格问题有两个方面：（1）设备价格；（2）设计资料和产品技术资料的价格。

（一）成套设备的价格问题

苏联供应我国成套项目的设备价格，历年来都是由苏方公司单方面确定的。其作价办法是：在设备交付前先提出一个交付设备的合同，在合同上规定所交设备的暂定价，要我方签字，然后每交一批货，向我收一批货款。一个成套项目或由双方协议的设备全部交完后，再由他们提出最终结算议定书，确定最终价格，要我方签字结案（名义上是多退少补，实际上都是我方补的多）。

所谓暂定价，就是平均理论重量价（即按一张合同内的各种设备的理论重量，由苏方根据设备的不同情况，提出这张合同的设备每吨值多少卢布，再乘以每台设备的重量即得出这台设备的暂定价格）；暂定的设备重量是理论重量，每吨的价格也是暂定的。所谓最终价，是在合同内的设备或者某一个项目设备交完之后，由苏方向我们开出账单，仅仅通知我们已收多少卢布，还应当补多少，或者退还我们多少卢布，究竟为什么要退补，我们都不清楚。同时，苏方从来不向我们提供单项设备的价格，他们的价格资料始终是对我方保密的。过去我们也常常发现同样的设备在这个合同内高在另一个合同内低的情况，对苏方所提出的合同暂定价或最终结算议定书曾经提出过一些意见，但是，我们终以团结友谊为重，一般都是按照苏方的意见办的。

截至1962年底止，13年以来，我国已支付由苏联进口成套设备的设备费64亿（旧卢布，以下同）。其中，已签订最终结算议定书的有21.5亿卢布，尚未进行最终结算的有42.5亿卢布。

1960年布加勒斯特会议以后，我方为了在政治上揭穿现代修正主义者所谓无私援助的假面具，开始对苏联已提出但未经双方签订的146个最终结算议定书进行审价和比价的工作，审价的依据是中苏两国政府签订的文件和双方代表会谈所确定的原则。（包括：1950年2月14日中苏货款协定中关于苏联供应的“机器设备与器材……其价格将根据世界商场的价格来决定”的规定；1950年4月19日中苏贸易协定中关于“……所述货物的价格皆按世界市场价格之基础规定以卢布计算”的规定；1961年6月28日由苏方代表对外经委物价处长别罗乔洛夫同我方代表对外贸易部成套设备局副局长高竞生在莫斯科商定的五条审价原则：（1）在成套设备中有苏联通过一般贸易供应的相同商品者按一般贸易价计算；（2）一般贸易中没有的，则采用苏联供应其他兄弟国家价格；（3）上边两条都没有的，可采用外贸部从其他国家进口的商品价格或国际市场价格；（4）新试制的设备第一台，按以前供应过的类似性能的设备价格计算或采用其他国家的报价；（5）转口设备的价格，应在设备价格之外加1%的手续费和实际支付的运费）。

根据目前已经审批完了的30多个最终结算议定书的审批结果来看，苏联供应我国成套设备的价格不仅高于资本主义市场价和东欧社会主义国家价格，而且也高于苏联通过一般贸易供应我国同样设备的价格。高出的幅度，按照这30多个最终结算议定书规定的全部设备价同国际市场价格来比，平均高约10%～20%，有的高达30%～40%。下面是一些具体的例子。

第一，比资本主义市场价格高的例子。

（1）兰州氮肥厂，年产量5万吨（按照1957年合同及1956—1960年签订的分交议定书和合同补充书交付设备）苏方提出的最终结算价为9 700万旧卢布。把西德伍德公司1959年向我提出的报价（5万吨氮肥厂769万美元，折3 076万旧卢布）和意大利蒙特卡梯尼公司1958年向我提出的报价（5万吨氮肥厂685万美元，折2 740万旧卢布）结合各厂所使用的原料、生产的品种和设备交付范围的不同情况，经过折算之后来同苏联的卖价比较的结果是：苏联的卖价比上述两公司的报价平均高1 900万卢布，即高24%。

（2）武汉重型机床厂，按照1958年合同由苏方交付的1580Ⅱ型八米立式车床，苏方提出的最终结算价为1 878 000旧卢布，比1958年法国供应我国的九米立式车床贵30万卢布，即高19%。

（3）兰州石油机械厂，按照1956年合同由苏方交付的2 654搪床，苏方提出的最终结算价为392 040旧卢布，比西德柯立脱公司在1957年8月30日所提RFC－150搪床的报价306 000（折合旧卢布）高86 040卢布。

第二，比民主德国价格的例子。

（1）石景山钢铁公司，按照1956年合同由苏方交付的300小型轧机，苏方提出的最终结算价为18 341 000旧卢布，比根据1957年民主德国的250线材轧机价格折算的同样产品价格高330万卢布，即高22%。

（2）白银厂有色金属公司，按1955年合同由苏方交付的3吨装料吊车，苏方提出的最终结算价为522 944旧卢布，比根据民主德国1956年交付我国的5/20吨装料吊车价格折算的同样产品价格高25万卢布，即高91%。

（3）兰州石油机械厂，按1956年由苏方交付的5861齿轮磨床，苏方提出的最终结算价为280 600旧卢布，比民主德国的ZSWZ型1250×18磨床价格（16万旧卢布）高12万卢布，即高55%。

第三，比苏方通过一般贸易供应我国的同样设备价格高的例子。

（1）洛阳矿山机械厂，按照1959年合同由苏方交付的2A660搪床，苏方提出的最终结算价为1 131 155旧卢布，比一般贸易价（650 000旧卢布）高48万卢布，即高74%。

（2）兰州氮肥厂，按照1957年合同由苏方交付的白金网200.2875公斤，苏方提出最终结算价为4 033 000旧卢布，比一般贸易价高147万卢布，即高57%。

（3）843厂，按照1957年合同由苏方交付的KT－45螺纹铣床16台，苏方提出的最终结算价为437.6万旧卢布，比一般贸易价（48万旧卢布）高390万卢布，即将近高到9倍。

此外，我们在审查中，还发现苏联当局在作价方面有一些极不合理、甚至是极其荒唐的事情。比如：

（1）苏方在设备价格之外，还一律再向我收取3%的配套费（按苏方提出的146个最终结算议定书总金额32亿旧卢布计算，我要付9 600万旧卢布配套费）。这种附加费用不仅在双方任何协议中从未规定，也是国际惯例所没有的。

（2）把石头按和设备的同样价格作价。西安高压电瓷厂由苏联进口的成套项目中，附有8台球磨机（是苏联从民主德国转口的）运转时用的天然河卵石（即河中被水冲洗过的石头）54吨，每吨作价3 000多旧卢布，共16万卢布；附有轮碾机上用的花岗石20吨，每吨作价7 700卢布，共15.4万卢布。发来这些石头是我们过去所不知道的。

（3）按中苏两国关于转口物资的换文规定，对转口物资只应收取1%的手续费。但是，苏联为我国由捷克转口的18台电机车，已经查明，在扣除1%后，还比捷克的订价多要了30多万卢布。

我们根据各种比价情况，曾于1961年12月，由中国技术进口公司派出一个对苏联价格谈判小组到莫斯科，就武汉重型机械厂、洛阳矿山机械厂、云南锡业公司和包头稀土金属公司4个项目的设备最终结算书与苏方进行了试探性的谈判。在我方坚持原则、坚持斗争、充分摆资料、摆事实、讲道理的情况下，苏方不得不承认这四个项目的设备价格高了，并同意在原来所提出的最终结算价格基础上共减价590万旧卢布（即武汉重型机械厂减340万，占13.6%；洛阳矿山机械厂减207万，占10.7%；云南锡业公司减40万，占18.3%；包头稀土金属公司减5.7万，占17.8%）。这四个项目的减价幅度，本来还应大于上述金额，我们当时是为了先把这几个项目的价格减下来，抓住对方的辫子，有意识地作了让步。现在这四个项目的减价金额已全部退给我们；我们又另外提出了19个项目的设备最终结算议定书，于今年3月间派出谈判小组，现在还正在进行谈判。

在成套设备的价格问题上以下两点需要研究：第一，拿苏联成套设备价格同什么价格来比较更合适；第二，和苏联清算成套设备价格的范围。

第一，拿苏联的成套设备价格同什么价格来比较更合适？

研究成套设备的比价，是一件十分复杂的工作，根据以上各方面比较的结果，苏联的成套设备价格高，这是已经可以肯定的。不过拿什么价格来衡量它的高低更合适，这还是值得注意的一个问题。

我们可以，而且应当从资本主义市场选择同类设备来求出适当的比价；但是，要考虑价格问题，还要注意包括进口价格和出口价格两个方面在内的整个价格水平，不能只算进口价格。从出口商品价格来看，我国对苏联的出口商品作价是一次议定、几年不变。对资本主义国家出口的商品价格则是按照成交期的国际市场价格由双方议定，常常根据供求关系有涨有落。至于出口商品的价格水平，根据我们拿30种到40种既对苏又对资出口的商品总价格来比较的结果，在正常的情况下，大体是对苏出口比对资出口高10%～15%（从个别商品上也有低的，有的高于平均数）。这是一个在研究成套设备进口价格时，必须联系起来研究的重要因素。同时，从资本主义市场也只能找出几种同类的价格来和苏联的某些设备作比较，还很难得出全部成套设备的全面比价。因此，苏联设备和资本主义国家设备的比价只能作参考，不能直接采用；还是拿东欧社会主义国家的设备价格，尤其是拿苏联的一般贸易价格来同苏联的成套设备价格作比较，才是比较适当的。

由于成套设备包括的范围比较复杂，和单项设备不完全可比；由于苏联的作价是理论重量价，不是实际价格；特别是由于现代修正主义者为了追求高额利润又在作价方法上故弄玄虚；现在我们还难以对成套设备价格作出全面的比较分析。因此，我们认为应当参照资本主义市场的价格、民主德国的价格和苏联一般贸易出口价格，根据已经结算的4个项目和一般贸易的差价，把苏联向我国供应成套设备价格比向我国供应一般贸易物资价格高出15%～20%的价差幅度来向苏联清算成套设备价款。在目前的情况下，这样的做法还是比较合适的。

第二，和苏联清算成套设备价格的范围。

13年来，我国对苏联共已支付成套设备费用64亿旧卢布。其中，已办最终结算的有21.5亿卢布，未办最终结算的有42.5亿卢布。我们认为，已办最终结算的部分，除少数极不合理的问题以外，一般可以不再做清算；把清算的重点放在未办最终结算的部分，更加合乎有理、有利、有节的原则。

现在，在尚未签订的146个最终结算议定书中，我们还审查了30多个，能够继续查清追回的钱数不少，需要继续完成的工作量也很大。看来，很值得由各有关工业部门组织一个专门的力量，会同对外贸易部抓紧清查，争取在今年之内逐个清理完毕，分批同苏方逐个进行清算。

（二）设计资料和产品技术资料的费用，13年来共已支付6.7亿旧卢布。

这些资料的价格，比设备价格更复杂。由于设计资料和产品技术资料无论从资本主义市场还是从其他社会主义国家都找不出可以比的价格；由于各国的设计收费标准也不一样（我国国内工程在第一个五年计划期间是各种不同工程有不同的收费标准，大体是按工程造价的1%上下；第二个五年不收费了。苏联的设计收费标准据了解是按工程造价的3%～5%。资本主义国家的设计收费情况还不了解）；特别是由于在两国协定中，对设计费的收费标准没有明文规定，对产品技术资料也只规定了只收实际工本费的原则；因此，在设计和产品技术资料的价格上究竟存在着一些什么问题，我们一时难以弄清，要待以后把情况摸清后再报。

150－11－537

驻苏联大使馆商务参赞处十年工作总结［节录］

1959年7月29日

一、基本情况

中华人民共和国和苏联建交10年来，两国间经济合作和贸易往来关系，在积极协作、平等互利、实事求是的基础上，根据双方的需要和可能，本着相互促进自力更生，求得经济共同高涨和加强友好团结的真诚愿望，得到了史无先例的密切发展。这种兄弟般的互助合作，具有无可比拟的强大生命力。随着中苏两国兄弟般的友好关系不断发展，两国经济合作的规模也就不断扩大，内容日益丰富，这种伟大的合作，不仅对两国的社会主义和共产主义建设事业发挥了重要的作用、加强了两国友好关系；而且对加强以苏联为首的社会主义阵营威力、保卫人类和平事业具有着伟大的意义。

自1946年末，苏联既已先后开始与我东北和华北解放区发生贸易往来，但在那时期，中华人民共和国尚未正式成立，只是地区性的贸易关系，贸易额也很小。新中国诞生以后，1950年2月14日订立了《中苏友好同盟互助条约》，把中苏两国人民的友谊用法律形式固定下来。在这个条约的基础上，两国间陆续签订了有关贸易、贷款、提供成套设备和技术援助、进行科学技术合作、接收我国实习生、派遣苏联专家等等一系列的协定和议定书，因而中苏经济和贸易关系很迅速的全面的发展起来。中苏两国的贸易额，从1950年的13.5亿卢布，扩大到1958年的61.55亿卢布，即增加为456%。中苏贸易额比重约占我国对外贸易总额的一半，约占苏联对外贸易总额的20%左右，在两国对外贸易中均占极为重要的位置。

1950—1958年我国对苏贸易额进出口累计为439.26亿卢布，其中出口为200.88亿卢布，进口为238.38亿卢布。在进口中，特殊订货居第一位，即100.05亿卢布（内以贷款支付的41.48亿，以贸易支付的58.57亿），占41.97%；一般物资进口居第二位，即87.67亿卢布，占36.78%；成套设备居第三位，即48.62亿卢布（包括购买中苏合营公司苏方投资等），占20.4%；新技术用款居第四位，即1.94亿卢布，占0.81%；技术合作费用居末位，即0.1亿卢布，占0.04%。

1950—1956年我国共向苏联借款56.76亿卢布，其中用在经济建设方面的15.28亿卢布，占贷款总额26.92%，用在特殊订货方面的41.48亿卢布，占73.08%。在这些贷款中，除12亿工业设备和器材贷款之年利1%，合营公司股份2.78亿卢布贷款无利息外，其他各项贷款利息也很低，仅年利2%。贷款利息合计为6.02亿卢布，加上还本，共为62.78亿卢布。到1959年止，已还本付息35.6亿卢布，还欠27.18亿卢布，按协定规定，应在1965年底全部偿还完毕。

我国出口物资，大部分是农副产品、矿产品、畜产品等工业原料和轻工业品；9年来，共出口大豆约476万吨，大米约186.5万吨，冻猪肉55.3万吨，茶叶10.4万吨，钨砂19.5万吨，畜产品17.4亿卢布，食品22.8亿卢布，各种日用杂品17.2亿卢布。这些物资都是苏联发展经济和改善人民生活所需要的物资。

我国进口物资，主要是经济建设所必需的生产物资，这9年多从一般贸易方面共进口黑色金属约320多万吨，石油及其产品1 000多万吨，各种金属切削机床7 500多台，锻压设备494台，各种汽车约5万辆，仪器2亿多卢布。

在成套设备方面，根据两国政府达成的协议，自1950年到现在，苏联共援助我国建设291个工矿企业和其他建设项目，其中有74项已经全部投入生产，有39项已经部分投入生产，其余的是正在执行或将来执行。成套设备近年来进口的金额有很大的增加，如1953年只占当年全部进口总值的7.1%，1955年为16.4%，到1958年增加到占进口总值38.2%，1958年与1953年比较，其中成套设备进口增加4倍多。通过这些成套技术援助，使我国在较短时期内，建立了很多新工业部门，和培养了一批新的技术干部。

我国进入第二个五年计划后，国内工业和技术力量已有初步基础，很多工厂已由自己进行设计，因此国外设计的比重比过去逐渐减少。例如1960年在设备分交的119项企业中即有62项是国内自己设计的。机械设备进口中，一般机械进口相对减少，大型、重型、精密度高、技术复杂、制造比较困难和生产期较长的机械设备，以及尖端科学技术和器材的进口都相对地逐渐增加。

特殊订货物资的进口在中华人民共和国成立最初的年代，对于巩固我国的国防、保卫我国的安全和独立，起了决定性的重大作用。

新技术方面的进口是从1956年开始的，这对我国赶上世界先进科学技术水平有着极为重大的意义。

在技术合作方面，自从1954年10月12日签订中苏科学技术合作协定以后，有了很大的发展，通过技术合作，我国派专家到苏联进行考察，苏联供给我国大量的技术资料和样品。

此外，我国尚由苏联聘请了许多技术援助专家，派遣技术干部、工人、业务管理人员，到苏联进行实习共7 154名。这对我国技术力量的增长有着非常重要的意义。

中苏两国之间完全是一种新型的外交关系，两国经济贸易关系正是这种外交关系的体现。中苏两国的对外贸易是社会主义性质的，而社会主义对外贸易是立足在马克思列宁主义原则之上的；因此两国通过贸易不但体现了平等互利、互通有无的原则，而且充分发挥和贯彻了互助合作、互相支援的无产阶级国际主义精神。

政治和经济是不可分的，政治是经济的集中表现，经济是政治的基础，两国经济贸易关系不断的发展，会更进一步巩固了政治上的团结合作。但经济关系的特点表现比较具体，往往牵涉很多实际利益问题，只有恰当地解决这些业务上的实际问题，才能体现政治上友好合作。因此在对苏联贸易方面，正如中央所指出的：必须贯彻“积极协作、平等互利、实事求是”的原则。

两国经济贸易，总的讲来是相互支援的，即苏联援助了我国，我国也支援了苏联。比较起来，在我国社会主义建设的主要方面，特别是苏联在设备供应和技术援助方面，对我国的援助是较多的。但我国也以相当数量的在国际市场上难以买到的战略物资和工业原料支援了苏联。

过去9年来，中苏贸易基本上体现了双方积极协作的精神，通过贸易互相给予了很大的支援，有助于两国经济的共同高涨。苏联在各个时期对我国的援助，包括物资、技术、贷款三个方面，起了很大作用，特别是在建国初期和第一个五年计划期间。今后中苏两国通过经济合作和贸易往来进行互相支援，仍然是很重要的。恢复时期苏联和兄弟国家支援了我们，建设时期，支援的规模更大，范围更广，对我国工业建设具有一定的重要意义。

二、十年来几个方面的主要工作

我国对外贸易，一般贸易的进出口工作，是主要的一个方面。

我国通过出口工作，对苏联给了很大支援，向苏联供应了很多重要的工业原料，例如，属于战略物资的硼砂、钨矿、钼矿、锂砂等重要物资，主要是出口供应苏联，这些物资在国际市场上购买是困难的，我国过去每年都按照国际市场价格或低于国际市场的价格，大量供应了苏联，使苏联不仅能够满足平时需要，而且有了相当储备。

此外，我国每年都有几十万吨大豆、大米供应苏联，其他各种食品、畜产品、轻工业品也有相当数量，对苏联发展经济和满足人民生活需要都起了很大的补助作用。我国的大米、水果和各种日用品，对苏联东部（包括中亚）和极北地区人民的生活有很大关系，对满足当地需要，部分减少苏联国内商业远途调拨起了相当作用。两国商品的交换，不仅在经济上促进了相互的协作，而且通过商品增进了两国人民的友谊。

我国的出口，在经济恢复时期出口能力比较薄弱，主要是未经加工的粮油、农产品原料和一些食品，当时出不抵入，1953年以后国内物资逐渐充裕，出口能力随之增强，在出口物资中粮、油和食品虽仍占一定地位，但已相对下降，经过加工或半加工的各种食品和轻工业品等，以及矿产品、畜产品和土特产品等逐渐增加，换言之，以纯原料形式出口减少，以加工品形式出口的有一定增加，但总的来讲，仍然是农产品和原料占主要地位。出口构成，目前工矿产品占25%，农副产品占45%，农副产品加工品占30%。

在我国恢复时期，一般贸易进口主要是工业器材和工业原料，此外还进口了一些日用品如棉布、砂糖、纸张等，对当时恢复生产和稳定国内市场起了一定的作用。1953年以后逐渐减少消费品的进口，增加机器设备和工业器材的进口。进口构成方面，恢复时期生产资料占

87%，生活资料占13%，而目前生产资料进口已占93.1%，生活资料进口只占6.9%。

中苏两国通过贸易贯彻经济协作中的一个根本问题，是如何更好地把双方的需要和可能结合起来，这一问题解决得好坏，对中苏贸易发展有极大的影响。根据过去工作经验，有几个问题值得进一步研究解决。

为了进一步贯彻互助协作，应当逐步使两国的物资供应计划更好地配合和加强衔接。苏联对外经济贸易工作计划性较强，除年度计划外，目前已有7年远景计划，并且正在制订更长远的计划，若干重要物资的出口，如不及时地列入生产和分配计划之内，很难保证供应；因此苏联对进口和出口物资，事先都要和生产部门进行协商，列入国家计划。两国签订协议后，即应按协议执行，原则上要求不变或少变；但我国则发展很快，计划安排尚缺乏足够经验，因而订货提得不早，历年在提出后，变得次数多，变化快，变化大，要求急，给苏联在安排生产和供应上造成一定的困难。

目前两国之间长期贸易协定工作正在进行准备。过去在没有长期贸易协定情况下，加以我国进出口商品的个别品种、设备数量，历年均有不小的变化，有些进口商品例如大型压缩机、电站设备、化工设备等一年之内要求增加数量很大，而且要求当年交货。同时有些每年我国一向对苏联出口的商品如果我国有困难和另有需要时，最好是事先给苏方早打招呼尽可能避免突然减少出口形成对方困难，因此我们需要经常研究两国经济发展的特点和供应能力的变化，以及对外贸易方面发展的趋向和规律。

中苏贸易中更好地照顾双方的困难和需要，是贯彻平等互利政策和完成任务的重要环节。过去在这方面曾适当地进行了许多工作。凡是我国急需的物资，苏联也尽可能予以照顾，例如1958年由于我国大跃进，临时追加了大批协议以外的订货，其中载重汽车一项全年共进口达19 269辆，铁路机车进口131辆，另外还有发电设备和各种机床等，苏联政府和对外贸易部大力支持和组织了货源，苏联外贸和工业部门很多同志亲赴各地制造单位催发物资，作为一项政治任务突击完成的。平时由于紧急需要而提出请苏联供应的设备和物资，如主要机械设备、石油、砂糖、汽车等都尽可能地帮助我们克服了困难。苏联这样做，一方面固然满足了我国需要，在另一方面本身确实增加了一些困难。

出口商品的质量、包装、式样、规格对能否扩大出口，增加外汇收入，树立我国社会主义对外贸易信誉具有特别重要的经济和政治意义。因此改进出口商品的品质、规格、包装也是当前外贸工作中的一个极其重要的课题。不断改进商品品质、规格是扩大出口的关键，直接影响我国的外汇收入。

关于商品的质量、包装、式样等，我方必须经常注意改进，苏联供应我国的物资和机械设备，一般都是重视质量，逐渐改善包装，力求式样美观，合乎出口标准。例如最近供应给我国的2450型坐标搪床，试制期间达3年之久，质量完全合乎标准；而生产出来后首先供应给我国。再如试制成功第一台3 500吨冲压水压机后，也是首先供给我国长春汽车厂，然后再供应苏联自己。这样例子是很多的，因此，供给我国在技术上都是先进的设备。

我国出口商品的质量，每年也有很大的改进，受到苏联的欢迎。但近一、二年来出口数量增加较大，曾发生质量下降或者不够标准的现象，这是深值得引起我们今后严重注意的问题。

例如，绸料女布拉吉、头巾，苏联人认为很美观，但着水落色后，花样就模糊不清，也有的人曾戴着我国绿色头巾因遇雨色落，结果将衣服染污了，类似此等情况，商参处经常接到苏联各地人民的来信。我国对苏联大宗出口商品，大部是工业原料，如大豆、各种矿产品等，质量虽都很高，但不和苏联广大群众直接见面。在苏联市场看到的我国商品除食品外，主要是各种日用工业品，这类商品的出口也日益增加，如皮鞋、钢笔、针织品、大衣、袜子等这些商品质量好坏对千百万群众有直接利害关系，往往因少数质量低劣的商品而影响我国信誉。

当我国建国伊始，面临着恢复国民经济的艰巨任务的时候，苏联就对我国在经济上和技术上给予了巨大的援助。我们能够在短短3年恢复时期就恢复了被长期战争所破坏的国民经济，并且迅速地开始走上了有计划建设的道路，苏联对我国的帮助起了十分重要的作用。

自1953年起，我国开始实行了以社会主义工业化为中心的第一个五年计划，苏联对我国技术援助的规模和范围也更加扩大。苏联在我国第一个五年计划期间帮助我国建设的重大项目共有211个，在执行过程中，由于若干项目合并建设，援助的项目总数改变为166个。这些项目，到1957年底，有135个已经施工建设，有68个已经全部建成和部分建成投入生产。这些项目，又成为我国第一个五年计划工业建设的中心，其中包括现代化的钢铁联合企业、有色冶金企业、煤矿企业、石油企业以及各类重型机器和机械制造厂等。为了建设这些企业，苏联不仅提供企业所需要的全部重要设备，而且从勘察地质，选择厂址，搜集设计技术资料，进行设计，指导建筑、安装和开工运转，供应新产品的技术资料，一直到指导新产品的制造，都给予全面、系统的技术援助。建设这些企业，对于改变我国经济落后的面貌，从而使我国向社会主义工业化这一伟大目标迈进，有极其重大的意义。

1958年，我国开始执行第二个五年计划，继续进行以重工业为中心的工业建设，推进国民经济的技术改革，建立我国社会主义工业化的巩固基础。根据1958年8月8日和1959年2月7日中苏两国政府先后签订的两次协定，还将援助我国建设包括冶金、化学、煤炭、石油、机器制造、无线电技术、建筑材料工业和电站等125个工业项目。这些项目的大部分将从1958—1967年分别建成投入生产。

10年来，根据中苏两国政府签订的协定，苏联供我国的成套设备重大项目共为291个。

苏联援助我国的成套设备，是始终贯彻着促进我国的自力更生的精神。

在党中央正确的领导下，由于我国职工积极努力和苏联真诚援助，我国在这10年来的建设基础上，对现代化工矿企业的设计能力已有很大提高，在苏联帮助我国建设的企业中，我国自己进行编制设计的范围必将日益扩大；另一方面由于技术水平和生产能力的限制，仍有相当数量的设备还须从苏联进口，过去设计和设备多数由苏联承担，今后大部分设计由中国自己负责进行，而一部分设备仍由苏联承担制造，在这种新的情况下，如何使我国自编的设计和苏联供应我国的设备互相结合，以便于加速我国重点项目的建设进度。我国要根据苏联能够供应的设备性能等情况编制设计，苏联也必须了解和根据我国编制的技术设计，提出供应设备的清单；同时要使苏联交付设备的时间，与我国相应工厂的土建安装进度相符合，双方工作是一环扣一环，任何一方有一个环节没有做好，就会影响整个项目建设的进度和质量。因此，必须进一步加强领导管理成套设备工作，系统地总结这方面的工作经验，即时提出办法，采取措施，解决这方面的问题，才能够赶上这方面工作发展的需要。

在苏联援助我国建设的工矿企业所需的设备，除我国自己承制的以外，在苏联负责供应的设备中有以下4种类型设备，是值得我们今后注意的问题，这些问题往往是双方工作中的困难所在，解决这些问题的好坏，直接影响我国的工业建设。这四种类型设备是：

1. 大型专用设备。包括轧钢机、大型的水压机、机床、破碎机、吊车等。这些设备的特点是重量大，件数多，如一套轧钢机重量有的在万吨以上，设计制造和进行试验所用的时间，通常要一年到两年；技术复杂，报废率较大，往往不是一次就能制造成功；分工协作的企业单位很多，其中有一个工厂没有按时按质按量生产出来，就会影响整个设备的交付进度。因此必须及早做出安排，苏联政府对这种设备的订货有特别规定，凡是下年度需要的重大专用设备，至迟要在一年或两年以前向苏方提出订货清单，最好能在大的企业进行分交时，一次全部分交完毕，并列入远景订货和长期贸易协定内，以促使苏联按计划生产供应。

2. 配套设备工作是供应成套企业工作中的重大问题：这些设备特点是配套性很大。一套辅助设备包括各种机组、水银整流器、水泵、开关、仪表、高炉的电器操纵等，是由上万个零件组成的，通常分散在很多工厂生产，同时苏联国内对这类设备是供不应求的，生产协作比较复杂，难以按时供应。过去实验证明，往往主体设备早已运到国内，而辅助设备尚未到达，企业因而不能按计划进行安装和投入生产，因此对这类设备必须早提、早订、及早注意催交，及早解决协作中的困难，并随时掌握情况，万一不能按期交付时，及早通知国内采取相应措施，以免影响主要机械的运转。

3. 正在试制的新结构的设备。这种设备需要的设计制造时间比一般定型设备为长，往往因为在试制时，遇到困难而推迟交货，很难确定具体的交货日期，因而往往不能保证按计划得到设备，满足开工需要，因此在分交时必须妥善考虑这个问题以后，再确定是否订购。

4. 转口设备。在苏联供应我国的成套设备中有一些是从德、捷等国转口的，过去经验证明，因为手续复杂，而大部分不能按期交货，在催交上也存在困难；因此凡是苏联生产有困难，而又有条件直接从其他兄弟国家进口的设备，应尽量减少转口进口，以保证及时到货。如富拉尔基 6 000 吨水压机的 150 吨锻造吊车，苏联是从民主德国转口的，由于德国未按时交，而 6 000 吨水压机即不能按时充分发挥作用。这是深值得我们取得经验教训的问题。

以上四种设备，根据历年情况，是生产供应中问题较多而且又是保证企业开工的关键性问题，因此必须针对这些设备生产订货中的一系列特点，早做安排，掌握情况，提出对策。当然除保证重点外，对一般设备也必须统筹兼顾，给予应有的注意。

关于设备分交工作，仍应尽早进行，这样就能使下一年度所要设备便于苏联尽早地布置生产；大型专用设备，凡是有条件提出清单的，经过研究肯定不再变更的，还是早分交为好，并尽可能做到将每一个项目一次分交完毕，以便于苏方能够全面地一次将生产计划安排下去。

在设计工作方面，我国自己设计的项目，今后逐渐增多，为了使苏联供应的设备更能适合国内的要求，必须按照协议规定的时间向苏联提供有关的设计资料和技术资料，特别是专用设备和大型设备所需要的资料，必须在进行设计的同时一并加以考虑和确定。同时要注意尽量采用苏联现有型号的专用设备，防止过于求新求全的思想，以缩短制造时间，并使供应建立在稳妥可靠的基础上，及时满足国内需要。对于个别设备的特殊结构或技术规格不清时，及早派来专家和苏方制造单位共同研究商定。

现在很多企业的设计，是由中苏双方共同进行，例如由我国负责提供设计任务书和各种原始资料，苏联根据这些资料负责编制扩大初步设计，我国再根据扩大初步设计编制施工图。必须在按时负责提供符合要求的原始资料和设计任务书的基础上，才能保证苏联为我们编制的设计按时或提前完成。我们有时一方面催促苏联提前交付设计很急，自己却又迟迟不向苏方提出原始资料和设计任务书，或随提随便，或苏联正在设计时我要求撤销，或者时而恢复，时而又撤销，使苏方无法着手进行设计。这些问题，都是今后需要重视和注意克服的问题。

苏联援助我国进行设计方面有以下几种方式：

1. 全部厂房设计，均由苏联负责编制，这种方式主要是在我国恢复时期，由于当时不懂，缺乏设计力量，故不论主要、次要、复杂的、简单的一律都请苏联编制，因而每一企业设计费用是相当大的。

2. 主要车间设计由苏联负责编制，辅助车间和厂外工程由我国负责编制设计，第一个五年计划期间，主要是采取了这种方式。

3. 个别尖端项目的设计或大型厂房的工

艺设计由苏联负责编制，多数一般厂房的设计和施工图由我国负责编制，但由苏联派整套专家组来我国进行指导，携带有关资料并负责供给我国一部分技术资料。这是目前采用较多的主要方式。

4. 有些项目的设计，我国基本上已经掌握，但保留向苏联提出咨询和质疑由苏联负责解答，必要时聘请少数专家去我国指导设计，或提供少数技术资料，这是最近开始采用的方式。

在设计工作中，今后哪些由我负责，哪些请苏联帮助，确定采取哪种方式分工配合最为合理，是值得研究的重要问题。决定这个问题时，要考虑到产品的复杂程度和工程本身的要求，我国现有设计能力和技术水平，设计费用和我国外汇力量，培养我国设计人才，并把苏联先进设计技术和经验吸收进来，以保证设计质量等各方面的因素。根据目前我国条件，已培养了一部分设计力量，凡是我国能够担负的尽量全部由自己设计，确实有困难的地方可请少数专家负责指导，这样做不仅节约外汇，而且缩短设计编制时间，更主要的是有利于培养和增加我国的设计人才和力量。

10 年来，为了帮助我国建设企业，掌握生产，培养工程技术干部和勘查资源，苏联政府根据中苏两国的协定和我国政府的请求，自 1950 年到现在曾派遣技术援助专家 7 442 名来我国。

技术援助专家历年来华情况：1950 年 144 名；1951 年 275 名；1952 年 340 名；1953 年 576 名；1954 年 834 名；1955 年 981 名；1956 年 1 758 名；1957 年 1 199 名；1958 年 945 名和 1959 年 390 名（1959 年数字系我方聘请计划人数）。

由于苏联专家具有高度的国际主义精神，精湛的技术，忘我的劳动态度和丰富宝贵的工作经验，他们对我国的社会主义建设作出了巨大的贡献。

1953 年以前，苏联派遣的技术援助专家绝大部分是苏联援助项目内的专家。1954 年以后，苏联援助项目外的专家逐年增多。1956 年是聘请苏联技术援助专家最多的一年。自 1957 年起专家人数逐年减少。但是，同时对专家的科学技术水平要求日益提高。

专家工作中存在的问题和体会：

第一，在聘请苏联技术援助专家工作中，我们应做到既考虑到我国的需要，又考虑到苏联的可能，把我国需要和苏联可能密切地结合起来。不能一味强求，否则即或苏方勉强同意，结果还是派不出专家。1953 年聘请的煤气发生站设计专家的办理情况，即可为例。

第二，苏联专家的专业很“专”，我们要求专家的专业很“广”。这是一个矛盾，因此苏方不易迅速选定派遣人员，如 1956 年曾向苏方提出聘请一名玻璃磨光专家，根据我们提出的对专家在技术上的要求，按苏联专家的专业分工，不得不改为 4 名各种不同专业的专家。

今后在编制聘请计划时，对专家的专业要求，应任务明确，技术要求要主次分明，不宜笼统罗列。

第三，聘请专家计划要及时提出。按苏联的制度要求，下年度的聘请计划，应在本年度第三季度末，最晚在第四季度初提出。否则下年度上半年需要的专家不易保证聘到。

我们聘请专家的请求提得晚，但要求专家去华时间急，如今年 3 月份提出聘请的两名感光材料专家，要求 4 月份去华，这显然是不可能的，如果这样进行工作，势必造成苏方的困难。

第四，在专家延聘工作中存在的问题是：一“多”；二“长”；三“晚”。

所谓“多”就是延聘人数多。如仅 1958 年一年延聘专家即达 395 名，占 1958 年全年来华人数的 41.7%。

所谓“长”就是延聘期限长。如 1958 年延聘的 395 名专家中，延聘期限一年以上者 95 名，占全部延聘人数的 24%，延聘期限半年以上者 241 名，占全部延聘人数的 61%。

另一个问题是一延再延。如洛阳轴承厂的非标准设备设计专家瓦西柯夫同志的聘期为一年，第一次延聘一年，第二次半年，第三次四个月。

所谓“晚”，是提出延聘请求的时间晚。按苏方规定，专家延聘的请求，要在专家期满前三个月，最晚在前两个月提出。以便苏方经办机关能有时间和派遣机关互相研究。但我们延聘专家请求，大部分未能及时提出，往往在到期的前几天才提出，有的在按合同规定留华期限已过，我们才提出延聘，这种现象在今后必须力求克服和改正；否则会造成苏联许多部门在专家工作安排上的困难。

过去苏联方面对延聘专家的问题一再提出过意见，这些意见很值得注意，特别是聘期在一年以上的专家延聘问题，更宜慎重。苏联方面认为专家在国外出差时间过长，他们在技术上会落后的，对专家的思想教育工作有许多不便，影响派遣部门的工作安排。远离祖国和亲人对家庭也存在不便之处，以及几年来中国工程技术人员的队伍已经成长壮大等等。所以，苏联方面希望我国各聘请专家部门能够很好地安排专家工作，使专家能够在聘期内圆满地完成任务，按时返回苏联。

科学技术合作是我国同苏联友好合作的一个方面，它是建立在合作互助和求得共同发展的真诚愿望的基础上，通过这种合作，双方可以获得先进的科学技术援助，相互提供新的技术成就，帮助解决科学技术上的问题和培养科学技术干部，特别我国的科学技术现在还处在落后的现阶段，而中苏科学技术合作，对提高我国科学技术水平，促进我国经济迅速高涨，具有重大作用。

苏联在科学技术方面对我国的援助，对我国顺利地完成国家生产建设计划和发展科学技术研究工作起了积极的作用，例如：原子能的研究，电子计算机的研究，新型塑料的研究等都得到了苏联的全面的援助，在机械制造和基本建设方面，我们很多的产品和设计，许多是直接或间接地使用了苏联的图纸和资料，例如，1 513 立方米高炉、“巨龙”号内燃机车等。

中苏两国间的科学技术合作的范围，是在不断的扩大。开始只限于交换科学技术资料、实物样品、苗木、种籽等，自 1954 年 10 月 12 日签订中苏科学技术合作协定以后，有了很大发展，合作的范围日渐扩大，合作的形式是越来越多。以后逐渐扩大到互派专业考察人员，相互委托鉴定某些科技研究成果，部分科学研究机关、设计机构与相应机构之间建立直接联系；以及相互聘请技术援助专家，邀请专家做短期学术出差，相互派遣研究生、实习生和供应非商品器材。根据 1958 年 1 月 18 日协定，中苏两国开始共同进行某些重大科学研究工作，我国在科学技术方面接受苏联的援助有了明确的计划和突出的重点。截止 1959 年 4 月底为止，苏联供给我国技术资料、样品共 5 512项，我国派来苏联考察的人员共 916 人，苏联派往我国的考察人员共 248 人，我国供给苏联的技术资料、样品共 610 项。

应该看到，中苏两国的科学技术合作还是不平衡的，苏联对我国的援助是大大多于我国对苏联的援助，我国科学技术的成长是和苏联对我们的援助分不开的。

目前两国科学技术合作发展很快，很多工作尚未完全步入正轨，在领导和管理上都存在着一定的问题，兹将主要问题综合如下：

（1）直接联系问题。双方相应研究、设计机构之间的直接联系，还没有有效地开展起来，缺乏对这方面的合作经验，也有部分单位已与相应机构建立起了直接联系，但由于对“直接联系”的概念认识和理解不一致，所以即没有达到预期的效果。

（2）索取保密资料、考察、学习保密专业问题。近年来这方面的工作没有能顺利地开展起来，1958 年我方通过“122”项提出的保密资料除第四方面第六项苏方已基本交清外，其他项目交付很少。考察和实习保密专业也往往是迟迟得不到答复。苏联的保密制度十分严格，如何将机密资料供给兄弟国家对苏联也是一个新的问题，在苏联内部还没有成文规定，因此许多机关不敢负责决定交出，此外我国有的实习生个别地方对苏联保密制度不够注意，苏联对我国保密制度不够了解，是不能顺利开展这方面工作的原因之一。特别在1958年我国大跃进以后，苏方对保密资料的控制，日渐严格，这一点也是深值得我们注意的问题。总而言之，这一问题如能得到尽快的解决，将对中苏两国科学合作更进一步发展会起重要的作用。

（3）非商品订货问题。为了科学研究工作的需要，向苏联方面提出订购各种研究和实验用的器材是必要的；但因提出的数量很大，这种订货与一般贸易订货和特殊订货的界限划分不清，特别是由于这些仪器材料多没有正式生产，苏联许多科学研究机构忙于完成7年计划规定的研究任务而紧张工作，没有时间专门为我们制造这些零星复杂的仪器。因此，我国向苏方提出非商品订货卡片很多，故解决很少。这方面的问题，也应提请有关科学研究机构注意，要多考虑依靠自力更生办法去解决。如果一个先进的科学部门，所需研究的器材，不能由自己去制造，要依靠别人给，那么它永远不会成为先进科学部门。

（4）"122"项的年度合作计划问题。122项的年度计划是具体贯彻执行这一协定的依据，由于双方对这种新的形式合作都没有经验，第一年（1958年）的计划执行得不太好。1959年计划（草案）虽然我方于1958年10月即向苏方提出，但因我方于1959年春季对计划做了一次较大修改，使1959年计划到6月底还没有全部批准生效。中途修改计划的结果，将执行计划的时间推迟了半年，同时给苏方造成了很大的困难。应该总结1959年制定计划的经验和教训，争取订好1960年及今后年度计划。

自1951年9月至1958年底，共派出实习生7 154名（不包括二机部）。其中，按从年初到年底的实际出国人数：1951—1952年为166人；1953年为202人；1954年为1 208人；1955年为2 052人；1956年为2 162人；1957年为401人；1958年为163人。这7年来国内选派的实习生，逐年有所改进。在政治质量和业务水平方面亦有显著提高。实习生中党、团员占实习生总数多在90%以上；技术水平近两年来绝大部分是有三、四年经验的工程师；而工人（包括工长）的比重以1955年最多，约占57%，以后逐年降低，至1958年只占6%，现在由于我国大型企业逐渐建立起来，实习场所日益增加，因而在今年是不派出了。

几年来，通过派遣实习生的方法，苏联给我国培养了一批生产技术、生产管理、工程设计、科学研究干部。这不但迅速增加我国的技术人才，而且对我国新建企业的生产和管理、设计水平的提高，以及科学研究事业的发展，都起了重要的作用。同时，通过实习生的社会接触，更有助于加深中苏人民的友谊和相互了解。一般说，实习生遵守纪律，勤劳好学和苏联导师诲人不倦的精神，都对中苏友谊的巩固，起了良好的作用。

在派遣计划方面，随着我国经济的发展，苏联计划项目内的派遣近年来日趋减少，两国政府协议外工程设计科学研究人员的派遣日益增多，新的122项协议开始执行，因此出现派遣的主管部门不统一，计划制订晚，专业表送出迟，要求急，专业广等缺点。特别是无协议根据的军工、尖端、保密专业的实习生，这给苏方对实习生的安排上造成许多困难；同时由于出国前准备工作不足，俄文程度差，而使其本人苦恼，对实习缺乏信心，这不但严重地影响实习效果，而且也引起苏方不满；因此建议今后仍根据自力更生为主，争取外援为辅的方针，对实习生派遣上，应以我国主要的特殊困难的项目，采取少而精的原则；同时既根据我国建设的需要，也要照顾到苏联接纳的可能，制订统一的派遣远景规划与年度计划。制订计划还应注意实习专业的有机联系，对某一专业的研究、设计、设备、工艺等都应统一全面考虑。年度计划应早决定、早安排，尽可能提前一年制订，既便于在国内做好足够的准备，又便于苏方安排。

对于两国政府协议以外的实习生，特别是军工、尖端、保密专业应争取通过中苏科学技术合作委员会或其他途径，在未派出前可能争取使两国政府间达成协议，以便中苏两国执行机关根据政府协议，对实习生进行安排，过去苏方虽然在无两国政府协议的情况下自1955—1958年接收了实习生1 275名，这不能不是最大友好的表现，但也使苏方有关执行机构确实为难不少，往往苏方接到一批实习生后各处问询、请示、推派，经过半年以上时间，才能有结果；因此，长此以往，终不是妥善的办法。

实习生管理工作，几年来以政治思想教育工作和贯彻中苏友好政策为主。通过时事政策的学习，提高觉悟，更好地完成实习任务，争取思想上和实习上的双丰收。特别是经过去年的双反学习，收效比较显著。几年来经验证明，今后在一个较长的时间内，思想教育的中心内容，应该是加强党的方针、政策的教育，贯彻中苏友好政策，反对资产阶级个人主义思想，达到又红又专的目的。在管理工作上，主要是在苏联总的学习领导安排之下，以通过树立先进，抓红专规划，针对带有普遍性的思想问题，通过群众辩论方法来解决，同时依靠实习生党支部，充分发挥支部的积极性和主动性。但今天在管理工作上，仍不能跟上工作发展的需要，在业务管理上还缺乏系统的研究和总结；除人员集中的城市，对一人一地的实习生照顾还不够，在工作薄弱的环节上往往容易发生问题。因此，在今后实习分散而复杂的情况下，对实习生的管理，尚有待于作更大的努力。

［下略］

150－7－226

1962年我国对苏联的外汇收支情况，最近两国银行核对结果，我方顺差7 890.8万卢布。两国银行核对确认各项收支数字如下：

我方收入4.6098亿卢布，其中，贸易出口收汇4.42314亿卢布，非贸易外汇收入144.2万卢布，1961年结转顺差（经两国银行核对一致的）1 634.2万卢布。

我方支出3.8119亿卢布，其中，进口用汇2.10186亿卢布（一般进口1.62534亿卢布，成套设备进口818.6万卢布，新技术进口2 827.8万卢布，特殊订货1 114.2万卢布，技术合作4.6万卢布），偿还贷款和贸易欠账1.60713亿卢布，非贸易外汇支出1 029.1万卢布。

我方收入减去支出，结余7 890.8万卢布，为我方顺差。我方已经同苏方商妥，用这笔顺差外汇偿还1960年我国对苏联的贸易欠账。双方正在商谈这项偿还贸易欠账的议定书。

上述我方顺差，主要由以下几个方面的原因构成的：

（一）我对苏联出口情况好。1962年我对苏联出口按年度协议超额完成，1961年我国对苏联欠交的一些货物也都在1962年基本上补交完了。

（二）我自苏联一般贸易进口，苏方没有按年度协议交货或推迟交货的达3 000万卢布。苏方借口各种理由，对一些重要物资，包括去年我方为粉碎蒋匪窜犯大陆向苏方提出的紧急订货、航空器材、轴承等，苏方没有供应或供应很少；有些重要物资如薄钢板、优质钢等各种钢材、航空汽油、润滑油等各种油料，苏方未按期交货；我向苏联订购的260万只手表，有150万只苏方要延期到1963年交货。另外，还有39万吨石油和6 600吨纯苯等物资共约1 300多万卢布，我方接运有困难，也推迟到1963年交货。

（三）成套设备、新技术和特殊订货三项，约有2 000万卢布的订货，苏方没有按协议交货。其中成套设备苏方交货的，只及协议金额的一半左右，未交货的多是重要设备，如太原钢铁厂的2300/1700轧机设备、三门峡二号水轮机等。有些重要设计（如长沙稀有金属厂的技术设计），苏方也推迟了交货期。

（四）1962年初商谈外汇平汇时，双方估算1962年我方非贸易外汇收支差额为2 100万卢布，到年底结算，实际差额还不到900万卢布，比年初估算少1 200多万卢布。

1962年我对苏联外汇收支情况，《对外贸易情况简报》，1963年2月22日。4－15/8

外交部东欧司核对中苏经济关系有关数字：关于苏联供应我国一百万吨粮食和五十万吨食糖的问题

1964 年 5 月 14 日

1961 年 2 月 28 日，苏联驻华大使契尔沃年科把赫鲁晓夫 2 月 27 日签署的给主席的一封信面交少奇同志。信中说，苏联在谷物和畜产品的生产和采购方面也有某些困难，又不得不对欧洲社会主义国家和朝鲜提供大量谷物，但是，中国的困难更大，因此建议在 1961 年 8 月底以前，以借用方式，向中国提供 100 万吨谷物（30 万吨小麦，70 万吨黑麦）和 50 万吨古巴糖。

少奇同志表示报告中央、主席，待研究后再答复，并请苏联大使向赫鲁晓夫转致谢意。

1961 年 3 月 8 日，周恩来同志接见苏联大使，代表中央口头答复赫鲁晓夫 2 月 27 日来信。对苏共中央基于国际主义的好意表示非常感谢，并且指出，中国人民，首先是人民公社社员，同自然灾害进行了顽强的斗争，使自然灾害带来的后果得到了一些减轻。我们相信，采取在国内严格节约，从国外争取进口和停止或减少出口的办法，在粮食供应方面的暂时困难是可以逐步克服的。同时指出，去年社会主义阵营各国农业都有不同程度的自然灾害，个别国家比我们还严重一些，苏联去年有些地区也受到不同程度的自然灾害，农业发展速度降低了，谷物和畜产品的生产和采购方面也有某些困难，苏联在保证自己和许多社会主义国家的谷物供应方面的负担是相当重的。同时，去年由于我国农业受灾，减少了对苏联相当大的数量的谷物和其他食品的贸易供应，也增加了苏联的困难。所以，当我们面临粮食供应的暂时困难的时候，我们一直认为，不应加重苏联和其他社会主义国家的负担，提出援助要求。我们认为，我们应该首先动员自己的内部力量；其次利用当前的国际条件，争取以延期付款的形式从国际市场再多进口一些粮食，从而把苏联建议提供的粮食留作后备，只在从国际市场进口粮食发生困难的情况下，再向苏联提出借用粮食的要求。至于以借用方式转口 50 万吨糖的问题，如果苏联国内市场不甚急需，我们同意接受这部分援助。

1961 年 3 月 21 日，苏联大使把苏共中央给我党中央的信面交陈毅、尚昆同志。信中表示完全赞同中国党和人民克服暂时困难的信心，重申以借用方式为中国拨出 100 万吨粮食和 50 万吨糖。同意把 100 万吨粮食作为我国的后备，并且根据中国的需要可以随时启运，50 万吨糖准备迅速开始运往中国。

陈毅同志谈话时说，对于 100 万吨粮我们很感谢，“当急需的时候，我们再提出要求”。你们同意我们“欠交几十万吨农产品，这已经是很大的援助”。

1961 年 3 月 31 日，周恩来同志接见苏联大使，代表中央口头答复苏共中央 3 月 21 日来信。再次感谢苏共中央的国际主义关怀和好意。指出，我们对克服目前困难所采取的措施已收到初步的成效，我们希望，如果今年能争取到一个好的夏收或者秋收，或者今年夏季从国际市场进口粮食比较顺利，那么我们就不再使苏联为我们承担 100 万吨后备粮的负担。如果那时粮食情况不那么顺利，那么 100 万吨粮食仍作为我们的后备粮。50 万吨糖即指示有关机关同苏联相应机关商谈签订文件和转口运输问题（按：糖的问题已签订议定书）。

1961 年 4 月 4 日，赫鲁晓夫在接见叶季壮同志时，再次表示仍为我保留那 100 万吨粮食。

注：有关 100 万吨粮食和 50 万吨食糖的提出和答复经过情况如上述。在 1961 年 3 月 31 日总理口头答复苏方时还向苏联探寻以加拿大小麦换取苏联的小麦和杂粮的可能性。5 月 9 日苏方答复同意转运 30 万吨粮食。以后几次接触中谈的都是属于这一方面的问题了。

150－12－587

煤炭部核对中苏经济关系有关数字：煤炭工业委托苏联设计建设的项目情况

1964 年 5 月 15 日

煤炭工业在 1957 年以前委托苏联设计的项目共计 24 处。其中，矿井 15 处，设计生产能力 2 120 万吨；露天 3 处，产煤露天 1 处，设计生产能力 300 万吨。油页岩露天 2 处，设计生产能力 3 900 万吨（茂名露天 2 400 万吨已划转石油工业部），选煤厂 5 处，入选原煤设计能力 750 万吨，总体设计 1 处。

在 24 处项目中，有 9 处项目在不同设计阶段中途停止提交设计文件，经过两国协议后撤销的，因此提交全部设计文件的只有 15 处。其中：

1. 矿井 7 处，设计生产能力 720 万吨，全部是根据国外施工图建设的。其中，除焦作中马村立井在建设过程中发生透水事故被淹没，迄今尚未恢复外，其他 6 处矿井设计生产能力 660 万吨，全部建成已投入生产。

2. 露天 2 处，产煤露天 1 处设计生产能力 300 万吨，油页岩露天 1 处设计生产能力1 500 万吨。全部是根据国外施工图建设，现已投入生产。

3. 选煤厂 5 处，入选原煤设计能力 750 万吨。其中，除潞安一号选煤厂未开工外，其他 4 处选煤厂入选原煤设计能力 600 万吨全部是根据国外施工图建设，现已投入生产。

4. 总体设计 1 处。

根据以上情况，在苏联帮助下建成的企业每年生产原煤设计生产能力 960 万吨，油页岩设计生产能力 1 500 万吨，入选原煤设计能力 600 万吨。

150－12－587

教育部复关于核对我部聘请苏联专家和留苏毕业生的数字

1964 年 5 月 15 日

关于我部聘请苏联专家及留苏毕业生的数字经核对如下：

一、自 1949—1960 年，由教育部系统聘请的苏联专家共 848 人，其中，在高等院校的 767 人，在中等专业学校的 65 人，教育部顾问 16 人。

二、自 1950—1963 年，从苏联高等学校（包括在苏联科学院系统学习的研究生，不包括在苏军事院校学习的）毕业回国的学生共 6 974 人，其中：大学生 4 650 人，研究生 1 780人，进修教师和进修生 544 人。

另有在苏联高等院校学习的 951 人（951 人是 1950—1963 年的数字，原文 791 人，仅统计到 1960 年止），因学习困难、身体不好等原因，不能继续学习，中途回国（不包括在上述统计之内）。

150－12－587

三、与其他社会主义国家的贸易与经济、技术合作情况

北戴河会议文件六十五：叶季壮关于一九五八年对东欧兄弟国家补充进出口情况给周总理的报告

1958 年 7 月 17 日

基于我国工农业生产大跃进的需要，在今年贸易协定额以外，又向东欧兄弟国家洽购一批货物，截至目前为止的谈判情况是：

（1）我进口。已谈妥并已签订合同的有二亿三千二百一十万卢布，其中，波兰八千八百一十三万卢布、捷克五千五百八十万卢布、匈牙利五千七百五十七万卢布、罗马尼亚八百七十四万卢布、保加利亚二千一百八十六万卢布。已谈妥尚未签订合同的有一亿一千八百九十三万卢布，其中，波兰四千二百八十九万卢布、捷克三千二百四十一万卢布、匈牙利二千二百三十四万卢布、罗马尼亚二千零六十九万卢布、保加利亚一百五十万卢布。

（2）我出口。已谈妥和已签订合同的有一亿三千八百九十七万卢布［原文如此］，其中，波兰五千九百三十七万卢布、捷克三千三百三十九万卢布、匈牙利九百六十七万卢布、罗马尼亚三百八十万卢布、德国四千三百六十八万卢布，我对保出口尚未谈妥。

现在存在的问题，一是进出口不平衡，二是某些国家如波兰、匈牙利、保加利亚贸易额增长过多。从已订的商品来看，这批订货，只是一时的需要，根据我国工业生产能力迅速提高的情况，今后有很多货物将不需要再向国外订购，如果现在为了订购这批货物把贸易额增长过多，则将会影响今后贸易正常的发展，贸易额必然会下降的，这样，兄弟国家将会对我不满意。

根据以上情况，我们拟作如下处理：

（1）进口已谈妥并已签订了合同的二亿三千二百一十万卢布，仍然有效（只比中央批准的对东欧兄弟国家以次货换次货的二亿卢布多三千二百一十万卢布），但必须要做到在对方接受我出口货和进出口基本平衡。如果对方不接受我现有的补充出口货（油脂、橡胶等肯定不能增供），则对已签订的合同亦要作相应的撤销，务使进出口达到平衡。总之不能入超。

（2）已谈妥尚未签订合同部分，一律停止签订合同。如果对方愿接受我现有的补充出口货，又同意不列入今后贸易额的基数，又有现货的话，再可在已谈妥的货单中选订一部分我们现在急需的钢材、轧钢机、鼓风机、机床、发电机，但也须进出口平衡。否则，不能再签订合同。其余的补充订货单，一律不得再向外提订。已提出者暂时停谈，德国我有顺差，则可把顺差补订足，但也不能入超。

（3）这批补充进出口货物，可作为额外贸易处理，不能列入两国贸易额基数之内，今后贸易的基数仍应以今年两国贸易协定的金额为准，不能把协定签字后增加的进出口金额加进去，因为这批额外订货，只是今年一时需要，来年将不需要或大部不需要。因此，这批补充进出口货物只签合同即可，用不着再签订补充议定书。拟用外交部名义正式通知东欧各兄弟国家。如果对方十分坚持要签补充议定书

的话，亦可同意，但必须在补充议定书中写明，这批补充进出口货物，只是一时的需要，只能按额外贸易处理，绝不能列入两国贸易额基数之内。

附：一九五八年对东欧各兄弟国家补充进口商品谈判情况

一、已谈妥并已签订合同的有二亿三千二百一十万卢布，商品如下：

机床一千三百零七台、锻压设备四十四台、柴油机三千一百九十台、电动机二亿五千六百八十五台、汽油机四百六十二台、柴油发电机七十台、发电机三百五十一台、锅驼机二台、蒸汽发电机十台、船用柴油机二台、水泵二千零八台、卷扬机六十台、压缩机一百二十台、柴油机车三十四台、矿用机车五十四台、蒸汽机车二十台、修理工程车二十二辆、救护车二百五十辆、救火车十台、油缸车十二台、拖车一千五百辆、小货车五百辆、洒水车十五辆、加油车二十辆、水泥车九辆、起重机十台、自动倒卸车一百零五辆、卡车六百三十七辆、汽车零件一千三百八十七万卢布、钻探机三十台、拖拉机一千二百台、康拜因机四千四百十一台、各种犁四千一百五十个、脱谷机一千五百台、割草机四千八百四十八台、施肥机三千台、收割机三千台、播种机三千台、选种机一百台、碎石机四十台、纺织机械二百三十一万卢布、轻工业机械二百九十四万卢布、车厂设备三十九万卢布、喷雾器五千个、钢材三千三百一十三吨、工具五百三十六万卢布、电工器材一百五十万卢布、电线四百九十一吨、轴承三十二万卢布、仪器一千八百一十一万卢布、DDT五百吨、氩气一千五百立方米、甜菜种子五千吨、润滑油四千三百二十吨、轻柴油三万吨、墨灰二千吨。

二、已谈妥尚未签订合同的有一亿一千九百八十三万卢布，商品如下：

机床一千一百七十五台、锻压设备一百一十一台、柴油机六百四十台、发电机二百五十八台、电动机三千一百八十台、蒸汽发电机九十万卢布、电焊机二百一十二台、通风机三百台、轧钢机四台、挖土机二十九台、起重机二十三台、鼓风机一台、压力机二十二台、矫正机一台、碎石机一百一十台、开沟机五十台、钻探机二台、钻探机零件三百一十万卢布、印刷机械四十二台、压缩机十五台、选种机一百五十台、播种机四百台、施肥机一百台、割草机五百台、收割机一百台、清理机一百台、切碎机一百五十台、脱粒机三百台、甜菜收割机一百台、种树机五十台、玉米试验机五十台、喷肥机一百台、拉线机二十三台、包线机一台、土豆收割机一百五十台、磨粉机十三万卢布、筛粉机十万卢布、选麦机十四万卢布、农业机械一千五百一十九万卢布、农业用水压机五十台、中耕器四台、耙二百二十个、喷雾器一千三百个、水泵三百二十四台、卡车五百辆、救护车一百五十辆、倒卸车三十辆、拖车二百五十辆、冷冻车三辆、展览品拖车八辆、轴承四十万卢布、钢材四千七百三十五吨、倒炼五十万卢布、工具五十八万卢布、仪器五百一十八万卢布、显微镜一千个、化工二百六十二万卢布、电工器材五十万卢布、孵蛋器五百个、医疗器材四万卢布、葡萄种籽一百五十万卢布。

Z9－239－10

北戴河会议文件六十五：给民主德国、捷克、波兰、匈牙利、罗马尼亚、保加利亚的备忘录（草稿）

1958年8月21日

由于今年我国工农业生产建设的迅速发展，对于某些建设物资的需要大大增加，而在中国政府和德意志民主共和国（捷克斯洛伐克共和国、波兰人民共和国、匈牙利人民共和国、罗马尼亚人民共和国、保加利亚人民共和国）政府商谈今年两国交换货物和付款协定的时候，没有能够充分地估计到这一情况。因此，在交换货物和付款协定签字之后，中国方面又向德意志民主共和国（捷克斯洛伐克、波兰、匈牙利、罗马尼亚、保加利亚）的贸易机构补充订购了一批货物，而且要求交货甚急，这就给德意志民主共和国（捷克斯洛伐克、波兰、匈牙利、罗马尼亚、保加利亚）造成了不少的困难。尽管如此，德意志民主共和国（捷克斯洛伐克、波兰、匈牙利、罗马尼亚、保加利亚）政府还是本着兄弟国家互助合作的精神，同意供给这批补充订货，尽量地满足了我们方面的需要，对于这种兄弟般的帮助，中国政府表示衷心的感谢。

为了中德（捷、波、匈、罗、保）两国今后更好地合作，中国政府认为有必要向德意志民主共和国（捷克斯洛伐克、波兰、匈牙利、罗马尼亚、保加利亚）政府说明：中国今年向德意志民主共和国（捷克斯洛伐克、波兰、匈牙利、罗马尼亚、保加利亚）补充订购的这批货物，只是为了满足大跃进形势出现后的暂时的紧急需要，今后由于中国工业的迅速发展，中国自己工业的供应能力也将随着迅速增长，明年就不再需要向国外订购这样多的货物。考虑到这种情况，中国政府认为：今年协定签字后的补充进出口货物，应该作为额外贸易处理，而不把它加进今年两国签订的贸易协定金额之内：明年中德（捷、波、匈、罗、保）两国的贸易基数仍以今年两国贸易协定所规定的贸易额作标准；因此，中德（捷、波、匈、罗、保）两国补充进出口货物可以不必签订有关的补充议定书，只签订合同即可。同时，中国政府诚恳地建议：不要因为中国今年补充订货较多而改组生产、改建和扩建企业、扩大生产，以免造成德意志民主共和国（捷克斯洛伐克、波兰、匈牙利、罗马尼亚、保加利亚）将来在生产和销售上的困难。

中国政府愿意声明，今后中德（捷、波、匈、罗、保）两国贸易仍将按照需要和可能的原则，本着互助合作的精神积极地进行。

Z9－239－10

对外贸易部办公厅编印：我国同古巴贸易情况

1960 年 9 月

（一）对古巴贸易的方针

古巴人民推翻了反动统治，革命还在继续深入发展。现政权是以民族资产阶级左派为领导的，对美帝国主义的斗争比较坚决，在国内进行了土改，已基本消灭了大庄园制并采取了一系列发展民族经济和改善人民生活的措施。今年以来，相继同苏、捷、波等社会主义国家建交，同保、匈、民主德国建立了经济贸易关系。中古关系也有了很大发展，7 月间同时签订了贸易、文化、科技合作三个协定。9 月 2 日卡斯特罗在有百万人参加的古巴人民全国大会上宣布同我国建交，驱逐蒋帮代表。

为了大力支持古巴的革命和反美斗争，进一步孤立和打击美帝，我对古巴贸易的方针是：根据平等互利、易货平衡原则，采取积极发展的方针，认真执行中古贸易协定，每年进口糖 50 万吨，凡古巴有需要而又为我国能供应和生产的商品，均尽量满足古巴的需要。

（二）贸易关系发展简况

古巴革命前，我们曾通过西欧商人购买过古巴糖（主要为转口和加工后再出口用）。

1958 年开始直接与古巴发生贸易关系。1959 年 12 月和 1960 年 3 月经我驻英商参处与古巴主管食糖官员和工商部长前后成交原糖两批共 13 万吨。今年 7 月，经古巴国家银行行长格瓦拉邀请，我政府贸易代表团赴古巴访问，于 7 月 23 日与古巴政府签订了为期 5 年的贸易、支付协定。协定规定我每年购古巴糖 50 万吨，第一年糖款的 20% 我付给外汇，80% 以我出口货抵付。其余年份，双方进出口平衡。协定签订后已签 35 万吨合同约值 3600 万美元，截至 9 月中旬，已与古方成交大米 10 万吨，大豆 1 万吨，豆油、花生油各 100 吨，白云豆 40 吨，红绿小豆各 150 吨以及午餐肉、棉布、玩具、日用百货、西药等共约 1 500 万美元。此外，我根据古巴要求已提出报价的有柴油机、柴油发电机、六角车床、卡车、自行车、棉纱苎麻布、猪肉罐头、带刺铁丝、焦炭、白水泥、硼砂日用百货、文教用品等，现正与古方联系中，估计平衡问题不大。

（三）存在的问题

1. 我出口可能同古巴需要有些地方对不上头，如古巴总理卡斯特罗曾指示古巴外贸银行必须买中国豆油和花生油以代替过去从美国进口的猪油，古方曾提出要我每月供应3 000～5 000吨。云豆是古巴的主食，古方也一再要我供应。但我大量供应均有困难，不能满足古方的需要。

2. 商品质量及包装问题：古巴市场一向使用美国货，对进口商品和品质及包装要求较高。我国商品进入古巴市场，在品质及包装等方面具有与美国货对比的意义，因此，要求我们在业务中特别加以注意。

3. 糖的运输问题：由于国际糖业理事会对会员国每年出口量均有定额，古方最近已提出，我已于古方签订合同的35万吨糖在今年内一定要全部运离古巴，以免影响它明年的出口定额。我正积极安排租船，争取全部运出。

4. 古巴国家银行行长提出拟于今年11月初率领古巴政府代表团到苏联访问后访华，我已由李先念副总理出面邀请，届时估计将同我商谈进一步扩大贸易，增加向我订货及具体安排贷款项目等问题。

T5/9

对外贸易部办公厅编印：我国同南斯拉夫贸易情况

1960年9月

（一）对南斯拉夫贸易的方针

自我党和各兄弟党对南斯拉夫修正主义进行斗争以后，中央指示对南关系采取“冷而不断”的方针。在贸易关系上中央指示：“中南两国的贸易关系可以保持，但是处理这种关系的原则，应该改为适用于资本主义国家的平等互利、互通有无的原则，并完全按照我国的需要决定，不给予对方任何照顾。”我国同南斯拉夫贸易，就根据中央这一方针掌握的。

（二）贸易关系简况

1956年2月17日，中南双方签订了第一个贸易协定，贸易总额为500万英镑，即进出口各250万英镑，执行结果我出口完成93%，我进口完成85%。1957年贸易总额为700万英镑，即进出口各350万英镑，执行结果我出口完成93%，我进口完成72%。1958年贸易额和1957年贸易额相同，在我党同兄弟党开展反对修正主义斗争以后，南方不认真执行协定，因此执行结果我出口仅完成32%，我进口完成55%，因而出现了我方逆差92万英镑，这笔欠款已于1959年中南贸易谈判中以货物偿还南方。1959年贸易总额为250万英镑，即进出口各125万英镑，比1958年贸易额下降了64%，执行结果，我出口完成78%，我进口完成41%，1959年执行情况比1958年好一些，不仅实际完成协议额的比例较大，而且我方一直保持顺差。由于南方在上半年没有执行他们的出口义务，在1959年8月底，双方实际结汇数字，南方欠我90万英镑。根据中南支付协定中关于双方贸易差额超过50万英镑摆动额时，应由负债一方以自由外汇清债的规定，南方偿付我30万英镑的自由外汇，到1959年底南方尚欠我19.4万英镑。

（三）1960年贸易协定执行情况

1960年贸易协定总额为250万英镑，即进出口各125万英镑。截至8月底止，我出口已签合同约值195 718英镑，占协定出口额的15.66%，现已交货176 319英镑，占合同金额的90.9%；我进口已签合同约值343 828英镑，占协定进口额的27.51%，现已交货123 386英镑，占合同金额的35.88%。进出口合同金额相抵后，我欠南方148 110英镑。

1959年南方欠我194 000英镑，根据清偿差额换文，南方除以铝压延材100吨和无缝钢管500吨，偿还我56 770英镑以外，南尚欠我137 230英镑。

1959 年和 1960 年两年差额平衡下来，我尚入超 10 880 英镑。

在执行协定中，南方企图以次要商品换取我主要商品，对我进口的主要商品，以价格和规格为借口不供应我方，如铜压延材报价比国际市价高达 15%，锰铁只供应含碳量高的，不供应含碳量低的。对我出口只要硬货，特别是对大豆曾多次要求我报价，但对我已报价的棉针织品、工艺品和日用百货等，则以种种理由拒不接受。

按 1960 年协定出口货单我供南大豆 25 000吨（约值 75 万英镑），南方于 4 月间即催我报价，而且由其驻我国代办绍科拉兹向我部要求在今年第二季度交货。最近南方于 8、9 月间曾三次催我报价。但由于南方对我进口供货不好和不接受我较次要商品，我们对南要求采取拖的办法，始终未给南方报价。

T5/9

二、中古贸易情况

古巴革命胜利前，同我国没有直接贸易往来。自 1959 年革命胜利后，中古两国之间开始了贸易接触。1959 年 7、8 月间格瓦拉率领的古巴经济代表团在访问阿联、锡兰、南斯拉夫时同我国驻各该国使馆接触，提出要派人去英国同我洽谈糖的交易。1959 年 12 月，古巴贸易部长博尼亚和古巴糖业协会代表在英国同我驻英商务参赞商谈并签订了我进口 5 万吨原糖的合同，1960 年 3 月又签订了 8 万吨原糖合同，均以现汇支付。1960 年 7 月卢绪章副部长率领中国贸易代表团应古巴政府的邀请去古巴访问，7 月 23 日同古巴政府签订了中古两国政府间贸易和支付协定、中古科学和技术合作协定以及文化合作协定。

中古贸易和支付协定自 1960 年 7 月 23 日起生效，有效期 5 年。协定规定：在每一协定年度内，我国购买古巴糖 50 万公吨供国内消费。双方进出口以易货平衡为原则，双方在两国国家银行开立无息无费的账户以便利双方的支付并以英镑记账。

1960 年 11 月格瓦拉率领古巴政府经济代表团来我国访问，在北京签订了中古经济合作协定，中古 1961 年贸易议定书，中古关于执行两国间科学和技术合作协定的议定书。

根据中古政府经济合作协定，中国政府将于 1961—1965 年内给古巴 2.4 亿卢布的无息贷款，用于提供成套设备和技术援助以帮助古巴发展经济。1961 年中古贸易议定书规定，我购买古巴粗糖 100 万吨，氧化镍和钢矿砂各 5 000 吨；古巴向我国购买同等价值的商品。根据 1961 年中古贸易议定书的规定，我进口方面已签订合同 9 500 万美元；我出口方面已签合同 12 640 万美元。从目前交货情况来看，今年中古贸易基本上可以平衡。

古巴的对外贸易和中古贸易关系，1961 年 9 月。Z12－1325－18

三、对东欧六国贸易方面存在的问题

根据总理指示，对东欧六国采取有区别地开展贸易的方针，以进一步分化现代修正主义集团，孤立赫鲁晓夫。1964 年对东欧贸易欠账已全部还清，1965 年对罗、波、匈、德、捷、保的贸易额，拟作如下安排：

单位：亿卢布

	出口		进口	
	1964 年	1965 年	1964 年	1965 年
	预计	计划	预计	计划
六国合计	0.83	1.30	0.42	1.30
罗马尼亚	0.14	0.35	0.14	0.35
波兰	0.22	0.27	0.07	0.27
匈牙利	0.11	0.15	0.03	0.15
德国	0.19	0.26	0.10	0.26
捷克	0.16	0.25	0.06	0.25
保加利亚	0.01	0.02	0.02	0.02

对这 6 个国家 1965 年的出口额将比 1964 年的预计增加 4 700 万卢布，打算多供应他们猪肉、蛋品、猪鬃、肠衣、羽毛、罐头、苹果，也准备增加少量的大米、大豆、煤炭和生铁等，并且打算从亚洲国家转口供应一些橡

胶、椰子油和咖啡。从政治上考虑，增加对东欧的贸易是需要的，在经济上，多出口一些肉、蛋等对我也有利。明年对东欧贸易安排上的主要问题是在进口方面。

1965年对德、捷的进口，拟安排一些机床、载重汽车、仪器仪表、零配件和港口起重设备等，估计进出口可以平衡，问题不大。对保加利亚的进口金额很小，问题也不大。

对罗、波、匈三国，按照出口的安排，共需进口7 700万卢布。国内可以接受的约4 000万卢布。这些商品主要是：石油10万吨、3吨卡车1 000辆、4 000吨货轮1艘、玉米4万吨、钢管4万吨以及木材、化工产品和零配件（以上从罗进口），万吨远洋轮2艘、钢轨3万吨、棉布800万米（以上从波进口），机床100台、钢材1万吨、公共汽车100辆以及零配件、港口起重设备（以上从匈进口）。这样，还有3 000万卢布左右（其中，罗1 500万卢布）的进口，无法安排具体商品。根据他们供应的可能，根据总理、彭真、陈毅同志同罗马尼亚大使的谈话精神，需要从罗进口65马力拖拉机、炼油设备和增加石油、卡车的进口数量；从波进口华沙牌小汽车2 000辆、选煤设备和机床；从匈进口柴油机车、冷冻设备和冷藏车。从政治上考虑再安排这些商品的进口是需要的，但是，这些东西，大部分不易分配出去，有的（如拖拉机）还需要解决国内投资。究竟可否安排这些商品的进口，请富春同志和中央考虑确定。

四、越南、朝鲜的贸易平衡问题

1965年，计划对越南出口6 000万卢布，比今年的预计3 200万卢布增加2 800万卢布。出口的主要商品有棉花1.8万吨，棉纱1.3万件，煤29万吨等。进口方面，越南同志为了争取平衡，建议供我活猪3 000～6 000吨（今年2 000吨），煤130万吨（今年77万吨），磷矿石50万～60万吨（今年25万吨左右）。我们认为，目前越南油、肉供应较紧，不必对我出口；煤炭和磷矿石，需要考虑越方劳动力的安排问题，拟向越方说明，如果是将苏联和东欧不接收的部分供应我们，我们可以接收，但不要因为要扩大对我国的出口而扩建矿山。在我们尽可能接受越方需要出口的商品后，估计明年我们对越南将有贸易顺差约3 000万卢布左右，根据总理同越南同志谈话的精神，不必强求平衡；可由我方增加无息贷款来解决。

对朝鲜，1965年计划出口9 000万卢布，比今年预计6 500万卢布增加2 500万卢布。出口的主要商品有棉花2万吨，棉纱8 700件，大豆2.5万吨，砂糖3.5万吨，食盐25万吨，煤炭210万吨，石油18万吨。我从朝鲜进口，估计约可达到7 000万卢布，其中锌精矿和镁砂进口以后有一部分要积压起来。按照以上安排，明年我们对朝鲜约有2 000万卢布左右的顺差，如果我们再多接受我们不好处理的物资，很不好办。我们的意见：除一切能用的东西都尽可能多接受之外，如果实在无法平衡，可否也同对方商量用增加无息贷款的办法来解决，请富春同志和中央考虑。

1965年外贸计划的汇报提纲，
1964年8月15日。150-13-288

四、消费品交换

商业部、对外贸易部同意中苏两国开展日用品交换业务

1957 年 7 月 5 日

苏联商业部长巴甫洛夫在今年 5 月中旬曾向我贸易代表团郑拓彬同志提出，希望中苏两国国内贸易部门在贸易协定以外开展日用品交换业务。经我们两部研究并报请国务院五办批准，同意由我商业部和苏联商业部直接进行这项业务，我们拟按下述具体原则处理：

（一）中苏日用品交换暂定是在贸易协定以外进行，不论我方出口或进口物资都应属于原定的进出口计划以外。

（二）为办理日用品交换的结算，应由双方银行设立专门账户，并由银行与商业部门直接联系，以免与贸易结算互相牵扯。交换工作应由中苏两国商业部直接联系洽商办理。

（三）日用品交换应保持进出口平衡，不占用贸易外汇。

（四）日用品交换的作价原则和交货条件，应当与中苏两国进出口价格和交货条件一致，不应另订作价原则和交货条件。

（五）日用品交换的进出口商品应照章缴纳海关关税和其他税款。

由于这项业务还系初搞，我们意见在 1957 年内交换额各方以不超过 1 000 万卢布为宜，这个额度由商业部控制。

请你处即告苏联商业部和外贸部，我方同意开展这项业务，但关于上述的各项原则暂勿告苏方。你们可先向对方了解苏联和其他兄弟国家进行日用品交换的原则办法等，并对谈判的时间、地点和方式等征询苏方意见，最好双方先提出互换货物清单，经双方研究后再行谈判，苏方派人来或由我商业部派人去商谈，希即将苏方意见报来。

181 - 7 - 36

商业部、对外贸易部联合指示：关于对苏新国家进行消费品交换工作的几项规定

1958 年 1 月 15 日

对苏联进行消费品交换问题，两部曾于今年六月联合报告国务院（五办），并经国务院（五办）批准，由商业部负责具体进行。根据国务院（五办）的批示，商业部除已经开始对苏联办理消费品交换业务外，并曾先后与捷克、民主德国、波兰、匈牙利、保加利亚等国驻华商务参赞初步商谈了有关消费品交换的问题。

社会主义各国商业部门每年都有一些在国内市场推销不了的商品，同时又由于消费品品种繁多，数量零星，也确实难于完全包括在两国贸易协定的范围之内，因此，通过消费品交换，不仅可以把各自的冷货变为热货和换回一些国内需要的品种，而且有助于发掘新的小商品出品，这对满足彼此国内市场需要和发展生产都是有好处的。商业部门和对外贸易部门必须密切配合，互相协助，共同办好消费品的交换工作，现将有关问题明确规定如下：

一、消费品交换工作应当在首先满足国家出口需要和保证国家出口计划（包括对资本主义市场）完成的前提下进行。

二、消费品交换的出口商品应以国内市场供应有多余而生产有潜力的商品为主。其货源

由商业部负责组织和安排，但在对外提出货单以前，商业部应与外贸部协商并征得外贸部同意后再向国外提出。

三、在商业、外贸两部协商同意的货单范围内，消费品交换的出口商品数量、质量、规格、包装以及交货日期等，均由商业部直接与对方商业部商谈确定。

四、消费品交换的进出口商品对外价格，由有关的对外贸易公司根据与各该国的贸易作价原则审定，并负责与对方协商确定。商业部及所属主管单位可提供价格参考材料。

五、消费品交换的进出口商品合同，由有关的对外贸易公司出面与对方公司签订。合同条款应符合两国间贸易交货共同条件。合同签订后，商业部对合同的执行负完全责任。

凡在合同执行中与国外发生的联系（如索赔、变更发货或到货地点等），应一律通过出面签订合同的外贸公司。但因此发生的一切需在国内进行的工作，全部由商业部门负责办理，外贸公司有协助催办的责任。

六、消费品交换必须是进出口平衡。举凡平衡、结算、盈亏、货单编制和统计等工作，全部由商业部负责。商业部在人民银行另设专门账户，专为消费品交换结算之用，以免与对外贸易账户混淆。

商业部门对国外的结算、发货等所用的账单、凭证等，均应用对外签订合同的有关外贸公司的名义。

七、消费品交换的商品在进口和出口时，应照章交纳海关关税。

八、消费品交换的商品在进口和出口时，有关进出口许可手续，按外贸部对外贸公司的有关规定办理。

九、消费品交换进出口商品的运输，由商业部委托对外贸易运输公司办理。有关劳务费用及具体手续，由双方参照外运公司与外贸公司所签订的协议具体商定，并签订协议或委托书。

在运输方面如需支付外汇（卢布或自由外汇）时，均由商业部向国家申请拨给。

十、为了办好消费品交换工作，有关的商业和外贸部门在工作上应当密切联系，相互提供资料，介绍情况、发生问题、应及时协商解决。

181－7－411

对外贸易部有关交换消费品检验问题的函

1958 年 2 月 7 日

根据 1958 年 1 月 5 日我部与商业部发出的［58］出办密李联字第 17 号、［58］商备联第 4 号联合指示中，关于我国对苏新国家进行消费品交换工作作了几项原则规定，在指示中除已将交换消费品的交接、价格、结汇、完税等问题予以明确规定外，为了便于商业部交换消费品，有关检验方面的问题再明确如下：

一、通过交换出口的商品，虽我部有的已列入现行实施商品检验种类表内，但这类商品的品质、规格、包装等的检验，我部商品检验局不执行“条例”第三条所规定的品质管制任务，有关检验发证等问题可完全由商业部负责。

二、各有关公司对外谈判签订合同，如需要规定我出口商品的品质、重量、证明时，应尽量争取订明以货物生产者或商业部的检验证明为交货依据，如国外一定要求商品检验局检验时，应事先与商品检验局联系，征得同意后，再行签订，以便考虑配备检验力量，做好准备工作。

三、消费品交换的进口商品，其验收、索赔等问题，完全由商业部负责。

181－7－505

商业部商品交换局：《日用消费品交换工作简报》（第 1 号）

1958 年 2 月 6 日

一、1958 年 1 月份日用消费品交换工作有关情况

（一）波兰已提出 1958 年货单

波兰商赞处专员古比切克同志于 1 月 16

日及27日来我部商谈1958年交换工作，态度很积极。波兰提出可供我国商品总值约430万卢布，此数字还可能有所扩大。波兰需要我国商品已提出共计510万卢布，其中包括在我提供货单以内者共210万卢布，在我提供货单以外者共300万卢布（以上品种附后）。我国拟向波兰进口商品货单拟在2月份提出。正式谈判要等待中波两国对外贸易谈判完毕以后，看来要在3月份才能进行，波方希望尽可能提前。

古比切克同志提出日用消费品交换工作有很多好处。他说：波兰与苏联、捷克、民主德国等进行交换已经3年，交换商品不仅限于以有余换不足，同类商品为了调剂品种花色也可进行交换，这样可以增加国内市场某些商品的品种花色，使消费者有机会了解兄弟国家的产品。

到目前为止，波兰与对外贸易部1958年的谈判尚未结束。

附：波兰1958年需要我国货单

（1）在我方提供货单内的：

1. 鞋类　500 000卢布

2. 皮革制品　300 000卢布

3. 家用瓷器　200 000卢布

4. 骨制装饰品（首饰）　50 000卢布

5. 香皂　100 000卢布

6. 油漆与喷漆　100 000卢布

7. 化妆品　200 000卢布

8. 罐头鱼类与家禽类　150 000卢布

9. 香烟　400 000卢布

10. 油布、电筒用灯泡、球类、复写纸、闹钟　100 000卢布

（2）在我方提供货单以外的：

1. 纺织品（指丝织品）　1 000 000卢布

2. 手工艺品，内包括花瓶、盆子及银制装饰品　200 000卢布

3. 现成皮衣、毛皮及板皮　1 000 000卢布

4. 拖鞋与阳伞　150 000卢布

5. 食品—果酱、果汁（鲜的及浓缩的）、果脯、干果　650 000卢布

合计　5 100 000卢布

（二）越南希望与我国进行日用消费品交换

越南贸易代表团到北京与我国对外贸易部商谈1958年中越贸易问题，回国前曾与我部就开展中越日用消费品交换问题交换意见。1月24日王磊副部长接见了越南贸易代表团潘颖新团长，王磊副部长表示同意开展两国日用消费品交换，并介绍了我国与苏联交换工作的有关情况。

（三）罗马尼亚约请我国驻罗商务参赞参观样品

据外贸部转来我国驻罗商赞处函称：罗马尼亚约请我国驻罗商务参赞参观罗马尼亚为对苏交换商品而布置的两个陈列室，主要品种有成衣、呢绒、人造丝、花布、鞋类（皮鞋、布鞋、运动鞋、拖鞋）、家用器具（玻璃及瓷制品、木制厨房用品、铝锅、去污粉、杀虫药、桌布、木制水箱、桌椅、竹条椅子）、民族服装、地毯、办公用品等。

（四）至目前为止，我国与兄弟国家交换商品除苏联于1957年下半年开始进行外，尚有波兰、捷克、民主德国、匈牙利、罗马尼亚、保加利亚、越南7个国家也要在1958年开始进行。1958年我国可供出口初步货单已先后提供波兰、民主德国、苏联、波兰、捷克已先后送来1958年可供我国初步货单。

二、1957年度对苏联交换工作有关情况

（一）苏联进口商品到货情况

苏联交换进口商品已陆续到货，至目前为止已全部到货者：木纱团、秒表、怀表、精萘、胶卷、滤色镜；大部或部分到货者：自行车（其中女车、男童车已全部到货）、铝锅、铝壶、塑胶制品、木螺丝、手表、照相机、尼龙女袜、吸尘器；即将到货者：锉刀、铝制摺床；尚未到货者：收音机、电扇、车胎。

苏联商品质量一般尚好，如铝锅坚厚耐用，较国产品为重，但因包装较差，因此在运输途中有部分损坏（原系以纸包装，后经我方提出意见改为木栅，因未扎紧仍有损坏）；自行车车架钢管坚固，车身较轻，电镀耐久，但

车胎系人造胶，耐磨力差，打气后有跑胎、放炮或发生裂纹情形；此外亦有原装尺码不足（如木纱团）、缺少（如滤色镜）、途中损坏（如精萘、塑胶制品）情形；自行车及铝锅情况已向苏方反映。

（二）我国出口商品发货情况

我国对苏交换出口商品的有关具体手续如对外贸易运输公司、与人民银行结算、与手工业系统等有关部门的关系等业经先后作出了规定，已通知有关供货单位发货，为了帮助各地做好发货工作和了解有关发货情况，我局已派出几位同志分别到上海、江苏、武汉、广州、景德镇、北京、天津等地进行工作。据目前反映，根据合同规定除大部分能如期发货外（合同规定交货期最迟为3月15日），尚有几种商品并非现货，目前正在突击赶产，如手工业系统景德镇的瓷雕、武汉的被面及上海、广州中百站的皮件，正力争如期交货完成合同规定（根据外贸中苏交货共同条件议定书，延误交货30天以上须支付罚金，30天以内为优待期，如期交货可包括优待期在内）。个别品种确实不能如期交货，拟通知苏方确认。

（三）1957年度我对苏交换出口差额的弥补

1957年度对苏交换出口除第一批合同已签订948.5万卢布外，进出差额约为550万卢布（向苏进口原签合同为1 445.2万卢布，按合同规定苏联供应我国自行车零件按自行车总值5%计算，加上这一部分共约1 500万卢布），除苏方另接受镜子、吊袜带、绒鸟、草提兰、丝织风景片等共约150万卢布外，尚不足约400万卢布，我们又提出台布、纸拉花、纸灯、手提包、瓷碗、相册等手工艺品共约200万卢布，苏方在京代表已初步同意，需将样品寄莫斯科后再行确定；另外我们前提出补充货单皮鞋10万双，约200余万卢布，苏方已接受，但对品种规格要求变更，需进行一次商谈决定。

上述补充货单签订合同后，1957年度两国交换总额即可达到平衡。

181－7－535

商业部商品交换局：《日用消费品交换工作简报》（第2号）

1958年3月25日

一、中苏就日用消费品交换问题交换意见

姚依林副部长、王磊副部长于3月9日在北京饭店与苏联商业代表团团长苏联商业部第一副部长斯米尔诺夫同志就中苏两国进行日用消费品交换问题交换了意见，在座的还有我部陈其襄局长，第二商业部郭月斋局长及苏联商业代表团的一部分成员，主要问题如下：

1. 双方同意尽可能扩大交换商品品种范围，并相互初步提供1958年需要交换商品品类，苏方提出可供应我们一部分小型摩托货车及商店设备等，我们表示可以接受。

2. 关于交换品的质量标准。交换品可与外贸正式进出口要求的质量标准有所不同，但也要保证一定质量，符合消费者需要；如皮鞋可以较外贸出口质量稍次，但式样要适合对方需要；橘子可以稍小，但不能是坏的；总之要看样品成交。

3. 关于交换品的作价和账户，作价问题不应成为扩大交换的障碍。由于交换品有其特点，因此是否均按外贸作价办法（按国际价格）可与外贸再作进一步研究。苏联商业部对于交换商品是否在外贸账户下单设补充账户（如我国现在的办法）也拟再予研究。

4. 苏方建议开展中苏边境的小额易货，我们表示原则同意。

5. 关于交换工作经常进行问题。我方提出根据内贸经营的特点，希望交换工作不受时间限制，随时商谈；苏方表示同意。

6. 苏代表团希望看我们的样品。苏代表团希望在我国看到我们交换出口的样品我们表示同意，已在上海、北京陈列了部分样品。3月20日苏方已参观了上海部分，对以下商品感到兴趣：皮毛制品（女皮大衣、皮大衣）、皮箱（真假皮均可，只需质量好）、皮鞋、皮腰带、镜子、玻璃器皿、瓷器、塑胶及电木梳子和皂盒、揿扣、牙刷、表带（皮、钢）、香皂、药皂、日记本、扑克（印俄文）及一部分文具、鸭绒被、吊袜带、被面、雕刻、麻布绣花台布、宫灯、绸扇、半熏或全熏鹅、熏猪肉、灌肠等。苏方表示到北京后可以提出具体货单。北京陈列的样品也已准备就绪，等待苏方参观。

二、我部派出代表团赴捷克等国商谈交换工作

我部应捷克、民主德国、匈牙利、波兰、保加利亚的邀请，组成代表团赴以上各国商谈日用消费品交换有关问题，由陈其襄、林博卿分别担任正、副团长，连同工作人员共6人组成，业经报请国务院批准：将于本月28日启程出国。返国经莫斯科时，拟与苏联再进行商谈。

三、1958年交换进出口货单初步轮廓

根据国内有关单位提供的资料：1958年我国可供交换出口和拟争取进口的货单已初步汇总。可供出口各类商品总值3.8亿元；其中百货类14 000余万元（包括皮鞋、皮件、香皂、牙膏、牙刷、小刀、化妆品、玩具等80余种）、文化用品类6 800余万元（包括铱金钢笔，铅笔，墨水，油墨，复写纸，蜡纸，篮、排球等40余种）、针棉织品类1 700余万元（包括袜带、爱丽纱、绣花线、漆布、手帕、花边等20余种）、纺织品270万元（系上海积压日本进口呢绒8万余米，拟制成服装交换出口及绸缎4万余公尺），化工油漆、喷漆及染料2 600余万元（其中，油漆、喷漆3 600吨、染料1 208吨）、卷烟、罐头及食品9 500余万元（包括卷烟10万余箱、罐头15万箱、藕粉及蜜饯）、手工艺品740余万元及瓷器2 000万元。交换出口货单尚需与外贸部进一步研究确定。

有关单位提出争取交换进口商品总值除农业机械及车辆不计外共达3.6亿元；其中交电类16 000余万元（包括电动机、发电机、轴承、风扇、钢珠、电表等；轿车、卡车、救护车、自行车等尚不在内），五金类7 700余万元（包括五金、工具、仪器、仪表）、化工原料、染料1 700余万元（包括石蜡、人造烤胶、草酸、尿素、精萘等），百货类600万元（手表20万只、怀表10万只），纺织品类有棉布5 450万～15 100万米，人造纤维50万～150万米、全毛哔叽2万米、医药类有巴比妥、氯霉素、磺胺嘧啶等原料14万余公斤及医疗器械。此外第二商业部及农业部还提出了拖拉机及若干种农业机械和化学肥料。我们将根据国外供应和需要的可能，争取尽多达成交换。

上项轮廓货单只是根据我们主观情况提出的，并作为出国商谈交换进出口商品时参考。

四、保加利亚愿供应我国农业机械

保加利亚商务参赞康司坦丁诺夫于3月5日来部，希望我代表团尽速前往保加利亚，并了解我代表团成员姓名以便向国内报告。在商谈中一再表示保加利亚愿配合中国农业大跃进，在农业科学技术上交流经验，提供农田水利等机械，并询问我代表团中有无这方面的专家。

五、匈牙利希望同我内贸药品专家交流情况

3月7日匈牙利柯瓦奇、巴孔尼两同志来部就匈牙利供应我国药品问题进行商谈。他们表示愿意多介绍一些匈牙利药品生产情况，并扩大对中国的供应，希望能与内贸药品专家直接接触，相互交流情况，提供新产品。

六、苏联消费合作社提出与我国供销合作总社进行商品交换

今年2月6日苏联消费合作社中央联合社理事会副主席卡巴诺夫致电我国供销合作总社副主任张启龙，希望开展两国合作社之间的商品交换。苏联提出可以收音机、钟表、照相机、自行车等交换我国的粗细瓷器。为了避免交换工作多头进行，姚依林副部长已征得二商部杨一辰部长同意，对外易货均由我部统一办理。我们意见，此次交换瓷器如果必要，可以用合作社的名义，二商部交换进口也只能以生产资料为主，不宜交换收音机、台钟等日用工业品。

181－7－535

商业部商品交换局：《日用消费品交换工作简报》（第3号）

1958年4月17日

我部易货工作代表团于4月5日下午抵莫斯科，9日下午乘飞机去布拉格。在莫斯科期间曾与苏联商业部就1958年交换工作进行了商谈，7日由斯米尔诺夫副部长召集有关局负责同志就两国交换商品货单问题交换了意见，斯米尔诺夫同志当天下午因公去列宁格勒，8日又由梯立风诺夫副部长主持开会，9日上午我代表团参观了一部分苏方准备提供交换的样品。主要情况简报如下：

一、1958年苏联可供商品

苏方表示，原材料及农业机械等均不能供应。可供商品共计27种：

1. 载重汽车。数量未定，要待斯米尔诺夫同志与主要分配部门——合作总社联系后再定。

2. 煤油。同意供应20 000吨，但车皮问题要我们与驻苏大使馆联系协催运输部门解决。

3. 木螺丝。暂定供应200吨。

4. 锉刀。暂定75 000支（硬度65°）。

5. 精萘。暂定200吨。

6. 木纱团。暂定400万个，长度只有200米一种。

7. 手表。暂定10万个（拟要防水、防震、防尘的192号，表面花色共30余种，苏方拟每种送一只样品，由我方看样要货）。

8. 吸尘器。火箭牌1 250个（去年交换进口过），蔡卡牌250个，万能式100个（较高级、能洗衣）。

9. 电唱机。1 500个，转速计33、78两种。

10. 电视机。苏联国内也不足，拟给300架，是5个波长的。

11. 电表。1万个，5A的。

12. 闹钟。苏方极力推销，同意接受1 000个式样较新的小闹钟（方、圆两种，钟框是塑料）。

13. 摩托车。可供应500辆，8匹马力，是今年改进后的新品种。

14. 洗衣机。100个。

15. 牛奶分离器。1 500个。

16. 铝锅、铝壶。10万个。

17. 打蜡器。200个。

18. 机动自行车。2 000辆。

19. 照相机。2 000个。

20. 怀表。3万个。

21. 秒表。2万个。

22. 电子管。30万个。

23. 扬声器。15 000个。

24. 人造丝织物。15万米。

25. 电水箱。50个。

26. 录音机及带子。100个。

27. 载重摩托车。500辆。

苏方准备供应给我们的商店设备，我代表团因时间关系未及看样品。

二、1958年苏联需要我国供应的商品

（一）搪瓷面盆、手电筒、电池、热水瓶、瓷咖啡具、瓷茶具、瓷雕、缝纫针、缝纫机皮带、美术油彩、办公室及居室家具、木床、椅、沙发、黑墨、笔记本（皮面）、自动铅笔、乒乓球及球拍、球网、笔尖、铱金笔、有色铅笔、足篮排球、木制及赛璐璐制玩具、童鞋、风琴、拉链、衣刷、皮箱、女用手提包（皮）、按扣、指甲刀、镜子、牙膏、洗衣皂、香皂、剃须膏、吊袜带、扑克牌、兔毛围巾、绣花床单、枕头、台布、骨扇、绒鸟、塑料皂盒、宽紧带、牙粉、革提包。

（二）烟、肉制品、罐头、苹果、黄瓜、西红柿、冻子鸡、鸡蛋、干蛋制品、葡萄干、桃干及其他果干等。

以上商品要在代表团到北京看样后再决定数量。

三、1958年交换金额

梯立风诺夫副部长曾表示1958年交换金额大致可达到5 000万卢布左右，但目前看来我们能接收的27种商品大致为2 500万～3 000万卢布，与我们可供商品金额相差很大。

苏联对自行车的推销非常积极，我们提出车胎质量问题，苏方表示本国市场并未发现这类情况，现正在调查原因。

苏方还表示 1957 年苏联供应我国商品总值 1 500 万卢布，我国供苏只 1 120 万卢布的差额，可合并在 1958 年货单内一并解决。

四、苏方确定于本月内派代表团来北京

苏代表团于月内来京，上述苏方能供应，我们可以接受的商品，苏方同意由代表团携带国家标准、技术说明、样本图片及实物样品等到北京。苏方可供应我国商品的供应合同大部分可在北京签订。我国供应苏联商品待苏代表看样选定后亦可在北京签订合同。

181 – 7 – 535

商业部商品交换局:《商品交换工作简报》(第 4 号)

1958 年 4 月 30 日

我部易货代表团于 4 月 9 日抵布拉格，与捷克斯洛伐克商业部商谈工作至 4 月 24 日止，初步同意接收捷供应我国商品总值约 700 万卢布，目前，尚在继续商谈并签订合同；捷商业部决定于 5 月中旬派出以布拉庇斯副部长为首的代表团来我国商谈我国 1958 年的出口合同。我代表团应民主德国商业部要求，已于 4 月 24 日由陈其襄局长率领 3 人前赴柏林。兹将在捷商谈情况简报如下:

一、捷很重视商品交换工作

我代表团到布拉格次日，捷商业部副部长布拉庇斯副部长接见，捷外贸部亚洲司司长亦参加，布拉庇斯同志表示交换商品可不限于商业部经营范围，农具、化工原料、药品等也可根据我方要求与有关部门联系。总的看来，捷方对开展中捷商品交换相当重视，代表团抵布拉格时，机场上有数名记者采访新闻，当晚并由电台广播，次日捷共中央机关报《红色权利报》与其他报纸都刊登了消息。据我国驻捷商务参赞赛自爽同志向代表团谈：10 日晚捷副总理在一次宴会上曾向曹瑛大使表示重视商品交换工作。曹瑛大使的意见也希望两国交换金额能尽量争取扩大一些，并建议我方应准备若干后备货单，以便捷方供应商品不能完全符合我方需要时，最后还要考虑接受一些可要可不要的品种。

二、捷可供应交换出口的商品

捷方可供交换商品货样分别在布拉格和布尔诺（中部工业城市）两地陈列。布拉格陈列的商品主要是：五金工具、农业用喷雾器、喷粉器、家庭电气用具、文教用品、闹钟、玩具、衣饰、玻璃器皿、瓷器及一部分化工原料。布尔诺陈列的是：农业用具（不带动力的带轮铧犁、播种机、浇水机等）、纺织品、服装、袜子、内衣、丝绸围巾。

捷方陈列样品与我方原提要求品种相差较大。经过商谈，捷方可供应以下商品，其中包括捷方提出可以供应的车床。

1. 照相机（1∶3.5 及 1∶4.5） 16 000 台
2. 柴油机 D_5D_8 75 台
3. 拖车式发电机 2.5 瓩 19 台
4. 龙锯（三角齿 1 200 及 1 400 $^m/_m$） 2 300 条
5. 钢锯 80 万条
6. 钢卷尺（1 米及 2 米，前进牌，CC 牌） 2.6 万条
7. 钢珠 39.6 万只
8. 活络绞刀 220 套（每套 9 件）
9. 锉刀（各种规格） 304 021 支
10. 套筒板头 6 500 套（每套 7 件）
11. 螺丝公（各种规格） 45 300 套（每套 3 支）
12. 硫酸铜（农业杀虫用） 46.8 吨
13. 铬矾（制革用） 3.3 吨
14. 群青 2 吨
15. 促进剂 M 100 吨
16. 耐晒染料（灰、棕、黄、蓝） 65 吨
17. 摩托车 500 辆
18. 自行车外胎（28″×1½″天然胶） 5 万条
19. 各种车床 51 台 包括转塔车床、车

床、立式铣床、卧式铣床、万能铣床、插床、无芯磨床、龙门刨床，除龙门刨床外，均为外贸几年来都有进口的大路货。

20. 棉布及人造纤维　20 万米

以上约值 700 万卢布。

此外，部分尼龙制品（男短袜、男、女、童短纤维制外衣）、各种轴承等尚待提出品种、价格。喷雾器、喷粉器因价格关系亦未最后决定。捷方可供不带动力的农具，我代表团考虑我国国内也可生产，因此暂未接受；捷方表示动力农业机械中 P、F_6 型手推拖拉机（用汽油，6 匹马力）今年已由捷外贸提出供应我国 500 台，如我外贸部不接受，可转给内贸交换出口。一部分我代表团暂未接受的商品将由捷代表团携带样品到北京再与我方具体商谈。

三、民主德国、匈牙利、罗马尼亚均通过商务参赞与我代表团联系

我代表团在布拉格期间，接我驻民主德国商务参赞赵继昌同志来电话表示，民主德国将于 6 月份召开党代表会议，为了增加日用品的花色品种，希望届时能在市场上买到我国的日用品，因此拟请我代表团先去柏林。为此我代表团团长陈其襄同志等 3 人已于 4 月 24 日去柏林，副团长林博卿同志等 3 人留布拉格继续与捷方办理未了工作。

匈牙利、罗马尼亚驻捷商务参赞也曾与我国驻捷商参处联系，希望我代表团接见，估计也是希望我代表团能尽早前去各该国家进行商谈。为便于工作，今后我代表团可能继续采取分组活动。

商业部商品交换局：《商品交换工作简报》（第 5 号）

1958 年 5 月 20 日

一、1958 年交换出口货单问题

1958 年交换出口货单已于 5 月 12 日上午与对外贸易部出口局傅生麟局长研究（出口局已与有关出口公司交换了意见）除同意大部分商品可供对外交换出口外，为了与正式外贸出口相互配合和尽量扩大外贸正式出口，原列货单中有一些商品应按不同国家及具体情况适当掌握，有几种商品须从原列货单中剔出，由外贸有关出口公司出口。按剔出后的货单匡计可供交换出口货源总值共约 4 亿余元，其中包括二商部的食品 1.8 亿元（具体商品品种附后）。

原货单中应具体掌握和剔出的商品如下：

（一）分别不同国家，适当掌握的。

1. 缝纫机针及皮带，除保加利亚外，均可交换出口。

2. 挂锁、手电筒、电珠、电池、牙膏、雪花膏、香脂、订书钉（大盒）、大头针、回形针、羽毛球及球拍，除民主德国外，均可。

3. 搪瓷制品，除苏联、民主德国外，均可；其中搪瓷茶桶除苏联外，均可。

4. 铁壳水瓶，除苏联、保加利亚外，均可。

5. 香皂，除苏联、民主德国、罗马尼亚外，均可。

6. 肥皂，除罗马尼亚、保加利亚外，均可（但对苏只限于含脂肪酸 53% 及以下品种）。

7. 拉链，除苏联外，均可。

8. 玩具，除波兰、罗马尼亚外，均可。

9. 口琴，除罗马尼亚外，均可。

10. 金笔，除永生、幸福、英雄、光明四个牌号外，均可。

11. 通化葡萄酒，除苏、捷外，均可。

以上商品及手帕、枕套在正常外贸对外签订协议以后，除苏联外，对其他各国均可以交换出口。

（二）需根据具体情况，适当掌握的。

1. 皮件中皮鞋不作为交换商品，由于牛皮原料的限制，用皮较多的皮箱、皮带、公文包的交换出口限于今年正常生产计划以内及库存积压商品；用皮较少的票夹等以及非牛皮的皮制品，可以交换出口。

2. 手工艺品和瓷器，组织交换出口时，在货源上应避免与外贸出口产生矛盾。

3. 打字蜡纸，可以交换出口，但应注意不再造成新的积压。

（三）不列入交换出口的商品。

1. 皮鞋、皮衣、皮帽。

2. 呢绒及毛料西服裤。

3. 雨衣、袜子、兔毛围巾、机织窗纱、袜带（只限于袜带，制成的吊袜带可以交换出口）。

4. 机制杏干、苹果干、新疆有核和无核葡萄干。

5. 灌肠（外贸出口的规格以外的如对方需要可具体研究）。

6. 麦秆贴画片。

1958 年交换出口货单中原列有瓷器 2 000 万元，系根据景德镇手工业生产联社报手工业总社可供交换的货源列入，经与外贸出口公司研究，该项瓷器货源已列入外贸出口货单中；为了解瓷器货源情况，我局派人至景德镇，据陶瓷供应站反映尚有内销多余产品 1 400 余万元，并提出货单，但据供销总社土产局称：此项货源已列为中苏合作社交换商品，因此，经与有关单位研究，1958 年瓷器交换品种暂限于外贸土产出口公司积压部分和上述供销总社对苏交换剩余部分。

二、越南提出油料等拟对我交换

越南贸易部通过我外贸部向我表示，越南国内有一部分原向社会主义兄弟国家进口而目前多余的油料、化工原料和药品拟对我出口交换，我已向越南驻我国商务处表示，油料中汽车滑润油、车轴滑润油 L 形、机器滑润油 OY 及透平滑润油 4 种可以接受，其他几种油料拟再了解具体品种规格再定；所提几种化工原料及药品因目前我国国内市场较多，因此不拟接受。

据越南商务处表示，越南国内对于其他可供交换的货单也在准备中我已提出我国可供交换货单，请越南商务处转国内研究。

三、我代表团与民主德国初步交换意见

我代表团在与捷商谈期间曾由陈其襄同志第 3 人于 4 月 24 日去柏林与民德内贸部交换意见。29 日返布拉格。民德总的情况是国内市场消费品的供应较紧，可供交换的品种不多，有些还要列在外贸后备货单中，提供外贸出口以平衡差额，估计双方交换总额大致不会超过 500 万卢布。原拟双方交换商品品种可在 5 月 15 日左右大致定下来，民德需要我国商品拟在德方提出数量后通过驻我国商务参赞处将样品转寄柏林研究确定，民德不拟派代表团来北京。

四、我易货代表团已去匈牙利

我易货代表团与捷贸易部于 5 月 7 日在布拉格签订 1958 年中捷日用品交换协议书后（中捷商谈情况另报）已去布达佩斯。

附：1958 年可供交换出口货单

（其中有△的应具体掌握不同国别和不同情况）

（一）百货类

1. 日用品：牙刷、牙刷盒、刷子、梳子、皂盒、镜子、小镜子、纪念镜、相架、镜箱、衣架、缝纫机针（△）、缝纫机皮带（△）、小刀、其他刀、指甲钳、剪刀、其他剪刀、匙链、挂锁（△）、手电筒（△）、电池（△）、电珠（△）、烟盒、烟斗、火柴、抗风火柴、皮尺。

2. 器皿：玻璃制品、塑胶饭碗、烟具、锌皮茶盘、胶奶嘴、搪瓷制品（△）、铁壳水瓶（△）。

3. 化妆品：肥皂（△）、香皂（△）、药皂、洗头皂、洗面粉、洗发粉、洗发香波、牙膏（△）、雪花膏（△）、香脂（△）、剃须膏、香粉、爽身粉、胭脂、唇膏、眉笔、指甲油、香水、花露水、头油、鞋油。

4. 鞋帽：兔毛童帽、胶拖鞋。

5. 皮件：皮箱（△）、皮带（△）、皮公文包（△）、皮票夹、女用手提皮包、漆布箱、蜡布箱、帆布箱、其他布箱。

6. 钟表、眼镜：闹钟、电钟、皮表带、金属表带、塑胶表带、眼镜、眼镜架、眼镜盒、风镜、工业镜、放大镜。

7. 服饰品：衣扣、胶木钮扣、塑胶钮扣、花色钮扣、其他钮扣、花别针、别针、发夹、项链、裤勾、塑胶裤带、塑胶钱包、拉链（△）。

8. 玩具（△）：绸布制玩具、丝绒动物玩具、线结玩具、木制玩具、赛璐璐玩具、胶料玩具（氢气球）、铁制玩具、儿童口琴、其他琴、小皮球。

9. 其他：漆布、漆刷、灭火机、煤油炉、热水袋。

（二）文化用品类

1. 笔：金笔（△）、钛金笔、钢笔、铅笔、活动铅笔、圆珠笔、笔杆、笔尖、铁笔、直线笔、毛笔、油画笔、水彩笔、蜡笔。

2. 墨、油色及謄写用品：墨水、墨、油画色、水彩色、广告色、图案色、戏曲油彩、炭画粉、复写纸、打字蜡纸、謄写蜡纸、印刷油墨。

3. 纸及纸制品：皮面日记、漆布活页簿、日记簿、照相簿、照相角、信笺、信封、讲义夹、书签、练习本。

4. 仪器及办公用品：计算尺、三角尺、五用尺、曲线板、半圆规、圆规、木尺、订书机、打洞机、号码机、卷笔机、速印机、晒图机、钢夹、文件装订夹、擦字橡皮、卷笔刀、削笔刀、复写板、绘图板、书面、接笔套、印台、打印台、订书钉（△）、大头针（△）、回形针（△）。

5. 文娱用品：扑克牌、方块、化学扑克牌、气枪、鱼竿、鱼钩、小提琴、手风琴、风琴、胡琴、箫笛、军号、哨子、口琴（△）。

6. 运动器具：篮球、篮球网、排球、排球网、足球、胶篮排球、胶球胆、网球、网球拍、网球网、乒乓球、乒乓球拍、乒乓球网、乒乓球架、羽毛球（△）、羽毛球拍（△）、羽毛球网、运动鞋、冰鞋、冰刀。

（三）纺织品类

1. 绸缎。

2. 围嘴。

（四）针棉织品类

1. 针棉织品：鸭绒被、鸭绒枕芯、网袋、旅行袋（手提）、布背包（文工袋）、奶罩、印花手帕（△）、枕套（△）。

2. 绳带：吊袜带、宽紧带、松紧绳、麻丝绳、背包带、鞋带、腰带、麻纱绳。

3. 花边：纱边（爱丽纱）、各种丝边、丝绒边、排须、葫芦穗。

4. 线：绣花线。

（五）化工油漆类

1. 油漆：原漆、清油、防锈漆、绝缘漆、绉纹漆、喷漆、磁漆、调合漆、清漆、沥青漆。

2. 喷漆稀料。

（六）交电类

电器及电料：灯头、灯罩、小电珠、保险丝匣、开关（拉线）、活筒架。

（七）工艺品类（△）

1. 软缎制品：绣花被面、补绒被面、补绒床单、绣花台布、绣花靠垫、刺绣挂屏。

2. 织锦制品：丝织风景片及人像，织锦台布及靠垫。

3. 麻绣工艺品：麻布绒绣台毯及靠垫，麻布绣花手提包及麂皮包。

4. 抽绣工艺品：抽绣手帕及台布、机绣枕套、机绣人头、机绣台布、绣花方头巾、刺绣长围巾。

5. 特种工艺品：绒鸟、绒绢花、纸拉花、纸彩灯、绸彩灯、绸灯罩、木刻首饰盒、木刻果盘、红木烟具、木刻挂屏、石刻、翻簧制品、竹编制品、白骨扇、宫灯、草提篮、绸伞。

（八）瓷器（△）

（九）食品

1. 禽蛋：冻雏鸡、冻仔鹅、板鸭、腊鸭、风鸡、鸡松、鸭松、鲜鸡蛋、鸭皮蛋、鸭咸蛋、干蛋粉、全蛋片。

2. 肉食：猪肉松、猪肉绒、腊肠、南味肠、腊肉、腊猪头、咸肉、咸猪头、培根、奶培根、排培根、兔肉松、羊肉干、灌肠（△）。

3. 干鲜果：苹果、梨、柑橘、柿、柚、椰子、白兰瓜、西瓜、石榴、薏仁米、栗子粉、山楂片、桃干、梨干、柿饼、红枣、橄榄胚、白果、蜜饯。

4. 烟酒：牡丹、凤凰、敦煌、前门（精、简装）光荣（精、简装）美丽（简装）、东南、恒大、哈德门、满天红；菠萝酒、广柑酒、红玫瑰葡萄酒、长白山葡萄酒、红酸葡萄酒、通化葡萄酒（△）。

5. 罐头：各种鱼、肉、水果、蔬菜罐头。

181－7－535

商业部商品交换局：《商品交换工作简报》（第6期）

1958年6月4日

（一）1958年中苏商品交换业务已开始在北京进行具体谈判

以苏联商业部文化用品总管理局副局长高尔察克同志为首的易货代表团一行3人已于5月26日下午乘飞机到达北京。5月27日上午吴雪之副部长接见代表团全体人员，就这次交换工作进行方式交换了意见。双方同意两国交换品种应尽可能的扩大。下午与代表团商定了工作和参观的日程计划，代表团准备在我国逗留20天。在工作告一段落后，将在北京、上海、杭州三地参观商业企业和几种交换商品的生产企业。

双方可供交换出口商品货单已相互提交。5月28日代表团开始看样品，并划分两组分别同时与第一、第二商业部进行具体谈判。代表团以两天时间比较细致地看了样品后已提出初步的要货单，共计60多个品种。苏方希望我们在货单外能供应的有绸伞（已列入要货单）、拉链和黑管哨片3种商品。我们正根据苏方提出的要货单及我们可供能力进行研究中。

苏方可供我们的商品在可供货单上有41个品种，我们在苏方可供货单外提出要货的有30多个品种，在6月2日下午双方进行了商谈，并对具体品种，双方表示了态度。

（二）我部易货代表团在匈牙利的工作情况

我部易货代表团于5月8日到达布达佩斯，5月9日上午匈商业部第一副部长谢贝雪同志接见，谢贝雪副部长表示愿意竭诚为我部代表团解决一些其他工作人员所难以解决的问题，并在17日上午再度接见一次，又一次强调中匈开展商品交换的政治意义。除合同双方同意由外贸出面签订外，并根据匈方要求两国商业部将另行签订1958年商品交换的议定书。匈方已决定派代表团来我国选货，但其成员及来华时间尚未肯定。

这次匈方对商品交换工作是有计划有准备的，并且很重视。从多方面组织货源，供应商品的面很广，样品分列在各个主管企业中。我部易货代表团从5月9日下午开始看样品到17日才看完。据估计向匈交换进口商品约在1 000万卢布左右。到5月24日为止，我易货代表团对匈方供应商品的初步意见如下：

第一类：数量已经确定，价格也无问题，可以准备签订合同的商品计有下列17种：

绝缘钢丝钳　10万

套头呆板头（10件）　2万套

木锯条　9 500条

螺丝公　5 400套

小钻头　6万只

男女自行车　2万辆

自行车外带　22万条

自行车摩电灯　3 200套

车轮连胎　500套

摩托车　300辆

自行车用小摩托　1 000个

柴油机　480台

汽油发电机　80台

照相机　4 000架

经纬仪　470台

人造棉方格头巾　5万条

人造棉花头巾　5万条

第二类：质量、价格上尚有问题，须待与匈方进一步商谈的商品有：铝锅、铝壶、铁锹、铁镐、铜卷尺、背式喷雾器、尼龙袜、塑料制品、千公尺、胶卷、放大纸、电工仪表、电钻、棉布、磨床及糖精等16种。还有我代表团需待国内明确是否需要进口的有帆布帐篷，大多数是军用剩余品，八九成新，连同铜铝支柱供应。另外匈方提出可以供应四轮马拖车数百辆，拟待匈代表团来我国时再具体协商。

我部易货代表团5月下旬拟抽出几人，由陈其襄同志率领前赴罗马尼亚进行初步商谈交换工作，约一星期后再回布达佩斯。

（三）捷克斯洛伐克易货代表团将来我国

据我国驻捷克大使馆商务参赞处电告，捷克易货代表团将在6月4—8日来我国进行商品交换工作。代表团3人，团长是捷克国内贸易部批发贸易局局长科布勒茨同志，团员马勒齐巴尔同志（局长）和维舍克同志（处长）。将在我国逗留时间最多不超过35天，工作任务是：选购捷方所需我国的日用品及商谈捷方可能增加供应我国的商品，对交流双方商业组织等情况，经验并将在我国进行参观工厂和商业企业，我已复电同意。

181－7－535

商业部商品交换局：《商品交换工作简报》（第7期）（节录）

1958年6月25日

（一）1958年中、苏商品交换业务在京商谈情况

以苏联商业部文化用品总管理局副局长高尔察克同志为首的易货代表团已于6月17日启程回国，该团在我国期间已就1958年我国可供苏方商品进行商谈，已于6月16日分别签订了具体合同和商品明细单，初步匡算总值约3 583万卢布，其中本部系统商品62种，约值1 800万卢布，北京市木器厂的木器家具20种约值50万卢布，均以我部名义签订商品明细单；第二商业部系统供应各种罐头、水果、果干等15个具体品种，约值1 733万卢布，双方以两国外贸有关出口公司名义签订合同。我部系统供应苏方商品主要是针织品和文化用品、百货商品比去年减少，皮箱、皮带等皮制制品由于掉色，苏方一点没要，值得我们注意改进。

根据这次中、苏两国商业部直接谈判签订的商品明细单说明，中、苏两国对外贸易部有关公司应在7月1日以前商谈价格和进行签订合同的谈判工作，如延迟到7月10日仍未进行时，我方有权减少该明细单中所列商品的品种和数量或延长供货日期。

关于1958年我方需要苏方的商品也在北京双方交换了意见，我方初步提出的要货单共计33个品种，约值3 000万卢布，其中DDT原粉、水泥等生产资料苏方同意返回后可以研究增加供应。

此外，对1957年向苏联交换进口自行车胎的质量问题，我们根据天津商检局的检验情况及消费者反映提出了一份书面材料，苏方代表团表示将向国内反映，但对损失问题，则希望我方按外贸正常手续提出索赔。

（二）1958年中、捷两国商品交换工作进行情况

以捷克斯洛伐克国内贸易部批发贸易局局长高布勒茨同志（上期简报译为科布勒茨）为首的易货代表团一行3人已于6月9日到达北京，于6月24日乘飞机飞赴上海参观。

在这一阶段中双方商谈的情况是：按照我方展出可供商品中捷方表示只能挑选23个品种，金额不超过500万卢布，其余300万卢布已提出了一张货单，要求我方满足供应。经我们与有关部门协商，只能供应手帕、成套瓷器、小孩玩电动汽车、彩色包装纸、刀片、描图纸、油画笔、皮手套等8个品种，约值71万卢布，但捷方表示如蜂蜜、红茶、花生米、核桃、葡萄干等商品不能供应时，则已经看样挑选的商品也还需考虑，并将影响中、捷两国今后交换工作的开展。此问题，我们拟待6月29日捷方代表团从上海回北京后再作进一步的商谈。这次捷方拟增加供应我方水泵1 700台以及部分医药原料等，虽然我国需要，但亦取决于这次商谈情况，两国交换进出口额是否平衡。

181－7－535

商业部商品交换局：《商品交换工作简报》（第8期）

1958年7月15日

（一）1958年中、捷商品交换业务在京商谈情况

以捷克斯洛伐克国内贸易部批发贸易局局长高布勒茨同志为首的易货代表团已于7月3

日启程回国，该团在我国期间已就1958年我国可供捷方商品进行商谈，并于7月2日签订商品明细单，初步匡算总值尚不足200万卢布，其中工业品、手工艺品约100万卢布，食品约70多万卢布。双方商妥于7月15日前由两国有关外贸公司在北京商谈价格后再签订合同。

1958年向捷克易货进口商品，我部代表团已于5月在布拉格签订协议书和合同，总值800万卢布，但我国供应捷方商品在京签订明细单的尚不足200万卢布仅占易货进口额的1/4弱。商谈中颇不顺利，结果亦不好。其主要原因是：我方出国易货代表为了适应国内工农业生产大跃进的需要，尽可能争取生产资料通过易货进口，而对对方国家的需要以及用什么商品去抵偿则考虑不够。另一方面我们国内对向捷克易货进口商品中生产资料占58%这一事实，未从政治原则出发，积极地研究妥善的平衡办法。在谈判过程中缺乏严肃性，有些食品开始对捷方要求含糊允诺，当外贸食品出口公司不同意易货出口时，我们缺乏从严肃的国际关系出发，向外贸和领导说明情况，坚持原则，以维护诺言，致使已经摆出的样品也不能供应，因而谈判结果不佳，造成国际关系中的不良影响。为了纠正此错误，平衡差额，加强兄弟国家的友谊和团结，现正专题检查总结对捷的商谈工作。

（二）我部易货代表团已在布达佩斯签订中、匈1958年商品交换协议书

我部易货代表团于5月8日抵布达佩斯商谈中、匈1958年商品交换工作（谈判情况参阅第6期简报）。经过一个月的双方努力，确定1958年我国向匈牙利易货进口商品约1 400万卢布，并于6月11日在布达佩斯签订两国1958年易货协议书和商品合同。

此次向匈易货进口商品有45个品种，总值1 400万卢布，其中生产资料占半数，主要品种有柴油机、柴油煤油水泵、汽油发电机、喷雾器、摩托车、五金工具等。生活资料有棉布、帆布帐篷、人造纤维织品、自行车和塑料制品等。

匈牙利对两国内贸之间的商品交换工作异常积极，主要由于他们国内目前积存一部分商品急需争取出口，当我部易货代表团抵匈后，匈方除由国内贸易部部长、副部长同志数次接见商谈，并大力组织所属企业和联系有关部门密切协作力求扩大提供商品范围外，该国对外贸易部第一副部长同志也曾特别接见了我部代表团，表示愿意配合两国扩大内贸之间的商品交换并拿出一部分外贸物资加入交换。同时匈方也曾提出要求我们能供应一部分纺织品、针织品和一些不合出口规格的干牛肠衣（50～100cm）。

过去国内对匈产品质量的印象一般不太好，此次据我部代表团了解，近年来匈方产品质量已有较大改进，匈内贸领导并表示对我国第一次交换的商品一定保证保持优等品质。

匈牙利易货代表团将于8月底来北京商谈我国对匈易货出口商品。

（三）我部易货代表团已在索非亚签订中、保1958年易货进口商品合同

我部易货代表团于6月16日由布达佩斯去索非亚与保加利亚商谈1958年中、保商品交换工作。由于成交品种不多，价格谈判工作也较顺利，因之在索非亚停留不到半月，已于6月27日签订了1958年向保加利亚易货进口商品的合同。

此次向保加利亚易进商品16个品种，总值330万卢布，其中棉布（白市布、帆布）混纺市布计145万卢布，占成交额43.6%，其次是圆钉、男胶鞋、小电车、电流表、扬声器等。

对保加利亚易货出口商品即将由保五金公司总经理（最近已被任命为驻华商务参赞）率领代表团3人来北京商谈。

181－7－535

商业部商品交换局：《商品交换工作简报》（第9期）

1958年8月2日

（一）我易货代表团国外活动情况

1. 今年我国向罗马尼亚进口商品已于7

月3日由我易货代表团在布加勒斯特与罗贸易部达成总值86.6万卢布，并以换文方式将双方商定的主要内容加以肯定，按此换文规定：(1)罗方将供应我国白布、铝锅、小苏打、化肥等商品，但其中白布应以换回我国的皮底皮鞋为条件，如罗方在我国选定的皮鞋金额低于白布的金额时，则将相应地减少白布供应数量；(2)双方供应商品的合同将在10月3日以前由中国杂品出口公司和罗马尼亚对外贸易企业罗马尼亚出口公司通过罗马尼亚驻中国商务代表处签订。

2. 关于中、捷易货差额平衡问题，我出国易货代表团接到国内通知应适当削减向捷易货进口的原合同的意见后，曾就近与我外贸部江明副部长研究，认为在对方未提出撤销合同或减少交换金额时，我方不宜提出，以免造成被动。并认为已签订的易货进口合同中包括有各种车床、电动机、化工原料等过去外贸进口的商品，这给外贸继续谈判补充订货是一个有利的条件。

3. 对波兰易货进口商品的谈判已于7月18日结束，并就1958年两国互换商品签订了协议书，我方拟向波兰进口的商品有棉布、塑料公文包、铝壶、自行车胎、各种成套工具箱、牛奶分离器等6种商品，这些商品将在9月18日以前通过我国有关外贸组织确定价格、品种、数量并签订合同。

4. 对苏易货进口商品现正在莫斯科进行商谈，根据近几日商谈情况，总值仍不过2 000余万卢布，距我方供应苏方商品金额尚差1 000万卢布以上。在谈判过程中苏方积极推销自行车、木纱团、高级照相机、望远镜、煤油灯、胶布等商品，但对我方争取扩大要货的锉刀，苏方认为扩大有困难；以及苏方原已应允考虑供应的载重汽车、冷藏车、六六六原粉等均已肯定不能供应。因此，我易货代表团正抓紧进一步从苏方已表示可供货源中挑选我国所需品种，并争取对苏谈判工作能在8月10日左右完成，即便起程返国。

5. 中、苏两国易货业务除两国商业部之间外，现双方供销合作社之间亦已开展了该项业务，我国全国供销合作总社出席苏联消费社第五次代表大会的代表团在苏方恳切要求的情况下，以罗俊副主任、王越毅局长为代表，在莫斯科直接苏联消费社中央联盟进行了易货业务的商谈，并于7月13日双方签订了易货议定书。根据该议定书的规定，苏方将供应我方牛奶分离器、载重汽车、柴油、汽油、DDT粉、六六六粉、自行车、照相机、马拉割草机、钟表、牛奶桶以及马、牛、羊、猪种畜等12个品种；我方将供应苏方瓷器、热水瓶、香烟、包装纸、棉秆皮制袋、肉类罐头、鲜果（苹果及橘柑）等8种商品。此外苏联消费社中央联盟并提出可考虑增加供应我方冷藏汽车、发电机、煤、洗衣机、洋铁器具、海菜、摩托车、各种农业机械等品种，向我国换回红绿茶、胡椒、染料、地毯、搪瓷器具、油漆原料、毛线制品、加工蛋品、鲜蛋、冰蛋、大米、花生、兔毛、革制品、皮鞋、雨伞、苇席、家具等商品的协议。协议规定双方在8月底以前提出具体品种数量，互送样品，于9月12日前由苏联消费社派代表团前来北京具体商谈签订合同。

匈牙利供销社曾于1958年5月31日及7月23日两次来信恳切要求我供销社即时与他开展易货业务，并要求9月派代表团来我国。原供销社业已报请外贸部定夺可否自今年开始，到目前为止尚未见复。捷克合作总社于1958年7月21日也来电提出开展易货业务。对以上两个国家是否自今年开始现正与外贸部研究中。

（二）国内易货工作进行情况

1. 本年度保加利亚向我国易货进口商品已决定以新任驻我国商务参赞巴洛夫同志就近在北京挑选，不再另派代表团前来。根据保方最近提交我们的要货单与原来提交我方的货单出入甚大，除较原提货单减少40多个品种（主要是日用百货和文化用品）外，增加了金笔、印花布、呢绒、莱菲麻等不属于我国易货范围以内的商品。为了有助于中、保两国易货工作顺利进行，7 月 30 日我局芦增升副局长曾前往保国驻华商务参赞处与其负责易货工作的商务参赞巴洛夫同志就两国易货工作进行方式交换了意见，并简要地说明了我国易货原则和易货商品范围。8 月 1 日巴洛夫同志看了我国易货出口的展品后表示：易货范围的商品只能挑选 100 万卢布，其余 227 万要按保方提出的货单供应。现正与外贸部研究平衡措施。

2. 匈牙利驻我国商务参赞乌依哈泽同志将于最近返国，为了及早了解我国可供匈方易货出口商品情况，曾在 7 月 25 日看了我们可供易货出口商品样品。乌依哈泽同志看样以后表示：（1）在这些摆出的样品中最大限度只能挑选 400 万卢布，其余 1 000 万卢布需要按匈方所提货单组织供应；（2）有些商品的花色不适合匈牙利人民需要，要求按匈方喜爱进行生产供应。如搪瓷制品，匈牙利人民只喜欢素色和小花的，枕套喜欢素色的，不要绣花的。现我们正研究对匈易货平衡的措施，并拟连同对捷克的易货平衡问题向国务院报告。

3. 波兰手工艺生产合作社中央联社在我国进行友好访问期间再三提出愿与我国手工业生产合作社开展易货业务。由于我国手工业生产合作社不经营购销业务，经轻工业部工艺局安局长请示外贸部雷副部长决定由我部统一对外办理。7 月 18 日我们接见了波兰手工艺生产合作社中央联社所属进出口贸易公司进口和出口处长，就换货问题双方商谈结果是双方易货货源均以双方手工业生产社所掌握的多余货源为主，并通过双方国内商业部出面办理。

181－7－535

第一、二商业部关于对苏联贸易部进行商品交换工作的几项通知

1958 年 8 月 1 日

1958 年我部与苏联贸易部消费品交换出口的商品，其中食品部分已由中国食品出口公司代表与苏方签订合同。事实证明，与苏联和其他社会主义国家进行日用消费品交换，不仅对增进友好互助，密切经济协作和交流贸易工作经验有着一定作用，并且对配合我国工业生产大跃进的形势，促进工农业生产的发展，推销市场多余物资以及扩大出口货源等方面也是有利的。各供货地区和供货单位必须在党的统一领导下认真负责地做好这一工作，积极努力完成合同任务。现将各该项合同副本及由你省（市）供货明细表一并随文附发，并对有关事项作如下规定：

（一）交换商品的发货

1. 由于食品的生产比较分散，为了保证顺利完成合同任务，便于省（市）掌握起见，应以省为单位，统一组织生产、收购、检验发运和结算。在各省市的统一布置和领导下，由供货单位具体负责出口商品的包装、要车、申请检验以及发货等一切手续并办理对外结汇和对内货款结算手续，对商品的质量并按合同规定的技术条件和提供的样品自发货至交接负责到底。

对于非铁路沿线的产区，则应在省（市）统一安排下，指定适当地点和单位，组织集中检验，集中发运并指定一个单位代表有关发货单位负责办理一切手续，这个工作请各省、市商业厅、局负责组织。

2. 为了便利各发货单位刷制唛头和填写单据起见，特附发商品名称和包装标记中、俄文对照表各一份，以供参考使用。

3. 对于冷藏易腐物资应在发货当日电告外贸运输公司国境站分公司，以便该公司向国际铁路事先联系安排车辆。

4. 发货后，发货单位应于发货当日以最快方式报告省（市）厅（局），由省（市）厅（局）按合同规定电告莫斯科全苏食品进出口公司。报告及电报内容应包括：合同号、发货日期、品名、数量、到达地点。

（二）交换商品的内部作价

1. 交换商品各供货单位与本部商品交换局系内部调拨关系，其价格按本部系统内部调拨作价。计算公式为：生产成本（包括生产原材料、生产费用）或收购价、加税金、加经营

管理费、加利润（如系集中发货的，再加产地到集中地点的实际运杂费用）。

2. 上述第一条作价中所加的利润率以成本或收购价作基数，暂定为：鲜柿、梨、洋葱各3%，各种果干各5%，苹果、柑橘各4%，各种肉类、酸黄瓜、罐头各5%。

3. 各供货单位在计算内部调拨价时，对于新筹建的地方工厂所生产的交换商品，其开办费必须分期合理分摊，同时，其副产品的收入，应由成本或费用内扣除后定价，以期符合实际。总之各种交换商品其供货价格不得高于当地市场批发价。此项价格并应经过省（市）厅（局）审查批准后执行，同时应将价格构成抄报本部商品交换局。

（三）交换商品的结汇与货款结算

1. 交换出口商品所需各种单据以及单据上的印鉴均按食出经［58］字0032号、商换局联字82号文的规定办理。上述单据除按合同规定分送外，并应将货物明细表、发货票和铁路运单正本抄件各一份作为向本部商品交换局结算货款的附件。此外，应随货增附货物明细表5份，以便外运口岸分公司签注货物交接日期、数量以及残损情况。

2. 发货后由发货单位负责按合同规定备齐各种单据，向当地人民银行办理国外结汇"审单"手续，如当地没有办理结汇的银行，应即按合同规定的有关单据迅速寄本部商品交换局，以便在北京办理结汇。

3. 各发货单位按上述第二条办妥国外结汇审单工作后，即可按［58］商备换字008号文规定（如附件四）向本部商品交换局托收货款。但各种鲜果、各种果干及洋葱等商品，均以口岸交换证明作为最后清算凭证，由本部商品交换局向各发货单位进行最后清算。但在降级幅度较小的情况下，为简化手续起见，由本部交换局负责，不再向各发货单位清算。

4. 发货单位在当地火车上交货后，其由发货地点至国境站的运费由本部商品交换局负担，由发货单位垫付后，在托收货款时，凭单据一并向本部交换局结算。

（四）其他事项

1. 商品检验及检疫问题，请各省（市）即与当地商品检验部门密切联系，请他们协助解决。

2. 口岸交接签字手续，由本部商品交换局与外贸运输公司协商由其口岸分支机构代办交接手续。

3. 为便于各地掌握交换果干的技术标准，特拟订果干技术条件，作为内部掌握时参考。

181－7－342

商业部党组关于消费品交换工作的总结报告

1958年12月5日

从1957年起，根据苏联商业部长巴甫洛夫的建议并经国务院（五办）批准，我部开始和苏联办理在贸易协定之外的日用消费品小额交换。鉴于两国日用消费品生产种类很多，确实难于全部包括在对外贸易协定的范围之内供应出口。开展此项业务，既有助于发掘新商品的出口，并可通过双方交换商品的调剂，使兄弟国家间相互供应品种增多；也有利于缓和彼此国内市场某些品种供应不足的状况。今年除继续和苏联交换平衡2 576万卢布外，我部又应邀派代表团出国和捷、匈、保、罗、波五国对内贸易部门进行日用消费品交换（易货）谈判，计达成易货进口总金额2 747万卢布，捷、匈、保三国均已签订进口合同，罗、波仅换文和签订协议。由于我们初次掌握对外交换商品谈判，缺乏经验，先接受了进口货，以致在和捷、匈、保三国商谈出口合同时发生差额1 540余万卢布，未能平衡（捷差620余万卢布，匈差750多万卢布，保差290余万卢布）。现已根据总理指示并由外贸部在取得粮食部增加大米1.5万吨，花生2 000吨供应出口情况下，于上月底负责和对方解决平衡差额。

对捷、匈等国今年交换商品工作的主要缺点和错误在于：

（一）对今年3月间经外贸部批准可供出

口交换的4亿余元货单的商品，主观地过高估计不难换回适应国内工农业生产大跃进急需的大量生产资料。在这样的指导思想下，同意出国代表团于5、6月份向捷、匈、保先签订进口合同，争取进口生产资料达进口总额的50%（包括发电机、电动机、柴油机、工作母机、农药、喷雾器、促进剂M、各种手用五金工具等，均为我国当前急需物资）。由于代表团在组织交换这些商品进口时对平衡可能产生的问题不够重视，未严格掌握原定小额易货只能从国内市场多余品种进行交换的原则，对方提出超过我供货品种范围的要求后，向国内请示不及时，也未坚决拒绝。我们在5月间看到代表团来信报告国外情况时又缺乏认真研究，以致没有及时根据当时国内外情况变化，通知改变先签进口合同的做法，因而造成以后难于平衡的被动局面。

（二）今年捷、匈内贸初次和我国交换商品，确曾为了适应我方要求，从有关部门抽调了一些商品供应出口。当然其中也有一部分是他们外贸今年出口有困难，转供内贸交换的。而我们注意了这一点，却忽视他们为满足我方需要曾作了一定努力。5月间捷克代表团来华在他们从我国当时可供交换品种货单中只挑选一部分，其余要以粮食、花生、红茶、蜂蜜、丝绸等商品平衡时，我们只考虑这已超过了交换商品的范围，不能供应。而没有根据对兄弟国家贸易互相友好协作的原则，从政治出发，及时提出报告，请示解决，致使这一问题未能早日获得妥善处理，从而迅速地扭转被动局面。

（三）对交换商品谈判中应有的严肃性认识不足。在和捷代表团商谈过程中，对方按样品选了猪肉、鸡肉、蜜柑汁、菠萝汁等13个品种，并提出要按照他们要求的规格、质量生产供应。后来外贸食品出口公司对这些原经外贸部批准供应的商品（系国内规格）中有7种不同意交换出口时，我们未能坚持已批准可供出口的品种应组织供应，致使提供样品的商品竟发生不予供应的情况，不仅使原来预计可能平衡的计划不能实现，且在商谈中造成不良影响。

为了吸取以上经验教训，改进今后工作，我们有下述意见：

1. 根据我国和兄弟国家贸易往来特点，今后对外商谈日用消费品小额交换要采取“进出口结合谈判”的做法，以避免造成不能平衡的被动局面。对待具体谈判必须严肃认真。每年经外贸批准可供交换出口货单，在未提给对方以前，可个别撤销品目外，半年内不宜随便变更。交换出口商品的质量，在可能范围内应注意适应对方需要；劣品、坏货不出口。

2. 对东欧各兄弟国家间的每年交换额不宜大。日用消费品交换业务，在东欧多数兄弟国家虽要求日益扩大。但根据我国的情况，当前从事内贸之间的商品交换，主要仍是对国内多余商品或一部分尚未被对方外贸注意，不肯接受进口的商品，通过双方内贸部门直接见面，打开销路。俟有大量销路以后，再有计划地逐步转到外贸出口。

3. 各兄弟国家都很重视这一贸易活动，几年来已在社会主义阵营各国间得到广泛开展。通过这项贸易活动，能使双方负责国内市场的对内贸易部门有密切接触机会，代表团来往更有利于友好合作和经验交流。由于内贸之间相互了解居民需要，就能较多地选购对方商品品种，在彼此国内市场上逐渐增加社会主义国家商品品种的供应，对增进各国人民之间的联系和了解都有积极作用。我们今后要全面看待这项工作，认真贯彻总理指示，并继续正确地参与各兄弟国家间这一小额物资交流活动。

181－7－36

商业部、外贸部关于检发两部有关一九五九年消费品交换工作报告的联合通知

1959年5月26日

我国和兄弟国家商业部（包括合作社）之间继续进行消费品交换问题，两部曾于5月5日向国务院陈、李副总理作了报告。现接国务院外事办公室5月18日转来李先念副总理

批示："同意《关于1959年继续进行消费品交换工作的联合报告》，但是，这一笔交换不在国家出口和进口计划之内，因此，必须实事求是。请商业、外贸两部合办。"

附：商业部、外贸部关于继续进行消费品交换工作的联合报告［节录］

1959年5月5日

1958年商业部与各社会主义国家对内贸易部之间消费品交换贸易情况，商业部党组在去年12月5日已有报告。现根据该报告中所提出的：认真贯彻总理指示，并继续正确地参与各兄弟国家间消费品交换活动，结合当前国内外情况，吸取过去工作经验教训，我们两部党组最近又进一步研究了今后消费品交换问题。

由于兄弟国家都要求进行消费品交换业务，他们国内的商业部门或合作社系统均有通过消费品交换来解决本国供销中某些问题的迫切要求，并认为通过这一贸易活动，有利于增进兄弟国家间的友好协作。两年来，商业部已先后同苏联、捷克、波兰、匈牙利、罗马尼亚、保加利亚等国家进行了此项业务。虽然在进行交换中存在一些问题，但对促进各国间友好协作特别是内贸部门间的联系，在较小的范围内，调节某些品种的供求，在一定程度上有助于国内市场安排。因此，我们认为可以继续进行消费品交换工作。

消费品交换是一个比较复杂的问题，涉及同兄弟国家间的关系，因而对外贸易部、商业部都应正确地贯彻国家统一对外的方针，遵照中央有关对外贸易的方针、政策，认真地按照分工进行有关该项业务的活动。为了进一步做好消费品交换工作，我们两部对今后进行这项业务的意见如下：

（一）消费品交换进行的原则和方式

1. 对各兄弟国家消费品交换的金额，每年应控制在我国同各该国年度贸易总额的1%～1.5%以内；

2. 编制一本不能作为消费品交换出口的商品目录，该商品目录中所列的商品不得交换出口；

3. 交换进口的商品，限于消费品的范围；

4. 商业部不能因进行消费品交换而影响国家批准的年度出口供货计划的完成；

5. 消费品交换谈判应先谈出口，后谈进口或进出口同时商谈，以保证进出口的平衡；

6. 为保证出口商品信誉，必须注意商品质量。对消费品交换出口商品的品质、规格，商业部应作出适当的规定，以保证符合对外合同的规定和技术条件。劣货、坏品不能出口。

（二）商业部、对外贸易部对消费品交换业务的具体分工

对外贸易部负责对外作价和对外签订合同（具体合同的签订，由各外贸公司办理）。

商业部负责对外邀请、接待、迎送、宴会及商谈交换进、出口商品品种、数量、交货期并组织合同的实现。但为了统一对外安排，商业部与各国商谈消费品交换之前，先将出口货单送交外贸部，经外贸部研究同意后再对外商谈。在对外商谈过程中，商业部、外贸部保持密切的联系和协作。对外结汇均以签订合同的外贸公司名义，在该公司协助下，由商业部门具体负责办理，并开设专门账户，盈亏由商业部负责。

［下略］

181－8－462

商业部关于消费品交换出口商品货源组织的几项规定的通知

1959年9月8日

对兄弟国家的消费品交换是一个比较复杂的问题，涉及同兄弟国家间的关系，此项工作做好了，不仅将加强各国之间的友谊，并且在经济上也是有利的。因而我们应正确地贯彻国家统一对外的方针，切实遵照中央有关对外贸易的方针政策进行此项工作外，必须加强消费品交换出口货源的组织，以防止货源不实、商品质量不好，影响对外合同顺利执行的现象发生。现根据国务院对商业部、对外贸易部两部

《关于继续进行消费品交换工作的联合报告》批示的精神，特对交换出口商品的货源组织的有关问题作如下规定：

一、每年由本部商品交换局根据内外贸两部报经国务院批准的额度，结合当年国内外具体情况，确定交换出口商品指标，并提出分季度具体品种货单，由本部计划局平衡后送外贸部审查后执行。其中属于第二类商品列入各有关专业局分配计划，并由商品交换局与供货单位加以具体衔接确定，属于第三类商品，除通过三类物资交流会取得部分货源外，并对有关地区商业厅（局）下达控制指标，具体出口什么品种花色，由商品交换局从各地挑选，或在专业会议上会同有关专业局与供货单位研究确定或由商品交换局提出品种货单，由商业厅（局）组织有关供货单位结合货源情况，在保证质量的条件下，提出可供品种、规格、数量、经商品交换局研究确定；属于商品交换局向商业系统外购入作为交换出口的手工艺品，为了监督商品质量，便利及时组织对外发货，将有部分需要通过本部所属有关单位办理收购和对国外发货（具体办法另由本部与有关部门联合通知下达）。

二、分配给商品交换局作为交换出口的二、三类商品，均保留在供货单位的库存数内，俟对国外发货以后，向商品交换局结算货款。由商品交换局指定向商业系统外购入的手工艺品，其保管、结算办法另行布置。

三、凡确定供应交换出口的品种，不得轻易变动。由于对国外交换商品的合同，一般是一年签订一次，在通常情况下，较大数量的货源在国内必须分季积累，故对按季分配交换出口的商品，以及分批向商业系统外购入作为交换出口的手工艺品，虽在较长时间内未曾处理，仍应保证其冬季分配或分批购入的累计数量。但其中经联系国外不适合国外需要的商品（包括手工艺品），商品交换局应及时通知有关供货单位进行处理（手工艺品在处理上的损失由商品交换局负担的处理办法，另行通知）。

四、商品交换局根据与专业局、省（市）商业厅（局）及所属供货单位确定的商品品种、规格、数量、交货期与国外商谈。对外合同签订以后，有关专业局、商业厅（局）及供货单位应负责保证交换出口商品按质、按量、按期完成合同规定的任务。

关于由商业系统外收购作为交换出口的手工艺品，商品交换局根据与供货部门商妥的品种、规格、质量及交货期与国外商谈。经指定办理收购的单位在收购时必须严格按照与供货单位确定的质量、规格条件进行验收；在出口合同下达后，应负责保证按质、按量、按期办理对国外发货工作。

今年对第三、四季度供应交换出口的货源，其中属于第二类商品已在有关专业局召开的供应会议上安排。现将对部分地区的第三类商品金额（水果、果干为数量）控制指标随文附发。具体品种、规格、数量等由商品交换局与有关商业厅（局）或由商业厅（局）指定的供货单位直接洽商确定。

181－8－462

商业部关于与民主德国开展消费品交换工作的报告［节录］

1960 年 5 月 12 日

根据你部［对外贸易部］交际处转来关于民主德国驻华商参处需求前来我部商谈开展消费品交换贸易问题的电话通知，我部商品交换局于 4 月 15 日接见了该国驻华商参处专员艾斯勒同志和进口处处长巴齐安同志，就两国之间消费品交换业务的开展，初步交换了意见。德方除一再表示希望中、德两国迅即开始进行此项业务外，并提出拟供应我方人造棉花、混纺毛料、猎枪、照相机、望远镜、绘图仪器、闹钟、手表、怀表、收音机、录音机、刀片等商品，以交换我方玩具、皮鞋、毛线、纺织品、毛巾、浴巾、搪瓷浴盆、陶瓷器、水果酱罐头（柑橘、枇杷、菠萝酱等）、食用香料等商品，要求我方及早研究答复。

关于与民主德国开展消费品交换问题，早在1958年我部曾应邀派易货代表团前往柏林商谈，嗣后德方因某种原因，提出暂缓进行，以致当时未能开展，现德方既主动提出，同时，我们又已与大多数兄弟国家开展了此项贸易活动。因此，我们认为，对德方这一要求不宜拒绝。在做法上，当继续贯彻1959年5月外贸部、商业部报经国务院批准关于继续进行消费品交换工作联合报告中的有关原则，严格控制交换额度在两国年度贸易总额1%～1.5%以内。

［下略］

181－9－458

商业部交换局关于日用消费品交换工作开展情况和今后意见的报告

1960年7月6日

从1957年起，我部在苏联及其他兄弟国家积极地、反复地提出要求，和当时国内市场上一部分商品也有积压的情况下，开始进行了日用消费品交换工作。这种贸易形式，开始于东欧兄弟国家之间，随后苏联也参加了这项贸易。据了解，他们开始的做法是：两国内贸之间的互相支援，同品种交换，调剂商品花色品种，主要是掌握双方以多余换需要的原则。但以后逐渐发展的结果，不完全是多余商品的范围，交换额度很大（如今年波兰与苏联消费品交换的成交额为10 700万卢布，与捷、匈等国均为四五千万卢布，与阿尔巴尼亚也达到80万卢布）似有第二对外贸易的趋势。早在1956年，匈牙利商业部副部长谢贝士同志在访问我国期间，即向我提出开展消费品交换问题，后因匈牙利事件发生急于回国而未达成协议。苏联及其他兄弟国家也先后向我提出同样的建议和要求。至1957年，根据苏联商业部部长巴甫洛夫的建议，对外贸易部、商业部鉴于兄弟国家的反复要求，报经国务院（五办）批准，我们首先与苏联商业部进行了国家贸易协定之外的日用消费品交换业务。至今我们已与苏、捷、匈、波、罗、保、越7个国家的商业部和苏、朝两国消费合作社都开展了此项贸易活动。今年民主德国商业部亦提出此项要求，报经外贸部考虑后，已暂时予以拒绝。从贸易金额来看，3年来，消费品交换进出口总额各为6 876万卢布，其中：1957年1 508万卢布，1958年5 062万卢布，1959年306万卢布。但是，由于缺乏经验，也产生了不少缺点和错误。主要是1958年先接受了进口货，进的多了些，以致发生不能平衡的困难，不得不以大米、花生来弥补。在1958年的出口商品中，有些商品如肉类罐头、果干等出口数量签的多了、大了，完不成合同，以致造成长期还账的被动局面。此外，在出口商品中皮箱、镜子、网扣台布等质量不好，影响出口商品的信誉，这些今后都必须加以改进。同时，从实际工作中也体会到开展消费品交换，在政治上和经济上有以下几点好处：

（一）由于兄弟国家都存在这种贸易形式，我们与他们开展消费品交换业务，就更加有利于促进兄弟国家间的友好协作。同时，通过易货代表团的往来，也有利于加强兄弟国家内贸部门、合作社部门之间的联系，增进相互了解。以1958年接待匈牙利和捷克商业部代表团为例，不仅使外宾通过参观了解到我国工农业大跃进情况，而且对我国商业工作的成就也有了清楚的认识。外宾对商业上的“三参一改”、服务态度、大型综合商场（天津劝业场）的设置，都有良好的反映。

（二）事实证明，通过交换，可以调节某些品种的供求，增加平衡购买力的能力，在一定程度上有助于国内市场的安排。据不完全统计，交换出口百货类商品的数量，一般占同品种国内销售量的0.4%，最多占到1.1%。交换进口商品一般占国内同品种销售量10%左右，少数品种如照相机占50%，刀片，1959年全国销售3 000万片，1960年上半年已经交换进口2 000万片。1958年交换进口手表317 000支，占全国销售793 000支的40%。今年上半年市场急需照相胶卷，经以铅笔刀和儿童玩具向捷克交换进口40万卷，缓和了市场胶卷供应紧张的情况。初步做到了以供应不太紧张或较宽裕的商品换回更为急需的商品，有利于调剂市场需要。根据计算，每交换出口一个卢布的商品，平均成本为0.90元，每进口一个卢布的商品，则平均销售1.8元。3年来，按内部结算价格计算，进口商品共值12 377万元，出口总值6 188万元，进出差额为6 189万元，对吸收购买力起到一定的作用。另外，通过交换进口共增加国家税收4 001万元。

（三）通过交换，可以扩大消费品出口的数量，有助于发掘出口的新商品，扩大出口货源。从几年来交换出口的商品分析，有不少品种对方原来通过外贸接受数量很小，由于消费品交换，不使用外汇，刺激其扩大市场容量，可以增加进口数量。例如，苏联向我外贸部1959年进口牙刷为100万支，最多1957年进过800万支，今年苏方向我部要货1 100万支；捷克过去通过外贸进口金笔很少，今年通过交换拟向我进口40万支。有不少品种是外贸部有关公司曾多次向国外推销均不接受、而通过消费品交换可以接受的商品。例如军用皮鞋、衬衣、龙凤丝绸被面、瓷砖、睡衣等。另有一些商品是外贸有关公司对兄弟国家没有出过口的新品种，例如鲜柿子、鲜梨、柿饼、山楂片、墨水、吊袜带、烟斗、滑雪杖、吊环、贝壳等。初步统计，通过消费品交换，挖掘和扩大的出口新品种共46种以上。

几年来，我部和外贸部党组对消费品交换工作总的说来还是重视的。1957年6月16日两部曾就中苏交换日用品问题向国务院提出第一个报告；1958年1月15日两部又发出《关于对苏新国家进行消费品交换工作几项规定》的联合指示；1959年5月5日两部又就“关于继续进行消费品交换工作联合报请国务院批准后转知各地执行”。这些都对做好消费品交换工作给予重要保证。但是，在工作中还存在一些问题，几年来的消费品交换工作自1958年下半年至今都是处于被动局面（这种被动也是主动），影响工作的顺利进行。

（一）从对国外关系来说，与我们进行消费品交换的国家越来越多，但是我们与国外签订出口合同的金额，却逐年减少，越做越小。1958年我们成交5 062万卢布，1959年基本上还账，连同新订合同306万卢布，共计出口1 925万卢布，今年原提2 500万～3 000万卢布成交计划。经与外贸部协商，删除了很多品种，留下的品种和数量，如果按历年与国外成交情况估算，最多只能成交780万卢布。目前兄弟国家大都积极主动地要求开展和扩大消费品交换业务，而我们则处于消极被动地应付地位。表现在：兄弟国家不找我们，我们不去主动找他们；他们找上门来以后，有的婉言拒绝（如民主德国）；有的因为与外贸有关公司意见不一致，迟迟不能表示态度，往往只是热情接待，不能谈具体商品；有的虽然开始谈判，又因我们货单中的商品不能满足对方需要，成交情况不好，进行不够顺利，波兰、捷克就曾一度表示不满意。长此以往，不仅不能发挥消费品交换这种贸易形式的作用，而且也无法达到增进友好的政治目的。

（二）我们对进行消费品交换的认识不一致，工作上协作配合不够好，直接影响工作的开展。我部个别领导同志以及外贸部个别领导上对消费品交换的看法也不一致。今年李强副部长即由莫斯科发来电报建议停止对苏联进行消费品交换。外贸系统对进行消费品交换总的情况是上通，下不通；外贸部通了，公司不通；领导干部通了，下级干部不通。不少同志认为：消费品交换对正式外贸有影响，抵触情绪不小，不看做是一个助手，反认为是一个赘瘤，增加了他们的麻烦。因此，出口货单往往迟迟不能决定；有时外贸部决定了，公司也不愿执行，不予作价，不签合同，甚至与国外谈妥的交换出口合同，也因公司不同意，不能履行；国外送来的业务函电有些公司不愿转送；有些外贸机构不愿协助办理出口发货手续和打印表单；有的公司干部不愿接电话联系工作或有意避而不见等情况也时有发生。这都给实际工作上带来很大困难。我们考虑，由于存在消费品交换这一贸易形式，确实有助长兄弟国家扩大消费品交换、相应减少一部分外贸进口的副作用，在一部分商品上，在一定程度上影响了正式外贸的谈判。例如捷克曾表示儿童玩具要从我部进口；苏联也提出一部分商品减少外贸进口转为消费品交换。但是，我们也认为，我们与兄弟国家对外贸易谈判中存在的主要问题，还不是由于消费品交换的影响所致，而是我们希望多出口消费品换进成套设备，与兄弟国家希望少进口我们的消费品多进口一些工业原料之间的矛盾，即使没有消费品交换业务，这个矛盾也是客观存在的。

（三）交换出口的货源，在商业部没有计划保证地方供货，因他本身没有利益也不够积极。而且随着商品管理体制的变化，现在这样组织货源的办法实行起来越来越感到困难。目前组织出口货源的做法是：二类物资从我部掌握机动数内调拨，三类物资与供货地区洽商同意后布置执行。我们强调政治挂帅，全国一盘棋思想，要求各地完成任务。但是从实际执行情况看，由于市场供求情况的变化和交换出口的商品质量和包装条件，必须符合出口标准。因此，供货地区对完成这一任务大都视为额外负担。有的不愿提供货源；有的要求顶交外贸出口任务；有的可以拿出商品，但无法解决包装；有的要求协助解决原材料等。另外，由于商品管理体制的变化，许多供货地区要求在完成交换出口任务后，给予适当的物质利益，以发挥他们的积极性。交换出口货源这种不稳定的情况，不仅增加许多事务性工作，而且对开展交换工作有很大影响。

（四）关于交换出口商品的范围，1957 年曾规定限于国内市场多余的品种。1958 年5 月5 日的两部报告中，考虑到当时及以后相当时期的消费品生产和消费的趋势，已经修改了原来多余商品交换的范围。但是因为我们在工作中宣传解释不够，目前这个认识还未完全改变，也增加了工作的困难。事实上目前市场上真正相对多余的商品，只有少数特种工艺品、个别小百货和个别文化用品。有的商品虽一时有多余，国外也不一定需要，或者规格质量也不一定合乎出口标准。因此仍然按照多余原则组织货源和对外谈判，交换业务实际上也难以开展起来。

目前消费品交换工作中存在这些问题，必须从速解决，长此下去，对工作、对兄弟国家之间的关系是不利的。我们认为消费品交换业务应该继续进行，必须在统一认识的前提下，改进今后的做法，我们的看法是：在政治上鉴于苏联及其他兄弟国家之间久已存在这种贸易形式，都要求进行消费品交换业务，他们国内的商业部门或合作社系统均有通过消费品交换来解决本国供销中某些问题的要求，并认为通过这一贸易活动有利于兄弟国家间的友好协作。在经济上讲，对扩大我国的消费品出口和在一定范围内调节国内市场也有一定的作用。我们过去已经进行了 3 年，如果中途停止，根据雷副部长的说法，必须经过党中央或外交部的途径向各兄弟国家解释，才有可能停止。同时还可能引起某些兄弟国家对我们的误解。为此，我们感到从“巩固以苏联为首的社会主义阵营的团结是我国根本利益所在”的总观点出发，消费品交换必须继续进行，不宜我们单方面取消。并且今后还应该适当采取积极主动的方针，视为国家对外贸易的一个有机组成部分，在统一的国家对外贸易政策、外交政策的指导下，由外贸部统一计划、统一安排加强领导，有组织、有计划地进行。为了改进今后工作在做法上我们提出下述几个方案：

第一个方案：为了便于外贸统筹安排，建议将消费品交换工作移交外贸部统一办理。外贸部每年向各国商谈正式贸易的同时，也分别用商业部合作社的名义商谈签订消费品交换合同（如分先后也可有计划地掌握）。在工作中如果需要也可由我部有关副部长（副主任）出面接待、商谈、迎送，甚至出国。出口货源由商业部每年与外贸部衔接计划时统一规划；进口的消费品，商业部可每年提一份货单，供外贸部参考，但外贸部进口什么，商业部应接收什么。这个做法的好处是，便于外贸统筹安排，统一对外，可以消除目前内部矛盾，货源和质量有保证，外贸有一套现成机构可供利用，也可减少人员。

第二个方案：是在第一个方案基础上的修改，即由对外贸易部统一领导，统一进口计划，统一安排货源，负责对外联系、接待、一般商谈，外贸部有关公司负责签订合同、办理发货完成任务。

第三个方案：如消费品交换工作仍由我部负责办理时，我们意见：

（一）必须在外贸部统一对外政策的指导下，严格贯彻两部《关于继续进行消费品交换工作的联合报告》中规定的原则。两部系统都必须统一对消费品交换工作的看法和做法，迅速确定非交换出口商品目录，商业部在保证完成年度供应外贸出口计划和对外交换额度不超过1.5%的原则下，每年与外贸商量一次分国别的出口金额控制指标和交换出口商品目录，一年有效非特殊情况不作变更。变换出口合同一旦对外签订，各有关出口公司应视为自己的任务，并有责任负责办理对外函电往来和出口发货手续，真正做到密切配合，共同办好交换业务的规定。

（二）关于出口的商品货源：凡属商业部掌握管理的商品，一律列入商业部年度计划，供货单位负责按合同规定发货。进口商品仍由我部统一分配。凡不属于商业部掌握的商品，由交换局与地方洽商确定，给予他们一定比例的进口商品（初步意见按提交货源实际成交额的50%计算），以发挥地方供货的积极性。

另外，对兄弟国家合作社进行消费品交换问题，我们已与苏联、朝鲜合作社开展了此项贸易，估计其他国家合作社也可能相继而来。1959年7月陈毅副总理接见苏联合作社代表团团长卡巴诺夫同志时，曾向其表示："我国与各兄弟国家合作社的交换业务，先苏联，后与其他兄弟国家，然后再与资本主义国家进行。"根据这一精神如其他兄弟国家合作社提出要求，原则上不宜拒绝，但我们可不主动提出，为适应合作社所有制方面的特点，在兄弟国家合作社之间交换商品范围上须有适当的照顾，在进行中再根据具体情况专案研究办理。

以上意见，仅是从我们几年来工作角度出发提出的，由于我们对整个国际贸易情况了解不多，仅供参考。

至于今后消费品交换工作是否需要继续进行，拟请外贸部党组根据整个政治、经济情况考虑决定。

181－9－458

商业部党组关于一九六一年日用消费品交换工作的几点意见

1960年7月19日

关于兄弟国家商业部、合作社之间的日用消费品交换工作问题，最近党组少数同志（有些党组同志不在家）研究了一下，初步认为这一工作今后还应该继续进行，对1961年日用消费品交换工作的做法有以下几点意见，提供你们参考，并望能早日定下来。

（一）为了更便于外贸部在对外贸易活动上统筹安排起见，建议将商业部、合作社的日用消费品交换工作移交给外贸部统一管理和经营，即由外贸部每年向各兄弟国家，商谈正式贸易的同时，或在正式外贸谈判结束以后，也分别用商业部和合作社的名义与有关兄弟国家商谈签订消费品交换合同。在具体做法上，根据对外关系上的需要，在外贸部统一安排下，也可由我部有关副部长或副主任出面接待、商谈、迎送以至出国。交换出口的货源由商业部与外贸部衔接年度计划时统一规划；进口的消费品，商业部可每年提一份货单，供外贸部参考，但外贸部进口什么，商业部应该接收什么。这个做法的好处是，除了更便于外贸部统筹安排以外，还可以减少目前的内部矛盾，货源和商品质量有保证，外贸部有一套现成机构，对完成任务更为有利。

（二）建议将商业部和合作社的日用消费品交换工作基本上移交给外贸部负责办理，由外贸部统一计划、统一安排，并分别用商业部和合作社名义对外签订消费品交换合同，负责完成任务，但是为了适应国外对口关系的需要，商业部可负责对外联系、接待和一般商谈。对外商谈具体商品、数量、规格、价格、交货期及签订合同、组织实现合同等事宜均由外贸部负责。

（三）消费品交换仍由商业部负责办理时，我们考虑，为了保证工作的顺利进行，两部系统都应该对消费品交换工作的意义和作用有正确的估价和统一的认识，并且在做法上达到步调一致。具体做法可待对消费品交换的总方针确定后，另行组织一次商谈，具体规定1961年的做法。

另外，对兄弟国家合作社进行消费品交换问题，我们已与苏联、朝鲜合作社开展了此项业务，估计其他国家合作社也可能相继而来。1959年7月陈毅副总理接见苏联合作社代表团团长卡巴诺夫同志时，曾向其表示："我国与各兄弟国家合作社的交换业务，先苏联，后与其他兄弟国家，然后再与资本主义国家进行。"根据这一精神，如其他兄弟国家合作社提出要求原则上不宜拒绝，但我们可不主动提出。为适应合作社所有制方面的特点，在兄弟国家合作社之间交换商品的范围上须有适当的照顾，在进行中再根据具体情况专案研究办理。

以上意见仅是从我们几年来工作角度出发提出的，由于我们对整个国际贸易情况了解不多，仅供参考。

至于今后消费品交换工作是否需要进行，拟请外贸部党组根据整个政治经济情况考虑决定。

181－9－458

商业部党组关于停止消费品交换工作的几个问题提请对外贸易部意见

1960年9月26日

关于1960年的消费品交换工作，前曾根据你部①意见，对苏联商业部继续清偿旧欠，不做新的业务。对苏联合作社及其他社会主义国家，只在你部批准的货单范围内进行了商谈。总的情况是逐步收缩。9月19日你部出口局转来李先念副总理、姚依林副主任和雷任民副部长关于今后对苏联及东欧社会主义国家停止进行消费品交换工作的批件的抄件（附原抄件［略］），我部完全同意批件的精神，当坚决贯彻执行。为做好这一工作，现考虑尚有下列问题，提请你部进一步研究决定：

（一）根据雷副部长所批："东欧也可以停"的意见，我们领会是否对朝鲜、越南还须继续进行交换业务，请再予明确。

（二）关于合作社系统今后是否继续进行消费品交换业务问题，拟作进一步研究。我部对此问题的意见，将另行报告。

（三）关于向各社会主义国家表达我们停止消费品交换业务的方式问题。我们考虑，可由我部口头通知有关国家。是否另须通过你部或外交途径统一向他们作一次交代，请你部考虑决定。

（四）今年的消费品交换工作，拟根据批件的精神，按以下原则适当进行处理：

1. 对苏合同欠账，坚决于短期内还清，了结此案。

2. 凡目前已签订进出口合同或正在办理合同签字手续者，仍继续履行。

3. 凡根据你部最后批准的出口货单，已向国外提出或提供了报价和寄送出样品，而对方又已表示接受者，拟严格控制成交，能成交多少算多少。

4. 对朝鲜消费协同组合，原经国务院外事办公室批准签订《1960年消费品交换议定书》。最近朝方正式表示同意按修正本签订，我们意见，仍照办签字手续。

164－8－71

商业部党组关于停止消费品交换有关问题的意见

1960年10月6日

关于消费品交换工作，前曾经李副总理，

① 指对外贸易部。

姚部长以及雷副部长批示停办。兹将拟执行的具体步骤和有关问题报告如下：

（一）对苏联商业部欠多少还清旧债，不再做新的活动；对苏联合作社，今年已报“出货单”和寄出“样品”，他们也选定了“几种商品”，并“来信”邀我们去莫斯科商谈，现拟停止进行。

（二）对东欧和其他兄弟国家，“已经签订的合同”保证执行。前经外贸部批准货单内商品业经他们“选定了”的，继续供应。从现在起停止新的谈判和停止提供新的货单。

（三）对朝鲜消费协同组合，已签订的合同保证执行，已“选定的商品”继续供应，不另提新货单。原经国务院批准签订1960年消费品交换议定书，最近朝方表示同意按修正本签订，我们意见，仍照办签字手续。至于除苏联合作社以外的其他社会主义国家合作社之间是否完全停止消费品交换，或有区别地停止，或继续进行，需要另行研究，亦请你部考虑决定。

（四）关于对外解释问题，拟不主动向有关国家发通知，但在与他们接触中，或当他们询问时，我们可表示停止消费品交换工作，理由是：（1）苏联撤退专家给我们整个国民经济计划造成困难，需要进行调整；（2）今年我国遭受了大的自然灾害，对整个对外贸易要重新调整与安排，因此消费品交换要暂时停止；（3）消费品交换范围内的商品，外贸部都可负责经营，通过正式外贸途径亦可以满足双方进出口要求。是否另需通过你部或外交途径统一向他们作一次交代，请你部考虑决定。

关于消费品交换工作要进行一次总结，在结束过程中未了事项和问题，仍由商业部负责处理。

164－8－71

对外贸易部党组关于对苏联和其他兄弟国家停止消费品交换问题的请示报告

1960年11月19日

关于我国同苏联和其他兄弟国家的消费品交换，先念同志和姚依林同志曾经在9月1日和8月31日批示停办。商业部党组根据上述指示提出了《关于停止消费品交换有关问题的意见》（见附件一）。经我部向商业部了解执行情况（见附件二）并加以研究后，意见如下：

（一）我部同意商业部党组提出的以下几点意见：

1. 我国同苏联、东欧兄弟国家和越南商业部门之间的消费品交换，凡已签的合同，继续履行，但不再进行新的谈判；

2. 我国同苏联合作社之间的消费品交换，不再进行谈判，苏方已选定的8个品种，即停止商谈；

3. 我同朝鲜消费协同组合间的消费品交换，除已签的合同必须执行以及我方已提货单内朝方已选定的商品继续供应外，也不再进行新的谈判。

（二）原经国务院批准签订的《1960年中朝两国合作社消费品交换议定书（草稿）》，因今后不再进行消费品交换，而且该“议定书（草稿）”规定的有效期只到本年底为止，拟与朝方商量后另案处理。

（三）我同上述兄弟国家停止消费品交换后，不论我方是逆差或顺差，其差额均转入双方贸易账户内处理。

（四）关于对外解释问题，我们意见，可由商业部在适当时机向对方说明：几年来试行情况证明，消费品交换的范围同对外贸易的范围很难划分，实行消费品交换在一定程度上影响了两国正常贸易的进行，而且容易造成对外贸易的不平衡，因此，不拟继续进行。

附件1：中华人民共和国商业部党组关于停止消费品交换有关问题的意见

关于消费品交换工作，前曾经李副总理，姚部长以及雷副部长提示停办（批语附后），兹将拟执行的具体步骤和有关问题报告如下：

（一）对苏联商业部还清旧债，不再作新的活动；对苏联合作社，今年已报出货单和寄出样品，他们也选定了几种商品，并来信邀我们去莫斯科商谈，现拟停止进行。

（二）对东欧和其他兄弟国家，已经签订的合同保证执行。前经外贸部批准货单内商品业经他们选定了的，继续供应。从现在起停止新的谈判和停止提供新的货单。

（三）对于朝鲜消费协同组合，已签订的合同保证执行，已选定的商品继续供应，不另提新货单。原经国务院批准签订1960年消费品交换议定书，最近朝方表示同意按修正本签订，我们意见，仍照办签字手续，至于除苏联合作社以外的其他社会主义国家合作社之间是否完全停止消费品交换，或有区别的停止，或继续进行，需要另行研究，申请你部考虑决定。

（四）关于对外解释问题，拟不主动向有关国家发通知，但在与他们接触中，或当他们询问时，我们可表示停止消费品交换工作，理由是：（1）苏联撤退专家给我们整个国民经济计划造成困难，需要进行调整；（2）今年我国遭受了大的自然灾害，对整个对外贸易要重新调整与安排，因此消费品交换要暂时停止；（3）消费品交换范围内的商品，外贸部都可负责经营，通过正式外贸途径亦可以满足双方进出口要求。是否另需通过你部或外交途径统一向他们作一次交代，请你部考虑决定。

关于消费品交换工作要进行一次总结，在结束过程中未了事项和问题，仍由商业部负责处理。是否有当请批复。

姚依林副主任、李先念副总理对驻苏商参处1960年8月27日报对外贸易部关于“报26日同斯拉夫德阔夫斯基谈判内容”的电报的批语：

姚依林副主任8月31日批示：

先念同志：对苏联日用品交换这条路，我主张坚决堵死，不再搞了。对其他社会主义国家，也可以考虑不搞（否则对苏不好交待）。两年来的经验，实际上是他们推销冷背货，而要我们的好货。这种生意对我们是不利的，请考虑。

李先念副总理9月1日批示：

同意。请雷任民同志考虑。

附件2：我同苏联和其他兄弟国家进行消费品交换的最近情况

1957年，商业部根据苏联贸易部长的建议并经国务院（五办）批准，开始同苏联进行消费品交换。嗣后，又先后同捷、匈、保、波、罗、越、朝等兄弟国家进行了此种交换。到目前为止，我同苏联和东欧、亚洲等兄弟国家的消费品交换有两种形式：一种是通过两国商业部门进行的，我同苏联和东欧兄弟国家及越南都采用这种形式；另一种是通过两国合作社间进行的（我方实际上仍由商业部经营），到现在为止，我国只同苏联和朝鲜两国采用这种形式。

根据商业部提供的资料，截至本年10月20日止，我同苏联和其他兄弟国家进行消费品交换的基本情况如下：

（一）我同苏联计委商业总局间的消费品交换，从双方已经签订的合同金额看，我方出口已多于进口35.8万卢布。还有约值27.5万卢布的乒乓球、胶篮球等商品尚待签合同。在进、出口合同全部执行完毕后，苏方将欠我63.3万卢布。

（二）我同东欧兄弟国家和越南商业部门间的消费品交换，基本上是平衡的。对匈牙利我逆差2万卢布，为达成平衡，目前正在商谈以打火机与烟盒打火机等供应匈方。

（三）我同苏联合作社间的消费品交换，从双方已经签订的合同金额看，我出口已多于进口13.6万多卢布。此外，我已向苏联中央合作社提出包括八种商品的货单（有绣花台布、绣花被面、织锦手包、手风琴、铱金笔等），但可供数量与价格，尚未告苏方，估算约值400万卢布。苏联合作社已于8月10日来信确认了以上品种，并且表示苏方可供我煤油1万吨，秒表3万~5万只等商品。

（四）我同朝鲜消费协同组合间的消费品交换，基本上也是平衡的。中、朝两国供销合作机关货物交换议定书修正稿，已经国务院外事办公室于本年7月27日批示同意，最近朝方表示同意按修正稿签订，但尚未签字。

附：中共中央对对外贸易部党组关于对苏联和其他兄弟国家停止消费品交换问题的请示报告的批示摘录

1960年12月16日

李先念副总理于11月23日批示：

“孔原、张彦并依林同志，请研究一下：报告陈总并总理之后，写个批语，对苏可以停，对朝、越停后影响如何？”

陈毅副总理于11月25日批示：

“总理，先念考虑决定。”

李先念副总理于11月27日批示：

“孔原同志正在拟，朝越看来不能，要区别对待。”

姚依林副主任12月6日批示：

“佩琮同志并先念同志：消费品交换，我主张在原则上一律不办。对朝、越可以商量，只要把他们需要的东西，一律纳入两国间贸易协定就行了，用不着在两国协定之外，再来一套。我想，他们是会同意的。如果他们万一不同意，也可以同他们商量另外用一个名义来进行，不用消费品交换的名义。以上请考虑。”(佩琮副主任已阅)

李先念副总理于12月9日批示：

“请孔原同志，张彦同志向陈总汇报，我看可以同意姚依林同志的意见，但必须谨慎从事。”

张彦副主任于12月10日批示：

“先念同志：据了解总理对此事已有指示，同意不再搞消费品交换，已答应对方的尽量压缩，换些我们最必要的东西如汽油等回来。我已告戚剑南同志即将总理指示抄报你处。”

戚剑南同志于12月10日已口头报告先念副总理并函告叶季壮部长：

“关于消费品交换的问题，总理的意思是采取阴消了的办法，凡是已经答应人家的，压缩些数目，换些急需的东西（如汽油等）回来。以后消费品交换的商品，一并纳入外贸计划，不再单独搞外贸以外的消费品交换了。此事，我已口头报告李先念副总理。看来这个报告不要再批了，请外贸部即着手办理。”

164－8－88

中国驻苏联大使馆商务参赞处关于与苏消费品交换问题函

1961年3月11日

3月10日苏联国家计委商业总局工业品进口局日用品交换处约我处谈了下列问题：

一、到目前止，1958年和1959年中苏两国的日用品交换尚未平衡，按合同计算，还有500万卢布（旧币）中国没有交货，计：酸黄瓜1 000吨、苹果1 500吨、乒乓球1 500万个、篮球2万个、台布餐巾15.7万套、台布1 300条、手帕5万打。但按实际交货算（包括合同外、顶交商品），中国方面实欠200万卢布。对这200万卢布，苏方请我根据供应可能提出补交货单，并表示苏方对苹果、台布、手帕、滑雪用竹竿、乒乓球等商品都感兴趣，但这只供我补交时参考。此外，苏请我提出我方掌握的欠交材料，以便进行核对。

二、苏问我，是否已收到1961年的日用品交换货单。我告此事尚未得到商业部的指示，并告继1959年的严重灾害之后，1960年又遇到百年未有的特大灾害，农业歉收，轻工业原料缺乏，日用品交换的商品都是与农业生产有关的，因此短时期内很难谈到日用品交换。苏表示中国农业收成不好，困难是可以谅解的，但表示愿意和中国继续进行日用品的交换业务，请我寻找一切可能，哪怕金额小一些，甚至100万卢布也愿意交换，并称，这次贸易代表团提出的年度货单如有苏外贸部不接受的，或者是中国国内滞销的商品同样都愿意进行交换。如今年有交换业务，请考虑供应一些滑雪用竹竿，因苏国内有很大需要。我表示将苏方要求转告国内。

三、苏希望通过1961年日用品交换，或

在补交项下从中国进口一批莫斯科北京饭店用食具（瓷器器皿和玻璃器皿），并将苏联国家计委商业总局局长斯米尔诺夫致姚依林部长的函交我处转交，再三表示这样做是为了使莫斯科的北京饭店更具有中国的民族风格和特点，且数额不大（1 万卢布，新币），恳请我方同意供应，并请我处提出适合中国高级饭店用的食具货单。我表示即将信转交姚部长。

四、最近全苏杂品出口公司连续收到几次日用品交换货物的发货通知，但没有账单，不好结算，请速补寄。

以上都是苏方提出的问题。关于欠交，请你部将我方掌握的数字和打算补交的商品告知。北京饭店的食具问题，也请一并答复我处，以便转告苏方。

164－8－88

您来电中希望我们提出 1961 年度消费品交换的意见，我们对此问题进行了郑重的考虑，现在我趁这个机会就消费品交换问题的看法和今后的意见，向您作如下说明：近几年来，我们曾同不少兄弟国家的合作社或在双方商业部门之间进行了消费品交换的业务，实践的经验证明，双方消费品交换的范围同对外贸易的范围很难划分。因此，我国政府规定从今年起合作社同兄弟国家之间的消费品交换，全部纳入对外贸易协定范围。如果贵方认为有些商品需要继续同我们进行交换，我们建议可通过贵我双方的对外贸易机构来商谈。对于我们上述的意见，我们相信是会取得您和贵社的谅解的。

中华全国供销合作总社副主任阎顾行就中苏消费品交换问题给苏联消费合作社中央联合社理事帕·阿·卡巴诺夫同志的函，1961 年 3 月 24 日。164－8－88

（一）关于中苏消费品交换进、出口差额平衡问题，根据我们的材料，按合同计算我们供应数超过苏方供应数，预计实际执行结果也将是如此，兹将我方抵补 1957、1958 年进、出口差额的合同执行情况和交换业务进、出口差额平衡情况列表附去，请转告苏方核对。

苏方所提我方没有交货的品种中：篮球 2 万个没有订过合同，只是在 1960 年偿还欠款的合同中有 1 万个胶篮球；酸黄瓜 1 000 吨，系在 1960 年签订抵补差额商品的合同以前不能完成的品种，已按撤销处理；苹果、乒乓球、台布、手帕等的情况均列明于附表中。

（二）关于继续进行消费品交换业务问题，我们可不主动向苏方提及，如果苏方追问，可暂时推拒一下。苏方的 1961 年日用品交换货单，我们没有收到。

商业部有关消费品交换业务问题的复函，1961 年 4 月 15 日。164－8－88

五、贸易结算方式

商业部、中国人民银行总行关于对苏联及各人民民主国家日用消费品交换进出口贸易结汇、结算办法的联合通知

1958 年 1 月 17 日

根据国务院（五办）批示，由商业部负责办理我国与苏联及各人民民主国家间日用消费品交换工作：对外贸易部指定所属有关进出口公司对外商谈价格并签订合同。有关日用消费品交换进出口商品的国际清算和一切本外币收支，均由商业部商品交换局通过中国人民银行总行国外业务局办理。为使日用消费品交换的结汇、结算工作顺利进行，经我部、行研究确定以下办法：

1. 按照日用消费品交换进出口平衡的原则，在合同年度内商业部应保持外汇收支平衡、不占用对外贸易的外汇额度。所有结算的外币款项，一律通过总行对有关兄弟国家银行的贸易清算账户记载。为便于掌握此项业务的外汇收支情况，在总行贸易清算账户下另设辅助账户。

2. 日用消费品交换的进出口结汇、信贷和国内结算业务，比照现行有效的交换共同条件，对苏联和各人民民主国家进出口结汇办法、对外贸易贷款办法和国内结算办法等有关规定办理。

3. 商业部商品交换局向总行办理进口或出口结汇，不分货款或费用。每一卢布一律按牌价人民币 0.50 元折合，不另加贴补。每次办理进口或出口结汇时，总行按实际人民币结汇金额计收 5‰财务费用（如采用异地结汇有关分行代审单据时，不向当地发货单位收取任何费用）。

4. 进口结汇业务，全部集中在北京办理。对于按立即付款方式（指没有 10 日承付期的）办理的进口货款。为照顾内外贸转递单据所需时间。暂定在总行接到国外寄来单据之日起 3 日内（3 日内如有例假，其假期可顺延）由商业部商品交换局办理承付和付款手续；如属商业部商品交换局已得到通知，而产生逾期付款者，每日应按货款总值支付 1‰的罚金。

5. 出口结汇业务，集中在北京办理。为避免单证往返费时，可采用异地结汇办法，即发货单位发货后，如当地人民银行（以下简称分行）办理苏新结汇业务，采用口岸审单北京结汇的方式，比照异地结汇规定手续办理；发货单位发货后，填制出口结汇申请书一式二联（一联是“银行签收单据回执及公司留底”，一联是“代口岸公司对总公司的报告”），随同出口合同规定的单据一并送交分行。经分行审核无误后通知发货单位（发货单位接到分行签章退回的二联结汇申请书后，根据国内结算办法规定向商业部商品交换局办理货款托收），同时分行将全套单是径寄国外分行并以电报通知商业部商品交换局，由该局凭以加制六联单中之四联向总行办理结汇手续（电报内容与密押同外贸异地结汇，电报费由总行国外局营业部向商业部商品交换局算收，分行对该笔费用列为费用支出处理）。分行所缮制通知书（借记通知书或立即付款通知书）的银行编号方法与外贸异地结汇相同。为便于总行鉴别，在通知书总行留底联的“银行编号”栏上方另加注“内贸”二字。

如当地分行不办理苏新结汇业务，发货单位应将合同规定的全套单据以最快速度直接寄商业部商品交换局，在北京办理结汇；同时发货单位根据国内结算办法规定，向商业部商品交换局办理国内托收货款（商业部开户行：中国人民银行国外业务局营业部账号3040，开户名称商业部商品交换局）。

6. 发货单位与分行对合同条款或其他有关事项，双方解释不一致时，由当地商业厅、局会同省（市）分行研究解决。

7. 由于各发货单位过去未办理过出口结汇工作，为使工作顺利进行各发货单位与当地结汇行应取得密切联系，结汇行更应主动给予帮助。

8. 目前以下列34处中国人民银行分支行办理出口结汇业务：北京、天津、上海、南京（江苏省）、蚌埠、合肥（安徽省）、青岛、烟台（山东省）、武汉（湖北省）、南昌、清江（江西省）、长沙（湖南省）、南宁、桂林（广西省）、广州、崖县、韶关、湛江（广东省）、旅大、沈阳、安东（辽宁省）、长春（吉林省）、哈尔滨（黑龙江省）、呼和浩特、海拉尔、集宁（内蒙古自治区）、乌鲁木齐、伊犁、喀什、布尔津、塔城（新疆维吾尔族自治区）、福州、厦门（福建省）、太原（山西省）上述出口结汇地点。今后如有增减，另行通知。

181－7－505

对外贸易部、中国人民银行总行关于颁发对苏联及各社会主义国家进出口贸易的结汇办法的联合指示

1959年7月22日

兹颁发对外贸易部、中国人民银行总行《关于对苏联及各社会主义国家进出口贸易的结汇办法》，并决定自1959年8月1日起实行。该办法实行后，对1954年10月16日本部、行联合颁发的《中央人民政府对外贸易部、中国人民银行总行办理国营对外贸易公司对苏联及各人民民主国家进出口贸易结汇办法》相应失效。在执行本结汇办法时，希注意以下事项：

一、各总公司、各地外贸局及各省、市、自治区分行，应督促当地公司、银行认真研究、贯彻执行本结汇办法，并加强协作，明确分工，共同履行对外义务。

二、本办法下达后，一律按办法内有关规定办理，对过去未了结算款项，为简化起见，银行与外贸公司不再办理多退少补手续。

三、银行对商业部系统的日用品交换进出口贸易业务，为精简公文手续，已征得商业部同意，除卢布牌价一律为人民币五角和采用异地结汇方式外，其他手续比照本办法有关规定办理，不另下达通知。

本办法外贸公司系统由各地外贸局下达。

附：对外贸易部、中国人民银行总行关于对苏联及各社会主义国家进出口贸易的结汇办法

一、总　则

第一条　根据我国同苏联及各社会主义国家签订的交换货物与付款协定、交货共同条件及结算手续议定书以及国务院对进出口结汇的有关指示，为促进国家进出口贸易任务的完成，加强银行与外贸公司协作，明确分工，共同履行对外义务和及时办理结汇，特制定本办法。

第二条　对外贸易部（以下简称外贸部）所属中国各专业公司（以下简称公司）对苏联及各社会主义国家进口和出口贸易的一切外汇收支，均应通过中国人民银行（以下简称银行）办理结汇。

第三条　进口结汇集中在北京与乌鲁木齐二地银行办理（乌鲁木齐只办对苏联部分进口业务）；出口结汇暂定在北京、上海、天津、青岛、武汉、旅大、广州、沈阳、哈尔滨、长春、西安、南昌、安东、太原、蚌埠、合肥、南京、长沙、桂林、南宁、湛江、韶关、福州、厦门、烟台、呼和浩特、海拉尔、贵阳、

杭州、兰州、成都、昆明、郑州、乌鲁木齐、伊宁、喀什、塔城、布尔津、吉木乃、秦皇岛、崖县、清江等42地分、支行办理。

以后各级公司与银行如需增设或撤销出口结汇地点，应上报总行与外贸部核定。

上述结汇地点内的各级公司，凡是独立经济核算并与当地银行有信贷关系者，均可直接委托当地银行办理出口结汇业务，或异地结汇业务。

上述结汇地点内的非独立经济核算的单位，如需向当地银行办理结汇时，应征得省外贸局与省分行同意，并报外贸部、总行备案。

二、进口结汇

第四条　银行接到进口单据，应即通知公司提取（新疆地区可根据当地情况自行确定)。公司必须根据交货共同条件规定的支付方式和承付期间，如期向银行办理对外承付和结汇手续；如资金不敷，可按照外贸贷款办法向银行申请贷款。对立即付款（即无承付期的）项下的进口款项，为便利公司处理，不分自营或代理暂由银行垫款4天，不计利息。即从公司收到银行进口单据之日起算，第五天向银行办理付款（付款日如遇例假可顺延)。

对托收方式应按托收的承付期限，向银行办理结汇或提出异议。

第五条　进口款项的拒付，以及因异议而发生的各种结算，各级公司及银行均应按照交货共同条件规定的程序和手续办理。

如公司主动向国外卖方算收或补付进口款项时，应提供借项或贷项账单一式四份，随结汇申请书向银行办理结汇。在账单内须详细叙述结算原因及情况。

三、出口结汇

第六条　为履行交货共同条件和贸易协议，总公司应将出口合同、确认函（买方或商务代表出具的，以下同）协议书、装船通知、分拨表等等副本文件，及时寄结汇地有关公司、银行（除分拨表）与商检局（除装船通知、分拨表）各一份。

第七条　各级公司在发货前应做好预审合同工作，并严格遵照交货共同条件和合同等规定的条款办理发货和提供结算凭证。

第八条　出口货物的数量、交货日期及陆运到达站，由总公司负责统一掌握。口岸公司必须严格遵照总公司的通知办理发运出口商品。

第九条　对商品的品质、规格，凡属商品检验局检验的商品，商检局应根据交货共同条件，合同条款或确认函等文件，检验商品，不符合出口要求者，不能发给商检证、植物检疫证、兽医证等。

对于不属于商检局检验的商品，应以有关单位出具的品质证书为依据。但此项品质证书必须符合出口合同条款或确认函等文件的要求。

第十条　公司俟货物装车（或装船）后，才能持全套出口单据随结汇申请书，向银行办理结汇。

公司在向银行办理结汇前，必须做好预审单据工作，做到出口单据内容与合同一致、单据内容与所发商品一致，以及单据与单据之间的内容相互一致。

第十一条　银行收到出口单据，根据交货共同条件和合同等有关文件，主要核对单据份数、单据种类、合同编号、付款人、收款人、海运到达港、商品名称、单价、从属费用、账单总值、合同年度、品质增减值、商品等级和包装技术条件等内容。

银行如发现单据中的任何内容与交货共同条件或合同等有关规定不符，而公司又不能提供买方出具的书面确认函件时，银行有权拒绝办理结汇。

银行对公司办理结汇，如属立即付款方式，应当天结汇，如属托收方式俟国外承付后结汇。银行对当天结汇的出口单据，应在当天寄发国外；如当天不及递寄，则不得迟于次日寄发。

第十二条　更改交货合同的确认函应按以下规定处理：

1. 确认函如系外文，总公司寄发有关单位时，应加附中文译本；确认函如由商务代表出具，应寄发有关银行一式两份。

2. 总公司根据确认函正本，缮制副本文件寄发有关单位时，应备函或加盖公章方为有效。

3. 总公司在尚未取得买方书面确认前，不得通知有关单位办理结汇。

4. 对国外买方出具的确认函，银行不必再寄国外。

5. 对买方商务代表出具的确认函，银行在第一次结汇时，应寄发国外一份，以后再须结汇时，只要叙明原确认函号码及第一次寄发的日期与借记通知书编号。

第十三条　如公司采用异地结汇方式办理出口时，总公司或委托地公司应事先将合同等文件寄交代理地公司和银行。俟货物装运出口后，代理地公司应按本办法第十条规定手续缮制结汇申请书一式七联，随全套出口单据交银行核对，并在4～7联上注明“代××地异地结汇”字样。

为便于两国银行记账金额一致，代理地公司对异地结汇项下的每套单据和每份申请书，只能缮制一个委托地区的业务，不能将两个地区以上的业务缮制一份单据和一份申请书。如发生运单等确实无法分割时，可将此项单据附在其中任何一套申请书上，但代理地银行应在有关借记通知书上注明“××单据已附在××号借记通知书”字句。

代理地银行经核对全套异地结汇单据内容无误后，应即拟制电稿（电文内容顺序叙明：合同号、银行编号、品名、数量、货款等），并加注密押交当地公司拍发委托地公司。然后将其中1～3联径寄国外，第四联自留，第五联寄总行，第六联寄委托地银行，第七联退还公司。委托地公司收到异地结汇电报后，应即缮制第六、七、八三联结汇凭证，随电报一并送交当地银行，银行经验押无误后，即予公司结汇；然后将其中第六联格式随报单寄总行，第七联退公司，第八联自留。

第十四条　对于自资本主义国家进口物资转向苏联及各社会主义国家出口的转口业务，可按照一般出口结汇手续办理；如需采用异地结汇方式时，可比照异地结汇办法办理，但在电文内应叙明转口佣金的金额。

第十五条　出口项下的结汇款项，发生部分或全部拒付时，如属托收方式，银行应即通知公司办理撤销手续。如属立即付款方式，银行根据拒付通知书，通知公司办理退款手续。以后如查明国外拒付错误，可根据交货共同条件有关规定办理。

各地公司和银行应将每笔出口拒付经分析拒付原因后，按季反映当地外贸局、省分行，并抄至总行、外贸部和有关总公司。

第十六条　公司因某种原因对已结汇出口商品的单价需要降低时，其差额如买方同意以货物抵补，俟货物发运后，可将全套出口单据直接寄交买方，毋须再通过银行；如有尾差，可以委托银行办理退款或补款手续。

第十七条　出口商品如因数量、品质等合同规定不符，或发生残损，或降低价格，或援助，贷款业务误按贸易处理或因暂定价格等原因，公司主动或同意买方要求，将原结汇款项退还买方时，应提供贷项账单一式四份随退汇申请书向当地银行办理退汇。贷项账单内应详细叙明原结汇时的有关情况，经银行核对无误后，以支付通知书附贷项账单径寄国外银行。因此，银行应缮制支付通知书一式三联，第一联寄国外，第二联随报单寄总行，第三联作留底。

第十八条　出口货物如因数量、品质等与合同规定不符，或发生残损，或降低价格或凭商务记录补算重量差额等原因，买方银行以立即付款或托收方式向我方收取差额时，总行接到国外单据后，即转交出口总公司承付，不论原来货物在何地出口，总公司均应按交货共同条件规定的期限向总行办理退汇。

以上退款总公司如须向有关分公司算收时，应同时抄知当地银行，以便催促公司及时将款项汇交总公司。

第十九条　出口货物如因品质升值、单价提高或原结汇时少收款项等原因，向买方补收差额时，按交货共同条件和一般的出口结汇手续办理。但公司在账单上应详细叙明原结汇时的有关情况。

四、财务费用

第二十条　银行办理进口和出口结汇时，除保险赔款、索赔款国外委托我对外贸易运输公司代垫的运杂费，以及进口业务项下国外委托我方公司代垫的各种款项免收财务费用外，其余一律按结汇金额向公司收取5‰财务费用。进口或出口款项结汇后，如发生拒付或退汇（包括一般商品按暂定价格的退汇）等情况，以资简化手续，银行原来已向公司收取的财务费用不再退还，退汇款项也不另计利息；但对成套设备项下按暂定价格结汇的款项，办理差额结算时，财务费用应按实际结算金额进行多退少补。

第二十一条　公司对拒付或退汇款项，以后如再申请结汇时，以及由于品质升值、单价提高、原结汇时少收或少付款项等原因，须向国外补办差额时，银行应按结算金额计收财务费用。

五、汇价与贴补

第二十二条　对苏联及各社会主义国家卢布汇价一律按每卢布折合人民币0.5元计算，对苏联、德国、捷克、罗马尼亚、蒙古、朝鲜、越南、阿尔巴尼亚的进出口结汇，每一卢布另加贴补费人民币0.45元，合计人民币0.95元；对波兰、匈牙利及保加利亚三国的进出口结汇，每一卢布另加贴补费人民币0.30元，合计人民币0.8元。贴补的使用范围暂时规定如下：

1. 加贴补部分：

（1）货款（包括修船费、样品、展览品，以及FOB或C&F或CIF单价项下的货款与运杂费，但不包括转口业务的佣金）；

（2）属于国外责任而获得的各种商品赔款（如铁道赔款、船东赔款等）；

（3）贸易项下外贸公司直接向银行结汇的进口保险费与保险赔款。

2. 不加贴补部分：

（1）成套设备合同项下的设计资料、专家费用、实习生费用、蓝图费，以及技术合同项下通过两国银行贸易账户清算的各种费用。

（2）运杂费（即FOB或C&F或CIF单价以外的运杂费）、贴补运杂费（包括海运FOB交货改为陆运FOB交货后的贴补或附加运杂费）、贴补包装费以及罚金、佣金等。

（3）保险佣金及出口项下为买方代垫的保险费。

（4）受国外委托或委托国外的并通过两国银行贸易账户清算的各种代垫费用。

第二十三条　通过两国银行非贸易账户清算的有关款项，如航空货运运费、出国运费、宣传费，以及过境物资在我国境内发生的杂项费用等等应按银行公布的人民币对各该社会主义国家货币的非贸易比价办理结算。

第二十四条　对转口业务的外汇汇价，以及卢布与资本主义国家外汇的交叉收付，按下列规定办理：

1. 自社会主义国家进口，转向社会主义国家出口的商品，一律按本办法第二十二条规定的卢布汇价结算；由于卢布贴补费不同而发生的盈亏，由公司自理。

2. 自资本主义国家进口，转向社会主义国家出口的转口业务，其资本主义国家货币与卢布的比价，一律按莫斯科苏联国家银行公布的国际汇价办理结算，由于两种汇价不同，而发生的盈亏，由外贸部门自理。

3. 原以卢布计价的货款或费用，如发生索赔，须以资本主义国家外汇结算时，银行按结算币别的结汇日清算价对公司办理结汇。

4. 原以资本主义国家外汇计价的货款如发生索赔，须以卢布结算时，银行按结汇日卢布汇价加贴补费计算，贴补费以国外企业的国别为计算标准。

5. 原以资本主义国家外汇计价的运杂费，如发生索赔须以卢布结算时，银行按结汇日卢布统一汇价计算，不另加贴补费。

181－8－472

国务院关于自一九六〇年起对社会主义国家贸易卢布收支的结算统一改按对贸易卢布的贴补价办理的通知

1959 年 11 月 30 日

为了使社会主义国家间支付清算工作进一步完善，从 1956 年以来，我国同各兄弟国家属于贸易卢布和非贸易卢布的收支项目，逐步进行了具体划分。作为贸易卢布收支的项目，根据协定主要有：进出口货款，贸易从属费用（运杂费）、技术专家费用（包括对苏联的顾问专家费用）、贷款及贷款利息、邮电、保险、图书、影片、集邮和国际旅行社等费用的清算。这些项目到年终都是直接转到贸易卢布账户，以按贸易卢布计价的进出口货物来清偿。

目前，在我国内，人民银行与有关部门间办理上述收支项目结算时所用的比价，除了进出口货款是用贸易贴补价（即：对苏、德、捷、罗、阿、朝、蒙、越按 1 卢布等于 0.95 元人民币，对波、匈、保按 1 卢布等于 0.80 元人民币）以外；其他贸易从属费用、技术专家费等项目都是用人民币对卢布的正式比价（1 卢布等于 0.50 元人民币）。由于内部结算比价使用了两个计算标准，目前存在的问题是，一方面人民银行每年发生不少亏损，需要由国家财政给以弥补；另一方面在有关部门进行经济核算时也不能反映真实情况。为了统一贸易收支项目内部结算比价，现在作如下规定：

一、自 1960 年 1 月 1 日起，凡对外属于贸易范围的收支项目，内部结算一律按人民币对贸易卢布的贴补价办理，即对苏、德、捷、罗、阿、蒙、朝、越等国每卢布按人民币 0.95 元计算；对波、匈、保等国每卢布按人民币 0.80 元计算。凡对外协定属于非贸易范围的收支项目，仍按人民币对该国的非贸易货币比价办理。

二、按上述办法执行后，有关部门在财务收支方面发生的增减变化，应当分别在编制各单位 1960 年度财务收支和单位预算时，予以处理。至于按贴补价结算的具体收支项目，由人民银行负责拟订，并通知有关部门执行。

三、此项对贸易卢布贴补价，专供我国有关部门与人民银行间结算时内部使用，不是人民币对卢布的正式比价（中苏协议人民币、对卢布的正式比价为 1∶0.50 元人民币，非贸易比价 1∶0.1667 元人民币）。至于对外则以卢布为清算标准，即收卢布，支卢布，同内部的补贴价无关。为了避免国外发生误解，此种补贴价应当严格控制不得对外。

181－8－472

中国人民银行总行关于对社会主义国家贸易卢布收支统一改按贴补价计算的具体使用范围的通知

1959 年 12 月 12 日

关于自 1960 年起对各社会主义国家贸易卢布收支的结算统一改按对贸易卢布的贴补价办理问题，国务院已于今年 11 月 30 日颁发了国五念字第 304 号通知。根据此项通知规定，自 1960 年 1 月 1 日起，凡对外属于贸易范围的收支项目，内部结算一律按人民币对贸易卢布的贴补价办理。即对苏联、德国、捷克、罗马尼亚、阿尔巴尼亚、蒙古、朝鲜、越南等国每卢布按人民币 0.95 元计算；对波兰、匈牙利、保加利亚等国每卢布按人民币 0.80 元计算。

我行根据国务院上述指示，兹将有关国内各部门与银行间按贴补价结算的具体收支项目，拟订如下：

1. 国家贸易、消费日用品交换贸易、地方小额贸易、贷款、援助以及科学技术合作项下的货款（包括样品、出售的展览品）、从属费用，以及和货款有关的赔款、罚款。

2. 贷款利息。

3. 铁路过境货物的运杂费用。

4. 保险费、保险赔款及对外分保业务收支。

5. 邮电差额结算。

6. 通过贸易卢布结算的实习费用、国际旅行社的综合服务费用、专家费用、图书、影片、集邮、展览会费用、国外企业投资、租船费用、航空货运运费、港口费用、速装费、滞装费、以及商标、广告、设计资料与蓝图费等。

7. 通过贸易卢布结算的有关贸易、贷款、援助等项下国外委托我方，或我方委托国外的各种代垫费用。

8. 通过贸易卢布结算的其他费用。

以上收支项目按贸易卢布贴补价结算的使用日期，根据国务院规定，应自1960年1月1日开始，即不论我方银行、企业，或国外银行、企业何时开出的结算凭证和何时发生的业务（包括退汇与拒付等情况），凡在1960年1月1日以后向银行办理结汇的，每卢布一律按人民币对贸易卢布的贴补价计算。特此通知，并请从速转知有关所属为荷。

181－8－472

第五部分

与资本主义国家及我国港、澳地区之间贸易发展情况

一、与资本主义国家贸易的基本政策和组织执行情况

全国外贸局长会议参考文件之四：鼓起革命干劲为完成一九五八年对资本主义国家出口六亿到七亿美元的光荣任务而努力［节录］

1958年2月3日

［上略］

1957年对资出口，有一些成功的经验，必须在今年继续正确运用。

1. 必须抽调得力干部出国活动，积极深入市场，争取就地成交。派人出去时，必须交代具体任务、政策和活动方法，加强领导、监督、检查。中国土产出口公司派驻缅甸的干部，由于公司交代任务明确，重视对他们的领导，在推销成药、瓷器等方面，有一定的成绩；但有的公司派出干部，由于任务不明，领导又抓得不紧，形成走马观花。我们应当提倡前一种做法，反对后一种做法。

2. 口岸分工中某些不合适现象需要及时调整，但对外步调统一的原则不可动摇。特别是在国外竞争更加剧烈的条件下，更加需要注意统一对外步调。1957年棉布出口价格的掌握基本上是合理的，有力地进行了同日本的斗争，这同棉布出口统一对外成交有重要关系。反之，如肥皂，1956年上海、福建、广州三地出口15 000箱，1957年虽又增加了天津、青岛、梧州肥皂出口，但只出口了9 000余箱，上海固本肥皂价格从每箱19.5港元降为16.5港元，降价幅度达15%。据华润公司反映，如我们能出口一种牌子，避免自相竞争，抵消力量，不仅价格可以稳定，每年亦至少可出口三四万箱。因此，我们仍然必须坚持对外统一步调，同时对内应当通过货源的合理安排，发挥各地供应出口的积极性。

3. 必须充分利用中间商，培养重点客户，为我出口推销服务。特别对于竞争性大的工业品或传统出口的大宗商品，尤其需要培养一批客户，使他们主要依靠我们供货获利，积极为我推销，以建立稳固的销路。有些商品应当积极地找代理、包销关系。中间商即以佣金和利润为其经营目的，这就是说，我们有可能利用中间商扩大出口。我们必须积极利用他们，组织他们为我扩大出口服务。

4. 广州出口商品交易会经过一年的实践，证明是扩大对资出口贸易的一种很有效的办法。由于组织了各供货部门，各省、市、自治区有关同志参观，使他们了解国外商情，因而也是组织出口货源、促进品质规格的改进和发掘新商品的重要方式。今后每年要举办，并继续创造多种多样的方式，进一步扩大成交金额。

此外，有些港口加强对外国海员的推销工作，也增加了外汇收入。上海在这方面搞得成绩较显著，值得推广。我们必须肯定成绩，看到缺点吸取经验、满怀信心的鼓足干劲前进。

［中略］

1958年我国对资本主义市场的出口贸易面临着以下不利条件：有些出口商品推销困难（如英国已宣布限制我国棉布出口），出口外汇减少（据中国矿产公司计算，该公司1958年计划所列商品，如按1957年对资出口成交

价计算，应收外汇 5 138 万美元，但因今年价格下降，全年预计只能收入外汇 4 323 万美元，差 815 万美元），如果对某种商品的价格和销售条件掌握不好，还有丢掉市场的危险。此外，今年国内货源总的说来是比较充足的，但有些商品在供货时间上（如粮油）、品质规格上（如食品罐头、矿砂、玻璃、收音机等等）还存在不少问题，也是对资出口工作中的一些困难。这些困难和不利条件，我们必须足够重视，并必须在思想上、工作上作足够的准备，以便千方百计克服困难扩大出口。

上述不利因素，只是今年对资出口贸易所面临的一方面情况，另一方面，还有各种有利的条件，我们更须足够认识充分利用：

第一，易货贸易的条件较以往成熟：（1）亚非地区民族解放运动日益高涨，民族独立国家积极反对帝国主义和殖民主义，它们要求民族独立，建设自己的独立经济；它们虽有自己丰富的资源，但缺乏外汇（美元、英镑）。这种条件，使他们日益愿意同社会主义国家进行易货贸易，因为易货贸易可以使它们摆脱外汇缺乏的困难。我们必须支持他们的反帝斗争，通过平等互利的易货贸易，购买他们的产品，扩大我国出口。（2）许多资本主义国家是依靠对外贸易维持生活的。在当前资本主义经济衰退形势下，它们为了在经济上各自逃命，就会更加迫切地同我们进行贸易，因为有 6 亿人口的广大的中国市场，对它们不能不是一个极大的吸引力。资本主义国家的工商界和一部分统治阶级人士认为形势逼人，对我国开展贸易的长期打算的棋子必须下，要求在放宽禁运的基础上双方多走一步。特别是英国和法国，它们过去吃饭穿衣都要靠殖民地，它们失掉殖民地以后将无法自给自足，它们不得不按照平等互利的条件向东方国家购买原料和食品。因此，同资本主义国家进行易货贸易的可能性也增大了，因此，我们在交易中必须尽可能地贯彻以进带出，易货平衡的方针。

第二，资本主义经济发展是不平衡的，有的先进，有的落后，有的目前还可维持，有的已将跌倒。同时它们经济衰退和困难的程度也不是一致的，它们对我国商品的需求情况也不是一致的。在资本主义国家里，各个厂商企业的经营情况也不一样。各种商品的国际市场容量变化也不一样。例如工业品动荡较大，但是食品和某些原料的市场容量减少就较少，价格幅度下降也较小。此外，帝国主义国家和一般资本主义国家对我国的政治态度也不同，近来一般资本主义国家和平中立倾向已有所发展。我们必须区别对待，利用矛盾抓紧火候，到处活动，展开进攻，赶前不赶后，争取早成交、早出口、早结汇。

第三，我们需要从资本主义市场进口大量物资，这是带动出口最有利的武器。我们的社会主义建设是有计划的，不断发展的，没有危机的。我们需要大进大出。我们大量出口是为了大量进口，但是资本主义国家却面临危机，需要奖出限入。从它们限制进口和我们要求大量出口来看，两方面是对立的。但又可暂时得到统一，这是因为它们需要向我们推销，就不能不买我们的东西，否则它们推销不成。因此，我们要利用购买必要物资的机会，有组织、有计划地以进带出，打破限制，把上述对立统一起来。凡是能够实行“以进带出”的地区，都须从计划上、出国贸易小组的安排上体现这个方针。

第四，国外有一千多万华侨，是扩大出口的重要力量。华侨爱国热情很高，喜用国货，只要把他们组织好，在商品供应和规格质量上满足他们的需要给予适当利用，就能为祖国扩大出口服务。通过他们的活动，还可以促成和影响我国与东南亚国家商人以至政府之间的贸易。

第五，今年的出口货源，总的说来是较充足的。国内各级党政领导机关正在大力支持出口。工业部门某些产品的原料和销路，也需要通过对外贸易得到调剂，因而产品品质规格的改进、新品种的试制等，都可能逐步得到解决，这就给扩大对资出口提供了物质保证。

第六，进出口结合起来看，资本主义世界

市场价格下降对我们是利多害少的。这是因为我出口货中工业原料占的比重较小，进口货中工业原料占的比重较大，而工业原料比其他货物价格下跌的幅度更大是资本主义世界经济不景气状况下的一般规律。据行情研究所初步研究，在我国出口总值中，工业原料约占17%，1958年价格将比1957年下降约8%；食品约占37%，价格下降约2%；棉织品约占14%，价格下降约6%；土特产约占6%，价格下降约2%；其他约占26%，价格下降约1%，以上出口价格总计约下降3.32%。在我国进口总值中，工业原料约占50%，价格下降约9%；机器和设备约占15%，价格大约持平；化学肥料约占10%，价格约下降5%；其他约占25%，价格下降约1%；以上进口价格总计约下降5.25%。从上述进出口商品不同比重和价格下跌的不同幅度来看，虽然我出口货收汇减少，但进口货用汇减少更多，所以算总账还是对我有利的。

第七，我们还有第一个五年计划期间积累起来的对资贸易的经验，掌握了不少有效的推销方式和经营措施。我们的广大干部还经过了反右派斗争的锻炼和进行着整风，社会主义觉悟和革命意志有了很大提高。这样的工作基础和干部条件，加上当前全国各项工作大跃进的形势，是保证完成全年对资出口贸易任务的最宝贵的一个因素。

[中略]

四、1958年度对资出口贸易的任务和措施

1958年是我国第二个五年计划的第一年，5年看头3年，3年看头1年，因此今年的工作对于完成第二个五年计划十分重要。党中央提出在优先发展重工业的基础上，发展工业和发展农业同时并举的方针，提出了全国农业发展纲要（修正草案），提出了争取在15年内在钢铁和其他重要工业产品的产量方面赶上或者超过英国的号召，从各方面鼓舞和促进了工农业生产的大跃进。全国人民已经鼓起社会主义革命的干劲，正在掀起一个规模巨大的工农业生产新高潮、新跃进，这个新的形势，对对外贸易部门提出了新的任务。我们要积极响应中央的号召，在对外贸易战线上配合各部门，为争取实现中央提出的目标而斗争。

1958年度的进口任务是很大的。为了支持国家建设和工业生产的发展，需要进口五金钢材、有色金属、机械仪器、工业原料和技术资料等；为了提高粮食产量和其他农作物的产量，争取农业大丰收，需要进口相当大量的化学肥料以及发展化学肥料工业所需要的设备和原材料，需要进口我国还不能生产或供应不足的有效农药、部分新式农具和农业机械、优良种子。此外，还需要进口不少供应人民日用消费的必需品，如食糖、医药、手表等。根据计划安排，1958年度需用的资本主义外汇达5.7亿美元。[中略]

为了完成上述任务，我们要采取以下各项措施：

（一）在对外贸易战线上动员全体同志，鼓足革命干劲，发扬朝气，克服暮气，积极活动，要从思想上清除盲目的畏难情绪。认识当前整个国际政治和经济形势对我有利的特点，乘风破浪地前进。工作中存在的问题和困难，除了领导机关帮助解决外，更主要是发挥各单位的积极性和主动精神，分别与有关单位去协商解决；各业务经营单位必须在巩固和扩大传统商品、大宗商品的出口和现有市场阵地的同时，大力开辟新市场，发掘新、小商品。各级领导同志都必须认真走群众路线，把任务和推销措施提交各方面的干部去讨论，统一思想认识，调动一切积极因素，保证完成全年对资出口任务。

（二）采取“大进大出”的方针，积极扩大出口。根据当前国内外的形势，国内建设和生产迅速发展，就要求扩大贸易，我们需要进行“大进大出”的贸易。为此，除了加强组织出口货源，充分发挥出口货源的潜力外，还需要有计划地、有组织地采取以下办法：(1) 进口原料，出口成品。如进口棉花，出口棉布、棉纱和棉针织品；进口橡胶，出口胶鞋、轮胎和其他橡胶制品；进口毛条，出口呢

绒；进口有色、黑色金属，出口机械和金属制品等。在保证外汇增值的条件下，外贸部可给各有关公司一定的外汇周转金，由各公司自行掌握进出口；（2）通过贸易手段，进口国内需要物资，换出值钱的品种出口，赚取外汇。如进口小麦，换杂豆出口；进口人造丝，换生丝出口；进口尼龙，换白猪鬃出口等。各公司也可以本着勤俭办企业的精神订出外汇使用和周转计划，自行掌握进行；（3）大量出口某些原料，换成品进口。如利用对日本的近便条件和国内资源，大量出口铁砂、煤、食盐等，换回黑色金属和肥田料等，并可以酌情签订长期易货合同；（4）根据国外销售条件，逐步试办和推行改原料出口为成品或半成品出口。但应以出口成品比出口原料能多收外汇，并且不影响销路为原则；（5）可以考虑在计划外，进口一批专用化肥，增产茶叶、蚕丝、薄荷脑、油和其他农产品。上述办法，因为缺乏经验，需要有计划地先行试办，逐步推行。各公司都应当本着“大进大出”的精神，积极研究，创造好办法，千方百计地增加国家外汇收入。

（三）分别地区，贯彻“以进带出、易货平衡”的方针，积极加强推销工作。以进带出、易货平衡是1958年度我对资贸易的总的业务方针，也是在当前资本主义经济条件下扩大出口的有效办法。因此，各公司必须将主要进出口商品分别排队，列出计划和意见，特别是那些不好销的、而又为某些国家需要的商品，应当通过以进带出，积极推销。有关分国别的以进带出计划和出国贸易小组，由本部三、四局负责组织掌握，业务局协助。为此，各公司都要采取积极主动的态度，互相协商，互相帮助。有进口任务的公司，应当主动通知出口公司配合；出口公司更应主动争取，必要时应当派干部随同贸易小组出国。有些公司本身兼有进出口任务者，应当在公司内部结合起来，以进带出。

但是，凡不需以进代出者，就要单面出，看商品看情况，不可机械地执行。对有些地区（如香港），我们不需要以进带出；有些国家（特别是欧洲某些国家），只能够作部分易货。我出口成套设备不一定全易货，可采取长期付款方式。因此，各公司除了“以进带出”的办法外，还必须积极采取其他有效办法，加强推销工作，决不能把一切出口都寄托在进口来带动。特别是对于那些比较好销，或虽不好销，但经过争取可以销出去而取得外汇的商品，更应大力活动，争取卖现汇。对于“以进带出”的出口货，也要在价格上加以控制，以免使资本主义商人买去后在市场低价抛售，搅乱行市。

（四）巩固和扩展原有市场，有重点地开辟新市场。

第一，1958年度首先要进一步占领港澳市场，妥善地安排货源和出口时间，逐步争取把副食品和土副产品的市场（除香港当地产品外）由我包下来，并扩大工业品出口，全年对港澳出口（包括转口）要求达到20 233万美元；其次，要加紧对新加坡、马来亚的推销，逐步变新马市场为港澳。

第二，新加坡、马来亚1956年进口总额达13亿美元，当地销售达8亿美元，我1956年对新马出口仅4 400万美元，必须想一切办法争取扩大出口。1958年对新马出口额（包括转口），要求达到4 400万美元。

第三，大力加强对日贸易。日本有许多产品（如肥田粉、人造丝、钢板、有色金属等）我国需要进口；我国许多大宗商品也向来销往日本（主要是大豆、大米、羊绒、煤、铁砂等），因此各公司（特别是需要从日本进口的公司）都应当严格执行以进带出、易货平衡的原则，积极推动出口，但个别商品为了及时满足国内需要，非用现汇买不可者例外。

第四，积极开展对亚非国家的易货平衡贸易，主要国家为埃及、叙利亚、印尼、缅甸、印度、锡兰、巴基斯坦、摩洛哥等。对这些国家我们过去每年都付出一定的现汇，今年必须贯彻以进带出的方针，扩大出口，争取少付或不付现汇。

第五，组织力量，打开加拿大市场，并开展对拉丁美洲的贸易。加拿大市场需要我土特产品，容易很大，通过加拿大，很多商品就能进入美国市场。现在加拿大小麦积压，我们利用这个机会，已与粮食部门商妥，可以酌情购进一批小麦（与国内调换杂豆或其他物资出口），带动手工艺品、土产、猪鬃等出口。打开拉丁美洲市场，这在政治上、经济上削弱美帝国主义有重大意义，必须长期努力，现在应当积极地开始。

第六，对西方资本主义国家的贸易，应当区别对待。对芬兰、瑞典、丹麦（均与我订有政府间的贸易协定）、挪威（与我国正在谈贸易协定，估计不久可达成协议）应当积极争取，在符合我需要和可能的条件下，应尽可能采用“以进带出”的办法，多同他们做些交易。对英、法、西德、意大利等国家，我们仍应继续利用他们的矛盾（这种矛盾在1958年经济衰退时期会有新的发展），以及他们同美国的矛盾（这种矛盾也在发展），加以分化和利用。在目前的情况下，应对西德、英国、法国应分别多做些工作，并尽可能地按计划趁机争取进口一些机器和技术资料，带动出口。

（五）继续实行口岸出口经营分工，严格统一对外步调。1958年资本主义市场上的竞争将更趋剧烈。在这种情况下，必须有严格的对外统一性，才能在斗争中取胜，如果放松了对外步调的统一，就会重复自相竞争、价格下落、外汇少收的教训。但是，必须充分重视地方出口的积极性，对地方党政的扩大出口的要求必须十分尊重。因此，1958年度必须在继续实行口岸分工、统一对外步调的同时，将国家对外统一性与地方积极性结合起来。具体办法，可按不同商品分别规定为：（1）由一个口岸集中对外成交，包干出口。各地出口计划由总公司统一安排；出口的品种按国外需要的规格组织进货，由总公司和统一成交的口岸公司会同有关口岸的代表，合理分配给有关地区（包括口岸）负责生产和供应；出口数量和成交后的交货时间，由统一成交的口岸安排，各口岸分头交货，外汇归供货地区（包括口岸）。这种方式适用于大宗的和主要的出口商品（如棉布等），先试行一年，再研究是否需加改进。（2）按商品由总公司或为主的口岸召开专业会议，安排出口数量、出口价格和相互配合的办法，各口岸按会议决定办事；（3）加强香港机构，在驻广州特派员的领导下，由香港机构在当地统一掌握出口数量、时间和价格，国内各单位据以供货和出口。在实行上述办法中大家都应当防止本位主义，为主经营的口岸应当照顾全局，各口岸则应当服从整体利益，以便作出适当的安排。本部和总公司应当加强检查和督促，对口岸间或地方与口岸间存在的问题，应当及时解决。

（六）有计划、有组织地派贸易小组出国，本着以进带出、积极推销的精神，到处扣门，四处活动，克服坐等生意的懒惰现象。根据今年资本主义市况趋疲的特点，各公司的贸易小组必须早派，动作迅速，争取早成交。以进带出的贸易小组由本部统一筹划和组织，专业推销小组由各公司自行规划和派遣。

除派贸易小组出国活动外，还要加强驻外机构，在重要的地区，要增设业务据点，大力活动。

（七）开好广州出口商品交易会。今年要举办两次交易会，成交任务上半年一次保证为3 000万美元（争取完成3 600万美元）；下半年一次保证为9 000万至1亿美元。为了开好交易会，必须注意：（1）各公司、各口岸必须把交易会看做积极扩大出口的近便场所，充分准备货单，以畅带滞、以大带小，并配备精干力量，安排推销工作。（2）邀请商人必须结合推销意图，确定重点地区、重点行业和重点客户，并事先进行联系。各驻外商务机构对邀请客户方面，应当积极提出意见和建议。某些公司（主要是经营工业品的公司）邀请来的客户或代理商除谈交易外，还可和他们座谈对我商品规格和经营上的意见，这种会议，应当请供货部门一道参加，以便改进。（3）准备一定的进口货单，带动新小商品和滞销商品出口，特别对日本的交易，应当准备适当的进口货单。(4) 贸易谈判工作必须要有核心领导，以统一指挥和调度各口岸、各公司之间的业务。对外成交必须以商品为中心，统一步调；各总公司应指派经理或副经理担任交易团负责人，以加强领导。(5) 展览会期间，要很好地安排内地外贸系统和各供货部门干部的参观座谈或其他业务活动，使他们了解情况，学习业务。(6) 交易会结束后，各公司、各口岸都要认真履行合同，及时组织交易。

(八) 充分发挥驻外商务机构的作用，内外配合，完成任务。驻外商务机构要做好以下工作：(1) 提供我国与各该驻在国发展贸易的可能性（特别是扩大出口推销和“以进带出”的可能性），并拟出具体建议。(2) 负责领导和督促出国贸易小组的业务活动，贯彻政策。(3) 除代表外贸部与当地政府代表进行贸易谈判外，应当积极活动，做具体业务。(4) 结合业务，开展商情调研工作。对当地的经济贸易动态、外汇状况、政策措施以及具体的业务消息（如招标等），应当及时通知本部或主管公司，以便采取措施。

为了使驻外机构完成上述任务，各重点公司应当派遣代表驻在商务机构内，在商务参赞领导下活动。凡是各公司要求商务机构协助推销出口货，应当给商务机构价格掌握幅度，如有变动，应当及时通知。

(九) 在经营上必须贯彻勤俭办企业和反浪费的方针，在一切业务环节上精打细算，做到既扩大出口，又能降低费用，增加收入。因此在对外成交上要注意正确地进一步灵活经营方式和收汇方式。在多出口、多收外汇和不违反政策的原则下，灵活运用并积极创造各种推销方式。由于我在国外的机构很少，利用资本主义市场的商人是必要的。但这是复杂的斗争，搞得好，能增加我推销力量；搞得不好，就可能遭到损失。因此，必须按照商品性质、对方经营能力和资信情况，分别采取不同的利用办法：(1) 一般性的业务往来关系；(2) 带有约束性的业务关系，如代理、经销、包销、寄售或组织联系等。采取这种办法，应当把双方的责任与义务订明。但不论采取什么方式成交，都要注意互利，要按买方要求及时发货，并且尽量保持价格的稳定。

在收汇方式上，应当在收汇安全、有利于扩大出口数量并争取资金迅速周转的原则下，应当按照不同商品、不同地区和不同贸易对象分别地妥善地灵活掌握。从商品上看，畅销货的收汇方式一般应稍紧（包括采用信用证见单付款办法），争取资金迅速周转；一般商品的收款方式掌握可稍宽（包括采用信用证见单若干天后付款、货到付款等办法），以利推动出口。对于竞争性很大的工业品、新小商品和滞销商品的收汇方式，可以更加放宽些，有些商品可以采取寄售和无证出口方式。但根据银行反映，目前有些口岸和有的公司在掌握灵活收汇方式上有盲目放宽的现象，并已发生贷款收不回来的损失，这种浪费国家财产的做法，必须严格制止。因此，各公司都应当深入研究各种收汇方式，对于新马地区和港澳商人与我贸易的传统方式，只要国外愿意，应当沿用；对于订有支付协定的国家，支付方式的规定，应当与支付协定精神一致。各公司的收汇方式问题，应由业务与财务部门共同负责掌握，经理最后决定；有关这方面的政策原则，本部由业务局负责研究处理。

(十) 分别商品，确定出口价格掌握的原则。1958 年资本主义世界市场价格的总趋势是看落不看涨的，具体商品的国际市场价格会继续跌落或者波动不定。我们总的目标，仍然要争取稳价多销，多收外汇。但在各类商品的掌握上，可以根据不同情况作这样考虑：(1) 我国传统的出口商品或在市场上地位比较稳定的大宗商品，应当根据市场情况，稳价多销，略有升降；(2) 向东南亚和港澳市场出口的副食品、土特产品，应当保持稳定的价格，在市场有变化或竞争时，作必要的调整；(3) 工业品和其他竞争激烈的商品，应当以略低于主要竞争者的价格掌握，但必须认真核算，心中有底，不能盲目降价；（4）新商品价格应当以开辟销路为原则，开始时可以较低的价格成交，待销路转为巩固后，再逐步作合理的调整。

为了正确地、主动地掌握出口价格，各总公司应将所经营对资出口的主要商品，分别作出全年经营方案，规定价格总水平、上下幅度和掌握原则，于二月份内通知所属业务单位和驻外商务机构，并报部备案。

（十一）增加出口品种，提高品质，改进规格。为了进一步扩大对资出口，必须在现有商品之外，本着跃进的精神，积极发展新品种和次要品种的出口。各公司为试制新品种需要增添设备或作必要投资的，原则上可办，但我们投资能力不大，只能少量的作，并且必须本着节约精神，务求花钱少，办事多，收入大，并且必须用于直接发展出口物资的生产，大量投资必须依靠有关地区和部门。

出口商品的品质规格问题，今年必须引起我们万分重视。规格品质是否适合消费者需要，是商战中决定胜负的关键。因此，各公司都应抓紧与有关供货单位协商，力求解决问题，并可采取如下办法：（1）根据国务院指示，直接向生产单位组织进货，以减少中间环节（具体做法待与有关各部商妥后定）。遇有品质规格上存在的问题，除了与中央有关部门交涉外，更重要的办法是深入厂矿，与群众见面，把国外反映和要求介绍清楚，以求有效的改进。（2）逐步地有重点地实行专厂生产或划区生产、供应出口的办法，改进品质规格。（3）在国内举办样品品质评比展览会，吸收各方面产品的优点，改进我国产品的质量。（4）工业品出口规格问题以及缺乏技术说明资料等问题，外贸部已征得经委同意，将共同召请工业部门开会，研究解决。各公司在这方面存在的问题和改进意见，要写成材料于二月份内报部。

（十二）修改出口亏损的掌握报批办法，授权各总公司经理具体掌握。现行出口亏损率的掌握办法，系国务院（五办）1956年批示原则规定，并经1957年外贸局长会议修改确定。对于防止出口亏损过多有过积极作用。但由于在出口成本项内包括的工商部门利润和费用较大，外汇汇率又较低，因此，出口亏损率一般表现较大，并有虚假现象，与积极扩大出口有不相适应之外，因此，需要加以修改，并报告国务院批准后执行。为了使公司能把出口亏损和价格掌握结合起来，准备取消现行的各类商品出口亏损率报部批准的办法，改由本部结合全年对资出口任务的规定，按照商品盈亏情况，确定各公司全年上缴利润任务或亏损总额，由本部财会局为主，会同计划局、进口局、出口局共同拟出，经部务会议通过下达，由各总公司经理全权掌握。但实行这个办法后必须注意：（1）各公司在经营上必须精打细算，规定必要的掌握亏损的制度，以贯彻勤俭办企业的方针，争取减少出口亏损。

（十三）加强运输工作。运输工作是完成对资进出口的重要环节之一。运输工作必须为进出口服务，为降低运价而斗争。各进出口公司和运输公司必须密切协作，加强衔接计划，做好这项工作。

[下略]

T51/30

中央批复外贸部党组关于用我国次要和滞销商品向国外交换对方要推销的商品向中央的报告

1958年7月3日

中央原则上同意用我国出口货中的次要商品和滞销商品向兄弟国家和西方资本主义国家交换对方需要推销的商品，并且同意按照这个原则向东欧兄弟国家交换2亿卢布金额的物资，和向西方资本主义国家交换1 500万～2 000万美元金额的物资。但是，在具体执行中，必须保证不能影响国家重点物资的进口。

Z9－855－12

中央批转对外贸易部党组关于在第三季度地方暂时停止对资本主义国家新的订货的请示报告

1958 年 8 月 10 日

现将对外贸易部党组 8 月 4 日《关于今年对资本主义国家外汇问题向中央的请示报告》发给你们。中央同意：地方在第三季度暂时停止对资本主义国家新的订货，同时加紧出口，增加外汇，待超额完成国家第三季度总的对资出口计划后并有超额外汇时，才能再向资订货。何时可以再向资订货，到时由外贸部通知。以后货单须报外贸部审查。请各地党委督促各地银行、外贸局贯彻执行。

附：对外贸易部党组关于在第三季度地方暂时停止对资本主义国家新的订货的请示报告

1958 年 8 月 4 日

按照今年对外贸易计划第一本账（出口 60 亿元、进口 50 亿元），对资本主义国家出口计划为 6.07 亿美元，按现在出口结汇情况估计全年可以完成 6 亿～7 亿美元；进口用汇计划 6.5 亿美元。

上半年对资出口结汇完成 2.42 亿美元，进口用汇完成 2.42 亿美元。6 月底银行外汇库存 1.59 亿美元，记账外汇1 000 万美元，共 1.69 亿美元。

第三季度计划对资出口结汇为 2 亿美元，进口用汇计划 3.1 亿美元。这样，第三季度末银行外汇库存约6 000 万美元。

全年地方用汇计划为4 500 万美元，但上半年地方向外订货已达9 400 万美元，超过计划4 900 万美元。这部分超额订货，各口岸外贸机构接到各地订货单后，事先未报对外贸易部，即直接向国外订购、对外贸易部也没有及时发现和制止。但是上半年对资本主义国家出口计划并没有完成。因此上述超计划用汇，没有外汇计划。因此，第三季度对资本主义国家外汇比较紧张。如果地方上继续直接向外订货，将会发生对外不能支付的危险。

为了防止上述危险，最近在上海全国对外贸易局长会议上决定：（1）地方在第三季度暂时停止对资本主义国家新的订货；（2）加紧出口，增加外汇，以抵付4 900 万美元的超计划订货；（3）在完成国家第三季度总的对资出口计划后，并有超额外汇时，才可再向资订货。何时可以向资再订货，到时由外贸部通知，以后货单须报外贸部审查。

以上意见，如中央同意，请即批转各省、市、自治区党委督促各有关单位贯彻执行。

Z9－845－15

对外贸易部党组关于检查对西方国家出口废原棉问题的报告

1959 年 2 月 25 日

关于我对西方国家出口废原棉问题，我们已根据中央书记处和李先念副总理的指示进行了检查。现将初步检查结果和处理意见报告如下：

一、废棉（指纺纱过程中剩下的废棉花）历年都有出口。“废原棉”（指未成熟的剥桃棉、霜后棉花和枯黄棉花）从 1953 年开始陆续有小量出口。1958 年 4 月 3 日，经国务院（五办）批准，同意江苏省委在计划外出口 4 000吨废原棉。上海土产出口公司在 7 月到 11 月份内先后同英国、西德、瑞士、法国等国商人以函电方式成交 85 笔，共约 7 562 吨（超过国务院五办批准数）。其中，有 4 166 吨已经交货，未交的有 3 396 吨。未交部分涉及 4 个国家的 10 家商号：英国 5 家，共 3 042 吨；瑞士 2 家，共 190 吨；西德 2 家，共 138 吨；法国 1 家，25 吨。

上述应交未交的3 396 吨废原棉，因货源无着落不能履行合同，因此上海市对外贸易局于 10 月 29 日电告我部，要求帮助解决货源问题。这时，经我们发现，实际成交的并不完全是废原棉，除其中95吨是真正的废原棉以外，其余7 467吨的货样实际上是十一、二级的低级棉花；同时，售价又很低，在去年5月份以前，我对日成交价是每磅13~15便士，10月份左右，美国黄棉花在香港市场售价也是每磅13.35~15.52便士之间，而上海土产出口公司对外成交价格，每磅仅5.25~8.25便士，相差约1倍左右。当时，西方国家以“中国以低廉价格大量兜售棉花”进行造谣，同时，总理曾指示对西方国家不能出口棉花，为了防止给敌人造谣说我们倾销棉花，影响我国同亚非民族主义国家的友好关系，我们在11月14日电告上海和其他口岸停止原棉（包括废原棉）出口。此后，上海外贸局又向我部请示对已签的合同是否撤销。当时我们认为，总理的指示必须坚决执行，对于敌人乘机造谣诬蔑我倾销棉花的借口也须堵死，同时我们考虑到，在国际贸易往来中，由于种种原因，经常有撤销合同或变更合同的情况，按照国际贸易惯例，由于领不到政府进出口许可证，是可以撤销合同的。因此，我部又在1959年1月9日正式决定：对上海已成交尚未交货的低级棉花，以上海市对外贸易局停发出口许可证为理由，停止出口，不再交货，上海土产分公司根据不同对象分期处理。对瑞士等国商人改做废棉交易，给以适当照顾。对英国、西德商人，从对英国、西德的贸易政策考虑，则不予照顾。

由于这批低级棉花出口的价格很低，国外商人进口利润很大（据初步计算，未交货的部分，商人利润即达15万英镑以上），因此当上海土产出口公司将上述决定通知买方以后，除法国永兴洋行因数量较小，主动提出以漂棉顶交，经我同意，已结案；西德、瑞士商人尚未表示态度外，英商大为不满：一方面通过英废棉协会开会讨论，提出抗议，并声言拟提请其政府通过外交途径解决，要求赔偿损失；另一方面通过英《金融时报》、《泰晤士报》以及路透社等加以渲染，在政治上造成对我不利的局面，压我继续交货。

二、经我们初步检查，这个问题的发生，主要是由于在去年外贸工作中错误地执行了“大进大出”的方针所造成的后果。从上海土产出口公司来检查，主要的错误在于：没有货源，就对外签合同；超过国务院（五办）批准的出口数量亦不请示，并且以11、12级的低级棉花充做废原棉低价出售，使敌人乘机宣传我低价倾销棉花，挑拨我国和亚非民族主义国家的关系。我们对这个错误竟长期没有发现，说明我们领导工作不深入，存在着严重的官僚主义。而且在发现以后，考虑又不全面：我们只考虑到总理指示的出口棉花会影响民族主义国家的经济，今后不宜对西方国家出口棉花，只考虑到这样低价出口会给帝国主义以继续污蔑我们倾销棉花的借口；而忽略了这笔棉花已是业经成交没有考虑到总理指示的对外必须重合同、守信用的原则，特别是没有充分认识到撤销合同后的严重后果。这是十分错误的，说明我们只是“一条腿走路”，而没有正确执行主席多次教导我们“两条腿走路”的方针。此外，在处理上，虽然在国际贸易中每年都有相当数量合同撤销，而且也有以政府不发出口许可证为理由撤销合同的惯例，英国方面对我也曾经撤销过不少合同，但是以政治上考虑这个合同是不应该撤销的。

三、根据上述情况，我们认为，此事必须慎重处理，不然将会被敌人继续进行造谣诬蔑，恶意攻击，使我国对外信誉受到更不良的影响，在政治上也不利。因此，我们完全同意书记处的指示，对外仍应按照原合同规定，作为废原棉交货，履行合同义务。在具体做法上，由土产公司以对外业已成交为理由，请上海外贸局特殊许可出口。这批货源，拟请商业部予以支持解决。

四、对于上海土产出口公司所犯这一错误，我们正在进行认真的检查，并将严肃处理。结果另报。

去年，尚有不少对资出口合同不能按期履行。为了贯彻对外重合同、守信用的原则，我部正组织力量进行全面检查，关于检查结果将另报告。

Z10－1265－11

对外贸易部党组关于上海、天津、广州、青岛四个口岸一九五八年对资本主义国家和地区签订的出口合同的执行情况简要报告［节录］

1959 年 3 月 22 日

1958 年，上海、天津、广州、青岛四个口岸，对资本主义国家和地区共签订117 112 件出口合同，金额总值约 8 亿美元。

在这些合同中，经双方同意已经撤销的，有4 785 件，占总件数的 4.1%；金额5 404 万美元，占总值的 6.7%。此外，我方未能按时交货，现在继续执行合同还有不少困难的，有 2 678 件，占总件数的 2.3%；金额3 540 万美元，占总值的 4.4%。

在已经撤销的合同中，由国外商人提出经我方同意撤销的，有2 823 件，占撤销合同总件数的 79.9%；金额4 483 万美元，占撤销合同总金额的 83%。由我方提出经对方同意撤销的，有 962 件，占撤销合同总件数的 20.1%；金额 921 万美元，占撤销合同总金额的 17%。

外商提出撤销合同的主要理由或原因是：（1）从他们的政府领不到进口许可证；（2）不能按合同规定的时间及时履行对我付款的手续；（3）马来亚、泰国等在贸易上对我歧视，不许进口。我方提出撤销合同的主要原因是：（1）原来安排好的货源发生了变化；（2）产品的规格质量不符合合同规定；（3）国内没有安排好货源而盲目对外签订了合同。

我们未提出撤销但未能按时交货的2 678 件合同，其主要原因大体和上述我方撤销合同的原因相同。在货源方面，主要的问题是：缺乏各种原材料，包括材料和劳动力，产品的规格品质比原来的降低，以及运输困难。

Z10－945－8

中共中央关于改变对资本主义国家外汇逆差情况、抓紧组织出口工作的紧急通知

1962 年 4 月 18 日

今年的对外贸易，除了对社会主义国家仍然有一些逆差以外，对资本主义国家的外汇，当年收支逆差将近三亿美元。在把一亿七千万美元进口粮食的价款推迟一年付款以后，对资本主义国家的外汇逆差还有将近一亿三千万美元。如果不把这笔外汇逆差补上，并使今年年底的资本主义外汇结存保有一亿美元以上，我国今年下半年特别是明年上半年的对资本主义国家贸易，就会处于极为被动和不利的地位。那时，我们将不仅不能继续进口粮食，而且将会使我国在资本主义市场的信用破产，在政治上和经济上受到严重的损失。中央认为，这种情况应当引起全党同志的严重注意。

为了改变这种状况，中央认为必须立即采取以下措施：

一、全党努力加强对外贸易收购工作，努力增加对资本主义市场的出口。中央要求各地区各部门在切实安排国内市场的同时，坚决保证完成今年的对外贸易收购和出口任务。一切已经落实的出口商品要保证如质、如数、如期交付出口。安排国内市场的时候，决不能把计划内必须出口的物资挤掉。当前要切实抓紧陆续上市的茶叶、蚕茧、禽、蛋、水产、畜产品等等物资，促进生产，抓紧收购，组织出口，不要错过时令。对出口货源的生产基地，要加强领导，未建立基地的要逐步建立，以保证货源。在工业品方面，一切承担出口工业品生产的部门和地区，要严格保证出口产品的数量、质量、规格，认真注意改进装潢和包装。一部分还没有安排落实的出口产品的原料、材料、燃料，中央和各地主管物资部门要切实安排，及时拨给。目前资本主义市场不景气，外商对于商品的质量、花色要求苛刻，出口不易，我们一定要从提高商品质量和增加商品品种方面

作更大的努力，打破工业品外销的困难。现在再要增加主要商品出口是有困难，各地应当在保证完成出口计划以外，用更多的力量组织那些有出口价值的小商品的收购，增加出口货源，力求多换取一些外汇。

二、坚决实行以出定进的方针，目前只保证重点物资的进口，其他物资进口一律刹车。粮食、化肥和某些生产出口商品的重要原料、材料，是进口的重点物资，必须集中力量保证。其他一般进口物资，一律刹车，暂时停止进口。刹车以后，分门别类排队，逐项审查，非进口不可的，由中央逐项批准。对于一般物资的进口，只能在首先保证重点物资进口的条件下，根据出口的情况，边走边看，边走边定，有外汇就进一点比较急需的，没有外汇就不进口。

三、责成国家计委、国家经委、对外贸易部，立即根据收支平衡、瞻前顾后、留有余地、国家手里掌握必要的周转外汇的原则，研究今年以及今后几年的对资本主义国家外汇平衡问题，并且向中央写出专门报告。

四、努力增加非贸易外汇收入，紧缩非贸易外汇支出。今年侨汇计划八千万美元，其他非贸易外汇收入计划三千六百万美元，有关地区和有关部门应当采取切实有效的措施，力求完成和超额完成。各项非贸易用汇和地方用汇，必须坚决执行中央批准的数字，只准减少，不准增加。

此外，对外贸易部门四月十五日在广州举办春季出口商品交易会，这是对资本主义国家推销我国出口商品换取外汇的一个很好的机会。必须在这个交易会上成交一亿美元以上的出口生意，才能有希望改善今年外汇的收支情况。机不可失，请有关地区和有关部门迅速组织货单。

Z13－838－2

第一，明年对资本主义国家出口额占到我国出口总额一半以上，按收购货源计算已经占到了百分之六十以上；在竞争激烈地区的贸易占的比重大了。安排出口时更要注意使花色品种、质量符合国外的需要，各级计委要特别注意培养传统的出口产品。

第二，明年不仅要从资本主义国家进口必要的粮食，还要增加基础工业和国防所需物资的进口，这个担子是很重的。

第三，明年对资本主义国家出口七亿八千万美元至七亿九千万美元，进口九亿六千万美元至九亿七千万美元，外汇还有约五千万美元的赤字，如果收购计划达不到六十亿元，赤字要扩大，势必要削减进口。希望在执行中努力超额完成收购计划和出口计划。

刘明夫同志关于 1964 年商业、外贸计划草案的说明，1963 年 9 月 23 日。150－12－1964－52

中共中央批转中央外贸三人小组办公室关于一九六四年对资本主义国家外汇平衡问题的报告

1964 年 5 月 25 日

中央同意中央外贸三人小组办公室《关于一九六四年对资本主义国家外汇平衡问题的报告》。现在把这个报告转发给你们。

一九六三年外贸工作和侨汇工作都有相当大的成绩。这是我国经济情况全面好转的反映，也是各地区、各部门努力工作的结果。

一九六四年对资本主义国家外汇收支存在着很大的逆差。这是一个严重的问题，必须加以扭转。为了切实保证对资本主义国家外汇收支平衡，中央同意中央外贸三人小组办公室提出的几项措施，要求：

一、各中央局，各省、市、自治区和各部门都要积极组织出口货源，保证完成和超额完成增加后的一九六四年对外贸易收购计划和出口计划，力争多收外汇。

二、对外贸易部门和一切有关的生产部门应当积极地、有计划地扩大以进养出，提高出口商品的规格质量，改进包装装潢，进一步改善经营管理，积极挖掘潜力，努力增加出口收汇，节省外汇支出。

三、严格控制进口。除去中央已经批准的进口计划和进口货单以外，在七月底以前，一般不再增加新的进口。对于已经批准的进口计划和进口货单中尚未订购的部分，由中央外贸三人小组办公室会同有关各口重新审查。可以推迟的，应该推迟订购；可以不进口的，应该坚决削减。调整方案报中央外贸三人小组审批。对外贸易部在执行中，应该根据外汇情况边看边做，切实保证外汇不出问题。

四、要积极采取措施，争取一九六四年侨汇收入超过一亿二千万美元。非贸易外汇支出，应该严格控制，节约使用。

附：中央外贸三人小组办公室关于一九六四年对资本主义国家外汇平衡问题的报告

1964年5月5日

现在将一九六三年和一九六四年对资本主义国家外汇平衡问题，报告如下：

一、一九六三年的外贸计划和侨汇计划都完成得很好，年终对资本主义国家外汇有结余

一九六三年国内外形势很好，对外贸易形势也很好。在中央的正确领导下，各大区，各省、市、自治区和各部门在组织出口货源、加强对外推销、提高出口商品规格质量、改进包装装潢以及侨汇工作等方面积极努力，取得了很大的成绩。一九六三年对外贸易收购计划完成六十四亿五千万元，比调整计划五十六亿五千万元超过八亿元。对资本主义国家出口收汇八亿二千五百万美元，比原计划七亿五千万美元超过七千五百万美元，比一九六二年出口收汇实绩五亿八千一百万美元增加二亿四千四百万美元，这是建国十四年来对资本主义国家出口的最高水平。侨汇和其他非贸易外汇收入完成一亿五千九百万美元，比原计划一亿四千五百万美元超过一千四百万美元（其中侨汇收入一亿零七百万美元，比一九六二年实际收入五千万美元增加五千七百万美元）。在外汇支出方面，由于各方面都注意节约使用外汇，外贸企业进一步改善了经营管理，加强了对外价格斗争，节省了一部分外汇支出，以及有一部分进口订货当年不能到货不需要在年内付汇等原因，实际外汇支出比原计划少用了五千一百万美元。

由于外汇收入增加，支出减少，共计比原计划增加外汇结余一亿四千万美元，因而，一九六三年底对资本主义国家外汇状况有了显著的改善。主要表现在：

（一）提前偿还了进口商品延期付款欠账六千四百万美元，使一九六三年的对外延期付款欠账由原计划一亿六千万美元减为九千六百万美元。

（二）增加了外汇周转库存七千六百万美元，使一九六三年底的外汇周转库存由原计划九千五百万美元增为一亿七千一百万美元。

一九六三年对资本主义国家外汇状况的改善，是我国国民经济情况全面好转的反映。这种情况，进一步巩固了我国的对外信誉，扩大了我国社会主义革命和社会主义建设的影响，使我国在对外斗争上处于更加有利的地位。

二、一九六四年对资本主义国家外汇收支计划有相当大的逆差

去年十一月报请中央批准的一九六四年对外贸易计划中，对资本主义国家出口收汇为七亿六千万美元，进口为九亿九千万美元。连同非贸易外汇收支计算，一九六四年对资本主义国家外汇有逆差三亿六千七百万美元。这笔数字，在除去上年已预付的一九六四年进口货款三千七百万美元和一九六四年进口的粮食、化肥等争取做成延期付款二亿六千万美元之后，还有逆差七千万美元。这是去年九月根据当时的情况计算的。

现在计算，与原计划比较，有了一些变化，主要表现在以下三个方面：

（一）由于增加了新的进口，国际市场粮价和运费上涨，对外援助用汇和外事费用增加等原因，对资本主义国家外汇支出需在原报中央计划之外增加二亿四千一百万美元。增加支出的项目是：

1. 进口用汇需要增加一亿六千八百万美

元，主要是以下六笔：

(1) 经中央批准的新的进口订货需要增加用汇八千一百万美元。

(2) 由于苏联大量购粮，国际市场粮价和运费上涨，我进口粮食需要增加外汇支出四千五百万美元。

(3) 各部门提出的年度进口货单在计划内无法安排的约有一亿美元，拟对其中一些确实急需进口的物资安排用汇二千万美元。

(4) 由于出口增加和进一步改善出口商品的包装装潢，需要增加进口包装材料和零星“打补钉”的原材料用汇一千万美元。

(5) 选购一部分英、法等国来我国举行展览会的展品以及轻工业部为提高出口商品质量需要增添一些设备，共约需增加用汇五百万美元。

(6) 去年九月预计，一九六三年进口订货由于国外未能按时交货等原因，需要拖到一九六四年进口用汇的商品有五千万美元，已打入了进口用汇计划，现在计算下来，需要在五千万美元以外，再增加一千九百万美元。

以上六笔共需增加用汇一亿八千万美元，减去进口化肥、石油计划调整后可以少用汇一千二百万美元，尚需增加进口用汇一亿六千八百万美元。这样，今年从资本主义国家的进口，由原报中央批准的计划九亿九千万美元增加到十一亿五千八百万美元，比一九六三年进口实际用汇七亿零三百万美元，增加四亿五千五百万美元。其中，今年进口粮食用汇为五亿零三百万美元，比去年增加一亿六千五百万美元，除了粮价和运费上涨的原因以外，主要是一九六四年进口国内用粮六百万吨，比一九六三年增加了一百五十万吨，为了救灾，这是不得已的。今后根据国内粮食增产的情况，应该逐年减少粮食进口，增加工业设备和新技术的进口。今年工业和国防物资的进口共为二亿二千三百万美元，比去年增加一亿六千一百万美元。此外，支援农业和市场、互利贸易以及以进养出的用汇也有适当的增加。

2. 一般物资和对外援助的现汇部分需要比原计划二千五百万美元增加一千五百万美元。

3. 非贸易外汇支出，由于外事费用增加，需比原计划三千六百万美元增加四百万美元。

4. 一九六三年各省、市、自治区超计划供应出口商品人民币八亿元。按照中央决定的超计划对资出口外汇提成的方法，地方应提成外汇六千二百万美元，扣除中央拨付的奖售物资和用卢布外汇为地方进口一些物资外，尚需拨给地方约五千五百万美元，比原计划三千万美元增加二千五百万美元。

5. 原计划今年进口的粮食、化肥等争取做成延期付款二亿六千万美元，现在计算，只能做成二亿三千一百万美元，少作了对外延期付款欠账二千九百万美元，须要增加今年现汇支出二千九百万美元。

以上五项共需增加外汇支出二亿四千一百万美元。

(二) 鉴于外汇支出不断增加，为了弥补逆差，根据先念同志的指示，将今年对外贸易收购计划从原报中央的五十八亿三千万元增加为六十四亿元，增加的五亿七千万元商品，已在今年三月全国财贸工作会议期间同各部门、各地区商妥。这样，今年对资本主义国家出口收汇可从原计划七亿六千万美元增加为八亿二千五百万美元，即可增加外汇收入六千五百万美元。同时，侨汇收入按照较为可靠的计算，可以比原报中央计划一亿美元增加一千万美元。以上两项共可增加外汇收入七千五百万美元。

(三) 一九六三年底，对资本主义国家外汇收支计划执行结果，比原来计划增加了结余一亿四千万美元。在这笔结余外汇中，除了对印尼、几内亚、加纳、马里等国家的一部分记账外汇顺差约二千四百万美元，不能作为自由外汇使用以外，尚有一亿一千六百万美元可以弥补外汇逆差。

按照以上三方面的变化，第一项需增加支出二亿四千一百万美元，(二)、(三) 两项合计可增加收入一亿九千一百万美元，增减相抵，增加了逆差五千万美元。连同原报中央批准的计划中逆差七千万美元，一九六四年对资本主义国家外汇逆差共为一亿二千万美元。

三、解决今年外汇逆差的意见

（一）请各地区、各部门切实保证完成增加后的今年外贸收购计划六十四亿元和对资本主义国家出口收汇计划八亿二千五百万美元。并且要在这个基础上尽最大努力增加货源，增加出口，争取今年对资本主义国家出口收汇达到九亿美元以上。这就要求各地区、各部门进一步抓紧外贸工作，认真安排好出口商品的生产，提高出口商品的质量规格，并且设法在计划外增加出口货源。对于地方计划外增加对资本主义国家的出口，仍按照一九六三年的办法实行外汇提成。对外贸易部门要进一步改善经营管理，积极挖掘潜力，加强对国际市场的调查研究，做好出口商品的收购、加工、运输、保管和对外推销等一系列工作，并且要进一步扩大以进养出，尽可能运用记账外汇顺差，设法变成自由外汇。

（二）请华侨事务委员会会同侨汇工作小组努力争取今年侨汇收入达到一亿二千万美元。各地应该正确贯彻执行中央的侨务政策，在社会主义教育运动中要正确处理对归侨、侨眷和归国华侨学生的关系，并且要进一步做好侨汇物资供应工作。

（三）严格控制用汇，进口立即刹车。在今年七月底以前，除了特别紧急的以外，不增加新的进口货单。对于已经中央外贸三人小组批准的进口货单和计划内的进口商品中尚未订购的部分，已经三人小组决定由中央外贸三人小组办公室会同有关各口重新加以研究，分别轻重缓急，提出调整意见和安排订购的顺序，报请中央外贸三人小组审批。对于各项外汇支出，必须尽量节约使用。

由于资本主义市场变化很多，许多可变因素又不完全取决于我们。因此，外贸部在执行计划的过程中，应该根据外汇情况边做边看，确保外汇不出问题，并应将计划执行情况和存在的问题，随时报告中央外贸三人小组。

今年我国经济情况比去年有更大的好转，我国对外威信更加提高。第一季度，外贸收购完成十五亿三千万元，对资本主义国家出口完成二亿四千万美元，侨汇收入完成四千万美元，都比去年同期有大幅度的增长，形势是很好的。我们认为，只要大家努力，从各方面做好工作，增加外汇收入，节省外汇支出，今年对资本主义国家外汇收支是有可能争取平衡的。

以上报告是否有当，请批示。

Z15 –15 –2

国家计委关于一九六五年外贸计划向中央的汇报提纲［节录］

1964 年 8 月 15 日

［上略］

一、对资本主义国家的外汇平衡还有问题

按前述一九六五年外贸收购、出口、进口计划安排，对资外汇收入共为十三亿六千四百万美元，其中：出口收汇十亿零五千万美元；非贸易外汇收入一亿八千万美元（包括侨汇收入一亿二千五百万美元）；上年库存外汇一亿三千四百万美元。外汇支出共为十七亿二千八百万美元，其中：进口用汇十二亿三千二百万美元；运费及非贸易外汇支出九千万美元；援外的现汇和一般物资七千二百万美元；偿还延期付款两亿美元；年末保持库存外汇一亿三千四百万美元。收支相抵，支大于收三亿六千四百万美元。除去上年预付货款五千万美元和继续做延期付款两亿美元之外，还有逆差一亿一千四百万美元。

要平衡这笔逆差，必须采取以下措施：

（一）抓紧今年下半年的收购和出口。争取到年底出口收汇在原来预计的十亿美元的基础上，再多出口几千万美元。

（二）力争超额完成一九六五年外贸收购和出口计划，特别是对资出口计划。明年外贸收购计划安排的主要商品，必须保证完成，只能增加不能减少。提高出口商品质量，增加花色品种。继续实行地方计划外对资出口提成办法。进一步改善外贸经营管理，扩大以进养出。力争明年对资出口收汇能比计划十亿零五千万美元有较大的增加。

（三）严格控制进口，节约各项非贸易外汇支出。

如果认真执行上述措施，估计这一亿一千四百万美元的逆差是有可能平衡的。但是，资本主义市场复杂多变，有些因素的变化不完全取决于我们，因此，在计划执行当中，还要边做边看，确保外汇不出问题。

二、对资进口安排方面的问题

一九六五年对资进口计划十二亿三千二百万美元，同一九六四年比较，进口总额比一九六四年预计完成增加四千三百万美元；进口粮食用汇比一九六四年预计完成减少一亿三千万美元。这就是说，一九六五年除去粮食以外的其他商品进口金额，可以比一九六四年增加一亿七千三百万美元。除了农业及市场、以进养出和互利贸易物资的进口用汇比一九六四年预计完成增加三千七百万美元，还有一亿三千六百万美元增加了工业及国防物资的进口。这样，一九六五年对资进口工业和国防物资用汇就由一九六四年预计完成的二亿六千万美元，增加到一九六五年的三亿九千六百万美元。

工业和国防物资的进口虽然增加很多，但是，安排仍然很紧。这项进口包括以下三类物资：

第一类是原料和材料，一九六五年进口二亿一千万美元，比一九六四年预计一亿九千万美元增加两千万美元。增加的部分，全是用来进口国家储备物资，其他原料、材料的进口总额维持一九六四年进口预计一亿九千万美元的水平。

第二类是新技术，一九六五年计划进口五千五百万美元，比一九六四年预计一千七百万美元增加三千八百万美元。一九六五年计划进口的新技术，包括：成套设备三千五百万美元（可能要改为三千三百万美元），比一九六四年预计一千三百万美元增加二千二百万美元；按项目进口的单项设备五百万美元（可能要改为七百万美元），比一九六四年增加五百万美元；技术资料五百万美元比一九六四年预计进口的三百万美元增加两百万美元；对日技术交流用汇一千万美元（包括上年结转五百万美元），比一九六四年的预计用汇一百万美元增加九百万美元。

第三类是机械、电工、仪器，一九六五年计划进口一亿三千一百万美元，比一九六四年预计五千三百万美元增加七千八百万美元。

这三类里面，机械、电工、仪器这一类，增加最多，而在安排上也是最紧的。其原因是在计划进口的一亿三千一百万美元中，要扣留以下几笔已经安排订货和中央已经批示安排的订货：

第一笔是今年订货结转到明年进口的共约四千八百万美元。其中包括：国防尖端订货五百八十万美元，拿比尔飞机工厂设备一百八十万美元，飞机及航空器材二十万美元，国际机场设备一百一十六万美元，重水设备五百九十三万美元，载重汽车三百六十四万美元，机车二百一十万美元，石油设备一百二十五万美元，仪器仪表一千一百二十四万美元，齿轮减速机一百万美元，罐头设备一百万美元，其他机械设备一千三百四十五万美元。

第二笔是已经批准的进口订货，需在明年到货的，共约二千九百万美元。其中包括：轮船七百六十四万美元，飞机一百一十三万美元，仪器仪表八百万美元，机床一千二百万美元。

第三笔是今年中央确定明年进口或者必须在明年安排进口的，共约二千三百万美元。其中包括：军委船用柴油机六百万美元（全部为一千一百万美元，明年用汇六百万美元，后年用汇五百万美元），六机部船用主机一百万美元（总数二百七十万美元，明年用汇一百万美元），零五单位靶场用试验设备八十四万美元，四机部的气象雷达四十万美元，总参三部二百万美元，总后物资部五十万美元，子爵号飞机用零件及检验仪表九十万美元，新建国际电台用汇一百三十九万美元，根据总理和先念同志指示，我们初步安排的轻工、纺织设备一千万美元。

以上三笔，已经占用了一亿美元。

一九六五年能够新安排订货的只有三千一百万美元。这三千一百万美元需要安排生产维修所必需的机械配件、工具、仪器仪表、供军队试用的牵引车、摩洛哥、阿尔及利亚的载重汽车以及收购外国展览会的展品等使用的外汇，看来是很紧的。但是按照外汇情况，也不宜再增加了。

现在的问题是，一九六五年对资进口计划十二亿三千二百万美元，已经基本上排满了。但是按照这几年的情况看，在年度进口计划确定后，各部门特别是工业部门和军事部门要求追加的进口订货，总有几千万到一亿美元。由于对资外汇尚有一亿一千四百万美元的逆差还没有解决，对资出口即使能够增加一些，也应该首先弥补上述逆差。这样，对各部门提出来的新订货如何解决？我们设想，是否可以采取以下办法：（1）除十分紧急的战备物资以外，在明年六月以前不再在计划外安排新的进口订货，等明年下半年根据外汇情况再作考虑。（2）如果计划外有些十分急需的物资需要增加进口，是否可以考虑将明年对资进口十二亿三千二百万美元，采取分两步走的办法，比如第一步先安排百分之八十，以后看外汇情况再安排第二步。（3）在确定新的追加订货时，同时确定在原来已经安排的进口货单中应当削减的部分。

［下略］

150－13－288

国家计委、国务院国防工业办公室、财贸办公室关于加强对资本主义国家出口贸易工作问题的批复

1964年9月1日

《关于加强对资本主义国家出口贸易工作的请示》悉。原则上同意在确保军工需要和国内经济建设需要，不暴露军工机密的条件下，积极地、稳步地、有计划地扩大我国无线电产品对资本主义国家的出口，以扩大我国政治、经济影响，促进我国无线电工业技术水平的提高，并为国家增加外汇收入。现对有关的几个问题，答复如下：

一、同意你部请示报告中所提的无线电产品对资出口方针、原则和出口产品范围，请与外贸部共同研究，拟订出口产品具体目录，报国家计委与国防工业办公室批准后执行。出口产品必须保证质量，技术没有经过考验证明过关的产品不要出口。

二、同意选派无线电专业人员若干人，组成工作组常驻香港，在华润公司领导下，从事调查研究国际市场情况和进行技术情报工作。工作组的人数、人选，可同对外贸易部共同商量，并按规定手续另行报批。

三、要求在每年出口产品所换得的外汇中提出一定比例外汇作为购置精密设备及样机、样品的费用问题，因涉及外汇体制问题，须待通盘研究决定。在中央未作出决定前，你部所必需进口的某些设备和样机、样品等可按规定手续申请进口。

四、关于出口无线电产品的副次品处理问题。请你部督促所属企业，努力提高产品的出口合格率，合理范围内的副次品，可以按照国家计委、国家经委、国务院财贸办公室一九六三年四月二十日关于《出口工业产品的副次品处理试行办法》，同有关部门协商处理。

附：第四机械工业部关于加强对资本主义国家出口贸易工作的请示［节录］

1964年6月26日

今年三月至五月，在对外贸易部的统一组织下，我部十七个直属企业和上海、江苏、武汉、天津等四个省市所属二十个地方无线电企业，参加了一九六四年春季广州出口商品交易会。共展出无线电产品三百四十六种，成交收音机、无线电元件、电子管、日光灯、电灯泡等一百零二万美元。从无线电产品展出的规模

和成交的金额来说，都是历年来最大的一次。但同整个交易会中成交的出口贸易额相比较，则比重很小，只占百分之零点五。

为了学习兄弟部门出口贸易工作的先进经验，了解国际市场对我无线电产品的反映，以进一步做好对资本主义国家的出口贸易工作，四月二十九日至五月八日，由我部王曙同志率领部分有关的干部，到广州参加了这个展览会，并和交易会主任魏今非同志、外贸部副部长雷任民同志商谈了扩大无线电产品出口的问题。总的来说，通过参加这次交易会，我们认为：无线电产品对资出口今后还大有可为，扩大出口贸易对我们有很多好处，当前的问题是我们有些干部对此重视不足，产品水平还比较低，宣传工作做得很差，必须引起进一步的重视和加强这一工作。

一、在国际市场上无线电产品有着重要的地位

据我香港华润公司同志介绍，一九六二年资本主义市场“机电仪产品”进出口总额为二百七十五亿美元，其中无线电仪器（包括雷达、导航、通讯设备和收音机、电视机、电子仪器及电讯器材等，下同）占七十五亿美元。香港、澳门、新加坡、马来亚地区，一九六三年进口无线电仪器为一亿五千万美元（不包括军用），其中香港占五千四百万美元。从目前资本主义市场总的情况来看，无线电仪器的进出口额是逐年上升的，香港市场增长较快，每年平均增长百分之二十左右。

目前美、英、日、荷等国均在积极扩大无线电产品的出口，彼此展开了激烈的竞争。其中以日本产品竞争性最强，出口额增长最快。从一九五八年到一九六二年，日本对香港无线电产品出口额增长了十倍。现在日本已占据香港市场无线电产品进口总额的百分之五十。

二、我无线电产品在国际市场占的比例很小

在资本主义市场无线电产品分为雷达导航、工业电子仪器、通讯广播、测量仪器、一般电表、日用品（包括收音机、电视机、录音机、无线电元件、电灯泡等）六大类。就港、澳、新、马地区而言，雷达导航主要是英、美市场；工业电子仪器中电子计算机主要是美国市场，其他工业电子仪器主要是英国市场；通讯广播主要是英国市场，但日本已插足进去；测量仪器主要是瑞士市场；一般仪表主要是西德市场；日用品中收音机五年前为荷兰市场，近几年已为日本取代，电视机主要是英国与西德市场，但日本正在拼命往里挤。我国电子管收音机、无线电元件、日光灯、电灯泡等在港、澳、新、马地区虽有一定销路，但占的比重很小。一九六三年我国出口到该地区的无线电产品总值为二十多万美元，仅占其进口总额千分之十六。以收音机为例，一九六三年香港共进口四十七万架，其中日本独占四十二万架，我国只销出电子管式收音机一千八百四十架。

三、我出口少是由于产品存在“少、老、粗、大、慢、贵、差”七个缺点

这就是：

（一）品种少。我们出口产品的质量一般是好的，但品种太少，花色单调。如收音机只有六灯机一种，外国是从四灯到八灯的都有。

（二）式样老。外国收音机式样年年翻新，甚至一年两次，我们一般是两年才翻新一次。“熊猫”牌收音机从一九五六年以来外观上基本未变，成了“老猫”。

（三）装潢粗，外观欠佳。外国商品外表加工精致，包装讲究，比较好看、牢固。我们的产品外表较粗糙，包装也不好，破损多，不美观。

（四）体积大。国外产品都向“小、轻、新”方向发展，而我们的产品是“老、大、重”。英商反映：中国的零件太大，现在国际市场很少见到，只能在老式收音机上作维修用。

（五）交货慢。资本主义市场由于竞争激烈，要求交货要快，一个半月至两个月即可交货，我们一般要三至四个月。

（六）价钱贵。国外产品价格是逐年下降

趋势，我们的很少降价。日本一种半导体收音机去年卖港币二十八元，今年卖十七元；磁性天线香港卖港币二角四分一根，我们的卖一元。

（七）宣传差。日本每年在香港搞十几次小型展览会，今年还要搞大型展览会，还派工程师到港进行所谓“技术讲课”，实则是搞产品宣传活动。我们很少去宣传，有时连产品样本、说明书也提不出来。

另外，外商还反映，我们有些产品不配套。如“北京”牌和“南京”牌电子管各缺两个管型，与资本主义市场配不成套，加上国外对“北京”牌电子管的型号不熟悉，因此销路打不开；卖话筒不带支架，卖电话交换机不带电话单机。还有些产品在质量上不过硬，不大受欢迎。

四、产生上述问题的原因是领导重视不足

所以产生上述缺点，主要是由于我们领导上对发展对资贸易的政治、经济意义认识不足，对中央、军委提出的“军民结合、以军为主”的方针，贯彻执行不够全面。一般说来，从一九六〇年底国防工业三级干部会议后，对“以军为主”有了较深刻的认识，贯彻执行也较好（这是应该的，今后还要始终不渝地这样做），但对于“军民结合”则正确理解不够，在执行中具体化不够。有些同志存在军工“铁饭碗”思想，忽视利用工厂的潜力适当地发展民用产品和出口产品。由于思想认识不足，反映在经营管理方面，就是缺乏商品观念，对资本主义国家人民需要什么，喜欢什么，市场流行什么，缺乏调查研究，就是对国内市场也很少作调查。反映在生产技术管理方面，是品种花色变化少，造型陈旧。我们有些企业的领导同志嫌出口产品变化快，要不断翻新、变更设计，认为太麻烦、“难伺候”，要求一种产品定型不变，“稳定”生产，结果使产品在国际市场上不能适应多变、日新月异的要求，经不起竞争，在国内市场也不大受欢迎。

思想上对出口贸易重视不足，也表现在这次交易会无线电产品展出工作上。有些单位送去的展品外壳表面处理很粗糙；有的产品把商标钉倒了，头朝下；看的把废品拿去展览，还注有明显的“废品”标记。甚至还有个别单位把这次交易会当成是处理废次品、积压品大会，随身携带一大叠积压品清单去参加交易活动。至于宣传资料、技术文件准备差，更是各单位的通病。展品普遍缺外文资料，有的连中文说明书也没有，即使有的也多是油印的、复写的，很不正规；有的产品设计线路改了，说明书还是老的，文不副实，根本拿不出手与外商见面。

五、和国内外对比的三个差距

通过这次交易会，使我们深深认识到，在贸易出口工作方面，同国外比较，我们不如日本人。他们为了扩大无线电产品出口，经常派一、两千人到国外搞市场调查，只要各国新式收音机在港一出现，他们就马上买回样品作对比分析，研究对策。去年上海生产的28A型半导体收音机在港试销，就曾引起他们的强烈反应。他们经过对比分析后，认为我们的线路设计有某些可取之处，磁性天线比他们好，但扬声器质量不行，最后结论是“不要怕”。

同国内兄弟部门比较，我们不如纺织、轻工业部门。他们通过发展出口贸易，不仅为国家换取了外汇，也促进了自己技术水平的提高，产品品种增加得多，质量提高得快。他们对国际市场的情况了解得比我们清楚，收集的国外样品比我们多得多。他们把这次交易会当作学、比、赶的大会，将各厂设计、工艺人员组织到广州去，对国外样品进行拍照、描绘，对比分析，千方百计把人家的长处学到手。相形之下，我们在这方面做得非常之差。

从无线电工业内部比较，我们的直属企业不如上海地方企业。上海无线电企业对出口贸易工作比较重视，做得较好，技术上进步也较快，经验也较多。目前我们一些受到国外欢迎的名牌货，有好多种是上海出产的。这次交易会上，他们组织得也较好，成交的效果也较显著。

六、做好对资出口贸易有六大好处

我部党组在听取了王曙同志关于参加广州交易会情况的汇报之后，就扩大无线电产品出口问题进行了讨论。一致认为，扩大无线电产品出口是壮大无线电工业战时动员潜力的一项重要措施，是贯彻执行“以军带民、以民养军”具体方针的一个重要环节，同时也是引进国外先进技术的一个重要手段。

具体地说，做好对资出口贸易工作有以下好处：

第一，可以扩大我国在亚非拉地区的政治经济影响；

第二，可以充分利用现有企业的剩余生产能力，更好地发挥其作用，从长远看，这对于促进企业劳动生产率的提高，对于促进军品和内销民品成本的降低，也是有利的；

第三，可以换取外汇，搞技术引进，加快我们自力更生和技术改造的进程；

第四，可以促进产品品种的发展，锻炼技术，提高技术水平；

第五，可以通过对外贸易活动搜集技术情报；

第六，可以扩大民品的生产，促进生产的发展，有利于无线电工业战时动员潜力的积蓄。

七、目前做好对资出口的五个有利条件

第一，是有良好的政治影响。由于我国对外政策总路线的胜利，我国的国际威望日益提高，亚非拉地区广大人民渴望与我建立友好往来，发展贸易关系。特别是最近总理访问亚非十四国之后，更加扩大了我国社会主义革命和社会主义建设的影响。这是最有利的条件。

第二，是海外有广大的爱国侨胞。他们不但愿意用国货，而且愿意推销国货。新加坡华侨李萨亭，回国观光时参观了上海收音机厂，看到工厂规模这样大，条件这样好，惋惜产品式样陈旧，回到香港就找到华润公司代表，赠送了几台外国新式收音机，供国内作改进参考。另有一侨商，在印尼经营国货受到排斥之后，把资金转到香港仍经营国产无线电产品，头一年亏了本，但他不灰心，第二年保了本，信心增加，第三年得了薄利，积极性更大了，他表示只要不把老本赔光他就愿干这一行。

第三，我国在自然条件、历史情况和群众的生活习惯等方面，同东南亚各国相近，运输条件也较便利；英、美、荷等国竞争不过日本，远隔重洋、气候不同和群众生活习惯不相近，是一个重要原因。我们在这方面就是同日本比较也是有有利因素的。

第四，我们已有一定的工业基础。无线电工业经过十四年的建设，已初具规模，有了一定的技术水平，目前有不少工厂生产任务不饱满，如再经过一番努力，在发展出口产品方面是可以作出更多成绩的。

第五，我国的无线电产品组织贸易出口已有八年的历史，虽还未完全打开局面，但也逐渐形成了一些传统市场。从这次交易会证明，一些传统出口产品继续受到国外的欢迎，如“上海”牌收音机、“电工”牌日光灯、“人民”牌电灯泡、“美通”牌线圈、“英雄”牌线阻，等等。一些新展出的独特产品，也引起了国外的注意，如高频瓷件（是用国内较次的瓷土烧制的）第一次展出，英商太平洋行就要求报价，购买样品回去试用。据反映，这种产品出口的希望很大。

八、需请示的几个问题

第一，关于对资出口的方针问题。根据一九六三年九月全国对外贸易计划会议确定的，今后一定时期内我们对外贸易对象主要是资本主义市场的精神，和一九六四年二月全国财贸工作会议关于增加适合资本主义市场销售商品出口的精神，我们认为，无线电工业必须在“军民结合、以军为主”的前提下，与外贸部门密切协作，相互配合，在生产安排上把军品与民品正确地结合起来，在产品分配上把内销与外销正确地结合起来，在确保军工需要和国内经济建设需要的同时，积极地发展出口产品的生产，有计划地、稳步地扩大我国无线电产品对资本主义市场的出口。关于对资出口的方针，是否可以确定为：“积极提高产品质量，增加品种花色，降低产品成本，巩固和扩大已有阵地，有计划有准备地占领新阵地。”

我们打算用三年时间做好准备，一面对传统的出口产品，继续提高质量，增加品种花色，降低产品成本，使之站稳脚跟，逐步扩大出口；一面调查国际市场情况，选择有出口可能的产品，埋头苦干，积极准备，稳打稳扎，逐步扩大出口产品的范围，占领新的阵地。

今年秋季交易会，外贸部拟扩大无线电产品的展出（展出面积比今春扩大四倍），我们拟即把它当做一件大事来抓，积极进行准备，争取八月份布置完毕，九月进行预展，十月正式展出。

第二，关于对资出口的原则和出口产品范围问题。经我们讨论，认为应当采取“两个为主、三个结合、五不出口”的原则。这就是：

1. 出口产品以中低档产品（即中级的和大众化的产品，销路大，不露我们的最新技术水平）为主；

2. 以供应广大人民群众文化和物质生活需要品为主；

3. 出口与扶持亚、非、拉地区民族工业的发展相结合，采取散装、组装、成套供应三种办法；

4. 出口贸易与引进技术样板相结合，通过出口换取代表先进技术水平的设备、样品，促进国内技术水平的提高，利用世界上先进的科学技术来加速我国社会主义建设；

5. 统一规划，全面安排，直属企业与地方企业相结合；

6. 产品是否出口，统由外贸部审查确定，未经外贸部同意，一律不准出口；

7. 凡军工专用的产品及易于暴露军工机密的产品，一律不出口；

8. 短线产品和原材料未立足于国内的产品不出口；

9. 凡出口产品，必须保证质量，达不到出口技术标准的产品，一律不出口；

10. 凡是在出口商品交易会上展出的产品，必须是能够正常生产、能够出口的产品；不能正常生产、不能出口的产品，一律不展出，更不准出口。在出口成交数量上也必须留有余地，保证按时交货。

根据上述十项原则，提出近期对资出口产品的范围为以下七大类：

1. 照明器件：包括各种规格型号的日光灯、普通照明灯泡、汽车灯泡以及其他特殊灯泡；

2. 无线电元件、电子管、高频瓷件：包括成套或部分供应装配电子管收音机和半导体收音机（不包括半导体管和外壳）；电视机所用的元件；各种型号的收讯放大管和广播发射管；各种规格尺寸的高频瓷件；

3. 广播发射设备和接收设备：包括成套供应七点五瓩至一百二十瓩广播发射机，以及电子管收音机、电视接收机、录音机、扩音机及电唱机；半导体收音机质量比较稳定后，也应积极组织出口；

4. 有线电设备：包括各种市内电话总机、单机，并开展技术服务，负责安装和调试；

5. 通用测量仪器和高频电热设备：包括万用表、高频感应电炉、热塑机等；

6. 钨钼产品及线材：包括钨钼丝（棒）、杜美丝、高频电缆、塑胶线、漆包线等；

7. 各种型号的干电池、蓄电池。

［下略］

150－12－571

二、从西方发达资本主义国家引进先进技术和设备情况

国家计委、对外贸易部关于向西欧国家购买化肥、化纤、炼油成套设备和专利的请示报告①

1962 年 10 月 13 日

今年 3 月，意大利马太以集团的国营碳化氢公司（简称爱尼公司）曾与我外贸部中国技术进口公司签订会谈纪要，意方愿以分期付款的条件售给我国化工和炼油设备，并且邀请我国派出代表团到意大利作进一步的商谈。在此期间，化工、石油等部门提出了一些向资本主义国家购买化肥、合成纤维和炼油的设备和专利的项目。现在，代表团即将出国，兹将我们对代表团的工作任务，以及向欧洲资本主义国家购买化工、炼油设备和专利问题的意见报告如下：

（一）我国援助阿尔巴尼亚建设的年产五万吨合成氨并制成 11 万吨硝铵的工厂的设备，系用阿国内生产的重油做原料。因为我国对重油气化的技术尚未掌握，故确定向爱尼公司购买转口。我国已就付款条件、设备转口以及协助我方出口货物等事项与爱尼公司达成初步协议。这套设备的货款和专利费，今年 8 月爱尼公司报价1 432 万美元。我们从阿尔巴尼亚了解，意大利另一厂家蒙特卡梯尼集团曾向阿报价为 940 万美元。因为爱尼公司曾向我方保证他们的价格将不高于任何其他厂家的报价，所以代表团到达意大利进一步了解情况之后，如果爱尼公司的价格与其他厂家的价格和条件相当时，即与爱尼公司签订购买合同，估计全套设备可于 1964 年交齐。我国为阿尔巴尼亚担负的设计、施工工作和配合的电站的制造和安装，大约可于 1966 年使这个工厂建成投产。这样，意大利交付的设备可能要积压 1 年左右的时间。我们准备抓紧国内工作，力争使这个工厂提前一些时间建成，以符合阿尔巴尼亚同志们的愿望。这个项目的用汇，估计 1 000 万美元。

（二）国内需要拟提出向国外购买的设备和专利项目，经过与各部门反复讨论，认为有 15 个项目在技术上都是我们自己还不能解决的，也都是十分迫切需要的。

我国的化学肥料工业、炼油工业，包括苏联援助我们建设的工厂在内，在技术上包括原料应用范围、产品的品种质量、设备的结构、工厂的设计、动力和原料消耗定额、自动化程度和劳动生产率等方面大概还处在世界上 20 世纪 40 年代的水平，有机合成或高分子化学工业，基础尤其薄弱。为了实现国民经济以农业为基础和着重解决吃穿用问题的方针，这几个工业部门必须有一个跃进的发展。为了做到这一点，必须逐步地使这几个工业部门过渡到一个先进的技术基础上去。我们建设的方针永远是自力更生，但是自力更生的方针不排斥、相反更加要求我们用一切方法去迅速取得一切国家对我们有用的新技术。据我们和许多资本主义国家接触的情况看，从这些国家买进技术是有可能的。建国十几年来，我们还没有从资本主义国家买进一项专利。据了解，苏、捷、

① 11 月 24 日批注：这个报告已经总理批准。

波、罗等国都在拼命向西方国家购买专利。虽然现在我们外汇很少，也必须节衣缩食买进一些最必需而又能取得的新技术，作为参考借鉴，来争取时间，迅速提高我们的技术水平，加速我们的建设。

这15个项目，连同援助阿尔巴尼亚的一个项目的全部设备和专利费约需外汇8 200多万美元。如果全部于明年上半年签订合同，按照通常购买工业设备分期付款的条件，明年需要外汇1 800万～2 000万美元，以后逐年需要付汇约1 300万美元。至于确切价格和付款条件，尚待具体商谈。因为明年外汇很紧，我们建议把这15项分为两批：第一批6个项目，连同援助阿尔巴尼亚的一个项目，都在今年到1963年签订合同；其余9个项目则继续了解情况，进行商谈，推到1964年签订合同。总之，如果外汇情况允许，我们必须挤出外汇力求尽快地把这些设备购买进来。

（三）1963年度用汇的六个国内项目是：

（1）配合年产5万吨合成氨用重油做原料的造气设备。用石油或天然气做原料是合成氨工业发展的方向。因为这种生产方法能大大节省电和蒸汽的消耗，减轻设备的重量，减少厂房的建筑和占地面积，降低造价。它的成本比用煤焦做原料约低40%～50%。在与爱尼公司商谈转口阿尔巴尼亚的合成氨设备时，拟同时为国内购买一套重油造气设备，以便掌握利用重油造气的技术，并加以仿制。这套设备估价100万美元，安装地点待定。

（2）年处理原料10万吨的铂重整装置。在炼油过程中以一部分汽油用铂做催化剂（即触媒）使其分子结构发生变化，再经过抽提和分馏，可得苯7 400吨，甲苯1.3万吨，二甲苯9 500吨。这些产品是制造合成纤维、农药、染料等产品的重要原料。甲苯是制造梯恩梯炸药的主要原料，今年我国产量才1万吨，远不能满足需要。铂重整是我国一直在研究的一个题目，生产技术尚未过关，据说苏联也未完全解决。购买这套装置将使我国掌握一项炼油的新技术，安装地点待定。爱尼公司的报价为277万美元。

（3）合成丁醇、辛醇设备。制造聚氯乙烯塑料制品必须加添一些增塑剂，如聚氯乙烯鞋底、雨衣、人造革等等要加到60%。丁醇、辛醇是制造增塑剂的主要原料。目前我国所用丁醇、辛醇是用粮食生产（每吨丁醇用粮7～8吨），或从国外进口。因为丁醇、辛醇不足，国内聚氯乙烯生产能力不能充分发挥。法国有一种用电石做原料的成熟的合成方法，年产量为丁醇4 000吨，辛醇3 500吨。全部设备和专利费为190万美元。为了增产日用品，建议明年从法国直接购买一套设备。安装地点拟在吉林或北京。

（4）以天然气为原料年产10万吨合成氨的全套设备。英、法、意、比等国都能制造，比利时报价为1 000万美元。这个工厂拟建在泸州。它的建设将为我国大规模综合利用天然气打下基础，并将提高我国合成氨工业的设计和设备制造的水平。代表团出国后，将从意大利了解情况，然后对各国的资料和报价加以比较，于明年下半年确定购买对象，签订合同。

（5）配合建在泸州的年产10万吨合成氨厂，年产16万吨全循环法尿素的全套设备。英、荷、意、日都有报价，英国的报价约420万美元。尿素是目前世界各国发展最快的一种氮肥，肥效高，成本低，且不用硝酸、硫酸，同时可做饲料和制造塑料。目前我国还没有这种全循环法的工厂（国内只有半循环法，不能把氨全部加工成尿素，还要用硫酸或硝酸来加工成一部分硫铵或硝铵）。这套设备也准备从各国报价中加以选择，明年下半年成交。

（6）为了提高国内制造化肥设备的质量，改进工艺，拟用50万美元外汇（1963年下半年用汇20万美元）从资本主义国家购进少量最急需的精密机床和仪器。型号规格由一机部提出，报计委审查后办理。

以上6个项目需要代表团在意大利谈判或询价的共4个项目，即上述（1）、（2）、（4）、（5）项。

（四）按上述1个转口项目和6个国内项

目计算，明年共需外汇 601 万美元，上半年用汇 158 万美元，下半年用汇 443 万美元。因为报价资料还是初步的，有的还是我们估计的，付款条件还待进一步明确，所以上述数字和实际用汇会有些出入，将根据实际情况加以调整（用汇计划见下表）。

1963 年度向欧洲国家购买化工、石油设备和专利用汇计划

项　目	全部货款及专利费	1963 年用汇	上半年用汇	下半年用汇
1. 向阿尔巴尼亚转口化肥设备	1 000	250	100	150
2. 重油造气设备	100	25	10	15
3. 铂重整装置	277	69	28	41
4. 合成丁醇、辛醇设备	190	95	20	75
5. 10 万吨合成氨设备	1 000	100	—	100
6. 16 万吨尿素设备	420	42	—	42
7. 制造化肥设备用机床、仪器	50	20	—	20
合　计	3 037	601	158	443

说明：

（1）第 4 项丁醇、辛醇设备按订合同当年付款一半计算。

（2）第 7 项机床明年下半年用汇 20 万美元。

（3）其余各项皆按分期付款条件订合同，订合同当时付款 10%，订合同一年内再付款 15% 计算。

（4）第 5、6、7 项皆于明年下半年签订合同。

（五）另外九个项目，即一个由天然气制取乙炔的项目；一个石油裂解分离的项目；四个合成纤维和塑料的项目；一个利用粉煤制造合成氨气体的项目；一个制造氮磷复合肥料的项目；一个炼制重油的项目。这些项目都是十分重要又为我们所迫切需要的，多数是国内研究试验了几年但还没有完全解决的项目（对这些项目的详细说明，参看附件）。因为外汇不足，我们建议作为下一步准备向国外购买的项目，由出国代表团和外贸部继续了解情况，探询价格，等到 1964 年再陆续成交签订合同。如果明年下半年外汇情况允许，建议从这些项目中间选择若干项提前签订合同。

（六）代表团的第一件工作任务是到意大利和爱尼公司商谈，根据商谈结果报告国内，签订三个项目（向阿转口的化肥设备、重油造气设备和铂重整装置）的合同。对其他爱尼公司可能供应的项目都可以进行商谈和了解情况，但不签订合同。

代表团在意大利可以和其他厂家包括蒙特卡梯尼接触，但要注意到马太以集团和蒙特卡梯尼集团的矛盾很深，应取审慎态度。

因为我们对资本主义国家情况不完全了解，对于向资本主义国家购买设备和专利还缺乏经验，建议代表团深入调查研究，不断总结经验，凡须向国内请示决定的问题要尽可能根据了解到的国外情况提出建议。

代表团已由科委拟就一个考察参观的计划。

代表团将利用访问意大利的机会，了解意大利市场的情况和增加我国对意出口的可能。

代表团根据任务可以分组活动，一部分团员可以先期归国。

代表团将不主动同苏联和东欧国家使馆接触。意共曾想插手这笔交易，我们拟以业务问题爱尼公司不愿他人参与为理由婉拒。

阿尔巴尼亚不参加我贸易谈判，但代表团将与阿使馆取得联系，并随时告以转口设备谈判情况。

代表团在意大利时受我驻瑞士使馆的领导。

附件：下一步准备购买的设备和专利项目说明

下述九个项目，拟由外贸部和赴意大利代表团向国外了解情况，探询价格和付款条件，准备于1964年签订购买合同。

1. 从天然气制取烯乙炔及乙炔提浓设备。乙炔是有机化学工业的重要原料，可用于生产塑料、合成纤维、合成橡胶、溶剂等有机产品。过去乙炔完全由电石制取，目前不少国家开始以天然气为原料裂解制取。国内现在按罗马尼亚资料在四川进行试验，并拟在泸州化工厂建设年产2 500吨的中间试验车间，但技术不如西欧国家先进。比利时S. B. A. 公司报价年产1.5万吨乙炔需720万美元，建议在1964年向比利时购买并签订合同。这套设备拟放在泸州。

2. 石油裂解及分离装置。将原油加热裂解，从裂解气体中分离出乙烯、丙烯等有机合成的原料气，是石油化学工业的第一个技术关。取得了乙烯、丙烯之后，才能制取塑料、合成纤维、合成橡胶等所需的基本原料。近十年来世界各国石油化学工业有突飞猛进的发展。石油裂解分离方法国内试验研究了几年，技术尚未掌握。英国报价年处理20万吨原油的裂解、分离装置需1 000万美元，每年约可产乙烯4.6万吨，丙烯3万吨，苯1万吨，甲烷和氢气4万吨，高辛烷值汽油4万吨等。如有4.6万吨乙烯，即可产2.5万吨合成酒精，1万吨聚乙烯，2万吨聚苯乙烯塑料等；3万吨丙烯可产1万吨合成羊毛（即聚丙烯腈）和6 000吨聚丙烯等；4万吨甲烷和氢即可代替20万吨煤制得6万吨合成氨。如外汇不足，也可考虑先买一套处理10万吨原油的装置。这套设备将结合利用石油气考虑，放在兰州或是黑龙江，还要详细研究。

3. 丙烯腈1万吨和聚丙烯腈纤维1万吨的设备，英国报价2 060万美元。聚丙烯腈即合成羊毛，是近几年来世界发展很快的一种合成纤维。它比天然羊毛轻，保暖性也好。聚丙烯腈的单体是丙烯腈。生产丙烯腈有两种方法：旧法是从电石或天然气制得乙炔和氢氰酸，再从这两者制成丙烯腈；新法是从石油裂解取得丙烯，由丙烯与氨合成丙烯腈。新法流程简单，投资省，成本低（比旧法生产约低50%），是世界上新的技术发展方向。它本是美国的专利，现在英国厂家提出愿卖给我们。丙烯腈再加聚合、抽丝即得聚丙烯腈纤维。

4. 聚丙烯设备。英国的设备年产树脂6 000吨，可以制成塑料4 000吨，纤维2 000吨，报价800万美元。聚丙烯是一种塑料，也是一种很有发展前途的新型纤维。聚丙烯只需要丙烯一种原料，所以工艺流程简单，成本低，但技术要求较高。在用石油裂解方法解决了丙烯来源的同时，即可配套建设。

5. 延迟焦化装置是炼制重质石油的一种较新方法。它可将重的残油加工成汽油、轻柴油和制造电极必需的油焦，同时还能生产大量化工用的石油气。我国松辽原油含重油较多，由于没有大延迟焦化设备，大量重油处理不了，常积压堵塞生产。意大利爱尼公司提出的延迟焦化装置处理重油能力为年产50万吨，可产汽油8万吨，轻柴油10万吨，电极焦8万吨，化工用气体5.5万吨（可制乙烯5 000吨或制酒精6 000吨），其余还有裂化原料17.5万吨可进一步加工成汽油8.5万吨。这一装置报价190万美元。

6. 硝酸磷肥设备。用硝酸处理磷矿可制成含氮和含五氧化二磷各14%的氮磷复合肥料，可以避免消耗硫酸而扩大化肥品种。这是法国的专利，年产10万吨的设备约需300万美元。

7. 粉煤气化炉。目前国内各合成氨厂的固定层造气炉只能使用25毫米以上的块状焦炭或块状无烟煤，煤炭资源利用受到很大限制。为扩大煤炭的利用，拟向西德购买一套粉煤气化炉（每小时造气1万立方米，可供年产1.5万吨合成氨厂的需要），报价200万美元。如不带制氧设备，约需100万美元。如果明年外汇允许，建议提前购买。

8. 泡沫塑料设备。这是一种聚氨基甲酸酯类的塑料，所用主要原料为甲苯、光气、丙烯等。强度大，质轻，隔热保温，可代絮棉。近几年来，国外发展很快。英国年产3 000吨的设备，报价45万美元。

此外，石油部还提出再向爱尼公司购买年处理原料油30万吨的铂重整装置一套，以便更多地增产苯、甲苯、二甲苯等化工产品，共需外汇444万美元。考虑到目前已提出购买一套10万吨能力的铂重整装置1965年始能建成，对于30万吨能力的铂重整装置目前可以向国外探询，以后根据需要情况在1965年再提出向国外购买，在这次外汇平衡中我们没有计算这个项目所需外汇。

附表1　　1962—1963年向西欧国家购买的设备及外汇估算

项　目	规　模	主要原料	拟订货对象	需要外汇估算（万美元）
（一）转口的设备				
阿尔巴尼亚氮肥厂	合成氨5万吨，硝铵11万吨	重油	意大利爱尼公司	1 000
（二）国内购买的设备				
1. 重油造合成氨原料气的设备	相当合成氨5万吨的原料气	重油	意大利爱尼公司	100
2. 铂重整装置	处理原料油10万吨 芳香烃抽提10万吨	轻汽油	意大利爱尼公司	277
3. 合成丁醇、辛醇	丁醇4 000吨、辛醇3 500吨	电石	法	190
4. 泸州天然气化工厂	合成氨10万吨	天然气	比、英、法、意	1 000
5. 泸州天然气化工厂	全循环法尿素16万吨	合成氨、二氧化碳	英、日、荷、意	420
6. 制造化肥设备的精密机床、仪器等				50
总　计				3 037

附表2　　准备购买的设备及外汇估算

项　目	规　模	主要原料	拟订货对象	需要外汇估算（万美元）
1. 乙炔及提浓设备	15 000吨	天然气	比利时	720
2. 石油裂解及分离装置	年处理原油20万吨（乙烯4.6万吨、丙烯3万吨、高辛烷值汽油4万吨等）	原油	英	1 000
3. 丙烯腈	1万吨	丙烯、合成氨	英	800
4. 聚丙烯腈	合成羊毛1万吨	丙烯腈	英	1 260
5. 聚丙烯	塑料4 000吨，纤维2 000吨	丙烯	英	800
6. 延迟焦化装置	年处理重油50万吨	重油	意大利爱尼公司	190
7. 硝酸磷肥	10万吨	磷矿、硝酸	法	300
8. 粉煤气化炉	每小时1万立方米煤气	粉煤或重油	西德	100
9. 泡沫塑料	3 000吨	甲苯、光气、丙烯等	英	45
总　计				5 215

150－10－165

化肥小组、化纤小组关于从西欧和日本洽购成套设备工作的进展情况和问题向计委和中央的报告

1963 年 3 月 7 日

化肥小组和化纤小组最近开会听取了赴意大利的中国技术进口公司代表团和赴日本的维尼龙考察团的报告，讨论了几个月来从西欧国家和日本洽购成套设备工作的进展情况，以及下一步应当采取的步骤。两个代表团的工作已另有书面报告送阅，这里只将化肥小组和化纤小组对一些问题讨论的意见报告如下：

（一）转口阿尔巴尼亚的化肥设备和为国内购买的重油造气设备，原确定以意大利的爱尼公司为洽购对象，并预定于今年上半年签订合同，但据代表团到意大利实地考察和多次谈判的结果，认为爱尼公司在化肥工业技术方面并不擅长，主要技术和专利系从英、法、荷等国转手，关键设备方在试制，索价高于其他厂家百分之六十左右，而且重油造气的专利英国厂家不肯转让，因而谈判并未收到实际成果。为了早日为阿尔巴尼亚购妥这套设备，建议批准立即转向技术上有把握的英国厂家和意大利的蒙特卡梯尼询价，根据各方报价，重新确定购买对象，并争取于今年内谈判取得结果，这样仍可保证按与阿方协议的进度，即一九六六年建成这个工厂。

（二）在去年十月十三日给总理的报告中，预定今年上半年购妥的铂重整装置和丁醇辛醇设备，谈判经过尚称顺利。

据代表团的考察，认为爱尼公司在炼油工业方面具有较多的经验和相当的技术水平，这个公司已为国内外设计和制造了九个铂重整工厂的设备。爱尼公司对十万吨轻油的铂重整和芳香烃抽提设备的初步报价是三百二十六万美元，正式报价不久提出，这较高于我们原来估列的二百七十七万美元，但与已知的其他国家的报价接近。这套设备开工所需的铂催化剂未包括在报价之内，拟向爱尼公司提出由他们供应。

向法国购买的丁醇、辛醇设备，报价三百一十六万美元，这套设备的价格，我们原来估列一百九十万美元，据近来了解，法国一九五八年卖给波兰的价格是二百二十五万美元，但现在法国售给我们的设备比过去已有改进，五年来物价也有变化，估计三百万美元左右可以成交。

这两套设备在对价格问题和技术细节进一步谈判核实后，如一切顺利，拟即签订合同。

（三）预定下半年购妥的以天然气为原料的合成氨厂和尿素工厂，又收到几份新的报价，其中以英国一家厂家（享弗来格拉斯哥）对十万吨合成氨厂的报价七百二十八万美元为最低，各项技术经济指标也较先进。预计三月份将再收到对这两套设备一些新的报价资料，对这些资料比较研究之后，将按原定计划进行洽购。

（四）赴意代表团在瑞士期间，曾与一些厂商进行接触，并收到对预定明年购妥的九个项目的设备的若干报价资料。

西德鲁奇公司向我们提出二十万吨石油裂解和气体分离装置的报价资料，并与代表团作了四次会谈。这套装置以原油为原料（每年二千只用五百吨轻油），裂解采用最新的砂子流动床法，可以得到纯度很高的乙烯、丙烯气体，经过芳香烃加氢精制，并可得到纯度很高的苯、甲苯、二甲苯。初步报价一千三百多万美元，签订合同后三十个月交齐设备，货款于工厂建成投产后付清。买进这套设备，将使我国的石油化学工业一开始就建立在最先进的技术基础之上，其意义是很大的。在建设这个工厂的同时或稍后，必须建设一系列利用乙烯、丙烯气体的工厂和进一步加工的工厂，这涉及整个有机合成工业和塑料、合成纤维、合成橡胶工业的规划问题。这项规划工作，应当结合长期计划的编制，根据已有的资料立即进行。这个工厂的厂址和采用何处的原油必须提前决定，以便和西德厂商根据油样的分析作进一步的技术会谈。

此外，代表团还收到英国高聚合物石油化学工程公司关于聚丙烯设备的报价和其他项目的一些报价资料，这些资料对于我们下一步洽购工作都是有用的。

（五）西德厂商提出有一套高压聚乙烯试验设备愿转让给我们，产量每小时一百二十五公斤，包括技术资料费共索价一百万马克，折二十五万美元。高压聚乙烯是一种性能很好的塑料，买进这套设备可为将来建设大厂培养技术力量，并可解决国防尖端方面的小量需要。所需外汇建议从今年批准用汇六百零一万美元中解决，因为这六百零一万美元估计今年是用不完的。

（六）向日本仓敷会社购买的维尼龙设备，经过考察团到日本实地考察，认为仓敷的工厂生产技术是成熟的，日方向我所提报价资料基本是符合实际的，承担制造设备的工厂都是日本第一流的工厂，质量是可以有保证的。由于日方受到国内外反动势力的压力，同时准备技术资料也需要一定时间，日方提出把签订合同的时间推迟到四月份。三月八日仓敷会社将派出一个技术代表团来我国帮助选择厂址和收集设计资料，建厂地点总理已批准建在北京，其中生产聚乙烯醇的车间，将设在北京东郊化工二厂，抽丝纺纱的车间扩出设在顺义以北或者在东郊化工二厂附近两个方案，等日本的技术代表团到后再商酌确定。

（七）维尼龙考察团在报告中提出建议从日本进口两种合成纤维（开司米龙、康耐克龙）的成套设备。这两种纤维有它的优点，但索价较高，我们建议可以向日本提出询价，把日方的正式报价资料和西欧国家关于聚丙烯腈等等合成纤维的报价资料加以比较之后，再确定向何处购买和何时购买。

（八）除向仓敷购买的一套日产三十吨的维尼龙设备之外，日本另一厂家大日本纺绩会社也向我提出日产五十吨维尼龙设备的报价并进行谈判。大日本纺绩会社的社长也就是日本纺绩协会的委员长叫原吉平，他所代表的日本资本集团，同美国矛盾很深，现在正同美国进行着激烈斗争。为了扩大美日矛盾，我国技术进口公司已函邀原吉平来我国商谈并准备和他谈成这笔交易。大日本纺绩会社生产维尼龙的技术不如仓敷成熟，设备报价三千一百万美元，和仓敷的报价接近，估计在谈判时还可压低。

（九）向资本主义国家购买成套设备，首先必须经过调查研究，了解情况，然后确定适当的购买对象。在一般情况下，应当向几个国家询价，进行多方面的接触，从收到的报价资料中加以比较选择。在作出选择时要结合政治斗争的形势和需要加以考虑。凡有可能，都应当对拟购买的设备和制造设备的工厂进行实地考察，这次考察对我们确定购买的方针和了解资本主义世界的技术状况都是有益的。购买成套设备要经过询价、参观、技术谈判、贸易谈判若干阶段，其时间不能要求过急，谈妥一个项目一般要一年左右或者更长的时间。

（十）综观这一阶段向资本主义国家购买成套设备的经过，除转口阿尔巴尼亚的项目因购买对象选择欠当、甚少进展外，有的项目也发生过一些波折，但总的来说，工作的进行还是顺利的。目前资本主义各国矛盾重重，在经济危机前景的威胁下，都拼命争夺市场，各国厂商为了兜揽生意，在与我代表团接触和提供报价资料方面都表现得很积极。向资本主义国家购买成套设备和技术资料，现在的时机是有利的。因此，大体按照我们的原定计划，以比较合理的条件买进这些设备是充分可能的。

150－11－295

国家计委关于从西欧国家进口成套设备工作的进展和工作部署

1963 年 8 月 12 日

关于西欧国家进口成套设备的工作，我们曾于今年三月七日向总理作过报告，报告之后工作又有了一些进展，现在把这一期间的情况再整理成一份材料送阅，并将我们对工作部署的意见报告如下：

一、去年十月总理批准的报告中规定，一九六三年内同西欧国家谈成进口六个成套设备项目，其中上半年谈成四项，下半年谈成两项，全年用汇五百八十一万美元。截至现在，因种种原因这六个项目一项还没有成交。但是我们认为这些项目都有可能而且应当力争于今年内全部谈判成交。这些项目是：

（一）转口阿尔巴尼亚的化肥设备（年产合成氨五万吨，硝酸铵十一万吨），这个项目原来是向意大利爱尼公司洽购的，后来谈判因重油造气专利壳牌公司不肯转让而搁浅，四个月来我们又收到奥地利、日本和意大利蒙特卡梯尼等厂家的报价。在比较之后建议确定以蒙特卡梯尼为购买对象。蒙特卡梯尼所采用的一套技术都是自己的专利，有多年为国外建设同类工厂的经验，生产技术和消耗定额都较先进，报价一千二百三十万美元，同意延期付款（须经意大利政府批准）和转口阿尔巴尼亚。蒙特卡梯尼的价格是低于爱尼的报价的，但一九六二年阿尔巴尼亚曾向蒙特卡梯尼作过询价，当时蒙特卡梯尼的报价是九百四十万美元（工厂的规模是一样的，设备供应范围有些不同），为什么两年后涨价这样多，将要求意方澄清。总之，为了及时完成援阿任务，只要价格合理，甚至价格稍高一些，我们也主张在九月或十月份与意方谈妥这笔交易。对奥地利佛斯特公司的报价仍将请其给一些补充资料以资比较。

（二）重油造气设备（造气量相当于年产五万吨合成氨，这是一个以重油为原料的合成氨厂的部分设备），意大利蒙特卡梯尼报价二百三十万美元，加上配套的合成筒内件等等共约值三百三十万美元，将在谈判援阿设备时一同成交。这套设备的进口将使我国掌握以石油为原料加压造气制造合成氨的技术。

（三）铂重整设备（铂重整又称催化重整，是在石油精炼过程中以铂为催化剂使一部分汽油的分子结构发生变化，得到高辛烷值的汽油，又经抽提和分馏，得到芳香烃——即苯、甲苯、二甲苯，这些是农药、染料、合成纤维和炸药的重要原料。这套设备的能力是年处理原料油十万吨，产芳香烃类三万多吨），根据意大利爱尼公司四月份报价为三百万美元。六月份已派人出国谈判，估计八月份可以结束技术条款的谈判，九月或十月份在北京举行贸易条款谈判并签订合同。爱尼的专利技术基本上是采用美国环球油品公司的专利，又稍作改进，从目前世界上这一方面的技术水平衡量，可以说是属于上中流的。

（四）丁醇、辛醇设备（丁醇和辛醇是制造聚氯乙烯塑料品所必需的增塑剂的主要原料，我国过去是从粮食制取，耗粮很多，法国的方法是从电石制取。这套设备的年产量是丁醇一千吨、辛醇六千五百吨），共收到法、英、意、日四个国家的报价，以法国的技术最为可靠，故仍拟向法国购买。法国报价为三百多万美元，设备费的百分之六十延期两年付款。因价款不大，不拟在支付条件上多做文章，但价格估计可以压低一些。最近将派人出国作贸易条款谈判，相机成交。

（五）以天然气为原料的合成氨设备（年产合成氨十万吨），共收到英、比、意三国的报价，比较结果以英国汉弗来葛拉斯哥公司的报价七百四十二万美元为最低，技术也最先进。拟按此价格于近期谈判成交。

（六）全循环法尿素设备（年产尿素十六万吨，尿素是含氮量高达百分之四十六的一种氮肥，由氨和合成氨副产的二氧化碳制成），共收到荷、意、日三国厂商的报价，三家的技术经济指标和消耗定额是相近的，但以荷兰的价格六百二十万美元为最低，且荷兰厂商对我贸易态度积极，拟于近期谈判成交。这套设备和十万吨的合成氨设备是配合的，这两套设备的进口将使我国掌握最新的利用天然气制造合成氨和全循环法尿素的生产技术。

上述六个项目的购买对象已经可以确定，有关技术问题已经作过多次接触和会谈，可以说已经基本上摸清楚了，我们对于价格和支付条件也不拟作过多的讨价还价，各国的厂商都愿意积极成交，因此我们估计，若无意外情况，这六个项目今年都是可以谈判成交的。我们认为，为了完成援阿任务和为了争取时间迅速提高我国在这几个重要工业领域中的技术水平，这些设备能早进口一天都是有好处的。此外，为了打开同西欧国家成套设备贸易的局面，很有必要从上述项目中选择一两个条件比较成熟而且对我比较有利的项目迅速谈判成交签订合同，这对推动我国对整个西欧和日本的成套设备贸易是有利的。

二、去年十月报告中规定于一九六四年谈判成交的有九个项目，其中有一个石油裂解厂，我们建议把这个项目提前于今年与西德谈判成交。

关于石油裂解厂，我国出国代表团已与西德鲁奇公司作过四次技术会谈，最近我国石油代表团又在西德实地参观了工厂，证明它的生产方法是成熟的。鲁奇生产方法的特点是采用砂子裂解炉，可以以轻油或以原油为原料，不像其他方法只能用轻油一种，这是比较适合我国情况的。这种方法从一九五八年才开始工厂化，目前世界上已建成了四个这样的工厂。这套设备从石油裂解到烯烃分离，可以得到纯度很高的裂解气体，又可以得到纯度很高的芳香烃——即苯、甲苯、二甲苯。这套设备的能力是年处理原油十七万五千吨，主要产品为乙烯三万六千吨、丙烯二万二千吨、芳香烃三万吨等等。对这套设备西德厂商报价一千三百二十万美元，于工厂建成后付清。因为买进这个工厂对发展我国石油化学工业具有重大意义，所以我们建议在进行今年六个项目的谈判的同时，不失时机地与鲁奇公司进行谈判，争取早日成交。

除石油裂解厂之外还有三个项目是利用裂解气体的工厂，它们大体上应当和石油裂解厂同时建成，这三个项目是：

聚丙烯厂，聚丙烯是用丙烯气体聚合成的一种性能很好的塑料也可以作成纤维。聚丙烯纤维是目前世界上最新（一九六〇年才工厂化）、发展最快的一种合成纤维。它的生产流程简单，成本低廉，比重最轻，使用性能有许多优点，既可作成毛型，也可作成棉型，做成的成品坚固耐用。我们已收到英国厂商（与西德合作）的一份报价。意大利的蒙特卡梯尼有聚丙烯纤维的专利技术，已为英、法、日等国建了几个大厂，技术上最成熟。我们认为随着我国石油化学工业的发展，聚丙烯纤维应当成为我国今后着重发展的一种合成纤维。在与蒙特卡梯尼谈妥援阿的化肥厂和重油造气项目之后将争取再和它谈成这个项目。

丙烯腈厂和聚丙烯腈纤维厂，这两个项目也是以丙烯气体为原料制成合成纤维。聚丙烯腈纤维可以代替羊毛，所以也称合成羊毛。我们已收到英、日等国聚丙烯腈纤维厂的报价。丙烯腈（聚丙烯腈的原料）有两种生产方法，一种老的方法是从电石或天然气制取，生产流程复杂，成本也高；新的方法是用石油裂解的丙烯气体加氨氧化合成。我们准备采用后一种方法。这个项目尚未找到购买对象。

上述三个项目的生产规模，应当和石油裂解厂的二万二千吨丙烯气体相平衡。如果只能买到一种专利（如聚丙烯）也可以扩大它的规模，总之要把二万二千吨丙烯气体都用掉才行。

这些项目的询价和谈判都应当积极进行，争取今年年底或明年初成交。

三、此外，按去年十月报告还有五个项目应于一九六四年签订合同。这些项目是：乙炔提浓设备、延迟焦化装置、硝酸磷肥设备、粉煤气化炉、泡沫塑料设备。这些项目有的还需要进一步摸清情况，有的建设进度尚待确定，因此它们的谈判成交时间可以稍迟。

四、在今年三月七日的报告中我们建议向西德以二十五万美元购买一套高压聚乙烯试验设备。后德方提出另加各种附加费用五十四万美元。我们已复信不同意各项附加条件，如德方坚持，拟即作罢。

五、除已经批准进口的十六个项目之外，我们建议追加进口下列两个成套设备项目：

（一）高压聚乙烯设备，高压聚乙烯是目前世界上发展最快、性能很好的一种塑料，已有英国卜内门（I. C. I）和西德的两份报价。英国的技术比较先进，但索价甚高（年产二万五千吨，专利费八百四十万美元，设备费七百万美元）。

（二）环氧乙烷和乙二醇设备，这两种产品是特丽纶纤维、洗涤剂和乳化剂的原料，乙二醇可代替甘油作炸药。蒙特卡梯尼有此技术，尚未提出报价。

上述两套设备都是配合石油裂解厂以乙烯气体为原料的项目。石油裂解厂的厂址现有兰州和上海两个方案。如果厂址放在上海，这两个项目的建设时间必须和石油裂解厂的建设时间大体一致，因而要求这两个项目明年上半年谈妥成交；如果厂址放在兰州，因为兰州已经有了利用乙烯气体的合成酒精厂和合成橡胶厂，这两个项目的谈判时间就可以稍缓。

六、上述预定今年谈成的六个项目，如果都按进度完成，估计今年用汇四百二十万美元。如果把石油裂解厂的进度提前，增加用汇二百七十万美元，今年共约七百万美元，超过原用汇计划一百二十万美元。

七、上述准备于今年签订合同的项目，如果一切顺利，大致都可在一九六六年或在一九六七年建成投入生产。它们的建设进度，建设和生产的协作配合条件，以及原料和产品的平衡，我们将在制订长期计划时优先予以安排。它们的厂址都已经有了初步方案，我们将在进一步研究确定之后再报告中央。

八、从资本主义国家进口的成套设备项目，除去年十月批准的十六项，从日本进口的两项（维尼龙纤维）、这次建议增加的两类，共二十项。这二十项全部是化工、化肥、石油、合成纤维工业的项目。我们在研究长期计划中间还将再提出若干从资本主义国家进口的成套设备项目，新的项目除补充若干化工、化肥、石油、合成纤维项目之外，将着重考虑从资本主义国家进口一些必需的冶金、机械等方面的成套设备和专利技术。

为了建设现代化的国家，我们的方针永远是自力更生，永远是依靠发展和提高我们自己的科学技术力量。这条方针并不排斥，相反的更加要求我们通过一切可能的途径积极地购买和引进新技术。当然，我们不期望所有我们需要的新技术都能从资本主义国家进口，不过，凡是进口的专利技术，我们就可以在这个基础上加以推广、提高，使我们能够在这些方面赶上和超过世界水平，同时它造成一种可能，使我们能够集中主要科学技术力量去解决那些为进口所不能解决的更重要的课题。现代修正主义从工业装备和技术上封锁我们，这虽给我们造成一定困难，但是并不能阻止我们前进。上述我们已经决定购买的项目，经过反复了解，可以认为都代表着目前世界上先进的水平，其中大部分是我们自己多年来没有解决，过去向苏联提出过，而他们在这些方面很落后，并不能供应我们的项目。从资本主义国家打开这个缺口之后，可以预料我国科学技术的发展不是比过去更慢，而是比过去更快一些。

从资本主义国家购买成套设备和专利技术我们尚甚少经验，在这条道路上应当估计一定会碰到一些障碍，如某些国家政府对我的歧视，美帝国主义和现代修正主义的破坏等等。但是资本家终究是要做生意的，这家不做另一家会做，这一国不做另一国会做。根据几个月来的接触，大部分厂商、银行家和资本主义国家的政府对开展对我贸易的态度是非常积极的。因此，只要我们的方针对头，做法正确，项目的选择和外汇的使用得当，可以像今年三月七日给总理的报告中那样估计：大体按我们预定计划买进这些设备是完全可能的。

美帝国主义和现代修正主义封锁我们的企图是注定要失败的。

九、从资本主义国家购买成套设备和引进新技术是一项新的、极其重要的任务。从不到一年的时间的经验看，要完成这项任务，除了要做政治和经济斗争之外，还必须做很复杂艰巨的组织工作和技术工作，目前我们的组织状况还不能完全适应这个任务的要求，因此我们建议：

（一）明确各部门的职责和分工。从资本

主义国家进口成套设备的工作，从确定项目到建设完成，必须由国务院各有关部、委通力合作进行；但同时各部门的分工，根据它们原来的职责，也应当明确。凡属成套设备项目的确定（包括项目是否提出，设备的能力和产品品种、工厂的厂址、建设的进度、进口的进度等）以及外汇的平衡等项工作都应当由计委负责。凡是有关化肥工业和化学纤维工业的项目，可以先在化肥小组和化纤小组上酝酿成熟然后提到计委。项目报经中央和国务院批准之后，就应当由外贸部负责把这些设备按进度、按要求的质量，以合理的价格购买进来。在谈判和进口成套设备的过程中间，全部工作应当由外贸部主持，在有关工业部门和其他部、委积极参加下进行。

（二）加强外贸部的领导。加强外贸部主管成套设备进口部门和驻英、瑞等国使馆商务部门的力量，从各部抽调或借调必要的技术人员给外贸部。

（三）成立成套设备进口五人小组。小组由方毅（外办兼计委）、李强（外贸部）、张有萱（科委）、叶林（经委）、柴树藩（计委）五位同志组成，以方毅同志为组长，（柴树藩为副组长。——总理批注）小组的任务是在从资本主义国家进口成套设备的谈判和进口过程中，就各部门提出为外贸部和其他部门所不能解决的有关政策和工作问题提出意见，向总理和外贸三人小组作报告，并处理总理交办的其他工作。

以上意见是否有当，请指示。

150－11－295

国家计委、科委关于从西方国家进口一批精密仪器仪表的报告

1963 年 11 月

1960 年前精密仪器仪表基本上依靠进口。据统计自 1952 年到 1960 年，每年平均进口值人民币 1.3 亿元（随成套设备和军工产品配套进口的仪器，尚不包括在内）。1958 年以来，我国仪器仪表工业开始有了发展。目前已经掌握的有 800 个品种，但多属中、低级精度的产品，高级、精密的只是刚刚才开始试制，需要与可能的差距很大。据各方面提出的近几年需要的 12 大类通用仪器仪表（无线电测量、射线、光学、热工、电工、机械量仪、分析、气象、计时、材料试验机、实验室设备、电子计算机），大约 3 500～4 000 种。因此，除了加速我国仪器仪表工业的发展速度外，还必须有计划地组织进口一批高级、精密仪器仪表。

中央各部提出，在 1964～1967 年内从西方国家进口仪器仪表共需外汇美金 10 795 万元。根据以往经验，高级、精密仪器仪表不是年度订货可以订到的，必须有一个几年的较长期的安排和洽购时间。为此，我们与有关部门进行了研究，选择了一批大型的、精密的仪器仪表 6 000 多台，约 3 380 万美元。先提出以长期预订货方式，今年却开始洽购。其余仪器仪表，则视外汇情况在年度进口计划中安排解决。

（一）这次要订购的 6 000 多台仪器仪表，包括无线电测量仪器 2 100 台、射线仪器 250 台、光学仪器 1 000 台、机械量仪 300 多台、热工仪器 450 台、电工仪器仪表约 350 台、分析仪器 350 多台、气象仪器 40 台、计时仪器 110 多台、材料试验机 250 多台、实验室设备 1 100 多台、电子计算机及外部设备 36 台。这批仪器仪表是各部门自 1962 年即提出清单、经过一年多时间的一再核对审查后编成的。

（二）这批仪器仪表主要用于解决以下几个方面的需要。

1. 工业方面：中央各工业部门已列入国家建设工程重点项目配套用的仪器仪表 480 多台。其中：（1）农机部为扩大拖拉机、农业机械生产的洛阳、天津、沈阳、南昌拖拉机厂建设项目用的仪器仪表 180 多台；（2）一机部为制造年产 2.5 万吨合成氨成套设备的上海大隆、精业、阀门、锅炉厂基本建设和化肥设备配套用的仪器仪表 80 多台；（3）一机部为扩大精密和军用轴承生产的洛阳、哈尔滨、北京

轴承厂建设项目的仪器仪表30台；（4）一机部为生产高精度机床的昆明、上海、南京、武汉重型机床厂、北京精密零件厂等建设项目用的仪器仪表115台；（5）一机部上海和平、大华、压力、光学、综合仪器厂和北京气体分析仪器厂建设项目的仪器仪表70台。以上基本建设项目配套约需外汇美金250万元。

2. 国防方面：尖端技术及重点国防工程配套用仪器仪表共2 100多台。其中：（1）二机部第一期工程配套及科研用的仪器仪表200多台。（2）三机部飞机厂、航海仪器厂、光学仪器厂、水雷厂等项目配套用的仪器仪表300多台；（3）国防科委系统科研及建设项目用的仪器仪表1 000多台；（4）中国科学院（新技术局）为承担国防部门委托的科研任务和建立测试基点用的仪器仪表600多台，以上国防科研及工业系统约需外汇美金1 450万元。

3. 中央各部、科学院和科委计量局为开展科学研究用的仪器仪表2 680台。其中科委计量局为建立和健全长度、电工、光学、时间频率、无线电计量等国家基准和大区一级基准用的计量仪器350台。科学院、冶金部、化工部、石油部、教育部等部门科学研究用的仪器仪表约2 330台。以上科学研究用仪器仪表约需外汇美金1 450万元。

4. 为发展仪器仪表新产品试制用样机640台。其中无线电测量仪器170台，光学仪器80台，热工仪器120台，电工仪器仪表90台，材料试验机15台，气象仪器8台，计时仪器30台，分析仪器30台，实验室设备40台，电子计算机及外部设备14台。以上进口样机约需外汇美金230万元。

以上是初步估计数，在订货过程中一定会有所调整。

（三）这批精密仪器仪表，技术要求高。有些需要两三年前订货（个别要5年以上），其中有部分尚属“禁运”物资，选购商洽均较困难。因此，争取今年即开始着手订货，陆续订购，逐年交货。每年用外汇数目，将由计委根据年度外汇平衡的可能和科委商定。如果对某一厂家订购数量较大时，还将探索延期付款的可能性。

（四）鉴于这批订货品种多，规格杂，精度高，对国别、型号、规格、价格必须作详细对比摸清情况；附件、备件必须成套订购；订货方式必须慎重灵活，另外，仪器仪表与各行业都有密切联系，特别是与新技术有关，通过订货，可以了解到西方国家各类工业水平和新技术发展趋向。这个机会必须利用，为此，建议由国家科委、外贸部对这批订货作出周密的计划，使贸易与科学技术活动密切结合。

（五）这批高级精密仪器仪表订货和进口后，如果需要调整以及监督使用等，应按1963年9月7日国务院批准的《仪器管理暂行办法》处理。

附件一　历年来仪器仪表外贸进口统计表

单位：万元

年　代	实际进口金额（人民币）	备　注
1952年	11 794.0	
第一个五年计划合计	65 299	五年平均每年进口金额约13 060万元
1953年	13 848	
1954年	15 334	
1955年	13 684	
1956年	10 903	
1957年	11 531	
第二个五年计划合计	57 270	前三年平均每年进口金额约16 700万元
1958年	16 301	
1959年	11 385	
1960年	22 411	
1961年	6 018	
1962年	1 156	不完全统计

说明：

（1）资料来源：中国仪器进口公司年报表，这些数字包括维修零配件，但不包括成套进口的仪器仪表在内。

（2）历年进口额是逐年实际进口金额，提出数大于此数。

150－12－609

成套设备进口五人小组关于进口维尼龙设备问题和制定从资本主义国家进口成套设备、引进新技术的规划问题的报告

1964 年 2 月 10 日

1 月 27 日成套设备进口五人小组讨论了从日本进口维尼龙设备问题以及今后从资本主义国家进口成套设备和引进新技术的规划问题，廖承志同志也参加了这次会议，兹将讨论的意见报告如下：

一

根据中央多进口几套维尼龙设备的意图，外贸部已向正在北京的日本仓敷会社的代表团提出询问。仓敷会社代表团团长冈林表示：他们非常愿意向中国继续提供设备，但他们对维尼龙的生产技术正在研究改进，他认为今后再从日本购买设备，应当采用更新的技术和更经济合理的规模。此外，他说既然中国已向仓敷和“日纺”各购一套设备，他建议中国方面对这两套设备作更多的了解，缓一些时候再提出购买可能是更为适宜的。

冈林是仓敷负责技术工作的常务董事，他这些意见是从一个技术人员的见地提出来的，小组认为，对他的意见的某些方面应当予以考虑。

我国从仓敷购买设备的北京维尼龙厂将于 1965 年底至 1966 年初建成，从“日纺”购买设备的吉林维尼龙厂现正派人出国作技术考察，如果“日纺”的技术可靠，而且一切顺利，可能于今年上半年签订合同，于 1966 年底至 1967 年初建成。至于第三个工厂，是在北京和吉林扩建或是另寻厂址新建现尚未定，而第三个工厂的设备大体上将自己制造一部分，从国外选购一部分，具体选购哪些设备，只有在第一套设备进口之后才能确定。小组认为，为了合理安排进口和外汇，合理安排国内的建设和生产，第三个工厂以在 1967 年底或 1968 年初建成为宜，这样每年有一个维尼龙厂投产，速度并不算慢（是否还能加快将在长期规划中研究）。按照上述进度，第三套设备的进口，目前只作些探索，但正式谈判和签订合同的时间定为 1965 年是可以不至误事的。

二

小组的同志认为，当前迫切需要提出一个从资本主义国家进口成套设备和引进新技术的长期规划初步方案，并在它的基础上重新调整 1964 年从资本主义国家进口成套设备项目和用汇计划。

1964 年的外贸计划中已列有成套设备用汇1 750 万美元，并且已有签订了合同的 7 个项目和经过中央批准 1964 年谈判进口的 13 个项目。但去年底至今年初形势发展很快，在 20 项之外，总理又批准科委提出的 66 项和各部门陆续提出的 4 项作为向国外探索询价、如果条件成熟也可列入 1964 年计划的项目；此外，最近中央各部门又根据长期发展规划的需要提出了一批项目。所有这些项目的提出，一般都是有一定根据和理由的。从国外的情况看，自我国与西欧国家和日本签订了一批购买成套设备的合同之后，对资本主义国家成套设备贸易的局面已经初步打开，在中法建交之后，这个局面还将进一步发展，据最近与个别厂商的接触的结果，过去认为搞不到的属于“禁运”范围的项目，现在看来很有可能搞到一些。另一方面从外汇的平衡看，今年对资本主义国家贸易还有8 000 万美元的逆差没有补上，计划 1964 年 1 750 万美元的成套设备用汇暂时很难有多的增加。根据这些情况，对 1964 年成套设备项目进行一次调整是十分必要的。

鉴于各部门对所提出的项目的情况大部分还不十分清楚，我国派往国外的几个技术考察团（如维尼龙考察团、石油化学考察团等）在 2—4 月份才能陆续归国，又鉴于今年进口项目的确定，对长期计划至关重要，需

要花一定时间结合国内外的情况和长期发展规划的要求进行一些必要的研究，因此拟于4月份提出1964年度的进口成套设备项目和用汇计划报请批准。在此期间（从现在到4月）各部门对上述项目可以进行调查研究，或者按照规定程序进行参观、考察和询价、谈判，但除经您们个别批准的以外，所有的项目都暂不签订合同，对外谈判也暂不确定签订合同的时间，我们认为这样安排是不会耽误工作的。

目前有几个配合尖端技术需要的项目正在进行接触和谈判中间，它们所需外汇数目不大，而且属于打破美帝国主义对我封锁禁运限制的性质，为了不失时机，如果这几个项目条件成熟，建议即与国外签订合同，这几个项目将另行报请批准。

三

在制定从资本主义国家进口成套设备和引进新技术的规划以及安排今年进口计划时，我们认为有下列几个方针问题是应当着重研究的。

（一）进口成套设备用汇在整个进口中应当占多大的比例问题。今年及今后几年，我们对资外汇一定会逐年有所增长，但由于现在对苏联、东欧国家的出口货，一部分并不能转为对资出口，所以对资外汇的增长，特别是近两三年的增长，仍是有限度的。在此情况下，我们逐年以多少外汇用于粮食、化肥、五金、化工原料和一般机械的进口，多少用于成套设备的进口，是长期计划的一个根本问题。当然，我们应当想一切办法积极增加出口，创造和开辟外汇的来源，在这一方面潜力还是很大的，在外汇的使用上，只要有可能，应当积极扩大成套设备用汇所占的比例；但对资本主义国家的外汇的使用必须放在一个统筹兼顾、全面安排、稳妥可靠、留有余地的基础上。因此，在确定进口成套设备项目之前必须首先确定进出口的数字，同时经过切实计算，提出逐年可供进口成套设备用汇的数字。

（二）为解决吃、穿、用问题的项目和其他项目的用汇各占多大比例问题。按富春同志的指示精神，把解决吃、穿、用作为成套设备进口的重点，现在已经这样做了，而且在长期规划中化肥、化纤、石油化学项目的用汇将占一个很大的比例也是肯定的。但除了为解决吃、穿、用的项目以外，应当为其他项目留下多大的外汇比例才恰当，还是一个待研究的问题。因为进口成套设备除了为解决当前国民经济中的迫切任务（如吃、穿、用）之外，还有引进国外新技术，特别是基础工业方面的新技术，促进我国的自力更生，使我国在主要科学技术领域逐步赶上世界先进水平的问题，和照顾各主要部门的技术的提高，从而保证整个国民经济以更高速度向前发展的问题。因为外汇有限，如果以过多的外汇用于进口化肥、化纤和石油化工设备，那么许多冶金、机械、电气、仪表、电子和石油工业的项目就不能或很少能进口。这样不但国防尖端和国民经济其他方面的最必需的需要不能满足，而且化学工业本身在自力更生的基础上的进一步发展也将受到限制。这个矛盾也可以说是近期需要与远期需要的矛盾问题，它应当如何解决，必须结合各主要国民经济部门的发展规划和技术政策进行全面研究，同时请您们对这个问题先给一些原则指示，以便遵行。

（三）维尼龙项目在进口的合成纤维项目中应当占多大比例问题。在解决吃、穿、用的项目中，合成纤维项目将占很大的比例，在合成纤维项目中维尼龙项目将占很大的比例，这一点，在长期规划中已是肯定的趋势。但是从长远来看，我国合成纤维工业是发展维尼龙这个单一品种呢，还是应当发展多品种呢？我们认为，为了利用我国多种资源，适应纤维不同用途的性能要求，以及为了更加多、快、好、省，我国合成纤维工业的发展还是应当多品种；但在一定时期应当有重点。在我国现实条件下，把维尼龙作为我国当前合成纤维发展的第一个重点是完全正确的。但除了发展维尼龙之外，还应当在聚丙烯、聚丙烯腈、卡普隆等几个品种中加以选择，使之有不同程度的发展。从更长的时期来看，我国合成纤维工业的发展，将来以发展石油化学工业产品品种为主更为有利。在近期，应当为这个前途在技术上和其他条件上作一些必要的准备。这样在规划中除了维尼龙之外，给其他合成纤维留出一定比例的外汇也是必要的。

现在科委正在召集各部门的专家对我国各种天然纤维和化学纤维工业的技术政策进行讨论，不久他们将提出一个关于这个问题的报告。

上述三个问题都需要在长期规划中进行综合平衡和全面的研究，提出具体的比例和数字。我们将在工作过程中提出几个不同的设想和方案，随时报告您们，并取得您们的指示。

进口成套设备的规划工作将自二月起以计委和科委为主会同有关部门来进行。在此期间，我们建议仍按去年八月总理批准的工作程序，凡各部门提出的有关进口成套设备项目的问题和用汇问题，都先由计委提出意见，凡在项目的谈判和进口过程中各部门提出为外贸部和其他部门所不能解决的有关政策和工作问题，都经过成套设备进口五人小组的讨论，然后报请您们批示。

四

聚丙烯纤维是前年已经中央批准从西欧进口的一个项目。这种纤维是从石油裂解气体制成，从1960年才工厂化，近年发展很快，据了解，这种纤维成本最低，坚固耐用，适合我国群众需要，可能作为我国合成纤维着重发展的一个对象。因我国纺织工业部门对这种纤维的加工和使用性能尚不了解，小组同志建议从西欧购买一台抽丝机、少量聚丙烯树脂、聚丙烯纤维和制成品，自己进行抽丝、纺织、染色和应用的研究试验，以求迅速得出结论，并可提前对抽丝设备进行测绘和试制。

附：富春、一波对成套设备进口的报告的批示及柴树藩二月十九日给富春的信及富春的批示

1964年2月25日

一

富春、一波同志对成套设备进口五人小组《关于进口维尼龙设备问题和制定从资本主义国家进口成套设备、引进新技术问题的报告》的批示送先念、一波同志阅后送方毅、树藩同志阅。

此事，我已于12日写信给树藩同志，并请树藩同志将我的信给小组同志阅（已告柴）。多进口2套、3套维尼龙并争取时间、快点解决穿的问题，这不妨害我们自己的自制和合成纤维的品种，不要只看到1970年以前，还要看到1970年及其以后的长期需要，这是中央的企图。你们不要只从“多品种”和自力更生、自己制造出发，忽视了这个1970年以前的战略要求。只要外汇和进口有可能，即当进口。

富春

2月12日

多进口两三套维尼龙设备，同意富春同志意见。前面两个问题，特别是同资进口的政策、进口的分配比例问题，即该进口些什么、什么应先进口，进口各类物资按国内需要，其比例应该如何划分，这是一个较大问题，应该好好研究一下。请计委有关局或五人小组，或两者结合起来，先提出几条意见。找一时间由领导小组讨论一次。再送富春同志阅。

薄一波

2月14日

二

富春同志2月12日就进口维尼龙设备问题写给柴树藩同志的信

树藩同志：

关于进口维尼龙设备问题，只要外汇有可

能，以进口4套以至5套为好。这是争取时间，使穿的问题早点过关的问题。至于自己制造，则1970年及以后还是要的，不能只是5套。因此，请你们不要只从自力更生自己制造着眼，而是从争取时间、自力更生、快点解决穿的问题着眼。

在自己有把握仿制之下，我主张买4套整的，第五套买主要设备。

此事小平同志已同我说了两次，上面的精神即是他说的。

富春

2月12日

三

柴树藩同志2月19日写给富春同志的信和富春同志的批示

退树藩同志办。

富春

2月19日

富春同志：

您两次批示多进口两三套维尼龙设备问题，我们将在进口成套设备的规划中照列。但只有两点望您再给予明确指示：

（一）和资本主义国家做成套设备生意不像过去对苏联的156项那样可以一次签订几十个项目的长期协议，而是一项一项地签订协议和合同，合同一签就要付10%的订金，合同签订后1~2年之内即可将设备交齐。我们的理解是，对日维尼龙设备的进口仍将采取这个方式，虽然我们将在规划中列上进口2~3套，但在对外谈判时将按我国建设进度的需要一套一套地向日方提出。现在除北京和吉林的两套之外，第三套设备，化工部、纺织部和计委各局同志的意见是在北京扩建，于1968年建成（富春同志批：第三套是否可考虑放在上海?!）。按这个进度第三套设备于1965年签订合同即可赶上需要，再早了国内建设也跟不上去。这样进度是否妥当望示。

（二）第一套进口的维尼龙设备的合同上已有规定，在成套设备中凡是我国能自己制造的可由我国挑出来自行制造。第一套设备因我国不甚了解情况所以自制的设备只限于一些储罐容器等等，数量不大。以后第二套、第三套、第四套、第五套设备我国自制设备的数量将逐渐增大，至于可能占到多大比例将在每一项合同的谈判中确定。总之凡是不妨碍进度不妨碍解决穿衣问题，而自己又确有把握能制造的还是自己制造。这样考虑是否妥当也请指示。（富春同志批：同意。）

此外在2月10日报告中还有几点也请您批示以便遵照进行工作：

（一）1964年进口成套设备项目和用汇数字势必作一些调整，但现在这些项目的情况和今年进出口情况都需要再看一看，因此报告中提出于4月份才能提出对今年计划的调整意见。（富春同意批：可以。）

（二）报告中请求批准用少量外汇进口一台聚丙烯抽丝设备、少量聚丙烯树脂、纤维、成品，以便进行抽丝、纺织和应用的试验研究。（富春同志批：同意。）

树藩

2月19日

150－12－581

国家计委关于一九六三年八月至一九六四年三月从资本主义国家进口成套设备的情况

1964年3月17日

关于从资本主义国家进口成套设备的工作，国家计委曾于去年8月作过报告，半年以来，工作有所进展，现在把这一期间的情况简报如下：

一、经中央先后批准，计划在1963年同西欧和日本谈判成交进口的有7个成套设备项目。去年8月以前，只与日本成交了第一套维尼纶设备，其他六项都是在去年9月以后和今年1月先后签订合同的。这7个项目的情况是：

（一）向日本仓敷公司购买的维尼纶设备，于去年6月29日签订合同。原报用汇

1 943万美元，谈判结果，实需2 277万美元（其中应付利息271万美元），8年付清。这个项目分做两个厂，即北京有机化工厂和北京维尼纶厂，分别在北京东郊和顺义牛栏山建设。按照合同规定，应在1966年4月建成，化工、纺织两部正积极组织力量争取于1965年底建成。从当前施工状况和合同规定设计、设备交付的时间来看，提前建成是有希望的。

（二）以天然气为原料的合成氨设备，于去年10月24日与英国汉弗瑞斯格拉斯哥公司签订合同，原估计用汇742万美元，实需872万美元（其中利息62万美元），8年付清。

（三）全循环法尿素设备，于去年9月29日同荷兰大陆工程公司签订合同，原估计用汇620万美元，实需657万美元（其中利息50万美元），8年付清。

以上两个项目，将建设在四川泸州天然气化工厂，按照合同规定，应在1967年初建成，化工部拟争取于1966年底建成。

（四）转口阿尔巴尼亚的合成氨设备，于去年12月14日与意大利蒙特卡梯尼集团签订合同，原估价1 230万美元，实需1 288万美元，4年付清。按照合同规定，这个项目将在1966年3月交齐设备。

（五）重油气化制合成气车间和合成塔内件（生产氮肥的部分设备），于去年12月14日与意大利蒙特卡梯尼集团在谈判转口援阿设备时一并成交，原估价330万美元，实价336万美元，4年付清。这套设备将安装在兰州化工公司，预计在1966年建成。

配合这个项目，已经批准进口的2台压缩机，约需90万美元，拟向瑞士购买，尚未谈判。

（六）催化重整联合装置，于去年12月19日与意大利斯纳姆公司签订合同，原估价300万美元，成交价格是577万美元（包括利息49万美元），7年付清。这个项目的用汇超出较多，是由于增加了柴油加氢精制装置以及一些备品、配件、催化剂等的缘故。这套设备将安装在抚顺石油二厂，预定1966年2月建成，但迄今尚未收到对方的出口许可证，现在中国技术进口公司正在联系中。

（七）丁醇、辛醇设备，于今年1月11日与法国麦尔和斯贝西姆公司谈判成交，原估价300多万美元，实需用汇281万美元（包括利息15万美元），5年付清。这套设备将安装在吉林化工公司，预计1966年上半年建成投产。

以上7项，共计需付外汇6 288万美元，比原来估价5 465万美元超出了823万美元。在这823万美元当中，应付利息占447万美元，这是原来估价时没有计算在内的。

去年，经中央批准对资本主义国家成套设备用汇是1 000万美元，由于石油裂解设备未签合同，加之有4个项目都是去年末和今年初才签合同的，付汇延至今年，因此去年实际用汇只有342万多美元。

综观去年一年从资本主义国家谈判进口成套设备的工作，除石油裂解设备一项原来即作为争取进口项目未签合同以外，共与英、法、意、日、荷五国签订了7项合同（参阅附表），基本上完成了原定按合理条件谈成7个项目的计划，打开了对资本主义国家成套设备贸易的局面。

二、按照去年8月份的报告，除上述7个项目以外，拟在1964年进口的项目还有13个，这些项目的情况是：

石油裂解设备和4个与它配套建设的项目，即聚丙烯厂、丙烯腈厂、聚丙烯腈纤维厂和高压聚乙烯设备。其中石油裂解设备原拟争取于去年底进口，因技术、商务情况未摸清楚，推迟到今年。为了进一步摸清这5个项目的技术商务情况，我国于3月初派技术、商务考察团赴西欧考察，预计5月初可以归国。俟考察清楚后再确定这些项目的成交问题。

第二套维尼纶设备，去年5月曾与大日本纺织公司签订协议书，初步议价2 650万美元。今年初，我国派技术考察团赴日考察，最近已经回国；详情另有报告。

其余7个项目，其中有6个项目，即乙炔提浓设备、延迟焦化装置、硝酸磷肥设备、泡沫塑料设备、粉煤气化炉、环氧乙烷及乙二醇设备尚在进一步摸清技术、商务情况，也将在摸清情况后，研究确定哪些可以谈判成交；另一个项目，即高压聚乙烯试验设备，西德厂商原来以25万美元向我报价，但一经正式接触，对方提出种种附加费用，因此建议撤销这个项目。

三、除上述已经中央批准进口的20项以外，还有经总理批准国家科委提出的有关冶金、无线电、机械等66项，各部陆续提出个别批准的7项，作为探索询价如果条件成熟也可纳入进口的项目。在这些项目中间，目前情况有所进展的有如下几个项目：

（一）无线电金属材料厂和半导体金属材料厂，原估价共约2 000万～3 000万美元，拟从日本进口。这两个项目，都属“禁运”产品，日本厂商愿以“改头换面、老鼠搬家”的办法分批分段向我出售，其中制钽设备的第一段——自矿石到钽粉的设备和技术，约需83万美元，最近初步与日本信越化学公司达成协议，拟于第二季度签订合同。从钽粉到钽锭和加工品的一段。日本真空公司愿意提供，索价约340万美元，将邀其代表来京商谈。

（二）无线电器件厂，法国厂商向我表示，愿意提供民用产品部分，不出售军用产品部分。对这个项目，我四机部专家正在法国考察中。

（三）半导体厂，也是属于“禁运”范围的尖端项目之一，瑞士一半导体专家愿搞一工程公司专为我搞设计和购买设备，并向我送来半导体厂设计任务书。为摸清对方底细，我四机部于2月份派人赴瑞士了解，俟情况了解清楚后再确定下一步的做法。

（四）干式乙炔发生器，需要外汇约35万美元，去年11月曾与日本电石工业公司达成协议，日方将在最近派代表团来京签订合同。

其他项目，都在分别了解情况，相机询价。

此外，自从我国与荷兰签订尿素设备合同之后，日本对出售其东洋高压尿素设备颇为积极，最近派技术代表团来访，从对方介绍的情况来看，这套设备的技术条件、价格水平大体与荷兰尿素设备相同，中国技术进口公司已与日方签了一个备忘录，今年第二季度，我国将派人赴日考察，待考察后再决定是否购买。

（五）根据先念同志传达中央关于中法贸易的指示，2月份，我们会同各部提出了一个向法国询价的成套设备项目清单，已报先念同志参考。现将这份材料附上，请参阅。

（六）结合工农业和科学技术长期规划的制订，国家计委和国家科委正在会同各部门研究制订从资本主义国家进口成套设备和引进新技术的长期规划。

1964年进口成套设备用汇，国家计划虽列有1 750万美元，但因陆续提出了大批询价项目，究竟哪些项目应于1964年成交，尚需研究确定，因此对1964年进口成套设备项目和用汇计划进行一次调整是必要的。此项工作业经富春同志批准，将结合长期规划的制订于今年4月底以前提出初步方案。

附：已经谈判成交的七个项目表

1964年3月11日制

项目名称	规模	厂址	进口国别	建设进度	用汇年限	原估算用汇额（万美元）	合同规定用汇额（万美元）			备注
							合计	1963年	1964年及以后	
合计						5 465	6 288	342	5 946	
1. 北京维尼纶厂	年产维尼纶1.1万吨	北京	日本	1964—1966	1963—1970	1 943	2 277	201	2 076	合同规定用汇额中未包括专家费
2. 以天然气为原料的合成氨设备	年产合成氨10万吨	四川泸州	英国	1965—1967	1963—1970	742	872	81	791	可能要增购天然气加压设备
3. 全循环法尿素设备	年产尿素16万吨	四川泸州	荷兰	1965—1967	1963—1970	620	657	60	597	
4. 转口援阿合成氨设备	年产合成氨5万吨		意大利	1965—1966（交齐设备）	1964—1967	1 230	1 288	—	1 288	
5. 重油气化制合成氨车间和合成塔内件	相当于年产5万吨合成氨所需合成气的能力	兰州化工公司	意大利	1965—1966	1964—1967	330	336	—	336	自瑞士购买压缩机2台，约需90万美元，尚未签合同
6. 催化重整联合装置	年处理原料油10万吨催化重整和芳香烃抽提装置，与年处理12万吨柴油加氢装置	抚顺石油二厂	意大利	1964—1966	1964—1970	300	577	—	577	未包括专家费
7. 丁醇辛醇设备	年产丁醇、辛醇7 500吨	吉林化工公司	法国	1965—1966	1964—1968	300	281	—	281	未包括专家费

150－12－580

对外贸易部办公厅：关于今年从资本主义国家进口支援工业和国防尖端物资订货、到货情况

1964 年 7 月 27 日

五月二十五日中央批准一九六四年从资本主义国家进口计划总额为十一亿五千八百万美元。到六月底为止，已经订妥十亿零三百万美元，占计划的百分之八十六点六；已经到货六亿零八百万美元，占进口计划的百分之五十二（如果包括去年提前到货的属于今年计划内的一百万吨粮食，值七千六百万美元，则完成今年计划百分之五十九）。预计到九月底共计可以到货九亿二千万美元左右。现将进口支援工业和国防尖端物资的订货、到货情况简报如下：

今年进口支援工业和国防尖端物资计划为二亿二千二百八十九万美元，已经安排订购二亿一千一百万美元；尚未安排的约有一千一百万美元，主要项目有转口钢材五千吨，对日技术交流订货二百万，国防尖端物资约一百万（原确定在秋后安排）以及工业杂品一百多万等，有关部门尚未提出具体货单。到六月底为止，已经订妥一亿四千万美元，已经到货六千八百五十万美元，预计到九月底共可以到货一亿美元。其中：

黑色金属：进口计划为十八万七千九百吨，订妥十七万八千吨，已经到货十二万吨，预计到九月底共可以到货十五万一千吨。内薄钢板，订妥十一万四千三百吨，已到货八万二千吨；管材，订妥五万吨，已到货三万吨；优质钢，订妥一万吨，已到货七千二百吨。

有色金属：进口计划为一千九百七十三万美元，订妥一千四百五十万美元，已经到货九百八十万美元，预计到九月底共可以到货一千一百六十万美元。内铜，计划为两万吨，订妥一万一千六百吨，已经到货八千三百吨，预计到九月底可以到货一万吨。另外，今年还向智利预购了一万吨铜，明年交货。镍，计划为两千吨，已全部到货。钴，计划为一百二十吨，订妥九十九吨，已经到货三十三吨，预计到九月底共可以到货八十七吨。

国防尖端物资：进口计划为二千二百四十六万美元，已经安排订购一千一百四十二万美元，订妥六百四十万美元，主要商品有模拟计算机二台，示波器十二个，中子发生器一台，V 射线选矿装置二十台，定标器一百三十二台，放射性检查仪八十台，辐射监督仪一百台，精密经纬仪二十九台，X 光分析装置一台，偏光显微镜九十一台。到六月底为止，到货约两百万美元。

精密仪器：已安排订购一千九百万美元，订妥九百七十二万美元，已到货三百七十八万美元（不包括国防尖端部分的仪器订货）。内援助朝鲜的科学仪器和电视台所需仪器共约一百二十二万美元，均于五月份提出具体货单，目前正抓紧洽购。为争取早日订到，已确定在本月下旬派小组赴英、法两国订购。

精密机床专案订货：

（一）一九六三年中央外贸三人小组批准的精密机床专案订货原估价为一千六百万美元，现已订妥一千七百五十万美元和五十一万卢布。内机床，计划为五百六十台，已经订妥了五百零七台（包括生产微型轴承用的精密机床和设备）；锻压设备，计划为二十一台，已经订妥了十八台；试验台六台已全部订妥。

（二）一九六四年中央外贸三人小组批准的精密机床专案订货为一百九十二台，五百八十万美元。经公司审价后，约需七百七十六万美元，已洽国家计委增加用汇。这项机床，目前已订妥了九台，其余部分，最近拟派小组出国洽购。

重水设备：订购计划为六百六十三万美元（不包括重水一百万美元），现已订妥一百三十万美元，主要品种有电解槽七台，电解槽用石棉布五千平方米，阀门九百一十个，阀门定位器一百一十个，钢材六百七十五吨。为加速订购，已于七月六日派人去到瑞士。

对日技术交流进口物资：进口计划为六百

五十万美元，已由对日技术交流五人小组安排订货四百四十四万美元，目前已订妥一百零三万美元。订妥的主要品种有精密仪器八十八万美元，空气压缩机一台，液压元件九万美元。

国际机场设备：进口计划为二百四十万美元，现已订妥七十万美元，主要品种有机务维修和地面设备六台，各种商务车辆和客梯十六台，通讯设备四十一台等，尚未订妥的主要有导航设备，现正通过巴基斯坦向日本订购。据了解日本生产该项设备的工厂是美国企业，估计不易买到。现机械公司正向英、法两国询购，并已有报价。

齿轮减速机：中央批准进口十八套（包括两套配件），约需外汇一百万美元，已同丹麦商人初步谈妥，并确定在一九六五年交七套，一九六六年交十一套。

钻石：进口计划为二百四十六万美元，已经订妥一百八十五万美元，已到货一百二十万美元。其余部分近日内即可签订合同。

化工原料：进口计划为一千八百五十万美元，订妥二千六百三十五万美元，已经到货七百八十一万美元，预计到九月底共计可以到货一千三百八十万美元。其中，增塑剂，进口计划为一万二千五百四十五吨（包括为商业部增加订购的三千吨），已经全部订妥，现已到货四千四百二十四吨，预计到九月底共计可以到货九千四百吨。染料，批准进口数为一千一百万美元，订妥八百七十二万美元，已到货三百七十万美元，预计到九月底可以到货六百十七万美元。

4－15/8

国家计划委员会关于从资本主义国家进口成套设备和引进新技术问题的汇报提纲

1964年9月23日

一

我国从资本主义国家进口成套设备和引进新技术的工作可以说从1962年开始的。

1962年10月，根据我国几次出国考察的技术代表团的报告外贸部门同日、意等国厂商接触的结果，经总理批准，从西欧国进口16个项目；1963年8月又批准增加两项，连同从日本进口的两项，共为20个项目；1964年，又建议推迟和撤销6项，现共为14个项目，外汇金额约1.47亿美元（14个项目见表1、表2，撤销的项目见表5）。

确定这14项的中心目的是引进当前世界上在石油化学工业方面主要的新技术成就，加速我国石油化学工业在自力更生基础上的发展，以利于逐步解决我国人民的“吃、穿、用”问题。这14项中包括了用石油和天然气制造合成氨，用石油裂解、分离取得乙烯和丙烯（这两种气体是有机合成工业的主要原料），从石油提取苯、甲苯、二甲苯（这三种液体是许多有机化学品和梯恩梯炸药的原料），制造新品种的化学肥料，如尿素，制造新品种的塑料和合成纤维，如聚乙烯、聚丙烯、聚丙烯腈、维尼龙等等的成套设备和专利技术。这14项中，也包括了一项为援助阿尔巴尼亚建设化肥厂所需的转口的成套设备。

确定这批项目的当时，我们还没有向资本主义国家购买成套设备的经验，所以对这些项目能否买到是没有把握的。两年来，虽然美帝国主义者和现代修正主义者进行了种种阻挠和破坏，有的国家的政府还对我国持歧视态度，但是经过我们多头询价，广泛接触和充分利用各个资本集团之间以及各个资本主义国家之间的矛盾的结果，终于冲破美帝和现修的封锁，打开了同资本主义国家进行成套设备贸易的局面。

1963年6月，我国同日本签了第一个成套设备项目——维尼龙设备的合同，9月同荷兰、英国签了进口化肥设备的合同，截至今年9月为止，已同日、荷、英、意、法、西德6个国家签订了11个成套设备项目（其中一项不属14项的范围）的合同。预计今年底之前这14个项目的合同可以全部签订。这些设备的价格和合同的条件一般是合理的，已签合同的11项中有8项是采取延期付款的支付方式的。在执行合同过程中可能还会遇到一些波折，但总的估计，它们是会被履行的。我们预计，这14个项目可以自1965年底起至1967年底止陆续建成和投入生产。

二

1963年9月，国家科委提出了冶金、机械、电子工业进口设备和引进新技术的66个项目，经总理批准向国外探索、考察和相机询价，以后总理又陆续批准了7个项目。1964年，中央各部门前后提出了170多项进口设备的项目，500多项购买技术资料的项目。国家计划委员会于今年4、5月间，结合工业、交通和对外贸易的长期规划，会同有关部委对上述项目进行了综合研究，9月间又对个别项目作了调整。最后提出：成套设备项目63项（如包括1962年已经批准进口的14项，则共为77项），单项设备项目50项和购买技术资料项目70项，共183项，作为1964—1965年向国外询价和相机签订合同的项目。这些项目共需外汇约3.3亿美元。

这批项目涉及的领域，除石油化学工业以外，扩大到轻、重工业、交通、农业各个行业，而重点则逐渐转到冶金、精密机械、仪器仪表、电子工业等基础工业方面新技术的进口。进口的国家，除日、荷、英、意、法、西德之外，增加了瑞典、瑞士、奥、比、加拿大等共十几个资本主义国家。

这批项目的主要内容是：

在冶金工业方面，将进口氧气顶吹转炉、大型炼钢电炉、特殊钢厂的关键设备、冷轧带钢、冷轧矽钢片、合金钢挤压机、大口径钢管扩管机、硅的冶炼及提纯、稀有金属的冶炼及加工、法国的电解铝、瑞典的铁矿开采和铜矿开采等先进的设备工艺，金额约1.1亿美元。

在机械、仪器仪表工业方面，将进口生产仪器、仪表材料和元件、液压机械、精密测试仪器、精密轴承、重型汽车、大功率内燃机车和燃汽轮发电机、真空设备、大型空气分离机等的设备和工艺，金额5 100多万美元。

在电子工业方面，将进口制造硅、锗半导体器件，以及为制造远程雷达、导弹、飞机、电子计算机、自动化和控制设备所需的各种新型电子器材和元件的设备和工艺，金额约3 000万美元。

在石油工业方面，将进口新型深井钻机、新型测井仪和地震仪，一种新型炼油方法（加氢异构裂解），制造一些新型油品的添加剂、溶剂、催化剂的设备和工艺，金额约3 000万美元。

在化学、轻工、纺织和非金属材料工业方面，将进口生产尿素、高能燃料、化学纤维浆粕等的设备和工艺，以及一些轻工、纺织工业的样机和小型样板厂，金额约6 000万美元。

在国防工业方面，将引进直升飞机金属机翼的设备和制造技术、制造导弹精密部件的防尘厂房、装甲车辆发动机的制造设备和工艺，以及胶质炸药原料的喷射法硝化甘油设备。

进口这些项目之后，将在工业技术的若干主要方面提高我国技术水平，扩大原料应用范围，增加一些迫切需要的新产品品种，改进生产工艺，改进和稳定某些产品的质量，若干行业将有一个或几个具有相当机械化、自动化水平的样板厂，并且通过新技术的引进，将大大提高我国工业的劳动生产率。

通过这些设备和技术的进口，将使我国化学工业在第三个五年计划期间在技术上有一个突出的发展，石油工业将在勘探技术和油品品种方面赶上世界水平，同时在冶金工业、机械工业，特别是仪器仪表工业、电子工业方面解决一批我国长期摸索，或者曾向苏联提出而未得到解决的问题。

这批项目只代表我国在第三个五年计划期间要求解决的科学技术问题的一部分，而且它们能否全部搞到手也还没有把握，即使搞到，也要经过消化和发展才能变成我们自己的东西，因此我国发展科学技术的根本道路还是依靠自力更生，依靠培养我国自己的科学技术队伍，依靠群众性的技术革新和技术革命运动。但是，凡能进口的项目都有助于缩短我们自己摸索研究的时间，并使我们可以集中力量去解决那些更迫切的科学技术问题。

（详见表2、表3、表4、表6和进口成套设备项目的逐项说明）

三

实践已经证明，从资本主义国家买到我们一般需要的成套设备和专利是可能的，不过今后我国要求进口的设备和技术有相当一部分属于尖端技术，又有一部分牵涉到美国资本垄断的专利，又有一部分和军事工业有关，在进行这类贸易时，一定会遇到美帝和现修更顽强的阻挠和破坏。今后我们成套设备贸易工作的任务，除了完成一般项目的订购任务外，必须采取各种方式，进一步打开局面，力争把一些重要的尖端技术，包括一部分美国的专利技术搞到手。

根据我们两年来同资本家打交道的经验和我们对资本主义国家情况的了解，今后我们从资本主义国家进口设备和技术，应当采取多种方式如：

（一）进口成套设备。这是当前我国从资本主义国家购买设备和技术的主要方式。

（二）购买技术资料（购买专利、工艺方法、产品设计、工厂设计和科学试验研究的成果）。这是战后资本主义国家间日益发展的一种贸易形式，例如日本1962年付出的购买技术资料的费用即达1亿美元。这种方式用钱少，见效快，可以吸收国外尚未普遍推行的最新的科学技术成就。配合自制或进口单项设备可以收到和进口成套设备同样甚至更好的效果。我国对向资本主义国家购买技术资料尚少经验，目前正就少数项目同日、法等国接触。在提出的70项购买技术资料的项目中准备先提出24项询价，俟取得经验再行扩大。由于我国目前的科学技术基础还薄弱，有些技术资料在购买时，还需附带购买一些关键设备，以便买进后就能掌握应用。购买技术资料必须密切结合国内的科学技术试验研究，买进之后必须真能发挥作用。这项工作建议由国家科委管理，由外贸部根据批准的计划执行。

（三）进口单项设备。凡已基本掌握工艺并能自行设计的项目，只向国外选购单项关键设备，自行组织成套，既省外汇，又可促进自力更生，是一个多快好省的办法。去年以来，我们试行这种方式，派人出国，直接同厂商见面，选购设备，收到很好的效果（比进口成套设备价格便宜1/3到一半）。

现在初步提出50项，先行询价和谈判。今后这种贸易方式应当有更大的发展，现在提出的成套设备项目很可能有一些转为进口单项设备。为了确保这种贸易方式的设备能按时进口，准备和管理成套设备项目一样，确定一批项目，逐项经过审查批准，保证它们的外汇。这类项目应当和通过一般贸易进口的机械分开，而改由外贸部的中国技术进口公司经营。

（四）通过技术交流。我国通过同日本进步朋友的技术交流，互相派人参观、考察和交换经验，引进了一批用其他方式很难取得的新技术和设备（41项单项设备和一批技术资料），同时为进口5项成套设备项目找到了途径。

正在询价谈判的项目中，有些涉及美国的专利或属于“禁运”范围，采取了改头换面、分批分段、老鼠搬家，雇用资本主义国家的专家成立设计行等方式，把设备和技术搞出来。有些项目已经签订了部分合同（如钽铌冶炼加工设备和硅半导体器件厂）。

上述几种方式今后都要继续采用。

总之，资本主义世界的空子很多，可以活动的范围很大。只要我们情况摸得准，工作做得好，善于利用矛盾，抓住时机，灵活运用多种多样的方式，是有可能把一部分以至大部分尖端项目买到手的。

四

上述183个项目，外汇金额3.3亿美元；

如把总理早已批准的14项，外汇1.47亿美元计算在内，共为197项，金额4.77亿美元。

在197项中，成套设备项目77项，金额4亿美元；技术资料70项，估列金额3 000万美元；单项设备50项，估列金额4 750万美元。

在77项成套设备项目中，已签合同的11项，1.14亿美元，争取1964年再签16项，金额9 300万美元，计划在1965年签合同的50项，金额1.93亿美元。

在1965年签合同的50项中，如果有的项目条件成熟，准备提前在1964年即签合同；也有一些项目在1965年签不了合同，准备推迟到1966年。究竟1965年可以签订多少合同，将在今年底或明年初根据派人出国考察、询价和谈判的结果再作一次严格审查和调整，凡不是十分必要的都不列入计划。

因为成套设备项目多数将采取延期付款的支付方式，所以近几年内用汇数字并不是很大的。如1963年计划用汇1 000万美元，实用342万美元；1964年计划用汇1 750万美元，预计用汇1 200万～1 500万美元；1965年计划用汇4 500万美元，估计可能够用（以上数字包括进口成套设备项目，进口单项设备项目，购买技术资料的用汇，不包括对日技术交流的用汇）。

但到后几年，用汇数字会多起来。今年5月，在外贸的长期规划中，对进口新技术的用汇，已作过计算和平衡；今后在制定长期规划时将对进口新技术的用汇首先予以保证。

五

自“三线”问题提出之后，我们已对进口成套设备项目的建设地点作过若干调整，但大部分项目尚待结合全国工业布局的调整重新确定。在确定国外进口新技术项目的建设地点时拟根据下述原则：

（一）重要的项目原则上放在三线，但这些项目必须是不需外国派来技术人员或者建设地点为对外开放，或为中央特别批准临时对外开放的地方。

（二）由于资源或协作条件等原因必须放在二线或一线的项目可以放在二线或一线。

（三）有些规模不大、易于迁移的项目或者不允许外国人进入三线地区的项目，也可在二线或一线建设。在生产一段时间之后再拼板、一分为二或者全部迁移到后方。

（四）凡已签了合同，如改变地点将引起进度推迟和修改合同的项目，一律不作改变。

六

做成一笔成套设备贸易，从询价开始，一般要一年多的时间。现在，我们对资本主义国家的工业和科学技术状况了解得比几年是多了一些，但对于准备进口的这批新的项目的情况，大部分是了解不够的。据两年多的经验，每一个成套设备项目都必须派遣可靠人员到国外作实地考察，有的还要考察几次或到几个国家考察，然后才能作出比较，好下决心。今、明两年进口成套设备和引进新技术的任务是很大的，必须迅速派遣人员出国进行系统的、有目的的考察。这种考察应当和科学技术外事活动的出国考察密切结合，避免重复。今年第四季度和明年的考察计划正由国家计委会同国家科委和外贸部制定中。

今年6月，富春同志批准了1964年和1965年的进口成套设备项目，已经按照这些项目进行了大量的考察、询价和谈判工作，并且签了4个合同。现在提出的成套设备项目比6月提出的项目有所增加，同时补充提出了单项设备项目和购买技术资料项目。请一并予以审查批示，以便进行工作。

进口新技术问题应当征求地方同志的意见，有何补充和修改，拟在这个报告经过原则批准之后，印发计划会议征求意见。

附表 1

已签合同的成套设备项目表

1964 年 9 月 24 日

项目名称	规　模	进口国别	建设地点	金额(万美元)			备　注
				合计	其中		
					1964 年用汇	1965 年预计	
合　计(11 项)				11 404.5	761	2 776	
一、1963 年已签合同项目(6 项)				6 105	451	1 818	
1. 第一套维尼纶设备	年产 1.1 万吨	日　本	北　京	2 309	28	576	
2. 以天然气为原料的合成氨设备	年产合成氨 10 万吨	英　国	泸　州	810	—	139	
3. 全循环法尿素设备	年产尿素 16 万吨	荷　兰	泸　州	607	—	61	
4. 重油气化制合成氨车间和合成塔内件	相当于年产 5 万吨合成氨所需要合成气的能力	意大利	兰　州	426	85	235	
5. 催化重整及芳香烃抽提联合装置	年处理原料油 10 万吨	意大利	抚　顺	528	53	79	
6. 转口援阿的合成氨设备	年产合成氨 5 万吨	意大利		1 425	285	728	
二、1964 年已签合同项目(5 项)				5 299.5	310	958	
7. 丁醇、辛醇成套设备	年产 7 500 吨丁醇、辛醇	法　国	吉　林	267	61	40	
8. 干式乙炔发生器	每小时产乙炔 1 100 立方米	日　本	北　京	25	—	25	
9. 原油裂解和烯烃分离装置	年产乙烯 3.6 万吨，丙烯 2.2 万吨	西　德	兰　州	1 144	109	398	
10. 聚乙烯设备	年产 2.8 万吨	英　国	兰　州	1 213.5	140	176	
11. 第二套维尼纶设备	年产 1.8 万吨	日　本	贵　州	2 650		319	合同于 1965 年 4 月生效

注：

(1)除干式乙炔发生器外，其余 9 个项目都是 1963 年底以前批准进口的项目。

(2)本表所列金额均不包括延期付款利息。

附表 2

预计 1964 年签合同的成套设备项目表

1964 年 9 月 24 日

项目名称	规　模	进口国别	建设地点	金额 合计	其中 1964 年	其中 1965 年	备　注
合　计 16 项				9 312	524	1 404	
1. 聚丙烯设备	年产 5 千吨(塑料 3 000 吨,纤维 2 000吨)	英、西德	兰州	655	70	140	1963 年底前批准的 14 项之一
2. 丙烯腈设备	年产 1 万吨	英、法国	兰州	1 328	133	66	1963 年底前批准的 14 项之一,是否进口尚在研究
3. 聚丙烯腈纤维厂	年产 8 000 吨	英国	西北	1 000	123	62	1963 年底前批准的 14 项之一,是否进口尚在研究
4. 硝酸磷肥设备	年产 13 万吨	法国	四川	366	37	90	1963 年底前批准的 14 项之一,是否进口尚在研究
5. 五千米深井钻机	2 套	法国	四川和华北	330	33	157	1964 年 6 月批准询购
6. 磁带地震勘探仪	磁带地震仪 13 套,磁带地震资料自动解释回放中心装置 1 套,特种轻型钻机 6 台及其附属设备	法国	华北、四川	230	23	50	1964 年 6 月批准询购
7. 第一套顶吹氧气转炉	容量 50 吨的 2 座	奥、西德、法、日	太钢	1 300		130	66 项之一
8. 大型炼钢电炉	容量 50 吨、60 吨各 1 座	日本	太钢	300		30	1964 年 9 月新提项目
9. 铜矿井下采矿设备	日采矿量 2 000 吨左右	瑞典	大冶铜山口	700		70	1964 年 6 月批准询购
10. 电解铝厂	年产 2.5 万吨	法国	待定	700	70	70	1964 年 6 月批准询购
11. 稀有金属材料厂	年产钽、铌、钨、钼、锆等及其合金 1 000 吨和管、板、丝、带、箔加工能力 2 000 吨	日本	北京、陕南	600		240	已批准进口项目,已签部分合同
12. 电动、气动量仪厂	年产 7 200 台	日本	待定	150	15	135	66 项之一
13. 锗半导体器件厂	年产锗晶体管 1 000 万只	法国	待定	1 506		80	66 项之一,是否进口尚在研究
14. 精密线绕电阻及电位器制造设备	年产各种功率阻值的电阻器 1 000 万只,各种电位器 100 万只	英、法	咸阳	44	4	40	66 项之一
15. 实心电阻、实心电位器制造设备	年产各种功率阻值的电阻器 3 000 万只,电位器 1 500 万只	法国	咸阳	30	6	24	66 项之一
16. 加气混凝土设备	年产 5 万立方米	瑞典	待定	73	10	20	1964 年 6 月批准询购

注:本表一部分项目可能推迟到 1965 年签订合同。

附表 3

1965 年计划签订合同的成套设备项目表

1964 年 9 月 24 日

项目名称	规模	进口国别	建设地点	金额（万美元）		备注
				合计	其中：1965 年	
合计（50 项）				19 292	2 264	
1. 一、二、三甲胺设备	未定	日本	待定	99	10	1964 年 6 月批准询购
2. 第二套全循环法尿素设备	年产 8 万吨	日本	待定	350	35	1964 年初批准询购
3. 钢丝轮胎设备	年产 10 万套	法国	待定	150	15	1964 年 6 月批准询购
4. 氰化钠设备	年产 0.5 万～1 万吨	法、西德、日本	泸洲	100	10	1964 年 6 月批准询购
5. 电热法磷酸设备	电炉容量 1 万千伏安以上	法国	待定	300	30	1964 年 6 月批准询购
6. 预水解硫酸盐法制人造纤维浆粕设备（技术资料和关键设备）	年产 1.5 万吨	日本、瑞典	待定	1 200	120	原考虑“三五”签合同，现予提前
7. 棉纺厂	5 000 棉纺锭	英、西德	待定	60	30	1964 年 6 月批准询购
8. 加氢异构裂解联合装置	年处理馏分油 90 万吨	法国	待定	1 050	105	1964 年 6 月批准询购
9. 羰基合成装置	年产长碳链烯烃 1 万～1.5 万吨	法、西德	待定	300	30	1964 年 6 月批准询购
10. 聚异丁烯装置	年产聚异丁烯 2 000 吨	西欧	待定	50	10	1964 年 6 月批准询购
11. 微球型硅酸铝催化剂制造装置	年产 5 000 吨	荷兰	待定	150	15	1964 年 6 月批准询购
12. 新型矿场地球物理测井仪	5 套	法国	大庆、华北	250	25	1964 年 6 月批准询购
13. 特殊钢厂（技术资料和关键设备）	待定	日本	待定	1 000	200	1963 年批准探询
14. 大口径无缝钢管扩管车间	直径 300～800 毫米的无缝钢管生产能力为 1 万～3 万吨	法国	成都钢厂	500	50	1964 年 6 月批准询购
15. 合金钢挤压机成套设备	3 000～5 000 吨的挤压机（能力为年产 3 万～5 万吨）和相应设备	法、比、英、西德	待定	600	60	66 项之一
16. 1 200 毫米二十辊冷轧带钢机成套设备	年产 0.1～3 毫米、宽 1 米以下的碳素、合金、不锈带钢以及高级矽钢片，共 2.5 万吨	法、英、西德	太钢	1 700	170	66 项之一
17. 硅半导体材料厂	年产单晶硅 500～1 000 公斤及镓、铟、硒、砷、碲等各种高纯度金属及化合物	日、西德、瑞士	待定	400	40	66 项之一
18. 光栅刻划专利及设备	每毫米可以刻划 1 200 条线的平面光栅，凹面光栅及其复制光栅	英、瑞典	待定	40	10	66 项之一

续表

项目名称	规模	进口国别	建设地点	金额(万美元)		备注
				合计	其中：1965年	
19. 宝石加工厂	年产宝石轴承100万粒,天平刀口5 000只,洛氏及维氏硬度计压头3 000只	瑞士、意大利、法国	待定	100	10	66项之一
20. 玻璃电极厂	年产2万只玻璃电极	英、日、意、瑞士	待定	100	10	66项之一
21. 弹性元件制造厂	年产波纹管7万只,膜盒、膜片各3万只	英、法、西德	待定	100	10	66项之一
22. 金属膜应变仪电阻片厂	年产金属膜应变电阻片和半导体片6万片	英、日、瑞士	待定	30	10	66项之一
23. 滤光片厂	年产滤色片、干涉滤色片、偏光片1万片	日、荷、英、瑞士	待定	50	10	1964年6月批准询购
24. 微型电机厂	年产自整角机、旋转变压器、交直流伺服电机、测速发电机,同步电动机等二万五千台	英国、法、瑞士、西德	待定	200	20	66项之一
25. 聚脂薄膜连续化生产工厂	年产薄膜100吨	英、意大利	待定	40	10	66项之一
26. 热弹性胶的制造和应用技术专利及设备	年产热弹性胶100吨	法、瑞士、西德	待定	40	10	66项之一
27. 精密金属材料厂	年产钨、铼热电偶丝5公斤,铂铑—铂热电偶丝200公斤,补偿导线700公里和康铜、锰铜丝5吨	英、日、瑞士、西德	待定	150	15	66项之一
28. 精密轴承生产线	(1)年产内径10~200毫米圆柱滚子轴承10万套		待定	100	10	66项之一
	(2)年产内径10~200毫米球轴承10万套	英、意、西德、瑞典、瑞士法国	待定	100	10	66项之一
	(3)年产内径25~500毫米圆锥滚子轴承5万套		待定	250	25	66项之一
	(4)年产内径1~6毫米球轴承20万套	西德	待定	67	7	66项之一
29. 机床数字程序控制技术和设备	一个小型程序编制站,一台三座标铣床及其配套的检查仪器	英国	待定	70	10	1964年6月批准询购

续表

项目名称	规模	进口国别	建设地点	金额(万美元)		备注
				合计	其中：1965年	
30. 车轮生产线设备	年产车轮40万只	英、日、西德	待定	300	30	1964年6月批准询购
31. 高级磨料和磨具制造技术专利和关键设备	年产3 000片金刚石和磨具，20万～30万平方米砂带，细粒度砂轮和微粉、微晶刚玉等	英、西德、瑞士	待定	300	30	66项之一
32. 重型汽车技术资料及关键设备	年产1 000辆	法国	四川	1 000	300	新提项目
33. 液压元件制造厂	年产4万件	日本	待定	400	40	66项之一
34. 分配式高压油泵厂	年产3万个	英国	待定	100	10	1964年6月批准询购
35. 拖拉机液压升降装置技术资料和部分精密量具	年产3万个	法国	待定	250		1964年6月批准询购
36. 高速柴油机制造技术和关键设备	内燃机车用2 000马力高速柴油机	西德、法、英	待定	600	30	1964年6月批准询购（拟先签技术资料合同）
37. 大功率内燃机车液力传动装置制造技术和关键设备	功率1 800～2 000马力液力传动装置	西德、奥地利	待定	200	20	同上
38. 大型电子计算机	10万次/秒	英国	待定	150	15	1964年6月批准询购
39. 大功率多腔速调管制造技术和设备	年产100万只	法、荷兰	待定	150	150	1964年6月批准询购
40. 金属陶瓷管制造技术和成套设备	年产2万只	法、西德、英	待定	500	50	1964年6月批准询购
41. 光电管及光电池厂		英、西德、瑞士	待定	200	20	1964年6月批准询购
42. 硅半导体器件厂	待定	西欧各国	待定	350	35	新提项目
43. 大功率燃汽轮发电机组	容量2.7万瓩	瑞士、英、法	大庆	300	30	1964年6月批准询购
44. 玻璃布表面处理成套设备	年产100万平方米	英国	待定	40	10	1964年6月批准询购
45. 玻璃棉制品成套设备	年产玻璃棉1 800吨	英、法	待定	100	10	1964年6月批准询购
46. 石棉选矿设备	年产1～7级石棉0.5万～1万吨	加拿大	待定	24	24	1964年6月批准询购
47. 聚酯树脂车间	年产500吨	英国	待定	50	5	66项之一
48. 连续磨光玻璃成套设备	年产磨光玻璃40万～50万平方米	法、西德	待定	182	18	1964年6月批准询购
49. 第二套顶吹氧气转炉	待定	待定	待定	2 000	200	新提项目
50. 合成纤维设备	待定	待定	待定	2 400	240	1964年6月批准询购

注：本表一部分项目可能推迟到1966年，一部分也可能提前到1964年签订合同。有些项目是否要进口尚需研究。

附表4

1964—1965年向国外询购的单项设备项目表

1964年9月24日

项目名称	规模	进口国别	金额(万美元)			使用地点	简要说明
			估价	其中			
				1964年	1965年		
合　计(50)			4 750. 2	102. 1	1 687. 7		
1. 软丁苯橡胶颗粒凝聚和干燥设备	日产软丁苯橡胶50吨	英、加拿大	500		50	兰州合成橡胶厂	国内只产硬丁苯橡胶,这种产品在国外已被淘汰。软丁苯橡胶工艺简单,使用寿命较长,用松香皂作乳化剂,无毒,成本低。拟将兰州合成橡胶厂的硬苯橡胶改产软丁苯橡胶
2. 密闭式电石炉关键设备	年产电石8万吨	日本	28		28	待定	电石炉可将石灰石烧成电石。采用密闭式电石炉劳动条件好,劳动生产率高,产品质量好。正与日本千曲会社合作设计(国内现有开放式,技术落后)
3. 乳胶制品连续浸渍装置	年产避孕套1亿个	日本	52. 5	20	32. 5	待定	国内用手工生产,质量不好,数量不敷需要(年需3亿个)。进口设备从浸渍、干燥到检验包装全部机械化,质量得到了保证,有利计划生育
4. 轮胎生产线		英国	300		30	待定	我国轮胎生产技术,约相当于国际30年代水平,劳动生产率低,轮胎使用寿命短。为使我国轮胎生产赶上国际先进水平,需进口一条生产线设备,以尽快建成样板厂
5. 化学纤维浆粕厂改建设备	由1.6万吨改3万吨	瑞典	28		28	吉林开山屯	纸浆厂改产人造纤维浆粕,降低浆粕树脂含量和尘埃度,增大抽丝长度,提高纤维质量,并吸收国外亚硫酸盐法制浆技术

续表

项目名称	规模	进口国别	金额(万美元)			使用地点	简要说明
			估价	其中			
				1964年	1965年		
6. 金属针布制造设备	年产4万平方米	日本、瑞士	40.2		40.2	待定	金属针布是梳棉机的关键部件,效率比国内高五倍,可梳理化学纤维,从投料到成品检验都是连续自动化生产。国内在齿形、硬度和防锈等技术环节上没有过关
7. 弹性针布热处理设备		英、日、瑞士	8		8	待定	弹性针布是生产高质纱的梳棉机配件。淬火后磨针时间由10天延长至100天,能作伸长处理,也能胶合定型。国内无淬火设备,用手工胶合和定型,寿命不及国外一半,每年要进口
8. 制造针织用针的设备		日、西德、英、瑞士	6		6	待定	国外全部自动化生产,比国内效率高50倍,我国针的出口合格率只千分之儿
9. 毛纺染整设备		日、西德	32		32	天津	国内毛织品、化纤品和混纺品的印染整理技术与国外差距大,影响出口
10. 3 200米钻机改装4 000米钻机配套设备10部		法国	350		350	华北、四川	用于深井钻探,国内3 200米钻机较多,改装后钻井效率可提高一倍,比新买省钱65%
11. 两部5 000米钻机的配套设备		法国	240		240	四川	用于深部地层钻探
12. 采油设备	(1)3 500或4 600米深井修井机1台 (2)1 000大气压压裂车和加砂车各1台	法、西德	60		60		用于深井抽汲、打捞和钻井试油,国内现用钻机修井,用人多,不经济 用于四川石灰岩多裂缝地区的裂缝连通,以增产油、气,国产压裂车只有500大气压,压力不够

续表

项目名称	规模	进口国别	金额(万美元) 估价	其中 1964年	其中 1965年	使用地点	简要说明
13. 真空循环排气设备		西德	10	10		大冶	66项之一
14. 真空电弧炉	容量3吨	瑞士、法	20		20	抚顺钢厂	66项之一
15. 静电选矿机		英国	0.6	0.6		待定	66项之一
16. 强磁场选矿机		西德	0.6	0.6		待定	66项之一
17. 电磁选矿机		英国	0.4	0.4		待定	66项之一
18. 单辊破碎机	每小时破碎烧结矿石150吨	英国	10	10		包钢	66项之一
19. 震动筛	每小时过筛破碎烧结矿石150吨	英国	10	10		包钢	66项之一
20. 环式冷却机	每小时产量100~110吨一台	英国	30	15	15	包钢	66项之一
21. 铁矿井下开采设备	年采450万吨	瑞典	1 000		100	酒钢	利于加速酒钢铁矿山的建设进度,装备先进,生产用人少,效率高
22. 球团矿设备		瑞典、西德、日本	280		56	包钢	利用碎矿、粉矿,国内现在有大量的粉矿、碎矿因无这种设备而未利用。有利于提高高炉产量,降低生铁成本
23. 专用冶炼设备							配合真空电弧炉冶炼高级合金钢
	(1)1.5吨真空感应电炉1台	瑞士、西德	20		20	抚顺、石景山、大连钢厂	风动远距离操纵打开炼铁炉的出铁口。国内用人工打口,不安全,劳动强度大
	(2)打出铁口机1台	日本	2.5	2.5			
	(3)重油喷嘴1套	日本	2		2		用于重油为燃料的冶金炉。我国试制的喷油嘴漏油,不能均匀控制炉温,重油损失大
	(4)3 000℃插入式热电偶	日本	4		4		自动测量钢水温度。国内只有1 600℃的热电偶,每次使用都需要换石英管
	(5)50~60吨电子称1部	西德	1	1			用于称量钢水,控制钢锭量重
	(6)炼钢电炉装料机	日本	1		1		国内人工装料,劳动强度大,装料时间长,近年电炉容量逐年加大装料必须机械化

续表

项目名称	规模	进口国别	金额（万美元）估价	其中 1964年	其中 1965年	使用地点	简要说明
24. 精密压力加工设备	（1）汽锤或水压机的操作机	日本	1		1	抚顺、鞍钢	用在锻压过程中操纵锻、压件，每台操作机只需一人控制（国内现因手工操纵，一台汽锤要七八个人）
	（2）冷轧辊打毛设备	日本	1		1		用于保证冷轧辊具有轧制需要的摩擦（不打滑），也保证轧件表面质量，这是苏修卖给我国1 200毫米冷轧机时卡住未给的一个关键技术
	（3）非接测厚仪2台	西德、英、法	1	1			用放射性同位素测量2～10毫米和0.2～4毫米的带钢厚度，不接触轧件，并自动调节轧辊辊缝大小，控制轧制厚度，国内尚不能生产这种测厚仪
25. 真空轧机	将高纯稀有金属及其合金轧制成厚1～2毫米，宽200毫米的带材，真空度为5×10^{-5}毫米汞柱的轧机2台	日、英	30		30	北京有色研究院和钢铁研究院	66项之一
26. 粉末轧机	将稀有金属粉末连续制轧成厚0.1～5毫米，宽200毫米带材的轧机2台	日、英	15		15	北京有色研究院和钢铁研究院	66项之一
27. 特殊热处理炉	用于稀有金属高温（1 200℃～2 500℃）高真空（10^{-5}～10^{-10}毫米汞柱）烧结及成材退火、铸锭均匀化处理的炉子5台	瑞士、日本	20		20	北京有色金属研究院	66项之一
28. 采金船（一条）	年产黄金1.5万两	日本	120		120	黑龙江	用于开采砂金，挖掘能力360立升/时；国内人工采金，每人每年4两，劳动强度大，成本高，只能在岸边和浅滩开采。我国黑龙江资源常被苏修盗劫

续表

项目名称	规模	进口国别	金额(万美元)			使用地点	简要说明
			估价	其中			
				1964年	1965年		
29. 向上鼓风铅烧结机及密闭鼓风炉炼铅锌全套工艺设计图纸及主要设备		英、西德	980		98	株洲冶炼厂	向上鼓风铅烧结机,可以解决铅烧结过程中副产的低浓度二氧化硫制酸问题,可将0.8%~1%的低浓度二氧化硫废气富集到6%直接制酸 密闭鼓风炉,能出产铅锌两种产品,这不仅节约了设备投资,提高劳动生产率,而且还能提高铅锌矿的硫磺回收率 这两项国内尚属缺门
30. 物理探矿设备		瑞士、加、英、丹麦	17.8		17.8	待定	包括8种探矿设备和仪器,作地质科学研究用
31. 齿轮加工生产线	加工解放牌汽车的中间轴齿轮	法、英	45	15	30	长春	66项之一
32. 坐标搪床生产用精密测试仪器	共49台	英、瑞士、瑞典、西德	16	16		北京	用于检验高精密机床的精度,国内尚无此种仪器
33. 连续式气体渗炭炉机组		英、日	20		20	天津拖拉机厂	我国现有汽车拖拉机齿轮渗炭设备系苏联贯通式马弗罐渗炭炉,质量不稳定,耗镍量大(每台每年2吨),维修复杂,不能回火,国外已在40年代予以淘汰。气体渗炭炉加热用辐射管,耗镍少(每台每年约60公斤),齿轮变形小,寿命长,生产率高
34. ※防尘厂房和测主仪器		英国	18		18	北京	用于满足安装航空精密部件所需超净环境,部件安装环境要求含尘粒度3微米,灰尘浓度小于0.8毫克/米^3,温度20±1℃,湿度45±6%,国内无此设备

续表

项目名称	规模	进口国别	金额(万美元) 估价	其中 1964年	其中 1965年	使用地点	简要说明
35. ※直升飞机金属旋翼加工线		法国	4		4	待定	用于加工铝合金蜂窝结构的机翼，国内使用木质结构的机翼，木材选用率只达3%，使用寿命短，产品不足，依靠进口
36. ※陀螺仪表的精密壳体、框架加工设备		英、加	14.4			宝鸡	陀螺是航空导航的关键仪表，国内尚属缺门
37. ※真空压铸设备		日本	4		4	宝鸡	真空压铸是利用真空排除钢水中的气体，保证铸件质量，用于压铸陀螺仪表、电机、电表的壳体和框架，国内尚无此种设备，铸件废品率达70%
38. ※织网照相腐蚀生产线	年产4 000平方米	日、法	2		2	开封	金属网用作飞机液压、燃油或润滑系统的过滤网。照相腐蚀法比编织网的生产效率高10~20倍，工艺简单，劳动强度小，产品精密，每平方英寸400孔，国内可产编织网最高每平方英寸150孔(一般通用要求250孔)。照相腐蚀法尚未过关，每年外购用汇20万美元
39. ※油泵阀件精密偶件加工检验生产线		加拿大	5			西安	用于加工航空液压附件(如油泵)中的精密偶件，如活门、活塞及其衬套等。国内尚属缺门

续表

项目名称	规　模	进口国别	金额(万美元)			使用地点	简要说明
			估价	其中			
				1964年	1965年		
40. ※光学精密仪器修理设备		英、西德、瑞士	48		48	北京	用于修理航空产品的光学精密测试仪器,并生产修配用零配件,年产检定工具1 000套。国内现有光学精密仪器3 800套,其中40%需大修,但只能小量生产,精度达不到
41. ※轴承测量设备		英国	0.2		0.2	宝鸡	用于测量轴承摩擦力矩和噪音,国内无此设备
42. ※小模数精密齿轮加工设备	规模30万工时	瑞士或英国	9.6		9.6	242厂	用于加工模数为0.1~2的齿轮,精密度达0级和1级(系最高精度)。国内设备不能生产小模数齿轮,精度只达2级
43. ※自动分选磁芯设备及测量仪器	年产磁芯1 000万件	西德	15		15	798厂	66项之一
44. ※钽电解电容器设备	生产液体、固体电解质,钽块、钽丝、钽箔电容器等产品	西德、瑞士	15		15	793厂	66项之一
45. ※劈锥加工设备	年产劈锥1 500个	英国	21		21	218厂	劈锥又名精密凸轮,是各种指挥仪(航空轰炸瞄准具和炮舰指挥仪等)计算机构中的一个精密零件,用于测定方位距离,英国的产品有28 000个坐标点(数据),为国内的5.6倍,这是苏修卡住不给的技术
46. ※采用表面活化剂安定处理硝化纤维素设备	日产10吨	法国	10			255厂	增加硝化纤维的安定性,便于运输储存。我国采用老法,生产周期长达70小时,产品不安定,不易存储

续表

项目名称	规模	进口国别	金额(万美元)			使用地点	简要说明
			估价	其中			
				1964年	1965年		
47. ※喷射法硝化甘油生产、安定、分析、连续运输及称量设备	日产硝化甘油350~750公斤	瑞士、瑞典	30			475厂	硝化甘油是生产双基发射药、火箭推进剂、胶质炸药的原料。国内采用间断法生产,消耗大,效率低,不安全。喷射法生产连续化,自动控制,比之间断法,相同产量的建筑面积小一半,工房危险降低约50%~70%
48. ※高速柴油发动机加工设备	年产800台	法国	150			615厂	生产缸径150毫米和135毫米的V型、д型柴油机以及缸径85毫米的对置二冲程发动机,用于装备轻型坦克、水陆两用坦克、牵引车和装甲运输车
49. 自动化短波单边带发讯设备	30瓩	英国	50		25	待定	这是目前国际上远距离通讯的先进工具,比一般载频、多边带的短波无线电讯机所用的频率窄,可多路通讯,杂音小,少受气候和电离层影响,适用于频率拥挤的条件下工作,国际上已普遍采用,并要求用对等设备通讯。国内正试制25瓩发讯机,技术较难过关,需引进少量样机和技术资料,以提高科研速度
50. 人民画报彩色制版印装设备	按期印刷100万份	西德、英、日	50.4		50.4	北京新华印刷厂	国外彩印分色准确,质量稳定,一部电子分色机几十分钟抵我10多个工人一天的工作量,据了解,日本可在截稿后24小时内印完一本画报,我国平均需60天,目前,人民画报发行58万份,其他外文刊物的封面插页印刷量增大,超过印刷能力,常常拖期

注:本表注有"※"符号的,属国防工业项目。

附表5

1963年底以前经过总理批准进口，建议推迟或撤销的六个项目

1964年9月24日

项目名称	规模	需要外汇估算（万美元）	推迟或撤销理由
1. 天然气制乙炔及乙炔提浓设备	15 000吨	720	推迟，因四川天然气资源不落实，尚需继续勘察天然气的资源，且国内正在进行试验，有希望试成
2. 粉煤气化炉	每小时产1万立方米煤气	100	推迟，需要到国外实地考察后再定。国内也正在研究
3. 泡沫塑料成型设备	年产3 000吨	45	撤销，上海、天津已各向国外订购一套，不需再进
4. 环氧乙烷和乙二醇设备	未定	尚无报价	撤销，因对其产品需要量不大，国内可以自行解决，不必进口
5. 石油延迟焦化装置	年处理重油50万吨	190	撤销，已改为进口单项设备的方式进口
6. 制造化肥设备的精密机床		50	撤销，已改为一般贸易进口的方式

附表6

国家科委关于从资本主义国家购买技术资料项目的说明

1964年9月

（一）各工业部门提出拟从资本主义国家购买技术资料，共计五百余项。经过反复研究，并征得成套设备进口五人小组成员的同意，初步审定拟在最近两三年内购买的共70项。这70项都是严格限于国家生产建设和科学技术发展必需的，对我切实有用的项目。

考虑到从资本主义国家购买技术资料，是一件新的工作，缺乏经验，建国15年以来，我国还没有向资本主义国家购买过一项技术资料；另外，一下就提出70项向外探询，容易引起资本主义国家对我们的注意，对我不利，因此，对70项拟分步骤作如下的安排：

（1）从70项中选择一部分引进后确实就可以掌握，并比较有可能买到的项目，共计24项，作为1964—1965年引进技术资料项目。其中有些技术资料还要带买一些关键设备与元件等，以便引进后可马上发挥作用。

（2）其他的46项，目前的工作主要是在国内搜集有关资料，进行研究比较，如遇有利机会，也可顺便从侧面作些了解，但了解时必须注意方式，以免打草惊蛇，把我们的需要都漏出去了。侧面摸的过程中如发现技术与条件都比较成熟，可作进一步接触，落实后也可考虑于1965年引进。

（二）由于购买技术资料是一件比较复杂的工作，头绪繁杂，牵涉到对外探索，一般估价到正式询价、谈判、签约、验收，以及引进后的发挥效用等，有些项目还牵涉到国内的基本建设，因此，为了进一步工作，各有关部门之间应如何分工，尚应进一步明确。

150－13－45

1964—1965 年拟从资本主义国家引进技术资料项目

编号	项目名称(共24项)	项目内容	拟进口国别	说明
1	密闭鼓风炉熔炼铜精矿回收二氧化硫的技术	有关工艺设计图纸及操作规程。	日本、芬兰	我国炼铜厂目前不能回收二氧化硫气。回收二氧化硫可扩大硫酸资源,同时还可提高铜精矿的品位。66 项之一。
2	冷轧硅钢片成批生产的制造技术	冷轧硅钢片的轧制、热处理有关工艺技术及关键设备。	英国、西德	我国硅钢片生产技术水平与国外先进水平比较差 30 年左右,生产工艺仍停留在热轧阶段,铁损一般在 1 瓦/公斤以上。用冷轧硅钢片制造的变压器,可以减少电能损失,减轻变压器重量,节约钢和结构材料。66 项之一。
3	塑料复合钢板加工工艺	塑料复合钢板层加法、辊压法生产加工工艺和胶合剂配方及关键设备。	西德、英国、日本	目前国内尚在试验研究阶段,无生产设备和设计资料。引进后可以尽快地满足国民经济广泛需要,填补经济钢材的空白,更快赶上国际先进水平。
4	换热式上部加热均热炉的设计	有关设备施工图。	日本	此种均热炉跨间面积特小,因此有利于解决大型初轧厂的送锭问题(提高初轧能力的关键问题),同时可以降低投资。目前,此型加热炉美、英已普遍采用。
5	用炼厂气制造氢气技术	用炼厂气体制造氢气技术,包括工艺及催化剂。	向西欧和日本探询	加氢技术是现代石油加工的新技术。而采用炼厂气制造上述加氢过程中所需的氢气是最经济的途径。它是从反应器直接取得纯度 93% 的氢气,不再经分离即可供加氢使用。
6	脱除催化剂金属杂质的方法	脱除催化剂金属杂质的工艺流程和技术条件。	向西欧和日本探询	脱除裂化催化剂金属杂质的方法是最新的技术,为流化床催化裂化装置的一种辅助装置,它可降低催化裂化装置中催化剂的金属杂质含量,以降低催化剂消耗,并能提高汽油、柴油等轻质油品回收率。
7	全低压空气分离设备系列的制造技术	制造工艺流程及关键部件。	西德	它是生产高纯度氧、氮的设备,供冶金的氧气炼钢及化肥的氮的需要。全低压流程比高压流程生产成本低,国内尚未掌握,急需引进其制造技术。66 项之一。
8	螺杆压缩机制造技术	有关制造技术及专用设备。	瑞典、日本	这是一种新型压缩机,国外多用在压缩不能接触润滑油的气体或液体。国内尚未掌握其制造技术。66 项之一。
9	色层分析仪器的制造技术	色层分析仪器制造图纸及工艺技术资料。	日本	该产品系化工、石油、02 等单位急需品种,我国的试验研究工作才开始。

续表

编号	项目名称(共24项)	项目内容	拟进口国别	说明
10	真空设备的制造技术	包括真空电炉、喷射泵、真空冷冻干燥装置及真空蒸发装置的制造资料。	日本	我国真空设备技术基础薄弱,试验研究基地尚未建成。真空电炉我国曾按苏联仿制成功800公斤非连续式真空感应炉,远不能满足需要。真空蒸发装置用于制造固体线路,使无线电设备向小型化、高精度发展。真空冷冻干燥装置用于医药、生物化学制品、化工干馏结晶等。喷射泵用于钢液真空处理、石油和化工分馏浓缩、电站等。
11	电磁离合器的制造技术	电磁离合器产品系列的制造图纸、工艺资料及关键设备。	奥地利	电磁离合器是实现机床自动化的重要元件,国内目前尚未掌握这种产品的制造技术,用的是机械离合器。
12	液压马达的制造技术	有关制造图纸和工艺资料。	丹麦或英国	拖拉机采用液力传动,是近年来一项新技术。传动部分结构简单、用材料少、变速平稳,国内尚未进行研究。
13	大型火电站自动控制系统技术资料	(1)大型火电站单元机组应用计算机控制的全部控制系统技术资料。 (2)专用控制计算机。	英国、法国	大型高温高压带中间再热的单元机组火电站,无论从降低成本、提高劳动生产率或从运行安全来考虑,都应尽速采用控制计算机,实现自动化。我国1962年开始研究试验,距工业生产和应用还很远,急需早日引进。
14	重型柴油机的制造技术	瑞士苏尔寿RD系列柴油机的制造技术资料。	瑞士	苏尔寿工厂RD系列柴油机是当前世界上较好机型之一,耗油量低,结构简单。引进瑞士专利后,将在2~3年内组织小批生产,以满足今后建造3 000~10 000吨油轮和客、货轮主机的需要。
15	内燃机用增压器的制造技术	瑞士B.B.C.厂的VTR320RC和VTR250RC增压器的制造技术资料。	瑞士	柴油机采用废气涡轮增压可以提高功率30%~50%,并能减轻单位马力重量,降低油耗,缩小外形尺寸,还可解决由于在高原和亚热带地区使用降低功率的缺点。国内曾进行了仿制,但产品指标低,技术未过关,增压效果小。
16	水火弯板法技术	水火弯板法的计算和工艺资料。	日本	日本石川岛造船厂采用的一种先进弯曲造船钢板的方法,利用钢板热胀冷缩的原理,经过复杂计算,用水火加热方法使钢板弯成所需形状,从而省去了庞大的弯板设备,国内进行过研究试验,但没有掌握变形规律。
17	长寿命收信放大管制造技术	(1)阴极材料的制造工艺资料。 (2)收信放大管精密鼠笼式及框架栅式绕线机。	英国或荷兰	长寿命管为能连续工作1万至数万小时以上的电子管,是电子计算机等不可少的元件。国内正在试制,但尚未掌握。 66项之一。

续表

编号	项目名称(共24项)	项目内容	拟进口国别	说明
18	片、管型瓷解电容器制造技术	生产技术资料及关键设备。	英国或日本	这种电容器能耐高温,用于超高频电子设备。 66项之一。
19	超正析像管的制造技术	年产50~100个超正析像管生产线的设计资料和关键性的生产与设备。	日本	超正析像管是电视摄像机的重要元件。 66项之一。
20	蜂窝结构材料制造技术	制造铝、玻璃钢、木材及纸的蜂窝结构的工艺技术资料和成型机。	英国	蜂窝结构是一种新型材料,重量轻、刚度大、隔热、隔音、消音等性能好,并有介电性能,是制造飞机、雷达站结构,造船、车辆、建筑材料等轻质结构材料。我国制造蜂窝结构技术尚未过关,生产处于手工阶段。
21	钟表防震器制造技术	钟表防震器的加工设备与工艺及检验的技术资料。	瑞士	目前国产钟表所用防震器全部依赖进口。同时国内对防震器的研究与制造也还是空白。
22	优良药用植物种子、抗菌素、血清、病毒及若干新型医疗仪器的样品和技术资料	同左	各国	
23	优良作物种子、农药和植保用抗菌素等样品和技术资料	同左	各国	
24	优良种畜和畜用病毒、血清等样品和技术资料	同左	各国	

150－13－45

第二批拟向资本主义国家探询的技术资料项目

编号	项目名称(共46项)	项目内容	拟进口国别	备注
1	蒸馏法制铝生产工艺	用低价卤化物制高纯铝的生产工艺技术。	加拿大	66项之一
2	选矿药剂的生产工艺	以石油、天然气和其他化工产品为原料。选矿药剂的生产工艺及设计技术。	日本	
3	鼓风炉炼铅锌生产工艺及关键设备	可以处理铅锌混合精矿和氧化铅锌矿的生产工艺及关键设备。	英国、荷兰	

续表

编号	项目名称	项目内容	拟进口国别	备　注
4	轮胎钢丝绳生产工艺技术	包括生产工艺技术资料及关键设备。	法国	
5	铜矿选矿厂生产工艺及关键设备	日处理500吨矿量的铜选矿厂的生产工艺及设计技术。	日本	
6	钢锭保温帽发热剂衬砖技术	购买技术资料。	日本	
7	润滑油加氢精制工艺及催化剂	包括精制工艺及催化剂的制造技术资料与样品。	英国	
8	制造乙基苯生产工艺及催化剂	从炼厂气和苯制取乙基苯的生产工艺和催化剂。	日本	
9	重残油沸腾床加氢裂解工艺及催化剂	包括加氢裂解工艺及催化剂的技术资料。	向日本和西欧探询	
10	制丙酮和甲乙基酮的工艺流程	丙烯—丁烯馏分直接氧化制取的工艺流程。	西德	
11	测定航空喷气发动机燃料在低温下流动性的方法	同左	英国	
12	迷宫式氧压缩机制造技术	瑞士苏尔寿(SULZER)公司有关制造技术资料。	瑞士	66项之一
13	链式无级变速器制造技术	引进A_1、A_2、A_3、A_4、A_5、A_6等六个系列制造技术资料。	西德	66项之一
14	轴承外壳锻造生产线	加工直径为120(内径)~1 300(外径)毫米的辅机。	西德	66项之一
15	减速机的技术专利	“赛克罗”减速机的设计及生产工艺技术资料。	日本	
16	分度板专用磨床制造工艺	分度板专用磨床的制造图纸和测量技术资料。	瑞士	
17	高精度长丝杠测量仪和提高调质丝杠的耐磨性的技术	两米以上一级精度丝杠测量仪技术资料和提高调质丝杠耐磨性技术的工艺。	西德、英国	
18	刀具、量具及量仪的关键技术资料	高精度齿轮滚刀、涡轮滚刀、涡轮剃刀有关技术资料和装备。	西德或英国	
19	高精度坐标镗床主轴的锥滚轴承加工工艺及测量技术	包括高精度坐标镗床主轴的锥滚轴承的设计、制造与装配的技术资料和测量技术资料。	日本、瑞士	
20	对置活塞发动机的制造技术	有关C18—6A船用及L—60坦克和载重汽车用对置活塞发动机的制造技术资料。	英国	
21	电罗经制造技术	包括MK—3、MK—14及波拉脱三种电罗经的设计、制造技术资料及样机。	英国、日本、西德	
22	北辰计程仪制造技术	购买技术资料及样机。	日本	
23	自动操舵仪制造技术	PF—2型自动操舵仪制造技术资料及样机。	日本	
24	立式船用钢板除锈机和型钢除锈机制造技术	购买技术资料及样机。	西德	
25	M型燃烧室发动机制造技术	西德的D2850MIU或HMU和法国的M640或MS640制造技术资料。	西德、法国	

续表

编号	项目名称	项目内容	拟进口国别	备注
26	金属膜电位器制造技术	生产技术资料及设备。	英国	66 项之一
27	印刷线路生产技术和设备	生产技术资料及自动化生产设备。	英国	66 项之一
28	100~300 兆周超高频铁淦氧磁芯生产技术	生产技术资料。	荷兰	66 项之一
29	玻璃薄膜电容器生产设备及制造技术	生产技术资料。	英国	66 项之一
30	单边带发讯机设计技术	30 瓩单边带发讯机技术资料及收发讯台自动化技术资料。	英国	
31	高标号泡沫混凝土喷射法施工技术	英国“Aerocem”型喷射法施工技术资料及样机。	英国	
32	加压制造城市煤气工艺	工艺技术资料。	英国、西德	
33	金刚石的重介质选矿法及金刚石的质量鉴定技术	包括介质、设备及操作的技术资料和质量鉴定技术资料。	加纳、几内亚	
34	合成洗涤剂的生产工艺	连续化生产合成洗涤剂的工艺技术资料。	意大利	
35	从脂肪酸制合成洗涤剂生产工艺	从脂肪酸高压加氢制脂肪醇，再从脂肪醇经磺化和中和制成脂肪醇硫酸钠的工艺技术资料及设备。	英或法、意、荷兰	
36	冻结法凿井和钻井法凿井工艺	包括冻结法钻孔测斜仪设计及低温介质的技术资料；钻井法用大型钻机的设计资料。	荷兰、比利时、西德	
37	水下电视机制造技术	购买设计图纸及加工工艺技术资料及样机。	法国	
38	压铸字模和冲压字模的工艺方法	购买工艺方法技术资料及样机。	日本	
39	同步磁性录音机制造技术	购买 6.35 毫米同步磁性录音机制造技术资料。	瑞士	
40	微小电容标准的加工工艺及测量技术	购买加工工艺及测量方法的技术资料。	日本	
41	封闭式 X 光管的制造技术	用于研究晶体结构分析的封闭式 X 光管的设计和制造工艺技术资料。	荷兰	
42	扇形聚焦回旋加速器的建造技术	建造可变能量扇形聚焦回旋加速器的技术资料。	英或法、荷兰	
43	集材索道设计技术	巴可型集材索道设计技术图纸。	瑞士	
44	气体盐酸法木材水解生产工艺	工艺技术资料及设备制造图纸。	日本	
45	医用电子回旋加速器制造技术与样机	购买 5~35Mev（可任意调整）电子回旋加速器制造技术资料与样机。	瑞士或西德	
46	半导体降温设备制造技术	购买制造技术资料。	日本	

对外贸易部办公厅：关于我已向六个资本主义国家订妥十五项成套设备和新技术

1964 年 12 月 4 日

去年下半年以来，我先后同日本、荷兰、英国、意大利、法国和西德的厂商签订了十五项成套设备进口合同，总金额达一亿三千多万美元，其中延期付款金额为九千一百多万美元。这些设备和技术都属于当前世界上比较先进的水平，货款支付、交货期和价格等条件一般比较合理，合同一般规定百分之七十五的货款在交货以后分五年付清；按照合同规定，我共需聘请资本主义国家工程技术人员四百八十八人，派出实习生一百九十五人；所有设备在一九六四至一九六六年交齐，一九六五至一九六七年陆续建成；今年尚需订购的有十二个项目，明年准备订购的有五十个项目。

一九六三年下半年我国开始从资本主义国家进口大型成套设备和新技术。一年多来，在中央的正确领导下，经各有关单位密切配合和共同努力，我们冲破了美帝国主义和蒋介石匪帮的种种阻挠和破坏阴谋，先后由我技术进口公司同日本、荷兰、英国、意大利、法国和西德等六个国家的厂商签订了十五项成套设备进口合同，总金额为一亿三千一百二十七万美元，其中现汇交易为三千零五十五万美元，延期付款为九千一百二十六万美元，支付利息九百四十六万美元（利率分别为百分之四至百分之六）。

现已经订妥的十五项进口成套设备是：

（一）日本供应的五项：年产一万一千吨第一套维尼龙成套设备，年产一万八千吨第二套维尼龙成套设备，每小时产乙炔一千一百立方米的干式乙炔设备，气动与电动量仪工厂成套设备等；

（二）荷兰供应的年产十六万吨的尿素工厂；

（三）英国供应的三项：年产十万吨的合成氨厂，年产五千吨的聚丙烯成套设备，年产二万八千吨的高压聚乙烯成套设备；

（四）法国供应的二项：年产七千五百吨的丁醇、辛醇成套设备，磁带地震仪勘探设备；

（五）意大利供应的三项：年产五万吨的合成氨厂（转口给阿尔巴尼亚），年产五万吨合成氨所需要的重油气化装置，年处理十万吨原料油的铂重整联合装置；

（六）西德供应的年产三万六千吨乙烯、二万二千吨丙烯石油裂解及烃烯分离装置设备。

上述成套设备中，有十项是为了解决我国人民的吃、穿、用问题所需要的，其余项目同发展我国机械、石油工业都有着密切的关系。这些设备和技术在当前世界上都是属于比较先进的水平，在购买条件和价格上一般也比较合理，比向苏联订购的条件优越得多。例如：（1）在支付条件方面，有九项成套设备订货是延期付款，合同中一般规定在签订合同后先预付合同总金额的百分之十，在交付设计和设备时再付百分之十五，其余百分之七十五的货款在交货以后分五年付清；（2）合同规定的交货期比苏联短，交货也比较集中，一般从第一批交货开始到交完，相隔只有半年时间，最多不过一年，而向苏联的订货一般要两年至三年，卖方还承担义务在规定的期限内使工厂正常投入生产；（3）合同中都明确卖方必须保证产品数量、质量和消耗定额三大指标，否则卖方应承担义务向买方支付一定比例的罚款。此外，大部分合同都规定我有权派人到卖方工厂参加设备的验收，这对于我们摸清国外的技术是有好处的。按照已经签订的十五项成套设备进口合同规定，共需聘请资本主义国家工程技术人员四百八十八人（包括赴阿尔巴尼亚的六十六人），并且由我国派出实习生一百九十五人。

到目前为止，上述合同的执行情况是良好的。向日本厂商订购的第一套维尼龙成套设备，对方已按时交付了设计资料，派来了工程技术人员，并且交付了两批设备；对其他合同，日方也按时交付了设计，并派人来就设计问题进行了解释。按照合同规定，上述已经订妥的十五项成套设备于一九六四年至一九六六年交齐设备，一九六五年至一九六七年陆续建成。

目前，除了上述已经签订合同的成套设备订货外，对于国家今年尚需订购的十二个项目和明年准备订购的五十个项目，我技术进口公司根据中央工作会议精神，在成套设备进口五人小组的具体领导下，对原计划进行了调整排队，并且积极进行考察和对外谈判。

按国家进口计划，今年还要签订十二个成套设备项目的合同（即：丙烯腈设备，聚丙烯腈纤维厂，硝酸磷肥设备，五千米深井钻机，第一套顶吹氧气转炉，大型电炉，铜矿井下采矿设备，电解铝厂，锗半导体器件厂，精密线绕电阻及电位器制造设备，实心电阻、实心电位器制造设备和加气混凝土设备）。在这十二个项目中，除硝酸磷肥设备是否进口尚未肯定和四机部的三个项目（锗半导体、线绕电阻及电位器和实心电阻及电位器设备）正在国外进行技术考察外，其余八个项目在今年或明年一季度均可签订合同。

过去一年多来在对外订购成套设备和新技术的过程中，我们同美帝国主义和蒋介石匪帮的破坏以及垄断资本家的苛刻条件进行了尖锐复杂的斗争。例如，在我同日本厂商洽谈签订第一套维尼龙成套设备合同时，美帝国主义向日本政府施加压力，不准日方对我采取延期付款的条件，蒋匪帮还以断绝蒋日外交关系威胁日本政府，阻止日方同我签订合同；在我同日方商谈签订第二套维尼龙成套设备合同时，蒋匪帮派张群访日再次施加压力，企图迫使日本政府不批准出口。对于上述种种阻挠和破坏活动，我们根据争取第二中间地带扩大反美统一战线的方针和贸易上平等互利的政策，抓住资本主义国家广大厂商要求同我发展贸易的愿望和中法建交后的有利形势，利用帝国主义国家、资本主义国家彼此之间与这些国家内部的各种矛盾，进行了坚决的斗争，不断取得了胜利。为了突破帝国主义对我国的“禁运”，我们对一些尖端技术和国防建设所需技术和设备，采取了各种灵活的办法来引进，也取得了显著的成效。

4－15/8

国家计委物资管理部关于一九六五年对资进口精密机床的报告

1965 年 5 月 4 日

向国外订购大型的和精密机床，由于生产的周期长，交货时间往往需要一年以上，有的需要两三年。因此，从 1963 年起，国家计委每年都安排一批向资本主义国家订购的精密机床，以保证国内基本建设和生产上的需要。

1965 年，拟对资订购的机床为 305 台，约值 520 万美元。这次提出的进口机床与往年不同，虽然都是高精密的，但是主要是小型的，而且大多数是仪表工业生产所需要的，对我国国防及工业仪表制造的自力更生，有很大的促进作用。

进口的 305 台机床的分配是：基本建设 198 台（其中，主要是分配给各零字单位的 51 个项目，计有 169 台），生产技术措施方面 107 台，主要是分配给一机部的仪表行业和其他部门急需解决的生产薄弱环节与科研项目。

这批机床用汇 150 万美元，已经在今年进口计划内留出来了，不需要另外增加。今年订妥，明年到货的大约有 200 台，需 400 万美元，批准后，当列入明年的用汇计划。

上述报告，请批示。请外贸部迅速向国外组织订购。

附：关于一九六五年对资进口精密机床安排情况的说明

1965 年各部要求对资进口精密机床 699 台，其中：基建需要 403 台，技措需要 264 台。经审查后拟确定进口 305 台，计基建 198 台，技措 107 台。

在基建方面，着重安排 1965—1966 年亟待建成投产的 57 个重点项目的需要，其中，零字单位 51 个项目为 169 台；基础工业 6 个项目为 29 台。如三机部 3 个飞机发动机厂，航空仪表和精密元件厂；四机部电子仪器 8 个项目；五机部的内地 3 个炮厂和 3 个光学仪器厂；六机部高速柴油机厂、船用特机厂和九江航海仪表厂；二机部和六机部的4个尖端项目；冶金部的太钢万能轧机厂和红古城有色加工厂；一机部洛阳轴承厂的大型车间；八机部北京农业机械厂的发动机车间和红岩机械厂等等项目的需要。

在技措方面，主要考虑一机部光学仪器的玻璃加工和仪表小模数齿轮加工的急需；石油部西安仪表厂；地质部重庆仪表厂；科学院上海光学机械研究所；轻工、纺织和一些科研单位亟待解决的需要。

这次提订305台机床（计171个品种）中，计有：车床107台，除13台较大的外，都是加工直径在280厘米以下，精度要求达一个微米的小型精密车床；磨床94台包括0～1级的螺纹磨床，光洁度达4花12级的平面磨床，直径达1厘米的内、外圆磨床等；制齿机32台，除2台较大外都是2个模数以下的，达一级精度的；铣床31台主要是精度要求高的万能工具铣床；此外还提出一些坐标搪床、电火花加工机床等。

从当前国际形势和对外贸易的情况看，本应当向法、意多进口一些，少向西德和瑞士进口一些。但由于品种、规格和精度等要求所限，很多需要不得不提向西德、瑞士。305台机床中，提向西德、瑞士为149台，其余155台提向英、法、意、日、瑞典五国。看来国别比较集中，今明两年能否大部分拿到有一定困难，要求外贸部在订货时掌握适当的机动，在达到用户所提要求的基础上可以选择代用的规格和国别。

150－13－297

对外贸易部办公厅：一九六三年以来新技术和成套设备到货情况

1965年8月9日

有三项已经全部到货，其中一项已投入生产；一项正在进行安装

一九六三年到现在，我国共向资本主义国家订妥了二十九项新技术（不包括单项的）和成套设备。到目前为止，已经到货和正在陆续到货的有十个项目。这些项目是：第一套维尼龙设备、干式乙炔发生器、热镀铝钛带钢、十万吨合成氨、磁性录音带、五万吨合成氨（转口阿尔巴尼亚）、有色金属材料厂钽真空冶炼、铂重整、磁带地震仪、重油气化制合成氨车间等，其中第一套维尼龙设备、干式乙炔发生器、热镀铝钛带钢等三项已经全部到货；热镀铝钛带钢已经投入生产；第一套维尼龙设备正在进行安装，估计九月份可以投入生产。

从上述项目到货的情况来看，卖方一般都能按合同规定按时、按质、按量交付设计资料、设备，和派人来我国解释设计及进行技术指导。但个别的也有推迟交付设计资料和交付不合格设备的情况，对此，我们都按合同规定予以解决。在我们方面，有关部门也有不按时派人审批设计、检验设备和不按时交付技术资料的情况，给对方不执行合同以借口，值得我们今后注意改进。

到目前为止，卖方按合同规定派来了一百三十名工程技术人员到我国进行设备安装工作，我国也先后派了六十六人去卖方工厂进行设备检验和实习。

4－15/8

中共中央对新技术进口小组关于引进新技术工作几个主要问题的报告的批示

1965年4月13日

新技术进口小组，并告中组部、公安部、外贸部、工业交通各部党委、党组，各中央局，北京、上海市委：

同意你们的报告，同意你们的一九六五年进口计划及今后的一些措施。请即照办。

附：新技术进口小组关于引进新技术工作几个主要问题的报告

1965年3月8日

一波同志：

二月二十一日成套设备进口五人小组检查

了一九六四年引进新技术的工作，讨论了一九六五年的工作任务，现将几个主要问题报告如下。

一

一九六四年签订了十项成套设备进口合同(一九六三年签订六项)，用汇约一千二百万美元，没有完成预定签订二十一项合同、用汇一千七百五十万美元的计划。另外一种引进新技术的方式，即购买技术资料的工作，还没有打开局面。小组认为，引进新技术的工作去年以来是有成绩的，但进展太慢，不能适应当前经济形势和国家建设的要求。

去年十一月，小组曾检查过在向资本主义国家引进新技术工作中缺乏自力更生精神的依赖思想和不应当进口的设备也要进口的倾向，这种倾向过去确实存在，今后还要注意继续纠正。但是，另一种倾向也必须加以坚决纠正，这就是对引进新技术的工作抓得不紧，进行不力，丧失时机，使一些可以办到的事情没有办到。例如一九六二年批准进口的丙烯腈和聚丙烯腈（即合成羊毛）两个项目，本应和西德进口的石油裂解设备（于去年七月成交）大体同时成交，因种种原因至今尚未正式谈判，如不抓紧进行可能造成石油裂解设备建成而不能投产，或者气体大量放空的损失（这是耽误了时间的。请新技术进口小组特别是外贸部抓紧进行。——薄一波)。

引进新技术是使我国科学技术迅速赶上和超过世界水平这一战略任务下的一部分工作，是和帝国主义抢时间，对这一点有的同志有时认识不足，或者是忘记了。还应指出，上述缺点的产生，是同对经济形势和出口贸易增长的估计不足，有一定关联的。在我们的具体工作中还存在许多问题，如不少项目情况不明，准备不足，技术上不落实，不能及时提出谈判方案；在询价、谈判时缩手缩脚，不敢放手进行；在选择进口国家时顾虑过多，迟迟不决；在派遣出国人员时限制过严过死，以致派不出人或人选不当而贻误工作（详细情况见附件一[略])。这些问题都必须在今后工作中求得解决。

二

目前，美帝国主义正在东南亚加紧制造紧张局势，日本佐藤政府和英国工党政府在政治上进一步投靠美国，美国继续压他的仆从国对我国实行禁运、封锁和贸易歧视，这一切对我们从资本主义国家引进新技术不能不造成一定困难。但是从另一个角度来看，一年来资本主义各国之间和各个垄断集团之间的政治经济利益的冲突，不是缓和了，而是越来越激烈了。随着我国国际地位的提高，经济力量的加强，国际市场上信誉的提高，对华贸易问题已成为各国资本家普遍注目的一个问题，他们绝不会甘心把中国这个市场拱手让人。我们可加利用的矛盾比过去不足减少了，而是更多了。总之，只要策略运用得当，目前引进国外新技术工作的国际环境比过去有利条件不足减少了而是更多了。

引进国外新技术是一种斗争，这种斗争是政治、经济、技术的结合。在一定时机为了回击敌人，可以中断几笔生意，对某些国家可以拒绝往来。这样做是为了造成和加剧美国和他的仆从国以及各垄断集团之间的争吵和矛盾，对我们并无不利之处。但是我们所以要同某些资本主义国家打交道，其目的之一就是为了搞到我们需要的新技术。现在有一种想法，我们认为是不对的。例如因为英国、西德、奥地利、日本这些国家的政府的政治态度都不好，而不肯对这些国家厂商进行询价，对我们急需的东西也不敢积极进行谈判。这样做并不能达到打击敌人、加剧敌人营垒内部矛盾的目的；相反，这等于拒绝利用敌人的矛盾，束缚自己的手脚，结果路子越走越窄，使自己吃亏。这种做法是不足取的。

三

小组认为，一九六五年应当充分利用当前比较有利的国际环境，适应国内经济形势和建设的需要，抓住时机，更积极地展开从资本主义国家引进新技术的工作。一九六五年引进新技术的重点是冶金、矿山、汽车、机床、仪器仪表和电子工业的设备和技术，以及为建设三线所需的工程机械。配合我国自己的科学研究和群众性的技术革新、技术革命运动，为我国第三个五年计划准备一部分技术基础。一九六五年的工作任务是：

（一）今年的成套设备争取谈判成交二十五至三十个项目。其中：

今年三、四月份争取谈判成交下列几个重大项目：（1）西德的丙烯腈设备；（2）英国的聚丙烯腈设备；（3）奥地利或西德的氧气顶吹转炉；（4）瑞典的铁矿地下开采设备；（5）西德的磨光玻璃设备。这批项目，都是国内迫切需要的，条件也比较成熟，而且迅速谈成这一批项目将造成声势，为今年引进新技术工作打开一个新的局面。

今年上半年争取再谈成下列几个重大项目：（1）法国的重型汽车的技术资料和关键设备；（2）西德的一米二极薄带钢轧机；（3）瑞典的铜矿井下开采设备。

今年内应当谈成一批精密机械、仪器仪表、电子工业的项目，此外并争取今年或明年初谈成下列几个重大项目：（1）一米七连续薄板热轧和冷轧机组；（2）一米二薄板冷轧和电镀锡机组；（3）二十五万千瓦火力发电机组。

上述项目的说明见附件二［略］。

（二）在引进新技术的三种方式中（进口成套设备、进口单项设备、购买技术资料），今年应当以更大的力量进行和探索后两种方式。

对进口单项设备，去年我们已有石油部进口炼油设备、化工部进口重水设备的成功经验。这种方式的优点不仅是可以节约外汇，而且可以在一个项目上以我为主，兼采几个国家的先进技术，锻炼自己的本领，化整为零，利于买进为其他方式所不能买进的属于禁运范围的尖端技术设备。

今年计划成交三十多个单项设备项目。

为建设三线需要的工程机械已列六个项目，外汇约七千万美元（从苏联、东欧进口的一千七百万卢布在外），将争取今年内全部签订合同，大部到货。

（三）购买专利和技术资料的工作，已有十项作了探索，有一项船用柴油机的制造专利在谈判中，其余进展不大。资本主义国家之间购买专利和技术资料的贸易占很大数额，如日本为此每年要付出一亿美元以上的费用。我们今年一季度将争取先谈成一笔，以取得经验，然后展开工作。外国（包括苏联）购买专利皆取按产量分期提成的支付方法，这就需要把产量告诉对方，并允许对方视察指定的工厂。我们和国外谈判是按一次买绝的支付方法询价，结果国外索价非常之高，因之很难谈成。是否也可以采取分期提成的方法，我们正在研究中。

（四）迄今为止，引进新技术的工作主要是谈判和签订合同。但今年起，将有两个项目交完设备并建成验收（一项是干式乙炔发生器，一项是第一个维尼纶厂），十三个项目开始交付设备，明年后年将有更多的项目建成验收。这些项目的工作量，比起谈判签字将大出若干倍，如审批设计、出国实习、设备验收、接待外国专家、土建安装以至工厂的验收等等。今年必须作好这些项目上述一系列工作，并且不断地系统总结经验。国家经委（和将来的国家建委）将对这些项目进行重点检查。

四

为了完成上述工作任务，小组建议：

（一）去年北戴河会议上您和富春同志即指示各部成立技术小组。去年十一月五人小组的报告再次建议，所有重要项目都必须立即吸收部内外（必要时包括地方）的专家成立技术小组，搜集、分析国外技术和贸易情报，逐项进行技术落实，充分作好谈判和建设的准备。在具体措施上这是特别重要的一着。据检查，这项工作有的部门还作得很不够，建议所有订货部门立即检查一次，并切实贯彻执行。

（二）经验证明，要谈判成交一批项目必须有数倍的项目在一年之前就提向国外询价，才有可能。根据情况的发展，应当消除过去那种害怕询价太多而造成被动的顾虑（怕外汇不够，怕国内建设跟不上，怕外国人来多了不好对付等等）。随着长期计划的制订，建议今年内陆续提出几批项目，经过批准，向国外广泛询价。

（三）为了利用矛盾和摸清情况，今后重大项目的谈判，在有可能时可以和几个国家的厂商同时进行谈判。根据谈判结果，结合当时政治形势，从中选择技术最先进条件最合理的一家成交。同资本家做生意不能照搬过去那种每谈必成、否则不能谈判的框框。

（四）根据上述工作任务，今年将有大批人员出国进行技术考察、贸易谈判、设备驻厂验收、工厂实习。出国人员必须精干，政治上可靠，业务上称职，避免重复和滥竽充数。出国之前必须经过严格审查和外事教育。在进行审查时，除了注意成分、出身、历史和社会关系之外，更重要的是看本人的表现。目前对出国人员限制过严过死手续太烦的情况必须改变。建议今后工交部门有关新技术进口工作方面的出国人员由中央工交政治部统一组织审查。

一九六五年引进新技术项目和询价项目将另行报批。

第 146 页。JD220－5455（20）

三、与主要资本主义国家贸易发展情况

（一）中日贸易发展情况

关于促进中日关系的政治三原则和贸易三原则[①]

1960年8月27日

日本人喜欢用三原则，现在我也说一个三原则，这就是中日贸易的三原则。这个三原则是在同岸信介敌视中国的政策进行斗争的过程中产生出来的。过去中日双方曾经搞过民间团体协定，想通过民间协定来发展中日贸易。经过岸信介政府这一段时期，证明这种做法行不通。岸信介不承认、不保证民间协定的实施，并且采取敌视中国的政策来破坏它。我们不能容忍这种行动，只好将中日贸易来往停了两年多。根据中日两国人民的愿望，中日贸易如果能够逐渐恢复起来，对两国人民都有好处。但是，池田政府的态度究竟如何，我们还要看一看。我们现在提出贸易三原则，就是：（1）政府协定；（2）民间合同；（3）个别照顾。

首先，一切协定今后必须由双方政府缔结，才有保证，因为过去的民间协定，日本政府不愿给予保证。至于政府协定，总要在两国政府向着友好方向发展，并且建立起正常关系的情况下才能签订，否则不可能签订。关于两国政府的关系，还是坚持过去我们说过的政治三原则。过去的政治三原则并不是对日本政府有所苛求，而是很公平的。这就是说，第一，日本政府不能敌视中国。因为中国政府并不敌视日本，并且承认日本的存在，高兴地看到日本人民的发展。如果双方进行谈判，当然以日本政府为对手。但是，日本政府对中国并不如此，不承认新中国的存在，而且相反的敌视新中国，承认台湾，说它代表中国。日本政府也不以新中国政府为谈判的对手。第二，不能追随美国，搞“两个中国”的阴谋。美国这样做，日本追随，我们当然反对。第三，不要阻碍中日两国关系向正常化方向发展。我们这个三原则是很公道的，反过来看就清楚了。第一，中国政府并不敌视日本，愿意同日本友好；第二，中国政府只承认一个日本，并不搞两个日本，而且要谈判总会以日本政府为对手；第三，总是鼓励、支持和帮助中日关系向正常化方向发展。为什么日本政府不该这样做呢？新的日本政府，最近有些讲话是不好的，我们还要看一看。1957年我当外长，1958年陈毅副总理当外长，两次谴责岸信介政府的对华政策，都是根据岸信介很多敌视中国的言论和活动才这样做的。所以现在对池田政府也要看一看。基于上述情况，我们得出结论：两国任何协定都要通过政府来签订，民间协定没有保证，这包括贸易、渔业、邮政、航运等等。

其次，是不是没有协定两国之间就不能做买卖呢？不然。在条件成熟的时候是可以的，可以签订民间合同。比如日本某企业同中国某公司双方表示友好，又根据双方需要，就可以

① 这是周恩来总理同日本日中贸易促进会专务理事铃木一雄谈话的节录。

谈判签订合同，做一笔定期的生意。如果合同履行得好，双方关系也好，两国政治环境又向好的方向发展，也可以把短期合同变成比较长期的合同。这是从前途方面着想的。

再次，是个别照顾。这样做已经两年了。中小企业有特殊困难，日本总评和中华全国总工会站在劳动人民的立场上进行斡旋，这是对的。今后还可以继续照顾，并且根据需要，数量也可以增加一些。

日中贸易促进会可以根据上述中日贸易三原则，对你们认为友好的、有可能做的、对双方都有利的生意，可以进行介绍。可以同我国的国际贸易促进会接洽，他们懂得这个三原则。个别照顾，中华全国总工会也知道，可以找总工会谈。铃木先生回去以后，也可以同日中贸易促进会的有关公司的朋友们谈谈。

J3－2

十二、我国同日本贸易情况

（一）贸易关系发展简况

自1952年至1958年5月止，我国同日本一共签过4个民间性的贸易协定，第一、二、三次协定的执行，使贸易额逐年增长（第一次协定执行了协定进出口总额6 000万英镑的5%；第二次执行了38.8%；第三次协定第一年执行了67.3%，第二年77.7%）。贸易额最高是1956年，进出口总额达1.2亿美元，1957年也达1.1亿美元。

我国出口的商品有：大豆、煤、大米、食盐、镁石和其他矿产、土产等各种商品，自日本进口的商品有化肥、人造丝、化工原料、医药、钢材、仪器、机械和有色金属等商品。

自1955年我贸易代表团访问日本并签订第三次中日贸易协定后，日本工商界人士来我国进行贸易活动的日益频繁，1956年最多曾达580余人，其中除技术人员和工程师外，还有肥料、土壤、兽医、医学、水利等专家并与我进行了技术知识的交流。

1955年我国商品展览会在日本东京、大阪两地展出后，日本也两次来我国北京、上海（1956年）、广州、武汉（1958年）展出。1957年我派出了丝绸、食品、肥料等代表团到日本进行贸易活动和访问；1958年同日本钢铁代表团签订了5年长期钢铁易货协议后，我五金、矿产两公司又派出了一个代表团到日本进行钢铁易货谈判，但因日本岸信介政府破坏了第四次中日贸易协定和纵容暴徒污辱我国国旗，中日贸易于1958年5月陷于中断。

（二）对日本贸易三原则

周恩来总理于1960年8月27日接见中日贸易促进会专务理事铃本一雄时，提出了对日贸易三原则：（1）政府协定。一切协定（包括贸易协定）今后必须由双方政府缔结，而且必须以日本政府接受中日关系三原则，即第一，日本政府不能敌视中国；第二，不能追随美国搞“两个中国”的阴谋；第三，不要阻碍中日两国关系向正常化方向发展为前提条件。（2）民间合同。在条件成熟时可以做买卖，也可以签订民间合同。（3）个别照顾。过去已经做了两年，今后还可继续照顾，并且根据需要，数量也可以扩大一些。

我国同亚非国家贸易情况资料（1960年增订本），1960年9月。T5/8

廖承志同高碕达之助签订的有关中日贸易的几个文件［节录］

1962年11月9日

一、备忘录

廖承志先生和高碕达之助先生根据1962年9月周恩来总理和松村谦三先生关于扩大中日贸易的会谈的宗旨，在平等互利的基础上，采取渐进的、积累的方式，为进一步发展两国的民间贸易，交换备忘录如下：

（一）双方同意发展长期综合的易货贸易，自1963年到1967年作为第一个五年贸易安排，要求平均每年进出口交易总额约为3 600万英镑。

（二）双方出口的主要商品如下：

中国方面出口商品：煤、铁砂、大豆、玉

米、杂豆、盐、锡、其他商品；

日本方面出口商品：钢材（包括特殊钢材）、化学肥料、农药、农业机械和农具、成套设备、其他商品。

（三）根据本备忘录所进行的各项交易，由有关该交易的日本方面当事人同中国对外贸易进出口公司签订个别合同。

（四）根据本备忘录所进行的各项交易，以英镑或双方所同意的其他的货币开立信用证或以保函方式，加以保证，办理结算。

（五）双方同意，关于日本向中国出口商品中的某些商品的延期付款的支付方法和成套设备的分期付款的支付方法，另行商定。

（六）双方努力促进为执行本备忘录所需要的技术交流和技术合作。

（七）商品检验、仲裁以及其他为执行本备忘录所需要的事项，由双方另行商定。

（八）本备忘录和根据本备忘录所订的协议和合同，非经双方有关当事人的同意，不得废除。

（九）本备忘录和根据本备忘录所订的协议，经双方协商后，可以修改和调整。

（十）本备忘录有效期自签字之日起到1967年12月31日止，经双方同意，可以延长。

（十一）本备忘录于1962年11月9日在北京签订，共两份，每份均以中文和日文写成，两种文本具有同等效力。

二、协议事项

廖承志先生和高碕达之助先生根据1962年11月9日所交换的备忘录（以下简称备忘录），达成协议如下：

（一）第一年度（1963年）双方出口的商品品种、数量和金额如下：

中国出口：

品种	数量
煤	10万吨
盐	45万吨
大豆	15万吨
玉米	10万吨
杂豆	3万吨
锡	500吨

日本出口：

品种	数量	金额
盐铵	20万吨	
尿素	22.5万吨	
硫铵	5万吨	
钢材（包括特殊钢材1.5万~2万吨）		640万英镑
农药（以签订合同的金额作为确定金额）		100万英镑
农业机械和农具		100万英镑
成套设备		100万英镑

（二）为实现双方支付平衡起见，现将中国方面从第一年度到第五年度和日本方面从第一年度到第三年度的双方出口商品、数量和金额，初步安排如下：

单位：万吨，万英镑

	品名	1963年		1964年		1965年		1966年		1967年	
		数量	金额	数量	金额	数量	金额	数量	金额	数量	金额
中国出口	大豆	15		18		20~30		10			
	玉米	10		15		25		10			
	煤	10		15		15~70		20~70		20~70	
	铁砂			5		5		100		100	
	盐	45		45		45~60		50~60		50~60	
	锡（吨）	500		500		500		500		500	
	杂豆	3		5		5		3		3	
	生铁							5		5	
	其他										

续表

	品名	1963年		1964年		1965年		1966年		1967年	
		数量	金额	数量	金额	数量	金额	数量	金额	数量	金额
日本出口	盐铵	20		20		20					
	尿素	22.5		22.5		22.5					
	硫铵	5		5		5					
	钢材		640		640		640				
	农药		100		100		100				
	农业机械和农具		100		100		100				
	成套设备		100		100		100				
	其他										

中国方面同意自1964年开始购买、日本方面同意自1964年开始出售合成硫铵。日本方面同意自1966年开始大量购买、中国方面同意自1966年开始大量出售煤和铁砂。日本方面愿意考虑在本协议的后半期从中国购买生铁。

双方同意，在本协议的第三年度，继续商谈从第四年度起新的贸易安排。

（三）在备忘录有效期内，日本方面同意以延期付款方式每年向中国出售钢材（包括特殊钢材）640万英镑，盐铵20万吨，农业机械和农具100万英镑。钢材（包括特殊钢材）的货款在装船后两年偿付，盐铵、农业机械和农具的货款在装船后一年半偿付。这些商品延期付款的利息为年利5%。

（四）成套设备自签订正式合同之日起到工厂建成，交付货款的25%，其余的75%，在工厂建成后分5年平均偿付。分期付款的利息为年利4.5%。

第一年度到第三年度成套设备的付款金额每年安排为100万英镑，如实际付款超过100万英镑，其超过部分以中国出口商品抵付。

（五）为了执行备忘录，规定联络地点如下：

中国方面：北京廖承志办事处。

日本方面：东京高碕达之助办事处。

（六）为了明确掌握根据备忘录所进行的有关的交易的结汇进展情况，由中日双方各选定一家外汇银行，两行为了采取所需要的统计措施相互进行联系。

（七）双方在根据备忘录所订的合同加以编号注明：第一年度使用LT/1，第二年度使用LT/2（下同）。同时对信用证或保函也注明该编号。

（八）本协议事项是备忘录的不可分割的部分。双方同意备忘录可公开发表，本协议事项暂不公开发表。

（九）本协议事项于1962年11月9日在北京签订，共两份，每份均以中文和日文写成，两种文本具有同等效力。

三、换函［略］

附：中国技术进口公司同日本仓敷人造丝株式会社签订的购买日本维尼龙成套设备的议定书

根据1962年11月9日廖承志先生和高碕达之助先生签订的关于发展中日两国民间的长期综合易货贸易的备忘录，中国技术进口公司副经理马福元先生（以下简称甲方）和日本仓敷人造丝株式会社副社长丰岛武治先生及日本西日本贸易株式会社营业部长华井满先生（以下简称乙方）于1962年10月29日至1962年11月9日在北京就乙方向甲方出口从乙炔清净开始到生产维尼龙的成套设备，技术专利以及建厂和开工生产等有关问题进行了会谈，并达成如下协议：

一

乙方愿意向甲方出售下述生产规模和产品品种的技术最先进、设备最优良的维尼龙成套设备。

（一）生产规模。

1. 聚乙烯醇，30 吨/日，10 950 吨/年。

2. 衣料用维尼龙切断纤维，25 吨/日，9 125吨/年。

3. 维尼龙纤维束，5 吨/日，1 825 吨/年。

4. 牵切纺纱，5.84 吨/日，1 752 吨/年。

（二）产品品种。

1. 适用于制造纤维的聚乙烯醇。

2. 衣料用维尼龙切断纤维（棉型）。无光，用甲醛缩醛化。

3. 维尼龙纤维束：有光，用甲醛缩醛化。

4. 牵切纺纱：20 支单股筒子纱。

（三）设备供应范围。

1. 本协议根据 1962 年 9 月份乙方提出概括估价（以下简称 A 估价）的设备供应范围和在 1962 年 10 月份提出修正概括估价（以下简称 B 估价）的附件中设备供应范围，并同意在签订初步合同时统一整理成一个资料。

2. 主要设备表已记载于 A 估价和 B 估价资料中，但全部设备的清单（包括机械设备规格、数量、重量、材质及其重量），在签订正式合同的同时作为附件提出。此外签订初步合同时附上较详细的设备清单（包括规格、数量、重量、材质）和单项设备的价格。

3. 设备的装配图、安装使用和维护说明书等资料，在签订正式合同后提出。

4. 将由乙方供应的可用一年的零备件，在签订正式合同时以附有规格说明的详单提出，并将提供甲方为重新制造零备件所必需之图纸。

5. 乙方向甲方供应的全部机械、设备、仪表等，其性能、制造所用的材料以及制造质量等应是乙方同类机械、设备和仪表中最优良的。

（四）聚乙烯醇、维尼龙的产品规格和生产消耗定额应符合或优于 A 和 B 估价的规定。

（五）工程及专利范围。

1. A 估价和 B 估价资料中所提出的工程范围和专利范围的详细内容在签订初步合同时具体规定。

2. 除上述第一条中包括的专利范围外，还包括乙方适用于工业生产的原液染及用苯甲醛缩醛化的专利及制造技术。

3. 向第三国提供甲方取得的工程设计、技术专利和出口产品的限制：

乙方承认甲方在签订正式合同第五年后，可以有自由处理之权利。关于工程设计和技术专利的出口问题，在签订正式合同时另行商定。

（六）交货及建厂所需之大约时间。应不迟于估价中所规定的时间，并争取提前。细节问题双方在签订初步合同时再行商定。

关于工厂的各项指标及保证事项，将在签订初步合同时由双方研究决定。

二

乙方提出的初步最高报价为：

（一）聚乙烯醇成套设备：机械设备费 3 068 900英镑；工程费 239 800 英镑；技术专利费 975 000 英镑；共计 4 283 700 英镑。

（二）维尼龙成套设备：机械设备费 2 738 800英镑；工程费 214 000 英镑；技术专利费 1 157 100 英镑；共计 4 109 900 英镑。

（三）牵切纺纱：机械设备费 414 700 英镑；工程费 32 400 英镑；共计 447 100 英镑；总计 8 840 700 英镑。

经过双方会谈，乙方愿意在上述报价的基础上降价，降价后的总金额为：6 718 932 ~ 7 072 560英镑。

甲方认为乙方的上述价格仍然过高，要求继续降价。乙方同意将上述 6 718 932 英镑至 7 072 560英镑列为最高的估计价格，并将在今年 11 月间向甲方提出最优惠的竞争性的价格，即设备费和工程费不高于国际市场的价格水平。专利费实质上不高于日本向其他国家出口的价格。

三

双方对下列支付条件和保证取得了一致的意见：

（一）在签订正式合同后，甲方根据乙方提出的出口许可证影印本和经甲方确认的日本第一流银行出具的对乙方及时履行合同义务的保函预付合同金额的10%。

在签订初步合同时视其内容如有必要时，可从上述10%中提出1/10作为第一次的预付定金。

北京中国银行保证甲方履行合同中所规定的付款义务。

（二）在工厂建成后30天之内支付合同金额的15%。

（三）其余75%将在工厂建成后5年内等分支付。每12个月支付一次。

（四）延期付款部分的利息，自工厂建成之日起按年利4.5厘（单利）计算。支付每期本金之同时支付该批本金的利息。

四

（一）乙方邀请甲方派技术人员到日本参观和考察由电石和天然气做原料生产维尼龙的最新生产技术的乙方工厂和制造设备的若干工厂，双方并就技术问题进行会谈。甲方已接受这一邀请，并愿意在本年内到日本考察和会谈。

（二）双方同意不迟于1963年1月底以前签订初步合同，并争取在1963年4月底以前签订正式合同。

（三）有关本议定书规定之乙方出口业务及具体事项将由西日本贸易株式会社负责办理。

五

本议定书用中、日两种文字写成一式四份，甲、乙双方各执两份，两种文本具有同等效力。

本议定书之未尽事宜将由双方另行商定。

1962年11月9日签订于北京。

Z13－1292－52

对外贸易部关于对日本五年综合易货贸易进口商品国内作价问题的通知

1963年4月16日

关于对日本的五年综合易货贸易进口商品，拨交国内用货部门的作价问题，廖承志副主任曾在向总理的《关于统筹安排对日本长期综合易货贸易进出口货物的请示报告》第（二）项中提出：“由于出口有亏损，为了贯彻执行经济核算，我对日进口商品拨交国内用货部门时，应按国家规定的调拨价格结算（没有国家调拨价的商品按商业部批发牌价计算，如既没有国家调拨价格又没有批发牌价者，则按1962年外贸部对资出口换汇率计价），进出口盈亏由外贸部专案向财政部清算。”

国务院外事办公室3月1［原文不清］日室字［03］第14号通知，周总理对上述请示报告，已口头指示同意。据此，对日长期综合易货贸易项下的进口商品，在拨交用货部门时，应即按照以上原则作价拨交。

关于对日长期综合易货贸易项下，进口化肥的国内拨交价格问题，国务院财贸办公室在4月1日召集有关部门举行的会议上作了研究，并于4月8日以财贸邓字143号文通知有关各部门，确定一律按口岸调拨价格在口岸拨交使用部门，对于没有国家调拨价格的不同品种的化肥，由中国化工进出口公司以硫酸铵的口岸调拨价为准，按供销合作社的折合比率折算，制定调拨价格并依此同用户办理拨交和结算。

164－10－413

对外贸易部办公厅：一九六三年中日贸易的情况

1964年2月3日

一九六三年的中日贸易，是通过廖承志一

高碕达之助备忘录（以下简称备忘录）和民间友好贸易两条途径进行的。一年来，双方贸易有了显著的发展。其特点是：

（一）贸易规模迅速扩大

一九六三年我国对日本进出口贸易总额达一亿二千九百万美元，比一九六二年增长百分之八十六，为第二次世界大战以来的最高水平，跃居我国对资贸易的第二位。其中我方出口六千四百七十七万美元，比一九六二年增长一倍多；进口六千四百二十五万美元，比一九六二年增长百分之六十九。进出基本平衡，略有出超。由于备忘录贸易我方进口商品中有一千七百三十一万美元为延期付款，因此，我方当年实有一千七百八十三万美元现汇收入。备忘录贸易和民间友好贸易情况如下：

1. 备忘录贸易基本上实现了一九六三年度协议的规定，各项合同的执行情况很好。

一九六三年备忘录贸易的进出口总值为六千二百七十九万美元，占当年我国对日本贸易总值的一半。其中出口二千五百五十六万美元，占当年协议出口总值的百分之九十；进口三千七百二十三万美元（内有一千七百三十一万美元是延期付款，其中部分盐铵和农机的延期付款共约三百五十万美元，应在一九六四年支付，其余的在一九六五年支付），占协议进口额的百分之七十八。

以上出口和进口未完成部分，主要原因是：我对日方出口的锡和杂豆，日方未能按协议数量签订合同；我从日方进口的普通钢材未能达成交易。

2. 民间友好贸易，我方出口增加，进口减少。

一九六三年我国同日本民间友好贸易的进出口总值为六千六百二十二万美元，比一九六二年减少百分之五。其中出口三千九百二十一万美元，比一九六二年增长百分之二十七；进口二千七百零二万美元，比一九六二年减少百分之三十二。进出相抵，我方超出一千二百一十九万美元。

（二）商品品种扩大，第一次签订了进口成套设备（维尼龙）合同

出口方面：一九六三年我国对日本出口的大豆二十四万吨、对虾二千九百五十吨、生铁二十六万吨、绵羊毛六十七万磅、栗子四千四百一十五吨等，为第二次世界大战以来我国对日本出口的最高纪录。此外，玉米、铁砂、石油焦和许多土特产品、食品、畜产品等的新品种都有出口，五棓子、甘草、蜂蜜等传统商品的销路也开始恢复。

进口方面：除了进口了当前我国急需的化肥、钢材、农机和农药外，还签订了维尼龙成套设备进口合同。维尼龙成套设备合同签订后，日本有很多厂商争相向我洽售各种成套设备，目前正在商谈的有十二项，进行初步联系的很多。

（三）贸易对象日益广泛，日本经济贸易界人士来访频繁

目前日本民间友好公司已达二百四十家。通过这些友好公司同我进行贸易的对象，不仅有大量的贸易界人士（主要是中小企业），还有进步人士、友好人士、文化界人士、归国日侨、和尚、旧军人、地方官员、议员等等。通过备忘录贸易和我接触的有政客、议员、垄断资本集团各个方面的代表。

同时围绕贸易活动、技术交流和在我国举办日本工业展览会，日本来我国访问的人员极为频繁，一九六三年共达一千五百人次，这是我国建国以来日本经济、贸易界来访最多的一年。

（四）技术交流迅速开展

一年来，结合日本工业展览会的举办和贸易活动，开展了技术交流。除日本工业展览会期间，日方派来了约二百四十名贸易和技术人员外，我各有关工业科技部门还通过贸易途径邀请日本专业技术人员来访的有十余批。日本厂商为了向我推销各种设备，主动向我介绍技术，要求同我进行技术交流活动的日益增多。据不完全统计，仅通过日本工业展览会期间的技术交流活动，各部门就获得了约二百多项重要的技术和三百四十余份日本研究机关内部资

料。这对我国某些生产技术方面的提高有一定帮助。

此外，一九六三年在北京、上海举办了日本工业展览会。这是历年来我国接待的资本主义国家展览会规模最大的一次，日本前首相石桥湛山前来主持展览会的开幕式，展出期间还有日本各界人士共约六百人前来参观访问。日本工业展览会引起了我国广大群众，特别是各工业科技部门的兴趣，前往参观者极为踊跃，北京为一百二十多万人，上海为一百二十五万人。日本工业展览会的举办，对扩大中日贸易和加强技术交流，起到了积极的推动作用。

4－15/8

1. 我们所以建议买大日本纺的理由：当初日本政府对卖维尼龙成套设备给我们很犹豫。我们为了争取买成，采取了促使大日本纺和仓敷联合压日本政府的方针。同时，大日本纺社长原吉平当时为全日本纺织协会会长，正同美国闹矛盾，对日本政府说话比仓敷更有力量。当时为了动员原吉平同仓敷一起对日本政府施加压力，我们明确向两家都表示有买的诚意。现在仓敷的一套买成了；同大日本纺也已签订了草合同，如果不再买大日本纺的，政治影响是不好的。

2. 根据第一次赴日考察技术团的汇报：维尼龙部分仓敷的先进；缫丝和纺织部分是大日本纺的先进些，这也成了我们当时决定采取前述方针的依据。现在，第二次考察结果虽与第一次的考察有些出入，但从考察报告看，大日本纺仍还多少有些长处，这对我们翻版尚可参考。

3. 为了尽快地解决穿衣问题，需要尽快买进设备，如果只买仓敷的，从时间上考虑，恐怕要拖后很久。

廖承志同志建议买日纺设备的理由和补充建议，1964年3月17日。150－12－581

中日备忘录第三年（一九六五年）度贸易已达成协议并开始签订合同

我方出口总值约二千八百四十万英镑，进口总值约三千四百七十万英镑

1965年2月5日

一九六四年十月至十一月中旬，廖承志办事处驻东京联络事务所代表和高碕办事处代表在东京就中日备忘录第三年度（一九六五年）贸易协议事项进行了会谈，并达成协议，十一月十五日双方换函确认，该协议尚待正式签字。为了便于双方执行这一协议和安排各自出口商品的生产，双方同意先按协议规定商谈并签订合同。

中日备忘录第三年度协议事项规定，我方向日方出口商品共十一种，计有大豆二十八万吨、玉米二十五万吨、盐七十五万至一百万吨、杂豆三万吨、荞麦一万吨、冻肉三千至五千吨、大米十万吨以上、锡五百吨、煤七十万吨、铁砂十万吨、生铁五万吨，总值约为二千八百四十万英镑（约合七千九百五十二万美元）；日方向我出口商品有：硫铵、尿素（按日方计算折硫铵）共一百一十万吨以上、盐铵二十二万吨、钢材（包括普通钢和特殊钢）六百四十万吨英镑、农业机械及其他机械一百四十万英镑、农药及化工原料一百四十万英镑、成套设备暂定三百万英镑，总值约为三千四百七十万英镑（约合九千七百十六万美元）。进出口相抵，我方将入超六百多万英镑（约合一千七百多万美元）。

到目前为止，我向日方出口的商品已签合同的有：大豆七万吨、盐七十五万吨、荞麦一万吨、锡五百吨、铁砂五万吨、煤二十三万吨（其中，峰峰煤样品一万吨，中兴煤样品三万吨）；正在商谈合同的有：玉米二十五万吨、杂豆三万吨；大米，日方表示在二月初派代表团来北京商谈合同，我方已备妥小站米七万五千吨和常熟米五万吨，但据外电报道，日本政

府只同意购买小站米五万吨；冻肉，待我将日方所索取的牲畜疫情预防和善后措施等资料备妥后，即催日方派代表来北京商谈合同。

我从日方进口的商品大部分已经签订合同，计有硫铵四十四万吨，尿素三十万吨（按日方计算折硫铵六十六万吨）、盐铵二十二万吨、普通钢材六万七千余吨、特殊钢五千六百六十吨、农药及化工原料七十五万英镑；尚未谈妥合同的仅农业机械及其他机械一百四十万英镑和农业及化工原料剩余的六十四万英镑，这两项合同，准备在日方派商谈大米合同的代表来北京谈定后，再向日方提出具体货单并邀请日方派代表前来商谈。

关于去年九月二十日和十一月十六日我方分别同日本纺织股份公司签订的第二套维尼龙成套设备和同日本日立造船股份公司签订的万吨货轮的合同，经双方协商同意列入备忘录第三年度贸易协议事项内。目前，我方正在催促日方使合同按期或早日生效。

4－15/8

对外贸易部党组关于当前对日本贸易工作中若干问题的请示［节录］

1965年2月20日

最近佐藤政府利用“吉田信件”拉蒋介石匪帮来破坏中日关系和中日贸易。二月八日佐藤在日本众议院公然宣称，他的政府受“吉田信件”的约束。这是佐藤政府敌视中国政策的又一个严重表现。在佐藤政府更加反动的形势下，为了紧密地配合当前的对日斗争，除了通过“日纺”维尼龙设备、“日立”船舶合同的生效和取消从日本订购尿素成套设备原订计划，对佐藤政府施加压力外，在对日贸易做法上，提出如下意见：

一、通过友好贸易，坚决地支持进步力量，支持日本人民反美爱国正义斗争。

1. 民间友好贸易，今后不仅要照常进行，继续往来，并且根据需要与可能，扩大交易和加强友好往来，在今年春季交易会上，做好商品和客户的排队工作，使交易做得更多更好些。

2. 对进步公司应坚决予以支持，在正常的业务范围内，尽量给予照顾和方便。

3. 对民间友好大资本厂商（如三井的第一通商、三菱的明和、住友的大华）进行交易时，要适当加以控制，以防他们排挤进步公司和中小友好公司，垄断友好贸易。但可以利用他们中间的矛盾。

4. 经中央批准的急需的小型成套设备，可通过友好贸易途径，以现汇订购。

5. 对日本进步友好人士和一般友好厂商代表来访，仍友好热情予以接待。对厂商代表的来访，可根据需要适当掌握。

［下略］

外贸部办公厅编：《对外贸易资料》，第13号。160－1－12

（二）中英贸易发展情况

关于英国限制我国商品进入英国的资料

1959年12月8日

（一）英国贸易部今年11月4日发给英国进口商一项通知，同时交给我国驻英国商务参赞备忘录一份，说明从今年11月9日开始，把我国从所谓“放松地区”划入“东方地区”，从而把从我国的进口同从其他社会主义国家的进口一样地管制起来，并对中国若干商品规定了配额。

按英国把它的进口来源国和地区分为五类：

1. 美元区。对这类地区标榜贸易“自由

化”。

2. “东方地区”（即社会主义阵营）。对这类地区有较严格的贸易管制。

3. 日本。对日本也有特别的贸易管制。

4. “放松地区”。上述三类地区以外的世界其余国家和地区，也包括下列（5）类地区，对这些地的进口也标榜“自由化”。

5. “表内地区”。主要包括英联邦国家及英国托管、保护国家和地区等等。对这类地区的英镑区的货物，有优惠待遇。

今年11月9日以前我国被列在“放松地区”。英国对从我国的进口表面上同对欧洲各国一样，除个别商品外，一般都可以自由地进入英国，但是实际上内部还是有控制。有的商品如棉布、纺织品等从1958年2月起即有配额，现在英国借口我国和其他各社会主义国家一样都是计划经济，国家控制着对外贸易，因而把我国从“放松地区”划归“东方地区”，从而把从我国的进口同从其他社会主义国家的进口一样地严格管制起来。这意味着对从我国的进口由内部掌握转入公开的限制。而英国官方却再三强调解释说，这次新的措施是“技术”性的，即申请进口许可证“程序”方面的改变，并非限制。

（二）按照英国这一新的措施，今后对从我国进口的管制与限制办法如下：

1. 不受限制的商品。英国贸易部进口许可证局今年5月给进口商的第910号通知中第二表（第23～36页）所列的10大类商品进入英国时，仅需“普通公开许可证”，即是可自由地进入英国，不受限制。此表所列商品适用于苏联和其他社会主义国家，今后也将适用于我国。按照我们对此表所列商品的初步分析：今后我国可继续自由地向英国出口的主要商品有大豆、杂豆、食用油、大麻子、芝麻、蓖麻籽、花生、桐油（?）、鱼粉、虾、茶叶、五棓子、杏仁、松节油、废棉、亚麻、大麻、苎麻、淀粉、骨胶、猪鬃、羊毛、驼毛、獾毛、马尾、家兔皮、黄狼皮、元皮、杂皮、皮褥子、肠衣、纸张纸浆、胶合板、松香、锑、锡、软锰砂、滑石粉等38种。上述商品1958年实际对英国出口值约为3 485万美元，占同年对英出口总值7 570万美元的46%。

2. 受限制的商品。上述910号通知第二表所列10类商品以外的所有商品，都要受到限制，即都需个别申请许可证。其办法有二：

（1）需要逐笔申请个别许可证的。根据我们对英国贸易部910号通知第二表的初步分析，今后进入英国市场必须逐笔申请的主要商品有：硫化锑、铋、铝、干蛋品、湿蛋品、冰蛋品、鲜蛋、呢绒、浴巾、衬衣、日用百货、漂棉、薄荷油、薄荷脑、药材、手工艺品、钢材、香茅油、羊绒等19种。这些商品1958年实际对英国出口值为2 136万美元，占同年对英出口总值的28%。

（2）配额制。今年11月4日英国政府对我12项主要制成品和半制成品规定的配额如下：

单位：英镑

品　名	价值
1. 冻的或装在密闭容器内的肉类和肉制品（其中家禽类不超过150 000英镑）	400 000
2. 鱼类（鲜的，冻的或咸的），不包括装在密闭容器内的鱼。	300 000
3. 奶油	100 000
4. 罐头柑子和罐头菠萝（其中罐头菠萝不超过150 000英镑）	550 000
5. 带壳或去壳的干果	250 000
6. 化学品和医药（视品种而定）	350 000
7. 供国内消费的绸缎	250 000
8. 帽子（包括帽胚、头巾和抵充物），指非全部或部分以羊毛或毛氈制的	500 000
9. 手工地毯	500 000
10. 陶器	50 000
11. 篮状编制品（柳条、籐和柳木制的除外）和以拉非亚树纤维和稻草制品	150 000
12. 运动用具、玩具和娱乐用品	180 000
共　计	3 580 000

这12项商品1960年配额合计358万英镑（合1 000万美元），1958年我对英实际成交466万美元，占我对英出口总额的6%。

按英国贸易部规定，凡欲在1960年经营上述中国商品的英国进口商，须于1959年11月30日以前向英国贸易部进口许可证局申请所要进口的商品，以前经营过有关商品的商人有获得许可证的优先权。

另外尚有一部分小额商品是否受限制，还需进一步研究。

（三）早在1958年2月英国就开始对从我国进口的商品实行限制措施，这次新的措施不过是在1958年限制的基础上继续又一次较大规模限制。1958年英国对我国商品限制情况如下：

1. 棉布。1958年2月对我棉布规定的配额每年为165万英镑，其中15万供国内消费，150万加工出口。这一配额于今年2月延长到1960年2月，仍不变动。

2. 纺织品。1958年8月对我棉、麻、人造纤维制品（包括台布、花边、毛巾等）规定配额为22万英镑，又从今年7月22日延长到1960年7月31日，亦不予改变。

故截至现在英国对我国商品实行配额进口的共14项，545万英镑。

3. 锑。1958年［原文如此］月规定关税由10%提高到25%。现在仍未有新的改变。

4. 锡。1958年8月规定我国炼锡凭许可证进口。这规定后来取消了。

（四）英国贸易部在公布这次新措施后再三说明，今后将能较容易地获得中国商品进入英国的许可证（指个别许可证），并且12项商品的配额除国内消费用的绸缎外，均较以前实际成交数值为高，因此今后中英贸易不但不受限制，而且有了发展的余地。企图以此缓和英国进口商的不满。另一面还强调是技术性的措施以掩饰这一措施政治上的歧视性质。

我们认为英国这一措施的主要目的在于掌握中英贸易的主动权，迫使我在贸易上有求于他。

在目前这些限制虽对我国出口商品进入英国市场所受的实际影响还不是很大的，但是，有了这一措施，英国政府对于从中国的进口就可随时任意地加强控制，并且还可能不断出现新的限制措施，扩大限制范围。总之，英国这一措施是对我不利的，有碍于中英贸易的发展。这是英国对我在政治上一系列不友好行为的表现之一，也是中英贸易斗争的具体形式。它清楚地表明，现阶段中英贸易斗争，已经不是“禁运”与反“禁运”之争了，而是对我出口货的限制与反限制之争了。

4－15/4

英国宣布限制从我国进口后的新动态

1960年1月3日

英国贸易部1959年11月4日宣布对中国商品进入英国实行进一步的限制措施（见本刊第13期）后，我们即指出英国这一措施不利于中英贸易的发展，是对中国不友好的表现，同时我们对从英国进口及英国商人要求来华作了适当控制。

英国各方面的反应如下：

（一）英国工商界的反应。英国工商界大部分人士都对英国政府这一措施表示忧虑和不满，特别是参加广州交易会的商人，由于英政府的限制措施，不敢放手签合同，而西欧其他国家商人却因此而兴高采烈，非常活跃。英国国际贸易促进会主席波以德说：“英国政府对进口中国货采取许可证限制和各种配额限制，已给予对中国的贸易以很大的打击。这项新措施只能损害年益增长的贸易，这种贸易在前两年内已显示对英国的贸易平衡是有利的。”英国阿斯奎斯机床厂经理阿斯奎斯给《泰晤士报》写信说：“这项措施是一项心理上的和政治上的失策。”杰克马尔公司总经理阿兰亦向《泰晤士报》写信质问英国政府“为什么要在中英贸易有增长的萌芽阶段就窒息它呢？”并说“这种政策是令人难于理解的”。12月间访京的维克斯和考图尔滋两垄断集团的代表亦同意我们的看法，表示他们回国后将在取消限制方面进行努力。部分议员，如艾利班克、兰金等都就此事在议会向政府进行了质问并表示反对。连亲保守党的《每日快报》也发表短评说："这种控制将妨害英国的商业，除了对那些对共产党中国有政治仇恨的人们以外，对任何人都没有好处。"但是一些英国半官方的机构如工业联合会、伦敦商会、英商中华协会等和一些对华贸易老手如怡和洋行等及个别中小商人如兰麦特公司等，都为英国政府帮腔辩解，强调英国这一限制措施并不影响两国贸易的开展，并称如我方认为限额低或有其他困难，他们愿从中斡旋与英贸易部磋商。

（二）英官方的反应。英国官方继续强调英国这一措施是技术性的，并以对我某些出口商品限额较宽为理由说明不是贸易限制。如英贸易部副大臣埃儒尔在答复议员质询时说："把中国划归苏联集团是由于贸易的原因，因为它是一个国营贸易的国家，所以对它作这样的对待是适宜的。"他又说："新限额给从中国的进口一个进一步扩大的余地"，"中英贸易有极大的希望进一步增加"。英主计大臣说："目前的安排将能增加对中国的贸易。"他反倒打一耙说：中国对从英国进口的商品实施"前所未有的更为严厉的管制"。英国驻中国代办处商务秘书李奇几次求见我外贸部负责人进行解释，他并去广州交易会搜集反映，见英国商人后，发现确实影响了英商在交易会成交，便转趋沉闷，对我们表示，他已向英商作了解释，并将电请英贸易部进一步表明态度。但是英政府的这些笨拙的解释，正如英国《统计学家》杂志11月21日抨击英政府这种行动时所说："这被认为是对从事中英贸易的商人打了一个巴掌——他们过去得到政府的鼓励——贸易部副大臣上周花言巧语的保证并没有减轻他们的沮丧"，埃儒尔的说法"很难令人信服"。

有英商反映，英国这一措施的目的之一在于企图迫我同它谈判签订贸易协定，以扩大中英贸易额。埃儒尔在议会里声明："由于同中国没有官方贸易协定，在作这一改变之前没有举行任何商谈。"英国商务秘书李奇对我外贸部负责同志说："假如中国方面对这一配额有什么意见或在中英贸易方面有什么问题，需要同英国商谈的话，英国政府随时准备同中国政府举行这种谈判。"他在广州参观交易会时，又对我广东外贸局负责同志直截了当地提出"中英两国政府就两国贸易问题，在伦敦举行谈判"。若干亲政府的厂商也说英国政府"很可能企图签订贸易协定"。对英方这些非正式的表示，迄今我置之未理。

（三）英政府的新措施。英国政府为了缓和由于对我国商品实行限制措施招致的压力，除了各方面进行解释外，并于12月15日邀我驻英商务参赞谈话，接着又交给我方一份备忘录，说明英国已对我国商品的配额作了某些微小的放宽和调整：

1. 在前发表的配额中，头饰（草帽、麻帽及帽坯）及手工地毯两项各约增加30%，即头饰的新配额（原为50万英镑）为50万~65.5万英镑，手工地毯的新配额（原为50万英镑）为50万~63.4万英镑。

2. 11月4日以前已签订的合同，不占用配额，可发给进口许可证。因此丝绸1960年发证额将会超过25万英镑。

3. 绣花手帕前包括在棉纺织品配额内，今后可以自由申请进口。

4. 此外又增列了三项新的配额：

（1）穿戴用装饰品25万英镑。

（2）草席32.2万英镑。

（3）家具和木制品15万英镑，其中木制品不超过3万英镑。

1959年12月15日英国贸易部通知我驻英商务参赞此项微小的改变时，还表示配额可以经过商谈而修改。很显然，英政府仍未放弃迫使我处于有求于他的被动地位，以进行中英贸易谈判。

外贸部办公厅编：《对外贸易资料》，第14号。4－15/4

英国限制进口我国商品措施与反应的新动向

1960 年 3 月 14 日

自从 1959 年 11 月 4 日英国政府宣布对中国商品进入英国实行进一步的限制措施以来，英国舆论界反对的意见越来越多了。最近一个时期，这种反对的浪潮不仅来自靠近进步方面的工商团体，而且来自英国资产阶级报刊，甚至连保守党议员及部分原来支持英政府这一措施的商人也都出来说话。反对政府的限制措施了。英国政府越来越处于孤立和被动的局面，它为了缓和舆论的压力，被迫对某些商品的限额又作出了些微的放宽，对我丝绸的配额由原来规定 25 万英镑增加到 38 万英镑。显然英国政府决不会轻易就放弃这一限制措施，因此限制与反限制的斗争将是一个长期的复杂的反复的过程。

（一）在英国工商团体中，反对政府对华贸易限制比较积极的是英国国际贸易促进委员会。该会最近出版的《中国贸易经济新闻》说，英国这种行动是很“笨拙的”，“完全荒谬的”。同时，英商“48 家”集团的负责人曾去我驻英商参赞处表明他们对英政府的这项措施的不满，认为这是政府愚蠢的表现。该集团副主席布洛特及委员阿斯奎司、波拉克等曾向下议员奥斯保等申述意见说：为什么必须加紧自华进口管制，特别是在贸易差额对英国有利的时候这样做，是不能令人理解的。他明确地提出应该将中国单独列为一类，维持以前的管理办法不变。议员们表示支持他们的意见。该集团主席史龙、副主席布洛特及委员若干人又曾去找英贸易部副部长，要求改变这种措施。

（二）在前两个月英国资产阶级报刊已登载过一些对英国政府限制自中国进口的措施不满的读者来信，但还没有发表它们报社自己的意见。现在有些报刊已开始发表评论，抨击英国政府这一措施，例如，《统计学人》1960 年 1 月 16 日发表了一篇较长的评论，大意是：经营对华贸易的商人对于英国政府对中国商品实施新的进口管制越来越感到莫名其妙。官方原来有三种解释：第一，说该项行动不是在于限制贸易；第二，中国并不在意；第三，中国对英国货进口管制更严，“所以我们也应当予以歧视”（主计大臣米尔斯 1959 年 11 月 25 日说）。现在这三种理由都已证明与事实相反。申请许可证都已被贸易部拒绝。扩大新贸易已被绞杀了。其他有希望的商品如冻虾、水果罐头和肉罐头等签发许可证都很严格。其次，中国的反对意见已在伦敦、北京、广州表示了。与中国有密切联系的商人也都毫不怀疑英国的行动被认为是不友好的行动。由于这种影响，中国的订单已经丢失了。英国商人认为这种对中国实施新贸易管制是最不适当的。该刊物指责米尔斯的论据是歪曲事实的，政府解释该项行动仅仅为行政性质的，这是任何人都不会相信的，它必将遭到各公司和有关机构的责问，1960 年内如再要实施这种措施将是不能容忍的。

（三）在议会中，自英政府的限制对华贸易措施公布后曾受到好多次反对党议员的责询，但保守党议员还未表示过态度，现在有些保守党议员也开始向政府提出质问。如 1 月 27 日保守党议员汉弗莱·阿特金和埃特克斯在下院质问政府“为什么要对中国实行这种限额入口的政策?”一些替政府辩护的商人经过事实的教训，也改变了过去所持的态度，开始反对英政府的这一措施。兰麦特公司总经理部·阿当姆过去曾尽力为英政府辩解，说什么“限制中国出口商品不会影响对华贸易，中国需要时还是要来买的”。认为他有办法获得中国订单，并恶毒地利用此事挑拨中苏关系说：英政府的这一措施无任何政治原因，如果有政治原因，那就是恐怕将中国继续留在放松地区，苏联会有意见。他来中国访问后，我们公司多方向他说明道理，指责英国政府的措施有碍两国贸易的发展，并针对他的“中国需要时还是要来买的”谬论，明白告诉他原来为他准备的订单已转给别的国家的商人了，说明中国并不是非要从英国进口不可。在这些事实教训面前，他不得不改变态度。他回国后一下飞机就发表谈话说：如果不是最近英政府的限制措施，可能会做成更多的生意。中国官员以最强烈的词句表示对新许可管理的失望，相信这是一项政治措施。该商又于1月7日投书《金融时报》说：中国对英贸易进多于出，且中国向大陆购货有很大一部分通过英商，因此贸易部采取这一措施是没有脑子的，不合时宜的，也没有考虑到中国可能会有的反应。中国原准备给英国的询价和订单现已转向他处。希望政府重新考虑最近的许可制度，或则全部放弃，或则从宽限制不使贸易减少。

（四）在工商界和报界及议员一连串的责难下，英国政府虽然仍继续为它的限制措施进行辩护，但在事实面前不得不承认这是对中国的歧视，并且不得不作出某些让步的表示，同时仍坚持他们的措施，而且以此作为同我国进行官方贸易商谈时的交涉手段。上议员艾利班克1960年1月12日给《金融时报》的投书说，英政府在上议院就此事进行答辩时曾称：英国为了刺激中国多买英国货，就应该限制中国货进口。又据伊华德公司反映，贸易部副大臣埃儒尔曾对保守党议员奥思保（Cyril Osborne）说：实行管制是要帮助英国出口商，并且是与中苏集团国家进行贸易协商时的交涉手段。这完全暴露了英国政府限制我货物进口的真实意图。同时，英国贸易部副司长海佛又摆出一副主动协商的态度，于1月15日和20日两次邀我驻英商务参赞探讨关于这方面的问题。他告知我方说：英贸易部已决定将对中国丝绸的配额由25万英镑增至38万英镑，并且在去年11月4日以前成交的货物一律另发许可证，不计入38万英镑配额之内。他问我们对新措施有何意见？还说如有任何问题和意见，他们愿与我们商谈。海佛还表示，英国贸易部愿将每种配额项下领得许可证的英商名单开给中国（已于2月19日交我驻英商务参赞）。他对我商务参赞两次和他的谈话及提出的问题表示感谢，说这对他们的工作很有帮助，并称他们正继续检查新许可制度的实施情况，欢迎我们进一步帮助他们提出可能发生的任何困难，他们都乐于讨论这些问题，俾有助于达到扩展贸易的目的。据英商反映，海佛曾提出有可能将配额货物的许可证由中国掌握。

一部分英国政府的后台老板，一向被称为英国对华政策的“策士”的对华贸易“老手”组织如伦敦商会、英商中华协会、中英贸易事理会等，当他们发现为政府辩护已在英国工商界中处于孤立地位，并且怕他们自己今后失掉同中国做生意的机会，也不得不顺风转舵，改变了语调。他们对我方也作了一些友好的姿态，也派代表到英国贸易部去交涉。但基本上他们不是反对英国政府的措施，而是替英国政府出主意，1月21日伦敦商会中国组和英商中华协会联合派代表去贸易部和贸易部驻议会次官约翰·儒吉斯进行了会议，他们给儒吉斯指出，中国可能减少向英国的订货，建议政府发表一项声明，以减缓中国及英工商界的不满。果然，一周以后，即1月27日，英政府在议会发表了一项简短的声明，大意是：英国的政策是鼓励开展与中国的贸易，并愿与贸易界及中国当局一同考虑任何实际困难。中英贸易理事会亦曾派代表去政府献过策。怡和洋行老板凯瑟克曾在一次邀我驻英商务参赞参加的宴会上说，他们愿同中国开展贸易并作些努力放松配额。

英国政府的这套做法，一方面是企图缓和一下各方面对他们的压力，另一方面想引导我们在他们的限制条件下和他们商谈具体问题，那样，就意味着我们在事实上承认这次措施是技术性的。同时他们还可借此向英工商界宣传，说中国方面所提出问题已经解决，将来把贸易不能开展的责任推到我们身上。这是我们必须警惕的。限制与反限制的斗争愈来愈复杂，也更要求我们必须政策与业务密切结合，对外要统一步调，调查研究客户情况和策略运用等方面的工作都要十分细致的进行，才能粉碎英国帝国主义对我限制的措施。

外贸部办公厅编：《对外贸易资料》，第20号。4－15/4

我对英国贸易反限制斗争取得第一回合的胜利

1960 年 3 月 26 日

自从英国政府在去年十一月公布对我国商品实行限制措施以来，在我反击和英国国内各界纷纷责难之下，处境十分被动，因而授意半官方机构中英贸易理事会出面圆场。三月一日该理事会秘书向我驻英商务参赞谢寿天表示，拟以该会主席名义于三月十四日举行酒会，邀谢寿天和我驻英代办处秦参赞等人参加，英国贸易部副部长埃儒尔和英国外交部人员也将应邀出席。三月四日该秘书又表示："英国对华贸易管制措施原仅考虑便于行政上的管理，因而把中国列入'东方区'，并没有限制两国贸易发展之意。如配额不足，仍可随时予以放宽和增加。""英国当局已发觉该项措施有不当之处，但官方不能认错。目前中英官方谈判恐有困难，可由中英贸易理事会和中国国际贸易促进会进行谈判，研究解决具体问题的办法。"

上述情况说明我对英正面反击和利用英商反对其政府同时进行的方针是正确有效的。在这一斗争中我已完全掌握主动，打破了他们迫使我有求于他们的企图，反而使他们陷于有求于我的境地。我们在对英国的反限制斗争中已取得第一个回合的胜利。但我对英国在贸易上的反限制斗争和政治斗争一样是一个长期的、曲折的过程，决不能因此疏忽大意。我部已会同外交部电告我驻英代办处：对英贸易仍应继续贯彻冷淡和有打有拉的方针。在服从最大限度地打击美帝国主义的前提下，对英贸易应继续贯彻有理、有利、有节的斗争策略。因此，在目前情况下，我将适当缓和一下正面反击的气氛，把主要矛盾引到英国政府和工商界身上去，对英政府经常保持一定的压力，并在我出口受到阻挠时，准备随时向英方进行斗争，争取不断削弱这一限制措施对我出口贸易的影响。

对外贸易部办公厅编：《对外贸易情况简报》，1960 年第 9 期。Z11－1001－9

我国同英国贸易情况

1960 年 9 月

（一）对英国贸易的方针

在东风继续压倒西风的大好形势下，帝国主义国家的矛盾更加复杂、尖锐。在西欧两个经济集团的勾心斗角，使英国地位日趋孤立。加之 1960 年以来，英国国内经济情况不好，进口贸易的增长超过出口的增长，逆差扩大，为其自身利益，不得不作出要增加同中国接触的姿态。今年以来英官方人士曾试探想和我谈政府间贸易协定，英国贸易部副部长埃儒耳曾两次非正式试探希望再度来华访问。他们一面借以试探扩大对我国出口的可能性，一面企图借以增加它同美国讨价还价和同法国、西德斗争的资本。在贸易上对我实行歧视政策，1959 年 11 月宣布限制 12 项中国商品进口的限额，至 1960 年 4 月已增加至 59 项商品，但经我斗争和在工商界及舆论压力下，又作出些松动的表示。总的，仍想在政治经济分开的前提下，多和我搞些贸易捞取实惠。因此，对英贸易方针仍应是：有打有拉，不存幻想；强调政治经济结合，有买有卖。在具体掌握上，为了最大限度地孤立和打击美帝，应根据中英关系和国际局势的发展，利用帝国主义之间的矛盾，灵活运用斗争策略。在业务上根据我需要与可能维持一定贸易额度，充分利用英国市场，积极推销，换取外汇。对英国对我出口商品的限制，则应继续进行必要的斗争。对官方间的接触，在适当时期可以考虑。但目前我还不打算同英国官方签订贸易协定。

（二）贸易关系发展简况

1949 年中英贸易主要通过函电成交，1951 年英国追随美帝对我"禁运"后，中英贸易就受到影响。1952 年莫斯科国际经济会议期间，我代表团与英商签订了进、出口各1 000 万英镑的贸易协议，但执行并不圆满。1953 年英国国际贸易促进会组织了英工商界访华团来华，签订了双方各出口 1 500 万英镑的贸易协议。此后，中英贸易逐渐打开。1954年日内瓦会议后，我与英官方外交关系有进一步发展。同年10月我驻英代办处正式建立后，我与英政府贸易部门即有了直接接触。但由于英政府对我政治态度不友好，因此两国政府间的贸易关系迄未建立，仍停留于半官方或民间性的往来上。1954年日内瓦会议期间，我派中国访问团去英作了为期17天的访问后，我们又邀请了英方三次组织贸易访问团来华洽谈贸易，第一、三次是1954年11月及1955年3月由英半官方性的中英贸易委员会组织的。第二次是1955年2月由中英贸易新手组织48家集团组织的。1957年5月英国单独放宽“禁运”，我国际贸易促进会组织了中国经济技术访问团去英作了6星期的访问。10月英贸易部政务次官（现贸易副部长）埃儒耳来华访问，卢副部长并予接见。

近几年来，中英直接贸易额虽都有所增长，但贸易关系仍停留在半官方和民间的接触，每年约有三四十个英商来访，主要集中在两次交易会期间，也有个别官方半官方人士来访，但为数不多。

（三）贸易额

单位：千美元

年份	贸易总额	进口	出口	差额
1949	23 000	15 000	8 000	-7 000
1950	73 510	40 910	32 600	-8 310
1951	35 070	19 550	15 520	-4 030
1952	25 810	13 660	12 150	-1 510
1953	97 043	67 194	29 849	-37 345
1954	70 683	46 094	24 589	-21 505
1955	104 629	64 559	40 070	-24 489
1956	112 501	63 341	49 160	-14 181
1957	102 277	58 351	43 926	-14 425
1958	202 067	126 367	75 700	-50 667
1959	193 090	101 809	91 281	-10 528
1960 1—8月	131 166	75 702	55 464	-20 238

资料来源：计划局统计。

今年1—8月中英贸易进、出口额比去年同期均有增长，但在今后几个月内，估计进口额不会有很快增长。

（四）商品结构

自解放以来，进、出口商品变化不大，我出口商品主要是农副产品，有大豆、花生、桐油、其他油籽、矿产品、猪鬃、肠衣、羊绒、皮张、蛋品、罐头、丝绸、茶叶、棉布、各种土产、手工艺品、针织品等。

进口商品主要是：机床、电工设备、轴承、汽车、纺织品、拖拉机、船只、仪器、五金钢材、有色金属、化工原料、羊毛条、人造比等。

《我国同西方和拉丁美洲国家贸易情况资料》，1960年增订本。T5/9

英国及其他西方国家积极活动企图扩大与我经济贸易关系

1962年7月31日

自从苏共第22次代表大会后，西方国家特别是英国，一直在幻想中苏关系公开破裂，幻想由于中苏贸易减少有利于他们插手广大的中国市场，开展中英贸易，乘机捞一把。这一情况，从英国和香港各种主要刊物的言论和香港英商垄断财团代表人物的发言中表现得很明显。同时，我驻港贸易机构在对外业务接触中，各国商人主动向我积极推销货物的也日益加，不少货物还是属于所谓“禁运”项目中的品种。有的英商还提出要与我“技术合作”。以上各种动向说明，西方国家正垂涎我国广大市场，千方百计想同我们做生意，甚至美国官商也看得眼红，一再向我刺探购粮并进行活动。

英报说我对西方贸易在迅速开展，香港将再次成为重要转口站

英国《星期电讯报》3月12日著论说：“由于中苏关系的恶化，中国与西方国家间的贸易正在迅速开展中。”刚卸任的汇丰银行总

经理端纳最近在该行年报中说："去年中国和苏联在思想理论上的争论愈趋尖锐，其政治影响虽未明显，但对中国的经济施加压力已无疑问。1960 年苏联撤销了对中国的技术援助，中断了财政上的支援，1961 年中苏贸易大致上是平衡的，但比 1960 年的总额低，苏联消减了对中国出口，削减的大部分是基建设备和机械。中苏之间的分歧，减轻了中国对苏联的依赖，可能增进中国与西方国家和日本的贸易关系。"香港的一些英国人甚至认为香港今后将因而成为更重要的转口站，如《南华早报》4 月 9 日在为欢迎英国贸易代表团访问香港的评论中说："中国在思想理论方面已充分表现自力更生精神，今后将在更大程度上采取经济独立政策，不论迟早，中国将转向西方，不仅需要粮食援助，并且在苏联停止援助和撤退专家后，中国必须依靠西方技术援助以完成建设计划。同时将更加扩大中国对外贸易的对象。香港再次成为中国市场转口港的时机将会来临。"由于迫切想和我们达成更多的生意，他们还密切注视我国各项重大政策，生产进展，甚至气候演变。如伦敦一些对中国贸易的老手所组织的中国协会在 3 月份出版的刊物中就说："由于去冬华北大雪，按中国'瑞雪兆丰年'的说法，今年中国收成可能转好，中英贸易已出现回增希望。但中英贸易究能扩展到什么程度仍须看 3 月底前召开的中国人民代表大会的决定。"4 月 9 日的《南华早报》说："整个世界正等候北京政策的决定，英国方面最近极重视扩展出口贸易，尤其是利用目前最有利时机。"

许多国家商人向我兜售飞机等重要物资

在业务接触中各国商人向我推销活动也很积极，对我粮食采购表现尤有兴趣。虽然今年粮食市场是对卖方较有利，斗争比以前复杂，但一般都能接受我所提交易条款。英商怡和洋行今年也开始接受延期付款条款。阿根廷及法国商人与我成交的粮食，都得到其本国政府一定的支持，这说明，不仅商人，而且这些国家的政府也十分重视对我国的贸易。美国商人对西方国家与我大做粮食买卖看得十分眼红，已不断向我展开刺探活动。4 月 4 日西德驻香港副领事高德与我公司联系，表示他拟介绍美国甘萨斯大学教授（此人原德国人，现改入美籍）来访我，说该人系受到美国某些议员之托，拟谈美国小麦供应问题，但不是普通买卖。当然，美国这些做法除了想推销其过剩农产品外，是另有不可告人的政治阴谋的。

特别是我国买了英国子爵式飞机后，各国商人向我兜售类似有关货物的纷至沓来，英商和记洋行向我兜售彗星式喷气机，怡和洋行来推销汽油和飞机场地面电讯设备，并表示愿接受延期付款，英商马可尼也来求售飞机，加拿大航空公司也向我出售运输机，法国永兴洋行来推销涡轮式喷气机，奥地利商务专员主动向我提供新式机械炼钢设备，澳洲 A. W. A. 也向我销售电讯器材，西德商美最时［原文如此］特地将他们愿供各种商品的目录译成中文供我参考，香港英商 CROUCHER 想与我合作开采九龙与我边境的铅和铁矿。英商 TA－YLOR WOODROW（BUILDING EXPORT）LTD. 甚至来与我谈"技术合作"，提供我对印尼、缅甸援助计划中的厂房设备，汇丰与渣打这两家英商银行，今年也进一步对我拉拢，表示愿扩大业务来往。

英商认为我国外汇缺乏，怀疑我国有无支付能力

根据以上公开材料与对外具体业务接触，西方国家特别是英国对进一步开展与我的经济贸易关系一般是积极的，对前景抱有不少希望。英国国际贸易促进会今年 3 月份出版的《中国贸易》指出："英国商人重视中国市场的潜力，他们认为 1961 年中国农业收成略有好转，因此 1962 年中英贸易可能转向回增，至 1963 年中英贸易可能踏进一个新的发展阶段，因届时中国将开始实施第三个五年计划。"虽然如此，西方国家资产阶级也不是没有疑虑的，他们认为我外汇缺乏，怀疑我们有无支付

能力，至少在一个时期内对于同我贸易的发展还有保留。如前任汇丰银行董事长端纳就公开说："中国与西方国家的贸易暂时还不会有显著的增加，中国的出口潜力已降低，同时，又要保留外汇来支付粮食进口。为了支付粮食进口，中国曾在海外抛售了相当数量的白银和黄金，中国的进口贸易最少在今后两年内会受到这两种限制因素，难于开展。"因此有些商人通过业务接触，想刺探我情况，摸我底牌。如英商渣打银行问我粮食进口押汇透支（把没有到期的信用证交给银行作为抵押后向银行支款）预备做多大额度，怡和洋行问我过去钨砂不出口，现在输出，是否急需外汇之故。同时，在买卖上他们也只想向我推销，要他们买我出口货，就很勉强。

西方国家间的矛盾在发展

目前西方国家对我积极活动还是值得认真重视的。随着形势的变化，今后估计还会继续发展。而且，西方国家在活动过程中，由于利害关系不同，他们的矛盾将会进一步扩大。目前在争生意中已经有不少矛盾，如英国怡和洋行见我买比利时肥田料就很妒忌。至于西方国家商人不顾美国压力，与我积极做生意，也引起与美国之间矛盾的发展，特别是美、英的纠纷显得较突出，美国一再公开指责英国卖飞机和机油与我，英国对此也予以还击，英保守党的《每日电讯报》曾发表一项对美国的强硬警告，指出美国反对英国将民航机售给中国是不能容忍的。所有这些情况的发展，对我们是有利的，我们应充分利用。

外贸部办公厅编：《对外贸易资料》，增刊。4－15/4

对英国进行反"禁运"斗争的问题

1965年11月8日

"禁运"是帝国主义在经济上对社会主义国家特别是对坚持马列主义的社会主义国家采取的一种敌视政策。英国在政治上仇视我国尤甚于对苏联和东欧一些国家，在"禁运"政策的具体掌握上对我国也更严更紧。近年来，随着我国从英国进口商品的结构的变化，愈来愈多的进口商品触及英国"禁运"的范围，因此，"禁运"和反"禁运"的斗争比过去更加尖锐剧烈。

一、英国政府和厂商的态度

在"禁运"问题上，英国资本家和英国政府的立场基本上是一致的，认为"军用战略物资绝不能供应中国，以免加强中国的军事力量和地位"。但是对于某些军用与民用界限很难划清的"禁运边缘"产品，资本家从其本身经济利益出发，为了摆脱市场日益缩小的困境，打开产品出路，对某些"禁运"产品范围，在掌握上有时就同英国政府意见发生分歧。同时，美帝国主义不断地向英国政府甚至直接向英厂商施加压力，也引起英厂商的不满。因此，虽然他们的基本立场一致，但具体矛盾也不少。

二、英方对"禁运"产品的具体掌握情况

（一）对主要属于军用的战略物资，英国政府和绝大部分厂商掌握都很严。例如：8级精度的精密轴承、频率400周的控制用微电机、12个存储器（MEMORY）以上的高速大型电子计算机等都属于这一类。我向英商斯特劳德·巴尔公司（STROUD AND BARR）询购高速照相机，该公司不但拒绝供应，甚至当我驻瑞士使馆商务处委托中间商转购时，还同英国当局合谋诱捕该中间商人。

（二）对技术性能已非最先进的军民两用物资，一般由英厂商向英贸易部联系，证明我确属民用，就比较容易获得出口许可证。而且有了先例以后，再出口同类的产品就有例可循，这类"禁运"货单成为名存实亡。

（三）技术性能和用途属于"禁运边缘"的军民两用物资，急于求售。拥有这类物资的厂商，要寻找产品的出路，而美帝和英国政府的顽固派却横加阻挠，造成他们内部之间的矛盾。我们可利用这种矛盾，打击英国当局的

"禁运"；如果买卖做成，就在其"禁运"防线上突破了缺口。例如，我向英国购买子爵号飞机，英美之间就产生了矛盾，而子爵号飞机的成交，对我今后以民航名义向英国购买航空仪表、设备、飞机用润滑油等"禁运边缘"产品则创造了有利条件。

三、反"禁运"斗争中的几个问题

（一）根据上述情况，在反"禁运"的斗争中，主要应从两个方面同时入手，要一方面密切配合外交斗争、高举"平等互利，发展贸易，消除人为障碍"的旗帜，通过日常外交和贸易活动，揭露和抨击帝国主义对我国实行的敌视政策；另一方面则进行深入细致的调查研究，根据国内需要的项目，摸清英国政府和厂商的态度，做到知己知彼、击中要害，并促使其内部矛盾加深。例如KDF9电子计算机是"禁运边缘"物资，我们提出订购后，引起了英厂商同政府的矛盾，虽然英国当局拖了半年多，最后仍不得不同意出口一台。

（二）为了买到国内需要的重要物资，要根据不同情况，采取不同的方式方法。对于"禁运边缘"物资，要寻找合理的民用需要为掩护，这样，就能使我处于更加主动的地位。例如，购买KDF9电子计算机，以气象需要为掩护；购买高速柴油机技术专利，以铁道牵引为掩护；等等。但是，也不一定每项产品都要把用户和用途告诉英国厂商。

（三）对于纯军用的战略物资，不宜采取正面询价的方式，可以通过中间商转手或采用化整为零或化零为整的办法。例如，陀螺壳体框架生产线经过化整为零后，大部分是属于铣床和车床之类，就比较容易解决。又如弗兰梯公司（RARRANTI）的程序控制设备和机床配套供应出口许可，比单项机械出口易于获准。此外，将某些高精度的产品改头换面，伪报低精密度产品来获得出口许可，在这方面商人花样很多，英国当局对此也难以控制。

（四）英国当局对于成套生产技术专利的出口，对我防范和限制比产品本身更严，厂商销售技术专利也远不如推销产品的积极性高。例如，英国帝国化学公司（I. C. I.）主席P.钱伯斯虽曾公开表示赞成向社会主义国家推销技术专利，但实际上该公司推销的还是民用产品的生产技术，而且是在技术上垄断性已不太强的东西；对于技术上还有垄断性的东西，如羰基合成技术，仍坚持不卖。因此，对于尖端军用产品的成套技术的引进，就需要讲究方式方法。如果通过一般商务途径，直接打着引起尖端产品生产技术的招牌，就会引起对方警惕，影响工作的开展。所以，在探询购买可能性的阶段，范围可略广泛些，引进方法要灵活些，并且根据实际情况逐步深入具体化。例如，在规格和精密度方面，低一些的是属于军民两用的，高一些的是属于军用的，这样，我们就可以先从低一些的开始探询；一般厂商对推销产品较积极，就先从产品开始进行探询，把情况弄清以后，再根据实际情况，分别采取引进关键设备、购买图纸资料、邀请专家、购买样机并派人验收实习以及成套技术引进等方法。

外贸部办公厅编：《外贸调研》，第34期。4－15/5

（三）中法贸易发展情况

二、我国同法国贸易情况

（一）对法国贸易的方针

今年以来，法国政府对我贸易态度基本上仍和过去一样采取两面手法，一面在政治上敌视我国，另一面又要求与我做贸易，捞实惠。法国政府一方面作出要承认我国的姿态，但另一方面，法国又加紧同台湾联系，法国众议院副议长夏恕磷及外交委员会主席舒曼曾率领议员于9月7日赴台湾访问；在法众议员中，最近成立了同台湾往来的“中法友好集团”，在参院中也正在积极酝酿组织“中法友好集团”。

[中略]

目前我对法国贸易基本上采取冷淡的态度，但仍应留有余地，一方面我们不同法国搞任何形式的官方或半官方协议，对要求访华的官方或半官方贸易代表团也不予考虑。另一方面利用戴高乐政府和美、英、西德之间的矛盾，在有利于我的情况下，也适当地进行一些民间的贸易。

法国政府对我出口商品的进口，一贯限制很严，1958 年以来，法国政府对我出口商品规定绝大部分只准以易货方式进口。1959 年底，法国对我出口货的进口又采取了“自动发放许可证制、总配额制和特别中国商品进口”三种办法，这办法对我出口货虽稍有放宽，但对有些商品如罐头、手工艺品等，法国仍通过配额、许可证等方法加以歧视和限制。我们对法国的限制措施仍应继续进行斗争。

（二）贸易关系发展简况

1. 以法国参议员罗希洛率领的贸易代表团曾先后于1956 年和1957 年两次访华，第一次来访为半官方性质，同我国际贸易促进会发表了联合声明，并签订了关于“支付问题的议定书”，和“支付方式的协议书”，促进了两国贸易的开展。第二次来访为民间性质，主要是进行参观访问和技术交流，曾分别与我有关部门进行了接触。

2. 我国际贸易促进会曾于1955 年和1956 年分别参加里昂博览会和巴黎博览会展出，扩大了我在西欧的影响，增进了法国人民对新中国的了解，也扩大了与法国及其他国家工商界人士的接触。

3. 1958 年1 月，我派遣以铁道部余光生副部长为首的中国技术代表团赴法参观访问，对法国火车生产的技术水平有了进一步的了解，促成了在1958 年订购24 台电机车值1 000 万美元的易货合同的签订。

4. 1960 年3 月，法国商务参赞许格访我驻瑞士使馆时称，我向法订购的第一台电机车发货时，克勒佑厂将举行发车仪式，有法官方人物参加，邀请我商务参赞和国内派代表团去参加，实际目的是想试探我们今后购买的可能性，并借以扩大宣传，我婉拒后法方也取消了发车仪式。

5. 1960 年7 月2 日，法国驻香港财政参赞瓦尔斯夫妇以私人身份以过境性质经莫斯科来我国访问，在京参观访问后，又去上海、武汉、广州参观。瓦尔斯表现很谨慎，但对于我国工农业增产数字、生产能力、国家投资、技术革新、物价、物资供应情况等非常感兴趣，并作了详细的记录，显然是公开来搜集情报的。瓦尔斯回港后不久法国驻香港副商务专员孟楷又要求来我国自费旅行，我以瓦尔斯刚来访我国不久，婉拒。

6. 1958 年我向法国订货的电机车24 台，已于8 月下旬开始第一批交货，根据合同规定，我已同意法方派专家到宝鸡协助安装。

7. 新的电机车订货正在进行初步商谈中。

（三）贸易额

历年中法贸易额　单位：万美元

年　份	贸易总额	进口	出口	差额
1948	298	153	145	-8
1949	133	118	15	-103
1950	595	388	207	-181
1951	473	436	36	-401
1952	242	72	170	+98
1953	2 201	1 583	618	-965
1954	1 531	1 001	530	-471
1955	2 408	1 526	882	-644
1956	3 554	1 968	1 586	-382
1957	3 618	2 531	1 087	-1 444
1958	3 404	1 877	1 527	-350
1959	4 359	2 549	1 810	-739
1960. 1—8	3 393	2 132	1 261	-871

资料来源：1948—1952 年为中国海关册，1953—1960 年为计划局统计。

（四）商品结构

进口：黑色金属（焊缝管、无缝管、油桶铁皮、黑铁皮、马口铁、矽钢片等）、有色金属、汽车零件，交农机械（拖拉机、推土机、载重汽车、起重机等）、金属切削机床、仪器、化工原料、肥田粉、西药、农药、人造丝、羊毛条等。

出口：生丝、绿茶、农药、油籽油料（大豆、杂豆、芝麻等）、桐油、猪鬃、肠衣、皮张、羊毛、羊绒、草帽、草帽辫、手工艺品、苎麻、大麻等。

《我国同西方和拉丁美洲国家贸易情况资料》，1960年增订本，1960年9月。T5/9

中法贸易

1964年2月18日

（一）中法两国发生贸易关系时间很早

1660年（清顺治末年）法国有一艘商船驶抵广东，经营印度和中国间的贸易。1698年，在广州有法国公司（COMPAGNIE DE CHINE）的设立。1728年，法国商馆正式成立。然而，在鸦片战争前，中法贸易没有什么大的发展。当时法国严禁华丝入口，也不鼓励货物输华。以1792年为例，据英国东印度公司对华贸易史所载，该年广东进出口总值中，法国货仅占4%，数量极微，大大落后于英、美、荷等国。

鸦片战争一过，1844年五口通商以后，中法贸易始渐增加。该年，中法正式有了外交关系，并缔约了第一次中法条约，其后又续订几次新约。法国利用侵略中国签订的不平等条约，取得了许多特权，如领事裁判、开辟商港、内河航行、片面最惠国待遇、中国开放对安南（越南）的边境贸易便利等。所以当时中法贸易完全是不平等的贸易。

中法贸易数值在双方对外贸易总值中的比例一向不大。第二次世界大战以前，中法贸易在中国对外贸易总值中所占比例，一般升降于2%～5%之间。第二次世界大战后减退为1%上下。新中国成立以后，直到1952年，中法贸易占中国对资本主义国家贸易的比重不及1%。1953年以后始有上升。1962年中法贸易值在中国对资贸易中（不包括古巴）占5.3%，1963年上升至5.52%。

至于中法贸易在法国对外贸易总值中所占比例更小。在1930年以前，一般在1%～2%左右，此后则都在1%以下，新中国成立后，中法贸易在法国对外贸易中所占比例仍未超过1%。

从新中国成立以前的中法贸易数字看，中法贸易较为发展的年份是第一次世界大战后的1924年到1929年这段时期。这一时期中法贸易总值每年达到8 000万～11 000万美元水平，其中中国出口最高曾达9 397万美元，为中法贸易历史上（包括新中国成立以后）中国出口最高水平。由于当时中国商品在法国畅销，中国对法贸易出超甚多，1925年对法国贸易出超达7 600万美元。1930年以后，资本主义世界爆发经济大危机，国内购买力下降，生产遭受空前破坏，政府又采取各种方法限制进口，中法贸易逐年下降，至1938年进出口总值下降90%，不及1 000万美元。1941年以后，更陷于停顿。第二次世界大战以后，中法贸易虽又恢复，但进出口合计始终未超过1 000万美元。

新中国成立以后，中法贸易逐渐发展。1949—1952年期间，我对法国出口平均每年107万美元，进口平均每年为153万美元，到我国第二个五年计划（1958—1962年）我对法国出口平均每年已达1 635万美元，进口平均每年达3 344万美元。而1963年对法国出口又升至1 900万美元，进口增至7 401万美元，有了大幅度的增加。

（二）中法贸易的主要商品

我国对法国出口的商品，解放以前主要的品种是生丝、油籽、油料、蛋品、茶叶、绸缎、草帽辫、猪鬃、桐油、麻类及矿产品（钨砂、炼锑等）。解放初期，除矿产品对资停止出口外，其他对法出口商品同解放以前大致相同，但数量上较前大为减少。如生丝，1929年我对法出口2 400公吨，解放后最多才200余吨。这一方面是由于人造纤维发展，法国本身进口已剧减（近年法国每年进口生丝数量在900～1 100吨上下），另一方面别国产品也乘虑进入法国市场。如茶叶，近年由于我同前法属非洲国家建立直接贸易者逐渐增加，通过法商出口到非洲的茶叶，数量大大减缩。

最近几年，我对法国矿产品出口又恢复，其他出口商品也在增加，以1963年为例，我出口数值最大的商品为：锡、生丝、工艺品、茶叶、香料及香料油、猪鬃、毛皮、绸缎、锑、棉布。

我国从法国进口的商品，解放以前主要是钢铁、化工产品、染料、机械工具、交通工具、酒类、纺织品、香水脂粉等。解放以后，酒类、香水脂粉已不进口，其他进口货物和解放前大致相同。1961年以后，为了满足国内市场需要，支援农业生产，我自法国进口的粮谷和肥田料剧增。其他五金机电产品减少。1963年进口的粮食和肥田料占进口额的90%。

（三）新中国成立以后的中法贸易活动

新中国成立以后，由于法国政府不承认我国，两国无外交关系，贸易在民间范围内进行。中法间直接接触以1952年4月的莫斯科国际经济会议为开端。在会议上我同以加德罗斯为首的法国工商代表团签订了第一个民间贸易协议，规定各出口400万英镑的货物。这个协议由于法国当局一度在1953年放宽禁运，执行结果尚属良好。

1953年6月，以法国国际贸易促进会主席德普拉为首的工商界代表团访问北京。同我中国进出口公司签订了一项各出口1 000万英镑的贸易协定。根据这项协定，双方签订了一批进出口公司，但由于法国政府重又顽固执行禁运政策，因而绝大部分合同不能执行。整个协定规定的金额，只执行了约10%。

1954年4—7月解决印度支那问题的日内瓦会议期间，法国许多重要厂商，包括许奈特集团，和法国无线电讯公司，雇主协会远东经济研究协会及许多新老手贸易商，对我们表示了发展中法贸易的愿望，并邀我派技术专家赴法国参观。当时虽未做交易，但为以后两国贸易发展提供了便利条件。

1955年，中法两国间的接触更频繁，3—5月，中国进出口公司派遣了以张先成为首的技术参观团应许奈特集团和法国无线电讯公司的邀请访问了法国。同年4月，我国际贸易促进会又派遣了以杨浩庐为首的展览工作团赴法国参加里昂博览会展出。我展览会举行期间，同包括温台尔钢铁集团、西特洛钢铁集团、雷诺汽车厂、具西奈炼铝厂等进行了广泛的接触。

1956年1月，以法国参议院经济事务委员会主席罗希洛为首的法国工商界代表团，访问了中国。代表团全团28人，包括法国财政部官员、各全国制造业公会的代表，以及银行、航运、公共工程公司、商界的代表，在经济界有一定的影响作用。代表团在京期间，广泛地同我国各方面交换了发展贸易的意见。并同我国际贸易促进会签订了支付问题议定书、支付方式议定书、发表了联合声明。

同年4月，以冀朝鼎为首的中国［贸易］促进会展览团，参加了巴黎博览会展出。

1957年9月，以罗希洛为首的法国工商界代表团第二次访问中国，代表团包括国民议员、法兰西银行代表、财政经济部官员、雇主协会代表及法国国营企业的专家和负责人。较之第一次罗希洛代表团身份更高。代表团同我外贸部、国家计委、国家技术委员会、中国银行等广泛交换了意见，参观了我国东北和西北的建设，了解我国经济建设情况和发展需要。

1958年2月，以余光生为首的中国技术访问团赴法国访问，考察了法国铁道、化工、电力工业，该团参观后，我运机公司同法国许奈特集团达成了购买16台电机车的大易货合同。同年6月，法国驻香港商务专员格利莫以私人身份访北京。

1959年7月，法国苏里士公司（法共企业）代表法国无线电讯公司来北京举办无线电及仪器展览。

1960年8月，法国财政部远东财政参事瓦尔斯来我国参观访问。

1961年6月，法国驻香港商务专员孟苏毕斯以私人身份来北京访问，探讨中法贸易发展的可能性。同年5月以顾功叙、米国钧为首的中国机械公司参观团赴法国参观航空展览会。

（四）1962年以来的中法贸易活动

1962年以来，中法贸易活动更趋活跃。原因有两方面，在政治上，阿尔及利亚战争停火和阿法达成协议，使得中法两国在国际政治上的矛盾情况有了变化，在经济上，1958年以后，中法贸易的增长引起了法国舆论、法国工商界和法国政府的重视。认为中国市场是法国出口的一个最有希望的市场。根据1958—1962年法国海关统计，法国对我国出口每年都超过3 600万美元，其中1960年曾达到5 200万美元，为中法建立贸易关系以来的最高纪录。

这一时期中法贸易活动特点是官方半官方接触往来增多，民间贸易活动活跃，1963年下半年出现了贸易活动的高潮。这一时期主要活动有以下几方面：

1. 官方接触增多。法国驻瑞士商务官员和驻香港商务专员经常主动同我接触，驻香港商务专员孟苏毕斯参加我每届交易会，并在1963年5月下半月再次访问北京。半官方组织全国对外贸易中心的主席杜哈迈参加了广州交易会。财政经济部副司长伊希吉林也在1963年5月底来北京访问。法国方面并邀请了我商务专员黄庆棠在1962年12月到巴黎访问。1963年邀请我驻瑞士商务参赞随时访问法国。

其次，法国政府组织厂商要求同我签订民间贸易协议或半官方贸易协议，并由驻瑞士商务参赞明确向我表示态度，说要求签协议得到政府批准，签协议后，可对我出口货给予更多配额许可。多次主动催促，希望我能同意签贸易协议。

再有，在贸易条款上政府直接出面表示可以给我延期付款的便利，可以向我国出口成套设备和专利。放宽我国出口货的配额限制等。并越来越多地参与联系具体业务。

2. 半官方组织代表政府组织对我国的贸易活动。法国全国雇主协会和全国对外贸易中心在1961年底相继同我恢复和建立了联系。他们代表官方出面邀请和组织接待我赴法技术小组的参观访问工作。组织厂商购买我国出口货。要求同我签订贸易协议，并且组织了以乔治—皮科为首的代表团于1963年9月访问中国，是中法贸易活动达到了一个高潮。

3. 民间贸易活动空前活跃。这一时期，法国的大垄断集团和贸易商来中国访问的日益增多。1963年访华的法国贸易界人士为1962年访华人数的两倍。许多最大的垄断集团都派主要代表来中国，直接了解发展贸易的可能性。1963年来访的有许奈特集团的出口负责人，南方航空公司的总经理顾问，圣戈宾玻璃化学集团的副总经理，法国镍公司的总经理，法国阿基坦石油公司的工程师等。此外，在卢副部长访问瑞士期间，同卢副部长有接触的还有雷诺汽车厂，法国福格森拖拉机厂，贝利埃重型卡车厂的代表等八十余人。要求来访的还有法国石油研究院院长纳瓦耳等重要人物。来访的还有经营我出口货的主要客户如永兴洋行、勃朗比拉公司、宝多洋行的代表。

来访的大垄断集团的代表，都建议我们购买他们的成套设备和技术。如许奈特集团的代表说，许奈特集团可以向中国出口除了原子能设备以外的任何技术和工厂。南方航空公司愿出售航空器材，圣戈宾玻璃化学集团要卖各种玻璃工厂设备。雷诺汽车厂和福格森拖拉机厂都要供我拖拉机厂设备。贝利埃汽车厂要供应我卡车发动机专利及卡车厂设备。法国造船协会和机械工业联合会也要供应我们船舶和机床。对于供应这些设备，他们都表示愿意分期付款，给予我优惠条件。此外，还有不少法国工业研究机构，要求同我们进行技术合作，帮我搞技术，如法国石油研究院、南锡高等地质学校、阿基坦石油公司等。

4. 1964年1月份的一些活动。从1963年9月乔治—皮科为首的雇主协会代表团访华后，法国工商界访华人士增加。特别是中法建交的消息传出以后，法国工商界对同中国贸易更表现出迫不及待的情绪。1964 年 1 月初，我们接待了法国驻香港商务专员，并同法国许奈特集团的斯贝西姆公司及贝希奈集团的麦尔公司签订了成套设备合同。现在正同法国石油公司谈石油产品交易。目前正在安排的来华访问活动还有：法国建筑代表团、煤炭代表团、工作母机小组、船舶小组、贝利埃汽车厂访华小组等。此外，还拟接待法国石油专家和炼铝专家来访。

我们自去年年底以来，派出了丁、辛醇设备谈判小组、计量小组和石油小组访问法国，最近科委又将派出炼铝小组和电子元件小组访问法国。

今年 2 月份，法国勃朗比拉公司将在巴黎及外省各大城市举办中国工艺品展览会。我国际贸易促进会也安排了法国厂商在 9 月份来北京举办仪器展览。

（五）法国政府和工商界对发展同中国贸易抱有巨大希望

1963 年以来，到中国调查研究贸易可能性的有法国两任驻香港商务专员和法国财政经济部副司长，法国经济代表团和法国议员代表团。已经来访的和将要来访的垄断集团和工业界代表，都不仅要求现在做买卖，更重要的是看到将来的长期交易。法国费加罗报不久前曾刊载传说戴高乐对别人讲，承认中国可以给法国带来 20 年的繁荣。这充分反映了在当前资本主义国家市场斗争日趋激烈时，法国工商界对中国市场抱着巨大希望。

中法贸易存在的问题：

当前中法贸易存在的问题，是我对法国逆差扩大。在 1949—1952 年期间我对法国进口为我出口的一倍半。1953—1957 年，我自法国进口和对法国出口都有增加，进口为出口的一倍半略多。1958—1962 年间，进出口又有增加，但进口已为出口的 2 倍。而且由各年份看来，进出口数值的距离随贸易发展越来越扩大。1958 年以来，我出口基本上无多大增加，而进口上升很多，1963 年进口已为出口的 3. 7 倍。造成逆差的原因，一方面是法国对我出口商品的若干品种，实施配额限制，以致影响我出口的增长。另一方面，这几年我出口货源较紧，在安排上也有变化。1962 年以来，法国政府对我某些出口商品配额已有放宽。随着我货源的好转，预计我出口可有稳步增长。

关于我银行存款及股权被冻结问题：

解放前，法国最大的殖民地金融集团东方汇理银行在我上海、天津、北京、广州、汉口设有分行，我在这些分行共有美金存款1 134 万余美元。1950 年美国发动侵朝战争后，东方汇理银行也将我美金存款非法冻结，迄未归还。在 1954 年东方汇理在华分行歇业前，我中国银行在各地曾多次交涉追索，对方均以“由于美国冻结措施”而不肯解冻。据了解东方汇理银行总行曾指示其在华清理人，着其对我镇静应付，拖延到底。至 1960 年该行在华清理人病死，我即未再交涉。我伦敦中国银行也曾向东方汇理在伦敦分行交涉，该行也以美国联邦银行不同意解冻，而未归还。直到现在。

此外，解放以前 1922 年，中法两国共同组成了中法工商银行。该行系由我中国银行、交通银行及中国建设银行为一方的“中国银团”同以东方汇理银行、巴黎与荷兰银行及拉萨尔兄弟银行为一方组成的“法国银团”共同投资建成。中国方面投资 1 000 万旧法郎，共计 20 000 股，占该行资金的 20%。

中法工商银行总行设在巴黎，在北京、天津、上海设有分行。1948 年底，在华三分行由于业务不振停止。

解放后 1951 年，中国银行总管理处向中法工商银行巴黎总行声明我在该行的权益。1954 年指派新董事代替过去“中国银团”指定的伪董事。但均遭该行拒绝，对我股权，该行以目前中法政治状态，不便答复而不承认我权益。我指派的董事该行也借口以前董事任期未满而不接受。但据了解，法行也未允许蒋帮提取我股金。

中法工商银行已于 1960 年将法方股权

（中国方面所持股份除外）全部并入东方汇理银行，而为东方汇理银行接管。有消息说，法国沃姆斯银行代表曾表示，中法建交后，中国方面可以股东身份过问东方汇理银行—巴黎与荷兰银行的资产负债情况。

以上两个问题，实际上关系一个对象，即我与东方汇理银行的关系。

东方汇理银行—巴黎与荷兰银行是法国占第一位的最大金融财团，仅次于洛希尔银行，过去控制着整个印度支那的经济命脉。它所控制的许多工业企业都同我国有着密切的贸易往来，如贝西奈炼吕托拉斯、法国无线电总公司阿尔萨斯机器制造公司、法国五金公司等。法国对华老手贸易组织永兴洋行曾反映，在法国政府对华政策上，东方汇理的态度起着很大作用，永兴洋行曾“劝”我同东方汇理银行搞好关系。

外贸部办公厅编：《对外贸易资料》，第6期。4－15/4

中法贸易情况和当前存在的主要问题

1965年11月20日

一、中法贸易概况

中法两国之间的贸易额在双方进出口贸易总额中所占比重一向不大。第二次世界大战以前，旧中国对法国进出口贸易额在对外贸易总额中的比重，升降于2%～5%之间，战后下降到1%左右。新中国成立后，直到1952年，我国对法国进出口贸易额在我国对资本主义国家贸易额中所占比重还不到1%。1953年开始上升，1962年为5.3%，1964年稍有下降，占4.4%。但是，根据法国海关册统计，1964年法国对我国贸易额在其对外贸易总额中仅占0.42%。从在法国对外贸易总额中所占比重来看，在社会主义国家中，我国次于苏联；在亚洲国家中，我国次于日本。

中法两国建交后，我国对法国贸易，根据经济服从政治、贸易配合外交的原则，在平等互利的基础上，采取了积极开展、多做工作的方针。建交以来，中法两国贸易继续有了发展。我对法国出口1964年为3 731万美元，比1963年增加约一倍；今年头三个季度为3 257万美元，比去年同期增加20%。我国自法国进口（到货）1964年为6 464万美元，今年头三个季度为4 038万美元，虽然比上年同期都略有减少，但进口成交额则逐渐增加。1964年我国对法国出口和供应法国转口的主要商品有锡、砂糖、工艺品、绿茶、生丝、香料油、炼锑、绵羊皮、皮褥子、棉布等，这些商品约占我对法出口总额的69%。今年头三个季度我对法出口商品，以有色金属和矿砂（锡、炼锑、水银、黑钨砂、钼砂）最多，占34%。1964年我国从法国开始进口成套设备。今年头三个季度我对法国进口成交的主要商品有交通工具（卡车、船舶）、钢铁、镍、化肥、染料、电子仪器；人造纤维、成套设备和技术专利（石油深井钻井装置和制造重型卡车的技术专利）等。

法国工商界从其本身经济利益出发，对同我国贸易采取了积极态度，两年来法国工商界人士来我国访问和参加广州交易会的人数越来越多，法国大垄断集团的头目还将亲自来华参加今年在北京举办的法国工业展览会。1964年法国厂商、银行、运输业代表（包括展览工作、参加交易会、商业旅行团）到我国进行访问的总人数超过400人，今年将达到800人以上。我国赴法国访问的贸易、科学技术代表团也有增加，据不完全统计，今年我国已赴法进行访问的小组共有27批，160人。

二、当前中法贸易上存在的主要问题

法国政府为了摆脱其经济上的困境，改变其对外贸易过分集中在“共同市场”的状况和达到其扩大出口的目的，也积极发展对华贸易，特别是想增加对我国的出口。1964年10月以前，法国官方或半官方曾采用“以政治压贸易”的做法，对我表示中法贸易增长太慢。但在我提出许多成套设备的询价后，法方对有些成套设备和技术专利，以各种借口拒绝供应；同时，法国政府还对我出口商品实行配额限制，影响我对法出口。对此，我方曾通过各种不同途径表示了不满，现法方处境相当被动。

当前中法贸易上存在的主要问题是：

（一）对输往我国的某些物资仍实行“禁运”。法驻华商务参赞不敢公开承认对我实行“禁运”，法国政府对涉及“禁运”的项目，在有利于法国的情况下，采取某些开放措施，例如当法国汽车工业处于困境时，对我出售汽车专利和军用卡车就松动些；但对一些技术较先进而暂时销售无困难的行业的产品，则借口“美国专利”或“军用物资不能出口”等理由拒绝向我出口，如连续磨光玻璃设备、半导体设备、轧钢设备、电子元件设备等都对我拒绝供应。在这个问题上，法国的做法甚至比英国、西德更顽固。今年9月，法国国民议会副议长帕斯基尼访华时，会要求我谅解法仍实行“禁运”，说这是法当初同美国签订某些协议的后果。

（二）法对我出口货实行配额限制的问题。目前，法国对我向法出口货物实行自由进口和配额限制两种办法。属于自由进口的，主要是法国需要的工业原料和有一定艺术价值的艺术品；属于配额进口的，主要是纺织品、轻工业品、手工艺品、地毯、台布、绸缎等。最近两年法国政府虽然逐步放宽进口我货的配额，但仍限制了我许多商品对法国的出口。这是妨碍中法贸易平衡和正常发展的主要原因。

（三）中法贸易平衡问题。中法贸易今年接近平衡，估计到年底我将有逆差约1 500万～2 000万美元，比去年又有减少。但是今年我购买的法国产品很多，明年将有大批到货，届时我对法贸易将会出现大量逆差。这是值得我们注意的一个问题。

外贸部办公厅编：《外贸调研》，第36期。4－15/5

（四）与其他西方资本主义国家的贸易发展情况

奥地利外交部长来信试探恢复中奥贸易关系

1960年1月26日

奥地利外交部部长克莱斯基为了中奥两国贸易关系中断问题（按：去年九月奥地利反动分子曾在维也纳国际博览会中国馆捣乱。为了配合对奥斗争，我暂时停止对奥大宗订货。）在去年十二月十五日亲自写信给我国际贸易促进会副主席冀朝鼎。信中说：“我们的经济界常常推测，最近在我们两国经济关系中所发生的困难应归因于维也纳秋季博览会上的令人十分遗憾的事件。但是，既然维也纳秋季博览会的负责人和奥地利经济界具有决定作用的代表人物对这种由于个别极不负责的人们所引起的无礼和可恨的事件，向您口头和书面表示了遗憾，而且，作为熟悉奥地利的朋友，您本人大约也不至于认为奥地利会有任何一个有理智的人要想损害或侮辱您的祖国。我不相信，这个事件是我们经济关系突然发生困难的真正原因。”信中还提出，希望冀朝鼎同志能“完全坦率地”告诉他“人们所说的这种困难应该如何来解释和您是否有可能促使这种困难得以消除”。

在克莱斯基来信前，奥地利信贷银行外事部部长欧本勃莱特曾在去年十一月二十七日写信向冀朝鼎同志透露说克拟亲自写信对维也纳博览会事件表示“个人的遗憾”。同时，奥工商界也通过多方面主动与我联系，想了结维也纳博览会事件，以恢复双方贸易。这些情况说明，我停止对奥大宗订货，已使奥工商界感到很大压力，我对奥斗争已有一定收获。我正利用目前有利条件了结此案，逐步恢复向奥订货

（主要是化学肥料）；具体做法已由外交部和外贸部在去年十二月二十九日（当时还未见到克的原信），电告我驻瑞士使馆。

对外贸易部办公厅编：《对外贸易情况简报》，第2期。Z11-1001-2

我国同西方和拉丁美洲国家贸易情况资料（增订本）［节录］

1960年9月

［上略］

三、我国同西德贸易情况

（一）对西德贸易的方针

针对西德政治上敌视、贸易上歧视限制我国的态度，并且为了配合打击西德军国主义的复活，我对西德采取压缩贸易的方针。凡能够从其他国家买到的就不从西德买，以便最大限度地压缩从西德的进口。另一方面，由于我向西德的出口仅为从西德进口的1/7左右，而西德又是我若干大宗传统出口商品的市场，对西德的出口仍应继续积极推销。对于西德方面一再提出的续订于1958年10月满期或新签贸易协定的要求以及互设商务机构的建议，均已明确表示目前不予考虑。

（二）贸易关系发展简况

1952年4月莫斯科国际经济会议以后，中国进出口公司柏林代表处同西德参加莫斯科国际经济会议的企业界代表于同年6月25日在柏林签订一项双方贸易额1.5亿卢布的贸易协议，我国同西德贸易关系从此开始。同年9月，西德成立了半官方性的德意志经济东方委员会，并与我中进出柏林代表处建立联系。1957年9月西德东方委员会以奥托沃夫为首的经济代表团来华访问，和我国国际贸易促进委员会签订了一个为期一年的民间性的贸易协定，协定规定双方各出口2.3亿马克。协定执行的结果是：我方进口大大超出协定额，而西德对进口我出口货完成得很差。

1958年10月协定期满后没有延长，也没有签新协定。之后，西德方面一再通过各种途径向我提出续订或新订贸易协定的要求。如今年4月间，西德驻港副领事介绍西德商斯图尔根往访华润公司，斯称东方委员会对我不同意续订贸易协定感到失望，极盼有机会续延或另洽新协定。今年7月东方委员会主席奥托沃夫往访我驻瑞士大使时再次建议恢复或重订贸易协定，并表示西德工商界同意我在西德设立贸易机构（此事尚待西德政府批准）。在我明确表示目前对此不予考虑之后，奥仍希望今后继续联系。

（三）贸易额

单位：万美元

年　份	贸易总额	进口	出口	差额
1949	150	62	88	+26
1950	1 942	1 067	875	-192
1951	1 752	1 552	200	-1 352
1952	707	476	231	-245
1953	3 207	2 885	322	-2 563
1954	2 073	1 322	751	-571
1955	1 925	1 026	899	-127
1956	3 088	1 916	1 172	-744
1957	5 745	4 593	1 152	-3 441
1958	18 627	15 524	3 103	-12 421
1959	15 493	12 932	2 561	-10 371
1960（1—8月）	8 751	7 574	1 177	-6 397

注：除1949年数字为中国海关册统计外，其余为计划局统计。

（四）商品结构

进口：黑色金属、有色金属、贵重金属及其制品、化工原料（其中染料为大宗）、肥田粉、农药、农业机械、仪器、电工设备、金属切削机床、各种工具（轴承为大宗）、医药及药材、医疗器械、动力与电工设备、起重机及运输设备、汽车及汽车零件、橡胶、石棉制品、电影和照相器材、造纸工业设备、人造丝等。

出口：大豆、杂豆、大米、食用油及油籽、桐油、锑和锑砂、滑石粉（块）、石墨、猪鬃、马尾、猪肠衣、绵羊毛、山羊毛、羽毛、山羊板皮、蛋品、罐头、红茶、棉布、棉针织品、丝绸、废棉、漂棉、短绒、烤烟、松香、苦杏仁、蜂蜜、薄荷脑、薄荷油、手工艺品、药材、化工原料等。

（五）目前存在的问题

1. 近年来，西德当局对我出口商品的歧视限制是有增无已。主要有：

（1）对我采取关税歧视政策。

（2）以我未参加国际疫情组织为借口，禁止进口我冻猪肉、冻家禽、鱼粉等。

（3）极端严格控制对我丝绸、棉针织品等进口许可证的批发，使我这些商品对西德出口几乎全部停止。

（4）为了防止我利用香港转口，规定由香港进口的衬衣和丝绸复制品等需提供香港当局工商署签发的产地证明书，使转口业务极其困难。

（5）禁止我100马克以下的抽纱台布或花边等小邮包的进口。

（6）用所谓“技术上”的原因歧视我出口商品，如不准进口像我所使用的化学剂漂白的肠衣；对蛋品的检验比率等有了更严格的规定。

（7）改变颁发进口许可证的方法并用分散配额及不准转让许可证的措施使商人无兴趣经营。

2. 为了增加对我的压力，企图迫使我接受其续签或新订贸易协定的要求，西德的汉堡商会和东西协会于1959年11月向经营我出口货的西德厂商收集对我贸易条款及我公司履行合同的情况。今年3月又通知这些公司不要接受我在北京仲裁等条款，并称已把收集情况报告西德联邦经济部，作为攻击我国的材料。

3. 由于我坚持贯彻执行了对西德的压缩贸易的方针，西德方面已有所感觉。今年9月初西德“对外贸易消息报”以“西德对华贸易前景难定”为题发表文章说，中西德间的贸易处于一定程度的衰降中。某些向来由西德供应并在目前其报价完全能竞争的货品方面，近来中国方面宁愿向其他国家与地区购货。因此西德的对货贸易界中的“推想中国对外贸易公司歧视西德货”，是可以理解的。甚至非西德的竞争对手也获得了订货。中国公司在香港购买该地仓库交货的货物方面，西德货的报盘也有被轻视的情况。这段话一定程度上反映了西德工商界人士对中西德贸易前途的忧虑。

四、我国同意大利贸易情况

（一）对意大利贸易的方针

今年以来意大利政府已三次更换内阁最近范范尼联合了天主教民主党右派组成了新政府。但意政府在贸易上对我国采取两面态度并未改变，一面在政治上追随美国，敌视我国，并与蒋帮保持关系。一面在贸易上为了某些垄断集团的需要，又表示愿同我做买卖，并以此应付国内进步力量的压力，一再强调经济关系是发展政治关系的前奏。我对意贸易方针是坚决反对“两个中国”的做法，不与意官方往来，不签订官方或民间贸易协定，不派驻贸易代表或机构，只保持一般的民间贸易，并强调贸易关系的发展必然要有良好的政治气氛。

（二）贸易关系发展简况

1. 1956年1月中意两国驻伦敦商务参赞进行会谈。在谈判中，意方玩弄两面手法，拒绝签订政府间贸易协定，但又提出互设官方商务机构，在我方严正驳斥后，充分暴露了意方对谈判毫无诚意，和企图把政治与经济分开的做法。匈牙利事件后，意方态度消极，谈判无形中断。

2. 意大利天主教民主党上议员格里蒙尼1956年及1957年数次要求率工商界代表团来访，我曾两次同意，皆因当时政治气候的变化，美国施加压力和意政府的阻挠，没有成功。但事后格本人及意官方皆诬我不发签证，企图把责任推在我方。

3. 意大利国营碳化氢公司董事长马太以（天主教民主党左派）于1958年底访华，陈毅副总理和雷任民副部长曾予接见，我方并邀请碳化氢公司副董事长吉非斯夫妇代表马太以参加我国庆十周年典礼。1959年3月我应马太以的邀请，派出技术访问团赴意参观访问。这些来往对于当时意天主教民主党左派同该党右派的斗争，起了一定支持作用。

4. 1959年4月意政府又提出要派议员杜

拉尼率领代表团来访，但意政府仍坚持致治上不承认我国，同时意政府还以此为宣传手段，并排挤进步力量参加代表团。我们拒绝后，意政府又曾通过其驻瑞士、苏联、英国的外交机构向我提此要求，并通过驻锡兰大使对我讨好。塞尼政府垮台后，外贸部长易人，此事也就无形中断。

5. 1960年8月意范范尼政府外贸部长马尔弟乃里又表示，有意组织一贸易代表团来访。由于范内阁是个右派内阁，马尔弟乃里政治上反共，我们贸易上也无需要，故仍未同意其来访。前外贸部长德尔波（天主教民主党左派）通过意共表示愿来我国访问，待其正式提出后，将由外交学会邀请。

（三）贸易额

单位：万美元

年　份	贸易总额	进口	出口	差额
1929	393.5	2 164.9	1 774.6	-390.3
1938	549.0	522.4	26.6	-495.8
1948	354.0	232.6	121.3	-111.3
1949	159.8	88.6	71.3	-17.3
1950	1 039.9	136.0	953.9	+767.9
1951	321.1	59.5	261.6	+202.7
1952	321.9	110.6	211.3	+100.7
1953	967.9	450.8	517.1	+66.3
1954	757.4	490.1	267.3	-222.8
1955	928.5	550.9	377.6	-173.3
1956	2 036.6	1 179.1	857.5	-421.6
1957	1 779.0	1 375.9	403.1	-972.8
1958	3 771.4	2 978.0	793.4	-2 184.6
1959	4 519.5	3 864.4	655.1	-3 209.3
1960.1—8	3 207.4	2 756.6	450.8	-235.6

资料来源：中国海关册，1958年、1959年、1960年1—8月为计划局统计。

（四）商品结构

进口：黑色金属（管材、马口铁、矽钢片、无缝管、锅炉钢板）、轴承、肥田粉、化工原料（染料）、人造丝等。

出口：油籽油料（大豆、芝麻、花生）、丝绸（厂丝、双宫丝、绵球）、松节油、草帽辫、皮张等。

五、我国同瑞士贸易情况

（一）对瑞士贸易的方针

瑞士虽是一个中立国家，不参加军事集团，没有外国军事基地。但在政治及思想意识上，瑞士是属于资本主义范畴的，在经济上瑞士对外的依赖性很大，1959年在欧洲成立六国共同市场的形势下，不得不参加“欧洲自由贸易联盟”以资抗衡。由于西德经济对瑞士的渗透，瑞士的中立政策也已开始有进一步变化的迹象。但目前仍坚持不参加军事集团，因此为了争取它在战、和问题上守中立，打击以美帝为首的帝国主义战争势力，我对瑞士贸易仍应该采取积极态度，在符合我需要与可能的情况下，适当发展我对瑞士的贸易。

（二）贸易关系发展简况

中瑞两国建交以后，贸易关系有一定程度的发展。但两国无政府间的贸易协定，贸易都由民间机构进行。

1954年日内瓦会议期间，瑞士公共经济部商约代表及驻华公使贝努义曾与我部雷任民副部长会谈，表示愿签订两国间官方贸易协定，并准备提出草案，但迄今未再提起此事。

1958年9月我应瑞士洛桑博览会邀请（瑞士政府同意）作为贵宾国参加瑞士洛桑秋季博览会。

此外，两国民间贸易机构则经常往来。

（三）贸易额

单位：万美元

年　份	贸易总额	进口	出口	差额
1938	288.1	280.2	7.9	-272.3
1946	1 067.9	992.7	75.2	-917.5
1949	156	139	17	-122
1950	617.1	433.4	183.7	-249.7
1951	996.7	816.2	180.5	-635.7
1952	1 136.4	480.7	655.7	+175
1953	3 220.1	1 868.3	1 351.8	-516.6
1954	2 374.3	1 628.4	745.9	-882.5
1955	2 669.5	1 438.3	1 231.2	-207.1
1956	3 692.1	2 439.5	1 252.6	-1 186.9
1957	3 650.6	2 904.4	746.2	-2 158.2
1958	3 098.2	1 733.2	1 365	-638.2
1959	4 428	2 002	2 426	+424
1960（1—8）	3 426.3	1 708	1 718.3	+10.3

解放以来中瑞贸易的发展，是直线上升的，但是中瑞贸易中包括着转口的因素，1956年和1957年由于西欧其他国家对我国实行“禁运”的关系，我经瑞士转口进口五金钢材，自1958年起西欧各国放宽“禁运”以及我停止经瑞士转口进口，因而贸易总额较1957年下降，但实际上1958年除五金外的其他品种贸易还是上升的。1959年及今年则有了进一步的上升。

（四）商品结构

我进口：各种仪器、农药、染料、车床、搪床、制齿机、手表、医药、稀有金属。1954年订购了7.5万瓩的火力发电设备，1957年订购两套列车电站。

我出口：大豆、花生、菜油、地毯、蛋品、厂丝、双宫丝、柞丝绸缎、真丝绸缎、绵球、棉布、金丝帽、麻帽、花边台布、草帽辫、苎麻。

（五）存在的问题

1. 1958年以来，我国进口瑞士手表数量逐年减少，瑞士表商对我减少进口感到不安，积极要求通过各种途径促成交易，并对我国制表业的发展给予极大注意。

2. 瑞士政府在1959年10月通过了“第三号决议”采取限制我国纺织品进口的做法。对我出口的棉、丝复制品实行进口审价制度。以致我复制品的出口在8个月中陷于中断。今年5个月份起虽据反映有所放宽，但其限制决议并未宣布撤销，必要时仍可以从严执行。

六、我国同奥地利贸易情况

（一）对奥地利贸易的方针

1959年9月以前我对奥地利基本上采取比较积极的方针。在我需要和奥地利可能的情况下，适当增加自奥地利的进口。扩大对奥出口，争取缩小贸易逆差。

1959年9月维也纳博览会上，奥一小撮反动分子制造“打火机事件”以后，我即暂时停止了对奥贸易。由于我进行了严正的斗争，奥有关方面的态度有所转变，并根据陈毅副总理今年1月27日“对奥关系宜有松有紧，目前可以紧一下，但要看外贸方面对我有利否”的指示，我于今年2月通知各公司、口岸外贸局可逐步恢复对奥贸易，最近奥地利政府也公布了一项新的法令，凡中国商品除非能提供证明，间接进口比直接进口价格更有利，必须直接从中国进口，以促进直接贸易的发展。

（二）贸易关系发展简况

解放以后，我国和奥地利的关系贸易是逐步发展的，但自1956年以后双方往来活动才频繁起来。1956年6月由奥地利东西贸易协会及工业家协会组成的奥地利工商界代表团来我国访问，并与我各有关公司签订了总值555万英镑（合1500余万美元）的合同，大部分系“禁运”物资。同年9月，我促进会展览团参加维也纳博览会展出，并由我促进会和奥东西贸易协会签署了中奥经济学家、工商业者、技术人员相互访问议定书。1957年12月，以冀朝鼎同志为首的中国经济技术访问团在英访问后赴奥进行参观访问。1958年4月，由奥东西贸易协会组织的技术代表团来我国进行访问。1959年9月我促进会展览团（冀朝鼎同志为团长）参加了维也纳博览会展出。展出期间奥一小部分反动分子借口我仿造其打火机，对我进行污蔑并破坏我展览工作，奥法院并企图使我出庭受审。经我坚决斗争，奥始撤销讼案。我为揭露反动分子阴谋，以展览团名义发表了公开声明并由新华社发布了消息。接着，我决定暂停对奥贸易。由于我坚决斗争，在奥工商界的压力下，奥地利外交部长克莱斯基两次致函我促进会冀朝鼎同志，希望我不要因此而中断对奥贸易。针对奥方的这种转变，我已逐步恢复对奥的小额进口贸易。

（三）贸易额

单位：万美元

年　份	贸易总额	进口	出口	差额
1949	11	11		－11
1950	11	11		－11
1951	3	3		－3
1952	6	6		－6

续表

年　份	贸易总额	进口	出口	差额
1953	101	100	1	-99
1954	153	153		-153
1955	108	105	3	-102
1956	745	685	60	-625
1957	1 091	1 050	41	-1 009
1958	1 696	1 590	106	-1 484
1959	1 891	1 820	71	-1 749
1960（1—8月）	901	865	36	-829

注：除1949年数字根据我国海关册外，余均系计划局统计。

（四）商品结构

进口：黑色金属、化学肥料、仪器、土建机械、轴承、有色金属、金属切削机床、电工设备挖土机、建筑材料、电炉、水泵、汽车、农药、化工原料、蜡纸、电容器纸、空气压缩机、医疗器械、医药等。

出口：羊绒、干蛋品、湿蛋品、大米、丝绸、玉米、大麻、白瓜子、干菜、干果、蜂蜜、手工艺品、地毯、硬脂酸等。

七、我国同比利时贸易情况

（一）对比利时贸易的方针

比利时政府在政治上敌视我国，追随美帝制造“两个中国”的阴谋，在对我贸易上实行“贸易与政治分离”的做法，只图经济实惠，不愿承担任何政治义务。因此，我对比贸易采取冷淡的方针。最近为了配合支持刚果人民的斗争，对于自比进口，更要加以控制和压缩。对比官方及半官方应抱冷淡的态度，不考虑和比利时签订任何形式的贸易协定，不接待和派出贸易代表团。对民间业务往来，在对我政治上、经济上都有利的条件下，仍可适当维持。

（二）贸易关系发展简况

1. 1952年比利时对我执行“禁运”后，我自比进口锐减。1952年我贸易访问团访比，1955年底比工业联合会贸易访问团来华答访，此后随着“禁运”的瓦解以及我自比直接进口大量化肥和钢材，贸易额遂迅速增加。1959年，由于比政府在政治上对我敌视，我压缩了自比进口，故贸易又有所下降。

2. 我曾通过比议会代表团团长、下议院议长胡斯曼，并直接联系争取参加1958年布鲁塞尔世界博览会，但比政府在美国压力下，借口两国无外交关系，拒绝邀我参加。

3. 1956年比议会代表团和1957年比经济学家代表团来访时，我部雷任民、卢绪章副部长曾分别举行座谈会，和他们就发展中比贸易问题交换意见；我经济技术代表团也于1957年访问了比利时，比政府外贸大臣、经济大臣分别接见了我代表团团长，表示对我开展贸易的愿望。

（三）贸易额

单位：万美元

年　份	贸易总额	进口	出口	差额
1929	3 241	2 793	448	-2 345
1950	1 247	716	531	-185
1951	2 127	2 069	58	-2 011
1952	885	869	16	-853
1953	2 512	2 439	73	-2 366
1954	507	459	48	-411
1955	1 050	941	109	-832
1956	1 827	1 597	230	-1 367
1957	3 272	3 171	101	-3 070
1958	5 565	5 333	232	-5 101
1959	4 825	4 508	317	-4 191
1960（1—8月）	4 668	4 417	251	-4 166

（四）商品结构

我进口：主要是化肥、钢材、有色金属、人造丝、羊毛条、电工机械、大型变压器、各种机械、钻石、汽车零件、化工染料、农药、照相X光胶片等。

我出口：主要是粮油（花生仁、油菜籽、蓖麻籽、芝麻、大米、桐油）、畜产品（猪鬃、肠衣、皮毛），其他有废棉、手工艺品、蛋品、棉布、日用百货等。

近年来我对比出口虽逐年有所增加，但由于我自比进口需要较大，而比对我商品需要较少，加以我纺织品向比输出还受到对方一定限制，所以历年来我逆差甚大，1959年，进口仍为出口的14倍。

（五）目前存在的问题

比华比银行冻结我中国银行美元存款问题：我上海、天津中国银行存在华比银行的美金存款1 017万美元，在1950年朝鲜战发爆发后，被比方无理冻结，屡经交涉，迄未归还。

八、我国同荷兰贸易情况

（一）对荷兰贸易的方针

荷兰虽与我半建交，但在政治上对我采取敌视态度，追随美帝搞“两个中国”，在贸易上对我比较积极，以求扩大出口。根据中荷贸易现状，我对荷贸易采取比较冷淡的方针，对荷官方和半官方经济贸易人士，仍应保持接触和礼遇，但不搞官方贸易协定，一切业务往来在民间基础上进行，对荷兰在航运及转口贸易上的有利条件，应充分加以利用。

（二）贸易关系发展简况

1954年12月，荷兰中央对外经济组织贸易代表团来我国访问，1956年我国际贸易促进会访问团去荷兰进行访问，对中荷贸易起了一定的推动作用；同时随着“禁运”的瓦解，以及我增加了对荷兰化肥的进口，1955年以来，中荷贸易获得了一定的发展。

自我贸易访问团访荷后，荷方又数次要求再度组织贸易访问团来我国访问，我由于荷兰政府对我采取敌视态度，业务上需要也不大，未予肯定答复。今年以来，荷方已没有再正式提起此事。

（三）贸易额

单位：万美元

年 份	贸易总额	进口	出口	差额
1929	5 578	1 293	4 285	+2 992
1950	2 179	173	2 006	+1 833
1951	510	79	431	+352
1952	268	28	240	+212
1953	1 022	632	390	-242
1954	319	109	210	+101
1955	1 693	1 253	400	-813
1956	1 625	1 232	393	-839
1957	903	469	434	+35
1958	2 218	1 427	791	-636
1959	1 672	1 026	646	-380
1960（1—8月）	1 456	1 069	387	-682

（四）商品结构

我自荷进口商品：主要是化肥、化工原料、染料、医药等化学品，其他有镍、铝等有色金属，钢材、机械、仪器及工具，人造丝、纸张等。

我向荷出口商品：主要是油籽和油（大豆、花生仁、花生果、桐油、菜油、棉籽油等）、杂豆、畜产品（猪鬃、肠衣、各种皮毛等）、其他有蛋品、滑石、花边台布、陶瓷器、中药材、麻类等土产品、硫化碱、日用百货等。

九、我国同丹麦贸易情况

（一）对丹麦贸易的方针

丹麦为北大西洋公约成员国之一，经济上同英国及西德关系都很深。政治上对北大西洋公约有离心倾向。我对丹麦贸易是在已建立政府间正常贸易关系的基础上，本着平等互利、互通有无的原则，采取维持和逐步发展的方针。

（二）贸易关系发展简况

1. 1957年丹政府派贸易代表团来北京谈判签订中丹贸易协定，12月1日签字。协定中规定了关税航运最惠国待遇条款。

2. 1958年12月6日我政府贸易代表团访问丹麦，受到友好的接待。

3. 丹麦宝隆洋行（中国贸易老手）董事长阿克赛亲王应我外交学会邀请访华。他曾向周总理、陈毅副总理、叶部长提出开辟北欧到中国的航线问题，叶部长曾侧面拒绝。阿克赛返国后还来电表示可转售美国或法国密封飞机给我国，我未肯定答复。

4. 1959年以来我同丹麦贸易往来有所发展，1960年2月，我还向丹订购了水泥厂设备，值580万美元。

5. 1959年丹麦正式向我提出备忘录，对我纺织品进口配额为1 200万丹克郎（约173万美元），1960年未变。对我瓷器、工艺品等商品的进口掌握也很严，进口商必须缴纳80%的美元补贴以后方得准许进口。

（三）贸易额

单位：万美元

年　份	贸易总额	进口	出口	差额
1936	316	70	246	+176
1950	283	3	280	+277
1951	393	34	359	+325
1952	16	15	1	-14
1953	692	52	640	+588
1954	108	67	45	-22
1955	230	136	94	-42
1956	627	326	301	-25
1957	501	389	112	-277
1958	1 143	464	679	+215
1959	1 510	684	826	+142
1960（1—8）	950	298	652	+354

注：1936年系解放前最高年。

近10年来中丹贸易有如下特点：1952年受“禁运”的影响贸易额剧降；1953年前几年我对丹出口大大多于进口；1953年以后进口逐年增加，进出口基本上达到平衡；1958—1960年1—8月份又有些出超。

（四）商品结构

从丹进口主要商品有：农药、西药、肥料、货船、仪器、电动机、柴油机、冷冻机（丹麦著名产品是农畜产品、柴油机、冷冻机、农药），向丹出口主要商品有：大豆、桐油、羽毛、丝绸、大米、锑、桃仁、台布、棉布、手工艺品等。

十、我国同挪威贸易情况

（一）对挪威贸易的方针

挪威为北大西洋集团成员国之一，但有离心倾向，挪政府在西藏叛乱问题上诽谤我国，经我抗议后有收敛，最近挪政府又主动采取措施，希望改善两国关系。为扩大挪威对美英帝国主义的离心倾向，我对挪威贸易仍应本着两国已签订贸易协定的精神，根据平等互利、互通有无的原则，采取继续维持的方针。

（二）贸易关系发展简况

1. 1953年底挪威驻芬大使向我驻芬大使耿飚表示愿与我签订贸易协定，后来两国政府为签订贸易协定事曾不断联系，但挪方顾虑很多，也并不积极，故当时未签订。1956年末中挪互派商务专员，贸易有所发展。

2. 1958年6月4日签订了中挪贸易和支付协定，协定条款中订有关税和航运最惠国待遇。

3. 1958年12月6日我政府贸易代表团由白认部长助理率领访问挪威，除参观工厂外并和挪官方及工商界进行广泛接触。1958年11月挪威电气化学厂董事访问我国时与五金公司作成交易。

4. 1959年3月我派去租船代表常驻挪威，洽租船只。

（三）贸易额

单位：万美元

年　份	贸易总额	进口	出口	差额
1946	537	521	16	-505
1950	402	331	71	-260
1951	23	18	5	-13
1952	128	2	126	+124
1953	5.3	5	0.3	-4.7
1954	2		7	+2
1955	19		19	+19
1956	143	102	41	-61
1957	192	160	32	-128
1958	377	209	168	-41
1959	823	710	113	-597
1960（1—8）	297	213	84	-129

1946年为解放前最高年，1951年由于挪威政府追随美国对我实行禁运，贸易关系几乎中断，1954年中挪建交后贸易逐渐好转，1959年进出口额达到823万美元，大大超过过去最高水平。

（四）商品结构

我从挪进口的主要商品有：铝、尿素、薄钢板、钢丝绳、福美林、镁、变压器、船舶、纸张、仪器等，我主要出口商品有：桐油、大豆、大米、亚麻籽、猪肠衣、水果罐头、地毯、厂绸、衬衣、棉布、松香、骨胶、针织品、手工艺品、桃仁、薄荷油、羊毛针织品、热水瓶、电池、电筒、滑石块。

十一、我国同瑞典贸易情况

（一）对瑞典贸易的方针

瑞典在经济上是北欧最发达的国家，在政治上近100多年来一直保持“中立”，现在对外仍采取不结盟政策。中瑞两国政府间签有贸易协定，我们对瑞典的贸易是本着平等互利、互通有无，继续采取维持和逐步发展的方针。

（二）贸易关系发展简况

1. 1955年5月瑞典工商界贸易代表团访华，曾与我公司和银行洽谈业务。1956年我向瑞典工厂订购大批钻探机达2 500万美元，引起瑞典工商界和官方的重视。

2. 1957年11月8日签订了中瑞贸易协定，协定中规定了两国间互享关税及航运上最惠国待遇。

3. 1958年以来瑞典四大垄断家族之一荣生集团、皮林福公司、瑞典造纸协会、培也公司、狄法伯特公司、钻探机厂、瑞典联合钢厂、瑞典批发商协会组成的旅行团等厂商先后来华访问，并洽谈贸易。瑞典布义耳财团头子布义耳亦将于今秋来华访问。

4. 1959年5月间我政府贸易代表团访问瑞典，受到瑞典政府和工商界的热烈欢迎。

5. 瑞典政府对我纺织品的进口内部掌握有限额，但并不限死，经过斗争交涉也放松一些。1960年配额为1953万克朗（折合377万美元）。

（三）贸易额

单位：万美元

年 份	贸易总额	进口	出口	差额
1946	796	686	110	-576
1950	261	185	76	-109
1951	190	94	96	+2
1952	39	38	1	-37
1953	193	178	15	-163
1954	95	76	19	-57
1955	326	186	140	-46
1956	663	518	145	-373
1957	3 197	3 086	111	-2 975
1958	2 710	2 413	297	-2 116
1959	1 901	1 542	359	-1 183
1960（1—8月）	1 225	996	229	-767

中瑞贸易额解放前1946年是最高的一年，1951年后瑞典虽未公开参加“禁运”，但实际上也执行了美国的“禁运”政策，因此贸易额大大下降。1955年以来逐渐增加，并大大超过以往水平，但进出口是不平衡的。我进口大于出口，1957年我逆差竟达2 975万美元，进口等于出口的27倍，近两年逆差稍有下降。

（四）商品结构

我从瑞典进口主要商品有：钻探机、滚球轴承、空气压缩机、杂项机械、仪器、无缝钢管、碳素钢板、不锈钢板、金属制品、黑铁皮、铝、镍及压延钢材、化工原料、医药、医疗器材、纸张、人造丝、人造棉（瑞典著名产品是优质钢、滚珠轴承、机械和精密仪器）我向瑞典出口主要商品有：大豆、花生油、桐油、大麻子、矿产、畜产、食品、丝绸、棉布、棉针织品、土产。

十二、我国同芬兰贸易情况

（一）对芬兰贸易的方针

芬兰对外执行友苏睦邻、和平中立政策。我对芬贸易本着平等互利和争取友好的精神，采取维持、巩固和逐步发展的方针。

1958年时，芬兰右派执政，不积极执行中芬贸易协定，对社会主义国家也不友好，我曾一度停止了自芬进口订货，并推迟了1958—1959年度贸易协定的谈判，对芬施加了压力，直至1959年春，芬政府改由农民党苏克西莱宁当总理，恢复了友苏中立政策，表示了积极履行中芬贸易协定，才与对方继续商讨新的贸易协定。

（二）贸易发展关系情况

自1952年以来，两国贸易关系有所发展，贸易额现在已为解放前最高年份的10倍。

1. 1952年4月在莫斯科国际经济会议上，我国代表团同芬代表团接触，并通过苏联介绍，于同年9月，签订中、苏、芬三角贸易协定。

2. 1953、1954、1955、1957年及1959年11月，芬兰政府曾先后派贸易代表团来京谈判签订贸易协定，1956年3月签订关税航行最惠国待遇换文。

3. 1954年日内瓦会议后，我雷副部长应芬兰政府邀请赴芬作友好访问，兹后，并在北京签订了补充贸易议定书。

4. 1956年和1959年3月我曾先后派贸易代表团去芬谈判签订贸易协定。

（三）贸易额

单位：万美元

年　份	贸易总额	进口	出口	差额	年　份	贸易总额	进口	出口	差额
1946	201	201		-201	1955	1 715	1 135	580	-555
1950	66	66		-66	1956	1 977	928	1 049	+121
1951	4	4		-4	1957	2 034	1 072	962	-110
1952	314	314		-314	1958	1 565	822	743	-79
1953	2 568	1 714	854	-860	1959	3 029	1 838	1 191	-648
1954	1 605	426	1 179	+753	1960（1—8月）	899	307	592	+285

注：1946年为解放前贸易额最高年。

1952年以后，中芬两国政府每年签有年度贸易协定，规定各出口等值的贸易额，具体规定及实际履行金额如下：

单位：万卢布

项　目	1953—1954	1954—1955	1955—1956	1956—1957	1957—1958	1958—1959	1959—1960.10
协定规定各出口	4 700	6 200	6 000	6 100	5 000	4 300	5 000
进口完成	4 022	4 911	5 867	6 002	4 667	4 059	2 768
出口完成	3 975	5 283	4 789	5 811	4 848	4 515	2 735
差额	-47	+372	-1 078	-191	+181	+456	-33

（四）商品结构

进口主要商品：新闻纸（4.5万吨）、纸浆（6.9万吨）、印刷纸（1.2万吨）、道林纸（2.8万吨）、牛皮纸（0.7万吨）、工业用纸、货船（8 500吨的一艘，3 200吨的六艘）、油船（4 200吨的2艘）、造纸机成套设备（5台）、铜3 700吨、电动机、挖土机、拖拉机、锅炉、人造纤维。

出口主要商品：大豆（29.9万吨）、桐油、各种油及油籽、大米、苹果、罐头、蛋品、丝绸、茶叶、畜产品、锡、锑、棉纺及针织品、渔网渔线、土特产品、手工艺品（我出口的大豆、油料、蛋品、茶叶、羽毛、猪鬃、桐油、锡等大部分由芬兰转口至别国销售）。

（五）目前存在的问题

1959—1960年度贸易协定估计纸张执行60%，其余约40%即2 000万卢布不能执行。其原因主要是：我出口货方面有蛋品、粮油、肠衣等1 286万卢布目前不能供应或不出口，其余尚有苹果、棉布等7种商品总值470万卢布，因规格品种、交货期、包装等问题对不上口径，也不能达成交易，此外有348万卢布属于“其他”类，没有具体安排商品。在我进口方面，有纸张310万卢布、机械类和其他类300万卢布以及裸铜丝导线200吨因无货单或刹车关系，不能履行；管道设备及压光机975万卢布，因芬方报价高，谈不成生意。

十三、我国同希腊贸易情况

（一）对希腊贸易的方针

希腊为北大西洋公约组织成员，对我国态度不友好，同蒋帮的关系比较密切。加以两国可交换的商品极少（希腊大宗出口商品是烟叶、棉花、葡萄干等），贸易发展可能性很有限。但希腊还是一个受压迫的国家，希腊人民对我很友好，因此我对希贸易方针应根据我需要与可能，在民间易货的基础上设法逐步开展。

（二）贸易关系发展情况

由于希腊政府对我国不友好，自我国解放直到 1955 年，中希贸易一直处于停顿状态。1955 年后开始有些接触：（1）1956 年希腊前财政大臣安格洛普罗斯率领一个代表团访华，同我有关贸易单位作了接触；（2）1958 年 9 月以马布洛斯为首的希腊政治文化代表团来我国访问，除由我外贸部负责同志接谈外，陈毅副总理还接见了该代表团交谈了发展中希贸易和文化关系问题。该代表团曾积极要求开展中希贸易，要求签订两国银行间支付协定。当时指定我驻瑞士使馆同他们继续洽谈，但以后希方对此问题又转趋消沉，加之希腊政府与蒋匪帮签有长期贸易协定，往来密切，对我态度更趋恶劣，因此协定谈判未正式进行。此外有个别希腊商人来过我国访问。

（三）贸易额

自 1956 年以来，我同希腊做了些交易，但为数甚微。1960 年由于我向希腊购买一艘船舶，贸易额大有增长。

单位：千美元

年　份	贸易总额	进口	出口	差额
1956	241	240	1	-239
1957	49	31	18	-13
1958	29	11	18	+7
1959	23	16	7	-9
1960（1—8 月）	1 927	1 920	7	-1 913

（四）商品结构

我对希腊出口商品有食品、罐头、钢材、草帽辫、红茶、桂皮、针织品及纺织品等，我们从希腊进口的商品，1956 年进口 24 万美元，几乎全是烟叶，其他有研磨材料等零星商品。船舶也不是我们经常向希腊购买的项目。此外至今尚未发现希腊能为我国所经常需要的商品。

十四、我国同澳大利亚贸易情况

（一）对澳大利亚贸易的方针

澳大利亚政府在政治上对我不友好，一贯追随美帝制造“两个中国”的阴谋。我对澳大利亚的贸易方针是根据平等互利和需要与可能，进行民间性的贸易往来，反对其对我贸易歧视和政治、经济分开的两面手法，充分利用我大量进口羊毛条的资本，加强推销我出口货输澳。

（二）贸易关系发展简况

解放以来，我与澳大利亚官方无正式接触。1956 年澳驻港商务专员孟西斯以私人身份来华访问，探讨发展中澳两国贸易途径及其可能性。

1957 年澳工党以海伦为首的四人代表团访华，卢绪章副部长曾予接见，并商谈发展两国贸易的可能性。

1958 年我曾派国营公司代表及香港华润公司代表先后两次访问澳大利亚，推销我出口商品。

（三）贸易额

解放后中澳贸易额

单位：万美元

年　份	贸易总额	进口	出口	差额
1950	461.6	336.8	124.8	-212.0
1951	292.5	197.4	94.1	-102.3
1952	60.8	30.8	30.0	-0.8
1953	318.5	247.0	71.5	-175.5
1954	385.5	280.4	105.1	-175.3
1955	758.0	608.7	149.3	-459.4
1956	1 137.0	957.0	170.0	-797.0
1957	2 179.2	1 868.1	311.1	-1 557.0
1958	3 589.4	3 117.7	471.7	-2 646.0
1959	3 826.3	3 301.9	524.4	-2 777.5
1960（1—8 月）	2 835.2	2 038.3	346.9	-1 691.4

（四）商品结构

解放后我自澳大利亚进口，90% 以上是羊毛及毛条，1958 年自澳进口的五金钢材比 1957 年增加 10 余倍、（澳钢材年出口 20 余万吨，去年我进口占其出口数的一半）。我输澳主要商品有棉布、丝绸、针织品、手工艺品，其次为桐油、药材、核桃仁、茶叶、猪鬃、花生仁、麻帽、皮革，再次为冻鱼片、爆竹、硫磺块等。

（五）存在问题

我从澳进口值约等于我对澳出口值的6.7倍。造成这一巨大逆差的原因，固然也由于我对澳洲的羊毛及毛条和钢材的需求增加，但很重要的原因之一是由于澳政府对我不友好，对我出口商品有歧视和限制（实行内部控制的办法），致使我出口商品在澳洲市场未广泛打开。因此逐渐缩小逆差已成为中澳贸易中的重要问题了。

十五、我国同新西兰贸易情况

（一）对新西兰贸易的方针

新西兰现政府为工党执政。该党内部的左派与右派之间的矛盾尖锐，左派主张承认我国和发展两国贸易关系。我对新西兰的贸易是根据平等互利和需要与可能，适当发展。但双方交换商品范围有限，我进口羊毛多，其他商品（如乳制品）我需要很少；虽然我出口商品适合于新西兰市场需要的不少，但新西兰政府财政外汇困难，对进口我国商品采取歧视政策，因而由我国输入的不多。

（二）贸易关系发展简况

新西兰驻新加坡商务专员汉柏登在1958年9月以私人身份来华访问，了解中国市场并探讨开展两国贸易的可能性。我部卢副部长曾予接见。汉回国后向政府所作的报告一般反映良好，认为发展中新两国贸易很有前途。

新西兰工党议员弗里尔于1959年3月来访，弗是工党左派人物，积极支持建立两国关系，主张开展同社会主义国家的贸易。1958年在我赴澳新小组访问新西兰期间对我帮助很大。此外有个别新西兰商人来华访问。

（三）贸易额

几年来我同新西兰的贸易额有些增加，但主要是羊毛进口增加，1955年进口值50万美元，1956年80万美元，1957年140万美元，1958年300万美元，1959年398万美元，1960年1—8月即达589万美元；我对新西兰的出口很少，1955年出口6万美元，1956年与1955年相同，1957年9万美元，1958年32万美元，1959年31万美元，1960年1—8月也达32万美元。

十六、我国同加拿大贸易情况

（一）对加拿大贸易的方针

加拿大是北大西洋集团成员国之一，一向追随美帝。目前与蒋帮仍保持外交关系。但近年来加拿大经济情况不好，美加间矛盾加深，要求与我发展贸易关系。我对加拿大的贸易方针是在经济服从政治的原则下，根据需要与可能，在民间基础上适当发展贸易关系。由于加拿大是我出口货较大的市场，应积极加强推销我出口货，增加半官方和民间往来。

（二）贸易关系发展简况

1950年加拿大对我实行“禁运”。我国也于同年12月决定禁止出口货销加。自此以后，中加贸易大多通过香港或其他国家转口进行，贸易骤然下降。自1956年以来，我与加贸易界人士接触渐增，加驻港商务专员福西·史密斯、加皇家银行董事长分别来访。我华润公司两度派人去加访问，洽购小麦和推销我出口货，贸易额迅速扩大。1960年5月加驻港商务专员再度来访，表现不好，为美帝侵略政策辩护，向我挑衅。今年8月英国及加拿大合资的财团国际动力工程公司向我驻英代办处表示愿供我原子能电站、大型水热电站、新技术的工业设备，与我合资建造远洋轮船以及提供信贷等。

（三）贸易额

1956—1958年，中加贸易额由于接触增多而有所增加。1959年由于加政府对我出口货采取限制措施使中加贸易之发展受到一定影响。今年1—8月由于我向加购买了一批铝、镍、镁等有色金属和人造橡胶，使贸易额骤然上升。

单位：万美元

年　份	贸易总额	进口	出口	差额
1950	653	254	399	+145
1951	55	16	39	+23
1952	109	4	105	+101
1953	127	3	124	+121
1954	110	—	110	+110

续表

年　份	贸易总额	进口	出口	差额
1955	326	63	263	+200
1956	537	214	323	+109
1957	576	291	285	-6
1958	1 073	653	420	+233
1959	634	212	422	+210
1960（1—8月）	1 198	951	247	-704

资料来源：计划局统计。

（四）商品结构

我从加进口主要有肥田料、化工产品、医药、小麦、钢、镍、铝等。

我对加出口商品主要有核桃仁、花生仁、毛皮、桐油、锑、茶叶、猪鬃、丝绸、薄荷脑、棉布、鬃刷、缝纫机、香料油、胶鞋、味精、刺绣、抽纱、床单等等。

T5/9

二、西欧国家对我贸易动向

西欧国家的经济前景不妙，他们对出口市场就更加重视。自从1961年苏共22大以后，特别在我订购英国子爵号飞机以后，西欧国家对同我贸易的兴趣增大。其中除英国表现更为积极外，法国和意大利最为突出。他们一方面企图通过扩大对我贸易，进一步挤入我国市场，以捞取经济实惠，同时借以扩大中苏分歧；另一方面，英国和美、法、西德等国矛盾加深，想增加政治资本；法国想称霸小欧洲，向美国闹独立性；意大利范范尼政府想装饰其“中左”门面，并和马太义等左派争夺势力；都想利用对我贸易作为政治斗争中的一张牌。

今年来西欧国家的官方和我接触更为频繁，积极表示和我扩大贸易的愿望。英外交大臣、贸易大臣以及英驻中国外交官员在与我接触中一再表示希望扩大中英贸易，外交大臣霍姆接见我驻英代办时特别提到我买子爵号飞机增加了两国贸易的新内容。我化工专家以学术界人士身份去英参观展览，英政府竟小题大做，由贸易次长出面举行酒会，说是“欢迎中华人民共和国化学工业代表团”。4月英政府正式邀请我对外贸易部卢绪章副部长于今年内访问英国。法国驻瑞士商务参赞上半年访问我驻瑞士使馆10次以上，经常引见法国工商界重要人物同我谈贸易，并正式试探签订半官方性质的贸易协定，表示可以长期贷款方式供应我成套设备。意大利驻香港商务专员经常和我华润公司联系，提出由意大利工商业集团促进意大利公路建筑机构（据称后台是意最大国家垄断资本集团工业复兴公司）邀请我外贸公司组织代表团访意，说该项计划已征得总理范范尼和外交部、外贸部、机械部等有关部门的同意。该促进意大利公路建筑机构并有意筹组一个专门促进中意贸易的公司，邀请我公司参加。奥地利联邦商会邀请我驻瑞士商务参赞访奥时，主动安排奥外交部长和贸易部长接见，他们一方面解释奥不能同我建交的原因，另一方面又希望两国关系进一步密切，表示支持中奥贸易。

这些国家的政府为了配合促进对我贸易，在贸易和金融管制上都做了些姿态。英贸易部拒绝了国内农产品生产机构提出对我蛋品征收反倾销税的要求。英麦加利银行在获得英政府许可后归还我“冻结美金”款98万美元。法国将手工艺品、丝织品、食品、玻璃制品和陶瓷5种中国商品的进口配额从1961年总额500万法郎扩大为今年总额910万法郎。意驻香港商务专员在我抽纱经香港转销意大利的问题上也做了些努力。

西欧国家的工商界组织和大垄断厂商也积极和我联系。英国大垄断集团霍克、雪得莱以较维克斯集团更优惠的条件向我推销彗星号飞机，怡和洋行向我推销大型设备等，英国电气公司致电水利电力部建议为我三门峡电厂提供准备。法国雇主协会、对外贸易中心等希望和我互派代表团访问，邀请我组织代表团参观法国的航空、造船、化工、机械、电气、天然气等行业。法航空宇宙工业协会和南方航空公司向我推荐“快帆”号民用飞机和“影子”号直升飞机，永兴洋行招待我去香港参观“快帆”号飞机表演。此外，法国电机水利设备、化工、电气、汽车、造船等大工业集团都纷纷向我介绍产品、发送资料，并了解我需要。法国雇主协会为了以买求卖，还提出可考虑购买我无烟煤和工业用煤。意大利石油和天然气国家垄断资本国营碳化氢公司董事长马太义派代表团来中国洽谈化肥和天然气设备供应问题，并邀请我回访。西德克虏伯集团也要求访问中国。

在西欧国家中对我态度比较冷淡的是西德和瑞士。西德驻香港总领事曾要求参加今年春季广州交易会，但其主要意图是摸我情况。瑞士政府近年来对我贸易态度一直冷淡，1961年底瑞士反动势力掀起一次反东方贸易活动，范围之广，时间之长，为过去历次所不及。

对外贸易部办公厅编：《对外贸易资料》，第15期，1962年9月1日。4－15/4

对外贸易部办公厅编印：资料（增刊）：1961—1962年度中芬（兰）贸易协定执行情况和存在问题

1963年1月11日

（一）进出口均完成55%左右，银行账户上逆差一度超过摆动透支额180万卢布。

1961—1962年度中芬（兰）贸易协定有效期至1962年10月底止，我进口签订合同金额为437万卢布，占协定额780万卢布的56%，出口签订合同金额为425万卢布，占协定额54.5%。进出口我逆差12万卢布。

到1962年12月20日止在银行账户上，我欠芬兰已达178万卢布，接近协定规定的摆动透支额180万卢布，并且在同年11月下旬还曾一度超过摆动额。在银行账户上，我逆差扩大的原因，除贸易上逆差外，1962年我租用芬兰货船通过银行账户支付了租费73万卢布；预计了1963年以进养出的化学纸浆1万吨计89万卢布，加上过去结转下来的一部分逆差，使银行账户上的差额逐渐增大。估计在1963年一季度内，银行账户上差额仍将保持在150万卢布以上，还仍有可能会出现短期的超过摆动额的情况。

（二）进出口商品结构变化很大，我进口的纸浆、纸张等占进口总额的99.3%，出口的手工艺品、轻工业品、纺织品增长较大。

1961—1962年度协定执行结果，我进口商品中木材工业制品如纸浆、纸张、人造纤维、包装鸡蛋用纸模等我需要的商品占进口437万卢布的99.3%，而协定中规定的机械金属制品配额200万卢布，我们只进口了3万卢布。

我出口商品结构上也有显著变化。对粮谷油脂类商品的供应数量减少了，其中大豆供应了15 000吨，桐油供应了300吨，都比上一年度减少，而我对芬兰出口的工艺品、花边台布、棉纺织品、丝绸复制品、球鞋、文教用品等都有显著增长，有的已超过协定规定的配额。同上一年度比较，手工艺品类增加66%达25万卢布，轻工、纺织品类增加18%，达56万卢布。有些我货源较紧尽先卖自由外汇的如猪鬃、薄荷油（脑）、羽毛等都没有供应芬兰，也有个别商品是芬兰没有诚意购买，如苹果和罐头食品。

总的来说，协定的执行情况是对我有利的。虽然协定规定了各种商品的具体配额，但约束力不是很大。我们购买了最需要的商品，节省了自由外汇的支出，减少供应了我有困难的商品，增加了我有意推销的出口货。

从上述情况看来，芬兰对我国在贸易上的态度基本上还是友好的。我预计1963年度的纸浆和我推销超过配额的手工艺品和某些轻工、纺织品，芬兰政府工商部没有加以留难，都签发了许可证。

（三）1962—1963年度协定谈判主要问题是我进口机械少，出口粮油仍有困难，可能引起对我某些出口商品限制并减少供应我所需要的进口商品。

1962—1963年度贸易协定的谈判将在1月间开始。按惯例，今年谈判应在芬兰举行。目前中芬贸易中存在以下主要问题：

1. 1963年我进口计划，机械产品不多，而对芬兰的安排更少。1960年以前，我从芬兰进口，大体上是木材工业产品和机械产品各占一半的比例，其中机械工业产品又稍多于木材工业产品。但是近两三年来，由于我国内经济调整和以进养出的需要，对于机械产品需要大大减少，而对木材工业产品（如纸浆、纸张、包装材料、人造纤维）需要较多。机械工业和木材工业在芬兰出口贸易中均占较重要地位，芬政府为了平衡两大工业集团的利益，总是坚持在贸易协定中订立一定配额的机械金属产品。近两三年来，虽然协定中订立了机械配额，但在实际执行中，基本上都落空了。因此芬兰政府和机械工业集团对此是不满意的。他们曾表示希望我们不要忘掉“老朋友”。因为在美帝国主义禁运封锁期间，芬兰首先供应我货轮、油船、紫铜等重要商品。

2. 在出口方面今年我供应大豆和粮油商品仍有困难。但历年来，我对芬兰出口粮油产品约50%以上（大部分芬兰转口出售），大豆每年平均约5万吨。近两年来，对芬兰出口下降较大，粮油类商品更大大减少，而增加了对芬兰内销商品的出口。这种情况对我是有利的，今后仍应继续努力。但是在目前对芬兰纸浆等仍有相当需要的情况下，如不供应一定数量的粮油商品，势难平衡，我逆差超过摆动额后，我们也将支付自由外汇。近两年因减少供应大豆，芬方虽有意见，但也无话说。现在我宣传农业情况已逐渐好转，如1963年对芬兰继续减少供应，对外将造成不良政治影响。

3. 纺织品、轻工业品、手工艺品是我有意扩大向芬出口的商品，近两年来销售量也确有较大增长，芬方对我尚无限制。但是今后如果我们既不买芬兰的机械金属制品，又不考虑适当供应粮油等畅销物资，只是想推销我要推销的商品，有可能会引起芬政府采取限制对我某些出口商品的措施。而在目前我在贸易上长时期处于逆差的情况下，也可能促使采取减少供应我急需的纸浆等商品对我报复。

4－15/4

刘少奇主席谈发展中瑞（士）两国贸易问题

1963年9月18日

今年7月17日刘少奇主席接见瑞士新任驻华大使汉斯·凯乐时曾谈到发展中瑞两国贸易的问题。关于这个问题有以下的一段对话：

凯乐：如果我理解是正确的话，中国从苏联和东欧进口少了，需要从瑞士或其他国家多进口些。

刘主席：是这样。

凯：瑞士可以提供过去苏联提供的一部分设备。

刘：可以。中国市场很大，需要的很多。

凯：中国从苏联的进口是否将进一步缩减？

刘：可能。

凯：从东欧也是如此？

刘：同样。

凯：我知道这些国家能提供的东西瑞士也能提供。中苏贸易是否受到中苏会谈的影响？

刘：不一定。

凯：我不是这方面的专家，只是从报刊上看到一些消息。

刘：不一定，会谈结果的好坏不会影响贸易。因为双方都需要，他们更需要些。我们比较的结果，从苏联进口的设备，价钱不一定便宜，质量也不一定好。我们也想从其他国家进口，来比较一下。

凯：削减对苏贸易是否属于经济原因？

刘：是的。我们欠了他们一些账，已经快还完了。明年或者后年就可以还完。以后不要还账，外汇就可省下来了。这是第一个原因。第二个原因是因为我们遭受了自然灾害，农业减产，进口了大批粮食。现在我们农业好转了，不需要再进口粮食了，就可以省下钱买其他东西。买粮食费外汇很多。

凯：是的。看来我们的贸易前景很可观。

刘：你们要出口我们需要的，不要出口些

可要可不要的，而要出口我们最需要的。大使阁下，我们需要建很多工厂，要建设化学、仪表、机械和其他工业。可能你会认为我们建成了，就不再买你们的了。这是可能的。但是，也要想一想，你们不卖给我们，我们还是要建设起来的。

凯：根据我的经验，一个国家工业现代化了，胃口就更大了，需要就更多了。我们并不害怕这点。

刘：对的。我们建设了，还要买你们的机器。我们的需要还很多。

凯：我们也感到这点。我们愿意提供更多的东西。

刘：很好，我们找到了共同语言。

3－2/1

对外贸易部办公厅：西德积极试探扩大对华贸易

1963年11月25日

半年来，西德对我贸易活动的主要情况如下：

一、西德官方积极设法向我试探扩大中国和西德贸易的可能性，并向我提出互设商务机构的问题

今年五月，西德外交部远东司司长巴斯勒通过西德李可墨班轮公司向我提出互设商务机构的问题。另外，巴还通过李可墨向我透露，艾哈德政府不考虑同台湾建交，可以考虑同中国贸易的迟期付款问题。十一月巴随其总统吕布克访问香港时，又通过西德美最时洋行介绍，巴同我华润公司进行了接触，巴除再次向我提出互设商务机构的问题外（据了解，西德同波兰互设有商务机构，同罗马尼亚、匈牙利也已谈定互设商务机构，现正考虑同捷克谈判互设商务机构问题），并希望今后在伯尔尼和伦敦同我接触。

今年五月，西德驻香港副领事柯德来广州参加交易会时，提出西德工业界拟在北京举办大型展览会和签订贸易协议等问题。十月底柯德访我华润公司时称，他能直接访华润公司，是西德政府对华政策的改善，在此以前，西德政府是不准许他直接同我华润公司接触的。柯还表示，他将向西德政府提出几项建议：即（1）建议西德政府邀请卢绪章副部长访问西德；（2）建议在西德举办中国展览会；（3）签订两国贸易协定。十一月柯德再次来广州参加交易会，除了继续向我提出以上问题外，并表示西德政府支持我派代表团访问西德，今后如我有代表团访问西德，希望在波恩停留（过去，我去西德的人员均不在波恩停留）。

此外，西德外长施罗德十一月随其总统吕布克访问亚洲一些国家和地区时，在香港和日本均谈判，西德对中国有可能采取比较灵活的态度。但他回避记者向他提出的有关中国和西德建交的问题。

二、西德半官方机构——“东方委员会”要求派人访华，同我讨论发展贸易问题

西德“东方委员会”委员、机械工业协会出口委员会主席、工业协会出口委员会委员、德马克重型机械集团董事舒尔茨偕“东方委员会”中国组秘书、机械工业协会副经理奥都阿德和“东方委员会”中国组主席、曼奈斯曼钢铁集团董事胡夫纳格尔等将分别于十一月和十二月来华访问，拟同我讨论发展贸易问题。

八月和十月，“东方委员会”负责人基尔希诺两次访问我驻瑞士商参处，向我透露，西德政府对“东方贸易”将有所松动，近期可能采取一些有利于中国商品进口的措施；在西德政府提供出口信贷（指迟期付款问题）保证方面，有可能对中国例外地给予优惠条件（西德政府对社会主义国家不给长期出口信贷保证）。

三、西德工业界纷纷要求访华，都表示愿意向我提供成套设备，有的还表示，在一定限额内可以考虑同我做迟期付款的交易

西德工业界对我贸易的态度更为积极。到目前为止，已有克虏伯钢铁集团、曼奈斯曼钢铁集团、德马克重型机械集团、莱茵钢铁集团

以及属于法本化学集团的西尔士化工厂等要求访华。他们都表示愿意向我提供成套设备，如曼奈斯曼集团愿向我提供无缝钢管厂设备和钢铁焊接技术；克虏伯集团愿供化工设备、钢铁厂设备；属于法本集团的拜耳染料厂愿供化工设备和产品，并两次提出同我易货。西门子电机集团和曼奈斯曼集团还表示，在一千万西德马克以内的交易可以考虑迟期付款问题。莱茵钢铁集团也表示，如果西德政府不提供出口信贷保证，他们准备自己承担风险。

此外，前西德自由民主党议员、德中协会副主席施万八月派其同事霍曼夫去访我驻民主德国使馆，向我提出：（1）拟派一个经济代表团访华，代表团可能包括西德司法部长布赫（如布不在艾哈德内阁当部长）和前议员腊往马赫（自由民主党人）；（2）组织一百五十家西德和西柏林厂商同我签订一个两到三亿西德马克的民间贸易协定。

从上述情况看来，西德在对我贸易的做法和活动上，比过去松动和积极。对西德贸易的政策和做法，我部正同外交部研究中。

4－15/8

中法建交以后西方国家对我贸易动态

1964 年 3 月 13 日

西方国家的官方半官方和厂商都在访华、互设商务机构和签订贸易协定等问题上积极活动，唯西德政府反应冷淡。

中法建交以后，除了法国厂商和工商团体积极向我开展贸易活动以外，其他西方国家厂商团体也很活跃，有些人来信祝贺中法建交，要求开展贸易，有些人要求访华，有些人争先向我洽售成套设备。主要特点是政府和官方活动正在增加，从今年一月底到现在，提议由官方和半官方来访华的五起，计有英国贸易大臣希思、挪威官方代表团、乌拉圭驻罗马尼亚代办、奥地利联邦商会代表团及比利时中央经济理事会代表团等。试探互设商务代表机构的三起，计意大利、阿根廷及比利时。现将有关情况分述如下：

法国：法国厂商、团体积极向我开展贸易活动，法国石油公司今年二月初派人来访，卖给我航空汽油及煤油三万二千吨，总值一百四十万美元；法国工作母机制造厂联合会小组和法国选煤公司远东经理及法国对外贸易中心展览部设计师等正在北京访问，分别与我洽谈贸易和今年九月在北京举办法国仪器展览等问题：法国造船协会亦将派小组来华，洽购购船业务。据法国驻香港商务专员透露，法厂商向他查询对华贸易问题的信件比平时多十几倍，他们答复信件忙碌的情形是第二次世界大战之后所未有过的，并称法国有人提议在香港设立厂商联合组织机构，以便直接与我在香港的公司接洽生意，也有人提议开辟法国、香港到中国的航空线等等。

英国：一月二十八日英贸易部司长向我驻英商务参赞表示，现任贸易大臣希思很愿访华，时间上因大选前夕，不能脱身，愿在十一月当英国在京举办展览时“比较理想”；二月二十日英贸易部又约见我驻英商务参赞说，英国政府已通过其驻华代办告我方，希思愿在十一月份访华，并为英国展览揭幕；二月二十一日英国贸易部副部长杜克恩在英国中英贸易理事会举行的记者招待会上讲话时，宣布说希思希望能在十一月访华，并为英国展览揭幕；二月二十日英国驻华代办给卢绪章副部长来信说，希思今春不能访华，今年晚些时候能否访华由于同一原因也有不定因素，但希恩仍愿了解如十一月份访华是否对中国政府方便，以便参加英国展览揭幕式。

从以上情况看，英国正加紧活动，匆忙宣布希思要来访华，显系另有用意。此外英贸易部副部长在讲话时还说：“英政府政策是鼓励开展对中国的和平贸易”，英贸易部全力支持在北京的展览，强调展览重要性，是最好时机，是西方在北京最大的一次展出，英国产品在品质、价格和交货期上有信心与任何方面竞争，希望一九六四年对华出口增至两千万英镑等等。同时他在答记者提问时，重申英国坚持禁运，坚持配额进口和不依赖社会主义国家贸易的三条政策。由此情况说明，英对华贸易基本政策未变，但在中法建交以后，积极推动对我出口，争先与其他国家竞争，获取经济实惠。

意大利：意大利驻香港商务专员圣覃尼罗二月初向我华润公司提出，意大利方面建议在北京和罗马互设商务机构，是采官方或半官方形式可以进一步商谈。圣还称："意外交部长表示意的态度是开放着的，意思是要重新考虑，过去意要待中国进入联合国后才同中国建交。现社会党总书记说，意让戴高乐走在前头承认中国是错误的，不管美国反对，也要承认中国"等等。

比利时：去年底比利时中央经济理事会提出要组织比利时工商界于今年三月访华。今年二月十日比中友协执委告我驻荷兰代办处，比半官方组织外贸局局长孟非斯要以半官方观察员身份参加比访华代表团来北京与我谈：(1)在北京设立永久性的代表机构；(2)一九六五年在北京举办比技术展览；(3)邀请由中国国际贸易促进委员会率领的代表团访比等三个问题。

据我驻荷兰代办处报告，比中协会告我说，比外交部与比银行曾开会研究华比银行对我在该行的美元存款解冻问题，银行界要求比政府向美国政府交涉尽早解冻，但可能性较小，于是他们想用贷款由比银行向我贷款一千万美元，由我用以向比订货。

挪威：挪外交部政商司科长二月十五日在约见我驻挪商务专员时，将他们对几种商品发证的情况告我后，提出挪威计划组织两个小型代表团访华，一个是私人企业方面的，一个是官方的，时间可能安排在秋季，现仅是初步设想，定下来后，再告我。

奥地利：二月七日奥地利工业家协会向我驻瑞士商务处提出拟组织一个四五人的代表团访华，洽谈恢复与扩大两国贸易的原则问题。二月二十五日奥地利联邦商会政策部长和奥驻瑞士商务代表在会见我驻瑞士商务参赞时，提出拟于今年五至七月间派一个由该会主席或副主席率领的代表团访华，与我磋商开展两国间的贸易问题并签订中奥贸易协定。

西德：西德政府对中法建交反应冷淡，但厂商对同我贸易比较积极。西德政府去年年底曾授意东方委员会主席奥托沃尔夫来华访问，奥也曾打算与我商谈贸易协定和设立商务机构问题。二月十七日奥派人告我驻瑞士商参处说，西德政府已改变去年十月对我政策，因此奥访华不能解决实际问题，但奥本人仍想作友好访问，并拟组织一些厂商访华，要求我们支持他。此外西德莱茵钢厂最近提出拟组织七八人的代表团来访；汉诺威国际博览会邀请卢副部长去参观访问。

乌拉圭：最近乌拉圭驻罗马尼亚代办向我驻罗代办表示，乌很愿同中国来往，早已不愿和蒋帮保持关系。要求先来访华，同时商谈先建立贸易机构问题，再发展到建立正式外交关系。

巴西：巴西总统新闻秘书对报界宣布，将在巴西设立中华人民共和国商务办事处，它符合巴西扩大同世界各国的外交和贸易关系的政府，巴西也将在北京设立办事处。

阿根廷：在阿对外商业公司破产后，对售给我小麦合同不能执行。阿根廷政府谷物局愿供应我小麦，并在我华润公司副经理今年二月访阿期间先后同我签订两个关于卖小麦给我的协议，该局不顾美国压力和破坏，愿直接同我往来。阿经济部长主动接见我华润公司副经理，态度良好，表示愿同我合作。谷物局一委员说，直接向我做生意，是阿总统的特别命令。阿商业部长在接见我公司代表时表示：他和他的政府极愿同我开展贸易，并赞扬我国的建设成就，陪见的顾问和谷物局的一委员表示愿意访华。此外阿谷物局主席曾两次表示，盼几个月后能看到我国有人驻阿。暗示和试探建立商业机构。

除此之外，据我驻瑞士商参处报告，西欧一些国家和厂商有酝酿放宽"禁运"，向我兜售"禁运"设备和产品的动向，值得我们注意。据商人近来向我商参处反映，西欧共同市场六国虽就放宽“禁运”问题进行过讨论，法国主张放宽，最后表决为三比三，虽未作出公开决议，各国有自行其是的迹象。法商永兴洋行说，云雀飞机只要中国能买到二十五架，法国就愿意出售，法国防部考虑，只要贸易达到一定金额，如北大西洋联盟国家讨论此事，也值得争吵一番。法国圣戈宝集团反映，该集团生产的部分研究原子能的仪器和器材经同法原子能委员会磋商，现在法政府已同意可出售给我国。法国赫力克公司也表示愿联系向我出售石油化工方面的美国技术。许奈特集团也想把闲置的美国深井钻机转卖给中国。永兴洋行说法政府曾表示法商可以把用美国技术制造的产品卖给中国。意大利泰利初公司告可以向中国出售一万三千兆周的微波通讯设备。意大利诺亚公司主动要卖给我生产重水设备。意大利斯洛易公司主动上门愿卖给我英国不愿卖的四乙铅和生产四乙铅的设备。

另有迹象，在欧洲的美国资本企业也上门向我推销，美国在法国的安太克机床厂去访我驻瑞士商参处，提出可向我出售机床，并说美方也知此事。另两家在法国的美资电子仪器公司在与我访法石油小组接触时，也表示愿向我出售其产品。

外贸部办公厅编：《对外贸易情况简报》。4－15/8

（十）我对加拿大出口，由于我进口加小麦很受加人民欢迎，加当局被迫表示愿意增加从我进口额度，但又怕引起刺激。加小麦出口，对加财政经济关系很大，我购买小麦，在加人民中尤其是农民，影响很大。商人和社会人士同我们接触时，多提到应该买中国货物。自由党执政，地位并不稳固，明年又届大选。在人民压力之下，同时也不愿放弃对我的小麦市场，所以虽有美帝和本国工业资产阶级的压力，也不得不表现出愿意增加从我国进口额度的姿态。希望我所出口的是加不生产或生产不足的商品，但对工业品，尤其对于所谓“敏感性商品”，则始终戒备着。加总理皮尔逊、外长马丁最近都表示“不承认”我国，但又表示愿意同我进行贸易。贸易商业部长夏普说：一九六七年蒙特利尔的国际博览会，因未“承认”我国而不邀请我们参加，但愿同我贸易；并且表示希望我们“慎重地”利用加有经验的进口商，要“有秩序的推销”，对于“敏感性商品”不要使他们的市场“太受影响”，“不要搞一下子”。看来，加同我签订的“备忘录”，就体现着加方的这种态度。内中对我商品“限额”项目限制得很死，在已规定有商品品类的“限额”之下，对品种还有规定。以致我有的品种，为条件所限，不能出口或不能做满额度，而可以销售的，又为“限额”所阻，但都属同一品类。尽管如此，从加市场情况来看，我们有很多商品还是适合他们的需要的，经过努力，是可以扩大对加出口的。

我对加出口需要研究和解决的几个问题：

（一）扩大对加出口，需要选择适当的商品。（1）维持和发展我传统出口的或不受加限制的土产、食品和畜产类商品；（2）尽可能地在“限额”内多销一些；（3）积极地根据我们的可能，推销目前“非限额”的工业品和手工业品，但是一般的商品品种不要过于集中，一般品种数量不要过多；（4）各种商品的经营，仍应以中低档的、大路的、变化小的、或容易变化的商品为主。

（二）对不同的商品，建立不同的客户关系。根据加市场比较集中，商品各有渠道和商业情报灵通的情况，在我既定的政策和原则下：（1）着重利用佣金推销商和进口商，根据需要，对前者可建立代理性质的关系，对后者可建立包销性质的关系；（2）适当地利用兼营进口的批发商，必要时亦可建立包销性质的关系；（3）对工厂和零售商，除非为其专用或专制的商品，并为包销性质者外，一般不宜直接向它们推销；（4）大宗商品和传统商品已有若干客户，可以解决问题的，不一定再找包销代理；（5）新、小商品尽可能地物色包销或代理关系；对客户有兴趣包销（或代理）而我又无其他适当客户的商品，可以同意由其独家在一定时间内，保证销售最起码数量的试销；（6）新、小商品的代理佣金，必要时可比一般放宽；（7）在互利的条件下，对客户合理的业务性要求，应适当予以照顾和支持，对客户在政治上和经济上伤害我基本利益的要求的行为，应坚决进行必要的斗争。

（三）根据我们的可能，按加市场行销的需要，改进商品及其包装、装潢。（1）在对我政治上有利，生产上可能，价格上合算，有销售前途的原则下积极进行改进；（2）除积极推销其他市上行销的以外，要尽力试制适销的品种和花色；在取得一定保证的条件下，有选择地多接受来样定制；（3）在品质稳定的条件下，适当降低目前销售不合算的商品品质，并特定检验标准；（4）尽可能改木箱为纸箱；对包装装潢的计算和改进要表现商品特色；必要时，取得一定保证，有选择地接受客户提出的包装和装潢。

（四）明确合算的、能够向加各口岸出口的价格。若干商品低于向其他市场出口的价格，是否按不同商品，在保证其到岸价格有一定的创汇率的前提下，分别确定向加不同口岸的出口价格。

1. 对在其他市场畅销，而货源不多的商品，如有必要维持客户关系，可以不低于向其他市场出口的到岸价格，控制数量，组织出口。

2. 货源充沛，其他市场销售有余的商品，必要时可以低于向其他市场出口的到岸价格，但可控制在一定外汇创造率范围内。

3. 注意东西两部有无差价；我可左右市场的商品，要根据有无竞争者的情况，确定价格，以免低售。

4. 我组同客户成交的试订性质的交易，有的价格，不一定能作为今后大量成交价格的依据。

（五）适当地放宽付款条件。有条件地接受对方检验，除现在已能用信用证付款，而销售正常的商品以外，对我需要扩大推销的商品，可不坚持即期或远期信用证付款。（1）区别商品，采取大部分或小部分货值信用证光票付款（凭国外汇票付款，不带其他单据），其余货值，由银行托收，定期（有的可在货到后）凭全部单据付款；（2）少数商品，可采取大部分货值用普通证付款，其余货值承兑交单，定期付款。因风险较大，可酌情试行；（3）争取对方负担费用和利息；（4）当地规定必须受检验的商品，在有明确的标准和我货品质有把握的条件下，可接受对方检验，但合同上不宜写以对方检验为最后依据。

（六）设法降低运费，改进转船，加速到货。拟请外运公司作一专门问题研究解决。可以研究：（1）如何充分利用运粮船；（2）可否在由外国船公司或客户负责的条件下，在香港设法使货物从巴拿马运河经过；（3）由国内口岸经日本转船是否合算和可能；（4）在温哥华建立海陆联运的代理，直接同口岸外运公司发生关系，便于同加铁路讲价钱；（5）掌握欧洲转船的时间及用何船转加东部。

（七）抓紧推销时机，避免延期交货。（1）按不同的商品掌握时机，及时发复函电；及时寄送样品，必要时先以样本联系，避免乱发滥寄，亦可争取客户付款（或一部分），多寄几份；有选择地多邀一些客户来谈生意；主动报价，避免先要客户出价；对受国际市价波动影响的商品，及时调整价格，对一般商品应在适当的时候进行调整，避免一盘一变。（2）加强内部合同管理，统筹安排货源，避免随便通知客户延期交货。

（八）争取在适当的时候同加方修订“备忘录限额”。对我可多出，而对加市场无大影响的商品，如不能增加额度，争取与同类的，我不能多出的商品，进行适当调整。

关于对加拿大进行出口贸易的问题和意见，对外贸易部办公厅编：《对外贸易资料》，第12期，1964年6月24日。4－15/4

二、中奥贸易简况

解放后，我国同奥地利的贸易接触是在

1954年7月份开始的。当时奥地利东西方贸易委员会致函中国国际贸易促进委员会，提出拟组织代表团来我国洽谈贸易，但由于当时奥工商界对同我贸易并不积极，加上美国及奥政府的阻挠，拖延到1955年10月份，该代表团才初步组成，向我方提出了名单。

1955年12月，奥国营林兹化肥厂代表来访，同我成交了700万美元的化肥，在奥工商界产生一定的影响。

1956年，由奥东西方委员会和工业家联合会组成的奥工商代表团访问了我国，同我签订了总值555万英镑的合同。同年9月，我应邀参加了维也纳秋季国际博览会，并由我国际贸易促进会和奥东西方贸易委员会签署了中奥经济学家、工商业者和技术人员相互访问的议定书。从1956年起，中奥两国间的贸易额逐渐增加，双方往来接触也增多。1959年进出口贸易额曾达到1 790万美元。1959年9月，以冀朝鼎同志为首的我国际贸易促进会代表团参加维也纳博览会，奥一小撮反动分子借口我仿造其打火机对我进行污蔑和破坏。为了揭露奥反动分子的阴谋，当时我代表团曾发表了公开声明表示抗议。

1960年以后，中奥贸易额逐年减少，奥国内经济发展减缓，出口困难增加。共同市场对内实行减税，对奥的出口加强了歧视。目前，由于我国民经济已全面好转，对外贸易关系日益发展，特别是去年，我派出大量科学技术考察小组赴西欧活动，并在去年年底同一些西方国家签订了几项大型设备合同，引起了奥地利工商界的重视，而又酝酿同我扩大贸易。奥工业家协会中国组组长哈斯凌格（Haslinger）和奥联邦商会都先后向我驻瑞士使馆田犁春参赞表示愿意扩大中奥贸易和派代表团访华，并且主动提出准备同我签订贸易协议，要求甚为迫切。今年中法建交后，奥一般厂商来信也比以前有所增加。今年9月21日，奥联邦商会代表团来我国访问，就两国经济关系问题进行了谈判，并取得一致意见。奥工业家协会代表团已于10月28日来我国访问，并打算同我做一些具体交易。

我自奥进口的主要商品有钢材、化肥、机械、精密仪器、化工原料、轴承等。对奥主要出口商品有蛋品、大米、白瓜子、猪肠衣、羽毛、钨砂等。近几年来中奥贸易额情况如下：

单位：美元

年份	进出口总额	我自奥进口额	我对奥出口额
1956	9 200 633	8 613 386	587 247
1959	17 903 060	17 192 025	711 035
1960	12 698 763	12 216 414	482 349
1961	4 088 983	3 881 776	207 207
1962	1 731 757	1 393 178	338 579
1963	1 198 000	442 000	756 000

奥地利经济情况和中奥贸易简况，对外贸易部办公厅编：《对外贸易资料》，第19期，1964年10月29日。4－15/4

一、中丹贸易情况

中丹贸易往来由来已久，但直到新中国成立以后才有所发展。1950年中丹两国建立了外交关系，1957年签订了政府间的贸易协定和支付协定。总的说来，15年来中丹两国之间的贸易逐步有所发展，但在发展过程中也有曲折和斗争，大体上可划分为下列三个阶段：

（一）1950年中丹两国建立了外交关系，两国之间的贸易曾一度有所发展，但由于丹麦追随美帝对我实行“禁运”，1952年两国贸易几乎濒于停顿。

（二）朝鲜停战以后，随着我国国际地位日益提高，资本主义国家内部矛盾加深，同时由于丹麦本身经济困难，丹麦对我贸易渐趋积极。1953年丹方解除了抗生素对我出口的“禁运”，1955年派半官方贸易代表团来我国访问，1957年签订了两国政府间的贸易协定和支付协定。1958年我国政府贸易代表团在我部白认部长助理率领下访问了丹麦。1959年中丹两国之间贸易额为1 500万美元（我进口680万美元，出口820万美元），达到历史上最高水平。

（三）自1960年起，由于我进口商品结构发生变化，丹麦可供商品与我需要有时对不上口径，有的商品丹麦竞争能力差，加上我国遭受自然灾害的影响，我对丹麦的贸易又逐年下降，并且出现我连年出超的现象。1963年我对丹麦的出口为422万美元，进口为87万美元，我出超335万美元。1964年虽经我努力增加从丹麦进口，使我从丹麦进口回升到137万美元，但我出口也回升到817万美元，我方仍出超很大。

在商品结构上，我对丹麦出口的主要是油籽、油料、羽毛等传统出口商品，近年来工业品比重逐渐增加，现在已占我对丹出口额的28%。在我进口方面，1958年以前主要是抗生素，1958年以后，除染料、农药外，还从丹麦进口过货船、空气压缩机、柴油机车、仪器及水泥机等。

我国同丹麦之间的贸易关系，对外贸易部办公厅编：《对外贸易资料》，第2期，1965年2月5日。4－15/4

四、对港、澳地区贸易情况

中共中央关于保证供应对港澳副食品出口的紧急通知

1959年3月

据广东省委反映，最近各地对港澳副食品出口的供应情况又不大好，主要是各地都未能完成出口供货计划。根据中央分配数字，各地完成情况如下：二月份广西完成生猪百分之九十五点九，牛百分之八十二点八五，家禽百分之八点三二；湖南完成生猪百分之三十五点七二，家禽百分之八点四五；福建完成生猪百分之三十五点九六，牛百分之一点六；湖北完成家禽百分之零点六。三月（一至二十日）完成数字更趋下降，广西只完成生猪百分之三十四点七五，牛百分之八十五点七一，家禽百分之七点一一；湖南只完成生猪百分之三十三点八四，蛋百分之九十五点六二；福建只完成生猪百分之二十点四五，牛百分之九点六；湖北完成蛋百分之五十一点八九。从以上完成数字看来，情况是比较严重的，特别是陶铸同志曾在港澳人士座谈会上说过，对大米、蔬菜、生猪、菜牛按照他们所提出的数目保证供应。因此，如不迅速扭转这一供应紧张的情况，将造成不良的政治影响。对港澳出口副食品的供应，除广东应该尽最大的努力外，其他有关各省（自治区）也必须将对港澳出口的副食品的供应工作作为一项政治任务来保证完成，必须立即采取有效措施，保证按照中央安排的对港澳副食品出口数字如期供应。

Z10－71－13

日本加紧对香港贸易扩张

日本对香港的贸易扩张活动正在加紧进行。按香港海关册统计，一九五九年日本对港输出总额达七亿六千九百万港元（折合一亿二千九百万美元），比一九五八年增加百分之二十八点九，占香港进口的比重自一九五八年的百分之十二点九增至百分之十五点六（同期我自百分之三十点四降至百分之二十点九），占香港进口的第二位。在香港十七类进口商品中，除五金类外，其余十六类的日本到货普遍较一九五八年增加百分之六十九，粮油增加百分之六十六，针织品增加百分之三十九，丝绸增加百分之二十九，化工医药增加百分之二十七，百货增加百分之十五，纸张文具增加百分之十五，棉布增加百分之十三。

今年以来，日本对港的经济扩张更加活跃，一至二月对港出口额达一亿四千八百万港元，比去年同期增加百分之六十一，其中副食品、土产、粮油、丝绸、棉布、百货、纸张文具、机器等均有很大的增长。以上情况说明，去年以来日本对香港的经济扩张很快。

日本同香港进行经济扩张的主要做法是：

一、积极加强日本在香港的商业机构和外围组织。目前日本派驻香港的商行分支机构和代表处已有四十家（一九五四年仅四家），日本较有实力的商行，目前几乎都在香港设有分行或代表，他们在香港广泛地展开推销、宣传和搜集经济情报的活动，经销日货的代理商已有一百五十家。同时，在港的日本东京银行密切配合，以优惠的放账、透支、寄售、回扣、分期付款等手法来引诱港商经营日货。并积极加强商品宣传，举办各种商品展览，派各行业代表团到港活动，并拉商人去日本访问，为对香港的经济扩张创造条件。

二、积极拉拢香港厂商供应原料、半成品（如羊毛条、纱、丝、坯布、人造棉布及丝绸等）和生产设备，广泛地向香港厂商采用加工订货的做法。据统计，日本供应香港厂商的原料、半成品和生产设备，约占日本对港出口的百分之五十。去年香港制衣业有相当发展，日本就利用这一机会大量向港推销纺织品和缝衣机。据统计，香港制衣厂所用纺料有百分之七十是来自日本的。日本的这种做法，既能利用香港的廉价劳动力，又可以借港制品的名义转销英联邦地区和美国。

三、以经济和技术“合作”为名，勾结美资，拉拢华商，进行“合资”办工厂、开公司等活动。今年初，日本大阪大丸百货公司与港商谈妥合资五十万美元在港开设一较大的百货公司（八月开业）。日本三大钢厂之一富士正与港商合资筹建年产五万吨的钢铁厂。日本的丸善石油株式会社与美国联合火油公司合资在港组成的火油公司已于今年一月成立，另有日美商人拟合资筹设一规模巨大的针织厂。此外还传说，美日华商“合作”设立工厂，由美国出钱，日本出技术，华商出地皮。

在日本对香港加强经济扩张的情况下，有少数经营我商品的华商思想上有顾虑，认为我品种花样不多难与日货竞争；有些则已动摇或暗中经营日货，如王宽诚假借建筑材料行名义，早已做起日本生意；有的已公开改营日货，或同日商合伙经营。

日本在香港的经济扩张是日本向外推行扩张政策的重点地区，其竞争的主要矛盾是指向我国，凡我货源不足的，日本就乘机大量插入市场，凡我货源充裕能够多出口的，日本则采取各种手法，包括冒牌仿造，力图同我竞争。最近日商在港活动更为嚣张，声言“哪里有中国国货公司，哪里就有日本货公司”，“凡是香港能够出售的商品，就要有日本货”。他们用给以较高待遇等手段，拉走我们公司的职员，最近我香港国货公司的一个柜长已被日本大元公司拉走，并且还在阴谋拉走其他两个柜长。

为了保持我对香港的贸易优势，对日本的经济扩张必须予以坚决反击，现在我部已将我香港华润公司负责同志调来北京，正在专门研究对策。

外贸部编：《对外贸易情况简报》，第15期。Z11－1001－15

国家计委党组关于刘明夫同志汇报对港澳贸易问题后的几项决定①

1962年6月8日

明夫同志参加中南局会议后，又与有关同志座谈了香港的经济情况和我们对香港出口中的问题。党组听取了明夫同志汇报后，做了如下决定：

（一）请明夫同志将汇报中所提出的主要问题，给富春、先念同志写个报告，并提出由于我们对资本主义的情况不够了解，缺乏常识，因而对港澳的贸易工作很难做好，似有必要前去看看，请领导批准。

（二）对港澳的贸易不仅有经济意义而且还有政治意义，这个阵地必须保住。所以，对港澳贸易工作每年都要具体化，外贸部门和有关部门都要认真安排。

（三）对港澳出口所采取的措施，必须支持，所需要的煤炭、水泥和费用都要给，并且要尽快办理。

（四）对港澳贸易问题很复杂，我们尚有很多问题认识不清。如香港每年需要建筑材料价值八千二百万美元，包括什么？要去调查一下，以便安排出口。因此，港澳贸易领导小组的同志和做具体工作的同志，要经常去看看。

（五）以下两个问题，请外贸局研究：

1. 如何减少赔钱的东西（热水瓶等）的出口，而增加赚钱的东西（农副产品）的

① 题目为编者所加。

出口。

2. 出口哪些东西最值钱，哪些东西最不值钱；哪些品种要支持出品，哪些品种在国内销售合算。

国家计划委员会会计纪要（八）。150－10－27

二、目前中、美、日、英四国在香港市场上力量对比及其变化情况

（一）最近3年来，我国同日本、美国在香港市场上力量对比已经发生了重大变化：这就是我国商品在香港市场上的绝对优势已经失去，美国和日本势力与我接近。我国商品在香港市场上的比重由1958年占30.40%的绝对优势，逐渐下降到1961年的17.2%；日本则由1958年的12.99%，逐步上升到1960年的16.05%，1961年仍占14.5%；美国亦自1958年的9.56%，逐步上升到1961年的12.2%。只有英国，3年来一直稳守占11%～12%。

（二）目前中、日、美三国在香港市场上的基本形势是：三足鼎立，势均力敌，两相交锋，互有进退。

根据香港当局的统计，今年头5个月香港进口贸易总值是49 010万美元，比去年同期增长13.35%。其中：

自我国进口7 966万美元，比去年同期增加1 283万美元，即增长19.2%，为香港进口总值的16.3%，居首位；

从日本进口7 756万美元，比去年同期增加1 673万美元，即增长27.5%，为香港进口总值的15.8%，占第二位，与我接近；

从美国进口6 515万美元，比去年同期增加235万美元，即增长5.2%，为香港进口总值的13.3%，占第三位；

只有从英国进口比去年同期减少2.5%，为5 297万美元，占香港进口总值的10.8%，为第四位。

今年头5个月算总账我仍居首位，占微弱优势；但把5个月分开来看，我只有1、2月份两次占首位，从3月份开始，曾经三次从首位退下来。日本曾在3、5月份两次占居首位，美国曾在4月超过日本占居首位，我国又从第二位退到第三位。

中、日、美三国在香港市场上所处地位的变化和我在市场上失去优势的原因，一方面是美、日等帝国主义加紧扩张，市场竞争激烈，另一方面也是我货源不足，一时供应不上所造成的。

（三）今年上半年我对港澳出口已经开始好转，根据我们自己的统计，今年上半年我对港澳共出口9 730万美元，比去年同期增加1 274万美元，完成全年计划2.2亿美元的44.22%。从具体商品来看，活猪上半年共出口352 000头，等于去年全年的出口数，占香港市场上市量的60%（过去只占30%左右）。活鸡共出口71万只，比去年增加6倍；鲜蛋共出口2 100万斤，比去年增加1倍，今年5月份我鸡蛋已占香港上市量的85.1%（1960年只占31%），鸭蛋占96.5%。其他工业品出口情况亦有好转，如新闻纸共出口8 000多吨，比去年增长将近1倍；胶鞋、缝纫机等都比去年增加1倍；自行车去年上半年共出口170辆，今年增加到2 500多辆。

对外贸易部办公厅编：《对外贸易资料》，第12期，1962年8月10日。4－15/4

香港市场情况及前景估计

1962年10月13日

一

近两年来外来竞争的国家均在加强利用香港市场，竞争面进一步扩大，竞争方式方法更为灵活主动。目前香港市场出现两种情况：一方面外来竞争者积极抢夺香港本销市场，并利用香港转口；另一方面香港本地产品特别是工业制品因外销遭受困难，对本销市场的争夺更为突出。

今年以来，香港制品出口遭到外销市场进一步加强限制的困难。同时港英当局也开始考虑把这种困难转嫁给对港出口的国家，特别是

我国。今年3月起美国陆续公布了29类港制棉织品输美的限额，在本年9月底为止的一年内不得超过3.427亿港元。后又根据日内瓦长期协议规定今后两个年度的去货配额须按本年度去货水平计算，从第三年度起才能每年增加5%。这样看来，港棉织品输美即使5年后也难于恢复到1960年4.61亿港元的最高水平。此外加拿大也要求香港根据日内瓦协议自动限制棉织品销加。从近年发展情况来看，港制品目前生产与出口还处在较高水平，占香港工业总产值一半以上（1961年为58%），但如从生产力已有过剩的香港棉系工业前景看，则最近的各种限制对它已有很大打击。港英当局为了转嫁这些被限制的困难，正在酝酿改变香港贸易政策。港英所控制的舆论界已不断有所表示，早在今年2月《南华早报》社论提出主张采取“坚定的、有弹性的政策”。6月21日《远东经济评论》更进一步主张修改香港的经济政策，并说“不要完全废弃自由贸易政策，因此经济政策的转变将是逐渐的，不是突然的，这样做不致使经济脱节，也不致引起政治纠纷。”从今年以来港英当局的各种迹象来看，有可能采取“有约束的自由经济政策”以代替目前的“放任的自由经济政策”。值得注意的是港英改变经济政策的矛头主要是指向我国。

今年来港英当局在贸易政策上表现的策略主要是：

1. 公开禁止与暗中控制相结合。2月份宣布管制肉类和家禽的进口，规定外来肉类及家禽必须有来源地有关当局的出生证明。6月份又明令暂停发进口证，禁止中国、苏联、古巴及东欧等8国的精制糖进口。这一管制表面上不专对我国，实质上是针对我糖的对港输出。最近港英更进一步扣紧对“来源证”和“特惠税证”的核发和审查；严格限制加工转口我货工厂的开设和加强对工人的控制；实行集中验货办法，加强对轮美货物的检查；取消中华总商会开出口证明的权利。港英这种对商品的限制和对港商的逼害，均将直接影响我对港出口和经港转口。

2. 利用“民意”相呼应。最近期间本地工业界纷纷要求港英当局保护本地工业，限制有关商品的进口。先后有碾铁厂、毛纺厂和棉织业界要求限制钢铁、毛纱和棉布进口。农业界也以“挽救农业危机”为名要求限制活猪、活家禽及冻猪肉等副食品进口，并建议以进口“美援”饲料来减低成本以与外来货竞争。

3. 采用分化政策。港英当局正在酝酿掀起一个“香港人买香港货”运动。既可借此限制我货进口，又可挑拨离间我与当地工商业者和农民的关系。

从以上情况看来，港英当局对付我国的策略是相当圆滑的，灵活性较大，表面刺激不大，但实质上却非常阴险恶毒，应引起我们的警惕。

解放后12年来（1950—1961年）我对港出口平均年达9.84亿港元，最高为1958年的13.97亿港元，比前8年（1950—1957年）平均8.96亿港元增5亿港元，即62%。以后4年即趋减，唯平均值仍维持在10亿港元以上（1959年10.34亿港元，1960年11.86亿港元，1961年10.28亿港元），1962年上半年5.35亿港元，比1961年同期增6476万港元，即13.8%。

近4年来我对香港出口因受货源供应减少及市场竞争进一步加剧的影响，起了以下的变化：

1. 我在香港市场的绝对优势地位暂时受到削弱。我对港输出所占香港进口比重不断下降：由1958年30.4%降至1959年20.8%，1960年20.2%，1961年17.25，1962年上半年16.0%。12年来我所独占的香港进口首位，今年上半年以0.17%之差低于日本而暂降至次位进口国。今年上半年我对港出口虽已较去年同期有所增加，但增长率（13.8%）不及日本（24.8%）快。

2. 我各类商品输港所占香港各该类商品的进口比重大部分持续下降，少数在今年首四个月尚能保持原有水平，但5、6月又趋降，仅部分在今年上半年有所回升。现列表如下：

按占香港进口比重的变化情况，我对港出口商品的分类	占香港各该类进口的%			
	1958 年	1961 年	1962 年 1—4 月	1962 年 1—6 月
（甲）连续 3 年下降后今后已有回升的五类				
1. 副食品①	63.6	31.7		37.4
2. 矿产	62.7	47.2		47.5
3. 百货②	8.0	4.7		6.0
4. 杂品	14.9	8.2		8.3
5. 五金③	12.2	7.1	7.2	6.8
（乙）比重不断下降的十类				
1. 土产	47.9	27.3		21.8
2. 粮油	35.4	22.6		21.5
3. 畜产	26.8	14.4		8.5
4. 茶叶	68.4	55.5		41.1
5. 针织品	34.3	25.9		22.4
6. 化医	3.7	1.5		1.3
7. 仪器	1.6	0.4		0.1
8. 机械	3.3	1.6		0.8
9. 运机④	1.0	0.6		0.3
10. 文具纸张	23.4	12.1		11.2
（丙）今年头 4 个月尚能保持原有水平、但 5，6 月份又趋下降的两类				
1. 丝绸	20.7	25.6	25.4	22.6
2. 纱布	28.0	28.8	29.7	25.9

注：

①1962 年上半年活猪输港有显著增加，共 35.2 万头，相当于 1961 年全年出口量占市场比重 60%（1961 年仅 38%）；活鸡比去年增 6 倍；鸡蛋占市场比重 5 月份已增至 85.1%（1961 年仅 38%）。

②1962 年上半年胶鞋、缝衣机出口量均比去年增一倍，自行车由去年同期 170 辆增至 2 500 辆。

③1959 年降至 3.7% 后，1960 年开始回升。

④1960 年升至 1.9% 后逐年下降。

3. 我对港出口商品的结构近年由于农副产品货源供应减少起了相应的变化。我农副产品对港出口值（包括副食、土产、粮油、畜产、丝绸、茶叶等六类）由 1958 年 10.96 亿港元减至 1961 年 7.22 亿港元，所占我对港出口比重由 78.4% 降至 70.2%。但其余 11 类工业品及矿产品的输港值尚未能相应增加填补，而仅维持在 2.98 亿港元水平，所占对港出口比重由 21.3% 相对提升至 28.9%。

总的看来，近 4 年来我对港出口减退主要是农副产品货源供应不足和工业产品在有些生产技术方面赶不上竞争者和不能充分适应市场需求多变的问题。今年的货源供应虽已开始好转，但某些品种的供应仍有问题，加上市场竞争加剧，销售困难加深。

三

从目前来看香港市场今后两三年的前景，估计困难仍多。外在困难是资本主义世界生产与市场的矛盾日益加深，港制品出口主要市场的美英经济情况不好，对香港制品进口加强限制，这大大加深了香港制品出口的困难并转而影响了主靠外销的工业生产。如果1963年资本主义世界出现新的经济危机，估计其对香港市场的影响将大于1958年。当时香港受影响较深的主要是与贸易有关的商业方面，此次除商业外，还将影响近年来已有较大发展的香港工业。

内在困难是过去两年依赖外销而盲目发展起来的工业产销失去平衡，特别以纺织业最为严重，目前已纷纷减产甚至倒闭，工人失业增加。同时港英一再加税，房租上涨，居民负担加重，购买力相应下降，在一定程度上影响对副食品和日用品的消费。

不过香港经济也还有其能够挣扎和维持的一面，这些因素是：

1. 建筑业还会维持在较高水平，而不致立趋衰落。这主要由于港英当局的人为支持。港英采用了抬高地价，不管制房租，允许房屋建筑向空间发展和汇丰银行对投机地产商及建筑商贷款支持，吸引资金投向于较工商业为稳定的房地产业等策略来维持建筑业的“兴旺”。目前香港在战前及战后初期所建的楼宇尚有六成待拆卸，估计今后数年内香港建筑业仍可维持当前的较高水平。如果新的经济危机来到，香港建筑业所受的影响不致太大。

2. 旅游业也是港英大力提倡和支持的一项新兴行业。借香港货价廉宜和风景优美等有利条件，可以吸取大额无形收入。1961年游港旅客的消费约值8 000万美元，比1960年增26%。1961年旅客来港人数达22万，比1960年增35%。港英政策的具体体现是英美资本在港兴建的大型旅店不断增加。到1963年底新建旅店房间可增2 500个，连前共5 837个，比目前增75%。估计今后几年的香港旅游业还会继续发展。不过当危机高潮来临时，旅游业也会受到一定的影响。

3. 香港人口每年增加近10万人，对于生活日用消费品的需求仍会不断增加。虽然在危机恶化时期购买力会相对降低，但对生活日用消费品总的市场需求还不致有大幅度的下降。

4. 香港工业经过适当调整后还可适应新的变化。在生产上为了适应外销市场的限制，今后在品种方面将会趋于多样化。适应性较强的小工业，如塑胶制品业、制衣业及各种装配工业等当能迅速改变以适应市场的需求变化。棉系工业经过这次危机须通过技术改革才能求得适应，但估计经过一个时期的兼并淘汰和外资的乘虚而入等“调整”后，也会有新的开展。目前棉系工业各厂商已在酝酿合并，英资怡和、美资青山制衣厂与南华南星等五个华资工厂已洽妥合并成为一家大规模的纺织联盟有限公司，约占香港棉系工业总生产能力的10%～20%。

5. 香港农副业生产在港英的保护和扶植下将会有所发展。目前活家禽及蔬菜已基本上可以自给，自给率分别达72%及54.3%，活猪自给率目前为28.8%。如今后一旦实行限制外猪进口措施，据南华早报估计两三年后即可自给。

至于我对香港出口前景，随着市场形势的发展变化，估计今后困难还会加多。对我出口不利的因素首先是港英当局加强贸易管制的措施，特别是针对我货的进口限制，使我部分出口商品恢复扩大销港，可能要受影响：

1. 部分我过去曾占市场优势而最近港生产有发展的农副产品，可能会受到港英加强限制进口的打击。目前除我大米、木柴、海鱼、精制糖等对港出口已受限制外，今后如我活猪、冻猪肉、家禽等对港出口数量过大，估计会受到一定的进口限制。

2. 我与港生产碰头的轻工业品，在港制品要加强把持本销的意图下，我如继续扩大某些碰头矛盾大的品种销港，估计亦将受到限制和打击。至于通过香港加工或改头换面转口至被限制或歧视地区的办法，亦将因港英的严格检查和监视而增加困难。不过在种类繁多的轻工业品种间还有扩展的余地，如纸张、百货、皮鞋、花色布等。此外如能做好与本地厂商团结利用工作和注意市场的多变性及加强我货的适应性，估计仍有发展前途。

第二个对我出口的不利因素是资本主义经济危机的情况趋于恶化，各国商品在香港市场的竞争相应加剧，东南亚国家要增加农副产品销港，工业发达国家则争取以纺织品、化医、仪器、机械、运机等工业品在港竞销。这些将对我今后的出口推销工作增添较多的困难。

但是，市场发展变化对我出口也还能找出有利的一面。例如香港建筑业和旅游业今后发展不致过坏，市场对于建筑材料和旅游用品（与我出口关系较大的为手工艺品、地毯等）仍有一定需求。此外，某些商品的市场需要量仍大，而我过去因货源关系未能充分供应的品种如土产及副食品等，今后在货源比较充裕的基础上，仍有恢复扩销希望。虽然某些品种大量恢复销港有受进口限制的可能，但只要适当掌握并采取品种多样化的办法仍可扩销。

从今后两三年的市场前景来看，虽然我对港出口工作的困难较前增加，但仍可根据具体情况的变化，随时抓住一些有利因素，充分利用，扩大出口。

对于与香港本地产品矛盾突出的商品应适当掌握出口数量及价格，以缓和矛盾，反击敌人的分化阴谋。对于货源有问题的商品应迅速培养货源，均衡供应。对于生产技术赶不上竞争者的商品应联系有关生产部门迅速迎头赶上，以适应销售。对于各类商品的出口均要抓住市场规律以及适销季节等重要环节，定出较长期的切实可行的推销计划，改善经营管理，严格遵守合同，树立市场良好信誉，这些均将更有利于我出口商品的扩销。

外贸部办公厅编：《对外贸易资料》，第17期。4－15/4

国务院财贸办公室关于做好节日对港澳出口供应的紧急通知

1962年12月11日

冬至节、圣诞节、元旦、春节、元宵节是港澳市场旺销季节，历年在这一时期，对港澳出口收汇约为六七千万美元。因此，抓好这一时期对港澳的出口供应工作，多收一些现汇，对于平衡今年外汇收支，保证明年第一季度用汇，都具有十分重要的意义。

关于抓好当前和明春外贸收购出口工作、做好节日对港澳的出口供应，中央已于10月29日、11月30日下达了紧急指示，要求：“有关地区、有关部门狠狠抓紧对港澳的出口工作。”为了贯彻上述指示精神，现将有关注意事项通知如下：

（一）1963年外贸收购计划，业经全国外贸计划会议讨论确定。因此，今年不再单独编制和下达节日对港澳出口、收购、调拨安排计划。请各地、各有关部门根据今年外贸第四季度、明年第一季度的收购、调拨、出口计划和中南财委的出口配额。认真检查一次对港澳出口货源的安排情况。总的要求是，今年对港澳节日商品的出口供应，不论在数量、质量、品种和时间上，都要比去年好。

（二）对供应港澳的商品，要保持均衡供应，还要抓住各个节日消费增加的有利时机，适当地多出口、多收汇；当前供应不足的商品，如鲜蛋、活鸡、香菇、木耳、辣椒干、金针菜、海味、土纸等，要想办法满足港澳市场需要；年货，如神香、纸箔、鞭炮、红纸、花草、叶橘、带根梢的甘蔗、发菜、粉丝、瓜子、年果、活阉鸡、腊味、手工艺品等等，一定要不失时机地组织出口。另外，今年秋季广州交易会成交的商品中，有一部分是供应港澳的节日商品，请各地按合同，抓紧备货，尽先安排出口，决不能丧失国家信誉。

（三）为了保证对港澳的出口供应，各地和有关交通运输部门应该优先安排出口商品的集运、调拨、出口。供应港澳的节日商品，必须本着赶前不赶后的精神，挑选好货，搞好包装，减少损耗，防止霉烂变质，适时运到，争取赶上行市，卖上好价钱。

（四）在做好对港澳节日出口供应的同时，各地还要安排好节后的正常均衡供应，要防止货源中断和前紧后松的情况。特别是春节期间国内的消费量很大，各地应该抓好当前收购工作，适当储存一部分活猪、鲜蛋和其他副食品、土特产品，要避免春节后脱销。

164－9－116

1953—1962年香港进出口贸易的变化［节录］

1963年2月9日

香港进出口的基本趋势都是逐年增长的。1953年与1961年比较，进口总额由38.72亿元（港元，以下同）增加到59.7亿元，增长53.5%；出口总额由27.33亿元增加到39.3亿元，增长43.8%。1962年进口超过约65亿元，出口超过约43亿元，都是1953年以来最高的水平。

在香港的进口中，有三种变化：（1）从进口的国别上看，我国占的比重逐步下降，正常的情况我们占22%左右，1961年降到17.2%，去年约占18%；日本、美国则上升很猛，日本由1953年的9.9%达到去年的16.5%，美国由1953年的5.8%达到去年的12.4%；英国则始终保持在11%左右的水平（见附表一［略］）。（2）从进口的商品分类来看，农副产品所占的比重变化不大，副食品占15%～17%，粮油占8%～10%，土特产占14%左右；工业品所占比重变化较大，一般都是下降的趋势，纱布由1957年的10%降到1962年1—9月的7%，纸张文具由3.42%降到2.6%，百货由5.13%降到4%，五金由8.51%降到5.38%，杂品由2.5%降到1.7%等等（见附表二［略］）。（3）从我国进口的商品占进口的比重来看，总的情况是降的多，增的少。下降得多的是农副产品，某些工业品则略有增长。1957年与1962年1—9月比较，副食品由51.4%降为38.5%，粮油由26.2%降为22.2%，土特产由75.3%降为23.8%，茶叶由68.9%降为46.8%，畜产由28.1%降为9.4%；增加的有纱布由18.1%增到23.3%，丝绸由18.5%增到22.8%，百货由4.1%增到5.7%（见附表三［略］）。

在香港的出口中，也有三种变化：（1）从出口的对象上看，对东南亚出口的比重大幅度下降，由1953年的41.2%降到去年1—10月的22.3%；对美国、英国的出口比重逐步的、显著上升，美国由1953年的2.3%已经上升到20.8%，英国由4.4上升到17.3%（见附表四［略］）。（2）从香港出口的商品分类看，农副产品基本上没有变化，主要是工业品中的棉布、针织品、百货、杂品、化工医药增加较多。1959年与1961年比较，棉布由4亿元增到6亿元，百货由4亿元增到4.7亿元，杂品由0.32亿元增到0.69亿元，化工医药由1.45亿元增到1.73亿元等等（见附表五［略］）。（3）香港出口的商品中，当地产品和加工产品的比重扩大，转口贸易的比重显著缩小。1959年与去年比较：丝绸转口由60%降到38.2%，棉布由21.9%降到5.7%，针织品由2.8%降到1.2%，畜产由49.5%降到30.6%，杂品由54.3%降到8.2%，矿产由50.8%降到21.4%，五金由32%降到18%，仪器由84.5%降到35.4%，机械由70.8%降到49.7%。增加的主要是土特产由45%增到65%，其次是副食品由52%增到56.1%。

外贸部办公厅编：《对外贸易资料》，第1期。4－15－4

对港澳出口贸易工作领导小组第一次扩大会议情况汇报

1963 年 1 月 10 日

一九六二年十二月二十五日至一九六三年元月三日，由陈郁同志主持，召开了对港澳出口贸易工作领导小组第一次扩大会议，国家计委副主任刘明夫同志、外贸部副部长白向银同志以及建工部、铁路部门等有关负责同志参加了这次会议。会议检查了一九六二年外贸出口情况和春节、一季度出口安排情况，讨论了一九六三年工作任务和当前对港澳出口贸易的几个主要问题。现简报如下：

一、关于一九六二年计划执行情况

一九六二年中南地区外贸收购和出口计划完成情况是好的。全区收购计划八点零九亿元，完成了八亿七千三百五十万元，超额百分之八，如果加上中央外贸部给了八万吨化肥增加换购三千五百万元和中央增加调拨出口的商品二千九百八十五万元，则完成了九点四二亿元，超额百分之十五点八；对资出口计划一点六亿美元，完成了一点八二亿美元，超额百分之十三点八；对港澳出口计划一点零六亿美元，完成了一点一六亿美元，超额百分之八点八。主要商品中的副食品、建筑材料都有较大的增长，生猪、鲜蛋等商品在香港市场所占的销售比重都有较大的恢复。

二、关于春节和一季度出口的安排问题

今年春节（一月份）出口安排比去年好，港澳要货九百二十九万美元，全国安排为八百二十二万美元。副食品一般都可以满足港澳的要求，主要问题是部分土特产品和海味供货不足。对春节出口问题，我们采取了三条措施：一是抓紧督促出运；二是压内销和挖掘地方资源，优先供应出口；三是对中南以外地区的货源，提出意见，报请中央有关部门督促和安排。

第一季度对港澳出口中央对外贸易部安排五千一百万美元，我们认为最好不要少于六千万美元，这样对保证全年任务比较主动。中南各省（区）一季度收购计划共安排二亿一千零五十九万元，占年计划百分之二十五左右，比外贸部下达计划增加八百八十万元。我们认为这样调整是合适的，具体商品应迅速落实安排，属于地方商品应尽可能增加收购，属于中央商品增加或者减少都应报请中央主管部门同意。

三、关于改善经营管理问题

一九六三年通过改善经营管理，要求各省（区）减少亏损一亿元，增加外汇收入五百万至七百万美元。改善经营管理，要有具体指标和具体措施，加强领导，发动群众，抓重点、抓薄弱环节，务求在上半年取得显著的效果。

四、关于水泥、钢材出口安排问题

水泥：主要是解决两个问题：第一是一季度对港澳、新马出口货源不足问题，建工部确定在全年出口计划内，从南京江南水泥厂提前调拨一万吨供应出口，基本上满足了需要；第二是湖北华新水泥厂的出口水泥运输问题，主要是棚车不足，经过铁路、航运部门协商，已确定解决的原则，会后由中南局经委组织有关部门具体安排并签订协议。

钢材：主要问题是解决好生产和出口衔接问题，解决的办法应该是大、中、小结合。大厂子安排大路货，中、小厂子担负一些变化较多的小批生产，以适应港澳市场的需要。建议中央有关部门专门召开一次出口钢材专业会议，进行具体安排。

另外还交换了恢复广东的蚕丝和海味出口的意见，要求中央解决的问题主要是：提高蚕茧收购价格和拨给一部分进口渔需品的专用外汇。这两个问题都准备召开专业会议和另作专题报告。

五、关于深圳仓库的续建问题

现在已经建成仓库四栋（两万平方米），铁路专用线三点五公里。一九六三年是否续建港地、码头、船队等项目，由于对货源、经济核算、安全等问题还摸得不够清楚，我们建议：首先是责成有关部门进一步摸清情况，在未搞清楚以前，续建工程暂缓进行；其次是搞好对现有仓库的利用和维护工作。

以上问题及附件，一并报请中央、中南局审查，是否有当，请中央、中南局指示。

附件一：对港澳出口贸易工作领导小组一九六三年工作要点

对港澳出口贸易工作领导小组的任务是：在中央和中南局的领导下，对港澳的出口贸易工作加强督促检查，正确贯彻执行党的对外贸易政策，保证国家对港澳出口贸易计划的完成；加强调查研究（包括港澳、新马），沟通情况，总结交流经验，推动工作。

一九六三年领导小组的工作要点是：

第一，落实安排一九六三年中南地区对外贸易计划，抓紧进度，抓好节令，做到及时均衡出口，力争全面完成和超额完成国家计划。

第二，组织外贸、工业、商业、供销社、交通运输等有关部门以及驻港澳贸易机构协作配合，组织好出口货源，加强在港澳市场的斗争。

第三，督促中南地区外贸系统和有关部门，大力改善经营管理，降低费用，扭转亏损，增加盈利，大搞群众运动，确定专人负责，建立专门组织，要求在一九六三年上半年外贸出口的经营管理取得显著的效果。

第四，在继续抓好出口农副产品的同时，重点地研究解决中南地区出口的土特产品，如蚕茧、茶叶、瓷器、土纸、神纸、水草以及重要中药材等出口产品的恢复和发展生产问题。

第五，提高出口工业品的质量，增加花色品种，特别是要抓好基地建设，增加新产品，力争逐步扩大出口。

第六，协助中央外贸部组织中南区各省（区）外贸部门研究拟订一九六三至一九六五年对港澳出口贸易的发展规划。

第七，通过中南局计委、经委、财委以及中南区外贸局在加强调查研究的基础上，开好经营管理，以进养出，鲜蛋、建材和瓷器等几个专业会议。

第八，责成中南区对外贸易局编辑对港澳出口贸易简报及时反映情况和问题。

附件二：一九六三年中南区对外贸易改善经营管理的意见

一九六二年，中南地区外贸部门改善经营管理，做了许多工作，取得了一定的效果，但是由于抓得不突出，抓得不够紧，外贸出口亏损仍然很严重。一九六二年全区外贸出口除了外汇差价部分而外，属于经营管理不善的亏损部分大约一亿多元。

外贸出口发生不合理亏损的主要原因是：(1) 进货环节多，费用大，增加了成本；(2) 对国外市场调查研究不够，在某些出口商品的收购方面存在盲目性，造成了积压，如闹钟、胶拖鞋等；(3) 某些鲜活商品，加工、储运不善，霉烂、残损、死亡比较严重；(4) 某些商品的品质规格和包装装潢改进得不够，或发运不均衡，不及时，影响售价；(5) 管理制度不够健全，验收不够严格，造成商品积压，影响资金周转。

会议认为：外贸系统的改善经营管理的门路是很多的，潜力是很大的。例如生猪，现在出口瘦小猪多，优质猪少，每头平均只有七十九司马斤①，如果每头平均提高十司马斤，多出一些改良猪，每司马担②可提高售价百分之十，全年即可增加一百三十万美元。香蕉分好等级，均衡出口，每担可多收一美元，全年可多收二十五万美元。对香港出口的瓷器，一九六二年为一百六十万美元，破损率高达百分之十五，如果降低到百分之五，全年可多收十六万美元。诸如此类的事例很多。要求在一九六二年改善经营管理的基础上，大力降低费用，扭转不合理亏损，要求减少亏损一亿元和增加外汇收入五百万至七百万美元。

为了实现上述的指标，当前改善经营管理突出地应该抓好四个环节：

---

① 香港的一种计量单位，1 司马斤 = 604.79 克。
② 香港的一种计量单位，1 司马担 = 100 司马斤。

首先要专人负责，加强领导。中南区外贸局要有一个局长专抓这个工作。要求各省（区）外贸部门也要确定专人负责，加强领导。

第二，抓发动群众，开展一个既轰轰烈烈又扎扎实实的运动，彻底地揭发经营管理上存在的问题，分析原因，采取有效措施并搞好各个有关方面协作、配合。

第三，抓重点，抓薄弱环节，一个一个地具体解决问题。首先突出地抓好猪、禽、蛋品、水果、瓷器、猪鬃、肠衣、羽毛等，要求从生产、收购、加工、包装、运输、出口、推销等各个环节，逐项检查，抓住主要问题，认真加以解决。

第四，抓建立健全规章制度。特别是抓好责任制度和奖惩制度，提高企业管理水平。

Z14－945－1

第六部分

与发展中国家贸易发展情况

一、同亚非发展中国家贸易情况

二、同拉丁美洲国家贸易情况

一、同亚非发展中国家贸易情况

对外贸易部办公厅编印：《我国同亚非国家贸易情况资料（增订本）》［节录］

1960 年 9 月

一、我国同缅甸贸易情况

（一）贸易关系发展简况

中缅两国政府在 1954 年 4 月 12 日签订了为期三年的贸易协定，同年 11 月两国政府又签订了大米换货议定书。按照协定的规定，我国政府在 1955 年内购买缅甸大米 15 万吨，在同一时期内缅甸政府购买中国同等价值的货物。1955 年 12 月两国政府又签订了 1956 年度大米换货议定书。在第一个贸易协定满期后，两国政府于 1958 年 2 月 22 日又签订了第二个贸易协定。

（二）贸易额

几年来，协定、协议的执行情况是良好的，两国的贸易关系有很大发展，我对缅进出口贸易额 1949 年为 4 122 153 美元，1955 年上升为 27 962 647 美元，1956 年又进一步增加为 40 318 417 美元。近两年来，两国的贸易额虽然有所下降，但是仍维持一定的水平。

（三）1960 年贸易情况

今年以来，由于中缅两国政府签订了友好和互不侵犯条约和边界问题的协定，两国的友好关系有了进一步的巩固和发展。两国的贸易也有很大增加。今年 1—8 月我对缅甸出口实绩 1 420 万美元，比去年同期增长一倍，从缅甸进口实绩 467 万美元，而去年同期仅 38 万美元。我对缅甸出口的商品，主要是棉布、棉纱、花生油、铝制材、手工艺品、丝绸、棉针织品、铁钉、陶瓷、松香、新闻纸、水产品、罐头、电池，以上 14 种商品占我今年 1—8 月对缅甸出口总值的 83%。我从缅甸进口的商品有橡胶、棉花、碎米、木材和南药。

最近几年来我对缅甸贸易的主要问题是我对缅甸贸易出超问题。目前缅甸虽说不要求同我国的贸易绝对平衡，但我们正积极争取多从缅甸进口，缩小两国贸易的差额或逐渐达到平衡。

二、我国同锡兰贸易情况

（一）贸易关系发展简况

1952 年 10 月和 12 月，中锡两国政府分别签订了贸易协定和米胶 5 年贸易协定。根据米胶协定，自 1952 年起到 1957 年止，我国每年以 27 万吨大米交换 5 万吨橡胶。自米胶协定签订后，中锡贸易有了很大的发展，1953 年中锡贸易额达 45 000 万卢比，在锡兰对外贸易中所占比重，仅次于英国，而居第二位。

在米胶 5 年贸易协定顺利执行完毕后，双方又在 1957 年 9 月签订了 5 年贸易协定（1958—1962 年）。根据这个协定，两国政府每年签订换货议定书。1958 年换货议定书规定，我国出口 20 万吨大米交换锡兰 3 万吨橡胶。1959 年换货议定书规定，我国出口 23 万吨大米交换锡兰 3 万吨橡胶。1960 年换货议定书规定，我国出口 16 万吨大米交换锡兰橡胶 1.7 万吨。

除米胶易货外，我国还向锡兰出口棉布、丝绸、水泥、轮胎、医药、杂豆、椒干、大蒜等。锡兰还向我出口椰子油和椰子干。

（二）对锡兰援助和贷款情况

1957 年 9 月，在签订新的 5 年贸易协定的同时，两国政府签订了经济援助协定。协定规定，我国政府为了帮助锡兰政府实现其橡胶翻种计划，从1958年起到1962年止，我国每年给予锡兰1 500万卢比的无偿援助，援款以商品支付。锡方迄今尚未动用。

1958年9月，中锡两国政府换文，我国从1958年10月起到1962年9月止，给予锡兰5 000万卢比的贷款。贷款以成套设备和其他商品拨付，年息2.5%。锡兰将从1961年起平均在10年内以双方同意的锡兰货物或第三国货币偿还。在锡兰的要求下，我国已于1959年下半年拨付25 000吨大米。

三、我国同柬埔寨贸易情况

（一）贸易关系发展简况

1956年4月中柬两国政府签订了贸易协定和支付协定。贸易协定规定了两国贸易进出口平衡和发给许可证方面给予尽可能优惠的原则，并附有双方各出口500万英镑的货单。协定在1957年6月期满后，经双方换文延长了四次，有效期到1961年6月16日止。

1958年，中柬两国的直接贸易开始发展，我对柬出口50万英镑左右，出口商品有布匹、食品、药材、百货等。同年10月为了平衡和发展两国贸易，我派出了贸易小组赴柬，购买了柬木材、药材、皮张和小货车等商品，共47万英镑。1959年7月柬埔寨政府公布了对我国易货办法，规定要从我进口的商人必须先向我出口。虽然这个办法可以保证柬对我贸易不入超，但对我对柬出口很不利，常处在逆差地位。因此，1959年我对柬贸易逆差较大。今年以来，中柬贸易基本平衡，据人民银行账户，1—8月我对柬出口67万英镑，自柬进口69万英镑。

（二）对柬援助情况

1956年6月，中柬两国政府签订了经济援助协定和实施协定的协议书。协定规定，我国给予柬埔寨8亿柬元（合800万英镑）的无偿援助。援款以供应一般物资和帮助建设工厂的方式支付，帮助建设的工厂是纺织、造纸、胶合板和水泥厂等共4个厂。

到现在，援助商品已执行完毕，共交货460万英镑左右，4个工厂中，纺织、造纸和胶合板三厂已于去年3月间分别动工兴建，现已基本建成。纺织和胶合板两厂约在10月初可投入生产，造纸厂11月底可投入生产。水泥厂尚未动工，初步设计已经柬方审核同意，原计划在第四季度开工兴建。为了帮助柬埔寨建设工厂，我国派遣了专家和技术人员去柬帮助勘察、设计和施工。

此外，根据1958年8月西哈努克访华时和周总理的联合声明，我国还帮助柬埔寨建设小型联合钢铁厂和勘察有关的燃料资源。1958年10月我国派出了地质勘察队和钢铁厂专家小组赴柬，地质勘察第一期工程石灰石和铁矿的勘察已完成，现正进行第二期工程，勘察有工业价值的煤田。至于小型联合钢铁厂，1958年底我专家小组已向柬方提出了“专家组初步研究报告”；但由于铁矿资源和煤资源尚未摸清，柬方尚未着手进行工作，亦未与我具体商谈。

四、我国同尼泊尔贸易情况

（一）贸易情况

我国同尼泊尔之间的贸易关系主要是西藏地方同尼泊尔王国之间的边境贸易。尼泊尔所需要的食盐和羊毛从我国西藏地方进口；我国西藏地方沿尼泊尔边境地区所需要的粮食和日用必需品从尼泊尔进口。1956年9月，中尼两国政府在加德满都签订了“中华人民共和团和尼泊尔王国保持友好关系以及关于中国西藏地方和尼泊尔之间的通商和交通协定”，有效期8年。协定规定双方互设商务代理处，我国指定拉萨、日喀则、江孜和亚东作为贸易市场。尼泊尔同我国其他地区没有贸易往来。

（二）对尼泊尔经济援助情况

1956年10月中尼两国政府在北京签订了经济援助协定，规定我国在协定签订后的3年内给予尼泊尔6 000万印度卢比的无偿援助，其中1/3是现汇，2/3是物资。2 000万卢比现汇部分，我们已经在1957年初和1958年初分两批汇给尼方，其余4 000万卢比的物资部分，尼方在1958年4月提出，要求我国帮助建立水泥厂和造纸厂各一座，我们同意供应。

但经济援助协定规定我国不派技术人员去尼泊尔，尼泊尔又缺乏技术人员，因此建厂事无法进行。1959年10月，尼泊尔政府代表团团长吉里在北京时向周总理提出要我派遣一个技术人员代表团赴尼协助进行有关该两厂的勘察、设计工作，我方表示同意后，即积极筹组代表团。直到今年3月1日我们才接到尼方通知，欢迎我技术人员小组在任何时候去尼进行有关上述两厂的工作。我技术人员一行14人于3月31日离京去尼泊尔。现在，第一阶段工作已结束，已向尼政府提交了水泥和造纸两厂的建厂报告，我技术人员已大部回国，正待派出勘测人员赴尼。

今年3月21日，中尼两国政府在北京新签订了一项经济援助协定，规定我国在协定生效后的三年内给予尼泊尔1亿印度卢比的无偿经济援助，包括供应设备、器材和其他商品以及派遣专家和技术人员去尼泊尔，接受尼泊尔的实习生来中国学习技术。协定受到尼泊尔各界人士的普遍欢迎。

五、我国同阿富汗贸易情况

（一）对阿富汗贸易的方针

1957年7月中阿两国间签订了第一个政府间的贸易协定。几年来，由于我对阿贸易采取积极争取的方针，所以两国贸易额逐年有所发展，但由于阿可以供应我国的商品很少（其紫羔皮、羊毛、皮张及棉花等大宗商品主要销苏、美及西欧各国，而不能供应我国，可以向我出口的只有干果、果干及土药材等零星商品），使两国贸易的发展受到了很大的限制，至今两国的贸易额还很小。由于中阿贸易发展还存在一些实际困难，所以目前我对阿贸易采取积极稳妥、细水长流的方针。

（二）贸易关系发展简况

（1）1956年及1958年我应邀曾两次参加阿富汗独立日工业博览会。

（2）1957年初，阿政府贸易农业代表团访华。

（3）1957年7月28日中阿交换货物和支付协定签字，于10月31日生效，有效期两年。

（4）1958年10月中阿第一次达成易货协议，我方进口的有葡萄干和阿魏，对阿出口的有茶叶、丝绸和日用品等。

（5）1959年9月阿商业大臣随阿副首相访华时曾同我部叶季壮部长进行会谈，在会谈中阿方提出要求进一步扩大两国经济技术合作和贸易关系。

（6）1960年8月26日在喀布尔签订中阿交换货物和支付协定，有效期二年。

（三）贸易额

单位：美元

1956年对阿出口	56 047	（没有进口）
1957年对阿出口	94 318	（没有进口）
1958年对阿出口	364 839	（没有进口）
1959年对阿出口	146 925	进口61 133
1960年（1—8月）对阿出口	97 800	进口44 935

（四）商品结构

在进口方面，前几年我一直未从阿进口。自1958年以来，我进口主要有葡萄干、阿魏、青金石。

在出口方面，我主要出口商品有茶叶（占我对阿出口总值的半数以上）、丝绸、日用百货及建筑器材等。

（五）目前存在的问题

当前中阿贸易的中心问题，仍然是由于阿可供我的商品太少，使两国贸易发展受到限制。

六、我国同伊拉克贸易

（一）贸易关系发展简况

在伊拉克革命胜利之前，由于前伊拉克反动政权采取敌视社会主义国家的对外政策，中伊两国政府没有建立贸易关系。伊革命胜利之后，我国应邀在1958年底派遣政府贸易代表团访问伊拉克，并在1959年1月3日在巴格达签订了中伊贸易支付协定（经双方政府核准后自1959年2月2日起生效，有效期一年）。该协定是一般性贸易协定，没有规定具体贸易额。协定的主要内容有：两国贸易在进出口货值平衡的原则上进行，货款的支付用伊拉克地那记账办理，协定期满时账户上的差额以货物或双方同意的第三国货币清偿，在关税和海关手续等方面互相给予最惠国待遇。1960年5月25日在北京签订了中伊贸易协定和支付协定，内容与1959年签订的协定基本一样，但另规定了银行账户上的摆动额50万镑（协定从1960年8月20日起生效）。双方还换文规定在新协定有效期内由我购买6.5万吨椰枣。

（二）贸易额

在伊革命胜利之前，我对伊贸易只有出口，没有进口。1959年才开始进口椰枣。最近几年我对伊进出口贸易额情况如下：

单位：美元

年　份	进　口	出　口
1955		4 662
1956		32 376
1957		245 991
1958		1 152 844
1959	3 925 963	4 658 323
1960（1—8月）	1 208 219	3 539 398

（三）商品结构

进口商品主要是椰枣，原油正在洽谈中。1959年已进口椰枣共60 237吨，值2 939 877美元（1 116 126英镑）；1960年1—8月我进口椰枣21 500吨，值847 517美元（322 250英镑）。

我对伊出口主要商品有：棉布、丝绸、铝材、浴巾、木纱团、呢绒、自行车、胶合板、瓜子、淀粉、陶瓷器、收音机、干电池、茶叶等。

七、我国同也门贸易情况

中也经济贸易关系简况：

1958年1月，也门巴德尔王子应邀前来我国访问，同我国签订了友好条约、商务条约和科学、技术和文化合作协定。根据科学、技术和文化合作协定的规定，1959年1月两国签订了关于在萨那—荷台达之间修建238公里公路和建立一万纱锭棉纺厂（包括印染厂）的两项协议书。公路已于1959年初开始动工修建，预计1961年下半年可完成。纺织厂预定明年上半年动工，1962年底可建成。

此外，1959年3月，我国政府赠送也门一万吨小麦和面粉，救济也门灾民。

中也商务条约签订以来，双方贸易进展很慢。1958年7月我曾派贸易小组去也门推销，成交3万英镑的商品，并找到一些代理关系。但到目前为止，我尚未从也门进口商品。

1960年8月中旬也门政府派遣以国务大臣阿姆里为首的代表团前来我国与我商谈有关我国帮助也门铸币、代印纸币、修建公路、兴修水利、开采石油、发展农业等问题。代表团来华途中因飞机失事，全体遇难。9月下旬，也门政府正式通知我驻也公使馆，也门国王已决定将于10月内再派出以教育大臣为首的代表团前来我国进行商谈。

八、我国同印度尼西亚贸易情况

（一）贸易关系发展简况

1950年我国同印尼建立外交关系，但由于印尼政府追随美帝国主义执行“禁运”政策，使中印尼两国贸易大大减少，并一度全部停顿，贸易额由1950年的426万美元，减少到1953年的6 700多美元。以后由于国际市场橡胶价格下跌，印尼对外贸易恶化，财政经济发生困难，印尼新政府上台后，开始考虑发展中印尼贸易，1953年11月派遣政府经济代表团来北京签订中印尼贸易协定。

1953年11月中印尼贸易协定签订以后，两国贸易开始迅速发展。1954年9月，中印尼两国政府在贸易协定的基础上又签订了中印尼贸易议定书和记账清算支付协定，确定了两国间的贸易额为每年各出口300万英镑。

1956年11月，两国政府在北京签订新贸易协定，贸易额扩大到每年各出口1 200万英镑，并且交换照会，延长中印尼支付协定的有效期，解决印尼欠我贸易差额的偿还问题等。

（二）贸易额和商品结构

1954年中印尼贸易额只有590万美元，1956年增到5 380万美元，1958年增到7 500

万美元，1959年增到11 262万美元。其中我对印尼出口，1954年为240万美元，1955年为850万美元，1956年为2 670万美元，1957年为2 240万美元，1958年为4 300万美元，1959年增到5 159万美元。出口商品主要是棉布、棉纱，1957年约占我对印尼出口总值的75%；1958年对印尼出口大米后，大米、棉布、棉纱成为我主要的出口商品，约占我对印尼出口总值的70%左右；1959年约占73%，其他比较重要的商品还有钢材（包括铁钉、铁丝）、木纱团、纸张、化工原料、缝纫机、玻璃、水泥、松香、薄荷脑等。近年来，我国对印尼还出口了显微镜、打字机、计算机、制钉机、电焊机、柴油发电机、织布机、机床、无线电零件等。

1954年进口我为350万美元，1955年增为1 480万美元，1956年为2 700万美元，1957年为2 900万美元，1958年为3 230万美元。1959年为6 003万美元。主要进口商品为橡胶，1957年占我自印尼进口总值的87%，1958年占90%；1959年占96%，其余是砂糖、椰子、西沙尔麻、咖啡、胡椒、奎宁等。进口商品种类一共不过十来种。

1959年中印尼贸易继续有发展，贸易总额达到10 500万美元，但是由于印尼政府排华反华，两国关系逐渐紧张，影响贸易的正常发展。1960年1—8月，对印尼贸易总额已比1959年同期减少约20%，其中我出口减少约40%多。

（三）对印尼贷款情况

1957年10月，我国根据印尼政府的要求，贷给印尼政府2 000万美元，帮助印尼建设棉纺织厂。1958年4月，由于印尼政府的急需大米、棉布，要求我国先供应上述商品，建厂问题可以从缓。我国政府同意印尼政府的要求，从上述贷款中先拨给印尼政府价值4 800万瑞士法郎（约合1 100多万美元）的大米、棉布和棉纱，满足印尼的急需。

1959年5月，我国为了帮助印尼进行建设，同意再提供3 000万美元贷款，帮助印尼政府建设棉纺织厂和供应印尼需要的其他工业设备。但是由于印尼政府排华、反华，两国关系紧张，贷款还未经两国政府最后确认，没有付之执行。

九、我国同印度贸易情况

（一）贸易关系简况

解放前，中印两国贸易额很小。解放后，两国贸易才有较大发展。1951年和1952年，由于我国供应了印度大量的粮食和我自印度进口了大量的麻袋，两国贸易额增长较快，我自印度进口值分别为4 233万美元和1 060万美元，对印度出口分别为3 013万美元和2 471万美元。但以后由于上述交易停顿，贸易额减少很多。1954年10月中印贸易协定签订后，两国贸易又有所发展，1958年5月，我各国营对外贸易公司同印度国营贸易公司签订卢比支付协议，我在印度开立一个“卢比账户”，双方进出口货物通过账户进行。同时，我同印度私商仍进行现汇交易。1959年由于我国内急需大量的麻袋和黄麻，虽在印度掀起反华浪潮的时期，我对印贸易仍然维持在过去的水平上，且入超很大，进口1 600万美元，出口600万美元，逆差1 000万美元。今年1—8月，我自印度进口1 000万美元，出口300万美元，估计到年底仍然有大量逆差。

1954年签订的中印贸易协定，双方曾在1957年5月换文延长到1958年底。1959年2月双方开始就贸易协定问题进行商谈，由于印度方面硬要把中印贸易和藏印贸易拉在一起，企图以合法的形式，把他们对西藏地方贸易上的一些特权明确规定下来，使谈判拖了数月，最后在5月25日双方换文将原协定有效期再延长至1959年底。但自1959年底期满后，印方至今还没有向我提出商谈新协定或延长原协定，鉴于目前中印两国的政治关系，我们也未提出此事，因此，现在中印两国没有贸易协定，但两国间贸易仍在进行。

（二）商品结构

我自印度进口的主要商品有麻袋、麻布、洋干漆、云母、铬矿砂、南药、胡椒等；对印度出口的主要商品有新闻纸、烧碱、纯碱、铁丝、厂丝、硼石、无水硫酸钠、轮胎、车床等。

（三）西藏地方和印度之间的贸易情况

在西藏和平解放前，我国西藏地方和印度之间的贸易，大体上是平衡的，西藏和平解放后，自印度的进口有很大增加，藏印之间的贸易是发展的趋势。

在商品交换方面，和平解放前，我国西藏地方自印度进口几乎全是消费品，近几年来也进口一些建筑材料；我国西藏地方向印度出口的商品主要是羊毛，其次是皮张、药材、食盐等。

1954年4月中印签订关于中国西藏地方和印度之间的通商和交通协定，规定在五项原则的基础上发展两国间的边境贸易。这些年来，我国政府始终是根据协定的精神来发展我国西藏地方和印度之间的贸易的。但是印度方面却没有严格按照协定办事，例如印度商人非法进入我未开放的市场，投机倒把，不等价交换，放高利贷等等。去年三月间西藏发生叛乱事件以后，印度政府将原来许多向我西藏地方出口的商品也禁止出口了，实际上是对我西藏地方进行封锁禁运，使正常的藏印贸易受到了严重的影响。

十、我国同巴基斯坦贸易情况

（一）贸易关系发展情况

中巴间尚未签订政府间的贸易协定，但自1953年以来曾与巴政府签订过6个换货合同，其中包括我自巴进口棉花、黄麻和我向巴出口大米、煤等商品。

中巴间贸易往来不算多，1953年及1955年我国曾两度参加巴国际工业博览会；巴商业部联合秘书优素福在随同巴总理访华时曾同雷副部长就两国贸易问题交换过意见。巴著名麻商沙特利（伊斯巴哈尼黄麻出口公司负责人）及巴特拉钢铁厂厂主拉蒂夫以及其他巴基斯坦商人都曾来华洽谈业务。1960年3月我应邀参加了东巴国际工业展览会，获得了很大的成就。

（二）对巴贸易的方针

1958年巴基斯坦军事政变以来，阿尤布政权一贯采取敌视我国的政策，目前我在对巴贸易中采取冷而不断的方针。

（三）贸易额

单位：万美元

年度	进口	出口	顺(+)逆(-)差
1950	1 561	7	-1 554
1951	2 338	2	-2 336
1952	8 011	99	-7 912
1953	670	169	-501
1954	2 171	110	-2 061
1955	3 159	14	-3 145
1956	1 442	860	-582
1957	1 023	316	-707
1958	1 666	990	-766
1959	160	672	+512
1960（1—8月）	954	83	-871

（四）商品结构

进口方面：

主要有棉花、黄麻两项。自1950年至1960年8月底我共向巴购买棉花228 596吨、黄麻138 343吨。还进口了少量的人造靛、直接染料等。

出口方面：

主要有煤和大米两项。自1950年至1960年8月底我共对巴出口煤908 786吨，大米193 222吨。还出口了玻璃、新闻纸、自行车、缝纫机、染料、化工品、生铁、钢材、小型机器、水泥、硫磺、丝绸及各种轻工业品等数十种商品。

（五）中巴贸易的几个特点

（1）贸易关系建立很早，但因巴政府对我不友好和不愿接受平衡原则，所以关于签订两国政府间贸易协定问题，虽经数次酝酿，但一直未能实现。只同巴政府签订过几个换货合同。

（2）前几年我国内急需棉、麻，在当时条件下又不得不向巴购买，而巴购我商品则很少，所以我对巴贸易几乎每年都有巨大逆差。

（3）由于巴受美国控制较严，所以对我态度时好时坏，两国贸易发展忽多忽少，起伏很大，显得不很正常。

（4）进出口商品比较集中，如我自巴进口商品主要是黄麻、棉花，对巴出口主要是大米和煤。

（六）存在的问题

（1）国内因工业原料和出口包装的需要，需要进口棉花和黄麻，因此逆差很大。

（2）巴历年来购我大量煤炭，但最近巴为讨好印度，增加了进口印煤的数量，所以我煤销巴大为减少。

十一、我国同黎巴嫩贸易情况

（一）贸易关系发展简况

1955 年 12 月 31 日我国同黎巴嫩在贝鲁特签订中黎贸易协定，经双方政府核准后于 1956 年 8 月 6 日生效，有效期 1 年，如缔约一方在协定期满前不提出废止，协定将自动延长 1 年。该协定是一个没有规定贸易额无约束性的一般贸易协定。根据协定的规定，我国于 1956 年 9 月在贝鲁特设立了商务代表处，后来由于黎巴嫩同蒋帮签订贸易协定，蒋帮驻黎公使馆升格为大使馆，黎接受艾森豪威尔主义，因此我在 1958 年初撤回商务代表，1960 年又撤回商代处全部人员，贸易协定仍让其继续有效，不提出废止。但在具体贸易上，我们在商务代表撤回以后就没有购买黎的商品，而在我出口方面，在黎商要求购买和我们能够供应的前提下，继续对黎出口。最近据我驻大马士革总领馆反映：蒋帮工商业代表团 5 人于今年 9 月 2 日抵达贝鲁特活动，准备同黎官方商谈把以前未被黎议会批准的黎蒋贸易协定作些修改，争取重新签订新的贸易协定。

（二）贸易额

1956 年我从黎巴嫩的进口额较大，因为当时刚签订贸易协定，贸易关系刚开始获得发展。我撤回商务代表后我虽已停止购买黎产品，但因黎商仍不断购我商品，所以对黎出口仍有所增长。

最近几年我对黎进出口贸易额情况如下：

单位：美元

年份	进口	出口
1955 年	427 074	42 000
1956 年	1 544 044	312 902
1957 年	499 074	307 419
1958 年	244 761	544 006
1959 年	—	1 145 930
1960 年（1—8 月）	—	853 235

（三）商品结构

我国从黎巴嫩进口的主要商品是：棉花（转口叙利亚的）、棉纱、糖、烟叶、马尼拉麻（转口菲律宾的）。对黎出口的主要商品是：棉布、地毯、花生仁、丝绸、手工艺品等。

［中略］

十三、我国同新加坡、马来亚贸易情况

（一）1950 年我从新马购买了 6 万多吨橡胶（不包括香港转口），贸易额高达 4 974 万美元（直接贸易下同），比历史上最高纪录的 1926 年还增加 12%，但 1951 年由于新马追随美帝国主义禁运政策，对我国“禁运”橡胶，我国对新马的贸易额骤然下降，1952 年仅 371 万美元，为我国对新马贸易史上最低纪录。此后我对新马的出口有了增加，从 1952 年的 356 万美元增加到 1955 年的 1 622 万美元。1956 年 6 月新马两地同时宣布解除橡胶对我“禁运”，同年 8 月新马两地各派一工商业贸易考察团来我国访问，自此我同新马贸易又有发展，1957 年进出口总值达 5 790 万美元，接近 1950 年水平。1958 年在我国大跃进的形势下，我对新马的进出口都有很大增加，这一年我自新马购买 75 000 多吨橡胶，进出口总值高达 8 582 万美元，比 1957 年增加 44%，同时比 1950 年的 5 974 万美元也增加 48%。

（二）自 1958 年以来，新马政府在帝国主义的压力下，在贸易上对我采取一系列歧视措施，如限制甚至禁止我某些商品进口，阻挠新马一些商人同我接近，更严重的是马来亚当局竟将我在当地的两个中国银行加以封闭，并在言论上攻击和污蔑我国。因此自 1959 年 11 月开始，我们对新马当局进行反歧视的斗争，停止进口，出口采取先收汇后发货的做法，因此对新马贸易额减少，嗣后新加坡态度稍缓，我亦相应区别与马来亚的做法。对新加坡，1959年进口4 181万美元，比1958年减少3%，出口2 791万美元，减少5%；对马来亚，1959年进口仅6.6万美元，比1958年减少98%，出口503万美元，减少62%。

（三）1959年6月，新加坡实现内部自治，在自治大选中，原林有福的“人民联盟”政府由于过去对内镇压进步势力，对外依附帝国主义，同时被揭发出暗中与美帝勾结问题，因此在选举中被人民唾弃，而被人民行动党所代替。人民行动党上台后，对内采取改良主义做法，对我国态度较前有所缓和，在贸易上也趋积极。因此目前我国对新加坡贸易已恢复正常贸易。但马来亚政府迄今对我仍抱有敌视态度，我对马来亚的反歧视斗争仍在继续进行。仍停止自马来亚进口，仍坚持出口不收马币，先收汇后发货的做法。

今年以来，我对新加坡贸易有所发展，1—8月我自新加坡进口2 301万美元，比去年同期增加5倍，对新加坡出口1 820万美元，比去年同期增加20%。对马来亚贸易今年1—8月对马来亚出口363万美元，比去年同期增加45%，但比1958年同期则减少57%。

十四、我国同泰国贸易情况

（一）泰国自从1950年参加侵朝战争和执行“禁运”政策后，中泰正常贸易即告中断。在1953—1955年间因泰国加强进口管制，我国货物经香港、新加坡公开转口销泰亦受限制。1955年亚非会议后泰国对外政策受到了中立主义的影响，由于感到追随美帝不仅没有出路，反而给泰国带来了政治上的孤立和经济上的贫困；同时，在此期间泰国已大量放宽进口管制，对我国货物由港、新间接输入已完全允许，并宣布无特殊限制。

1955年到1956年我国商品转口泰国市场有显著增长，1957年稍有下降。1956年销售额为7.9亿铢，1957年减至5.17亿铢（约减34.6%）。（注：20铢=1美元）

1958年，我国货物转销泰国的贸易额有了显著上升，仅经香港对泰转口额即达2 660万美元，比1957年增加2 000多万美元。

1959年由于泰国政府采取了敌视我国的政策，宣布禁止我货进口后，我对泰国转口贸易几陷停顿，当年我货转销泰国金额激降为20万美元。1960年对泰转口贸易仍未好转，1—8月份我对泰转口额仅6.6万美元。

（二）同泰国人士往来情况：1956年和1957年期间，泰方曾派遣了三个代表团秘密来京：（1）泰国经济文化代表团乃村·如他旺（团长，前泰国警察总监乃炮为其后台）与我方签订了《中泰贸易会谈纪要》、《关于中国国际贸易促进会在泰国曼谷举办中国展览会的会谈纪要》和《中国向泰国购买5万吨大米和1万吨橡胶的两个具体合同》。这些“纪要”与“合同”都没有执行，因为团长乃村·如他旺返泰后就遭美帝杀害。我展览品运泰后由于敌人阻挠，一直不得展出，在1957年5月已由泰国海关公开拍卖。（2）烟叶代表团乃巴色（团长，前财政部长拍母里攀和乃炮等为其后台）与我签订10 300吨的烟叶合同，总值275万英镑，其中高出国际市价部分达90万英镑左右，作为我对泰国政府的照顾。1957年运来两批共值128万英镑，余下的4 150吨因为泰国政府发生政变，没有执行，直至1958年1月间泰国总理乃他侬派遣其胞弟乃沙方来京商谈后，于同年6月8日10 300吨菸叶始告全数执行完毕。（3）海军代表（前海军总司令銮育为后台）銮坚代表海军属下挪威公司与我中国银行签订一项借贷合同，内规定：为了便利挪威公司买中国货运至泰国销售，中国银行同意在一年内提供给挪威公司最高不超过港币426.6万元的信用额度，合同规定年息2%，10年还清。合同签订后由于美国压力，挪威公司一直不敢出面与我接触，直至1957年5、6月间才向我香港华润公司订货，后因泰国发生政变，执行不久便停止下来。

此外，在此期间泰国还有议员和执政派的亲信所属公司同我国有往来，如泰国议员乃贴的代表公司——京商公司曾和我签订过合同；銮披汶的亲信乃讪（拥有永恒报）同我亦有贸易往来；祥兴公司的代表叶祥龙也同我签有合同。

1958年以来，我和泰方接触不多，主要原因是泰国政府在美帝的压力下更趋反动，敌视我国并禁售中国货所造成。

（三）泰国政府于1959年1月17日宣布禁止我国出产或来自我国的商品在泰国销售，限令商人自发布命令之日起15天内登记现存货物数量及地址；在满一个月后禁止出售中国货物，否则严惩。

自从泰国禁止出售我国商品后，泰国市场一片混乱，银根吃紧，商店倒闭，物价飞涨，泰国人民不满，工商界人士纷纷要求泰国当局解禁及通融售卖被冻结的中国商品，加上泰国财政预算发生重大困难，在泰国人民的压力下，被迫改变乃沙立政府对我货禁止售卖的命令泰国政府以增加税收为名，宣布了通融售卖已登记的中国存货的命令。

1959年6月11日泰国政府宣布解除禁售中国的药材、菜籽及鱼苗；6月30日宣布通融中国食品（包括罐头及咸杂货在内）以及建筑器材的售卖；7月7日公布通融中国布匹、渔网以及渔网线的售卖；8月初又公布了除书刊外其他的中国商品均可销售。

（四）泰国政府对中国货物的禁售令全面解除并不意味泰国在短期内开放中国货进口。因此，我们对于乃沙立政府歧视我国的态度和做法，必须坚决予以揭露和打击，坚决进行反歧视的斗争。对泰国贸易必须服从我对泰国的政治斗争。

当时我们即在对泰国贸易方面已采取了如下措施：

1. 立即停止对泰国的一切贸易，停止新的成交和出口发货，进口也一律停止开证；

2. 以我国际贸易促进委员会负责人名义发表了声明，就泰国政府禁售我商品发表谈话，谴责泰国政府对我国的不友好态度；

3. 对凡有泰国资本的银行的来证一律予以拒绝；

4. 不邀请泰国商人参加我在广州举办的中国出口商品交易会。

目前，对泰国仍停止直接贸易。

十五、我国同菲律宾贸易情况

（一）对菲律宾贸易的方针

我国同菲律宾的直接贸易关系，自1950年美国发动侵朝战争以来，就完全停顿。到目前为止，我国同菲律宾的贸易实际上是通过菲商在香港的办庄，利用香港产地证或走私的方式进行的。

菲律宾政府在政治上、经济上、军事上都处于美国的严密控制下，对我国一直采取敌视态度。因此，目前恢复和开展对菲的直接贸易是有困难的。但是，随着菲律宾民族主义和对美离心倾向的发展，在东风继续压倒西风的国际形势下，今后，我争取菲律宾的有利条件将会逐渐增加。因此，我们在进一步扩大香港对菲的转口贸易的同时，利用一切可能，通过秘密或公开等不同方式，积极争取打开对菲的直接贸易关系。

（二）同菲律宾人士的接触情况

几年来，我国对菲律宾做了不少争取工作，也取得了一定的效果。几年来，菲律宾人士同我们也有一些接触，如1955年10月《马尼拉纪事报》记者英里西奥和曼那劳克，1958年，马尼拉副市长罗塞斯、菲参议院工商委员会主席塞亚，去年3月菲总统府技术助理郡沙礼士曾先后来我国访问。我香港机构除了同菲律宾的一般民族商人和华侨商人接触外，同时也同有影响的侨领和非官方人士进行过接触。如1958年初侨商吴桑叶向我华润公司洽购大米5万吨；稍后，菲参议员库恩柯曾致电周总理，要求以椰干换大米10万吨；1958年底菲官方通过侨商拟以菲国营贩卖公司名义向我华润公司赊购5 000万美元货品；1959年7月郡沙礼士致函外交学会说菲总统夫人及她的亲戚的私人团体拟在我贷款的基础上购买我砖瓦厂、陶瓷厂的成套设备，等等，但由于种种原因，均未成交。

（三）对菲转口贸易情况

我国对菲贸易是我香港机构同菲商人在港的办庄之间进行的一般贸易。1958年由于菲政府减少批汇，限制旅客带货入境，因此，1958年的香港对菲转口贸易有所减少，但我经港转菲的货物却有相当的增长。1959年以来，由于菲美矛盾的加深，菲民族主义倾向有所发展，加上实施25%的外汇税后，菲市场物价上涨，菲政府为了平抑物价，急需进口，对港去菲的转口货物的限制有所放宽。例如采取了延长易货证和自备外汇的期限，这些对我货经港转菲是十分有利的，使我经港转菲的商品又有较大的增长。根据香港华润公司的统计我国商品经港转菲的总额，1957年为7.3万美元，1958年为34万美元，1959年为115万美元，1960年1—8月份为49万美元，比去年同期减少37%。我经港转菲的主要商品有：土特产（如薄荷脑、薄荷油、大豆、杂豆、帚刷类等）、茶叶、水果及食品（如柑橘、罐头、粉丝等）、玻璃和热水瓶胆、药材和中国成药、焦煤、小五金、丝带花边、针织品、棉纱、棉布、医药品及少量机器（如车床、刨床等）。

十六、我国同几内亚的经济贸易情况

（一）对几内亚的经济贸易方针

目前几内亚执行和平中立政策，一般反帝比较坚决，为支持其反帝斗争，对几内亚贸易采取积极的方针，根据需要与可能积极发展同几内亚的经济贸易关系。

（二）经济贸易发展简况

1959年我和几内亚开始有贸易往来，这一年我对几出口共396美元。1960年1—8月份出口1 340美元。我对几内亚出口商品有胶鞋、医药等。

1958年根据几内亚要求，我赠予大米5 000吨。1960年我国又同意赠予几内亚大米1万吨，现已运交5 000吨。

1960年9月几政府代表团访华期间，我国和几内亚签订了中、几贸易和支付协定和经济技术合作协定。根据经济技术合作协定，我国政府在1960年9月13日至1963年6月30日的期间内给予几内亚以无息的、不附带任何条件和特权的贷款一亿卢布。中、几贸易和支付协定有效期为5年，两国之间的贸易以进口商品总值和出口商品总值平衡为原则，双方每年各出口12亿左右几内亚法郎。我方出口商品为大米、纺织品、丝绸、农具等，几方出口商品为咖啡、钻石、椰干、橡胶等。

十七、我国同阿联贸易情况

（一）对阿联贸易的方针

目前纳赛尔集团还未完全倒向帝国主义，还未放下和平中立和反帝的旗帜，在政治上还要同社会主义国家保持一定关系。另一方面，我国是埃及棉花的最大销售市场之一，保持两国间的贸易关系，阿联不仅找到了可靠的市场，而且得了很大的实惠。看来，纳赛尔集团还是希望保持同我国的贸易关系的。为了争取纳赛尔集团继续采取和平中立政策和团结阿联人民，在目前情况下，仍以维持同阿联目前的政治和贸易关系为有利。

（二）贸易关系发展简况

1. 同埃及的贸易关系。1955年4月亚非会议期间，我部叶季壮部长和前埃及工商部长努赛尔就中埃贸易问题初步交换了意见。同年5月埃及宗教事务部长巴库尔来京时又与我进一步交换了意见；8月，以努赛尔为首的贸易代表团来京同我签订了中埃三年贸易协定和第一个协定年度议定书。根据协定规定，1956年1、2月中埃分别在对方国家成立了商务代表处。3月中旬叶季壮部长率领贸易代表团去埃进行了访问，4月1日我在开罗举办了中华人民共和国商品展览会。1956年5月30日中埃两国建交后，1956年和1957年两年，双方各派了贸易代表团去对方国家签订了第二个和第三个协定年度议定书。1956年在签订议定书的同时，中埃还签订了两国间的支付协定。1957年一年我共派出机械、杂品、仪器、茶叶等7个公司的贸易小组去埃了解市场情况并宣传和推销我国商品，埃方也有不少商人来我国参加广州交易会或到我国各口岸同我出口公司进行交易。

2. 同叙利亚的贸易关系。1954年9月我国第一次参加大马士革国际博览会后，中叙两国开始了贸易来往，亚非会议期间，中叙两国政府代表交换了有关发展两国经济贸易关系的意见。同年8月，我国商品展览会第二次参加大马士革国际博览会后，在11月30日同叙利亚政府签订了中叙贸易协定和支付协定。根据协定规定，我于1956年7月在大马士革设立了商务代表处。其后，叙方也在我国设立了商务代表处。8月10日中叙两国建交后，两国贸易来往开始频繁。1957年3月双方签订了关于修改两国间贸易协定和支付协定的协议书。同年我丝绸、仪器等3个公司的小组到叙利亚进行了访问和交易。1954—1958年5年中，我每年都参加了大马士革国际博览会。

3. 我国同阿联的贸易关系。1958年2月埃及和叙利亚合并为阿联后，4月我参加了在开罗举行的国际棉花博览会，10月底派出贸易代表团去开罗同阿联政府签订一个统一的中阿联贸易协定、支付协定和第一个协定年度议定书。为了扩大我对埃、叙出口，并配合对阿联贸易谈判，这一年我共派出丝绸、杂品、中进出、茶叶、土产等8个贸易小组去埃、叙两地进行交易。在12月我还派出以国际贸易促进会主席南汉宸同志为首的代表团参加了在开罗举行的亚非国家（商会）的经济会议。今年3月我同阿联在北京签订了第二个协定年度议定书。8月我再次参加大马士革国际博览会。

（三）贸易额

（1）我国对埃及进出口贸易额

单位：美元

年份	进口	出口	差额
1950	2 129 456	998 998	（－）1 130 458
1954	10 529 716	716 919	（－）9 812 797
1955	24 529 816	1 972 720	（－）22 557 096
1956	24 854 026	12 875 638	（－）11 978 388
1957	30 005 713	18 157 405	（－）11 848 308
1958	35 379 025	21 180 744	（－）14 198 281
1959	36 554 481	21 306 894	（－）15 247 587
1960年1—8月	38 670 690	9 375 379	（－）29 295 311

（2）我国对叙利亚进出口贸易额

单位：美元

年份	进口	出口	差额
1954		72159	（＋）72 159
1955	780 385	135 584	（－）644 801
1956	469 877	444 199	（－）25 678
1957	7 031 181	456 912	（－）6 573 269
1958	8 730 000	2 380 000	（－）6 350 000
1959	1 582 381	2 769 552	（＋）1 187 171
1960年1—8月	3 173 987	1 007 911	（－）2 166 076

（四）商品结构

我从阿联进口商品，几乎全部是棉花，仅1956年有一些棉纱进口，但是数量微不足道。

我对埃及地区出口主要商品是：冻肉、棉油、茶叶、工业原料、五金、化工、土产和轻工业制成品；对叙利亚地区出口的主要商品是棉丝织品，黑、白瓜子和手工艺品等。

十八、我国同摩洛哥贸易情况

（一）对摩洛哥的贸易方针

摩洛哥是和平中立国家，我们对摩洛哥的贸易方针是：根据需要与可能，继续积极发展同摩洛哥的经济贸易关系，支持其发展民族独立的愿望。

（二）贸易关系发展简况

1956年中国国际贸易促进会访问团访问摩洛哥期间，摩洛哥政府提出愿意同我国建立政府间的贸易关系，我表示热烈欢迎摩洛哥政府派遣贸易代表团来我国商谈。1957年9月，摩洛哥政府贸易代表团来我国，经过会谈，互以换函规定了自1957年10月1日至1958年9月30日止双方进出口的商品品种、数量、金额；并且规定了签发进出口许可证和支付的办法。

1958年5月，摩洛哥政府决定不再同台湾签订新的贸易协定后，我政府贸易代表团即应摩洛哥政府的邀请前往摩洛哥访问，于1958年10月27日签订了第一个两国政府间的贸易协定。协定中规定双方各出口价值51亿摩洛哥法郎的商品，比1957年两国之间的贸易额大大增加。去年我同摩洛哥政府贸易代表团在北京签订了第二个贸易协定，贸易额为双方各出口57亿摩洛哥法郎。自从中摩两国政府签订贸易协定以来，贸易额有了很大增长，1958年我对摩出口达846万美元，比1956年增长一倍多，特别是自摩洛哥进口增长更为显著，从1952—1957年我没有自摩洛哥进口，1958年开始自摩洛哥进口，1959年摩进口增长到1 000多万美元。

（三）贸易额

单位：美元

年份	进口	出口
1949	—	3 492 739
1950	2 893	7 889 255
1952	—	833 846
1953	—	1 162 334
1954	—	147 951
1955	—	3 381 805
1956	—	3 605 916
1957	—	7 535 921
1958	5 212 754	8 460 305
1959	10 344 615	4 948 759
1960年1—8月	4 419 272	5 025 586

（四）商品结构

我进口的主要商品：磷酸盐、过磷酸盐、沙丁鱼、羊毛、运输车辆等。

我出口的主要商品：茶叶、人造纤维制品、丝绸等。

十九、我国同苏丹贸易情况

（一）对苏丹贸易的方针

几年来我对苏丹一直是采取积极争取的方针，在适当照顾对方处境的原则下，积极稳步地开展同苏丹的经济贸易关系。

（二）贸易关系发展简况

1956年4月间我政府贸易代表团应苏丹政府的邀请访问了苏丹，举行了贸易会谈并发表了两国政府的贸易会谈公报，就发展两国经济合作和贸易关系交换了函件。1957年12月苏丹政府贸易代表团来华访问，与我进行了贸易会谈，双方约定于1958年1月9日同时发表两国政府的贸易会谈公报。1959年2月间我派出了棉花贸易人员参加苏丹政府所举行的研究有关棉花产销情况的参观访问。近年来我们还派出贸易小组去苏丹进行贸易活动。我国同苏丹建交后，我曾争取签订贸易协定，苏丹政府对此顾虑很多，不愿签订。

（三）贸易额

单位：万美元

年份	进口	出口
1956年	248	31
1957年	162	68
1958年	122	172
1959年	296	118
1960年1—8月	1 178	122

（四）商品结构

我从苏丹进口商品有棉花、阿拉伯胶两种。我向苏丹出口的主要商品有棉布、丝绸、日用百货、化工品、仪器和建筑材料等20多种，其中主要是棉布。1958年7月中国杂品出口公司通过亚历山大棉花贸易公司同苏丹签订了一个100万英镑等值的易货协议，以我出口棉布、丝绸、钢材、食糖、化工品等商品易苏丹棉花。

（五）目前存在的问题

苏丹出口商品品种不多，尤其是适合我国需要的商品更少，仅有棉花和阿拉伯胶两种。因此我自苏丹进口受到一定的限制，在开展和扩大我国同苏丹贸易上存在着一定的困难。但从政治上和开展今后对苏丹的贸易考虑，除仍需要购买一定数量的苏丹棉花以外，也可以进口一些其他商品，如阿拉伯胶、皮革、花生、芝麻等。

今年以来，我棉花需要量激增从苏丹购进棉花达1万余吨；而出口很少，两国贸易尚不能达到平衡。

二十、我国同加纳贸易关系

（一）对加纳贸易方针

加纳对我国尚属友好，最近两国已正式建交。我对加纳贸易应视需要和可能，逐步建立和发展同加纳的经济贸易关系，支持其发展民族经济的正当愿望。

（二）贸易关系发展简况

解放后我国和加纳之间的贸易是从1955年才开始的。1958年我对加纳只有出口没有进口。1959年我从加纳进口了1 016吨可可，值67万美元；出口14万多美元。1959年9月30日以加纳工商部长奎杜为首的加纳贸易友好代表团来我国进行了访问，在访问期间，对方表示目前双方贸易额还很小，签订政府间贸易协定的条件还不成熟，但愿意扩大中、加两国的直接贸易，并提出希望我购买他们的可可、木材和铁矾土。

二十一、我国同突尼斯贸易情况

（一）对突尼斯贸易的方针

根据需要与可能，适当地争取开展同他们的贸易往来，以便争取他们更坚定地走向和平中立。在具体做法上采取积极争取，细水长流，稳步发展的方针。

（二）贸易关系发展简况

过去由于突尼斯受法国的控制，我对突出口商品（主要是茶叶）均由法国转销该地。直到1955年我才直接对突尼斯出口。1956年3月突尼斯独立后，中突两国逐渐恢复和发展贸易往来。1956年10月，我国际贸易促进会应突博览会邀请，在突尼斯国际博览会期间派出贸易访问团赴突进行友好访问。1958年9月我应突尼斯政府的邀请，派出政府贸易代表团赴突访问，同突尼斯签订了两国政府间第一个贸易协定（贸易额220万美元）；该协定于1959年9月24日期满后自动延长1年。自1958年以来我先后两次参加了突尼斯每年10月间所举行的国际博览会，今年我仍将参加展出。

（三）贸易额和商品结构

历年来，中突两国交换商品不多，数量也不大。1955年我出口118 000美元，1956年81 262美元，1957年109 816美元，1958年339 311美元，1959年97万美元。出口商品有丝绸、茶叶、粮油和棉布等。1958年以前，我对突贸易没有进口，1959年进口119万美元，进口的商品有过磷酸盐和橄榄油。

T5/8

二、同拉丁美洲国家贸易情况

（一）同巴西贸易情况

十九、我国同巴西贸易情况

（一）对巴西贸易的方针

巴西是拉丁美洲的大国，工业较发达。慑于美帝压力，巴西政府对扩大与我经济贸易关系有顾虑。目前仍与蒋帮保持外交关系。我对巴西的贸易只能保持民间往来，但应积极加强同巴西半官方和工商界人士的接触，根据我需要与可能，适当多做些直接的交易，以扩大我政治影响。

（二）贸易关系发展简况

建国以后即同巴西有贸易往来，但直到1956年才开始有直接的交易，同年8月，中国杂品出口公司王耀庭副经理应邀访问巴西，会见了巴西财政部长、银行行长、外汇管理局长，商讨了两国支付问题，巴方提出12点建议。王副经理回国后，我中国银行据以同巴方联系，即无下文。1957年我中国人民银行代表团访问阿根廷时，同巴西财政部长在阿根廷首都作非正式接触。1959年8、9月巴中文协和巴西国际博览会几次来函邀请我国参加1960年9月在里约热内卢举行的国际工商业博览会，但后来对方不能保证台湾不参加展出。我只得拒绝参加。1960年头9个月往来很少。

（三）贸易额

单位：美元

年份	总额贸易	进口	出口	差额
1950	49 209	1 833	47 376	+45 543
1951	3 021 370	3 021 370		-3 021 370
1952	8	8		+8

以上资料来源：中国海关册。

续表

年份	总额贸易	进口	出口	差额
1953	19	19		-19
1954	1 949		1 949	+1 949
1955	4 647 108	4 646 056	1 052	-4 645 004
1956	812 278	812 278		-812 278
1957	11 178	2 134	9 044	+6 910
1958	140 081	116 238	23 843	-92 395
1959	728 862	688 669	40 193	-648 476
1960年1—8月	390 944	374 840	16 104	-358 736

以上资料来源：外贸部计划局统计。

（四）商品结构

我进口的有：糖、鞣膏、柴油、文教用品、咖啡、棉花、工艺品原料、其他货品。

我出口的有：印刷品、松香、畜产品、锑、药材、医疗器械、陶瓷器、桂皮、香料、染料、尾毛。

《我国同西方和拉丁美洲国家贸易情况资料（增订本）》，1960年9月。T5/9

二、中国和巴西贸易情况

解放后10多年来，巴西政府一贯追随美国敌视我国的政策，同蒋帮还保持着外交关系，中巴两国间只有小量的民间贸易。1961年1月夸德罗斯上台以来，曾屡次表示要同我国发展贸易，同时也采取了与过去不同的做法，如以总统的名义邀请我促进会贸易访问团访问巴西，和这次派出以副总统古拉特率领的贸易代表团来我国等。但值得注意的是，巴西目前只要求和我建立贸易关系，以谋在经济上寻找出路，并增加其对美国讨价还价的资本。中巴贸易及接触情况如下：

（一）历年中巴贸易额及交换商品

我国同巴西的贸易额很小，而且主要是我方进口，我出口更少。历年贸易额如下：

单位：美元

年份	进口	出口	总额
1950	1 833	47 376	49 209
1955	4 646 056	1 052	4 647 108
1956	812 278		812 278
1957	2 134	9 044	11 178
1958	116 238	23 843	140 081
1959	688 669	40 193	728 862
1960	894 738	29 072	923 810

我从巴西进口的商品有棉花、糖和小量的咖啡、薄荷脑、油及其他零星商品等。我对巴西出口商品有油籽、松香、药材、香料、锑、猪鬃、陶瓷器等。

（二）接触情况

我同巴西贸易上的直接接触是从1956年开始的，我杂品公司王耀庭副经理曾在1956年访问过巴西，会见了巴西政府的财政部长、中央银行行长、外汇管理局长，商讨了两国间的支付问题。1957年我银行代表团在阿根廷曾同巴西的财政部长有过接触，商谈了有关两国银行间的支付问题，由于巴西方面要求我先买一定数量的咖啡，然后才能做进一步商谈，于是谈判就搁置起来了。

1959年8月巴中文协和巴西国际博览会当局几次来信邀请我参加里约热内卢举行的国际工商业博览会，我愿意参加，但因巴西方面不能保证蒋帮不参加而未成行。

1961年4月，以巴西国际贸易促进会主席西尔瓦为团长的巴西民间性经济代表团来我国访问了一个月。代表团与我就发展中巴贸易问题交换了意见，并进行了广泛的参观访问。我国家领导人朱德委员长、陈毅副总理和我部雷副部长都予接见，对方反映很好。

1961年5月，南汉宸同志率领贸易代表团应巴西总统的邀请访问了巴西，总统夸德罗斯和副总统古拉特曾接见。夸表示愿发展中巴贸易关系，要签一个贸易协定，要互设贸易机构，并同意我去巴西举办经济展览。此外还提出要派经济代表团访问中国。

巴西资料之四：巴西的对外贸易和中、巴贸易简况，1961年8月。12－1548－16

（二）同其他拉丁美洲国家贸易情况

对外贸易部办公厅编印：《我国同西方和拉丁美洲国家贸易情况资料（增订本）》［节录］

1960年9月

［上略］

十八、我国同阿根廷贸易情况

（一）对阿根廷贸易的方针

阿根廷弗郎迪西政府以进步纲领欺骗人民上台，现为军人集团和反动势力所控制，继续右转倒退，投靠美帝，反对古巴革命，加强镇压国内人民。经济上靠外债度日，生产缩减，通货膨胀，人民生活水平下降，对现政府愈来愈不满。我对阿根廷贸易，在目前阿仍与蒋帮保持外交关系情况下，只能在民间基础上进行，对阿工商界应积极加强往来增加联系，并根据我需要与可能主动做些交易，以扩大我国影响。

（二）贸易关系发展简况

1954年我国开始同阿根廷发生直接贸易关系，阿国际贸易促进会秘书许华兹与我中国进出口公司柏林代表处签订小麦烤胶合同。同年10月阿工商界代表团访华。1955年我国际贸易促进会派4人参加阿国际贸易促进会年会。1957年我人民银行代表团赴阿根阿商谈有关签订支付协定问题。1958年阿中央银行董事里维拉来京代表阿中央银行与我中国银行签订了两行之间支付合约草案，但以后杳无音讯。1959年4月阿国际贸易促进会负责人之一诺伐柯夫斯基来华与我有关公司洽谈贸易可能性。1960年2月阿根廷梅拉蒂公司派代表卡斯提纽访华，与中国进出口公司成交5000吨烤胶（约70万美元），购我白厂丝10包（约2100英镑）。5月该公司代表泰赛尔参加春季广州交易会后来京，与杂品公司谈成售条毛约7万美元，购我小量玩具、铅笔。关于烤胶同纯碱烧碱的易货贸易，本已接近成交，由于阿根廷政府法令改变而告吹。

（三）贸易额

单位：美元

年份	贸易总额	进口	出口	差额
1950	1 912 494	1 912 494		-1 912 494
1951	423 256	423 185	71	-423 114
1952	52	13	39	+26
1953	9 533	9 533		-9 533
1954	1 624 401	1 624 401		-1 624 401
1955	2 681 204	2 681 204		-2 681 204
1956	703 415	703 415		-703 415
1957	16 947	16 858	89	-16 769
1958	470 041	469 821	220	-469 601
1959	280 670	255 059	25 611	-229 448
1960年1—8月	1 163 829	1 139 973	23 856	-1 116 117

（四）进出口商品结构

我进口主要有：羊毛、毛条，其次有烤胶、硼砂、小麦、鞣膏、沥青、纸及纸制品。

我出口有：麻、麻制品、陶瓷器、厂丝。

[中略]

二十、我国同乌拉圭贸易情况

（一）对乌拉圭贸易的方针

乌拉圭是我们在拉丁美洲国家中贸易关系发展较早的国家之一。由于1957年乌拉圭恢复了同蒋帮的外交关系，我对乌拉圭的贸易只能在民间基础上进行，但仍应抱积极态度，以增加往来，促进了解，扩大影响，为进一步开展半官方或官方贸易挤走蒋帮创造条件。

（二）贸易关系发展简况

中乌贸易关系开始于1955年，乌拉圭驻香港总领事内伯格来华代表乌羊毛商赛地尔公司与我畜产公司签订毛条合同。以后我畜产公司开始与乌商直接洽购羊毛毛条。1956—1957年间乌拉圭政府派商务代表法林那来京，我人民银行代表团1957年5月赴乌就中乌两国银行间的支付协定进行洽商。在行将签字时，由于美帝国主义通过政府中亲美分子的破坏而未签成。以后乌拉圭同蒋帮恢复往来，中乌之间的贸易仅停留在私商的活动范围内。1959年初乌《人民论坛报》记者埃契巴瑞来访我国，总理接见他时，曾同意乌拉圭组织一个工商界的代表团来。埃回国后函我国际贸易促进会推荐了6人拟于1959年年底访华，但因代表性不大未成行。1960年2月乌拉圭进步企业瑞萨公司代表卡斯提纽来访，与杂品公司成交油毛两批63.5万镑值509 679美元。

（三）贸易额

单位：美元

年份	贸易总额	进口	出口	差额
1956	1 347 756	1 347 756	—	-1 347 756
1957	5 102 467	5 057 607	44 860	-5 012 747
1958	2 385 638	2 362 731	22 907	-2 339 824
1959	6 973 655	6 959 098	14 557	-6 944 541
1960年1—8月	4 464 203	4 446 532	17 471	-4 429 061

（四）商品结构

进口：主要是羊毛、毛条，其次是呢绒。

出口：男工地毯、纯碱、红茶、桐油、柞丝绸、金丝帽、热电发生器、药用蓖麻油、铅笔。

二十一、我国同智利贸易情况

（一）对智利贸易的方针

智利现政府是资产阶级右派政党执政，政治上追随美帝，经济上对美帝也依赖很深，主要经济部门控制在美帝手中。今年智利又连续遭地震破坏严重，经济困难。智官方在国内进步力量压力下曾表示愿发展与我经济联系，但由于美帝压力，仍不敢直接售铜给我国。智利与蒋帮有外交关系，按智利国内政治情况看来，进步力量稍有发展，但一时还不可能有很大改变。我对智利贸易仍应加强半官方和民间往来，采取积极开展的方针，但也不要操之过急，在易货大体平衡原则下也可以多买一些智利硝石。

（二）贸易关系发展简况

从1949年到1954年我与智利之间的贸易往来很少。仅是智利一些社会人士来华（如和平代表、文化团代表）附带与我们洽谈贸易，都没有成交。我与智利商人直接接触是在1955年智利美欧代理公司向我推销硝石时开始的，后来因价格不合未有成交。1957年我人民银行代表团访智利曾与他们官方财经贸易各方面人士有所接触。

从1958年7月，智利驻港总领事欧亚松与我华润公司洽谈3万吨硝易货交易，直到1959年7月因智方不能购买我等值茶叶，最后没有达成交易。1959年8月智前副总统贝特雷加尔来京访问，代表智硝碘公司与我中国进出口公司签订了1万吨硝易茶的合同和3万吨硝易茶的备忘录。8月智硝碘公司来电确认该合同。1万吨硝合同我已执行完，但智方对茶叶合同迄未执行。

此外，1958年我五金公司通过我人民银行赴南美代表团的介绍与智利柯西亚公司签订300吨紫铜丝的合同，后因智方不交货，合同未执行。1959年智利前副总统贝特雷加尔来京时向我五金公司提出重新洽谈300吨铜丝的交易（以前签订的合同无效），五金公司同意与智利索尔迪可公司信件联系，1958年我曾向智中文化协会主席阿仑德和智利驻港总领事欧亚松提出愿购智利铜5万~10万吨，欧亚松答复由于美国不答应，智利不能售铜给中国，结果此笔交易未洽谈。1959年12月欧亚松曾试探我方，在假定没有台湾参加的情况下，我方是否有兴趣参加1960年9月智利举办的展览会，我方答复有兴趣参加，但1960年3月欧又称不能保证台湾不参加。同时欧还向我试探对智利派工商界代表团来访问的意见，我表示欢迎后，对方又以该团行程已定，访华不及筹备为由而未成。1960年头9个月没有什么往来。

（三）贸易额

单位：美元

年份	贸易总额	进口	出口	差额
1950				
1951	15 988	15 988		-15 988
1952—1956				
1957	63 777		63 777	+63 777
1958	132 852		132 852	+132 852
1959	593 692	527 428	66 264	-461 164
1960年1—8月	19 151		19 151	+19 151

（四）商品结构

我进口的有：橡胶、硝石。

我出口的有：红茶、丝绸复制品、示教仪器、收音机、电子管、火柴、松香、陶瓷器、电工仪表、石棉制品、建材杂品、汽车零件。

二十二、我国同其他拉丁美洲国家（墨西哥、哥伦比亚、委内瑞拉等）贸易情况

（一）我们的贸易方针

我国对拉丁美洲各国一贯本着平等互利、互通有无的方针，积极发展同它们的贸易。但由于拉丁美洲国家（除古巴外）都与蒋帮有外交关系，且直接与我接触往来很少，因此，目前我们应加强民间性经济贸易往来积极建立和发展关系增加彼此了解，根据需要与可能尽量多做些直接交易，以扩大影响，逐步挤走蒋帮。为同拉丁美洲国家建立正常关系创造条件。

（二）中墨贸易关系情况

几年来我国和墨西哥贸易关系有所发展，但成交数额还不大。1954年3月墨中友协致函我外交学会希我能购买墨西哥糖、龙舌兰纤维，买我小麦。1956年6月墨财政部长佛罗雷斯通过苏联向我表示愿售棉花。1959年10月墨国际易货公司经理纳赛尔曾参加我广州交易

会并来京访问，建立联系。1960年7月我赴古巴贸易代表团在古期间，墨工商部官员贡萨洛·戈尔达里专程来古会见我代表团团长卢绪章副部长，谈称墨有意与中国秘密签订政府间贸易协定，及他本人将于1960年10月访华就签协定事具体洽谈。

贸　易　额　　单位：美元

	1951	1952	1953	1954	1955	1956	1957	1958	1959	1960年1—8月
进口							8152		—	—
出口	1 075	7	1 599	537	279	538	14 196	102 163	42 063	15 600

（三）中、哥伦比亚贸易情况

几年来我国同哥伦比亚在贸易上接触很少，没什么交易，1959年6月哥议会代表团访华时曾与我国际贸易促进会冀副主席会谈，两次提到哥将有贸易代表团访华。因该代表团主要推销咖啡，我无需要，故未主动邀请。1960年6月哥全国咖啡联合会与我驻民主德国商参处联系，要求以咖啡易我化工产品，并拟与我签订贸易协议，我介绍其先与我有关公司洽谈。

（四）中委贸易情况

我国同委内瑞拉贸易往来很少，这些交易是零星地同委私商进行的。我对委出口有淀粉、鬃刷、男工地毯、丝绸、桂皮、工艺品，进口有制成药品。

贸　易　额　　单位：美元

	贸易总额	进口	出口	差额
1951	234	10	224	+214
1952	392	392		-392
1956	396		396	+396
1957	1 892		1 892	+1 892
1958	3 717		3 717	+3 717
1959			9 547	+9 547
1960年1—8月			7 465	+7 465

（五）其他动态

1960年7月玻利维亚议会代表团访华，雷副部长接见，对于表示希中国不久派贸易代表团访玻，进一步建立文化、外交关系。1960年8月雷副部长接见哥斯达黎加议会代表团，对方想了解中哥贸易可能性并向我要参考性对拉丁美洲出口货单。

此外，我对厄瓜多尔、秘鲁、多米尼加、巴拿马、巴拉圭、洪都拉斯、哥斯达黎加、圭亚那、特立尼达岛等国家亦有小量贸易，接触不多。

T5/9

第七部分

对外经济技术援助

一、基本政策与指导原则

中共中央批转陈毅同志和李富春同志关于加强对外经济、技术援助工作领导的请示报告

1958 年 10 月 29 日

中央同意陈毅同志和李富春同志《关于加强对外经济、技术援助工作领导的请示报告》，现在转发给你们，请各有关地区和部门研究执行。

认真做好对外经济、技术援助工作，是一项严肃的政治任务，也是我国人民对兄弟国家和民族主义国家的人民应尽的国际义务。这对于增进社会主义阵营的团结和繁荣，发展我国同民族主义国家的友好关系，和打击以美国为首的帝国主义阵营的侵略和扩张活动，具有重大的意义。随着我国经济、技术力量的增长和国际影响的扩大，我国援外任务势必日趋繁重，担负援外任务的部门和地区将会越来越多。中央要求凡是担负援外任务的部门和地区都必须本着大跃进的精神，认真、切实、按期地完成自己所担负的任务，决不应该借口国内任务紧迫而放松甚至挤掉援外工作。因为援外工作中的任何一点差错，都可能造成政治上的不良影响。此点必须引起全党的高度重视。

我国对外经济、技术援助的主要对象，应该是社会主义阵营中经济还不够发达的兄弟国家和亚非地区已经取得民族独立或者正在争取民族独立的和平中立国家。对于这些国家，我们应该根据对方的要求和我国在经济、技术方面的可能，给予他们适当的援助，加强他们的经济力量。为了使我国给予的经济、技术援助，能够迅速地显示功效，今后我们的援外工作，必须按照这些国家的具体情况，采取因地制宜，以中、小为主和土洋结合的方法，帮助他们建立起自己的工业基础。我们援助他们的目的，不是造成他们对我们的依赖，而是帮助和推动他们自力更生。

援外工作是一项复杂和艰巨的组织工作。每一项援外任务完成的全部过程，不仅涉及国内许多部门和地区，而且同受援国家人力物力的动员，也有非常密切的关系。只有坚决贯彻援外工作在国内、国外的统一领导，充分发扬分工负责和密切协作的精神，才能有效地、准确地保证每一项援外任务的完成。

关于我国援外工作的体制，即按报告中提出的原则进行调整。原有的援蒙委员会、援柬委员会和各援外工作的领导小组应该根据援助工作的情况，逐步移交有关部委，逐步取消。

附：陈毅、李富春关于加强对外经济、技术援助工作领导的请示报告

1958 年 10 月 26 日

中央对于我国对外经济、技术援助工作的领导和分工问题，曾经决定：由中央外事小组掌握援外的方针、政策；国家计委统一组织国内有关援外事项的分工、协作；财政部负责拨款；对外贸易部统一办理对外事务。最近，我们召集有关同志研究了执行这一决定的具体办法。现将我们的意见报告如下：

（一）中央外事小组应该根据国际形势的发展和我国提供援助的可能，拟定对外援助的方针和总的规划，报中央批准。中央外事小组还应该负责从政策上检查援外工作的进行情况，及时向中央报告。有关这一方面的日常工作，由国务院外事办公室负责办理。

（二）关于每一起援外任务，应该首先由外贸部和外交部根据中央批准的援外方针和要求援助国家的具体情况，以及我国在经济和技术上的可能，会同有关部门提出对外援助的方案，经外事小组审核后报送中央批准。然后，由国家计委抓总，根据中央批准的援外项目，会同外贸部组织有关部门和省、市之间的分工、协作，确定总交货人，确定援外项目所需要的设备、原材料的供应和人员的调配，并且负责检查援外工作的执行情况，督促援外任务的按期完成。必要时国家计委还应该参加对外谈判。

（三）为了确保援外项目的工程质量和按期完成，拟采取总交货人制度。国家计委按援外项目的专业性质，指定中央有关部担任总交货人。总交货人部应该根据承担的项目，负责选调人员，搜集资料，勘察厂址，编制和审定设计任务书，编制援外预算，供应设备和材料，进行设备安装、调整和试运转等工作，并且负责培训受援国家的生产技术人员。但是，鉴于体制改变后中央各部部分权力下放的实际情况，中央总交货人部可以根据地方的工业特点和生产能力，委托某一个省、市、自治区负责完成援外项目的全部或者一部分任务。总交货人部和有关地区必须加强协作，共同保证任务的完成。中央总交货人部和各有关省、市、自治区党委，应该指定一个主要负责人，负责援外工作。重点的总交货人部如第一机械工业部、轻工业部、纺织工业部、建筑工程部、水利电力部等，以及负责援外任务较多的省、市、自治区，还应该成立专门机构，办理日常工作。其他有关部门和省、市、自治区是否需要成立专门机构，可以根据实际情况自行决定。

（四）援外工作中，有关援外商品的供应，通过贸易方式的贷款，组织对外谈判，草拟和签订有关协定和办理对外、对内的结汇、清算等工作，都由外贸部负责。

（五）援外物资除国家调拨外，在市场采购的部分，由承担援外项目的中央部门和省、市、自治区提出货单，由商业部门优先予以供应。有关援外物资的运输，铁道、交通部门应该优先承运。

（六）凡是以外币计算的援外款项，包括国内价格和国际价格的差额，统一由外贸部会同有关部门计算出人民币总额，报中央批准，由财政部支付。财政部应该加强对援外款项使用的检查，严格防止可能发生的浪费。

（七）对于接受我国援助和可能提出援助要求的国家，我有关驻外使馆应该根据中央的援外方针和驻在国的政治经济条件，加强调研工作，及时反映有关援外方面的意见。我驻在受援国的使馆，还应该对援助工程进行督促检查，并且加强对援外工作人员的政治、思想领导。

（八）所有援外项目，必须列入各有关部门和省、市、自治区的经济计划，作为确保项目。经中央批准临时追加的援外项目，由国家计委和有关部门负责增拨设备和原材料。在设备和原材料供应不足的情况下，各有关部门和地区可以从国内建设项目中尽先调剂使用。

（九）各有关部门和省、市、自治区，应该加强对援外工作的督促检查，按月向国家计委报告，同时抄送中央外事小组和外贸部。对于时间紧迫急需完成的援外任务，更应该及时检查和报告。

上述报告，如中央同意，请即批转中央各有关部、委，各省、市、自治区党委和人民委员会党组，贯彻执行。

Z44－1958（8）

刘明夫同志①关于对外经济技术援助工作问题的发言（草稿）

1959年

一

我国的对外经济、技术援助工作是从

① 刘明夫时任国家计划委员会副主任。

1955年开始的。截至去年底止，已经交付的成套设备共36项，约值人民币1.8亿元，这些项目，分属越南、蒙古、缅甸等3个国家。其中：越南25项，蒙古10项，缅甸1项。

去年以来，我国的对外经济技术援助工作，又有了新的发展。现在，已经我国政府和有关国家签订协议，留待今后完成的援外建设项目，共达110个，根据不完全的估算，约值人民币6.8亿元。这些项目，分属越南、蒙古、朝鲜、阿尔巴尼亚、捷克、柬埔寨、也门等7个国家。其中，越南67项，2.66亿元；蒙古15项，2.38亿元；朝鲜11项，0.98亿元；阿尔巴尼亚3项，850万元；捷克1项，65万元；也门6项，0.41亿元；柬埔寨7项，0.31亿元。

此外，还有锡兰、印度、印度尼西亚、尼泊尔、阿富汗等5个国家，也正在和我国有关部门商谈或者开始酝酿成套设备的援助问题。这项工作是必然日趋繁重的。

二

对外经济技术援助工作，正如党中央所指示的是一项严肃的政治任务。这不仅因为接受援助的国家，对我国的援助十分重视，这项工作对我国与有关兄弟国家间的团结，我国与有关民族主义国家间的友好关系有重大的促进作用；而且主要是因为这项工作要求我们切实遵循党中央所规定的援外方针，按照这些国家的具体情况，因地制宜地以中小型企业为主，帮助他们建立起工业基础，帮助和推动他们自力更生。

我国过去的援外工作，遵照党中央的方针，经过有关部门有关地区和援外工作人员的积极努力，取得了接受我国援助的国家的好评。过去已经完成的工程，对于越南的交通、电讯、新闻、广播、水利事业与纺织、碾米、火柴等工业的恢复和发展，起了一定的作用；对于蒙古的电力、砖瓦、玻璃器皿、火柴的生产发展是有帮助的。帮助缅甸建成的纺织厂也是很好的。现在，已经党中央批准继续援外的110个项目的规模也基本上是中小型。在已有估价的103项中，100万元以下的项目有30个（越南占28个）；500万元以下的项目有34个（越南占23个）；1 000万元以下的项目有16个（越南只占6个）；1 000万元以上的项目只有23个（越南只占8个）。这110个项目按行业划分的情况是：轻工纺织47项，房屋及建材、木材加工厂13项，交通及广播事业8项，农牧水利事业6项，化工13项（其中有6项是化学肥料），机械及小五金、电工器材8项（其中有5项是小五金及电工器材，1项是农具工厂），燃料电力10项，冶金4项，地质勘探1项。总之，目前的援助是以轻工、农业以及同农业与人民生活有直接关系的项目为主，并已开始帮助建设重工业和交通业。

发展各国的经济，主要是各国人民的努力；并且还有以苏联为首的其他社会主义国家对他们进行援助。但是，上述项目的完成，也将使有关国家的生产能力在不同的方面有不同程度的增长。比如：在越南，将要出现一个年产10万吨钢的钢铁厂，增加14万吨化学肥料的生产能力，建立起一套中小型的轻重工业，并将初步摸清许多地质资源。在朝鲜，将有滚珠轴承厂，使机器修造工业得以进一步向前发展；造纸、纺织、面粉、制糖等轻工业的生产能力会继续提高，并将因我们开始通过一般贸易订货供应冶金设备，而进一步增强其钢铁的生产能力。在蒙古，将有我国援助的毛纺织、造纸、木制房屋、小五金、酒精、淀粉等工厂和养鸡场，可以开始发展养鸡事业；并将在现有耕地1/10弱的面积上获得我国援助的灌溉设施。在捷克，也将利用我国的棉籽脱绒技术。在柬埔寨，将要创立钢铁工业、水泥工业和其他工业。在也门，将有我国援助的纺织厂和其他工厂；并将建成一条由口岸通向内地的公路干线，便于经济事业的发展。

但是，援外工作的大量发展还只是开始。我们的援外工作经验还很少，对国外的政治、经济、资源、技术等条件还缺乏系统的深入的研究。过去对蒙古的援助，有非生产建设偏多，个别设计标准偏高的毛病。现在也还不能确切地掌握帮助不同国家发展经济的不同重点，以及在某些主要项目方面，切合对方具体条件的工程建设规模和工程建设进度。我们要求中央和地方的各个外事部门、负有援外任务的单位、驻外使馆以及出国考察的团体，协同我们，注意了解这方面的情况，搜集和研究这方面的资料，逐步积累，以便我们得以根据各有关国家的具体条件，有重点有步骤地贯彻执行中央的援外方针。

三

对外经济技术援助工作，是一项复杂和艰巨的组织工作。110项的设计、设备供应和技术指导的工作是由中央19个部门承担的。目前担负援外任务的省、市、自治区，已经有13个。现在除去已于去冬回国的4 000人之外，在国外的援外员工已达2 000人，今年至少还要派出1万人左右。到蒙古和也门去的援外人员要由国内随带医务人员并供应部分生活必需品。去柬埔寨的人员还往往受到亲美反动分子的阻挠。援助蒙古的项目是由我国去人施工，连砖块都要从国内运去。除捷克、朝鲜之外，援助其他5个国家的建设项目所需要的主要施工机具也大部要从国内带去。在设备方面，单只1月份布置到上海、河北、辽宁、广东生产的援外项目所需要的非标准设备就有2万多件。要保证这些非标准设备和主机配制成套，必须进行很细致的工作。

同时，由于我们对受援国家的情况了解不多，对方也缺少必要的调查资料，而对方要求建设的心情则又往往极为急迫；因此，我们的准备工作常常是比较仓促的。按照我们政府和有关国家签订的协议，110个援外项目有81项要在1960年底以前陆续建成或者交完设备。其中，有36项在1959年底以前，有13项在1960年上半年以前陆续建成或者交完设备。我们当前的援外任务就是要保证做好这81个项目的准备工作，切实安排49个在明年上半年以前必须陆续交完的项目的设备制造工作，并对1961年建成的重大项目有所安排。

设备成套供应的组织工作是援外任务的主要部分。目前采取的办法是：中央部主管分配的专用设备和通用设备由中央主管部统一筹划向有关地区布置任务安排生产，由中央主管分配部负责组织调拨；制造这部分设备所需要的原材料，包括在分配给各部和各地方的机械制造用材之内，不单独调拨。非标准设备，由国家计委会同一机部统一筹划向有关地区计委布置任务安排生产；制造这部分设备所需要的国家统一分配物资已由国家另行调拨。零星配件由中央商业部指定有关地区的商业部门组织供应；制造这部分配件所需要的材料，包括在分配各地的市场用材中，不再单独调拨。明年上半年以前必须交付设备的大部分项目，已经由国家计委会同有关部作了安排，少数新决定的项目，将在最近补充安排。多数地区和多数单位都重视这项工作，并且正在加紧生产。不过，在设备制造方面，还存在下列四个问题，我们要求地方党委帮助解决：

1. 中央承担援外项目的部门与地方机器制造厂在去年签订的部分合同，在去年四季度因材料紧张，未及履行。少数工厂要求仿照国内机械订货的办法，将旧合同作废，新订合同要另行商谈。我们的意见是为了避免拖延时间，现在和今后有关援外项目的旧合同一律继续有效，所需要的材料除国家已经抽调补充的部分外，少数不足的部分请地方计委设法调剂解决。

2. 制造援外设备所用原材料的质量保证问题。目前，国内生产的钢材和生铁，都有少数质量不符标准的部分。请各省、市、自治区党委通知当地的物资分配部门注意严格掌握，这少部分质量不符标准的原材料，一律不得用于援外项目的设备及其零件的制造方面，只能统一调剂用在其他的次要方面。制成的设备，在对外发货之前，要经过必要的技术检查。

3. 照顾援外设备的某些特殊要求。朝鲜的电动机和有关仪表是用的60周波，和我国采用的50周波不同。一机部已经把这部分任务集中布置在辽宁、黑龙江和上海。越南和柬埔寨等亚热带地区的电力电讯设备需要有防潮的装置，一机部已经布置在上海和湖南的有关工厂进行研究。我们要求辽宁、黑龙江、湖南省委和上海市委督促执行。

4. 保证援外设备的交付时间问题，国内的生产是按季安排，按季排队。由于援外的设备和配件比较零星，协作面宽，往往不易集中掌握，我们要求各地党委通知当地的机械工业部门和当地的主要机械制造工厂党委，所有援外项目的设备和配件，不论国内的生产排队有何变动，都要保证按时得到安排，不能拖后，援外设备和材料的运输，也要按时得到安排，不能拖后，并请当地计委注意经常检查，遇有问题，及时帮助解决。

出国援外人员的派遣和接受有关国家前来我国的实习生是我国援外方面的第二项重大组织工作。

出国援外的人员共分四个部分：第一部分是负责指导建筑工程方面的设计和施工并且部分负责施工的人员。这部分人员的需要量最大；除粗工由劳动部在各地抽调，冶金部承担的项目由冶金部自行抽调人员外，其余各个项目所需要的这部分人员都由建工部统筹从各地方抽调。第二部分是负责工艺部分的设计以及指导设备安装和试生产的人员，由各个承担援外项目部门统筹从各地方抽调。第三部分是地质工作人员，由地质部统筹从各地方抽调。第四部分是翻译和卫生人员，由外贸部协同外事部门和卫生部门统筹从各地方抽调。在这方面，我们有如下三个要求：

1. 在党中央和国务院确定了援外项目之后，即由主管的中央部门分别和有关地区商定抽调人数；在一般情况下，请有关地区的党委支持中央部的要求，在商定之后即由中央主管部下令抽调，省、市委责成业务部门按时完成任务并且保证出国人员的政治质量。只在遇有不同意见争执不下的时候，才由中央部将双方不同意见报请党中央或国务院批准抽调。

2. 建工部由于援外任务繁重，正在准备成立援外工程公司。等方案制订经党中央或国务院批准之后，要求有关地区在干部和技术员工方面予以支持。以后在机械配套工作或其他工作方面也可能出现类似的情况，如有关部门认为有必要成立援外的专业机构时，也请地方党委予以支持。

3. 翻译人员，特别是法文和阿拉伯文翻译人员的调集，也遇有困难。长期的安排将由外贸部会同有关部门提出培养计划，目前急需的十几二十个人将由外贸部与北京、天津、上海、广州等大城市协商抽调，请有关党委予以支持。

对于留有外国实习生的地方，我们建议地方的外事部门在政治上予以关心，除在技术上予以耐心的培养之外，并采取适当办法教育他们养成艰苦朴素的作风，树立起学习和劳动相结合的坚定意志，防止待遇过高、管理过宽，致使他们在回国之后产生骄傲自满、好逸恶劳的偏向。

关于援外项目所需要的原材料，我们已经分别从下列几个方面进行安排：（1）国家统一分配的物资，除土建、安装、试生产用材和各地制造非标准设备所需用的部分已单独调拨之外，其余部分都已安排在对各部门和各地区的分配总量中；（2）中央部统一分配的物资，已由主管分配部进行安排；（3）市场采购的物资正由商业部进行安排；（4）地方分配的物资，已由有关单位向地方申请分配。在这方面，我们提出三点建议和要求：

1. 在承担援外任务的工厂所分得的某些材料的品种规格不合援外任务的要求时，请省、市委支援地方计委尽可能就近从其他工厂所分得的材料中予以调剂。

2. 在援外设备制造任务紧急而某些材料分配不及时的情况下，请省、市委支持地方计委尽可能从其他方面先行抽用。

3. 负有援外任务的单位向有关地区申请地方主管分配的物资时，请支持地方计委予以调拨。目前，援外项目所需要的生铁、大理石、白水泥、石棉瓦和猪血胶等的供应遇有困难，请出产这些物资的地区，协助建工部和林业部解决这些问题，此外，援外设备和材料的包装用品，也发生过质量过低中途破损的毛病，请注意防止和及时纠正。

总起来说，由于党中央已经把援外任务作为严肃的政治任务，已经明确规定“凡是担负援外任务的部门和地区都必须本着大跃进的精神，认真、切实、按期地完成自己所担负的任务，决不应该借口国内任务紧迫而放松甚至挤掉援外工作”，并且为此发过专门的指示；所以，各部门和各地区对于援外工作，一般说来还是重视的，解决了不少的问题。同时，援外任务，就全国来说，仅占国内基本建设任务的1% ~2%；也是不难完成的。但是，在一个地方或者一个单位之内，由于材料供应、设备制造和运输任务的紧张，在一定的时候仍然不免发生重视国内任务轻视援外任务之间的偏向；其次，由于国内重点建设所需要的设备一般都比援外的设备大，生产也比较集中，在某些时候也不免发生只抓重点对分散零星不易集中掌握的援外任务照顾不周的问题。同时，由于我们缺乏援外工作的经验，还没有根据中央的援外工作指示，建立必要的援外工作制度，援外工作的机构也还不够健全；因此，在具体工作中，也不免发生某些暂时脱节的现象，需要及时加以调整。总之，如果大家抓紧布置、抓紧检查，抓紧解决问题，援外任务是很好完成的；如果稍有疏忽，就会错过国家对外约定的交货期限，影响设备的质量，造成政治上的不良影响。在几个月的工作中，我们已经越来越深刻地体会到党中央为什么要把援外工作引起全党的高度重视。为此，建议负有援外任务的地方的负责同志，在回去传达这次会议的时候，再对援外工作进行一次检查，在计委内部设置主管援外工作的精干机构或者负责管理这项工作的人员，指定省、市计委的一位副主任负责经常检查这方面的工作。负责解决这方面的日常问题并向省、市委定期汇报。在全党支援之下的援外工作是应该而且可以保证按期完成任务的。

目前的援外工作中，有一部分做法，还带试验性质；要求到会的同志多予关心，多向我们提出批评和建议，以便及时改进工作。

150 – 7 – 220

二、援外，进入了一个紧张的阶段

1. 各部门都要改变观点，大力支援对外经济联络委员会。在支援外事工作方面，重点是支援对外经济联络委员会。这是革命不革命问题的一个方面。各部门回去，都说一下，请大家注意抓援外工作。

2. 援外，在财政支出中的比例，可以考虑放在3%左右；在外汇支出中的比例，多少为好，可以进一步研究。

3. 援外，要注意提高技术，要引进一些新的技术设备做样板。在这方面，有一个对外经委同计委、经委唱对台戏，有好处，可以打破保守。

4. 如果今年收成好，要多给古巴一些大米，让他储备起来，一有事情好打游击。

刘明夫8月1日北京电话传告总理在谈援外工作时的五点指示，1964年8月1日。150 – 13 – 84

国家计委：一九六五年年度计划座谈会纪要（第四次）

1964年8月9日

8月9日下午，方毅同志汇报了对外经济技术援助计划。在汇报过程中，李富春、薄一波副总理有若干插话和指示，纪要于下：

当谈到援外物资的比重时，薄副总理说：一般物资比重多于成套设备和军事物资，是个政策性问题。问题在一般物资上。一般物资，不过是为了市场需要，给了他们就消耗掉了，不给，他们又过不了日子。从长远考虑，究竟援助些什么对受援国才有利，是个政策问题。

当谈到受援国为了平衡逆差，塞给我们一些目前、长远都不需要的物资时，李副总理说：这样受援国是平衡了，但我们吃了暗亏，与其这样，不如明送给人家。

当谈到我国援外项目的厂房建筑、工艺、自动化和机械化落后于世界先进水平时，李副总理说：方毅同志召集个会，把你们在国外看到的这一套先进东西，给各设计院院长、工程师们讲讲，我们要在做好政治思想工作的基础上改进设计工作，这样才能看到国外的新东西，不然视而不见，仍旧搞自己的那一套。如很简单的一个理发电推子，日本制造的就很好用，而我们自己搞的就不行了。刀具也如此，西德的好，我们搞的硬度就不够，我们的方向是进步，问题是如何结合具体情况。不能说我们这几年技术没有进步，但还很不够。至于援外能不能用新工艺、新材料，这要看国内的技术水平。薄副总理说：争取达到先进水平，不只是为了满足援外需要，而是我国整个工业、设计水平问题；可以利用受援国的要求，促进我们的技术发展。

当谈到援外项目的设计水平不高，技术人员数量不足，经验不够时，薄副总理说：首先我们要在积极援外的过程中提高技术水平，援外是个反帝、反修斗争问题，我们一定要在这个过程中争取进步。其次，只能答应我们经过努力能够做到的，我们不能在政治上是国际主义的而在技术上是落后主义的，更不能因为技术问题，影响我们的国际主义精神。第三，要以老实的态度，向受援国说清楚我们的技术水平和能搞到的程度。经委提出，从明年开始直到第三个五年计划期末，整个工业部门，要达到“两赶三消灭”，看来如何争取技术进步还是一个很大的问题。我们有些工艺技术在国内是尖端，在国际上还是落后的。方毅提出来的一些东西，各部门都要很好研究。李副总理说：有些东西我们自己没有的，要建设，有的要靠提高技术；有的要搞点样品，进行仿制。

当谈到技术合作，国内对现有能够出国的技术力量缺乏统一规划、组织和培养，不能适应业务迅速开展的需要时，薄副总理说：大家要注意阶级斗争，多做些思想教育工作。交通部跑了个技术员，当然，这种事情今后也难避免，但从这里可以看到我们的政治思想工作还做得不好，大家要警惕。

当谈到国内财力、物力、技术力量和援外需要还有相当大的矛盾时，李副总理说：准备努力十年。

当谈到可以考虑今后我国对外提供贷款一律无息与受援国如有困难可以不必归还时，李副总理说：贷款可以是无息的，受援国确有困难，也可以迟还或不还。薄副总理说：每年对外援助援款，只占财政预算的3%左右，又面对那样多的国家，因此，应该根据情况区别对待。也可以采用实际不要、挂个账的办法。

当谈到我国援外专家费用全部由我国自行负担时，李副总理说：援外专家费用，只能承担我们答应的。有些国家要求派遣很多专家，我们没有那么多怎么办？应该把政治上的要求和实际可能结合起来考虑。将来发表谈话和文件时，在谈法上和文字上要有个限制。

当谈到成套设备项目所需的当地人工、材料费用，如果受援国难以承担，可由我国在贷款中统一解决时，薄副总理说：可以。

当谈到援外任务要在计划、材料、加工、包装、运输等方面予以优先安排，临时特殊需要应当给予额外照顾时，薄副总理说：你们提的优先安排含义不清。农业要优先安排，国防也要优先安排，大家都要求优先安排，我看都不要要求优先安排，纳入国家计划就行了。李副总理说：对外经济联络委员会8月份把援外项目等计划拿出来，列入国家计划。临时特殊需要，可以额外照顾。

当谈到援外既要立足于国内，又要促进国内的建设时，薄副总理说：有些东西国内能制不要进口。

当谈到援外物资的运输力量、仓库、中转站等都很不够，必须适当加强时，薄副总理说：援外和外贸要搞成两套仓库有问题。李副总理说：这个问题谈财贸时讨论一下。我主张成立仓库部。

当谈到援外机构、干部队伍、技术力量不能满足工作需要必须加强时，薄副总理说：对外经委、一机部、技术合作都要求扩大机构，我看都不要搞。要搞，只搞一套。李副总理说：不能一件事搞四五套机构。

当谈到培养翻译人员时，李副总理说：派遣去国外的学生，应该按照我们过去在国外时的办法来搞。采取勤工俭学的出国学生也要讲红与专。不要一出国就考虑做什么服装。

富春同志最后做了如下指示：

(一) 对外援助，要尽可能承担，要积极承担。但是，必须实事求是，量力而行。因为技术和现汇都有问题，要求扩大、要求提高，应该有所限制。

(二) 对外援助的目的，一是帮助受援国革命后的建设，二是扩大友谊。否则就达不到和帝国主义、修正主义作斗争的目的。

(三) 经济发展了，财政收入也增加了，援外费占财政预算的3%或多一点是可能的，但是，你们考虑明年列十四亿元，还要研究。我看，明年列13亿元可以定下来，如列14亿元还需调整，15亿元不可能。

(四) 各个方面的工作，都要考虑援外，要加强设计，加强专家培养工作；同时，要加强技术设备进口，促进我国工业水平的提高。

援外人员和机构问题，请方毅同志召集会议，讨论一下，究竟怎样搞法，才能精兵简政。不要为一件事情就上很多人，讨论后要提出方案。

150－13－70

对外经济援助，是我国应尽的国际主义义务。目前，向中国寻求援助和支持，已经成为亚非国家的一种潮流。今后随着我国经济力量的增长，并且根据可能条件，我们必须逐步地加强对外援助，努力作出更大的国际主义贡献。

一九六五年对外援助安排为人民币十四亿元，比一九六四年预计的十二亿五千万元增加一亿五千万元，增长百分之十二。明年对民族主义国家的援助有大幅度的增长，计划安排为五亿二千五百万元，比一九六四年的三亿五千六百万元增加一亿六千九百万元，增长百分之四十七。

在对外援助工作中，必须全面地贯彻执行我国对外经济技术援助的八项原则；应当加强调查研究，把受援国的实际需要同我国的可能结合起来，实事求是地做好援外工作。我们不必在数量上同帝国主义者和修正主义者作竞争，重要的是要同它们比政策、比作风、比效果，促进受援国自力更生地发展经济。担负援外任务的各部门、各地区、各单位都应当把援外任务放在重要地位，保证做好设备、材料和其他援外物资的生产、运输和供应工作，充实援外项目的设计力量，加速设计进度，及时履行协议，并且经常注意培养又红又专的援外队伍，出色地完成援外任务。

国家计委向主席、中央报告1965年国民经济计划纲要（草案），1964年10月29日。150－13－87

中国政府对外提供经济技术援助的八项原则

1964年12月

第一，中国政府一贯根据平等互利的原则对外提供援助，从来不把这种援助看做是单方面的赐予，而认为援助是相互的。新兴的友好国家，通过这种援助，逐步发展自己的民族经济，摆脱殖民主义的控制，增强世界上反对帝国主义的力量，这就是对中国的极大支援。

第二，中国政府在对外提供援助的时候，严格尊重受援国的主权，绝不要求任何特权，绝不附带任何条件。

第三，中国政府以无息或者低息贷款的方式提供经济援助，延长还款期限，以尽量减少受援国的负担。

第四，中国政府对外提供援助的目的，不是造成受援国对中国的依赖，而是帮助受援国逐步走上自力更生的道路。

第五，中国政府帮助受援国建设的项目，力求投资少，收效快，使受援国的政府能够增加收入，积累资金。

第六，中国政府提供自己所能生产的、质

量最好的设备和物资，并且根据国际市场的价格议价。如果中国政府所提供的设备和物资不合乎商定的规格和质量，中国政府保证退换。

第七，中国政府对外提供任何一种技术援助的时候，保证做到使受援国的人员充分掌握这种技术为止。

第八，中国政府派到受援国帮助进行建设的专家，同受援国自己的专家享受同样的物质待遇，不容许有任何特殊要求和享受。

150－12－1964－625

一波同志转报对外经委关于经济援外工作情况分析

1965 年 8 月 2 日

主席、刘、周、朱、邓、彭：

最近以来，我接触了一下援外工作，发现我们援外主要靠工业生产的设备和材料。例如，今年援外的二十一亿六千万元，不仅（1）成套项目五亿四千万元要由国内生产设备；而（2）一般物资八亿二千万元也有一半以上是国内生产的设备和材料；至于（3）特殊援助，则更是工业产品了。这就说明，工业生产的安排，必须把援外任务安排足，而且应当留有生产余地，以便有事时能临时增加生产（今年就临时追加了七亿元，都是必需的正确的）。为了做好这一工作，我请对外经委详细分析了援外内容，并且写出了这个材料。材料分析的还不够详尽，但也可看出些问题。送上，请阅。

薄一波

附：对外经济技术援助的简要情况和第三个五年计划期间援外任务的初步设想

1965 年 7 月 27 日

（一）

十五年来，我国对外经济技术援助，先后和三十三个国家签订了协议。至一九六四年底，援助总额为人民币（下同）一百零八亿二千万元，今年预计新签订的协议金额为十八亿元。

援款已经对外交付的为五十八亿九千万元，今年预计再交付十七亿七千万元，合计七十六亿六千万元。已交付的援款，按援助对象分，社会主义国家为五十二亿元，占百分之八十八；民族主义国家为六亿九千万元，占百分之十二。按用途分，一般物资为三十五亿二千万元，占百分之四十六；从事援助为十九亿元，占百分之二十五；成套项目已交付的为十七亿五千万元，占百分之二十三；现汇为四亿九千万元（含一亿九千九百万美元），占百分之六。一般物资和军事援助所占比重较大。

几年来，对外承担援建项目总数为四百四十一个，其中社会主义国家的项目二百九十六个，民族主义国家的项目一百四十五个。到一九六四年底累计完成一百二十四个，预计今年还将完成二十七个，共一百五十一个。其余二百九十个需要在第三个五年计划期间完成，明年计划将完成六十五个。

我对外提供的成套项目，过去主要是中小型的轻工、纺织和建筑工程等项目；近几年来有化工、冶金、机械、交通、邮电、军工以及大型建筑工程等项目，这些项目大部分是提供社会主义兄弟国家的。

（二）

一九六五年援外用款计划，先后调整了两次。初步计划为十四亿元，今年四月份调整为十八亿元，六月初又调整为二十一亿六千万元。在用款内容方面的变化是：成套项目，从三亿五千万元、四亿二千万元，最后调整为五亿四千万元，主要是增加了越南铁路、公路用款（两笔共一亿一千七百万元）及其他国家所增加的项目；一般物资，从五亿元、七亿元，最后调整为八亿二千万元，主要是增加了支援越南的交通、通讯器材、战备物资（一笔即达两亿二千万元），以及对印尼、阿联、巴基斯坦所增加的物资援助（约两亿元）；特殊援助，从五亿元调整到六亿五千万元，主要增加了援越的新签协定，以及飞机场、通讯线路、坑道等三项工程共八千六百万元等；现汇，从五千万元调整到一亿八千万元，即从两千万美元调整到八千万美元，至六月底已经支付三千一百万美元。

从当前情况来看，如现汇控制紧一些，可能有余；越南铁路、公路也可能完不成那样多；因此，估计今年援外用款大体在二十亿到二十一亿元之间。

成套项目近几年增长较快，为此相应提供的设备、物资也有较大的增长。一九六四年实用钢材为五万吨，各类设备三万二千吨。一九六五年初步预计，需要钢材十八万五千吨（其中，板材三万三千吨，管材一万二千吨），木材十万立方米，水泥十一万八千吨，主要设备五万吨。

总计一九六五年援外钢材约需二十五万二千吨，其中一般物资援助需要钢材六万七千吨。

（三）

根据中央指示的援外工作方针，和已签订协议的执行情况，并考虑到今后形势发展和我对外提供援助的可能，我们考虑第三个五年计划期间我对外提供经济援助的任务应当是：

第一，继续以社会主义兄弟国家为重点，大体上保持目前的援助规模；对越南尚需给以必要的增加，大力支持援越抗美斗争；

第二，适当增加对亚非民族主义国家中重点国家的援助（如印尼、巴基斯坦、坦桑、马里、几内亚等），并尽可能加快进度，争取部分经援项目很快取得效果；

第三，适当照顾到其他民族主义国家中我国援助与帝、修“援助”的斗争，不失时机地并有重点地集中搞好几个项目，以扩大我影响；

第四，相对地增加援建成套项目的比重，卡紧提供现汇和一般物资。

关于援助规模，我们有以下粗略的设想：

第三个五年计划期间，对外交付金额预计为一百亿元，平均每年交付二十亿元，比一九六五年预计交付十七亿七千万元（用款计划为二十一亿六千万元）增长百分之十三。一九六六年由于援越任务增加很大，计划交付二十一亿元（用款计划为二十六亿元）。

在对外交付总额中，初步考虑，将一九六四年底以前原有协议的余额，基本上交付完毕，将一九六五年新签协议交付百分之七十以上，将第三个五年计划期间新签协议（计划八十亿元）交付一半。

对外交付的总额中，用于成套项目三十六亿一千万元（其中约二十五亿元系执行旧协议），占百分之三十六；一般物资三十二亿元，占百分之三十二；军事物资二十二亿元，占百分之二十二；现汇九亿九千万元，占百分之十。

五年合计共需财政拨款为一百二十五亿元。财政拨款所以比对外交付数多出二十五亿元，一是按国际价格对外结算同国内实际支出之间有差价；二是援外专家费、实习生费和一部分勘察设计费等，国内用款不对外结算。

五年内成套项目需要的材料和设备，由于许多国家的项目尚未确定，很难进行具体计算。

根据历年统计及近两年发展趋势，大体国内用款一亿元，成套项目所需三大材料数量约为：钢材三万四千吨（其中：板材约占百分之二十左右，管材约占百分之十左右），水泥一万八千吨，木材一万二千立方米。按此推算，第三个五年计划期间共需钢材约一百一十八万吨，木材四十二万立方米，水泥六十二万吨；平均每年需要钢材二十三万六千吨，木材八万四千立方米，水泥十二万四千吨。

设备价值在成套项目中约占百分之七十左右。如按平均每吨设备五千五百元计算，五年共需设备约四十五万五千吨，平均每年九万一千吨，约值五亿元左右。

（四）

援外工作有许多难以预料的因素，上述设

想也不尽准确。设想的一些主要数字，如果和前十五年平均水平比较，有所增长。主要是，我们从最近一两年已达到的水平来看，认为有以下几个因素必须加以考虑：

1. 一九六五年以前签订的协议，待执行的总数为四十九亿六千万元，这是第三个五年计划对外交付的主要部分。这些协议都是中央批准后与对方签订的，而且都规定了用途和时间。按协议规定，绝大部分都应在第三个五年计划期内履行。

2. 考虑到我国对外关系的新发展，以及我国国际声望和经济力量的进一步提高和增强，今后求助于我们的国家将会越来越多。因此，今后五年除了应执行原有协议外，还必须承担一部分新的援助义务和增加新的受援国。

3. 今后对外提供援助的四项用途，应当逐步增加成套项目的比重。因为它既有利于促进受援国自力更生地发展本国经济，扩大我影响，也可减少我国提供一般物资和现汇的压力。当前主要问题是我国可以向外提供的成套项目不多，多数技术水平比较落后，专家派出任务也很紧张。因此，援外成套项目的安排必须列入国家长期计划安排之内，并且应考虑逐步提高对外提供成套项目的能力和技术水平。

Z16－297－16

二、组织执行情况

讨论1958年计划执行情况的公报和对外贸易问题① [节录]

1959年3月6日

[上略]

第二，援外情况和问题：

援助国外的建设项目共计110个，基本建设费用共计7亿。共计7个国家（5个兄弟国家，2个亚非国家），由19个部门负担。目前已派到国外去的职工达2 000人，今年还准备派出1 000人。到今年底，派出去的技术人员可达2 000人左右。

在援外项目中，一半是计委未经手的，一半是在援外工作移交给计委后定下的（其中有朝鲜、越南、阿尔巴尼亚的项目，都是计委经手的）。

存在的问题：

1. 在援外工作上缺少一套办法，分工不清，扯皮多。材料供应同制造配合不上；制造出来后，又和运输配合不上。人员也调配不动，因为体制改变了，部里也下不了命令。因此，准备拟定一个具体办法，有所遵循。否则来回扯皮，责任不明。由于缺乏一套具体办法，有的部门对于外国的情况又不了解，对方一来，要求得很急，常常发生：地质没有搞清楚，就定下了项目；设计没有，设备还未造出来就定了设备；而许多设备的制造一个部门包不下来，常常牵涉几个部门，一个部门有了问题，就把其他部门拖住了。

2. 有些部门、有些地方对援外工作抓得不紧。现在化工部的力量比较弱，轻工、纺织等部抓得比较紧。一机部的力量比较弱，因为绝大多数的设备的制造都关系到一机部。从地方来看，上海较重视，党委、人委、计委都有专人管，湖南省委亲自抓；天津比较弱，派人到天津去时，找不到主管人。

个别地方把援外工作看得比出口还低。例如对于水泥的包装，出口的用5~6层的水泥袋纸，援外的用3层纸（太原水泥厂）；发给柬埔寨的900吨水泥，损失一半。国内分配钢材实行好坏搭配，援外的钢材也要搭配。

由于援外大多是些小项目，容易忽视。

国内的重点项目比较好抓，1月份的订货会议布置到上海、天津、辽宁的一些设备，没有一个主管部门系统地抓。建工部准备成立一个援外工程公司；是否一机部也应成立一个援外机构，不然会耽误大事。现在还有四个项目没有安排下来。

王迪同志补充汇报：

一、援外项目的特点

1. 规模小，但是“麻雀不大，五脏俱全”，照样的麻烦。

2. 全面包办。不仅帮助设计，供应设备，派技术人员，而且还派出医务人员，甚至蔬菜也要由国内送去。因此，即使同样规模的项目，在国外比在国内花费的力量大得多。派出去的技术人员和工人要求的条件也很高。

3. 有些项目是1959年临时安排的，有些材料已经安排了，但是一些零星材料问题很多。

二、存在的主要问题

1. 有关部门对于援外的目的性理解得不那么全面。对外援助项目要求得急，态度要热

① 这是国家计委1959年会议纪要。

情，有的部门注意得不够。

2. 对于国外的情况不加分析，往往有求必应。我们给蒙古搞一个砖瓦厂，搞自动化的设备，蒙古人掌握不了；搞的毛纺织厂也比较大，蒙古人也掌握不了，干脆派出工人。

3. 分散现象相当严重。我们确定援助的项目，没有一套成熟的办法。越南提出一个军工项目，军委答应了，但是设计、施工、交付设备谁负责没有考虑。越南的49个项目没有经过同国内有关方面研究就签了字。一般援外项目，在进度期限方面只规定年份，但是同越南签字时，对于项目进度规定了月份。

从援外项目的期限看，1959年、1960年已经担负了很多项目，因此，1960年以前一般不应再担负新的援外项目。

150－7－49

中共中央批转建筑工程部党组关于援外工程建筑材料供应问题的报告

1959年4月14日

中央基本上同意建筑工程部党组《关于援外工程建筑材料供应问题的请示报告》中所提意见。对外经济技术援助工作是一项严肃的政治任务。援外项目所需要的设备和材料数目并不算大，它在我国生产的设备和材料的总量中，只占一个比较小的比例，但是，每项必需的材料和部件的生产、供应和运输的进度，都影响到整个援外成套设备是否能够按时交付，影响到国家的对外信誉。因此，提请你们注意，凡已经中央批准的援外项目，都必须通过各有关部门和有关地区的全力协作，保证按期、按量、按质圆满地完成任务，决不允许借口国内的任务紧张而挤掉这部分任务。

各有关部门和有关地区对于援外项目所需要的设备、器材和建筑材料，都应该根据计划，按时、按量、按质如期交货、如期运输，第一季度有拖欠的，应在第二季度补足。

希望你们将这个批示，向有关人员进行传达，把这种精神贯彻到所属有关单位的各个环节中，并且指定专人经常抓紧检查，按期完成援外订货，防止任何推诿现象的发生。

附：建筑工程部党组关于援外工程建筑材料供应存在问题的请示报告

1959年4月3日

一九五九年我部承担的援外任务计有蒙古、越南、柬埔寨、也门四个国家，共四十三个项目。建筑材料供应全部由我部负责。一九六〇年的援外工程中需要在今年申请材料的还有二十四个项目。今年施工的项目，目前很多工程都已开工，部分即将开工。越南工程部分已进入施工高潮，有的工程已经进入安装阶段。柬埔寨的三项工程最近也已开工。

当前援外工程突出的问题是建筑材料供应不上，很多国外急需的建筑材料不能保质、保量、按时供应。目前仅越南、柬埔寨两个国家的十七个项目，就急需钢材一千三百八十吨，铸铁管九百八十五吨，生铁一百五十吨，电讯电缆八点七公里，电力电缆二十四点七公里，橡皮线一百八十一公里，裸铜线、裸铝线、铜排十点三二吨，虽然国外不断来电话电报催促，我们再三与有关部门联系，至今没有得到解决。越南进入安装的两项工程，将要停工待料。柬埔寨已经开工的三项工程，亟待预制的构件，由于钢材供应不足，势将延误工期，情况是相当严重的。

建筑材料供应工作存在的主要问题是：

一、援外材料既未明确列入中央三月十八日批转对外贸易部党组的请示报告中所提的“五先”之内，又不在国内“六保户”之列，因而有些供货部门没有把援外材料的供应放在主要地位，使援外工程材料在第二季度订货中排不上队。如第二季度计委分配我部援外工程六千四百六十六吨钢材，至今还未订货，冶金部因为集中力量满足“六保户”，对援外工程材料还未安排。越南急需的铸铁管，我部虽在二月份就提出申请，但至今未获解决。其他如电线、电缆等订货，同样也有排不上队的现象。

二、第一季度已经订货并签订合同的材料，但没有履行合同保证供应。如援蒙工程冶金部分配的黑色金属九百二十三点七吨，即有鞍钢等六个单位没有履行合同，截至目前只交了三百七十七点二吨，欠交五百四十六点五吨；林业部一季度分配的木材，其中东北红松六千立方米到期全部没有交货，白松和落叶松仅交货百分之八点八五。由于木材和钢材供应严重不足，使援蒙的工程进度受到很大影响。

三、供应的建筑材料，品种、规格、型号不能保证需要，尤其是质量不合工程要求，这种情况在分配的钢材中比较普遍。如援越工程十四个项目所用的钢筋，设计要求甲类钢，但由上钢、鞍钢运往国外的钢材，绝大部分都是乙类钢；甚至有的单位根本不给技术证明，如天津轧钢三厂供应援蒙工程的三十吨圆钢，就没有技术证明，当我们提出必须要有技术证明时，有的厂（天津轧钢一厂）就一直不再交货。建筑材料的质量如果不能保证，要保证建筑工程质量是有困难的。

四、对援外物资的包装，也有些生产单位重视不够，不愿负责，问题很多。如援蒙工程的石油沥青，上海炼油厂坚决不给包装，只好由我部向国家申请钢板加工铁桶。其他化工、油漆、玻璃、灯泡等材料也有不少问题，以致发生许多周折和困难，有些单位虽然负责包装，但没有及时准备包装材料，临时乱凑，包装不好，极易发生中途破损。援外材料运输线较长，中途须经几次转卸，由于包装不善，也不断发生破损情况，如供应援柬工程的水泥两万袋，包装袋虽由三层加到五层，但运达金边后，破损仍达三分之一，引起柬方不满，向我商参处提了意见。援蒙任务也有类似问题发生。

五、铁路运输不能优先供应车皮，也是一个严重的问题。如供应援越工程的玻璃，去年十月申请的车皮，铁道部直至十二月才发货；援蒙工程今年二、三月份订购的六千一百吨水泥，在大同的一千二百吨至今还未运出；唐山的也有二百七十吨没有发运。特别是援蒙工程一季度急需的五百万块砖，由于车皮调配不足，至今只运去六十万块，直接影响了援蒙工程的进行。

根据上述情况，当前在援外工程材料供应工作上存在的问题是严重的，如果不迅速解决这些问题，将直接影响今年援外任务的顺利完成。特别是对那些民族主义国家，他们的政治情况相当复杂，如果在援外工程上不能如质、如期地保证完成任务，甚至发生一点小问题，都会引起不良的政治影响，造成我国对外关系以及在国家信誉方面的不利形势。

为了改善当前援外材料的供应工作，保证援外工程施工的需要，遵守两国协定，圆满地完成援外工程任务。我们建议，必须在中央全国一盘棋的方针和统筹安排的原则下解决以下几个问题：

一、根据中央一九五八年十月二十九日批转两位副总理对援外工作的指示原则，和一九五九年三月十八日批转对外贸易部党组的请示报告的精神，各省、市、自治区、中央各有关部对于援外材料的供应，应当与成套设备列为同样重要的地位优先供应（因为按两国协定，建筑材料事实上是成套设备的一部分）。应当本着安排在先、质量在先、材料包装在先、运输力量安排在先的原则，来解决援外材料的供应问题。关于援外机械的安排和供应，也应同样予以优先保证。并请有关部门拟定优先供应的具体办法和措施，下达生产和基层单位，认真保证中央指示精神的贯彻。

二、由于援外经验不多，时间又紧，施工图纸尚未出来就须订购材料，只能凭经验估算，往往造成实际需要和申请订货的数量、品种、规格不相一致，不得不临时再向国家申请。这种情况暂时还不可避免，除了我们今后努力克服以外，凡不得不在计划外申请的援外材料，请国家计委和各有关部允许列入优先安排之列，按期调拨，以满足需要。

三、由于援外项目的建筑材料供应任务，绝大部分是我部承担的，而且时间紧，质量要求高，品种规格复杂，请中央有关各部将援外材料专立户头，专料专用。

四、必须按工程需要保证产品质量和品种规格的成套供应。由于援外工程的设计一般都比较先进，安全系数较小，材料质量必须严格保证，才能保证工程质量。因此，生产单位供应的援外材料，既要重视产品质量合乎标准，又要注意材料的成套供应。要求材料出厂前必须认真检查化验，不合标准和要求的不能发给援外工程使用。材料出厂时必须具有出厂技术证明文件。各省、市和中央各部对所属单位应经常地进行检查和督促。

五、切实解决对援外材料的产品包装问题，希望各有关部门责成生产单位对援外材料所需包装材料，必须由生产厂负责解决。而且必须按对外贸易部规定的出口手续进行包装发运。对于容易破损的包装材料（如水泥纸袋），应附发必要的备品，以免造成过多的毁损。

六、援外所需物资，请铁道部门安排优先运输，由于援外工程任务紧急，运输线长，时间紧迫，以及往往因设计变更造成材料的变更等特点，计划外要车的情况是不可避免的，请铁道部门仍予优先运输，以保证及时供应。

Z44－1959（7）

国家计委研究援外建设项目问题①

1959年6月6日

我国对外援助的项目，应该在1959年建成或者交完设备的有36项。其中，在两国政府协议中明确规定了执行期限的，有31项；两国协议没有明确规定执行期限，由我国内定在今年底以前交完设备或者建成的，有5项。

最近，我们根据您②的指示，会同各有关部门从金属材料和设备的安排两个方面，进行了逐项的研究；初步审定，通过各有关部门的全力合作，在两国协议定有执行期限的31项中，有18项能按期完成，有6项要推迟一两个季度，但仍可在今年内完成，有7项要推迟到明年。在我国内定今年底以前完成的5项中，只有1项可在今年完成，有4项要推迟到明年。总计有19项可以按期完成，有6项推迟后能在年内完成，有11项要推迟到明年。其概略情况如下：

各类合计		各国合计	越南	朝鲜	蒙古	柬埔寨	捷克
		36	23	5	4	3	1
协议规定了执行期限的项目	按期完成的	18	13	2	2	0	1
	延期在今年以内完成的	6	5	0	1	0	0
	延期到明年完成的	7	5	2	0	0	0
协议未规定执行期限的项目	在今年内完成的	1	0	0	1	0	0
	到明年才能完成的	4	0	1	0	3	0

如果按不同的原因来分析，在不能按期完成的17项中：（1）主要是由于材料设备不能及时供应的有7项，即越南的文教用品厂、越池糖厂、香料厂、灯泡暖水瓶厂、鸭毛加工厂（以上5项都可在今年内建成或者交完设备），橡胶制品厂（明年一季完成）和蒙古的毛纺厂（可在今年内建成）。（2）由于我方对动力设备的特殊要求或者设备的复杂性估计不足，增加了困难的，有5项，即柬埔寨的造纸厂、纺织厂、胶合板厂（明年一季度交完设备）和朝鲜滚珠轴承厂（交货期限要另议），水泥纸袋厂（明年一、二季度交完设备）。（3）由于对方要求有变更、增加了困难的。有五项，即越南的两个混凝土预制构件厂，要求改变产品的品种，并且尚未定案（如在六月份定案，

① 这是国家计委1959年会议纪要。

② 指李富春。

可在明年一季度交完设备）；两个木材防腐厂，要求增加防蚁的内容，并由土法生产改为洋法生产；朝鲜的发电锅炉，要求改烧无烟煤（这三项的交货期要另议）。

我国的援外工作是极为复杂的，它不仅在政治上的要求极为严格，而且需要在经济技术方面进行一系列的细致的组织工作。它和一般的商品出口工作不同，要求我们必须掌握对方的经济、技术、自然等方面的条件，并在此基础上组织必需出国的经济技术力量。它和国内的建设工作不同，要求我们必须使我国的供应能力和对方的特殊要求，国内的工作进度和国外的工作进度相结合，并且更加严格地遵守时间。它和苏联对我国的援助也是不同的，要求我们从灯池、电线、开关、水管、洋钉、铁丝、施工机械、生产用的原材料，一直安排到主要的机器设备。它不是单纯的计划工作，要求我们在国内外之间、国内各部之间、国外同一工地的不同企业之间，经常进行指挥调度和组织协作的工作。总之，这项工作既需要有坚强的领导，又需要有一个具备一定的经济技术知识的干部的专门行政机构。

通过这半年多的工作，我们已经逐步深切地感到目前援外工作的根本缺点在于我们对这项工作的复杂性缺乏足够的认识。从这点出发，就产生了某些项目的完成期限规定过紧，某些项目的设计要求过高，援外工作机构不强，若干部门的组织领导工作抓得不紧，协作精神不够，缺乏贯彻执行优先保证援外任务这个方针的必要的组织制度。这些缺点，加上国内材料设备的供应紧张和国外的某些影响，就形成了目前援外工作的相当被动的局面。我们陷在具体业务中，没有及早发现工作中的全面性的问题，直到4月才着重提出目前的组织领导与工作任务不相适应的问题，是不对的。

为了改变目前被动的局面，保证按期完成19个项目并在年内完成另外6个项目，争取其余11个项目不要延期过远，我们认为应该采取以下几项措施：

1. 请冶金部加强对援外项目所需材料的供应工作，派遣专人协同各订货部门下厂检查，保证按期交付已订货的各项金属材料。迅速帮助建工部解决在天津和上海没有订到货的2 800吨钢材的供应问题。在6月底以前，帮助上海、天津及辽宁解决2 440吨生铁，1 040吨焦炭的供应问题。同时，制定保证援外用材优先供应的制度和办法。

由于金属材料的按期、按质、按量保证供应，是保证援外任务按期完成的重要关键，要求把一、二季度已分配援外需用的材料在6月底以前供应完毕，下半年的订货从7月到11月中旬陆续供应完毕。不能与一般订货一样，随着材料生产任务的延期完成而推迟材料供应的时间。

2. 请一机部派遣专人协同各订货部门下厂检查，保证已经分配的统配设备能够按期交货，并且迅速把各地生产的援外统配设备清单和承制工厂的清单通知有关省、市党委，要求地方党委进行督促检查。

3. 请一机部协同总交货部在6月份召集有关工厂，专门解决朝鲜的60周波电动机、控制仪表和主机的配套问题以及亚热带电器的生产技术问题。

4. 请各总交货部协同一机部对目前国内不能生产的少数设备，迅速研究修改设计或者改装代用的办法。实在无法代用的少量设备，应该迅速提出向国外订货。凡是在国内外订货有困难，各总交货部自己已有的材料和设备，应该在本系统内先行抽调。

5. 请商业部对上海安排的190多万件援外用市场采购物资派人进行一次检查，保证按期交货，并且帮助各总交货部门重新安排上海不能解决的部分。为了避免工作中的某些混乱现象，以后各部门向商业部门提出的采购单子必须经过主管副部长审核签字方为有效。

由计委组织一机部和有关部到上海、辽宁、天津等地对已经安排的20万件非标准设备再进行一次检查。

由于机器设备的成套生产和成套供应以及

建筑工程方面需用的大小器材和施工机具的成套供应，是两项极为细致、复杂的工作。目前的工作机构和工作方法不能保证任务的顺利完成。因此，要求援外成套设备公司和援外建筑工程公司迅即建立必要的机构，积极着手加强这方面的组织工作，千方百计地努力设法完成任务。

6. 请外贸部与国外迅速商定木材防腐厂与混凝土预制构件厂的产品方案与生产方法。抓紧组织少量援外必需器材和设备的进口。

7. 请轻工部、一机部、冶金部、纺织部、水利电力部、建工部、林业部、铁道部、外贸部、商业部、交通部、卫生部等负有援外任务的部门进一步加强对援外工作的领导，建立检查制度，及时掌握情况，并且加强有关部门领导机关之间的互相协商和互相支援。

150－7－50

会议就援助越南建设军垦农场的问题作出如下决议：

1. 坚决地积极地执行总理的指示，在3年内援助越南民主共和国建立8个军垦农场，1960年建成两个，1961年和1962年各建3个。此项援助工作由农垦部主办，列入农垦部3年计划之内，但在机械、种子、种畜等项供应方面，各部应大力帮助。

2. 关于技术援助，包括派遣讲师和公路、水文气象等技术人员，统由科委考虑安排。

3. 关于农业机械、建筑筑路机械、加工设备和仪器的供应，由外贸部通过贸易途径进行谈判，然后交农业机械部或第一机械部纳入生产计划，制造出口。

4. 越方谈判代表团将于3月份到达，由农垦部负责接待，并安排谈判事宜。

5. 关于经费，今年约需479万元，全部估计在1 500万元左右，在军援内可以解决，拟不另拨款。

国家计委关于援建军垦农场和外贸计划问题的会议记录：讨论援助越南建设军垦农场的问题，1960年2月9日。150－8－20

商业部援外办公室关于一九五九年援外物资供应工作的总结报告

1960年2月11日

援外工作是一项新的任务，做好援外物资的供应工作也是我国人民对兄弟国家和民族主义国家的人民应尽的国际义务，这对于增进社会主义阵营的团结和繁荣，发展我国同民族主义国家的友好关系和打击以美国为首的帝国主义阵营的侵略和扩张活动，具有重大的意义。因此中央指出这是一项严肃的政治任务，必须按质、按量、按期保证完成。随着国内外形势的发展，援外的工程项目和物资供应任务的日益增加，为适应工作的需要，6月份在本部设立了援外办公室，专责此项工作。在供应地区上，因上海花色品种齐全，生产潜力大，质量较好，指定以上海为主全面负责供应，对个别上海不生产又无货源的品种，则另由北京、天津等地负责供应，一年来由于党政领导重视和各方面的支持，基本上完成了这一任务。

（一）供应情况

1959年共接受了中央17个部、委援助越、蒙、朝、柬、也5个国家（计54个援外项目的要货计划，全年共计要货2 245 896件，已供应2 178 863件，完成要货计划的97%，供应总值4 985 906元（只统计上海的数字，京、津等地因任务布置较晚，资料不全，未计算在内）。

1. 每类商品的具体供应数字如下：

供货部门：总计要货2 245 896件，已供应2 178 863件，完成97%，供应总值4 985 906元。

上海第一商业局五金类，要货1 050 749件，已供应1 041 801件，完成99.14%，供应总值2 611 093元。

上海第一商业局交电类，要货930 671件，已供应906 564件，完成97.41%，供应总值1 329 902元。

上海第一商业局医药化剂类，要货156 706件，已供应128 594件，完成82.06%，供应总值232 626元。

上海第一商业局其他，要货107 460件，已供应101 716件，完成94.65%，供应总值343 801元。

上海化工站化工类，要货310吨，已供应188吨，完成60.56%，供应总值468 484元。

2. 按1959年应建成的36个项目来检查，完成要货计划99%～100%的有：

越南：预制构件厂、文教厂、卷烟厂、糖厂、香料厂、肥皂厂、塑料厂、鸭毛加工厂、灯泡厂、搪瓷厂、橡胶制品厂、军委××厂。

朝鲜：轴承厂、纸厂、纺织厂。

蒙古：纸厂、毛纺厂、疗养院、木结构厂。

柬埔寨：纺织厂、胶合板厂、广播电台。

完成90%以下的有：

越南：蓄电池厂98.6%，热水瓶厂89.4%，钙镁磷肥厂97.6%，铬铁矿97.9%。

柬埔寨：纸厂86.4%。

除对个别项目和个别商品供应较差外，绝大部分都及时保证了供应，在质量方面一般也合乎要求。

（二）经验

一年来，上海供应任务完成较好，完成较好的原因是：

1. 在各级党委的领导下，做到了政治挂帅，思想重视。首先是我部和上海商业局领导重视此项工作，成立专职机构指定专人负责，加以各有关供应站、公司、商店党委书记对此工作抓得较紧，成立援外小组或专人负责，经常督促检查，贯彻了安排在先、供应在先、生产在先、运输在先、布置在先的精神，从而保证了按质、按量、按期供应。

2. 在总路线的鼓舞下，加上整风反右运动的开展，群众的积极性、主动性大大提高，这是完成任务的有利因素。如上海，采取了有货优先供应，勤联系，勤催，勤跑，挖社会潜力，组织合营商店找货，安排生产和试制，协助解决原材料，解决图纸实样，研究代用，向外地组织调入等等，使援外物资需要得到落实。在这方面有不少的事例，例如，为了与某部代表联系工作，曾连找15次之多；冶金部铬铁矿急需马车螺丝2 000只，当时市场无货，安排生产有困难，经向机械厂联系、务虚，终于得到解决，支援了援外急需；在供应汽车、内燃机配件时，不仅联系图纸实样，还采取了凡是库存及市场上有货的，均优先保证供应；援柬地质勘探需要的电热板21块，经同志们一再努力也未得到解决，最后到松江国华厂经过几次试制才搞成功；有一些不属专业公司经营的商品，是通过信托公司协助采购解决的；此外，还派出采购人员分赴外地组织货源，供应援外需要。

3. 各有关领导部门的支持协助，特别是上海市经委、物资局，有关工业局在物资方面给了很大支持。这也是完成任务的一个重要因素。

虽然取得了以上成绩，基本上完成了供应任务，但由于我们对这一新的工作缺乏经验，因而也存在一些缺点和问题。

第一，对援外工作复杂性和重要性开始时期认识不足。如在去年6月份以前我们未成立专职机构，仅由各局指定专人办理，这样就不便于统一接受、布置、检查任务的进度及完成情况。成立机构的初期，由于工作不熟悉和缺乏经验，也存在着一些缺点。例如，对有些不属商业经营的商品及统配部管物资、进口商品、专用物资，本应由需用单位向国家申请解决，但我们也接受下来，以致难以供应，不得不退请各部另行解决，耽搁了一些时间。

第二，要货计划中有些问题主要是品名规格不清，追加补充修改，个别还有多头报送的，有时备了货不来取，找不到联系人等，这个问题需要共同努力加以克服。

第三，组织进货，安排生产中的困难，经常因缺某些原料材料，特别是有色金属，或特殊的材料，由于无法解决或解决不及时影响供应；另外是生产厂因数量少，规格复杂，成本大，产值低，不愿接受任务，影响生产安排及时组织供应。

第一、二两个问题经过一年来的不断努力，已有很大的改进。但原材料和生产安排问题尚未彻底解决，还需进一步安排。

（三）1960年的工作任务和安排意见

1960年的援外项目，根据现有资料，按协议规定应在1960年完成的有43个项目，为1961年项目提前早做准备的14个项目，加上1959年未建成要延期到1960年的10多个项目，估计1960年实际工作量约60多个项目。经向各总交货部初步了解，1960年全年需要商业部门供应各类物资总值约为1 700万元，加上建工部储备约五六百万元，整个任务比1959年大大增加。为做好1960年援外工作，特提出以下几点意见：

1. 凡有援外供应任务的省、市商业部门应继续抓紧完成这一任务。具体做法是加强领导，大搞群众运动，努力做好这项工作，经常督促检查，把援外工作与其他中心工作进行统筹安排，贯彻援外“优先供应”的指示。要求北京、天津加强这方面的工作，设立专门小组或指定专人负责，健全制度，做好供应工作，按期向商业部汇报供应情况。

2. 商业部供应的援外物资，是整个对外经济技术援助的一个组成部分，除我们鼓足干劲努力完成外，请各地计委和工业部门给予更多的协助，对生产安排有困难或缺乏某些原材料予以大力协助。对1960年整个援外用料问题，我们准备再向国家计委提出报告。

3. 进一步加强与各总交货部的联系，要求能及时提报要货计划，详列品名规格，核实要货数量，迅速提取货物，固定和充实驻在当地的代表等。对每一个项目的进度及变化情况，要求随时告知我们，以便做好援外的物资供应。

4. 为了适应工作发展的需要，还必须健全部的援外办公室的组织，改进手续制度，把我们的工作从现有的基础上大大的提高一步。

181-8-388

国家计委、国家经委、第一机械工业部关于安排［一九］六〇年上半年援外急需的机电设备的通知

1960年2月26日

1960年援外建设项目所需的机电设备已在全国机电订货会议期间，在各省（市）机电厅（局）和生产厂的重视和支持下，大部分签订了供货合同。订货会议结束后，国家计委、经委及中央各援外总交货人部门对援外任务作了总检查，认为还有三类遗留问题亟待继续调整安排。根据两国政府签订的协议和工程进度的要求，某些已经签订设备供货合同，在交货时间上还不能达到协议规定的时间而影响协议的实现，必须进行调整；在订货会议期间由于某些设备分配指标下达较晚，在订货期间未能及时签成合同，应当迅速补签，另有一部分设备由于设计出图较晚，还需要补充安排订货等。根据上述三类问题，为了保证国外协议的严格执行，国家计委、经委和第一机械部共同要求有关省（市）计委、经委和机械厅（局）进行调整，迅速安排，并请按本文所列设备清单，想一切办法，安排在上半年交货。在调整安排中，请有关单位考虑以下几点做法：

1. 某些产品确因各种原因不能在上半年交货时，为了保证援外工程进度，可相应的将国内订货的同类产品稍加推迟，这种推迟国内订货，首先应从各总交货人部已签合同数中调整，然后再从其他各部订货中调整，对于推迟国内的订货和供图制造的产品亦应千方百计增加生产以保证国内外生产上的需要；个别产品确因生产周期较长，也应尽快安排生产，力争早期交货，必要时可作为预支下半年产品指标，提前安排生产。

2. 这次布置生产设备的配套电机产品（另文下达），请各省（市）首先在已有的资源中调剂解决，如果资源不足需要安排生产者，凡主机生产省（市）有条件生产即请自行安排，可在第二次全国订货会议时统一扣

除；个别配套产品确实不能调剂解决时，可于3月15日前汇总报一机部的主机主管局由一机部统一安排解决。

3. 属于供图生产的产品，请各总交货人部立即派人携带技术图纸资料到生产单位具体商订合同，并且根据图纸资料交付早、晚加一定生产周期再具体规定设备交付时间。

4. 1960年我国援助兄弟国家和某些亚非国家的工程项目，国家对外都签订了严格的协议，根据中央对援外工作的指示，对外经济技术援助工作是一项政治任务，因此所有承担援外的生产企业，都应尽一切力量优先生产，优先供应。在产品制造上，质量检查上，产品说明上以及产品包装上，都要认真切实地完成任务，这些要求必须发动广大职工，说明任务，通过群众努力，力求将援外设备做到完美出口，这在政治与经济上均具重大意义。

5. 承担援外设备生产地区和生产单位应指定专人负责，经常督促检查，及时帮助生产企业解决困难。在具体安排援外设备生产时，必须及时调整供料和充分保证协作关系和配件的调整，遇有较大困难时，可请各省（市）计委、经委统一调整解决。经过努力最后不能解决时，可速报国家计委、经委和一机部解决。

中央有关援外总交货部所派驻厂催货人员，在催交过程遇有数量、质量、时间、包装等困难时，各地计委、经委和机械厅（局）均应给以支持帮助。

150－8－420

商业部援外办公室请解决安排援外物资生产用料存在问题的报告

1960年4月19日

关于安排援外物资生产用料问题国家计划委员会、商业部曾于1959年11月3日以中商戌9号电报通知上海市计划委员会，明确援外物资安排生产用料按行业归口办法处理，即：属商业部拨料的产品，由商业部拨料解决；不属商业部拨料的产品其用料应由有关归口部门或地方安排解决。执行以来解决了不少问题。最近我部接受各部援外物资安排在北京、天津两地供应部分，涉及有关归口部门或地方拨料安排生产的往往因原材料问题不能及时安排生产影响供应。如布置北京供应建筑工程部援越、蒙、朝等国家所需灯具，需要安排生产部分即达20 882件，应在第一季度内供应，但因属地方拨料范围的纯碱15吨不能解决，影响及时安排生产。为此，北京市交通电工器材采购供应站曾数次请示市计划委员会，未获解决，为保证国外工程急需，经多方设法借用纯碱15吨安排了生产，迄今未归还。再如布置天津供应援外马铁零件一批急需生铁安排生产，尚未解决。

为了确保援外物资的按质、按量、按期供应，使国外工程进度不至因此而受影响。属我部拨料（电解铜、铜材、铝锭、铝材、钢材、锌）单列指标，优先安排，属地方拨料安排生产的部分我们意见：

1. 请考虑拨给地方专用原料材料安排援外物资生产。

2. 请国家计委责成北京、天津市计划委员会对商业部下达到地方供应的援外物资，需地方拨料安排生产的部分，由地方优先拨料安排生产。

150－8－421

国家计委、国家经委、第一机械工业部关于安排生产一九六〇年第二批援外非标准设备的通知

1960年5月20日

1960年我国对外援助项目所需第二批非标准设备，经与有关省市计委和机械厅（局）在京参加第二次生产供应会议的同志初步商定出分省市安排的意见，现将委托你省（市）安排生产的援外非标准设备产品明细表一份，随文送去，请即组织安排生产。

有关生产所需的原材料、协作件和生产图纸等有关的问题，请按下列办法办理：

一、生产所需的原材料，属于国家统配物资，国家计委、经委已经预拨（包括钢材、铜、铝等），各省（市）所订材料，如在品种规格方面不符需要时，请在省（市）内设法调剂解决。属于中央部分配的物资，请直接向中央各主管部申请，各部对援外非标准设备所用物资，应优先保证供应。属于地方材料请你省（市）自行充分调剂解决。

所需稀有金属材料，在省（市）内确无法调剂的，可提请两委协助解决。

二、生产非标准设备需要少量配套的电机、轴承、电工仪表等应请各省（市）设法调整解决，确有困难时，可请所在省（市）计委审定统一报交一机部，然后由国家计、经委处理。

三、为确保援外任务的及时完成，请有关省（市）尽可能争取按时供货。

四、关于生产必需的图纸，各总交货人部应在五、六月份订货同时提交承制单位，如因设计关系不能立即交图，总交货人部应与承制单位洽商取得协议，按其图纸交到时间加上必需的生产周期作为交货时间。

由于非标准设备品种繁多，有些又是非定型产品，在具体安排中还会遇到一些问题，在组织订货时要求各省（市）与各总交货人部进行充分的协商，全力协作。

这次布置的第二批援外非标准设备生产通知发出后，请各总交货部迅速与有关承制省市联系进行订货。承制任务较多的省（市），即上海市、辽宁省、河北省，请中国成套设备出口公司迅速组织有关总交货人部派出代表组成工作组到该省（市）办理订货事宜，协助解决安排生产中有关图纸、技术问题，以便迅速安排，按时生产供应。

援外非标准设备，第一批任务，由于省市有关部门的重视和努力，执行情况基本上是良好的，这次下达的任务仍较繁重，希望各省（市）能指定专人管理这件工作，经常予以督促检查，保证按时按质按量地交货，以确保国家援外工程的如期建成。

150－8－420

国家计委转发外贸部赴越工作组来函“为提高援外材料质量和包装质量事”请认真检查处理的通知

1960年6月1日

关于援外物资质量和包装质量，必须严格保证按出口标准，各单位一般做得还好。但从外贸部赴越工作组来函反映的问题来看，有些做得还比较差，需进一步检查和克服，以免造成经济方面的损失和政治上的不良影响。为此特将赴越工作组“为提高援外材料质量和包装质量事”来函转去，请有关单位认真检查处理。

附：外贸部赴越工作组来函一件：为提高援外材料质量和包装质量事［节录］

1960年5月7日

我国发来在河内安原仓库保存的材料确有部分质量低劣，不能使用的，有些包装不好，损失严重。现将主要情况报告如下：

一、在材料质量方面：

［中略］

二、在包装方面：

［中略］

从以上例子说明，材料质量不好，包装不良，在经济上造成了很大损失，特别是这些材料堆放在仓库与其他兄弟国家发来的材料对比，更显得难看，造成了极为不良的政治影响。因此，建议国家计委，责成有关部门，认真检查援外材料的质量和包装质量，今后凡质量不好的、规格不一的，不要发往国外。发运时，必须包装坚固，一切均按照出口物资标准办事，以保证援外工程质量。

150－8－420

国家经委党组、国家计委党组关于保证优先完成援外任务的通知

1960年7月11日

今年我国对外援助的项目有61个。这些

项目虽然有关部门和各地尽了很大的努力，但材料设备交付情况仍不够好。我们应该根据中央的指示，坚决优先完成这项任务。

目前存在的主要问题是，在设备和材料的供应上，有分配后订不到货或到期不交的；已交货的部分也有质量差的。这种情形已经影响到10个项目不能按期交付设备和某些设备的返工重制，在国外发生了一些不良的政治影响。

关于援外设备和材料的排队问题，中央早已明确指出（请参看中发［58］938号文件）：“在设备和原材料供应不足的情况下，各有关部门和地区可以从国内建设项目中尽先调剂使用。”“中央要求：凡是担负援外任务的部门和地区都必须本着大跃进的精神，认真、切实、按期地完成自己所担负的任务，决不应该借口国内任务紧迫而放松甚至挤掉援外工作。因为援外工作任何一点差错，都可能造成政治上的不良影响。此点必须引起全党的高度重视。”我们认为在目前的形势下，彻底贯彻执行中央这一指示，坚决搞好援外工作，具有更加重大的意义。另一方面，援外项目所需的设备和材料，在我国的设备材料中所占的比重只1%左右，数字并不太大，予以优先解决对国内工作不应有过多的影响。

现在时至7月，是我们抓紧完成今年援外任务的时候了。为了保证实现中央优先完成援外任务的指示，我们要求：

1. 有关各部、省（市、自治区）计委、经委在计划上、生产安排上、材料设备的分配、包装和运输上，确实把援外项目踏踏实实地做好切实的安排，并请督促有关单位和企业按期、按质、按量地完成任务。

2. 对生产数量不够分配或者赶制不及的少数设备和材料，请采取抽调现货的办法，先满足援外的需要。

3. 亚热带电机不够分配的部分，可用绝缘性较好的同型号电机先行代用。

181－9－449

商业部援外办公室：关于一九六〇年一至三季度援外物资供应工作情况的报告

1960年10月20日

今年中央有17个部门援助6个国家工程项目60个（包括1959年推迟到1960年建成的项目）。全年共同我部提出要货921万件（上半年464万件，下半年476万件），较1959年224万件，增加4倍多。截至9月30日止已供应675万件（供应金额881万元），占全年要货计划的73.33%。其中：五金类完成66.78%，交电类完成63.96%，化学试剂完成77.31%，医药完成96.19%，化工类完成94.83%，石油类、棉麻类、土产类已完成计划，其他完成94.64%。从以上情况看，总的方面是供应得好的，绝大部分品种已完成计划或接近完成计划，但有某些品种完成得尚不够好，例如：钢零件、灯具、马铁零件、汽车配件、内燃机、拖拉机配件等仅完成计划20%～60%。主要原因是：

一、原材料问题

1. 由于原材料问题影响供应。例如，安排天津供应的150万件马铁零件，需生铁1 000吨，本应由地方拨料安排生产，但由于地方拨料确有困难，而未予安排，虽在国家计委和有关部门的大力支持下，经过3个月的时间，主料解决了，但生产单位又提出辅料问题，如焦炭、口铁、锰铁等25种，这些材料地方也无法解决，故拖延到现在还未安排生产；又如：安排北京组织供应的灯具，虽经多方面努力，但因缺4分钢管10吨、6分铁管4吨和磁灯口等不好解决，影响43 000多台灯具不能配套供应。

2. 原材料规格不对路，交货时间晚也影响及时安排生产和供应。如上海安排胶木制品生产需要的547 569号电木粉20吨和生产各种螺丝所需的10～22厘米元钢240吨，经多方面努力迟迟未得解决，不能安排生产和供应。在原料交货时间方面也存在问题，如下半年安排上海供应的花线、胶质线等，应于三季度投料生产，因所需电解铜60余吨，虽有合同但交不了货，经与物资总局交涉推迟到10月上旬拨给，所以影响此种商品按时供应。

二、生产安排问题

1. 生产排队问题：由于商业部门的援外物资供应任务系由商业部直接下达地方商业部门，而生产能力由地方计委负责安排，所以往往因地方重点任务多商业部门需要安排生产供应援外的品种排不上队。例如，安排天津组织供应的马铁零件虽所需主要原料生铁已获解决，但由于确保出口任务，生产厂已再无能力安排此批物资生产，经我部派人与河北省和天津市计委等有关部门协商，问题未得解决，再如，上海安排部分援外仪表生产，上海市仪表局和工业公司认为计划不是地方计委下达的，因而不愿接任务；安排医疗器材工业公司生产的医疗器械，一方面借故推托，一方面向商业部门要原材料，一再拖延至今尚未安排生产。

2. 数量零星，品种繁多，规格复杂，临时要货多，时间要求急，给安排生产带来一定困难。有的品种极少，但须安排生产才能供应，在规格方面也是多种多样的，工业部门因产值低不愿安排生产。另一方面临时要货较多，时间要求急，生产厂不愿打乱生产计划，因而不予安排生产。

三、要货计划数字虚大问题

有的总交货部未能根据工程实际需要核算所需器材，因而要货计划数字有虚大现象。例如，建筑工程部今年向我部提出的要货计划中，有些品种要货数量很大，经与该部研究洽商，将原提胶质线686 000米减为350 000米，花线293 000米减为150 000米，胶木制品443千只减为350千只，铁滑车2 959只减为2 000只（核减后仍大于实际需要），由于数字虚大，也造成了生产和供应上的困难。我们意见请各总交部今后提计划时应尽量根据工程的实际需要核算材料的需要量，以便把现在的物资用到更需要的方面去。

四、为了保证完成援外任务，针对上述存在的问题，在工作中采取了如下措施

1. 在原材料不足的情况下，凡我部有能力解决的原材料首先满足援外需要，属于地方拨料的而地方解决确有困难者，积极反映国家计委和请有关部门协助解决。对当前难以解决的部分原材料，采取上下结合共同设法寻找调换的办法，经过多方面努力解决了一些问题。例如：生产马铁零件所需的生铁、灯具配套用的油漆、铁管等。

2. 为确保援外物资供应，一方面积极解决原材料安排生产，一方面在商业现在库存中根据援外需要的品种、规格进行核对，凡符合援外用的品种规格首先满足援外。例如：马铁零件虽未安排生产，目前已供应了很大一部分。

3. 组织力量抓供应，抓生产落实。采取深入商店、工厂、车间，了解供应和生产落实情况，发现问题和协助解决问题。例如，援外要的淋浴器、脸盆水嘴系北京水暖厂生产，工商虽已签订合同，经深入生产厂具体了解，发现该厂生产能力和协作厂生产存在问题不能按期交货，经与有关单位研究，改由中国水暖厂生产一部分。

五、几点意见

1. 已安排未兑现部分要加强督促检查抓紧落实，有问题及时反映解决。

2. 今年只有两个月的时间了，工厂生产能力已经安排满，原材料确有困难，因此，我们意见四季度不再接受各总交货部临时要货计划，如有特殊需要时，请国家计委与我部联合下达到地方计委予以安排生产和供应。

3. 出口和援外的关系问题：当前出口任务很重，地方计委重视出口，而援外任务排不上队，天津、上海都有此情况。我们意见援外仍应按中央规定“五先”的精神，不能因出口而挤掉援外任务。请国家计委明确并通知有关地方计委。

181－9－450

国家计委、国家经委请各省有关单位立即采取措施抓紧完成［一九］六〇年援外项目的通知［节录］

1960年10月20日

我国今年援外成套项目，经过有关各部和

各省、市的努力，取得了很大成绩，但由于各方面的原因，有些项目不能如期完成，有些项目还要进一步努力才能完成或基本完成。

今年内对外应完成的项目情况是：1959年应完未完要在今年完成的9项，协议规定今年内完成的32项，协议虽未规定完成时间，我们计划在今年完成的4项，共计为45项。这45项的预计完成情况可分三类：

（1）已经完成或可以完成的21项；

（2）不能完成的12项；

（3）经过努力或采取紧急措施方能完成或基本完成的12项。这12项是：

援越南的：陶瓷厂、南定纱厂（改建）电解食盐厂、1万立方米预制构件厂、5 000立方米预制构件厂、高压输电线路、越池电站、干电池厂。

援蒙古的：5万立方米职工宿舍、国际宾馆。

援朝鲜的：造纸设备。

援柬埔寨的：造纸厂。

为了维护我国信誉和防止帝国主义、反动派及现代修正主义者对我国的造谣污蔑，我们要求各有关交货部、各省、市共同完成上述第三类的12项再努把力，必须本着即使对国内生产建设有一些影响，也在所不惜的精神来处理这一问题。为了实现这一目标，对各有关部和省、市提出如下要求：

第一，各总交货部、各有关省、市、各个供应材料、器材设备的部门，应迅速全面检查一下对今年内援外工作的执行情况，并采取紧急措施保证上述12项在今年内完成。这就要求各总交货部、各供应材料、器材、设备部门和有关省、市尽快联系，通力合作，共同协商解决办法。

第二，凡已订货的设备一律争取在11月底前交货。无论已订货或已下达省、市未布置生产的设备，如在11月底前生产不出来，即调现货发运。

第三，生产中所缺乏的材料，各省、市首先千方百计设法自行调剂解决。配套的电机、轴承等如不在同一省、市生产者，请一机部组织有关厂配合解决。

第四，向国外发运所需车船，请铁道、交通部门尽先供应。

第五，对于12个项目的关键设备，有以下具体要求：

1. 请上海市立即为越池电站组织生产22ндсв立式单级离心水泵2台，至少在年底要交出1台，另1台至晚明年2月前交货。

2. 援朝造纸设备（25吨、20吨各1台）所需包装木材，请辽宁省立即拨给。

3. 援朝50吨纸机，请江西省计委同意先将上海为你省制造的一台交朝鲜，以后生产的一台补还江西。

4. 陶瓷厂煤气管道用的钟罩阀2台，垂直安全阀16台，水封式盘形阀11台，以及针状预热器4台等设备，请上海抓紧生产11月份交货。

5. 南定纱厂改建工程所需21台抽机，22台水泵的配套电机，请辽宁省立即在省内调剂供应。

6. 援柬造纸厂所需设备中，由辽宁承制的皮带运输机4台、风机8台、水膜除尘器3台、电机9台，上海承制的浆泵3台、齿轮油泵1台、磁力启动器2台，湖北承制的风机10台等设备，如生产供应来不及，请以上3省、市抽调同类型的现货供应。

第六，除第五项所提几项关键设备外，在前述12项目均还存在若干非主要设备和销办、市场供应的器材问题，亟待解决，不能一一列举，请总交货部速与有关省、市、商业部、物资总局联系解决。

第七，援柬三厂的450瓩柴油发电机组，经在柬试车后，出力不够（只出250瓩），影响正常生产，请一机部商同上海市立即派人赴柬检查解决。

第八，援蒙两项国庆工程，为按期完成将进行冬季施工，所需设备、器材、物料请商业部、上海、北京、河北等单位抓紧解决。

第九，援越太原钢厂，决定明年出铁，今

年已订的设备1000余吨，必须在年内交货。已下达省、市而未布置到厂的设备，亦请上海、辽宁抓紧布置，争取大部分年内交货，相应的太原电站设备亦必须按期交货。

第十，今年对援外钢材、木材交货情况不好，尤其对上海、辽宁、河北的情况更为严重，请国家物资总局检查解决。

第十一，对于今年应完成不能完成的及拟定在明年、后年完成今年交部分设备的项目，也不要放松。已订的材料设备要按合同规定时间交货。

[下略]

附：1960年援外项目完成情况分析表

国　别	合计	项目名称	规　模	协议规定完成期限	备　注
总计	45				
（一）已经完成或交完设备的	21				
越　南	12	米糠榨油厂	处理米糠15吨/日	1959年6—10月交完设备	1959年转下来的
		宜安糖厂	处理甘蔗350吨/日	1959年12月建成	1959年转下来的
		越池糖厂	处理甘蔗350吨/日	1959年9月建成	1959年转下来的
		蓄电池厂	需用极片数115万片	1959年12月建成	1959年转下来的
		搪瓷厂	搪瓷制品119.1万个/年，铝制品34万个/年	搪瓷车间1959年9月建成铝制品车间12月建成	1959年转下来的
		鸭毛加工厂	年加工鸭毛和毛共500吨	1959年7—9月交完设备	1959年转下来的
		铁路专用线	总长度约50公里	1960年1—6月交完设备	
		铁路支线	总长度49.5公里	未定	
		第一钙镁磷肥厂	20 000吨/年	1960年3季交完设备	
		宜安酒精厂	500吨/年	1960年1—3月交完设备	
		越池酒精厂	500吨/年	1960年1—3月交完设备	
		农林中等学校	容纳学员150名	1959年12月至1960年3月交完设备	
蒙　古	4	水利工程	8 000公顷灌面积	1959—1960年建成	
		排雨水工程	9.7公里	未定	
		市内道路	48万平方米	1960年建成	
		四层楼住宅	7 000平方米	1960年建成	
朝　鲜	2	轴承厂	120万个/年	1959年交完设备	1959年转下来的
		面粉厂	面粉2.5万吨/年	1960年交完设备	
柬埔寨	3	纺织厂	一万纱锭200台布机	未定	
		胶合板厂	90万立方米/年	未定	
		50瓩广播台	50瓩短波	未定	
（二）不能完成的	12				
越　南	9	越池纸厂	20 000吨/年	1960年6月建成	
		桥梁工程队	未定	1960年上半年交完设备	
		汽车轮胎车间	50 000套/年	1959年11月至1960年10月交完设备	
		杀虫药剂加工车间	年产六六六粉剂及可湿剂等共700吨	1960年1—10月交完设备	

续表

国　别	合计	项目名称	规　模	协议规定完成期限	备　注
		万点糖厂压榨车间	处理甘蔗1 000吨/日	1960年7—12月交完设备	
		味精粉丝厂	味精30吨/年，粉丝1 000吨/年，酱油500吨/年	1959年12月至1960年2月交完设备	
		太原电站	24 000瓩	1960年1—12月交完设备（其中第一台6 000瓩机组1960年1季交完）	
		建筑材料试验院	共8个试验组，一个小型修配车间	1960年1—9月交完设备	
		毛纺厂（改建）	720锭，100吨毛线/年	1960年10—12月交完设备	
朝　鲜	2	惠山纸厂	水泥袋纸2万吨/年	计划任务书规定1959年交完设备	1959年转下来的
		会宁糖厂	处理甜菜500吨/日	1960年交完设备	
		人造棉纺织印染厂	6万纱锭，2 000台布机	1959年交纺织设备，1960年交印染设备	
（三）基本完成或争取基本完成的	12				
(1) 经过努力，可以基本完成	7				
越　南	5	电解食盐厂	年产1 690吨氯和相应的碱1 900吨	1960年6月建成	
		混凝土预制构件厂	5 000立方米/年	1959年6—10月交完设备	
		混凝土预构件厂	10 000立方米/年	1959年6月—10月交完设备	
		高压输电线路	6条（约188公里）	1960年3—12月交完设备	
		干电池厂	各种电池99 900只/年	1960年3月建成	
蒙　古	2	职工宿舍	5万平方米	1959—1960年建成	
		国际宾馆	17 300平方米	1960年建成	
(2) 必须采取紧急措施才能争取基本完成	5				
越　南	3	陶瓷厂	1 500吨/年	1960年3月建成	
		南定纱厂（改建）	几个车间的通风降温，全厂的生产技术改革	1960年9月以前完成	
		越池热电站	16 000瓩	1960年第一季度建成，第一期1960年第三季度建成第二期	
朝　鲜	1	造纸设备	造纸机20吨2台；25吨1台，50吨1台	1959年交3台，1960年交1台	25吨及20吨纸机各1台是1959年转下来内部掌握
柬埔寨	1	造纸厂	5 000吨/年	未定	
					1960年

150－8－420

接国家计委、国家经委10月20日计外顾字第1814号《关于请各省有关单位立即采取措施抓紧完成1960年援外项目的通知》，内称："为了维护我国信誉和防止帝国主义、反动派及现代修正主义者对我国的诬蔑，我们要求各有关交货部各省市计委共同完成援外任务，必须本着即使对国内生产建设有些影响，也在所不惜的精神来处理这一问题。"

根据上述精神，为确保今年援外供应任务的完成，要求你厅、局立即对援外物资供应情况进行一次全面的检查。有现货者（包括新进货和库存）应首先供应援外。对安排生产尚未落实的品种，要逐项安排落实。对生产中存在的问题和所缺原材料应千方百计设法解决。属于我部分配的原料，应优先安排援外物资生产的需要；属于规格调剂和地方应解决的原料，要迅速向地方计委反映，争取尽快解决。

商业部关于抓紧完成援外所需市场采购物资的通知，1960年10月31日。181－9－449

商业部援外办公室关于一九六一年援外物资供应情况和一九六二年改进工作的意见

1962年4月2日

一、1961年的供应情况

全年有20个部，提出对8个国家、82个项目，362.8万件的要货计划（部门、项目见附表一、二［略］），援助的国家和项目比1960年大为增加，要货数量集中在上半年，质量要求较高。一年来，在党的领导下，经过商业部门职工的努力，基本上满足了各总交货部的需要，完成了供应任务。

（一）计划执行情况

根据各部要货，全年共布置下达计划3 628 094件，在执行中，各总交货部陆续取消1 154 730件（占原需要量的32%）实际需要2 473 436件，至年底，我部已组织供应了2 363 641件，完成实际需要量的96%，全年供应的金额为5 538 614元。

其中：

供应单位	接受计划	已供应	完成比例（%）	（元）
上海一商局	1 857 442	1 836 460件	99	4 500 000
上海化工站	197 421	157 109件	80	366 888
天津一商局	384 579	342 254件	90	548 426
北京商业局	33 994	27 818件	82	123 300

在质量方面，由于专项安排生产，工、商都重视质量，且加强了检验工作，因而，质量一般符合要求。各类主要商品供应情况也较好，如圆钉、铁丝、合页、窗纱、门锁、橡胶平板、胶木制品、灯泡、胶质线、蛇皮管、卫生零件、灯具、各种油漆、石油、医药、科学用品类物资，都基本满足了需要。

（二）1961年援外物资供应任务，完成的比较顺利，执行了援外"五先"的原则，千方百计组织生产和供应。有的地区还建立了援外机构，如上海第一商业局还成立了援外办公室加强这方面工作。其次，国家专项分配了主要原材料，地方又解决了辅料，既能及时组织生产，又合理储备了一些商品，使完成援外任务有了物质基础。再是地方计委和工业部门密切配合，如上海全年提请工业部门生产的五金商品完成98%，交电商品完成96%；北京的灯具和卫生零件提高了质量。

（三）全年除已供应2 363 641件外，还有110 275件未供应。主要原因是总交货部未来联系洽购提取，计有39 518件，占未供应数的36%，其余是正在生产需跨年供应以及少量因规格不明不能生产、缺图纸等原因退回要货部门自行解决。工作中的缺点和问题有如下几点：

1. 我部对援外工作经验不多，缺乏调查

研究，工作抓得不深不透。如对原材料的到货，使用库存情况没有及时掌握起来，审批计划时间长，下达晚，不能及时协助各地解决供应中问题，对少数品名规格不清的商品也接受了任务，致造成供应上的困难。另是业务不熟，对天津市工业口的领导关系不了解，布置任务时漏掉了市工业生产委员会，使水暖零件长期未能落实生产。

2. 地区间工作进度不平衡。如供应的数量、质量，多数较好，少数较差；在安排生产方面，有的地区落实较好，有的地区长期未能专项安排生产。这些都应研究改进。

3. 对要货计划控制不严，变动大，占压了商业资金。全年下达的援外计划共为3 628 094件，在下达布置后，各部又撤销要货1 154 730件，占原要货量的32%，要了货不来洽购的有39 518件。这些给组织生产和供应带来困难，而且造成部分商品库存增加，影响资金周转，又浪费了原材料。少数总交货部也有采购了援外项目上不需用的商品，现在要求处理。撤销计划的数量见附表五［略］。

4. 极少数品种规格因工厂转产、并厂等原因，目前没有生产，影响供应。

5. 手续制度不够健全，工作上还缺乏一套系统的制度办法。

二、1962年改进工作的意见

根据了解掌握的资料，我国对外订协议承建的援外项目约300个，每年平均要安排约100个项目。从目前各部所报计划统计，已对越南、蒙古、朝鲜、阿尔巴尼亚、波兰、古巴、几内亚、柬埔寨、锡兰、老挝、尼泊尔、缅甸、加纳等13个国家，112个项目（包括1961年跨年度的）提出了要货。

1962年的援外任务仍是艰巨的，不能有松劲思想。但也存在着完成任务的有利条件，例如，各方面的重视和支持；经过几年的工作，掌握了一些基本情况和经验；有足够的专项用料等。只要政治挂帅，健全机构加强工作，就能把援外物资供应工作做得更好，保证任务的完成。

（一）要进一步贯彻经济核算制

为完成援外任务，必须有一部分原材料和商品作合理储备，便于安排生产和解决临时急需。但在保证完成援外政治任务的前提下，也应贯彻经济核算制。现在沪、津、京三地储存的援外专科［料］和商品共占用资金约1 400万元，1961年供应金额仅为550万元（不完全统计），平均两年多周转一次，有些存量也过多，根据这情况，要求：

1. 使原材料和商品的储备量合理，少占资金，加速周转。请各地根据任务情况，对原材料和商品搞一个合理储存的定额，既保证援外需要，又少占用资金，争取周转得快些。

2. 开展合同供应。援外计算指标下达后，商业部门应与总交货部订立合同，明确双方要求、制约条款和不履行合同的罚则等，以促进计划性加强，减少变动，避免不来采购，品种规格不对路，商品积压等情况。合同形式，以订产、供、需三角合同为好，各地也可因地制宜自行确定。

（二）援外商品的作价问题

援外商品大都是专项安排生产的，在用料、生产工时、质量等方面与内销不同，生产成本也高，因此各地作价不一，有赔有赚。目前有几种做法：（1）牌价；（2）高进高出；（3）高进低出（出厂价高，商业按牌价供应赔钱）。为使各地作价一致，商业不致赔钱，应遵照物价政策和有关规定，按质论价。初步的解决意见是：有市场牌价，且规格质量相同的，按牌价供应；经专项生产，规格质量不同于内销商品，出厂价高于牌价的，按出厂价加合理利润和费用供应。

（三）准备适当扩大援外计划商品目录范围

各地提出希恢复过去全部由中央下达计划的做法，经研究因目前工、商有些商品分工未定，商业内部组织机构也在变化，有些商品将更多集中在中央管理，所以按现行目录范围不动，将来准备进一步研究适当增加品种规格，并请各地先拟出一个援外商品供应目录草稿报部，以便参照修订。

（四）关于商品质量

援外商品的质量是个复杂的问题，商品的性能、用途不同，使用对象也不同，总交货部对质量要求也有严有松。

我们意见援外商品质量既要根据受援国的需要，又要考虑国内技术水平和物质条件，经研究确定：凡有出口、部颁标准的商品，即按出口、部颁标准；没有出口、部颁标准的，则选质量好的商品供应。同时也要区别不同商品，不同情况来确定。

此外，必须做好与质量有关的几件事：

1. 请总交货部事先提出质量要求订立合同，以免产品不合要求，影响供应。

2. 加强生产、出厂、入库、供应等各方面的检验和验收交接工作。

3. 根据工作需要，对尚没有标准的商品，要逐步订出援外的质量标准并可以收集些样品、样本供总交货部参阅。

（五）加强工商协作，逐步做到定厂定产品

援外任务是经常性的，供应的商品要求时间急、质量高，为减少临时安排的困难，保证按量按时按质供应，要逐步对援外常用的主要商品，实行定厂定产品，固定工商间协作关系。当地商业部门应研究提出一个办法，确定哪些品种要定厂定产品，报经有关机关审批执行。

（六）加强工作联系，建立必要的制度

为及时了解情况，掌握供应进度，在座谈会上经讨论拟订了工作联系的报告制度，以及原材料收、付、存的统计报表等（具体要求、格式等已另有布置）。

（七）关于进口商品的供应问题，需视不同商品和不同使用对象等条件确定，如进口的成品和进口的原料不供应援外，由总交货部直接向国家申请外汇解决；用部分进口的原料（或配件）生产的成品可以供应援外。

（八）关于商品牌号问题

供应援外的商品及其包装上不要用劳改厂牌号。

181－10－334

商业部援外办公室关于北京、上海、天津对今年上半年援外物资供应情况的汇报

1962年9月20日

今年上半年有14个总交货部承担对9个国家44个工程项目的援外任务，向我部提出市场采购五金、交电、科学用品等物资计划1 339 815台/件。各地商业供应机构在党政的领导下，经过职工同志们的努力，基本上满足了各总交货部的需要，完成了供应任务。

一、计划执行情况：根据各总交货部提出的要货计划（包括临时要货），上半年共计1 339 815台/件，在实际执行中，各部陆续取消和因品种、规格不清无法供应的有163 252台/件，实际接受计划1 176 563台/件，截至6月30日已供应了860 550台/件，为实际接受计划的73.14%，其中：上海实际接受计划910 168台/件，供应682 323台/件，完成计划74.97%；北京接受计划24 104台/件，供应20 236台/件，完成计划83.95%；天津接受计划242 291台/件，供应157 991台/件，完成计划65.21%。有货待供和已安排生产的尚有310 229台/件，为计划的26.37%。上半年总的供应金额为175万元。

二、今年上半年援外物资供应任务完成得较好，主要是当地计委和有关工业部门的重视与大力支持，贯彻了“安排在先、供应在先、生产在先、运输在先、布置在先”的“五先”原则，因之能按时完成生产任务，保证了援外物资的供应。在商品质量方面，由于工、商部门之间的密切联系，加强了产品的检查验收工作，所以商品质量一般也都符合援外要求。对数量零星达不到工业生产起点的品种，经采取多方寻找现货，加工改制和在库存中挑选质量好的商品的办法，解决了供应援外工程的需要。

三、几个主要问题的解决情况

（一）资金问题。援外商品和原材料储备时间较长，主要集中在京、津、沪三地五金、

交电站（公司），全年占用资金约计1 300万元。自从国营企业加强经营管理以来，资金问题显得很突出，各地会不断要求专拨援外自有资金。为发挥各站代理业务的积极性，根据今年下半年援外任务情况和原材料、商品库存定额，已征得财务部门同意专项核拨自有资金700万元。

（二）计划不准，供应方式不适应客观要求问题。由于援外物资质量要求高，多系专项安排生产，因之计划都需由我部会同国家计委、国家经委、对外经济联络总局联合下达，但因援外商品品种多，规格复杂，数量零星，加上各总交货部往往不能按时编送计划，影响与工业部门安排生产计划时间的衔接，计划也不易做准。总交货部门中途撤销或临时要货变化较多，下面上百的筹建单位、几百种商品要与工厂衔接生产，因此组织供应的困难不少，现行的物资供应方式已不适应客观情况。经研究，各地认为由原来一年编送，下达四次季度供应计划，改为一年编送、下达两次供应计划（上、下半年）为宜，并在对外经济联络总局召开的非标准设备订货会议上同时签订产、供、需合同或协议（已征得对外经济联络总局同意，从1963年起开始试行）以提高计划正确性，并改进供应，使产、供、需三方面工作协调。

（三）修订供应援外商品目录问题。1961年制定了商业部供应援外商品目录，对编制和审核计划工作提供了有利条件，但经过一年多的实践，各总交货部反映有些商品因未列入目录，长时间得不到解决，加上经营分工商品管理体制的变化等，这个目录应适当地进行补充与修改，在这次座谈中，各地已提出修改补充意见，待工、商分工确定后，与有关专业总公司再进一步研究修订。

四、今后工作意见

（一）为进一步做好援外物资供应工作，我们认为，对各总交货部承担援外工程项目的规模、进度和两国分交情况的及时了解，是我们做好援外物资供应工作的关键，必须经常同各总交货部研究摸底，以便根据工程进度情况适时的组织供应。

（二）对规格特殊、断产品种以及质量要求过高、数量零星达不到生产起点的品种准备全面地进行一次了解，摸清情况，提出意见，以求逐步改善这一部分物资的供应工作。

（三）做好1963年上半年援外所需市场采购物资计划的审核工作和供应订货会议前的准备工作。

181－11－472

对外贸易部关于赠送蒙古二十万元人民币物资的通知

1964年2月13日

今年四月二十一日，蒙古驻华商参处告我部，关于我国赠送蒙古人民共和国价值二十万人民币的物资问题，蒙古同意接受我棉布十三万米（其中蓝卡其布十一万米，高级白细布二万米）；棉花二十吨（其中八级棉十二吨，九级棉八吨，棉花长度均为一英寸）。经和有关部门联系，兹通知如下：

一、货源

由商业部供应棉布十三万米，由全国供销合作总社供应棉花二十吨。由你公司按照出口手续办理对外交货。货物品质，应该按照内销最高标准掌握，由商检局负责检验，并出给证书（包括检疫证书）。包装要按照出口的要求予以打包。包皮外面，一面用中文和俄文印刷品名、包号、重量（数量）、到达站和收货人等；另一面，用蒙文印刷“中华人民共和国赠送蒙古人民共和国的物资”字样。由铁路运往二连车站，在我方车上交货。发货时绝对不能短量。

二、作价

由供货单位按成本加有关费用向你公司结算，货物运交蒙古以后，由你公司按照货价加上运往二连的运杂费用，共值人民币二十万元，凭有关单据统一通知人民银行总行国外业务局，向蒙古银行办理结算。同时，向本部财会局报销。

为了尽速完成这批赠送物资的任务，要求最迟在今年四月三十日左右一次全部运出。

164－11－247

一九六四年第三批援外市场物资计划业经审核，现随文下达，请各地有关部门及早抓紧时间，落实计划，组织生产，按质、按量、按期交货。现提出以下几点要求：

一、计划中涉及援助阿尔巴尼亚的项目，根据阿方要求提前交货，具体项目和交货进度参见［64］商劳援字第8号通知办理。各地计、经委、商业局对前两批计划的安排和交货情况，必须认真负责地进行一次全面检查，如发现在安排生产上与国内产品有矛盾时，应优先安排援外产品，保证按照出国的要求交货。

二、为确保各项援外市场物资的产品质量，各地应安排在质量好、成本低、有生产援外产品经验的企业生产，并纳入国家生产计划，积极组织生产。其产品标准，应按照部颁、局颁标准进行安排或从内销产品中挑选一级品供应。

商业部、国家计委、国家经委、对外经济联络总局下达1964年第三批援外市场物资计划的通知，1964年5月14日。181－13－488

商业部、国家计委、国家经委、对外经济联络委员会关于下达一九六五年上半年援外市场物资计划的联合通知

1964年7月31日

1965年上半年援外市场物资采购计划，业经商业部初步审核，现随文下达，请市计委、经委、商业局及早进行生产衔接和组织供应等工作，并在具体安排中注意以下几点：

（一）随着我国对外经济技术援助工作的日益发展，1965年上半年计划援外市场物资数量较多，并且质量要求越来越高。为了适应形势发展，确保各项援外物资的配套供应，各地工业部门应妥善安排好生产，并请各有关市计委、经委督促工业生产部门不断地提高援外产品质量，及时注意解决存在问题。

（二）援外市场产品质量标准，应按照部颁、局颁标准供应或从市场产品中挑选一级品供应。

（三）由于援外市场物资的生产涉及面比较广，其中公私合营企业生产的一些产品（如化学试剂、化工原料、小五金、工具等），应允许公私合营企业用公私合营牌号出国。

（四）计划中属于特殊规格的商品，仍按［63］计联商刘字第92号、［63］商劳联字第664号联合通知精神办理。

181－13－488

五、对外援助问题

一九六五年对外援助的资本主义国家外汇共安排七千二百万美元，比今年预计四千万美元有较大的增长，其中现汇三千万美元是按总理指示安排的；一般物资的金额初步安排为四千二百万美元，其中很大一部分物资品种现在定不下来，同时，明年亚非会议召开后，援外物资还可能要增加，对于现在定不下来的和今后可能增加的援外物资外贸部无法解决的，将来要由国家计委会同财贸办公室另作安排。

国家计委关于1965年外贸计划向中央的汇报提纲，1964年8月15日。150－13－288

对外签订协议援款总额（一）

（分年度）

单位：人民币亿元

年份	总计	无偿	贷款	占总计	
				无偿	贷款
1958	4.35	0.18	4.17	4.1	95.9
1959	6.74	3.82	2.92	56.7	43.3
1960	10.36	1.25	9.11	12.1	87.9
1961	14.45	3.36	11.09	23.3	76.7

续表

年份	总计	无偿	贷款	占总计	
				无偿	贷款
1962	2.65	1.89	0.76	71.3	28.7
1963	17.63	14.37	3.26	81.5	18.5
1964	9.2	3.66	5.54	39.8	60.2
1965	34.12	20.26	13.86	59.4	40.6
"二五"时期合计	38.55	10.5	28.05	27.2	72.8
1963—1965年合计	60.95	38.29	22.66	62.8	37.2

对外签订协议援款总额（二）

（分年度）

单位：人民币亿元

年份	总计	一般物资	军事援助	成套项目	现汇	占总计%			
						一般物资	军事援助	成套项目	现汇
1958	4.35	1.03	0.07	3.22	0.03	23.7	1.6	74	0.7
1959	6.74	0.38	3.08	3.27	0.01	5.6	45.7	48.5	0.2
1960	10.36	4.17	0.77	5.3	0.12	40.3	7.4	51.2	1.1
1961	14.45	5.44	3.05	5.95	0.01	37.6	21.1	41.2	0.1
1962	2.65	0.85	1.12	0.52	0.16	32.1	42.3	19.6	6
1963	17.63	1.86	13.47	2.12	0.18	10.6	76.4	12	1
1964	9.2	2.47	0.98	5.02	0.73	26.8	10.7	54.6	7.9
1965	34.12	17.91	3.09	11.43	1.69	52.5	9.1	33.5	4.9
"二五"时期合计	38.55	11.87	8.09	18.26	0.33	30.8	21	47.4	0.8
1963—1965年合计	60.95	22.24	17.54	18.57	2.6	36.5	28.8	30.5	4.2

对外援助实际交付情况

（分年度）

单位：人民币亿元

年份	总计	其中				在总计中	
		一般物资	军事援助	成套项目	现汇	无偿援助	贷款援助
1958	1.9	0.91	0.35	0.55	0.09	1.58	0.32
1959	3.51	1.06	0.84	1.42	0.19	2.17	1.34
1960	2.47	0.3	0.94	1.12	0.11	1.65	0.82
1961	4.43	1.12	1.81	1.48	0.02	2.3	2.13
1962	5.76	2.09	1.63	1.95	0.09	2.27	3.49
1963	6.7	2.77	2.38	1.43	0.12	3.47	3.23
1964	10.12	2.37	5.29	1.76	0.7	7.02	3.1
1965	15.62	6.54	5.55	2.92	0.91	9.96	5.96
"二五"时期合计	18.07	5.48	5.57	6.52	0.5	9.97	8.1
1963—1965年合计	32.74	11.68	13.22	6.11	1.73	20.45	12.29

国家统计局：《全国财贸统计资料（1949—1978）》，1979年10月，第281~283页。T24/2

三、相关法规、制度

国家计委、国家经委、一机部关于安排生产援外非标准设备的通知［节录］

1960 年 1 月 12 日

［上略］

有关生产所需的原材料、协作件和生产图纸等有关的问题，请按下列规定办理。

一、生产所需的原材料，属于国家统配物资，由国家计委先预拨一部分（包括钢材、铜、铝、木材），由各省（市）即提向冶金部订货。由于分配订货较晚，在数量、品种规格方面可能不够齐全，请在省市内先设法调剂，待今年 3 月份第二次钢材订货时再予补充，属于中央各部分配的物资，请直接向中央各主管分配部申请，各部对援外非标准设备所用的物资应优先保证供应；属于地方材料，请你省（市）自行充分调剂解决。

二、生产非标准设备需要配套的电机、轴承、电工仪表等协作件，均由生产承制的单位负责申请。配套所需的协作件，属于统配和销办产品，由省（市）统一安排，并按规定向一机部及有关主管部门办理申请手续。

三、关于生产必需的图纸，由总交货人部负责抓紧按时提供。原则上规定图纸交到后加上必需的生产周期作为交货日期。如迟供图纸，交货期可相应顺延。

四、在 1959 年安排各省（市）生产的援外非标准设备，凡已签订合同在当年没有交货的产品，均按合同规定结转到 1960 年供应。没有签订合同的产品不予结转，如各总交货人部仍有需要，应按规定另行申请安排。

五、为确保援外任务及时完成和照顾各省（市）安排生产的困难，我们对中央各总交货人部提出的交货时间作了修改，请按附发总表所列项目的交货时间签订具体合同。由于国外运输和安装情况复杂，要求各总交货人部按时供图，要求各省（市）保证按时按质按量交货。

对外援助项目需要的每种材料、设备生产和供应进度，都影响到整个项目是否能够按时交付。因此，请有关部门和有关地区全力协作，指定专人办理，经常进行督促检查。这次布置的第一批非标准设备生产通知发出后，请中央各总交货人部迅速抓紧组织人员，到有关省（市）办理订货手续，协助解决安排生产当中有关图纸、技术问题，以保证按时生产供应。

150－8－420

国家计委、国家经委关于援外市场采购物资用料解决办法的规定

1960 年 5 月 31 日

商业部经营范围内的援外市场采购物资，数量零星规格繁多，该部接受任务以后，需请省市协作优先安排布置生产，但有时因原材料的供应发生问题，影响及时安排。现作如下安排：

1. 市场采购物资用料属地方分配的材料，由地方解决；属于统配部管物资的部分，请在国家分配给地方的原材料之内统筹安排，优先调剂解决。如果少数关键原材料在地方尽最大努力作了调剂后，仍有困难时，可以向各归口部门提出，请求帮助解决。

2. 铜、铜材、杂铜、铝锭、铝材、锌、钢材，统由商业部拨料供应。

181－9－449

商业部供应援外物资试行办法

1961年12月2日

随着我国对外经济技术援助工作的发展，需由商业部门组织供应的援外市场物资也相应增多，为了做好物资供应工作，需要建立必要的制度，明确职责范围，加强计划管理，以进一步贯彻中央关于按期、按量、按质完成援外任务的指示。

一、供应援外物资的范围。商业部门组织供应援外物资的范围是：国家批准的援外项目在国外需用的商业部归口经营的物资。

凡属中央统一分配物资，其他部管理的物资。进口物资（由商业部归口进口的除外）及国内生产援外设备需用的物资都不在本办法供应范围内，请各总交货部按照国家规定的物资分配办法办理。非商业经营的品种、规格以及特殊用料、供图制造的专用物资也不在本办法供应范围内。

二、供应给各总交货部的援外专用物资，只能用于国家批准的援外项目上，不能挪作他用。

三、援外物资的供应方法。因经营的物资品类繁多，规格复杂，既要保证援外需要，又要有一定的采购的灵活性，故根据商品分级管理的原则，对不同商品采取不同方法办理供应。

1. 对建设援外项目必需的一、二类物资和三类物资中的主要品种，我部已编印出援外商品计划供应目录。援外需要目录内的品种，请向我部编送要货计划，办理供应。

2. 对未列入商品计划供应目录的物资，援外需要时不向我部编送计划，由各总交货部直接向地方商业部门衔接供应。属于地方商业部门经营的，当地应优先供应，或经过产地有关部门批准在集市贸易中自行采购。

四、要货计划的编报。为计划地组织供应，凡援外需要计划供应目录内的品种，请编制年度的和季度的要货计划，凭以组织供应。

1. 年度计划。各总交货部应根据本年度援外项目建设的实际需要，编制年度（分季）要货计划说明及提供项目的进度、规模、使用定额等有关要货的依据，报送我部两份，我部根据年度计划安排工作任务，申请主要原材料。

2. 季度计划，各总交货部在编制的年度计划的基础上，每季报送季度要货计划一式四份。季度计划数量要与年度计划分季数量基本相符。季度计划要详细列出品名、规格、单位、数量、用途等，经我部审核后下达指定地区的商业部门具体组织供应。

3. 为节省审核下达计划的时间，必须按照援外商品计划供应目录的类别、次序填写，按格式逐栏缮写清楚。报送的计划，按规定要经总交货部主管部长或副部长签字，并盖部戳。

五、报送要货计划的时间。为及时安排生产、组织供应，所以援外要货计划要在年度和季度前报送，以留出我部审核和当地工、商部门衔接安排生产的时间。

1. 年度计划，一年编送一次。在年度开始前三个月报送到我部。

2. 季度计划，每季编送一次。在季度开始前五十天报送到我部。

六、要认真执行计划。加强对要货的计划性和审核工作。为做好供应工作，贯彻经济核算制度，避免资金和物资的积压，除商业部门认真执行计划，按时供应外，请各总交货部认真执行计划，加强要货计划性和审核工作，一定要按照项目进度，分别缓急提出要货，要货计划经报送布置后，不能轻易变更和撤销。

七、各总交货部未能按时报送计划及临时提出的补充要货。因地方工业部门接受安排生产的时间已过，一般不再接受，如有特殊情况，须经总交货部说明原因，作为临时要货酌情办理。

八、要货计划报来后，商业部有关部门应立即组织审核，根据项目进度和资源情况，提出供应意见，按物资管理权限会同有关部门分别下达，布置供应。并督促地方安排落实和了解供应情况。

九、地方商业部门在接到布置的计划后要及时安排生产，组织供应。对某些产品可根据情况与各总交货部（或其委托的承建单位）订立合同。为此，各总交货部在接到我部布置的供应计划或有关函件后，务请在二十天内与指定地区的商业部门联系供应事项或签订合同，以免影响安排生产和拖延供应时间。

十、各总交货部在编制要货计划以及和当地商业部门联系供应时，请根据国内生产情况事先提出对质量的要求，以便商业部门在工商衔接计划时提请工业部门生产符合要求的产品。商业从现货中供应时，也要挑选质量好的产品供应援外。

十一、为保证援外产品的质量，要在编制要货计划、安排生产、拨付原材料等各个环节上予以注意，工业交货时，商业部门要进行验收，防止低劣产品出厂。商业部门向总交货部供货时，双方也要办理交接和验收工作，以保证质量和划清责任，对不符合原提质量要求或不成套的，总交货部要立即提出意见。双方研究处理并允许退换，货物交接后所发生的问题归收货部门负责。

十二、要按时供应和按时提货。商业部门要按时组织供应（有现货的可协商提前供应），各总交货部也要及时提货，办清结算等手续。为加速资金周转，各部提货和办理结算手续时间至迟应在要货季度后十五天内完毕，逾期费用开支或处理损失由交总货部负责。

十三、地方商业部门在接到要货计划后，要立即查对现货，布置生产，按期供应。如因原材料、生产力等有问题，虽然努力仍不能按期供应时，要向总交货部说明情况，双方协商在下季度继续供应，总交货部也不需再另列计划，以免重复安排。由于工业转产、断产等原因，虽然地方商业部门积极设法确无货源供应的，地方商业部门在报经商业部审核同意后可退请总交货部自行解决。

十四、包装，我部组织供应的物资是国内市场一般包装，各总交货部所需援外包装，请按国家物资分配办法的有关规定自行办理。

十五、本办法自1962年度开始试行。

注：年、季度要货计划格式及援外商品计划供应目录已在［61］商五外字287号及1108号函中附发。

181－10－333

财政部、对外贸易部、对外经济联络总局关于援外财务工作自一九六三年起交由外经总局统一归口办理的请示报告

1962年12月21日

对外经济联络总局于一九六一年成立，当时由于机关初建，援外财务工作缺乏干部，没有设立相应机构，故请外贸部财会局代为办理。目前外经总局已成立财务机构，根据援外财务工作归口和便利工作的原则，拟自一九六三年起，有关援外财务工作，由外贸部移交外经总局办理：

1. 自一九六三年一月起，所有援外款项的计划、拨款、结算以及财务管理工作，均由外经总局负责办理。

2. 一九六二年财务决算以及未了事项，仍由外贸部负责结算和清理，并在一九六二年决算的基础上办理移交。一九六二年以前，历年支付援外款项的统计资料、重要文件、档案，也由外贸部负责整理一并办理移交。

3. 一九六三年计划，外贸部已着手编造，今后可由外贸部与外经总局共同讨论定案，联合上报审批。

4. 一九六三年第一季度用款计划，可暂由外贸部匡算并提出指标，报财政部据以拨款。

5. 外经总局财务人员的配备，除财政部已同意抽调三名外，拟由外贸部酌调若干人，连同原经管业务一并交由外经总局统一安排。

有关双方交接的具体内容和手续，将由双方协商解决。

164－9－203

国家计委、国家经委、对外文委、物资部、一机部关于援外机电产品撤销或修改合同的暂行规定

1964 年 10 月

为了贯彻中共中央、国务院关于严格执行经济合同的指示，加强援外机电产品计划工作的管理，特制定本规定。

第一条　援外产品的供货合同，供需双方必须严格遵守。生产企业必须按合同规定进行生产，如质、如量、如期交货；订货部门必须按合同规定按时提货和交付货款。

第二条　援外产品的供货合同签订后，任何一方不得自行修改或撤销，如遇特殊情况必须修改或撤销时，供需双方应先研究达成协议，报请对外经委和一机部审查同意后，联合通知有关单位执行。如双方意见不一致时，按隶属关系，分别上报主管部门研究处理。未经上级审查同意前，仍按原合同执行。

第三条　供需双方对合同中一般条款的修改，只要不影响国外需要和关键材料、协作配套产品，双方可自行协商办理，并分别报有关主管部门备案。

第四条　总交货人部提出修改或撤销合同给供方造成的损失由总交货人部负担；生产企业提出修改或撤销合同给需方造成的损失由生产企业负担。

第五条　总交货人部提出修改或撤销合同，原合同所订产品按下列办法处理：

1. 已生产完成的产品，生产企业应尽量设法顶交国内合同。其差价由总交货人部负担，不能顶交国内合同的产品，仍按原合同执行，由需方按时提货和付款。

2. 正在生产的产品，能停产的一律停产；不能停产的和停产以后出现的半成品，生产企业应积极设法改制顶交国内合同，改制费用由总交货人部负担；既不能停又不能改制顶交国内合同的产品，应继续生产完成，由需方按合同规定按时提货和付款。

3. 尚未投料生产的产品，应一律停产。为生产工艺准备的特殊专用材料、工具、协作件和配套产品等，生产企业应尽量设法用于国内产品，其差价由总交货人部负担。

4. 主机生产企业应根据主机合同的修改或撤销情况，及时的主动通知协作件和配套产品生产企业按第五条规定处理。处理中所发生的差价和改制等费用，均并入主机由总交货人部负担。

第六条　生产企业由于某种原因，提出撤销或修改合同，所发生的生产准备费用、半成品及配套产品的损失，均由企业自己处理。

第七条　本规定与其他有关规定不一致的地方，均按本规定执行。

150－12－625

国家计委、国家经委、对外经联委、物资管理部颁发一机部“援外机电产品暂行管理办法”的通知

1964 年 12 月 10 日

组织好援外设备的生产工作，及时对外提供我国质量最好的设备，是一项光荣的国际义务。在这项工作中，必须坚决贯彻我国对外提供经济技术援助的八项原则，按照中央优先安排援外设备生产，优先保证援外产品所需协作配套产品、原材料和燃料、包装物料的供应，优先安排运输力量的“五先”指示，切实保证如质、如量、如期地完成援外任务。

八月间，对外经委和一机部联合召开了援外设备工作会议。会上初步总结了几年来组织援外设备生产的经验，制定了《援外机电产品暂行管理办法》，对援外产品的计划安排、设计试制、产品质量、检查验收、协作配套、原材料、备件和易损件以及包装运输、组织管理等工作都作了规定，这对于加强援外产品的生产管理是十分必要的，现发给你们试行。试行中有什么问题和意见，希及时告一机部，以便进一步修订。同时建议中央其他各工业生产部门，也参照一机部制订的办法，结合本单位具

体情况制定相应的规定。

各省（市）、自治区物资部门对本地区及外地区各企业生产援外产品所需的地方管理物资，均请按“五先”原则积极解决，以保证援外任务完成。

附：第一机械工业部援外机电产品暂行管理办法

1964年12月

第一章　总　　则

第一条　为了加强援外机电产品（包括主机和配套产品）的生产管理，切实保证如质、如量、如期地完成援外任务，特制定本办法。

第二条　承制援外机电产品，是一项光荣的国际义务，必须坚决贯彻我国对外提供经济技术援助的八项原则，真诚无私地支援同我们有共同奋斗目标的兄弟国家的社会主义建设，支援友好的民族主义国家发展独立自主的民族经济。

第三条　承接援外任务时，应通过总交货人部摸清国外的技术要求和使用条件，认真研究国内的制造可能和生产、试制周期。

第四条　坚决贯彻执行中央指示的“五先”原则，在生产安排、协作配套、原材料和燃料的供应、包装物料的供应及运输力量安排方面，积极采取措施，优先予以保证。

第五条　坚决贯彻“质量第一”的方针，确保产品质量，积极降低产品成本。

第六条　援外产品应实行定点生产，并编制定点生产方案，提供总交货人部在进行工厂设计时选用设备。

第七条　机械工业部门的各级领导应经常对广大职工进行国际形势和国际主义教育，使他们认识到援外任务的重大政治和经济意义，充分发挥生产积极性，努力完成任务。

第二章　计划安排

第八条　援外机电产品的生产供应计划是机械工业生产计划的重要组成部分。

本部依据国家批准的援外项目和机电产品分配计划，按照总交货人部提出并经对外经委审定的申请订货卡片，组织本部专业局（公司）确定生产企业，安排生产任务，编制生产供应计划，由国家计委、经委与本部联合下达省（市）、自治区机械工业厅（局）及生产企业，据以执行。

第九条　援外产品的年度生产任务采取按项目分批安排的办法组织生产，在上年九月到当年四月间分批安排完。每年四月份以后提出需要的产品，一般均安排在下一年度生产。特殊紧急的任务，经国家计委、经委批准后，专案安排，并纳入生产供应计划。

第十条　供需双方应严肃执行联合下达的生产供应计划和订货合同，要求修改或撤销合同时应按对外经委、一机部《关于援外机电产品撤销或修改合同的暂行规定》办理。

第十一条　援外产品应安排在定点企业生产，定点产品未经部批准，均不得自行转厂生产或停产。

第十二条　援外需要的新产品，由总交货人部按本部《民用机械新产品试制申请暂行办法》提出申请，经对外经委同意后，统一送一机部研究安排，列入新产品试制计划。

第三章　产品设计和试制

第十三条　援外新产品的设计，既要先进美观，又要切实可靠，应尽可能选用国内已掌握的结构和数据。如必须采用新结构时，应在设计过程中进行试验验证，并取得可靠的技术数据。

第十四条　援外新产品的设计程序与方法，设计审查与批准，设计的技术责任制，产品设计图样及技术文件的更改等，应按本部《企业产品设计工作管理办法》办理。

第十五条　需要成套设计的重大新产品，由工厂设计部门、设备制造部门、出国施工安装部门和出国指导生产部门组成联合设计小组，进行四结合设计。联合设计小组由产品设计单位的主管部门领导，组织设计审查，并与对外经委及总交货人部商定技术总负责人，一抓到底。

第十六条　试制完成的新产品，必须在国内经过样品鉴定、试验合格后方可出国。

第十七条　仿制国外的产品，在结构和外型上未修改的，原则上不能援外。必须援外时，仿制社会主义国家的产品，可用于援助社会主义国家及民族主义国家；仿制资本主义国家的产品，只能用于援助社会主义国家，如用于援助民族主义国家，应报部批准。

第十八条　生产企业对总交货人部提供的产品图纸和技术资料，必须进行严格审查。合同订妥后，应严格按图制造，产品图纸和技术资料原则上不予修改。生产企业必须修改时，应取得总交货人部同意，总交货人部必须修改时，应及早通知生产主管部门和生产企业。由于修改或变更而影响交货日期时，视具体情况商定。

第十九条　生产企业自行设计的一般产品的图纸和有关技术经济指标，都必须经过主管专业局或会同省（市）、自治区机械工业厅（局）审查批准；重要产品由部会同有关单位组织审查委员会审查批准。

第四章　产品质量和检查验收

第二十条　援外产品，必须是稳定生产的合格品，能符合受援国家的使用要求，并力争达到一等品。如经过努力，一时达不到稳定合格品的，应挑选较好的合格品，并经主管专业局或省（市）、自治区机械工业厅（局）批准方可出国。援外产品技术指标的修改，必须报上级主管部门批准。

第二十一条　援外产品，在规定的保证使用期内，发现制造方面的质量问题，生产企业应负责包修、包换、包退。

第二十二条　援外产品所用的原材料，必须符合产品图纸规定的材质要求，不合格的不准投料。代用时，应经过试验，保证不降低产品技术性能，并经总工程师批准。

第二十三条　生产企业必须加强对援外产品生产工艺的管理，已经确定的工艺文件不得任意修改。如要修改，必须经总工程师审查批准。

生产企业对援外产品的主要零、部件，要有专门的标记，并加强工序间检查，不合格的零、部件不准装配。

第二十四条　援外产品出厂前必须台台经过检验，并由检查科长签发产品合格证。重大或关键产品，必须由厂长签发合格证。

对出厂的援外产品实行驻厂代表验收制度，凡派有驻厂代表的生产企业，必须经驻厂代表验收签字后，才能出厂。

第二十五条　特殊重大的新产品和机组，由生产主管部门和总交货人部组织“国家验收小组”进行鉴定和验收。

第二十六条　建立设备试验鉴定的分工负责制度。

1. 一般定型的机电产品，由生产企业负责进行出厂试验。

2. 按总交货人部供图制造的专用、非标准设备，由生产企业负责按图纸规定的技术条件进行单机出厂试验，由总交货人部负责组织性能试验，企业应予协助。

3. 成套设备和机组的负荷试车，由总交货人部负责会同生产主管部门和其他有关部门组成联合试车小组，在省（市）、自治区计、经委、机械工业厅（局）领导下，进行试车、试验鉴定。试车地点和费用由总交货人部与生产主管部门商定后，报对外经委审定。

第五章　协作配套

第二十七条　援外产品所需本部生产的机电配套产品，由主机生产企业根据援外任务，按定点生产方案，本着就地就近配套的原则，直接向配套生产企业订货，配套生产企业应优先予以安排。主机生产企业应将实际订货结果按隶属关系上报，并抄报本部产区和需区供应办事处，统一纳入一机系统单机配套计划。

第二十八条　所需外部供应的配套产品，属于农机部生产的按一机系统单机配套申请计划程序提出申请；属于其他部生产的按隶属关系提出申请。

第二十九条　因主机任务有变动，需要调整配套产品任务时，主机厂根据上级机关修改任务的通知，通过本部需区和产区供应办事处联系办理。配套产品生产企业应将调整结果报主管专业局。

第三十条　配套用的新产品，属于本部生产的，由主机生产企业按本部《民用机械新产品试制申请暂行办法》申请办理；属于外部生产的，按本办法第二十八条规定办理。

第六章　原材料

第三十一条　统配、部管材料，应按国家规定的材料供应体制提出申请和组织供应，并统一纳入材料供应计划。与其他产品需要发生矛盾时，应按“五先”原则，优先供应援外产品的需要。

第三十二条　地方管理的物资，应按省（市）、自治区的规定，就地申请。省（市）、自治区机械工业厅（局）确实不能解决的，可根据援外任务，提请省（市）、自治区物资部门按“五先”原则设法解决，如与其他需要发生矛盾时，应优先供应援外的需要。

第三十三条　国家计委、经委批准临时增加的任务所需的原材料，请国家计委、经委专门安排。

第七章　备件和易损件

第三十四条　援外产品出厂时，均应随带正常运转一年半需要的备件及易损件（可视具体情况随带成品、半成品或原材料）。其目录和数量由生产企业提出报主管专业局审定后执行。

第三十五条　援外产品需要增加的备件及易损件，由有关部门提出详细清单，经生产主管部门或生产企业审定后，生产供应。

第三十六条　生产企业应建立援外产品的技术档案，受援国家需要补充备件及易损件时，原生产企业应负责供应。

第八章　色泽、型号、名牌和文件

第三十七条　援外产品的外表色泽，一般规定用浅灰色。不适用浅灰色的，按专业标准和产品特点选用其他颜色。

第三十八条　援外产品必须使用国家统一规定的型号。

仿制产品不得沿用外国型号。尚未统一规定型号的，由省（市）、自治区机械工业厅（局）商同主管专业局确定。

第三十九条　援外产品名牌底色一般规定用黑色或墨绿色。名牌上应写明国名、厂名、产品名称、型号、规格、出厂年月和出厂编号。文字采用仿宋体。“中华人民共和国”字体，必须用大于厂名的字体，并安置在显著的地位。

第四十条　援外产品出厂必须附有下列文件：

1. 装箱单；
2. 产品出厂合格证明书一份；
3. 主要备件和易损件的制造图纸一份；
4. 产品使用说明书等有关技术资料三份（属于配套元件的份数，视实际情况而定）。

文件内容须经总工程师审查确定。采用中外文对照的文件，译文要正确，并说明以中文为准。

总交货人部提供图纸制造的产品，所需附带的各种技术文件，由总交货人部编制，印送国外时采用生产企业名义。

第九章　包装和运输

第四十一条　产品包装按对外经委和国家经委颁发的《成套设备出口包装发运暂行办法》办理。需要有特殊包装要求的，与生产企业研究确定。

产品包装工作，必须选派政治上可靠的人负责，切实保证出国产品质量，核实装箱单，防止单货不符。

第四十二条　援外产品的发运，由生产企业按合同规定的收货人和到站地点，办理发运手续。凡派有驻厂代表的生产企业，必须经驻厂代表检查后，才能发运。

第十章　组织管理

第四十三条　为加强对援外任务的管理，省（市）、自治区机械工业厅（局）和专业局，应指定一位厅（局）长负责，并应根据任务的大小，设立专门机构或指定专人管理这方面的工作。

第四十四条　凡承担援外任务的生产企业，都要指定一位厂长和一个部门负责这方面的工作，并将名单报主管部门备案。

第四十五条　产品订货合同须加盖“援外”图章，进行专门管理，并建立产品台账制度，以备查考。

第四十六条　各级生产管理部门及生产企业应加强援外产品的保密和安全工作，并建立、健全相应的制度。

第十一章　产品价格和生产统计

第四十七条　援外产品的价格，按照国家计划委员会“关于出口工业品定价的几点意见”原则和各级价格主管部门批准的价格执行。

第四十八条　各级生产管理部门、生产企业应按照国家统计局和本部规定的统计报表制度，按期如实地上报生产完成和交货情况，省（市）、自治区机械工业厅（局）和专业局，每季应向部作一次生产情况的书面报告。

第十二章　附　　则

第四十九条　各级生产管理部门、生产企业，可以根据本办法制定实施细则。

第五十条　本办法自颁发之日起试行。

150－12－625

第八部分

海关的监管工作

一、海关查私、征税、进出口检疫等的相关规定

对外贸易部副部长兼海关总署署长林海云在一九五七年全国海关关长座谈会上关于若干问题的总结

1957 年

一、查私工作中的几个问题

两年来，海关查私工作在地方党政领导下和各有关机关密切配合下，取得了很大成绩。自 1956 年 1 月至今年第三季度为止，全国各地共查获走私案件将近 15 万起，私货估值 2 854万余元，其中走私集团案件 117 起，此外，还查获了政治性破坏案件 311 起。1957 年第一至第三季度查获的走私案件和估值差不多等于 1956 年全年查获数字的 1 倍。1956 年以来走私情况有所发展，而且日趋严重，走私内流的外货日渐增多，我们必须在各有关部门的紧密配合下予走私破坏分子以有力的打击。

（一）关于设置查私机构的问题。目前有些设置海关的地区，走私情况比较严重，查私工作也比较多，而这些地区的海关，有的没有设置查私机构，对开展查私工作有一定影响。为了加强查私工作，除上海、厦门、拱北、九龙已设置的查私机构应该予以加强外，昆明、南宁、广州、汕头、福州、天津、北京、青岛、安东、辑安、图们等关应该增设专门的查私机构。其他各关暂不单独设立机构，但应配备适当数量的干部负责查私工作。

（二）关于废除海关分配查私奖金办法和修订海关奖励查私办法等问题，各关基本上都同意废除海关分配查私奖金办法。但是，多数同志提出海关仍然应该从罚没收入中提取一定成数作为奖励基金，我们同意这个意见。

关于修订的《海关奖励查私办法（草案）》和制定的《海关查私费用和奖励金的提取使用暂行规定（草案）》，大家基本上同意，总署将根据各关的意见进行修改，报部批准后下达执行。

二、征税问题

（一）经由西藏地区流入内地的外货，在青海、四川、云南、新疆等省区同西藏接壤的地区，由财政部设立税卡补征关税。对于各地海关放行的自用、家用物品如需出售只准交由国营商业收购部门统一收购，并且不分新旧一律补纳关税，但对十分陈旧的、在内部掌握上可以免予补税。对在限期内登记的外货，除了收购单位收购行商未税的外货应该照章补纳关税以外，一般的都免予补纳关税。上述应该补纳的税款，由收购单位负责代扣，在设置海关的地方交海关，在没有设置海关的地方，交当地税务局。

补征关税的货物，一律按照《中华人民共和国海关进出口税则》所规定的税率计算税款。对于无法分别是否从与我国有贸易互利条约或协定的国家购运进口的外货，可以一律按普通税率补税。

补征关税的完税价格，按到岸价格计算，如果到岸价格无法查明，应该参照收购价格另行核定。为了便于执行，特规定：

对于经由西藏流入的外货由派驻青海省的海关工作组编制完税价格表；

对于从日本流入的外货由天津海关编制完税价格表；

对于从其他资本主义国家流入的外货由广

州海关编制完税价格表；

对于从社会主义国家流入的外货由北京关编制完税价格表。

各关在编制完税价格表中应该注明每一种商品的税则号列和税率抄送有关海关、税务局、收购单位，依照执行并抄报海关总署。

（二）关于税务局代征的税款的解库，税总同意由各市、县税务局按旬汇总将补征的关税解缴有关的海关，以便向中央总金库办理交库手续。

三、华侨行李物品、邮递物品的管理问题

根据国家团结、争取华侨的方针，1956年对外贸易部公布实施了海关对归国华侨行李物品优待办法。这个办法，在经济上给了华侨一定的照顾，对于团结、争取华侨起了积极作用，但是对自用、家用物品的掌握，有些偏宽，致使部分归侨假借自用名义携带重点物品出售牟利的情况有所发展。因此，现行的具体管理尺度应该在贯彻照顾自用、家用和限制出售牟利的原则下，作适当的修订。

（一）有关华侨行李物品验放尺度问题。

1. 对归侨所带自用、家用物品的掌握问题。海关对于归侨所带自用、家用物品应较一般旅客宽一些，但也不宜过宽。具体尺度，由下列海关根据具体情况与侨务部门协商后拟订，报经当地党政领导机关批准后掌握执行并报署备查，同时抄送有关海关参考：对于从日本进口的，由天津海关拟订；从其他资本主义国家进口的，由广州海关拟订；从朝鲜进口的，由安东海关拟订；从越南进口的，由凭祥关拟订；从苏联和其他人民民主国家进口的，由北京关拟订。

2. 关于超出各关内部掌握尺度的物品是否准予完税进口问题。华侨携带的自用、家用物品，除超出附件（二）［略］的需征税外，应该一律免税放行。因此，对于归侨所带超出各关内部掌握的尺度的物品，如果仍然作为自用的，应该免税放行，如果不能作为自用的，就应该分别收购或退运出境，但是少量零星的超出自用范围的物品，如果退运困难，收购单位又不予收购，可以由各关关长酌情准其完税进口。对于附件（二）［略］列名的物品，如果发现不是归侨自用、家用的，则不应该作为自用放行。

3. 照相机、收音机应否从附件（二）［略］删除的问题。照相机、收音机是华侨经常携带的物品，并且超量携带的情况也常有，所以仍然应该在附件（二）［略］上列名，以便对超量携带而仍属自用、家用的，可以征税放行。

4. 对归侨所带馈赠品应否征税的问题。归侨带进的少量馈赠品，可以并入自用物品计算。事实上，各关所订内部掌握尺度已经包括了部分馈赠数量在内，所以不应该再有馈赠品可以完税进口的规定。

（二）对托带物品的管理问题。同意各关意见：（1）对于托带物品，只要是带给国内亲属的就可以准予完税进口。（2）对于托带物品应有价值上和品种数量上的限制。具体的限值或限量表，现规定从日本托带进口的，由天津海关拟订；从其他资本主义国家进口的，由广州海关拟订；从朝鲜进口的，由安东海关拟订；从越南进口的，由凭祥关拟订；从苏联和其他人民民主国家进口的，由北京关拟订。各关拟订限值和限量表时，应与侨务部门协商，报经地方党政领导批准后掌握执行并应报署核备，同时抄送各有关海关参考。（3）托带进口的重点物品，原则上应退运出境，但是对婚礼或其他纪念性礼物等，可以由关长根据具体情况准予完税进口；对于有特殊情况无法退运的，也可由关长决定交由收购单位收购。（4）托带进口的零星物品也应该一律征税，各关在执行中如果发生困难，应该及时上报，以便研究决定应否规定一个免税范围。（5）托带物品中申请减、免税款的案件，也应该从严掌握，但是对于经济确实困难无力完税而托带物品又是生活上或者工作上所必需的，仍然应该酌情核准减税或免税。

（三）关于华侨邮递物品的管理问题。

1. 在合理紧缩华侨托带物品的限值和原

则上不准托带重点物品的同时，对华侨邮递进口自用物品应否采取相应尺度的问题。邮递自用物品，是准许进口的，并且它牵涉的面很广，关系到中、外各阶层人士的正常联系和需要问题。因此，不能因为对华侨托带物品有了某些紧缩，而对邮递进口物品也作相应的紧缩。但是今后对华侨邮寄进口自用物品，应按一般国际邮递物品办理，不再在限值上给予特殊照顾，超出限值的，原则上应该退运出境。但遇有特殊情况，也可由关长据情决定分别征税放行或者交由收购单位收购。

2. 如何掌握华侨邮递进口的零星物品的免税问题。为了明确零星物品范围和免税尺度，今后各关对于华侨邮递进口的物品，只有数量零星并且税额在人民币3元以下的，才可以免税放行，超出3元时应该全部征税。对于邮递物品中申请减、免税款的案件应该从严掌握。

（四）其他有关华侨的几个具体问题。

1. 关于华侨身份问题。华侨如有双重国籍的，除参加侨居地政府各种代表团回国的应该按外籍人员对待外，一律享受华侨待遇，如果本人声明是外籍人员，可不按华侨对待；华侨的外籍配偶、子女也享受华侨待遇。

2. 对于海外华侨个人和团体以及港澳人士和团体赠送给国内机关、团体、企业、学校、合作社、寺院等的礼品，我们认为，只要经地方主管机关证明属实后，仍然应该按现行规定免税放行。

3. 同意各关意见，废除对归侨携进的国产品免税放行的规定。今后对这类物品，除符合规定限量和在自用、家用范围以及合理数量以内的，可以免税放行以外，超出免税限量而仍属自用的，按最低税率征税；超出自用、家用范围的，则按税则实施条例第四条第一款的规定征税放行，不予收购。

（五）对于加强非商业性印刷品的检查问题。从各关不断在非商业性印刷品中发现有政治性破坏案件的情况来看，肯定的应该加强对非商业性印刷品的检查。各关应该通过监视邮包的开启、封发的过程，在不影响邮局作业的条件下，注意发现非商业性印刷品有无不正常现象，作重点的检查。对于有政治性问题的印刷品，应该移送公安机关审查，并根据他们的意见进行处理，各关应该在这项工作中不断地积累经验，掌握规律。

181－7－538

对外贸易部、财政部、商业部关于经由边境流入内地的外国货物征税和处理走私案件的联合指示

1958年2月3日

为了贯彻国务院《关于严格管理外国货物经由边境流入内地的规定》，对其中有关征收关税和工商各税以及处理走私案件等问题，具体规定如下：

一、征收关税和工商各税的范围

1. 经由西藏流入内地的外货，在青海、四川、云南、新疆等省同西藏接壤的地区（如青海省柴达木的小唐古拉山、噶尔木、玉树、结古市、冶多、札多……四川省的德格、巴塘……云南省的德庆、贡山……等地），凡是商业部设立收购站或者指定一定的收购商店的地方，各该省区税务局应即在各该地设立税务所或者派出驻征人员与收购站联合办公。对于流入的外货，一律由该税务所或驻征人员代海关补征关税并照章分别征收商品流通税、货物税、营业税或临时商业税以上应当补征和征收的税款，一律由商业部收购站或指定的收购商店在收购外货的同时负责代扣并交税务所或驻征人员。

2. 经由其他边境流入的外货，除走私入境的按走私案件处理外，凡是商业部门在边境设立收购站或指定一定的收购商店的地方，应由当地海关征收关税并代征商品流通税或货物税。至于应纳的营业税或临时商业税，应当由当地税务机关征收。以上应当征收的税款，一律由商业部门收购站或指定的收购商店在收购外货的同时负责代扣并交当地海关和税务机关。

3. 对归国华侨和进口旅客携带外货的征税范围规定如下：

（1）归国华侨携带进口超出自用、家用范围的外货，按照国家规定予以收购的，应由商业部门收购站或指定的收购商店按照规定的收购价格收购。至于应当征收的关税、商品流通税或货物税和临时商业税，一律由商业部门收购站或指定的收购商店负责代扣，并交当地海关和税务机关。

（2）对于经各地海关放行的自用、家用物品，如需出售时，依据国务院的规定，只准由商业部门收购站或者指定的收购商店统一收购。如果没有纳税证明的，商业部门收购站或指定的收购商店应当负责扣缴关税、商品流通税或货物税。对上项出售的自用、家用的外货，不分新旧均应纳税；但对十分陈旧的，也可以由内部掌握免予纳税。

4. 根据国务院的规定，对已经自由流入内地的外货，应当由商业部门负责在重点城市进行限期登记。办理登记时，税务机关应予密切配合，在设有海关的地方，海关也应予密切配合。如发现有组织的、惯常的或其他案情重大的走私行为，并应联系有关部门进行处理。对办理登记的外货，除了贩运商未税的外货，应由收购单位在收购时补交关税、商品流通税或货物税和临时商业税以外，对原经营外货的公私合营商店、合作商店和小商贩申报登记的外货，一律都不再补税。

以上由商业部门收购站或指定的收购商店代扣的各项税款，在设有海关的地方，关税、商品流通税、货物税应缴当地海关，临时商业税应缴当地税务机关。在没有设置海关的地方，一律缴当地税务机关。

各地税务机关代征关税的交款书，可用商品流通税、货物税专用缴款书加盖“代征关税”戳记代替。

二、关税税率、完税价格和商品流通税、货物税的完税价格

1. 补征关税的货物，一律按照“中华人民共和国海关进出口税则”所规定的税率计算税款。对于无法分别是否从与我国有贸易互利的国家购运进口的外货，可以一律按普通税率补税。

目前购运自下列国家的外货按最低税率计征：苏联、波兰、捷克、匈牙利、民主德国、保加利亚、罗马尼亚、阿尔巴尼亚、朝鲜民主主义人民共和国、越南民主共和国、蒙古人民共和国、南斯拉夫、叙利亚、埃及、芬兰、黎巴嫩、瑞典、锡兰、丹麦。其余的外货一律按普通税率计征。

补征关税的完税价格，按到岸价格计算，如果到岸价格无法查明，应该参照收购价格另行核定。为了便于执行起见，现在规定：

对经由西藏流入的外货，由派驻青海省的海关工作组编制完税价格表；

对从日本流入的外货由天津海关编制完税价格表；

对从其他资本主义国家流入的外货由广州海关编制完税价格表；

对从社会主义国家流入的外货，由北京关参照当地批发市价编制完税价格表（可以用税则条例第六条公式计算）。

各关在编制的完税价格表中应注明每一种商品的税则号列和税率抄送有关海关、税务局和收购单位遵照执行，并抄送海关总署和税务总局。

2. 商品流通税、货物税的完税价格，除了旅客和归国华侨携带进口超出自用、家用范围的物品，经海关准许进口，由国营商业部门统一收购的，仍按财政部［57］财税昂字第157号通知第3项第2点规定办理以外，其他经由西藏流入内地的外货以及经海关放行入境的旅客、归国华侨所携带和个人邮寄进口的自用、家用物品，在内地出售，由国营商业部门统一收购时，可仍按税法及有关计税价格的规定，以国营商业公司批发牌价或零售牌价为准；如查不到国营公司批发牌价或零售牌价的，也可改为根据进口货物产制国别，分别按苏新国家进口货物完税价格的加成率和资本主义国家进口货物完税价格的加成率计税。但

是，分不清进口货物产制国别的，可以一律按资本主义国家进口货物完税价格的加成率计税。

三、关于加强检查、缉私工作

1. 根据国务院关于加强检查、缉私工作的原则，青海、四川、云南、新疆等省区同西藏接壤地区的税务局，应当参加由当地党政领导的联合检查站；其他边境地区以及重点城市的税务局和海关，也应当参加所在地地方领导下的联合检查站和缉私队，密切与有关部门配合，认真做好检查和缉私工作。

2. 关于缉私工作，在海关监管范围以内，由海关负责；在海关监管范围以外的地方，分别由边防和公安部门负责，当地海关和税务机关应该予以密切配合。

海关和税务机关应该和公安、边防、商业等有关部门经常交流缉私工作的经验和有关外货的情况，并根据工作需要，建立定期的联系制度。

四、关于处理走私案件

各地查获的走私案件，在设有海关的地方，由当地海关处理。在没有设置海关的地方，由市县级税务局依照暂行海关法和国务院的规定进行处理；但对边远省区（如青海、新疆），一般案件亦可由市县税务局授权所属税务所进行处理，并按海关规定的格式，制发走私案件处分通知书，一式三份，正本发给案件当事人，副本一份送指定的海关存查，一份留存处理案件的税务机关。处分通知书无法送达时，应予公告。

对需要送交人民法院判处刑事处分的重大走私案件，应由税务机关按照司法部和对外贸易部在 1954 年联合发布的《海关移送法院走私案件的几项规定》办理。由法院判决的走私案件应该按照规定的第六条由移送案件的税务机关将判决书副本一份送交指定的海关。

各地税务机关处理的走私案件，当事人不服处分提出申诉时，有关的税务机关应提出意见，并将案件材料附送指定的海关，按照暂行海关法第 188 条规定的程序审理。

其他有关扣留、保管走私物品，科处罚金等应分别按暂行海关法第 190 条至第 194 条的规定办理。所需的各项单据由当地市县税务局根据海关规定的式样自行印制应用；费用由各地税务机关编造预算，列入行政费项下报销。没收物品的处理应该按“海关处理没收物品办法”办理。查扣走私物品、储藏、包装、搬运等查私费用，可以向海关报销。有关的税务机关可先由应汇缴海关交库的罚没收入内扣除，然后由海关补足缴库。由税务机关变卖的没收物品价款的解库手续与税务机关代海关征收关税的解库手续相同。

各地税务机关和其他机关查获的以及经告发查获的走私案件，应当由处理走私案件的税务机关按《海关奖励查私办法》发给奖金。

分配给税务机关的查私案件奖金，应该全部归入国库。

凡是税务机关处理的和由税务机关移送法院处理，经法院判决的走私案件，有关的查私统计应由指定的海关根据税务机关寄送的处分通知书副本和判决书按规定编制，汇总上报海关总署。上述判决书，应在编制统计后，由有关的海关寄送海关总署。

五、关于关税和罚没收入的解库手续

1. 关税收入和罚没收入，应当作为中央收入，按照暂行海关法的规定关税的减免权属于中央，但是省、自治区、直辖市人民委员会可以提供对减免税款的意见，报中央决定。

2. 关于税务局代征的税款的解库，由各市、县税务局按旬汇总将补征的关税解缴下列规定的海关向中央总金库办理缴库手续（至于在一个省内有两个以上的海关，在地区上应如何划分的问题，请该省的海关自行研究决定划分后通知有关税务机关以便联系进行工作）：

新疆各税务局解缴乌鲁木齐关；

青海各税务局解缴海关总署派驻青海省工作组；

云南各税务局解缴昆明关；

四川各税务局解缴海关总署派驻四川省工作组；

广西、贵州各税务局解缴凭祥关；

湖南、湖北各税务局解缴广州海关；

广东各税务局解缴广州第七关；

江西各税务局解缴福州海关；

福建各税务局解缴福州、厦门海关；

江苏、浙江、安徽各税务局解缴上海海关；

山东各税务局解缴青岛海关；

辽宁各税务局解缴沈阳关、大连、安东海关；

吉林各税务局解缴辑安、图们关；

黑龙江各税务局解缴哈尔滨关、绥芬河关；

内蒙自治区各税务局解缴集宁、满洲里关；

河南、甘肃、山西、陕西各税务局解缴北京关；

河北各税务局解缴北京、天津海关。

最后，为了贯彻执行以上各项规定，各省、自治区、直辖市税务局必须予以足够的重视，应该指定局长或副局长一人具体领导这项工作。一方面加强与有关部门的联系和配合；另一方面督促所属认真执行，并随时检查执行情况。此外，由于税务机关代征关税是一项新的工作，各地税务机关不仅缺乏经验，而且对关税法令也不够熟悉。为了做好这项工作，除了由海关总署派驻青海、四川两个工作组协助青海、四川两省税务局办理以外，其余各省、自治区、直辖市税务局可向解缴税款指定的海关取得联系，各有关海关，也必须主动协助税务局进行工作，遇有重大问题，并可分别上报海关总署和税务总局研究解决。

181－7－538

青海省政府关于贯彻执行“国务院关于严格管理外国货物经由西藏地区和其他边境流入内地的规定”的补充规定［节录］

1958年2月8日

1957年以来，经由西藏流入本省的外国货（以下简称外货）日渐增多，初步统计，流入外货品种约60种以上。1957年总值为500万元左右，冲击市场十分严重，并且逐渐外流其他省市。目前外货市场情况虽然有所缓和，但违法投机分子，仍然进行黑市倒贩，偷漏国家税收，获取暴利。他们为了贩运私货，还进行倒贩银元的活动，严重地破坏了国家金融和市场物价政策，影响了国内工业生产和市场稳定。制止贩运走私货，切实维护社会主义经济秩序。根据中华人民共和国国务院《关于严格管理外国货物由西藏地区和其他边境流入内地的规定》的精神，特作以下补充规定：

一、关于商业

（一）收购站的设置

1. 为加强对外货的管理与领导，省商业厅应指定专职干部负责对外货业务的管理与领导，其具体任务是：领导外货收购站，负责研究外货收购政策，市场管理，国内外外货价格变化等有关问题。收购站同时受当地商业局（贸易局）的领导。

2. 确定在唐古拉山、结古市、曲麻莱、噶尔木等4个地区设置外货统一收购站；治多、扎多、昂欠3个地区的商业局（贸易局）兼办外货收购业务。指定的统一收购站和有收购任务的商业局（贸易局）负责办理外货的收购和有关物资的供应工作。收购站均由各该地商业局（贸易局）负责成立，省百货、医药、纺织品、五金、化工二级站应派熟悉外货业务的人员流动协助收购。

（二）外货经营

根据“统一收购，分口经营外货”的精神，凡经由西藏流入我省的外货，一律由上述指定的统一收购站和商业局（贸易局）收购。

1. 批发业务：省内、外外货的批发业务，责成由省百货、医药、纺织品、五金、化工二级站办理。

2. 零售：根据各地市场对外货需要的情况，规定各自治州所在地、柴达木地区的商业局（贸易局）各指定一个国营门市部兼营外货的零售业务，西宁市除百货、纺织品由西宁市商业局各指定一个门市部经营零售业务外，直接领导零售门市部的省五金、化工、医药二级站，由各该站各指定一个门市部经营外货的零售业务。凡指定有销售外货任务的门市部所需外货，应根据当地市场实际消费需要作出要货计划，由有关省级二级站负责供应。

除以上指定的外货统一收购站，批发、零售单位，其他任何国营、供销合作社、公私合营企业、合作商店（小组）以及私营商业一律不准从事外货的经营；统一收购站和收购站所在地的国营门市部一律不准经营外货的零售业务。

（三）外货的收购原则

1. 国内目前暂时不能生产或生产不足的商品，如铜卷尺，直接靛蓝，塑胶粒，早发大安片，氯霉素胶丸，寿比南片，披拉米洞粉，咖啡因粉，链霉素针，呢绒，各种中级手表，120、135号照相胶卷、白胡椒等可以进行收购。

2. 国内可以大量生产、供销平衡的商品，如闹钟、塑胶梳子、筷子、指甲钳、牙刷、刀片、皂盒、大头笔等商品不应收购或贬价收购。

3. 残次、变质、过期、失效的商品以及各种冒牌假货均不得收购。

上述收购的商品，一律付给人民币，在需要和可能供应的情况下，亦可支付部分商品，允许运往西藏。

（四）收购价格

应按照使贩运者无利可图的原则确定收购价格。其具体办法：

1. 国内工业暂时不能生产或虽有生产但不能满足社会消费需要，同时又为国内生产和广大人民群众所需要的，如上述暂定收购的商品，可给予保本收购。

2. 对上述规定以外的商品，如某些奢侈品和国内市场能充分供应、供销平衡的商品，应降低价格收购。某些商品由于贬价收购，贩运者不愿出售时，可不予收购，准许带回西藏，但不准带往其他省区。走私被查获的外货由缉私部门交税务机关按海关规定处理。

3. 各统一收购站对不同产地、不同牌号，但同品种、同规格的商品，必须一律按照省制定的统一收购价进行收购（详细收购品种和收购价将另作规定）。

（五）外货收购的资金

各收购站收购外货的资金，统根据外货收购计划提出进货用款计划指标，由当地商业局（贸易局）审核后列入财务计划综合上报省商业厅及省分行拨给银行贷款指标。如因到货较多、超过计划指标时，随时由商业局（贸易局）与各该地区人民银行研究解决，并同时联合上报商业厅及省人民银行备查。

（六）市场存货处理

在省颁布有关管理外货的命令后，各州、市、县对于已经流入的外货，应在命令公布后，限期（农业区限期3天，牧业区限期1周）货主向税务机关申报补税外，并应把货物交售给指定的收购机构，逾期则按违法走私论处。

1. 设有外货统一收购站地区的市场存货，由货主将存货交售给收购站。

2. 在西宁市的市场存货由各有关二级站进行收购。

3. 其他市场存货由当地商业局（贸易局）进行收购。

4. 未指定有经营外货业务的国营、供销合作社，尚未销完的外货，从命令公布日起，除进行申报登记外，允许将现有存货售完为止。如现存外货数量较大，一时难以销完者，由当地商业局（贸易局）报省处理。公私合营、合作商店（小组）及私营商业，未销完的外货，在命令公布后，除向有关部门申报登记外，适销的外货由当地商业局（贸易局）收购。当地国营商业库存较大的滞销外货，由当地商业局（贸易局）指定一个公私合营门市部委托代销，允许销完为止。但如有隐匿不报，或报后又行收购、倒贩等，一经查出即按违法走私论处。根据情节轻重，分别给予没收外货或判处徒刑处理。委托代销的外货，代销店可以向货主收取一定的手续费。具体收费办法，由各地自行确定。

5. 存放在寺院的外货，除应按照有关规定一律照章补惩工商各税及关税外，并应自动申请登记。如愿出售，由当地国营公司进行收购，如不愿出售，允许保存，但不得私自在市场销售。违犯以上规定者，应按走私论处。

（七）严格加强市场管理

为了限制与打击外货的进口，取缔黑市活动，必须加强市场管理。为此，除指定有经营外货业务的单位，其他任何单位和个人，均不得从西藏地区或同西藏接壤的地区私自采购、携带、贩运，更不许可黑市倒贩和购买，需要外货可向指定的零售门市部购买。外省现驻本省采购外货的国营、公私合营、私营商业的采购人员，应在命令公布后，即应停止交易活动。国营商业已采购的外货，进行登记后，经各地商业行政部门批准后允许外运。公私合营和私营商业采购的外货，不准外运，均由当地商业局（贸易局）收购。今后外省需要外货，属中央计划商品，统由中央平衡分配，其他商品由有关二级站负责供应，严禁在市场私自采购。凡违犯以上规定者，应当依法处理。

（八）发展正常贸易

为了促进我省与西藏地区之间的正当物资交流，也属于国家计划收购（如粮食、油料）和统一收购的物资（如各种皮张、杏仁、黑瓜子、大黄）不准随意采购和贩运外，其他物资如果水酒、瓷器、胶鞋、热水瓶、礼帽、呢帽和库存较大的日用百货，应有计划地适当允许运往西藏。我省广大人民群众尤其是牧民群众所需要的西藏地区出产的土特产品，以及西藏地区的手工业产品，也允许进入。

（九）医药化验问题

凡确定收购的药品，由于关系人民生命安全，故必须经卫生机关化验，经化验合格后方可收购。如经化验已经过期失效或以假充真者，应由卫生行政机关一律烧毁或没收。

二、关于税收缉私

（一）凡经由西藏或其他地区流入本省的外货，一律按照税法规定征收工商各税，并代海关补征关税（关税征收办法及开征日期，另行通知）。省人民委员会［57］会办字第360号《关于途经昌都运销玉树地区英印进口货物征收工商各税试行规定》同时作废。

（二）对应纳商品流通税，货物税的进口外货的计税价格，仍然按照现行税法规定执行。凡国营公司有牌价的，一律按照当地国营公司牌价计税，国营公司无牌价的可由当地税务机关参照邻区计税价格或组成计税价格征收。

（三）凡经营外货的各族商人和机关干部、工人及宗教界人士等，由西藏及其他地区携带进入本省的外货，应在通过本省第一道税卡时，自动申报纳税（包括工商各税及关税，下同），并由当地收购站收购，否则一经查出，应按税法规定，除照章补税外，并应分别按照税法规定处以税额的5倍或者10倍以下的罚金。

（四）与西藏接壤的唐古拉山、噶尔木、结古市等地区应根据国务院及省委、省人委指示，迅速建立武装缉私队，在当地党政统一领导下，密切配合有关单位对往来西藏等地区之间的人员（包括上层人士在内），除了特殊情况，经省人委或西藏工委批准免于检查的人员外（需持有证明），应当一律进行严格的检查。

［中略］

（六）对西藏地区内返工作人员携带的外货，除应持西藏地区县级以上党政机关（军事单位团级以上）的证明信件外，可暂按省财政厅［50］财税字第005号、［56］财税字第425号和［57］财税字第1003号等通知关于西藏内返人员携带英印进口货物的征免税规定办理（新建税务机关由州税局或财政局抄发）。

三、关于银元流通

省人民银行已于1957年12月18日以［57］银机字第1309号《关于在牧业区禁止银元流通的指示》已发各地，按指示精神办理。

四、关于交通运输

（一）青藏线实行分段运输

1. 凡经由我省进入西藏的物资和人员实

行分段运输，我省车辆运至噶尔木为止，青藏公路局车辆在噶尔木接运。

2. 唐古拉山地区的我省企事业单位的物资和人员的运输，由我省运输部门汽车担任。车辆放行管理办法，仍由交通主管部门统一填发“汽车放行证”始可通行，并遵守缉私委员会的各项规定。

（二）各族商人和物资的托运

1. 凡各族商人托运进入西藏的人员和物资，必须向省民族事务委员会报送计划，经批准后，按月汇总向交通主管部门提出托运计划。

临时或计划外的托运，亦须经民族事务委员会许可，并介绍到交通部门办理要车手续。

2. 所有承运进入西藏的人员和物资，必须由交通主管部门之“派车通知单”始能承运，否则不得承运和私自招揽运输。

3. 承运进入西藏的各族商人和物资的车辆，一律在“西宁验货场”装车签证托运。

4. 我省车辆承运由西藏往内地的人员和物资，必须凭边境税卡的证件或缉私部门的查验证始能承运。凡无上述证件者，一律不得承运，更不得在中途随意附运。

（三）交通管理

1. 所有承运进藏或由西藏来的人员和物资的车辆，遇有沿途公路管理或缉私机关持证检查时，应停车接受查验。

2. 交通运输部门工作人员（包括汽车司机、助手），必须严格遵守国家法令，不得承运、捎运和携带任何走私物资，不得包庇和纵容走私活动，违者依法从严惩处。

3. 交通运输人员（包括司机、助手），应积极协助有关部门做好缉私工作，及时检举、揭发走私行为。知情不报者与走私者同罪。

181－7－542

财政部关于修改对旅客和归侨携带进口超出自用、家用范围物品的商、货税计税价格规定的通知

1958 年 4 月 21 日

自从财政部《关于检发资本主义国家进口货物完税价格的加成率的通知》下达后，据部分地区反映，其中第 3 项第 2 点“旅客和归国华侨携带进口超出自用、家用范围的物品……可根据进口国别分别按上述一、二两项规定的国内市场平衡价格的加成率计税”的规定，不尽适合当地实际情况，旅客和归侨对此均有意见。现在为了解决这一问题，经研究：对旅客和归侨携带进口超出自用、家用范围的物品，在某些地区，如果按规定的加成率计税有困难的，经省、区、市人民委员会同意后，可仍按税法及有关计税价格的规定，以国营商业部门批发牌价或零售牌价为准。如查不到上述价格的，可参照同类货品的市价比例推算计税。

181－7－538

财政部关于经由边境流入内地的外货征税问题的补充规定

1958 年 4 月 24 日

关于经由边境流入内地的外国货物征税和处理走私案件问题，业经我部会同对外贸易部、商业部颁发了联合指示。在这个指示中，对在昌都地区已纳第一类商业税的外货流入内地如何补税住藏干部内调携带外货是否给予免税限量问题，还没有明确。现经我部报请国务院（五办）转询西藏工委研究提来意见。为了便于各地执行，特作补充规定如下：

一、关于在昌都地区已征第一类商业税的外货流入内地应如何征税问题。由于昌都地区开征第一类商业税已经多年，纳税人已有习惯，仍应继续征收。为此，对经西藏进口的外货，在昌都地区已纳第一类商业税的，流入内地时，除一律补征关税以外，其中属于应纳商品流通税或货物税的货品，应征收商品流通税或货物税。但在征收商品流通税或货物税中，可凭昌都地区交纳第一类商业税的原纳税凭证（收回注销）扣除已纳税款，征收差额税款。

二、关于住在西藏的国家机关、企业、事业单位的工作人员和部队人员内调携带的外货

是否给予免税限量问题。由于西藏对工作人员工资的发给，已有新的规定；同时，经过整风以后，军人、职工思想觉悟都有很大提高，携带大量外货内返的现象将会减少。今后对住藏干部内调携带的外货，为了照顾自用实际情况，对于贵重消费品，如钟、手表、照相机、钢笔、毛料、毛线等，仍按自用限量免税的规定办理。即每人（不包括家属和小孩）可以免税携带手表1只（手表可包括家属不包括小孩）、钢笔1对（红、蓝各1支）、照相机1架、毛料3码、毛线2磅、小钟1个。至于携带的其他日用必需品（外货），如确系自用，也可给予一定的限量免税照顾，具体免税数量，由与西藏毗邻的省、区自行规定。如果发现个别人员对一种或几种外货成批或大量的携带，应该一律按我部和对外贸易部、商业部三部联合指示的规定处理。

三、关于西藏生产的土特产和手工业产品运销内地是否征税问题。我部意见：可仍按我部1954年11月13日［54］财税吴字第127号通知附发的《关于昌都、玉树、西康藏族自治区工商税收问题的试行规定》免征商品流通税、货物税及临时商业税，并与海关总署联系，上述土特产及手工业产品，不属征收关税范围，税务机关不必代征关税。

181－7－538

国务院转发对外贸易部关于贯彻执行国务院关于严格管理外国货物经由西藏地区和其他边境流入内地的规定的报告

1958年6月2日

国务院原则上同意对外贸易部关于贯彻执行国务院《关于严格管理外国货物经由西藏地区和其他边境流入内地的规定》的报告中所提出的意见和各项措施。这个报告中所反映的1956年以来走私进口和外国货物流入内地的情况是相当严重的，各地必须予以足够的重视。现将这个报告转发给你们，请结合当地情况，督促所属单位执行。

关于华侨携带应当征收关税物品的免税优待额的问题，以按照《海关对归国华侨携带行李物品优待办法》办理为宜。

附：对外贸易部关于贯彻执行国务院关于严格管理外国货物经由西藏地区和其他边境流入内地的规定的报告

1958年1月27日

为了贯彻执行国务院《关于严格管理外国货物经由西藏地区和其他边境流入内地的规定》，我部海关总署于1957年12月9—24日召开了全国海关关长会议，并邀请了中央有关部门的代表参加。

1956年以来，走私和外货内流的情况是相当严重的。经由西藏地区内流至青海、四川、云南、新疆以及内地各大、中城市的外国货物日益增加。根据各地海关报告的材料：乌鲁木齐市有8个藏商代表长驻该市，经常和拉萨用电报联系，以汽车运来大批外货，仅1957年在该市销售的外货就值300多万元。藏商译吉达海等3人一次运到上海的外货就有胡椒1 000多斤，刀片80多万片，牙刷6 000多打，自来水笔366打，钢丝表带480打。昆明最近查获一个藏商贩运自来水笔1万多支，照相机80架等。

其他边境和沿海地区的走私情况也相当严重。1956年全国各地共查获走私案件57 441起，相当于1955年的4.7倍，私货估值1 055万元，相当于1955年的1.7倍。1957年1—3季，全国各地查获走私案件91 414起，私货估值1 799万元，达到了解放以来的最高峰。走私活动以华南邻近香港、澳门一带最为严重。1957年第一至第三季度，广州、九龙、拱北3个海关共查获了走私案件85 893起，私货估值1 361万余元，占同时期全国各地查获案件的94%，私货估值总数的75%。在港澳的反革命分子、逃亡地主、资本家和内地的不法分子相互勾结，组成走私集团，大规模地进行走私。有的利用旅客、归国华侨、边境居民走私，或者利用渔船来往运输私货；有的还专门制造藏匿走私物品的工具，印发指导走私的小册子，组织指挥对我国进行走私破坏活动。1957年第一至第三季度，广州、九龙、拱北3个海关就查获了这种走私案件91起，平均每案私货估值5 700余元。在短期来往港澳的旅客中，每天都发现一二百人在行李物品内和身上藏匿私货、甚至有的把手表、牛黄、钨钢等私货塞入肛门、阴道或吞入肚内，以逃避海关的检查。在来往港澳的小型船舶中，走私情况也不少，1957年拱北海关一次就查获了手表410只。广东沿海渔民走私的也相当普遍。如海丰县尖尾、湖东等乡的渔民有90%以上参加走私；广州地区查获的10起渔民走私案件，私货总值就达16万元；有的香港渔船公然驶到广州市区二沙头起卸私货；有的走私渔民还抗拒边防、民兵的检查，殴打查私人员，气焰非常嚣张。上海、青岛、黄埔等沿海口岸的海关，一年多来，先后在资本主义国家船舶上查获了大量的私货，有的一次就查获手表上千只，鸦片几十公斤。中缅边境近一年来走私也有大量增加，云南梁河等地还发现了武装走私。中越边境也有武装走私耕牛出口和鸦片进口的情况。中苏、中蒙边境过去很少发现走私，1957年也查获了走私钨钢、羚羊角等案件几十起。归国华侨和一般旅客利用藏匿方式走私和假借自用名义携带、邮寄外货进口出售牟利的也很多。私货流入内地后，为海关、公安、税务等部门查获的数量很大，1957年第一至第三季度，广州、上海、南宁、江门、汕头、沈阳6个地方在市场上查获贩运私货的案件3 413起，等于1956年全年的6.2倍。没有查获的估计还有很大数量，在查获的走私物品中，进口的主要是手表、糖精、钨钢刀头、塑胶料和塑胶制品、工业用的钻石、牛黄、洋杂货；出口的主要是金、银、外币、人民币、珠宝饰物和珍贵文物。

走私和外货内流的主要原因是：（1）国内外某些物品差价巨大，有厚利可图。如进口塑胶料利润达7~20倍，糖精10倍，钨钢刀头5~10倍，手表3倍。（2）对经由西藏内流的外货，过去没有加以严格管理。（3）对渔民、边民等进出国境的管理还有空隙。（4）海关对验放归侨行李物品掌握尺度偏宽，现场检查工作还有漏洞。（5）国内市场上对贩运、倒卖外货的活动没有全面、严格地加以取缔。有些企业和商业单位派人在边境地区和内地黑市中到处高价采购外货，大大刺激了走私和外货内流的发展。有些国家机关的工作人员购买走私外货自用，起了协助推销私货的作用。

走私情况的发展和大批外货内流，严重地破坏国家对外贸易管制政策和金融、对汇的管理，大量偷漏了国家的税收，使不法分子得到暴利，扰乱了市场管理，影响了工农业生产和社会主义改造，给国家带来的危害是很大的。同时，经济性的走私又往往与政治破坏活动相勾结。1956年各地海关共查获了美蒋特务和潜伏国内的残余反革命分子进行的政治性破坏案件135起，1957年第一至第三季度增加到176起。他们利用各种进出国境的机会，偷运炸药、密写药、毒药、特务经费、反动书刊、禁止进出口书刊和传送情报。由此可见，走私活动的性质不仅是经济问题，而且也关系到政治问题，其实质是社会主义和资本主义的斗争。这是一个长期、复杂、尖锐的斗争，斗争的胜负，将会直接、间接地影响到我国的社会主义建设和社会主义改造事业，影响到我国的安全和巩固。这说明了在海关工作中做好经济、政治保卫工作是具有十分重要意义的。

为了认真贯彻执行国务院的规定，我们认为，在海关工作中，必须采取如下的措施：

（一）加强海关的查私工作

1. 加强海关现场检查工作。各地海关必须加强现场调查研究，不断提高检查人员在现场观察、发现异状和分析判断事物的能力；随时积累检查经验，经常总结交流推广，组织业务技术学习，以熟悉敌人和不法分子利用人身、行李物品、邮递物品和运输工具藏匿走私和政治破坏物品的特征和规律。

各地海关应该将现场查私档案进一步整理充实，及时互通情报，协同作战，发挥群众智慧，积极改进现场的检查设备和工具，以提高工作效率和检查工作的准确性。

2. 密切与公安、边防等部门的联系配合。根据暂行海关法的规定，在没有设海关地方的查私工作分别由公安和边防部门执行，但是海关必须予以密切配合。首先，密切与公安部门的配合，开展调查研究工作，摸清市内走私情况。对现场发现和市区、内地有关的走私线索，应该迅速供给公安机关，以便寻根究底组织侦察破案。在当地办理市场外货登记、收购的过程中，海关也应该派人参加，注意发现重大的走私案件，并且与收购单位建立经常的联系制度，以防止走私分子钻空取巧。

在沿边沿海走私严重地区，邻近的海关应该根据需要与可能，派出得力的干部去重点地区了解走私情况，与边防等有关部门共同研究查禁走私的有效措施。在查私力量较薄弱的边境地区，建议边防、公安加强防堵。对边境居民、渔民、岛民等，建议地方有关部门加强对他们的管理和社会主义教育，发动和组织他们同走私活动进行斗争。

各地查获的走私案件，在设有海关的地方，由当地海关处理。在没有设海关的地方，由当地县一级税务机关处理。查私罚没收入一律作为中央国库收入。

3. 深入开展反走私宣传教育，发动群众协助查私。为了使海关的查私工作和人民群众的反走私力量很好地结合起来，各关必须把开展反走私宣传教育、组织发动群众协助查私，作为一项经常的重要任务。对有典型教育意义的并且给予刑事处分的案件，建议人民法院举行公开宣判，使群众认清走私对于国家的危害性，自觉地协助政府查私，从而孤立走私破坏分子。在走私严重地区，海关还应该通过有关部门在运输工具的服务人员和搬运工人等有关群众中培养一批反走私斗争的积极分子，监视、检举走私活动，并且审慎地建立一些有利用价值的密告关系，以扩大查私耳目。

4. 严肃处理走私案件。走私是破坏社会主义经济秩序、损害国家利益的违法行为，重大走私并且是刑事犯罪行为。因此，对于走私行为必须予以严肃处理：

（1）对于政治破坏性的、武装的走私应该严厉惩办，没收走私物品，处以罚款，并且将人犯送法院纠办。

（2）对于集团性的走私也应该严惩，没收走私物品处以罚款，并且将集团中的首要、骨干分子送法院纠办。

（3）对于惯常的走私，大量的走私，以暴力抗拒检查的走私，伪造冒用国家机关证件的走私，国家工作人员利用职权的走私，勾结国家工作人员的走私以及毒品、珍贵文物等的走私，应该将走私物品没收，处以罚款，并且将走私人送法院究办。对于情节较轻，不够判处刑事处分的，应该送交公安部门处理。

（4）对于国家机关、团体、企业、事业、部队和交通运输人员等的一般走私，应该将走私物品没收并且处以罚款，同时将案情通知有关监察部门处理。

（5）对于行商、单帮、摊贩、经纪人等在国内贩运、倒卖私货的，应该将走私物品没收，或并处罚款，并且联系工商管理部门加强教育，情节严重的应该送交公安部门处理。

（6）对于旅客、归国华侨、船员、渔民、岛民、边民等的一般走私，应该将走私物品没收，情节十分轻微的，可仅处罚款或者免处罚款，有关物品交国营商业部门收购，情节较重的应该罚没并处，但是在处理华侨套汇走私案件时，要适当照顾国内侨眷的生活困难。对华侨中有代表性人物的走私，应该联系侨务机关处理。

（7）对于少数民族的走私，一般的也应该将走私物品没收。情节较轻的，将有关物品交国营商业部门收购。情节重大的，应该同样按照上述有关处理原则严肃处理，但是处罚尺度应该比对汉族为宽。对于未改革地区少数民族走私的处理，可以再稍宽一些。对少数民族上层人物的走私，应该联系民族事务部门处理。

（8）对于普通外籍人员的走私，应该依照上述有关规定径行处理。但是对于外交人员、外宾的走私，应该联系外事部门或接待部门处理。

（9）对于冒充少数民族或利用华侨、渔民、边民、少数民族等的走私，应该根据走私人的原来身份和走私情节，按上述有关规定，从严处理。

（10）对于偶尔购买零星私货自用的，应该进行教育，免予追究。但是购买走私物品价值较大的，应该补税。对于屡次购买私货自用的，可处以罚款或者将私货没收。

（二）适当提高某些外货的关税税率，并且在邻近西藏地区派出临时工作组协助税务部门补征关税

1. 在青海和四川由海关总署分别派驻工作组，协助税务部门对于经由西藏内运的外货补征关税。在云南和新疆由昆明关和乌鲁木齐关协助各该省区税务局补征关税。

2. 对某些国内外差价很大的商品，应该适当地提高这些商品的关税税率。

（三）适当紧缩对归侨行李物品、邮递物品的管理尺度

为了团结、争取华侨，海关对于华侨携带行李物品和邮递的自用物品，给予适当的优待与照顾是必要的。但是，目前对归侨行李物品、邮递物品的验放尺度偏宽，部分归侨乘机假借自用家用和托带名义携带物品进口出售牟利。为了制止这一情况的发展，现行的管理尺度应该作合理的紧缩。对于行李物品的具体掌握尺度，由地方海关根据当地情况与有关部门联系拟订，并且报请地方党政领导批准后，掌握执行。对于托带物品，今后只有少量的自用衣着、食品、药品、土特产和零星日用品，在海关规定的限值和限量以内的，才准许完税进口，超出上述范围的，原则上应该退运出境。对于华侨邮递的自用物品，按一般国际邮递物品办理，但是对于邮寄进口的零星自用衣着、食品、药品等，仍准免税进口。

此外，由于《海关对归国华侨携带行李物品优待办法》规定了归侨带进的货物都可以交由国营公司按到岸价格或酌加利润收购，只有照顾的一面，缺乏必要的限制，因而归侨带货进口的情况不断有所发展。据不完全的统计，仅广州市中国文具用品公司、中国百货公司两个收购站在1957年就收购了约值2 800万元的货物，在一定程度上影响了国家侨汇收入，造成了国营公司某些物品的积压。因此，有的部门提出，今后华侨除了在特殊情况以外，原则上不准带货进口。我们认为：侨居东南亚和其他资本主义国家的华侨处境困难，汇款受到严格限制。过去我们准许华侨带货进口，对于争取团结他们起了积极作用。华侨一般的反映是满意的。但是，也确实有一部分华侨为了牟利，将侨汇套至香港、澳门、新加坡、马来亚国家和地区，购买大量外货进口。据不完全的统计，1958年平均每人所带货物约值600元，到最近已发展到近2 000元。

针对上述情况，我们认为，在贯彻优待华侨和限制非法牟利的原则下，今后海关对于华侨携带进口的货物，应该区别情况，分别处理。有下列情况之一的，可以交由商业部门按其规定价格收购，不必退运：（1）归国难侨带回的；（2）举家内迁华侨带回的；（3）首次回国华侨学生带回的；（4）从侨汇特别困难地区带回的；（5）华侨将带进货物退运出境会影响他们返回侨居地安全的；（6）苏联和其他人民民主国家归国华侨带回的；（7）有其他类似情况的。

对于下列情况，则应从严限制，由归侨把带进的货物在海关规定限期内退运出境；过期不退，即由海关变卖，价款归入国库：（1）借回国探亲的便利专门为了牟利而携带货物进口的；（2）代人携带货物进口的；（3）将侨汇套至港澳、新马地区后，购买货物进口的；（4）有其他类似情况的。

另外，广东省人民委员会建议：将华侨携带应税物品的免税优待额从150元降低至50元，以示限制。我们认为，现行优待额只适用于归侨所带应税自用物品，有它的固定范围。而且，这个优待额早已在1950年向外公布，并曾一再对外宣传。现在一旦将优待额降低至原来的1/3，对于限制外货进口起不了多大作

用，相反的会引起华侨的不良反映。因此，我们主张仍旧维持现行的优待额。

181-7-538

对外贸易部关于颁发本部贯彻执行国务院严格管理外国货物经由西藏地区和其他边境流入内地的规定的报告和一九五七年关长座谈会若干问题的总结的指示

1958 年 6 月 30 日

本部关于贯彻执行国务院《关于严格管理外国货物经由西藏地区和其他边境流入内地的规定》的报告，已经国务院原则同意并批转各省、自治区、直辖市人民委员会结合当地情况、督促所属执行。关于《1957 年全国海关关长座谈会关于若干问题的总结》，本部同意。现将以上两个文件发给你们，希在地方党政领导下认真研究贯彻执行。对执行中发生的问题，应及时请示地方领导决定或者报告海关总署。

由于在国务院批准的本部报告中对处理走私案件的政策有了新的规定，下列的一些规定应即废止：

1. 1952 年全国海关关务会议总结中关于处理走私案件的 6 项具体政策和 1953 年中央 12 个机关联合查私会议总结中的相应部分。

2. ［56］关查林字第 338 号关于华侨一般走私案件应从轻处理的通知。

3. ［56］关查字第 481 号关于船员公开携带超过限量表物品和走私零星日用品应从宽处理的通知。

4. 1956 年全国海关查私工作座谈会的两个文件中关于处理走私案件政策的部分。

181-7-538

中共中央批复西藏自治区筹备委员会关于实施对外贸易管理暂行条例的暂行办法（草案）

1961 年 8 月 23 日

中央同意你们和西藏工委共同修改过的《西藏自治区筹备委员会关于实施对外贸易管理暂行条例的暂行办法（草案）》，这个暂行办法（草案），可由西藏工委提交西藏自治区筹备委员会通过后，报请国务院批准施行。对于西藏对外的贸易，既要注意保证藏民群众的迫切需要，注意同尼泊尔的友好关系及同其他邻国人民间历史上形成的平等互利的合理的经济来往，又必须注意量入为出，节省外汇。因此，对于自来水笔、自动铅笔、圆珠笔、玩具等国内能够大量生产供应西藏的商品和其他非必需品的进口，应该从严控制。

附：对外贸易部党组的请示

先念同志并报中央：

现将《西藏自治区筹备委员会关于实施对外贸易管理暂行条例的暂行办法（草案）》送上，请予审核批示。这一暂行办法（草案），西藏工会曾于一九六〇年九月十三日报请中央财贸部审批，后由国务院财贸办公室批交我部研究。我们曾会同西藏工委共同修改过，今年二月，西藏驻京办事处把修改稿送给当时在京的张经武同志带回拉萨，提交西藏工委讨论。西藏工委于四月十九日发来了关于“请批西藏自治区筹备委员会关于实施对外贸易管理暂行条例的暂行办法”的电报。我们同意来电的意见，已把原稿作了修改，现在送上。待批示后，由西藏工委提交西藏自治区筹委会通过后，报请国务院批准施行。

附：西藏自治区关于实施对外贸易管理暂行条例的暂行办法（草案）

第一条　根据对外贸易管理暂行条例，结合本自治区情况，特制订本暂行办法。

第二条　本自治区的对外贸易管理事宜，由西藏自治区筹备委员会对外贸易局和它的分局负责执行。

第三条　凡经营进出口业务的本国公私企业（包括行商在内），必须向所在地或附近的对外贸易局（或分局）申请登记。

第四条　凡愿遵守我国法令，在我国指定

地点，或按照我国政府和对方政府协议规定地点，经营进出口业务的外国商人（包括行商在内）和外国企业的代表，必须由西藏外事处审核介绍，向所在地或附近的对外贸易局（或分局）申请登记。得到批准后，才可以经营进出口业务。

第五条　本自治区进口货物和出口货物各分为两类：

进口货物：

（一）准许进口类；

（二）禁止进口类。

出口货物：

（一）准许出口类；

（二）禁止出口类。

第六条　本国商人和外国商人输入或输出货物，必须事先向所在地或附近的对外贸易局（或分局）请领进口或出口许可证。

第七条　本自治区货物进出口采取易货方式和结汇方法。

第八条　对外贸易局对进出口货物的价格进行管理。

第九条　进出口商在国内市场收购出口货或出售进口货，必须服从工商行政管理部门的管理，照章纳税，不得违法经营。

第十条　对外贸易局可以根据具体情况，对经营进出口业务的行商的申请登记、请领许可证、贸易方式和价格管理等方面作出补充规定。

第十一条　进出口商如有违反国家对外贸易有关法令、规章和本办法时，由对外贸易局（或分局）分别情节轻重，予以教育、警告、罚款、没收或停业等处分。情节严重的，移送司法机关依法惩处。

第十二条　凡属指定区域内边境居民自产自销、自购自用，或在规定限量、限额及其他限制范围内的进出口小额贸易的办法另订之。

第十三条　本办法经国务院批准，由西藏自治区筹备委员会公布，修改时同。其施行细则，由对外贸易局制订公布。

附：进出口货物管理附表

税则号列	货　　名
	一、准许进口类
1	粮食、粮食粉、羊芋粉、饲料
2	各种果品、干果、蔬菜和咸、干制蔬菜（不包括罐头）
3	鱼、肉和它们的干、咸等制品（不包括罐头）
4	奶制品
5	未列名食用动、植物油脂
6	糖和糖食品：
	甲、糖（包括白糖、红糖、碗糖等）。
	乙、巧克力糖、水果糖、牛奶糖等糖食品。
7	调味品
8	未列名食品
9	砖茶、紧茶和各种茶叶
10	烟草和它的制品：
	甲、鼻烟、烟叶
	乙、卷烟、其他烟草制品
11	酒、饮料、咖啡、可可：
	甲、酒、饮料
	乙、咖啡、可可和它们的制品
12	水泥、窗玻璃

续表

税则号列	货　　名
13	铁皮、建筑用钢材
14	汽车、机器脚踏车和它们的零件（包括轮胎在内）
15	马车、脚踏车和它们的零件（包括轮胎在内）
16	汽油、煤油、滑润油等
17	油漆、颜料、染料
18	橡胶、塑料、玻璃的制品（原料和工业、科学研究用的制品除外）
19	医药用器具、中西药品（原药、成药）（禁止进口者除外）
20	化工原料、肥料、杀虫剂
21	纺织原料和纺织品：
	甲、棉花、麻
	乙、羊毛、蚕茧、丝、人造丝、人造合成纤维
	丙、棉布、麻布
	丁、毛线、呢绒、绸缎、几种纤维混纺布匹
22	毛皮和皮革：
	甲、毛皮（已硝或未硝）
	乙、皮革
	丙、皮革制品（鞋、帽、衣着不包括在内）
23	鞋、帽和其他衣着用品（包括氇氇、毛皮、皮革制的在内）：
	甲、鞋、帽
	乙、其他
24	各种贵重金属和它们的制品，珠宝饰物：
	甲、金、银、铂
	乙、其他
25	五金器材：
	甲、五金原料
	乙、铝制器皿
	丙、铁镐、铁锹、铁制工具和农具
	丁、其他金属制品（禁止进口者除外）
26	发动机、工作母机、电动机、发电机、其他工矿用机器、农业用机器和它们的零件
27	缝纫机、其他家庭用的机器和它们的零件
28	电气器材：
	甲、无线电收音机（包括带唱机的）和它的零件、电熨斗
	乙、电灯泡、电池、电话机和其他电气器材
29	照相机、胶卷、其他照相器材（包括其中之电影、科学工业用摄制、放映器材）
30	科学仪器、计算尺、电表、水表：
	甲、天文、航空航海等仪器和它们的配件
	乙、其他
31	唱机、录音机和它们的零件、唱片、乐器和音乐器材
32	各种钟、表
33	各种文教用品：
	甲、书籍、地图、报、杂志、教育用语言唱片美术作品（禁止进口者除外）
	乙、运动用具

续表

税则号列	货　名
	丙、自来水笔、自动铅笔、圆珠笔
	丁、打字机、油印机和它们的零件、复写纸、蜡纸
	戊、名种纸张和它们的制品
	己、其他文教用品
34	杂货：
	甲、玩具
	乙、肥皂、蜡烛、火柴
	丙、化妆品、化妆用具
	丁、未列名日用百货
37	改良种用树苗、种子
38	以上各税号未包括的物品：
	甲、未列名工、农业用品
	乙、其他（禁止进口者除外）
	二、禁止进口类
	各种武器、弹药和爆炸物品
	无线电收发报（话）机
	对中国政治、经济、文化、道德有害的一切物品
	使人能成瘾癖的麻醉药品和鸦片、吗啡、海洛因、可卡因（高根）等毒品和吸食毒品的用具，烈性毒药
	活鸽子
	三、准许出口类
1	羊毛
2	毛皮：
	甲、牛皮、羊皮
	乙、其他杂皮
3	牛毛、牛尾、猪鬃
4	药材：
	甲、麝香、鹿茸、牛黄
	乙、其他药材（指其中之虎骨、黄连、胡黄连、知母、贝母、虫草、三七、党参、香料等）
6	碱、硝
未列	
	各种粮食、食品
	各种糖、茶
	各种木材及其制品
	各种油、脂、蜡及其制品
	各种化学产品（禁止出口者除外）
	各种金属及其制品（包括废钢铁、废铝）（禁止出口者除外）
	各种科学工业用机器、器材、精密器具（禁止出口者除外）
	各种运输器材
	各种活动物及其肉、肉制品
	其他（凡属附表四“禁止出口类”所未列名的物品均属之）。（禁止出口者除外）
	四、禁止出口类
	各种武器、弹药和爆炸物品

续表

税则号列	货　名
	无线电收发报（话）机
	金、银、铂及它们的制成品（旅客携带在海关限量规定之内者除外）
	有关中国革命的、历史的、文化的、艺术的珍贵文物、图书
	各种原矿
	珍贵禽兽、活鸽子

Z44－1961（3）

西藏工委关于贯彻执行对外贸易管理、设立海关和金银外币管理的意见

1962年1月30日

工委原则同意工委财贸部《关于贯彻执行对外贸易管理、设立海关和金银外币管理的意见》，现报上，请批示。

另，国务院批准的有关文件，已由西藏外贸局、分行发给各地，请各分工（市）委和有关县委，可根据上述意见，先在有关负责同志中进行学习，并结合本地区情况，研究做好管理工作的措施，有何意见望报工委。

附：西藏工委财贸部关于贯彻执行对外贸易管理、设立海关和金银外币管理的意见

1962年1月29日

国务院决定在我区设立海关和实行对外贸易管理，筹委会亦将通过金银管理和禁止外币、银元流通办法，这是我们与国内外资本主义商人一场尖锐、严重的斗争，又是新的工作，必须在统一领导、统一步调、慎重掌握、逐步加强的原则下，有区别地、有重点地、有步骤地贯彻执行。兹提出如下意见：

（一）公布法令和宣传工作

1. 由筹委会在主要市镇、口岸出布告和在报纸上公布：《国务院关于在西藏设立海关的决定》、《中华人民共和国西藏地区海关征收进出口税暂行办法》、《西藏自治区关于实施对外贸易管理暂行条例的暂行办法》及进出口货物管理附表、《西藏自治区金银管理和禁止外币、银元流通暂行办法》。

由筹委外贸局在报纸上和在外贸机关公告栏内张贴布告公布：《西藏自治区对外贸易管理暂行办法实施细则》，《西藏地区海关对进口、出口货物监管暂行办法》，《西藏地区海关对进出国境驮运牲畜监管暂行办法》，《西藏地区海关对进出国境旅客行李物品监管暂行办法》及附表（一）、（二）、（三），《西藏地区海关处理走私案件暂行办法》，《西藏地区海关奖励查私和走私案件罚金、没收物品的处理、报解暂行办法》（以上法令均藏汉两文）。凡过去与上述有抵触的规定、办法等一律作废。另将法令汇编成单行本，供有关部门及商人使用。

根据内部准备的情况，拟确定于三月十五日在报纸上和各专市所在地、口岸同时公布法令，海关同时开关，各地开始宣传。

2. 在公布法令的当天，报纸上发表一篇社论，新华社、电台发简短新闻。社论由报社、外贸局、银行共同准备，事先发各地作对外宣传的参考。

3. 对外商、外侨的宣传，可在当天或次日由当地外贸、外事部门召开座谈会，主要了解外商的思想动态、看法和反映。着重宣传我平等互利的对外贸易政策，保护正当商人的经营，要求外商、外侨遵守我国法令，可表示在手续上尽可能给予方便。宣布：不准商人在市场上采购粮油、羊毛、皮张、麝香、牛尾、金银、珠宝等出口货，所需资源可向外贸部门洽购。如外商有要求，可另组织他们学习当前要办的手续、制度（宣传提纲由外贸局、外事处

拟定下发)。

4. 由各地工商管理局对本国商人和各地统战部门在上层人士中参考社论宣传,着重于设关的意义、禁止买卖金银和使用外币、爱国守法、保护私商正当经营等方面。由银行召集金银首饰业宣传和宣布管理事项。

5. 各县委(城关区委)结合中心工作对农牧市民宣传主要是允许人民持有金银,取缔私相买卖,以及禁止外币、银元流通等政策。为了安定边民,各边境县委对边民着重说明主要是管理商人,限制投机,对两国边民之间习惯性交换,仍允许照常自由交换,不登记,不检查,不纳税。但应尽量以实物相互交换,少收或不收外币,并不准边民替商人带私货,否则也要检查和征税。

(二)管理的重点和步骤

外贸、海关和金银外币管理的项目很多,涉及面广,我干部力量有限,必须因地制宜逐步地管理、有重点地管,管好了一项再搞一项,可管可不管的暂时放下。切忌全面开花,一齐动手管,避免分散力量,什么也管不好。

一般说来,外贸管理的重点是进出口货类的管理和对进出口商自营业务的管理。第一步对进出口商进行登记和建立进出口许可制度的手续,粗粗地管一下;第二步加强进出口货类管理,按照我进出口计划掌握和贯彻易货原则,其中,主要是管理对印贸易;第三步把进出口货价格管理起来,并对行商进行管理(阿里可先管)。

海关管理的重点是进出口货物监管和口岸查私。第一步建立对进出口货物的监管、征税和货运查私;第二步建立对旅客行李物品的监管;第三步建立对驮运牲畜的监管和开展边境、腹心地区的查私。目前先将亚东、聂拉木、吉隆、普兰等关工作搞起来,把住主要山口道路,其中,又以对印贸易(亚东)为管理重点,对尼、不、锡贸易的管理从宽掌握,日土、扎达、帕里等分关工作暂时放下。外贸、海关管理每个步骤的时间,由外贸局具体掌握和布置。

金银、外币管理的重点是在市镇、口岸取缔商人的投机,至于对人民携带金银及边境小额贸易流通的外币,目前可以放松管理或只宣传暂不实行管理。

(三)外贸管理的掌握原则

1. 凡过去允许开业的外商,一般均可批准其登记,发给临时营业执照。登记一般凭其自报,大体审核,暂不认真追究是否属实,一般不强调划分专业经营范围。其内贸业务,可以批准兼营零售,不提允许经营收购和批发。聂拉木、吉隆可批准几户新开业的尼商,其他地方新开业的不批准。对行商的管理可由各专区分别拟定办法,经我部批准后,提请专署公布施行。

2. 逐步做到按进出口计划签发许可证,用有限的外汇和出口货换取我必需物资进口。开关后,要逐步贯彻易货原则,要求做到进口与出口(包括花外汇)大体平衡,但为照顾外商的利益,其合理利润部分应允许带出国外。外贸部门购商人现货付出的外汇和土畜产品,应带动进口或易货进口,但开关前付给商人的和回货旧账,可以不强调易货进口。清理开关前商人自采的土畜产品,一次核准出口并要其易货进口。开关后商人违法采购的出口货,除不签发许可外,应向有关工商行政部门反映,对未限制商人采购的零星土畜产品可酌情批出。单面进口要适当掌握,也可保留易货出口权利,但应防止进的过多增加我外汇和出口负担。外贸部门与商人成交后即发给许可证,但商人自营进出口者,必须由商人申请后再签发。目前,暂不强调先进后出,按具体情况而定。

3. 进出口货物无证到埠或货证不符者,应区别情况处理,一般掌握偶犯者宽、屡犯者严,与我交易的宽、商人自营的严和对尼、不、锡贸易可从宽的原则,逐步由松到紧,引导商人遵守法令。在开关后一个月内,除禁止进出口者外,一般经说明后可予补换证,给商人时间来熟悉手续。此后,处理原则是:(1)我必须的进口货或有与我外贸部门交易证明的,可予补换证;(2)一般需要的进口货或少量非主要土畜产品，酌情经过教育后补换证或退回一部分；（3）禁止进出口货、我不需要的进口货及主要土畜产品等，应予退回不准进出口。采取区别处理的原别是有利于争取我必需物资进口和打击印度封锁禁运的。

4. 进出口货的审价，一般以国外市场价格计算成到岸价格为准（不包括我关税）；出口货物审价，一般以外贸部门出售价或市价（外贸部门不经营者）计算成离岸价格为准。羊毛、盐、主要皮张、麝香、牛尾等大宗出口货，应逐步统一对印、对尼的审价。在我未能确切掌握国外行情前，一般可不认真追究通过价格的逃套外汇。

5. 执行外贸管理的机关为各外贸分局，拉萨市商业局，江孜、日喀则工商管理局，吉隆海关，各对当地进出口商进行管理。补换许可证可由口岸局办理。

（四）海关管理的掌握原则

1. 货运监管的重点应放在商人的进出口货上，以许可证为依据进行实际的监管。因各口岸通外山口道路很多，各关应设在主要山口道路的适当地点，向商人、旅客、运输人员宣布只准在设关地点通过（边境小额贸易者不限制）；如从非指定的口岸山口道路和无海关的开放市场进出的，需经海关批准照章办理手续，进出口货的抽查比例应不超过百分之十，手续力求简捷，要协助和指导商人，但不可包办代替。尼、印官方机构的公用物品，仍一律不检查，使用“使、领馆公用物品申报单”办妥手续后放行。边境小额贸易一般不管理，但经掌握情况，查明属于替商人带的私货，亦应办理海关手续，如系走私者按走私处理。

2. 对旅客行李物品的监管要从宽掌握，香客比旅客宽，旅客比商人宽，一般可凭其申报办理。对专门从事运输的人员必须团结和教育，凭其口头申报登记放行。经掌握了旅客、运输人员的走私情况，可对行李物品进行个别检查，不进行人身检查，只要在自用范围内，虽携带少许超限量物品，也予放行。要注意按中尼协定中“对于对方香客所携带的自用行李和朝圣用品不予征税”一款办理；对印度香客虽无免税规定，只要在自用范围内，也可免税放行。对旅客出境携带超限量的金银，内部掌握可放宽限量一倍，不对外宣布，但对商人则仍按办法规定限量办理。超出限量的应禁止出口，或凭银行证明放行。对入境的金银不强调限量。

3. 查私的重点应放在主要口岸上，但其他地方发现大规模走私亦应组织力量查获、处理。处理走私案件必须贯彻“严格依法办事，分清对象，区别轻重，教育与处罚相结合”的方针，全面分析情节，要做到既有斗争又有团结。无论走私和违章的处理，均应群众宽于商人，尼商宽于印商，偶犯宽于屡犯，不明法令者宽于明知故犯者，处理外籍人员走私应事先联系外事部门。对查获印禁运又是我争取进口的物资，不作走私处理，应予说明，补办必要手续。在开关后初期，应以教育为主，尽量缩小打击面，必须处罚的，一般案件经当地县委批准，较大案件应报外贸局批准。

4. 按照规定做好征税工作。完税价格一般以许可证的审价来核算，如发现进口审价与实际情况距离较大，可按实支外汇额换算成完税价格，并应由海关征税人员直接收税款。如错征税款属商人方面的责任，退补款不足五元的一律不退不补。征税是一项细致、复杂的工作，各关应尽量长期固定专职或兼职征税人员。

5. 海关与边防检查、公安、边防军、税务、外事、银行、文化、邮电等部门的分工配合，暂按中央和我区有关部门联合通知而又可能办到的试行，在实际工作中逐步摸索出适合我区情况的分工配合办法。

（五）金银、外币管理的掌握原则

1. 金银管理必须区别对象进行。对各阶层个人佩戴的金银首饰品，只要在习惯范围内，无论数量大小，一律不过问，不要证明。对迁移携带的金银，一般不组织专门检查，经调查或群众告发，如属商人或贩运走私者，应按规定的限量掌握处理；如属其他阶层，可放宽限量一倍掌握，不对外宣布。对金银首饰业和搞金银投机的外商，要严加管理，通过政府、工商行政、税务、公安等部门日常工作密切注意，发动居民委员会监视和群众告发，如掌握违法事实，由银行或组织各方面力量进行查获和处理。

2. 在法令公布的当天，各地银行挂牌收兑黄金、白银和银元，黄金每市两九十五元，白银每市两一点二五元（以上均系全国牌价），袁头银元按现行牌价每枚一点五元，杂板银元每枚一元（昌都收银元按当地现行牌价）。

3. 法令公布后，应下些力量尽可能肃清在腹心地区和亚东的外币流通，着重于商人持有的外币，对印卢比要严，对尼郭章要松。一般限期二十天内登记，五十天内处理出境；特殊情况在超过限期携出境者由银行审查开证明，海关凭之放行。外侨、外商和外籍店员如欲储存部分外币，备回国旅途使用的，应予允许，不加限制，但不准在市场上计价行使。劳动人民和统战人士持有外币自行处理有困难的，可由当地银行按内部牌价收兑罗比（郭章待总行批准后再通知）。对边境小额贸易流通的罗比、郭章，目前虽不实行管理，但应仅限于各在边境县地区内流通，不准携往腹心地区，并逐步创造不用外币的各种条件。

4. 禁止银元流通着重于市镇和口岸，在掌握上要从宽。对违法行使者一般给予教育后，按牌价收兑。为了尽速收回银元，允许政府部门和国公营企事业收银元、代银行兑进，不准付出。在农村、牧区中目前只进行宣传，不认真过问银元的流通，对行使者可予教育，不做处理。

5. 对违法者的处罚，应本着群众从宽，专事投机者从严；不明法令者从宽，明知故犯者从严；偶犯从宽，屡犯从严的原则掌握。在法令公布后初期，一般应以教育为主，对商人的金银、外币投机可经县委（城关区委）批准，按办法规定给予处罚。

（六）组织领导和其他准备工作

1. 各地外贸、海关、金银外币管理工作，必须在当地党委统一领导下进行，各分工（市）委根据上述统一的政策原则和步骤方法，结合本专区（市）的情况可以做补充指示和组织力量去主要市镇、口岸协助工作。各县委（城关区委）统一领导和组织本地方的管理工作，召集有关部门负责人学习政策法令，研究贯彻执行方法，组织各方面力量，具体布置宣传和各项准备工作，并经常组织汇报，督促检查各部门工作。要求各口岸县委和主要市镇城关区委有一书记专门具体抓这项工作，并在三月十日前将准备工作情况简要报工委、分工（市）委。在工作告一段落后（约在五月间）请各分工（市）委、主要市镇城关区委、口岸县委做出简要总结上报工委。

2. 各级党委，尤其是市镇、口岸的党委，应摸一下各阶层和外商的思想动态，估计实行管理后可能发生的问题，事先做好思想准备。要抓住安定尼商、上层人士和边民的工作，对印商中的非政治商人也要做工作。事先能估计到的尽量做，尽可能减少尼商和上层人士的抵触情绪，发生问题了要以友好态度对待，非原则问题上（如手续、步骤）也可做适当让步，但不怕印商向我闹事，可请示工委批准给予适当回击。

3. 各地应组织所有外贸、海关、银行人员以及外事、边防、税务、工商行政等有关人员，学习好政策法令，但金银、外币管理办法，可于公布前一个星期再学习，以免事先泄密，引起混乱。要求做到五结合，即结合全区情况、当地情况、历史情况、国外情况和外贸、海关、金融工作相结合，以达到既能领会政策法令实质，又从实际出发因地制宜地做好工作。各局、关还应结合当地情况，制定简单的内部作业规程，准备好各种单证，并组织有关人员内部操作实习。

4. 开关后，各局、关和主要市镇支行应每一个月向工委财贸部、筹委外贸局、分行做一次综合简报（电报），以便及时了解情况。重大问题随时通过县委（城关区委）直接向工委财贸部请示报告。在适当时候召开外贸分局长、关长会议，进一步学习政策，了解各地执行情况，以便统一步调，解决各地存在的问题。

以上意见如无不妥请批转各地、各有关单位执行。

Z13－840－4

对外贸易部、商业部、财政部、中央工商行政管理局关于制止走私、贩私和取缔外货黑市的联合指示

1962 年 6 月 22 日

为了贯彻执行国务院《关于加强对归国华侨及港澳同胞携带和邮寄进口物品的管理问题的指示》，进一步加强口岸检查和内地市场管理工作，现对有关制止走私、取缔外货黑市，以及对私自买卖外货的处理原则等问题，规定如下：

一、各地海关、工商行政管理等有关部门必须进一步采取有效措施，认真贯彻国务院有关外货管理的规定。海关应当加强口岸检查工作，严格查禁走私、套汇行为；对于走私案件应根据 1958 年国务院财五习字第 59 号文批转对外贸易部［58］密查叶字第 19 号关于贯彻执行国务院《关于严格管理外国货物经由西藏地区和其他边境流入内地的规定》的报告中有关处理走私案件的十项原则，进行严肃处理。工商行政管理部门应当加强市场管理，取缔黑市买卖外货的活动，对于倒卖外货集团和情节严重的、惯常的违法分子，要严厉打击，需要给予刑事处分的，应送请司法部门依法惩处；对于人民群众因贪图小利、偶尔买卖少量外货的，应当着重说服教育，不要轻易给予经济处罚。对于归侨、侨眷以及港澳同胞携带或邮寄进口的自用外货，如需出售时，应当动员他们卖给商业部门指定的外货收购商店，制止私自出售。同时，应加强政策宣传工作，教育群众不买私、不卖私，并且揭发检举走私、套汇和私自买卖外货的活动。

二、对于市场上发现非法捣卖外货的案件，有关外货属于下列情况的，由海关按走私处理：（1）走私进口的；（2）经海关特许免税进口而无权出售的物品（如礼品、过境旅客和入境短期旅客经海关登记须复运出境的物品）；（3）外国驻华使领馆及其人员私自出售免税进口的公用和自用物品；（4）用套取国外华侨、港澳同胞或其他人员的外汇而购买的物品。

在没有设海关的地方，由市、县级的税务局根据国务院批准的有关处理走私案件十项原则进行处理。税务局处理有困难的，应当联系海关进行处理。

三、对于市场上发现非法倒卖不属于上项所列的外货（包括来源查不清的）的案件，应由工商行政管理部门按违反市场管理规定，进行处理。对于兼有捣卖走私物品的违反市场管理规定的案件，除了走私物品数量较多的，应由海关和工商行政管理部门根据案情分别处理外，一般的可由工商行政管理部门处理。工商行政管理部门处理的外货案件，如需交税，应当按照 1962 年 6 月 7 日中侨委、外贸部、财政部、商业部、中国人民银行、中央工商行政管理局《关于贯彻执行国务院〈关于加强对归国华侨及港澳同胞携带和邮寄进口物品的管理的指示〉的联合通知》第七项规定办理。

181－11－185

国务院关于加强粮食、农产品、种子、苗木检疫工作的通知

1963 年 4 月 21 日

今年从国外进口的粮食和其他农产品中，发现传带危险病虫害的情形十分严重。例如，从法国进口的小麦，带有我国从来没有发生过的矮化腥黑穗病，此病能随种子传播，危害性大大超过普通腥黑穗病；从保加利亚进口的烟叶和烟草种子，带有烟草霜霉病，此病随烟叶和种子传播，在欧美很多国家为害，减产一般为百分之二十到三十，严重的达百分之六十以

上；从阿联进口的蚕豆中，除带有蚕豆象、豌豆象和绿豆象外，还带有两种我国尚未发生过的豆象和十多种杂草籽。这种蚕豆未经杀虫处理，即运入甘肃省。甘肃省临夏一带是著名的外销蚕豆产区，豆粒饱满，产量很高，从无豆象发生，把从阿联进口的这种蚕豆运去，十分有害。

今年国内各省（包括自治区、直辖市，以下简称省）间调运的种子、苗木和商品粮也经常发现有传带危险病虫害的情形。例如，安徽省原来没有发现过棉花黄萎病，今年从河北调进的六十五万斤棉籽，带有棉花黄萎病。浙江等省调给甘肃省的二千多万斤蚕豆带有蚕豆象。

为了防止类似情况发生，现在决定采取以下措施：

一、今后进口粮食和其他各种农产品，各主管部门必须事先征求农业部关于检疫方面的意见，向出口国家提出严格的检疫要求，并且载入合同，要求对方切实按照合同办事。对于进口的粮食和其他各种农产品，各口岸必须严格进行检疫，如果发现有传带危险病虫害的，应当立即原船或者原车退回，不得卸货；如果因为特殊需要必须进口的，应当集中在口岸或者有条件的大城市进行彻底消毒处理（包括加工），并且根据农业部的意见，指定地区使用，不得运往无此种病、虫、杂草籽的地区。目前口岸尚无消毒处理设备的，应当尽快设置起来。进口的原粮，禁止作种子用。

二、从国外引进农、林和热带作物的种子、苗木，林业部、农垦部等主管部门应当事先提出引种计划和检疫要求，并且征得农业部的同意，重要的和大量的还应当报经国务院批准；否则，对外贸易部不予办理进口手续。进口时，必须严格进行检疫，并且应当在指定地点，隔离种植，进行观察，证明确实不带危险病虫害的，才可以分到其他地区试种。

三、出国人员、留学生和归国华侨等带回来的植物种子、苗木等，应当在入境口岸交给当地植物检疫机构，进行严格检疫。

四、国内各省间调运种子、苗木时，调入省应当事先通过本省植物检疫机构向调出省提出检疫要求，并且经调出省进行检疫后，方可起运。凡传带有危险病、虫、杂草籽的种子、苗木，不得运往未发生此种病、虫、杂草的地区。省内调运种子、苗木，也应当按照同样的原则办理。

五、各省间调运商品粮和其他农产品，粮食、商业部门应当保证不把带有危险病、虫和杂草籽的粮食和其他农产品运往无此种病、虫、杂草的地区。为此，责成农业部提出带有什么病、虫、杂草籽的粮食和其他农产品不得调往那些地区去的名单。

六、为了做好对内、对外植物检疫工作，各地必须加强领导，充实和健全植物检疫机构，健全检疫检验制度。农业部、对外贸易部应当会同有关部门进一步修订和增订有关对内、对外植物检疫办法，报国务院批准后执行，以杜绝植物危险病、虫、杂草的传播。

164－10－145

二、海关统计年报（1958—1963 年）

对外贸易部、海关总署编制的
一九五八年海关统计年报［节录］

1959 年 3 月

1958 年海关统计年报编制说明

一、资料来源。本年报的统计资料，是根据各地海关对进、出口货物执行监管的单证，并参考有关对外贸易的单据，综合编制而成。

二、统计范围。本年报的统计范围是我国对外贸易实际进、出口货物；其中包括国家间相互援助的物资和大宗馈赠品（每批价值在人民币 5 万元以上的物品），通过我国国境的转口贸易货物（即我国自甲国购入通过我国国境运输转售给乙国的货物）；不包括：（1）不通过我国国境的对外贸易货物（如国外交货的转口贸易）；（2）暂时进、出口，最后尚需复运出、进口的物品；（3）非贸易性进、出口物品（如个人自用物品、运输工具用品和备用品、外交使领馆用品、广告品、样品、小量馈赠品、查获私货和补税物品等等）；（4）边缘区小额贸易进、出口货物。

此外，因西藏尚未设关，进出西藏的货物，未予统计。

三、统计价格。进、出口货物的统计价格，进口用到岸价格，出口用离岸价格；空邮运货物，用向海关申报进、出口地的到、离岸价格。统计金额以人民币计值，对苏联及东欧人民民主国家另以卢布计值，对资本主义国家另以美元计值。

四、折合率。（1）对苏联及人民民主国家合同贸易的货价（包括已计算在货物单价内的运、保、杂费）和进口货物保险费的卢布折合率：苏联、捷克、民主德国、罗马尼亚、阿尔巴尼亚、蒙古、民主朝鲜、民主越南，1 卢布 = 人民币 0.95 元；波兰、匈牙利、保加利亚，1 卢布 = 人民币 0.80 元；不包括在合同货价内的运杂费和非国家合同贸易（如中国电影发行公司、国际书店、中国集邮公司等的进、出口货物）的货价和运、保、杂费，1 卢布 = 人民币 0.50 元。（2）对资本主义国家的外币折合率：由外币折合人民币，按中国人民银行的外汇牌价买卖平均数折算（见附表 1）；外币折合美元，按国家统计局规定的“各资本主义国家货币对美金统一折算率表”折算（见附表 2）。对芬兰的国家合同贸易货物以卢布计价的，折人民币按 1 卢布 = 人民币 0.95 元折算，折合美元按 4 卢布 =1 美元折算。

五、商品分类。本年报的商品分类是按照《中华人民共和国对外贸易统一商品目录（草案）》缩编的《海关统计商品目录》分类项目统计的，分 60 大类，全部商品目录编号，连各层综合项目共 2 608 号。本年对个别商品的分类作了调整，维生素由原列于食品类（46 大类）内，改列于药品类（49 大类）内。

根据海关统计制度规定，一切进出口商品均统计净重量（以公斤表示），此外，部分商品还按照规定的一个或两个数量单位（如台、个、立方米、瓩、马力等）统计数量。机器、仪器等零件、配件进出口时，如未单独列号，其价值仍统计在有关机器、仪器本身号内，但不表示数量。有的机器分批进口，数量已统计在上年数字内的，亦只计金额不计数量。

六、国（地）别统计。本年报按进出口货物的“产、消国”和“贸易国”分别编制两套国别统计。“产、消国”是指进口货物的原产国和出口货物的消费国（如无法确定消费国的，按尽可能预知的最后售予国或者最后运往国统计）；“贸易国”是指直接与我国发生贸易关系的国家，进口为购自国，出口为售予国（对于经由香港、澳门成交的贸易，凡属于我国与外国政府或贸易代表团签订贸易协议的，都按照协议对方的国家统计；凡通过我国驻港、澳机构成交的贸易，在进、出口时能确定是与其他国家成交的，都统计在其他国家内；不属于上述情况的贸易国都统计港、澳）。

本年报第十一、十二两表都是把每一商品的产、消国和贸易国统计数字同时列出，以便比较研究之用。如第十一表的“输往××国消费的商品量值”栏，是按照该商品的消费国统计的，不论直接售予这个国家或者售予其他国家，只要是运往这个国家消费的商品都包括在内；“对××国贸易出口的商品量值”栏，是表示我国与这个国家进行贸易出口的商品量值。第十二表“××国生产的商品进口量值”栏，是按照该商品的原产国统计的，不论直接从这个国家购入或者从其他国家购入的，只要是这个国家产制的商品，都包括在内；“对××国贸易进口的商品量值”栏是表示我国与这个国家进行贸易进口的商品量值。因此第十一、十二两表内并列的两部分数字有些是不一致的，使用资料时应该注意。

七、经营部门分类。分为：（1）外贸系统经营，即由对外贸易系统各进出口专业公司和他们所领导的公私合营公司经营的贸易；（2）非外贸系统经营，即对外贸易系统以外各单位经营的贸易和个别私人进出口的货物，包括我国商业部门与兄弟国家商业部门交换的消费品，这部分数字并单独列出。

八、关别统计。进口是指最后查验放行货物的海关，出口是指最后放行装运货物的运输工具出境的海关。

九、统计日期。进口是海关核准放行货物的日期，出口是装运货物的运输工具经海关放行离境的日期。

十、由于海关统计的范围和计算方法与本部（对外贸易部）计划局的统计不同，因此本年报所编的统计数字与对外公开发表的数字不完全一致。

附表1　　1958年各资本主义国家货币对人民币折合率表

1英镑＝人民币6.893元	1巴基斯坦罗比＝人民币0.519元
1港币＝人民币0.429元	1马来亚币＝人民币0.810元
1瑞士法郎＝人民币0.585元	1印尼盾＝人民币0.1416元
1法国法郎＝人民币0.00586元	1瑞典克朗＝人民币0.476元
1澳镑＝人民币5.522元	1丹麦克朗＝人民币0.356元
1缅甸币＝人民币0.519元	1比利时法郎＝人民币0.0494元
1印度罗比＝人民币0.519元	1西德马克＝人民币0.586元
1锡兰罗比＝人民币0.519元	1美元＝人民币2.617元（内部掌握的折合率）

附表2　　1958年各资本主义国家货币对美金统一折算率表

1英镑＝2.634美元	1巴基斯坦罗比＝0.198美元
1港币＝0.164美元	1马来亚币＝0.310美元
1瑞士法郎＝0.234美元	1印尼盾＝0.054美元
1法国法郎＝0.0024美元	1瑞典克朗＝0.193美元
1澳镑＝2.110美元	1丹麦克朗＝0.144美元
1缅甸币＝0.198美元	1比利时法郎＝0.020美元
1印度罗比＝0.198美元	1西德马克＝0.238美元
1锡兰罗比＝0.198美元	

（一）1958 年全国对外贸易总值表

项目	1958 年		1957 年		1958 年总值与1957 年比较%
	公吨	人民币（元）	公吨	人民币（元）	
出进口总值	21 159 036	11 613 329 669	16 436 579	9 579 751 127	121.23
出口总值…	11 703 690	6 332 086 544	10 882 119	5 264 143 348	120.29
进口总值…	9 455 346	5 281 243 125	5 554 460	4 315 607 779	122.38
差额（+出超，-入超）…		+1 050 843 419		+948 535 569	

（二）1958 年全国对外贸易分类总值表

金额单位：人民币（元）

贸易分类	出口	进口
总值	6 332 086 544	5 281 243 125
其中：		
转口贸易…	135 643 744	111 339 523
援助物资…	89 657 611	…
转口援助…	3 998 624	…
大宗馈赠品…	366 518	70 381

（三）1958 年全国对外贸易经营部门分类总值表

经营部门分类	出进口总值		出口		进口	
	人民币（元）	%	人民币（元）	%	人民币（元）	%
总值	11 613 329 669	100.00	6 332 086 544	100.00	5 281 243 125	100.00
对外贸易系统经营…	11 522 975 735	99.22	6 302 743 910	99.54	5 220 231 825	98.84
非对外贸易系统经营…	90 353 934	0.78	29 342 634	0.46	61 011 300	1.16
其中：商业部交换消费品…	31 608 053	0.27	8 393 289	0.13	23 214 764	0.44

（四）1958 年全国对外贸易出口工业产品、农业产品构成表

项目	1958 年			1957 年		
	公吨	人民币（元）	%	公吨	人民币（元）	%
出口总值	11 703 690	6 332 086 544	100.00	10 882 119	5 264 143 348	100.00
（一）工业产品部分	7 640 245	4 079 009 124	64.42	7 663 775	3 223 765 855	61.24
[细目略]						
（二）农副产品部分	4 063 445	2 253 077 420	35.58	3 218 344	2 040 377 493	38.76
[细目略]						

（五）1958 年全国对外贸易进口生产资料、消费资料构成表

项目	1958 年			1957 年		
	公吨	人民币（元）	%	公吨	人民币（元）	%
进口总值	9 455 346	5 281 243 125	100.00	…	4 315 607 779	100.00
（一）生产资料部分	8 628 867	4 974 263 885	94.19	…	4 020 352 832	93.16
（甲）生产工具	518 239	2 379 859 478	45.06	…	2 132 531 335	49.41
[细目略]						
（乙）生产用原材料	8 096 355	2 563 790 837	48.55	…	1 877 102 563	43.50

续表

项　　目	1958 年			1957 年		
	公吨	人民币（元）	%	公吨	人民币（元）	%
［细目略］						
（丙）种畜、耕畜	14 273	30 613 570	0. 58	…	10 718 934	0. 25
（二）消费资料部分	826 479	306 979 240	5. 81	…	295 254 947	6. 84
（甲）食用消费品	419 011	115 838 456	2. 19	…	68 897 974	1. 60
［细目略］						
（乙）非食用消费品	402 654	188 106 475	3. 56	…	226 138 806	5. 24
［细目略］						
（丙）活动物	4 814	3 034 309	0. 06	…	218 167	…

T62/2

对外贸易部、海关总署编制的一九五九年海关统计年报［节录］

1960 年 2 月

1959 年海关统计年报编制说明

一、资料来源。本年报的统计资料，是根据各地海关对进、出口货物执行监管的单证，并参考有关对外贸易的单据，综合编制而成。

二、统计范围。本年报的统计范围是我国对外贸易实际进、出口货物。其中包括国家间相互援助的物资和大宗馈赠品（每批价值在人民币5万元以上的物品）；通过我国国境的转口贸易货物（即我国自甲国购入通过我国国境运输转售给乙国的货物）。不包括：(1) 不通过我国国境的对外贸易货物（如国外交货的转口贸易）；(2) 暂时进、出口，最后尚需复运出、进口的物品；(3) 非贸易性进、出口物品（如个人自用物品、运输工具用品和备用品、外交使领馆用品、广告品、样品、小量馈赠品、查获私货和补税物品等等）；(4) 边缘区小额贸易进、出口货物。

此外，因西藏尚未设关，进、出西藏的货物，未予统计。

三、统计价格。进、出口货物的统计价格，进口用到岸价格，出口用离岸价格；空、邮运货物用向海关申报进、出口地的到、离岸价格。统计金额以人民币计值，对苏联及东欧人民民主国家另以卢布计值，对资本主义国家另以美元计值。

四、折合率。（1）对苏联及人民民主国家合同贸易的货价（包括已计算在货物单价内的运、保、杂费）和进口货物保险费的卢布折合率：苏联、捷克、民主德国、罗马尼亚、阿尔巴尼亚、蒙古、民主朝鲜、民主越南，1 卢布 = 人民币 0. 95 元；波兰、匈牙利、保加利亚，1 卢布 = 人民币 0. 80 元。不包括在合同货价内的运杂费和非国家合同贸易（如中国电影发行公司、国际书店、中国集邮公司等的进、出口货物）的货价和运、保、杂费，1 卢布 = 人民币 0. 50 元。（2）对资本主义国家的外币折合率：由外币折合人民币，按中国人民银行的外汇牌价买卖平均数折算（见附表 1）；外币折合美元，按国家统计局规定的“各资本主义国家货币对美金统一折算率表”折算（见附表 2）。对芬兰的国家合同贸易货物以卢布计价的，折合人民币按 1 卢布 = 人民币 0. 95 元折算，折合美元按 4 卢布 = 1 美元折算。

五、商品分类。本年报的商品分类是按照《中华人民共和国对外贸易统一商品目录（草案）》缩编的《海关统计商品目录》分类项目统计的。本年起在恰当反映对外贸易商品结构、满足领导部门的需要和适当照顾历史资料的可比性的条件下，海关统计商品目录作了局部的修订和简化，仍保持原60大类，但全部商品目录编号，连各层综合项目已由上年的2 608个编号缩减为1 848个编号，其中有些商品所属的大类作了调整（见附表3［略］）。

本年起取消了一切进、出口商品都按净重量的统计，各种商品除一部分动力、电力机械用两个计量单位（如台/马力、台/瓩等）外，一律用一个计量单位（如台、公斤、立方米等）统计数量。

机器、仪器等零件、配件，单独进、出口时，海关统计商品目录中未列名的，其价值仍统计在有关机器、仪器内，不统计数量。有的机器分批进口，数量已统计在上年数字内的，亦只计金额不计数量。

六、国（地）别统计。本年报按进出口货物的“产、消国”和“贸易国”分别编制两套国别统计。“产、消国”是指进口货物的原产国和出口货物的消费国（如无法确定消费国的，按尽可能预知的最后售予国或者最后运往国统计）；“贸易国”是指直接与我国发生贸易关系的国家，进口为购自国，出口为售予国（对于经由香港、澳门成交的贸易，凡属于我国与外国政府或贸易代表团签订贸易协议的，都按照协议对方的国家统计；凡通过我国驻港、澳机构成交的贸易，在进、出口时能确定是与其他国家成交的，都统计在其他国家内；不属于上述情况的贸易，都统计港、澳地区）。

本年报第十一、十二两表都是把每一商品的产、消国和贸易国统计数字同时列出，以便比较研究之用。如第十一表的“输往××国消费的商品量值”栏，是按照该商品的消费国统计的，不论直接售予这个国家或者售予其他国家，只要是运往这个国家消费的商品都包括在内；“对××国贸易出口的商品量值”栏，是表示我国与这个国家进行贸易出口的商品量值。第十二表“××国生产的商品进口量值”栏，是按照该商品的原产国统计的，不论直接从这个国家购入或者从其他国家购入的，只要是这个国家产制的商品，都包括在内；“对××国贸易进口的商品量值”栏是表示我国与这个国家进行贸易进口的商品量值。因此第十一、十二两表内并列的两部分数字有些是不一致的，使用资料时应该注意。

七、经营部门分类。分为：(1) 外贸系统经营，即对外贸易系统各进出口专业公司和他们所领导的公私合营公司经营的贸易；(2) 非外贸系统经营，即对外贸易系统以外各部门经营的贸易和个别私人进出口的货物；其中包括我国商业部门与兄弟国家商业部门交换的消费品，并将这部分数字单独列出。

八、关别统计。进口是指最后查验放行货物的海关，出口是指最后放行装运货物的运输工具出境的海关。

九、统计日期。进口是海关核准放行货物的日期，出口是装运货物的运输工具经海关放行离境的日期。

十、由于海关统计的范围和计算方法与本部（对外贸易部）计划局的统计不同，因此本年报所编的统计数字与对外公开发表的数字不完全一致。

附表1　　1959年各资本主义国家货币对人民币折合率表

1 英镑 = 人民币 6.893 元	1 伊拉克第纳尔 = 人民币 6.893 元
1 港币 = 人民币 0.429 元	1 马来亚币 = 人民币 0.810 元
1 瑞士法郎 = 人民币 0.566 元（5月1日起）	1 印尼盾 = 人民币 0.1416 元
1 法国法郎 = 人民币 0.00499 元（7月1日起）	1 瑞典克朗 = 人民币 0.476 元
1 澳镑 = 人民币 5.522 元	1 丹麦克朗 = 人民币 0.356 元
1 缅甸币 = 人民币 0.519 元	1 比利时法郎 = 人民币 0.0494 元
1 印度罗比 = 人民币 0.519 元	1 西德马克 = 人民币 0.586 元
1 锡兰罗比 = 人民币 0.519 元	1 美元 = 人民币 2.617 元（内部掌握的折合率）
1 巴基斯坦罗比 = 人民币 0.519 元	

附表2

1959年各资本主义国家货币对美金统一折算率表

1英镑＝2.634美元	1伊拉克第纳尔＝2.634美元（7月1日以前）；2.80美元（7月1日起）
1港币＝0.164美元	1马来亚币＝0.310美元
1瑞士法郎＝0.230美元（7月1日起）	1印尼盾＝0.054美元
1法国法郎＝0.0019美元（7月1日起）	1瑞典克朗＝0.193美元
1澳镑＝2.110美元	1丹麦克朗＝0.144美元
1缅甸币＝0.198美元	1比利时法郎＝0.020美元
1印度罗比＝0.198美元	1西德马克＝0.238美元
1锡兰罗比＝0.198美元	
1巴基斯坦罗比＝0.198美元	

（一）1959年全国对外贸易总值表

金额单位：人民币（元）

项　目	1959年	1958年	1959年与1958年比较%
出进口总值	14 048 159 924	11 613 329 669	120.07
出口总值…	7 511 123 049	6 332 086 544	118.62
进口总值…	6 537 036 875	5 281 243 125	123.78
差额（＋出超，－入超）…	+974 086 174	+1 050 843 419	…

（二）1959年全国对外贸易分类总值表

金额单位：人民币（元）

贸易分类	出　口	进　口
总　值	7 511 123 049	6 537 036 875
其中：		
（1）转口贸易…	135 672 572	94 747 160
（2）援助物资…	117 215 489	…
（3）转口援助…	1 372 388	…
（4）大宗馈赠品…	822 769	257 609

（三）1959年全国对外贸易经营部门分类总值表

经营部门分类	出进口总值		出　口		进　口	
	人民币（元）	%	人民币（元）	%	人民币（元）	%
总　值	14 048 159 924	100.00	7 511 123 049	100.00	6 537 036 875	100.00
（1）对外贸易系统经营…	13 930 373 598	99.16	7 456 175 643	99.27	6 474 197 955	99.04
（2）非对外贸易系统经营…	117 786 326	0.84	54 947 406	0.73	62 838 920	0.96
其中：商业部交换消费品	20 365 236	0.14	10 916 188	0.15	9 449 048	0.14

（四）1959年全国对外贸易出口工业产品、农业产品构成表

项　目	1959年		1958年	
	人民币（元）	%	人民币（元）	%
出口总值	7 511 123 049	100.00	6 332 086 544	100.00
（一）工业产品部分	4 754 809 853	63.30	4 079 009 124	64.42
［细目略］				
（二）农副产品部分	2 756 313 196	36.70	2 253 077 420	35.58
［细目略］				

（五）1959年全国对外贸易进口生产资料、消费资料构成表

项　目	1959年		1958年	
	人民币（元）	%	人民币（元）	%
进口总值	6 537 036 875	100.00	5 281 243 125	100.00
（一）生产资料部分	6 308 278 568	96.50	4 974 263 885	94.19
（甲）生产工具	3 447 088 752	52.73	2 379 859 478	45.06
［细目略］				
（乙）生产用原材料	2 845 069 196	43.52	2 563 790 837	48.55
［细目略］				
（丙）种畜、耕畜	16 120 620	0.25	30 613 570	0.58
（二）消费资料部分	228 758 307	3.50	306 979 240	5.81
（甲）食用消费品	56 824 663	0.87	115 838 456	2.19
［细目略］				
（乙）非食用消费品	166 107 250	2.54	188 106 475	3.56
［细目略］				
（丙）活动物	5 826 394	0.09	3 034 309	0.06

T62/2

对外贸易部、海关总署编制的一九六〇年海关统计年报［节录］

1961年12月

1960年海关统计年报编制说明

一、资料来源。本年报的统计资料，是根据各地海关对进、出口货物执行监管的单证，并参考有关对外贸易的单据，综合编制而成。

二、统计范围。本年报的统计范围是我国对外贸易实际进、出口货物。其中包括国家间相互援助的物资和大宗馈赠品（每批价值在人民币5万元以上的物品）；通过我国国境的转口贸易货物（即我国自甲国购入通过我国国境运输转售给乙国的货物）。不包括：（1）不通过我国国境的对外贸易货物（如国外交货的转口贸易）；（2）暂时进、出口，最后尚需复运出、进口的物品；（3）非贸易性进、出口物品（如个人自用物品、运输工具用品和备用品、外交使领馆用品、广告品、免费赠送的货样、小量馈赠品、查获私货和补税物品等等）；（4）边缘区小额贸易进、出口货物。此外，本年报数字不包括西藏地区的进、出口数字在内。

三、统计价格。进、出口货物的统计价格，进口用到岸价格，出口用离岸价格；空、邮运货物用向海关申报进、出口地的到、离岸价格。统计金额以人民币计值，对苏联和东欧社会主义国家另以卢布计值，对资本主义国家另以美元计值。

四、折合率。（1）对苏联及其他社会主义国家贸易（包括中国电影发行公司、国际书店、中国集邮公司等进、出口货物）的货价和运、保、杂费的卢布折合率：苏联、捷克、罗马尼亚、阿尔巴尼亚、德意志民主共和国、蒙古、朝鲜民主主义人民共和国、越南民主共和国，1卢布 = 人民币0.95元；波兰、匈牙利、保加利亚，1卢布 = 人民币0.80元。（2）对资本主义国家的外币折合率：由外币折合人民币，按中国人民银行的外汇牌价买卖平均数折算（见附表1）；外币折合美元，按国家统计局的“各资本主义国家货币对美元统一折算率表”折算（见附表2）。对芬兰的国家合同贸易货物以卢布计价的，折合人民币按1卢布 = 人民币0.95元折算，折合美元按4卢布 =1美元折算。

五、商品分类。本年报的商品分类是按照

《中华人民共和国对外贸易统一商品目录（草案）》缩编的《海关统计商品目录》分类项目统计的。

机器、仪器等零件、配件，单独进、出口时，海关统计商品目录中未列名的，其价值仍统计在有关机器、仪器内，不统计数量。有的机器分批进口，数量已统计在上年数字内的，本年就只计金额不计数量。

六、国（地）别统计。本年报按进出口货物的“产、消国”和“贸易国”分别编制两套国别统计。“产、消国”是指进口货物的原产国和出口货物的消费国（如无法确定消费国的，按尽可能预知的最后售予国或者最后运往国统计）；“贸易国”是指直接与我国发生贸易关系的国家，进口为购自国，出口为售予国（对于经由香港、澳门成交的贸易，凡属于我国与外国政府或贸易代表团签订贸易协议的，都按照协议对方的国家统计；凡通过我国驻港、澳机构成交的贸易，在进、出口时能确定是与其他国家成交的，都统计在其他国家内；不属于上述情况的贸易，都统计港、澳地区）。

本年报第十一、十二两表都是把每一个商品的产、消国和贸易国统计数字同时列出，以便比较研究之用。如第十一表的“输往××国消费的商品量值”栏，是按照该商品的消费国统计的，不论直接售予这个国家或者售予其他国家，只要是运往这个国家消费的商品都包括在内；“对××国贸易出口的商品量值”栏，是表示我国与这个国进行贸易出口的商品量值。第十二表“××国生产的商品进口量值”栏，是按照该商品的原产国统计的，不论直接从这个国家购入或者从其他国家购入的，只要是这个国家产制的商品，都包括在内；“对××国贸易进口的商品量值”栏是表示我国与这个国家进行贸易进口的商品量值。因此第十一、十二两表内并列的两部分数字有些是不一致的，使用资料时应该注意。

七、经营部门分类。分为：（1）外贸系统经营，即对外贸易系统各进出口专业公司和他们所领导的公私合营公司经营的贸易；（2）非外贸系统经营，即对外贸易系统以外各部门经营的贸易和个别私人进出口的货物；其中包括我国商业部门与兄弟国家商业部门交换的消费品，并将这部分数字单独列出。

八、关别统计。进口是指最后查验放行货物的海关，出口是指最后放行装运货物的运输工具出境的海关。

九、统计日期。进口是海关核准放行货物的日期，出口是装运货物的运输工具经海关放行离境的日期。

十、由于海关统计范围和计算方法与本部（对外贸易部）计划局的统计不同，因此本年报所编的统计数字与对外公开发表的数字不完全一致。为避免对外发表数字的混乱现象，本年报的统计数字只供各单位内部工作参考用，不得对外发表。

附表1　　1960年各资本主义国家货币对人民币折合率表

1英镑＝人民币6.893元	1巴基斯坦罗比＝人民币0.519元
1港币＝人民币0.429元	1伊拉克第纳尔＝人民币6.893元
1瑞士法郎＝人民币0.566元	1马来亚币＝人民币0.810元
1法国法郎*＝人民币0.499元	1瑞典克朗＝人民币0.476元
1澳镑*＝人民币5.522元	1丹麦克朗＝人民币0.356元
1缅甸币＝人民币0.519元	1比利时法郎*＝人民币0.0494元
1印度罗比＝人民币0.519元	1西德马克*＝人民币0.586元
1锡兰罗比＝人民币0.519元	1美元*＝人民币2.617元

注：*内部掌握的牌价。

附表2　1960年各资本主义国家货币对美元统一折算率表

1英镑=2.634美元	1巴基斯坦罗比=0.198美元
1港币=0.164美元	1伊拉克第纳尔=2.80美元
1瑞士法郎=0.230美元	1马来亚币=0.310美元
1法国法郎=0.190美元	1瑞典克朗=0.193美元
1澳镑=2.110美元	1丹麦克朗=0.144美元
1缅甸币=0.198美元	1比利时法郎=0.020美元
1印度罗比=0.198美元	1西德马克=0.238美元
1锡兰罗比=0.198美元	

（一）1960年全国对外贸易总值表

金额单位：人民币（元）

项　　目	1960年	1959年	1960年与1959年比较%
出进口总值	12 556 680 453	14 048 159 924	89.38
出口总值…	6 313 811 683	7 511 123 049	84.06
进口总值…	6 242 868 770	6 537 036 875	95.50
差额（+出超，-入超）…	+70 942 913	+974 086 174	…

（二）1960年全国对外贸易分类总值表

金额单位：人民币（元）

贸易分类	出　　口	进　　口
总　　值	6 313 811 683	6 242 868 770
其中：		
转口贸易…	72 573 524	68 250 762
援助物资…	66 776 572	…
大宗馈赠品…	5 124 230	852 786

（三）1960年全国对外贸易经营部门分类总值表

经营部门分类	出进口总值		出　　口		进　　口	
	人民币（元）	%	人民币（元）	%	人民币（元）	%
总　　值	12 556 680 453	100.00	6 313 811 683	100.00	6 242 868 770	100.00
对外贸易系统经营…	12 464 389 052	99.27	6 270 203 050	99.31	6 194 186 002	99.22
非对外贸易系统经营…	92 291 401	0.73	43 608 633	0.69	48 682 768	0.78
其中：商业部交换消费品…	7 645 761	0.06	5 350 977	0.08	2 294 784	0.04

（四）1960年全国对外贸易出口工业产品、农业产品构成表

项　　目	1960年		1959年	
	人民币（元）	%	人民币（元）	%
出口总值	6 313 811 683	100.00	7 511 123 049	100.00
（一）工业产品部分	4 319 953 168	68.42	4 754 809 853	63.30
［细目略］				
（二）农副产品部分	1 993 858 515	31.58	2 756 313 196	36.70
［细目略］				

（五）1960年全国对外贸易进口生产资料、消费资料构成表

项　目	1960年		1959年	
	人民币（元）	%	人民币（元）	%
进口总值	6 242 868 770	100.00	6 537 036 875	100.00
（一）生产资料部分	6 010 999 183	96.29	6 308 278 568	96.50
（甲）生产工具	3 008 947 722	48.20	3 447 088 752	52.73
［细目略］				
（乙）生产用原材料	2 984 526 968	47.81	2 845 069 196	43.52
［细目略］				
（丙）种畜、耕畜	17 524 493	0.28	16 120 620	0.25
（二）消费资料部分	231 869 587	3.71	228 758 307	3.50
（甲）食用消费品	75 152 617	1.20	56 824 663	0.87
［细目略］				
（乙）非食用消费品	148 542 451	2.38	166 107 250	2.54
［细目略］				
（丙）活动物	8 174 519	0.13	5 826 394	0.09

T62/2

对外贸易部、海关总署编制的一九六一年海关统计年报［节录］

1962年6月

1961年海关统计年报编制说明

一、资料来源。本年报的统计资料，是根据各地海关对进、出口货物执行监管所用的单证，并参考其他有关对外贸易的单据，综合编制而成。

二、统计范围。本年报的统计范围是我国对外贸易实际进、出口货物，其中包括国家间相互援助的物资和大宗馈赠品（每批价值在人民币5万元以上的物品）；通过我国国境的转口贸易货物（即我国自甲国购入通过我国国境运输转售给乙国的货物）。不包括：（1）不通过我国国境的对外贸易货物（如国外交货的转口贸易）；（2）暂时进、出口，最后尚需复运出、进口的物品；（3）非贸易性进、出口物品（如个人自用物品、运输工具用品和备用品、外交使领馆用品、广告品、免费赠送的货样、小量馈赠品、查获的走私物品等等）；（4）边缘区小额贸易进、出口货物。此外，本年报数字不包括西藏地区的进、出口数字在内。

三、统计价格。进、出口货物的统计价格，进口用到岸价格，出口用离岸价格（空、邮运货物用向海关申报进、出口地的到、离岸价格）。统计金额以人民币计值；对社会主义国家另以卢布计值（自本年起所列的卢布数字一律为新卢布数字），对资本主义国家另以美元计值。

四、折合率。（1）本年对社会主义国家贸易（包括中国电影发行公司、国际书店、中国集邮公司等进、出口货物）的货价和运、保、杂费的卢布（新币，以下同）折合率，一律按1卢布折合人民币4.2元计算。（2）对资本主义国家的外币折合率：由外币折合人民币，按中国人民银行的外汇牌价买卖平均数折算（见附表1）；外币折合美元，按国家统计局批准的“各资本主义国家货币对美元统一折算率表”折算（见附表2）。对芬兰的国家合同贸易货物以卢布计价的，折合人民币按1卢布=人民币4.2元计算，折合美元按1卢布=1.111美元计算。

五、商品分类。本年报的商品分类是按照《中华人民共和国对外贸易统一商品目录（草案）》缩编的《海关统计商品目录》分类项目统计的。

机器、仪器等零件、配件，单独进、出口时，海关统计商品目录中未列名的，其价值仍统计在有关机器、仪器内，不统计数量。有的机器分批进口，数量已统计在上年数字内的，本年就只统计价值不统计数量。

六、国（地）别统计。本年报按进出口货物的“产、消国”和“贸易国”分别编制两套国别统计。“产、消国”是指进口货物的原产国和出口货物的消费国（如无法确定消费国的，按尽可能预知的最后售予国或者最后运往国统计）。“贸易国”是指直接与我国发生贸易关系的国家，进口为购自国，出口为售予国（对于经由香港、澳门成交的贸易，凡属于我国与外国政府或贸易代表团签订贸易协议的，都按照协议对方的国家统计；凡通过我国驻港、澳机构成交的贸易，在进、出口时能确定是与其他国家成交的，都统计在其他国家内；不属于上述情况的贸易，都统计港、澳地区）。

本年报第十一、十二两表都是把每一个商品的产、消国和贸易国统计数字同时列出，以便比较研究之用。如第十一表的“输往××国消费的商品量值”栏，是按照该商品的消费国统计的，不论直接售予这个国家或者售予其他国家，只要是运往这个国家消费的商品都包括在内；“对××国贸易出口的商品量值”栏，是表示我国与这个国家进行贸易出口的商品量值。第十二表“××国生产的商品进口量值”栏，是按照该商品的原产国统计的，不论直接从这个国家购入或者从其他国家购入的，只要是这个国家产制的商品，都包括在内；“对××国贸易进口的商品量值”栏是表示我国与这个国家进行贸易进口的商品量值。因此第十一、十二两表内并列的两部分数字有些是不一致的，使用资料时应该注意。

七、经营部门分类。分为：（1）外贸系统经营，即对外贸易系统各进出口专业公司和他们所领导的公私合营公司经营的贸易；（2）非外贸系统经营，即对外贸易系统以外各部门经营的贸易和个别私人进出口的货物；其中包括我国商业部门与兄弟国家商业部门交换的消费品，并将这部分数字单独列出。

八、关别统计。进口是指最后查验放行货物的海关，出口是指最后放行装运货物的运输工具出境的海关。

九、统计日期。进口是海关核准放行货物的日期，出口是装运货物的运输工具经海关放行离境的日期。

十、由于海关统计范围和计算方法与本部计划局的统计不同，因此本年报所编的统计数字与对外公开发表的数字不完全一致。

附表1　　1961年各资本主义国家货币对人民币折合率表

1英镑＝人民币6.893元	1伊拉克第纳尔＝人民币6.893元
1港币＝人民币0.429元	1马来亚币＝人民币0.810元
1瑞士法郎＝人民币0.569元	1瑞典克朗＝人民币0.476元
1法国法郎（新）*＝人民币0.499元	1丹麦克朗＝人民币0.356元
1澳镑*＝人民币5.522元	1挪威克朗＝人民币0.3447元
1缅甸币＝人民币0.519元	1比利时法郎*＝人民币0.0494元
1印度罗比＝人民币0.519元	1西德马克*＝人民币0.615元
1锡兰罗比＝人民币0.519元	1美元*＝人民币2.4618元
1巴基斯坦罗比＝人民币0.519元	

注：＊内部掌握的牌价。

附表 2　**1961 年各资本主义国家货币对美元统一折算率表**

1 英镑 = 2.800 美元	1 伊拉克第纳尔 = 2.80 美元
1 港币 = 0.174 美元	1 马来亚币 = 0.329 美元
1 瑞士法郎 = 0.231 美元	1 瑞典克朗 = 0.193 美元
1 法国法郎（新） = 0.203 美元	1 丹麦克朗 = 0.145 美元
1 澳镑 = 2.243 美元	1 挪威克朗 = 0.140 美元
1 缅甸币 = 0.211 美元	1 比利时法郎 = 0.020 美元
1 印度罗比 = 0.211 美元	1 西德马克 = 0.238 美元
1 锡兰罗比 = 0.211 美元	0.250 美元（3 月 11 日起实行）
1 巴基斯坦罗比 = 0.211 美元	

（一）1961 年全国对外贸易总值表

金额单位：人民币（元）

项　目	1961 年	1960 年	1961 年与 1960 年比较%
出进口总值	9 042 426 544	12 556 680 453	72.01
出口总值…	4 589 733 154	6 313 811 683	72.69
进口总值…	4 452 693 390	6 242 868 770	71.32
差额（ + 出超， - 入超）…	+137 039 764	+70 942 913	…

（二）1961 年全国对外贸易分类总值表

金额单位：人民币（元）

贸易分类	出　口	进　口
总　值	4 589 733 154	4 452 693 390
其中：		
转口贸易…	30 998 965	29 876 562
援助物资…	38 107 049	…
转口援助…	6 000	…
大宗馈赠品…	272 395	5 006 888

（三）1961 年全国对外贸易经营部门分类总值表

经营部门分类	出进口总值		出　口		进　口	
	人民币（元）	%	人民币（元）	%	人民币（元）	%
总　值	9 042 426 544	100.00	4 589 733 154	100.00	4 452 693 390	100.00
对外贸易系统经营…	8 954 746 572	99.03	4 557 067 912	99.29	4 397 678 660	98.76
非对外贸易系统经营…	87 679 972	0.97	32 665 242	0.71	55 014 730	1.24
其中：商业部交换消费品…	4 009 369	0.04	3 916 372	0.09	92 997	…

（四）1961 年全国对外贸易出口工业产品、农业产品构成表

项　目	1961 年		1960 年	
	人民币（元）	%	人民币（元）	%
出口总值	4 589 733 154	100.00	6 313 811 683	100.00
（一）工业产品部分	3 747 023 763	81.64	4 319 953 168	68.42
［细目略］				
（二）农副产品部分	842 709 391	18.36	1 993 858 515	31.58
［细目略］				

（五）1961年全国对外贸易进口生产资料、消费资料构成表

项　目	1961年		1960年	
	人民币（元）	%	人民币（元）	%
进口总值	4 452 693 390	100.00	6 242 868 770	100.00
（一）生产资料部分	2 976 913 589	66.86	6 010 999 183	96.29
（甲）生产工具	1 122 411 358	25.21	3 008 947 722	48.20
［细目略］				
（乙）生产用原材料	1 842 171 291	41.37	2 984 526 968	47.81
［细目略］				
（丙）种畜、耕畜	12 330 940	0.28	17 524 493	0.28
（二）消费资料部分	1 475 779 801	33.14	231 869 587	3.71
（甲）食用消费品	1 322 559 743	29.70	75 152 617	1.20
［细目略］				
（乙）非食用消费品	152 425 004	3.42	148 542 451	2.38
［细目略］				
（丙）活动物	795 054	0.02	8 174 519	0.13

T62/2

对外贸易部、海关总署编制的一九六二年海关统计年报［节录］

1963年6月

1962年海关统计年报编制说明

一、资料来源。本年报的统计资料，是根据各地海关对进、出口货物执行监管所用的单证，并参考其他有关对外贸易的单据，综合编制而成。

二、统计范围。本年报的统计范围是我国对外贸易实际进、出口货物，其中包括国家间相互援助的物资和大宗馈赠品（每批价值在人民币5万元以上的物品）；通过我国国境的转口贸易货物（即我国自甲国购入通过我国国境运输转售给乙国的货物）。不包括：（1）不通过我国国境的对外贸易货物（如国外交货的转口贸易）；（2）暂时进、出口，最后尚需复运出、进口的物品；（3）非贸易性进、出口物品（如个人自用物品、运输工具用品和备用品、外交使领馆用品、广告品、免费赠送的货样、小量馈赠品、查获的走私物品等等）；（4）边缘区小额贸易进、出口货物。此外，西藏地区的进、出口数字未包括在全国对外贸易总值数字内，另以附表列出。

三、统计价格。进、出口货物的统计价格，进口用到岸价格，出口用离岸价格（空、邮运货物用向海关申报进、出口地的到、离岸价格）。统计金额以人民币计值，另附列外币（对社会主义国家贸易；阿尔巴尼亚、保加利亚、匈牙利、越南民主共和国、德意志民主共和国、朝鲜民主主义人民共和国、蒙古、波兰、罗马尼亚、苏联、捷克斯洛伐克为卢布，古巴为美元；对资本主义国家和地区贸易为美元）。

四、折合率。（1）卢布折合人民币，按1卢布=4.2元折算；折合美元，按1卢布=1.111美元折算。（2）资本主义国家和地区的外币折合人民币，按中国人民银行的外汇牌价买卖平均数折算（见附表1）；折合美元，按国家统计局批准的“各资本主义国家货币对美元统一折算率表”折算（见附表2）；折合卢布，先按上述统一折算率折合美元，再按1美元=0.9卢布折算卢布。

五、商品分类。本年报的商品分类是按照《中华人民共和国对外贸易统一商品目录（草

案)》缩编的《海关统计商品目录》分类项目统计的。

机器、仪器等零件、配件，单独进、出口时，海关统计商品目录中未列名的，其价值仍统计在有关机器、仪器内，不统计数量。有的机器分批进口，数量已统计在上年数字内的，本年就只统计价值不统计数量。

六、国（地）别统计。本年报按进出口货物的“产、消国”和“贸易国”分别编制两套国别统计。“产、消国”是指进口货物的原产国和出口货物的消费国（如无法确定消费国的，按尽可能预知的最后售予国或者最后运往国统计）。“贸易国”是指直接与我国发生贸易关系的国家，进口为购自国，出口为售予国（对于经由香港、澳门成交的贸易，凡属于我国与外国政府或贸易代表团签订贸易协议的，都按照协议对方的国家统计；凡通过我国驻港、澳机构成交的贸易，在进、出口时能确定是与其他国家成交的，都统计在其他国家内；不属于上述情况的贸易，都统计港、澳地区）。

本年报第十一、十二两表都是把每一个商品的产、消国和贸易国统计数字同时列出，以便比较研究之用。如第十一表的“输往××国消费的商品量值”栏，是按照该商品的消费国统计的，不论直接售予这个国家或者售予其他国家，只要是运往这个国家消费的商品都包括在内；“对××国贸易出口的商品量值”栏，是表示我国与这个国家进行贸易出口的商品量值。第十二表“××国生产的商品进口量值”栏，是按照该商品的原产国统计的，不论直接从这个国家购入或者从其他国家购入的，只要是这个国家产制的商品，都包括在内；“对××国贸易进口的商品量值”栏是表示我国与这个国家进行贸易进口的商品量值。因此第十一、十二两表内并列的两部分数字有些是不一致的，使用资料时应该注意。

七、经营部门分类。分为：（1）外贸系统经营，即对外贸易系统各进出口专业公司和他们所领导的公私合营公司经营的贸易；（2）非外贸系统经营，即对外贸易系统以外各部门经营的贸易和个别私人进出口的货物；其中包括我国商业部门与兄弟国家商业部门交换的消费品，并将这部分数字单独列出。

八、关别统计。进口是指最后查验放行货物的海关，出口是指最后放行装运货物的运输工具出境的海关。

九、统计日期。进口是海关核准放行货物的日期，出口是装运货物的运输工具经海关放行离境的日期。

十、由于海关统计范围和计算方法与本部计划局的统计不同，因此本年报所编的统计数字与对外公开发表的数字不完全一致。

附表1　1962年各资本主义国家货币对人民币折合率表

1英镑=人民币6.893元	1巴基斯坦罗比=人民币0.519元
1港币=人民币0.429元	1伊拉克第纳尔=人民币6.893元
1瑞士法郎=人民币0.565元（3月12日起）	1马来亚币=人民币0.810元
人民币0.570元（7月19日起）	1瑞典克朗=人民币0.476元
1法国法郎*=人民币0.499元	1丹麦克朗=人民币0.356元
1澳镑*=人民币5.522元	1挪威克朗=人民币0.3447元
1缅甸币=人民币0.519元	1比利时法郎*=人民币0.0494元
1印度罗比=人民币0.519元	1西德马克*=人民币0.615元
1锡兰罗比=人民币0.519元	1美元*=人民币2.4618元

注：*内部掌握的牌价。

附表2　1962年各资本主义国家货币对美元统一折算率表

1英镑=2.800美元	1巴基斯坦罗比=0.211美元
1港币=0.174美元	1伊拉克第纳尔=2.80美元
1瑞士法郎=0.230美元（3月12日起）	1马来亚币=0.329美元
0.232美元（7月19日起）	1瑞典克朗=0.193美元
1法国法郎=0.203美元	1丹麦克朗=0.145美元
1澳镑=2.243美元	1挪威克朗=0.140美元
1缅甸币=0.211美元	1比利时法郎=0.020美元
1印度罗比=0.211美元	1西德马克=0.250美元
1锡兰罗比=0.211美元	

（一）1962年全国对外贸易总值表

金额单位：人民币（元）

项　目	1962年	1961年	1962年与1961年比较%
出进口总值	7 965 583 214	9 042 426 544	88.09
出口总值…	4 676 504 815	4 589 733 154	101.89
进口总值…	3 289 078 399	4 452 693 390	73.87
差额（+出超，-入超）…	+1 387 426 416	+137 039 764	…

（二）1962年全国对外贸易分类总值表

金额单位：人民币（元）

贸易分类	出　口	进　口
总　值	4 676 504 815	3 289 078 399
其中：		
转口贸易…	23 483 674	30 093 456
援助物资…	36 800 868	…
大宗馈赠品…	1 994 578	153 500

（三）1962年全国对外贸易经营部门分类总值表

经营部门分类	出进口总值		出　口		进　口	
	人民币（元）	%	人民币（元）	%	人民币（元）	%
总　值	7 965 583 214	100.00	4 676 504 815	100.00	3 289 078 399	100.00
对外贸易系统经营…	7 897 348 764	99.14	4 651 189 282	99.46	3 246 159 482	98.70
非对外贸易系统经营…	63 234 450	0.86	25 315 533	0.54	42 918 917	1.30
其中：商业部交换消费品…	151 985	…	151 985	…	…	…

（四）1962年全国对外贸易出口工业产品、农业产品构成表

项　目	1962年		1961年	
	人民币（元）	%	人民币（元）	%
出口总值	4 676 504 815	100.00	4 589 733 154	100.00
（一）工业产品部分	3 794 241 047	81.13	3 747 023 763	81.64
［细目略］				
（二）农副产品部分	882 263 768	18.87	842 709 391	18.36
［细目略］				

（五）1962 年全国对外贸易进口生产资料、消费资料构成表

项　　目	1962 年		1961 年	
	人民币（元）	%	人民币（元）	%
进口总值	3 289 078 399	100.00	4 452 693 390	100.00
（一）生产资料部分	1 907 650 711	58.00	2 976 913 589	66.86
（甲）生产工具	452 672 582	13.76	1 122 411 358	25.21
［细目略］				
（乙）生产用原材料	1 436 116 602	43.67	1 842 171 291	41.37
［细目略］				
（丙）种畜、耕畜	18 861 527	0.57	12 330 940	0.28
（二）消费资料部分	1 381 427 688	42.00	1 475 779 801	33.14
（甲）食用消费品	1 189 562 879	36.17	1 322 559 743	29.70
［细目略］				
（乙）非食用消费品	189 457 582	5.76	152 425 004	3.42
［细目略］				
（丙）活动物	2 407 227	0.07	795 054	0.02

T62/2

对外贸易部、海关总署编制的一九六三年海关统计年报［节录］

1964 年 7 月

1963 年海关统计年报编制说明

一、资料来源。本年报的统计资料，是根据各地海关对进、出口货物执行监管所用的单证，并参考其他有关对外贸易的单据，综合编制而成。

二、统计范围。本年报的统计范围是我国对外贸易实际进、出口货物。其中包括国家间相互援助的物资和大宗馈赠品（每批价值在人民币 5 万元以上的物品）；通过我国国境的转口贸易货物（即我国自甲国购入通过我国国境运输转售给乙国的货物）。不包括：（1）不通过我国国境的对外贸易货物（如国外交货的转口贸易）；（2）暂时进、出口，最后尚需复运出、进口的物品；（3）非贸易性进、出口物品（如个人自用物品、运输工具用品和备用品、外交使领馆用品、广告品、免费赠送的货样、小量馈赠品、查获的走私物品等等）；（4）边缘区小额贸易进、出口货物。此外，西藏地区的进、出口数字未包括在全国对外贸易总值数字内，另以附表列出。

三、统计价格。进、出口货物的统计价格，进口用到岸价格，出口用离岸价格（空、邮运货物用向海关申报进、出口地的到、离岸价格）。统计金额以人民币计值，另附列外币（对社会主义国家贸易：阿尔巴尼亚、保加利亚、匈牙利、越南民主共和国、德意志民主共和国、朝鲜民主主义人民共和国、蒙古、波兰、罗马尼亚、苏联、捷克斯洛伐克为卢布，古巴为美元；对资本主义国家和地区贸易为美元）。

四、折合率。（1）卢布折合人民币，按 1 卢布 = 4.2 元折算；折合美元，按 1 卢布 = 1.111 美元折算。（2）资本主义国家和地区的外币折合人民币，按中国人民银行的外汇牌价买卖平均数折算（见附表 1）；折合美元，按国家统计局批准的“各资本主义国家货币对美元统一折算率表”折算（见附表 2）；折合卢布，先按上述统一折算率折合美元，再按 1 美元 = 0.9 卢布折算卢布。

五、商品分类。本年报的商品分类是按照《中华人民共和国对外贸易统一商品目录（草案）》缩编的《海关统计商品目录》分类项目

统计的。

机器、仪器等零件、配件，单独进、出口时，海关统计商品目录中未列名的，其价值仍统计在有关机器、仪器内，不统计数量。有的机器分批进口，数量已统计在上年数字内的，本年就只统计价值不统计数量。

六、国（地）别统计。本年报按进出口货物的“产、消国”和“贸易国”分别编制两套国别统计。“产、消国”是指进口货物的原产国和出口货物的消费国（如无法确定消费国的，按尽可能预知的最后售予国或者最后运往国统计）。“贸易国”是指直接与我国发生贸易关系的国家，进口为购自国，出口为售予国（对于经由香港、澳门成交的贸易，凡属于我国与外国政府或贸易代表团签订贸易协议的，都按照协议对方的国家统计；凡通过我国驻港、澳机构成交的贸易，在进、出口时能确定是与其他国家成交的，都统计在其他国家内；不属于上述情况的贸易，都统计港、澳地区）。

本年报第十一、十二两表都是把每一个商品的产、消国和贸易国统计数字同时列出，以便比较研究之用。如第十一表的“输往××国消费的商品量值”栏，是按照该商品的消费国统计的，不论直接售予这个国家或者售予其他国家，只要是运往这个国家消费的商品都包括在内；“对××国贸易出口的商品量值”栏，是表示我国与这个国家进行贸易出口的商品量值。第十二表“××国生产的商品进口量值”栏，是按照该商品的原产国统计的，不论直接从这个国家购入或者从其他国家购入的，只要是这个国家产制的商品，都包括在内；“对××国贸易进口的商品量值”栏是表示我国与这个国家进行贸易进口的商品量值。因此第十一、十二两表内并列的两部分数字有些是不一致的，使用资料时应该注意。

七、经营部门分类。分为：(1) 外贸系统经营，即对外贸易系统各进出口专业公司和他们所领导的公私合营公司经营的贸易；(2) 非外贸系统经营，即对外贸易系统以外各部门经营的贸易和个别私人进出口的货物；其中包括我国商业部门与兄弟国家商业部门交换的消费品，并将这部分数字单独列出。

八、关别统计。进口是指最后查验放行货物的海关，出口是指最后放行装运货物的运输工具出境的海关。

九、统计日期。进口是海关核准放行货物的日期，出口是装运货物的运输工具经海关放行离境的日期。

十、由于海关统计范围和计算方法与本部计划局的统计不同，因此本年报所编的统计数字与对外公开发表的数字不完全一致。

附表1　　1963年各资本主义国家货币对人民币折合率表

1英镑=人民币6.893元	1伊拉克第纳尔=人民币6.893元
1港币=人民币0.429元	1马来亚币=人民币0.810元
1瑞士法郎=人民币0.570元	1瑞典克朗=人民币0.476元
1法国法郎*=人民币0.499元	1丹麦克朗=人民币0.356元
1澳镑*=人民币5.522元	1挪威克朗=人民币0.3447元
1缅甸币=人民币0.519元	1比利时法郎*=人民币0.0494元
1印度罗比=人民币0.519元	1西德马克*=人民币0.615元
1锡兰罗比=人民币0.519元	1加拿大元=人民币2.283元
1巴基斯坦罗比=人民币0.519元	1美元*=人民币2.4618元

注：*内部掌握的牌价。

附表 2

1963 年各资本主义国家货币对美元统一折算率表

1 英镑 = 2.800 美元	1 伊拉克第纳尔 = 2.800 美元
1 港币 = 0.174 美元	1 马来亚币 = 0.329 美元
1 瑞士法郎 = 0.232 美元	1 瑞典克朗 = 0.193 美元
1 法国法郎 = 0.203 美元	1 丹麦克朗 = 0.145 美元
1 澳镑 = 2.243 美元	1 挪威克朗 = 0.140 美元
1 缅甸币 = 0.211 美元	1 比利时法郎 = 0.020 美元
1 印度罗比 = 0.211 美元	1 西德马克 = 0.250 美元
1 锡兰罗比 = 0.211 美元	1 加拿大元 = 0.927 美元
1 巴基斯坦罗比 = 0.211 美元	

（一）1963 年全国对外贸易总值表

金额单位：人民币（元）

项　　目	1963 年	1962 年	1963 年与 1962 年比较%
出进口总值	8 317 031 999	7 965 583 214	104.41
出口总值…	4 881 266 503	4 676 504 815	104.38
进口总值…	3 435 765 496	3 289 078 399	104.46
差额（+出超，-入超）…	+1 445 501 007	+1 387 426 416	…

（二）1963 年全国对外贸易分类总值表

金额单位：人民币（元）

贸易分类	出　　口	进　　口
总　　值	4 881 266 503	3 435 765 496
其中：		
转口贸易…	33 429 429	25 028 230
援助物资…	64 085 978	…
大宗馈赠品…	18 211 796	…

（三）1963 年全国对外贸易经营部门分类总值表

经营部门分类	出进口总值		出　　口		进　　口	
	人民币（元）	%	人民币（元）	%	人民币（元）	%
总　　值	8 317 031 999	100.00	4 881 266 503	100.00	3 435 765 496	100.00
对外贸易系统经营…	8 261 831 258	99.34	4 859 329 804	99.55	3 402 501 454	99.03
非对外贸易系统经营…	55 200 741	0.66	21 936 699	0.45	33 264 042	0.97

（四）1963 年全国对外贸易出口工业产品、农业产品构成表

项　　目	1963 年		1962 年	
	人民币（元）	%	人民币（元）	%
出口总值	4 881 266 503	100.00	4 676 504 815	100.00
（一）工业产品部分	3 769 569 602	77.23	3 794 241 047	81.13
（二）农副产品部分	1 111 696 901	22.77	882 263 768	18.87

（五）1963 年全国对外贸易进口生产资料、消费资料构成表

项　　目	1963 年		1962 年	
	人民币（元）	%	人民币（元）	%
进口总值	3 435 765 496	100. 00	3 289 078 399	100. 00
（一）生产资料部分	2 059 673 669	59. 95	1 907 650 711	58. 00
（甲）生产工具	339 650 621	9. 89	452 672 582	13. 76
（乙）生产用原材料	1 699 156 332	49. 45	1 436 116 602	43. 67
（丙）种畜、耕畜	20 866 716	0. 61	18 861 527	0. 57
（二）消费资料部分	1 376 091 827	40. 05	1 381 427 688	42. 00
（甲）食用消费品	1 146 236 698	33. 36	1 189 562 879	36. 17
（乙）非食用消费品	227 865 493	6. 63	189 457 582	5. 76
（丙）活动物	1 989 636	0. 06	2 407 227	0. 07

T62/2

第九部分

对外贸易中的侨务政策

一、积极争取侨汇

二、对华侨及港澳同胞携带、邮寄、进口物资的税收、价格政策

一、积极争取侨汇

中共中央批转中侨委、外贸部、人民银行、商业部党组关于华侨进口物资和争取侨汇、增加存款等问题的请示报告

1960 年 2 月 25 日

中央同意中央华侨事务委员会、对外贸易部、中国人民银行、商业部党组《关于华侨进口物资和争取侨汇、增加存款等问题的请示报告》，现将这个报告转发给你们，希即研究贯彻执行。

这个报告中所提的关于鼓励华侨进口物资、争取侨汇和增加华侨存款等办法，是进一步贯彻执行中央关于准备大量接待归国华侨的指示的重要措施之一，实施这些措施，对于鼓舞国外华侨进行反对排华斗争的信心和促进他们移资回国以支援祖国社会主义建设和安排他们自己的生活，都将起到有益的作用。为此，中央决定在国务院外事办公室和财贸办公室领导下，以中侨委为主，由外贸部、商业部、人民银行等有关部门参加，成立有关处理侨资侨汇的办公机构，设在接待和安置归国华侨委员会办公室内，广东、福建、云南、上海等地也要相应地建立类似机构，并与中央的办公机构建立必要的联系制度，以便及时地处理华侨进口物资和争取侨汇、存款等问题。

鼓励华侨进口物资、争取侨汇和华侨存款等工作，是一项对外经济斗争，也是一项政治斗争。在进行这一工作中，如果发生重大问题应及时请示国务院外事办公室和财贸办公室研究解决。

附：中央华侨事务委员会、对外贸易部、中国人民银行、商业部党组关于华侨进口物资和争取侨汇、增加存款等问题的请示报告

1960 年 2 月 8 日

为了适应当前反排华斗争的要求，维护华侨利益，抢救华侨资财，为了鼓励华侨进口物资、争取侨汇、增加存款以支持祖国社会主义建设，拟采取如下措施。是否妥当，请批示，如属可行，则请批转各有关省（市）和有关各部、委贯彻执行。

一

（一）华侨进口整批或少量物资，均根据不同种类，作如下处理。

第一类：国家当前所必需的物资：如橡胶、橡胶良种、西沙麻、石油等，按到岸价格加较高利润收购。

第二类：一般需要的物资：如椰干、椰油、胡椒、南药等，按到岸价格酌加利润收购。

第三类：黄金、钻石等贵重物品，进口后可以自存，也可以出售给国家有关部门。

第四类：其他一般商品，按到岸价格或酌定价格收购。

以上四类物资的具体品种、价格等，根据上项原则由对外贸易部门、商业部门和人民银行，另行规定。

各省（市）通过华侨进口机器、器材等应限于列入计划以内的物资，专、县以下进口物资应由省委审批。

（二）凡出售第一、二、三类物资所得的

货款，可以享受凭侨汇证购买物资及投资于国营华侨投资公司等各项优待办法。

（三）为了鼓励华侨整批进口橡胶、西沙麻、椰干、椰油、橡胶良种、石油等（具体品种由对外贸易部另行规定），必要时这类物资货款的百分之五十可以批给外汇（个别情况另议），或允许他们抵解侨汇，但侨汇必须通过国家银行或侨批局解付，其余部分可以自用，不得解付侨汇。

（四）华侨将存国外的大量资金转移国内，或以整批进口一、二类物资的全部货款用于投资或定期储蓄以后，如遇国外资金周转困难时，可由我香港或国外银行在当地经营业务的规定范围内给予不超过投资、储蓄款额百分之五十的短期贷款或透支，但贷款或透支所付息率，应不低于国内投资或存款所得的息率。

（五）为了便利华侨采用多种方式进口物资，国家贸易机关可在国内重要口岸如广州、上海、汕头、海口、昆明等地以“公司”名义设立贸易企业，以妥善处理各种手续和问题。同时也可考虑在港、澳、新加坡以及其他适当地区以“私营”名义设立贸易企业，就地处理转运华侨物资，避免和国家直接发生关系。

（六）对于为协助华侨转移资财而受到迫害的华侨，可给予关怀、照顾。

二

（一）为了进一步贯彻执行国务院一九五九年十月九日关于凭侨汇证增加侨眷、归侨物资供应的指示，和中央一九五九年五月二十三日关于解决华侨建筑材料等的指示，决定大额侨汇的物资供应证，可以分期发给；对于投资或定期储蓄的可以采取本金不发侨汇证，利息发给侨汇证的办法；对侨眷、归侨尽可能多供应一些高档品和其他副食品。

华侨建筑汇款的百分之二十的外汇拨给省侨务部门掌握。所需建筑材料由地方供应时，即将外汇拨给地方。建筑材料中属于中央统一分配的物资，凡在中央分配计划内由地方挤出来供应华侨建房的，外汇亦拨给地方；地方要求在计划外另行拨给的，外汇归中央。如供应部门不供给，或供应不足部分，可以用建筑汇款的百分之二十的外汇组织进口。

建筑华侨新村（或公寓），如需要周转资金时，可由投资公司或银行贷款。房屋较宽裕的城市，可拨出的部分公管房屋售予华侨，在整体规划下，允其修饰。

（二）侨汇地方分成办法（侨汇分成系指现汇，不包括物资进口抵解侨汇部分）：完成八千万美元的任务以内，地方分百分之二，超额完成任务时，超额部分则分百分之五十。收汇较多的省（市）应该适当照顾专县（市）的侨汇分成，具体办法由各省（市）决定。

（三）加强对国内外侨汇业的团结和领导，发挥他们在反排华斗争中的积极作用。我在香港的银行和外贸部门应该加强对金山庄以及国外侨批局的联系，并在业务经营上给予支持。组织侨汇业回国观光和做好国外侨批局在国内家属的工作。

（四）一九六〇年组织留港侨眷、国外华侨、港澳同胞回国、回乡过年过节省亲、观光五十万人次，国内侨眷、归侨一万人出省参观，华侨学生假期参观旅行五千人，并组织华侨、归侨等赴社会主义国家参观。

在深圳建立华侨新村，引导留港侨眷到深圳居住，以保证他们生活的安定，便利他们赴港会亲和使其子女得受教育。

三

（一）加强对华侨、留港侨眷、港澳同胞的宣传，说明将暂时不用的钱存入我国家银行，对支援祖国社会主义建设的意义和对个人的好处。

（二）加强或增设香港和国外我银行华侨服务部的机构。为了便利储户，在香港、澳门的我国银行必要时可在侨眷集居地区增设办事处，增添适当地方方言人员。

（三）优待华侨储蓄，调整利率，适当提高香港和新加坡等地国外各行优待华侨储蓄利率。国内外币存款利率应略高于香港和国外行华侨储蓄利率，华侨以人民币定期储蓄，增加七年、十年两种利率，但最高不超过国营华侨投资公司股息。

（四）对暂时不能争取回国甚至不能存入我国外银行的华侨资金，应积极组织引导为我外贸等各方面服务，如轮船运输公司、仓库、戏院、华侨旅馆等。

四

（一）在国务院外事办公室、财贸办公室领导下，由外贸、银行、农垦、商业、侨委等有关部门组成有关处理侨资侨汇的办公机构，加强对这一工作的领导。

（二）在广东、福建、上海、云南及其他有关地区，设立与上项相适应的工作机构。

（三）港澳工委应加强这方面的工作，各地出港人员由有关省委审批，并在港澳工委领导下进行工作。

181－9－8

中侨委、外贸部、商业部、人民银行党组关于限制新加坡、马来亚等地的侨批员大量携带消费物资和副食品进口代替侨汇的指示［节录］

1960年4月16日

自从国家对归国华侨带回的一切行李物品，采取“检查从宽，一律免税”的措施以来，在团结国外广大华侨，鼓舞他们进行反排华斗争和转移资财回国参加社会主义建设等方面，都起了重要作用。但是近月来，新加坡、马来亚等地的侨批员则利用我免税机会，到处向华侨揽收消费物资和副食品等代替侨汇带回国内。［中略］有的侨批员还公开登报揽收，配合敌人造谣诬蔑，说国内什么东西都买不到，所以欢迎带东西进口等。有的甚至套取侨汇，购买物资回来进行黑市买卖，牟取暴利。如印尼侨批员饶集荣在汕头地区卖黑市猪油一斤竟达人民币六七元。这就不仅不利于争取侨汇和市场管理，而且在国外也造成极其不良的影响。目前这种情况还正在发展中。

为了打击敌人对我的造谣诬蔑，争取更多侨汇，对于新、马等地侨批员携带大量消费物资和副食品进口，必须给以限制。为此，特作如下指示，希研究执行。

一、加强对国外华侨的宣传，揭穿敌人诬蔑我物资供应紧张的阴谋。教育侨批员只有服务侨胞，多收侨汇，才有发展前途。通过算细账使侨眷、归侨认识，托人带粮食、副食品回来，不但自己吃亏，同时也是不光荣的事，并通过他们向国外华侨宣传，争取多寄侨汇，支援祖国社会主义建设。

二、侨批员（包括没有执证的常走国内外经营侨汇的水客）携带回国的物资，除国家建设需要的物资外，对他们带回的粮食、副食品等，可以根据他们带回侨汇的额数，规定适当的限额（例如，每一百港元允许代带一至二市斤的副食品等。国内受灾地区可从宽掌握），超过限额部分则予以退运。在退运期间寄存仓库的物品，应按物品的不同种类和价格，征收较高仓库保管费。此规定可在下达一个月后生效。

三、认真做好凭侨汇证增加侨眷、归侨物资供应的工作。中央拨给广东、福建、广西、浙江的统销物资和建筑材料，必须专料专用，不能移作他用，同时应尽可能调拨一些高档品供应。希望各地迅即对这项工作进行一次深入检查，并采取措施解决存在的问题，改进工作。

四、加强对各级市场的管理，取缔黑市活动，对侨批员的套汇行为要从严处理。对港澳走私集团利用华侨进行走私套汇的活动，要狠狠地给予打击。

此外，要禁止地方有关单位和个人，假借各种名义套取经港转回的侨汇用以进口物资的行为。对已发现的这类事件，应严肃处理。

181－9－8

中共中央批准中侨委、人民银行总行、商业、粮食、外贸、交通部党组关于力争完成一九六一年一亿美元侨汇任务的请示报告

1961年5月3日

中央批准中侨委、人民银行总行、商业部、粮食部、外贸部、交通部党组《关于力争完成一九六一年一亿美元侨汇任务的请示报告》，现在发给你们，请注意此项工作。对于“平调”的侨区侨眷的物资应当坚决退赔，对侨汇政策应贯彻执行。

附：中侨委、人民银行总行、商业部、粮食部、外贸部、交通部党组关于力争完成一九六一年一亿美元侨汇任务的请示报告

1961年4月14日

在中央正确领导和各级党委的重视下，一九六〇年的侨汇工作取得很大成绩，全年侨汇收入共九千六百五十万美元，比一九五九年增加百分之二十强，超额完成全年八千万美元任务的百分之二十点六。但是，去年的侨汇情况是不稳定的，主要表现是：上半年增加较多，下半年则趋下降；大额汇款增长，小额赡家汇款减少。侨汇不稳定的原因很多，从工作中检查，主要是某些地方仍然有违反侨汇政策的现象。如有的省物资供应部门，对中央拨给的侨汇建筑材料，很少按计划供应，擅自移用；有的华侨商店竟将侨汇物资，与别部门搞非法协作；一些地方单位，更套取侨汇进口物资达几百万港元。有的地区还强迫侨眷、归侨投资存款，动员归侨学生等将凭侨汇证供应的物资，交给食堂“改善集体生活”。有的单位指责争取侨汇的干部、职工等是“对社会主义不满的表现”，是“不劳而获的寄生虫”。此外，各地对过去平调侨眷、归侨的房屋、家具等，一般尚未彻底处理。所有这些，都是违反党的政策的表现，引起华侨、侨眷的疑虑和不满，影响了侨汇收入的增长。为了解决当前工作中存在的问题，争取完成今年一亿美元的侨汇任务，特提出以下意见：

第一，各地党委必须根据中共中央“紧急指示信”的精神，结合整风整社运动，检查侨汇政策贯彻执行情况。对各种违反侨汇政策的行为，要坚决纠正。过去“平调”侨眷、归侨的物资尚未处理的，要及时处理。同时必须保证，凡是侨眷、归侨个人的生活资料，都应该永远归个人所有。

第二，各地必须按照国务院关于凭侨汇证增加物资供应办法规定的品种、数量，对侨眷、归侨实行供应。已经实行这一办法的地区，应该继续执行；削减了品种和数量的应予恢复；没有执行这一办法的地区，也应该实行起来。省、市供应有困难的，应由中央有关部门按照各省、市侨汇收入情况，另列专项指标，拨给所需的物资，归口商业部（厅）负责综合平衡，并在重点侨汇地区设立华侨特种物资供应专业公司，负责物资调拨，按季、按月安排供应。此外，在主要侨乡和有侨眷、归侨居住的县以上的主要城市，可以开展高级糖果、点心和食堂、饭馆炒肉片等供应业务。外贸部门有些不合出口规格转为内销的物资，和商业部门清仓的物资，主管部门在分配时，应照顾到对侨眷的供应。收购归侨携带进口的物资，商业部门应优先拨出作为凭侨汇证供应的物资。卫生部门也应拨出部分药材凭证供应。各地对中央拨给凭侨汇证供应的物资，必须保证专项专用，不得移作他用。

第三，必须满足华侨兴建房屋的要求，争取华侨建筑汇款。除中央下达任务的地区外，其他各地应选择合适地点，新建、扩建华侨新村或华侨公寓，并纳入地方建设规划，由建筑部门承包任务，保证完成。也可以拨出一部分旧房屋，加以修补后，凭汇入汇款出售给华侨或港澳同胞。华侨汇款建筑房屋，采取由地方包干（包建筑材料、地皮、施工力量等）的办法，在华侨房屋建成以后，中央则将这项建筑汇款百分之二十五的外汇，本着哪里建成给

哪里的原则，拨给包干的省、市、自治区或专、县使用。但此项建筑汇款不再计入地方侨汇分成数内分成。建筑所需材料，如果地方供应有困难，可以用上述拨给的外汇，向中央或省、市物资供应部门换取建筑材料；如果物资供应部门未能供应或供应不足时，经省、市、自治区人委批准，由外贸部门统一组织进口所需的材料。华侨兴建或购买的房屋，房管部门在征收房地产税时给予适当照顾（具体办法由税务总局另定）。华侨在城市购建房屋以后，应允许他们移居城市注册落户。

各地去年吸收的华侨建筑汇款而尚未建成房屋的，今年一定要建成交付。所需的建筑材料，如系去年中央已调拨而地方没有供应的，应从地方侨汇分成中拨出外汇进口供应；如系中央未拨或调拨供应不足部分，则由中央另拨外汇进口解决。具体数字待各地按专、县分项结算后，由中侨委和人民银行总行商定解决。

各地国营华侨农场也可以选择地点，引导华侨在农场建屋居住。其建屋所需的建筑材料，可以纳入所在县的规划之内，并按照地方包干办法处理。允许在农场建屋居住的华侨，开垦一定数量的荒地，自种蔬菜、饲料和果木。

第四，加强反限制斗争，大力沟通侨汇汇路。有关部门要加强对国内侨批业的领导，做好国外侨批业的国内家属的工作，通过国内影响国外，发挥国内外侨批业争取侨汇的积极作用。对有亏损的国内侨批局，要给予必要的补助。国内外侨批局争取侨汇有显著成绩的，要给予精神或物质鼓励。港澳工委要协同银行做好港澳侨批业和留港侨眷的工作，特别要研究做好经营美洲侨汇的钱庄和商行（金山庄）的工作，解决滞港侨汇内流问题。为了广开侨汇汇路，还要根据国外不同地区的情况，利用有利时机，适当建立各种驳汇点。

第五，各地国营华侨投资公司必须加强宣募工作，争取更多的华侨投资。今年国营华侨投资公司的主要任务，是物色有资历并有条件的爱国华侨和港澳同胞上层人物或团体，筹集资金进口粮食、饲料和化肥等物资，支援农副业生产，并积极指导归国华侨携带国家建设需要的物资进口。该公司在中侨委、商业部门指导下，进口一些原料，经过加工，保证凭侨汇证的物资供应。华侨旅行服务社可以计划在国外吸收外汇托运费，增加国家的外汇收入。上述物资进口以后，铁道、交通和邮电部门应适当优待调运。

第六，港澳工委必须继续加强争取华侨游资存入我国家银行的工作，并应立即开始研究如何运用港澳游资为国家建设服务的方案。

第七，进一步加强侨汇工作的领导，凡有侨眷、归侨和归国华侨学生的地区和单位，应该教育他们争取侨汇，使党、团员干部认识争取侨汇的必要。但须切实注意，不要搞成一股强迫侨眷、侨生向国外要钱、要汇款的空气和压力，以致在政治上造成损失。

各地在进行上述各项工作时，必须坚持政治挂帅，全面贯彻侨务政策，做到政治经济双丰收；在工作安排上，必须遵循先侨汇后物资、先服从整体后照顾地方的原则。

侨汇较多的广东、福建两省专区以上的侨务部门，应当增设专管侨汇工作的机构。其他有侨汇收入的省、市、自治区，也应指派专人负责这一工作。

此外，建议在国务院财贸办公室领导下，以侨委、银行、商业、粮食、建筑工程、交通、铁道、外贸、邮电等部门组成中央侨汇工作小组。有关省、市、自治区也应建立相应的机构，按季度将争取侨汇的工作、使用侨汇物资、建筑房屋的情况等，分别逐级上报地方党委和中央侨汇工作小组。

181－10－9

中共中央关于争取侨汇问题的紧急指示

1961 年 10 月 17 日

中央一九六一年五月三日批转中侨委、人民银行、商业部、外贸部、粮食部、交通部党组关于力争完成今年一亿美元侨汇任务的请示报告以后，各地在贯彻执行侨汇政策方面，都做了不少工作。但是，作为完成今年一亿侨汇和为明年超额完成一亿二千万美元侨汇任务来说，措施还是做得不够具体、落实和有力。中央要求各级党组织必须下最大决心，贯彻执行中央、国务院反复多次关于争取侨汇问题的指示，坚决采取有效措施，加强各级领导干部对侨汇政策的教育，使各项侨汇政策切实地付诸实施。

现再作指示如下：

一、凡有侨眷、归侨和归国华侨学生的地方，都应当普遍地检查一次侨汇政策的贯彻执行情况，对各种违反侨汇政策的行为，要坚决纠正。过去平调侨眷、归侨的物资，必须依照中央一九六一年六月十九日《关于坚决纠正平调错误、彻底退赔的规定》以及一九六一年四月二十五日中央批转中侨委党组《关于农村整风整社运动对平调侨眷、归侨房屋家具、侵占侨汇等的处理意见》，全部彻底进行处理。各级党组织应当教育干部充分认识争取侨汇和在当前放宽物品进口的重要意义，教育有国外关系的党员、团员、机关干部和归国华侨学生，加强与国外亲人的联系，积极争取侨汇。凡国外亲友寄来的侨汇，都应该接受下来，不可拒收退回。国外亲友转移财产回国投资、建房、存款等，均应积极协助办理。对积极争取侨汇的应当作为支援祖国建设的进步表现，予以鼓励，个人的侨汇收入可用于改善生活。领取凭侨汇增加供应物资的票证是国家允许的，他们有自行支配的权利，不得动员上缴或批评所谓海外关系，应该区别情况，具体分析，不得歧视。对那些已经具备入党入团条件的侨眷、归侨和归国华侨学生，应该照章吸收他们入党入团，不得以有侨汇关系和正常的海外关系而阻挠他们的进步。

二、必须大力协助华侨兴建房屋，争取建筑侨汇。中央已经下达建屋任务的地区，应当在最短期间内建成一批房屋交付华侨使用。其他地区如果华侨汇款回来要求建屋，也应该积极安排。从一九六二年起，华侨汇款回来建屋的，应全部纳入国家计委和有关省、市、自治区计委的计划，所需建筑材料，无论是中央或地方管理的物资，都必须在确保的项目内，配备成套安排供应，并由中央建筑工程部及有关省、市、自治区安排承建单位，负责建成交付华侨使用。房屋建成以后，应允许建屋人及其亲属到新居落户，不能因为压缩城市人口而有所改变，也不得动员已经在城市建屋落户的侨眷、归侨回乡居住。建屋所需临时性的人民币周转资金，可由银行贷款。国营华侨投资公司可以投资建筑房屋，凭侨汇证出售给华侨。大中城市在可能范围内应该拨出一部分旧房或多余宿舍，经过修缮以后出售给华侨。侨眷、归侨在侨乡修缮、新建、扩建房屋，更应积极协助。

三、必须做好凭侨汇证增加侨眷、归侨物资供应的兑现工作。粮食、布、糖、高级糕点等生活物资，必须保证落实，切实供应到侨眷、归侨手里。目前完全兑现有困难的（如油、肉），也应千方百计地搞些代用品代替，尽量做好。一些日用品和高档商品，中央同意由各有关部在可能范围内再拨九百万元物资给有关省、市。各有关省、市商业、粮食、卫生、水产等物资供应部门也要尽力设法增拨一些物资，外贸部门不合出口规格的物资可拨出一部分，交给商业部门凭侨汇证供应。今年再拨的物资，应在十月份内安排下拨各地，分配到华侨特种供应专业公司凭侨汇证供应。从一九六二年起，除了粮、油、糖、肉、布等物资外，每百元人民币的侨汇，应安排二十五元的日用品、其他副食品和高档商品，凭侨汇证供应。中央下拨凭侨汇证供应的物资，任何单位都不得挪用，挪用这种物资，则作为挪用国家外汇论处。

各地归国华侨学生中等补习学校、归国华侨联合会和华侨旅行服务社，都可设立凭侨汇证供应的小卖部或餐厅。小卖部和餐厅所需商品和物资，均应纳入地方物资供应计划，由所在地物资供应部门计划供应。

四、必须充分调动国内、外侨批业的积极

性，对国内侨批局应继续执行独立核算、分散经营的方针。侨批局合址办公应在自愿原则的基础上进行，现在愿意分出去的应当允许他们分出去。侨批局合址办公时所平调的房屋家具要一律退还，原物损坏了的，要折价赔偿。长期亏损的侨批局，只要积极努力开展业务的，银行可以贷款支持，必要时亦可予以补贴。同时要积极协助侨批业建立国外新的收汇关系。国外批局要求在国内新设批局或入股的，可以允许他们在国内开设批局或入股。国内外的侨批局可以增办一部分华侨进口物资联运业务，但必须有组织、有领导地纳入华侨旅行服务社的联运规划。具体办法由各省、市、自治区银行会同有关部门研究制订。

五、必须加强组织联运华侨及港澳同胞进口粮食、副食品工作的领导。各地华侨旅行服务社可以物色国外可靠商人或轮船公司建立联运业务，但具体对象必须经省侨委和中侨委审查，联系有关部门协商核准。联运工作中所需的人力、仓库、交通运输工具等，地方党委必须及时解决。华侨旅行服务社办理联运业务收入的全部外汇，必须及时调回国内向银行结汇，不得在外开户存款。各地华侨旅行服务社在接待回国观光、省亲的华侨和港澳同胞所需的粮食、副食品，可按接待外宾标准做出计划，由当地物资供应部门负责供应。

六、必须坚决制止套取侨汇和违法乱纪的行为。严禁发动华侨捐献，严禁利用华侨自愿捐办公益事业的汇款进口化肥，严禁截留侨汇用之于进口地方所需的物资，严禁与私商私搞联运进口物品业务，套取国家外汇。对已经套取的侨汇（外汇），各级党组织必须严肃处理。对侨眷、归侨和归国华侨学生追查侨汇来源，拆扣他们的信件，直接写信向国外调查他们的政治历史情况，随便给他们扣反、坏帽子，限制他们的正常活动，剥夺他们的政治权利等非法行为，应该严肃检查和坚决改正。对于不法分子利用进口物品进行投机牟利、套取国家外汇等事件，更应提高警惕，加强市场管理。

七、今年侨汇地方分成办法，仍按原规定办理。一九六二年侨汇地方分成办法由人民银行、中侨委会同中央有关部门研究后报国务院决定。

各级党组织必须把争取侨汇的工作纳入计划，并及时检查计划执行情况。同时应该成立相应机构，指定专人负责，认真解决工作中存在的问题，争取完成今年一亿美元的侨汇任务，并为明年超额完成一亿二千万美元的侨汇任务打好基础。

181－10－9

供销合作总社关于做好侨汇物资供应工作的通知

1962 年 8 月 20 日

侨汇是国家外汇收入的一项重要来源，对国际市场斗争、国内经济建设、安排市场和人民经济生活均有重大的政治经济意义。做好侨汇工作的基本点是贯彻侨务政策，做好侨汇物资的供应。为此，供销合作社必须认真贯彻国务院指示，配合有关部门做好这项工作，争取吸收更多的侨汇。但是今年以来侨汇收入不断下降。据中央侨汇工作小组 7 月份召开的侨汇物资供应工作会议检查，认为侨汇下降的原因主要是侨汇物资供应不足。为了迅速扭转侨汇收入下降的趋势，争取完成下半年侨汇任务，除了贯彻执行中央侨务政策外，目前主要应做好侨汇物资供应工作。侨汇工作小组要求中央和地方有关部门安排的侨汇物资供应计划，一定要认真落实，做到保证调拨，保证供应。

为了贯彻中央侨汇物资供应工作会议的精神，特对供销合作社负责供应的物资作如下通知：

一、切实执行下半年侨汇物资供应计划。1962 年供销合作社系统供应的侨汇物资计划，已于 4 月份以［62］商计字第 425 号文件下达。但据反映上半年计划执行情况不好，有的商品货不对路。经过与到会的各地侨汇物资管理部门核对后，安排了下半年侨汇物资供应计划，今随文下达，希即遵照执行。

执行下半年计划时，对其中榨菜、黄花二季度安排的计划，未完成部分，仍应继续执行；对苹果、雨伞、草席等上半年已开始执行年计划的品种，各省、市、区供销社要结合检查实际执行情况，注意上半年实际供应数和下半年计划数，以不超过原4月份下达年度计划为限。

下半年计划下达后，原年度计划安排的供销社内部调拨计划仍旧不变，即侨汇减少要货的地区，总社不扣减该省市区调入指标，多余货源由各该地区供销社留作特需供应或供应市场。各省市区侨汇需要的物资仍一律由各该省、市、区供销社在调拨或销售指标中优先拨给。

二、计划中总社只安排了销区商品的调拨，对产区侨汇需要的，由当地省、市、区供销社根据地方侨务部门提出的要货计划，认真进行安排：如河北提出的梨、核桃、杏仁、红枣、栗子，北京提出的栗子、核桃，浙江提出的莲子，广东提出的橘柑、土纸、蜂蜜，福建提出的莲子、土纸等，均请各该省、市供销社在保证出口和外调任务的同时负责安排，保证供应。并将地方安排情况报总社，抄报中侨委。

三、对地方管理的其他三类干鲜果菜和土特产品，属于当地产的只要是侨汇供应适销的，各级供销社应设法满足需要，保证供应；属于外地产的，各级供销社也应尽力寻找货源，组织介绍，协助侨务部门向产地直接进货。

各省、市、区供销合作社在安排和执行下半年侨汇物资供应计划中，有什么困难和问题，可随时报告总社，以便协助解决。

争取更多的侨汇是我们各有关部门的共同任务，各级供销合作社必须在当地党委、人委领导下努力做好这项工作。

164－9－116

二、对华侨及港澳同胞携带、邮寄、进口物资的税收、价格政策

商业部物价局关于归侨物资收购价格座谈会的报告［节录］

1960 年 11 月 4 日

商业部召开的归侨物资收购价格座谈会于10 月 11—15 日在广州举行。根据今年 5 月间中央归侨接待会议的反映，归侨物资的收购价格存在着某些偏低，个别偏高和各地价格不一致的现象，因此部党组决定召开这次座谈会。［中略］

二、关于收购归侨物资工作方面的几点共同认识：

参加座谈会的各地代表一致认为，在归侨物资收购作价工作中，有许多政策上、认识上的重要问题，经过讨论提出下列几点共同的认识：

1. 对归侨物资总情况的估计

今年 1—9 月全国各地收购的归侨物资约为 650 万～700 万元（广东 500 万元，主要是 6 月以后收购的量与退运物资和邮包物资，福建约 52 万元，广西约 28 万元，北京 50 万元，天津 7 万元，上海 9 万元，浙江约 1 万元，湖南不到 2 千元，云南没有统计）。估计目前留存在归侨、侨生和侨眷手中的物资，其中手表一项最多可能有 40 万只（广东 15 万只，福建 14 万只，其他省、市较少）。核收购价平均每只 30 元计算约值 1 200 万元；假定其他物资商品部分的总值相等于手表的总值，连同已收购部分，今年三个季度归侨物资总值约为人民币 3 000万元左右（如按市场销售价计算则约值 7 000万～9 000万元），约为同期国家侨汇收入总数的1/8～1/7。

自国家对归侨物资采取“检查从宽、免税放行”办法和对少数投机分子采取一定限制措施以来，从上述情况来看，侨汇能按计划完成，物资占侨汇的比重还不算大，一方面证明中央和有关地区省委的方针措施的正确，另一方面也说明华侨的绝大部分是爱国守法的。大家认识到，目前归侨物资在国内市场上存在着的问题是一些枝节问题，总的形势是很好的。

2. 关于商业部门收购归侨物资的数量和工作质量

上述估计说明，归侨物资商品部分卖给国家的约为 1/5，大部分仍由归侨留存。归侨留存物资作为自己财产是国家所允许的。中央指示中说：“归侨带回来的财产，要采取检查从宽一律免税的办法，并且宣布永久归个人所有。”同时也指出归侨带回的物资如在国内出售应卖给国家。这就说明，对归侨物资的收购工作的成绩，不能单纯从收购的数量来看，只要收购服务工作经常做好归侨物资卖出时不流入黑市，即使收购量不大，工作也是做好了。反之，如果收购比重不小，但归侨出售物资不完全出于自愿，带有勉强，工作也就没有做好。大家认为，中侨委对座谈会的指示，在收购归侨物资时要多注意政治思想工作，必须是归侨自愿出售，不要形成强制收购，是很重要的，在今后收购工作中应进一步做好。

3. 关于收购基价和到岸价格的计算问题

归侨物资的到岸价格是决定收购价格的基础，是贯彻政策的关键之一。到会代表对此问题展开了热烈的讨论。归侨物资的到岸价格历

来以香港批发价格为基价，由于归侨侨居国的价格有差别，一般商品新加坡、马来亚、印尼高于香港，并且有一部分还从零售市场购得，因此对一般商品过去采取在香港批发价基础上再加20%差价作为到岸价格。印尼土产如生橡胶，新、马价格高于印尼，香港价格又高于新、马，则采取按香港价格再加10%作为到岸价格。以上计算办法，后者对印尼归侨显然有利，前者对有些印尼归侨从印尼零售市场购得的零星物资仍可能发生亏损，因此存在着一定问题。

座谈会上在以手表为例研究了这一问题之后，根据印尼、新、马和香港等地区间市场价格的参差情况和归侨带运物资的复杂情况，认为现行到岸价格的计算方法基本上是合理的。这是因为：（1）对不同侨居国归侨带回的手表，如果要做到各按其购得成本给予利润，势必采取对归侨区分对象的办法，这在实践上是难行的，在政策上也是不适当的；（2）如果为了对印尼少数归侨发生亏损予以照顾，因而采取普遍提高手表价格的办法，又势必影响国家侨汇；（3）国家对印尼归侨，鼓励他们带回生胶、椰干等印尼土产，只要生胶等收购价格对印尼归侨很有利（因为生胶也以香港价为基价计算，印尼归侨实得利润超过50%很多），就是对他们的照顾；（4）据海南岛海口收购站反映，有些印尼归侨带回手表亏本确属事实，原因是我国3月间开始接侨时，印尼市场一度因归侨纷纷买表而市价大涨，后又逐渐有所回落。

从上述各方面来考虑，并从长期以来的执行情况来看，现行计算到岸价格的办法虽然存在一定问题，这些问题是次要的，基本上则是合理的。

4. 有些进口商品国内销售价格很高，不能据此提高收购价格

有些进口商品，尤其是高级消费品，国内销售价格很高，高于收购价格很多，并不是商业利润偏大，而是国家政策的正确体现。

高级消费品尤其是进口的高级消费品的国内销售价格比较高是合理的和必要的。国家根据可能从这方面适当地限制消费和适当增加建设资金的积累。有些进口商品的国内销售价格高，还为了保护和发展国内生产，例如橡胶就是这样。商业利润的大小，实质上是国家以商业利润的形式，作为国家积累的一种渠道。国务院1958年4月11日议字33号《关于物价管理权限和有关商业管理体制的几项规定》中曾指出：“工业利润和商业利润都是国家积累的一部分……目前有一部分利润由商业部门上缴是国家交给商业部门的任务……”因此商业部门收购归侨物资，其中某些商品的商业利润很大，只要收购价格和销售价格都符合国家的政策，便应当认为这是合理的、必要的。如果把进口商品的收购价格随着国内销售价格而提高，如果参照国内销售价格来规定归侨物资的收购价格而不是按照中央四部委规定按到岸价格加一定利润办法来制订收购价格，其后果之一必然是严重影响国家侨汇收入。

华侨的侨汇和归侨带回国家需要的物资按国家规定的价格卖给国家，都是对国家的社会主义建设的一种贡献。有少数华侨要求参照国家销售价格来收购他们的物资，主要是由于他们对国家的有关政策不完全理解，如果照他们所想象的那样去做，就对国家的社会主义建设不利。过去商业部门在这方面的宣传工作做得不多或不够也是原因之一。

三、收购工作和市场管理等问题

这次座谈会主要是讨论和研究了上述两方面的问题，此外对收购工作和市场管理工作也交流了经验。

对于归侨物资的收购工作，各地区共同的经验，首先必须由商业部门统一收购，而且必须由商业部门的一定机构（例如归侨物资收购站或者贸易信托公司）统一收购。同一商品决不能同时由两个不同的机构进行收购。唯有这样才有利于对外货市场进行有效的管理。

关于机构设置和人员配备，目前，口岸方面在接侨轮船到达时有应接不暇的情况，而在平时则又工作不多，在侨眷区、侨校和归侨农

场，收购机构和收购工作必须经常，而收购物资并不多。各地针对这一情况，一般的都采取了机构常设人员精简、在需要时临时调派机动人员的办法，同时并采取将收购工作与外贸市场管理工作结合的办法。

对于归侨农场需用一部分归侨携带回的生产资料，如种子和包装容器等，经初步研究，认为可以在商业部门统一收购物资中帮助解决一部分，但要区别品种和数量，经过一定批准手续，手续要简便。具体审批办法以及供应作价办法等问题，须由各省区拟订一定办法，以资掌握适当。

关于收购物资的统计问题，座谈会提出对手表、自行车、自行车内胎、自行车外胎、缝纫机、照相机、望远镜、金笔、电线、手风琴、录音机、留声机、打字机、锋钢、生胶、胡椒、糖精、钻石等 18 种商品（与广东海关现行进口统计项目衔接）拟统计收购数量并统计全部商品的收购总值。口岸收购按接侨轮船分批统计，内地则按月统计。由基层单位填报省、市商业厅局汇总报商业部。以上意见，由商业部计划局研究后另行布置。

对于外货市场的管理，在归侨侨眷较多的地区，一般都从党内到党外说明国家对于外货的政策和宣布对外货市场（外货市场还包括用其他方式流入国内的货）的管理办法；对归侨、侨生、侨眷经常进行爱国守法的宣传。由商业部门的归侨物资收购单位经常与海关、税务局、银行和公安局等有关机关密切协作共同进行管理，并由归侨物资收购单位组织辅导寄售商行协助管理外货市场。在外货市场管理得比较好的地区，共同的情况是，在管理工作的组织上是严密的，使归侨物资尽可能不流入黑市；在掌握的尺度上，则尽量放宽，对归侨、侨生、侨眷都着重在宣传国家对华侨的政策，对他们进行爱国守法的教育。

归国华侨人数很多、归侨农场和有侨生的学校已遍及许多省的许多地区。在归侨和侨生新到的地区，由于当地商业部门不了解归侨物资收购作价的根据（中央关于归侨物资的有关指示和规定过去只发给广东、福建、广西、浙江、上海、天津、北京等省、市，其他省、市都未发）。为了进一步做好工作，大家认为这次座谈会的精神经商业部审核批准之后，有必要通知其他省、区、市商业厅、局以资共同执行。

归侨物资收购价格的修订工作，大家认为商业部授权广东省商业厅负责办理的既往规定是正确的。今后仍应继续由广东省商业厅根据国外市场情况的变化，对某些价格变动较大的商品，在广东省委、省人委领导下作必要的修订。在国外市场价格有大变动的情况下，还可以召集有关省、区开协作会议加以审订。此次座谈会的审核的价格，在审价的具体原则经商业部同意之后，将由广东省商业厅刊印价格本，由有关地区订购，收工本费。

181－9－201

华侨事务委员会、商业部关于华侨进口化肥有关问题的处理意见

1961 年 11 月 15 日

浙江省侨务处、供销社：

关于华侨及港澳同胞进口化肥的有关几个问题，复如下：

1. 今年 3 月 31 日中侨委、人民银行总行、外贸部、商业部《关于争取粮食、饲料和化肥等物资进口的紧急通知》中曾规定，华侨和港澳社团组织进口的粮食、饲料、化肥和其他生产物资，商业部门应“按侨务部门根据货款人意愿所提出的分配计划，调拨供应给使用单位”。因此，对于进口的化肥，应根据华侨提出的地区、单位进行供应。如某华侨指定供应一个生产大队，但该生产大队实际用不了而又自愿转让给其他需用单位（如其他生产大队）时，可由省决定统一供应其他需用单位使用。但这类化肥绝不允许流入市场进行黑市买卖。

2. 上述紧急通知中曾规定，粮食、饲料、化肥等的使用单位，应定期交售一定数量的农、副产品，作为当地凭侨汇证增加物资供应

的保证。此项收购的农、副产品系用于当地凭侨汇证供应所需，不应包括在原来国家收购计划之内。收购什么和收购标准，由各地根据当地农副产品生产情况和凭侨汇证物资供应状况确定。

3. 为照顾侨乡生产和鼓励华侨进口化肥，在供应价格上可给予优待。广东现规定华侨进口化肥（硫酸铵）全省统一销售优待价格为每吨280元，而该省市场统一销售价为330元，优待价格比市场价格低15%。你省可参考。

181－10－93

国务院关于对华侨、港澳同胞和入境旅客携带和邮递进口的钟、表、自行车提高关税、工商统一税税率和加强管理问题的通知

1962年6月1日

为了配合提高钟、表和自行车销售价格的措施，对华侨、港澳同胞和入境旅客携带和邮递进口的钟、表、自行车的征收关税、工商税和有关管理问题，规定如下：

（一）提高钟、表、自行车及其零件的进口关税和工商统一税税率。钟、表、自行车的关税税率，由100%提高到180%。工商统一税的税率：钟由25%提高到50%；表由35%提高到50%；钟、表的零件由5%提高到50%；自行车及其零件，由13%提高到40%。关税的计税价格以到岸价格为准；工商统一税的计税价格，按照国营商业公司零售牌价计算，为了简化手续，改用加成办法组成计税价格。组成价格的公式：（到岸价格＋关税）×（1＋加成率），加成率定为300%。

（二）加强海关管理。根据1962年5月14日国务院《关于加强对归国华侨及港澳同胞携带和邮寄进口物品的管理的指示》的规定，对华侨携带和邮递进口的钟、表、自行车，凡是在自用、家用范围以内的，可以免税或者是征税放行，超出自用、家用范围的，可以收购或者退运。对港澳同胞携带进口的钟、表、自行车，每人各不超过一件，征税放行，超出的限期退运。对入境旅客携带和邮递进口的钟、表、自行车，凡是在自用、家用范围以内的，可以免税或者是征税放行，超出自用、家用范围的，限期退运。

进口的钟、表、自行车，不准私自出售，需要出售的时候，必须售给国营商业部门。否则，按走私处理。

（三）加强市场管理。钟、表和自行车提高销售价格以后，转手倒卖的情况可能增多。在广东、福建省等沿海地区，这种情况可能更为突出。必须加强市场管理，必须通过征税办法加以限制。

1. 对于在集市上出售旧钟、旧表、旧自行车，一律征收集市交易税，税率定为15%。对于投机商贩转手倒卖的，根据1962年4月16日国务院批准的《集市交易税试行规定》第六条的规定，除了征收集市交易税外，还应当征收临时商业的工商统一税，并且可以加成征收。

2. 在城镇和农村没有开征自行车使用牌照税的地区，应当一律开征。

3. 归国华侨和侨眷凭侨汇证购买的平价自行车，如果以高价出售的，应当向当地商业部门补交平价与高价的差额价款。没有补交差额价款的，税务机关应当在办理自行车转移手续时，通知商业部门追补。

（四）国营商业部门收购的进口钟、表、自行车及其零件，也按照本规定纳税。

以上规定自1962年6月10日起实行。

181－11－185

中侨委、对外贸易部、财政部、商业部、中国人民银行、中央工商行政管理局关于贯彻执行国务院“关于加强对归国华侨及港澳同胞携带和邮寄进口物品的管理的指示”的联合通知

1962年6月7日

为了贯彻执行国务院《关于加强对归国华

侨及港澳同胞携带和邮寄进口物品的管理的指示》，我部、委、行、局经会商后，对华侨（包括印尼和其他资本主义国家以及社会主义国家归国华侨、侨批员，下同）、港澳同胞（包括港澳旅客，下同）进口物品的征、免、验放尺度；出售物品的管理；收购价格的确定以及加强口岸检查工作和内地市场的管理等问题，具体规定如下：

一、关于华侨、港澳同胞进口粮食、副食品的管理。

华侨、港澳同胞携带、代带和邮寄进口的粮食、副食品，仍按国务院 1960 年 12 月 30 日国侨周字第 299 号指示办理。对华侨委托香港中国旅行社和华侨旅行服务社联运进口的，以及由国外寄交港澳亲友原包转运进口的，仍予免税。至于华侨委托归侨以外的其他人员代带进口的，以及以货运、捎包等方式进口的，均应征税。

烟草及其制品，均按卷烟作为粮食、副食品以外的其他物品处理。

有关对华侨进口粮食、副食品及其他物品的优待规定，原则上应适用于给其亲属的物品，但在执行时，对送给朋友的也可以同样办理。

二、关于华侨进口粮食、副食品以外的其他物品的管理。

（一）携带进口的。

除了从资本主义国家举家或单身搬回国内居住不再出国的华侨，携带进口的行李物品，仍一律免税放行外，其他归国华侨携带进口属于生活上必需的物品，如衣着，棉、麻、人造棉、尼龙衣料、毛线及其制品，中、西药品，家具，日常生活用品等，在自用、家用、合理数量范围以内的，免税放行；为了照顾华侨的需要，对于超出规定合理数量而仍属自用、家用的物品，在一定范围内，可予征税放行；超出免税和征税范围的，应由指定的国营收购单位收购。

重点物品和生活上不很需要的物品，如手表、自来水笔、照相机、收音机、缝纫机、脚踏车以及烟、酒、糖精、火石、呢绒、绸缎、哔叽、刀片、尼龙鱼丝、燕窝、银耳、鱼翅、海参、鱼唇、鱼肚、干贝、鲍鱼、咖啡、可可、味精等，在自用、家用、合理数量范围以内，免税放行；超出的，应由指定的国营收购单位收购。但是重点物品，超出规定免税限量而仍属自用、家用的，仍予征税放行；对于其他物品，如烟、酒、咖啡、可可等，如有特殊情况需予照顾的，也可以对超出规定合理数量而仍属自用、家用的，在一定范围内，准予征税放行。

华侨携带进口准予征税放行的物品，关税税额在规定免税优待额以内的，仍予免税放行，超出时，只征超额部分。

一年内回国一次以上的华侨以及由港澳举家搬回内地的侨眷和去港澳会亲并在港澳居住较长时期再返回内地的侨眷携带进口的物品，按对一般进出国境旅客的规定办理。但是，超出准许进口范围的物品，亦可由指定的国营收购单位收购。

在国际航行船舶上工作、具有华侨身份的海员，随船进出国境时携带的物品，仍按对船员携带物品的规定办理。

（二）托带和邮寄进口的。

华侨托归国华侨代带进口的自用物品，数量合理，并且到岸价格在人民币 30 元以内的（按收件人计），征税放行；邮寄进口的物品，包括华侨从国外寄交港澳亲友原包转运进口的，按《海关对进出口邮递物品监管办法》的规定征税放行。但是，自用、合理数量的旧衣着和中、西药品，均可不受价值的限制，旧衣着并可免予征税。托带或邮寄进口的应税物品，每件关税税额不超过人民币 3 元的免征，超出时全部征税。超出上述准许进口范围的物品，应由指定的国营收购单位收购。

华侨托其他进出国境人员代带或以货运、捎包等方式进口的物品，应限期退运，退运确有困难的，由指定的国营收购单位收购。但有特殊情况需予照顾的，仍按华侨代带物品办理。

（三）按照规定应予收购的物品，如果华侨或收件人要求退运，应予同意。

三、港澳同胞携带和邮寄进口粮食、副食品以外的其他物品的管理。

（一）携带进口的。

属于本人旅途必需应用的物品和超出前述范围的、显然陈旧的衣着、在自用、合理数量范围以内的免税放行，但对棉、麻、人造棉、尼龙制的衣着，在陈旧程度上，可以从宽掌握；自用的手表、自来水笔、照相机、收音机、缝纫机、脚踏车，在《海关对进出国境旅客行李物品监管办法》附件（二）［略］规定限量以内，以及其他重点物品，如手风琴、钢琴、电冰箱等，每一家庭各不超过一件，征税放行；其他有用物品，包括中、西药品在内，在规定完税限值以内的，征税放行。对来自和前往港澳的旅客，在内地和港澳居住期间满三个月以上的，完税限值为人民币100元，不满三个月的为50元。超出上述规定范围的物品，应限期退运港澳。

（二）邮寄进口的。

自用、合理数量的中、西药品，征税放行。自用、合理数量的衣着、布料、毛线等，除显然陈旧（掌握的标准同携带进口的）的衣着免税放行外，在到岸价格人民币10元以内的，征税放行。《海关对寄自或者寄往香港、澳门的个人邮递物品监管办法》附件列名的物品（药品除外），在规定限量以内的，仍验凭规定的证件征税放行。其他的零星自用物品，在到岸价格人民币5元以内的，征税放行。但是，每个收件人每月所收的小包原则上应以一次为限。超出上述规定范围的物品，应限期退运港澳。

四、根据规定应予收购或者退运的物品，如有特殊情况需要照顾的，可以由海关特准完税进口。

五、对华侨、港澳同胞进口准予征税放行的物品，以及应由指定的国营收购单位收购的物品，均按《中华人民共和国海关对入境旅客行李物品和个人邮递物品征收进口税办法》的规定计征关税。

对应征关税的物品，其工商统一税亦应代征；对按照规定可以免税放行和经特准减、免税放行的物品，其工商统一税亦一并免征和按比例减征。

六、为了大体上划一各地对华侨、港澳同胞进口物品的征免验放尺度，指定广东省对外贸易局对资本主义国家华侨和港澳同胞进口的物品，北京市对外贸易局对社会主义国家华侨进口的物品，拟定内部掌握的征免验放尺度，在报经省、市党政领导机关同意后，再报对外贸易部批准，转发各地参考执行。

七、华侨、港澳同胞出售经海关放行的进口物品，只准卖给指定的国营商业收购单位。收购单位在收购以后，对经海关免税放行的物品，应当负责扣下应纳的关税和工商统一税，交给当地海关，在没有设置海关的地方交给当地税务局。由税务局将关税汇交附近海关。

华侨、港澳同胞私自出售经海关免税放行的物品，由各地市场管理部门负责检查处理。对依法没收的物品，应当在变价出售时，向当地税务局补缴工商统一税；对不没收的物品，应当由市场管理部门责令出售者直接向当地海关补缴关税和工商统一税，在没有设置海关的地方，应交当地税务局，由税务局将关税汇缴附近海关。

八、对按照规定应予收购的物品以及华侨、港澳同胞事后出售的进口物品，由各省、自治区、直辖市商业部门指定统一的收购单位收购。非经指定的单位，不准擅自经营收购业务。

收购价格应按中侨委、对外贸易部、中国人民银行、商业部党组1960年4月21日关于对归国华侨携带的零星进口物资的收购和作价问题的通知和商业部1960年11月16日［60］商物字第1331号文印发的《关于归侨物资收购价格座谈会报告》中的规定办理。

九、华侨和港澳同胞运寄粮、副食品联运业务，由香港中国旅行社和各地华侨旅行服务社统一经营；华侨旅行服务社应拨出一部分派送业务委托侨批业派送，并给予合理的手续费。

十、关于加强口岸检查工作和内地市场管理问题。

各地海关、工商行政管理、税务等有关部门应当密切配合，采取有效措施，加强口岸检查工作和对外货的市场管理，严格查禁走私、套汇行为，取缔黑市买卖和非法采购外货的活动，禁止外货进入农村集市；重点打击集团性和重大的、惯常的违法活动；对于人民群众中的一般的或偶然的违法行为，应以教育为主从轻处理。对于查获的走私、套汇和非法买卖外货的案件，必须分清情节，区别对象，进行严肃处理。有关市场外货管理的具体分工和对私自买卖外货案件的处理原则，将由外贸、财政、商业部和中央工商行政管理局另行下达联合指示。

各地各有关部门在执行中，应当做好宣传工作，同时有关部门之间还必须加强联系，紧密配合，以正确贯彻政策，完成任务。

以往我部、委、行、局下达的规定，与本通知有抵触的，应予作废。

181－11－185

对外贸易部关于修改海关对入境旅客行李物品和个人邮递物品征收进口税办法中钟、表、自行车的税率的通知

1962年6月8日

遵照国务院1962年6月1日国财办习字128号的通知，现对《中华人民共和国海关对入境旅客行李物品和个人邮递物品征收进口税办法》中有关钟、表、自行车的税率修改如下：

原税号税率			修改后的税号税率		
号列	物品名称	进口税率	号列	物品名称	进口税率
11	钟、表、照相机、照相器材和它们的配件、附件	100%	11	钟、表、照相机、照相器材和它们的配件、附件： （甲）钟、表和它们的配件、附件 （乙）照相机、照相器材和它们的配件、附件	 180% 100%
12	自行车、其他车辆和它们的配件、附件	100%	12	自行车、其他车辆和它们的配件、附件： （甲）自行车和它的配件、附件 （乙）其他车辆和它们的配件、附件	 180% 100%

对外贸易部。181－11－185

广东省人民委员会关于国营商业部门收购华侨进口单车、手表纳税问题的请示

1962年10月8日

国务院6月1日国财习字128号通知规定：对华侨、港澳同胞及入境旅客携带进口的单车、手表，提高关税、工商统一税税率，并加3倍价格征税。执行后，商业部门经营亏损，例如：

1. 进口“来里”牌单车收购价每架139元，关税216元，工商统一税537.6元，收购价加税款共892.6元。目前平价销售调拨价为289.52元，亏603.08元；高价销售调拨价381.92元，亏510.68元；按中央规定华侨特种商品供应公司凭侨汇平价供应为350元，亏542.6元；现行高价销售1 099元，与国产车差价过大，无法销售。按合理比价只能安排销

售价600元左右，还要亏292.6元。

2. 进口17钻防水日历“菊花”牌手表每只收购价51.92元，关税81元，工商税252元，收购价加税款共384.92元。目前平价销售调拨价163.56元，亏221.36元；高价销售调拨价215.76元，亏169.16元；华侨特种商店供应公司凭侨汇平价供应为198元，亏186.92元（以上亏损数字均未计算商业部门的经营管理费用、利润和运杂费）。由于商业经营亏损很大，省商业厅迭次请示商业部未获解决。为了解决这些问题，我们认为应分别处理：

（1）对华侨、港澳同胞和入境旅客征税放行部分的单车、手表应维持按新的征税办法执行。

（2）商业部门收购部分则恢复原来的税率和原来的计税价格计算纳税。

因纳税问题未解决，进口单车高价销售牌价仍保持1 099元未降低，而国产高价单车销售价格已下降，形成进口单车价格高得极不合理。各省市对我省调拨作价，销售牌价意见也很多。

181－11－185

对外贸易部关于贯彻执行国务院关于加强对华侨及港澳同胞携带和邮寄进口粮食、副食品的管理的指示的通知

1963年1月7日

现将国务院《关于加强对华侨及港澳同胞携带和邮寄进口粮食、副食品的管理的指示》抄发给你们，自一九六三年一月二十日起贯彻执行。根据上述指示的规定，现就有关问题作具体规定如下：

一、指示内所称的华侨，应包括资本主义国家和社会主义国家归国华侨和侨批员在内；港澳同胞，应包括港澳旅客在内。

二、粮食、副食品的范围，仍按国务院一九六二年五月十四日国财办习字第91号指示和有关规定办理。

三、对华侨及港澳同胞携带、托带和邮寄进口的粮食、副食品以外的其他物品，应当分别按照现行有关规定办理；对单程回国的华侨携带进口的，也按我部转发广东省人民委员会和北京市对外贸易局拟订的内部掌握征免验放尺度表办理，但可适当从宽掌握。

四、华侨携带进口准予征税放行的粮食、副食品，连同其他物品，关税税额在规定的免税优待额以内的，仍予免税，超出时只征超额部分的税款。

五、对一年内回国一次以上的华侨，出国探亲居住不满一年的侨眷，以及由港澳举家搬回内地的侨眷和去港澳会亲并在港澳居住较长时期再返回内地的侨眷，携带进口的粮食、副食品，按双程回国的华侨携带进口的规定办理，但不给予免税额的优待。

六、对华侨从国外寄交港澳亲友原包转运进口的粮食、副食品，按华侨邮寄进口的同样办理。

七、华侨托带或邮寄进口的粮食、副食品已有价值限制，不再规定限量，但糖、油放行的数量各不得超过两公斤。

八、华侨托带或邮寄进口准予征税放行的粮食、副食品，连同其他物品，每件关税税额不超过人民币三元的，仍予免税，超出时全部征税。

九、对华侨托归国华侨以外的其他进出国境人员代带进口的粮食、副食品，应不准进口，予以退运。退运确有困难的，可以由指定的国营收购单位收购。如果有特殊情况需要照顾的，由海关酌情按华侨代带物品的规定办理。

十、国务院指示规定，港澳同胞邮寄进口的粮食、副食品和其他物品，价值在人民币五元以内的，征税放行。其中“其他物品”系指《海关对寄自或者寄往香港、澳门的个人邮递物品监管办法》所附限量表内未列名的其他零星自用物品。

十一、对华侨和港澳同胞委托华侨旅行服务社联运进口的粮食、副食品，按规定的限量掌握。各地海关应会同华侨旅行服务社建立必

要的登记、审核制度，注意积累资料，总结经验，共同做好这项工作。各地海关并应联系内地联运分发站，在分发时加强查核，发现有超出限量的通知海关处理。具体的联系配合办法，由海关会商华侨旅行服务社订定。

十二、联运进口的粮食、副食品，经海关征税放行而尚未分发的，如发现有霉损变质的情事，华侨旅行服务社向发货单位交涉同意退赔的，可以在放行之日起六个月内，向海关申请退回已征的税款，或申请免税进口同品种和等量的粮食、副食品；超出六个月限期的，海关可不予受理。霉损变质的部分应退运出口，不退运的除失去使用价值的可由华侨旅行服务社自行处理外，应移送海关变价缴库；在内地的，可不必移送海关，由华侨旅行服务社送侨务、工商行政管理等部门检查并出具证明后，交由当地指定的部门收购，价款送海关缴库。

十三、华侨旅行服务社报运进口专供分发联运粮食、副食品使用的包装材料和容器，免税放行。如果发现有将免税放行的包装材料和容器出售或移作其他用途等情事，应由海关按章酌情处理。

十四、国务院指示规定，凭省、自治区、直辖市人民委员会侨务部门的书面证明，或者经省、自治区、直辖市人民委员会批准进口超出免税、征税限额数量较大的粮食、副食品和其他物品，必要时可以加成征税放行。为了正确地执行这一规定，希根据工作中的实际情况，对在什么情况下采用加成征税的办法和加成多少较为适宜进行研究，提出意见在二月底以前报来，以便研究决定。

十五、根据国务院指示的精神，对华侨和港澳同胞以外的中国籍人员携带和邮寄进口的粮食、副食品，改按以下规定办理：

（一）一般旅客（包括短期旅客）携带进口的粮食、副食品，在自用、家用、合理数量范围以内，免税放行的不得超过五十公斤，其中糖、油各不得超过五公斤。个人邮寄进口的，按《海关对进出口邮递物品监管办法》的规定征税放行，其中糖、油放行的数量各不得超过两公斤。超出上述准许进口范围的，除超过数量不多而有特殊情况需要照顾的海关可准予征税放行以外，予以退运。退运确有困难的，可以由指定的国营收购单位收购。

（二）边境居民携带进口的，应根据国务院指示的精神，提出意见，报请地方党政领导规定。

（三）对在国际航行船舶上工作的中国籍船员（包括具有华侨身份的船员在内）携带进口的粮食、副食品，在自用、家用、合理数量范围以内，免税放行粮食二十公斤、副食品六公斤，超出部分连同其他应税物品在到岸价格人民币三十元以内的，征税放行；其中糖、油免税放行的各不得超过三公斤，征税放行的各不得超过三公斤。超出上述准许进口范围的，除超出数量不多而有特殊情况需要照顾的，海关可准予征税放行以外，不准进口，予以退运。

十六、在实施新规定后一个月以内进口的粮食、副食品，在处理上可适当从宽掌握，即：对按规定应予退运或收购的粮食、副食品，超过征税限量或限值不满一倍的，可在说明规定后酌情征税放行。实施新规定一个月以后进口的，应严格按规定执行。

十七、以往下达的规定，与本通知有抵触的，应予作废。

附：国务院关于加强对华侨及港澳同胞携带和邮寄进口粮食、副食品的管理的指示

1963 年 1 月 4 日

一九六二年五月国务院发出《关于加强对归国华侨及港澳同胞携带和邮寄进口物品的管理的指示》对粮食、副食品以外的其他物品的进口加以限制后，归国华侨和港澳同胞携带和邮寄进口这些物品已经减少。自一九六二年七月和九月两次提高凭侨汇证供应物资的定量以后，携带和邮寄进口的粮食、副食品也有所减少，侨汇逐月回升。但是目前糖和油等国内外差价较大的副食品仍有大量进口，有的进口后流入市场进行投机牟利。这种活动不仅影响国

家侨汇收入和市场管理，而且会腐蚀侨眷。这是同国家照顾归侨、侨眷和港澳同胞眷属正当需要的本意相违背的。目前国内市场供应正在逐步好转，凭侨汇证供应物资的定量已经一再提高，这样可以基本解决侨眷等的主要生活需要。为了保障归侨、侨眷和港澳同胞眷属生活上正当需要，严禁投机套汇等不法行为，维护国家侨汇收入，除了切实做好侨汇物资供应工作以外，对于华侨和港澳同胞携带和邮寄进口粮食、副食品也必须加强口岸管理和内地市场管理。因此，特作如下规定：

一、因受迫害而回国的难侨携带的粮食、副食品以及其他物品，仍一律免税放行。对于其他单程回国（回国后不再出国）和双程回国（回国后还要出国）的华侨以及港澳同胞携带和邮寄进口的粮食、副食品以及其他物品，都应按照既要照顾归侨、侨眷和港澳同胞的正当需要，又要防止投机、套汇活动的原则管理，在自用、家用合理数量以内的，分别予以免税或者征税放行；超过自用、家用合理数量的，不准进口，应该限期退运或者由指定的国营商业机构予以收购。对于华侨以及港澳同胞携带和邮寄进口的粮食、副食品以外的其他物品的自用、家用合理数量，由对外贸易部按照上述原则适当掌握，现对粮食、副食品的具体限额规定如下：

（一）对华侨。单程回国的华侨携带进口的粮食、副食品，免税放行一百公斤（其中糖、油各不超过十公斤），征税放行一百公斤（其中糖、油各不超过十公斤），免税和征税放行总数不得超过二百公斤。

双程回国的华侨携带进口的粮食、副食品，免税放行五十公斤（其中糖、油各不超过五公斤），征税放行五十公斤（其中糖、油各不超过五公斤），免税和征税放行总数不得超过一百公斤。

回国华侨为其他华侨代带进口的粮食、副食品连同其他物品每包价值不超过人民币三十元的（其中糖、油各不得超过二公斤），可予征税放行。每人代带进口的小包以五十件为限。

华侨邮寄进口的粮食、副食品可按《海关对进出口邮递物品监管办法》的规定办理。即在自用合理数量范围以内，并且每次连同其他物品价值不超过人民币五十元，全年不超过三百元，可予征税放行。

超出以上各项规定限额的，其超过部分应当限期退运或者予以收购。

（二）对港澳同胞。港澳同胞携带进口的粮食、副食品免税放行十公斤（其中糖、油各不超过一公斤），征税放行十公斤（其中糖、油各不超过一公斤），免税和征税放行总数不得超过二十公斤。

港澳同胞邮寄进口的粮食、副食品和其他物品的小包，每件价值不超过人民币五元，可予征税放行。每一收件人所收的小包，原则上每月以一次为限。

超过以上各项规定限额的，其超过部分应当限期退运。

二、为了适当解决某些侨户的特殊需要，特准华侨旅行服务社继续为华侨和港澳同胞办理粮食、副食品的联运和开办委托代办业务。

华侨旅行服务社代华侨或港澳同胞联运进口的粮食、副食品，一律征税，原则上每人每月限托一次（按收件人计算），每次限托二十公斤（其中糖、油各不得超过两公斤），全年每人不超过二百四十公斤（其中糖、油各不得超过二十四公斤）。超过部分予以退运或者收购。私商以及轮船、船员等代运、代带进口的粮食、副食品，一律不准进口，予以退运。

华侨旅行服务社开办委托代办业务的具体办法，由华侨事务委员会会同有关部门拟订试行。

三、华侨和港澳同胞携带、托带、邮寄和联运进口的粮食、副食品和其他物品超过免税、征税限额的，应该严格按照规定，分别予以退运或者收购，但如情况特殊，超出限额不多，并且确系自用，不作买卖活动，海关可酌情照顾，特准征税放行；如果超出限额的数量较大，必须凭省、自治区、直辖市人民委员会侨务部门的书面证明，或者经省、自治区、直辖市人民委员会批准，才可以特准征税放行，必要时也可以加成征税放行。

四、华侨和港澳同胞携带、托带、邮寄、联运和委托代办进口的粮食、副食品和其他物品，不得转手买卖，严禁用来投机倒把。各地区和各有关部门应当加强对侨眷、归侨和港澳同胞眷属进行爱国守法教育，要求他们自觉地遵守国家的政策法令，并且协助政府监督和检举投机倒把分子的违法活动。同时要加强市场管理工作，由各省、自治区、直辖市人民委员会根据一九六二年五月十四日国务院《关于加强对归国华侨及港澳同胞携带和邮寄进口物品的管理的指示》中的有关规定，结合各地实际情况制订具体管理办法加强管理，并送中央工商行政管理局备查。

五、以上各项规定定于一九六三年一月二十日开始实行，对外贸易部应根据以上规定制订具体实施办法，并将要点在实际前十天由各地海关对外公布。在开始实施的第一个月内，在内部掌握上可以适当从宽，第二个月起应当严格按照新规定执行。各级侨务部门要配合做好宣传解释工作。

181－12－264

对外贸易部关于对从港澳进口侨眷的行李物品管理规定问题的通知

1963 年 9 月 27 日

广东省对外贸易局：

据九龙海关报告，今年以来，从港澳举家内迁的侨眷和去港澳会亲并在港澳居住较长时期后再返回内地的侨眷入境人数和携带进口的物品，都有显著的增加。第一季度入境共 271 人，比去年同期增加了 3 倍；托运行李 756 件，比去年同期增加了 13.8 倍。他们携带进口的物品中，手表、自行车、缝衣机、收音机等重点物品都增加很多。但是，带进来的外汇则相对减少了。过去通常每人每次带进港汇两三千元，多的达万元，现在平均每人每次仅带进 600 元左右。鉴于上述情况，广州海关同九龙海关研究认为，对上述两类侨眷进口的行李物品，有必要适当加强管理，建议废除现行按照对进出国境旅客行李物品管理办法验放的规定，改为按照对港澳内迁旅客行李物品的规定办理。经我们与中侨委研究认为，广州、九龙海关的上述意见是可行的。现决定：今后对于由港澳举家内迁的侨眷和去港澳会亲并在港澳居住较长时期后再返回内地的侨眷携带进口的行李物品（包括粮食、副食品），均按照对港澳内迁旅客行李物品的规定办理（具体掌握尺度，可按本部［62］关行密白字第 535 号通知附件（二）［略］内部掌握征免验放尺度的说明第 3 点规定办理）。对于超出规定准许免税和征税进口范围的物品，应当予以退运或者交由指定的国营公司收购。但是，如果情况特殊，超出数量不多，并且确系自用、家用的，可酌情准予征税放行；如果超出数量较多，应凭省侨委的书面证明或者经省人委批准，才可特准征税放行。至于对双程来往的侨眷（即回来后还要出去的）携带进口的物品，仍应按照短期来往港澳旅客的规定办理。

1962 年 6 月 7 日中侨委、外贸部、财政部、商业部、中国人民银行、中央工商行政管理局关于贯彻执行国务院《关于加强对归国华侨及港澳同胞携带和邮寄进口物品的管理的指示》的联合通知中第二、（一）项内有关对侨眷携带进口物品的管理规定，经六部、委、局同意自本通知到达之日起予以废止。同时，本部［63］关行密白字第 13 号通知第五项内的有关规定与本通知有抵触的亦予作废。

181－12－264

对外贸易部关于对港澳邮寄进口布料、毛线管理问题的通知

1963 年 12 月 4 日

据广州海关报告，目前邮寄进口的布料不断增加，投机牟利活动情况有所发展，尤以港

澳进口布料的情况更为突出。据统计，广州口岸三月份港澳邮寄进口的布料小包为四万三千零七十九件，约合二十三万八千八百三十一米，至五月份增为八万四千七百八十七件，约合三十七万七千五百六十八米，增加百分之九十六点八及百分之五十八点一。同时，投机分子利用化整为零，分散寄递，冒名顶替，大量收取布料，分批出售牟利的情况日见严重。例如，广州信诚信托商店在本年头五个月代客买卖棉布的价值即达四十余万元。广州海关建议对港澳邮寄进口布料的限值，加以紧缩。经报请国务院财贸办公室和外事办公室同意：今后对港澳邮寄进口的布料、毛线改按《海关对寄自或者寄往香港、澳门的个人邮递物品监管办法》所附限量表内未列名的其他零星自用物品同样办理，即在自用合理数量并且每次价值在人民币五元以内的，征税放行，每一收件人每月所收的小包，包括布料、毛线和其他商品，原则上以一次（一包）为限。希即遵照执行。

一九六二年六月七日中侨委、对外贸易部、财政部、商业部、中国人民银行、中央工商行政管理局关于贯彻执行国务院《关于加强对归国华侨及港澳同胞携带和邮寄进口物品的管理的指示》的联合通知第三项（二）的有关规定，经联系上述有关部门同意，予以废止。

181－12－264

第十部分

边境小额贸易情况

吉林省商业厅关于1959年中朝边境地方贸易总结及今后进行贸易意见的报告［节录］

1960年7月1日

1959年我省与朝鲜边境地方进行的易货贸易，本着外贸部的指示在省委的具体领导下，认真贯彻执行了对兄弟国家的贸易政策，遵守了中朝两国地方贸易议定书中所规定的原则，因而一年来的贸易情况是良好的。

一、1959年的易货合同进出口总值为244万元。我方出口完成为222.7万元，占合同91.3%，从朝鲜进口完成191.4万元，占合同78.4%。年终结算是以实际进出口额度为基础，以"以差补差"的方法平衡的。这样1959年的实际进出口额度即为222.7万元。

据我们估算双方易货利润情况是：朝方毛利为377万元左右，我方毛利为310万元左右。我方减除各项税款、费用，纯利为95.9万元（朝方纯利因无依据不好计算）。从贸易比值上看，以我们出口物资总值对朝鲜出口物资总值（朝币）对比是1∶1.87，基本上贯彻了中央和省委指示的"朝方多利，我方微利"的原则。

在执行合同中我们是认真的，始终掌握了出口大于进口，贯彻了中央指示的即或朝方合同执行差些，我们仍然按合同交货的精神，对出口物资基本上是按照合同规定的品种、规格、质量、数量、包装条件及时地组织了出口，从而保持了国家信誉。

［中略］

二、一年来的贸易，虽然取得了一定收获，但亦存在以下几方面问题：

1. 我们签订合同时考虑不同，将由国家进口的刀片、刀架、人字大衣呢和个别只有规格而实无货的几个品种列入了出口合同不能执行，发现后，虽进行了修改，但使出口受到了影响。从朝鲜进口的品种变动较大，执行得不好，我们为促进合同的圆满实现曾两次去朝鲜商谈，把朝方不能完成的品种以其他品种作了代替，修订了合同。但朝方仍无保证，结果全部完成合同规定品种只有百分之四十左右，根本未执行的占百分之二十五左右。这种情况，据我们了解，首先是朝方进口的商品由朝鲜中央统一掌握分配。中央受益大，而出口的海产品主要由咸境北道负责，中央和地方之间在利益上存在着矛盾，执行出口商品的咸境北道缺乏积极性；其次是朝鲜对1959年的地方贸易与国家贸易相比较感到赚钱少；再次由于朝鲜海产品减产，一些品种被大贸易挤掉了。

2. 我们对由朝鲜进口的某些品种验收的不严，不符合合同数量规格的也同意了进口，存有一定迁就思想，这在一定程度上助长了朝鲜在执行合同上的不严肃，我们出口的商品也发生过个别品种质量次的情况。

3. 在贸易形式上，因是以若干商品互换自行掌握价格，由于掌握尺度不一，反映在谈判和结算工作上，往往形成讨价还价，谈的时间很长，虽然未影响到友谊，但却是一个问题。

4. 地方易货所交换的品种，是依地方需要来考虑，但某些需要品种，由于超出了议定书范围，却不能实现。

三、今后开展地方贸易的意见

1. 边境地方贸易是为两国边境地方的经济发展和巩固传统友谊而开展的，它的趋势应随着双方边境地区经济的发展而发展，不能削弱，贸易额度应视双方贸易的可能性而定，在目前应以五百万元人民币为宜。额度大些有伸缩性，便于地方根据需要与可能机动掌握。

2. 1959年的边境地方贸易，在朝鲜来说是国家贸易的一部分。这对我们来说是好的一方面，出口物资不受地方限制，但也有不利的一方面，那就是如同前面所说，地方不掌握进口物资只负责出口物资没有积极性。我们认为由朝鲜的道来进行可能好些（朝鲜地方有些要求），这样在朝鲜就不存在中央和地方间的矛盾了，会有利于边境贸易的开展。

3. 易货范围，在议定书中已有规定，但通过一年来的易货活动来看掌握不宜过死，对那些地方有可能进行易货的品种（可能是一、二类物资）应给予机动余地，具体意见是给一定的指标，便于地方在遵守议定书的原则下，有灵活性。1960年仍按议定书规定范围不变，根据情况可适当地进口一些工业原料。

4. 易货形式，朝鲜谈判1959年贸易结算代表团已明确提出要求按国家贸易价格，以卢布为单位计算。我们考虑地方贸易的品种、质量、价格与国家贸易皆不同，或不完全相同，不能采用国家贸易价格。从经营单位来说由于采用国家贸易价格进口商品价格高，将要亏损。它不像国家贸易，不但可以得到国家财政部门补贴，而且能够在整个贸易中互相弥补。地方贸易吞吐力小，没有这个条件，因此地方贸易要采用国家贸易价格，除非国家给予支持，否则是有困难的。1960年我们意见仍然坚持按议定书规定自行掌握价格和比值，其比值可掌握在1∶1.75左右。这个比值是按我们出口价值1元人民币物资换回1.75元的朝鲜币物资计算，而1959年是我们出口价值1元人民币物资换回1.87的朝鲜币物资。按上述比值朝方较1959年可能得更多利润。

5. 关税与地方的经营关系很大，我省1959年进口的物资绝大部分是海产品，中央在1959年底除高级海产品外都免了税，因而有利润。1960年朝鲜拟出口一些工业原料，我们也打算适当进口一些我们所需的工业原料。但关税较重，地方经营这些品种要亏损，因此请求中央给予适当减免，以利于地方贸易的开展。

181-9-163

广东省商业厅：广东省中越地方国营贸易几年来的简况

1960年8月29日

我省与越南海宁省（1959年又增加越南海防沿海进出口公司）之间的中越地方贸易，根据中央指示于1955年起开始执行，几年来不断发展，从金额实绩看，1955年我省进口50 288.85元，出口126 664.33元。到1959年进口额为3 331 672.13元，出口为3 334 892.08元。

应越方的提议，1958年除整合内外，先后签订了两次补充合同，这样1958年共签订了三次合同，合计进口总金额实绩为2 662 610.33元，出口为2 415 215.65元，我方由于出口陶瓷、百货等未能按计划完成，所以逆差24.70万元。

1958年底至1959年1月，越方派出贸易代表团到广州与我方谈判推销越方长期未能解决的库存商品，和进口一批百货中药、棉布副食品等，我们本着和兄弟国家互相解决问题的精神，将其中主要的接受下来，计有捷克、苏联、波兰、匈牙利、德国等民主国家产的人造丝绸、染料、西药、照相胶片和越南本国产的胶鞋等，我方出口方面也尽量挤出一批棉布、百货、中药材来供应对方，这次协议主要是为越方解决库存商品，而且是地方贸易，每年计划数字之外，加以当时有些商品稍紧，所以在合同中就表现逆差，而入超实绩是124.90万元。

根据越方的提议结合我们当时需要，在1958年底和1959年初，我方共进口生猪18 069头，折合1 010吨，金额121万元，除其中67万元已归在1958年结算外，余下54万元是入超数。

由于上述情况，所以1959年合同我方出多入少，以补偿以上入超，同时在执行过程中我方根据越方临时提出的需要，结合我们的可能条件尽量提供出口，以争取平衡，因此1959年8月至1960年1月两次签订了补充确认书，继续供应出口（不进口），1960年4月在签订1960年地方贸易合同前双方先检查核对1959年双方进出金额实绩，核对结果，我方仍逆差35万元，经协商后签订第三次确认书，由我方单方面出口，至完全平衡，结果1959年合同留下问题。

1960年4月27日，双方签订了1960年地方贸易合同，双方进出口107.30万元，保持平衡，但未达到150万元的指标，因双方进出口都有困难，也未能满足需要，双方准备以后再以补充合同形式继续交换货物。

总的来说，由于双方本着互相谅解、互相支持的友好精神，除了因一些生产上或运输上的客观因素影响致使某些品种未能按时完成合同外，每年合同的执行情况基本上是良好的，对促进双方边境、两省生产和物资交流起了积极作用，同时通过在谈判期的互相访问、交流经验等，也进一步增进中越两国兄弟友谊的发展。

181－9－163

云南省商业厅关于一九五八年到一九六〇年中越边境地方贸易情况报告

1960 年 9 月 30 日

一、1958—1960 年地方贸易执行情况

（一）几年来，我省同越南老街、河江、傣［原文如此，下同］苗自治区之间的地方贸易，根据中央指示，在省委的正确领导下，进一步贯彻了平等互助、互相支持，并尽可能照顾越方需要的原则，执行了两国中央关于《两国边境地方贸易公司进行货物交换议定书》的决定，基本上完成了双方所签订的进出口物资交换。1958 年签订合同总值为人民币 1 394 247.40元，其中，出口为659 922.50 元，进口为734 324.90 元，经过修改补充，我方出口增长为1 112 577 元，进口增长为1 117 957 元，实际执行结果，我方出口 1 031 769.42 元，进口 752 642.97 元，1959 年原订合同进出口总值为人民币2 868 861.55 元，其中，出口为1 420 691.65元，进口为1 448 116.90 元。

又经双方临时修改补充后 1958 年实际完成总值为2 327 355.23 元，其中进口 1 020 816.09 元，占原合同的139.01%，出口为1 306 529.14 元，占原合同的 181.26%。1959 年修改后合同为出口 1 428 107.45 元，进口 1 452 004.45 元，截至1959 年4 月底完成进出口总值2 887 591.36 元，占原订合同 100.65%，占修改后合同 100.25%，其中出口完成1 421 962.40 元，占原订合同100.08%，占修改合同 97.93%，进口完成 1 465 628.96元，占原订合同 101.20%，占修改后合同 102.62%。1960 年合同数为 2 888 904.92 元，其中出口 1 368 779.22 元，进口 1 520 125.70 元，于 5 月 4 日经过双方协商同意，我方补充进口水泥 20 000 吨，计人民币 170 000 元，到 9 月份进口完成数为 681 342.23 元，出口完成数为 508 488 元（其中包括 1959 年预交 1960 年合同），通过双方地方贸易往来对促进双方生产和满足边民生产生活需要起了积极作用，同时对中越两国人民的友好团结也得到进一步加强。

（二）随着双方经济的发展，相互间对进出口的商品需要都有了增长，1958 年进出口总值较 1957 年进出口总值 739 224.51 元增长了两倍多，1959 年较 1958 年增长 37.57%，较 1957 年增长了 3 倍。我方供应越方货物是人工什品为主，约占 70%，其中棉布约占 30%；越方供应我方以林木土产为主，1956 年进口茶叶占63%，1957 年进口木材占 14%，1958 年进口咖啡占 26.46%。1959 年我方供应越方棉布占 42.06%，烤烟 36.11%，粮食 5.59%，日用百货 8.23%，药材占 6.44%；越方供应我方煤油占 49.71%，咖啡占 11.46%，水果占 10.83%，其他土产植物物种等占 20%。从情况来看，最近两、三年内，我省与越南三省的地方贸易大致上是维持现状或稍有增长，但幅度不会太大。因为一方面通过几年来地方贸易的往来，在发展双方边境地区的工农业生产和解决两国边民传统的日常生活用品的相互供应，以及增进两国边民的友好团结等都取得良好作用。

为此，双方对边境贸易都有需要，特别是越方更感迫切，具体表现在 1959 年越方还专门成立了老街老傣河进出口公司专管地方贸易，另一方面由于地方贸易本身所具有的局限性，它不可能无止境地盲目扩大，地方贸易是在国营贸易的统一领导下作为国家贸易的一个补充，前几年是逐年发展，目前将维持现状或稍有增长，几年来中央所控制的地方贸易进出口额度是正确的。

（三）几年来，由于在中央和省委的正确领导下，我省有关部门把这项工作看成是自己的经济和政治任务，因此在工作中认真地贯彻了对兄弟国家贸易的政策，在每次举行贸易谈判、签订合同及具体执行工作中都是抱着开诚相见，实事求是，尊重越方的态度，本着友好互助的原则，在两国政府确定的额度范围内，在进行平衡的原则下，对进出口品种上尽量满足越方要求，使越方表示满意。但我们在执行过程中，尚存在着某些缺点，如：1959 年合同应出口的民族花布，由于生产一度停止，没有及时完成出口任务，部分药材需从省外调入而未调入，合计约有 7 万元人民币的物资没有按时交货，同时在发货工作上，也还有不够认真、细致之处，如部分出口商品因包装不牢、装车不善、运输途中造成一些损失，这些都需要在今后工作中注意改进。

（四）地方贸易进出口额度平衡问题：1956 年我方入越数为 27.28 万元，1957 年开始基本上求得平衡，到 1958 年结算时越方尚欠我方 28.57 万元。1959 年合同执行结果，我方入越 3 万多元，累计越方尚欠我方约人民币 26 万元，拟在 1960 年签订合同时进行平衡。历年来，对于进出口额度的处理，都采取易货平衡、前差后补、逐年结算、逐年平衡的办法。

二、1958—1959 年口岸国营贸易商店合同执行情况

（一）我省（河口）与越南（老街）边境口岸贸易是从 1958 年开放，正式签订的 1959 年根据两国地方贸易总值由 1958 年的 80 000 元增到 140 000 元的 10% 额度，由双方口岸贸易商店签订了进出口总值 154 372.05 元的合同，其中进口 80 254.41 元，出口 74 117.64 元，合同未达到规定额度，部分在执行期中临时作了补充，实际执行结果进出口总值完成 276 105.4元，为进口限额 14 万元的 95.25%，出口完成数 142 757 元，为限额 14 万元的 101.97%。进口的主要品种为海盐、草席、水泥、木材、农畜、种子、水果等以及老街供应河口的用电，出口主要品种为日用百货、蜡纸、成菜、粮油种子等通过双方口岸国营贸易往来，对弥补地方贸易的不足，解决双方边民生产生活上一些日用。另是织品的交换，促进双方边民友好团结和调剂双方边境市场，加强小额贸易的管理等方面都取得一定的成绩。

（二）当前在执行口岸贸易合同中存在的主要问题：越方向我方提出的要货一般是在我口岸商店门市部看到什么要什么，因此他们要求的物资往往是货源不多，甚至有的商品只是专门市上有一小部分，所以形成签订贸易合同有困难，推迟时间不能解决。1960 年我省（河口）与越南（老街）口岸贸易合同至今尚未签订。在越方催订 1960 年口岸贸易合同而我方河口物资不足，商业局要求对该项物资给予大力支持。

三、我省与越南老街、河口、傣苗自治区三省的边境地方贸易是 1956 年开始谈判的，均由省外贸局直接经办，仅口岸贸易业务由河口县商业局经营。几年来，由于人员调动频繁、有的同志已经下放，资料没有进行系统移交。1958 年以前资料无法搜集，经我处向省外贸局、中国银行云南省对外贸易部、昆明海关及河口县商业局了解搜集，将现有材料综合整理上报。

181－9－163

商业部、对外贸易部关于一九六四年对朝鲜地方贸易问题的批复

1964 年 2 月 27 日

吉林省商业厅：

对你们请示的关于 1964 年你省对朝鲜地方贸易的几个具体问题，我们意见如下：

一、贸易额问题，考虑到 1963 年你省对朝鲜地方贸易的实际贸易额只有 110 万元左右，因此，1964 年贸易额可控制在 200 万元以内，根据双方的需要与可能，能做多少算多少。同时，对贸易额的发展要注意不要一下过大，一下过小，差距悬殊，这容易引起被动。

二、棉针织品出口问题，考虑到目前我国棉花货源困难的情况，而且我通过中央贸易已供应朝鲜很大数量的棉花，因此，今后地方贸易出口的棉针织品数量不宜再增加。1964 年你省对朝鲜出口的棉针织品，可控制在200 件纱以内，货源在你省库存中动用。

三、其他出口商品，磁漆请自行安排生产解决；如安排生产有困难，则在中央分配你省的指标内安排出口，不再增拨指标，中药材中的肉桂两吨，如系国产的桂皮，同意出口；如系进口的玉桂，则不要出口。此外，来函表内所列的其余商品，同意在中央分配你省的指标内和地方货源中安排出口。

附：吉林省商业厅关于1964 年同朝鲜进行边境地方贸易意见的报告

1964 年1 月24 日

1963 年我省同朝鲜民主主义人民共和国的边境地方贸易，在中央、省委的重视和领导下，认真地贯彻了国务院外事办公室、财贸办公室批转的《关于同朝鲜、越南边境地方贸易问题的请示报告》的精神和两国边境地方贸易“议定书”规定的原则，取得了良好的成绩。这对促进两国边境地方经济的发展，加强两国边境人民的传统友谊起了积极作用。总的看来，合同执行情况是良好的，预计到1 月底出口总值可完成55 万元，占出口合同的122.3%；进口总值可完成53 万元，占进口合同的120%。

关于1964 年的边境地方贸易问题，朝方已在本月20 日正式来文表示继续进行，并附来进、出口货单（初稿）和要求在3 月初进行会谈。根据中央有关指示和“议定书”规定的原则，结合当前国际形势，我们考虑，中朝两国边境地方贸易只能加强，不能削弱。为此1964 年的进出口额度，我们计划安排在人民币300 万元左右；进口品种仍以我省朝鲜族人民习惯需要的海产品为主，适当进一些奇缺的中药材；出口商品根据省内货源和朝方提出的货单，我们考虑，除仍以日用百货和文化用品类为主外，还得适当出口一些棉针织品和化工染料。

棉针织品是国内市场的紧张商品，也是历年边境贸易谈判中，在朝方迫切需要情况下，我方出口的主要品种。去年由于货源较紧，不准备出口。但由于在谈判中，朝方一再坚持要求我方供应，在谈判几乎形成僵局情况下，经中央批准才拿出一些。今年朝方附来的货单中，仍要求我方出口棉针织品，计绒衣裤2 000打、秋衣裤1 000 打、蜡光线2.5 万打，以及汗衫等折合棉纱300 件。考虑今年是我们赴朝谈判，有必要准备一部分货源，在非出不可情况下，出口一些。但这部分棉纱，在省内指标中无法挤出，请中央予以专项安排。

化工染料中的部分品种，如喷漆、磁漆等，虽然目前国内市场也很紧张，但也考虑到朝方需要情况，应给予适当照顾。

181 - 13 - 123

商业部关于一九六四年边境小额贸易及边民商品安排情况的批复

1964 年1 月22 日

广西壮族自治区商业厅：

关于1964 年边境小额贸易及边民照顾供应的商品，按照你们的要求，并结合商品资源的可能，安排棉布75 万米，民用线折合棉纱100 件，木纱团2 万打，食糖400 吨，卷烟835 箱。这些物资已列入1964 年商品收购与分配计划。

以上物资，由自治区掌握、安排，并按专项专用的原则使用。

附：广西壮族自治区商业厅关于请拨给一九六四年度边境小额贸易及边民照顾用布、用烟、用糖等专项指标的报告

1963 年12 月2 日

我区中越边境小额贸易的8 个口岸，自开放以来，中央每年都拨给各项主要商品照顾专项指标，使中越边境小额贸易有了物资

保证，对促进中越两国边民生产、生活以及增进两国边境地区的团结友谊都起到了很大作用。

由于我区商品仍然不足，1964 年仍请中央按今年水平拨给边境小额贸易专项商品，除所需棉布已经商业部商戌 82 号电报核定边境贸易用布 75 万米外，另请拨给加工糖果糕点用食糖 100 吨，卷烟 835 大箱（包括照顾边境居民），以及加工棉衣用棉花 200 担，用以加工成衣对越供应，以防人民币外流，从而搞好中越边境小额贸易工作。

此外，为了解决对中越双方边民物资供应水平过于悬殊的矛盾，请中央仍按今年水平拨给照顾边民专项商品，计需：食糖 300 吨，木纱团 5 万打，民用线 5 万斤，以便搞好边境市场管理及治安工作。

181 – 13 – 123

辽宁省商业厅关于一九六三年边境贸易情况和一九六四年安排意见的报告［节录］

1964 年 3 月 9 日

一九六三年边境贸易工作，在中央和省委、省人委的正确领导下，各项工作的进展是很顺利的。一九六三年度贸易合同，截至年末，出口商品全面地完成了合同，总值达二十三万一千二百二十卢布，为合同的百分之一百点一。此外，鉴于朝方要求，合同外还出口了价值约达三千卢布左右的商品。进口商品完成十九万八千五百五十一卢布，为合同的百分之八十六。今年的贸易，由于进口的烟叶和出口的油漆、染料等商品赔钱，将亏损人民币三十万至三十五万元。然而对促进两国边境地方经济的发展，满足人民生活用品的供应，以及加强边境地方人民之间的传统友谊等方面，都起到了一定的积极作用。

通过一年来的贸易接触及电、信往来上看，朝方对今年的贸易表示满意，并对边境贸易很感兴趣，抱有很大希望。但对待贸易的态度上，随着其轻工业的发展，进口商品由原来的日用工业品，转为以进口生产资料为主，出口方面却大量推销一般水产品，对经济鱼及肥皂、玻璃、化肥等主要品种则大幅度减少或根本不出口了。我们估计这种情况在今年也不会有多大变化。

根据以上情况，对一九六四年的贸易安排问题，报告如下：

一、一九六四年的贸易，仍应继续贯彻增进政治上的友好团结，加强经济上的相互支援的原则和平等互利、需要与可能相结合的原则，争取做到不赔或略有微利。

二、贸易额，原则上维持一九六三年水平，如果桑树苗的进口计划如数实现的话，拟搞到一百五十万元左右。

三、在进出口商品的具体安排上，出口商品以交电、日用百货、文化用品类为主，适当控制出口一部分染料和油漆，针棉织品原则上不出口，在不得已情况下少拿出一点。进口商品，基于朝方的可能，仍以水产品为主，适当地转向工业品和其他方面，但不宜转得过急。今年计划进口一些少数民族用丝绸和人造棉布、维尼龙等穿用商品，争取进口一部分玻璃、化肥和其他农产品原料，以支援农业和增加市场供应。

四、进出口商品应征关税、工商统一税问题，我们意见仍按历次批示执行，对于历年来曾进口过的新品种，待合同签订后另行请示。

［下略］

181 – 13 – 123

对外贸易部复关于黑龙江省一九六四年同苏联边境地方贸易问题

1964 年 3 月 17 日

1964 年 1 月 17 日黑商字 20 号给国务院的报告收悉。经我部与商业部研究并经国务院外事办公室和财贸办公室核准，同意报告中所提 1964 年你省对苏联地方贸易的原则和出、进口贸易额的控制数字。对出、进口货单有以下几点意见，请注意并适当掌握。

一、出口方面

（一）为了争取和团结苏联广大人民，如地方上有货源，同时不影响市场供应时，在不超过出口控制额的原则下，可适当增加出口一些苏方市场上迫切需要的食品，如菜罐头和各种酒等；

（二）凡地方上供苏的出口商品，均由地方上自行解决货源，中央不再增加指标；

（三）钢琴出口，一定要注意质量，如质量太差，就不要出口；

（四）对资有销路的某些商品，如野鸡等，地方上最好不出口。

二、进口方面

对某些国内能够保证供应的商品，如车用汽油 A－66，车用机油 A－10，自行车及零件，横锯新大油桶，轻柴油－10（п），柴油机油，油罐（10 立方米的）等，可少进口或不进口。

181－13－123

对外贸易部关于对越南地方贸易出口商品掌握原则的批复

1964 年 7 月 21 日

广东省对外贸易局：

（一）关于越方要求你省供应合金钢和电焊条问题，已于六月二十九日电答复，如你省有货源，同意供应。谅已收悉。

（二）关于对越南地方贸易出口商品的掌握问题，请按照一九六二年八月二十八日国务院外事办公室、财贸办公室批转对外贸易部关于同朝鲜、越南边境地方贸易问题的请示报告中规定的“地方贸易的范围，应严格执行以省（区）内所有易省（区）内所需的原则”办理。对某种商品，由于越方急需，坚持要你省供应时，如果数量不大，省内有货源（国家不另调拨），在不超过年度计划额度内，报经省人委同意后，可供应越方。此复。

181－13－123

附录一 中国对外贸易和对外经济合作大事记

1958 年

1月9日 外贸部修订发布《海关奖励查私办法》。

2月3—14日 全国扩大对资本主义国家出口会议在北京召开。

2月26日 中国矿产公司和中国五金电工进口公司同日本钢铁代表团在北京签订中日长期钢铁易货协议。

3月5日 第四次中日民间贸易协定在北京签订。中国国际贸易促进委员会主席南汉宸，副主席雷任民、李烛尘、冀朝鼎等和日本国会议员促进日中贸易联盟、日本国际贸易促进协会、日中输出入组合3团体组成的通商使节团全体成员在协定上签字。

3月31日 中国政府和越南政府关于中国帮助越南建设18个工业企业项目的协定在北京签订。

4月21日 中国政府和匈牙利政府关于1959—1962年的长期贸易协定在北京签订。

4月23日 中国政府和苏联政府通商航海条约在北京签订。

5月2日 日本长崎发生日本暴徒侮辱中国国旗事件，岸信介政府采取敌视新中国的政策。

5月4日，中国政府停止签发对日进出口许可证。中日贸易关系陷于中断。

5月24日 对外贸易部发布《关于对资出口经营工作的几项措施和暂行办法》。

6月4日 中国政府和挪威政府贸易和支付协定在北京签订。

6月25日至8月15日 全国外贸局长会议在上海举行。7月16日下午，周恩来总理接见出席会议的代表并作了重要指示。

7月1日 外贸部修订发布《海关对归国华侨携带行李物品优待办法》。

7月14日 全国海关关长会议在广州召开。会议讨论了关于正确处理两类矛盾问题；海关体制下放问题；改革规章制度问题；在海关工作中进一步贯彻群众路线问题；加强协作问题等。

8月 中共中央政治局扩大会议在北戴河召开，会议通过了《中共中央关于对外贸易必须统一对外的决定》、《中共中央关于贸易外汇体制的决定》。

8月11日 毛泽东主席参观天津出口商品陈列馆。

9月17日 中国驻锡兰大使张灿明和锡兰总理班达拉奈克分别代表本国政府在科伦坡签署关于中国对锡兰进行水灾善后恢复工作贷款的换文。

9月25日 中国政府和突尼斯政府贸易协定在突尼斯签订。

9月27日 中国政府和朝鲜政府关于1959—1962年相互供应主要货物的协定和关于中国给予朝鲜贷款的两个协定在北京签订。

10月20日 中华人民共和国建设成就展览会在柬埔寨首都金边开幕。

10月27日 中国政府和摩洛哥政府贸易协定在拉巴特签订。

10月29日 中共中央批转陈毅、李富春《关于加强对外经济技术援助工作领导的请示报告》。

12月8日 中国国际贸易促进委员会主席南汉宸率领中国代表团出席在开罗举行的亚非经济合作组织第一次会议。

12月15日　中国政府和埃及政府贸易协定在开罗签订。

12月20日　中国政府向阿尔及利亚临时政府提供无偿经济援助的换文在北京签署。

12月23日　周恩来总理接见外贸部召开的口岸外贸局长座谈会代表，就外贸政策性问题作了重要讲话，明确指出，对外贸易要“量力而行，逐步发展”，要“重合同、守信用、重质先于重量”。

12月29日　中国政府和蒙古政府关于给予蒙古经济技术援助的协定在北京签订。

1959年

1月3日　中国政府和伊拉克政府贸易和支付协定在巴格达签订。

1月16日　中国政府给予阿尔巴尼亚政府贷款的协定在北京签订。

2月12日　国务院发出批转商业部、粮食部、外贸部、卫生部、水产部、轻工业部《关于商品分级管理办法的报告》的通知。

2月18日　中国政府和越南政府关于给予越南经济技术援助的协定和关于1960—1962年的长期贸易协定在北京签订。

3月20日　全国海关关长会议在上海召开，中心议题是如何在海关工作中贯彻“在做好经济政治保卫的同时，团结一切可能团结的力量”的方针。

同日　中国政府赠送1万吨小麦给也门政府，以救济也门的饥荒灾民。

4月10—24日　全国对外贸易工作会议在北京召开。李先念副总理到会作了重要讲话。

4月11日　中国政府和捷克斯洛伐克政府1960—1962年交换货物和付款协定在布拉格签订。

5月8日　对外贸易部发布《关于加强对出口商品品质管制的指示》。

8月3日　中国国际贸易促进委员会副主席冀朝鼎赴莫斯科参加社会主义国家商会会议。

9月16日　捷克斯洛伐克布尔诺国际博览会中国馆开幕。

9月20日　周恩来总理和日本前首相石桥湛山在北京发表共同声明，提出在中日两国关系中政治和经济不可分的原则。

11月9日　英国把我国从所谓“放松地区”划入“东方地区”，从而把我国的进口同从其他社会主义国家的进口一样地管制起来，并对中国若干商品规定了配额。

1960年

1月21日　第二届全国人民代表大会常务委员会第十二次会议决定设立对外经济联络总局，任命方毅为总局长。

3月21日　中国政府和尼泊尔政府经济技术合作协定在北京签订。

同日　全国海关关长会议在上海举行。会议检查总结了1958年以来的海关工作，部署了1960年的工作任务：讨论通过了关于在海关工作中继续大搞群众运动的决议和关于继续深入开展技术革新、技术革命运动的决议。

4月4日　全国外贸局长会议在北京召开，会议讨论了建立出口商品基地问题，制订了基地的发展规划。

5月13日　周恩来总理访问越南期间，参观中国援建的河内肥皂厂时作了重要题词。

5月27日　周恩来总理赴蒙古进行访问。5月31日发表了两国联合声明并签订了中国政府给予蒙古政府经济技术援助的协定。

6月1日　根据中央关于建立出口商品生产基地的指示，外贸部提出了具体方针和安排意见。基本设想是在几年时间里基本实现主要出口商品生产基地化和出口商品规格质量标准化。

6月6日　国务院财贸办公室批准对中华人民共和国海关进出口税则34个税则号列中的税率作局部修改。

7月16日　苏联政府照会中国政府，决定召回苏联专家。7月25日又通知中国政府，自1960年7月28日至9月1日撤走全部在华苏联专家1 390名，并中止派遣专家900多名。同时单方面中断同中国政府签订的12个协定和600个合同（专家合同343个，科学技术合作合同257个）。

7月23日　中国政府和古巴政府贸易和支付协定在哈瓦那签订。

8月10日　中共中央发布《关于全党大搞对外贸易收购和出口运动的紧急指示》。

8月27日　周恩来总理接见日中贸易促进会专务理事铃木一雄时提出中日贸易三原则，即：政府协定；民间合同；个别照顾。

9月10—15日　几内亚总统杜尔访问中国。13日，中国政府和几内亚政府在北京签订。

9月13日　中国政府和几内亚政府（经济技术合作协定）贸易和支付协定在北京签订。

10月13日　中国政府向朝鲜政府提供贷款和关于中国向朝鲜供应成套设备并提供技术援助的协定在北京签订。

同日　中国政府和古巴政府经济合作协定在北京签订。

11月15日　国务院批转外贸部《关于各地海关（关）、商品检验局（处）体制下放和人员精简问题的报告》，明确海关和商品检验局体制下放后，各海关和商品检验局受地方党政和外贸部双重领导，块块为主，条条为辅。

11月30日　中国政府和古巴政府经济代表团在北京签署联合公报及中国政府和古巴政府经济合作协定。

12月30日至次年1月25日　全国对外贸易局长会议在北京召开。

12月31日　对外贸易部决定，海关总署改为海关管理局。

1961年

1月2—9日　周恩来总理率中国政府友好代表团访问缅甸。9日，中缅两国政府发表联合公报，并签订了中国政府和缅甸政府经济技术合作协定。

1月18日　国务院财贸办公室向中央报告关于1961年对外贸易计划和安排意见，提出1961年的进出口贸易要贯彻执行中央确定的“吃饭第一，建设第二”的基本精神。2月7日，中共中央批准财贸办公室提出的1961年对外贸易计划。

1月31日　中国政府和越南政府关于中国给予越南贷款的协定在北京签订。

2月2日　中国政府和阿尔巴尼亚政府关于中国给予阿尔巴尼亚贷款的协定在北京签订。

2月28日　中国政府和马里政府货物交换和支付协定在巴马科签订。

3月15日　中国经济展览会在古巴首都哈瓦那开幕。

4月23日　中国政府和阿尔巴尼亚政府关于中国向阿尔巴尼亚供应成套设备和给予技术援助的议定书在北京签订。

4月26日　中国政府和蒙古政府通商条约在乌兰巴托签订。

6月18日　中国政府经济代表团和尼日利亚经济代表团会谈公报在北京签署。

8月14—19日　加纳总统恩克鲁玛访问中国。18日，中国政府和加纳政府经济技术合作协定在北京签订。

8月21日　中国人民银行和巴西银行支付和贸易协定在北京签订。

8月18日　中国政府和加纳政府贸易和支付协定、经济技术合作协定在北京签订。

9月22日　中国政府和马里政府经济技术合作协定在北京签订。

9月28日至10月15日　尼泊尔国王马亨德拉访问中国。

10月15日，中国政府和尼泊尔政府关于修建加德满都—科达里公路的协定在北京签订。

10月11日　中国政府和印度尼西亚政府经济技术合作协定在北京签订。

12 月 5—27 日　全国外贸计划会议在北京召开，李先念副总理到会作了重要讲话。周恩来总理于会议召开前夕，接见了参加会议的代表并作了重要指示。

12 月 15 日　国务院第 114 次全体会议通过了《国务院关于在西藏地区设立海关的决定》。

1962 年

1 月 5 日　叶季壮部长率领中国政府贸易代表团抵达朝鲜进行访问。1 月 8 日，金日成首相接见了中国代表团全体成员。同日，中国政府和朝鲜政府 1962 年相互供应货物的议定书在平壤签订。

1 月 13 日　中国政府给予阿尔巴尼亚政府贷款的协定和中国政府向阿尔巴尼亚政府提供自由外汇贷款的协定在北京签订。

同日　中国政府和老挝王国政府关于修建公路的协定在康开签订。

1 月 16 日　叶季壮部长率领中国政府贸易代表团到越南进行访问。20 日，胡志明主席接见了中国代表团。同日，中国政府和越南政府 1962 年度相互供应货物付款的议定书在河内签订。

同日　各地海关实施《中华人民共和国海关对入境旅客行李物品和个人邮递物品征收进口税办法》。

1 月 26 日　国务院通知：关于海关机构的设立、变更或撤销，由外贸部会同财政部、公安部及海关所在地的省、自治区、直辖市人民委员会研究确定，不必再报国务院。

2 月 28 日　全国外贸经营管理会议在北京召开，会议制订了《出口商品经营管理工作守则》。

5 月 23 日　中国政府和苏丹政府贸易协定在北京签订。

6 月 20 日至 7 月 10 日　国家计委、国家经委、国务院财贸办公室、外贸部在北京联合召开全国外贸专业会议。陈云、李先念副总理分别到会作了重要讲话。

10 月 3 日　中国政府和锡兰政府经济技术合作协定在北京签订。

10 月 6 日　外贸部发布《关于出国探亲旅客携带重点物品监管问题的通知》。

11 月 1—27 日　国家计委、国家经委、国务院财贸办公室、外贸部在北京联合召开全国外贸计划会议。李先念副总理到会作了重要讲话。

1 月 9 日　廖承志和高碕达之助在北京签订关于发展中日两国民间贸易的备忘录。

12 月 5 日　中国政府和越南政府通商航海条约在北京签订。

12 月 10 日　林海云副部长向全国人大常委会作《关于近三年来的对外贸易工作》的汇报；21 日又作了《关于我国对资本主义市场出口贸易的情况》的汇报，叶季壮部长在会上作了补充发言。

12 月 27 日　中国国际贸易促进委员会和日本国际贸易促进协会及日本国际贸易促进协会关西本部三团体签订了中日贸易议定书。

1963 年

1 月 5 日　中国政府和巴基斯坦政府贸易协定在卡拉奇签订。该协定是两国间的第一个贸易协定，协议规定两国在贸易（包括航运）方面互相给予最惠国待遇。

1 月 9 日　外贸部发布《关于贯彻执行〈国务院关于加强对华侨、港澳同胞进口粮食、副食品管理的指示〉的通知》。

2 月 12 日　对外贸易部在北京召开对资出口工作会议。

2 月 21 日　中国政府和叙利亚政府经济技术合作协定在北京签订。

2 月 22 日　中国政府给予古巴政府贷款的协定在北京签订。

3 月 4 日　全国海关关长会议在北京举行。会议根据中共八届十中全会精神，检查总结上两年的海关工作，部署 1963 年的任务。

5月15日　中国政府和索马里政府贸易和支付协定在北京签订。

6月29日　中国技术进口公司和日本仓敷人造丝株式会社在北京签订了维尼龙成套设备合同。

8月4—10日　索马里政府总理舍马克访问中国。9日，中国政府和索马里政府经济技术合作协定在北京签订。

9月5—27日　国家计委、国家经委、国家财贸办公室、外贸部在北京联合召开全国外贸计划会议，李先念副总理到会作了重要讲话。

10月28日　中国政府和阿尔及利亚政府经济技术合作协定在阿尔及尔签订。

12月14日至次年2月29日国务院总理周恩来访问埃及、阿尔及利亚、摩洛哥、阿尔巴尼亚、突尼斯、加纳、马里、几内亚、苏丹、埃塞俄比亚、索马里、缅甸、巴基斯坦、锡兰14国。其间周恩来总理首次向国际社会宣布了中国对外经济技术援助八项原则。

12月17日　中国经济贸易展览会在墨西哥首都墨西哥城开幕。

同日　外贸部、最高人民法院、财政部、公安部、中央工商行政管理局联合发布《关于在反走私斗争中加强联系配合的联合指示》。

12月28日　中国经济建设成就展览会在马里首都巴马科举行。

1964年

1月13日　朱德委员长在上海听取上海市外贸局领导关于外贸工作情况的汇报，参观了出口商品陈列厅，并作了重要指示。

2月25日　全国海关关长会议在北京举行。会议着重讨论学习解放军和大庆的经验，加强海关政治思想工作的问题。

2月29日　中国、斯里兰卡两国发表的联合公报中宣布，中国政府将无偿援助斯里兰卡政府建设一座国际会议大厦。

4月14日　中国经济贸易展览会在日本东京开幕。

4月19日　中日备忘录贸易双方代表在北京签署了关于互派代表并互设联络事务所、互换新闻记者和备忘录贸易的会谈纪要。

5月10日　中国政府向肯尼亚政府提供财政援助的协定在北京签订。

5月16日　中国经济贸易展览会在智利首都圣地亚哥开幕。

5月17日　中国政府和加纳政府经济技术合作协定的补充协定在阿克拉签订。

5月19日　中国政府和尼泊尔政府贸易协定在加德满都签订。

6月1—11日　阿拉伯也门共和国总统萨利赫访问中国。9日，中国政府和阿拉伯也门政府经济技术合作协定在北京签订。

6月4日　由英国48家集团组织的英国采矿与建筑设备展览会在北京开幕。

6月9日　第二届全国人民代表大会常务委员会第一百一十九次会议决定设立对外经济联络委员会，撤销对外经济联络总局，方毅任对外经济联络委员会主任。

6月16日　中国政府和坦桑尼亚政府经济技术合作协定在北京签订。

同日　中国政府和桑给巴尔政府经济技术合作协定在桑给巴尔签订。

7月11日　中国政府和刚果（布）政府贷款协定在布拉柴维尔签订。

7月13日　中国经济建设成就展览会在坦桑尼亚首都达累斯萨拉姆开幕。

7月23日　中国政府和刚果（布）政府贸易和支付协定在布拉柴维尔签订。

8月28日　国家计委向中央报告1965年对外援助安排意见。

9月5日　法国技术展览会在北京开幕，陈毅副总理出席了开幕式。

9月19日　中国政府和阿尔及利亚政府贸易协定在北京签订。

9月28日至10月3日　刚果（布）总统马桑巴—代巴访问中国。10月2日，中国政府和刚果（布）政府经济技术合作协定在北京签订。

9月29日 中国政府和中非共和国政府货物交换和支付协定在班吉签订。

10月22日 中国政府和布隆迪政府贸易和支付协定在布琼布拉签订。

10月25日 中国政府和锡兰政府贷款协定在科伦坡签订。

10月30日 英国贸易大臣道格拉斯·贾埃访问中国。周恩来总理、李先念副总理分别会见了贾埃。

11月3日 中国政府和马里政府经济技术合作协定在北京签订。

11月30日 关于中国、意大利两国互设民间性商务代表办事处的协议在罗马签订。

12月18日 中国政府和肯尼亚政府贸易协定在内罗毕签订。

12月19日 国家计划委员会、国家经济委员会、对外经济联络委员会、物资部颁发第1机械工业部《援外机电产品暂行管理办法》。

12月21日 中国政府和阿拉伯联合共和国政府经济技术合作协定在北京签订。

同日 周恩来总理在第三届全国人民代表大会第一次会议上所作的政府工作报告中提出中国对外经济技术援助的八项原则。

1965年

1月14日 中国政府和中非政府经济技术合作协定在班吉签订。

1月28日 中国政府向印度尼西亚政府提供可兑换货币贷款的协定和两国政府经济技术合作协定在北京签订。

2月9日 周恩来总理和陈毅副总理会见由巴布部长率领的坦桑尼亚政府贸易代表团。

2月10日 中国政府和坦桑尼亚政府贸易协定在北京签订。

2月18日 中国政府和巴基斯坦政府经济技术合作协定在卡拉奇签订。

2月22日至3月18日 全国外贸工作会议在北京召开。李先念副总理到会作了重要讲话。

3月24日 中国政府和阿富汗政府经济技术合作协定在喀布尔签订。

4月21日 中国政府和乌干达政府经济技术合作协定在北京签订。

同日 被巴西当局非法监禁1年多的中国贸易、新闻工作者王耀庭、侯法曾等9人，从里约热内卢乘飞机回到北京。

5月19日 巴黎国际博览会中国馆开幕。

5月30日 中国政府无偿援助越南政府修筑12条公路的协定在北京签订。

6月8日 中国政府和阿尔巴尼亚政府关于1966—1970年交换货物和付款协定在北京签订。

7月13日 中国政府和越南政府关于中国给予越南经济技术援助的协定在北京签订。

8月12日至9月6日 全国外贸计划会议在北京开幕。8月17日，毛泽东主席和刘少奇主席等中共中央和国家领导人接见了出席会议人员。8月21日，李先念副总理作重要讲话。

9月23日 中国经济建设展览会在罗马尼亚首都布加勒斯特开幕。

9月30日 中国政府和印度尼西亚政府经济技术合作协定和中国政府向印度尼西亚政府提供可兑换货币贷款的协定在北京签订。

11月11日 国务院发布《关于供应出口商品统一作价办法的暂行规定》。

11月22日 法国工业展览会在北京开幕，李先念副总理出席开幕式并参观了展览。

12月5日 中国政府给予越南政府贷款的协定在北京签订。

12月28日 中国政府向朝鲜政府无偿提供物资的协定和提供贷款的协定在平壤签订。

12月29日 外贸部发布经国务院领导批准的《关于海关检查扣留禁止进口物品的几个政策界限问题》。

附录二　本卷所用部分资料目录索引

资料号	资料名	编辑/出版者	时　　间
A31	《中华人民共和国法规汇编》	法律出版社	各年
F8（4028）	《李先念论财政金融贸易》	中国财政经济出版社	1992 年
J3－2	《周恩来经济文选》	中央文献出版社	1993 年
J37	《中国供销合作社史料选编》	中国财政经济出版社	1986 年
JD220－5455	《建国以来重要文献选编》	中央文献出版社	1995—1998 年
T5/8	《我国同亚非国家贸易情况资料》	对外贸易部办公厅	1960 年增订本
T5/9	《我国同西方和拉丁美洲国家贸易情况资料》	对外贸易部办公厅	1960 年增订本
T24/2	《全国财贸统计资料 1949—1978》	国家统计局	1979
T51/30	《全国对外贸易局长会议参考文件》		1959 年 3 月
T62/2	《中华人民共和国海关统计年报》	外贸部、海关总署	1958—1963 年
Z44	《中共中央文件汇集》	中共中央办公厅	1958—1961 年
150	国家计委档案		1958—1965 年
157	国家统计局档案		1958—1965 年
160			
164	全国供销合作总社档案		1958—1965 年
180	粮食部档案		
181	商业部档案		1958—1965 年
3－2/1	《外事工作通讯》		
4－15/4	《对外贸易资料》	对外贸易部办公厅	1958—1965 年
4－15/5	《外贸调研》	对外贸易部办公厅	1958—1965 年
4－15/8	《对外贸易情况简报》	对外贸易部办公厅	1958—1965 年
5－4/4	《国民经济统计报告》	国家统计局	1958—1965 年